법학총서

판례분석
신형사소송법 II
[증보판]

신 동 운 저

法 文 社

증보판 머리말

2012년 6월 『판례분석 신형사소송법 II』가 출간된 이래 1년 반의 시간이 지났다. 증보판이라고 이름 붙인 본서는 구판의 내용에 2013년 말까지의 개정 법령과 최신 판례를 반영한 것이다.

2012년 12월 각종 성범죄를 비친고죄로 전환하기 위하여 형법, 「성폭력범죄의 처벌 등에 관한 특례법」, 「아동·청소년의 성보호에 관한 법률」이 개정되었다. 형사소송법도 고소에 관한 조문에 일부 개정이 있었다. 2013년 4월에는 인신매매죄, 범죄단체조직죄, 도박죄 등에 대한 형법 일부개정이 있었다.

판례의 경우를 놓고 보면, 디지털 매체 등 각종 정보저장매체에 대한 압수·수색, 증거능력, 증거조사에 관한 새로운 기준의 제시가 눈에 뜨인다. 또한 2008년부터 시행된 위법수집증거배제법칙의 운용과 관련하여 원칙과 예외의 관계에 대한 일련의 판례들이 나오고 있다. 그 밖에도 검사의 제척·기피, 피의자의 조사수인의무 등에 관한 판례도 주목된다.

본서의 집필은 자매서인 『신형사소송법 제5판』 및 『간추린 신형사소송법 제6판』의 개정작업과 함께 진행되었다. 『신형사소송법』이 실무가들을 위한 교과서형 주석서를 지향한다면, 『간추린 신형사소송법』은 시간에 쫓기는 독자들을 위한 학습서라고 할 수 있다. 이에 대해 본서는 형사소송법의 여러 이론적 쟁점들이 우리의 실생활에 어떠한 모습으로 구체화되는가를 보여주기 위한 판례교재이다.

판례교재는 최신 정보를 담고 있어야 하되 단순한 판례 모음을 넘어서는 것이어야 한다. 이번의 증보판에서는 본서의 유기적 활용을 위하여 사항별 목차를 보다 충실하게 정리하였다. 본서에 정리된 사실관계와 사항별 목차를 이용하면 본서를 사례문제 해결을 위한 연습교재로도 활용할 수 있을 것이다.

본서의 출간에 여러분들의 도움을 받았다. 법문사의 김제원 부장님, 장지훈 차장님, 그리고 동국문화사의 이정은 선생님은 신속하고 친절하게 본서의 진행에 도움을 주셨다. 이 자리를 빌려서 감사를 표하는 바이다.

2014년 1월
관악산을 바라보며
필자 씀

판례분석 신형사소송법 II
머 리 말

 2007년 7월『판례분석 신형사소송법』을 출간한 때로부터 어느덧 5년의 세월이 흘렀다. 『판례분석 신형사소송법 II』로 이름을 붙인 본서는『판례분석 신형사소송법』의 후속편으로서 2007년부터 2012년까지의 판례를 중점적으로 분석하고 있다. 아울러 전편에서 누락되었던 일부 판례를 보완하고 있다.

 2008년부터 시행된 신형사소송법은 위법수집증거배제법칙의 도입을 중요한 특징의 하나로 하고 있다. 대법원은 2007년 11월의 전원합의체 판결 이래 위법수집증거배제법칙의 구체화를 위하여 많은 노력을 기울이고 있다. 한편 2008년 국민참여재판의 실시를 계기로 공판중심주의와 실질적 직접심리주의를 구현하려는 대법원의 의지는 지속적으로 강화되고 있다. 2010년에는 성폭력범죄 및 아동·청소년 대상 성범죄의 처벌을 강화하는 관련 법률들의 개정이 있었는데, 이 개정은 형사절차법의 측면에서도 중요한 변화를 가져왔다. 2011년에는 압수·수색의 요건을 강화하는 등 또 다시 형사소송법의 일부 개정이 있었고, 고등법원의 재정결정에 불복을 불허하는 형소법 제262조 제4항에 대해 헌법재판소의 한정위헌 결정이 있었다. 2012년부터는 국민참여재판의 대상사건이 전체 합의부 사건으로 확대되었다. 본서는 이와 관련된 일련의 판례들을 충실하게 분석·소개함을 목적으로 하고 있다.

 2008년 1월부터 시행된 신형사소송법과 국민참여재판법을 해설하기 위하여 필자는 그동안『신형사소송법』과『간추린 신형사소송법』을 출간하였고, 독자의 호응에 힘입어 각각 제4판에 이르고 있다. 이 과정에서『판례분석 신형사소송법』의 증보판을 내보려고 하였으나 역량이 미치지 못하여 차일피일 미루고 있었다. 그 대신에 중요 판례들의 사실관계와 판결요지를『신형사소송법』의 각주에 소개하는 방법을 취하고 있었으나 지면이 계속 늘어나는 부담을 피할 수가 없었다.

 2012년에 들어와 출간한『신형사소송법 제4판』은 그 분량이 대학 강단의 교과서 차원을 넘어서게 되었다. 필자는 이제『신형사소송법』을 일종의 교과서형 주석서로 발전시키려는 생각을 가지고 있는데, 이를 위한 전초작업이 충실한 판례교재의 집필이라고 할 수 있다. 사실관계 및 사건의 경과를 충실하게 정리하고, 판결요지를 뚜렷이 부각시키며, 필요한 경우 간략한 해설을 덧붙인 판례교재를 옆에 두고『신형사소송법』의 해설을 찾아본다면 최신 법령과 최신 판례의 정확한 파악과 이해가 가능할 것이라고 생각하기 때문이다. 본서는 이 점에서 전편인『판례분석 신형사소송법』과 함께『신형사소송법』및『간추린 신형사소송법』의 명실상부한 자매편이라고 할 수 있다.

본서의 집필의도 및 편제와 이용방법은 본서 초판『판례분석 형사소송법』의 '머리말 겸 일러두기'에 적어둔 것과 같다. 다만 초판과 달라진 점을 두 가지 언급하고자 한다. 먼저, 판례 본문의 흐름을 최대한 그대로 유지하려고 하였다. 초판에서는 판례의 가독성을 높이려고 문장을 나누면서 [ ]를 사용하여 필자가 문장의 일부를 보완하였다. 그러나 판례 원문의 흐름을 그대로 살리기 위하여 /를 사용하여 문장을 나누되, 원문의 표현 자체는 그대로 두었다. 다음으로, 판례 내용을 나타내는 표제어의 사용에 약간의 변화를 가하였다. 판례 본문을 분석하는 과정에서 대법원(또는 헌재) 분석, 판단, 요지 등의 표제어를 사용하여 본문 내용의 이해도를 높이려고 하였다. 특히 종전의 '판시사항' 대신에 '요지'라는 표제어를 사용하여 독자들이 핵심내용을 신속히 파악할 수 있도록 하였다. 그와 함께 표제어에 숫자를 부여하던 종래의 방식을 버림으로써 시각적으로 간결함을 유지하도록 하였다.

본서와 같은 판례교재는 편집 여하에 따라 이용자의 편의성이 크게 달라진다. 이 때문에 필자는 최종 편집 단계에서 수차에 걸쳐 원고 정정을 하였고, 이 때문에 본서의 출간에 많은 시간과 노력이 소요되었다. 그럼에도 불구하고 본서가 이처럼 최단시간 내에 출간될 수 있었던 것은 법문사의 김영훈 부장님, 김제원 부장님, 동국문화사의 이정은 선생님의 전문가적 기량에 바탕을 둔 전폭적인 협조 덕분이라고 하지 않을 수 없다. 이 자리를 빌려서 감사의 인사를 전하는 바이다.

본서가 필자의『신형사소송법』및『간추린 신형사소송법』과 함께 우리나라 형사절차법의 실제 모습을 파악하는 데에 독자 여러분들께 다소라도 도움이 되기를 소망하며 머리말에 갈음하는 바이다.

2012년 5월
관악산을 바라보며

필자 씀

판례분석 신형사소송법
머 리 말

I

2007년 4월 30일 「형사소송법 일부개정법률안」이 국회 본회의를 통과하였고 이어서 6월 1일 공포되었다. 이 새로운 형사소송법은 2008년 1월 1일부터 시행될 예정이다. 한편 사법개혁의 일환으로 「형사소송법 일부개정법률안」과 함께 국회를 통과하여 같은 날 시행을 앞두고 있는 법률로 「국민의 형사재판 참여에 관한 법률」이 있다. 이 법률은 소위 국민참여재판을 실시하기 위하여 제정된 법률인데, 이 때 국민참여재판은 국민이 참여하는 형사재판을 말한다. 좀더 자세히 말한다면 국민이 배심원으로 참여하는 형사재판이다.

국민이 배심원으로 형사재판에 참여하게 되면 공판절차는 법률문외한인 배심원이 알아들을 수 있는 방식으로 진행되어야 한다. 이러한 요청에 따라 국민참여재판에 함께 적용되는 형사소송법 또한 전면적으로 개편되지 않으면 안 된다. 배심원이 참여하는 재판의 특징은 당사자주의이다. 배심원은 적극적으로 실체심리에 관여하지 못한다. 배심원은 검사와 피고인·변호인이 벌이는 공격·방어활동을 객관적 관찰자로서 지켜보고 그에 따라 유·무죄의 심증을 형성해 가게 된다.

배심원이 참여하는 국민참여재판이 성공을 거두려면 그 재판에 적용되는 형사소송법이 당사자주의로 개편되지 않으면 안 된다. 이와 같이 소송구조가 전면적으로 개편됨에 따라 이번의 형사소송법은 수사절차와 공판절차 전분야에 걸쳐서 종전의 형사소송법과는 전혀 다른 모습을 취하게 되었다. 직권주의 소송구조의 특색이라고 할 수 있었던 '피고인신문후 증거조사'라는 공판순서는 이제 당사자주의 소송구조에 따라 '증거조사 후 피고인신문'으로 순서가 바뀌었다.

이번에 국회를 통과한 법률안에는 「형사소송법 일부개정법률안」이라는 명칭이 붙어 있다. 그러나 필자는 소송구조와 관련한 패러다임의 근본적 변화를 감안하여 새로운 형사소송법을 앞으로 '신형사소송법'이라고 부르려고 한다. 이에 따라 본서의 제명(題名) 또한 『판례분석 신형사소송법』으로 고치기로 한다. 한편 2007년 말까지는 아직 효력을 가지고 있다는 점에서 기존의 형사소송법을 '(구)형사소송법'이라고 지칭하기로 한다.

Ⅱ

필자는 2003년 10월부터 시작된 사법개혁작업에서 사법개혁위원회의 위원과 사법제도
개혁추진위원회의 실무위원으로 참여한 바 있다. 또한 법무부에 설치된 형사법개정특별심
의위원회의 위원으로서 사법제도개혁추진위원회가 성안한 형사소송법개정안과 국민참여
재판에 관한 법률안의 심의에도 참여하였다. 특히 필자는 사법제도개혁추진위원회가 신형
사소송법의 조문을 성안하는 과정에서 실무위원회의 5인 소위원회 위원장으로서 법원·
검찰·변호사의 대립되는 시각을 조정하여 합의를 도출하는 작업에 임하기도 하였다.

사법제도개혁추진위원회가 마련한 형사소송법개정안은 정부의 관련 절차를 거쳐 2005
년 말 정부안으로 국회에 제출되었다. 그러나 국회의 복잡다단한 정치현안과 의사일정 탓
으로 개정법률안의 국회 통과는 계속 지연되고 있었다. 필자는 이러한 사정이 당분간 지
속될 것이며 국회에서 개정법률안에 상당 부분 수정이 가해질 수도 있다는 판단 아래 (구)
형사소송법을 토대로 한 『형사소송법 제4판』 및 그 자매편인 『판례분석 형사소송법 제2
판』의 출간작업을 진행하였다. 그리고 두 작업을 마무리한 끝에 『형사소송법』을 2007년
4월 30일에 출간하였고 『판례분석 형사소송법』도 곧 이어서 출간할 예정이었다.

그런데 우연히도 『형사소송법 제4판』이 출간되는 당일 신형사소송법이 국회 본회의를
통과하였다. 신형사소송법은 2008년 1월 1일부터 시행될 예정이므로 결국 이 교과서는 1
년도 생명을 유지하지 못하는 책이 되고 말았다. 그러나 『판례분석 형사소송법 제2판』은
아직 출간되지 아니하였으므로 필자는 서둘러 출간작업을 중단하고 기존의 원고에 신형사
소송법을 반영하는 작업을 시작하였다. 참고로 여기에서 애당초 『판례분석 형사소송법 제
2판』의 머리말로 준비해 두었던 내용을 소개한다.

Ⅲ

2006년 7월 형사소송법이 일부 개정되었다. 구속영장이 청구된 피의자를 위시하여 구
속된 피의자·피고인에게 국선변호제도가 전면적으로 확대된 것이다. 이를 계기로 필자
의 교과서 『형사소송법』(제3판)도 전면적인 수정이 불가피하게 되었다. 교과서의 개정작
업은 당연히 최신 판례의 반영을 요구한다. 『형사소송법』(제4판)의 출간과 아울러 그 자매
편인 『판례분석 형사소송법』도 개정이 필요하게 되는 것은 자연스러운 일이다.

본서에서 필자는 초판의 판례들을 토대로 하면서 2006년 말까지 공간된 판례들을 추
가하였다. 여기에는 상소이유서 제출과 관련하여 재소자의 특례를 인정하기로 한 2006.
3. 16. 선고 **2005도9729** 전원합의체판결 (공 2006, 702)도 들어 있다. 이 판례를 통하여
2000. 6. 20. **2000모69** (공 2000, 1850) 등을 위시한 종전의 판례들이 폐기되었다. 새

로운 판례의 추가와 함께 2000년대 이전의 판례 가운데에서도 보완되었으면 좋겠다고 생각되는 판례들을 몇 가지 추가하였다.

　이번의 개정작업에서 필자가 역점을 둔 것은 2000년대 이후의 판례를 가능하면 충실하게 분석·소개하려고 노력한 부분이다. 그로 말미암아 본서의 지면이 상당 부분 늘어나게 되었으나, 각종 시험에서 최신 판례들이 특별히 중시되는 경향에 비추어 증면이 부득이하다고 판단하였다.

　이번의 개정작업에서 필자는 그 동안의 독자 희망을 반영하여 사항색인을 보다 세분화함과 동시에 그 위치를 본서의 앞부분으로 전진 배치하였다. '차례' 다음에 나오는 '사항별 색인'을 이용하여 강학상 목차에 따라 판례를 학습한다면 본서를 간이한 형태의 형사소송법 연습교재로도 충분히 활용할 수 있을 것이다.

　이상에서 소개한 약간의 특징을 제외한다면, 이번 제2판의 전체적인 체제나 지향점은 초판의 그것과 같다. 따라서 본서의 효율적인 활용을 위하여 초판의 '머리말 겸 일러두기'에서 적어두었던 내용의 일독을 독자들에게 권한다. 아무쪼록 본서『판례분석 형사소송법』이 자매편인 필자의 교과서『형사소송법』과 함께 독자들의 형사소송법학에 대한 연구와 학습에 도움이 되기를 희망하는 바이다.

Ⅳ

　필자는 이상의 우여곡절 끝에 2개월여의 추가적인 보완작업을 거쳐 신형사소송법의 내용을 반영한『판례분석 신형사소송법』을 내어놓게 되었다. 신형사소송법은 특히 증거법 분야에서 많은 변화를 가져왔다. 위법수집증거배제법칙의 신설과 증거능력에 관한 규정의 정비 등은 신형사소송법의 핵심적인 내용에 속한다. (구)형사소송법의 관련 규정이 대폭 개정되었기 때문에 (구)형사소송법을 기초로 한 종전의 판례 가운데 상당수는 그대로 유지될 수 없게 되었다. 그러나 이들 판례가 그냥 의미를 잃는 것은 아니다. 신형사소송법의 관련 규정을 해석함에 있어서 당분간 가늠자의 역할을 계속 수행할 것이기 때문이다.

　이러한 사정을 고려하여 필자는 '코멘트' 항목을 대폭 활용하기로 하였다. 그리고 '코멘트'의 이해도를 높이기 위하여 신·구조문대비표를 본서의 권말 부록으로 수록해 두었다. 종전의『판례분석 형사소송법』에서는 판례를 분석하여 소개하는 데에 많은 비중을 두었다면 이번의『판례분석 신형사소송법』에서는 기존의 판례를 신형사소송법하에서 어떻게 이해해야 할 것인가 하는 문제시각 아래 보다 많은 해설을 붙이려고 하였다. 이러한 시도는 신형사소송법이 국회를 통과한 당일 발간된 필자의 교과서『형사소송법 제4판』이 가지고 있는 설명의 한계를 보완하면서 새로운 교과서를 준비하는 작업이기도 하다.

　앞의 Ⅲ에서 소개한『판례분석 형사소송법 제2판』머리말에서 예정했던 바와 같이 이

번의 『판례분석 신형사소송법』에서는 '사항별 색인'을 책의 앞머리 부분으로 옮겨두었다. 그리고 추가적 보완작업 과정에서 이 '사항별 색인'의 증거법 부분에 '위법수집증거배제법칙'을 독립된 항목으로 추가하였다. 신형사소송법이 제308조의2로 위법수집증거배제법칙을 명문화함에 따라 기존의 판례들을 동일한 문제의식으로 묶어서 이해를 높일 필요가 있었기 때문이다.

V

본서의 출간에 이르기까지 여러분들의 도움을 받았다. 법문사의 현근택 차장님, 김영훈 차장님, 그리고 동국문화의 이정은 선생님은 언제나와 마찬가지로 친절하게 본서의 출간을 도와주셨다. 특히 두번의 거듭된 개정작업을 끝까지 마무리할 수 있게 도와주신 데에 대하여 이분들께 이 자리를 빌려서 거듭 감사의 인사를 전하는 바이다.

2007년 6월
우면산을 바라보면서

필자 씀

판례분석 형사소송법
머리말 겸 일러두기

I. 본서의 출간경위

2005년 10월, 필자의 교과서『형사소송법』제3판이 출간되었다. 이 책의 서두에서 밝힌 것처럼 본서는 이『형사소송법』제3판의 자매편이다. 필자는 한국 형사소송법학의 토착화라는 연구목표를 설정하고 이를 위하여 법제사적 분석 등을 포함한 일련의 작업을 시도해 오고 있다. 이러한 가운데 한국 형사소송법학의 토착화를 위하여 무엇보다 시급한 일은 우리 판례의 정확한 분석과 소개라고 생각하고 있다.

이와 같은 문제의식을 보다 구체화하기 위하여 필자는 교과서인『형사소송법』의 지면을 빌려서 우리 판례를 분석·소개해 보려는 시도를 한 바 있다. 주지하는 바와 같이 판례소개란 단순히 판결요지의 나열에 그치는 것이 아니다. 판례란 추상적인 법규범에 개별적인 사실관계를 대입시켜서 얻어낸 구체적 결론이다. 그렇기 때문에 판례의 정확한 소개를 위해서는 사실관계의 정확한 압축과 정리가 불가결하다. 판례소개를 위하여 사실관계를 분석하려고 하다보니 교과서인『형사소송법』의 지면이 지나치게 늘어나는 것을 피할 수가 없었다. 결국 지면관계로 판례소개 부분을 별권으로 처리하게 되었고, 그 결과 이제『판례분석 형사소송법』이라는 제목의 본서를 출간하기에 이르렀다.

II. 본서의 특징

본서는 지금까지의 판례교재들과 다른 몇 가지 특징을 가지고 있다. 무엇보다도 형사소송법에 입문하는 초학자들도 판례를 읽을 수 있도록 가능한 한 판결문을 잘게 쪼개어 가독성(可讀性)을 높이려고 하였다. "법률가는 숨을 쉬지 않는다"는 말이 있다. 판결문을 보면 문장의 첫머리로부터 시작하여 십여 줄 이상의 긴 문장이 이어지는 경우가 많다. 초학자로서는 이와 같은 문장을 따라가는 것이 여간 어려운 일이 아니다.

이러한 문제점을 의식하여 본서의 필자는 가능한 한 판례의 문장을 분석·분해하여 단문 중심의 문장으로 재구성하고 이를 순서대로 나열하는 방법을 사용하였다. 이 과정에서 필자는 대괄호 [ ]를 사용하였다. 특별한 설명이 없는 한 이 괄호 [ ] 속의 내용은 필자가 임의로 부기한 것임을 미리 밝혀둔다. 한편 내용이 긴 판례의 경우에는 필자가 적당한 곳을 나누어서 소타이틀을 삽입해 두었다. 이 소제목들은 판례의 원문에는 들어 있지 않으나 독자의 이해를 돕기 위한 것이다.

어느 나라나 그렇지만 판결문은 대단히 읽기 힘든 문장구조를 취하고 있다. 판결문 속에는 이중, 삼중의 인용문이 들어 있다. 예컨대 대법원은 "원심판결에 의하면 원심은 …… 라고 판시한 제1심판결을 유지하고 있다"는 식으로 판결문을 적고 있다. 이 경우 '판시'의 주체는 누구이고 '판시'의 내용은 무엇인지 혼란스러울 때가 있다. 사람들은 보통 제1심법원의 판단, 제2심(항소심)법원의 판단, 대법원(상고심)의 판단이라는 순서로 판결문이 서술될 것으로 기대하지만, 실제의 판결문을 보면 그렇지 아니한 경우가 훨씬 더 많다.

이 점과 관련하여 본서의 필자는 제3자의 시각에 서서 판례가 나오게 된 사건의 경위를 시계열(時系列)적으로 정리하고자 하였다. 대법원판례를 예로 들어 설명하자면, '사실관계' 및 '사건의 경과'라고 제목을 붙이고 있는 부분은 여건이 허락하는 한도에서 대법원판결이 나오기 전에 그 판단의 토대가 되었던 하급심판결을 대법원판결과 함께 분석하여 필자가 나름대로 재정리한 것이다. 판례를 두고 소위 '퍼블릭 도메인(public domain)'에 속한다고 말한다. 누구나 이를 자유롭게 인용하거나 이용할 수 있다는 표현일 것이다. 그러나 본서에 정리된 '사실관계' 및 '사건의 경과' 부분은 본서 필자의 창안에 기초한 것이며, 나름대로의 수고와 기여가 들어 있다고 필자는 자부한다. 이 점에서 그에 상응한 보호와 존중이 있기를 기대한다.

대법원판례의 집필자는 대법관이다. 형사판결에 있어서 대법관의 대화상대방은 피고인과 검사이다. 대법원은 그의 판단대상이 되는 직전의 하급심판결을 가리켜서 '원심판결'이라고 부른다. 원심판결을 거쳐서 대법원판결에 이르는 과정에 제3자는 개입할 여지가 없다. 판례 문장 또한 이러한 각도에서 구성된다. 이러한 사정은 헌법재판소판례의 경우에도 별 차이가 없다.

그러나 본서에서는 이와 같은 판례문장의 접근방식을 떠나고자 한다. 본서는 어디까지나 형사소송법에 관심을 둔 초학자 내지 일반시민을 염두에 두고 집필된 것이다. 본서에서 필자는 독자와 함께 제3자의 시각에 서서 대법원판례 및 헌법재판소판례의 생성과정을 관찰하고자 한다. 이러한 의미에서 본서에서는 '원심판결'이라는 표현 대신에 '항소심판결'이라는 표현을 사용하기로 한다. 또한 '제1심판결', '항소심판결', '대법원판결' 등의 표현을 통하여 사건의 시간적 경과를 나타내려고 한다.

본서의 집필과정에서 필자는 가능한 한 복잡한 법률적 표현을 생략하도록 노력하였다. 판례의 문장 속에는 '피고인', '피해자', '공소외인(公訴外人)' 등과 같은 표현이 수시로 등장한다. 그러나 본서의 '사실관계' 및 '사건의 경과' 부분에서는 피고인의 경우는 갑, 을 등으로, 그 밖의 사람이나 사물은 원칙적으로 A, B, C 등으로 익명처리하여 표현하였다. 법률적 쟁점의 구성과 관련하여 피고인의 변호인이 주장한 항소이유나 상고이유도 특별한 사정이 없으면 이를 피고인의 입장을 대변한 것으로 보아 모두 "갑은 …… 라고 주장하였다"는 식으로 정리하였다.

아울러서 예컨대 '1,234,567원' 등과 같이 판결문에 상세히 표기된 부분은 '120만원' 등으로 뭉뚱그려 정리하였고, 판결문 본문에 괄호로 묶어서 표기된 참고판례의 선고연월일 및 사건번호들은 특별한 경우가 아니면 이를 생략하였다. 아울러 판례원문에 나타나는 특징적 표현을 이용하여 판례마다 '사건명'을 붙여두었다. 이렇게 한 것은 모두 사안의 신속한 파악과 이해를 돕기 위함이다.

III. 판례의 배열순서

본서는 기존의 판례교재들과는 달리 판례를 강학상의 체계에 따라 배열하지 아니하였다. 필자의 교과서 『형사소송법』 제3판의 각주에 굵은 글씨로 판례를 표기해 놓은 것 자체가 이미 강학상의 체계에 따른 배열이라고 보았기 때문이다. 그 대신에 본서에서는 판례를 그의 고유번호라고 할 수 있는 '사건번호'에 따라서 배열하였다. 그 이유는 두 가지이다. 하나는 본서가 소위 '판례사전'과 같은 기능을 수행할 수 있도록 하기 위함이다. 독자들로서는 어떠한 교과서를 사용하더라도 그 책자에 수록된 판례의 사건번호를 확인하여 본서를 참조할 수 있을 것이다. 물론 지면의 한계로 본서가 완벽한 판례사전이 될 수는 없겠지만, 본서를 통하여 적어도 중요한 판례들은 찾아볼 수 있을 것이다.

사건번호를 중심으로 판례를 배열하면서 얻게 되는 또 하나의 소득은 한국 형사사법의 흐름을 조망할 수 있다는 점이다. 흔히들 최신판례라고 하여 선고연월일을 기준으로 판례를 배열하고는 한다. 그러나 조금만 더 생각해 보면 사건번호에 따른 배열에도 나름대로 의미가 있음을 알 수 있다. 사건번호는 법원에 사건이 접수되면서 부여되는 번호이다. 대법원판례를 기준으로 해서 보면, 적어도 그 사건번호 순서에 따라서 대법원에 문제점이 지적되고 주장되었음을 알 수 있다. 그에 대한 대법원의 판단은 때로는 신속하게, 때로는 뒤늦게 내려진다. 판단의 신속과 지연은 대법원이 처한 여러 가지 사정에 따라서 좌우된다. 그러나 문제의 이슈가 부각된 당시의 시점과 사회상황만큼은 확실하며 변동되지 않는다. 이러한 역사성을 사건번호는 제시한다.

본서는 형사소송법에 관한 주요판례들을 사건번호 순서에 따라서 배열하였다. 필자가 붙인 '코멘트'나 분석된 판결문 자체에서 언급되는 관련판례 가운데 본서에 분석·수록된 것에 대해서는, 필자가 『형사소송법』 제3판에서 그렇게 하였던 것처럼, 해당 판례의 사건번호를 굵은 글씨로 처리해 두었다. 이는 상호 참조를 가능하게 하기 위함이다. 한편 본서의 효율적 이용에 도움을 주기 위하여 사건번호에 따른 목차 이외에 사항별 색인, 선고일자에 따른 색인 등을 함께 수록해 두었다. 판례는 우리 형사소송법이 제정·실시된 1954년 이후부터 2005년 상반기까지의 대법원판례 및 헌법재판소판례 가운데 의미 있다고 생각되는 것들을 골라서 수록하였다.

본서는 제목을 『판례분석 형사소송법』이라고 붙이고 있다. '판례분석'이라고 이름붙인 것은 기존의 판례원문을 잘게 쪼개서 독자의 이해를 높이려고 한 의도를 가리킨다. 그렇지만 동시에 대법원판결문이나 헌법재판소결정문을 자의적(恣意的)으로 분해함으로써 판례의 원취지가 잘못 전달될 염려도 있다. 혹시 이와 같은 일이 일어난다면 그것은 전적으로 본서를 집필한 필자의 책임이다. 이 점과 관련하여 독자 여러분들의 많은 질정(叱正)과 비판을 기대한다.

그와 동시에 한 가지 지적하고 싶은 것은 인터넷이나 판례DVD 등을 통하여 과거보다는 훨씬 더 신속하고 용이하게 판례원문을 접할 수 있다는 사실이다. 형사소송법에 대한 이해도가 높은 독자들께는 가급적 판례원문의 일독을 권한다. 이러한 독자들이라면 본서를 판례원문을 읽어가기 위한 안내서 정도로 이용하면 좋을 것이다. 참고로 본서에 소개된 판례의 수록처 가운데 '집'은 '대법원판결(례)집'을, '공'은 '법원(판례)공보'를, '총람'은 '판례총람'을, '헌집'은 '헌법재판소판례집'을, '헌공'은 '헌법재판소공보'를 각각 가리킨다. 구체적인 판례인용의 방식은 필자의 교과서 『형사소송법』 제3판 앞부분에 적어 두었다.

Ⅳ. 감사의 인사

본서의 출간에 있어서 여러 분들의 도움을 받았다. 무엇보다도 본서의 교정에 헌신적인 노력과 정성을 쏟아준 서울대학교 대학원 석사과정의 이상훈 군에게 감사를 표한다. 또한 같은 대학원 박사과정의 김현숙 양, 김영중 군과 석사과정의 오지영 양도 많은 도움을 주었다. 법문사의 현근택 차장님, 김영훈 차장님 그리고 동국문화사의 이정은 선생님께도 여러 가지로 도움을 받았다. 이분들 모두에게 감사의 인사를 전한다.

필자는 형사소송법에 관한 주요판례를 보다 쉽게 이해할 수 있는 길잡이로서 본서가 독자들께 조금이라도 도움이 되었으면 하는 바람을 가지고 있다. 그와 함께 본서가 우리 판례를 통한 한국 형사소송법학의 토착화에 미력이나마 기여가 되기를 소망하고 있다. 이와 같은 바람과 소망이 독자들께 공감될 수 있기를 기원하면서, 그리고 그와 동시에 장황한 집필의 변(辯)을 끝까지 읽어주신 독자 여러분들께 감사를 표하면서 이만 머리말을 마무리하기로 한다.

2005년 10월
관악산 연구실에서

필자 씀

사항별 목차

제1편 수사절차

Ⅰ. 수사절차 일반

[91헌마42] 검찰사건사무규칙의 법적 성질 / 광업권 고소 재기수사 사건·······32
[2004도5561] 직권남용죄와 검사동일체의 원칙 / 검찰총장 내사중단 지시 사건·······90
[2006헌바69] 인권옹호에 관한 검사의 지휘 범위 / 인권옹호방해죄 위헌심판 사건·······135
[2007도1903] 함정수사의 판단기준 / 취객 상대 부축빼기 사건·······145
[2007도4961] 검찰사건사무규칙의 법적 성질 / 기명날인 공소장 사건·······159
[2007도9481] 검사 수사지휘권의 범위 / 유치장 호송 명령 사건·······194
[2007헌마992] 변호인 접견권의 한계 / 대기실 접견신청 사건·······205
[2008도7724] 특별사법경찰관리의 수사권한 / 출입국관리소장 고발 사건·······258
[2008도11999] 검사 수사지휘권의 한계 / 인권옹호방해죄 사건·······305
[2011도12918] 검사의 객관의무 / 영장집행 검사 폭행 사건·······685
[2012도3927] 검사직무대리의 직무범위 / 중소기업 금융자문업자 사건·······752
[2013모160] 피의자신문과 조사수인의무 / 국정원 조사실 구인 사건·······859

Ⅱ. 고소 · 고발

(1) 고소 · 고발 일반

[87도1707] 고소능력과 고소기간 / 철들어 고소 사건·······15
[92헌마262] 고소사건과 피해자의 범위 / 정당 플래카드 철거 사건·······37
[96도2151] 고소의 객관적 효력범위 / 협박죄 고소취소 사건·······47
[2007도4962] 고소능력과 고소기간 / 생활지도원 상담 사건·······161
[2007도4977] 고소의 효력발생 시점 / 고소장 돌려받기 사건·······164
[2008도4762] 즉고발사건과 고소불가분의 원칙 / 리니언시 고발 사건·······230
[2008도7462] 친고죄와 고소불가분의 원칙 / 나이키 포스터 현수막 사건·······253
[2008도7724] 즉고발사건 고발의 법적 성질 / 출입국관리소장 고발 사건·······258
[2008헌바40] 고소취소기한 제한과 평등권 / 형소법 232조 위헌소원 사건·······341
[2009도6058] 친고죄 고소취소와 소송능력 / 법정대리인 동의 논란 사건·······381
[2009도7166] 고발사실의 특정 정도 / 금지금 폭탄영업 사건·······398
[2010도11550] 고소대리의 허용범위 / 피고인 처 합의서 사건·······559
[2011도2170] 친족상도례와 친족의 범위 / 사돈간 사기 사건·······627
[2011도4451] 친고죄와 고소불가분의 원칙 / 편의점 앞 여아 사건·······639

(2) 간통죄의 고소

[82도2074] 간통죄 고소의 유효조건 / 피고인 먼저 고소 사건·············· 6
[84도709] 간통죄 고소의 방식 / 엄벌요구 진정서 사건·············· 8
[89도54] 간통죄와 고소의 특정 / 2회 간통 공소기각 사건·············· 21
[89도112] 간통죄와 공소사실의 특정 / '시내 불상지 간통' 사건·············· 22
[90도603] 간통죄 고소의 특정방법 / 가출 배우자 발견 사건·············· 25
[94도774] 간통죄 고소의 법적 성질 / 이혼소송 소장각하 사건·············· 42
[2006도7939] 간통죄 고소의 유효조건 / 협의이혼 후 이혼소송 취하 사건·············· 115
[2007도4977] 간통 고소와 간통의 종용 및 유서 / 고소장 돌려받기 사건·············· 164
[2008도984] 간통 종용과 고소의 유효조건 / 위자료 청구 인낙 사건·············· 219
[2009도7681] 간통죄 고소의 유효조건 / 고소인 재차 혼인 사건·············· 424
[2009도9112] 간통죄 고소의 취소시점 / 환송 후 고소취소 사건·············· 425
[2009도12446] 간통고소의 고소권자 / 식물인간 배우자 사건·············· 445

III. 수사상 강제처분 (위법수집증거배제법칙 항목 상호 참조)

(1) 체포 · 구속

[2006모646] 영장재판의 불복방법 / 네 번째 영장기각 사건·············· 126
[2009도526] 위법수집증거배제법칙의 원칙과 예외 / 구속영장 미제시 사건·············· 360
[2009도6717] 위법수집증거배제법칙과 주장적격 / 성매매 용의자 강제연행 사건·············· 387
[2009헌바8] 구속사유와 구속의 필요성 / 형소법 70조 2항 위헌소원 사건·············· 495
[2010도2094] 음주측정 연행과 위법수집증거 / 후사경 접촉사고 음주측정 사건·············· 512
[2010도6203] 불심검문과 유형력 행사의 한계 / 부평동 자전거 검문 사건·············· 541
[2010헌마672] 사후영장 불비와 영장주의 / 퇴거불응 현행범체포 사건·············· 600
[2011도3682] 현행범 체포의 요건 / 경찰관 모욕 체포 사건·············· 633
[2011도7193] 체포시 권리고지의 시점 / 법원 앞 옥외집회 사건·············· 657
[2012도9937] 범죄예방조치의 적법성 요건 / 중국동포 말다툼 사건·············· 772
[2012도11162] 음주측정 목적 연행의 법적 성질 / 봉담지구대 불봉 사건·············· 776
[2012도13611] 위법한 채뇨절차와 파생증거의 증거능력 / 바지 내리는 투숙객 사건·············· 794

(2) 압수 · 수색 · 검증

[84모38] 피해자 환부의 요건 / 가나리 압수 보관 사건·············· 9
[96헌가11] 음주측정의 법적 성질 / 취객 음주측정 불응 사건·············· 48
[2002헌가17] 지문채취의 법적 성질 / 지문 거부 즉결심판 사건·············· 76
[2007도3061] 위법수집증거배제법칙의 적용범위 / 제주지사실 압수수색 사건·············· 149
[2008도5531] 위드마크 측정과 증거능력 / 사고 직후 소주 마시기 사건·············· 233
[2008도10914] 현행범체포시의 압수와 사후영장 / 인터넷 스와핑 카페 사건·············· 286
[2009도526] 위법수집증거배제법칙의 원칙과 예외 / 구속영장 미제시 사건·············· 360
[2009도2109] 강제채혈과 위법수집증거배제법칙 / 응급실 강제채혈 사건·············· 364

[2009도4545] 영상데이터와 유체물 / 음란 위성방송 시청 사건·······················373
[2009도10092] 임의제출물 압수의 요건 / 피해자 쇠파이프 제출 사건·················429
[2009도10412] 공소제기 후의 강제수사 / 100만 원 자기앞수표 뇌물 사건··········431
[2009도11401] 긴급체포시의 압수 요건 / 외사과 경찰관 압수 사건·················436
[2009도14376] 체포와 무영장 압수·수색 / 집 앞 20m 체포 사건·················457
[2009모1190] 정보저장매체 압수·수색 방법 / 전교조 이메일 사건···············466
[2009헌가30] 통신제한조치 연장과 통신의 비밀 / 통비법 제8조 위헌소원 사건·······471
[2011도1902] 임의제출물의 압수 방법 / 방호벽 2차 충돌 사건·················618
[2011도15258] 강제채혈과 영장주의 / 음주 오토바이 사건······················696
[2011헌마351] 압수물 폐기의 범위와 한계 / 압수 과도 폐기 사건··············723
[2012도4644] 통신비밀보호법과 감청의 범위 / 제3자 광고문자 사건············756
[2012도7455] 전기통신감청의 의의와 성질 / 패킷 감청 사건···················764
[2012도13607] 위법수집 파생증거의 증거능력 / 백화점 구두 절도 사건·········789
[2013도2511(5)] 해외촬영 사진의 증거능력 / 공작원 접촉 사진 사건············840
[2013도5214] 영장의 집행과 간수자 참여 / 경영기획실 압수 방해 사건········851
[2013도7718] 국제우편물과 영장주의 / 인천공항 우편검사과 사건·············856

IV. 피의자·피고인의 방어권

(1) 변호인의 조력을 받을 권리

[2006모657] 접견교통권 제한과 준항고 / 단독 접견신청 거부 사건···············129
[2006헌마1131] 검사의 접견금지결정과 헌법소원 / '기소시까지 접견금지' 사건······133
[2007헌마992] 변호인 접견권의 한계 / 대기실 접견신청 사건··················205
[2008모793] 변호인 신문참여권의 한계 / 떨어져 앉기 사건···················309
[2009도6788] 변호사의 증언거부권과 형소법 314조 / 법무법인 의견서 사건····391
[2009모1044] 국선변호인의 조력을 받을 권리 / 국선변호인 항소이유서 미제출 사건··463
[2009헌마341] 변호인 접견교통권의 제한 / 시간 대 시간대 사건···············490
[2010도3359] 조서작성의 적법한 절차와 방식 / 공항 리무진 삥땅 사건········516
[2012도6027] 변호사 변론행위의 한계 / 보이스피싱 허위자백 사건············758
[2012도16334] 항소심과 국선변호인의 선정 / 부모 사망 탄원서 사건···········812
[2013도351] 재량에 의한 국선변호인 선정 / 포터 화물차 보험사기 사건······820
[2013도4114] 국선변호인 선정과 항소장 제출기간 / 뒤늦은 국선변호 선정 사건····848

(2) 진술거부권

[96헌가11] 음주측정 거부와 진술거부권 / 취객 음주측정 불응 사건············48
[2008도8213] 진술거부권의 적용범위 / 공범사건 피고인 진술조서 사건········270
[2008도11437] 진술거부권 불고지와 2차 증거의 증거능력 / 가방 강도 자백 사건··293
[2010도3359] 조서작성의 적법한 절차와 방식 / 공항 리무진 삥땅 사건········516
[2011도8125] 진술거부권의 발생시점 / 청도발 인천행 필로폰 사건············664

(3) 무죄추정의 원칙

[2010헌마418] 무죄추정원칙의 적용범위 / 지방자치법 헌법불합치결정 사건·····················591

V. 증거보전

[71도974] 증거보전절차와 전심재판 / 증거보전 판사 항소심 사건································ 2
[86도1646] 공범자에 대한 증거보전신청 / 치안본부 구내식당 사건····························· 11

제 2 편 수사종결 및 공소제기

I. 소추재량권에 대한 통제

[88헌마3] 불기소처분에 대한 헌법소원 / 융모상피암 환자 사망 사건······················ 17
[89헌마145] 고발사건과 헌법소원 / 암소 1마리 잘취 사건·································· 23
[90모44] 재정신청절차와 기피신청 / 고소인 처 증인신청 사건························· 28
[90헌마20] 고발사건과 헌법소원 / 도시계획 공무원 사건······························· 29
[92헌마262] 고소사건과 피해자의 범위 / 정당 플래카드 철거 사건·················· 37
[2008헌마414] 재정신청 이유기재와 재판청구권 / 형소법 260조 4항 위헌소원 사건··········· 330
[2008헌마578] 재정신청 기각결정에 대한 불복 / 형소법 262조 4항 한정위헌 사건··········· 334
[2009도224] 기소결정의 위법과 불복방법 / 버스 경매 배당이의 사건···················· 357
[2009헌마47] 고발사건 검찰재항고와 헌법소원 / 호반 주택 고발 사건··················· 474
[2009헌마205] 기소유예처분과 헌법소원 / 비뇨기과 병원장 사건························· 479
[2012모1090] 공소제기결정에 대한 불복방법 / 공소제기결정 재항고 사건·················· 816

II. 공소제기

(1) 공소제기 일반

[96도2151] 공소불가분의 원칙 / 협박죄 고소취소 사건······························· 47
[2007도2595] 포괄일죄 추가기소의 법적 성질 / 협박범행 추가기소 사건················· 147
[2008도7848] 판단유탈과 직권파기 / 세신업자 고소 사건····························· 262
[2008도11813] 공소제기의 방식 / '공소장으로 갈음' 사건····························· 298
[2009도10412] 공소제기 후의 강제수사 / 100만 원 자기앞수표 뇌물 사건·············· 431
[2010도9737] 과형상 일죄와 과형상 수죄 / 농협 선거용 조합원 교육 사건············· 552
[2011도1442] 택일관계와 범죄사실의 단일성 / 인테리어 공사업자 사건··············· 613
[2012도534] 공소제기후 참고인진술서의 증거능력 / 호텔 이동 경로 사건············· 733
[2012도2087] 상상적 경합과 추가기소 / 저축은행 배임 사건························· 739
[2012도13665] 증언 번복 피의자신문조서의 증거능력 / 지게차 절취 사건············· 801

(2) 공소장 기재방식

[2006도7342] 공소사실의 특정성 / '불상지 불상량 투여' 사건·····················111
[2007도4961] 검찰사건사무규칙의 법적 성질 / 기명날인 공소장 사건·················159
[2008도6950] 문서위조죄와 공소사실의 특정 / 외국대학 박사학위 사건··············241
[2008도10914] 마약류범죄와 공소사실의 특정 / 인터넷 스와핑 카페 사건···········286
[2009도9] 적용법조 누락과 하자의 치유 / 집시법 해산명령 사건·····················353
[2009도7166] 공소사실의 특정 정도 / 금지금 폭탄영업 사건·························398
[2010도12950] 불고불리의 원칙과 적용법조 / 신문발전 보조금 사건··············570
[2010도16001] 포괄일죄와 공소사실의 특정 / 유화업체 담합 사건·················579
[2010도17052] 기명날인 누락 공소장의 효과 / 부동문자 검사 기재 사건·········585

(3) 공소장일본주의

[83도1979] 공소장과 기타 사실의 기재 / 시효완성 사실 기재 사건·················7
[92도1751] 공소장일본주의와 여죄의 기재 / 트레이딩 회사 사채모집 사건·········35
[2007도3906] 약식절차와 공소장일본주의 / 먹살잡이 상해 사진 사건···········156
[2008도7375] 즉결심판절차와 공소장일본주의 / 정재청구 후 조서작성 사건······249
[2009도7436] 공소장일본주의 위반의 법적 효과 / 14쪽짜리 공소장 사건··········403

Ⅲ. 공소시효

[96도1088] 포괄일죄와 공소시효의 기산점 / 한약업사 진료 사건·················46
[98도4621] 공범사건과 공소시효의 정지 / 토지사기 공범 사건·················56
[2008도4376] 법률의 개정과 공소시효 / 특가법 포탈세액 개정 사건·············229
[2010도5605] 형벌법규 위헌결정과 소급효 / 특경법 합헌결정 번복 사건·········528
[2010도16001] 포괄일죄와 공소시효 기산점 / 유화업체 담합 사건·············579
[2011도8462] 국외체류와 공소시효 정지 / 일본 밀항 사건·····················674

Ⅳ. 공소장변경

(1) 공소장변경의 허부

[93도680] 공소사실의 동일성 판단기준 / 염산에페드린 은닉 사건··············41
[97도2463] 항소심 공소장변경과 사건이송 / 상습사기 공소사실 추가 사건·······55
[2006도736] 공소사실의 동일성과 사물관할 / 상습도박 대 특가법사기 사건······104
[2007도2595] 포괄일죄 추가기소의 법적 성질 / 협박범행 추가기소 사건·········147
[2008도11921] 공소장변경의 허용한계 / 태안 기름유출 사건·················301
[2011도769] 공소장변경과 공소사실의 동일성 / 차용금 대 투자금 사건·········609
[2011도14986] 공소장변경과 공소사실의 동일성 / 타인 행세 이동통신 가입 사건···692
[2012도2087] 상상적 경합과 추가기소 / 저축은행 배임 사건·················739
[2013도1658] 사물관할과 공소장변경 / 대출사기 공소장변경 사건·············826

(2) 공소장변경의 요부

[92도1751] 공소장변경의 필요성 / 트레이딩 회사 사채모집 사건·············· 35
[2003도1366] 공소장변경과 직권판단의무 / 장물취득 대 장물보관 사건·············· 88
[2007도1220] 공소장변경의 필요성 / 피가름 설교 사건·············· 138
[2008도11042] 공소장변경의 필요성 / 비례대표 추천 대가 사건·············· 291
[2009도7166] 공소장변경의 필요성 / 금지금 폭탄영업 사건·············· 398
[2009도10701] 공소장변경 없는 직권판단 / 농지법 위반 이중매매 사건·············· 434
[2010도12950] 불고불리의 원칙과 적용법조 / 신문발전 보조금 사건·············· 570
[2010도14391] 직권 사실인정과 석명권 행사 / 유사성교 직권인정 사건·············· 575

V. 공소취소

[2008도9634] 공소취소와 재기소금지의 범위 / 세금계산서 합계표 사건·············· 278

제 3 편   공판절차

I. 공판절차 일반

(1) 소송주체

[91도3317] 면책특권의 소송법적 효과 / 국시 논쟁 사건·············· 30
[97도2463] 항소심 공소장변경과 사건이송 / 상습사기 공소사실 추가 사건·············· 55
[2006도736] 공소사실의 동일성과 사물관할 / 상습도박 대 특가법사기 사건·············· 104
[2006초기335] 직근 상급법원의 결정기준 / 심급관할 대 관할구역 사건·············· 132
[2008도11040] 정당 대표의 당사자능력 / 정당 대표 기소 사건·············· 290
[2008헌바81] 법정경찰권과 소송지휘권의 차이 / 녹음불허 불복 사건·············· 350
[2009모1032] 국민참여재판을 받을 권리 / 기한 도과 후의 의사확인서 사건·············· 460
[2010도750] 양형조사의 법적 성질 / 법원 조사관 보고서 사건·············· 506
[2010도5986] 통치행위에 대한 사법판단 / 긴급조치 위헌무효 사건·············· 531
[2011도1094] 공시송달과 불출석재판 / 1회 공시송달 재판 사건·············· 610
[2011도6507] 외국인의 국외범과 재판권 / 캐나다 교포 선물투자 사건·············· 651
[2011도12927] 토지관할과 현재지의 요건 / 소말리아 해적 사건·············· 688
[2013도1658] 사물관할과 공소장변경 / 대출사기 공소장변경 사건·············· 826
[2013도2714] 위법한 공시송달의 효과 / 재소자 공시송달 사건·············· 845

(2) 기피신청

[71도974] 증거보전절차와 전심재판 / 증거보전 판사 항소심 사건·············· 2
[86모48] 기피신청의 요건 / 기피신청후 퇴직 사건·············· 14
[90모44] 재정신청절차와 기피신청 / 고소인 처 증인신청 사건·············· 28

[2007도10121] 기피신청과 전심절차 / 방북 교수 기피신청 사건·····················197
[2010도13583] 통역인의 제척사유 / 사실혼관계 통역인 사건·····················574

II. 공판절차의 진행

(1) 증거개시와 공판준비

[2009모1032] 국민참여재판을 받을 권리 / 기한 도과 후의 의사확인서 사건·····················460
[2009헌마257] 증거개시명령 불복과 헌법소원 / 용산참사 헌법소원 사건·····················481
[2011도7106] 국민참여재판을 받을 권리와 의사확인 / 7일 전 공판 진행 사건·····················655
[2012도1284] 문서촉탁신청과 증거개시의 범위 / 폭력조직 불기소결정문 사건·····················735

(2) 공판기일 — 증인·감정인

[2000도2933] 수사 경찰관의 증인적격 / 나이트클럽 앞 싸움 사건·····················60
[2005도7601] 공동피고인의 증인적격 / 절도범 대 장물범 사건·····················94
[2007도6273] 증언거부권 불고지의 법적 효과 / 전처 위증 사건·····················176
[2008도942] 증언거부권 불고지의 법적 효과 / 쌍방상해 위증 사건·····················215
[2008도3300] 공범인 공동피고인의 허위진술 / 게임방 종업원 공동피고인 사건·····················225
[2009도9344] 반대신문권의 보장과 책문권 포기 / 퇴정 피고인 반대신문권 사건·····················427
[2009도13197] 국회 위증과 증언거부권 / 국회 문광위 위증 사건·····················446
[2011도1902] 감정절차의 적법성 / 방호벽 2차 충돌 사건·····················618
[2011도11994] 유죄 확정된 사람과 증언거부권 / '재심청구 예정' 사건·····················681
[2012도2937 (2)] 유도신문과 책문권의 포기 / 친일재산 소송 변호사 사건·····················746
[2013도2511 (1)] 증인신문과 공개재판의 원칙 / 수사관 비공개 증인신문 사건·····················828
[2013도2511 (5)] 차폐시설 증언의 증거능력 / 공작원 접촉 사진 사건·····················840

(3) 증거조사

[2007도6129] 사경 면전 영상녹화물의 증거능력 / 녹음·녹화 요약서 사건·····················173
[2009도13846] 정보저장매체의 증거조사방법 / 확성기 승합차 집회 사건·····················448
[2011도1902] 감정절차의 적법성 / 방호벽 2차 충돌 사건·····················618
[2011도3809] 수사보고서의 증거능력 / 과테말라 출장 수사 사건·····················635
[2011도8325] 검사작성 피의자신문조서의 증거능력 / 고용유지지원금 사기 사건·····················668
[2011헌바108] 아청법 영상녹화물과 반대신문권 / 아청법 증거특례 합헌 사건·····················727
[2012도7461] 사인 녹취록의 증거능력 / 구청장 조정 압력 사건·····················767
[2013도2511 (2)] 정보저장매체 원본성 확인방법 / 이적표현 MP3파일 사건·····················831
[2013도2511 (4)] 증거물인 서면의 증거조사 / 이적표현물 증거조사 사건·····················838

(4) 법원의 강제처분

[2007헌바25] 미결구금일수의 전부 통산 / 형법 57조 위헌결정 사건·····················209
[2008헌가13] 상소심 미결구금일수의 전부통산 / 형소법 482조 헌법불합치결정 사건·····················326

[2009도10412] 공소제기 후의 강제수사 / 100만 원 자기앞수표 뇌물 사건·····················431
[2009모1190] 정보저장매체 압수·수색 방법 / 전교조 이메일 사건·····················466
[2009헌바8] 구속사유와 구속의 필요성 / 형소법 70조 2항 위헌소원 사건·····················495
[2011헌가36] 구속집행정지 즉시항고 위헌결정 / 모친상 구속집행정지 사건·····················717

(5) 변론의 병합, 분리, 재개

[2009헌바351] 변론병합의 법적 성질 / 화물운송회사 지입차량 사건·····················500

(6) 공판조서

[86도1646] 공판조서의 모순된 기재 / 치안본부 구내식당 사건·····················11
[2007도3906] 공판조서의 열람 지체와 증거능력 / 멱살잡이 상해 사진 사건·····················156
[2007도10058] 공판조서의 절대적 증명력 / 증거동의 오기 주장 사건·····················196
[2007도10121] 공판조서의 절대적 증명력 / 방북 교수 기피신청 사건·····················197
[2011도15869] 공판조서 열람·등사청구권 / 항소심 공판조서 열람불허 사건·····················705

Ⅲ. 증   거 (제4편 증거법의 항목에서 별도로 취급함)

Ⅳ. 재   판

(1) 유죄판결

[2000도2704] 소년사건과 소년 요건의 법적 성질 / 소년감경 추가 사건·····················58
[2007헌바25] 미결구금일수의 전부 통산 / 형법 57조 위헌결정 사건·····················209
[2009도11448] 양형기준의 법적 성질 / 양형기준 소급적용 사건·····················439
[2010도7410] 양형기준과 항소심 판단방법 / 항소심 양형기준 이탈 사건·····················545
[2011도1442] 택일관계와 범죄사실의 단일성 / 인테리어 공사업자 사건·····················613
[2011도12041] 자수 주장에 대한 판단 요부 / 차용금 주장 번복 사건·····················683
[2012도3927] 상상적 경합범의 처리방법 / 중소기업 금융자문업자 사건·····················752
[2012도11586] 공범자에 대한 몰수 / 성매매 5층 건물 사건·····················783

(2) 기타 재판

[2007모726] 재판서 경정의 요건 / 미결구금일수 과다산입 사건·····················202
[2008도7562] 헌법불합치결정과 무죄판결 / 집시법 헌법불합치결정 사건·····················256
[2009도9] 적용법조 누락과 하자의 치유 / 집시법 해산명령 사건·····················353
[2010도5605] 형벌법규 위헌결정과 소급효 / 특경법 합헌결정 번복 사건·····················526
[2010도5986] 위헌법령과 무죄판결 / 긴급조치 위헌무효 사건·····················531
[2010도9737] 과형상 일죄와 과형상 수죄 / 농협 선거용 조합원 교육 사건·····················552
[2011도2170] 친족상도례와 친족의 범위 / 사돈간 사기 사건·····················627
[2011초기689] 폐지된 위헌 법령과 무죄판결 / 긴급조치 형사보상청구 사건·····················711

V. 확정판결의 효력

[2006도4322] 범칙금 납부와 불처벌의 범위 / 자동차용품점 앞 교통사고 사건 ·················· 108

[2008도9685] 포괄일죄와 기판력의 범위 / 천막 재설치 사건 ··························· 280

[2009도12249] 범죄사실의 동일성 판단기준 / 노점상 자리 다툼 사건 ··················· 442

[2009도14263] 확정판결 효력범위의 판단기준 / 보험사기 후속 기소 사건 ················ 456

[2010도3950] 범죄사실 동일성의 판단기준 / 양평군 임야 중개 사건 ···················· 526

[2010도6090] 포괄일죄의 동일성 판단기준 / 스포츠 마사지 약식명령 사건 ·············· 542

[2010도9317] 확정판결의 분리 / 공익요원 무단결근 사건 ·························549

[2010도10985] 확정판결과 경합범의 분리 / 공무방해 마약사범 사건 ·················554

[2011도1651] 확정판결과 범죄사실의 동일성 / 무허가 주택조합 청약원 사건 ··········615

[2011도10626] 확정재판의 불가변력 / 약식명령 재심청구 사건 ····················678

제4편 증 거 법

I. 증거재판주의

[2006도2556] 전문증거의 성립요소 / 문자메세지 사진 사건 ······················· 105

[2006도7915] 허위사실의 입증방법 / '감사중단 지시' 사건 ······················· 112

[2007도3906] 전문법칙과 사진의 증거능력 / 멱살잡이 상해 사진 사건 ·············· 156

[2008도5531] 과학공식 사용과 엄격한 증명 / 사고 직후 소주 마시기 사건 ·········· 233

[2009도2338] 과학적 연구결과와 엄격한 증명 / 사료용 표시 색소 사건 ············· 368

[2009도2453] 몰수·추징액 산정과 엄격한 증명 / 중국 선박운항허가 로비 사건 ······ 370

[2009도4949] 허위사실 인식의 거증책임 / 자동차 과급기 특허분쟁 사건 ············ 376

[2009도6602] 사경 면전 공범 피의자신문조서의 증거능력 / 50일 후 공범 사망 사건 ·· 385

[2009도11448] 양형기준의 법적 성질 / 양형기준 소급적용 사건 ················· 439

[2009도12132] 허위사실의 증명방법 / 유학원 설명회 사건 ····················· 440

[2010도750] 양형조사의 법적 성질 / 법원 조사관 보고서 사건 ················· 506

[2010도1189] 목적범과 검사의 증명책임 / 실천연대 자료집 사건 ················· 510

[2011도1902] 간접사실에 의한 증명 / 방호벽 2차 충돌 사건 ·················· 618

[2011도6507] 외국인의 국외범과 재판권 / 캐나다 교포 선물투자 사건 ············· 651

[2011도9721] 공모관계의 입증방법 / 딱지어음 사기 사건 ···················· 676

[2012도7377] 의제강간죄와 엄격한 증명 / 12세 여중생 강간 사건 ·············· 761

II. 자유심증주의

[2001도4091] 자백의 신빙성 판단기준 / 민원사무처리부 사건 ···················· 64

[2003도705] 자백과 진술의 임의성 입증방법 / 농협조합장 금품선거 사건 ········· 86

[2004도7900] 참고인 진술의 임의성 / 연예기획사 운전기사 사건 ················ 91

[2007도1755] 사실오인과 채증법칙위반의 구별 / 검찰청 소변검사 사건 ··········· 140

[2007도4977] 간통사실의 입증방법 / 고소장 돌려받기 사건························ 164

[2007도5389] 범죄사실 증명과 합리적 의심 / 대리운전사 급발진 사건·············· 170

[2008도7917] 제1심과 항소심의 관계 / 잠든 청소년 항거불능 사건················· 263

[2009도4949] 허위사실 인식의 거증책임 / 자동차 과급기 특허분쟁 사건············ 376

[2009도14065] 국민참여재판과 항소심의 관계 / 금목걸이 강취 참여재판 사건········ 452

[2010도12728] 자유심증주의의 한계 / 유리컵 상해 사건························· 565

[2011도1902] 과학적 증거방법의 증명력 / 방호벽 2차 충돌 사건··············· 618

[2011도15653] 확정판결 인정사실의 증명력 / 고등학교 상해치사 사건············· 703

[2013도351] 자유심증주의의 한계 / 포터 화물차 보험사기 사건············· 820

Ⅲ. 전문법칙과 직접심리주의

(1) 형소법 제310조의2 — 전문법칙 일반

[2000도2933] 수사보고서의 법적 성질 / 나이트클럽 앞 싸움 사건··············· 60

[2003도171] 재전문진술의 증거능력 / 사기죄 전문증거 사건················· 83

[2005도9730] 공판중심주의와 직접심리주의 / 보도방 접객원 사건··············· 95

[2006도2556] 전문증거의 성립요소 / 문자메세지 사진 사건·················· 105

[2008도7917] 공판중심주의와 실질적 직접심리주의 / 잠든 청소년 항거불능 사건········ 263

[2008도8007] 전문증거 여부의 판단방법 / 건축허가 알선수재 사건············· 268

[2010도11030] 문서사본의 증거능력 / 노동조합 업무수첩 사건··············· 557

[2011도3809] 수사보고서의 증거능력 / 과테말라 출장 수사 사건·············· 635

[2012도2937 (3)] 전문증거의 판단방법 / 체육관부지 사기 사건················· 748

[2013도2511 (3)] 정보저장매체와 전문법칙 / 북경 면담 MP3파일 사건············ 835

(2) 형소법 제312조 — 수사기관의 조서

[87도2692] 검증조서 기재 진술의 증거능력 / 상해치사 검증조서 사건·········· 16

[90도1229] 증거동의와 내용부인의 관계 / 폭행사실 번복 사건··············· 26

[2000도2933] 수사보고서의 법적 성질 / 나이트클럽 앞 싸움 사건·············· 60

[2001도4091] 검사 피신조서와 서명·날인 누락 / 민원사무처리부 사건············ 64

[2007도1794] 검증조서 진술의 증거능력 / 건초더미 낫 살인 사건·············· 143

[2007도6129] 사경 면전 영상녹화물의 증거능력 / 녹음·녹화 요약서 사건········· 173

[2007도7760] 진정성립 진술의 철회와 취소 / 의견진술 단계 동의 번복 사건········ 188

[2008도6985] 진술번복 용 진술조서의 증거능력 / 회칼 협박 특수강간 사건········· 244

[2008도8213] 피고인진술조서의 증거능력 / 공범사건 피고인 진술조서 사건········ 270

[2009도6602] 사경 면전 공범 피의자신문조서의 증거능력 / 50일 후 공범 사망 사건······· 385

[2010도3359] 조서작성의 적법한 절차와 방식 / 공항 리무진 뺑땅 사건············ 516

[2011도3809] 참고인 진술조서의 증거능력 / 과테말라 출장 수사 사건··········· 635

[2011도8325] 검사작성 피의자신문조서의 증거능력 / 고용유지지원금 사기 사건······· 668

[2011도12918] 실질적 진정성립 – 부정례 / 영장집행 검사 폭행 사건············· 685

[2011헌바108] 아청법 영상녹화물과 반대신문권 / 아청법 증거특례 합헌 사건········ 727

[2012도534] 공소제기후 참고인진술서의 증거능력 / 호텔 이동 경로 사건 ························ 733

[2012도2937 (4)] 특신상태의 증명방법 / 친일재산 소송 변호사 사건 ························ 749

[2012도13665] 증언 번복 피의자신문조서의 증거능력 / 지게차 절취 사건 ························ 801

(3) 형소법 제313조 — 일반 서류

[4293형상247] 의사 진단서의 증거능력 / 진단서 형소 315조 주장 사건 ························ 1

[2000도2933] 수사보고서의 법적 성질 / 나이트클럽 앞 싸움 사건 ························ 60

[2006도8869] 녹음테이프의 증거능력 / 정당협의회 식사대금 사건 ························ 124

[2007도3906] 전문법칙과 사진의 증거능력 / 멱살잡이 상해 사진 사건 ························ 156

[2007도7257] 디지털 저장매체 출력 문건의 증거능력 / '일심회' 국가보안법 위반 사건 ········· 180

[2009도14525] 녹취록의 증거능력 인정요건 / 병원 감금 각서 강요 사건 ························ 458

[2010도3504] 형소법 제313조와 전문법칙 / 통일학교 자료집 사건 ························ 521

[2010도7497] 녹취록의 증거능력 / 학부모 정신병 발언 사건 ························ 547

[2012도2937 (1)] 고소장의 증거능력 / 친일재산 소송 변호사 사건 ························ 744

[2012도7461] 사인 녹취록의 증거능력 / 구청장 조정 압력 사건 ························ 767

[2012도16001] 정보저장매체 출력문건과 전문법칙 / 선거운동원 출력문건 사건 ········· 805

(4) 형소법 제314조 — 원진술자 진술불능 서면

[2009도6788] 변호사의 증언거부권과 형소법 제314조 / 법무법인 의견서 사건 ························ 391

[2010도12] 형소법 제314조의 적용요건 / 필로폰 구매자 소재불명 사건 ························ 504

[2011도3809] 참고인 진술조서의 증거능력 / 과테말라 출장 수사 사건 ························ 635

[2011도7757] 가명 진술조서의 증거능력 / 덤프트럭 배차료 사건 ························ 661

[2013도1435] 형소법 제314조와 소재불명 / 여종업원 귀걸이 사건 ························ 823

[2013도2511 (6)] 형소법 314조와 외국거주 요건 / 북한 공작원 진술서 사건 ········· 843

(5) 형소법 제315조 — 당연히 증거능력 있는 서면

[4293형상247] 의사 진단서의 증거능력 / 진단서 형소 315조 주장 사건 ························ 1

[2007도3219] 업무상 작성된 통상문서 / 성매매 메모리카드 사건 ························ 153

[2007도7257] 영사증명서의 증거능력 / '일심회' 국가보안법 위반 사건 ························ 180

[2010도11030] 문서사본의 증거능력 / 노동조합 업무수첩 사건 ························ 557

[2011도5459] 체포·구속인접견부의 증거능력 / 성폭행 부인진술 탄핵 사건 ························ 648

(6) 형소법 제316조 — 구두의 전문진술

[2008도6985] 참고인 조사자 증언의 증거능력 / 회칼 협박 특수강간 사건 ························ 244

[2011도5459] 조사자 증언의 증거능력 / 성폭행 부인진술 탄핵 사건 ························ 648

(7) 형소법 제317조 — 진술의 임의성

[2003도705] 자백과 진술의 임의성 입증방법 / 농협조합장 금품선거 사건 ························ 86

[2004도7900] 참고인 진술의 임의성 / 연예기획사 운전기사 사건 ························ 91

(8) 형소법 제318조, 제318조의3 — 증거동의

[90도1229] 증거동의와 진정성 요건 / 폭행사실 번복 사건·······················26
[2007도3906] 증거동의의 취소와 철회 / 멱살잡이 상해 사진 사건···············156
[2007도5776] 증거동의의 간주 / 조수석 문짝 손괴 사건·······················171
[2007도7760] 진정성립 진술의 철회와 취소 / 의견진술 단계 동의 번복 사건·······188
[2007도10058] 공판조서의 절대적 증명력 / 증거동의 오기 주장 사건···········196
[2010도11030] 문서사본의 증거능력 / 노동조합 업무수첩 사건···············557
[2013도3] 증거동의의 주체 / 변호인 번복 동의 사건·······················817

(9) 형소법 제318조의2 — 탄핵증거

[2011도5459] 탄핵증거의 허용범위 / 성폭행 부인진술 탄핵 사건···············648
[2012도7467] 탄핵증거의 성립요건 / 매매형식 뇌물제공 사건···············770

Ⅳ. 자백법칙

(1) 자백배제법칙

[77도210] 자백배제법칙과 파생증거의 증거능력 / 압수된 망치 사건·············3

(2) 자백보강법칙

[95도1794] 경합범과 보강증거 / 메스암페타민 5회 투약 사건···············44
[2001도4091] 자백과 보강증거의 정도 / 민원사무처리부 사건···············64
[2007도7835] 자백보강법칙 위반의 법적 효과 / 불법 비자 모집 사건···········191
[2010도11272] 고의 입증과 자백의 보강법칙 / '운전하지 못할 우려' 사건·······562
[2013도5893] 공범자의 자백과 자백보강법칙 / 간통 대 강간 사건···········853

Ⅴ. 위법수집증거배제법칙 (수사상 강제처분 항목 상호 참조)

[2006도8839] 비밀녹음 보도와 정당행위 주장 / 안기부 X파일 사건···········117
[2007도3061] 위법수집증거배제법칙의 적용범위 / 제주지사실 압수수색 사건·····149
[2008도1584] 사인의 위법수집증거와 위법수집증거배제법칙 / 업무수첩 절취 사건·····222
[2008도3990] 사인 수집 증거와 위법수집증거배제법칙 / 배우자 원룸 침입 사건·····227
[2008도8213] 위법수집증거배제법칙과 주장적격 문제 / 공범사건 피고인 진술조서 사건·····270
[2008도10914] 현행범체포시의 압수와 사후영장 / 인터넷 스와핑 카페 사건·······286
[2008도11437] 위법수집증거의 예외적 허용 / 가방 강도 자백 사건···········293
[2009도526] 위법수집증거배제법칙의 원칙과 예외 / 구속영장 미제시 사건·······360
[2009도2109] 강제채혈과 위법수집증거배제법칙 / 응급실 강제채혈 사건·······364
[2009도6717] 위법수집증거배제법칙과 주장적격 / 성매매 용의자 강제연행 사건·····387
[2009도10092] 임의제출물 압수의 요건 / 피해자 쇠파이프 제출 사건·········429
[2009도10412] 공소제기 후의 강제수사 / 100만 원 자기앞수표 뇌물 사건·······431

[2009도11401] 긴급체포시의 압수 요건 / 외사과 경찰관 압수 사건 ························ 436
[2009도14376] 체포와 무영장 압수 · 수색 / 집 앞 20㎜ 체포 사건 ····················· 457
[2010도2094] 음주측정 연행과 위법수집증거 / 후사경 접촉사고 음주측정 사건 ············ 512
[2011도1902] 임의제출물의 압수 방법 / 방호벽 2차 충돌 사건 ························· 618
[2011도3809] 외국 수사와 위법수집증거배제법칙 / 과테말라 출장 수사 사건 ············· 635
[2011도8125] 진술거부권의 발생시점 / 청도발 인천행 필로폰 사건 ····················· 664
[2011도15258] 강제채혈과 영장주의 / 음주 오토바이 사건 ···························· 696
[2012도7455] 영장집행과 통지의 범위 / 패킷 감청 사건 ····························· 764
[2012도13607] 위법수집 파생증거의 증거능력 / 백화점 구두 절도 사건 ·················· 789
[2012도13611] 위법한 채뇨절차와 파생증거의 증거능력 / 바지 내리는 특수객 사건 ········ 794
[2013도2511 (5)] 해외촬영 사진의 증거능력 / 공작원 접촉 사진 사건 ·················· 840
[2013도7718] 국제우편물과 영장주의 / 인천공항 우편검사과 사건 ····················· 856

제 5 편   상소절차

Ⅰ. 상소제도 일반

(1) 상소 일반

[92감도10] 변호인 상소권의 법적 성질 / 치료감호 당일 상고포기 사건 ················ 34
[97도2463] 항소심 공소장변경과 사건이송 / 상습사기 공소사실 추가 사건 ············· 55
[2001도6138] 상고심의 기능과 위상 / 반성 없는 선고유예 사건 ····················· 68
[2007도6793] 무죄판결과 상소이익 / 공소기각판결 상고 사건 ······················· 178
[2008도10572] 상급심 판단의 기속력 / 동업자 부인 공갈 사건 ······················ 282
[2008헌가13] 상소심 미결구금일수의 전부통산 / 형소법 482조 헌법불합치결정 사건 ······ 326
[2009도14065] 국민참여재판과 항소심의 관계 / 금목걸이 강취 참여재판 사건 ··········· 452
[2011도4451] 부착명령사건과 상소 의제 / 편의점 앞 여아 사건 ····················· 639
[2011도5313] 공판중심주의와 실질적 직접심리주의 / 제보자 법정증언 사건 ············· 644
[2011도6705] 치료감호사건과 상소 의제 / 치료감호 상소이익 사건 ··················· 653
[2011도15484] 국민참여재판과 항소심에서의 하자 치유 / 항소심 참여재판 안내 사건 ····· 700
[2011도15914] 상고기각결정의 확정시점 / 석유사범 상고기각결정 사건 ················· 708
[2011도16166] 항소심의 불출석 재판 / 정식재판 항소심 불출석 사건 ················· 710

(2) 상소의 종류

[2006모646] 영장재판의 불복방법 / 네 번째 영장기각 사건 ························· 126
[2007모726] 항소심 결정에 대한 불복방법 / 미결구금일수 과다산입 사건 ············· 202
[2008도7917] 제1심과 항소심의 관계 / 잠든 청소년 항거불능 사건 ················· 263
[2008헌마578] 재정신청 기각결정에 대한 불복 / 형소법 262조 4항 한정위헌 사건 ······ 334
[2008헌바67] 형사항소심의 구조 / 파기자판 위헌 시비 사건 ······················· 347

[2009도14065] 국민참여재판과 항소심의 관계 / 금목걸이 강취 참여재판 사건·················· 452
[2010도7410] 양형기준과 항소심 판단방법 / 항소심 양형기준 이탈 사건················· 545
[2010헌마499] 즉시항고와 재판받을 권리 / 항소기각결정 즉시항고 사건·················· 598

(3) 상소장과 상소이유서

[2007모601] 항고이유서 제출기회의 보장 / 송부 즉일 항고기각 사건················· 201
[2007도1755] 사실오인과 채증법칙위반의 구별 / 검찰청 소변검사 사건················· 140
[2008도5634] 상고이유서 기재방법 / 10억 원 합의서 날인 사건·················· 238
[2009모1044] 국선변호인의 조력을 받을 권리 / 국선변호인 항소이유서 미제출 사건·········· 463
[2010도759] 부적법 상고이유서와 상고기각결정 / 벌금 감액 요청 사건············· 508
[2012도16334] 항소심과 국선변호인의 선정 / 부모 사망 탄원서 사건············· 812
[2013도4114] 국선변호인 선정과 항소장 제출기간 / 뒤늦은 국선변호 선정 사건·········· 848

Ⅱ. 상소이유와 직권조사사유

[2007도1755] 사실오인과 채증법칙위반의 구별 / 검찰청 소변검사 사건·················· 140
[2008도1092] 항소이유와 직권판단의 관계 / 도리어 감경 사건·················· 221
[2008도7848] 판단유탈과 직권파기 / 세신업자 고소 사건················· 262
[2009도11448] 양형기준의 법적 성질 / 양형기준 소급적용 사건················· 439
[2010도15986] 항소이유 철회의 효과 / '양형부당 남기고 철회' 사건············· 578
[2011도4451] 항소이유의 철회 방법 / 편의점 앞 여아 사건················· 639
[2011도6705] 상고이유의 상호관계 / 치료감호 상소이익 사건··············· 653

Ⅲ. 상소불가분의 원칙

[2008도5596] 몰수·추징과 상소불가분의 원칙 / 향정의약품 매매 알선 사건·············· 235
[2008도8922] 상상적 경합범의 일부 상소 / 중대장 심의기구 무고 사건·············· 275
[2008도11921] 실체적 경합범과 파기의 범위 / 태안 기름유출 사건············· 301
[2010도10985] 일부상소의 법적 효과 / 공무방해 마약사범 사건··········· 554
[2011도453] 부수처분과 판결파기의 범위 / 공개명령 부칙 확대실시 사건·········· 606
[2011도4451] 부착명령사건과 상소 의제 / 편의점 앞 여아 사건················ 639
[2011도6705] 치료감호사건과 상소 의제 / 치료감호 상소이익 사건············· 653
[2011도14257] 부착명령과 상소불가분의 원칙 / 부착명령 보호관찰 사건············ 691

Ⅳ. 불이익변경금지의 원칙

[2010도16939] 전자장치 부착명령과 불이익변경금지 / '친딸이라는 이유' 사건·················· 583
[2011도14986] 약식명령과 불이익변경금지원칙 / 타인 행세 이동통신 가입 사건·················· 692

제6편 특별절차와 형집행

I. 재 심

[2005모472] 새로운 증거의 신규성과 명백성 / 무정자증 강간범 사건·······························99

[2008재도11 (결정)] 사법경찰관의 직무범죄와 재심사유 / 조봉암 재심청구 사건·················· 311

[2008재도11 (판결)] 재심심판과 적용법령 / 조봉암 재심판결 사건······························316

[2010도5986] 재심사건에 대한 적용법령 / 긴급조치 위헌무효 사건·····························531

[2010모363] 재심사유와 새로운 증거의 범위 / 긴급조치 9호 재심청구 사건·················· 587

[2010헌바98] 재심절차의 구조 / 재심청구 변호사 위헌제청 사건······························· 605

[2011도2631] 재심개시결정과 재심판결의 관계 / 반공법 피의자 불법체포 사건················ 628

[2011도10626] 재심절차의 대상 / 약식명령 재심청구 사건································· 678

II. 비상상고

[2010오1] 비상상고와 파기자판 / 보호관찰 밖 부착명령 사건··························· 589

III. 약식절차와 즉결심판절차

[2007도3906] 약식절차와 공소장일본주의 / 멱살잡이 상해 사진 사건····························· 156

[2007도5776] 약식명령과 불출석재판 / 조수석 문짝 손괴 사건···························· 171

[2008도7375] 즉결심판절차와 공소장일본주의 / 정재청구 후 조서작성 사건···················· 249

[2011도14986] 약식명령과 불이익변경금지원칙 / 타인 행세 이동통신 가입 사건················· 692

[2012도12843] 정식재판청구사건과 불출석 재판 / 교통사고 시비 폭행 사건······················ 786

IV. 형의 집행

[2012도2349] 형집행장의 집행방법 / 벌금미납자 도로상 단속 사건····························· 742

[2012도11586] 공범자에 대한 몰수 / 성매매 5층 건물 사건··························783

판례번호순 목차

[4293형상247] 의사 진단서의 증거능력 / 진단서 형소 315조 주장 사건
 1960. 9. 14. 4293형상247, 판례총람 형소 313조 1번 ·································· 1

[71도974] 증거보전절차와 전심재판 / 증거보전 판사 항소심 사건
 1971. 7. 6. 71도974, 집 19②, 형54 ··· 2

[77도210] 자백배제법칙과 파생증거의 증거능력 / 압수된 망치 사건
 1977. 4. 26. 77도210, 공 1977, 10046 ··· 3

[82도2074] 간통죄 고소의 유효조건 / 피고인 먼저 고소 사건
 1982. 12. 14. 82도2074, 공 1983, 318 ·· 6

[83도1979] 공소장과 기타 사실의 기재 / 시효완성 사실 기재 사건
 1983. 11. 8. 83도1979, 공 1984, 55 ··· 7

[84도709] 간통죄 고소의 방식 / 엄벌요구 진정서 사건
 1984. 6. 26. 84도709, 공 1984, 1330 ·· 8

[84모38] 피해자 환부의 요건 / 가나리 압수 보관 사건
 1984. 7. 16. 84모38, 공 1984, 1461 ··· 9

[86도1646] 공범자에 대한 증거보전신청, 공판조서의 모순된 기재 / 치안본부 구내식당 사건
 1988. 11. 8. 86도1646, 공 1988, 1549 ·· 11

[86모48] 기피신청의 요건 / 기피신청후 퇴직 사건
 1986. 9. 24. 86모48, 공 1986, 1426 ·· 14

[87도1707] 고소능력과 고소기간 / 철들어 고소 사건
 1987. 9. 22. 87도1707, 공 1987, 1681 ·· 15

[87도2692] 검증조서 기재 진술의 증거능력 / 상해치사 검증조서 사건
 1988. 3. 8. 87도2692, 공 1993, 1481 ··· 16

[88헌마3] 불기소처분에 대한 헌법소원 / 융모상피암 환자 사망 사건
 1989. 4. 17. 88헌마3, 헌집 1, 31 ·· 17

[89도54] 간통죄와 고소의 특정 / 2회 간통 공소기각 사건
 1989. 9. 12. 89도54, 공 1989, 1528 ·· 21

[89도112] 간통죄와 공소사실의 특정 / '시내 불상지 간통' 사건
 1989. 6. 13. 89도112, 공 1989, 1103 ··· 22

[89헌마145] 고발사건과 헌법소원 / 암소 1마리 갈취 사건
 1989. 12. 22. 89헌마145, 헌집 1, 413 ··· 23

[90도603] 간통죄 고소의 특정방법 / 가출 배우자 발견 사건
 1990. 9. 28. 90도603, 공 1990, 2245 ·· 25

[90도1229] 증거동의와 내용부인의 관계, 증거동의와 진정성 요건 / 폭행사실 번복 사건
1990. 10. 26. 90도1229, 공 1990, 2475 ·· 26

[90모44] 재정신청절차와 기피신청 / 고소인 처 증인신청 사건
1990. 11. 2. 90모44, 공 1991, 669 ·· 28

[90헌마20] 고발사건과 헌법소원 / 도시계획 공무원 사건
1990. 12. 26. 90헌마20, 헌집 2, 487 ·· 29

[91도3317] 면책특권의 소송법적 효과 / 국시 논쟁 사건
1992. 9. 22. 91도3317, 공 1992, 3038 ··· 30

[91헌마42] 검찰사건사무규칙의 법적 성질 / 광업권 고소 재기수사 사건
1991. 7. 8. 91헌마42, 헌집 3, 380 ·· 32

[92감도10] 변호인 상소권의 법적 성질 / 치료감호 당일 상고포기 사건
1992. 4. 14. 92감도10, 공 1992, 1649 ··· 34

[92도1751] 공소장일본주의와 여죄의 기재, 공소장변경의 필요성 / 트레이딩 회사 사채모집 사건
1992. 9. 22. 92도1751, 공 1992, 3043 ··· 35

[92헌마262] 고소사건과 피해자의 범위 / 정당 플래카드 철거 사건
1993. 7. 29. 92헌마262, 헌집 5②, 211 ·· 37

[93도680] 공소사실의 동일성 판단기준 / 염산에페드린 은닉 사건
1994. 9. 23. 93도680, 공 1994, 2901 ·· 41

[94도774] 간통죄 고소의 법적 성질 / 이혼소송 소장각하 사건
1994. 6. 10. 94도774, 공 1994, 1990 ·· 42

[95도1794] 경합범과 보강증거 / 메스암페타민 5회 투약 사건
1996. 2. 13. 95도1794, 공1996, 1022 ··· 44

[96도1088] 포괄일죄와 공소시효의 기산점 / 한약업사 진료 사건
1996. 10. 25. 96도1088, 공 1996, 3493 ·· 46

[96도2151] 고소의 객관적 효력범위, 공소불가분의 원칙 / 협박죄 고소취소 사건
1996. 9. 24. 96도2151, 공 1996, 3265 ··· 47

[96헌가11] 음주측정 거부와 진술거부권, 음주측정의 법적 성질 / 취객 음주측정 불응 사건
1997. 3. 27. 96헌가11, 헌집 9①, 245 ·· 48

[97도2463] 항소심 공소장변경과 사건이송 / 상습사기 공소사실 추가 사건
1997. 12. 12. 97도2463, 공 1998, 362 ··· 55

[98도4621] 공범사건과 공소시효의 정지 / 토지사기 공범 사건
1999. 3. 9. 98도4621, 공 1999, 706 ·· 56

[2000도2704] 소년사건과 소년 요건의 법적 성질 / 소년감경 추가 사건
2000. 8. 18. 2000도2704, 공 2000, 2040 ·· 58

[2000도2933] 수사보고서의 법적 성질, 수사 경찰관의 증인적격 / 나이트클럽 앞 싸움 사건
2001. 5. 29. 2000도2933, 공 2001, 1547 ·· 60

[2001도4091] 검사 피신조서와 서명 · 날인 누락, 자백과 보강증거의 정도, 자백의 신빙성 판단기준 /
민원사무처리부 사건
2001. 9. 28. 2001도4091, 공 2001, 2408 ·· 64

[2001도6138] 상고심의 기능과 위상 / 반성 없는 선고유예 사건
2003. 2. 20. 2001도6138 전원합의체 판결, 공 2003, 876 ···················· 68

[2001모85] 구속영장의 효력범위 / 시스컴 신주 처분 사건
2001. 5. 25. 2001모85, 공 2001, 1541 ··· 73

[2002헌가17] 지문채취의 법적 성질 / 지문 거부 즉결심판 사건
2004. 9. 23. 2002헌가17 · 18(병합), 헌집 16②상, 379 ······················· 76

[2003도171] 재전문진술의 증거능력 / 사기죄 전문증거 사건
2004. 3. 11. 2003도171, 공 2004, 664 ·· 83

[2003도705] 자백과 진술의 임의성 입증방법 / 농협조합장 금품선거 사건
2003. 5. 30. 2003도705, 공 2003, 1494 ··· 86

[2003도1366] 공소장변경과 직권판단의무 / 장물취득 대 장물보관 사건
2003. 5. 13. 2003도1366, 공 2003, 1411 ·· 88

[2004도5561] 직권남용죄와 검사동일체의 원칙 / 검찰총장 내사중단 지시 사건
2007. 6. 14. 2004도5561, 공 2007, 1108 ·· 90

[2004도7900] 참고인 진술의 임의성 / 연예기획사 운전기사 사건
2006. 11. 23. 2004도7900, 공 2007, 78 ··· 91

[2005도7601] 공동피고인의 증인적격 / 절도범 대 장물범 사건
2006. 1. 12. 2005도7601, 공 2006, 277 ··· 94

[2005도9730] 공판중심주의와 직접심리주의 / 보도방 접객원 사건
2006. 12. 8. 2005도9730, 공 2007, 162 ··· 95

[2005모472] 새로운 증거의 신규성과 명백성 / 무정자증 강간범 사건
2009. 7. 16. 2005모472 전원합의체 결정, 공 2009하, 1390 ················ 99

[2006도736] 공소사실의 동일성과 사물관할 / 상습도박 대 특가법사기 사건
2008. 10. 23. 2006도736, 공 2008하, 1622 ······································· 104

[2006도2556] 전문증거의 성립요소 / 문자메세지 사진 사건
2008. 11. 13. 2006도2556, 공 2008하, 1704 ····································· 105

[2006도4322] 범칙금 납부와 불처벌의 범위 / 자동차용품점 앞 교통사고 사건
2007. 4. 12. 2006도4322, 공 2007, 738 ·· 108

[2006도7342] 공소사실의 특정성 / '불상지 불상량 투여' 사건
2007. 1. 25. 2006도7342, 공 2007, 397 ·· 111

[2006도7915] 허위사실의 입증방법 / '감사중단 지시' 사건
2008. 11. 13. 2006도7915, [공보불게재] ·· 112

[2006도7939] 간통죄 고소의 유효조건 / 협의이혼 후 이혼소송 취하 사건
2007. 1. 25. 2006도7939, 공 2007, 407 ·· 115

[2006도8839] 비밀녹음 보도와 정당행위 주장 / 안기부 X파일 사건
2011. 3. 17. 2006도8839 전원합의체 판결, 공 2011상, 846 ·· 117

[2006도8869] 녹음테이프의 증거능력 / 정당협의회 식사대금 사건
2007. 3. 15. 2006도8869, 공 2007, 585 ·· 124

[2006모646] 영장재판의 불복방법 / 네 번째 영장기각 사건
2006. 12. 18. 2006모646, 공 2007, 172 ·· 126

[2006모657] 접견교통권 제한과 준항고 / 단독 접견신청 거부 사건
2007. 1. 31. 2006모657, [공보불게재] ·· 129

[2006초기335] 직근 상급법원의 결정기준 / 심급관할 대 관할구역 사건
2006. 12. 5. 2006초기335 전원합의체 결정, 공 2007, 455 ·· 132

[2006헌마1131] 검사의 접견금지결정과 헌법소원 / '기소시까지 접견금지' 사건
2007. 5. 31. 2006헌마1131, 헌집 19①, 774 ·· 133

[2006헌바69] 인권옹호에 관한 검사의 지휘 범위 / 인권옹호방해죄 위헌심판 사건
2007. 3. 29. 2006헌바69, 헌집 19①, 258 ·· 135

[2007도1220] 공소장변경의 필요성 / 피가름 설교 사건
2008. 10. 9. 2007도1220, 공 2008하, 1561 ·· 138

[2007도1755] 사실오인과 채증법칙위반의 구별 / 검찰청 소변검사 사건
2008. 5. 29. 2007도1755, 공 2008하, 946 ·· 140

[2007도1794] 검증조서 진술의 증거능력 / 건초더미 낫 살인 사건
2007. 4. 26. 2007도1794, [미간행] ·· 143

[2007도1903] 함정수사의 판단기준 / 취객 상대 부축빼기 사건
2007. 5. 31. 2007도1903, 공 2007, 1016 ·· 145

[2007도2595] 포괄일죄 추가기소의 법적 성질 / 협박범행 추가기소 사건
2007. 8. 23. 2007도2595, 공 2007, 1504 ·· 147

[2007도3061] 위법수집증거배제법칙의 적용범위 / 제주지사실 압수수색 사건
2007. 11. 15. 2007도3061 전원합의체 판결, 공 2007하, 1974 ·· 149

[2007도3219] 업무상 작성된 통상문서 / 성매매 메모리카드 사건
2007. 7. 26. 2007도3219, 공 2007, 1418 ·· 153

[2007도3906] 약식절차와 공소장일본주의, 공판조서의 열람 지체와 증거능력,
전문법칙과 사진의 증거능력, 증거동의의 취소와 철회 / 멱살잡이 상해 사진 사건
2007. 7. 26. 2007도3906, [공보불게재] ·· 156

[2007도4961] 검찰사건사무규칙의 법적 성질 / 기명날인 공소장 사건
2007. 10. 25. 2007도4961, 공 2007하, 1889 ·· 159

[2007도4962] 고소능력과 고소기간 / 생활지도원 상담 사건
2007. 10. 11. 2007도4962, 공 2007, 1790 ·· 161

[2007도4977] 고소의 효력발생 시점, 간통 고소와 간통의 종용 및 유서, 간통사실의 입증방법 /
고소장 돌려받기 사건
2008. 11. 27. 2007도4977, 공 2008하, 1828 ·· 164

[2007도5389] 범죄사실 증명과 합리적 의심 / 대리운전사 급발진 사건
2008. 6. 12. 2007도5389, 공 2008하, 1007 ···································· 168

[2007도5776] 증거동의의 간주, 약식명령과 불출석재판 / 조수석 문짝 손괴 사건
2010. 7. 15. 2007도5776, 공 2010하, 1686 ···································· 171

[2007도6129] 사경 면전 영상녹화물의 증거능력 / 녹음·녹화 요약서 사건
2007. 10. 25. 2007도6129, [공보불게재] ··· 173

[2007도6273] 증언거부권 불고지의 법적 효과 / 전처 위증 사건
2010. 2. 25. 2007도6273, 공 2010상, 690 ····································· 176

[2007도6793] 무죄판결과 상소이익 / 공소기각판결 상고 사건
2008. 5. 15. 2007도6793, 공 2008상, 878 ····································· 178

[2007도7257] 디지털 저장매체 출력 문건의 증거능력, 영사증명서의 증거능력 /
'일심회' 국가보안법 위반 사건
2007. 12. 13. 2007도7257, 공 2008상, 80 ····································· 180

[2007도7760] 진정성립 진술의 철회와 취소 / 의견진술 단계 동의 번복 사건
2008. 7. 10. 2007도7760, 공 2008하, 1200 ···································· 188

[2007도7835] 자백보강법칙 위반의 법적 효과 / 불법 비자 모집 사건
2007. 11. 29. 2007도7835, 공 2008상, 2086 ·································· 191

[2007도9481] 검사 수사지휘권의 범위 / 유치장 호송 명령 사건
2009. 4. 9. 2007도9481, [미공개] ··· 194

[2007도10058] 공판조서의 절대적 증명력 / 증거동의 오기 주장 사건
2008. 4. 24. 2007도10058, 공 2008상, 815 ·································· 196

[2007도10121] 기피신청과 전심절차, 공판조서의 절대적 증명력 / 방북 교수 기피신청 사건
2010. 12. 9. 2007도10121, 공 2011상, 148 ···································· 197

[2007모601] 항고이유서 제출기회의 보장 / 송부 즉일 항고기각 사건
2008. 1. 2. 2007모601, 공 2008상, 247 ·· 201

[2007모726] 항소심 결정에 대한 불복방법, 재판서 경정의 요건 / 미결구금일수 과다산입 사건
2008. 4. 14. 2007모726, 공 2008상, 715 ······································ 202

[2007헌마992] 변호인 접견권의 한계 / 대기실 접견신청 사건
2009. 10. 29. 2007헌마992, 헌집 21②하, 288 ······························· 205

[2007헌바25] 미결구금일수의 전부 통산 / 형법 57조 위헌결정 사건
2009. 6. 25. 2007헌바25, 헌집 21①하, 784 ·································· 209

[2008도942] 증언거부권 불고지의 법적 효과 / 쌍방상해 위증 사건
2010. 1. 21. 2008도942 전원합의체 판결, 공 2010상, 465 ················· 215

[2008도984] 간통 종용과 고소의 유효조건 / 위자료 청구 인낙 사건
2009. 7. 9. 2008도984, 공 2009하, 1370·· 219

[2008도1092] 항소이유와 직권판단의 관계 / 도리어 감경 사건
2010. 12. 9. 2008도1092, 공 2011상, 154·· 221

[2008도1584] 사인의 위법수집증거와 위법수집증거배제법칙 / 업무수첩 절취 사건
2008. 6. 26. 2008도1584, [미간행]··· 222

[2008도3300] 공범인 공동피고인의 허위진술 / 게임방 종업원 공동피고인 사건
2008. 6. 26. 2008도3300, 공 2008하, 1487·· 225

[2008도3990] 사인 수집 증거와 위법수집증거배제법칙 / 배우자 원룸 침입 사건
2010. 9. 9. 2008도3990, 공 2010하, 1942·· 227

[2008도4376] 법률의 개정과 공소시효 / 특가법 포탈세액 개정 사건
2008. 12. 11. 2008도4376, 공 2009상, 59·· 229

[2008도4762] 즉고발사건과 고소불가분의 원칙 / 리니언시 고발 사건
2010. 9. 30. 2008도4762, 공 2010하, 2025·· 230

[2008도5531] 위드마크 측정과 증거능력, 과학공식 사용과 엄격한 증명 / 사고 직후 소주 마시기 사건
2008. 8. 21. 2008도5531, 공 2008하, 1324·· 233

[2008도5596] 몰수·추징과 상소불가분의 원칙 / 향정의약품 매매 알선 사건
2008. 11. 20. 2008도5596 전원합의체 판결, 공 2008하, 1817··········· 235

[2008도5634] 상고이유서 기재방법 / 10억 원 합의서 날인 사건
2009. 4. 9. 2008도5634, 공 2009상, 682··· 238

[2008도6950] 문서위조죄와 공소사실의 특정 / 외국대학 박사학위기 사건
2009. 1. 30. 2008도6950, 공 2009상, 279·· 241

[2008도6985] 참고인 조사자 증언의 증거능력, 진술번복 용 진술조서의 증거능력 /
회칼 협박 특수강간 사건
2008. 9. 25. 2008도6985, 공 2008하, 1513·· 244

[2008도7375] 즉결심판절차와 공소장일본주의 / 정재청구 후 조서작성 사건
2011. 1. 27. 2008도7375, 공 2011상, 519·· 249

[2008도7462] 친고죄와 고소불가분의 원칙 / 나이키 포스터 현수막 사건
2009. 1. 30. 2008도7462, [공보불게재]··· 253

[2008도7562] 헌법불합치결정과 무죄판결 / 집시법 헌법불합치결정 사건
2011. 6. 23. 2008도7562 전원합의체 판결, 공 2011하, 1487············· 256

[2008도7724] 특별사법경찰관리의 수사권한, 즉고발사건 고발의 법적 성질 / 출입국관리소장 고발 사건
2011. 3. 10. 2008도7724, 공 2011상, 782·· 258

[2008도7848] 판단유탈과 직권파기 / 세신업자 고소 사건
2009. 2. 12. 2008도7848, 공 2009상, 356·· 262

[2008도7917] 공판중심주의와 실질적 직접심리주의, 제1심과 항소심의 관계 / 잠든 청소년 항거불능 사건
2009. 1. 30. 2008도7917, [공보불게재]··· 263

[2008도8007] 전문증거 여부의 판단방법 / 건축허가 알선수재 사건
2008. 11. 13. 2008도8007, [미간행]·· 268

[2008도8213] 피고인진술조서의 증거능력, 진술거부권의 적용범위, 위법수집증거배제법칙과
주장적격 문제 / 공범사건 피고인 진술조서 사건
2009. 8. 20. 2008도8213, 공 2009하, 1579··· 270

[2008도8922] 상상적 경합범의 일부 상소 / 중대장 심의기구 무고 사건
2008. 12. 11. 2008도8922, 공 2009상, 72··· 275

[2008도9634] 공소취소와 재기소금지의 범위 / 세금계산서 합계표 사건
2009. 8. 20. 2008도9634, 공 2009하, 1582··· 278

[2008도9685] 포괄일죄와 기판력의 범위 / 천막 재설치 사건
2009. 2. 26. 2008도9685, [미간행]·· 280

[2008도10572] 상급심 판단의 기속력 / 동업자 부인 공갈 사건
2009. 4. 9. 2008도10572, 공 2009상, 685··· 282

[2008도10914] 현행범체포시의 압수와 사후영장, 마약류범죄와 공소사실의 특정 /
인터넷 스와핑 카페 사건
2009. 5. 14. 2008도10914, 공 2009상, 925··· 286

[2008도11040] 정당 대표의 당사자능력 / 정당 대표 기소 사건
2009. 5. 14. 2008도11040, 공 2009상, 930··· 290

[2008도11042] 공소장변경의 필요성 / 비례대표 추천 대가 사건
2009. 6. 11. 2008도11042, 공 2009하, 1158··· 291

[2008도11437] 위법수집증거의 예외적 허용, 진술거부권 불고지와 2차 증거의 증거능력 /
가방 강도 자백 사건
2009. 3. 12. 2008도11437, 공 2009상, 900··· 293

[2008도11813] 공소제기의 방식 / '공소장으로 갈음' 사건
2009. 2. 26. 2008도11813, 공 2009상, 428··· 298

[2008도11921] 공소장변경의 허용한계 / 실체적 경합범과 파기의 범위 / 태안 기름유출 사건
2009. 4. 23. 2008도11921, 공 2009상, 795··· 301

[2008도11999] 검사 수사지휘권의 한계 / 인권옹호방해죄 사건
2010. 10. 28. 2008도11999, [공보불게재]··· 305

[2008모793] 변호인 신문참여권의 한계 / 떨어져 앉기 사건
2008. 9. 12. 2008모793, 공 2008하, 1491··· 309

[2008재도11 (결정)] 사법경찰관의 직무범죄와 재심사유 / 조봉암 재심청구 사건
2010. 10. 29. 2008재도11 전원합의체 결정, 공 2011상, 63························· 311

[2008재도11 (판결)] 재심심판과 적용법령 / 조봉암 재심판결 사건
2011. 1. 20. 2008재도11 전원합의체 판결, 공 2011상, 508····················· 316

[2008헌가13] 상소심 미결구금일수의 전부통산 / 형소법 482조 헌법불합치결정 사건
2009. 12. 29. 2008헌가13, 2009헌가5(병합), 헌집 21②하, 710··············· 326

[2008헌마414] 재정신청 이유기재와 재판청구권 / 형소법 260조 4항 위헌소원 사건
2009. 12. 29. 2008헌마414, 헌공 제159호, 134 ·································· 330

[2008헌마578] 재정신청 기각결정에 대한 불복 / 형소법 262조 4항 한정위헌 사건
2011. 11. 24. 2008헌마578, 2009헌마41, 98(병합), 헌공 제182호, 1868 ············ 334

[2008헌바40] 고소취소기한 제한과 평등권 / 형소법 232조 위헌소원 사건
2011. 2. 24. 2008헌바40, 헌공 제173호, 338 ·································· 341

[2008헌바67] 형사항소심의 구조 / 파기자판 위헌 시비 사건
2010. 2. 25. 2008헌바67, 헌공 제161호, 505 ·································· 347

[2008헌바81] 법정경찰권과 소송지휘권의 차이 / 녹음불허 불복 사건
2011. 6. 30. 2008헌바81, 헌공 제177호, 897 ·································· 350

[2009도9] 적용법조 누락과 하자의 치유 / 집시법 해산명령 사건
2009. 8. 20. 2009도9, 공 2009하, 1584 ······································ 353

[2009도224] 기소결정의 위법과 불복방법 / 버스 경매 배당이의 사건
2010. 11. 11. 2009도224, 공 2010하, 2288 ··································· 357

[2009도526] 위법수집증거배제법칙의 원칙과 예외 / 구속영장 미제시 사건
2009. 4. 23. 2009도526, 공 2009상, 804 ······································ 360

[2009도2109] 강제채혈과 위법수집증거배제법칙 / 응급실 강제채혈 사건
2011. 4. 28. 2009도2109, 공 2011상, 1080 ··································· 364

[2009도2338] 과학적 연구결과와 엄격한 증명 / 사료용 표시 색소 사건
2010. 2. 11. 2009도2338, 공 2010상, 594 ····································· 368

[2009도2453] 몰수·추징액 산정과 엄격한 증명 / 중국 선박운항허가 로비 사건
2011. 5. 26. 2009도2453, 공 2011하, 1335 ··································· 370

[2009도4545] 영상데이터와 유체물 / 음란 위성방송 시청 사건
2010. 7. 15. 2009도4545, 공2010하, 1606 ··································· 373

[2009도4949] 허위사실 인식의 거증책임 / 자동차 과급기 특허분쟁 사건
2010. 10. 28. 2009도4949, 공 2010하, 2219 ································· 376

[2009도6058] 친고죄 고소취소와 소송능력 / 법정대리인 동의 논란 사건
2009. 11. 19. 2009도6058 전원합의체 판결, 공 2009하, 2129 ·············· 381

[2009도6602] 사경 면전 공범 피의자신문조서의 증거능력 / 50일 후 공범 사망 사건
2009. 11. 26. 2009도6602, [공보불게재] ····································· 385

[2009도6717] 위법수집증거배제법칙과 주장적격 / 성매매 용의자 강제연행 사건
2011. 6. 30. 2009도6717, 공 2011하, 1552 ··································· 387

[2009도6788] 변호사의 증언거부권과 형소법 제314조 / 법무법인 의견서 사건
2012. 5. 17. 2009도6788, 대법원 판례속보 ··································· 391

[2009도7166] 공소사실의 특정 정도, 고발사실의 특정 정도, 공소장변경의 필요성 /
금지금 폭탄영업 사건
2011. 11. 24. 2009도7166, [공보불게재] ····································· 398

[2009도7436] 공소장일본주의 위반의 법적 효과 / 14쪽짜리 공소장 사건
　2009. 10. 22. 2009도7436 전원합의체 판결, 공 2009하, 1921 ·············· 403

[2009도7681] 간통죄 고소의 유효조건 / 고소인 재차 혼인 사건
　2009. 12. 10. 2009도7681, 공 2010상, 185 ························· 424

[2009도9112] 간통죄 고소의 취소시점 / 환송 후 고소취소 사건
　2011. 8. 25. 2009도9112, 공 2011하, 1975 ······················· 425

[2009도9344] 반대신문권의 보장과 책문권 포기 / 퇴정 피고인 반대신문권 사건
　2010. 1. 14. 2009도9344, 공 2010상, 363 ························· 427

[2009도10092] 임의제출물 압수의 요건 / 피해자 쇠파이프 제출 사건
　2010. 1. 28. 2009도10092, 공 2010상, 474 ······················· 429

[2009도10412] 공소제기 후의 강제수사 / 100만 원 자기앞수표 뇌물 사건
　2011. 4. 28. 2009도10412, 공 2011상, 1084 ······················ 431

[2009도10701] 공소장변경 없는 직권판단 / 농지법 위반 이중매매 사건
　2011. 1. 27. 2009도10701, 공 2011상, 522 ······················· 434

[2009도11401] 긴급체포시의 압수 요건 / 외사과 경찰관 압수 사건
　2009. 12. 24. 2009도11401, 공 2010상, 298 ······················ 436

[2009도11448] 양형기준의 법적 성질 / 양형기준 소급적용 사건
　2009. 12. 10. 2009도11448, 공 2010상, 193 ······················ 439

[2009도12132] 허위사실의 증명방법 / 유학원 설명회 사건
　2010. 11. 25. 2009도12132, 공 2011상, 70 ······················· 440

[2009도12249] 범죄사실의 동일성 판단기준 / 노점상 자리 다툼 사건
　2011. 4. 28. 2009도12249, 공 2011상, 1089 ······················ 442

[2009도12446] 간통고소의 고소권자 / 식물인간 배우자 사건
　2010. 4. 29. 2009도12446, [공보불게재] ························· 445

[2009도13197] 국회 위증과 증언거부권 / 국회 문광위 위증 사건
　2012. 10. 25. 2009도13197, 공 2012하, 1977 ····················· 446

[2009도13846] 정보저장매체의 증거조사방법 / 확성기 승합차 집회 사건
　2011. 10. 13. 2009도13846, 공 2011하, 2392 ····················· 448

[2009도14065] 국민참여재판과 항소심의 관계 / 금목걸이 강취 참여재판 사건
　2010. 3. 25. 2009도14065, 공 2010상, 844 ······················· 452

[2009도14263] 확정판결 효력범위의 판단기준 / 보험사기 후속 기소 사건
　2010. 2. 25. 2009도14263, 공 2010상, 700 ······················· 456

[2009도14376] 체포와 무영장 압수·수색 / 집 앞 20m 체포 사건
　2010. 7. 22. 2009도14376, [공보불게재] ························· 457

[2009도14525] 녹취록의 증거능력 인정요건 / 병원 감금 각서 강요 사건
　2010. 3. 11. 2009도14525, 공 2010상, 778 ······················· 458

[2009모1032] 국민참여재판을 받을 권리 / 기한 도과 후의 의사확인서 사건
　2009. 10. 23. 2009모1032, 공 2009하, 1957 ······················ 460

[2009모1044] 국선변호인의 조력을 받을 권리 / 국선변호인 항소이유서 미제출 사건
2012. 2. 16. 2009모1044 전원합의체 결정, 공 2012상, 480·············· 463

[2009모1190] 정보저장매체 압수·수색 방법 / 전교조 이메일 사건
2011. 5. 26. 2009모1190, 공 2011하, 1342·············· 466

[2009헌가30] 통신제한조치 연장과 통신의 비밀 / 통비법 제8조 위헌소원 사건
2010. 12. 28. 2009헌가30, 헌공제171호, 54·············· 471

[2009헌마47] 고발사건 검찰재항고와 헌법소원 / 호반 주택 고발 사건
2009. 11. 26. 2009헌마47, 헌공 제158호, 2141·············· 474

[2009헌마205] 기소유예처분과 헌법소원 / 비뇨기과 병원장 사건
2010. 7. 29. 2009헌마205, 헌공 제166호, 1481·············· 479

[2009헌마257] 증거개시명령 불복과 헌법소원 / 용산참사 헌법소원 사건
2010. 6. 24. 2009헌마257, 헌집 22①하, 621·············· 481

[2009헌마341] 변호인 접견교통권의 제한 / 시간 대 시간대 사건
2011. 5. 26. 2009헌마341, 헌집 23-1하, 201·············· 490

[2009헌바8] 구속사유와 구속의 필요성 / 형소법 70조 2항 위헌소원 사건
2010. 11. 25. 2009헌바8, 헌집 22②하, 358·············· 495

[2009헌바351] 변론병합의 법적 성질 / 화물운송회사 지입차량 사건
2011. 3. 31. 2009헌바351, 헌공 제174호, 586·············· 500

[2010도12] 형소법 제314조의 적용요건 / 필로폰 구매자 소재불명 사건
2011. 11. 10. 2010도12, [공보불게재]·············· 504

[2010도750] 양형조사의 법적 성질 / 법원 조사관 보고서 사건
2010. 4. 29. 2010도750, [공보불게재]·············· 506

[2010도759] 부적법 상고이유서와 상고기각결정 / 벌금 감액 요청 사건
2010. 4. 20. 2010도759 전원합의체 결정, 공 2010상, 1054·············· 508

[2010도1189] 목적범과 검사의 증명책임 / 실천연대 자료집 사건
2010. 7. 23. 2010도1189 전원합의체 판결, 공 2010하, 1696·············· 510

[2010도2094] 음주측정 연행과 위법수집증거 / 후사경 접촉사고 음주측정 사건
2013. 3. 14. 2010도2094, 공 2013상, 688·············· 512

[2010도3359] 조서작성의 적법한 절차와 방식 / 공항 리무진 뺑땅 사건
2013. 3. 28. 2010도3359, 공 2013상, 801·············· 516

[2010도3504] 형소법 제313조와 전문법칙 / 통일학교 자료집 사건
2013. 2. 15. 2010도3504, 공 2013상, 528·············· 521

[2010도3950] 범죄사실 동일성의 판단기준 / 양평군 임야 중개 사건
2012. 5. 24. 2010도3950, 공 2012하, 1167·············· 526

[2010도5605] 형벌법규 위헌결정과 소급효 / 특경법 합헌결정 번복 사건
2011. 4. 14. 2010도5605, 공 2011상, 956·············· 528

[2010도5986] 재심사건에 대한 적용법령 / 위헌법령과 무죄판결, 통치행위에 대한 사법판단 /
긴급조치 위헌무효 사건
2010. 12. 16. 2010도5986 전원합의체 판결, 공 2011상, 259·················· 531

[2010도6090] 포괄일죄의 동일성 판단기준 / 스포츠 마사지 약식명령 사건
2011. 5. 26. 2010도6090, 공 2011하, 1345·················· 539

[2010도6203] 불심검문과 유형력 행사의 한계 / 부평동 자전거 검문 사건
2012. 9. 13. 2010도6203, 공 2012하, 1700·················· 541

[2010도7410] 양형기준과 항소심 판단방법 / 항소심 양형기준 이탈 사건
2010. 12. 9. 2010도7410, 2010전도44, 공 2011상, 172·················· 545

[2010도7497] 녹취록의 증거능력 / 학부모 정신병 발언 사건
2011. 9. 8. 2010도7497, 공 2011하, 2167·················· 547

[2010도9317] 확정판결의 분리 / 공익요원 무단결근 사건
2011. 3. 10. 2010도9317, 공 2011상, 785·················· 549

[2010도9737] 과형상 일죄와 과형상 수죄 / 농협 선거용 조합원 교육 사건
2011. 6. 24. 2010도9737, 공 2011하, 1500·················· 552

[2010도10985] 일부상소의 법적 효과, 확정판결과 경합범의 분리 / 공무방해 마약사범 사건
2010. 11. 25. 2010도10985, 공 2011상, 78·················· 554

[2010도11030] 문서사본의 증거능력 / 노동조합 업무수첩 사건
2011. 1. 27. 2010도11030, 공 2011상, 532·················· 557

[2010도11272] 고의 입증과 자백의 보강법칙 / '운전하지 못할 우려' 사건
2010. 12. 23. 2010도11272, 공 2011상, 281·················· 559

[2010도11550] 고소대리의 허용범위 / 피고인 처 합의서 사건
2010. 11. 11. 2010도11550, 2010전도83, 공 2010하, 2299·················· 562

[2010도12728] 자유심증주의의 한계 / 유리컵 상해 사건
2011. 1. 27. 2010도12728, 공 2011상, 540·················· 565

[2010도12950] 불고불리의 원칙과 적용법조 / 신문발전 보조금 사건
2012. 8. 23. 2010도12950, 공 2012하, 1633·················· 570

[2010도13583] 통역인의 제척사유 / 사실혼관계 통역인 사건
2011. 4. 14. 2010도13583, 공 2011상, 969·················· 574

[2010도14391] 직권 사실인정과 석명권 행사 / 유사성교 직권인정 사건
2011. 2. 10. 2010도14391, 2010전도119, 공 2011상, 606·················· 575

[2010도15986] 항소이유 철회의 효과 / '양형부당 남기고 철회' 사건
2011. 2. 10. 2010도15986, 공 2011상, 610·················· 578

[2010도16001] 포괄일죄와 공소사실의 특정, 포괄일죄와 공소시효 기산점 / 유화업체 담합 사건
2012. 9. 13. 2010도16001, 공 2012하, 1705·················· 579

[2010도16939] 전자장치 부착명령과 불이익변경금지 / '친딸이라는 이유' 사건
2011. 4. 14. 2010도16939, 2010전도159, 공 2011상, 972·················· 583

[2010도17052] 기명날인 누락 공소장의 효과 / 부동문자 검사 기재 사건
2012. 9. 27. 2010도17052, 공 2012하, 1768 ·· 585

[2010모363] 재심사유와 새로운 증거의 범위 / 긴급조치 9호 재심청구 사건
2013. 4. 18. 2010모363, 공 2013상, 976 ·· 587

[2010오1] 비상상고와 파기자판 / 보호관찰 밖 부착명령 사건
2011. 2. 24. 2010오1, 2010전오1, 공 2011상, 696 ·· 589

[2010헌마418] 무죄추정원칙의 적용범위 / 지방자치법 헌법불합치결정 사건
2010. 9. 2. 2010헌마418, 헌공 제167호, 1539 ·· 591

[2010헌마499] 즉시항고와 재판받을 권리 / 항소기각결정 즉시항고 사건
2011. 5. 26. 2010헌마499, 헌공 제176호, 856 ·· 598

[2010헌마672] 사후영장 불비와 영장주의 / 퇴거불응 현행범체포 사건
2012. 5. 31. 2010헌마672, 헌집 24①하, 652 ·· 600

[2010헌바98] 재심절차의 구조 / 재심청구 변호사 위헌제청 사건
2011. 2. 24. 2010헌바98, 헌공 제173호, 415 ·· 605

[2011도453] 부수처분과 판결파기의 범위 / 공개명령 부칙 확대실시 사건
2011. 4. 14. 2011도453, 2011전도12, 공 2011상, 980 ····································· 606

[2011도769] 공소장변경과 공소사실의 동일성 / 차용금 대 투자금 사건
2011. 4. 14. 2011도769, 공 2011상, 984 ·· 609

[2011도1094] 공시송달과 불출석재판 / 1회 공시송달 재판 사건
2011. 5. 13. 2011도1094, 공 2011상, 1247 ·· 610

[2011도1442] 택일관계와 범죄사실의 단일성 / 인테리어 공사업자 사건
2011. 5. 13. 2011도1442, 공 2011상, 1260 ·· 613

[2011도1651] 확정판결과 범죄사실의 동일성 / 무허가 주택조합 청약권 사건
2011. 6. 30. 2011도1651, 공 2011하, 1574 ·· 615

[2011도1902] 임의제출물의 압수 방법 / 감정절차의 적법성, 과학적 증거방법의 증명력,
간접사실에 의한 증명 / 방호벽 2차 충돌 사건
2011. 5. 26. 2011도1902, 공 2011하, 1352 ·· 618

[2011도2170] 친족상도례와 친족의 범위 / 사돈간 사기 사건
2011. 4. 28. 2011도2170, 공 2011상, 1115 ·· 627

[2011도2631] 재심개시결정과 재심판결의 관계 / 반공법 피의자 불법체포 사건
2013. 5. 16. 2011도2631 전원합의체 판결, 공 2013하, 1157 ··························· 628

[2011도3682] 현행범 체포의 요건 / 경찰관 모욕 체포 사건
2011. 5. 26. 2011도3682, 공 2011하, 1367 ·· 633

[2011도3809] 외국 수사와 위법수집증거배제법칙 / 참고인 진술조서의 증거능력,
수사보고서의 증거능력 / 과테말라 출장 수사 사건
2011. 7. 14. 2011도3809, 공 2011하, 1695 ·· 635

[2011도4451] 친고죄와 고소불가분의 원칙, 항소이유의 철회 방법, 부착명령사건과 상소 의제 / 편의점 앞 여아 사건
2011. 6. 24. 2011도4451, 2011전도76, 공 2011하, 1509 ·· 639

[2011도5313] 공판중심주의와 실질적 직접심리주의 / 제보자 법정증언 사건
2012. 6. 14. 2011도5313, 공 2012하, 1250 ··· 644

[2011도5459] 체포·구속인접견부의 증거능력, 탄핵증거의 허용범위, 조사자 증언의 증거능력 / 성폭행 부인진술 탄핵 사건
2012. 10. 25. 2011도5459, 미간행 ··· 648

[2011도6507] 외국인의 국외범과 재판권 / 캐나다 교포 선물투자 사건
2011. 8. 25. 2011도6507, 공 2011하, 1987 ··· 651

[2011도6705] 상고이유의 상호관계 / 치료감호사건과 상소 의제 / 치료감호 상소이익 사건
2011. 8. 25. 2011도6705, 2011감도20, 공 2011하, 1991 ····························· 653

[2011도7106] 국민참여재판을 받을 권리와 의사확인 / 7일 전 공판 진행 사건
2011. 9. 8. 2011도7106, 공 2011하, 2184 ·· 655

[2011도7193] 체포시 권리고지의 시점 / 법원 앞 옥외집회 사건
2012. 2. 9. 2011도7193, 공 2012상, 476 ·· 657

[2011도7757] 가명 진술조서의 증거능력 / 덤프트럭 배차료 사건
2012. 5. 24. 2011도7757, [미간행] ·· 661

[2011도8125] 진술거부권의 발생시점 / 청도발 인천행 필로폰 사건
2011. 11. 10. 2011도8125, 공 2011하, 2606 ··· 664

[2011도8325] 검사작성 피의자신문조서의 증거능력 / 고용유지지원금 사기 사건
2013. 3. 14. 2011도8325, 공 2013상, 699 ·· 668

[2011도8462] 국외체류와 공소시효 정지 / 일본 밀항 사건
2012. 7. 26. 2011도8462, 공 2012하, 1524 ·· 674

[2011도9721] 공모관계의 입증방법 / 딱지어음 사기 사건
2011. 12. 22. 2011도9721, 공 2012상, 207 ··· 676

[2011도10626] 재심절차의 대상 / 확정재판의 불가변력 / 약식명령 재심청구 사건
2013. 4. 11. 2011도10626, 공 2013상, 901 ··· 678

[2011도11994] 유죄 확정된 사람과 증언거부권 / '재심청구 예정' 사건
2011. 11. 24. 2011도11994, 공 2012상, 97 ··· 681

[2011도12041] 자수 주장에 대한 판단 요부 / 차용금 주장 번복 사건
2011. 12. 22. 2011도12041, 공 2012상, 211 ··· 683

[2011도12918] 실질적 진정성립-부정례 / 검사의 객관의무 / 영장집행 검사 폭행 사건
2013. 9. 12. 2011도12918, 공 2013하, 1856 ··· 685

[2011도12927] 토지관할과 현재지의 요건 / 소말리아 해적 사건
2011. 12. 22. 2011도12927, 공 2012상, 221 ··· 688

[2011도14257] 부착명령과 상소불가분의 원칙 / 부착명령 보호관찰 사건
2012. 8. 30. 2011도14257, 2011전도233, 공 2012하, 1639 ······················· 691

[2011도14986] 공소장변경과 공소사실의 동일성, 약식명령과 불이익변경금지원칙 /
　　　　　　　타인 행세 이동통신 가입 사건
　　　2013. 2. 28. 2011도14986, 공 2013상, 609 ·· 692

[2011도15258] 강제채혈과 영장주의 / 음주 오토바이 사건
　　　2012.11. 15. 2011도15258, 공 2012하, 2077 ······································· 696

[2011도15484] 국민참여재판과 항소심에서의 하자 치유 / 항소심 참여재판 안내 사건
　　　2012. 6. 14. 2011도15484, 공 2012하, 1253 ····································· 700

[2011도15653] 확정판결 인정사실의 증명력 / 자백의 신빙성 판단기준 / 고등학교 상해치사 사건
　　　2012. 6. 14. 2011도15653, 공 2012하, 1256 ····································· 703

[2011도15869] 공판조서 열람·등사청구권 / 항소심 공판조서 열람불허 사건
　　　2012. 12. 27. 2011도15869, 공 2013상, 280 ····································· 705

[2011도15914] 상고기각결정의 확정시점 / 석유사범 상고기각결정 사건
　　　2012. 1. 27. 2011도15914, 공 2012상, 720 ······································· 708

[2011도16166] 항소심의 불출석 재판 / 정식재판 항소심 불출석 사건
　　　2012. 6. 28. 2011도16166, 공 2012하, 1365 ····································· 710

[2011초기689] 폐지된 위헌 법령과 무죄판결 / 긴급조치 형사보상청구 사건
　　　2013. 4. 18. 2011초기689 전원합의체 결정, 공 2013상, 978 ············· 711

[2011헌가36] 구속집행정지 즉시항고 위헌결정 / 모친상 구속집행정지 사건
　　　2012. 6. 27. 2011헌가36, 헌집 24-1하, 703 ··································· 717

[2011헌마351] 압수물 폐기의 범위와 한계 / 압수 과도 폐기 사건
　　　2012. 12. 27. 2011헌마351, 헌재 주요결정속보 ······························· 723

[2011헌바108] 아청법 영상녹화물과 반대신문권 / 아청법 증거특례 합헌 사건
　　　2013. 12. 26. 2011헌바108, [결정문] ··· 727

[2012도534] 공소제기후 참고인진술서의 증거능력 / 호텔 이동 경로 사건
　　　2012. 6. 14. 2012도534, 공 2012하, 1258 ······································· 733

[2012도1284] 문서촉탁신청과 증거개시의 범위 / 폭력조직 불기소결정문 사건
　　　2012. 5. 24. 2012도1284, 공 2012하, 1189 ····································· 735

[2012도2087] 상상적 경합과 추가기소 / 저축은행 배임 사건
　　　2012. 6. 28. 2012도2087, 공 2012하, 1376 ····································· 739

[2012도2349] 형집행장의 집행방법 / 벌금미납자 도로상 단속 사건
　　　2013. 9. 12. 2012도2349, 공 2013하, 1858 ····································· 742

[2012도2937(1)] 고소장의 증거능력 / 친일재산 소송 변호사 사건
　　　2012. 7. 26. 2012도2937, 공 2012하, 1530 ····································· 744

[2012도2937(2)] 유도신문과 책문권의 포기 / 친일재산 소송 변호사 사건
　　　2012. 7. 26. 2012도2937, 공 2012하, 1530 ····································· 746

[2012도2937(3)] 전문증거의 판단방법 / 체육관부지 사기 사건
　　　2012. 7. 26. 2012도2937, 공 2012하, 1530 ····································· 748

[2012도2937(4)] 특신상태의 증명방법 / 친일재산 소송 변호사 사건
2012. 7. 26. 2012도2937, 공 2012하, 1530 ································· 749

[2012도3927] 검사직무대리의 직무범위, 상상적 경합범의 처리방법 / 중소기업 금융자문업자 사건
2012. 6. 28. 2012도3927, 공 2012하, 1383 ································· 752

[2012도4644] 통신비밀보호법과 감청의 범위 / 제3자 광고문자 사건
2012. 10. 25. 2012도4644, 공 2012하, 2004 ································ 756

[2012도6027] 변호사 변론행위의 한계 / 보이스피싱 허위자백 사건
2012. 8. 30. 2012도6027, 공 2012하, 1641 ································· 758

[2012도7377] 의제강간죄와 엄격한 증명 / 12세 여중생 강간 사건
2012. 8. 30. 2012도7377, 공 2012하, 1650 ································· 761

[2012도7455] 전기통신감청의 의의와 성질, 영장집행과 통지의 범위 / 패킷 감청 사건
2012. 10. 11. 2012도7455, 공2012하, 1864 ································ 764

[2012도7461] 사인 녹취록의 증거능력 / 구청장 조정 압력 사건
2012. 9. 13. 2012도7461, 공 2012하, 1715 ································· 767

[2012도7467] 탄핵증거의 성립요건 / 매매형식 뇌물제공 사건
2012. 9. 27. 2012도7467, 공 2012하, 1794 ································· 770

[2012도9937] 범죄예방조치의 적법성 요건 / 중국동포 말다툼 사건
2013. 6. 13. 2012도9937, 공2013하, 1272 ································· 772

[2012도11162] 음주측정 목적 연행의 법적 성질 / 봉담지구대 불응 사건
2012. 12. 13. 2012도11162, 공 2013상, 205 ······························ 776

[2012도11586] 공범자에 대한 몰수 / 성매매 5층 건물 사건
2013. 5. 23. 2012도11586, 공 2013하, 1172 ······························ 783

[2012도12843] 정식재판청구사건과 불출석 재판 / 교통사고 시비 폭행 사건
2013. 3. 28. 2012도12843, 공 2013상, 890 ······························· 786

[2012도13607] 위법수집 파생증거의 증거능력 / 백화점 구두 절도 사건
2013. 3. 28. 2012도13607, 공 2013상, 825 ······························· 789

[2012도13611] 위법한 채뇨절차와 파생증거의 증거능력 / 바지 내리는 특수객 사건
2013. 3. 14. 2012도13611, 공 2013상, 703 ······························· 794

[2012도13665] 증언 번복 피의자신문조서의 증거능력 / 지게차 절취 사건
2013. 8. 14. 2012도13665, 공 2013하, 1713 ······························ 801

[2012도16001] 정보저장매체 출력문건과 전문법칙 / 선거운동원 출력문건 사건
2013. 6. 13. 2012도16001, 공 2013하, 1276 ······························ 805

[2012도16334] 항소심과 국선변호인의 선정 / 부모 사망 탄원서 사건
2013. 7. 11. 2012도16334, 공 2013하, 1545 ······························ 812

[2012모1090] 공소제기결정에 대한 불복방법 / 공소제기결정 재항고 사건
2012. 10. 29. 2012모1090, 공 2012하, 2062 ······························ 816

[2013도3] 증거동의의 주체 / 변호인 번복 동의 사건
2013. 3. 28. 2013도3, 공 2013상, 834 ······································· 817

[2013도351] 자유심증주의의 한계, 재량에 의한 국선변호인 선정 / 포터 화물차 보험사기 사건
2013. 7. 11. 2013도351, 공 2013하, 1548·· 820

[2013도1435] 형소법 제314조와 소재불명 / 여종업원 귀걸이 사건
2013. 4. 11. 2013도1435, 공 2013상, 908··· 823

[2013도1658] 사물관할과 공소장변경 / 대출사기 공소장변경 사건
2013. 4. 25. 2013도1658, 공 2013상, 991··· 826

[2013도2511(1)] 증인신문과 공개재판의 원칙 / 수사관 비공개 증인신문 사건
2013. 7. 26. 2013도2511, 공 2013하, 1659··· 828

[2013도2511(2)] 정보저장매체 원본성 확인방법 / 이적표현 MP3파일 사건
2013. 7. 26. 2013도2511, 공 2013하, 1659··· 831

[2013도2511(3)] 정보저장매체와 전문법칙 / 북경 면담 MP3파일 사건
2013. 7. 26. 2013도2511, 공 2013하, 1659··· 835

[2013도2511(4)] 증거물인 서면의 증거조사 / 이적표현물 증거조사 사건
2013. 7. 26. 2013도2511, 공 2013하, 1659··· 838

[2013도2511(5)] 해외촬영 사진의 증거능력, 차폐시설 증언의 증거능력 / 공작원 접촉 사진 사건
2013. 7. 26. 2013도2511, 공 2013하, 1659··· 840

[2013도2511(6)] 형소법 314조와 외국거주 요건 / 북한 공작원 진술서 사건
2013. 7. 26. 2013도2511, 공 2013하, 1659··· 843

[2013도2714] 위법한 공시송달의 효과 / 재소자 공시송달 사건
2013. 6. 27. 2013도2714, 공 2013하, 1426··· 845

[2013도4114] 국선변호인 선정과 항소장 제출기간 / 뒤늦은 국선변호 선정 사건
2013. 6. 27. 2013도4114, 공 2013하, 1433··· 848

[2013도5214] 영장의 집행과 간수자 참여 / 경영기획실 압수 방해 사건
2013. 9. 26. 2013도5214, 공 2013하, 2021··· 851

[2013도5893] 공범자의 자백과 자백보강법칙 / 간통 대 강간 사건
2013. 9. 12. 2013도5893, 공 2013하, 1867··· 853

[2013도7718] 국제우편물과 영장주의 / 인천공항 우편검사과 사건
2013. 9. 26. 2013도7718, 공 2013하, 2048··· 856

[2013모160] 피의자신문과 조사수인의무 / 국정원 조사실 구인 사건
2013. 7. 1. 2013모160, 공 2013하, 1532··· 859

◘ 선고일자별 색인 / 863

4293형상247

의사 진단서의 증거능력
진단서 형소 315조 주장 사건
1960. 9. 14. 4293형상247, 판례총람 형소 313조 1번

1. 사실관계 및 사건의 경과

【사실관계】

① (사실관계가 불명하여 임의로 구성함)

② 갑은 A에 대한 상해죄 피고사건으로 기소되었다.

③ 검사는 의사 B가 작성한 ㉠진단서를 증거로 제출하였다.

④ 갑의 피고사건은 제1심을 거친 후, 항소심에 계속되었다.

⑤ 항소심법원은 ㉠진단서의 증거능력을 인정하지 않았다.

⑥ 항소심법원은 무죄를 선고하였다.

【사건의 경과】

① 검사는 불복 상고하였다.

② 검사는 상고이유로 다음의 점을 주장하였다.

   (가) ㉠진단서는 의사 A가 통상의 업무과정에서 작성한 것이다.

   (나) ㉠진단서는 형소법 제315조에 의하여 증거능력이 있다.

2. 의사 진단서의 증거능력

【대법원 요지】 사인인 의사가 작성한 진단서는 /

【대법원 요지】 업무상 필요에 의하여 순서적, 계속적으로 작성되는 것이 아니고 /

【대법원 요지】 개개적(個個的)으로 그때그때 작성되는 것이고 또 /

【대법원 요지】 그 작성이 특히 신용할 만한 정황에 의하여 작성된 문서라고도 볼 수 없으므로 /

【대법원 요지】 당연히 증거능력이 있는 서류라고 할 수 없고 /

【대법원 요지】 그것을 증거로 채택하려[면] /

【대법원 요지】 형사소송법 제313조에 의하여 /

【대법원 요지】 공판준비 또는 공판기일에 /

【대법원 요지】 피고인 또는 피고인 아닌 자의 진술에 의하여 /

【대법원 요지】 그 성립의 진정함이 증명된 때에 한하는 것이다. [(상고 기각)]

71도974

증거보전절차와 전심재판
증거보전 판사 항소심 사건
1971. 7. 6. 71도974, 집 19②, 형54

1. 사실관계 및 사건의 경과

【사실관계】

① 검사는 갑의 업무상 과실치사죄 피의사실에 대해 수사하고 있었다.

② 검사는 형소법 제184조에 의하여 증거보전을 청구하였다.

③ 증거보전청구의 내용은 A에 대한 증인신문을 하는 것이었다.

④ [형소법 제221의2에 의한 검사의 증인신문 청구제도는 1973년에 도입되었다.]

⑤ 지방법원판사 B는 검사의 증거보전신청을 받아들여 A에 대한 증인신문을 실시하였다.

【사건의 경과】

① 검사는 갑을 업무상 과실치사죄로 기소하였다.

② 갑의 피고사건은 제1심을 거친 후, 항소심에 계속되었다.

③ 항소심법원의 재판부에 증거보전절차를 진행하였던 B판사가 구성원으로 참여하였다.

④ 항소심법원은 유죄를 선고하였다.

⑤ 갑은 불복 상고하였다.

⑥ 갑은 상고이유로, 제척원인 있는 B판사가 항소심판결에 관여한 위법이 있다고 주장하였다.

2. 대법원의 판단

【대법원 요지】 공소제기 전에 검사의 청구에 의하여 형사소송법 제184조에 의한 증인신문을 한 법관은 형사소송법 제17조 제7호에 이른바 전심재판 또는 그 기초되는 조사, 심리에 관여한 법관이라고 할 수 없으므로. /

【대법원 판단】 이 사건에 있어서 형사소송법 제184조에 의한 검사의 증거보전신청에 의하여 증인 공소외인을 신문한 B판사가 원심법관으로 관여하였다 하여 제척원인 있는 법관이 원판결에 관여하였다고 할 수 없다. (상고 기각)

77도210

자백배제법칙과 파생증거의 증거능력
압수된 망치 사건

1977. 4. 26. 77도210, 공 1977, 10046

1. 사실관계 및 사건의 경과

【사실관계】
① 갑과 을은 살인죄 등으로 기소되었다.
② 제1심 공판절차에서 갑과 을은 수사기관의 고문으로 허위자백을 하였다고 진술하였다.
③ 제1심법원은 다음과 같은 요지의 범죄사실을 인정하여 갑과 을에게 유죄를 선고하였다.
④ "갑과 을은 공모하여 1976. 2. 28 새벽 1시경 같은 동리에 있는 자동차부속품공장 공장장인 피해자 A가에서 위 피해자 A와 그 처와 장녀 피해자 B, 차녀 피해자 C의 머리를 각 망치(증8호)로 쳐서 살해하고 4세 된 그 장남 피해자 D의 배와 목을 눌러 살해한 후 위 범행을 은폐하기 위하여 동가에 방화하여 소훼하였다."
⑤ 제1심법원은 범죄사실 인정의 근거로 다음의 증거를 유죄판결에 기재하였다.
　(가) 검사작성의 피고인들에 대한 각 P피의자신문조서(자백조서)
　(나) 국립과학수사연구소의 Q감정서의뢰 기재
　(다) 수명법관 K의 증인 L에 대한 신문조서의 기재
　(라) 압수된 망치(증 8호)
　(마) 의복(증9, 10호)
　(바) 기타 증거

【사건의 경과】
① 갑과 을은 불복 항소하였다.
② 항소심법원은 항소를 기각하고, 제1심판결을 유지하였다.
③ 갑과 을은 불복 상고하였다.
④ 갑과 을은 상고이유로, 수사기관의 고문으로 허위자백을 하였다고 주장하였다.

2. 자백의 임의성을 의심하게 할 만한 사유

【대법원 판단】 1. 피고인의 수사기관에서의 자백이 임의로 진술한 것이 아니라고 의심할 만한 다음과 같은 이유가 있어 유죄의 증거로 할 수 없는 증거능력 없는 증거자료를 유죄의 증거로 채택한 위법이 있다.
【대법원 분석】 (1) 이 사건을 수사함에 있어서 수사기관에서 피고인 등에게 폭행 등으로 이건 범죄사실의 자백을 강요하였다고 의심할 만한 다음과 같은 자료가 있다.
【대법원 분석】 (가) 이 사건을 수사한 경찰관 공소외 E는 1심 증언에서 피고인 갑을 조사할 시 나무

가지로 발바닥을 때렸다고 자인하고 있다.

【대법원 분석】 (나) 피고인등은 수사기관에서 잠을 못 자게 하였다고 진술하고 있는 바 수사기록(이하 기록 I로 약칭) 71면의 피고인 갑의 자백진술서의 기재시간은 [19] 76. 3. 1. 0시 50분이고 기록 I의 280면의 진술조서는 3. 6 새벽 1시 25분이며 기록 I의 345면의 진술서는 3. 6 오후 10시 50분 기록 I의 387면의 진술서는 3. 7 새벽 3시 55분등으로 기재되어 있어 피고인등의 진술을 뒷받침하고 있다.

【대법원 요지】 위 (가), (나)의 행위는 경찰에서 있었던 일이기는 하나 이러한 방법으로 피고인 갑이 경찰에서 범행을 자백한 것이 검찰에서의 자백에까지 영향을 주었다고 보아야 할 것이다.

【대법원 분석】 (다) 1심 공판시 검사는 피고인 을에 대하여 피고인 갑과 공모하여 이 건 범죄행위를 한 사실이 있는가라는 취지의 질문에 대하여 피고인 을은 이 건 범행을 한 일이 없다고 진술하면서, 피고인 을은 이어서 검찰에서는 일방적으로 서류를 작성하여 읽어 주지도 아니하였고 범행을 안 했다고 하면 때리고 했다고 하면 안 때리고 잠도 못 자게 하지 안했느냐고 검사에게 말하자 검사는 현장검증할 때에도 때리던가라는 취지로 반문한 진술기재가 있는바, /

【대법원 판단】 이는 피고인을 신문할 시에는 때린 사실이 있음을 전제로 하고 현장검증시에는 안 때렸는데 왜 자백을 하였는가라는 취지의 반문이라고 의심할 만한 사유가 된다고 할 것이다.

【대법원 분석】 (라) 피고인 양인은 1심법원에서 수사기관에서의 자백은 심한 고문으로 인하여 허위진술한 것이라고 고문당한 상황을 구체적으로 진술하고 있고 또 검찰에서는 순순히 자백을 아니하면 경찰에 넘겨 고문을 하겠다는 취지로 협박을 하였다고 진술하고 있는바 /

【대법원 판단】 대저 형사 피고인이 수사기관에서는 범죄사실을 자백하고 나서 법원의 공판시에는 범행을 부인하면서 수사기관에서의 자백을 고문으로 인한 허위진술이었다는 취지의 진술을 하는 경우 이는 피고인이 범행을 부인하기 위한 수단으로 거짓말을 하는 경우도 많을 것이므로 피고인의 고문에 의한 허위자백이라는 주장을 가볍게 신빙력 있는 것으로 볼 수는 없다 할 것이나 /

【대법원 판단】 아래에 설시하는 바와 같이 피고인등이 이 건 범행을 할 동기도 없고 범인이라는 혐의를 받을 만한 수사의 단서도 없으며 피고인등의 자백진술이 객관적 합리성이 결여되고 범행현장의 객관적 상황과 중요한 부분이 부합되지 않는 등의 특별사정이 있는 이 사건에 있어서는 피고인등의 고문 등에 의한 허위자백이라는 주장을 믿을 수 없다 하여 이를 일률적으로 배척할 수는 없다 할 것이므로 /

【대법원 판단】 피고인등이 수사기관에서 자백하게 된 연유가 피고인등이 주장하는 그대로의 고문은 아니라 할지라도 다소의 폭행 또는 기타의 방법으로 자백을 강요하여 피고인등이 임의로 진술한 것이 아니라고 의심할만한 사유가 있다고 보아야 할 것이다.

【대법원 분석】 [자백진술의 객관적 합리성 검토 부분; 생략함]

【대법원 판단】 (3) 피고인등은 이 건 피해자를 살해할 만한 범행의 동기를 기록상 찾아볼 수 없고, 피고인 갑을 이 사건의 용의자로 지목한 수사단서 또한 동 피고인이 범행을 부인할 수 없는 범행의 단서가 노출된 것이 아니고 너무나 불합리한 단서에 의하여 바로 동 피고인을 용의자로 지목수사를 계속한 점 등을 보더라도 피고인이 이러한 동기와 단서에 의하여 임의로 자백하였다고는 볼 수 없다는 다음과 같은 사유가 있다.

【대법원 분석】 [동기 검토 부분; 생략함]

3. 파생증거의 증거능력

【대법원 요지】 2. 압수된 망치(증8호), 국방색 작업복과 야전잠바(증9, 10호)등은 위 1항에서 설시한대로 피고인 갑의 증거능력 없는 자백에 의하여 획득된 것이므로 따라서 증거능력이 없다 할 것이고 /

【대법원 판단】 증거능력이 설사 있다 하더라도 위 압수물들과 국립과학수사연구소의 감정서의 기재 및 증인 L에 대한 심문조서등은 다음과 같은 그 증명력을 감쇄하는 사유로 인하여 이들 피고인등에 대한 유죄의 증거로 할 수 없을 것임에도 불구하고 원심은 이를 유죄의 증거로 적시한 1심 판결을 그대로 유지한 위법사유가 있다.

【대법원 분석】 [증명력 검토 부분; 생략함]

4. 증명력 판단

【대법원 판단】 3. 위 1, 2항의 설시대로 원심이 유지한 1심판결에 적시된 중요한 증거는 그 증거능력이 없고 또는 증거능력이 있어도 그 증명력이 지극히 희박하여 이를 피고인등을 유죄로 인정하는 증거로 할 수 없다 할 것인바 /

【대법원 판단】 기록에 의하면 위 1, 2항 이외에도 1심판결에 적시된 모든 증거자료의 증명력을 감쇄할 수 있는 다음과 같은 자료가 있다.

【대법원 판단】 [기타 증거에 대한 검토 부분; 생략함]

【대법원 결론】 결국 원심판결은 증거능력이 없거나 증명력이 없는 증거자료에 의하여 피고인등의 이 건 범죄사실을 인정한 위법사유가 있다 할 것이니 이 점에 대한 논지는 이유 있어 관여법관의 일치된 의견으로 원판결을 파기 환송하기로 하여 주문과 같이 판결한다. (파기 환송)

【코멘트】 본 판례는 위법하게 수집된 자백과 그로부터 파생된 2차 증거의 증거능력을 배척한 예로서 주목된다. 2007년 6월 공포되고 2008년 1월부터 시행된 개정 형사소송법은 제308조의2에서 위법수집증거배제법칙을 도입하였다. 개정 형소법이 시행되기 직전에 나온 2007. 11. 15. **2007도3061** 전원합의체 판결(소위 제주지사실 압수수색 사건)은 위법수집증거배제법칙을 도입하기로 하면서, 위법수집증거의 원칙적 배제와 예외적 허용이라는 기준을 제시하였다. 그와 함께 대법원은 동일한 기준이 위법하게 수집된 증거로부터 파생된 2차 증거에 대해서도 적용된다는 점을 분명히 하였다.

1977년에 선고된 본 판례는 자백배제법칙에 근거하고 있기는 하지만, 위법하게 수집된 증거와 그로부터 파생된 2차 증거의 증거능력을 배제하고 있다는 점에서 선각자적인 의미를 가지고 있다. 우리나라에 있어서 위법수집증거배제법칙의 발전과정을 점검할 때 꼭 기억해야 할 판례라고 생각되어 본 판례를 이 자리에 소개해 두었다.

82도2074

간통죄 고소의 유효조건
피고인 먼저 고소 사건
1982. 12. 14. 82도2074, 공 1983, 318

1. 사실관계 및 사건의 경과

【사실관계】
① 갑과 A는 부부 사이이다.
② 갑과 A 사이의 관계가 [쌍방의 불륜 문제로] 파경에 이르렀다.
③ [갑과 A는 서로 상대방을 간통죄로 고소하였다.]
④ 갑은 A를 상대로 먼저 가정법원에 이혼심판청구를 하였다.

【사건의 경과】
① 1982. 2. 24. 검사는 갑과 상간자 을을 간통죄로 기소하였다.
② 1982. 4. 2. A는 갑을 상대로 가정법원에 이혼심판청구를 하였다.
③ 제1심법원은 A의 고소가 유효요건을 갖추지 못하였다는 이유로 공소기각판결을 선고하였다.
④ 검사는 불복 항소하였다.
⑤ 항소심법원은 항소를 기각하고, 제1심판결을 유지하였다.
⑥ 검사는 불복 상고하였다.

2. 사안에 대한 대법원의 판단

【대법원 분석】 원심이 유지한 제1심 판결이유에 의하면, 이 사건 고소 당시에는 피고인 갑이 고소인 을 상대로 이혼심판청구를 제기하고 있었을 뿐이고, 고소인은 이 사건 공소가 제기(1982. 2. 24)된 후 인 1982. 4. 2에 비로소 피고인 갑을 상대로 이혼심판청구를 제기한 사실이 인정되므로 /

【대법원 판단】 위 고소인의 고소는 이 사건 공소제기 당시까지 그 유효요건을 갖추지 못하고 있음이 명백하여 따라서 이 사건은 공소제기의 절차가 법률의 규정에 위반하여 무효인 때에 해당하므로 형사 소송법 제327조 제2호에 의하여 피고인들에 대한 이 사건 공소를 각 기각한 조치는 정당하고 /

【대법원 결론】 거기에 간통죄의 고소의 유효요건에 관한 법리를 오해하여 판결에 영향이 미친 잘못 이 있다 할 수 없어 논지는 이유 없다. (상고 기각)

83도1979

공소장과 기타 사실의 기재
시효완성 사실 기재 사건
1983. 11. 8. 83도1979, 공 1984, 55

1. 사실관계 및 사건의 경과

【사실관계】
① 갑은 국가보안법위반죄로 기소되었다.
② 검사는 갑을 P공소사실로 기소하면서 공소장에 이미 공소시효가 완성된 Q사실을 함께 기재하였다.
③ 갑의 피고사건은 제1심을 거친 후, 항소심에 계속되었다.
④ [항소심법원은 Q사실에 대해 검사에게 석명을 구하였다.]
⑤ 검사는 Q사실을 공소범죄사실로 기재한 것이 아니라고 밝혔다.
⑥ 항소심법원은 유죄를 선고하였다.

【사건의 경과】
① 갑은 불복 상고하였다.
② 갑은 상고이유로 다음의 점을 주장하였다.
   (가) Q사실은 공소시효가 완성된 것임에도 불구하고 항소심법원은 이에 대해 판단하지 아니하였다.
   (나) 공소시효가 완성된 Q사실을 공소장에 기재한 것은 공소장의 기재사항을 규정한 형소법 제254
     조 제3항에 위반된 것이다.

2. 사안에 대한 대법원의 판단

【대법원 판단】 이 사건 공소장에 기재된 사실 중 공소시효가 완성된 범죄사실이라고 지적하고 있는 사실들은 검사가 공소범죄사실로 기재한 것이 아니라는 점을 분명히 밝히고 있어(원심 제2차 공판조서 제225면) 공판심리의 대상이 아니므로 원심이나 제1심이 그 부분에 대하여 공소시효가 완성된 여부를 심리판단하지 아니한 조치는 당연하고, 거기에 위법이 있을 수 없으며 /

【대법원 판단】 형사소송법 제254조 제3항은 공소장에 동항 소정의 사항들을 필요적으로 기재하도록 한 규정에 불과하고 그 이외의 사항의 기재를 금지하고 있는 규정이 아니므로 소론과 같이 공소시효가 완성된 범죄사실을 공소범죄사실 이외의 사실로 기재한 이 사건 공소장이 위 형사소송법 제254조 제3항의 규정에 위배된다고 볼 수 없다. 논지 이유 없다. (상고 기각)

【코멘트】 공소장일본주의는 1983년 3월 1일부터 시행된 형사소송규칙 제118조의2 제2항으로 도입되었다. 본 판례의 사안에서 검사의 공소제기는 1983년 3월 이전에 이루어졌던 것으로 생각된다. 그리하여 본 판례는 공소장일본주의에 대한 당시의 인식 정도를 보여주고 있다. 그러나 이러한 인식은 1983년 공소장일본주의가 명문화된 이후 점차 변화하고 있다.

그렇지만 2009. 10. 22. **2009도7436** 전원합의체 판결의 사안에서 확인할 수 있는 바와 같이, 실무에서는 아직도 종래의 공소장 기재방식이 일부 유지되고 있는 것으로 보인다. 2009도7436 전원합의체 판결의 소수의견이 적절히 지적하는 것처럼 공소장일본주의의 철저한 준수가 요구된다고 하겠다. 본 판례를 여기에 소개한 것은 공소장일본주의에 대한 대법원의 인식 변화를 보여주기 위함이다. 본 판례가 지금의 시점에도 규범력을 가지는 것으로 오해하는 일이 없기를 바란다.

84도709

간통죄 고소의 방식
엄벌요구 진정서 사건
1984. 6. 26. 84도709, 공 1984, 1330

1. 사실관계 및 사건의 경과

【사실관계】
① 갑과 A는 부부 사이이다.
② A는 갑과 을의 불륜관계를 이유로 수사기관에 진정서를 제출하였다.
③ 검사는 갑과 을을 간통죄로 기소하였다.
④ A는 제1심법원에 대하여 갑과 을의 P간통사실을 적시하고 이들을 엄벌에 처해 달라는 내용의 진정서를 제출하였다.
⑤ A는 또한 제1심법원에 증인으로 출석하여 증언하면서 판사의 신문에 대하여 갑과 을의 P간통사실에 대하여 처벌을 바란다는 취지의 진술을 하였다.

【사건의 경과】
① 갑과 을의 피고사건은 제1심을 거친 후, 항소심에 계속되었다.
② 항소심법원은 A가 제1심법원에 제출한 진정서와 A의 증인으로서의 증언에 담긴 처벌희망의사표시를 고소로 파악하였다.
③ 항소심법원은 그러나 [이혼심판청구 등 다른 고소의 유효요건이 갖추어지지 않았다는 이유로] 공소기각판결을 선고하였다.
④ 검사는 불복 상고하였다.

2. 사안에 대한 대법원의 판단

【대법원 요지】 고소는 서면 또는 구술로서 검사 또는 사법경찰관에게 하여야 하는 것이므로(형사소송법 제237조 제1항) 피해자가 피고인을 심리하고 있는 법원에 대하여 범죄사실을 적시하고 피고인을 처벌하여 줄 것을 요구하는 내용의 의사표시를 하였다 하더라도 이는 고소로서의 효력이 없는 것이라 할 것이다.
【대법원 분석】 기록에 의하면 공소외인은 이 건 제1심법원에 대하여 피고인들의 원판시 별지기재 일

시 및 장소에서의 간통사실을 적시하고 피고인들을 엄벌에 처하여 달라는 내용의 진정서를 제출하고 또 증인으로 증언을 함에 있어서 판사의 신문에 대하여 피고인들의 위 간통사실에 대하여도 처벌을 바란다는 취지의 진술을 하고 있음이 명백하나 /

【대법원 판단】 공소외인의 위와 같은 진정서의 제출이나 증언사실은 고소로서의 효력이 없는 것이고 달리 위 간통사실에 대하여 고소권자의 적법한 고소가 있음을 인정할 자료가 없다.

【대법원 판단】 그렇다면 위 간통사실에 대하여 제기된 이 건 공소는 적법한 고소 없이 제기된 것으로서 그 절차가 법률의 규정에 위반하여 무효인 때에 해당한다 할 것이다.

【대법원 결론】 원심이 위 간통사실에 대한 공소제기의 절차가 법률의 규정에 위반하여 무효인 때에 해당한다는 이유를 설시하면서 공소외인이 법원에 대하여 한 위 의사표시를 고소로 본 것은 잘못이라 할 것이나 위 간통사실에 대한 공소제기의 절차가 법률의 규정에 위반하여 무효인 때에 해당한다고 본 결론에 있어서는 정당하므로 원심의 위와 같은 잘못은 위 간통사실에 대한 공소를 기각한 판결결과에는 영향을 미칠 바 못되므로 결국 논지는 이유 없다. (상고 기각)

84모38

피해자 환부의 요건
가나리 압수 보관 사건
1984. 7. 16. 84모38, 공 1984, 1461

1. 사실관계 및 사건의 경과

【사실관계】
① P가나리는 A의 소유이다.
② 1983. 12. 20. B는 A에게 대금지급의 의사와 능력 없이 매수하겠다고 속여 A로부터 P가나리를 인도받았다.
③ B는 C에게 P가나리의 판매를 위탁하였다.
④ C는 P가나리를 인도받아 갑이 운영하는 Q창고에 임치하였다.
⑤ 1983. 12. 하순까지 갑은 P가나리를 Q창고에 보관해 왔다.
⑥ B는 A에게 P가나리의 대금을 지급하지 않았다.
⑦ A는 B를 사기죄로 고소하였다.

【사건의 경과】
① B의 사기 피의사건을 수사하던 사법경찰리 K는 갑으로부터 P가나리를 임의제출 받아 압수하였다.
② 사법경찰리 K는 창고업자 갑으로 하여금 P가나리를 다시 보관하게 하였다.
③ A는 이후 검사에게 P가나리에 대해 환부청구를 하였다.
④ 검사는 "A에게 P가나리를 환부한다"는 내용의 처분을 내렸다.
⑤ 창고업자 갑은 검사의 P가나리에 대한 환부처분에 불복하였다.

⑥ 갑은 형소법 제417조에 기하여 관할 R법원에 준항고를 제기하였다.

⑦ 관할 R법원은 다음의 이유를 들어서 갑의 준항고를 기각하였다.

⑧ "P가나리는 B의 사기범행으로 취득한 장물로서 피해자인 A에게 환부할 이유가 명백하다."

⑨ 갑은 관할 R법원의 준항고 기각결정에 불복하여 대법원에 재항고하였다.

2. 피해자 환부의 요건

【대법원 분석】 형사소송법 제134조에 의하면, 압수한 장물은 피해자에게 환부할 이유가 명백한 때에는 피고사건의 종결 전이라도 결정으로 피해자에게 환부할 수 있다고 규정하고 있고 이 규정은 같은 법 제219조에 의하여 검사가 압수한 경우에도 준용이 되는바, /

【대법원 요지】 위 법조에서 "환부할 이유가 명백한 때"라 함은 사법상 피해자가 그 압수된 물건의 인도를 청구할 수 있는 권리 있음이 명백한 경우를 의미하고 /

【대법원 요지】 위 인도청구권에 관하여 사실상, 법률상 다소라도 의문이 있는 경우에는 환부할 명백한 이유가 있는 경우라고는 할 수 없다 할 것인바, /

3. 사안에 대한 항소심의 판단

【항소심 분석】 원심이 확정한 바에 의하면 재항고 외 B는 1983. 12. 20. 위 A에게 대금지급의 의사와 능력 없이 이를 매수하겠다고 속여 그로부터 이 건 가나리를 인도받아 같은 달 하순까지 수차에 걸쳐 재항고인에게 임치하여 재항고인이 보관해 왔는데 /

【항소심 분석】 그 후 위 A의 고소로 재항고 외 B 등에 대한 사기피의사건을 수사하던 사법경찰리가 위 가나리를 임의제출 받아 압수하고 재항고인으로 하여금 다시 보관케 했는데 그 후 검사는 이의 환부청구를 한 위 A에게 환부하는 취지의 처분을 했다는 것이고, /

【항소심 판단】 따라서 이는 재항고 외 B가 사기범행으로 취득한 장물로서 피해자인 A에게 환부할 이유가 명백하다 하여 검사의 환부처분을 지지하고 있다.

4. 사안에 대한 대법원의 판단

【대법원 분석】 그러나 위 수사기록에 의하면, 재항고 외 B가 위 A로부터 위 물건을 매수함에 있어 원심 확정사실과 같은 사기행위로 인하여 취득한 사실은 엿보이나 위 A가 재항고 외 B에게 사기로 인한 매매의 의사표시를 취소한 여부가 분명하지 아니할 뿐만 아니라 /

【대법원 분석】 위 물건은 재항고 외 B의 위탁을 받은 재항고외 C가 이를 인도받아 재항고인 소영의 창고에 임치하여 재항고인이 보관하게 된 사실이 인정되고 달리 재항고인이 위 물건이 장물이라는 정을 알았다고 확단할 자료는 보이지 아니하는바, /

【대법원 판단】 그렇다면 재항고인은 정당한 점유자라 할 것이고 이를 보관시킨 재항고 외 B에 대하여는 임치료청구권이 있고, 그 채권에 의하여 이 사건 물건에 대한 유치권이 있다고 보여지므로 위 A는 재항고인에 대하여 위 물건의 반환청구권이 있음이 명백하다고 보기는 어렵다 할 것이므로 이를 피해자에게 환부할 것이 아니라 민사소송에 의한 해결에 맡김이 마땅하다 할 것이다.

【대법원 결론】 그러함에도 원심은 재항고인이 이 건 물건을 점유함에 있어 정당한 권한이 있는 여부

에 대하여는 아무런 심리도 하지 아니한 채 매매당사자 사이의 사기행위만을 앞세워 제3자가 정당하게 점유하는 물건에 대하여 매도인에게 환부할 이유가 명백하다고 한 조치는 압수장물의 환부에 있어서 피해자에게 환부할 명백한 사유에 관한 법리를 오해하고 심리를 다하지 아니한 위법이 있다 할 것이므로 이를 탓하는 논지는 이유 있다. (파기 환송)

【코멘트】 2012년부터 시행된 개정형사소송법에서는 수사기관의 압수물 환부에 관한 규정이 제218조의2로 독립되어 있다. 그런데 새로운 형소법 제218조의2는 어디까지나 압수물을 피의자에게 환부 또는 가환부하는 경우에 적용되는 조문이다. 압수장물을 피해자에게 돌려주는 피해자 환부의 경우는 형소법 제219조에 의하여 제134조가 준용된다. 본 판례는 2012년의 개정 형소법 아래에서도 여전히 그 의미를 가지고 있다.

86도1646

공범자에 대한 증거보전신청
공판조서의 모순된 기재
치안본부 구내식당 사건
1988. 11. 8. 86도1646, 공 1988, 1549

1. 사실관계 및 사건의 경과

【사실관계】

① 공무원 갑이 치안본부 수사 2대 구내식당에서 업자 을로부터 뇌물로 현금 4,500,000원을 교부받았다는 혐의사실이 수사기관에 인지되었다.
② 검사는 갑과 을에 대한 수사에 임하였다.
③ 검사는 갑에 대한 증거를 미리 보전하기 위하여 형소법 제184조에 기하여 서울형사지방법원에 증거보전신청을 하였다.
④ 서울형사지방법원 A판사는 갑에 대한 증거를 보전하기 위하여 을을 증인으로 신문할 필요가 있다고 판단하였다.
⑤ A판사는 검사의 청구에 따라 을을 증인으로 신문하기로 하였다.
⑥ A판사는 을을 증인으로 신문하면서 갑에게 증인신문에 참여할 기회를 주지 않았다.
⑦ 을에 대한 증인신문의 내용은 법관 면전의 P증인신문조서에 기재되었다.

【사건의 경과 1】

① 검사는 갑을 특가법위반죄(뇌물)의 공소사실로 기소하였다.
② 검사는 을을 형법상 뇌물공여죄의 공소사실로 기소하였다.
③ 제1심법원은 갑과 을의 피고사건을 병합하여 심리하였다.
④ 제1심 제1회 공판기일에 갑은 Q진술을 하였다.

⑤ 갑의 Q진술은 제1심 제1회 공판조서에 [공소사실을 부인하는 내용으로] 기재되었다. (㉠기재)
⑥ 제1심 제4회 공판기일에 갑과 변호인은 을에 대한 P증인신문조서에 대해 증거동의를 하였다.
⑦ P증인신문조서에 대한 증거조사는 별다른 이의 없이 적법하게 종료되었다.

【사건의 경과 2】

① 제1심 제9회 공판기일에 검사는 제1회 공판조서의 ㉠기재 부분에 대해 이의를 제기하였다.
② 검사는 제1회 공판조서 중 갑의 Q진술이 기재된 ㉠기재 부분에 대해 변경을 청구하였다.
③ 갑의 변호인은 제1회 공판조서의 [공소사실을 부인하는 내용의] ㉠기재가 정확하다는 의견을 진술하였다.
④ 제1심 재판장은 검사의 청구가 이유 있다고 판단하여 참여한 법원사무관에게 검사의 청구대로 제1회 공판조서의 기재를 [공소사실을 시인하는 내용으로] 변경하도록 명하였다.
⑤ 참여한 법원사무관은 갑의 진술 내용을 변경된 대로 제9회 공판조서에 다시 기재하였다. (㉡기재)
⑥ 갑은 계속된 신문에서 제1회 공판조서에 기재된 진술과 같은 [공소사실을 부인하는] 취지로 진술하였다.
⑦ 제1심법원은 다음의 증거들을 토대로 유죄를 선고하였다.
　(가) 제9회 공판조서의 ㉡기재 부분에 나타난 갑의 진술
　(나) 증거보전절차에서 작성된 P증인신문조서에 나타난 을의 진술

【사건의 경과 3】

① 갑은 불복 항소하였다.
② 항소심법원은 항소를 기각하고, 제1심판결을 유지하였다.
③ 갑은 불복 상고하였다.
④ 갑은 첫 번째 상고이유로 다음의 점을 주장하였다.
　(가) 갑과 을은 필요적 공범관계에 있다.
　(나) 을은 갑에 대해 증인이 될 수 없어 P증인신문조서는 증거능력이 없다.
　(다) 설사 을이 갑의 증인이 된다고 하더라도 갑에게 증인신문에 참여할 기회가 주어지지 않았다.
　(라) 을에 대한 증인신문절차가 적법하지 아니하므로 P증인신문조서는 증거능력이 없다.
⑤ 갑은 두 번째 상고이유로 다음의 점을 주장하였다.
　(가) 제1심 제1회 공판조서의 ㉠기재와 제1심 제9회 공판조서의 ㉡기재는 서로 모순된다.
　(나) 이것은 두 공판조서의 어느 하나가 부정확하게 작성된 것임을 나타낸다.
　(다) 부정확한 공판조서에 기초한 갑의 진술은 증거능력이 없다.

2. 공범자에 대한 증거보전

【대법원 요지】 원심공동피고인과 피고인이 뇌물을 주고받은 사이로 필요적 공범관계에 있다고 하더라도, 검사는 수사단계에서 피고인에 대한 증거를 미리 보전하기 위하여 필요한 경우에는 판사에게 원심공동피고인을 증인으로 신문할 것을 청구할 수 있는 것인바, /

【대법원 판단】 기록에 의하면 서울형사지방법원 판사가 피고인에 대한 증거를 미리 보전하기 위하여 원심공동피고인을 증인으로 신문할 필요가 있다고 판단하여 검사의 청구에 따라 원심공동피고인을

증인으로 신문한 것은 정당한 것으로 수긍이 간다. /

【대법원 요지】 다만 판사가 형사소송법 제184조에 의한 증거보전절차로 증인신문을 하는 경우에는 같은 법 제221조의2에 의한 증인신문의 경우와는 달라 같은 법 제163조에 따라 검사, 피의자 또는 변호인에게 증인신문의 시일과 장소를 미리 통지하여 증인신문에 참여할 수 있는 기회를 주지 않으면 안 된다고 보아야 할 터인데, /

【대법원 분석】 기록에 의하면 서울형사지방법원 판사가 원심공동피고인을 증인으로 신문함에 있어서 피고인에게 증인신문에 참여할 기회를 주지 아니하였음은 피고인이 주장하는 바와 같지만, /

【대법원 분석】 피고인과 변호인이 제1심공판정(제4회 공판기일)에서 원심공동피고인에 대한 위 증인신문조서를 증거로 할 수 있음에 동의하여 별다른 이의 없이 적법하게 증거조사를 거쳤음이 분명하므로, /

【대법원 판단】 위 증인신문조서는 증인신문절차가 위법하였는지의 여부에 관계없이 증거능력이 부여되었다고 할 것이다. 결국 위 증인신문조서가 증거능력이 없는 것이라는 취지의 논지는 이유가 없다.

3. 공판조서의 기재 모순과 증명력

【대법원 분석】 검사가 제1심 제9회 공판기일에서 제1회 공판조서 중 피고인의 진술이 기재된 부분에 관하여 변경을 청구하면서 공판조서의 기재의 정확성에 대한 이의를 진술하자, 변호인은 그 공판조서의 기재가 정확한 것이라는 취지의 의견을 진술하였으나, /

【대법원 분석】 제1심재판장은 검사의 청구가 이유 있다고 판단하여 참여한 법원사무관에게 검사의 청구대로 제1회 공판조서의 기재를 변경하도록 명하여 참여한 법원사무관이 피고인의 진술내용을 변경된 대로 제9회 공판조서에 다시 기재하였고, /

【대법원 분석】 피고인은 계속된 신문에서 제1회 공판조서에 기재된 바와 같은 취지로 진술하였음이 기록상 명백하다. /

【대법원 요지】 그렇다면 결국 동일한 사항에 관하여 두 개의 서로 다른 내용이 기재된 공판조서가 병존하는 결과가 되지만, 이와 같은 경우 두개의 공판조서는 동일한 증명력을 가지는 것으로서 그 증명력에 우열이 있을 수 없다고 보아야 할 것이므로, /

【대법원 요지】 두 개의 공판조서의 기재내용이 모순될 때 그 중 어느 쪽 공판조서의 기재를 진실한 것으로 볼 것인지는 공판조서의 증명력을 판단하는 문제로서 법관의 자유로운 심증에 따를 수밖에 없는 것이니, /

【대법원 판단】 제1심판결이나 원심판결이 변경된 제1심의 제9회 공판조서의 기재를 유죄의 증거로 삼았다 하여 반드시 위법한 것이라고 볼 수는 없다. 논지는 이유가 없다. (상고 기각)

【코멘트】 검사는 형소법 제184조 이외에 형소법 제221조의2에 의하여도 증거보전의 일환으로 지방법원판사에게 증인신문을 청구할 수 있다. 형소법 제221조의2는 1973년에 신설되었다. 신설 당시의 조문에 의하면 판사는 수사에 지장이 없다고 인정할 때 피의자, 피고인 또는 변호인을 증인신문에 참여하게 할 수 있었다. 이를 뒤집어서 말하면 수사에 지장이 있다고 인정할 때에는 피의자 등에게 증인신문참여를 불허할 수 있었던 것이다.

그러나 헌법재판소는 2001. 10. 25. **2001헌바9**[I권] 결정에서 형소법 제221조의2에 대해 일부 위헌을 선언하였고, 2007년 개정 형소법은 제221조의2 제5항으로 피의자 등에게 증인신문참여권을 명문으로 인정하였다. 본 판례는 1988년에 나온 것으로서 판례 본문에서 언급된 형소법 제221조의2는 헌법재판소의 일부 위헌결정이 나오기 전의 조문을 가리킨다.

86모48

기피신청의 요건
기피신청후 퇴직 사건
1986. 9. 24. 86모48, 공 1986, 1426

1. 사실관계 및 사건의 경과

【사실관계】
① 갑은 P피고사건으로 Q법원에 기소되었다.
② 제1심 재판부에는 A판사가 재판부의 일원을 구성하고 있었다.
③ 갑은 A판사에 대하여 기피신청을 하였다.
④ 갑의 기피신청 후 A판사는 퇴직하였다.

【사건의 경과】
① 제1심법원은 이미 퇴직한 법관에 대한 갑의 기피신청을 부적법하다고 판단하였다.
② 제1심법원은 기피신청 기각결정을 내렸다.
③ 갑은 제1심법원의 기피신청 기각결정에 불복하여 항고하였다.
④ 항고법원은 항고를 기각하고, 제1심결정을 유지하였다.
⑤ 갑은 항고법원의 결정에 불복하여 대법원에 재항고하였다.

2. 사안에 대한 대법원의 판단

【대법원 요지】 형사소송절차에서 피고인에게 법관의 기피를 신청할 수 있도록 규정하고 있는 이유는 구체적 사건을 담당한 법관에게 제척의 원인이 될 사유가 있거나 불공평한 재판을 할 염려가 있는 경우에 그러한 사유가 있는 법관을 당해 사건의 직무집행으로부터 배제시켜 피고인이 공정한 재판을 받을 수 있도록 보장하려는 데 있는 것이므로 /

【대법원 판단】 어떠한 사유에 의했건 기피의 대상으로 하고 있는 법관이 이미 당해 구체적 사건의 직무집행으로부터 배제되어 있다면 그 법관에 대한 피고인의 기피신청은 부적법하다 할 것이다. (재항고 기각)

87도1707

고소능력과 고소기간
철들어 고소 사건
1987. 9. 22. 87도1707, 공 1987, 1681

1. 사실관계 및 사건의 경과

【사실관계】
① [성폭력처벌법은 1994년에 처음 제정되었다.]
② [본 사안은 성폭력처벌법 시행 이전에 발생한 것이다.]
③ A는 갑으로부터 ㉠강간범행과 ㉡강간범행을 당하였다.
④ A가 ㉡강간범행을 당하였을 때는 13세(중학교 1학년) 남짓 되었을 때이다.
⑤ A는 생모 B와 함께 ㉠과 ㉡ 강간범행에 대해 갑을 강간죄로 고소하였다.
⑥ 검사는 갑을 강간죄로 기소하였다.
⑦ [제1심 공판절차가 진행되던 도중에] A의 아버지 C는 갑과의 합의서를 제출하여 A의 고소를 취소
하였다.

【사건의 경과】
① 갑의 피고사건은 제1심을 거친 후, 항소심에 계속되었다.
② 항소심법원은 갑에게 유죄를 선고하였다.
③ 갑은 불복 상고하였다.
④ 갑은 상고이유로 다음 점을 주장하였다.
  (가) ㉠ 및 ㉡ 강간범행의 시점으로부터 고소기간이 이미 경과하였다.
  (나) A의 법정대리인인 C가 A의 고소를 취소하였다.

2. 사안에 대한 대법원의 판단

【대법원 요지】 기록에 의하면, 이 사건 고소인인 공소외 B는 피해자의 생모임이 명백한 바, 모자관
계는 호적에 입적되어 있는 여부와는 관계없이 자의 출생으로 법률상 당연히 생기는 것이므로 이 사건
에서 공소외 B는 피해자의 친권자로서 독립하여 고소할 수 있는 것이다.
【대법원 분석】 또 원심이 적법하게 확정한 바에 의하면, 피해자는 피고인으로부터 판시 제1의 범행
을 당할 때는 나이가 너무 어려 고소능력이 없었으나 판시 제2의 범행을 당할 때는 나이 13세 남짓 되
어(중학교 1학년) 비로소 고소능력이 생겨 그 생모인 공소외 B와 함께 이 사건 고소를 제기하였다는
것인 바, /
【대법원 요지】 이와 같이 피해자가 범행을 당할 때에는 나이 어려 고소능력이 없었다가 그 후에 비
로소 고소능력이 생겼다면 그 고소기간은 고소능력이 생긴 때로부터 기산되어야 할 것이다.
【대법원 판단】 또 피해자의 부(아버지) 공소외 C는 이 사건 고소인이 아니므로 그가 고소를 취소하

였다 하여 고소취소의 효력이 있는 것도 아닌 것이다. (상고 기각)

87도2692

검증조서 기재 진술의 증거능력
상해치사 검증조서 사건
1988. 3. 8. 87도2692, 공 1993, 1481

1. 사실관계 및 사건의 경과

【사실관계】

① 갑은 A에 대한 상해치사의 공소사실로 기소되었다.

② 갑은 공소사실을 부인하였다.

③ 제1심 공판절차에서 검사는 사법경찰관 작성의 검증조서를 증거로 제출하였다. (㉠검증조서)

④ ㉠검증조서는 다음과 같이 구성되어 있다.

　　(가) 사법경찰관이 범행재연 현장을 관찰하여 기술한 부분 (ⓐ검증기재)

　　(나) 범행재연 현장에서 갑이 행한 진술 (ⓑ피의자 진술)

　　(다) 갑이 범행을 재연하는 상황을 찍은 사진 (ⓒ범행재연 영상)

⑤ ⓑ피의자 진술과 ⓒ범행재연 영상은 공소사실에 부합하는 것이었다.

⑥ [갑은 ㉠검증조서에 나타난 범행재연은 사법경찰관이 시키는 대로 한 것이며, 사실과 다르다고 진술하였다.]

【사건의 경과】

① 갑의 피고사건은 제1심을 거친 후, 항소심에 계속되었다.

② 항소심법원은 ㉠검증조서를 증거의 하나로 채택하여 유죄를 선고하였다.

③ 갑은 불복 상고하였다.

④ 갑은 상고이유로, 증거능력 없는 ㉠검증조서가 증거로 채택된 위법이 있다고 주장하였다.

2. 사안에 대한 대법원의 판단

【대법원 분석】 1. 기록에 의하여 사법경찰관 작성의 검증조서를 살펴보면 /

【대법원 분석】 위 검증조서 중에는 /

【대법원 분석】 이 사건 범행에 부합되는 피의자이었던 피고인의 진술기재 부분이 포함되어 있고 /

【대법원 분석】 또한 범행을 재연하는 사진이 첨부되어 있으나 /

【대법원 요지】 기록을 자세히 살펴보아도 이들에 관하여는 /

【대법원 요지】 원진술자이며 행위자인 피고인에 의하여 /

【대법원 요지】 그 진술 및 범행재연의 진정함이 인정되지 아니하므로 /

【대법원 요지】 위 검증조서 중 피고인의 진술기재 부분과 /

【대법원 요지】 범행재연의 사진영상에 관한 부분은 /

【대법원 요지】 증거능력이 없다고 할 것이다.

【대법원 결론】 그럼에도 불구하고 원심이 이와 견해를 딜리하여 위 검증조서 부분이 증거능력이 있다고 보아 이를 유죄의 증거로 채택한 조치는 위법하다 할 것이고 이 점을 탓하는 논지는 이유 있다.

【대법원 결론】 2. 그러나 기록에 비추어 검토하여 볼 때 피고인에 대한 이 사건 상해치사의 범죄사실은 원심이 들고 있는 여러 증거들 중 위 검증조서 부분을 제외한 나머지 증거들에 의하여도 이를 인정할 수 있으므로 원심의 위의 위법은 판결에 영향이 없다 할 것이고 /

【대법원 결론】 그 밖에 소론과 같은 채증법칙위배 등의 위법사유를 찾아 볼 수 없다. 논지는 이유 없다. (상고 기각)

88헌마3

불기소처분에 대한 헌법소원
융모상피암 환자 사망 사건

1989. 4. 17. 88헌마3, 헌집 1, 31

1. 사실관계 및 사건의 경과

【사실관계】

① 갑과 A는 남편과 부인 사이이다.

② 1983. 2. 10. A는 P병원에 입원하여 융모상피암으로 진단받고, 산부인과 의사인 B, C, D로부터 치료를 받고 있었다.

③ 1983. 2. 17. A는 방사선과에서 방사선과 의사인 E, 수련의인 F, G로부터 1차 동맥 촬영 검사를 받았다.

④ 1983. 3. 17. A는 E, F, G로부터 2차 동맥 촬영 검사를 받았다.

⑤ 1983. 3. 28. A는 사망하였다.

【사건의 경과 1】

① 1983. 5. 17. 갑은 산부인과 의사 B, C, D를 업무상 과실치사 및 허위진단서 작성죄로 고소하였다.

② 1983. 10. 24. 서울지방법원 동부지청 검사는 업무상 과실치사 부분에 대해 증거가 없다는 이유로 ㉠불기소처분을 하였다.

③ 1984. 3. 9. 서울지방법원 동부지청 검사는 허위진단서 작성 부분에 대해 증거가 없다는 이유로 ㉡불기소처분을 하였다.

④ 1988. 2. 9. 갑은 다시 방사선과 의사 E, F, G를 업무상 과실치사죄로 고소하였다.

⑤ 1988. 3. 9. 서울지방법원 동부지청 검사는 역시 증거가 없다는 이유로 ㉢불기소처분을 하였다.

⑥ 갑은 검사의 ㉢불기소처분에 대해 검찰청법에 정한 항고 및 재항고를 하였으나 모두 기각되었다.

【사건의 경과 2】

① 1988년 9월 1일 헌법재판소가 출범하였다.

② 1988. 10. 21. 갑은 헌법재판소에 헌법소원심판을 청구하였다.

③ 갑이 청구한 헌법소원심판의 대상은 의사 E, F, G에 대한 서울지방법원 동부지청 검사의 1988. 3. 9.자 ⓒ불기소처분이다.

2. 불기소처분에 대한 헌법소원의 적법 여부

【헌재 분석】 헌법 제107조 제2항은 "명령, 규칙 또는 처분이 헌법이나 법률에 위반되는 여부가 재판의 전제가 된 경우에는 대법원은 이를 최종적으로 심사할 권한을 가진다"라고 규정하고 있고, /

【헌재 분석】 같은 제111조 제1항에서는 법률이 정하는 헌법소원에 관한 심판을 헌법재판소가 관장한다고 규정하고 있으며, /

【헌재 분석】 헌법재판소법 제68조 제1항은 "공권력의 행사 또는 불행사로 인하여 헌법상 보장된 기본권을 침해받은 자는 법원의 재판을 제외하고는 헌법재판소에 헌법소원 심판을 청구할 수 있다. 다만, 다른 법률에 구제절차가 있는 경우에는 그 절차를 모두 거친 후가 아니면 청구할 수 없다."라고 규정하고 있다.

【헌재 요지】 위와 같은 헌법과 헌법재판소법의 관계규정을 종합하여 보면, 헌법 제107조 제2항의 규정은 검사의 불기소처분이 헌법재판소법 제68조 제1항에 규정한 공권력의 행사에 포함되는 것이 명백한 이상 이로 인하여 기본권의 침해가 있는 경우에 헌법소원 심판의 대상이 될 수 있음을 방해하는 것은 결코 아니라 할 것이다.

【헌재 요지】 한편, 헌법재판소법 제68조 제1항 단서에 의하면 헌법소원은 다른 권리구제절차를 거친 뒤 비로소 제기할 수 있는 것이기는 하지만, 여기서 말하는 권리구제절차는 공권력의 행사 또는 불행사를 직접대상으로 하여 그 효력을 다툴 수 있는 권리구제절차를 의미하는 것이지, 사후적·보충적 구제수단인 손해배상청구나 손실보상청구를 의미하는 것이 아님은 헌법소원제도를 규정한 헌법의 정신에 비추어 명백하다. /

【헌재 판단】 따라서 이와 같은 사유를 들어 이 사건 헌법소원이 부적법하다는 피청구인측의 주장은 모두 이유 없다.

3. 형사피해자의 보호와 국가의 의무

【헌재 분석】 헌법은 제10조에서 "모든 국민은 인간으로서의 존엄과 가치를 가지며 행복을 추구할 권리를 가진다. 국가는 개인이 가지는 불가침의 기본적 인권을 확인하고 이를 보장할 의무를 진다."라고 규정하고 있고, /

【헌재 분석】 제11조 제1항에 "모든 국민은 법 앞에 평등하다 …"라고 규정하고 있다. /

【헌재 분석】 또 제30조에서 "타인의 범죄행위로 인하여 생명·신체에 대한 피해를 받은 국민은 법률이 정하는 바에 의하여 국가로부터 구조를 받을 수 있다"고 규정하고 있으며, /

【헌재 분석】 제27조 제5항에서는 "형사피해자는 법률이 정하는 바에 의하여 당해 사건의 재판절차에서 진술할 수 있다"라고 규정하고 있다.

【헌재 요지】 국가가 존립하기 위한 최소요건은 영토와 국민의 보전이다. 국가는 이를 위해 국민에게 국방의 의무와 납세의 의무를 부과함과 아울러 국민에 대하여 국가 외부에서 초래되는 외적인 침입과 국가 내부에서 초래되는 범죄의 발생을 예방하고 이를 물리칠 의무를 스스로 부담하고 있는 것이다. /
【헌재 요지】 따라서 국가는 이미 범죄가 발생한 경우에는 범인을 수사하여 형벌권을 행사함으로써 국민을 보호하여야 할 것이고, 형벌권을 행사하지 아니하는 경우에도 최소한 형벌권을 행사하지 아니하는 것이 오히려 보다 더 나은 결과를 초래할 수 있다고 기대되는 경우에 한정되어야 할 것이다.
【헌재 요지】 그런데, 헌법은 위에서 본 바와 같이 범죄로부터 국민을 보호하여야 할 국가의 의무를 이와 같은 소극적 차원에서만 규정하지 아니하고 이에 더 나아가 범죄행위로 인하여 피해를 받은 국민에 대하여 국가가 적극적인 구조행위까지 하도록 규정하여 피해자의 기본권을 생존권적 기본권의 차원으로 인정하였다.

4. 불기소처분과 공권력의 행사 · 불행사

【헌재 분석】 공소의 제기란 법원에 대하여 특정한 형사사건의 재판을 요구하는 의사표시를 말한다. 공소를 누가 제기하느냐는 나라에 따라 상이한 모습을 보여주고 있으나, 우리나라는 검사만이 공소를 제기할 수 있도록 규정하여 국가소추주의 및 기소독점주의를 채택하고 이에 대하여 아주 좁은 범위 내에서만 준기소절차제도를 유지하고 있다.
【헌재 분석】 한편, 공소제기권자인 검사는 범죄의 증명이 충분하고 소송조건이 구비되었다 하더라도 형법 제51조의 사항을 참작하여 공소를 제기하지 아니할 수도 있다.
【헌재 분석】 우리나라가 이와 같이 국가기관인 검사에 의한 기소독점주의를 채택하여 공소제기를 사인의 개인적 감정에 좌우되지 않고 전국적으로 통일되게 행사함으로써 획일적이며, 공평한 소추를 담보하도록 하는 한편, 기소편의주의를 채택하여 형사정책적인 고려와 소송경제 및 구체적 정의의 실현을 가능하게 하도록 한 것은 위 제도 자체가 많은 장점을 가진 것을 고려한 것이기도 한다.
【헌재 분석】 한편, 불기소처분의 실질을 살펴보면, 불기소처분은 처분의 형식상 피의자를 대상으로 하는 적극적 처분이라고 할 수 있으나, 피해자를 중심으로 생각하여 보면 피해자에 대한 보호를 포기한 소극적인 부작위처분이라는 실질을 함께 가지고 있다.
【헌재 요지】 국가기관이 공소권을 독점하고 피해자에 의한 복수를 허용하지 아니하면서 자력구제를 아주 제한적으로만 인정하고 있는 법제도는 국가에 의한 피해자 보호가 충분히 이루어질 때 비로소 그 존재의의가 있는 것이다. 따라서 범죄로부터 국민을 보호하여야 할 국가의 의무가 이루어지지 아니할 때 국가의 의무위반을 국민에 대한 기본권 침해로 규정할 수 있다. /

5. 불기소처분과 평등권의 관계

【헌재 요지】 이 경우 개인의 법익을 직접 침해하는 것은 국가가 아닌 제3자의 범죄행위이므로 위와 같은 원초적인 행위 자체를 기본권침해 행위라고 규정할 수는 없으나, /
【헌재 요지】 이와 같은 침해가 있음에도 불구하고 이것을 배제하여야 할 국가의 의무가 이행되지 아니한다면 이 경우 국민은 국가를 상대로 헌법 제10조, 제11조 제1항 및 제30조(이 사건과 같이 생명 · 신체에 대한 피해를 받은 경우)에 규정된 보호의무 위반 또는 법 앞에서의 평등권 위반이라는 기본권

침해를 주장할 수 있는 것이다. /

【헌재 요지】 즉, 검사의 자의적인 수사 또는 판단에 의하여 불기소처분이 이루어진 경우에는 "같은 것은 같게, 같지 아니한 것은 같지 않게" 처리함으로써 실현되는 헌법 제11조에 정한 법 앞에서의 평등권을 침해하게 된다 할 것이다.

6. 불기소처분과 재판절차진술권의 관계

【헌재 요지】 또한, 헌법은 제27조 제5항을 신설하여 형사피해자의 재판절차에서의 진술권을 규정하고 있다. 위 규정의 취지는 법관이 형사재판을 함에 있어서 피해자의 진술을 청취하여 적절하고 공평한 재판을 하여야 한다는 것을 뜻할 뿐만 아니라 이에 더 나아가 형사피해자에게 법관으로 하여금 적절한 형벌권을 행사하여 줄 것을 청구할 수 있는 사법절차적 기본권을 보장해 준 적극적 입장에 있는 것이라 할 것이다.

【헌재 요지】 그러므로 검사의 불기소처분이 적절하게 행사되지 못하거나 자의적으로 행사된 경우에는 형사피해자는 헌법 제27조 제5항에 규정된 위와 같은 기본권의 침해와 아울러 제11조에 정한 평등권을 침해했다고 주장할 수 있다 할 것이다.

7. 사안에 대한 헌법재판소의 판단

【헌재 요지】 불기소처분이 잘못되어진 경우 기본권을 침해할 수 있고, 이와 같은 경우 헌법소원의 심판대상이 될 수 있음은 앞서 "나"에서 본 바와 같다. /

【헌재 요지】 그러나 헌법소원 제도는 국민의 기본권 침해를 구제해 주는 제도이므로 그 제도의 목적상 권리보호의 이익이 있는 경우에 비로소 이를 제기할 수 있는 것이다.

【헌재 판단】 그런데, 이 사건 불기소처분의 대상이 된 피의사실은 헌법재판소 창설 이전인 1988. 3. 27. 공소시효가 이미 완성되었음이 관계기록에 의하여 명백하므로 결국 이 사건 헌법소원은 권리보호의 이익이 없다 할 것이다.

【헌재 판단】 따라서 이 사건 헌법소원 심판청구는 권리보호의 이익이 없어 이를 각하하여야 할 것이므로 관여재판관 전원의 의견일치에 따라 주문과 같이 결정한다. (심판청구 각하)

【코멘트】 본 판례는 검사의 불기소처분이 헌법소원심판 대상이 된다고 판시한 최초의 예로서 주목된다. 헌법재판소는 1988년 9월 1일에 창설되었다. 본 판례는 헌법재판소 출범 이전 시점에 내려졌던 검사의 불기소처분에 대한 사안을 다루고 있다. 헌법재판소는 불기소처분의 대상사건에 대해 공소시효가 완성되었다는 점에 주목하여 권리보호의 이익이 없다는 이유로 심판청구를 각하하고 있다.

그럼에도 불구하고 본 판례는 지금까지도 검사의 불기소처분에 대한 헌법소원의 이론적 근거를 분석한 선례로서 주목받고 있다. 본 판례에서 헌법재판소는 범죄로부터 국민을 보호해야 할 국가의 책무를 강조하면서, 검사의 자의적인 불기소처분이 평등권 침해와 재판절차진술권 침해를 가져 올 수 있다는 점을 밝히고 있다.

본 판례가 나올 당시에는 검사의 불기소처분에 대한 불복방법으로 검찰청법에 의한 검찰항고제도와 형사소송법에 의한 재정신청제도가 있었다. 이 가운데 고등법원에 제기하는 재정신청은 형법 제

123조 내지 제125조의 3개 고발사건으로 한정되고 있었다. 이러한 상황에서 헌법재판소는 본 판례를 통하여 검사의 불기소처분에 대한 또 하나의 불복방법을 마련하였다. 그리하여 2007년 형사소송법 개정으로 모든 고소사건이 재정신청의 대상에 포함될 때까지 헌법소원은 검사의 불기소처분에 대한 통제장치로 널리 활용되었다.

2008년 1월부터 시행된 개정 형소법은 종전의 형법 제123조 내지 제125조 관련 고발사건 이외에 모든 고소사건에 대하여 재정신청을 허용하고 있다(법260①). 또한 2011년 개정되어 2012년부터 시행된 개정 형소법은 형법 제126조의 피의사실공표죄를 고등법원의 재정신청대상에 포함시키고 있다.

헌법재판소법은 헌법소원심판을 청구할 때 보충성의 원칙을 지키도록 요구하고 있다(동법68① 단서). 여기에 더하여 법원의 재판은 헌법소원심판의 대상에서 제외된다(동법68① 본문). 고등법원의 재정결정은 법원의 재판이므로 고소인은 고등법원의 재정결정에 대하여 헌법소원심판을 청구할 수 없다. 그 결과 2008년 이후에는 검사의 불기소처분에 대한 헌법소원심판 청구사건이 현저히 감소하게 되었다.

그렇다고 하여 본 판례가 완전히 의미를 잃은 것은 아니다. 범죄로부터 국민을 보호해야 할 국가의 의무를 확인한 대목은 여전히 의미가 살아 있다. 또한 검사로부터 기소유예처분을 받은 피의자가 기소유예처분에 불복하여 헌법소원심판을 청구하는 방법은 개정 형사소송법이 시행된 2008년 이후에도 여전히 가능하다.

89도54

간통죄와 고소의 특정
2회 간통 공소기각 사건
1989. 9. 12. 89도54, 공 1989, 1528

1. 사실관계 및 사건의 경과

【사실관계】

① (사실관계가 불명하여 임의로 구성함)

② [갑과 A는 배우자 사이이다.]

③ [A는 수사기관에 갑의 처벌을 구하는 간통죄 고소장을 제출하였다.] (㉠고소장)

④ 검사는 갑과 을을 조사하여 수회의 간통사실을 확인하였다.

⑤ 검사는 갑과 상간자 을을 간통죄로 기소하였다.

⑥ 검사는 수회에 걸친 간통행위를 공소사실로 기재하였다.

⑦ 공소사실 가운데에는 다음의 간통행위가 들어 있었다.

    (가) 1986. 11. 16. 간통행위 (㉮행위)

    (나) 1987. 1. 14. 간통행위 (㉯행위)

⑧ 그런데 ㉠고소장에는 ㉮행위와 ㉯행위가 기재되어 있지 않았다.

【사건의 경과】

① 갑과 을의 피고사건은 제1심을 거친 후, 항소심에 계속되었다.

② 항소심법원은 다음과 같이 판결하였다.

　(가) ㉮행위와 ㉯행위 부분 : 배우자의 고소가 없으므로 공소기각

　(나) 나머지 부분 : 유죄

③ 검사는 공소기각판결 부분에 불복 상고하였다.

④ 검사는 상고이유로 다음의 점을 주장하였다.

　(가) ㉠고소장의 효력은 ㉮행위와 ㉯행위에도 미친다.

　(나) ㉮행위와 ㉯행위에 대한 고소를 추완하기 위하여 검사에게 공소장변경의 기회를 주었어야
　　　한다.

2. 간통죄와 고소의 특정

【대법원 요지】 형법 제241조에 규정된 간통죄는 성교행위마다 1개의 죄가 성립하는 것으로서, /

【대법원 요지】 각 간통행위마다 배우자의 고소가 있어야 논할 수 있는 것인 바, /

【대법원 요지】 고소는 고소권자가 수사기관에 대하여 범죄사실을 신고하여 범인의 처벌을 구하는 의사표시로서 고소의 대상인 범죄사실이 특정되어야 하는 것이므로, /

【대법원 요지】 공소가 제기된 수개의 간통행위 중 일부 간통행위에 대하여만 배우자의 고소가 있고 다른 일부 간통행위에 대하여는 배우자의 고소가 없는 경우에 /

【대법원 요지】 고소가 없는 간통행위에 대하여까지 고소의 효력이 미칠 수는 없는 것이다.

【대법원 판단】 같은 취지에서 이 사건 공소사실 중 피고인들이 1986. 11. 16. 및 1987. 1. 14. 각 간통하였다는 점에 관하여 배우자의 고소가 없다는 이유로 공소기각의 판결을 선고한 원심판결에 /

【대법원 결론】 친고죄에 있어서의 고소의 효력이나 공소장의 변경에 관한 법리를 오해한 위법이 있다고 볼 수 없으므로, 논지는 이유가 없다. (상고 기각)

89도112

간통죄와 공소사실의 특정
'시내 불상지 간통' 사건
1989. 6. 13. 89도112, 공 1989, 1103

1. 사실관계 및 사건의 경과

【사실관계】

① 검사는 갑과 을을 간통죄로 기소하였다.

② 검사가 제출한 공소장에는 공소사실이 다음과 같이 기재되어 있었다.

③ "피고인들은 각각 배우자가 있는 여자와 남자로서 1986. 12. 22.경 서울 시내 이하 불상지에서 1회

성교하여 간통하였다."

【사건의 경과】

① 제1심법원은 공소사실이 특정되지 아니하여 공소장이 무효라고 판단하였다.

② 제1심법원은 공소기각판결을 선고하였다.

③ 검사는 불복 항소하였다.

④ 항소심법원은 항소를 기각하고, 제1심판결을 유지하였다.

⑤ 검사는 불복 상고하였다.

2. 사안에 대한 대법원의 판단

【대법원 요지】 공소사실의 특정방법을 규정한 형사소송법 제254조 제4항에서 말하는 범죄의 "시일"은 이중기소나 시효에 저촉되지 않는 정도의 기재를 요하고, "장소"는 토지관할을 가름할 수 있는 정도의 기재를 필요로 하며, "방법"은 범죄의 구성요건을 밝히는 정도의 기재를 요하는 것이고 /

【대법원 요지】 이와 같은 공소범죄사실의 세 가지 특정요소를 갖출 것을 요구하고 있는 법의 취지는 결국 피고인의 방어의 범위를 한정시켜 방어권행사를 쉽게 해주기 위한 데 있는 것이므로 공소사실은 위 세 가지의 특정요소를 종합하여 범죄구성요건에 해당하는 구체적 사실을 다른 사실과 판별할 수 있는 정도로 기재하여야 한다고 보아야 할 것이다.

【대법원 판단】 원심이 피고인들은 각각 배우자가 있는 여자와 남자로서 1986. 12. 22.경 서울 시내 이하 불상지에서 1회 성교하여 간통하였다는 요지의 공소사실이 기재된 공소장이 무효라는 제1심 판단을 유지한 것은 위에서 본 법리에 비추어 볼 때 수긍할 수 있는 판단이라 할 것이고 여기에 소론과 같은 위법이 있다고 볼 수 없다. (상고 기각)

89헌마145

고발사건과 헌법소원
암소 1마리 갈취 사건

1989. 12. 22. 89헌마145, 헌집 1, 413

1. 사실관계 및 사건의 경과

【사실관계】

① 갑은 A의 삼촌이다.

② A와 B 사이에 P임야의 소유권을 둘러싸고 Q분쟁이 발생하였다.

③ 갑은 B와 C를 상대로 다음과 같은 요지의 R고발장을 전주지방검찰청 정주지청에 제출하였다.

④ "C는 B의 지시에 따라 A의 집에 가서 암소 1마리를 갈취하였다."

⑤ "B는 A에 대한 배임죄 피고사건에 증인으로 출석하여 위증하고, D 등에게 위증을 교사하였다."

【사건의 경과】

① 1988. 11. 30. R고발사건을 담당한 전주지방검찰청 정주지청 검사는 수사한 끝에 R고발사실에 대해 각각 "혐의 없음"의 ㉠불기소처분을 하였다.

② 갑은 ㉠불기소처분에 불복하여 항고, 재항고를 하였으나 광주고등검찰청과 대검찰청에서 차례로 기각되었다.

③ 1989. 6. 12.자 대검찰청의 재항고기각결정은 그 무렵 갑에게 송달되었다.

④ 1989. 7. 5. 갑은 헌법재판소에 헌법소원을 청구하였다.

2. 헌법소원의 적격

【헌재 요지】 2. 살피건대, 헌법소원은 공권력의 행사 또는 불행사로 인하여 기본권의 침해가 있을 것을 요건으로 하며, 그 기본권은 심판청구인 자신이 직접 그리고 현재 침해당한 경우라야 한다. 따라서 기본권의 피해자에게만 헌법소원이 허용된다. /

【헌재 요지】 이 점은 헌법재판소법 제68조 제1항에서 "헌법상 보장된 기본권을 침해받은 자"를 소원 적격자로 규정하고 있어 분명하다. 이른바 누구에게나 허용되는 민중소송은 우리나라의 헌법소원 제도상 허용되어 있지 않다.

3. 고발·고발과 헌법소원의 적격성

【헌재 판단】 고소나 고발이 모두 수사개시의 단서가 된다고 하지만 고소는 범죄피해자의 보호가 주된 목적임에 대하여, 고발은 누구든지 범죄가 있다고 사료되는 때에 하는 것으로서 범죄규제를 통한 국가적 이익의 보호를 주목적으로 한다.

【헌재 요지】 따라서 고소는 주로 주관적 개인적인 목적을 추구하는 것이므로 고소인 적격이 있는 형사피해자에게는 헌법 제27조 제5항이 당해 사건의 재판절차에서의 진술권이라는 주관적 기본권을 부여함에 대하여, /

【헌재 요지】 고발에 있어서는 고발인 자신의 개인적 이해관계를 떠나 국민의 일원으로서, 범죄규제를 통한 국법질서의 유지를 위하여 협력함을 주된 목적으로 하는 것이므로 고발인에게 개인적 주관적인 권리나 위에서 본 재판절차에서의 진술권 따위의 기본권은 허용될 수 없다.

【헌재 요지】 따라서 이와 같이 국민의 일원으로서 국가의 수사권 발동을 촉구하는 의미에 그치는 일반범죄의 고발사건에 있어서 검사가 자의적으로 불기소처분을 하였다고 하여 달리 특별한 사정이 없으면 고발인이 자기의 기본권의 침해가 있었음을 전제로 자기관련성을 내세워 헌법소원 심판청구를 하는 것은 허용될 수 없을 것이다.

【헌재 판단】 앞서 인정한 바와 같이 이 사건 심판청구인은 검사가 무혐의 불기소처분한 사건의 고발인에 그치므로 그에 의한 이 사건 심판청구는 결국 부적법한 청구에 귀착되게 된다. (심판청구 각하)

90도603

간통죄 고소의 특정방법
가출 배우자 발견 사건
1990. 9. 28. 90도603, 공 1990, 2245.

1. 사실관계 및 사건의 경과

【사실관계】

① 갑과 A는 부부 사이이다.

② A는 [이혼심판청구와 함께] 다음과 같은 내용의 간통죄 고소를 하였다.

　(가) 1986. 12. 25. 갑은 무단가출을 하였다.

　(나) A는 갑을 찾으러 다녔다.

　(다) 1988. 6. 27.경 A는 사촌형수 B로부터 갑을 서울 관악구 봉천본동 전철역 부근에서 보았다는
　　　말을 듣고 그 부근에서 갑을 수소문하였다.

　(라) 1988. 7. 9. 23:00경 봉천본동 소재 C 경영의 식당에서 갑과 C가 동거하고 있는 것을 발견하
　　　였다.

　(마) 갑이 C와 간통한 것으로 생각하고 고소하니 갑의 행위가 죄가 되면 처벌하여 달라.

【사건의 경과】

① 검사는 1988. 7. 3. 12:00경의 간통 공소사실로 갑을 기소하였다.

② 제1심법원은 [A의 고소가 특정되지 아니하여] 적법한 고소가 없다는 이유로 공소기각판결을 선고
　하였다.

③ 검사는 불복 항소하였다.

④ 항소심법원은 항소를 기각하고, 제1심판결을 유지하였다.

⑤ 검사는 불복 상고하였다.

2. 간통죄 고소의 특정성

【대법원 요지】 간통죄는 각 성교행위마다 하나의 범죄가 성립하는 것이므로 그 고소에 있어서는 비
록 고소인이 직접 범행의 일시, 장소와 방법까지 구체적으로 상세히 지적하여 그 범죄사실을 특정할
필요는 없다 할지라도 적어도 어떠한 범죄사실을 지적하여 범인의 처벌을 구하고 있는 것인가는 확정
할 수 있어야 할 것임은 원심이 판시한 바와 같다.

【대법원 요지】 그러나 한편 간통죄는 그 은비성 때문에 범인이 자신의 범죄사실을 자백하기 전에는
고소인이라 할지라도 그 구체적인 범행내용을 알 수 없는 것이 보통이므로 간통죄의 고소에 있어서는
고소인이 시기와 종기를 정하여 고소기간을 특정하고 있는 이상 그 기간 중의 어떤 범죄행위에 대하여
특히 처벌을 원치 않는다고 볼 만한 특별한 사정이 없는 한 그 기간 중의 모든 범죄행위에 대하여 처벌
을 희망하는 의사를 표시한 것으로 보아야 하고, /

【대법원 요지】 또 그 정도로써 특정도 되었다고 봄이 상당하다 할 것이다.

3. 사안에 대한 대법원의 판단

【대법원 분석】 이 사건에 관하여 보건대, 고소인 공소외 A 작성의 고소장 및 사법경찰리 작성의 고소인에 대한 진술조서(고소보충조서)에 의하면, 원심이 인정한 바와 같이, /

【대법원 분석】 고소인은 1986. 12. 25. 무단가출한 피고인을 찾고 있던 중 1988. 6. 27.경 사촌형수 공소외 B로부터 피고인을 서울 관악구 봉천본동 전철역 부근에서 보았다는 말을 듣고 그 부근에서 피고인을 수소문하다가 그 해 7. 9. 23:00경 같은 동 소재 공소외 C 경영의 식당에서 피고인과 공소외 C가 동거하고 있는 것을 발견하고는 간통한 것으로 생각하고 고소하니 피고인의 행위가 죄가 되면 처벌하여 달라는 취지인바,

【대법원 판단】 이는 피고인이 가출한 1986. 12. 25.부터 동거를 목격한 1988. 7. 9. 23:00까지 사이의 모든 간통 행위에 대하여 고소한 것으로 볼 것이므로 그 기간 중인 이 사건 1988. 7. 3. 12:00경의 간통 공소사실에 대하여도 적법한 고소가 있다고 보는 것이 옳을 것이다.

【대법원 결론】 그럼에도 불구하고 원심이 그 판시와 같은 이유로 이 사건 공소사실에 대하여 적법한 고소가 없다 하여 공소기각의 판결을 선고한 제1심판결을 유지한 것은 친고죄에 있어서 고소의 법리를 오해한 위법이 있으므로 이 점을 지적하는 상고논지는 이유 있다. /

【대법원 결론】 이에 형사소송법 제393조에 의하여 원심 및 제1심판결을 파기하고 사건을 제1심법원에 환송하기로 하여 관여 법관의 일치된 의견으로 주문과 같이 판결한다. (파기 1심 환송)

90도1229

증거동의와 내용부인의 관계
증거동의와 진정성 요건
폭행사실 번복 사건

1990. 10. 26. 90도1229, 공 1990, 2475

1. 사실관계 및 사건의 경과

【사실관계】
① 갑은 A를 상해하여 사망에 이르게 하였다는 공소사실로 기소되었다.
② 제1심 제1회 공판기일이 열렸다.
③ 검사는 갑의 P진술서를 증거로 제출하였다.
④ P진술서에는 갑의 서명과 무인이 들어 있었다.
⑤ P진술서에는 "본인(갑)이 A를 폭행하였다"는 내용이 기재되어 있었다.
⑥ 갑과 변호인은 P진술서에 대해 증거동의를 하였다.
⑦ 갑은 그러나 "본인(갑)은 A를 폭행한 사실이 없다"고 진술하였다.

【사건의 경과】
① 갑의 피고사건은 제1심을 거친 후, 항소심에 계속되었다.
② 항소심법원은 다음의 이유를 들어서 무죄를 선고하였다.
  (가) 갑은 P진술서에 대해 그 내용을 인정하지 않고 있다.
  (나) 내용부인 때문에 갑이 증거로 할 수 있음을 동의하였다고 하더라도 P진술서를 증거로 할 수 없다.
③ 검사는 불복 상고하였다.
④ 검사는 상고이유로 다음의 점을 주장하였다.
  (가) 갑은 P진술서에 대해 증거동의를 하였다.
  (나) 증거동의가 이루어진 P진술서는 내용부인에도 불구하고 증거능력이 있다.

2. 사실인정과 채증법칙

【대법원 요지】 증거의 취사선택과 사실의 인정은 논리법칙과 경험법칙에 반하지 않는 한 사실심의 전권에 속하는 것인바, /
【대법원 판단】 관계증거를 기록과 대조하여 검토하면, 검사가 제출한 여러 증거들에 의하더라도 피해자의 사망원인이 된 심장파열상이나 다발성늑골골절상이 피고인의 폭행으로 인한 것이라는 점을 인정하기 어렵기 때문에 이 사건 상해치사 공소사실은 범죄사실의 증명이 없는 것이라는 이유로 무죄를 선고한 원심판결에 소론과 같이 심리를 제대로 하지 아니한 채 채증법칙을 위반하여 사실을 잘못 인정한 위법이 있다고 볼 수 없으므로, 논지는 이유가 없다.

3. 증거동의와 진정성 판단

【대법원 판단】 다만 기록에 의하면, 피고인이 작성한 [P]진술서(수사기록 69장)에 관하여 피고인과 변호인이 제1심 제1회 공판기일에서 증거로 할 수 있음을 동의하였을 뿐만 아니라, 그 진술서에 피고인의 서명과 무인이 있는 것으로 보아 진정한 것으로도 인정되므로, 그 진술서는 증거로 할 수 있는 것임에도 불구하고, /
【대법원 판단】 원심은 피고인이 그 내용을 인정하지 않고 있기 때문에 피고인이 증거로 할 수 있음을 동의하였다고 하더라도 증거로 할 수 없는 것이라고 판단하였으므로, 원심의 이 점에 대한 판단이 잘못된 것임은 소론이 지적하는 바와 같지만, /
【대법원 판단】 위 진술서의 기재에 의하더라도 피해자의 사망과 피고인의 폭행 사이의 인과관계를 인정할 수 없으므로, 원심의 위와 같은 잘못은 판결에 영향을 미칠 것이 못된다. (상고 기각)]

【코멘트】 본 판례는 내용부인보다 증거동의의 효과가 더 우선한다고 밝힌 점에서 주목된다. 한편 본 판례에서 대법원은 증거동의의 요건 가운데 하나인 진정성의 의미에 대해 간접적으로 태도를 표명하고 있다. 형소법 제318조 제1항은 증거동의의 요건 가운데 하나로 "증거로 할 수 있음에 동의한 서류 또는 물건은 진정한 것으로 인정한 때"에 이를 증거로 할 수 있다고 규정하고 있다. 즉 검사나 피고인 측의 증거동의 의사표시만으로 부족하고 법원이 그 증거를 진정한 것으로 인정할 때 증거능력을 인정하도록 하고 있는 것이다.

여기에서 '진정한 것으로 인정한 때'의 판단방법이 문제된다. 본 판례에서 대법원은 "그 진술서에 피고인의 서명과 무인이 있는 것으로 보아 진정한 것으로도 인정된다"고 판시하여 서류의 경우 '서명과 무인'이 진정성 요건에 대한 일단의 판단기준이 된다는 점을 간접적으로 밝히고 있다.

90모44

재정신청절차와 기피신청
고소인 처 증인신청 사건
1990. 11. 2. 90모44, 공 1991, 669

1. 사실관계 및 사건의 경과

【사실관계】
① 갑은 A 등을 P지방검찰청에 직무유기 등으로 고소하였다.
② P검찰청에서는 혐의없다는 이유로 ㉠불기소처분을 하였다.
③ 갑은 검사의 ㉠불기소처분에 불복하여 Q고등법원에 재정신청을 하였다.
④ Q고등법원의 재정신청사건 재판부는 심문기일을 열어 갑과 A 등이 출석한 가운데 갑의 재정신청 사건에 관한 심리를 진행하였다.
⑤ 갑은 다음의 이유를 들어서 그의 처 B를 증인으로 신청하였다.
　(가) 본인(갑)이 수개월 동안 구속되어 있었던 관계로 B가 본인(갑)을 대신하여 일처리를 하였다.
　(나) B가 문제된 분쟁의 내용을 잘 알고 있으며, 그러한 이유에서 재정신청사건에 있어서도 진정서를 낸 바 있다.
⑥ Q고등법원의 재정신청사건 재판부는 갑의 증인신청을 받아들이지 않았다.

【사건의 경과】
① 갑은 다음의 이유를 들어서 담당 재판부 전원에 대해 Q고등법원에 기피신청을 하였다.
　(가) 재판부가 B의 증언내용을 들어볼 필요가 없다는 이유로 증인신청을 받아들이지 않고 있다.
　(나) 이러한 행위는 재판부가 재정신청이 이유 없음을 예단하고 있는 것이다.
　(다) 재판부가 형소법 제262조에 정한 기간 내에 재정신청사건의 결정을 하지 아니하는 것도 재판부가 불공평한 재판을 할 염려가 있음을 보여주고 있다.
② Q고등법원의 기피신청사건 재판부는 다음의 이유를 들어서 갑의 기피신청을 기각하였다.
　(가) 갑이 신청한 증거를 재정신청사건 재판부가 채택하지 않았다 하더라도 그러한 사실만으로 재판부가 예단을 가지고 불공평한 재판을 할 염려가 있는 경우에 해당한다고 할 수 없다.
　(나) 그 밖에 달리 재판부가 불공평한 재판을 할 염려가 있다고 볼 만한 소명도 없다.
③ (이상 원심결정에 의하여 재구성함).
④ 갑은 Q고등법원 기피신청 재판부의 기피신청 기각결정에 불복하여 대법원에 재항고하였다.

2. 사안에 대한 대법원의 판단

【대법원 요지】 형사소송법 제18조 제2호의 "불공평한 재판을 할 염려가 있는 때"라 함은 당사자가 불공평한 재판이 될지도 모른다고 추측할 만한 주관적인 사정이 있는 때를 말하는 것이 아니라, /

【대법원 요지】 통상인의 판단으로서 법관과 사건과의 관계상 불공평한 재판을 할 것이라는 의혹을 갖는 것이 합리적이라고 인정할 만한 객관적인 사정이 있는 때를 말하는 것이므로, /

【대법원 판단】 원심이 같은 취지에서 재판부가 당사자의 증거신청을 채택하지 아니하였다 하더라도 그러한 사유만으로 재판의 공평을 기대하기 어려운 객관적인 사정이 있다 할 수 없다고 판단한 것은 정당하다.

【대법원 판단】 그리고 형사소송법 제262조에 정한 기간 내에 재정신청사건의 결정을 하지 아니하였다 하여 곧바로 재판부가 불공평한 재판을 할 염려가 있다고 볼 수도 없다.

【대법원 결론】 따라서 이 사건 법관기피신청을 기각한 원심의 조치는 옳고, 논지는 모두 이유 없다. (재항고 기각)

90헌마20

고발사건과 헌법소원
도시계획 공무원 사건
1990. 12. 26. 90헌마20, 헌집 2, 487

1. 사실관계 및 사건의 경과

【사실관계】

① 갑은 다음 내용의 P고발장을 경상남도 경찰국에 제출하였다

② "마산시청 도시계획 관련 공무원은 준공검사를 할 수 없음에도 준공검사를 허가하는 허위공문서를 작성하고 이를 비치하였다."

③ "마산시청 도시계획 관계공무원으로 확정측량원도의 검사업무 등을 담당하던 공무원은 확정측량원도가 환지계획도면과 상이함에도 불구하고 허위의 공문서를 작성하고, 이를 지적계에 비치하여 행사하였다."

【사건의 경과】

① 갑의 P고발에 대하여 마산지방검찰청 검사는 준공검사 관계공무원 A와 측량원도 관련공무원 B를 피고발인으로 보아 그들에 대한 수사를 하였다.

② 1989. 6. 30. 검사는 피고발인 A와 B에 대하여 ㉠무혐의결정을 하였다.

③ 검사의 ㉠무혐의결정에 불복하여 갑은 검찰청법이 규정한 바에 따라 항고, 재항고를 하였으나 모두 기각되었다.

④ 1990. 1. 11.자 재항고기각결정은 그 무렵 갑에게 송달되었다.

⑤ 1990. 2. 13. 갑은 헌법재판소에 헌법소원심판을 청구하였다.

2. 사안에 대한 헌법재판소의 판단

【현재 요지】 살피건대, 헌법소원은 공권력의 행사 또는 불행사로 인하여 기본권의 침해가 있을 것을 요건으로 하고 있고, 그 기본권은 심판청구인 자신이 직접 그리고 현재 침해당한 경우라야 하므로 이러한 기본권의 피해자에게만 헌법소원이 허용되는 것이다.

【현재 요지】 그런데 고발인은 범죄의 피해자가 아니므로 검사가 자의적으로 불기소처분을 하였다고 하더라도 특별한 사정이 없는 한 자기의 기본권이 침해되었음을 이유로 자기관련성을 내세워 헌법소원심판을 청구할 수 없는 것이다. /

【현재 판단】 이는 우리 헌법재판소의 종래 판례이고 아직 이 판례를 변경할 필요가 없다고 본다.

【현재 판단】 그렇다면 고발인이 제기한 이 사건 심판청구는 부적법한 것이므로 이를 각하하기로 하여 주문과 같이 결정한다. (심판청구 각하)

91도3317

면책특권의 소송법적 효과
국시 논쟁 사건
1992. 9. 22. 91도3317, 공 1992, 3038

1. 사실관계 및 사건의 경과

【사실관계】
① 갑은 P정당 소속 국회의원이다.
② 1986. 7.경 갑은 정기국회 본회의에서의 정치분야 대정부 질문자로 내정되었다.
③ 갑은 본회의에서 행할 질문의 원고작성에 임하였다.
④ 갑은 우리나라의 통일정책과 관련하여 다음 내용이 담긴 P원고를 완성하였다.
⑤ P원고에는 "이 나라의 국시는 반공이 아니라 통일이어야 한다", "통일이나 민족이라는 용어는 공산주의나 자본주의보다 그 위에 있어야 한다"는 등 통일을 위해서라면 공산화통일도 용인해야 한다는 내용이 담겨 있었다.
⑥ 갑은 비서 A로 하여금 P원고 50부를 복사하게 하였다.
⑦ 1986. 10.13. 13:30 (대정부 질문 30분 전임) 갑은 국회의사당 내 기자실에서 A를 통하여 그 중 30부를 국회 출입기자들에게 배포하였다.

【사건의 경과】
① 검사는 반국가단체인 북괴의 활동에 동조하여 이를 이롭게 한 것이라는 공소사실로 갑을 국가보안법위반죄로 기소하였다.
② 갑의 피고사건은 제1심을 거친 후, 항소심에 계속되었다.

③ 1991. 11. 14. 항소심법원은 다음의 이유를 들어서 공소기각판결을 내렸다.

    (가) 갑이 국회 본회의에서 질문한 원고를 사전에 배포한 행위는 국회의원의 면책특권의 대상이 되는 직무부수행위에 해당한다.

    (나) 이와 같은 경우에는 형사소송법 제327조 제1호의 '피고인에 대하여 재판권이 없는 때'에 해당한다.

④ 검사는 불복 상고하였다.

2. 면책특권의 적용범위

【대법원 요지】 헌법 제45조(구헌법 제81조)는 국회의원은 국회에서 직무상 행한 발언과 표결에 관하여 국회 외에서 책임을 지지 아니한다고 규정하여 국회의원의 면책특권을 인정하고 있는바, 이는 국회의원이 국민의 대표자로서 자유롭게 그 직무를 수행할 수 있도록 보장하기 위하여 마련한 장치인 것이므로 /

【대법원 요지】 면책특권의 대상이 되는 행위는 직무상의 발언과 표결이라는 의사표현행위 자체에 국한되지 아니하고 이에 통상적으로 부수하여 행하여지는 행위까지 포함한다고 할 것이고, /

【대법원 요지】 그와 같은 부수행위인지 여부는 결국 구체적인 행위의 목적, 장소, 태양 등을 종합하여 개별적으로 판단할 수밖에 없다고 할 것이다.

3. 공소사실의 내용

【항소심 분석】 원심판결의 이유에 의하면, 원심은 피고인이 P정당 소속 제12대 국회의원으로서 1986. 7.경 제131회 정기국회 본회의에서의 정치분야 대정부 질문자로 내정되어 그 질문 원고를 작성함에 있어 /

【항소심 분석】 우리나라의 통일정책과 관련하여 '이 나라의 국시는 반공이 아니라 통일이어야 한다' '통일이나 민족이라는 용어는 공산주의나 자본주의보다 그 위에 있어야 한다'는 등 통일을 위해서라면 공산화통일도 용인하여야 한다는 취지 등을 담은 원고를 완성하고 비서인 공소외 A로 하여금 50부를 복사하게 한 다음, /

【항소심 분석】 같은 해 10.13. 13:30 국회의사당 내 기자실에서 위 A를 통하여 그 중 30부를 국회출입기자들에게 배포함으로써 반국가단체인 북괴의 활동에 동조하여 이를 이롭게 한 것이다라는 공소사실에 대하여,

4. 사안에 대한 항소심의 판단

【대법원 요지】 피고인이 배포한 원고의 내용이 공개회의에서 행할 발언내용이고(회의의 공개성), /

【대법원 요지】 원고의 배포시기가 당초 발언하기로 예정된 회의시작 30분 전으로 근접되어 있으며(시간적 근접성), /

【대법원 요지】 원고배포의 장소 및 대상이 국회의사당 내에 위치한 기자실에서 국회출입기자들만을 상대로 한정적으로 이루어졌고(장소 및 대상의 한정성), /

【대법원 요지】 원고배포의 목적이 보도의 편의를 위한 것이라는(목적의 정당성) 등의 사실을 인정

한 후 /

【대법원 판단】 이와 같은 사실을 종합하여 피고인이 국회 본회의에서 질문한 원고를 위와 같이 사전에 배포한 행위는 국회의원의 면책특권의 대상이 되는 직무부수행위에 해당한다고 판시하고 있는바, 기록에 비추어 원심의 판단은 옳게 수긍이 되고 거기에 국회의원의 면책특권에 관한 법리를 오해하였거나 채증법칙을 어긴 위법이 없다.

【대법원 분석】 (중 략)

5. 면책특권의 형사법적 효과

【대법원 요지】 국회의원의 면책특권에 속하는 행위에 대하여는 공소를 제기할 수 없으며 이에 반하여 공소가 제기된 것은 결국 공소권이 없음에도 공소가 제기된 것이 되어 형사소송법 제327조 제2호의 "공소제기의 절차가 법률의 규정에 위반하여 무효인 때"에 해당된다고 보아야 할 것이므로 이와 같은 경우에는 위 규정에 따라 공소를 기각하여야 할 것이다.

【항소심 판단】 원심은 피고인의 행위가 면책특권의 대상이 되는 직무부수행위에 해당한다고 판단하면서도 이와 같은 경우에는 형사소송법 제327조 제1호의 "피고인에 대하여 재판권이 없는 때"에 해당한다고 보아 이를 이유로 이 사건 공소를 기각하였는바 /

【대법원 요지】 이와 같은 견해는 국회의원의 면책특권에 해당하는 경우에는 재판권의 일부가 입법부에 속하는 것으로 파악됨을 전제로 한 것이 되어 재판권행사에 관한 현행법체계하에서는 채용할 수 없다 하겠다.

【대법원 결론】 결국 이 점에서 원심의 판단은 잘못이라 하겠으나 어차피 이 사건 공소를 기각한 결론에 있어서는 정당하므로 위 잘못은 판결결과에는 영향이 없다. (상고 기각)

91헌마42

검찰사건사무규칙의 법적 성질
광업권 고소 재기수사 사건
1991. 7. 8. 91헌마42, 헌집 3, 380

1. 사실관계 및 사건의 경과

【사실관계】

① 갑은 A 등을 M검찰청 N지청에 다음의 고소사실로 고소하였다.

② "A 등은 S광업권을 자신에게 매도하였음에도 불구하고 이를 다시 K에게 매도하여 광업권이전등록을 경유해 주었다."

③ 1989. 6. 29. M검찰청 N지청의 C검사는 갑의 고소사실을 인정할 만한 증거가 없다는 이유로 ㉠ 불기소처분을 하였다.

④ 갑은 이에 불복, 검찰청법에 정한 절차에 따라 항고, 재항고를 하였다.

⑤ 1990. 8. 10. 검찰총장은 갑의 재항고가 이유 있는 것으로 인정하여 재기수사명령의 결정을 하였다.

【사건의 경과 1】

① M검찰청 N지청의 C검사는 갑의 고소사건을 재기하여 수사하였다.

② C검사는 A에 대해 배임죄를 적용하여 구속기소하였다.

③ C검사는 나머지 B 등에 대해서는 증거불충분으로 불기소처분을 내리기로 하였다.

④ 당시 검찰사건사무규칙 제73조 제2항[현행 규칙 제92조 제2항 전단 참조]에 따르면 재기수사 등의 명령이 있는 사건에 관하여 지방검찰청 또는 지청에서 다시 불기소처분을 하고자 하는 경우에는 미리 그 명령청의 장의 승인을 얻어야 한다.

⑤ 1991. 1. 28. C검사는 B 등에 대한 ⓒ불기소처분에 대해 검찰총장의 승인을 받았다.

⑥ 1991. 1. 31. C검사는 고소사실을 인정할 만한 증거가 없다는 이유로 B 등에 대하여 다시 ⓒ불기소처분을 하였다.

【사건의 경과 2】

① 1991. 2. 5. 갑은 B 등에 대한 ⓒ불기소처분의 통지를 받았다.

② 갑은 ⓒ불기소처분에 대해 다시 검찰청법이 정한 항고, 재항고의 절차를 밟지 않았다.

③ 1991. 3. 5. 갑은 ⓒ불기소처분에 대해 곧바로 헌법재판소에 헌법소원심판을 청구하였다.

④ 헌법재판소법 제68조 제1항은 공권력의 행사 또는 불행사로인하여 헌법상 보장된 기본권을 침해받은 자라 하더라도 다른 법률에 구제절차가 있는 경우에는 그 절차를 모두 거친 후가 아니면 헌법소원의 심판을 청구할 수 없다고 규정하고 있다(보충성의 원칙).

⑤ [갑은 검찰청법상의 항고, 재항고를 거치지 않고 바로 헌법소원심판을 청구한 이유에 대해 다음과 같이 주장하였다.]

　(가) 검찰사건사무규칙 제73조 제2항은 재기수사 등의 명령이 있는 사건에 관하여 지방검찰청 또는 지청에서 다시 불기소처분을 하고자 하는 경우에는 미리 그 명령청의 장의 승인을 얻어야 한다고 규정하고 있다.

　(나) 검사는 명령청의 장인 검찰총장의 승인을 받아 ⓒ불기소처분을 내렸다.

　(다) 갑이 ⓒ불기소처분에 대해 다시 검찰청법상의 항고, 재항고절차를 거친다고 하더라도 갑의 기본권이 그 절차에서 구제될 가능성은 거의 없다.

2. 쟁점의 정리

【헌재 분석】 헌법재판소법 제68조 제1항은 공권력의 행사 또는 불행사로 인하여 헌법상 보장된 기본권을 침해받은 자라 하더라도 다른 법률에 구제절차가 있는 경우에는 그 절차를 모두 거친 후가 아니면 헌법소원의 심판을 청구할 수 없다고 규정하고 있다. /

【헌재 분석】 기록에 의하면 청구인이 그 구제절차인 검찰청법에 정한 항고 · 재항고절차를 거치지 아니한 채 이 사건 심판의 대상인 불기소처분에 대하여 헌법소원의 심판을 청구한 사실이 인정된다.

【헌재 분석】 한편 검찰사건사무규칙 제73조 제2항은 재기수사의 명령이 있는 사건에 관하여 지방검찰청 검사가 다시 불기소처분을 하고자 하는 경우에는 미리 그 명령청의 장의 승인을 얻어 이 사건 헌법소원의 대상이 된 불기소처분을 한 사실이 인정된다. /

【헌재 분석】 그리하여 청구인은 위 불기소처분에 대하여 검찰청법상의 항고·재항고절차를 거친다고 하더라도 청구인의 기본권이 그 절차에서 구제될 가능성이 거의 없는 것으로 여겨 바로 이 사건 헌법소원의 심판을 청구한 것으로 볼 수도 있다.

3. 검찰사건사무규칙의 법적 성질

【헌재 요지】 그러나 재기수사의 명령이 있는 사건에 관하여 지방검찰청검사가 다시 불기소처분을 하고자 하는 경우에는 미리 그 명령청의 장의 승인을 얻도록 한 검찰사건사무규칙의 위 조항은 검찰청 내부의 사무처리지침에 불과한 것일 뿐 법규적 효력을 가진 것이 아니기 때문에 /

【헌재 판단】 비록 피청구인이 미리 그 명령청의 장인 검찰총장의 승인을 얻어 불기소처분하였다고 하여 청구인이 검찰청법에 정한 항고·재항고절차를 거치는데 어떠한 제한을 받거나, 고등검찰청 검사장이나 검찰총장이 청구인의 항고·재항고에 대한 결정을 함에 있어서 미리 승인한 내용에 구속을 받는 등의 법적인 구속력이 발생하는 것도 아니고, /

【헌재 판단】 객관적으로 보아 그 구제절차에 따른 권리구제가 거의 불가능한 것으로 볼 수도 없는 것이므로 /

【헌재 판단】 청구인의 이 사건 심판청구는 결국 검찰청법에 규정된 항고·재항고 등 그 구제절차를 모두 거치지 아니한 채 청구한 것이어서 부적법함을 면할 수 없다. (심판청구 각하)

92감도10

변호인 상소권의 법적 성질
치료감호 당일 상고포기 사건
1992. 4. 14. 92감도10, 공 1992, 1649

1. 사실관계 및 사건의 경과

【사실관계】

① 검사는 갑에 대해 M사건을 원인으로 하여 치료감호를 청구하였다.

② 갑의 치료감호청구사건은 제1심을 거친 후, 항소심에 계속되었다.

③ 1991. 12. 20. 항소심법원은 갑에 대해 N치료감호를 선고하였다.

④ 갑은 당일 상고를 포기하였다.

⑤ 이후 갑의 변호인 A는 상고하였다.

⑥ 갑의 변호인 A는 자신(A)의 상고가 유효하다고 주장하면서 다음의 이유를 제시하였다.

　(가) 갑이 상고를 포기할 당시 갑에게 소송능력이 없었다.

　(나) 그러므로 갑의 상고포기는 무효이다.

【사건의 경과】

① 대법원은 의사 B에게 갑에 대한 감정을 명하는 한편, 갑의 상태에 대한 사실조회를 하였다.

② 의사 B는 P감정서와 Q사실조회회보서를 대법원에 제출하였다.

③ P감정서는 다음과 같은 내용으로 되어 있다.

④ "갑은 잔재형 정신분열증의 증상을 가지고 있어 집중력이나 판단력에 장애가 있기는 하지만 보통의 지능을 가지고 있고 의식은 명료하며 지각 및 기억력에도 장애가 없다."

⑤ Q사실조회회신서에는 다음과 같은 내용이 기재되어 있다.

⑥ "갑은 상고를 포기하면 재판이 끝나고 치료감호를 받아야 된다는 것을 이해하고 있다."

⑦ 대법원은 갑의 변호인 A가 제기한 상고의 적법 여부를 심리하였다.

2. 사안에 대한 대법원의 판단

【대법원 요지】 변호인은 독립한 상소권자가 아니고 피감호청구인의 상소권을 대리행사할 수 있을 따름이므로 피감호청구인의 상소권이 소멸한 후에는 상소를 제기할 수 없다 할 것이다.

【대법원 분석】 기록에 의하면 피감호청구인은 1991. 12. 20. 선고한 원심판결에 대하여 그 날짜로 상소를 포기하였음이 분명한 바, /

【대법원 분석】 의사 B 작성의 감정서의 기재에 의하면 피고인은 잔재형 정신분열증의 증상을 가지고 있어 집중력이나 판단력에 장애가 있기는 하지만 보통의 지능을 가지고 있고 의식은 명료하며 지각 및 기억력에도 장애가 없다는 것이고, /

【대법원 분석】 같은 의사 작성의 사실조회회신서의 기재에 의하면 피고인은 상고를 포기하면 재판이 끝나고 치료감호를 받아야 된다는 것을 이해하고 있다는 것이며 /

【대법원 판단】 기록에 나타난 제1심 및 원심 공판정에서의 피고인의 진술 등을 이와 함께 종합하면 피고인은 상고를 포기할 당시 소송능력이 있었다고 보여지고 따라서 그의 상고포기는 유효하다 할 것이다.

【대법원 판단】 그리고 상소를 포기한 자는 그 사건에 대하여 다시 상소할 수 없으므로 결국 피감호청구인의 변호인의 이 사건 상고는 피감호청구인의 상소권포기로 상소권이 소멸한 후에 제기된 것이어서 부적법하다 할 것이다. (상고 기각)

92도1751

공소장일본주의와 여죄의 기재
공소장변경의 필요성
트레이딩 회사 사채모집 사건
1992. 9. 22. 92도1751, 공 1992, 3043

1. 사실관계 및 사건의 경과

【사실관계】

① 갑은 P트레이딩 회사의 임원이다.

② 갑은 P회사의 다른 직원들과 함께 A 등으로부터 사채를 모집하였다.

③ 갑은 A 등에게 받은 돈을 돌려주지 않았다.

④ 갑은 상습사기죄로 기소되었다.

⑤ 갑에 대한 공소장은 다음과 같은 형태로 기재되어 있었다.

　(가) 앞머리 부분 : 갑이 과거에 비슷한 수법으로 B 등 다른 사람들에게 피해를 입혔던 사실

　(나) 본문 부분 : 갑이 A 등을 기망하여 돈을 편취한 사실

【사건의 경과】

① 갑의 피고사건은 제1심을 거친 후, 항소심에 계속되었다.

② 항소심법원은 유죄를 선고하였다.

③ 항소심의 판결문도 검사의 공소장과 비슷한 형태로 기재되었다.

④ 그런데 검사가 공소장의 (가) 부분에 기재한 사실과 항소심법원이 판결문의 (가) 부분에서 인정한 사실 사이에 차이가 있었다.

⑤ 갑은 불복 상고하였다.

⑥ 갑은 첫 번째 상고이유로 다음의 점을 주장하였다.

　(가) 공소장의 첫머리에 예단을 불러일으키는 불필요한 사실이 기재되어 있다.

　(나) 이러한 공소제기는 공소장일본주의에 위배되어 무효이다.

⑦ 갑은 두 번째 상고이유로 다음의 점을 주장하였다.

　(가) 공소장의 첫머리 부분 기재사실과 유죄판결의 범죄사실 첫머리 부분 인정사실 사이에 차이가 있다.

　(나) 공소장에 기재되지 않은 사실을 인정한 것은 불고불리의 원칙에 위배된 것이다.

2. 공소장일본주의와 여죄의 기재

【대법원 분석】 이 사건 공소장의 첫머리 사실과 원심이 인정한 범죄사실의 첫머리 사실에 관련한 주장에 대하여,

【대법원 분석】 가. 형사소송법 제254조 제3항에 의하면 공소장에는 (1) 피고인의 성명, 기타 피고인을 특정할 수 있는 사항, (2) 죄명, (3) 공소사실, (4) 적용법조를 기재하게 되어 있고, /

【대법원 분석】 같은 법 시행규칙 제118조 제2항은 공소장에는 사건에 관하여 법원에 예단이 생기게 할 수 있는 서류 기타 물건을 첨부하지 못하도록 규정하고 있으므로, /

【대법원 요지】 공소장에는 법령이 요구하는 사항만 기재할 것이고 공소사실의 첫머리에 공소사실과 관계없이 법원의 예단만 생기게 할 사유를 불필요하게 나열하는 것은 옳다고 할 수 없고, /

【대법원 요지】 공소사실과 관련이 있는 것도 원칙적으로 범죄의 구성요건에 적어야 할 것이고, 이를 첫머리 사실로서 불필요하게 길고 장황하게 나열하는 것을 적절하다고 할 수 없다.

【대법원 요지】 그러나 이 사건 공소장에 기재된 첫머리 사실은 길고 다소 장황한 점이 없지는 아니하나 이는 이 사건 상습사기 공소사실의 범의나 공모관계를 명확히 나타내기 위하여 공소범죄사실에 이르게 된 경위를 적시한 것으로 보여져 공소제기의 방식이 공소장 일본주의에 위배되어 위법하다고 할 수는 없다.

3. 공소장변경의 필요성 판단기준

【대법원 분석】 나. 이 사건 공소사실의 첫머리 기재사실이나 원심이 인정한 범죄사실의 첫머리 사실은 이 사건 범죄사실과 관련되는 것으로서 그 범죄사실의 인정에 영향을 미칠 수 있는 사실인 것임은 소론과 같다고 하겠으나, /

【대법원 요지】 피고인의 방어권행사에 실질적인 불이익을 초래할 염려가 없는 경우에는 법원이 범죄사실을 인정함에 있어서 공소장변경의 절차를 거치지 아니하고 공소사실과 기본적 사실의 동일성 범위 내에서 다소 다르게 인정하였다고 하여 불고불리의 원칙에 어긋난다고 할 수 없는 것이다.

【대법원 분석】 다. 기록에 의하여 살펴보면, 원심에서 유죄로 인정된 피고인 갑의 이 사건 공소사실은 같은 피고인이 공소외 을과 공모하여 판시 피해자들을 기망하여 돈을 편취하였다는 것인데, /

【대법원 분석】 원심은 같은 피고인의 판시 범죄사실을 인정함에 있어서 그 첫머리 사실을 공소사실과 다소 다르게 설시하고 있으나, /

【대법원 판단】 이는 공소사실에 전혀 없는 새로운 사실을 추가하여 인정한 것이 아니라 공범관계를 보다 명확하게 하기 위하여 범죄사실에 이르게 된 경위를 보다 구체적으로 정리하고 보충한 것에 불과하므로 공소사실과 기본적 사실의 동일성의 범위를 벗어난 것이라고 볼 수 없고, /

【대법원 판단】 이에 의하여 같은 피고인의 방어권행사에 실질적인 불이익을 초래할 염려가 있다고는 보여지지 아니하므로, /

【대법원 결론】 원심이 공소장변경절차 없이 범죄사실의 첫머리 부분을 공소사실과 달리 인정한 조처가 위법하다고 할 수 없고, 거기에 소론과 같은 당사자주의에 관한 법리오해나 이유불비, 이유모순의 위법이 있다고 할 수 없다. 따라서 논지는 이유가 없다. (상고 기각)

92헌마262

고소사건과 피해자의 범위
정당 플래카드 철거 사건
1993. 7. 29. 92헌마262, 헌집 5②, 211

1. 사실관계 및 사건의 경과

【사실관계 1】

① [2008년부터 시행된 개정 형사소송법에 따르면 고소사건에 대한 불기소처분은 고등법원의 재정신청 대상사건이 된다.]

② [본 사안은 고소사건이 재정신청 대상에서 제외되어 있어 헌법재판소의 헌법소원심판 대상으로 인정되던 때에 일어난 것이다.]

③ 갑은 등록된 정당인 P정당 부산직할시 중구 지구당 부위원장으로 재직하는 사람이다.

④ A는 부산직할시 중구 선거관리위원회 사무과장(서기관)이다.

⑤ B는 부산직할시 중구 광복동사무소 공무원(행정서기보)이다.

【사실관계 2】

① Q플래카드는 "경축 K의원 P정당 최고위원 피선"이라는 내용의 가로 8미터, 세로 1.1미터 크기의 것이다.

② 갑은 P정당 부산직할시 중구 지구당 위원장 K의 명에 따라 Q플래카드 10개를 부산 중구 관내 10곳에 설치하였다.

③ A는 갑에게 Q플래카드의 자진철거를 요구하였다.

④ 갑은 A의 요구에 불응하였다.

⑤ 1992. 2. 12. 9:00경 A와 B는 부산 중구 관내 10곳에 설치되어 있던 Q플래카드 10매(싯가 40만 원 상당)를 철거하였다.

⑥ 1992. 2. 14. 갑은 자신의 개인 명의로 A와 B를 재물손괴 및 직권남용으로 고발하였다.

⑦ 갑의 고발사실의 요지는 다음과 같다.

　(가) "A와 B는 P정당 소유의 플래카드 10매(싯가 40만 원 상당)를 철거·은닉하여 그 효용을 해하였다."

　(나) "A와 B는 위와 같이 함으로써 공무원으로서의 직권을 남용하여 P정당의 통상적인 선전활동에 관한 권리행사를 방해하였다."

【사건의 경과】

① 갑은 수사기관의 조사 단계에서 자기는 P정당 부산직할시 중구 지구당 부위원장으로서 위원장을 대리하여 고발한 것이라고 주장하였다.

② 1992. 6. 30. 부산지방검찰청 검사는 갑의 고발사건에 관하여 범죄의 혐의가 없다고 판단하여 ㉠불기소처분을 하였다.

③ 갑은 자신의 개인 명의로 ㉠불기소처분에 불복하여 검찰청법에 의한 항고 및 재항고를 제기하였으나 모두 기각되었다.

④ 갑은 헌법재판소에 ㉠불기소처분의 취소를 구하는 헌법소원심판을 청구하였다.

⑤ 헌법재판소에서는 갑에게 헌법소원심판 청구인적격이 있는가 하는 점이 문제되었다.

⑥ 갑은 청구인적격과 관련하여 다음과 같이 주장하였다.

　(가) 형사고소나 고발에서는 민사상 대리의 경우와 같이 엄격한 현명주의)를 요구하는 것이 아니다.

　(나) 그러므로 본인(갑)의 고발은 P정당 부산직할시 중구 지구당의 대리인 자격으로 고발 또는 고소한 것으로 보아야 한다.

2. 헌법소원과 청구인 적격

【헌재 분석】 가. 기록에 의하면, 청구인은 등록된 정당인 P정당 부산직할시 중구 지구당 부위원장으로 재직하는 자로서, 1992. 2. 13. 부산지방검찰청에 개인명의로 위 A와 B를 재물손괴 및 직권남용죄로 고발하였고, /

【헌재 분석】 피청구인이 이에 대하여 혐의 없음의 불기소처분을 하자, 역시 개인 명의로 검찰청법에 의한 항고·재항고를 하였다가 모두 기각된 뒤에 이 사건 헌법소원심판을 청구한 사실을 인정할

수 있다.

【헌재 분석】 그렇다면 이 사건에서 청구인이 무슨 자격으로 고발·항고·재항고 및 헌법소원을 제기한 것인가, 다시 말하자면 청구인에게 이 사건 심판청구를 할 청구인적격이 있는가 함이 문제된다.

【헌재 분석】 이 점에 관하여 청구인은 수사단계에서 자기는 위 지구당 부위원장으로서 위원장을 대리하여 고발한 것이라고 주장하고, 헌법소원 절차에서도 형사고소나 고발에서는 민사상의 대리의 경우와 같이 엄격한 현명주의(顯名主義)를 요구하는 것이 아니므로, 청구인이 위 지구당의 대리인 자격으로 고발 또는 고소한 것이라고 보아야 한다고 주장한다.

【헌재 분석】 그러나 기록을 아무리 살펴보아도 청구인이 위 지구당 위원장을 대리하거나 위 지구당을 대표하여 고발 또는 고소하였다고 인정할 아무런 자료가 없다. /

【헌재 판단】 그렇다면, 이 사건에서는 청구인 자신을 위 재물손괴죄 또는 직권남용죄의 피해자로 볼 수 없는 한, 청구인적격을 인정할 수 없다고 보아야 한다. /

【헌재 분석】 따라서 이하에서는 죄명별로 청구인이 피해자가 될 수 있는지 여부에 관하여 살펴본다.

3. 재물손괴죄와 피해자 여부

【헌재 판단】 나. 먼저 재물손괴죄는 타인의 재물에 대하여 손괴, 은닉 기타의 방법으로 그 효용을 해치는 것을 내용으로 하는 범죄로서(형법 제366조), 그 보호법익은 소유권의 이용가치이고, /

【헌재 판단】 그 피해자는 그 물건의 소유권자와 적법한 권원에 의하여 그 물건을 점유·사용할 수 있는 자라고 보아야 할 것이다.

【헌재 판단】 또한 정당의 법적 지위는 적어도 그 소유재산의 귀속관계에 있어서는 법인격 없는 사단(社團)으로 보아야 하고, /

【헌재 판단】 중앙당과 지구당과의 복합적 구조에 비추어 정당의 지구당은 단순한 중앙당의 하부조직이 아니라 어느 정도의 독자성을 가진 단체로서 역시 법인격 없는 사단에 해당한다고 보아야 할 것이다. /

【헌재 분석】 그런데 민법은 법인이 아닌 사단의 재산은 그 구성원의 총유(總有)로 보고, 그 구성원은 정관 기타 규약에 좇아 총유물을 사용·수익할 수 있다고 규정하고 있다(민법 제275조 및 제276조 제2항 참조).

【헌재 분석】 그런데 기록에 의하면, 이 사건에서 문제가 된 플래카드 10개는 위 지구당이 제작·게시하였던 것이고, 청구인은 그 지구당의 당원일 뿐만 아니라, 부위원장으로서 위원장의 명에 따라 위 플래카드 10개를 설치·관리하던 책임자임을 알 수 있다. /

【헌재 판단】 그렇다면 청구인은 비록 위 플래카드의 소유자 전체를 대표할 수 있는 지위에 있었거나 그러한 대표자를 대리하여 형사고소를 제기할 수 있는 구체적 위임을 받은 사실은 없더라도, 위 플래카드의 총유자 중 1인일뿐만 아니라, 그 물건을 적법하게 설치·관리하던 사람으로서, 그 물건에 대한 재물손괴죄가 성립하는 경우에는 그 피해자에 해당한다고 볼 수 있다. /

【헌재 판단】 따라서 청구인이 검찰에 제출한 서면의 형식은 비록 개인명의의 고발장이었으나, 그 실질에 있어서는 재물손괴죄의 피해자로서 고소를 제기한 것이라고 못 볼 바가 아니다. /

【헌재 판단】 결국 청구인은 이 사건 심판청구 중 재물손괴죄 부분에 관하여 청구인적격을 갖추었다고 보아야 할 것이다.

4. 직권남용죄와 피해자 여부

【헌재 판단】 다. 다음, 직권남용죄는 공무원이 직권을 남용하여 사람으로 하여금 의무 없는 일을 행하게 하거나, 사람의 권리행사를 방해하는 것을 내용으로 하는 범죄로서(형법 제123조), 그 보호법익은 국가기능의 공정한 행사이다. /

【헌재 요지】 그러나 범죄 피해자의 개념 또는 범위를 정함에 있어서는 보호법익의 주체만이 아니라 범죄의 수단이나 행위의 상대방도 포함되는 것으로 해석하여야 할 것이므로, /

【헌재 요지】 직권남용죄의 경우 의무 없는 일을 행사하도록 요구받은 사람이나 권리행사를 방해받은 사람도 피해자라고 보아야 할 것이다.

【헌재 분석】 이 사건의 경우 청구인은 위 지구당 부위원장으로서 위원장 유고시에 그 직무를 대행하는 자일뿐만 아니라, 평상시에도 법령에서 규정하는 제1차적 보조기관인 간부로서 정당활동에 중요한 임무를 담당하는 자이다(정당법 제13조 및 같은 법 시행령 제4조 참조). /

【헌재 분석】 또한 기록에 의하면, 청구인은 위 플래카드의 관리자일 뿐만 아니라, 피고발인 A로부터 플래카드의 자진철거를 요구받았던 사실도 있었다는 것이다(수사기록 9 및 19정). /

【헌재 판단】 그렇다면 청구인은 비록 보호법익의 주체는 아니지만, 행위의 상대방 또는 위 플래카드의 관리자로서 이 사건 직권남용죄의 피해자에 해당한다고 할 것이므로, 직권남용죄 부분에 있어서도 청구인적격을 갖추었다고 보아야 할 것이다.

【헌재 분석】 (중 략)

5. 본안에 대한 헌법재판소의 판단

【헌재 판단】 기록을 아무리 살펴보아도 피청구인이 위 고소사건에 관하여 현저히 정의와 형평에 반하는 수사를 하였거나, 헌법의 해석, 법률의 적용 또는 증거의 판단에 있어서 불기소처분 결정에 영향을 미친 중대한 잘못이 있었다고 보여지지 아니한다. /

【헌재 판단】 따라서 청구인은 피청구인의 위 불기소처분으로 말미암아 그가 주장하는 기본권의 침해를 받았다고 볼 수 없다. (청구 기각)

【코멘트】 2008년부터 시행된 개정 형소법은 모든 고소사건을 재정신청 대상사건에 포함시키고 있다(법260①). 따라서 본 판례의 사안이 2008년 이후에 일어났다면 재정신청 대상사건이 될 것이고, 고등법원의 재판으로 종결될 것이기 때문에 재판소원 불허의 원칙(헌법재판소법68① 본문)에 따라 헌법소원의 대상에서 제외되었을 것이다. 따라서 본 판례는 현재의 법상황을 반영하지 못하는 것으로서 이미 낡은 것이 되어버렸다고 말할 수 있다.

그럼에도 불구하고 본 판례가 주목되는 것은 헌법재판소가 "범죄 피해자의 개념 또는 범위를 정함에 있어서는 보호법익의 주체만이 아니라 범죄의 수단이나 행위의 상대방도 포함되는 것으로 해석하여야 한다"고 판시하고 있기 때문이다. 범죄피해자의 개념은 형사소송법상 고소인의 범위를 결정하는 출발점이 된다. 친고죄나 반의사불벌죄에 있어서는 범죄피해자의 처벌희망 의사표시의 유무가 형사절차의 진행을 좌우한다. 그렇기 때문에 범죄피해자의 범위를 판단하는 기준을 제시한 헌법재판소의 본 판례는 여전히 고소 및 고소취소와 관련하여 중요한 의미를 갖는다.

93도680

공소사실의 동일성 판단기준
염산에페드린 은닉 사건
1994. 9. 23. 93도680, 공 1994, 2901

1. 사실관계 및 사건의 경과

【사실관계】

① 1987. 12. 초순 갑은 A로부터 염산에페드린 800kg을 매수하였다.

② 1989. 6. 7. 갑은 향정신성의약품인 메스암페타민(속칭 히로뽕) 제조 혐의로 마약수사관에게 검거되었다.

③ 검거 당시 갑은 자기 집에 사용하고 남은 염산에페드린 260kg을 숨겨 놓았다.

④ 1991. 8. 8. 이전까지 염산에페드린은 향정신성의약품관리법상 소지 금지의 대상이 아니었다.

⑤ 1991. 8. 8. 향정신성의약품관리법의 관련규정 개정으로 염산에페드린이 소지 금지대상에 포함되었다.

⑥ 1992. 6. 18. 갑이 자기 집에 숨겨놓았던 염산에페드린 260kg이 압수되었다.

【사건의 경과 1】

① 검사는 갑이 염산에페드린 260kg을 숨겨놓았던 부분에 대해 갑을 향정신성의약품관리법위반죄로 기소하였다.

② 검사가 제기한 공소사실의 요지는 다음과 같다.

③ "피고인은 향정신성의약품 취급업자가 아니면서도 1987. 12. 초순 일자불상경 A로부터 매입한 염산에페드린 800kg 중 향정신성의약품인 메스암페타민(속칭 히로뽕)의 제조에 원료로 사용하고 남은 260kg을 1989. 6. 7. 마약수사관에게 검거될 때까지 부산 서구 토성동(이하생략) 소재 피고인의 집 1층 계단 및 비밀창고에 숨겨두어 히로뽕을 제조할 목적으로 그 원료가 되는 물질을 소지하였다."

【사건의 경과 2】

① 갑의 피고사건은 제1심을 거친 후, 항소심에 계속되었다.

② 항소심에서 검사는 다음 요지의 공소사실로 공소장변경을 신청하였고, 항소심법원은 이를 허가하였다.

③ "피고인은 향정신성의약품 취급업자가 아니면서도 1987. 12. 초순 일자불상경 A로부터 매입한 염산에페드린 800kg 중 향정신성의약품인 메스암페타민(속칭 히로뽕)의 제조에 원료로 사용하고 남은 260kg을 1991. 8. 8.경부터 1992. 6. 18.경까지 부산 서구 토성동(이하생략) 소재 피고인의 집 1층 계단 및 비밀창고에 숨겨두어 히로뽕을 매매할 목적으로 그 원료가 되는 물질을 소지하였다."

④ 항소심법원은 유죄를 선고하였다.

⑤ 갑은 불복 상고하였다.

⑥ 갑은 상고이유로, 당초의 공소사실과 변경된 공소사실 사이에 동일성이 인정되지 않는다고 주장하였다.

2. 사안에 대한 대법원의 판단

【대법원 요지】 공소사실의 동일성은 그 사실의 기초가 되는 사회적 사실관계가 기본적인 점에서 동일하면 그대로 유지된다 할 것이다.

【대법원 분석】 기록에 의하여 살펴보면, 검사가 당초 제기한 공소사실은 /

【대법원 분석】 피고인이 향정신성의약품 취급업자가 아니면서도 원심 상피고인으로부터 매입한 염산에페드린 800kg 중 향정신성의약품인 메스암페타민(속칭 히로뽕)의 제조에 원료로 사용하고 남은 260kg을 1989. 6. 7. 마약수사관에게 검거될 때까지 부산 서구 토성동 (이하생략)소재 피고인의 집 1층계단 및 비밀창고에 숨겨두어 히로뽕을 제조할 목적으로 그 원료가 되는 물질을 소지하였다는 것인데, /

【대법원 분석】 원심에서 그 소지일시가 1991. 8. 8.(이 때에 비로소 향정신성의약품관리법 제3조 제3항 - 1993. 12. 27. 법률 제4631호로 개정되기 전의 것 - 의 규정에 의하여 소지 등의 행위가 금지되는 향정신성의약품의 원료가 되는 물질이 보건사회부령 제878호로 개정되면서 신설된 위 법 시행규칙 제2조의2 별표 4에 지정되었다)경부터 1992. 6. 18.경까지로, 그 소지 목적이 "히로뽕을 제조"하기 위한 것에서 단순히 "매매"하기 위한 것으로 변경신청되었는바, /

【대법원 판단】 원래 범죄의 일시는 공소사실의 특정을 위한 요인이지 범죄사실의 기본적 요소가 아닐 뿐더러, 위 두 공소사실에 의하더라도 피고인은 동일한 위 염산에페드린 260kg을 같은 장소에 은닉 · 보관하여 소지하였다는 것이고, 기록에 의하면 위 염산에페드린 260kg은 당초의 공소사실에서 적시된 1989. 6. 7.로부터 그것이 압수된 위 1992. 6. 18.까지 계속하여 같은 장소에 은닉 · 보관되어 온 사실을 알 수 있으니, 이러한 점 등을 종합하면 위 각 공소사실은 기본적 사실관계에서 동일하다고 봄이 옳을 것이다.

【대법원 결론】 같은 취지에서 위 두 공소사실 사이에 동일성이 있는 것으로 보아 검사의 이 사건 공소장 변경 신청을 허가한 원심의 조처는 정당한 것으로 수긍이 되고, 거기에 소론과 같이 공소사실의 동일성 내지 공소장 변경에 관한 법리오해의 위법이 있다 할 수 없다. (상고 기각)

94도774

간통죄 고소의 법적 성질
이혼소송 소장각하 사건
1994. 6. 10. 94도774, 공 1994, 1990

1. 사실관계 및 사건의 경과

【사실관계】

① 갑과 A는 부부 사이이다.

② 1992. 9. 19. A는 갑을 상대로 인천지방법원에 이혼소송을 제기하였다.

③ 1992. 9. 21. A는 갑을 상대로 간통고소를 하였다.

④ 1992. 12. 24. 인천지방법원의 이혼소송절차에서 A의 소장이 재판장의 명령으로 각하되었다.

【사건의 경과】

① 1993. 3. 17. 검사는 갑을 간통죄로 기소하였다.

② 제1심법원은 유죄를 선고하였다.

③ 갑은 불복 항소하였다.

④ 항소심법원은 항소를 기각하고, 제1심판결을 유지하였다.

⑤ 갑은 불복 상고하였다.

2. 간통죄 고소의 법적 성질

【대법원 요지】 형사소송법 제229조 제1항에 의하면, 간통고소는 혼인이 해소되거나 이혼소송을 제기한 후가 아니면 할 수 없다고 규정하고 있으므로, 위 고소는 혼인관계의 부존재 또는 이혼소송의 계속을 그 유효조건으로 하고 있다 할 것이고, 이러한 조건은 공소제기시부터 재판이 종결될 때까지 구비하여야 하는 것인바, /

【대법원 요지】 위 조건을 구비하지 아니한 고소는 위 법조에 위반되는 고소라 할 수 있고, 위 고소 당시 이혼소송을 제기하였다 하더라도 그 소송절차에서 소장이 각하된 경우에는 최초부터 이혼소송을 제기하지 아니한 것과 같다고 보아야 할 것이다.

3. 사안에 대한 대법원의 판단

【대법원 분석】 기록에 의하여 살펴보면, 고소인은 1992. 9. 21. 이 사건 간통고소를 함에 있어 미리 그 달 19. 그의 처를 상대로 인천지방법원에 이혼소송을 제기하였으나, 그 해 12. 24. 그 소송절차에서 위 소장이 재판장의 명령으로 각하되었으며(공판기록 제160면 참조), 이에 불구하고 검사는 1993. 3. 17. 피고인에 대한 이 사건 공소를 제기하였음을 알 수 있다.

【대법원 판단】 그러하다면 위 고소인의 이 사건 간통고소는 그 유효조건을 갖추지 못한 것임이 분명하므로, 이러한 고소에 기한 이 사건 공소제기는 그 절차가 법률의 규정에 위반하여 무효인 때에 해당한다 할 것이다. 이 점을 지적하는 논지는 이유 있다.

【대법원 판단】 그러므로 원심판결을 파기하고, 이 사건은 당원에서 판결하기에 충분하므로, 여기서 위에서 본 바와 같은 공소제기절차상의 하자를 간과하고 실체적 재판을 한 제1심판결을 파기하고, 형사소송법 제327조 제2호에 의하여 이 사건 공소를 기각하기로 하여 관여 법관의 일치된 의견으로 주문과 같이 판결한다.

【대법원 주문】

원심판결과 제1심판결을 모두 파기한다. 이 사건 공소를 기각한다.

95도1794

경합범과 보강증거
메스암페타민 5회 투약 사건
1996. 2. 13. 95도1794, 공1996, 1022

1. 사실관계 및 사건의 경과

【사실관계 1】
① 1995. 1. 18. 갑은 향정신성의약품관리법 위반죄로 검거되었다.
② 수사관은 검거 당시 갑으로부터 메스암페타민 9.04g을 압수하였다. (ⓐ압수물)
③ 1995. 1. 18. 수사관은 갑으로부터 소변을 채취하여 유관 기관에 감정을 의뢰하였다. (ⓑ소변)
④ 갑은 수사관에게 다음의 범행 사실을 자백하였다.
　　(가) 1994. 6. 중순 메스암페타민 0.03g을 투약하였다. (㉠투약행위)
　　(나) 1994. 7. 중순 메스암페타민 0.03g을 투약하였다. (㉡투약행위)
　　(다) 1994. 10. 중순 메스암페타민 0.03g을 투약하였다. (㉢투약행위)
　　(라) 1994. 11. 20. 메스암페타민 0.03g을 투약하였다. (㉣투약행위)
　　(마) 1995. 1. 17. 메스암페타민 0.03g을 투약하였다. (㉤투약행위)
　　(바) 1995. 1. 18. 메스암페타민 9.04g을 매수하였다. (㉥매수행위)
⑤ 이후 갑의 ⓑ소변에서 메스암페타민 양성반응이 나왔다는 내용의 감정회보의뢰서가 송부되어 왔다. (ⓒ감정회보)

【사실관계 2】
① 검사는 갑을 향정신성의약품관리법위반죄로 기소하였다.
② 갑에 대한 공소사실의 내용은 다음과 같다.
　　(가) 1994. 6. 중순 메스암페타민 0.03g을 투약하였다. (㉠투약행위)
　　(나) 1994. 7. 중순 메스암페타민 0.03g을 투약하였다. (㉡투약행위)
　　(다) 1994. 10. 중순 메스암페타민 0.03g을 투약하였다. (㉢투약행위)
　　(라) 1994. 11. 20. 메스암페타민 0.03g을 투약하였다. (㉣투약행위)
　　(마) 1995. 1. 17. 메스암페타민 0.03g을 투약하였다. (㉤투약행위)
　　(바) 1995. 1. 18. 메스암페타민 9.04g을 매수하였다. (㉥매수행위)
③ 검사는 ㉠행위 내지 ㉥행위를 경합범으로 기소하였다.
④ [검사는 갑의 자백이 기재된 수사기록과 ⓐ압수물 및 ⓒ감정회보를 증거로 제출하였다.]

【사건의 경과】
① 갑의 피고사건은 제1심을 거친 후, 항소심에 계속되었다.
② 항소심법원은 ㉠, ㉡, ㉢, ㉣투약행위에 대하여는 피고인의 자백 이외에는 위 자백을 보강할만한 증거가 없다 하여 무죄를 선고하였다.

③ 검사는 불복 상고하였다.
④ 검사는 상고이유로 다음의 점을 주장하였다.
  (가) 갑이 검거된 1995. 1. 18.에 채취한 갑의 소변에서 메스암페타민 양성반응이 나왔다는 내용의
      감정회보의뢰서의 기재가 있다. (ⓐ감정회보)
  (나) 갑으로부터 검거 당시 압수된 메스암페타민 7.94g(압수당시는 9.04g이었으나 성분감정에
      1.1g을 사용하여 7.94g이 남은 것임)이 현존하고 있다. (ⓑ압수물)
  (다) ⓐ감정회보 기재와 ⓑ압수물 현존사실은 ⓜ투약행위 및 ⓗ매매행위에 대한 직접증거가 된다.
  (라) ⓐ감정회보 기재와 ⓑ압수물 현존사실은 이전의 4회에 걸친 ㉠, ㉡, ㉢, ㉣투약행위에 대하
      여 간접증거 또는 정황증거로서 자백의 보강증거가 된다.

2. 사안에 대한 대법원의 분석

【대법원 분석】 이 사건 공소사실은 /
【대법원 분석】 피고인이 1994. 6.중순, 같은 해 7.중순, 같은 해 10.중순, 같은 해 11. 20., 1995. 1.
17.에 각 메스암페타민 0.03g을 각 투약하고, /
【대법원 분석】 1995. 1. 18. 메스암페타민 9.04g을 매수하였다는 것인바, /
【대법원 분석】 원심은 위 각 공소사실 중 /
【대법원 분석】 1994. 6.중순, 같은 해 7.중순, 같은 해 10.중순, 같은 해 11. 20.의 각 메스암페타민
투약행위에 대하여는 /
【대법원 분석】 피고인의 자백 이외에는 위 자백을 보강할만한 증거가 없다 하여 무죄를 선고하였다.
【대법원 분석】 논지는 피고인이 검거된 1995. 1. 18.에 채취한 피고인의 소변에서 메스암페타민 양
성반응이 나왔다는 내용의 감정회보의뢰서의 기재와 /
【대법원 분석】 피고인으로부터 검거 당시 압수된 메스암페타민 7.94g(압수당시는 9.04g이었으나
성분감정에 1.1g을 사용하여 7.94g이 남은 것임)의 현존사실은 /
【대법원 분석】 1995. 1. 17.의 투약행위 및 1995. 1. 18.의 매매행위에 대한 직접증거인 동시에 /
【대법원 분석】 이전의 4회에 걸친 투약행위에 대하여도 간접증거 또는 정황증거로서 자백의 보강증
거가 된다는 것이다.

3. 사안에 대한 대법원의 판단

【대법원 판단】 그러므로 살피건대 /
【대법원 판단】 위 소변검사 결과는 1995. 1. 17.자 투약행위로 인한 것일 뿐 그 이전의 4회에 걸친
투약행위와는 무관하고, /
【대법원 판단】 압수된 약물도 이전의 투약행위에 사용되고 남은 것이 아니므로, /
【대법원 판단】 위 소변검사결과와 압수된 약물은 결국 피고인이 투약습성이 있다는 점에 관한 정황
증거에 불과하다 할 것인바, /
【대법원 요지】 피고인의 습벽을 범죄구성요건으로 하며 포괄1죄인 상습범에 있어서도 /
【대법원 요지】 이를 구성하는 각 행위에 관하여 개별적으로 보강증거를 요구하고 있는 점/

【대법원 요지】 (당원 1983. 7. 26. 선고 83도1448, 83감도266 판결 참조)에 비추어 보면 /

【대법원 요지】 경합범인 이 사건 각 범죄행위를 인정함에 있어서 /

【대법원 요지】 투약습성에 관한 정황증거만으로 /

【대법원 요지】 범죄의 객관적 구성요건인 각 투약행위가 있었다는 점에 관한 /

【대법원 요지】 보강증거로 삼을 수는 없다고 할 것이다.

【대법원 결론】 따라서 같은 취지로 한 원심의 판단은 정당하고, 거기에 소론과 같은 보강증거에 관한 법리오해의 위법이 있다 할 수 없다. (상고 기각)

96도1088

포괄일죄와 공소시효의 기산점
한약업사 진료 사건
1996. 10. 25. 96도1088, 공 1996, 3493

1. 사실관계 및 사건의 경과

【사실관계】
① 갑은 한약업사이다.
② 갑은 찾아오는 환자들을 상대로 증상을 물은 뒤 진맥을 하고 혈압측정기로 혈압을 재기도 하고 진료용 침대에 환자를 눕혀 놓고 배를 눌러보아 환자의 통증을 물어보기도 하는 등 4진(四診)행위와 혈압측정 등을 하여 치료약인 한약제를 배합해 주었다.
③ 갑은 한약을 조제함에 있어서 기성 한약서인 방약합편에 수재(收載)된 처방에다가 환자의 증세에 따라 자신의 경험을 바탕으로 하여 임의로 한약의 종류와 분량을 가감하였다.

【사건의 경과】
① 검사는 갑을 보건범죄단속특별법위반죄(무면허의료행위)로 기소하였다.
② 갑의 피고사건은 제1심을 거친 후, 항소심에 계속되었다.
③ 항소심법원은 유죄를 선고하였다.
④ 갑은 불복 상고하였다.
⑤ 갑은 상고이유로 다음의 점을 주장하였다.
　(가) 무면허의료행위의 죄는 여러 개의 부분 행위들이 하나의 죄로 묶이는 포괄일죄이다.
　(나) 공소시효는 개개의 부분 행위별로 산정하여야 한다.
　(다) 따라서 초기의 일부 무면허의료행위에 대해서는 공소시효가 완성되었다.

2. 사안에 대한 대법원의 판단

【대법원 요지】 이 사건과 같은 포괄일죄의 공소시효는 최종의 범죄행위가 종료한 때로부터 진행하는 것이므로, /

【대법원 판단】 이 사건 공소사실 중의 일부에 대하여 공소시효가 완성되었다는 논지는 이유 없다.

(상고 기각)

96도2151

고소의 객관적 효력범위
공소불가분의 원칙
협박죄 고소취소 사건
1996. 9. 24. 96도2151, 공 1996, 3265

1. 사실관계 및 사건의 경과

【사실관계】
① 갑과 A는 동거관계에 있었다.
② 갑은 A에 대해 P금전채권을 가지고 있었다.
③ 갑과 A는 동거관계를 끝내고 정산하기로 하였다.
④ 갑은 이 과정에서 P금전채권을 갚지 않으면 좋지 않을 것이라고 심한 폭언으로 A를 협박하였다.
⑤ A는 갑을 고소하였다.

【사건의 경과 1】
① 검사는 갑을 협박죄로 기소하였다.
② 협박죄는 반의사불벌죄이다(형법283③).
③ 제1심 공판절차에서 A는 고소를 취소하였다.
④ 제1심 공판절차에서 검사는 협박죄를 공갈미수죄로 변경하는 공소장변경을 신청하였다.
⑤ 공갈죄는 반의사불벌죄가 아니다.
⑥ 제1심법원은 검사의 공소장변경신청을 허가하였다.
⑦ 제1심법원은 갑에게 공갈미수죄로 유죄를 선고하였다.

【사건의 경과 2】
① 갑은 불복 항소하였다.
② 항소심법원은 갑의 폭언이 사회통념상 용인되기 어려운 협박이라고 판단하였다.
③ 항소심법원은 갑에게 공갈미수죄로 유죄를 선고하였다.
④ 갑은 불복 상고하였다.
⑤ 갑은 상고이유로 다음의 점을 주장하였다.
    (가) 갑은 반의사불벌죄인 협박죄로 기소되었다.
    (나) 제1심 공판절차에서 피해자 A는 고소를 취소하였다.
    (다) 고소취소가 이루어진 상황에서 공소장변경은 허용되지 않는다.

2. 사안에 대한 대법원의 판단

【대법원 요지】 공갈죄의 수단으로서 한 협박은 공갈죄에 흡수될 뿐 별도로 협박죄를 구성하지 않으므로, 이 사건 범죄사실에 대한 피해자의 고소는 결국 공갈죄에 대한 것이라 할 것이어서, 그 후 고소가 취소되었다 하여 공갈죄로 처벌하는 데에 아무런 장애가 되지 아니하며, /

【대법원 요지】 공소를 제기할 당시에는 이 사건 범죄사실을 협박죄로 구성하여 기소하였다 하더라도 그 후 공판 중에 기본적 사실관계가 동일하여 공소사실을 공갈미수로 공소장 변경이 허용된 이상 그 공소제기의 하자는 치유된다고 할 것이고, /

【대법원 판단】 그와 같은 공소장의 변경은 허용되어서는 아니된다는 주장은 독자적인 견해로서 받아들일 수 없다.

【대법원 결론】 따라서 원심판결에 이 사건 범죄사실이 협박죄를 구성함을 전제로 하여 소론과 같은 반의사불벌죄에 있어서 처벌불원의사의 효력에 관한 법리오해의 위법이 있다거나 소추요건을 결여한 공소제기의 효력과 공소장 변경의 한계 내지 법원의 심리범위 등에 관한 법리오해가 있다는 논지는 모두 이유 없다. (상고 기각)

96헌가11

음주측정 거부와 진술거부권
음주측정의 법적 성질
취객 음주측정 불응 사건
1997. 3. 27. 96헌가11, 헌집 9①, 245

1. 사실관계 및 사건의 경과

【사실관계】

① 본 사안이 문제될 당시 도로교통법은 다음과 같은 규정을 두고 있었다.

② 음주운전은 금지된다(동법41①, 현행 도교법44①).

③ 경찰공무원은 술에 취한 상태에서 자동차 등을 운전하였다고 인정할 만한 상당한 이유가 있는 때에는 운전자가 술에 취하였는지 여부를 측정할 수 있다(동법41② 전단, 현행 도교법44② 전단).

④ 운전자는 경찰공무원의 음주측정에 응하여야 한다(동법41② 후단, 현행 도교법44② 후단).

⑤ 경찰관의 음주측정을 거부하면 처벌된다(동법107의2, 현행 도교법148의2① ii).

⑥ (이후 수차 개정되어 지금에 이른 도로교통법도 대체로 같은 구조의 조문을 가지고 있다.)

【사건의 경과】

① 갑은 P법원에 다음의 공소사실로 도로교통법위반죄로 기소되었다.

② "피고인은 주취상태로 승용차를 운전하다가 주택가 골목길에 주차된 차량을 들이받고 귀가한 뒤,

집으로 찾아온 경찰관으로부터 음주측정을 요구받았으나 이에 응하지 아니하였다.”

③ P법원은 도로교통법의 음주측정 관련 규정에 대해 직권으로 헌법재판소에 위헌 여부의 심판을 제청하였다.

④ P법원은 다음의 규정에 대한 위헌 여부 심판을 구하였다.

(가) 도로교통법 제41조 제2항 중 “경찰공무원은 제1항의 규정에 위반하여 술에 취한 상태에서 자동차 등을 운전하였다고 인정할 만한 상당한 이유가 있는 때에는 운전자가 술에 취하였는지의 여부를 측정할 수 있으며, 운전자는 이러한 경찰공무원의 측정에 응하여야 한다.”는 부분

(나) 이 경우의 음주측정거부를 처벌하도록 한 도로교통법 제107조의2 제2호의 규정

2. 쟁점의 정리

【헌재 분석】 (1) 이 사건 법률조항의 위헌여부를 판단하기에 앞서 이 사건 법률조항에 규정된 음주측정(이하 “이 사건 음주측정”이라고 한다)의 성격과 의미를 밝혀 둘 필요가 있으므로 이에 대하여 먼저 살펴본다.

【헌재 분석】 도로교통법 제41조 제2항은 경찰공무원으로 하여금 두 가지 경우에 음주측정을 할 수 있도록 규정하고 있다. 즉 “교통안전과 위험방지를 위하여 필요하다고 인정”하는 경우와 “술에 취한 상태에서 자동차 등을 운전하였다고 인정할 만한 상당한 이유가 있는” 때이다. /

【헌재 분석】 이 사건에서 문제되는 음주측정은 후자의 경우로서 교통안전과 위험방지를 위해 음주측정을 할 필요성이 있을 것을 요건으로 하지 아니하며, 주취상태에서 자동차등을 운전“하였다”고 인정할 만한 상당한 이유가 있기만 하면 음주측정을 할 수 있다. /

【헌재 판단】 그러므로 이 사건 음주측정은 이미 행하여진 주취운전이라는 범죄행위에 대한 증거수집을 위한 음주측정으로서의 의미를 가진다. /

【헌재 분석】 다만 주취운행 거리의 장단(長短), 운전의 종료여부, 운전계속의 의사(意思) 유무 등은 묻지 아니하므로 실제 행하여지는 대다수의 음주측정이 이 사건 음주측정에 해당할 것으로 보인다.

3. 음주측정에 있어서 측정의 의미

【헌재 분석】 (2) 다음으로 이 사건 법률조항에서 말하는 “측정”이라는 용어의 정의에 관하여 도로교통법이나 그 시행령, 시행규칙의 어디에도 구체적으로 밝혀 놓고 있지 아니하여 그 의미를 밝혀 둘 필요가 있다.

【헌재 요지】 먼저 여기서 “측정”이라 함은 혈중알콜농도를 수치로 나타낼 수 있는 과학적 측정을 의미한다고 보인다. /

【헌재 분석】 도로교통법 제41조 제4항은 술에 취한 상태의 기준을 대통령령으로 정하도록 하고 있고, 이에 따라 도로교통법시행령 제31조는 술에 취한 상태의 기준을 혈중알콜농도 0.05퍼센트 이상으로 정하고 있다. /

【헌재 판단】 이와 같이 우리 도로교통법은 운전자가 과연 알콜의 영향하에 운전하였는지 혹은 알콜로 인한 운전불안 상태에서 운전하였는지를 실질적으로 판단하는 것이 아니라 혈중알콜농도의 형식적 수치만을 기준으로 음주운전 여부를 판단하는 방법을 택하고 있기 때문에 주취의 정도를 혈중알콜농

도로 환산할 수 있는 객관적이고 과학적인 측정만이 여기에서 말하는 "측정"에 해당한다고 보아야 할 것이다. 따라서 보행검사, 필기검사, 언어검사와 같은 것은 측정을 위한 예비적 검사방법에 불과하며 여기의 "측정"에 해당하지 아니한다 할 것이다.

【헌재 판단】 다음으로 혈액채취와 같이 강제처분의 성격을 띠는 검사방법도 여기서 말하는 "측정"에 해당하지 아니한다고 하여야 한다. 측정결과에 불복하는 운전자에 대하여 그의 동의를 얻어 혈액채취 등의 방법으로 다시 측정할 수 있음을 규정하고 있는 도로교통법 제41조 제3항과의 체계적 해석상으로도 채혈·채뇨와 같은 방법은 여기의 "측정"에 해당하는 것이 아니라 같은 법 제41조 제3항에 규정된 재측정의 방법으로 유보되어 있다고 보아야 할 것이다.

【헌재 요지】 그러므로 여기서 말하는 "측정"이란 호흡을 채취하여 그로부터 주취의 정도를 객관적으로 환산하는 측정방법, 즉 호흡측정기에 의한 측정이라고 이해하여야 한다. /

【헌재 판단】 일반적으로 과학적 음주측정의 방법으로는 채혈·채뇨에 의한 측정과 호흡측정기에 의한 측정이 외국에서도 가장 보편적으로 사용되고 있는데, 이 중에서 채혈·채뇨에 의한 측정방법을 제외하고 나면 결국 호흡측정기에 의한 측정만이 여기의 "측정"에 해당한다고 보지 아니할 수 없다. /

【헌재 판단】 또한 우리 나라의 음주운전 단속의 실제에 있어서도 대부분 호흡측정기에 의한 측정방법에 의존하고 있으며 다른 측정방법은 사용되고 있지 아니한다는 점에서도 여기서 말하는 "측정"은 곧 "호흡측정기에 의한 측정"이라고 할 수 있는 것이다.

4. 진술거부권의 적용범위

【헌재 분석】 헌법 제12조 제2항은 "모든 국민은 고문을 받지 아니하며, 형사상 자기에게 불리한 진술을 강요당하지 아니한다."고 규정하여 형사책임에 관하여 자신에게 불이익한 진술을 강요당하지 아니할 것을 국민의 기본권으로 보장하고 있다.

【헌재 요지】 우리 헌법이 이와 같이 진술거부권을 국민의 기본적 권리로 보장하는 것은 첫째, 피고인 또는 피의자의 인권을 실체적 진실발견이나 사회정의의 실현이라는 국가이익보다 우선적으로 보호함으로써 인간의 존엄성과 가치를 보장하고 나아가 비인간적인 자백의 강요와 고문을 근절하려는데 있고, 둘째, 피고인 또는 피의자와 검사 사이에 무기평등(무기평등)을 도모하여 공정한 재판의 이념을 실현하려는 데 있다.

【헌재 요지】 이와 같은 의미를 지닌 진술거부권은 현재 피의자나 피고인으로서 수사 또는 공판절차에 계속중인 자 뿐만 아니라 장차 피의자나 피고인이 될 자에게도 보장되며, 형사절차뿐 아니라 행정절차나 국회에서의 조사절차 등에서도 보장된다. /

【헌재 요지】 또한 진술거부권은 고문 등 폭행에 의한 강요는 물론 법률로써도 진술을 강요당하지 아니함을 의미한다. 따라서 이 사건 법률조항이 법률로써 형사상 불리한 내용의 진술을 하도록 강요하는 것이라고 인정된다면 국민의 기본권인 진술거부권을 침해하는 위헌조항이 될 수도 있는 것이다.

5. 음주측정과 진술거부권의 관계

【헌재 분석】 이 사건 법률조항이 진술거부권을 침해하는지의 여부는 결국 주취운전의 혐의자에게 호흡측정기에 의한 측정에 응할 것을 요구하는 것이 "형사상 불리한 진술을 강요"하는 것에 해당하는

지의 여부에 달려 있다.

【헌재 판단】 먼저 호흡측정기에 의한 측정에 응하는 것이 "형사상 불리한"것이 되는 것은 의문의 여지가 없다. 호흡측정의 결과는 곧바로 주취운전죄라는 범죄의 직접적 증거로 활용되기 때문이다.

【헌재 분석】 다음 호흡측정에 응하도록, 구체적으로는 호흡측정기에 입을 대고 호흡을 불어 넣도록 요구하고 이를 거부할 때 처벌하는 것이 "진술강요"에 해당하는 것인가가 문제이다. /

【헌재 요지】 "진술"이라 함은 언어적 표출 즉, 생각이나 지식, 경험사실을 정신작용의 일환인 언어를 통하여 표출하는 것을 의미하는데 반하여, 호흡측정은 신체의 물리적, 사실적 상태를 그대로 드러내는 행위에 불과하다. /

【헌재 요지】 또한 호흡측정은 진술서와 같은 진술의 등가물(等價物)로도 평가될 수 없는 것이고 신체의 상태를 객관적으로 밝히는데 그 초점이 있을 뿐, 신체의 상태에 관한 당사자의 의식, 사고, 지식 등과는 아무런 관련이 없는 것이다. 호흡측정에 있어 결정적인 것은 측정결과 밝혀질 객관적인 혈중알콜농도로서 이는 당사자의 의식으로부터 독립되어 있고 당사자는 이에 대하여 아무런 지배력도 갖고 있지 아니한다. /

【헌재 요지】 따라서 호흡측정행위는 진술이 아니므로 호흡측정에 응하도록 요구하고 이를 거부할 경우 처벌한다고 하여도 "진술강요"에 해당한다고 할 수는 없다 할 것이다.

【헌재 판단】 요컨대 이 사건 법률조항은 형사상 불리한 "진술"을 강요하는 것이 아니며 수사상 증거확보를 목적으로 사람의 신체를 직접적인 대상으로 하는 신체검사로서의 성질을 가지므로, 헌법 제12조 제2항의 진술거부권조항에 위배되지는 아니한다 할 것이다. /

【헌재 분석】 이어서 헌법 제12조 제3항에 의한 영장주의, 헌법 제12조 제1항에서 규정하고 있는 적법절차원칙의 위배여부에 대하여 차례로 살펴보기로 한다.

6. 음주측정과 영장주의

【헌재 요지】 헌법 제12조 제3항은 체포·구속·압수 또는 수색을 할 때에는 적법한 절차에 따라 검사의 신청에 의하여 법관이 발부한 영장을 제시하도록 함으로써 영장주의를 헌법적 차원에서 보장하고 있다. 이 영장주의는 법관이 발부한 영장에 의하지 아니하고는 수사에 필요한 강제처분을 하지 못한다는 원칙을 말한다.

【헌재 분석】 그러면 이 사건 음주측정의 경우 영장주의의 적용을 받아야 하는 것인가. /

【헌재 요지】 이 사건 음주측정은 호흡측정기에 의한 측정의 성질상 강제될 수 있는 것이 아니며 또 실무상 숨을 호흡측정기에 한 두번 불어 넣는 방식으로 행하여지는 것이므로 당사자의 자발적 협조가 필수적인 것이다. 따라서 당사자의 협력이 궁극적으로 불가피한 측정방법을 두고 강제처분이라고 할 수 없을 것이다 /

【헌재 요지】 (호흡측정을 강제로 채취할 수 있는 물리적·기계적 방법이 기술적으로 불가능하다고 단정할 수는 없겠으나, 적어도 인간의 존엄성을 훼손하지 아니하는 적법한 보편적 방법으로는 불가능하다고 보아야 할 것이다). /

【헌재 판단】 이와 같이 이 사건 음주측정을 두고 영장을 필요로 하는 강제처분이라 할 수 없는 이상 이 사건 법률조항은 헌법 제12조 제3항의 영장주의에 위배되지 아니한다.

7. 음주측정과 적법절차

(1) 적법절차의 원칙

【헌재 분석】 헌법 제12조 제1항 후문에는 적법한 절차에 의하지 아니하고는 처벌을 받지 아니한다고 규정하고 있다.

【헌재 요지】 여기서 뜻하는 적법절차원칙은 피고인이나 피의자의 신체의 자유를 제한하기 위해서는 형식적인 절차 뿐 아니라 실체적 법률내용이 합리성과 정당성을 갖춘 법률에 의하여야 한다는 것이다. /

【헌재 분석】 그런데 여기서는 형사상 자신에게 불리한 자료를 수집하는 경찰공무원에 협력할 의무를 부과하고 이의 준수를 형벌로써 강요하고 있는 이 사건 법률조항이 과연 그러한 합리성과 정당성을 갖춘 것인지 살펴본다.

【헌재 분석】 자동차 및 운전면허소지자의 급증과 과음하는 음주습성으로 인하여 음주운전교통사고는 대폭 증가하는 추세이고 인명과 재산의 피해 등 사회적 손실은 막대하므로 심각한 사회문제로 대두되고 있어 교통상의 위험을 방지하기 위하여 음주운전 방지와 그 규제는 절실한 공익상의 요청이며 그 규제에는 음주측정이 필수적으로 요청된다.

【헌재 분석】 이와 같이 필연적으로 요청되는 음주측정을 관철하는 방법은 대개 두 가지 유형으로 나눠볼 수 있다. 그 하나는 우리나라와 같이 음주측정 거부행위를 처벌함으로써 측정을 간접적으로 강제하는 유형이고(오스트리아, 스위스, 영국의 경우) 다른 하나는 측정을 강요하지 아니하되 법관 등의 명령에 따라 강제로 채혈을 실시하는 유형이다(독일의 경우). /

【헌재 분석】 어떤 유형을 채택할 것인가는 결국 그 나라의 음주문화, 음주측정에 필요한 의료시설 · 법집행장치의 구비정도, 측정방법의 편이성 및 정확성, 측정방법에 관한 국민의 정서 등 여러 가지 요소들을 고려하여 합리적으로 결정하여야 할 것인바, 이 사건 법률조항이 과연 이러한 여러 가지 요소들을 합리적으로 고려한 것인지 본다.

(2) 음주측정제도의 합리성 요소

【헌재 판단】 (1) 호흡측정은 호흡측정기에 숨을 한 두번 불어 넣기만 하면 되므로 당사자에게 부과되는 부담, 특히 신체적 부담이 매우 경미하다. 또한 단속현장에서, 짧은 시간 내에, 간단히 실시되고, 측정결과도 즉석에서 알 수 있다. /

【헌재 판단】 이에 비해 채혈이나 채뇨에 의한 측정은 신체에 대한 훼손정도나 위험성면에서 훨씬 더 심각한 방법일 뿐만 아니라 통상 측정의(측정의)가 있는 곳까지 이동하여야 하므로 신체의 자유에 대한 제한도 더 많고 장기화될 수 있다.

【헌재 판단】 (2) 신체발부수지부모(身體髮膚受之父母)의 정신적 배경을 갖고 있는 우리나라 사람들은 채혈에 대하여 심리적으로 거부감을 가지고 있어서 호흡측정방식은 정서적으로도 부담이 적은 방법이다.

【헌재 판단】 (3) 다만 호흡측정은 측정결과의 정확성과 신뢰성의 측면에서 문제가 있을 수 있다.

【헌재 판단】 즉 호흡알콜농도는 생리적 요소에 의하여 왜곡되거나 조정될 수 있는 점, 호흡측정치를

기초로 산출한 혈중알콜농도가 채혈로 산출한 실제 혈중알콜농도와 일치하지 아니하는 경우도 있을 수 있는 점, 피검사자의 심폐호기(心肺呼氣)가 충분히 채취되어야 하는 등 음주측정 방법에 상당한 주의를 하지 아니하면 정확성이 떨어질 수도 있는 점 등이 문제이다. /

【헌재 판단】 그러나 최근에는 정밀도가 높은 음주측정기가 개발되어 측정치의 신뢰도가 높아졌을 뿐 아니라 음주측정기기의 성능은 갈수록 향상될 것으로 예상된다. 따라서 정확성과 신뢰도의 점에서도 호흡측정기의 사용 그 자체를 문제 삼을 수는 없다고 본다. /

【헌재 판단】 무엇보다도 도로교통법 제41조 제3항은 이 사건 음주측정의 결과에 불복하는 운전자에 대하여 그의 동의를 얻어 혈액채취 등의 방법으로 재측정할 수 있는 길을 열어놓고 있다. 따라서 음주측정기의 정확성을 신뢰하지 아니하는 사람이라든가 자신의 추측과 실제 측정치간에 상당한 차이가 있다고 느끼는 사람은 채혈 등에 의한 재측정을 함으로써 보다 정확한 결과를 얻을 수 있으며 그만큼 정확성의 문제도 제도적으로 보완·해결하여 놓고 있다 하겠다.

(3) 음주측정불응죄와 책임주의

【헌재 분석】 (4) 그리고 이 사건 법률조항은 측정불응자에 대하여 주취운전자와 동일하게 2년 이하의 징역이나 300만 원 이하의 벌금에 처하도록 하고 있는바 이것이 형사법상의 책임주의원칙에 반하거나 법정형에 있어 형평을 잃은 것은 아닌지 본다.

【헌재 판단】 음주운전 혐의자가 음주측정에 불응하는 경우, 강제적으로 직접 채혈을 실시하는 방법을 취하지 아니하는 한 다른 불이익을 부과함으로써 심리적·간접적 강제방법을 도모할 수밖에 없고 그 수단으로는 형벌을 채택함이 통상적 방법이며(오스트리아, 스위스, 영국, 일본의 경우 등) 음주측정불응행위를 음주운전행위와 동일한 형벌로 처벌하는 것은 형사정책적 측면에서도 합목적성을 지니고 있다. /

【헌재 판단】 즉 혈중알콜농도 0.05퍼센트 이상의 상태에서 자동차를 운전한 사람 중 음주측정에 응한 사람은 도로교통법상의 주취운전죄 내지 교통사고처리특례법(제3조 제2항 제8호)으로 처벌받게 되는데 비하여 음주측정에 불응한 사람은 그로부터 면책되거나 보다 가벼운 처벌을 받는다고 한다면 이는 형사사법상의 형평성에 심히 어긋날 뿐만 아니라, 심리적·간접적 강제효과도 기대할 수 없어 음주측정제도의 실효성을 살릴 수 없을 것이므로 음주측정불응행위와 음주운전행위를 동일한 형벌로 처벌하는 것은 합목적성을 지니고 있다 할 것이다.

【헌재 판단】 그러나 한편으로 주취운전의 가능성이 없거나 극히 희박한 사람들까지도 음주측정에 불응하였다 하여 주취운전자와 동일하게 처벌한다면 이는 책임주의에 어긋날 수도 있을 것이다. 따라서 이 사건 법률조항은 측정불응죄의 행위주체를 엄격히 제한하여 "술에 취한 상태에 있다고 인정할 만한 상당한 이유가 있는 사람"으로 규정하고 있는 것이다. /

【헌재 판단】 여기서 "술에 취한 상태"라 함은 도로교통법 제41조의 "술에 취한 상태"와 마찬가지로 혈중알콜농도 0.05퍼센트 이상의 상태에 있다고 의심할 만한 상당한 이유가 있는 사람이라고 풀이하여야 할 것이므로 결국 주취운전자로 처벌될 상당한 개연성이 있는 사람들에 대하여만 측정불응죄가 적용될 수 있다.

【헌재 판단】 따라서 이 사건 법률조항이 책임주의원칙에 어긋난다거나 법정형에 있어 형평성을 잃

은 것이라고도 할 수 없다.

【헌재 판단】 이상 살펴 본 바와 같이 이 사건 법률조항은 우리나라의 음주문화, 측정방법의 편이성 및 정확성, 측정방법에 관한 국민의 정서 등 여러 가지 요소들을 고려한 것으로서, 추구하는 목적의 중대성(음주운전 규제의 절실성), 음주측정의 불가피성(주취운전에 대한 증거확보의 유일한 방법), 국민에게 부과되는 부담의 정도(경미한 부담, 간편한 실시), 처벌의 요건과 처벌의 정도에 비추어 헌법 제12조 제1항 후문의 적법절차가 요청하는 합리성과 정당성을 갖추고 있다고 판단된다.

【헌재 판단】 그러므로 이 사건 법률조항은 헌법 제12조 제1항 후문의 적법절차의 원칙에 위배되지 아니한다.

【헌재 분석】 [음주측정 거부와 양심의 자유의 관계에 관한 분석; 생략함]

【헌재 분석】 [음주측정과 인간의 존엄과 가치의 관계에 관한 분석; 생략함]

【헌재 분석】 [음주측정과 행복추구권과의 관계에 관한 분석; 생략함] (합헌 결정)

【코멘트】 본 판례의 사안이 일어난 이후의 시점에 입법자는 수차에 걸쳐서 도로교통법을 개정하였다. 2011년에는 법정형을 1년 이상 3년 이하의 징역이나 500만 원 이상 1천만 원 이하의 벌금으로 상향 조정하였다(동법148의2① ii). 또한 같은 개정에 의하여 음주운전죄의 법정형도 다음과 같이 세분화되었다. 즉 (가) 혈중알콜농도 0.2퍼센트 이상인 사람은 1년 이상 3년 이하의 징역이나 500만 원 이상 1천만 원 이하의 벌금, (나) 혈중알콜농도 0.1퍼센트 이상 0.2퍼센트 미만인 사람은 6개월 이상 1년 이하의 징역이나 300만 원 이상 500만 원 이하의 벌금, (다) 혈중알콜농도가 0.05퍼센트 이상 0.1퍼센트 미만인 사람은 6개월 이하의 징역이나 300만 원 이하의 벌금으로 처벌한다(동조②).

개정 법률에 따르면 음주운전죄보다 음주측정불응죄가 더 무겁게 처벌되는 경우가 나타나게 되었다. 본 판례에서는 헌법재판소는 "음주측정에 불응한 사람은 그로부터 면책되거나 보다 가벼운 처벌을 받는다고 한다면 이는 형사사법상의 형평성에 심히 어긋날 뿐만 아니라, 심리적·간접적 강제효과도 기대할 수 없어 음주측정제도의 실효성을 살릴 수 없[다]"고 판단하고 있다. 개정 법률은 헌법재판소가 상정한 상황에 대해 역의 상황을 발생시키고 있다.

개정 법률에 따라 음주측정에 불응한 사람을 음주운전죄를 범한 사람보다 더 무겁게 처벌한다면 심리적·간접적 강제효과도 기대할 수 있고 음주측정제도의 실효성을 살릴 수 있을 것이다. 그러나 그 반면에 음주운전죄의 피의자에게 제공된 영장주의의 보장은 그만큼 더 위태로워지게 되었다. 음주운전 여부에 대한 수사기관의 증거수집에 협조하지 아니하는 행위가 음주운전죄 자체 보다 무겁게 처벌된다면 법관이 발부하는 영장에 의하여 수사기관의 인권침해를 방지하려는 영장제도의 취지는 무색해지게 될 것이기 때문이다. 본 판례에서 수소법원이 직권으로 위헌법률심판을 헌법재판소에 제청한 것도 바로 이러한 점을 우려하였기 때문이라고 생각된다. 도로교통법의 개정 법률에 대하여 앞으로 헌법재판소가 어떠한 입장을 표명할 것인지 귀추가 주목된다.

음주측정불응죄는 법정형의 상한이 3년의 징역으로 되어 있어서 장기 3년 이상의 징역에 해당하는 범죄군에 속한다. 그리하여 음주측정불응죄를 범한 사람은 긴급체포의 대상이 된다(법200의3①). 개정 도로교통법은 음주측정불응죄의 법정형 하한을 단기 1년 이상의 징역으로 상향조정하였으나, 법원조직법의 예외규정에 의하여 음주측정불응죄 피고사건은 단독판사 관할사건이 된다(법원조직법32①

iii 아. 참조).

97도2463

항소심 공소장변경과 사건이송
상습사기 공소사실 추가 사건
1997. 12. 12. 97도2463, 공 1998, 362

1. 사실관계 및 사건의 경과

【사실관계】

① 검사는 갑을 부정수표단속법, 상습사기, 공문서위조의 공소사실로 광주지방법원에 기소하였다.

② 광주지방법원 단독판사는 갑의 공소사실을 유죄로 인정하고 형을 선고하였다.

③ 갑은 불복 항소하였다.

④ 항소심재판부는 광주지방법원 합의부이다.

【사건의 경과】

① 항소심에서 검사는 다음과 같은 공소장변경신청을 하여 재판부의 허가를 받았다.

   (가) 상습사기의 다른 공소사실을 추가함

   (나) 죄명을 상습사기에서 특경법위반죄(사기)로 변경함

   (다) 적용법조에 특경법 제3조 제1항 제2호를 추가함

② 광주지방법원 항소심 재판부는 심리를 마치고 다음과 같이 판단하였다.

   (가) 단독판사의 제1심판결을 직권으로 파기한다.

   (나) 공소사실을 모두 유죄로 인정한다.

   (다) 갑에게 형을 선고한다.

③ 갑은 불복 상고하였다.

2. 사안에 대한 대법원의 판단

【대법원 분석】 기록에 의하면, 광주지방법원 단독판사가 피고인에 대한 부정수표단속법, 상습사기, 공문서위조의 공소사실을 유죄로 인정하고 형을 선고하였고, 피고인의 불복으로 사건이 항소심에 계류 중에, /

【대법원 분석】 원심은 검사가 상습사기의 공소사실을 추가하고 죄명을 상습사기에서 특정경제범죄 가중처벌등에관한법률위반죄(사기)로, 적용법조에 특정경제범죄가중처벌등에관한법률 제3조 제1항 제2호를 추가하는 내용으로 한 공소장변경신청을 허가한 다음 심리를 마치고, 위 단독판사의 제1심판 결을 직권으로 파기하여 공소사실을 모두 유죄로 인정하고 형을 선고한 사실을 인정할 수 있다. /

【대법원 분석】 그런데 특정경제범죄가중처벌등에관한법률 제3조 제1항 제2호의 법정형은 3년 이상 의 유기징역이고, 법원조직법 제32조 제1항 제3호에 의하면 사형 · 무기 또는 단기 1년 이상의 징역 또

는 금고에 해당하는 사건은 지방법원 또는 그 지원의 합의부가 제1심으로 심판권을 행사하는 것으로 규정되어 있다. /

【대법원 분석】 그리고 같은 법 제28조에는 고등법원은 지방법원 합의부의 제1심판결에 대한 항소사건을 심판하도록 규정되어 있으며, 형사소송법 제8조 제2항에는 단독판사의 관할사건이 공소장변경에 의하여 합의부 관할사건으로 변경된 경우에 법원은 결정으로 관할권이 있는 법원에 이송한다고 규정되어 있다.

【대법원 요지】 위 관련 규정을 종합하여 보면, 항소심에서 공소장변경에 의하여 단독판사의 관할사건이 합의부 관할사건으로 된 경우에도 법원은 사건을 관할권이 있는 법원에 이송하여야 한다고 할 것이고, 항소심에서 변경된 위 합의부 관할사건에 대한 관할권이 있는 법원은 고등법원이라고 봄이 상당하다고 할 것이다. /

【대법원 판단】 따라서 원심법원은 위 공소장변경신청을 허가한 다음 결정으로 이 사건을 관할권이 있는 법원인 광주고등법원에 이송하였어야 함에도 불구하고, 관할의 인정을 잘못하여 실체의 재판을 하는 잘못을 저질렀다고 할 것이다.

【대법원 판단】 그리고 이러한 잘못은 소송절차의 법령을 위반한 것이라고 할 것이며, 관할제도의 입법 취지와 그 위법의 중대성에 비추어 이는 판결에 영향을 미쳤음이 명백하다고 할 것이다. (파기 환송)

98도4621

공범사건과 공소시효의 정지
토지사기 공범 사건

1999. 3. 9. 98도4621, 공 1999, 706

1. 사실관계 및 사건의 경과

【사실관계】

① (사실관계가 불명하여 임의로 구성함)

② [갑과 을은 함께 공문서를 위조하여 ㉠토지를 갑 명의로 등기하였다는 혐의로 수사를 받게 되었다.]

③ [갑은 검거되었다.]

④ [을은 도주하였다.]

⑤ [검사는 갑을 을과의 공동정범으로 하여 다음의 공소사실로 기소하였다.]

   (가) 공문서위조죄

   (나) 위조공문서행사죄

   (다) 공정증서원본불실기재죄

   (라) 불실기재공정증서원본행사죄

⑥ [갑은 을 단독의 범행이라고 주장하면서 범죄사실을 부인하였다.]

⑦ [제1심법원은 갑과 을 사이의 공범관계 여지를 인정하였다.]

⑧ [제1심법원은 그러나 을의 도주로 인한 증거불충분을 이유로 갑에게 무죄를 선고하였다.]
⑨ [갑에 대한 무죄판결은 이후 확정되었다.] (㉮확정판결)

【사건의 경과 1】
① [수년이 경과한 후 을이 검거되었다.]
② [검사는 을을 여러 건의 토지사기 범행으로 기소하였다.]
③ [검사의 공소사실에는 ㉠토지 부분이 들어 있었다.]
④ [검사는 ㉠토지 부분에 대해 을을 갑과의 공동정범으로 하여 다음의 공소사실로 기소하였다.]
   (가) 공문서위조죄
   (나) 위조공문서행사죄
   (다) 공정증서원본불실기재죄
   (라) 불실기재공정증서원본행사죄

【사건의 경과 2】
① 을의 피고사건은 제1심을 거친 후, 항소심에 계속되었다.
② 항소심법원은 다음의 이유를 들어서 을에게 면소판결을 선고하였다.
   (가) 갑과 을이 공범관계에 있다고 볼 수 없다.
   (나) 갑에 대한 공소제기로 인한 공소시효정지의 효력은 을에게 미칠 수 없다.
   (다) ㉠토지에 대한 공소사실에 대하여 공소시효가 완성되었다.
③ 검사는 불복 상고하였다.
④ 검사는 상고이유로 다음의 점을 주장하였다.
   (가) ㉮사건의 관할법원은 갑과 을 사이에 공범관계를 인정하고 있다.
   (나) 갑에 대한 ㉮사건 공소제기의 효력에 의하여 공범 을에 대한 공소시효가 정지되었다.
   (다) 형소법 제253조 제1항에 의하면 정지된 공소시효가 다시 진행되는 경우는 공소기각 또는 관할위반의 재판이 확정되었을 때뿐이다.
   (라) 갑에 대한 ㉮확정판결은 무죄판결이므로 공범 을에 대해 정지된 공소시효는 다시 진행되지 않는다.
   (마) 따라서 을에 대한 공소시효는 아직 완성되지 않았다.

2. 공범자에 대한 공소시효의 정지와 재개

【대법원 분석】 형사소송법 제253조 제1항, 제2항에 의하면 /
【대법원 분석】 공소시효는 공소의 제기로 진행이 정지되고, /
【대법원 분석】 공범의 1인에 대한 공소시효의 정지는 다른 공범자에 대하여 효력이 미치고 /
【대법원 분석】 당해 사건의 재판이 확정된 때로부터 진행한다고 규정하고 있는바, /
【대법원 요지】 위 제2항 소정의 공범관계의 존부는 현재 시효가 문제되어 있는 사건을 심판하는 법원이 판단하는 것으로서 /
【대법원 요지】 법원조직법 제8조의 경우를 제외하고는 다른 법원의 판단에 구속되는 것은 아니라고 할 것이고, /

【대법원 요지】 위 형사소송법 제253조 제2항 소정의 재판이라 함은 종국재판이면 그 종류를 묻지 않는다고 할 것이나, /

【대법원 요지】 공범의 1인으로 기소된 자가 구성요건에 해당하는 위법행위를 공동으로 하였다고 인정되기는 하나 책임조각을 이유로 무죄로 되는 경우와는 달리 /

【대법원 요지】 범죄의 증명이 없다는 이유로 공범 중 1인이 무죄의 확정판결을 선고받은 경우에는 그를 공범이라고 할 수 없어 /

【대법원 요지】 그에 대하여 제기된 공소로써는 진범에 대한 공소시효정지의 효력이 없다고 해석함이 상당하다 할 것이다.

【대법원 판단】 원심판결 이유에 의하면 원심은 그 판시와 같은 이유로 /

【대법원 판단】 피고인과 위 공소외인이 공범관계에 있다고 볼 수 없고, /

【대법원 판단】 따라서 위 공소외인에 대한 공소제기로 인한 공소시효정지의 효력이 피고인에게 미칠 수 없으므로 /

【대법원 판단】 원심이 제1심 판시 제2항 각 범죄사실에 대하여 공소시효가 완성되었다는 이유로 면소를 선고하였는바, /

【대법원 결론】 위 법리와 기록에 비추어 보면 원심의 위와 같은 사실인정 및 판단은 정당하고, 거기에 상고이유에서 지적하는 바와 같은 심리미진, 공소시효의 정지에 관한 법리오해의 잘못이 없다.

【대법원 결론】 상고이유는 받아들일 수 없다. (상고 기각)

2000도2704

소년사건과 소년 요건의 법적 성질
소년감경 추가 사건
2000. 8. 18. 2000도2704, 공 2000, 2040

1. 사실관계 및 사건의 경과

【사실관계】
① 갑은 1979. 9. 27. 생이다.
② 갑은 강도상해, 특수절도, 특수절도미수, 도로교통법위반(무면허운전)으로 기소되었다.
③ 범행 당시 갑은 소년법상의 소년에 해당하였다.
④ 제1심법원은 범죄사실을 모두 유죄로 인정하였다.
⑤ 제1심법원은 형법 제53조에 의한 작량감경을 하여 그 형기의 범위 내에서 갑에게 징역 3년 6월, 벌금 150,000원을 선고하였다.

【사건의 경과 1】
① 갑은 불복 항소하였다.
② 2000. 5. 30. 항소심법원은 제1심판결을 파기하고 자판(自判)하게 되었다.

③ 1979. 9. 27.생인 갑은 항소심판결 선고시점 현재 성년이 되어 있었다.

④ 항소심법원은 범행 당시를 기준으로 소년 여부를 결정해야 한다고 판단하였다.

⑤ 항소심법원은 또한 소년이라는 점이 소년사건의 소송조건은 아니라고 판단하였다.

⑥ (항소심의 판단 이유는 판례 본문 참조)

【사건의 경과 2】

① 항소심법원은 갑이 범행 당시 소년이었다는 이유로 먼저 소년법 제2조, 제60조 제2항에 의하여 법률상 감경을 하였다.

② 항소심법원은 다시 형법 제53조에 의하여 작량감경을 하였다.

③ 항소심법원은 이렇게 하여 결정된 형기의 범위 내에서 갑에게 징역 2년 6월과 벌금 75,000원의 형을 선고하였다.

④ 검사는 불복 상고하였다.

2. 사안에 대한 항소심의 판단

【대법원 분석】 제1심은 강도상해, 특수절도, 특수절도미수, 도로교통법위반(무면허운전)으로 기소된 피고인에 대하여 그 범죄사실을 모두 유죄로 인정한 후 형법 제53조에 의한 작량감경을 하여 그 형기의 범위 내에서 피고인에게 징역 3년 6월, 벌금 150,000원의 형을 선고하였다.

【대법원 분석】 이에 피고인이 심신미약 및 양형부당을 이유로 항소를 제기하자, 원심은, 이 사건 각 범죄는 판결이 확정된 강도상해죄와 형법 제37조 후단의 경합범관계에 있어 형법 제39조 제1항에 의하여 형을 따로 정하여야 함에도 이를 간과하였다고 하여 제1심판결을 파기하고, /

【대법원 분석】 이어 피고인이 1979. 9. 27.생이어서 원심판결 선고시인 2000. 5. 30. 현재 이미 성년이 되었지만 소년법 제60조 제2항에 의한 감경은 아래에서 보는 바와 같은 이유를 들어 이 사건 각 범행당시 피고인이 소년이었다고 하여 소년법 제2조, 제60조 제2항에 의한 감경을 하고, /

【대법원 분석】 다시 형법 제53조에 의한 작량감경을 하여 그 형기의 범위 내에서 피고인에게 징역 2년 6월 및 벌금 75,000원의 형을 선고하였다.

【항소심 판단】 즉, 원심은, 소년법 제2조의 문언을 살펴볼 때, 이는 소년법상의 소년에 대하여 가능한 한 가장 간결한 문구를 사용하여 그 의의에 대하여만 정의하고 있을 뿐이고 그 이외에 다른 법적 효력이나 의미를 부여할 여지가 없는 것이고, /

【항소심 판단】 소년법 제2조의 규정만으로 위 조항이 심판의 조건을 규정하고 있는 것이라고 해석할 수는 없는데다가 한편, 소년법상의 감경과 부정기형 제도 사이에 필연적 연관성이 인정되지 않으며, 따라서, 부정기형 선고의 기준시가 사실심판결 선고시이므로 소년법상 감경의 기준시도 사실심판결 선고시가 되어야 한다는 주장은 타당하지 않고, /

【항소심 판단】 그 밖에 제1심판결 선고시에는 피고인이 소년이어서 제1심이 소년감경을 하였으나 항소심 판결선고시에는 피고인이 성년이 된 경우 '사실심선고시 기준설'에 의하면 소년법상의 감경을 할 수 없게 되어 구체적 타당성이 없으며, /

【항소심 판단】 사건처리기한의 제한이나 신속한 재판을 위한 법원의 노력만으로 위와 같은 불합리한 결과가 생기는 경우를 완전히 배제할 수 없을 뿐만 아니라 그러한 법원의 노력에도 불구하고 불가

피하게 위와 같은 결과가 발생하였다면 법리해석의 당부를 떠나서라도 피고인의 입장에서 볼 때는 가혹하기도 하고 납득할 수도 없는 결과이므로, /

【항소심 판단】 비록 피고인이 사실심 판결 선고시에는 성년이 되었다 할지라도 행위 당시 소년이었다면 소년법 제60조 제2항을 적용하여 그 형을 감경할 수 있다고 판단하였다.

3. 사안에 대한 대법원의 판단

【대법원 요지】 그러나 소년법 제60조 제2항에서 소년이라 함은 특별한 정함이 없는 한 소년법 제2조에서 말하는 소년을 의미하고, 소년법 제2조에서의 소년이라 함은 20세 미만자로서, 이는 심판의 조건이므로 범행시뿐만 아니라 심판시까지 계속되어야 한다고 보아야 하며, /

【대법원 요지】 따라서 소년법 제60조 제2항의 소년인지의 여부의 판단은 원칙적으로 심판시 즉 사실심 판결 선고시를 기준으로 하여야 한다는 것이 대법원의 견해로서(대법원 1997. 2. 14. 선고 96도1241 판결, 1991. 12. 10. 선고 91도2393 판결 등 참조) 아직 그의 변경 필요성을 느끼지 않는다.

【대법원 판단】 그럼에도 원심이 이와 견해를 달리하여 그 판결 선고 당시 이미 성년이 된 피고인을 그가 범행시에 소년이었다고 하여 소년법 제60조 제2항에 의하여 법률상 감경을 한 조처는 소년법 제60조 제2항의 해석을 그르쳐 판결에 영향을 끼친 위법이 있고, 이 점을 지적하는 상고이유의 주장은 정당하기에 이를 받아들인다. (파기 환송)

【코멘트】 2007년 소년법이 개정되어 소년의 연령이 19세 미만으로 하향 조정되었다(동법2 전단). 따라서 본 판례의 요지 가운데 '소년법 제2조에서의 소년이라 함은 20세 미만자로서'라는 부분은 '소년법 제2조에서의 소년이라 함은 19세 미만자로서'로 고쳐 읽어야 한다. 본 판례에서 이 부분을 제외한 나머지 판시사항은 현행 소년법의 해석론으로도 그대로 유지되고 있다.

2000도2933

수사보고서의 법적 성질
수사 경찰관의 증인적격
나이트클럽 앞 싸움 사건
2001. 5. 29. 2000도2933, 공 2001, 1547

1. 사실관계 및 사건의 경과

【사실관계】

① 1998. 2. 23. 02:00경 갑과 을은 P나이트클럽 앞 노상에서 싸움을 하였다.

② 경찰관 A 등은 현장에 출동하여 갑과 을을 현행범으로 체포하였다.

③ 경찰관 A는 다음과 같은 Q수사보고서를 작성하였다.

(가) 수신 : 경찰서장, 참조 : 형사과장, 제목 : 수사보고

(나) "1998. 2. 23. 02:00경 안양시 동안구 관양2동 소재 백운나이트 앞 노상에서 발생한 폭력행위등처벌에관한법률위반 피의사건에 대하여 다음과 같이 수사하였기 보고합니다.

(다) 1. 견적서 미첨부에 대하여, 갑이 날이 밝으면 견적서를 제출한다 하고, (㉠기재)

(라) 2. 진단서 미제출에 대하여, 갑, 을 서로 왼쪽 눈부위에 타박상이 있고, 갑은 무릎에도 찰과상이 있는데 현재 심야인 관계로 날이 밝으면 치료 후 진단서 제출한다 하기에 이상과 같이 수사보고합니다." (㉡기재)

(마) 작성자 : 경장 A[소속 및 계급과 이름(타자)], 날인

【사건의 경과 1】

① 검사는 갑과 을을 폭처법위반죄(야간폭행)로 기소하였다.

② [공판과정에서 갑의 의복 등이 손괴된 것과 갑과 을의 상해 여부가 문제되었다.]

③ 검사는 유죄의 증거로 Q수사보고서를 제출하였다.

④ 갑과 을은 Q수사보고서에 대해 증거동의를 하지 않았다.

⑤ 경찰관 A는 제1심 법정에 증인으로 나와 Q수사보고서를 진정하게 작성하였다고 진술하였다.

【사건의 경과 2】

① 갑과 을의 피고사건은 제1심을 거친 후, 항소심에 계속되었다.

② 항소심법원은 Q수사보고서 및 그 밖의 증거를 들어서 갑과 을에게 유죄를 선고하였다.

③ 갑과 을은 불복 상고하였다.

④ 갑과 을은 상고이유로 다음의 점을 주장하였다.

(가) Q수사보고서에 증거능력이 없다.

(나) 조사경찰관 A는 증인적격이 없다.

2. 수사보고서와 전문법칙

【대법원 분석】 원심이 인용한 제1심판결의 채용증거 중 수사보고서(수사기록 제9장)는 수신을 경찰서장, 참조를 형사과장, 제목을 수사보고로 하여, /

【대법원 분석】 그 내용이 "1998. 2. 23. 02:00경 안양시 동안구 관양2동 소재 백운나이트 앞 노상에서 발생한 폭력행위등처벌에관한법률위반 피의사건에 대하여 다음과 같이 수사하였기 보고합니다. 1. 견적서 미첨부에 대하여, 피고인 갑이 날이 밝으면 견적서를 제출한다 하고, 2. 진단서 미제출에 대하여, 피고인 갑, 을 서로 왼쪽 눈부위에 타박상이 있고, 피고인 갑은 무릎에도 찰과상이 있는데 현재 심야인 관계로 날이 밝으면 치료 후 진단서 제출한다 하기에 이상과 같이 수사보고합니다."라고 되어 있고, 그 밑에 작성경찰관인 경장 A가 자신의 소속 및 계급과 이름을 타자한 후 날인한 것으로서, /

【대법원 분석】 피고인들은 위 수사보고서에 대하여 증거로 함에 동의하지 않았고 제1심 법정에서 증인 A가 위 수사보고서를 진정하게 작성하였다고 진술하고 있으나, /

【대법원 요지】 위 수사보고서는 전문증거이므로 형사소송법 제310조의2에 의하여 같은 법 제311조 내지 제316조의 각 규정에 해당하지 아니하는 한 이를 증거로 할 수 없는 것이다. /

3. 수사보고서와 검증조서

【대법원 분석】 나아가 위 수사보고서 중 "피고인 갑, 을 서로 왼쪽 눈부위에 타박상이 있고, 피고인 갑은 무릎에도 찰과상이 있다."라는 기재 부분[ⓒ기재]은 /

【대법원 판단】 검찰사건사무규칙 제17조에 의하여 검사가 범죄의 현장 기타 장소에서 실황조사를 한 후 작성하는 실황조서 또는 사법경찰관리집무규칙 제49조 제1항, 제2항에 의하여 사법경찰관이 수사상 필요하다고 인정하여 범죄현장 또는 기타 장소에 임하여 실황을 조사할 때 작성하는 실황조사서에 해당하지 아니하며, /

【대법원 판단】 단지 수사의 경위 및 결과를 내부적으로 보고하기 위하여 작성된 서류에 불과하므로 /

【대법원 요지】 그 안에 검증의 결과에 해당하는 기재가 있다고 하여 이를 형사소송법 제312조 제1항의 '검사 또는 사법경찰관이 검증의 결과를 기재한 조서'라고 할 수 없을 뿐만 아니라 /

4. 수사보고서와 진술조서

【대법원 요지】 이를 같은 법 제313조 제1항의 '피고인 또는 피고인이 아닌 자가 작성한 진술서나 그 진술을 기재한 서류'라고 할 수도 없고, /

【대법원 요지】 같은 법 제311조, 제315조, 제316조의 적용대상이 되지 아니함이 분명하므로 그 기재 부분은 증거로 할 수 없고, /

【대법원 분석】 또한 위 수사보고서 중 "날이 밝으면 치료 후 진단서 제출한다고 한다."라는 기재 부분[㉠기재]은 /

【대법원 판단】 진술자인 피고인들이 각 상대방에 대한 피해자의 지위에서 진술한 것으로서 진술자들의 자필이 아닐 뿐만 아니라 그 서명 또는 날인도 없으며, 공판준비 또는 공판기일에서 진술자들의 진술에 의하여 그 성립의 진정함이 증명되지도 않았으므로 형사소송법 제313조 제1항의 요건을 갖추지 못하여 그 기재부분 역시 증거로 할 수 없다고 할 것이다. /

【대법원 판단】 그러함에도 원심이 위 수사보고서를 증거로 인용한 조치는 위법하다고 할 것이므로, 이 점을 지적하는 상고이유의 주장은 이유 있다.

5. 조사 경찰관의 증인적격

【대법원 판단】 그러나 기록에 의하면 위 수사보고서 외에 원심이 인용한 제1심의 나머지 채용증거들은 상고이유의 주장과 같이 증거능력이 부인되는 것이 아니라 모두 그 증거능력을 인정할 수 있는 것들이고, 이들 증거들만으로도 피고인들에 대한 이 사건 범죄사실을 인정하기에 충분하므로 원심에 채증법칙 위반으로 인한 사실오인의 위법이 있다고 할 수 없다. /

【대법원 판단】 또한 형사소송법 제146조는 "법원은 법률에 다른 규정이 없으면 누구든지 증인으로 신문할 수 있다."라고 규정하고 있으므로, 원심이 이 사건의 수사경찰관인 A, B를 증인으로 신문한 것이 증거재판주의나 증인의 자격에 관한 법리를 오해하였다거나 상고이유에서 지적하는 헌법위반의 위법이 있다고 할 수 없고, /

【대법원 판단】 기록에 의하면 피고인들에 대한 현행범체포에 상고이유에서 지적하는 바와 같은 위

법이 있다고 할 수 없다. 상고이유는 모두 받아들일 수 없다. (상고 기각)

6. 코멘트

(1) 수사보고서와 전문법칙

(본 판례는 본서의 I권에도 수록되어 있다. 수사보고서의 증거능력 이외에 조사자 증언 문제 등 새로운 논점이 등장함에 따라 다시 한번 이곳에 소개한다.) 본 판례는 사법경찰관리가 초동수사 단계에서 행하는 수사와 관련하여 두 가지 측면에서 중요한 법리를 제시하고 있다. 하나는 수사보고서의 증거능력에 관한 것이며, 다른 하나는 사법경찰관리의 증인적격에 관한 것이다.

본 판례의 사안에서는 사법경찰관리가 현장을 목격한 상황이 수사보고서에 기재되고 있다. 사안에서 문제된 ㉠기재의 견적서 미제출 부분은 갑의 의복이나 안경 등에 나타난 피해상황에 관한 것으로 보이며, ㉡기재의 진단서 미제출 부분은 갑과 을이 입은 상해상황에 관한 것으로 보인다.

먼저 수사보고서의 증거능력에 관하여 대법원은 다음과 같은 중요한 판시사항을 제시하고 있다. (가) 수사보고서는 전문증거이므로 전문법칙이 적용된다. (나) 수사보고서는 단순한 내부보고용 서류에 지나지 않는다. (다) 수사보고서는 실황조사서가 아니다. (라) 수사보고서는 검증조서가 아니다. (마) 수사보고서는 피고인이 작성한 진술서가 아니다. (바) 수사보고서는 피고인 아닌 자가 피고인의 진술을 기재한 서류가 아니다. (사) 수사보고서 중 피해자의 진술기재 부분은 형소법 제313조 제1항의 서명·날인 요건과 진정성립 요건이 구비되어야 비로소 증거능력이 부여된다.

(2) 수사보고서와 실황조사서

본 판례에는 "검찰사건사무규칙 제17조에 의하여 검사가 범죄의 현장 기타 장소에서 실황조사를 한 후 작성하는 실황조서 또는 사법경찰관리집무규칙 제49조 제1항, 제2항에 의하여 사법경찰관이 수사상 필요하다고 인정하여 범죄현장 또는 기타 장소에 임하여 실황을 조사할 때 작성하는 실황조사서"라는 표현이 나오고 있다. 이 부분은 이후의 법령개정을 반영하여 고쳐 읽을 필요가 있다.

2011년의 개정 형사소송법은 검사의 사법경찰관리에 대한 지휘의 구체적 사항을 대통령령에 위임하였다(법196③). 이에 따라「검사의 사법경찰관리에 대한 수사지휘 및 사법경찰관리의 수사준칙에 관한 규정」이 제정되었고, 종전의「사법경찰관리집무규칙」은 이 대통령령에 흡수되었다. 그리하여 2012년 이후의 시점에서 위의 판시사항 부분은 "검찰사건사무규칙 제17조에 의하여 검사가 범죄의 현장 기타 장소에서 실황조사를 한 후 작성하는 실황조서 또는「검사의 사법경찰관리에 대한 수사지휘 및 사법경찰관리의 수사준칙에 관한 규정」제43조 제1항, 제2항에 의하여 사법경찰관이 수사상 필요하다고 인정하여 범죄 현장이나 그 밖의 장소에 가서 실황을 조사할 때 작성하는 실황조사서"를 의미하게 된다.

(3) 조사자 증언제도의 도입

다음으로 본 판례에서 대법원은 증인적격을 규정한 형소법 제146조를 근거로 범행 현장에 출동한 수사 경찰관이 현장에서 보고 들은 것에 대해 증인으로 증언할 수 있음을 분명히 하고 있다. 형사소송법은 검사 면전의 피의자신문조서와 사경 면전의 피의자신문조서를 구별하여 후자에 대해서는 내용부인이 있으면 증거능력을 부정하고 있다(법312③). 종래 이러한 제한을 우회하는 방편의 하나로 피의자를 조사한 경찰관이 법정에 나와 피의자로부터 들은 진술을 증언하는 방식이 시도되었다. 그러나 대법원은 이를 허용하지 않았다.

2007년 개정 형사소송법은 소위 조사자 증언제도를 도입하여 입법적으로 종전의 대법원판례를 극복하였다(법316① 참조). 사경 면전의 조서에 대해 내용을 부인하더라도 조사한 사법경찰관이나 참여한 사법경찰관리가 증인으로 출석하여 피의자의 진술을 법정에 전달할 수 있도록 한 것이다. 본 판례는 이와 같은 입법적 변화가 일어나는 중간단계로서의 의미를 갖는다. 그런데 본 판례에서 볼 수 있는 수사 경찰관의 증언은 피의자신문시의 피의자 진술을 법정에 전달하는 것이 아니라 출동한 범죄현장에서 목격한 상황을 진술하는 것이라는 점에서 성질이 다르다. 이 점에서 본 판례는 2007년 개정 형소법이 조사자 증언제도를 도입한 이후에도 여전히 의미를 가지고 있다.

2001도4091

검사 피신조서와 서명·날인 누락
자백과 보강증거의 정도
자백의 신빙성 판단기준
민원사무처리부 사건
2001. 9. 28. 2001도4091, 공 2001, 2408

1. 사실관계 및 사건의 경과

【사실관계 】
① (2007년 형소법 개정 이전의 사안이다.)
② (당시의 형사소송법 제57조에 의하면 공무원이 작성하는 서류는 원칙적으로 서명날인하여야 한다.)
③ (2007년 형소법 개정에 의하여 형소법 제57조의 서명날인 부분은 기명날인 또는 서명으로 개정되었다.)

【사실관계 2】
① 갑은 P경찰서의 경찰관이다.
② 갑은 P경찰서의 형사민원사무처리부 내용을 함부로 고친 후 이를 비치하였다는 공소사실로 공문서변조죄 및 변조공문서행사죄로 기소되었다.
③ 제1심 법정에서 갑은 다음과 같은 내용의 자백 진술을 하였다. (㉠자백)
　(가) 본인(갑)은 본인(갑)에게 배당된 형사사건 중 여러 건을 기한 내에 처리하지 아니하고 계속 무단방치하고 있었다.
　(나) 그러다가 사건관련 진정인들의 항의를 받는 등 궁지에 몰려 있었다.
　(다) 그러던 중 무단방치하고 있던 사건 중의 하나인 피의자 A 등에 대한 진정사건을 마치 다른 경찰서에 이송한 것처럼 형사민원사무처리부에 기재하였다.

【사실관계 3】

① 검사는 갑이 공소사실을 자백한 ⓒ검사작성 피의자신문조서를 증거로 제출하였다.
② ⓒ검사작성 피의자신문조서에는 진술자인 갑과 참여자인 검찰주사보의 서명날인만이 되어 있을 뿐 작성자인 검사의 서명날인이 누락되어 있었다.
③ 갑은 ⓒ검사작성 피의자신문조서에 대해 진정성립과 임의성을 인정하였다.
④ 검사는 ⓒ형사민원사건처리부를 증거로 제출하였다.
⑤ ⓒ형사민원사건처리부에는 피의자 A 등에 대한 진정사건이 다른 경찰서에 이송한 것으로 기재되어 있었다.
⑥ 갑은 ⓒ형사민원사건처리부를 증거로 함에 동의하였다.

【사건의 경과 1】

① 갑의 피고사건은 제1심을 거친 후, 항소심에 계속되었다.
② 항소심 공판절차에서 갑은 공소사실을 부인하였다. (ⓒ진술)
③ 항소심법원은 ⓒ형사민원사건처리부에 대한 필적감정을 명하였다.
④ 필적감정 결과 갑의 평소 시필 필적과 ⓒ형사민원사무처리부에 기재된 필적이 서로 다른 것으로 판명되었다.
⑤ 항소심법원은 ⓐ, ⓒ, ⓒ증거를 채택하여 유죄를 인정하였다.

【사건의 경과 2】

① 갑은 불복 상고하였다.
② 갑은 상고이유로 다음의 점을 주장하였다.
  (가) ⓒ검사작성 피의자신문조서는 검사의 서명날인이 없어서 증거능력이 없다.
  (나) 갑의 평소 필적과 ⓒ형사민원사무처리부에 기재된 필적이 서로 다른 것으로 판명되었으므로 ⓒ형사민원사건처리부는 증거능력 또는 증명력이 없다.
  (다) 갑의 필적 재감정을 실시하지 않는 것은 심리미진의 위법에 해당한다.
  (라) ⓐ자백이 유일한 증거이므로 자백보강법칙에 따라 유죄를 인정할 수 없다.
  (마) 설사 보강증거가 인정된다고 하여도 ⓐ자백은 항소심에서의 ⓒ진술에 비추어 증명령이나 신빙성이 없다.

2. ⓒ검사작성 피의자신문조서 부분에 대한 판단

【대법원 요지】 형사소송법 제57조 제1항은 공무원이 작성하는 서류에는 법률에 다른 규정이 없는 때에는 작성년월일과 소속 공무소를 기재하고 서명날인[현행법은 기명날인 또는 서명임. 이하 같음; 필자 주]하여야 한다고 규정하고 있는바, /
【대법원 요지】 그 서명날인은 공무원이 작성하는 서류에 관하여 그 기재 내용의 정확성과 완전성을 담보하는 것이므로 /
【대법원 요지】 검사 작성의 피의자신문조서에 작성자인 검사의 서명날인이 되어 있지 아니한 경우 /
【대법원 요지】 그 피의자신문조서는 공무원이 작성하는 서류로서의 요건을 갖추지 못한 것으로서 위 법규정에 위반되어 무효이고 /

【대법원 요지】 따라서 이에 대하여 증거능력을 인정할 수 없다고 보아야 할 것이며, /

【대법원 요지】 그 피의자신문조서에 진술자인 피고인의 서명날인이 되어 있다거나, /

【대법원 요지】 피고인이 법정에서 그 피의자신문조서에 대하여 진정성립과 임의성을 인정하였다고 하여 /

【대법원 요지】 달리 볼 것은 아니라고 할 것이다.

【대법원 판단】 기록에 의하면, 피고인이 이 사건 공소사실 중 공문서변조 및 동행사에 관한 공소사실을 자백한 검사 작성의 제4회 피의자신문조서(수사기록 506–513면)에는 /

【대법원 판단】 진술자인 피고인과 참여자인 검찰주사보의 서명날인만이 되어 있을 뿐 /

【대법원 판단】 작성자인 검사의 서명날인이 누락되어 있는 사실을 알 수 있으므로 /

【대법원 판단】 이는 공무원이 작성한 서류로서의 효력이 없는 것으로서 그 증거능력을 인정할 수 없으므로 이를 유죄의 증거로 삼을 수 없는 것임에도 불구하고, /

【대법원 결론】 원심이 위 피의자신문조서에 대하여 피고인이 제1심법정에서 그 성립의 진정과 임의성을 인정하였으므로 그 증거능력이 곧바로 부인된다고 볼 수 없다고 판단하고 있는 것은 잘못이라 할 것이다.

【대법원 결론】 그러나 뒤에서 살펴보는 바와 같이 그 나머지 증거들만으로도 피고인에 대한 이 사건 공문서변조 및 동행사의 점에 관한 공소범죄사실은 모두 유죄로 인정된다고 할 것이므로 원심의 위와 같은 잘못은 판결 결과에 영향이 없다고 할 것이다. /

【대법원 결론】 이 점에 대한 상고이유는 받아들일 수 없다.

【대법원 판단】 (중략)

3. ⓒ형사민원사무처리부 필적감정 부분에 대한 판단

【대법원 판단】 원심판결 이유와 원심이 인용한 제1심판결의 채용증거들(단, 위에서 거시한 증거능력 없는 검사 작성의 피고인에 대한 피의자신문조서는 제외함)을 기록에 비추어 살펴보면, /

【대법원 판단】 피고인이 평소 글씨체와 다른 필체로 형사민원사무처리부의 기재 내용을 변조한 사실을 인정할 수 있으므로 /

【대법원 판단】 원심의 필적감정결과 위 형사민원사무처리부의 기재 필적과 피고인의 평소 필적인 시필 필적이 동일한 것이 아니라고 판명되었다고 하더라도 /

【대법원 판단】 이는 이 사건 공문서변조 및 동행사의 공소범죄사실을 유죄로 인정함에 있어서 영향을 미치는 것이 아니라 할 것이다. /

【대법원 결론】 원심이 같은 취지에서 피고인의 이 사건 공문서변조 및 동행사의 공소범죄사실을 유죄로 인정한 제1심의 조치를 유지한 것은 수긍이 가고, 거기에 상고이유에서 지적하는 바와 같은 채증법칙 위배로 인한 사실오인의 위법이 있다고 할 수 없고, /

【대법원 결론】 원심이 피고인이 신청한 필적감정 신청내용 중 일부에 대한 감정을 실시하지 아니하였거나, /

【대법원 결론】 피고인의 필적과 위 형사민원사무처리부의 필적에 관하여 재감정을 실시하는 등의 조치를 취하지 아니하였다고 하더라도 /

【대법원 결론】 원심판결에 심리미진의 위법이 있다고 할 수 없다. /

【대법원 결론】 이 점에 대한 상고이유는 받아들일 수 없다.

4. ㉠자백의 보강증거 부분에 대한 판단

【대법원 요지】 자백에 대한 보강증거는 범죄사실의 전부 또는 중요 부분을 인정할 수 있는 정도가 되지 아니하더라도 /

【대법원 요지】 피고인의 자백이 가공적인 것이 아닌 진실한 것임을 인정할 수 있는 정도만 되면 족할 뿐만 아니라, /

【대법원 요지】 직접증거가 아닌 간접증거나 정황증거도 보강증거가 될 수 있다 할 것이다.

【대법원 판단】 기록에 의하면, 피고인이 제1심법정에서 이 사건 공문서변조 및 동행사의 공소범죄사실을 모두 자백한 사실, /

【대법원 판단】 이에 관하여 제출된 증거자료 중 형사민원사무처리부에 피고인이 변조하였다는 내용이 기재되어 있고 /

【대법원 판단】 피고인은 제1심에서 위 증거자료를 증거로 함에 동의한 사실을 알 수 있으므로, /

【대법원 판단】 위 형사민원사무처리부는 피고인의 자백에 대한 보강증거로 삼기에 족하다 할 것이고, /

【대법원 판단】 원심의 필적감정결과 피고인의 평소 필적과 위 형사민원사무처리부에 기재된 필적이 서로 다른 것으로 판명되었다고 하여 /

【대법원 판단】 위 형사민원사무처리부가 증거능력 또는 증명력이 없어 보강증거가 되지 못한다고 볼 수는 없는 것이다. /

【대법원 결론】 원심이 같은 취지에서 위 형사민원사무처리부를 증거로 채용하여 피고인을 유죄로 인정한 제1심의 조치를 유지한 것은 수긍이 가고, 거기에 자백의 보강증거에 관한 법리를 오해하여 판결 결과에 영향을 미친 위법이 있다고 할 수 없다. /

【대법원 결론】 이 점에 대한 상고이유는 받아들일 수 없다.

5. ㉠자백의 신빙성 부분에 대한 판단

【대법원 요지】 피고인의 제1심법정에서의 자백이 원심에서의 법정진술과 다르다는 사유만으로는 그 자백의 증명력 내지 신빙성이 의심스럽다고 할 수는 없는 것이고, /

【대법원 요지】 자백의 신빙성 유무를 판단함에 있어서는 /

【대법원 요지】 자백의 진술 내용 자체가 객관적으로 합리성을 띠고 있는지, /

【대법원 요지】 자백의 동기나 이유가 무엇이며, /

【대법원 요지】 자백에 이르게 된 경위는 어떠한지 /

【대법원 요지】 그리고 자백 이외의 정황증거 중 자백과 저촉되거나 모순되는 것이 없는지 /

【대법원 요지】 하는 점 등을 고려하여 /

【대법원 요지】 피고인의 자백에 형사소송법 제309조 소정의 사유 또는 자백의 동기나 과정에 합리적인 의심을 갖게 할 상황이 있었는지를 판단하여야 할 것이다.

【대법원 판단】 기록에 의하면, 피고인은 제1심법정에서 이 사건 공문서변조 및 동행사의 범죄사실을 자백하였다가 원심법정에서 이를 부인하고 있는바, /

【대법원 판단】 이 사건 공문서변조 및 동행사의 범행 당시 피고인은 자신에게 배당된 형사사건 중 여러 건을 기한 내에 처리하지 아니하고 계속 무단방치하고 있다가 사건관련 진정인들의 항의를 받는 등 궁지에 몰려 있던 중 무단방치하고 있던 사건 중의 하나인 피의자 A 등에 대한 진정사건을 마치 다른 경찰서에 이송한 것처럼 형사민원사무처리부에 기재하였다는 제1심법정에서의 자백은 /

【대법원 판단】 그 내용에 있어 객관적으로 합리성이 있다고 할 것이고, /

【대법원 판단】 달리 피고인의 주장과 같이 검찰 수사 당시 자백을 하면 집행유예로 석방될 수 있다는 등의 회유나 협박 등을 당하였다거나, /

【대법원 판단】 동료 경찰관들에게 피해를 주지 아니할 목적으로 사실과 다른 자백을 하였다는 등 /

【대법원 판단】 그 자백을 하게 된 동기나 과정에 합리적인 의심을 갖게 할 만한 상황이 있었다고 인정할 자료가 없고, /

【대법원 판단】 앞서 본 원심의 필적감정결과도 위 자백과 모순된다고 볼 수 없으므로 /

【대법원 결론】 원심판결에 자백의 증명력이나 신빙성에 관한 법리오해의 위법이 있다고 할 수 없다. /

【대법원 결론】 이 점에 대한 상고이유도 받아들일 수 없다. (상고 기각)

2001도6138

상고심의 기능과 위상
반성 없는 선고유예 사건
2003. 2. 20. 2001도6138 전원합의체 판결, 공 2003, 876

1. 사실관계 및 사건의 경과

【사실관계】

① 갑은 제16대 국회의원선거에 충청남도 P군 선거구에서 입후보하였다.

② 2000. 4. 1. 14:30경 후보자 초청 공개토론회에서 갑은 학력 문제에 관하여 질의자의 질문을 받았다.

③ 갑은 질문에 대해 "(중략) 하버드대학교 법정대학원 과정도 […] 현지에 가서 단기과정을 수료한 바 있습니다."라고 답변하였다.

④ 갑의 상대편 후보 진영에 속하는 A는 갑이 허위사실을 공표하였다고 공직선거법위반죄로 고발하였다.

⑤ 갑은 Q여행사가 주관하는 단체여행에 참여하여 미국에서 4일간 여행하면서 하버드대학교의 정부 · 기업 고위관리자과정 이수증이라는 것을 받아 온 일이 있었다.

⑥ 갑은 이 사실을 근거하여 자신의 발언이 허위사실이 아니라고 다투었다.

⑦ 검사는 갑에 대한 고발사건에 대해 ㉠불기소처분을 내렸다.

【사건의 경과 1】

① 고발인 A는 검사의 ㉠불기소처분에 불복하여 공직선거법에 따라 관할 고등법원에 재정신청을 하였다.

② 관할 고등법원은 준기소결정을 내렸다.

③ 준기소결정에 따른 공소유지변호사로 B변호사가 선임되었다.

④ 갑의 피고사건은 제1심을 거친 후, 항소심에 계속되었다.

⑤ 항소심에서도 갑은 계속하여 자신의 발언 내용이 허위사실이 아니라고 주장하였다.

⑥ 항소심법원은 갑에게 선고유예 판결을 내렸다.

⑦ 공소유지변호사 B는 불복 상고하였다.

⑧ 공소유지변호사 B는 상고이유로, 범죄사실을 부인하는 피고인에 대하여 형의 선고를 유예한 항소심의 조치는 위법하다고 주장하였다.

【사건의 경과 2】

① 대법원은 갑의 발언이 허위사실 공표에 해당한다고 판단하였다.

② 대법원은 범죄사실을 부인하는 피고인에게 선고유예를 할 수 있을 것인가를 놓고 견해가 나뉘었다.

③ 대법원은 다수의견에 따라 범죄사실을 부인하는 피고인에게 선고유예를 할 수 없다고 판단하였던 종래의 판례를 폐기하였다.

④ 대법원은 변경된 판단기준에 따라 공소유지변호사 B의 상고를 기각하였다.

2. 선고유예와 개전의 정상

【대법원 분석】 형법 제59조 제1항은 "1년 이하의 징역이나 금고, 자격정지 또는 벌금의 형을 선고할 경우 제51조의 사항을 참작하여 개전의 정상이 현저한 때에는 그 선고를 유예할 수 있다. 단 자격정지 이상의 형을 받은 전과가 있는 자에 대하여는 예외로 한다."고 규정하고 있는바, /

【대법원 분석】 여기서의 선고유예가 주로 범정이 경미한 초범자에 대하여 형을 부과하지 않고 자발적인 개선과 갱생을 촉진시키고자 하는 제도라는 점 및 형법 제59조의2가 형의 선고를 유예하는 경우에 재범방지를 위하여 지도 및 원호가 필요한 때에는 보호관찰을 받을 것을 명할 수 있다고 규정하고 형법 제61조가 선고유예의 실효 사유로 새로운 유죄판결의 확정이나 전과의 발각 또는 보호관찰 준수사항 위반을 규정하고 있는 점 등에 비추어 보면, /

【대법원 요지】 선고유예의 요건 중 '개전의 정상이 현저한 때'라고 함은, 반성의 정도를 포함하여 널리 형법 제51조가 규정하는 양형의 조건을 종합적으로 참작하여 볼 때 형을 선고하지 않더라도 피고인이 다시 범행을 저지르지 않으리라는 사정이 현저하게 기대되는 경우를 가리킨다고 해석할 것이고, /

【대법원 요지】 이와 달리 여기서의 '개전의 정상이 현저한 때'가 반드시 피고인이 죄를 깊이 뉘우치는 경우만을 뜻하는 것으로 제한하여 해석하거나, 피고인이 범죄사실을 자백하지 않고 부인할 경우에는 언제나 선고유예를 할 수 없다고 해석할 것은 아니다. /

3. 선고유예와 양형 판단

【대법원 요지】 또한, 형법 제51조의 사항과 개전의 정상이 현저한지 여부에 관한 사항은 널리 형의

양정에 관한 법원의 재량사항에 속한다고 해석되므로, /

【대법원 요지】 상고심으로서는 형사소송법 제383조 제4호에 의하여 사형·무기 또는 10년 이상의 징역·금고가 선고된 사건에서 형의 양정의 당부에 관한 상고이유를 심판하는 경우가 아닌 이상, 선고유예에 관하여 형법 제51조의 사항과 개전의 정상이 현저한지 여부에 대한 원심판단의 당부를 심판할 수 없고, 그 원심판단이 현저하게 잘못되었다고 하더라도 달리 볼 것이 아니다.

【대법원 요지】 이와 다른 견해에서 개전의 정상이 현저한 때란 죄를 깊이 뉘우치는 것을 의미하므로 범죄를 부인하는 경우에는 선고유예를 할 수 없다고 한 대법원 1999. 7. 9. 선고 99도1635 판결과 1999. 11. 12. 선고 99도3140 판결 및 이를 전제로 선고유예의 가부를 상고심의 심판대상으로 삼을 수 있다고 한 대법원 2000. 7. 28. 선고 2000도2588 판결의 각 견해는 이 판결에 저촉되는 한도에서 변경하기로 한다.

【대법원 판단】 공소유지변호사의 이 부분 상고이유의 주장은 이 사건 각 범죄사실을 부인하는 피고인에 대하여 형의 선고를 유예한 원심의 조치가 위법하다는 취지인바, 이는 앞에서 설시한 법리와 다른 견해에서 원심이 행한 형의 양정이 부당함을 들어 원심판결을 비난하는 것에 불과하므로, 적법한 상고이유가 되지 못한다.

【대법원 판단】 3. 그러므로 피고인과 공소유지변호사의 상고를 모두 기각하기로 하여 주문과 같이 판결하는바, 이 판결 중 제2의 나.항의 판단에 관하여 대법관 송진훈, 유지담, 이용우, 배기원의 반대의견이 있는 외에는 관여 대법관들의 의견이 일치되었다. (상고 기각)

4. 반대의견의 입장

【소수의견 분석】 가. 다수의견의 요지는, 선고유예의 요건 중 하나로 형법 제59조 제1항에 규정된 '제51조의 사항을 참작하여 개전의 정상이 현저한 때'의 판단은 널리 형의 양정에 관한 법원의 재량사항에 속한다고 해석되므로 형사소송법 제383조 제4항에 의하여 사형·무기 또는 10년 이상의 징역·금고가 선고된 사건이 아닌 한 상고심으로서는 이에 관한 원심판단의 당부를 심판할 수 없고 그 원심판단이 현저하게 잘못되었다고 하더라도 달리 볼 것이 아니라는 것인바, /

【소수의견 판단】 다수의견의 이러한 판단 중 선고유예의 위 요건에 관한 판단이 기본적으로는 하급심의 재량사항에 속한다는 점에서는 의견을 같이 할 수 있으나, /

【소수의견 판단】 하급심의 이에 관한 판단이 현저하게 잘못되었다고 하더라도 달리 볼 것이 아니라는 부분에 대하여는 찬성할 수 없다. /

【소수의견 판단】 즉, 반대의견은 선고유예의 위 요건에 관한 판단이 기본적으로는 하급심의 재량에 속한다고 할 것이지만 그 재량판단이 '현저하게 잘못된 경우'에는 선고유예의 요건에 관한 법리오해의 위법이 있는 것으로 보아 형사소송법 제383조 제1호의 '판결에 영향을 미친 법률위반이 있는 때'에 해당하여 상고심이 그 당부를 심판할 수 있다고 보는 것이다. /

【소수의견 분석】 이렇게 보아야 할 이유는 다음과 같다.

5. 대법원의 지위와 위상 – 반대의견

【소수의견 분석】 (1) 이 문제는 기본적으로 대법원의 심판범위에 관한 문제이고 이는 곧 대법원의 지

위 문제와 관련되므로 먼저 이 점에 관한 견해부터 밝히기로 한다.

【소수의견 판단】 우리나라의 대법원은 국민들로부터 법령해석의 통일과 사회를 지도할 가치를 선언하는 '최고법원'으로서의 기능과 하급심의 잘못을 바로 잡아 당사자를 구제하는 '3심법원'으로서의 기능을 함께 요구받고 있다. /

【소수의견 판단】 그리고 후자의 기능을 제대로 수행하기 위하여 우리 대법원은 일찍부터 사실인정의 문제조차도 채증법칙 위배라는 이름으로 법률문제화시켜 대법원의 심판범위 내에 두고 있는바, 이러한 실무운영을 하게 된 것은 후자의 기능을 충실히 해 주기를 원하는 국민의 뜻을 외면할 수 없었기 때문이다. /

【소수의견 판단】 선고유예의 요건을 심사하는 문제는 최고법원의 기능에는 속하지 않을지 모르나 3심법원의 기능에는 속한다고 믿는다. 따라서 혹시 다수의견의 근저에 선고유예의 요건심사와 같은 문제가 최고법원의 기능에 걸맞지 않다는 생각이 자리잡고 있다면 이는 우리 대법원의 후자의 기능을 소홀히 하는 것이라고 생각한다.

6. 선고유예의 요건과 양형 판단 여부 – 반대의견

【소수의견 판단】 (2) 우리 형법과 형사소송법의 해석론에 의하더라도 선고유예의 요건심사 문제는 형의 양정에 관한 사항으로 볼 수 없다. /

【소수의견 판단】 즉, (가) 형법 제1편 제3장은 제1절부터 제8절까지 규정하고 있는바, 그 중 제2절에서 '형의 양정'을 규정하고 있으면서 이와는 별도로 제3절에서 '형의 선고유예'를 독립적으로 규정하고 있다. /

【소수의견 판단】 (나) 일반적으로 법률이 정한 요건의 의미를 밝히고 이를 적용하는 판단은 법리문제인바, /

【소수의견 판단】 선고유예의 요건으로 형법 제59조는 ① 1년 이하의 징역이나 금고, 자격정지 또는 벌금의 형을 선고할 경우일 것, ② 형법 제51조의 사항을 참작하여 개전의 정상이 현저할 것, ③ 자격정지 이상의 형을 받은 전과가 없을 것의 3요건을 규정하고 있는데, /

【소수의견 판단】 그 중 ①과 ③요건의 판단을 그르친 경우에는 형사소송법 제383조 제1호의 '법률위반'으로 보면서 ②요건의 판단을 그르친 경우에만 이를 '법률위반'이 아닌 '형의 양정' 문제로 보아야 할 이유가 없다. /

【소수의견 판단】 (다) 형사소송법 제383조 제4호에 의하면 사형·무기 또는 10년 이상의 징역·금고가 선고된 사건이 아니고서는 사실인정이나 양형의 문제는 상고이유로 삼을 수 없게 되어 있다. 그러나 형사재판에서 사실인정과 양형은 재판의 전부라 해도 과언이 아니고 우리나라의 재판현실에서 사형·무기 또는 10년 이상의 징역·금고가 선고되는 사건이 극소수인 점을 감안하면(2001년 기준 전국의 항소심 종국인원수 중 이에 해당하는 비율이 0.84%에 불과하다.) /

【소수의견 판단】 당사자의 구제라는 3심재판의 기능을 제대로 수행하기 위하여는 위 조항은 목적론적으로 합리적인 해석을 하여야 하고, 이에 우리 대법원은 위 조항에도 불구하고 이미 모든 사건에서 사실인정의 문제를 채증법칙 위배라는 이름으로 같은 조 제1호의 상고이유로 보아 심판하고 있음은 앞에서도 언급한 바이나, /

【소수의견 판단】 그와 같은 맥락에서 같은 조 제4호의 '형의 양정'의 의미도 합목적적으로 축소해석하여 대법원의 하급심 지도기능을 수행할 길을 열어둠이 마땅하다.

【소수의견 판단】 (3) 대법원은 이미 재량판단사항에 관하여 하급심의 조치를 심사범위에 두고 있는 여러 예가 있다. 우선 보호감호에서 '재범의 위험성' 유무를 대법원의 심사범위에 두고 있는바 이는 선고유예에서 '개전의 정상 현저' 유무와 극히 유사하다. 다수의견이 '개전의 정상이 현저'하다 함은 재범의 위험성 없음이 현저하게 기대되는 경우를 가리킨다고 해석하고 있는 점에 비추어 더욱 그러하다. /

【소수의견 판단】 또, 민사사건에서 과실상계비율, 재량적인 행정처분에서 재량권 남용여부 등이 모두 하급심의 재량판단사항임에도 하급심의 조치에 현저한 잘못이 있다고 판단될 때에는 대법원이 개입해 오고 있다. 선고유예에서 개전의 정상 유무의 요건심사도 이와 같이 볼 수 있는 것이다.

【소수의견 판단】 (4) 이렇게 볼 때 개전의 정상이 현저한지 여부는 형의 양정에 관한 사항으로서 상고심의 심사대상이 될 수 없다는 대법원 1979. 2. 27. 선고 78도2246 판결은 폐기되어야 하고, 개전의 정상이 현저한 때란 죄를 깊이 뉘우치는 것을 의미한다는 전제 아래 범죄사실을 부인하는 경우에는 죄를 뉘우친다고 할 수 없어 다른 사정을 볼 것도 없이 그것만으로 곧 선고유예는 위법이라는 취지의 대법원 1999. 7. 9. 선고 99도1635 판결, 1999. 11. 12. 선고 99도3140 판결, 2000. 7. 28. 선고 2000도2588 판결의 각 견해는 반대의견과 저촉되는 범위 내에서 변경되어야 한다고 믿는다.

【소수의견 분석】 (이하 생략)

【코멘트】 본 판례는 '개전의 정상이 현저할 것'이라는 선고유예의 요건이 법률심인 상고심의 판단대상이 될 수 있는가 하는 문제를 다루고 있다. 대법원 다수의견은 '개전의 정상이 현저할 것'이라는 요건이 양형판단의 문제이기 때문에 상고심의 판단대상이 되지 않는다는 입장을 취하고 있다. 이에 반해 대법원 소수의견은 '개전의 정상이 현저할 것'이라는 요건이 법률판단의 문제이어서 상고심의 판단대상이 된다는 입장을 취하고 있다.

본 판례에서 문제된 것은 공직선거법위반죄 사안이다. 공직선거법의 관련 규정에 따르면 100만 원 이상의 벌금형이 선고되면 국회의원은 그 직을 상실한다. 이에 반해 예컨대 징역 1년의 형이 내부적으로 결정되더라도 그 형의 선고가 유예되면 국회의원은 직을 유지하게 된다. 국회의원 직의 유지라는 관점에서 보면 선고유예의 요건이 구비되었는가 아닌가는 대단히 중요한 의미를 갖는다. 이 점에서 이해관계자들은 선고유예의 요건에 대한 판단을 상고심인 대법원으로부터 받아보려는 시도를 하게 된다.

이 문제와 관련하여 대법원의 기능과 위상이 문제된다. 대법원의 기능을 개별 사건의 권리구제라는 점에서 구한다면 선고유예의 요건 판단도 대법원의 영역에 속하게 될 것이다. 그러나 대법원의 기능을 정책법원에서 구한다면 법령해석의 통일이라는 중요 사항에 대법원의 역량을 집중해야 할 것이며, 그렇게 하려면 사실오인이나 양형판단은 되도록 심사대상에서 제외해야 할 것이다. 이러한 문제의식 아래 대법원은 다수의견과 소수의견으로 나뉘고 있다. 소수의견은 권리구제형 상고심을 강조하고 있으나 다수의견은 다른 입장이다. 다수의견을 대법원의 입장이라고 본다면 본 판례에서 대법원은 암묵적으로 정책법원에의 지향을 천명했다고 할 수 있다. 대법원의 기능과 위상에 관한 접근방법을 보다 뚜렷하게 부각시키기 위하여 예외적으로 대법원 소수의견까지 본서에 소개하였다.

본 판례의 사안은 2007년 개정 형소법의 시행 이전에 일어난 것이다. 본 판례의 사안에서 피고인 갑의 상대 진영에서 갑을 선거법위반으로 고발하고 있다. 이에 대해 검사가 불기소처분을 내리자 고발인은 고등법원에 재정신청을 하였고, 고등법원의 부심판결정에 이어 지정변호사의 공소유지활동이 전개되고 있다. 그런데 2007년 개정되어 2008년부터 시행된 형사소송법은 검사의 불기소처분에 대한 통제방법에 약간의 변경을 가하였다.

개정 전의 형사소송법은 검사의 불기소처분에 대한 재정신청이 이유 있다고 판단되면 관할 고등법원은 준기소결정을 내렸다. 즉 재정신청 인용결정에 바로 공소제기의 효과를 부여하였던 것이다. 이때 공소유지는 지정변호사가 담당하였다. 이에 대해 2007년 개정 형소법은 종전의 준기소절차 방식을 버리고 기소강제절차로 전환하였다. 이제 관할 고등법원은 재정신청이 이유 있다고 판단하면 공소제기명령을 내린다(법262② ii). 이때 공소제기 의무를 부담하는 기관은 검사이며(동조⑥), 공소유지변호사는 더 이상 존재하지 않는다.

2001모85

구속영장의 효력범위
시스컴 신주 처분 사건
2001. 5. 25. 2001모85, 공 2001, 1541

1. 사실관계 및 사건의 경과

【사실관계】

① 2001. 1. 13. 갑은 수원지방법원 판사가 갑을 심문하고 발부한 횡령죄의 구속영장에 의하여 구속되었다. (㉠구속영장)

② ㉠구속영장의 범죄사실은 다음과 같다.

(가) "갑은 1999년 10월 초순경 피해자 A로부터 (주)시스컴의 주식을 팔아달라는 부탁을 받고 위 회사의 신주인수증을 교부받아 소지하고 있던 중,

(나) ① 1999. 10. 13. 삼성동 국민은행 무역센터지점에서 B에게 위 회사주식 4,000주(액면 5,000원)를 1주당 금 35,000원에 매도하고 동인으로부터 매매대금 1억 4,000만 원을 교부받아 보관중

(다) 같은 해 11월 중순경 피의자 경영 사무실에서 C에게 기술도입자금으로 교부하여 이를 횡령하고,

(라) ② 1999. 10. 17. 역삼동 동원증권 역삼역지점에서 D에게 위 회사주식 2,350주(액면 5,000원)를 1주당 금 35,000원에 매도하고 동인으로부터 매매대금 8,000만 원을 교부받아 보관중

(마) 같은 해 11월 하순경 피의자 경영 사무실에서 C에게 기술도입자금으로 교부하여 이를 횡령하였다."

③ 2001. 1. 30. 검사는 수원지방법원에 갑을 다음의 사기죄 공소사실로 기소하였다. (㉡피고사건)

(가) "갑은 위 신주인수증을 위조하여 위와 같은 일시 · 장소에서 피해자 B, D에게 제시하여 위와 같은 매매계약을 체결하고 /

(나) 그들로부터 금 1억 4,000만 원과 금 8,225만 원을 교부받아 각 편취하였다."

【사건의 경과】

① 갑은 제1심법원에 구속취소신청(형소법 제93조)을 하였다.

② 갑은 구속취소신청의 이유로 먼저 다음의 점을 주장하였다.

　(가) ㉠구속영장은 피해자 A에 대한 횡령죄 사건에 대한 것이다.

　(나) 갑이 기소된 ㉡피고사건은 피해자 B와 D에 대한 사기죄 사건이다.

　(다) ㉠구속영장 기재 범죄사실은 ㉡공소사실과 전혀 동일성이 없으므로 ㉠구속영장의 효력은 ㉡공소사실에 미치지 않는다.

③ 갑은 구속취소신청의 이유로 이어서 다음의 점을 주장하였다.

　(가) 갑은 ㉡사기죄 공소사실에 관하여 별도로 영장실질심사를 받을 권리를 고지받지 못하였다.

　(나) 갑의 ㉡사기죄 공소사실에 대해 영장실질심사를 받을 기회를 박탈당한 채 ㉠횡령죄 구속영장에 의하여 구속되어 있다.

　(다) 따라서 갑의 구속은 불법구금에 해당한다.

【사건의 경과】

① 제1심법원은 갑의 구속취소신청을 기각하였다.

② 갑은 기각결정에 불복하여 수원지방법원에 재항고하였다.

③ 수원지방법원은 갑의 항고를 기각하였다.

④ 갑은 불복하여 대법원에 재항고하였다.

⑤ (갑의 재항고이유는 구속취소신청 이유와 같다.)

2. 구속영장의 효력범위

【대법원 요지】 구속영장의 효력은 구속영장에 기재된 범죄사실 및 그 사실의 기초가 되는 사회적 사실관계가 기본적인 점에서 동일한 공소사실에 미친다고 할 것이고, /

【대법원 요지】 이러한 기본적 사실관계의 동일성을 판단함에 있어서는 /

【대법원 요지】 그 사실의 동일성이 갖는 기능을 염두에 두고 /

【대법원 요지】 피고인의 행위와 그 사회적인 사실관계를 기본으로 하되 /

【대법원 요지】 규범적 요소도 아울러 고려하여야 한다고 할 것이다/

【대법원 요지】 (대법원 1983. 7. 6.자 83모30 결정, 1999. 5. 14. 선고 98도1438 판결 등 참조).

3. 사안에 대한 대법원의 분석

【대법원 분석】 원심결정 이유에 의하면, 원심은 /

【대법원 분석】 재항고인이 2001. 1. 13. 수원지방법원 판사가 재항고인을 심문하고 발부한 횡령죄의 구속영장에 의하여 구속되었는데, /

【대법원 분석】 그 구속영장의 범죄사실은 /

【대법원 분석】 "재항고인이 1999년 10월 초순경 피해자 A로부터 (주)시스컴의 주식을 팔아달라는 부탁을 받고 위 회사의 신주인수증을 교부받아 소지하고 있던 중, /

【대법원 분석】 ① 1999. 10. 13. 삼성동 국민은행 무역센터지점에서 B에게 위 회사주식 4,000주(액면 5,000원)를 1주당 금 35,000원에 매도하고 동인으로부터 매매대금 1억 4,000만 원을 교부받아 보관중 /

【대법원 분석】 같은 해 11월 중순경 피의자 경영 사무실에서 C에게 기술도입자금으로 교부하여 이를 횡령하고, /

【대법원 분석】 ② 1999. 10. 17. 역삼동 동원증권 역삼역지점에서 D에게 위 회사주식 2,350주(액면 5,000원)를 1주당 금 35,000원에 매도하고 동인으로부터 매매대금 8,000만 원을 교부받아 보관중 /

【대법원 분석】 같은 해 11월 하순경 피의자 경영 사무실에서 C에게 기술도입자금으로 교부하여 이를 횡령하였다."는 내용인 사실, /

【대법원 분석】 한편 검사는 2001. 1. 30. 위 법원에 /

【대법원 분석】 "피고인이 위 신주인수증을 위조하여 위와 같은 일시·장소에서 피해자 B, D에게 제시하여 위와 같은 매매계약을 체결하고 /

【대법원 분석】 그들로부터 금 1억 4,000만 원과 금 8,225만 원을 교부받아 각 편취하였다."는 취지로 /

【대법원 분석】 공소를 제기한 사실을 각 인정한 다음, /

4. 사안에 대한 대법원의 판단

【대법원 판단】 이 사건 구속영장 기재 범죄사실은 공소사실과 전혀 동일성이 없으므로 구속영장의 효력이 공소사실에 미치지 아니한다는 재항고인의 주장에 대하여, /

【대법원 판단】 이 사건 구속영장에 기재된 횡령죄의 범죄사실과 /

【대법원 판단】 공소장에 기재된 사기죄의 공소사실은 /

【대법원 판단】 범행일시 및 장소가 같고, /

【대법원 판단】 매도금액이 일부 증가되었을 뿐 범행의 목적물과 그 행위의 내용인 사실도 각각 같은데, /

【대법원 판단】 다만 피고인이 한 영득행위에 대한 법적인 평가만이 다를 뿐이어서 /

【대법원 판단】 그 기본적인 사실관계가 동일하다고 할 것이므로 /

【대법원 판단】 이 사건 구속영장의 효력은 이 사건 공소사실에 미친다고 판단하여 재항고인의 주장을 배척하였는바, /

【대법원 결론】 앞서 본 법리와 기록에 비추어 살펴보면, 원심의 위와 같은 조치는 수긍이 가고, 거기에 재항고이유에서 지적하는 바와 같은 형사소송법 제70조, 제93조, 제201조에 관한 법리오해의 위법이 있다고 할 수 없다.

【대법원 결론】 재항고이유에서 들고 있는 대법원 판결은 이 사건과 사안을 달리하는 것이어서 원용할 만한 것이 되지 못하므로, 원심결정에 대법원 판례를 위반한 위법이 있다고 할 수 없다.

【대법원 판단】 재항고인이 이 사건 공소사실에 관하여 별도로 영장실질심사를 받을 권리를 고지받지 못하여 영장실질심사를 받을 기회를 박탈당하였으므로 재항고인은 현재 불법구금되어 있는 것이라는 재항고이유의 주장은 /

【대법원 판단】 원심이 적법하게 판단한 것과 달리 이 사건 구속영장의 효력이 이 사건 공소사실에 미치지 아니하는 것을 전제로 한 것이므로 /

【대법원 판단】 더 나아가 살펴 볼 필요 없이 이유 없다고 할 것이다. (후략) (재항고 기각)

2002헌가17

지문채취의 법적 성질
지문 거부 즉결심판 사건

2004. 9. 23. 2002헌가17 · 18(병합), 헌집 16②상, 379

1. 사실관계 및 사건의 경과

【사실관계】
① 2002. 2. 18. 11:00경부터 17:00경까지 갑은 서울 광화문 열린시민공원에서 개최된 P집회에 참석하였다.
② 집회 지역을 관할하는 서울지방경찰청 북부경찰서장은 P집회가 옥외집회 및 시위가 금지된 장소에서 신고 없이 개최된 것이라는 이유로 3차례에 걸쳐 해산명령을 발하였다.
③ 갑을 비롯한 집회참가자들은 경찰의 해산명령에 불응하였다.
④ 경찰은 P집회를 해산하고 참가자들을 연행하였다.

【사건의 경과 1】
① 갑은 서울지방경찰청 북부경찰서로 연행되어 집시법위반죄 혐의로 조사를 받았다.
② 갑은 인적 사항 및 범죄사실의 신문에 대하여 묵비로 일관하였다.
③ 갑은 주민등록증 등 인적 사항을 확인할 수 있는 다른 증명서를 가지고 있지 않았다.
④ 갑은 담당경찰관으로부터 신원을 확인하기 위한 십지지문채취를 요구받았으나 이를 거부하였다.
⑤ 2002. 2. 20. 북부경찰서장은 갑에 대하여 경범죄처벌법 제1조 제42호[개정법 제3조 제1항 제34호]에 해당한다는 이유로 서울북부지방법원에 즉결심판을 청구하였다.
⑥ 2002. 2. 20. 서울북부지방법원은 갑에 대하여 구류 3일, 유치명령 3일을 선고하였다.

【사건의 경과 2】
① 2002. 2. 25. 갑은 서울북부지방법원의 즉결심판에 불복하여 같은 법원에 정식재판을 청구하였다.
② 2002. 4. 16. (정식재판 계속 중임) 갑은 경범죄처벌법 제1조 제42호가 헌법 제12조에 의한 영장주의 및 진술거부권 등을 침해한다고 주장하면서 서울북부지방법원에 위헌제청신청을 하였다.
③ 2002. 9. 9. 서울북부지방법원은 갑의 신청을 받아들여 경범죄처벌법의 지문채취 관련 규정에 대해 헌법재판소에 위헌여부심판을 제청하였다.

2. 지문채취를 하는 경우

【헌재 분석】 (1) 지문은 손가락 끝마디 안쪽에 피부가 융기한 선 또는 점으로 형성된 각종 문형 및 그 인상을 말한다[지문규칙(경찰청 훈령 2000. 4. 1. 훈령 제301호로 개정된 것) 제2조 제1호]. /

【헌재 분석】 사법경찰관은 즉결심판대상자와 고소·고발사건 중 불기소처분사유에 해당하는 사건의 피의자를 제외한 모든 피의자에 대하여 수사자료표를 작성하여 경찰청에 송부하여야 하며 그 작성을 위해 지문을 채취한다(형의실효등에관한법률 제2조 제4호, 제5조 제1항).

【헌재 분석】 원칙적으로 형법위반 피의자와 집회및시위에관한법률, 국민투표법, 공직선거및선거부정방지법 등 41개 법률위반 피의자들의 수사자료표를 작성하는 경우에는 지문을 채취하며(지문을채취할형사피의자의범위에관한규칙 제2조 제1항), 다만, 고소 또는 고발사건 중 혐의없음, 공소권없음 등 불기소처분사유에 해당하는 피의자에 대하여는 수사자료표작성과 지문채취를 하지 아니한다. /

【헌재 분석】 지문을 채취해야 할 법률위반이 아니더라도 피의자가 그 신원을 증명하는 자료를 제시하지 아니하거나 제시하지 못하는 경우와 피의자가 제시한 자료에 의하여 피의자의 신원을 확인하기 어려운 경우 피의자를 구속하는 때 및 수사상 특히 필요하다고 인정하여 피의자의 동의를 얻은 때에는 당해 피의자의 지문을 채취하며, 이 중 구속을 제외한 다른 사유의 경우에는 지문채취가 면제되는 불기소처분사유가 있더라도 지문을 채취한다(같은 규칙 제2조 제2항, 제3항).

【헌재 분석】 검사는 직접 사건을 인지하거나 고소·고발사건을 직접 수사하는 경우 지문을 채취하고 수사자료표를 작성한다. 다만, 고소·고발사건의 경우 혐의없음 등의 불기소에 해당하는 경우에는 지문을 채취하지 아니한다. /

【헌재 분석】 고소·고발사건 중 사법경찰관으로부터 지문을 채취하지 아니하고 불기소의견, 참고인중지의견 또는 기소중지의견으로 송치받은 사건이나 불기소처분에 대하여 재기수사·공소제기 또는 주문변경명령된 사건에 대하여 공소를 제기하거나 기소유예, 공소보류 등의 결정을 하는 경우에도 지문을 채취하고 수사자료표를 작성한다(검찰사건사무규칙 제15조 제2항, 제4항).

3. 지문채취와 강제력의 행사 문제

【헌재 판단】 (2) 피의자가 위와 같은 사법경찰관 및 검사의 지문채취에 동의하는 경우 이는 임의수사로서 법률상 특별한 규정 없이도 허용된다(형사소송법 제199조 제1항). /

【헌재 분석】 그러나 피의자가 지문채취에 응하지 않는 경우 법관이 발부한 영장 없이 이를 직접적으로 강제할 수 있는지 여부가 문제된다. /

【헌재 판단】 우선 체포 또는 구속되지 않는 피의자에 대하여 법관이 발부한 영장 없이 직접 물리력을 사용하여 강제로 지문을 채취할 수 없다는 점에 대해서는 이론이 없는 것으로 보인다.

【헌재 분석】 체포·구속되는 피의자의 경우 직접강제로 지문을 채취하기 위해서는 영장이 반드시 있어야 한다는 의견이 있기도 하나, 다수의견은 체포 또는 구속의 경우 영장 없이 직접강제가 가능하다는 입장을 취하고 있다.

4. 영장주의의 의의

【헌재 분석】 (가) 헌법은 제12조 제3항에서 "체포·구속·압수 또는 수색을 할 때에는 적법한 절차에 따라 검사의 신청에 의하여 법관이 발부한 영장을 제시하여야 한다."라고 규정하여 적법절차의 원칙과 함께 영장주의를 밝히고 있다. /

【헌재 판단】 체포·구속 등 강제처분은 피의자나 피고인의 입장에서 보면 심각한 기본권제한에 해

당한다. 특히 수사기관에 의한 강제처분의 경우에는 범인을 색출하고 증거를 확보한다는 수사의 목적
상 공권력의 행사과정에서 국민의 기본권을 침해할 가능성이 크다. /

【헌재 판단】 이에 헌법은 형사절차와 관련하여 체포·구속·압수 등의 강제처분을 하는 경우에 중
립적인 법관이 구체적 판단을 거쳐 발부한 영장에 의하도록 하는 영장주의를 천명하고 있다. /

【헌재 판단】 따라서 영장주의는 사법권독립에 의하여 신분이 보장되는 법관의 사전적·사법적 억제
를 통해 수사기관의 강제처분남용을 방지하고 국민의 기본권을 보장하는 것을 그 본질로 한다고 할 수
있다.

5. 지문채취와 영장주의

【헌재 판단】 (나) 이 사건 법률조항은 수사기관이 직접 물리적 강제력을 행사하여 피의자에게 강제
로 지문을 찍도록 하는 것을 허용하는 규정이 아니며 형벌에 의한 불이익을 부과함으로써 심리적·간
접적으로 지문채취를 강요하고 있을 뿐이다. /

【헌재 판단】 물론 이러한 방식 역시 자유의지에 반하여 일정한 행위가 강요된다는 점에서는 헌법에
규정되어 있는 체포·구속·압수·수색 등과 유사하다고 할 수 있으나, 피의자가 본인의 판단에 따라
수용여부를 결정한다는 점에서 궁극적으로 당사자의 자발적 협조가 필수적임을 전제로 하므로 물리력
을 동원하여 강제로 이루어지는 위와 같은 경우와는 질적으로 차이가 있다.

【헌재 분석】 물리적 강제력을 행사하는 경우 뿐 아니라, '상대방에게 의무를 부담하게 하는 경우'가
강제처분에 포함된다고 하거나 '상대방의 의사에 반하여 실질적으로 법익 또는 기본권을 침해하는 처
분'이면 강제처분에 해당된다고 보기도 하며, 이에 따르면 이 사건 법률조항에 의한 지문채취의 간접
적인 강요 역시 강제처분으로 볼 수도 있다. /

【헌재 판단】 그러나 수사절차에서 발생하는 의무부담 또는 기본권제한의 경우 그 범위가 광범위하
여 명확한 기준을 제시해준다고 볼 수 없고, 모든 의무부담 또는 기본권제한을 법관이 발부한 영장에
의하도록 하는 것이 가능하지도 않다. /

【헌재 판단】 예를 들면, 음주운전단속을 위하여 이루어지는 호흡측정기에 의한 음주측정을 일일이
사전영장에 의하도록 요구할 수는 없다.

【헌재 요지】 이러한 이유로 우리 재판소는 음주운전단속을 위하여 이루어지는 호흡측정기에 의한
음주측정에 대하여 '성질상 강제될 수 있는 것이 아니고 실무상 숨을 호흡측정기에 한두번 불어넣는 방
식으로 행하여지는 것이므로 당사자의 자발적 협조가 필수적'이라며 '당사자의 협력이 궁극적으로 불
가피한 측정방법을 두고 강제처분이라고 할 수 없을 것'이라고 판시하여(헌재 1997. 3. 27. **96헌가11,**
판례집 9-1, 245, 258) 영장주의가 적용되는 강제처분을 물리적 강제력을 행사하는 경우로 제한하고
있다.

【헌재 판단】 따라서 이 사건 법률조항에 의한 지문채취의 강요는 영장주의에 의하여야 할 강제처분
이라 할 수 없다.

6. 지문채취의 강제 방법

【헌재 판단】 (다) 피의자가 수사기관의 지문채취에 동의하지 않는 경우 이를 강제하는 방법에는 지

문채취에 불응하는 피의자의 손을 잡아 강제로 펴서 지문을 찍도록 하는 것과 이 사건 법률조항과 같이 간접적으로 강제하는 것이 있을 수 있다. /

【헌재 판단】 검증영장에 의하거나 또는 체포·구속에 부수되어 이루어지는 직접강제와 이 사건 법률조항에 의한 간접강제가 현행법상 모두 가능하므로 수사기관으로서는 편의상 간접강제에 의한 지문채취를 선택할 수 있으며, 그 결과 영장에 의한 직접강제가 시행되지 않는 상황이 초래될 수는 있다.

【헌재 판단】 그러나 간접적인 심리적 강제방법은 직접강제보다 기본권침해의 정도가 제한적이고, 직접강제에 의하면, 일정한 경우 피의자의 인간으로서의 존엄에 심대한 타격을 가할 수도 있으므로 물리적 강제력에 의하여 입건된 피의자의 지문을 채취하는 것이 간접강제보다 반드시 바람직하다고 볼 수는 없다. /

【헌재 판단】 그럼에도 불구하고 수사상 필요에 의하여 수사기관이 직접강제에 의하여 지문을 채취하려 하는 경우에는 반드시 법관이 발부한 영장에 의하여야 하므로 영장주의원칙은 여전히 유지되고 있다고 할 수 있다.

【헌재 판단】 게다가 이 사건 법률조항에 의한 처벌은 수사기관에 의하여 직접적으로 이루어지는 것이 아니라 법관에 의한 재판에 의하여 이루어진다. 특히 정당한 이유가 없는 지문채취거부의 경우에만 처벌대상이 되므로 사후에 법관이 지문채취거부의 정당성을 판단하여 당사자를 처벌하지 않을 수도 있고, 이에 따라 수사기관의 지문채취요구의 남용을 억제하는 역할을 하게 된다.

【헌재 판단】 (라) 따라서 이 사건 법률조항이 지문채취거부를 처벌할 수 있도록 하는 것이 비록 피의자에게 지문채취를 강요하는 측면이 있다 하더라도 수사의 편의성만을 위하여 영장주의의 본질을 훼손하고 형해화한다고 할 수는 없다.

7. 적법절차원칙의 의미와 내용

(1) 적법절차의 의미

【헌재 분석】 (가) 우리 헌법 제12조 제1항 후문은 "누구든지 법률에 의하지 아니하고는 체포·구속·압수·수색 또는 심문을 받지 아니하며, 법률과 적법한 절차에 의하지 아니하고는 처벌·보안처분 또는 강제노역을 받지 아니한다."고 규정하여 적법절차의 원칙을 헌법원리의 하나로 수용하고 있다. /

【헌재 요지】 이러한 적법절차의 원칙은 법률이 정한 형식적 절차와 실체적 내용이 모두 합리성과 정당성을 갖춘 적정한 것이어야 한다는 실질적 의미를 지니고 있으며, 형사소송절차와 관련하여서는 형사소송절차의 전반을 기본권 보장의 측면에서 규율하여야 한다는 기본원리를 천명하고 있는 것으로 이해된다.

【헌재 요지】 적법절차의 원칙이 법률의 위헌여부에 관한 심사기준으로 작용하는 경우 특히 형사소송절차에서는 법률에 따른 형벌권의 행사라고 할지라도 신체의 자유의 본질적인 내용을 침해하지 않아야 할 뿐 아니라 비례의 원칙이나 과잉입법금지의 원칙에 반하지 아니하는 한도 내에서만 그 적정성과 합헌성이 인정된다는 의미를 가지므로, /

【헌재 판단】 결국 이 사건 법률조항의 적법절차원칙위반은 피의자로 입건되어 신문을 받는 자들에게 인적 사항에 대한 자료를 수집하는 수사기관에게 협력할 것을 처벌로서 강제하는 것과 나아가 이를 거부하는 경우 벌금, 과료, 구류의 처벌을 하는 것이 비례의 원칙이나 과잉입법금지의 원칙에 위반되

는지 여부에 따라 결정되어야 할 것이다.

(2) 지문채취와 목적의 정당성

【헌재 판단】 (나) 이 사건 법률조항은 경찰공무원이나 검사 등 수사기관이 달리 피의자로 입건된 사람의 신원을 확인할 방법이 없을 때 정당한 이유 없이 지문채취를 거부할 수 없도록 함으로써 피의자의 신원확인을 원활하게 하고 수사활동에 지장이 없도록 하기 위한 것이다.

【헌재 판단】 수사상 피의자의 신원확인은 피의자를 특정하고 범죄경력을 조회함으로써 타인의 인적 사항 도용과 범죄 및 전과사실의 은폐 등을 차단하고 형사사법제도를 적정하게 운영하기 위해 필수적이다. 피의자가 특정되지 않으면 수사에 이은 소송 및 집행과정에서 피의자·피고인·수형자를 혼동하기 쉽고 절차의 진행이 원활하게 이루어지지 않는다. /

【헌재 판단】 특히 경찰청이 제출한 자료에 의하면, 타인의 인적 사항을 도용한 사건이 한해 1,000건 이상 발생하며 매년 증가하는 추세(1999년 1,184건, 2000년 1,785건, 2001년 1,973건)임을 생각하면 범죄수사의 초기에 신속하게 피의자의 신원을 확인할 필요성이 점차 증가하고 있음을 알 수 있다. /

【헌재 판단】 범죄경력의 유무 역시 구속과 기소여부 및 형량을 결정하기 위한 주요한 요소이므로 수사절차에서 반드시 확인되어야 할 것들 중 하나라고 할 수 있다.

【헌재 판단】 따라서 이 사건 법률조항은 형사사법의 적정운영이라는 공공복리를 위한 것으로서 그 목적은 정당하다고 판단된다.

(3) 지문채취와 수단의 상당성

【헌재 판단】 (다) 지문은 사람의 육체가 형성되는 시기에 결정되어 일생 동안 변하지 않으며 부모형제는 물론 일란성 쌍둥이와도 구별되는 개인별 고유한 특징을 가지고 있어 개인을 특정하고 식별하는 데 매우 유용하다. 특히 피의자가 타인의 인적 사항을 도용하는 경우 지문정보를 활용하면 즉각 신원을 확인할 수 있으므로 수사의 효율성을 높일 수 있다.

【헌재 판단】 이에 반해 통상 신원확인수단으로 이용되는 얼굴사진의 경우 시간 및 장소, 촬영방법에 따라 사진이 달라질 수 있고 얼굴 자체가 노화 또는 성형수술에 의하여 달라질 수 있다는 단점이 있으며 최근에 발달한 유전자감식의 경우 전문적인 지식과 기술이 필요하다는 점에서 한계가 있다.

【헌재 판단】 따라서 이 사건 법률조항에 의한 지문채취는 신원확인을 위한 경제적이고 간편하면서도 확실성이 높은 적절한 방법이라 할 수 있다.

(4) 지문채취와 침해의 최소성

【헌재 판단】 (라) 피의자가 수사기관의 지문채취에 동의하지 않는 경우 이를 강제하는 방법으로는 지문을 직접 강제로 채취하는 것을 생각해볼 수 있다. 이는 지문채취에 불응하는 피의자의 손을 잡아 강제로 펴서 지문을 찍도록 하는 방법으로서 피의자의 의사에 반하여 일정한 신체활동을 강제하는 것이므로 경우에 따라서는 피의자의 인간으로서의 존엄에 심대한 타격을 가할 수도 있다. /

【헌재 판단】 이에 반하여 이 사건 법률조항은 형벌에 의한 불이익을 부과함으로써 심리적·간접적으로 지문채취를 강요하고 있다. 이러한 방식 역시 자유의지에 반하여 개인에게 일정한 행위를 강요하는 점에서는 차이가 없으나, 피의자가 본인의 판단에 따라 수용여부를 결정한다는 점에서 보다 덜 침

해적인 방법이라고 할 수 있다.

【헌재 판단】 또한 이 사건 법률조항은 다른 방법으로 신원을 확인할 수 없는 경우에 이루어지는 지문채취에 대한 거부만을 처벌대상으로 하고 있어 피의자가 주민등록증이나 운전면허증 등 신분증을 소지하고 있거나 신문을 거부하지 않는 등 수사기관에게 신원을 확인할 수 있는 다른 수단이 있는 경우에 지문채취를 요구할 수도 없고 이 사건 법률조항에 의한 처벌도 이루어질 수 없다.

【헌재 판단】 이와 같이 이 사건 법률조항은 지문채취의 실효성을 확보하기 위하여 간접적으로 이를 강제하고 있으며 그것도 보충적으로만 적용하도록 하고 있으므로 피의자에 대한 피해를 최소화하기 위한 고려를 하고 있는 것으로 볼 수 있다.

(5) 지문채취의 장·단점

【헌재 판단】 (마) 지문채취 그 자체가 피의자에게 주는 피해는 그리 크지 않다. 우선 지문채취는 통상의 신문과정에서 이루어질 수 있는 사생활이나 내심의 생각에 대한 조사와는 질적으로 다르므로 그 자체로 개인의 은밀한 부분에 대한 수사기관의 관여가 이루어진다고 볼 수 없다. /

【헌재 판단】 또한 신원확인을 위해서는 오직 한 벌의 지문만이 필요하다는 점에서 반복하여 강요함으로써 피해를 입힐 가능성도 적고, 지문날인은 짧은 시간에 손쉽게 이루어질 수 있으므로 개인의 신체에 해를 입히는 등 다른 피해가 있을 수도 없다.

【헌재 판단】 반면 일단 채취된 지문은 피의자의 신원을 확인하는 효과적인 수단이 될 뿐 아니라 수사절차에서 범인을 검거하는 데에 중요한 역할을 한다. 범인이 범죄현장에 남긴 지문을 발견하고 채취하여 피의자 또는 관련자들의 지문과 대조하면 일반적으로 매우 해결하기 곤란해 보이는 사건을 간단하게 해결할 수 있는 적극적인 효과를 얻을 수 있고, 피의자의 지문이 현장의 지문과 일치하지 않는 경우 일단 수사대상에서 제외하여 수사대상을 좁히는 소극적인 효과를 얻을 수도 있다.

(6) 지문채취불응과 형벌의 적정성

【헌재 분석】 (바) 이 사건 법률조항을 위반한 자에 대해서는 10만 원 이하의 벌금, 구류 또는 과료가 처해진다. 가장 중한 처벌인 벌금의 경우에도 그 금액은 5만 원 이상 10만 원 이하에 불과하고(형법 제45조, 경범죄처벌법 제1조) 같은 종류의 재산형으로서 과료는 그 금액이 2천 원 이상 5만 원 이하에 불과하다(형법 제47조). 구류의 경우 1일 이상 30일 미만의 기간 동안 경찰서유치장, 구치소 또는 교도소에서 집행된다(형법 제46조, 즉결심판절차법 제18조 제2항).

【헌재 판단】 물론 무자력자의 경우 10만 원 정도의 금액도 부담이 될 수 있고 모든 사람들에게 30일 미만의 기간 동안 신체의 자유를 제한받는 것은 상당한 불이익이라 할 수 있다. 그러나 구류와 과료는 우리 형벌 체계상 각각 자유형과 재산형에서 가장 가벼운 형에 해당하고, 그 보다 중한 형인 벌금의 경우에도 다액을 10만 원으로 제한하여 부담이 커지는 것을 방지하였으며, 피고인의 자력을 고려한 법관의 판단에 따라서는 5만 원 정도의 적은 금액의 벌금이 부과되는 것도 가능하다.

【헌재 판단】 이와 같이 이 사건 법률조항에 규정되어 있는 법정형은 형법상의 제재로서는 최소한에 해당되므로, 지문채취거부행위에 대한 형벌부과의 합리성을 부정하지 않는 한 범죄의 죄질 및 이에 따른 행위자의 책임에 비하여 지나치게 가혹하여 범죄에 대한 형벌 본래의 목적과 기능을 달성함에 필요한 정도를 일탈하였다고 볼 수는 없다.

8. 헌법재판소의 최종 판단

【헌재 결론】 (사) 그렇다면 이 사건 법률조항이 범죄의 피의자로 입건된 사람들로 하여금 경찰공무원이나 검사의 신문을 받으면서 자신의 신원을 밝히지 않고 지문채취에 불응하는 경우 벌금, 과료, 구류의 형사처벌을 받도록 하고 있는 것은 관련 요소들을 합리적으로 고려한 것으로서 헌법상의 적법절차원칙에 위배되지 않는다고 볼 것이다. (합헌 결정)

9. 코멘트

(1) 지문채취의 방법

형사실무에서 종종 문제되는 상황으로 피의자가 지문채취를 거부하는 경우가 있다. 이에 대해 어떠한 조치를 취할 수 있는가에 대해 헌법재판소는 본 판례에서 상세한 법리분석을 제시하고 하고 있다. 헌법재판소는 피의자가 수사기관의 지문채취에 동의하지 않는 경우 이를 강제하는 방법으로 (가) 지문채취에 불응하는 피의자의 손을 잡아 강제로 펴서 지문을 찍도록 하는 방법과 (나) 지문채취를 불응하는 피의자를 형사처벌함으로써 간접적으로 강제하는 방법을 생각할 수 있다고 분석한다.

먼저, 피의자의 손을 잡아 강제로 펴서 지문을 찍도록 하는 직접강제의 방법을 살펴본다. 이 경우에 대해 헌법재판소는 법관의 영장에 의할 경우 직접강제가 가능하다는 입장이다. 즉 (가) 법관으로부터 검증영장을 발부받아 영장집행의 일환으로 강제로 지문을 찍게 하거나, (나) 적법한 체포·구속에 부수하여 지문을 강제로 찍게 할 수 있다는 것이다. 적법한 체포·구속은 영장에 근거하여 이루어지는 것이므로 체포·구속에 부수하여 이루어지는 강제적 지문채취는 영장주의의 통제를 받는다고 말할 수 있다.

다음으로, 지문채취에 불응하는 피의자에게 형사처벌을 과함으로써 간접적으로 지문채취를 강제하는 방법이 있다. 간접강제의 방법은 법관의 영장 없이 지문채취를 강제하는 것이므로 영장주의 위반이나 적법절차 위반이라는 헌법적 문제가 있지 않을까 하는 의문이 제기된다. 본 판례에서 헌법재판소는 이 부분에 중점을 두어 상세한 분석을 행하고 있다. 헌법재판소가 합헌의 결론에 이르는 분석과정을 이 자리에서 되풀이할 필요는 없다고 본다. 판례 본문의 정독을 권하는 바이다.

(2) 경범죄처벌법의 개정

한 가지 첨언할 사항이 있다. 2012년 3월 경범죄처벌법이 개정되어 2013년 3월부터 시행되었다. 개정 경범죄처벌법은 경범죄를 세분화하여 (가) 10만 원 이하의 벌금, 구류 또는 과료의 형으로 처벌하는 행위, (나) 20만 원 이하의 벌금, 구류 또는 과료의 형으로 처벌하는 행위, (다) 60만 원 이하의 벌금, 구류 또는 과료의 형으로 처벌하는 행위의 세 가지 유형으로 나누고 있다(동법3 참조). 지문채취 불응행위는 (가) 유형에 속한다(동법3① 34호).

여기에서 주목할 부분은 (다) 유형이다. (가)와 (나) 유형의 경범죄에 대해서는 원칙적으로 현행범체포를 할 수 없다. 다액 50만 원 이하의 벌금, 구류 또는 과료에 해당하는 죄의 현행범인에 대하여는 범인의 주거가 분명하지 아니한 때에 한하여 현행범체포를 할 수 있기 때문이다(법214). 이에 대해 (다) 유형의 경범죄는 60만 원 이하의 벌금 등으로 처벌되므로 범행 현장에서 현행범체포가 가능하다.

경범죄 범죄자에 대해 현행범체포의 가능성이 열린 것은 특기할 만한 변화라고 생각된다.

현재 60만 원 이하의 벌금 등으로 처벌되는 대상은 "술에 취한 채로 관공서에서 몹시 거친 말과 행동으로 주정하거나 시끄럽게 한 사람"과 "있지 아니한 범죄나 재해 사실을 공무원에게 거짓으로 신고한 사람"의 경우 두 가지이다(경범죄처벌법3③). 그러나 앞으로 (다) 유형에 속하는 경범죄가 늘어날 여지는 충분하다. 현행범체포가 가능하게 되는 상황에서는 본 판례에서 헌법재판소가 판시한 바에 따라, 수사 경찰관이 피의자의 손을 잡아 강제로 펴서 지문을 찍도록 하는 방법이 가능하게 될 것이다.

2003도171

재전문진술의 증거능력
사기죄 전문증거 사건
2004. 3. 11. 2003도171, 공 2004, 664

1. 사실관계 및 사건의 경과

【사실관계 1】
① 갑의 사기죄 피의사실에 대해 경찰과 검찰은 순차적으로 조사에 임하였다.
② 경찰 단계에서 다음의 수사서류가 작성되었다.
    (가) A에 대한 피의자신문조서 (원진술자 A)
    (나) B에 대한 피의자신문조서 (원진술자 B)
    (다) C에 대한 피의자신문조서 (원진술자 A)
    (라) D에 대한 진술조서 또는 대질 피의자신문조서 (원진술자 B)
    (마) D에 대한 진술조서 또는 대질 피의자신문조서 (원진술자 갑)
③ 검찰 단계에서 다음의 수사서류가 작성되었다.
    (가) A에 대한 피의자신문조서 (원진술자 A)
    (나) B에 대한 피의자신문조서 (원진술자 B)
    (다) C에 대한 피의자신문조서 (원진술자 A)
    (라) D에 대한 진술조서 또는 대질 피의자신문조서 (원진술자 B)
    (마) D에 대한 진술조서 또는 대질 피의자신문조서 (원진술자 갑)

【사실관계 2】
① 갑은 사기죄로 기소되었다.
② 갑은 공소사실을 부인하였다.
③ 검사는 다음의 조서를 증거로 제출하였다.
    (가) 검찰 및 경찰에서의 A에 대한 각 피의자신문조서 (원진술자 A)
    (나) 검찰 및 경찰에서의 B에 대한 각 피의자신문조서 (원진술자 B)
    (다) 검찰 및 경찰에서의 C에 대한 각 피의자신문조서 (원진술자 A)

(라) 검찰 및 경찰에서의 D에 대한 진술조서 또는 대질 피의자신문조서 (원진술자 B)

(마) 검찰 및 경찰에서의 D에 대한 진술조서 또는 대질 피의자신문조서 (원진술자 갑)

【사실관계 3】

① A와 B는 증인으로 소환하였으나 소재불명으로 공판정에 출석하지 않았다.

② C와 D는 공판정에 증인으로 출석하였다.

③ 갑은 A와 B에 대한 검찰 및 경찰에서의 피의자신문조서에 대해 증거동의를 하지 않았다.

④ 갑은 C와 D에 대한 검찰 및 경찰에서의 진술조서와 피의자신문조서에 대해 증거동의를 하였다.

⑤ 제1심법원은 C와 D에 대해 증인신문을 하였다.

⑥ C와 D는 법정에서 다음과 같은 증언을 하였다.

(가) C가 A로부터 들은 내용

(나) D가 B로부터 들은 내용

(다) D가 갑으로부터 들은 내용

【사건의 경과】

① 갑의 피고사건은 제1심을 거친 후, 항소심에 계속되었다.

② 항소심법원은 갑에게 유죄를 선고하였다.

③ 항소심법원은 판결문에서 ①항 내지 ⑦항에 걸쳐 다음의 증거를 유죄의 증거로 적시하였다.

(가) A, B, C, D에 대하여 작성된 조서에 기재된 내용

(나) C, D의 법정증언

④ (적시된 증거의 상황은 판례 본문 참조)

⑤ 갑은 불복 상고하였다.

⑥ 갑은 상고이유로, 항소심판결에 증거능력이 없는 증거를 채택한 위법이 있다고 주장하였다.

2. 형사소송법 제314조의 요건

【대법원 요지】 1. 형사소송법 제314조에서 말하는 공판준비 또는 공판기일에 진술을 요할 자가 사망, 질병 기타 사유로 인하여 진술할 수 없을 때라고 함은 소환장이 주소불명 등으로 송달불능이 되어 소재탐지촉탁까지 하여 소재수사를 하였어도 그 소재를 확인할 수 없는 경우도 이에 포함된다고 할 것이고, /

【대법원 요지】 같은 법 제314조 단서에 규정된 진술 또는 작성이 특히 신빙할 수 있는 상태하에서 행하여진 때라 함은 그 진술내용이나 조서 또는 서류의 작성에 허위개입의 여지가 거의 없고 그 진술내용의 신용성이나 임의성을 담보할 구체적이고 외부적인 정황이 있는 경우를 가리킨다.

3. 재전문진술의 증거능력

【대법원 요지】 한편 전문진술이나 재전문진술을 기재한 조서는 형사소송법 제310조의2의 규정에 의하여 원칙적으로 증거능력이 없는 것인데, 다만 전문진술은 형사소송법 제316조 제2항의 규정에 따라 원진술자가 사망, 질병, 외국거주 기타 사유로 인하여 진술할 수 없고 그 진술이 특히 신빙할 수 있는 상태하에서 행하여진 때에 한하여 예외적으로 증거능력이 있다고 할 것이고, /

【대법원 요지】 전문진술이 기재된 조서는 형사소송법 제312조 또는 제314조의 규정에 의하여 각 그 증거능력이 인정될 수 있는 경우에 해당하여야 함은 물론 나아가 형사소송법 제316조 제2항의 규정에 따른 위와 같은 요건을 갖추어야 예외적으로 증거능력이 있다고 할 것이며, /

【대법원 요지】 형사소송법은 전문진술에 대하여 제316조에서 실질상 단순한 전문의 형태를 취하는 경우에 한하여 예외적으로 그 증거능력을 인정하는 규정을 두고 있을 뿐, 재전문진술이나 재전문진술을 기재한 조서에 대하여는 달리 그 증거능력을 인정하는 규정을 두고 있지 아니하고 있으므로, 피고인이 증거로 하는 데 동의하지 아니하는 한 형사소송법 제310조의2의 규정에 의하여 이를 증거로 할 수 없다.

4. 사안에서 문제된 증거의 형태

【대법원 분석】 원심판결 이유에 의하면, 원심은 피고인에 대한 유죄의 증거로 /

【대법원 분석】 ① 검찰 및 경찰에서의 공소외 A, 공소외 B에 대한 각 피의자신문조서의 각 진술기재, /

【대법원 분석】 ② 공소외 C가 공소외 A로부터 전문한 내용이 포함된 증인 공소외 C의 법정증언, /

【대법원 분석】 ③ D가 공소외 B로부터 전문한 내용이 포함된 증인 D의 법정증언, /

【대법원 분석】 ④ D가 피고인으로부터 전문한 내용이 포함된 증인 D의 법정증언, /

【대법원 분석】 ⑤ 공소외 C가 공소외 A로부터 전문한 내용이 포함된 검찰 및 경찰에서의 공소외 C에 대한 각 피의자신문조서의 각 진술기재, /

【대법원 분석】 ⑥ D가 공소외 B로부터 전문한 내용이 포함된 검찰 및 경찰에서의 D에 대한 진술조서 또는 대질 피의자신문조서의 각 진술기재, /

【대법원 분석】 ⑦ D가 피고인으로부터 전문한 내용이 포함된 검찰 및 경찰에서의 D에 대한 진술조서 또는 대질 피의자신문조서의 각 진술기재 등을 들고 있음을 알 수 있는바, /

5. 사안에서 문제된 증거의 증거능력

【대법원 판단】 (1) 우선 위 ①항의 증거들에 대하여 보건대, 기록에 의하면 제1심은 공소외 A, 공소외 B를 증인으로 채택하여 수회에 걸쳐 소환장을 송달해 보았으나 이들에 대한 증인소환장이 송달되지 아니하여 그 소재탐지촉탁까지 하였지만 그 소재를 알지 못하게 되었음을 확인하고 제1심 제12회 공판기일에 이르러 위 증거들을 채용하였음을 알 수 있고, 한편 기록에 나타난 제반 사정에 비추어 볼 때 그 진술내용의 신빙성이나 임의성도 인정된다고 할 것이므로, 위 ①항의 증거들은 그 진정성립에 관한 원진술자의 진술 없이도 형사소송법 제314조의 규정에 의하여 증거능력이 있고, /

【대법원 판단】 (2) 다음으로 위 ②, ③항의 증거들 중 공소외 A, 공소외 B에 관한 전문진술부분은 공소외 A, 공소외 B에 대한 소재 불명으로 원진술자들이 진술할 수 없고 그 진술이 특히 신빙할 수 있는 상태하에서 행하여졌음을 기록상 인정할 수 있으므로 형사소송법 제316조 제2항의 규정에 의하여 증거능력이 있으며, /

【대법원 판단】 (3) 위 ④항의 증거 중 피고인에 관한 전문진술부분은 그 진술이 특히 신빙할 수 있는 상태하에서 행하여졌음을 기록상 인정할 수 있으므로 형사소송법 제316조 제1항의 규정에 의하여 증

거능력이 있고, /

【대법원 판단】 (4) 위 ⑤, ⑥, ⑦항의 증거들 중 공소외 A, 공소외 B, 피고인에 관한 전문진술 부분은 이른바 재전문진술을 기재한 조서라고 할 것인데 이 부분 증거에 대하여는 피고인이 이를 증거로 함에 동의하였음이 기록상 명백하므로 이를 증거로 삼을 수 있다고 할 것이다.

【대법원 결론】 따라서 같은 취지에서 원심이 이들 증거에 대하여 증거능력이 있음을 전제로 이를 피고인의 유죄 인정의 증거로 삼은 조치는 정당하고, 거기에 주장과 같은 전문증거의 증거능력에 관한 법리오해의 위법이 없다. (상고 기각)

2003도705

자백과 진술의 임의성 입증방법
농협조합장 금품선거 사건
2003. 5. 30. 2003도705, 공 2003, 1494

1. 사실관계 및 사건의 경과

【사실관계】

① 갑은 P농업협동조합 조합장 선거에 출마하였다.

② 갑은 농협조합장 선거의 선거인들에게 금품을 제공하였다는 혐의로 검찰의 수사를 받게 되었다.

③ 갑은 검찰의 제1회 피의자신문시에 선거인들에게 제공하려고 준비한 현금액수를 제외하고는 범행을 대부분 자백하였다. (㉠검찰자백)

④ 갑은 검찰의 제2회 피의자신문시에 동생인 A가 자신의 관여 없이 범행을 저지른 것이라고 진술하여 자신의 범행을 부인하였다.

⑤ 이후 갑의 집에서 현금 6,000만원이 압수되었다.

⑥ 갑은 검찰의 제3, 4회 피의자신문시에 범행을 모두 자백하였다. (이상 ㉡검찰자백)

⑦ 갑은 검찰의 제2회 및 제3회 피의자신문시 16시간 가량 조사를 받았다.

【사건의 경과】

① 검사는 갑을 농업협동조합법위반죄로 기소하였다.

② 제1심 법정에서 갑은 범행을 모두 자백하였다. (㉢법정자백)

③ 갑의 피고사건은 제1심을 거친 후, 항소심에 계속되었다.

④ 항소심에서 갑은 범행을 부인하였다.

⑤ 항소심법원은 [㉡검찰자백과 ㉢법정자백을 증거로 채택하여] 갑에게 유죄를 인정하였다.

⑥ 갑은 불복 상고하였다.

⑦ 갑은 상고이유로 다음의 점을 주장하였다.

(가) 갑은 검찰의 제2회 및 제3회 피의자신문시 16시간 가량 조사를 받았다.

(나) 갑이 검찰에서 조사를 받을 때 동생 A 등 공범들을 모두 구속시키겠다는 검찰수사관의 협박이

나 불법구금에 의하여 사실과 다른 허위의 ⓛ검찰자백을 하였다.

(다) ⓒ법정자백이 이루어진 제1심법정에 이르기까지 갑의 위와 같은 심리적 강박상태가 연장되었다.

(라) 따라서 ⓛ검찰자백과 ⓒ법정자백은 증거능력이 없다.

2. 진술의 임의성에 대한 판단 방법

【대법원 요지】 피고인이 피의자신문조서에 기재된 피고인의 진술 및 공판기일에서의 피고인의 진술의 임의성을 다투면서 그것이 허위자백이라고 다투는 경우, /

【대법원 요지】 법원은 구체적인 사건에 따라 피고인의 학력, 경력, 직업, 사회적 지위, 지능정도, 진술의 내용, 피의자신문조서의 경우 그 조서의 형식 등 제반 사정을 참작하여 자유로운 심증으로 위 진술이 임의로 된 것인지의 여부를 판단하면 된다/

【대법원 요지】 (대법원 1999. 11. 12. 선고 99도3801 판결, 2001. 2. 9. 선고 2000도1216 판결 참조). /

3. 사안에 대한 대법원의 판단

【대법원 분석】 기록에 의하면, /

【대법원 분석】 피고인은 검찰에서 처음 피의자신문을 받을 때에 농협조합장 선거의 선거인들에게 제공하려고 준비한 현금액수를 제외하고는 이 사건 범행을 대부분 자백하였으나, /

【대법원 분석】 제2회 피의자신문시에 동생인 공소외 A가 자신의 관여 없이 저지른 것이라고 이를 부인하였다가, /

【대법원 분석】 피고인의 집에서 현금 6,000만 원(증 제1호)이 압수된 후에는 /

【대법원 분석】 검찰 제3, 4회 피의자신문시와 제1심법정에서 이 사건 범행을 모두 자백하였는바, /

【대법원 판단】 피고인이 이 사건 범행을 자백하기에 이른 경과/

【대법원 판단】 (피고인이 검찰 제2, 3회 피의자신문시 16시간 가량 조사를 받았다고 하여 이를 불법구금이라고 할 수 없다.)와 /

【대법원 판단】 그 조서의 내용, /

【대법원 판단】 피고인의 연령·학력과 지능정도, /

【대법원 판단】 공범들의 진술내용 등 /

【대법원 판단】 기록에 나타난 제반 사정을 종합하여 볼 때, /

【대법원 판단】 피고인이 검찰에서 조사를 받을 때 피고인이 동생 등 공범들을 모두 구속시키겠다는 검찰수사관의 협박이나 불법구금에 의하여 사실과 다른 허위의 자백을 하였다거나, /

【대법원 판단】 제1심법정에 이르기까지 위와 같은 심리적 강박상태가 연장되었다고 보이지 아니하므로 /

【대법원 판단】 검사의 피고인에 대한 검찰 제3회 피의자신문조서 및 제1심법정에서의 진술은 모두 그 임의성이 인정된다고 할 것이다. (상고 기각)

2003도1366

공소장변경과 직권판단의무
장물취득 대 장물보관 사건
2003. 5. 13. 2003도1366, 공 2003, 1411

1. 사실관계 및 사건의 경과

【사실관계】

① (사실관계가 불명하여 임의로 구성함)

② 갑은 ㉠신용카드를 소지하고 있었다.

③ 갑은 M상점에서 ㉠신용카드를 사용하려고 하였다.

④ M상점은 ㉠카드가 분실신고임을 확인하고 수사기관에 신고하였다.

⑤ 수사기관은 갑이 ㉠신용카드를 소지하게 된 경위에 대하여 신문하였다.

⑥ 갑은 이에 대해 다음과 같이 진술하였다.

    (가) A가 본인(갑)에게 ㉠신용카드를 주면서 "보수를 줄 터이니 물건을 대신 구입하여 달라."고 부탁하였다.

    (나) 본인(갑)은 A가 ㉠신용카드를 길에서 습득한 것인 줄로 알고 이를 받았다.

⑦ 갑의 진술의 진위는 판명할 수 없었다.

⑧ 수사기관은 ㉠신용카드가 A가 B로부터 절취한 것이라고 판단하였다.

【사건의 경과】

① 검사는 갑을 장물취득죄 및 사기미수죄로 기소하였다.

② 갑의 피고사건은 제1심을 거친 후, 항소심에 계속되었다.

③ 항소심법원은 장물취득죄 부분에 대해 무죄를 선고하였다.

④ 검사는 무죄 부분에 불복하여 상고하였다.

⑤ 검사는 상고이유로 다음의 점을 주장하였다.

    (가) 갑의 행위는 장물취득죄에 해당한다.

    (나) 갑의 행위가 장물취득죄에 해당하지 않는다고 하더라도 장물보관죄에는 해당한다.

    (다) 검사의 공소장변경신청이 없더라도 항소심법원은 장물보관죄로 유죄판결을 선고하였어야 한다.

2. 장물취득죄와 취득의 개념

【대법원 요지】 가. 장물취득죄에서 '취득'이라고 함은 점유를 이전받음으로써 그 장물에 대하여 사실상의 처분권을 획득하는 것을 의미하는 것이므로, /

【대법원 요지】 단순히 보수를 받고 본범을 위하여 장물을 일시 사용하거나 그와 같이 사용할 목적으로 장물을 건네받은 것만으로는 장물을 취득한 것으로 볼 수 없다.

【대법원 판단】 원심이 같은 취지에서 피고인이 공소외인으로부터 보수를 받는 조건으로 공소외인이

습득하였다고 주장하는 신용카드들로 물품을 구입하여 주기로 하고 위 신용카드들을 교부받은 행위가 장물취득에 해당하지 아니한다고 판단한 것은 정당하고, /

【대법원 결론】 거기에 사실을 오인하거나 장물죄에 있어서 취득의 법리를 오해한 위법이 없다.

3. 공소장변경의 필요성과 직권판단의무

【대법원 요지】 나. 다만, 법원은 공소사실의 동일성이 인정되는 범위 내에서 심리의 경과에 비추어 피고인의 방어권 행사에 실질적인 불이익을 초래할 염려가 없다고 인정되는 때에는, /

【대법원 요지】 공소장이 변경되지 않았더라도 직권으로 공소장에 기재된 공소사실과 다른 범죄사실을 인정할 수 있고, /

【대법원 요지】 이와 같은 경우 공소가 제기된 범죄사실과 대비하여 볼 때 실제로 인정되는 범죄사실의 사안이 가볍지 아니하여 /

【대법원 요지】 공소장이 변경되지 않았다는 이유로 이를 처벌하지 않는다면 /

【대법원 요지】 적정절차에 의한 신속한 실체적 진실의 발견이라는 형사소송의 목적에 비추어 /

【대법원 요지】 현저히 정의와 형평에 반하는 것으로 인정되는 경우라면 /

【대법원 요지】 법원으로서는 직권으로 그 범죄사실을 인정하여야 할 것이다.

4. 장물죄 부분에 대한 대법원의 판단

【대법원 분석】 다. 그런데 기록에 의하면 피고인은 경찰 이래 원심 법정에 이르기까지 시종일관 /

【대법원 분석】 공소외인로부터 보수를 줄 터이니 물건을 대신 구입하여 달라는 부탁과 함께 위 신용카드 2장을 교부받을 당시, /

【대법원 분석】 공소외인이 위 신용카드를 습득한 것으로 알고 있었다고 진술하고 있고, /

【대법원 분석】 이 사건 장물취득의 점에 관한 공소사실 자체도 이와 같이 되어 있음을 알 수 있는바, /

【대법원 판단】 공소외인은 늦어도 습득한 위 신용카드 2장으로 물건을 구입하여 줄 것을 피고인에게 부탁한 때에는 /

【대법원 판단】 불법영득의 의사가 확정됨으로써 점유이탈물횡령죄의 기수에 이른 것이고, /

【대법원 판단】 점유이탈물횡령으로 인하여 영득한 재물 역시 장물로 보아야 하므로, /

【대법원 판단】 공소외인의 위와 같은 부탁을 받아들여 위 신용카드 2장을 교부받은 피고인의 행위는 적어도 형법 제362조 제1항 소정의 장물을 보관한 경우에 해당한다고 보아야 한다.

5. 직권 범죄사실 인정 여부에 대한 대법원의 판단

【대법원 판단】 라. 결국, 이 사건 공소사실 중 장물취득의 점과 실제로 인정되는 장물보관의 범죄사실은 객관적 사실관계로서는 동일하고, /

【대법원 판단】 다만 이를 장물의 취득으로 볼 것인가 보관으로 볼 것인가 하는 법적 평가에 있어서만 차이가 있을 뿐이어서 /

【대법원 판단】 피고인을 장물보관죄로 처단하더라도 피고인의 방어권 행사에 실질적인 불이익을 초래할 염려가 있다고는 보이지 아니하므로, /

【**대법원 판단**】 단순히 피고인이 위 신용카드들의 사실상 처분권을 취득한 것이 아니라는 이유만으로 피고인을 처벌하지 아니하는 것은 /

【**대법원 판단**】 적정절차에 의한 신속한 실체적 진실의 발견이라는 형사소송의 목적에 비추어 현저히 정의와 형평에 반한다고 할 것이다.

【**대법원 결론**】 마. 따라서 원심으로서는 따로 공소사실의 변경이 없었더라도 피고인을 장물보관죄로 처단하였어야 할 것임에도 불구하고 /

【**대법원 결론**】 이에 이르지 아니한 채 만연히 피고인의 행위가 장물취득죄의 구성요건에 해당하는지의 여부만을 심리한 끝에 그 부분에 관하여 무죄를 선고하고 말았으니, /

【**대법원 결론**】 이러한 원심판결에는 공소장 변경 없이 심판할 수 있는 범위에 관한 법리를 오해함으로써 판결에 영향을 미친 위법이 있다고 아니할 수 없으므로, 이 점을 지적하는 검사의 상고이유 주장은 이유 있다. (파기 환송)

2004도5561

직권남용죄와 검사동일체의 원칙
검찰총장 내사중단 지시 사건
2007. 6. 14. 2004도5561, 공 2007, 1108

1. 사실관계 및 사건의 경과

【**사실관계 1**】
① 갑은 대검찰청 차장검사로 있다가 검찰총장에 임명되었다.
② 울산지방검찰청에서는 검사 A가 P사건에 관한 구체적인 혐의 사실을 발견하여 정상적인 처리절차를 밟아 내사를 진행하고 있었다.
③ P사건은 울산지방검찰청 관내의 Q종합건설(종건)과 K시장 사이의 유착관계에 관한 것이었다.
④ P사건에 대해서는 이미 수개월간 내사가 진행되어 Q종건의 사무실과 임원의 거주지에 대한 압수수색까지 진행된 상황이었다.

【**사실관계 2**】
① 갑은 평소 친분관계가 있는 C로부터 P사건에 관한 부탁을 받았다.
② 갑은 면담 혹은 전화 통화 등의 방법으로 울산지방검찰청 검사장 B에게 다음과 같이 말하였다.
③ "P사건에 대한 내사진행이 외부로 공개되지 않도록 하라."
④ 갑이 울산지방검찰청 검사장 B에게 말한 시점은 Q종건과 임원의 거주지에 대한 압수수색 직후였다.
⑤ 이 시점은 압수수색으로 확보된 자료에 대해 아직 충분한 검토도 하지 못한 상태였다.
⑥ 이후 P사건은 내사종결로 처리되었다.

【**사건의 경과**】
① 검사는 갑을 직권남용죄로 기소하였다.

② 갑의 피고사건은 제1심을 거친 후, 항소심에 계속되었다.

③ 항소심법원은 유죄를 선고하였다.

④ 갑은 불복 상고하였다.

2. 내사중단 지시와 직권남용

【대법원 판단】 [원심은] 피고인 갑이 평소 친분관계가 있는 공소외 C로부터 부탁을 받고 대검찰청 차장검사 혹은 검찰총장이라는 지위를 이용하여 면담 혹은 전화 통화 등의 방법으로 울산지방검찰청 검사장에게 Q종건에 대한 내사보류와 종결을 지시하였다고 인정하기에 충분하고, /

【대법원 판단】 피고인 갑의 주장과 같이 위 피고인이 울산지방검찰청 검사장에게 단지 내사진행이 외부로 공개되지 않도록 하라는 뜻으로 말하였을 뿐이라고 하더라도, 이미 수개월간 내사가 진행되어 사무실과 임원의 거주지에 대한 압수수색까지 진행된 사안에 대하여 압수수색 결과 확보된 자료에 대한 충분한 검토도 하지 못한 상태인 압수수색 직후의 시점에서 더 이상 내사진행이 외부로 공개되지 않도록 하라고 언급하였다면 /

【대법원 판단】 그 언급만으로도 내사 담당자로서는 현실적으로 더 이상 추가적인 내사진행을 추진하기 어려울 것이므로, 위와 같은 언급 역시 P종건에 대한 내사중단의 지시로 평가될 수밖에 없으며, /

【대법원 판단】 위와 같은 내사중단 지시에 의하여 담당 검사로 하여금 구체적인 혐의 사실을 발견하여 정상적인 처리절차를 진행중이던 Q종건 내지 공소외 K시장에 대한 내사를 중도에서 그만두고 종결처리토록 한 행위는 대검찰청 차장검사 혹은 검찰총장의 직권을 남용하여 담당 검사로 하여금 의무 없는 일을 하게 한 행위에 해당한다는 이유로, 피고인 갑의 이 사건 직권남용권리행사방해의 공소사실을 유죄로 인정하였다.

【대법원 결론】 기록에 비추어 살펴보면, 위와 같은 원심의 사실인정과 판단은 옳은 것으로 수긍이 가고, 거기에 상고이유의 주장과 같은 채증법칙 위배로 인한 사실오인 또는 직권남용권리행사방해에 관한 법리오해 등의 위법이 있다고 할 수 없다. (상고 기각)

┌─────────────────┐
│ **2004도7900** │
└─────────────────┘

참고인 진술의 임의성
연예기획사 운전기사 사건
2006. 11. 23. 2004도7900, 공 2007, 78

1. 사실관계 및 사건의 경과

【사실관계 1】

① 연예인 갑은 연예기획사 P회사를 설립하였다.

② P회사의 설립을 전후하여 다음과 같은 소문이 떠돌았다.

③ "P회사 측이 M방송국 연예담당 프로듀서들에게 P회사 소속 연예인들을 연예 프로그램 등에 출연

시켜 달라는 등의 부탁을 하면서 금품을 교부하였다."

④ 검찰은 갑과 P회사에 대한 수사에 착수하였다.

⑤ 2002. 8. 4. [갑의 운전기사] A가 긴급체포되었다.

⑥ 2002. 8. 4.부터 다음날까지 A는 검찰에서 2회에 걸쳐 조사를 받았다.

⑦ 2002. 8. 5. A는 석방되었다.

⑧ [이 과정에서 A가 금품전달 사실을 시인하는 제1회 및 제2회 검찰 진술조서가 작성되었다.]

【사실관계 2】

① 2002. 8. 5. A는 석방되자마자 그날부터 2002. 8. 10.까지 병원에서 입원치료를 받았다.

② 당시의 Q진료기록부에는 다음과 같은 사항이 기재되어 있다.

　　(가) A가 "검찰에서 구타당했다"라고 진술하였다.

　　(나) A의 진료 결과 허리와 양측 대퇴부에 통증이 있으며, 좌측 후두부에는 통증과 혹이 있다.

③ 치료 당시 A에게 R상해진단서가 발급되었다.

④ R상해진단서는 "예상 치료기간 10일의 다발성 좌상을 입었다"는 내용이 기재되어 있었다.

⑤ 2002. 8. 19. A에 대한 제3회 검찰 진술조서가 작성되었다.

⑥ 제3회 검찰 진술조서에는 그전 수사에서의 강압수사를 은폐하기 위하여 강압수사가 없었다는 진술을 유도하기 위한 것으로 의심되는 이례적인 신문내용이 기재되어 있었다.

【사건의 경과 1】

① 검사는 갑을 다음의 공소사실로 배임증재죄로 기소하였다.

② "피고인은 P회사의 설립 전후에 걸쳐 A를 통하여 M방송국 연예담당 프로듀서 등인 B, C, D에게 피고인 회사 소속 연예인들을 연예 프로그램 등에 출연시켜 달라거나, P회사에서 투자한 영화 '○○○○○'를 홍보해 달라는 등의 부정한 청탁을 하면서 금품을 교부하였다."

③ 검사는 또한 갑과 P회사를 조세범처벌법위반죄 등으로 기소하였다.

④ 제1심 공판절차에서 검사는 A에 대한 검사 면전 진술조서를 유죄의 증거로 제출하였다.

⑤ 제1심법원은 A에 대한 검사 면전 진술조서를 증거의 일부로 채택하여 유죄를 선고하였다.

【사건의 경과 2】

① 갑은 불복 항소하였다.

② A는 항소심 공판절차에서 검찰 수사 당시 상당한 정도로 강압수사를 받았다고 구체적으로 진술하였다.

③ 항소심법원은 [제1심판결을 파기하고] 제1심판결이 채용하였던 A에 대한 검찰 진술조서를 인용하여 갑에게 유죄를 선고하였다.

④ 갑은 불복 상고하였다.

2. 임의성 없는 진술의 증거능력

【대법원 요지】 임의성 없는 진술의 증거능력을 부정하는 취지는, 허위진술을 유발 또는 강요할 위험성이 있는 상태하에서 행하여진 진술은 그 자체가 실체적 진실에 부합하지 아니하여 오판을 일으킬 소지가 있을 뿐만 아니라 그 진위를 떠나서 진술자의 기본적 인권을 침해하는 위법 부당한 압박이 가하

여지는 것을 사전에 막기 위한 것이므로 /

【대법원 요지】 그 임의성에 다툼이 있을 때에는 그 임의성을 의심할 만한 합리적이고 구체적인 사실을 피고인이 증명할 것이 아니고 검사가 그 임의성의 의문점을 없애는 증명을 하여야 할 것이고, 검사가 그 임의성의 의문점을 없애는 증명을 하지 못한 경우에는 그 진술증거는 증거능력이 부정된다 할 것이다. /

【대법원 요지】 또한, 기록상 진술증거의 임의성에 관하여 의심할 만한 사정이 나타나 있는 경우에는 법원은 직권으로 그 임의성 여부에 관하여 조사를 하여야 하고, 임의성이 인정되지 아니하여 증거능력이 없는 진술증거는 피고인이 증거로 함에 동의하더라도 증거로 삼을 수 없다 할 것이다.

3. 사안에 대한 대법원의 분석

【대법원 분석】 원심은 제1심판결의 채용증거들을 인용하여, 피고인 갑이 피고인 P주식회사(이하 '피고인 회사'라고 한다)의 설립 전후에 걸쳐 공소외 A를 통하여 주식회사 [M방송국]의 연예담당 프로듀서 등인 공소외 B, C, D에게 피고인 회사 소속 연예인들을 연예 프로그램 등에 출연시켜 달라거나, 피고인 회사에서 투자한 영화 '○○○○○'를 홍보해 달라는 등의 부정한 청탁을 하면서 금품을 교부하였다는 이 부분 공소사실을 모두 인정하였는바, /

【대법원 분석】 원심이 인용한 제1심판결의 채용증거에는 공소외 A에 대한 각 검찰 진술조서가 포함되어 있다.

【대법원 분석】 그러나 기록에 의하면, 공소외 A는 2002. 8. 4. 긴급체포된 후 검찰에서 2002. 8. 4.부터 다음날까지 2회에 걸쳐 조사를 받고 2002. 8. 5. 석방된 사실, /

【대법원 분석】 공소외 A는 석방되자마자 그날부터 2002. 8. 10.까지 병원에서 입원치료를 받았는데, 당시의 진료기록부에는 공소외 A가 검찰에서 구타당했다고 진술한 것으로 기재되어 있고, 진료 결과 허리와 양측 대퇴부에 통증이 있으며, 좌측 후두부에는 통증과 혹이 있는 것으로 밝혀졌으며, 실제 공소외 A에게 당시 예상 치료기간 10일의 다발성 좌상을 입었다는 내용의 상해진단서가 발급된 사실, /

【대법원 분석】 공소외 A가 치료를 받고 나온 며칠 후인 2002. 8. 19.자 공소외 A에 대한 제3회 검찰 진술조서에는 그전 수사에서의 강압수사를 은폐하기 위하여 강압수사가 없었다는 진술을 유도하기 위한 것으로 의심되는 이례적인 신문내용이 기재되어 있는 사실, /

【대법원 분석】 나아가 공소외 A는 원심에서 검찰 수사 당시 상당한 정도로 강압수사를 받았다고 구체적으로 진술한 사실을 알 수 있고, 반면에 검찰에서의 공소외 A의 진술이 임의로 이루어졌음을 인정할 만한 자료는 보이지 아니한다.

4. 사안에 대한 대법원의 판단

【대법원 판단】 그렇다면 공소외 A에 대한 검찰 각 진술조서는 강압상태에서 이루어졌거나, 강압수사로 인한 정신적 강압상태가 계속된 상태에서 이루어진 것으로 의심되어, 그 임의성을 의심할 만한 사정이 있다고 할 것인데, /

【대법원 판단】 검사가 그 임의성의 의문점을 없애는 증명을 하지 못하였으므로, 증거능력이 없다고 할 것임에도 원심은 이를 유죄의 증거로 채용한 제1심판결의 증거를 그대로 인용함으로써 진술의 임의성과 증거능력에 관한 법리를 오해하여 채증법칙을 위배하였다 할 것이다.

【대법원 결론】 그러나 원심의 위 채증법칙 위배로 인하여 원심판결에 영향을 미쳤는지에 관하여 살펴건대, 기록에 의하면 공소외 A에 대한 검찰 각 진술조서를 제외하고 원심이 인용한 제1심판결이 유죄의 증거로 든 다른 증거들만으로도 이 부분 공소사실을 유죄로 인정하기에 충분하므로, 원심은 결론에 있어서 정당하다. (상고 기각)

2005도7601

공동피고인의 증인적격
절도범 대 장물범 사건
2006. 1. 12. 2005도7601, 공 2006, 277

1. 사실관계 및 사건의 경과

【사실관계】
① 갑은 절취한 P수표를 을에게서 현금으로 교환하였다는 피의사실로 경찰과 검찰에서 조사를 받았다.
② 경찰 단계에서 갑에 대한 Q피의자신문조서가 작성되었다.
③ 검찰 단계에서 갑에 대한 R피의자신문조서가 작성되었다.
④ 사경 면전 Q피의자신문조서와 검사 면전 R피의자신문조서에는 다음과 같은 갑의 진술이 기재되었다.
⑤ "본인(갑)은 절취한 P수표를 을을 통하여 교환하였다."

【사건의 경과 1】
① 검사는 갑을 절도죄로, 을을 특가법위반죄(장물)로 기소하였다.
② 갑과 을은 공동피고인으로 제1심에서 함께 재판을 받게 되었다.
③ 검사는 을에 대한 유죄의 증거로 다음의 증거를 제출하였다.
   (가) 갑에 대한 사경 면전 Q피의자신문조서
   (나) 갑에 대한 검사 면전 R피의자신문조서
④ 을은 Q조서와 R조서에 대해 증거동의를 하지 않았다.
⑤ [갑은 Q조서와 R조서에 기재된 서명과 날인이 자신의 것임을 인정하였다.]
⑥ [갑은 그러나 사경 면전 및 검사 면전에서 "본인이 절취한 P수표를 을을 통하여 교환하였다."는 말을 한 사실이 없다고 진술하였다.]
⑦ 제1심법원은 을에 대해 무죄를 선고하였다.

【사건의 경과 2】
① 검사는 불복 항소하였다.
② 항소심법원은 다음의 이유를 들어서 검사의 항소를 기각하고, 제1심판결을 유지하였다.
   (가) Q조서와 R조서는 실질적 진정성립이 인정되지 아니하여 증거능력이 없다.
   (나) 달리 공소사실을 인정할 증거가 없다.
③ 검사는 불복 상고하였다.

2. 사안에 대한 대법원의 판단

【대법원 요지】 공동피고인인 절도범과 그 장물범은 서로 다른 공동피고인의 범죄사실에 관하여는 증인의 지위에 있다 할 것이므로, 피고인이 증거로 함에 동의한 바 없는 공동피고인에 대한 피의자신문조서는 공동피고인의 증언에 의하여 그 성립의 진정이 인정되지 아니하는 한 피고인의 공소 범죄사실을 인정하는 증거로 할 수 없다.

【대법원 판단】 원심은, 원심 공동피고인에 대한 경찰 및 검찰 피의자신문조서 중 원심 공동피고인이 원심 판시 별지 '범죄일람표 3' 순번 1 내지 5 기재와 같이 그가 절취한 각 수표를 피고인 을을 통하여 교환한 사실이 있다는 진술기재 부분은 원심 공동피고인의 제1심법정에서의 증언에 의하여 실질적 진정성립이 인정되지 아니하여 증거능력이 없고, /

【대법원 판단】 달리 '범죄일람표 3' 순번 1 내지 5의 공소사실을 인정할 증거가 없다고 판단하여, 이 부분 공소사실에 대하여 무죄를 선고한 제1심판결을 그대로 유지하였는바, /

【대법원 결론】 앞서 본 법리와 기록에 의하여 살펴보면, 위와 같은 원심의 조치는 옳은 것으로 수긍이 가고, 거기에 공동피고인에 대한 피의자신문조서의 증거능력에 관한 법리오해 또는 채증법칙 위배로 인한 사실오인 등의 위법이 있다고 할 수 없다. (상고 기각)

【코멘트】 본 판례는 공동피고인이 다른 공동피고인에 대해 증인이 될 수 있는가 하는 문제를 다루고 있다. 그런데 주의할 점은 본 판례가 공동피고인의 증인적격 전반에 대하여 판단하고 있지는 않다는 사실이다. 공동피고인은 공범과 같이 이해관계가 일치하는 경우와 맞고소 사건과 같이 이해가 상충하거나 무관한 경우로 나누어 볼 수 있다. 후자의 경우에 공동피고인이 증인적격을 가질 수 있다는 점에는 별다른 의문이 없을 것이다.

　그런데 양자 가운데 어느 쪽에 속하는지 분명하지 않은 경우들이 있다. 이러한 의문 사례의 하나로 절도범과 장물범의 관계가 있다. 본 판례에서 대법원은 "공동피고인인 절도범과 그 장물범은 서로 다른 공동피고인의 범죄사실에 관하여는 증인의 지위에 있다"고 판시함으로써 절도범과 장물범의 관계에 관한 의문을 해소하고 있다.

2005도9730

공판중심주의와 직접심리주의
보도방 접객원 사건
2006. 12. 8. 2005도9730, 공 2007, 162

1. 사실관계 및 사건의 경과

【사실관계】
① 갑 등은 유흥주점 등의 업주들이다.

② 경찰은 보도방 소속 접객원들이 유흥주점을 통하여 손님들과 윤락행위를 한다는 첩보를 입수하고 수사에 착수하였다.

③ 경찰은 P보도방에 대해 압수수색영장을 집행하였다.

④ P보도방 소속 접객원 A와 B는 압수수색 영장을 집행하던 경찰에 의하여 임의동행 형식으로 Q경찰서에 출석하였다.

⑤ Q경찰서에서 A와 B는 약 보름 동안의 행적에 관하여 말하였다.

⑥ 이 과정에서 A와 B는 갑 등이 운영하는 P유흥주점 등의 소개로 손님들과 성관계를 가졌다고 진술하였다.

⑦ A와 B의 진술은 A와 B에 대한 참고인 진술조서(R조서)에 기재되었다.

【사건의 경과 1】

① 검사는 갑 등을 다음의 공소사실로 윤락행위방지법위반죄로 기소하였다.

② "유흥주점 업주들인 피고인들은 2002. 7. 하순 내지 8. 초순 그들이 운영하는 유흥주점을 방문한 P보도방 소속 접객원인 공소외 A 또는 공소외 B로 하여금 부근 숙박업소에서 각 윤락행위를 하도록 직접 알선하였다."

③ 갑 등은 수사 초기부터 제1심 공판절차에 이르기까지 일관하여 다음과 같이 주장하였다.

　(가) 평소 P보도방 소속 접객원들을 불러 접객행위를 하도록 한 사실은 있지만 윤락행위를 알선한 사실은 없다.

　(나) 특히 공소사실 일시경 A, B를 자신들이 운영하는 유흥주점에 접객원으로 부른 사실이 있는지 조차 분명하지 않다.

【사건의 경과 2】

① 검사는 A와 B의 진술이 기재된 R조서를 증거로 제출하였다.

② R조서에 기재된 A와 B의 진술 중 일부 유흥주점 방문 시기는 서로 일치하지 않았다.

③ R조서의 내용 가운데에서 A와 B는 방문 업소의 위치나 구체적으로 윤락행위를 알선한 자에 대하여는 다소 추상적으로 언급하고 있었다.

④ 갑 등은 재판 과정에서 줄곧 A와 B가 수사기관에서 한 진술의 모호성을 지적하며 두 사람의 법정 출석과 피고인들에 의한 반대신문 기회 보장을 강력히 요구하였다.

⑤ 그러나 A와 B의 소재불명 등으로 인하여 결국 A, B의 법정 출석 및 반대신문은 성사되지 못하였다.

⑥ 갑 등은 9회 또는 10회 공판기일에 가서 R조서를 증거로 함에 동의하였다.

⑦ 제1심법원은 R조서에 기재된 A와 B의 진술에 대해 증명력을 배척하여 갑 등에게 무죄를 선고하였다.

【사건의 경과 3】

① 검사는 불복 항소하였다.

② 항소심법원은 제1심판결을 파기하였다.

③ 항소심법원은 A와 B의 진술이 기재된 R조서를 증거로 채택하여 갑 등의 공소사실을 인정하고 유죄를 선고하였다.

④ 갑 등은 불복 상고하였다.

2. 공판중심주의와 실질적 직접심리주의

【대법원 요지】 1. 우리 형사소송법이 채택하고 있는 공판중심주의는 형사사건의 실체에 대한 유죄·무죄의 심증 형성은 법정에서의 심리에 의하여야 한다는 원칙으로, /

【대법원 요지】 법관의 면전에서 직접 조사한 증거만을 재판의 기초로 삼을 수 있고 증명 대상이 되는 사실과 가장 가까운 원본 증거를 재판의 기초로 삼아야 하며 원본 증거의 대체물 사용은 원칙적으로 허용되어서는 안 된다는 실질적 직접심리주의를 주요 원리로 삼고 있다.

3. 수사기관 조서의 증명력 문제

【대법원 요지】 수사기관이 원진술자의 진술을 기재한 조서는 원본 증거인 원진술자의 진술을 대체하는 증거 방법으로, 원진술자의 진술을 처음부터 끝까지 그대로 기재한 것이 아니라 그 중 공소사실과 관련된 주요 부분의 취지를 요약하여 정리한 것이어서 본질적으로 원진술자의 진술을 있는 그대로 전달하지 못한다는 한계를 가지고 있고, 경우에 따라 조서 작성자의 선입관이나 오해로 인하여 원진술자의 진술 취지와 다른 내용으로 작성될 가능성도 배제하기 어렵다. /

【대법원 요지】 또, 조서에 기재된 원진술자의 진술 내용의 신빙성을 판단하는 데 불가결한 요소가 되는 진술 당시 원진술자의 모습이나 태도, 진술의 뉘앙스 등을 법관이 직접 관찰할 수 없다는 점에서 조서에 기재된 원진술자의 진술 내용은 그 신빙성 평가에 있어 근본적인 한계가 있을 수밖에 없다. /

【대법원 요지】 결국, 수사기관이 원진술자의 진술을 기재한 조서는 원본 증거인 원진술자의 진술에 비하여 본질적으로 낮은 정도의 증명력을 가질 수밖에 없다는 한계를 지니는 것이고, 특히 원진술자의 법정 출석 및 반대신문이 이루어지지 못한 경우에는 그 진술이 기재된 조서는 법관의 올바른 심증 형성의 기초가 될 만한 진정한 증거가치를 가진 것으로 인정받을 수 없는 것이 원칙이라 할 것이다.

4. 수사기관 조서와 반대신문권의 보장

【대법원 요지】 따라서 피고인이 공소사실 및 이를 뒷받침하는 수사기관이 원진술자의 진술을 기재한 조서 내용을 부인하였음에도 불구하고, 원진술자의 법정 출석과 피고인에 의한 반대신문이 이루어지지 못하였다면, /

【대법원 요지】 그 조서에 기재된 진술이 직접 경험한 사실을 구체적인 경위와 정황의 세세한 부분까지 정확하고 상세하게 묘사하고 있어 구태여 반대신문을 거치지 않더라도 진술의 정확한 취지를 명확히 인식할 수 있고 그 내용이 경험칙에 부합하는 등 신빙성에 의문이 없어 조서의 형식과 내용에 비추어 강한 증명력을 인정할 만한 특별한 사정이 있거나, /

【대법원 요지】 그 조서에 기재된 진술의 신빙성과 증명력을 뒷받침할 만한 다른 유력한 증거가 따로 존재하는 등의 예외적인 경우가 아닌 이상, /

【대법원 요지】 그 조서는 진정한 증거가치를 가진 것으로 인정받을 수 없는 것이어서 이를 주된 증거로 하여 공소사실을 인정하는 것은 원칙적으로 허용될 수 없다 할 것이다. /

【대법원 요지】 이는 원진술자의 사망이나 질병 등으로 인하여 원진술자의 법정 출석 및 반대신문이 이루어지지 못한 경우는 물론 수사기관의 조서를 증거로 함에 피고인이 동의한 경우에도 마찬가지이다.

5. 사안에 대한 대법원의 분석

【대법원 분석】 이 사건 기록에 의하면, 아래와 같은 사실을 알 수 있다.

【대법원 분석】 이 사건 공소사실의 요지는, 유흥주점 업주들인 피고인들이 2002. 7. 하순 내지 8. 초순 그들이 운영하는 유흥주점을 방문한 P보도방 소속 접객원인 공소외 A 또는 공소외 B로 하여금 부근 숙박업소에서 각 윤락행위를 하도록 직접 알선하였다는 것인데, /

【대법원 분석】 피고인들은 이 사건 수사 초기부터 일관하여 평소 P보도방 소속 접객원들을 불러 접객행위를 하도록 한 사실은 있지만 윤락행위를 알선한 사실은 없고, 특히 공소사실 일시경 공소외 A, B를 피고인들 운영 유흥주점에 접객원으로 부른 사실이 있는지조차 분명하지 않다고 주장하였다.

【대법원 분석】 검사가 제출한 증거들 중 공소외 A, B가 공소사실 일시경 피고인들 운영 유흥주점에 접객원으로 불려 간 사실을 뒷받침할 만한 증거는 공소외 A, B가 수사기관에서 한 진술이 사실상 유일한 증거인데, /

【대법원 분석】 위 각 진술은 공소외 A, B가 P보도방에 대하여 압수수색 영장을 집행하던 경찰에 의하여 느닷없이 임의동행 형식으로 경찰서에 출석한 상태에서 단순히 기억에만 의존하여 약 보름 동안의 행적에 관하여 개괄적으로 언급한 것으로, 그 내용 중 일부 유흥주점 방문 시기는 서로 일치하지 않을 뿐 아니라, 방문 업소의 위치나 구체적으로 윤락행위를 알선한 자에 대하여는 다소 추상적으로 언급하고 있을 뿐이다. /

【대법원 분석】 그 외 수사기관에서 공소외 A, B가 지적한 유흥주점, 윤락행위 알선자 및 윤락행위가 이루어진 숙박업소를 확인하는 등의 방법으로 공소외 A, B의 진술의 신빙성이나 증명력을 보강할 만한 증거자료를 수집한 바는 없다.

【대법원 분석】 피고인들은 재판 과정에서 줄곧 공소외 A, B가 수사기관에서 한 진술의 모호성을 지적하며 두 사람의 법정 출석과 피고인들에 의한 반대신문 기회 보장을 강력히 요구하였지만, 소재불명 등으로 인하여 결국 두 사람의 법정 출석 및 반대신문은 성사되지 못하였고, /

【대법원 분석】 피고인들은 재판의 장기화에 따라 9회 또는 10회 공판기일에 가서야 부득이 수사기관이 작성한 조서를 증거로 함에 동의하기에 이르렀다.

6. 사안에 대한 대법원의 판단

【대법원 판단】 앞서 본 법리에 위 인정 사실을 비추어 보면, 수사기관이 공소외 A, B의 진술을 기재한 조서는 법관의 올바른 심증 형성의 기초가 될 만한 진정한 증거가치를 가진 것으로 인정받을 수 없는 것이어서, 이를 사실상 유일한 증거로 하여 이 사건 공소사실을 인정하는 것은 허용될 수 없다 할 것이다.

【대법원 결론】 이와 달리, 수사기관이 공소외 A, B의 진술을 기재한 조서를 사실상 유일한 증거로 삼아, 그 증명력을 배척한 제1심을 뒤집고, 공소사실을 인정한 원심에는 수사기관이 작성한 조서의 증명력에 관한 판단을 그르친 채증법칙 위반의 위법이 있어, 그대로 유지될 수 없다 할 것이다. (파기 환송)

【코멘트】 본 판례는 2007년 개정되어 2008년부터 시행된 개정 형사소송법이 시행되기 전의 사안

을 토대로 하고 있다. 개정 형사소송법 제312조 제4항은 수사기관이 피의자 아닌 자의 진술을 기재한 조서는 피고인 또는 변호인이 공판준비 또는 공판기일에 그 기재 내용에 관하여 원진술자를 신문할 수 있을 때에 증거로 할 수 있다는 제한을 새로이 설정하였다. 본 판례의 사안이 2008년 이후에 일어났다면 A와 B의 진술이 기재된 R조서는 처음부터 증거능력이 부정되었을 것이다.

이와 같은 한계에도 불구하고 본 판례는 우리 형사소송법이 지향하고 있는 공판중심주의와 그 핵심 원리인 실질적 직접심리주의의 중요성과 의미내용을 분명하게 제시하고 있어서 대단히 주목된다. 본 판례에서 대법원은 공판중심주의를 "형사사건의 실체에 대한 유죄·무죄의 심증 형성은 법정에서의 심리에 의하여야 한다는 원칙"이라고 개념정의하고 있다.

대법원은 나아가 공판중심주의의 주요 원리로 실질적 직접심리주의가 있음을 밝히면서, 실질적 직접심리주의의 내용을 (가) 법관의 면전에서 직접 조사한 증거만을 재판의 기초로 삼을 수 있고, (나) 증명 대상이 되는 사실과 가장 가까운 원본 증거를 재판의 기초로 삼아야 하며, (다) 원본 증거의 대체물 사용은 원칙적으로 허용되어서는 안 된다는 것으로 구체화하고 있다.

대법원은 본 판례에서 조서에만 의존하는 심증형성을 극히 경계하면서 "이는 원진술자의 사망이나 질병 등으로 인하여 원진술자의 법정 출석 및 반대신문이 이루어지지 못한 경우는 물론 수사기관의 조서를 증거로 함에 피고인이 동의한 경우에도 마찬가지이다."라고 하여 그 중요성을 강조하고 있다.

2005모472

새로운 증거의 신규성과 명백성
무정자증 강간범 사건
2009. 7. 16. 2005모472 전원합의체 결정, 공 2009하, 1390

1. 사실관계 및 사건의 경과

【사실관계】
① 갑은 위험한 물건을 휴대하여 피해자를 강간하였다는 공소사실로 기소되었다.
② 재판과정에서는 다음과 같은 증거 및 사실이 확인되었다.
  (가) ㉠증거 : 피해자의 체내에서 채취한 가검물에서 정액 양성반응이 나타났을 뿐 정자는 검출되지 않았다는 내용의 국립과학수사연구소장의 감정의뢰회보
  (나) ㉡증거 : 국립과학수사연구소장의 감정의뢰회보에 비추어 범인은 무정자증으로 추정된다는 검찰주사의 수사보고
  (다) ㉢사실 : 범인의 침입 경로인 피해자 주택 난간에서 채취된 지문이 갑의 지문과 일치된다.
  (라) ㉣사실 : 갑의 주거에서 범행에 사용된 것과 같은 종류의 도구가 발견되었다.
③ 갑은 강간죄 범죄사실로 유죄가 선고되어 확정되었다.

【사건의 경과 1】
① 갑에 대한 유죄의 확정판결이 있은 후, 관련 감정기관에서 "갑에 대한 정액검사 결과 갑은 무정자증

이 아니다"라는 ㉤감정결과가 나왔다.

② 갑은 강간죄의 유죄 확정판결에 대해 다음과 같이 주장하여 재심을 청구하였다.

③ "유죄판결이 확정된 후 이루어진 갑에 대한 정액검사 결과 갑은 무정자증이 아니라는 사실이 밝혀졌으므로 형소법 제420조 제5호의 '새로운 증거'가 발견되었다."

④ 재심청구법원은 갑이 제시한 ㉤정액검사결과만을 놓고 ㉤정액검사결과가 "재심대상판결에 제출할 수 없었던 증거에 해당하지 않는다"는 이유로 재심청구를 기각하였다.

⑤ 갑은 재심청구기각결정에 불복하여 대법원에 재항고하였다.

⑥ 대법원은 갑의 재항고를 기각한다는 결론에는 일치하였다.

⑦ 그러나 결론에 이르는 논지구성에는 다수의견과 별개의견으로 견해가 나뉘었다.

【사건의 경과 2】

① 대법원은 '증거가 새로 발견된 때'의 의미를 놓고 다수의견과 별개의견으로 견해가 나뉘었다.

② 대법원 다수의견은 다음과 같이 판단하였다.

③ "피고인이 재심을 청구한 경우 재심대상이 되는 확정판결의 소송절차 중에 그러한 증거를 제출하지 못한 데에 과실이 있는 경우에는 그 증거는 '증거가 새로 발견된 때'에서 제외된다."

④ 대법원 별개의견은 다음과 같이 주장하였다.

⑤ "무죄 등을 인정할 증거가 '새로 발견된 때'에 해당하는지는 재심을 청구하는 피고인이 아니라 어디까지나 재심 개시 여부를 심사하는 법원이 새로이 발견하여 알게 된 것인지 여부에 따라 결정되어야 한다."

⑥ 대법원은 다수의견에 따라 다음과 같이 판단하였다.

    (가) 갑이 무정자증이 아니라는 증거(㉤정액검사결과)가 재심대상판결의 소송절차에서 발견되지 못한 것이었는지를 먼저 살펴야 한다.

    (나) 그 다음 그 당시 갑이 그러한 증거를 발견하여 알고 있었는데도 고의 또는 과실로 이를 제출하지 아니한 경우에 해당된다고 인정되는가를 판단하여야 한다.

    (다) 이러한 경우에 해당된다고 인정될 때 그 증거(㉤정액검사결과)를 재심사유가 되는 신규성 있는 증거로 볼 수 없다고 판단해야 한다.

    (라) 재심청구법원은 ㉤정액검사결과가 그 소송절차에서 발견되지 못한 것이었는지를 살펴보지도 아니한 채 만연히 제출할 수 없었던 증거에 해당하지 않는다고 판단하였다.

    (마) 재심청구법원의 결정에는 증거의 신규성 요건에 관한 법리를 오해한 나머지 그 발견 여부 및 제출하지 못한 데 대한 재심청구인의 고의·과실 여부 등에 관한 심리를 다하지 아니한 잘못이 있다.

【사건의 경과 3】

① 대법원은 '무죄 등을 인정할 명백한 증거'의 요건과 관련하여 단독평가설에 입각해 있던 종래의 판례를 변경하는 데에 견해가 일치하였다.

② 그러나 다른 증거의 고려 범위를 놓고 대법원은 다수의견과 별개의견으로 견해가 나뉘었다.

③ 대법원 다수의견은 다음과 같이 판단하였다.

④ "재심대상이 되는 확정판결을 선고한 법원이 사실인정의 기초로 삼은 증거들 가운데 새로 발견된

증거와 유기적으로 밀접하게 관련되고 모순되는 것들은 함께 고려하여 평가하여야 한다."

⑤ 대법원 별개의견은 다음과 같이 주장하였다.

⑥ "새로 발견된 증거와 재심대상인 확정판결이 그 사실인정에 채용한 모든 구증거를 함께 고려하여 종합적으로 평가·판단해야 한다."

⑦ 대법원 다수의견은 갑이 재심사유로 내세우고 있는 "갑은 무정자증이 아니다"라는 ⑩정액검사결과와 유기적으로 밀접하게 관련되는 증거로 재심대상 확정판결의 사실인정에 기초가 된 증거들 가운데 다음의 증거를 고려대상으로 주목하였다.

    (가) "피해자의 체내에서 채취한 가검물에서 정액 양성반응이 나타났을 뿐 정자는 검출되지 않았다"는 내용의 국립과학수사연구소장의 감정의뢰회보 (㉠증거)

    (나) "이러한 감정의뢰회보에 비추어 범인은 무정자증으로 추정된다"는 내용의 검찰주사의 수사보고 (㉡증거)

⑧ 대법원 별개의견은 ㉠과 ㉡ 증거 이외에 다음의 증거를 고려대상에 추가하였다.

    (가) 범인의 침입경로인 피해자 주택 난간에서 채취된 지문이 갑의 지문과 일치됨 (㉢증거)

    (나) 갑의 주거에서 범행에 사용된 것과 같은 종류의 도구가 발견되었음 (㉣증거)

⑨ 그러나 다수의견과 별개의견은 새로운 증거가 유죄의 확정판결을 그대로 유지할 수 없을 정도로 고도의 개연성이 인정되는 경우에 해당한다고 볼 수 없다는 점에 의견이 일치하였다.

⑩ (이하에서는 지면관계상 별개의견과 다수의견의 보충의견 소개를 생략함)

2. 새로운 증거의 신규성 판단

【대법원 분석】 가. 형사소송법 제420조 제5호(이하 '이 사건 조항'이라고 한다)는 재심사유의 하나로 "유죄의 선고를 받은 자에 대하여 무죄 또는 면소를, 형의 선고를 받은 자에 대하여 형의 면제 또는 원판결이 인정한 죄보다 경한 죄를 인정할 명백한 증거가 새로 발견된 때"를 규정하고 있다. /

【대법원 분석】 이는 재심사유 가운데에서도 판결확정 후 새로운 증거의 출현을 내용으로 하는 이른바 신규형 재심사유로서, 첫째로 '새로운 증거가 발견되었을 것'(증거의 신규성)과 둘째로 새로 발견된 증거가 '무죄 등을 인정할 명백한 증거에 해당할 것'(증거의 명백성) 등을 그 요건으로 한다.

【대법원 요지】 이 사건 조항에서 무죄 등을 인정할 '증거가 새로 발견된 때'라 함은 재심대상이 되는 확정판결의 소송절차에서 발견되지 못하였거나 또는 발견되었다 하더라도 제출할 수 없었던 증거로서 이를 새로 발견하였거나 비로소 제출할 수 있게 된 때를 말한다. /

【대법원 요지】 증거의 신규성을 누구를 기준으로 판단할 것인지에 대하여 이 사건 조항이 그 범위를 제한하고 있지 않으므로 그 대상을 법원으로 한정할 것은 아니다. /

【대법원 판단】 그러나 재심은 당해 심급에서 또는 상소를 통한 신중한 사실심리를 거쳐 확정된 사실관계를 재심사하는 예외적인 비상구제절차이므로, 피고인이 판결확정 전 소송절차에서 제출할 수 있었던 증거까지 거기에 포함된다고 보게 되면, 판결의 확정력이 피고인이 선택한 증거제출시기에 따라 손쉽게 부인될 수 있게 되어 형사재판의 법적 안정성을 해치고, 헌법이 대법원을 최종심으로 규정한 취지에 반하여 제4심으로서의 재심을 허용하는 결과를 초래할 수 있다. /

【대법원 요지】 따라서 피고인이 재심을 청구한 경우 재심대상이 되는 확정판결의 소송절차 중에 그

러한 증거를 제출하지 못한 데에 과실이 있는 경우에는 그 증거는 이 사건 조항에서의 '증거가 새로 발견된 때'에서 제외된다고 해석함이 상당하다.

3. 새로운 증거의 명백성 판단

【대법원 요지】 또한, '무죄 등을 인정할 명백한 증거'에 해당하는지 여부를 판단할 때에는 법원으로서는 새로 발견된 증거만을 독립적·고립적으로 고찰하여 그 증거가치만으로 재심의 개시 여부를 판단할 것이 아니라, /

【대법원 요지】 재심대상이 되는 확정판결을 선고한 법원이 사실인정의 기초로 삼은 증거들 가운데 새로 발견된 증거와 유기적으로 밀접하게 관련되고 모순되는 것들은 함께 고려하여 평가하여야 하고, /

【대법원 요지】 그 결과 단순히 재심대상이 되는 유죄의 확정판결에 대하여 그 정당성이 의심되는 수준을 넘어 그 판결을 그대로 유지할 수 없을 정도로 고도의 개연성이 인정되는 경우라면 그 새로운 증거는 이 사건 조항에서의 '명백한 증거'에 해당한다고 할 것이다. /

【대법원 판단】 만일 법원이 새로 발견된 증거만을 독립적·고립적으로 고찰하여 명백성 여부를 평가·판단하여야 한다면, 그 자체만으로 무죄 등을 인정할 수 있는 명백한 증거가치를 가지는 경우에만 재심 개시가 허용되어 재심사유가 지나치게 제한될 것인바, 이는 새로운 증거에 의하여 이전과 달라진 증거관계하에서 다시 살펴 실체적 진실을 모색하도록 하기 위해 '무죄 등을 인정할 명백한 증거가 새로 발견된 때'를 재심사유의 하나로 정한 재심제도의 취지에 반하기 때문이다.

【대법원 요지】 이와 달리 새로 발견된 증거의 증거가치만을 기준으로 하여 '무죄를 인정할 명백한 증거'인지 여부를 판단한 대법원 1990. 11. 5.자 90모50 결정, 대법원 1991. 9. 10.자 91모45 결정, 대법원 1999. 8. 11.자 99모93[I권] 결정 등은 위 법리와 저촉되는 범위 내에서 이를 변경하기로 한다.

4. 사안에 대한 재심청구법원의 판단

【원심 분석】 나. 원심은, 재심대상사건 기록상 재심대상판결을 선고한 법원은 재항고인(피고인, 이하에서 '재항고인'이라고 한다)이 위험한 물건을 휴대하여 피해자를 강간하였다는 등의 범죄사실을 유죄로 인정하면서 이 사건 범인이 무정자증임을 전제로 하고 있는데 /

【원심 분석】 재심대상판결이 확정된 후에 이루어진 재항고인에 대한 정액검사결과 재항고인은 무정자증이 아니라는 사실이 밝혀졌으므로 재심대상판결에는 이 사건 조항에 해당하는 재심사유가 있다는 취지의 재항고인의 주장에 대하여, /

【원심 판단】 위 정액검사결과는 재심대상판결의 소송절차에서 제출할 수 없었던 증거라고 볼 수 없을 뿐 아니라 무죄를 인정할 명백한 증거라고 보기 어렵다는 이유로 위 재심사유가 존재하지 않는다고 판단하였다.

5. 사안에 대한 대법원의 판단 - 새로운 증거 여부

【대법원 판단】 원심결정 이유를 위 법리에 비추어 살펴보면, 원심은, 첫째 무죄를 인정할 '증거가 새로 발견된 때'에 해당하는지를 판단하는 데에 있어서 먼저 재항고인이 무정자증이 아니라는 증거가 재

심대상판결의 소송절차에서 발견되지 못한 것이었는지 여부를 살핀 다음, /

【대법원 판단】 그 당시 재항고인이 그러한 증거를 발견하여 알고 있었는데도 고의 또는 과실로 이를 제출하지 아니한 경우에 해당된다고 인정될 때 이를 이 사건 조항에서 정한 재심사유가 되는 신규성 있는 증거로 볼 수 없다고 판단하였어야 할 것인바, /

【대법원 결론】 위 정액검사결과가 그 소송절차에서 발견되지 못한 것이었는지를 살펴보지도 아니한 채 만연히 제출할 수 없었던 증거에 해당하지 않는다고 판단한 원심결정에는 이 사건 조항에서 정한 증거의 신규성 요건에 관한 법리를 오해한 나머지 그 발견 여부 및 제출하지 못한 데 대한 재항고인의 고의·과실 여부 등에 관한 심리를 다하지 아니한 잘못이 있다. /

6. 사안에 대한 대법원의 판단 – 명백한 증거 여부

【대법원 판단】 둘째, '무죄 등을 인정할 명백한 증거'에 해당하는지는 재심대상판결을 선고한 법원이 사실인정의 기초로 삼은 증거들 중에서 위 정액검사결과와 유기적으로 밀접하게 관련되고 모순되는 증거들은 함께 고려하여 평가하여야 할 것임에도, /

【대법원 결론】 이와 달리 원심이 그러한 증거들을 제쳐 두고 위 정액검사결과의 증거가치만을 기준으로 증거의 명백성 여부를 판단한 것은 잘못이라고 할 것이다. /

7. 사안에 대한 대법원의 최종 판단

【대법원 분석】 그런데 재항고인이 재심사유로 내세우고 있는 증거, 즉 자신이 무정자증이 아니라는 위 정액검사결과와 유기적으로 밀접하게 관련되는 증거로는 재심대상사건 기록상 재심대상인 확정판결의 사실인정에 기초가 된 증거들 가운데 국립과학수사연구소장의 감정의뢰회보와 검찰주사의 수사보고 등이 있는바, /

【대법원 분석】 위 감정의뢰회보의 내용은 피해자의 체내에서 채취한 가검물에서 정액 양성반응이 나타났을 뿐 정자는 검출되지 않았다는 것이고, 위 수사보고는 이러한 감정의뢰회보에 비추어 범인은 무정자증으로 추정된다는 것인데, /

【대법원 판단】 위 감정의뢰회보의 내용과 같이 정액 양성반응이 있으나 정자가 검출되지 않은 이유에는 무정자증 이외에도 채취한 가검물의 상태나 그 보존 과정 등에서의 여러 가지 요인에 의하여 정자가 소실되는 등의 다른 원인이 있을 수 있으므로, 위 감정의뢰회보만으로 범인이 반드시 무정자증이라고 단정할 수는 없고, /

【대법원 판단】 여러 가지 가능성 중의 하나로서 단순히 추측하는 내용에 불과한 위 수사보고 역시 별다른 증거가치를 인정할 수 없다. /

【대법원 판단】 재항고인이 무정자증이 아니라는 사실을 인정할 수 있는 자료에 불과한 위 정액검사결과는 위 증거들을 함께 고려하더라도 이 사건 재심대상판결을 그대로 유지할 수 없을 정도로 고도의 개연성이 인정되는 증거가치를 가지지 못하므로, 결국 이 사건에서 무죄를 인정할 명백한 증거에는 해당하지 않는다고 할 것이다.

【대법원 결론】 따라서 원심이 재항고인에 대한 위 검사결과가 형사소송법 제420조 제5호 소정의 재심사유에 해당하지 않는다고 판단한 것은 결론에 있어서 정당하다. (재항고 기각)

2006도736

공소사실의 동일성과 사물관할
상습도박 대 특가법사기 사건
2008. 10. 23. 2006도736, 공 2008하, 1622

1. 사실관계 및 사건의 경과

【사실관계】

① 갑 등은 각자 핸디캡을 정하고 홀마다 또는 9홀마다 별도의 돈을 걸고 총 26 내지 32회에 걸쳐 거액의 내기 골프를 하였다.

② 검사는 갑 등을 상습도박죄로 서울남부지방법원에 기소하였다.

③ 상습도박죄는 단독판사의 사물관할에 속한다.

④ 갑 등의 피고사건은 서울남부지방법원 M단독판사에 의하여 심리되었다.

⑤ 제1심법원은 골프는 도박에 해당하지 않는다는 이유로 무죄를 선고하였다.

【사건의 경과 1】

① 검사는 불복 항소하였다.

② 항소심은 서울남부지방법원 N합의부에 의하여 진행되었다.

③ [항소심 공판절차에서 검사는 갑이 핸디캡을 속이고 내기골프를 친 것이라고 주장하였다.]

④ 검사는 ㉠상습도박죄의 공소사실에 ㉡특가법위반죄(사기)의 공소사실을 예비적으로 추가하는 공소장변경신청을 하였다.

⑤ 항소심법원은 검사의 공소장변경신청을 허가하였다.

⑥ ㉡특가법위반죄(사기) 피고사건의 사물관할은 고등법원에 속한다.

⑦ 항소심 재판부인 서울남부지방법원 N합의부는 갑 등의 피고사건을 서울고등법원으로 이송하였다.

【사건의 경과 2】

① 서울고등법원의 심리와 증거조사에서 갑과 변호인은 아무런 이의를 제기하지 않았다.

② 서울고등법원은 갑 등의 내기골프가 도박에 해당한다고 판단하였다.

③ 서울고등법원은 주위적 공소사실인 ㉠상습도박죄에 대해 갑 등을 유죄로 인정하였다.

④ 서울고등법원은 예비적 공소사실인 ㉡특가법위반죄(사기)에 대해서는 판단하지 않았다.

【사건의 경과 3】

① 갑 등은 불복 상고하였다.

② 갑 등은 상고이유로 다음의 점을 주장하였다.

　(가) 내기골프는 도박에 해당하지 않는다. (이하 고찰을 생략함)

　(나) 원심인 서울고등법원은 ㉠상습도박죄를 인정하였다.

　(다) 이것은 서울남부지방법원 N합의부가 예비적으로 ㉡특가법위반죄(사기)의 공소사실을 추가하는 공소장변경신청을 허가한 것이 위법하였음을 의미한다.

③ (상고이유는 저자가 임의로 재구성함)

④ 갑 등은 상고이유서를 20일의 제출기간을 도과하여 제출하였다.

⑤ 대법원은 직권으로 판단하였다.

2. 사안에 대한 대법원의 판단

【대법원 판단】 나아가 직권으로 살펴보아도, 기록에 의하면 이 사건 상습도박죄의 공소사실과 예비적으로 추가된 특정경제범죄 가중처벌 등에 관한 법률 위반(사기)죄의 공소사실은 일시, 장소, 행위태양, 행위참여자 등 기본적 사실관계가 동일한데다가, /

【대법원 판단】 이 사건 상습도박의 주된 공소사실이 유죄로 되면 특정경제범죄 가중처벌 등에 관한 법률 위반(사기)죄의 예비적 공소사실은 주된 공소사실에 흡수되고, 위 주된 공소사실이 무죄로 될 경우에만 위 예비적 공소사실의 범죄가 성립할 수 있는 관계에 있어 규범적으로 보아도 공소사실의 동일성을 부정하기 어렵고, /

【대법원 판단】 검사가 위 예비적 공소사실을 추가하는 공소장변경을 신청한 데 대하여 위 피고인과 변호인이 어떠한 이의를 하지 않은 채 심리 및 증거조사가 이루어진 사실을 인정할 수 있으므로, /

【대법원 판단】 서울남부지방법원(2005노○○○호)이 위와 같이 예비적 공소사실을 추가하는 내용의 공소장변경신청을 허가한 다음 이 사건을 관할권이 있는 원심 법원으로 이송한 것이 위법이라고 할 수 없다. (상고 기각)

2006도2556

전문증거의 성립요소
문자메세지 사진 사건
2008. 11. 13. 2006도2556, 공 2008하, 1704

1. 사실관계 및 사건의 경과

【사실관계】

① 정보통신망법은 정보통신망을 통하여 공포심이나 불안감을 유발하는 글을 반복적으로 상대방에게 도달하게 하는 행위를 처벌하고 있다. (P규정)

② A는 갑이 휴대전화로 자신에게 불안감을 유발하는 문자메세지를 계속적으로 보내고 있다고 경찰에 신고하였다.

③ A는 경찰에 신고하면서 그동안에 받은 문자메세지들 가운데 ㉠부터 ㉘까지 7개의 문자메세지를 촬영한 사진들을 증거로 제출하였다. (Q사진들)

④ A는 Q사진들이 자신(A)의 휴대전화를 통하여 갑이 휴대전화로 보낸 문자메세지 화면을 사진으로 찍었다고 말하였다.

⑤ 갑은 경찰에 출석하여 ㉠부터 ㉘까지의 문자메세지 중 4개는 A에게 보낸 적이 없고, 3개는 그 내

용이 일부만 발췌되어 편집된 것이라는 취지로 혐의사실을 부인하였다.

【사건의 경과 1】

① 검사는 갑이 ㉠부터 ㉐까지의 불안감을 유발하는 문자메세지를 반복적으로 A에게 도달하게 하는 행위를 하였다는 공소사실로 갑을 정보통신망법위반죄로 기소하였다.

② 제1심 공판절차에서 갑은 공소사실을 부인하였다.

③ 검사는 Q사진들을 증거로 제출하였다.

④ 갑은 Q사진들을 증거로 사용함에 부동의하였다.

⑤ 제1심법원은 A를 증인으로 신문하였다.

⑥ [A는 갑으로부터 불안감을 유발하는 문자메세지를 다수 받았다고 증언하였다.]

⑦ 제1심법원은 A의 증언과 Q사진들을 증거로 채택하여 갑에게 유죄를 선고하였다.

【사건의 경과 2】

① 갑은 불복 항소하였다.

② (이하의 분석은 항소심판결에 의함)

③ 갑은 Q사진들에 대해 다음과 같이 주장하여 공소사실을 부인하였다.

　(가) ㉠부터 ㉐까지의 문자메세지 중 4개는 A에게 보낸 적이 없다.

　(나) 나머지 3개는 그 내용이 일부만 발췌되어 편집된 것이다.

④ 항소심법원은 Q사진들에 대한 증거능력을 부인하였다.

⑤ 항소심법원은 A의 진술의 신빙성을 부인하였다.

⑥ 항소심법원은 제1심판결을 파기하고, 갑에게 무죄를 선고하였다.

⑦ 검사는 불복 상고하였다.

⑧ 검사는 상고이유로, Q사진들에 증거능력이 인정된다고 주장하였다.

【사건의 경과 3】

① (항소심법원이 Q사진들의 증거능력을 부인한 것은 다음과 같은 추론에 입각한 것이다.)

② Q사진들은 A가 자신의 휴대전화를 통하여 갑이 휴대전화로 보낸 문자메세지 화면을 사진으로 찍었다면서 경찰에 제출한 것이다.

③ 이 사건에서 증거로 제출되어야 할 증거물은 갑의 휴대전화로 보내진 문자메세지에 담긴 글 내용 자체이다.

④ 원래 증거로 제출되어야 할 증거물의 대체물로 사진이 사용되는 경우, 증거물의 원본이 존재하거나 존재하였을 것, 원본을 정확하게 전사하였을 것 등의 요건이 갖추어져야 그 증거능력을 인정할 수 있다.

⑤ 또한 휴대전화를 통하여 보내어진 문자메세지에 담긴 글 내용 자체가 원물로서 증거로 사용되는 경우 형사소송법 제313조 제1항에 의하여 그 작성자의 진술에 의하여 그 성립과 내용의 진정함이 증명되는 때에 한하여 그 증거능력이 있다.

⑥ 갑은 Q사진을 증거로 사용함에 부동의하고 있다.

⑦ 갑은 공소사실 내용과 같은 글 중 4개는 A에게 휴대전화 문자메세지로 보낸 적 없으며 나머지 3개는 피고인이 보낸 문자메세지글과는 달리 그 내용이 발췌, 편집되었다는 취지로 진술하여 A에게

보낸 문자메세지글의 성립과 내용의 진정함을 부인하고 있다.

⑧ 결국 Q사진들은 아무런 증거능력이 없다.

2. 불안감 문자 도달행위의 증명방법

【대법원 분석】 구 정보통신망 이용촉진 및 정보보호 등에 관한 법률(2005. 12. 30. 법률 제7812호로 개정되기 전의 것) 제65조 제1항 제3호는 정보통신망을 통하여 공포심이나 불안감을 유발하는 글을 반복적으로 상대방에게 도달하게 하는 행위를 처벌하고 있는바, /

【대법원 요지】 검사가 위 죄에 대한 유죄의 증거로 문자정보가 저장되어 있는 휴대전화기를 법정에 제출하는 경우 휴대전화기에 저장된 문자정보는 그 자체가 범행의 직접적인 수단으로서 이를 증거로 사용할 수 있다고 할 것이다. /

【대법원 요지】 또한, 검사는 휴대전화기 이용자가 그 문자정보를 읽을 수 있도록 한 휴대전화기의 화면을 촬영한 사진을 증거로 제출할 수도 있을 것인바, 이를 증거로 사용하기 위해서는 문자정보가 저장된 휴대전화기를 법정에 제출할 수 없거나 그 제출이 곤란한 사정이 있고, 그 사진의 영상이 휴대전화기의 화면에 표시된 문자정보와 정확하게 같다는 사실이 증명되어야 할 것이다.

3. 사진의 증거능력과 전문법칙

【대법원 분석】 한편, 형사소송법 제310조의2는 "제311조 내지 제316조에 규정한 것 이외에는 공판준비 또는 공판기일에서의 진술에 대신하여 진술을 기재한 서류나 공판준비 또는 공판기일 외에서의 타인의 진술을 내용으로 하는 진술은 이를 증거로 할 수 없다."고 규정하고 있는바, /

【대법원 요지】 이는 사실을 직접 경험한 사람의 진술이 법정에 직접 제출되어야 하고 이에 갈음하는 대체물인 진술 또는 서류가 제출되어서는 안 된다는 이른바 전문법칙을 선언한 것이다. /

【대법원 요지】 따라서 정보통신망을 통하여 공포심이나 불안감을 유발하는 글을 반복적으로 상대방에게 도달하게 하는 행위를 하였다는 공소사실에 대하여 /

【대법원 요지】 휴대전화기에 저장된 문자정보가 그 증거가 되는 경우와 같이, /

【대법원 요지】 그 문자정보가 범행의 직접적인 수단이 될 뿐 경험자의 진술에 갈음하는 대체물에 해당하지 않는 경우에는 /

【대법원 요지】 형사소송법 제310조의2에서 정한 전문법칙이 적용될 여지가 없다.

【대법원 결론】 이와 달리, 문자메시지의 형태로 전송된 문자정보를 휴대전화기의 화면에 표시하여 이를 촬영한 이 사건 사진들에 대하여 /

【대법원 결론】 피고인이 그 성립 및 내용의 진정을 부인한다는 이유로 이를 증거로 사용할 수 없다고 한 원심판결에는, /

【대법원 결론】 위 문자정보의 증거로서의 성격 및 위 사진들의 증거능력에 관한 법리를 오해하여 판결 결과에 영향을 미친 위법이 있다. /

【대법원 결론】 이 점을 지적하는 상고이유 주장은 이유 있다. (파기 환송)

2006도4322

범칙금 납부와 불처벌의 범위
자동차용품점 앞 교통사고 사건
2007. 4. 12. 2006도4322, 공 2007, 738

1. 사실관계 및 사건의 경과

【사실관계】

① 2005. 8. 26. 22:05경 갑은 P시내버스를 운전하다가 Q오토바이와 부딪치는 교통사고를 내었다.

② 갑은 이 사고로 경찰서장의 범칙금 통고처분을 받고 범칙금을 납부하였다.

③ 갑이 범칙금의 통고처분을 받게 된 범칙행위는 다음과 같다.

④ "2005. 8. 26. 22:05경 갑은 인천 계양구 효성동 Q번지 자동차용품점 앞에서 P시내버스를 운전하다 신호를 위반하였다."

【사건의 경과 1】

① 이후 검사는 갑을 교통사고처리특례법위반죄로 기소하였다.

② 갑의 피고사건은 제1심을 거친 후, 항소심에 계속되었다.

③ 항소심법원은 갑에게 유죄를 선고하였다.

④ 갑에 대한 교통사고처리특례법 위반죄의 범죄행위사실은 다음과 같다.

⑤ "피고인은 2005. 8. 26. 22:05경 인천 계양구 효성동 Q번지 자동차용품점 앞에서 P시내버스를 시속 약 30 km로 운전하여 효성동 구사거리 방면에서 아나지 삼거리 방면으로 진행하던 중 인천 계양구 효성동 Q번지 소재 신호등이 설치된 사거리 교차로에 이르러 정지신호를 무시하고 직진하여 위 교차로에 진입한 업무상 과실로, 진행 방향 우측 도로에서 신호에 위반하여 위 교차로에 진입한 공소외 A 운전의 Q오토바이 좌측 부분을 위 버스 앞 범퍼 부분으로 들이받으면서 급제동을 하여, 그 충격으로 위 버스에 타고 있던 피해자 공소외 B 등 11인으로 하여금 각 약 2주간의 치료를 요하는 우슬관절 염좌 등의 상해를 입게 하였다."

【사건의 경과 2】

① 갑은 불복 상고하였다.

② 갑은 상고이유로 다음의 점을 주장하였다.

　(가) 도로교통법 관련규정은 범칙금 납부 통고를 받고 범칙금을 납부한 사람은 그 범칙행위에 대하여 다시 벌받지 아니한다고 규정하고 있다.

　(나) 범칙금을 납부했음에도 불구하고 동일한 범죄사실로 또 처벌하는 것은 이중처벌에 해당한다.

2. 범칙금 납부와 불처벌의 효력범위

【대법원 분석】 도로교통법(2005. 5. 31. 법률 제7545호로 전문 개정되기 전의 것) 제119조 제3항에 의하면, 범칙금 납부 통고를 받고 범칙금을 납부한 사람은 그 범칙행위에 대하여 다시 벌받지 아니

한다고 규정하고 있는바, /

【대법원 요지】 범칙금의 통고 및 납부 등에 관한 같은 법의 규정들의 내용과 취지에 비추어 볼 때 범칙자가 경찰서장으로부터 범칙행위를 하였음을 이유로 범칙금의 통고를 받고 그 범칙금을 납부한 경우 다시 벌받지 아니하게 되는 행위는 범칙금 통고의 이유에 기재된 당해 범칙행위 자체 및 그 범칙행위와 동일성이 인정되는 범칙행위에 한정된다고 해석함이 상당하다고 할 것이므로, /

【대법원 요지】 범칙행위와 같은 때, 같은 곳에서 이루어진 행위라 하더라도 범칙행위와 별개의 형사 범죄행위에 대하여는 범칙금의 납부로 인한 불처벌의 효력이 미치지 아니한다고 할 것이다.

【대법원 요지】 그런데 교통사고로 인하여 업무상과실치상죄 또는 중과실치상죄를 범한 운전자에 대하여 피해자의 명시한 의사에 반하여 공소를 제기할 수 있도록 하고 있는 교통사고처리특례법 제3조 제2항 단서의 각 호에서 규정한 신호위반 등의 예외사유는 같은 법 제3조 제1항 위반죄의 구성요건 요소가 아니라 그 공소제기의 조건에 관한 사유일 뿐이고, /

【대법원 분석】 또한 도로교통법 제117조 제2항 제2호는 범칙행위로 교통사고를 일으킨 사람이 교통사고처리특례법 제3조 제2항 단서의 규정에 따라 같은 법 제3조 제1항 위반죄의 벌을 받게 되는 경우에는 범칙금 통고처분을 할 수 있는 대상인 범칙자에서 제외되도록 규정하고 있는바, /

【대법원 요지】 이러한 관련 법률의 내용과 취지를 고려하면 같은 법 제3조 제2항 단서 각 호에서 규정한 예외사유에 해당하는 신호위반 등의 범칙행위와 같은 법 제3조 제1항 위반죄는 그 행위의 성격 및 내용이나 죄질 및 피해법익 등에 현저한 차이가 있어 동일성이 인정되지 않는 별개의 범죄행위라고 보아야 할 것이므로, /

【대법원 요지】 교통사고처리특례법 제3조 제2항 단서 각 호의 예외사유에 해당하는 신호위반 등의 범칙행위로 교통사고를 일으킨 사람이 통고처분을 받아 범칙금을 납부하였다고 하더라도 그 사람의 업무상과실치상죄 또는 중과실치상죄에 대하여 같은 법 제3조 제1항 위반죄로 처벌하는 것이 도로교통법 제119조 제3항에서 금지하는 이중처벌에 해당한다고 볼 수 없다.

3. 사안에 대한 대법원의 판단

【대법원 분석】 기록에 의하면, 피고인이 범칙금의 통고처분을 받게 된 범칙행위는 2005. 8. 26. 22:05경 인천 계양구 효성동 Q번지 자동차용품점 앞에서 P시내버스를 운전하다 신호를 위반하였다는 것임에 반하여, /

【대법원 분석】 피고인에 대한 이 사건 교통사고처리특례법 위반죄의 범죄행위사실은 /

【대법원 분석】 피고인이 위와 같은 일시, 장소에서 위 시내버스를 시속 약 30km로 운전하여 효성동 구사거리 방면에서 아나지 삼거리 방면으로 진행하던 중 인천 계양구 효성동 Q번지 소재 신호등이 설치된 사거리 교차로에 이르러 정지신호를 무시하고 직진하여 위 교차로에 진입한 업무상 과실로, /

【대법원 분석】 진행 방향 우측 도로에서 신호에 위반하여 위 교차로에 진입한 공소외 A 운전의 Q오토바이 좌측 부분을 위 버스 앞 범퍼 부분으로 들이받으면서 급제동을 하여, 그 충격으로 위 버스에 타고 있던 피해자 공소외 B 등 11인으로 하여금 각 약 2주간의 치료를 요하는 우슬관절 염좌 등의 상해를 입게 하였다는 것인바, /

【대법원 판단】 앞서 본 법리에 비추어 보면, 위 신호위반의 범칙행위와 공소가 제기된 이 사건 범죄행위사실은 시간, 장소에 있어서는 근접하여 있으나 동일성이 인정되지 아니하는 별개의 행위라고 할 것이므로, /

【대법원 판단】 피고인이 경찰서장으로부터 위 신호위반을 이유로 한 통고처분을 받고 범칙금을 납부하였다 하더라도 이는 피고인을 교통사고처리특례법 위반죄로 처벌하는 데에 영향을 미칠 수 없는 것이어서 이중처벌이라고 할 수 없다. (상고 기각)

【코멘트】 도로교통법은 범칙금을 낸 사람에 대해 "범칙행위에 대하여 다시 벌 받지 아니한다"고 규정하고 있다(동법164③). 본 판례는 이러한 법적 효과가 유죄의 확정판결에 부여되는 일사부재리의 효력(법326 i)과 같은 것인가 아닌가 하는 의문점을 다루고 있다. 결론에 있어서 대법원은 범칙금 납부의 법적 효과를 제한하는 입장을 취하고 있다. 일사부재리의 효력은 범칙행위 자체 및 그 범칙행위와 동일성이 인정되는 범칙행위에 한정된다는 것이다.

범칙금 납부의 법적 효과와 직접 관계되는 것은 아니지만 본 판례에서 다소 주목해 볼 부분이 있다. 교통사고처리특례법은 합의가 있거나 보험 등에 가입하여 손해배상이 담보되는 경우 공소를 제기할 수 없도록 하고 있다. 일종의 반의사불벌죄인 셈이다. 그런데 몇 가지 중대한 교통규칙 위반사범의 경우에는 반의사불벌의 특례적용을 배제하고 있다. 이와 관련하여 대법원은 교통사고처리특례법이 규정한 "신호위반 등의 예외사유는 같은 법 제3조 제1항 위반죄[업무상 과실치사상죄]의 구성요건 요소가 아니라 그 공소제기의 조건에 관한 사유일 뿐이다."라고 판시하고 있다.

여기에서 신호위반 등 예외사유가 구성요건 요소로 파악되는 경우와 공소제기의 조건에 관한 사유로 판단되는 경우의 차이가 무엇인가 하는 의문이 제기된다. 양자를 구별하는 실익은 증명의 정도에서 나타난다. 신호위반 등 예외사유가 구성요건 요소로 파악되면 그 사유는 범죄성립의 요소가 된다. 이 때문에 검사는 해당 사실을 엄격한 증명에 의하여 입증하지 않으면 안 된다. 이에 대해 공소제기의 조건에 관한 사유로 파악하는 경우에는 소송법적 사실에 관한 것이므로 자유로운 증명으로 족하다. 증거능력 있는 증거에 의하여 법률이 정하는 증거조사절차에 따라 증명하지 않더라도 해당사실을 입증할 수 있다는 것이다.

본 판례에서 대법원은 공소제기의 조건이 문제된 사안을 다루고 있다. 그런데 역으로 대법원이 구성요건 요소의 문제로 파악하는 사안들이 있다. 특가법이나 특경법의 경우를 보면 일정액 이상의 포탈액이나 이득액이 가중처벌의 사유가 되고 있다. 이러한 경우에 대법원은 가중처벌의 근거가 되는 포탈액이나 이득액을 구성요건 요소로 파악하여 엄격한 증명을 요구하고 있다. 2011. 5. 26. **2009도2453** 판례는 이 점을 잘 보여주고 있다.

2006도7342

공소사실의 특정성
'불상지 불상량 투여' 사건
2007. 1. 25. 2006도7342, 공 2007, 397

1. 사실관계 및 사건의 경과

【사실관계】

① 갑은 마약류관리법위반의 여러 개의 공소사실로 기소되었다.

② 공소사실 가운데에는 다음과 같은 요지의 ㉠공소사실이 들어 있었다.

③ "피고인은 마약류 취급자가 아님에도 2005. 8. 하순경부터 2005. 11. 20.경 사이에 부산 연제구 이하 불상지에서 필로폰(메스암페타민) 불상량을 맥주에 타서 마시거나 1회용 주사기에 넣어 희석한 다음 자신의 팔 혈관에 주사하는 방법으로 이를 투약하였다."

【사건의 경과】

① 갑의 피고사건은 제1심을 거친 후, 항소심에 계속되었다.

② 항소심법원은 ㉠공소사실에 대하여 공소제기절차가 무효인 때에 해당한다는 이유로 공소기각판결을 선고하였다.

③ 검사는 불복 상고하였다.

2. 사안에 대한 대법원의 판단

【대법원 요지】 형사소송법 제254조 제4항이 "공소사실의 기재는 범죄의 시일, 장소와 방법을 명시하여 사실을 특정할 수 있도록 하여야 한다."라고 규정한 취지는, 심판의 대상을 한정함으로써 심판의 능률과 신속을 꾀함과 동시에 방어의 범위를 특정하여 피고인의 방어권 행사를 쉽게 해주기 위한 것이므로, /

【대법원 요지】 검사로서는 위 세 가지 특정요소를 종합하여 다른 사실과의 식별이 가능하도록 범죄구성요건에 해당하는 구체적 사실을 기재하여야 하는바, 이는 마약류취급자가 아니면서도 마약류를 투약하였음을 내용으로 하는 마약류관리에 관한 법률위반죄의 공소사실에 관한 기재에 있어서도 마찬가지라고 할 것이다.

【대법원 판단】 이 사건 공소사실 중 "피고인 갑이 마약류 취급자가 아님에도 2005. 8. 하순경부터 2005. 11. 20.경 사이에 부산 연제구 이하 불상지에서 필로폰(메스암페타민) 불상량을 맥주에 타서 마시거나 1회용 주사기에 넣어 희석한 다음 자신의 팔 혈관에 주사하는 방법으로 이를 투약하였다."는 부분은, 메스암페타민의 투약시기, 투약한 메스암페타민의 양과 투약 방법 등의 심판대상이 특정되지 아니하여 피고인의 방어권 행사에 지장을 초래할 위험성이 크다고 할 것이다. /

【대법원 판단】 따라서 위와 같은 공소사실의 기재는 특정한 구체적 사실의 기재에 해당한다고 볼 수 없어 형사소송법 제254조 제4항에 정해진 요건을 갖추지 못한 것이므로, 이 부분 공소는 공소제기의

절차가 법률의 규정에 위반하여 무효라고 할 것이다.

【대법원 판단】 그러므로 형사소송법 제327조 제2호에 의하여 위 부분 공소에 대하여 공소를 기각하여야 할 것인바, 이와 같은 취지의 원심의 판단은 정당하고, 거기에 상고이유에서 주장하는 바와 같은 공소사실의 특정에 관한 법리 등을 오해한 위법이 없다. (상고 기각)

2006도7915

허위사실의 입증방법
'감사중단 지시' 사건

2008. 11. 13. 2006도7915, [공보불게재]

1. 사실관계 및 사건의 경과

【사실관계】

① 감사원의 감사관 갑은 언론을 상대로 양심선언을 하였다.

② 양심선언의 내용 가운데에는 "감사 도중 담당 국장 A가 외압을 받아 감사중단을 지시하였다"는 내용이 들어 있었다. (㉠발언)

③ 갑은 양심선언 당시 다음의 사실을 적시하였다.

　　(가) "감사도중 A의 지시에 의하여 뚜렷한 이유 없이 감사가 중단되었다."

　　(나) "P그룹의 실제 사주인 C가 청와대 제1부속실장 B에게 뇌물을 준 것이 밝혀졌다."

④ 갑은 위의 사실을 적시하면서, "청와대에서 감사원 상부에 압력을 행사하여 감사가 중단된 것이라는 의혹을 가지게 되었다."는 취지로 공표하였다.

⑤ 갑의 양심선언은 언론에 보도되었다.

⑥ 담당 국장 A는 외압을 받은 일이 없다고 주장하면서 갑을 고소하였다.

【사건의 경과】

① 검사는 갑을 출판물에 의한 명예훼손죄로 기소하였다.

② 제1심법원은 무죄를 선고하였다.

③ 검사는 불복 항소하였다.

④ 항소심법원은 다음의 이유를 들어 검사의 항소를 기각하고, 제1심판결을 유지하였다.

　　(가) 갑의 ㉠발언은 사실적시에 해당하지 않는다.

　　(나) 갑의 ㉠발언이 사실적시에 해당한다고 하더라도 허위사실의 인식이 없다.

⑤ 검사는 불복 상고하였다.

2. 공소사실의 요지

【대법원 분석】 이 사건 공소사실 중 출판물에 의한 명예훼손의 점의 요지는, /

【대법원 분석】 피고인이 감사원 제4국 제1과에 근무하던 중 피해자인 감사원 제4국장 공소외 A가

피고인의 감사사항인 경기도지사 및 남양주시장이 P그룹 계열의 주식회사 23세기산업(이하 '23세기산업'이라 한다)이 신청한 휴양콘도미니엄업 사업계획(이하 'Q콘도 사업계획'이라 한다)을 승인한 사건에 관한 감사를 뚜렷한 이유 없이 중단시키거나 외부 고위층의 압력을 받아 피고인에게 감사를 중단하도록 지시한 사실이 없음에도, /

【대법원 분석】 피해자를 비방할 목적으로, 1996. 4. 8. 14:00경 서울 서초구 서초동에 있는 민주사회를 위한 변호사 모임 사무실에서 그곳에 모인 성명불상의 기자들에게 피고인이 작성한 "양심선언"이라는 제목의 유인물을 배포하면서 /

【대법원 분석】 '지난해 5월 Q콘도사업 특혜의혹사건에 대한 감사원의 감사는 공소외 A 4국장이 뚜렷한 이유 없이 중단하도록 지시하여 중단되었고, 감사중단은 당시 국장의 지시로 이루어졌지만 그 윗선에서 이 방침이 결정된 것으로 알고 있으나 그 구체적인 압력의 지시자나 내용은 밝힐 수 없다. /

【대법원 분석】 당시 A국장 등에게 감사중단의 부당성에 대해 의견을 제시했으나 무시됐으며 감사원이 청와대의 직속기관인 만큼 청와대측의 압력이 있으리라고 추측했다. 특히, 공소외 B가 P[그룹] 공소외 C 회장으로부터 뇌물을 받은 시점과 콘도미니엄 사업 신청시점이 일치하는 것으로 미루어 공소외 B가 관련되었을 가능성이 크다'고 발표한 뒤

【대법원 분석】 기자들과 기자회견을 하면서도 '피해자가 외부의 압력을 받아 피고인의 감사를 이유 없이 중단시켰다'는 취지로 기자회견을 하여 /

【대법원 분석】 마치 피해자 및 감사원 상부가 외부의 압력을 받아 정당한 이유 없이 피고인의 감사를 중단하도록 한 것처럼 말하고, 이에 따라 1996. 4. 9.자 한겨레신문, 조선일보, 동아일보, 중앙일보, 경향신문, 한국일보, 문화일보, 한국경제신문 등에 그와 같은 취지의 보도가 나게 함으로써 공연히 허위의 사실을 적시하여 출판물에 의하여 피해자의 명예를 훼손하였다는 것이다.

【대법원 분석】 (중 략)

3. 명예훼손죄와 사실적시 여부의 판단

【대법원 요지】 1) 명예훼손죄에 있어서의 사실의 적시란 가치판단이나 평가를 내용으로 하는 의견표현에 대치되는 개념으로서 시간과 공간적으로 구체적인 과거 또는 현재의 사실관계에 관한 보고 내지 진술을 의미하는 것이며, 그 표현내용이 증거에 의한 입증이 가능한 것을 말하고 /

【대법원 요지】 판단할 진술이 사실인가 또는 의견인가를 구별함에 있어서는 언어의 통상적 의미와 용법, 입증가능성, 문제된 말이 사용된 문맥, 그 표현이 행하여진 사회적 상황 등 전체적 정황을 고려하여 판단하여야 한다. /

【대법원 요지】 이러한 사실의 적시는 사실을 직접적으로 표현한 경우에 한정될 것은 아니고, 간접적이고 우회적인 표현에 의하더라도 그 표현의 전취지에 비추어 그와 같은 사실의 존재를 암시하고, 또 이로써 특정인의 사회적 가치 내지 평가가 침해될 가능성이 있을 정도의 구체성이 있으면 충분하다.

【대법원 분석】 기록에 의하면, 피고인은 양심선언 당시 '감사도중 피해자의 지시에 의하여 뚜렷한 이유 없이 감사가 중단되었다', 'P그룹의 실제 사주인 공소외 C가 공소외 B에게 뇌물을 준 것이 밝혀졌다'는 등의 사실을 적시하면서, '청와대에서 감사원 상부에 압력을 행사하여 감사가 중단된 것이라는 의혹을 가지게 되었다'는 취지로 공표한 사실을 알 수 있는바, /

【대법원 판단】 여기서 '청와대에서 감사원 상부에 압력을 행사하였다'는 의미는 '청와대에서 건설교통부에 대한 감사원의 일반감사 도중 부당한 방법으로 감사원 상부에 감사를 중단하라는 지시를 하였다'는 사실을 의미하는 것으로 보이고, /

【대법원 판단】 이와 같이 피고인이 의혹의 내용으로 공표한 사실은 그 입증이 가능할 뿐만 아니라, 피고인이 위와 같은 발언을 한 것은 '피고인이 그러한 의혹을 가지고 있다'는 사실을 알리기 위한 것이 아니라, '청와대가 감사원 상부에 압력을 행사하여 감사가 중단되었다'는 사실을 간접적이고 우회적인 표현에 의하여 암시하려는 것으로 보이며, /

【대법원 판단】 이로 인하여 피해자가 외압에 의한 감사원 상부의 감사중단결정에 무비판적으로 따르는 사람이라는 인상을 줌으로써 피해자의 명예를 훼손하는 것이라고 할 수 있으므로, /

【대법원 판단】 피고인이 의혹으로 공표한 내용은 단순한 의견표현이 아니라 구체적인 사실을 적시한 것이라고 보아야 한다.

4. 허위사실 적시의 입증방법

【대법원 요지】 2) 형법 제309조 제2항의 출판물에 의한 명예훼손죄로 기소된 사건에서, 공표된 사실이 허위라는 점은 검사가 이를 적극적으로 증명하여야 하고, 단지 공표된 사실이 진실이라는 증명이 없다는 것만으로는 허위사실공표에 의한 명예훼손죄가 성립할 수 없다. /

【대법원 요지】 그런데 위 증명책임을 다하였는지 여부를 결정함에 있어서는, 어느 사실이 적극적으로 존재한다는 것의 증명은 물론, 그 사실의 부존재의 증명이라도 특정 기간과 특정 장소에서의 특정 행위의 부존재에 관한 것이라면 적극적 당사자인 검사가 이를 합리적 의심의 여지가 없이 증명하여야 할 것이지만, /

【대법원 요지】 특정되지 아니한 기간과 공간에서의 구체화되지 아니한 사실의 부존재를 증명한다는 것은 사회통념상 불가능한 반면 그 사실이 존재한다고 주장·증명하는 것이 보다 용이하므로 이러한 사정은 검사가 그 입증책임을 다하였는지를 판단함에 있어 고려되어야 하고, /

【대법원 요지】 따라서 의혹을 받을 일을 한 사실이 없다고 주장하는 사람에 대하여 의혹을 받을 사실이 존재한다고 적극적으로 주장하는 사람은 그러한 사실의 존재를 수긍할 만한 소명자료를 제시할 부담을 지며 검사는 제시된 자료의 신빙성을 탄핵하는 방법으로 허위사실임을 입증할 수 있을 것인데, /

【대법원 요지】 이 때 제시하여야 할 소명자료는 단순히 소문을 제시하는 것만으로는 부족하고 적어도 허위임을 검사가 입증하는 것이 가능할 정도의 구체성은 갖추어야 하며, /

【대법원 요지】 이러한 소명자료의 제시가 없거나 제시된 소명자료의 신빙성이 탄핵된 때에는 허위사실공표로서의 책임을 져야 한다.

5. 사안에 대한 대법원의 판단

【대법원 분석】 이 사건에서 피고인이 제시한 소명자료에 의하면, 감사원은 대통령 소속의 감사기관인 사실, /

【대법원 분석】 23세기산업이 Q콘도사업의 승인을 받지 못하다가 우회적인 편법을 통하여 승인을 받은 것으로 보이고, 그 후 Q콘도 사업승인과 관련한 감사가 사실상 중단되었음에도, 감사원에서는

그에 관한 납득할 만한 사유를 제시하지 못하고 있는 사실, /

【대법원 분석】 피고인의 양심선언을 전후하여 청와대 제1부속실장 공소외 B가 P그룹의 실제 사주인 공소외 C으로부터 P콘도 사업계획 승인신청 무렵에 6,000만 원의 뇌물을 수수하였고, 대통령 차남의 측근으로 알려진 공소외 D가 P콘도 분양권 24억 원어치를 보유하고 있는 것이 밝혀진 사실, /

【대법원 분석】 공소외 B의 뇌물수수사건과 관련하여 피고인의 양심선언이 있기 전부터 청와대의 외압에 의하여 감사원의 감사가 중단되었다는 의혹이 각종 언론매체에 의하여 계속 제기되어 온 사실 등을 알 수 있으므로, /

【대법원 판단】 피고인으로서는 자신이 의혹으로 공표한 외압사실의 존재를 수긍할 만한 구체성 있는 소명자료를 제시하였다고 볼 수 있다. /

【대법원 판단】 이에 반하여 검사는 피고인이 제시한 소명자료의 신빙성을 탄핵할 만한 실질적인 증거를 제시하지 못하고 있으므로 피고인이 공표한 외압의혹과 관련하여서는 공표된 사실이 허위라는 점에 대하여 검사의 적극적인 증명이 있다고 볼 수 없다. /

【대법원 판단】 3) 나아가 설령 '청와대의 외압이 있었다'는 사실이 허위의 사실이라고 하더라도, 위와 같은 사정에 비추어 보면, 피고인이 '청와대의 외압이 있었다'고 믿을 만한 상당한 근거가 있다고 할 것이므로, 피고인에게 공표한 사실이 허위라는 인식이 있었다고 보기는 어렵다.

【대법원 결론】 4) 따라서 피고인이 '피해자가 외압을 받아 감사중단을 지시하였다'는 사실을 적시하였다고 인정하기 어렵다고 한 원심의 판단에는 '사실의 적시'에 관한 법리를 오해하거나 채증법칙을 위반하여 사실을 오인한 잘못이 있으나, /

【대법원 결론】 피고인에게 그 공표내용이 허위사실이라는 인식이 있었다고 인정하기 어렵다고 한 원심의 판단은 정당하므로, 원심의 위와 같은 잘못은 판결 결과에 영향을 미친 바 없다. 상고이유는 결국 이유가 없다. (상고 기각)

2006도7939

간통죄 고소의 유효조건
협의이혼 후 이혼소송 취하 사건
2007. 1. 25. 2006도7939, 공 2007, 407

1. 사실관계 및 사건의 경과

【사실관계】
① 갑과 A는 부부 사이이다.
② A는 이혼소송의 제기와 함께 갑을 간통죄로 고소하였다.
③ 검사는 갑을 간통죄로 기소하였다.
④ [갑과 A는 사태를 원만히 해결하기 위하여 협의이혼을 하기로 합의하였다.]
⑤ 2006. 4. 4. 갑과 A는 관할법원에서 협의이혼의사 확인을 받았다.

⑥ 2006. 4. 5. 14:55경 A는 이혼신고를 하고 16:45경 관할법원에 이혼소송을 취하한다는 내용의 소취하서를 제출하였다.

【사건의 경과】

① 갑의 간통죄 피고사건은 제1심을 거친 후, 항소심에 계속되었다.

② 항소심법원은 다음의 이유를 들어서 유죄를 선고하였다.

　　(가) 이혼소송이 취하되기 전에 이미 협의이혼의 효력이 발생하였다.

　　(나) 협의이혼에 의하여 혼인이 해소되었으므로 A의 간통고소는 여전히 유효하게 존속하고 있다.

③ 갑은 불복 상고하였다.

2. 사안에 대한 대법원의 판단

【대법원 분석】 형사소송법 제229조는 간통죄의 경우 혼인이 해소되거나 이혼소송을 제기한 후가 아니면 고소할 수 없고(제1항), 다시 혼인을 하거나 이혼소송을 취하한 때에는 고소는 취소된 것으로 간주한다(제2항)고 규정하고 있는바, /

【대법원 판단】 위 규정은 혼인관계를 해소할 확정적인 의사 없이 배우자를 간통죄로 고소하여 처벌받게 하는 것은 부부관계의 성질상 부당하다는 고려에서 비롯된 것인 점, 이혼소송 도중에 소송 외에서 협의이혼 등의 방법으로 혼인관계가 해소된 경우에는 이혼소송은 부적법한 것이 되어 어차피 각하될 수밖에 없는 점 등에 비추어 보면, /

【대법원 요지】 형사소송법 제229조 제2항에 의하여 고소를 취소한 것으로 간주되는 이혼소송의 취하는 그것에 의하여 혼인관계를 해소하려는 의사가 철회되어 결과적으로 혼인관계가 존속되는 경우를 의미하는 것일 뿐, /

【대법원 요지】 배우자가 이혼소송을 제기한 후 그 소송 외에서 협의이혼 등의 방법으로 혼인해소의 목적을 달성하게 되어 더 이상 이혼소송을 유지할 실익이 없어 이혼소송을 취하한 경우까지 의미하는 것이라고는 볼 수 없고, /

【대법원 요지】 이러한 경우 간통고소는 '이혼소송의 계속'과 선택적 관계에 있는 '혼인관계의 부존재'라는 고소의 유효조건을 충족시키고 있어 여전히 유효하게 존속한다고 봄이 상당하다.

【대법원 분석】 원심은, 공소외인의 남편인 고소인이 2006. 4. 4. 원심법원에서 협의이혼의사 확인을 받은 다음, 같은 날 14:55경 이혼신고를 하고 16:45경 원심법원에 이혼소송을 취하한다는 내용의 소취하서를 제출한 사실을 인정한 다음, /

【대법원 판단】 이혼소송이 취하되기 이전에 이미 협의이혼의 효력이 발생하였으므로, 이 사건 간통고소는 여전히 유효하게 존속하고 있다고 판단하였는바,

【대법원 결론】 이러한 원심의 판단은 앞서 본 법리에 따른 것으로서 옳고, 거기에 상고이유의 주장과 같은 간통고소의 효력에 관한 법리오해의 위법이 있다고 할 수 없다. (상고 기각)

2006도8839

비밀녹음 보도와 정당행위 주장

안기부 X파일 사건

2011. 3. 17. 2006도8839 전원합의체 판결, 공 2011상, 846

1. 사실관계 및 사건의 경과

【사실관계 1】

① 통신비밀보호법은 통신비밀에 속하는 내용을 수집하는 행위(불법 감청·녹음 등)를 금지하고 있다.

② 통신비밀보호법은 이에 위반한 행위를 처벌하고 있다(동법3①, 16① i).

③ 통신비밀보호법은 불법 감청·녹음 등에 의하여 수집된 통신 또는 대화의 내용을 공개하거나 누설하는 행위를 불법 감청·녹음 등의 행위와 동일한 형으로 처벌하고 있다(동법16① ii).

【사실관계 2】

① 구 국가안전기획부 정보수집팀은 P재벌 회장비서실장 A와 중앙일간지 Q신문사 사장 B 사이에 이루어진 사적 대화를 불법 녹음하였다.

② 소위 X파일은 그로 인하여 만들어진 도청자료로서 녹음테이프와 녹취보고서이다.

③ X파일은 8년 전에 만들어진 것이다.

④ M방송사의 기자 갑은 X파일을 입수하였다.

⑤ A와 B는 M방송국을 상대로 관할법원에 X파일의 보도금지를 구하는 가처분신청을 하였다.

⑥ 관할법원은 X파일의 원음이나 관련자의 실명을 직접 거론하는 등의 방법으로 방송 등을 하지 말 것을 내용으로 하는 가처분결정을 내렸다.

⑦ 갑은 공적 관심사항에 해당한다고 판단하여 원음과 실명을 거론하는 방식으로 X파일의 내용을 M방송사의 뉴스 프로그램을 통하여 공개하였다.

⑧ (사실관계의 자세한 내용은 판례 본문 참조)

【사건의 경과 1】

① 검사는 갑을 통신비밀보호법위반죄로 기소하였다.

② 갑의 피고사건은 제1심을 거친 후, 항소심에 계속되었다.

③ 항소심법원은 유죄를 선고하였다.

④ 갑은 불복 상고하였다.

⑤ 갑은 상고이유로, X파일의 보도행위가 정당행위에 해당한다고 주장하였다.

【사건의 경과 2】

① 대법원은 언론인의 보도행위가 정당행위에 해당할 수 있다는 점에 의견이 일치하였다.

② 그러나 갑의 행위가 정당행위에 해당할 수 있는가에 대해서는 8 대 5로 대법원의 견해가 나뉘었다.

③ 대법원은 다수의견에 따라 정당행위의 성립을 부정하고 상고를 기각하였다.

④ (지면관계로 아래에서는 다수의견만 소개함)

⑤ (소제목은 이해를 돕기 위하여 저자가 임의로 붙인 것임)

2. 통신의 자유의 의의

【대법원 분석】 (1) 헌법은 제18조에서 "모든 국민은 통신의 비밀을 침해받지 아니한다."고 규정하여 통신의 비밀 보호를 그 핵심내용으로 하는 통신의 자유를 기본권으로 보장하고 있다. /

【대법원 판단】 통신의 비밀과 자유는 개인이 국가권력의 간섭이나 공개의 염려 없이 사적 영역에서 자유롭게 의사를 전달하고 정보를 교환할 수 있게 하는 기본권으로서, 개인의 사생활과 인격을 통신의 영역에서 두텁게 보호한다는 전통적인 기능을 넘어, 개인 간의 의사와 정보의 무제한적인 교환을 촉진시킴으로써 표현의 자유를 보장하고 나아가 개인의 정치적 의사를 공론의 장으로 이끌어 낸다는 점에서 민주주의 이념을 실현하는 데 중요한 기능을 수행한다. /

【대법원 판단】 헌법이 제17조에서 사생활의 비밀과 자유를 보장하고 있는 것과 별도로 제18조에서 통신의 비밀과 자유를 규정하고 있는 것도 바로 이러한 까닭이다.

3. 불법 감청 · 녹음의 규제 필요성

【대법원 판단】 현대사회에서는 정보통신기술이 눈부시게 발달하여 개인 간의 의사소통이 양적 · 질적으로 더욱 확대되고 편리해진 반면에, 이에 수반한 감청장비 및 기술의 개발로 인하여 국가기관은 물론 사인까지도 손쉽게 다른 사람의 통신이나 대화를 불법 감청 내지 녹음할 수 있게 되었고, 이에 따라 과거에 비해 통신의 비밀과 자유가 침해될 가능성이 더욱 커졌다. /

【대법원 판단】 특히 국가기관에 의한 불법 감청 내지 녹음은 조직적이고 광범위하게 이루어져 그 폐해가 사인의 그것에 비하여 중대하고 이를 적발하여 처벌하기가 어려운데, 과거 권위주의적 정치체제를 경험하였던 우리나라에서는 국가기관에 의해 통신의 비밀이 침해되고 마침내는 개인의 내밀한 사생활 영역까지도 들여다보일지 모른다는 불안감이 상존하는 것도 사실이다. /

【대법원 판단】 그런데 이와 같은 불법 감청이나 녹음에 의한 통신비밀의 침해를 근절하기 위해서는 그러한 행위 자체를 처벌하여야 하는 것은 물론이거니와, 이와는 별도로 그러한 행위에 의하여 지득한 통신비밀의 내용을 공개하거나 누설하는 행위까지도 금지하여야 한다. 왜냐하면 불법 감청 내지 녹음 행위를 효과적으로 규제하기 위해서는 그 결과물의 공개 내지 누설을 봉쇄함으로써 그와 같은 행위를 하려는 유인 자체를 제거할 필요가 있기 때문이다.

4. 통신비밀보호법의 규율방식

【대법원 분석】 통신비밀보호법은 이와 같은 헌법정신을 구현하기 위하여, 먼저 통신비밀보호법과 형사소송법 또는 군사법원법의 규정에 의하지 아니한 우편물의 검열 또는 전기통신의 감청, 공개되지 아니한 타인 간의 대화의 녹음 또는 청취행위 등 통신비밀에 속하는 내용을 수집하는 행위(이하 이러한 행위들을 '불법 감청 · 녹음 등'이라고 한다)를 금지하고 이에 위반한 행위를 처벌하는 한편(제3조 제1항, 제16조 제1항 제1호), /

【대법원 분석】 불법 감청 · 녹음 등에 의하여 수집된 통신 또는 대화의 내용을 공개하거나 누설하는 행위를 동일한 형으로 처벌하도록 규정하고 있다(제16조 제1항 제2호). /

【대법원 판단】 이와 같이 통신비밀보호법이 통신비밀의 공개 · 누설행위를 불법 감청 · 녹음 등의 행위와 똑같이 처벌대상으로 하고 그 법정형도 동일하게 규정하고 있는 것은, 통신비밀의 침해로 수집된 정보의 내용에 관계없이 그 정보 자체의 사용을 금지함으로써 당초 존재하지 아니하였어야 할 불법의 결과를 용인하지 않겠다는 취지이고, 이는 불법의 결과를 이용하여 이익을 얻는 것을 금지함과 아울러 그러한 행위의 유인마저 없애겠다는 정책적 고려에 기인한 것이라고 할 것이다.

5. 통신의 자유와 언론의 자유의 조화 필요성

【대법원 판단】 (2) 한편 민주국가에서는 여론의 자유로운 형성과 전달에 의하여 다수의견을 집약시켜 민주적 정치질서를 생성 · 유지시켜 나가는 것이므로, 공적 관심사항에 관한 언론의 자유 또한 헌법상의 중요한 권리로서 최대한 보장하여야 한다. /

【대법원 판단】 그런데 이러한 언론의 자유는 절대적인 기본권이 아니어서 헌법 제37조 제2항에 따라 국가안전보장 · 질서유지 또는 공공복리를 위하여 필요한 경우에는 그 자유와 권리의 본질적 내용을 침해하지 않는 한도 내에서 법률로써 이를 제한할 수 있고, 헌법 제21조 제4항에서 확인하고 있듯이 타인의 명예나 권리 또는 공중도덕이나 사회윤리를 침해할 수 없다. /

【대법원 판단】 따라서 개인 간에 이루어지는 통신 또는 대화의 내용이 공적 관심의 대상이 되는 경우에도 이에 대한 언론기관의 보도는 통신의 비밀을 침해하지 아니하는 범위 내에서 이루어져야 하고, 언론의 자유가 헌법상 중요한 기본권이라는 이유만으로 앞서 본 통신비밀보호법의 공개 · 누설금지 조항의 적용을 함부로 배제함으로써 통신의 비밀이 가볍게 침해되는 결과를 초래하여서는 아니 된다. 이는 뒤에서 살펴보는 바와 같이 언론기관이 그 통신 또는 대화의 불법 감청 · 녹음 등에 관여하지 아니한 경우에도 마찬가지이다.

【대법원 요지】 다만 형법은 제20조에서 "법령에 의한 행위 또는 업무로 인한 행위 기타 사회상규에 위배되지 아니하는 행위는 벌하지 아니한다."라고 규정하여 일반적인 위법성조각사유를 두고 있는바, 이는 통신비밀보호법이 그 적용을 배제하는 명시적인 조항을 두고 있지 아니한 이상 통신비밀의 공개 · 누설에 의한 통신비밀보호법 위반행위에 대해서도 당연히 적용된다. /

【대법원 요지】 따라서 불법 감청 · 녹음 등에 관여하지 아니한 언론기관의 그 통신 또는 대화의 내용에 관한 보도가 통신의 비밀이 가지는 헌법적 가치와 이익을 능가하는 우월적인 가치를 지님으로써 법질서 전체의 정신이나 사회윤리 내지 사회통념에 비추어 용인될 수 있다면, 그 행위는 사회상규에 위배되지 아니하는 행위로서 위법성이 조각된다고 할 수 있다.

6. 불법 감청 · 녹음의 보도행위와 정당행위의 요건

【대법원 요지】 (3) 이와 같이 불법 감청 · 녹음 등에 관여하지 아니한 언론기관이 그 통신 또는 대화의 내용이 불법 감청 · 녹음 등에 의하여 수집된 것이라는 사정을 알면서도 그것이 공적인 관심사항에 해당한다고 판단하여 이를 보도하여 공개하는 행위가 형법 제20조의 정당행위로서 위법성이 조각된다고 하려면, 적어도 다음과 같은 요건을 충족할 것이 요구된다.

【대법원 요지】 첫째, 그 보도의 목적이 불법 감청 · 녹음 등의 범죄가 저질러졌다는 사실 자체를 고발하기 위한 것으로 그 과정에서 불가피하게 통신 또는 대화의 내용을 공개할 수밖에 없는 경우이거나, /

【대법원 요지】 불법 감청·녹음 등에 의하여 수집된 통신 또는 대화의 내용이 이를 공개하지 아니하면 공중의 생명·신체·재산 기타 공익에 대한 중대한 침해가 발생할 가능성이 현저한 경우 등과 같이 비상한 공적 관심의 대상이 되는 경우에 해당하여야 한다. /

【대법원 요지】 국가기관 등이 불법 감청·녹음 등과 같은 범죄를 저질렀다면 그러한 사실을 취재하고 보도하는 것은 언론기관 본연의 사명이라 할 것이고, 통신비밀보호법 자체에 의하더라도 '국가안보를 위협하는 음모행위, 직접적인 사망이나 심각한 상해의 위험을 야기할 수 있는 범죄 또는 조직범죄 등 중대한 범죄의 계획이나 실행 등 긴박한 상황'에 있는 때에는 예외적으로 법원의 허가 없이 긴급통신제한조치를 할 수 있도록 허용하고 있으므로(제8조), 이러한 예외적인 상황 아래에서는 개인 간의 통신 또는 대화의 내용을 공개하는 것이 허용된다.

【대법원 요지】 둘째, 언론기관이 불법 감청·녹음 등의 결과물을 취득함에 있어 위법한 방법을 사용하거나 적극적·주도적으로 관여하여서는 아니 된다.

【대법원 요지】 셋째, 그 보도가 불법 감청·녹음 등의 사실을 고발하거나 비상한 공적 관심사항을 알리기 위한 목적을 달성하는 데 필요한 부분에 한정되는 등 통신비밀의 침해를 최소화하는 방법으로 이루어져야 한다.

【대법원 요지】 넷째, 언론이 그 내용을 보도함으로써 얻어지는 이익 및 가치가 통신비밀의 보호에 의하여 달성되는 이익 및 가치를 초과하여야 한다. /

【대법원 요지】 여기서 그 이익의 비교·형량은, 불법 감청·녹음된 타인 간의 통신 또는 대화가 이루어진 경위와 목적, 통신 또는 대화의 내용, 통신 또는 대화 당사자의 지위 내지 공적 인물로서의 성격, 불법 감청·녹음 등의 주체와 그러한 행위의 동기 및 경위, 언론기관이 그 불법 감청·녹음 등의 결과물을 취득하게 된 경위와 보도의 목적, 보도의 내용 및 그 보도로 인하여 침해되는 이익 등 제반 사정을 종합적으로 고려하여 정하여야 한다.

7. 사안에 대한 대법원의 분석

【대법원 분석】 (4) 원심 및 제1심판결 이유와 기록에 나타난 이 사건 사실관계 중 상고이유에 관련된 부분의 요지는 다음과 같다.

【대법원 분석】 이 사건 도청자료는 전 국가안전기획부 내 정보수집기관인 미림팀이 1997. 4. 9., 같은 해 9. 9. 및 같은 해 10. 7. 당시 공소외 A P그룹 회장비서실장과 공소외 B [Q신문사] 사장 사이에 호텔 식당 등에서 이루어진 사적 대화를 불법 녹음하여 생성한 녹음테이프와 녹취보고서로서, /

【대법원 분석】 1997년 제15대 대통령 선거를 앞두고 여야 후보 진영에 대한 P그룹 측의 정치자금 지원 문제 및 정치인과 검찰 고위관계자에 대한 이른바 추석 떡값 지원 문제 등을 논의한 대화가 담겨 있다. /

【대법원 분석】 미림팀장이었던 공소외 C는 이 사건 도청자료를 임의로 반출하여 자신의 집에 보관하고 있다가 1999. 9.경 당시 집권당 인사와의 친분을 내세우며 P그룹 관련 정보의 제공을 요구하였던 공소외 D에게 이를 넘겨주었다. /

【대법원 분석】 그 후 공소외 D는 2004. 12.경 주식회사 M방송(이하 'M방송'이라고만 한다)의 기자인 피고인 갑을 만난 자리에서 위 녹취보고서를 건네주면서 과거 국가안전기획부에서 불법 녹음한 것

인데 그 무렵 주미대사로 임명된 공소외 B의 과거 비리를 폭로하기 위한 것이라고 하였다. /

【대법원 분석】 위 피고인은 M방송의 간부들과 상의한 결과 녹음테이프 없이 녹취보고서만으로는 이 사건 도청자료를 보도할 수 없다고 결론짓고 미국으로 건너가 공소외 D를 만나 취재 사례비조로 우선 1,000달러를 지급하면서 추가로 M방송에서 취재비 명목으로 1만 달러를 지급할 것이라고 말한 후, 그와 함께 귀국하여 그로부터 위 녹음테이프를 교부받았다. /

【대법원 분석】 위 피고인은 위 녹음테이프를 복사한 다음 그 녹음된 음성의 성문분석을 위하여 공소외 D와 함께 다시 미국으로 건너가 확인 작업을 마친 후 그 녹취록을 작성하였다. /

【대법원 분석】 그런데 2005. 2.경부터 위 피고인이 이른바 '엑스파일'을 입수하였다는 소문이 언론계에 퍼지기 시작하자, 그 무렵 M방송은 '안기부 엑스파일' 관련 특별취재팀을 구성하여 국가안전기획부 직원이었던 공소외 E를 찾아가는 등 이 사건 도청자료의 출처를 추적하는 한편, /

【대법원 분석】 그 내용의 보도에 따른 법률검토에 착수하여 M방송 고문변호사들로부터는 보도의 내용이 공익에 관한 것이고 국민의 알권리에 해당하는 것이어서 문제가 없다는 답변을 들었으나, 자문을 구한 다른 변호사들 기타 법조 관계인들로부터는 통신비밀보호법에 저촉될 수도 있다는 취지의 답변을 듣게 되자 그 보도를 보류하기에 이르렀다. /

【대법원 분석】 그러던 중 2005. 6.경 인터넷 언론매체에서 'M[방송]과 피고인 갑 기자는 침묵을 깰 때'라는 기사를 게재하여 이 사건 도청자료와 관련한 문제를 제기하였고, 같은 해 7월경에는 동아일보와 조선일보 등이 각기 이 사건 도청자료의 존재와 그 내용에 관하여 비실명 요약보도의 형식으로 기사를 게재하자, M방송도 이 사건 도청자료를 보도하기로 결정하였다. /

【대법원 분석】 그런데 이 사건 불법 녹음의 피해자인 공소외 B와 공소외 A가 M방송을 상대로 이 사건 도청자료와 관련된 일체의 보도를 하지 말 것을 구하는 방송금지가처분을 신청하였고, 이에 서울남부지방법원은 '위 녹음테이프 원음을 직접 방송하거나 녹음테이프에 나타난 대화 내용을 그대로 인용하거나 실명을 직접 거론하는 등의 방법으로 방송 등을 하지 말 것'을 내용으로 하는 가처분결정을 하였다. /

【대법원 분석】 이에 따라 M방송은 2005. 7. 21. '9시 뉴스○○○' 프로그램을 통하여 '모 중앙일간지 사주와 대기업 고위관계자 간의 대화 내용이 담긴 녹음테이프를 입수하였다는 것, 위 녹음테이프에는 대기업이 1997년 대선 당시 여야 후보 진영에 로비를 하고 정치인과 검찰 고위관계자에게 대규모로 추석 떡값을 보낼 리스트를 검토하는 내용이 담겨 있다는 것, 가처분결정의 취지에 따라 당사자의 실명과 육성을 공개하지 않는다는 것'을 보도하는 수준에 그쳤다가, /

【대법원 분석】 그 다음날인 7월 22일부터 후속보도로 이 사건 도청자료를 입수하게 된 경위와 그 수록 내용을 대선자금 제공, 여야 로비, 검찰 고위인사 관리 등으로 세분하여 상세히 보도하면서 대화 당사자와 대화에 등장하는 정치인들의 실명을 공개하였다. /

【대법원 분석】 한편 제15대 대통령 선거 당시 기업들이 정치권에 대선자금을 제공한 것과 관련하여 위 보도 이전에 이미 수사가 이루어졌다.

8. 비밀녹음 · 녹화자료의 보도와 정당행위

【대법원 분석】 (5) 위와 같은 사실관계와 앞에서 본 법리에 비추어 위 피고인의 이 사건 통신비밀 공

개행위가 형법 제20조 소정의 정당행위로서 위법성이 조각되는 경우에 해당하는지 여부에 관하여 살펴본다.

(1) 목적의 정당성 여부

【대법원 판단】 첫째, 이 사건 도청자료는 국가기관이 자신들의 대화를 공론화시키려는 의도가 전혀 없었던 사인들 사이에 은밀히 이루어진 대화를 불법으로 녹음한 것이다. /

【대법원 판단】 그런데 위 피고인이 이 사건 도청자료를 입수하고 그 성문분석을 통해 원본임을 확인하는 한편, 그 출처에 대한 추적과 그 내용의 보도에 관한 법률자문 등을 통해 그 녹음과정 및 실명공개의 불법성을 확인하고도 그 수록 내용을 실명으로 보도하기까지의 제반 경위와 사정에 비추어 보면, /

【대법원 판단】 우선 위 피고인이나 M방송이 국가기관에 의하여 불법 녹음이 저질러졌다는 사실 자체를 고발하기 위하여 불가피하게 이 사건 도청자료에 담겨 있던 대화 내용을 공개한 것이 아니라, 그 대화의 당사자나 내용 등이 공중의 관심을 끌 만한 사안이 된다고 보았기 때문에 공개를 한 것으로 판단된다. /

【대법원 판단】 한편 굴지의 재벌그룹 경영진과 유력 중앙일간지 사장이 대통령 선거를 앞두고 정치자금을 지원하는 문제나 정치인과 검찰 고위관계자에게 이른바 추석 떡값을 지원하는 문제 등을 논의하였다는 것은 그 진위 여부를 떠나 논의 사실 자체만으로도 국민이 알아야 할 공공성·사회성을 갖춘 공적인 관심사항에 해당한다고 볼 여지가 있다. /

【대법원 판단】 그러나 위 대화의 내용은 앞으로 제공할 정치자금 내지 추석 떡값을 상의한 것이지 실제로 정치자금 등을 제공하였다는 것이 아닐 뿐더러, 이 사건 보도가 행하여진 시점에서 보면 위 대화는 이미 약 8년 전의 일로서 그 내용이 보도 당시의 정치질서 전개에 직접적인 영향력을 미친다고 보기 어렵고, 제15대 대통령 선거 당시 기업들의 정치자금 제공에 관하여는 이 사건 보도 이전에 이미 수사가 이루어졌다. /

【대법원 판단】 이러한 사정을 고려하면, 위 대화 내용의 진실 여부의 확인 등을 위한 심층·기획 취재를 통해 밝혀진 사실 및 그 불법 녹음 사실을 보도하여 각 행위의 불법성에 대한 여론을 환기함으로써 장차 그와 유사한 사태가 재발하지 않도록 할 수 있음은 별론으로 하더라도, /

【대법원 판단】 그러한 사실확인 작업도 없이 곧바로 불법 녹음된 대화 내용 자체를 실명과 함께 그대로 공개하여야 할 만큼 위 대화 내용이 '공익에 대한 중대한 침해가 발생할 가능성이 현저한 경우'로서 비상한 공적 관심의 대상이 되는 경우에 해당한다고 보기는 어렵다.

(2) 녹음테이프 입수 방법의 상당성 여부

【대법원 판단】 둘째, 위 피고인이 이 사건 도청자료가 불법 녹음이라는 범죄행위의 결과물이라는 사실을 알면서도 녹음테이프를 입수하기 위하여 미국으로 건너가 녹음테이프의 소지인을 만나 취재 사례비 명목의 돈으로 1,000달러를 제공하고 앞으로 1만 달러를 추가로 제공하겠다는 의사를 밝힌 것은, 단순히 국가기관에 의한 불법 녹음의 범행을 고발하기 위한 것이 아니라 처음부터 불법 녹음된 대화의 당사자나 내용의 공적 관심도에 착안하여 그 내용을 공개하고자 하는 목적으로 그 자료의 취득에 적극적·주도적으로 관여한 것으로 봄이 상당하다.

(3) 공개 방법의 상당성 여부

【대법원 판단】 셋째, 위 피고인이나 M방송은 국가기관이 재벌 경영진과 유력 언론사 사장 사이의 사적 대화를 불법 녹음한 일이 있었다는 것과 그 대화의 주요 내용을 비실명 요약 보도하는 것만으로도 국가기관의 조직적인 불법 녹음 사실 및 재계와 언론, 정치권 등의 유착관계를 고발할 수 있었음에도 불구하고, 대화 당사자 등의 실명과 대화의 상세한 내용까지 그대로 공개함으로써 그 수단이나 방법의 상당성을 일탈하였다. /

【대법원 판단】 더욱이 이 사건 보도가 나가기 전에 법원이 이 사건 도청자료의 전면적인 방송 금지가 아닌 녹음테이프 원음의 직접 방송, 녹음테이프에 나타난 대화 내용의 인용 및 실명의 거론을 금지하는 내용의 가처분결정을 하였는바, 그 취지는 이 사건 도청자료와 관련된 내용의 보도는 허용하되 대화 당사자들에 대한 통신비밀의 침해가 최소화될 수 있도록 실명의 거론이나 구체적인 대화 내용의 보도를 금지한 것이다. /

【대법원 판단】 이처럼 법원이 서로 상충하는 통신의 비밀과 언론의 자유가 조화를 이루면서 최대한 충실하게 보장될 수 있도록 상당한 방법을 제시하였음에도 불구하고, 위 피고인이나 M방송이 이를 따르지 아니하고 대화 당사자들의 실명과 구체적인 대화 내용을 그대로 공개한 행위는 수단이나 방법의 상당성을 결여한 것으로 볼 수밖에 없다.

(4) 이익형량의 비례성 여부

【대법원 판단】 넷째, 이 사건 보도가 국가기관의 조직적인 불법 녹음행위를 폭로하고 아울러 재계와 언론, 정치권 등의 유착관계를 고발하여 공공의 정보에 대한 관심을 충족시켜 주고 향후 유사한 사태의 재발을 방지한다는 점에서 공익적인 측면이 있음을 부인할 수는 없다. /

【대법원 판단】 그러나 앞에서 본 것처럼 이와 같은 공익적 효과는 비실명 요약보도의 형태로도 충분히 달성할 수 있었을 뿐만 아니라, 이 사건 대화의 내용이 이를 공개하지 아니하면 공익에 중대한 침해가 발생할 가능성이 현저한 비상한 공적 관심의 대상이 된다고 보기도 어려운 이상, 이 사건 대화 당사자들에 대하여 그 실명과 구체적인 대화 내용의 공개로 인한 불이익의 감수를 요구할 수는 없다고 할 것이다. /

【대법원 판단】 또한 이 사건 대화 당사자들이 비록 국민의 경제적·사회적 생활 등에 영향을 미치는 소위 공적 인물로서 통상인에 비하여 사생활의 비밀과 자유가 일정한 범위 내에서 제한된다고 하더라도, 그렇다고 해서 지극히 사적인 영역에서 이루어지는 개인 간의 대화가 자신의 의지에 반하여 불법 감청 내지 녹음되고 공개될 것이라는 염려 없이 대화를 할 수 있는 권리까지 쉽게 제한할 수는 없다. /

【대법원 판단】 이상과 같은 사정에 앞서 본 이 사건 대화가 불법 녹음된 경위, 위 피고인이 이 사건 도청자료를 취득하게 된 경위, 이 사건 보도의 목적과 내용, 방법 등 이 사건 보도와 관련된 모든 사정을 종합하여 보면, 이 사건 보도에 의하여 얻어지는 이익 및 가치가 통신비밀이 유지됨으로써 얻어지는 이익 및 가치보다 결코 우월하다고 볼 수 없다.

【대법원 판단】 결국 위 피고인이 이 사건 도청자료를 공개한 행위는 형법 제20조 소정의 정당행위로서 위법성이 조각되는 경우에 해당하지 아니한다고 할 것이다. 만약 이러한 행위가 정당행위로서 허용된다고 한다면 장차 국가기관 등이 사인 간의 통신이나 대화를 불법 감청·녹음한 후 소기의 목적에

부합하는 자료를 취사선택하여 언론기관 등과 같은 제3자를 통하여 그 내용을 공개하는 상황에 이르더라도 사실상 이를 막을 도리가 없게 된다.

【대법원 결론】 같은 취지에서 원심이 위 피고인의 이 사건 통신비밀 공개행위가 정당행위에 해당하지 아니한다고 판단한 것은 정당하고, 거기에 상고이유에서 주장하는 바와 같이 정당행위에 관한 법리를 오해한 잘못이 없다. (상고 기각)

【코멘트】 본 판례는 불법 녹음으로 취득한 녹취물을 보도하는 행위가 통신비밀보호법위반죄를 구성하는가 하는 실체형법적 문제를 다루고 있다. 소송법적 관점에서 주목되는 직접적 논점은 등장하지 않는다. 그럼에도 불구하고 본 판례를 소개한 것은 비밀녹음과 관련한 소송법적 문제점을 고찰함에 있어서 문제되는 사실관계의 구체적인 상황을 제시해 놓을 필요가 있었기 때문이다.

통신비밀의 보호과 언론자유의 보호가 충돌하는 접점에서 대법원은 우리 형법 제20조의 사회상규를 판단준칙으로 제시하면서 목적의 정당성, 수단의 상당성, 이익균형의 비례성이라는 세부적인 판단기준을 제시하고 있다. 통신비밀보호법은 불법검열에 의하여 취득한 우편물이나 그 내용 및 불법감청에 의하여 지득 또는 채록된 전기통신의 내용을 재판 또는 징계절차에서 증거로 사용할 수 없도록 규정하고 있다(동법4). 본 판례에서 제시된 정당행위의 판단기준은 비밀녹음·녹화물의 증거능력과 관련한 위법수집증거배제법칙의 적용에도 중요한 지침을 제공할 것이라고 생각된다.

2006도8869

녹음테이프의 증거능력
정당협의회 식사대금 사건
2007. 3. 15. 2006도8869, 공 2007, 585

1. 사실관계 및 사건의 경과

【사실관계 1】
① P정당은 당내 경선을 앞두고 있었다.
② 2005. 12. 29. 충남 서천읍 Q식당에 P정당 서천군 협의회 회원 20명이 모였다.
③ [갑은 당내 경선 후보자이고, 을은 수행원이다.]
④ 갑과 을은 이 식사모임에 참석하였다.
⑤ 을은 이 모임의 식사대금을 계산하려고 하였다.
⑥ 그러나 그 전에 이미 P정당 서천군 협의회 총무 A가 식사대금을 결제하였다.

【사실관계 2】
① 이날 모임에 참석한 B는 R디지털 녹음기로 당시 갑의 발언 내용을 녹음하였다.
② 이후 R디지털 녹음기의 내용은 S콤팩트디스크에 복사되었다.
③ S콤팩트디스크는 검찰에 [임의제출되어] 압수되었다.

④ S콤팩트디스크에 녹음된 내용은 T녹취록으로 작성되었다.

【사건의 경과 1】

① 갑과 을은 공직선거법위반죄로 기소되었다.

② 갑과 을에 대한 공소사실은 다음과 같다.

③ "피고인들은 공모하여 2005. 12. 29. 충남 서천읍 군사리에 있는 Q식당에서 [P정당의 당내 경선과 관련하여] P정당 서천군 협의회 회원 20명에게 357,000원 상당의 식사를 제공함으로써 기부행위를 하였다."

④ 검사는 T녹취록을 증거로 제출하였다.

⑤ 갑과 을은 T녹취록을 증거로 사용함에 동의하지 아니하였다.

【사건의 경과 2】

① 갑과 을의 피고사건은 제1심을 거친 후, 항소심에 계속되었다.

② 항소심법원은 다음의 이유를 들어서 갑에게 무죄, 을에게 유죄를 선고하였다.

　(가) 을은 식사대금을 지급함으로써 식사를 제공하려는 의사표시를 하였음이 분명하므로, 이는 이익제공의 의사표시에 따른 기부행위에 해당한다.

　(나) 그런데 T녹취록은 증거능력이 없다.

　(다) 갑이 을의 이익제공의 의사표시에 따른 기부행위에 공모하였다는 점을 인정할 증거가 없다.

③ 검사는 불복 상고하였다.

④ 검사는 상고이유로, T녹취록은 증거능력이 있으며, 이로써 갑의 공모가 입증된다고 주장하였다.

2. 사안에 대한 대법원의 판단

【대법원 요지】 대화내용을 녹음한 테이프 등의 전자매체는 그 성질상 작성자나 진술자의 서명 혹은 날인이 없을 뿐만 아니라, 녹음자의 의도나 특정한 기술에 의하여 그 내용이 편집, 조작될 위험성이 있음을 고려하여, /

【대법원 요지】 그 대화내용을 녹음한 원본이거나 혹은 원본으로부터 복사한 사본일 경우에는 복사과정에서 편집되는 등의 인위적 개작 없이 원본의 내용 그대로 복사된 사본임이 입증되어야만 하고, 그러한 입증이 없는 경우에는 쉽게 그 증거능력을 인정할 수 없다 할 것이다.

【대법원 분석】 그런데 기록에 의하면 2005. 12. 29. 서천 Q식당 모임에 참석한 공소외 B는 디지털 녹음기로 당시 피고인 갑의 발언 내용을 녹음하였고, 그 내용이 콤팩트디스크에 다시 복사되어 위 콤팩트디스크가 검찰에 압수되었으며, 그 콤팩트디스크에 녹음된 내용을 담은 녹취록이 증거로 제출되었고, 피고인 갑은 위 녹취록을 증거로 할 수 있음에 동의하지 아니하였음을 알 수 있는바, /

【대법원 판단】 위 콤팩트디스크가 현장에서 피고인 갑의 발언내용을 녹음하는 데 사용된 디지털 녹음기의 녹음내용 원본을 그대로 복사한 것이라는 입증이 없는 이상, 그 콤팩트디스크의 내용이나 이를 녹취한 녹취록의 기재는 증거능력이 없다 할 것이다.

【대법원 결론】 같은 취지에서 원심이 이 사건 녹취록의 증거능력을 배척한 것은 정당하고, 거기에 상고이유에서 주장하는 바와 같은 증거능력에 관한 법리를 오해한 위법이 있다고 할 수 없다. (상고 기각)

2006모646

영장재판의 불복방법
네 번째 영장기각 사건
2006. 12. 18. 2006모646, 공 2007, 172

1. 사실관계 및 사건의 경과

【사실관계 1】

① 갑은 외국계 사모펀드 론스타의 임직원이다.

② 론스타에 대한 국내 기업의 헐값 매각이 불법적이라는 여론이 고조되었다.

③ 검찰은 론스타의 주가조작 혐의에 대해 수사에 착수하였다.

④ 2006. 5. 8. 검사는 갑에 대해 서울중앙지방법원에서 체포영장을 발부받았다.

⑤ 2006. 5. 9. 검사는 갑을 체포하였다.

【사실관계 2】

① 2006. 5. 10. 검사는 특경법위반죄(배임)의 ㉠피의사실로 서울중앙지방법원에 구속영장을 청구하였다.

② 2006. 5. 11. 서울중앙지방법원의 영장전담판사는 영장실질심사에서 갑을 심문한 다음 검사의 구속영장청구를 기각하였다. (1차 기각)

③ 2006. 10. 31. 검사는 증권거래법위반죄의 ㉡피의사실로 서울중앙지방법원에 구속영장을 청구하였다.

④ 2006. 11. 2. 서울중앙지방법원 영장전담판사는 갑을 심문한 후 검사의 구속영장청구를 기각하였다. (2차 기각)

⑤ 2006. 11. 3. 검사는 2차 구속영장청구서에 기재된 ㉡피의사실에 대하여 다시 구속영장을 청구하였다.

⑥ 2006. 11. 7. 서울중앙지방법원 영장전담판사는 갑을 심문한 다음, 검사의 구속영장청구를 기각하였다. (3차 기각)

⑦ 2006. 11. 15. 검사는 2차 구속영장청구서에 기재된 ㉡피의사실에, 1차 구속영장청구서에 기재된 ㉠피의사실을 일부 변경하고, 국회에서의증언·감정등에관한법률위반죄의 ㉢피의사실을 추가하여 구속영장을 청구하였다.

⑧ 2006. 11. 16. 서울중앙지방법원 영장전담판사는 피의자심문 절차 없이 구속영장청구를 기각하였다. (4차 기각)

【사건의 경과】

① 2006. 11. 16. 서울중앙지방법원 영장전담판사의 구속영장청구 기각 재판에 불복하여 검사는 서울중앙지방법원에 준항고를 제기하였다.

② 서울중앙지방법원은 피의자에 대한 구속영장 기각의 재판에 대하여는 항고나 준항고가 허용되지

아니한다는 이유로 제4차 영장기각재판의 변경을 구하는 검사의 신청(준항고)을 배척하였다.

③ 검사는 서울중앙지방법원의 준항고 기각결정에 불복하여 대법원에 재항고하였다.

④ 검사는 재항고의 사유로 다음의 점을 주장하였다.

 (가) 지방법원판사의 영장기각 재판은 재판의 일종이다.

 (나) 대법원은 최고법원으로서 하급법원의 잘못된 재판을 바로잡을 권한이 있다.

 (다) 영장기각 재판에 대해 대법원의 판단을 받지 못하는 것은 재판청구권을 침해하는 것으로서 헌
  법위반이다.

2. 재판받을 권리와 심급제도

【대법원 요지】 1. 헌법과 법률이 정한 법관에 의하여 법률에 의한 신속한 재판을 받을 권리를 국민의 기본권의 하나로 보장하고 있는 헌법 제27조의 규정과 대법원을 최고법원으로 규정한 헌법 제101조 제2항, 명령·규칙 또는 처분에 대한 대법원의 최종심사권을 규정한 헌법 제107조 제2항의 규정 등에 비추어, /

【대법원 요지】 대법원 이외의 각급법원에서 잘못된 재판을 하였을 경우에는 상급심으로 하여금 이를 바로 잡게 하는 것이 국민의 재판청구권을 실질적으로 보장하는 방법이 된다는 의미에서 심급제도는 재판청구권을 보장하기 위한 하나의 수단이 되는 것이지만, /

【대법원 요지】 심급제도는 사법에 의한 권리보호에 관하여 한정된 법 발견자원의 합리적인 분배의 문제인 동시에 재판의 적정과 신속이라는 서로 상반되는 두 가지 요청을 어떻게 조화시키느냐의 문제에 귀착되므로 어느 재판에 대하여 심급제도를 통한 불복을 허용할 것인지의 여부 또는 어떤 불복방법을 허용할 것인지 등은 원칙적으로 입법자의 형성의 자유에 속하는 사항이라고 할 것이고, /

【대법원 요지】 특히 형사사법절차에서 수사 또는 공소제기 및 유지를 담당하는 주체로서 피의자 또는 피고인과 대립적 지위에 있는 검사에게 어떤 재판에 대하여 어떤 절차를 통하여 어느 범위 내에서 불복방법을 허용할 것인가 하는 점은 더욱 더 입법정책에 달린 문제라고 할 것이다.

3. 영장재판에 대한 관련 규정

【대법원 분석】 2. 헌법 제12조는 국민의 신체의 자유와 관련하여, 제1항에서 "모든 국민은 신체의 자유를 가진다. 누구든지 법률에 의하지 아니하고는 체포·구속·압수·수색 또는 심문을 받지 아니"한다고 규정하고, 제3항 본문에서 "체포·구속·압수 또는 수색을 할 때에는 적법한 절차에 따라 검사의 신청에 의하여 법관이 발부한 영장을 제시하여야 한다."라고 규정하여 영장주의의 대원칙을 천명하고, /

【대법원 분석】 제6항에서는 "누구든지 체포 또는 구속을 당한 때에는 적부의 심사를 법원에 청구할 권리를 가진다."라고 규정하여 체포 또는 구속의 적부심사를 적법하게 발부된 영장에 의하여 구속된 사람의 구제 내지 불복방법의 하나로 보장하면서도, /

【대법원 분석】 검사가 신청한 체포 또는 구속영장 등의 발부가 법관에 의하여 거부된 때의 불복방법에 관하여는 아무런 규정도 두지 않은 채 침묵하고 있다.

【대법원 분석】 이를 받은 형사소송법은 제200조의2 및 제201조에서 수사단계에서의 피의자의 체포

또는 구속은 검사의 청구에 의하여 지방법원판사가 발부한 체포영장 또는 구속영장에 의하여 할 수 있고, 그 청구를 받은 지방법원판사는 상당하다고 인정하는 때에는 체포영장 또는 구속영장을 발부하되, 이를 발부하지 아니할 때에는 청구서에 그 취지 및 이유를 기재하고 서명날인하여 청구한 검사에게 교부한다고 규정하면서, /

【대법원 분석】 검사가 체포영장 또는 구속영장을 청구함에 있어서 동일한 범죄사실에 관하여 그 피의자에 대하여 전에 체포영장 또는 구속영장을 청구하거나 발부받은 사실이 있을 때에는 다시 체포영장 또는 구속영장을 청구하는 취지 및 이유를 기재하여야 한다고 규정하여 검사가 체포영장 또는 구속영장의 발부를 재청구할 수 있다는 것을 전제로 하고 있으나, /

【대법원 분석】 지방법원판사가 체포영장 또는 구속영장을 발부하지 아니한 데 대하여 따로 불복할 수 있다는 규정은 두고 있지 아니한 반면에, /

【대법원 분석】 제214조의2에서는 체포영장 또는 구속영장에 의하여 체포 또는 구속된 피의자 등이 관할법원에 체포 또는 구속의 적부심사를 청구할 수 있다고 규정하는 한편, 체포 또는 구속적부심사의 청구를 인용하거나 기각하는 재판에 대하여는 항고하지 못한다고 규정하고 있다.

4. 항고와 준항고의 대상사건

【대법원 분석】 3. 한편, 형사소송법 제402조 본문은 "법원의 결정에 대하여 불복이 있으면 항고를 할 수 있다."라고 규정하고, /

【대법원 분석】 제416조 제1항은 '준항고'라는 제명 아래, "재판장 또는 수명법관'이 다음 각 호의 1에 해당하는 재판을 고지한 경우에 불복이 있으면 그 법관 소속의 법원에 재판의 취소 또는 변경을 청구할 수 있다."라고 규정하면서 그 제2호에서 '구금에 관한 재판'을 규정하고 있다.

【대법원 분석】 그런데 형사소송법은 제37조에서 재판의 종류를 '판결', '결정', '명령'으로 나누어서 규정하는 한편, 재판의 종류와 성질에 따라 이를 담당할 주체를 '법원', '법원합의부', '단독판사', '재판장', '수명법관', '수탁판사', '판사 또는 지방법원판사', '법관' 등으로 엄격히 구분하여 규정하면서, 앞에서 적시한 바와 같이, 검사의 체포영장 또는 구속영장의 청구에 대하여는 '지방법원판사'가 그 발부 여부에 대한 재판을 하도록 규정하고 있다.

【대법원 요지】 이들 규정을 종합하여 볼 때, 검사의 체포영장 또는 구속영장 청구에 대한 지방법원판사의 재판은 형사소송법 제402조의 규정에 의하여 항고의 대상이 되는 '법원의 결정'에 해당되지 아니하고, /

【대법원 요지】 제416조 제1항의 규정에 의하여 준항고의 대상이 되는 '재판장 또는 수명법관의 구금 등에 관한 재판'에도 해당되지 아니함이 분명하다고 할 것이다.

5. 영장재판에 대한 불복 불허와 헌법위반 여부

【대법원 요지】 4. 헌법과 형사소송법의 이러한 규정들은, 신체의 자유와 관련한 기본권의 침해는 부당한 구속 등에 의하여 비로소 생길 수 있고 검사의 영장청구가 기각된 경우에는 이로 인한 직접적인 기본권침해가 발생할 여지가 없다는 점 및 /

【대법원 요지】 피의자에 대한 체포영장 또는 구속영장의 청구에 관한 재판 자체에 대하여 항고 또는

준항고를 통한 불복을 허용하게 되면 그 재판의 효력이 장기간 유동적인 상태에 놓여 피의자의 지위가 불안하게 될 우려가 있으므로 그와 관련된 법률관계를 가급적 조속히 확정시키는 것이 바람직하다는 점 등을 고려하여, /

【대법원 요지】 체포영장 또는 구속영장에 관한 재판 그 자체에 대하여 직접 항고 또는 준항고를 하는 방법으로 불복하는 것은 이를 허용하지 아니하는 대신에, 체포영장 또는 구속영장이 발부된 경우에는 피의자에게 체포 또는 구속의 적부심사를 청구할 수 있도록 하고 그 영장청구가 기각된 경우에는 검사로 하여금 그 영장의 발부를 재청구할 수 있도록 허용함으로써, 간접적인 방법으로 불복할 수 있는 길을 열어 놓고 있는 데에 그 취지가 있다고 할 것이고, /

【대법원 판단】 이는 앞에서 본 법리에 비추어 볼 때 헌법이 법률에 유보한 바에 따라 입법자의 형성의 자유의 범위 내에서 이루어진 합리적인 정책적 선택의 결과일 뿐, 헌법에 위반되는 것이라고는 할 수 없다.

【대법원 결론】 5. 이러한 법리와 기록에 의하여 살펴보면, 원심이 그 판시와 같은 사실을 인정한 다음, 피의자에 대한 구속영장 기각의 재판에 대하여는 항고나 준항고가 허용되지 아니한다는 이유로 검사의 이 사건 영장기각재판의 변경을 구하는 신청(준항고)을 배척한 것은 정당하고, 거기에 재항고이유의 주장과 같은 재판에 영향을 미친 헌법·법률·명령 또는 규칙의 위반이 있다고 할 수 없다.

【대법원 결론】 그리고 원심의 이러한 판단이 정당한 이상, 지방법원판사가 검사의 이 사건 구속영장 청구를 기각한 재판 그 자체의 당부에 관한 주장은 적법한 재항고이유가 되지 못한다. (재항고 기각)

2006모657

접견교통권 제한과 준항고
단독 접견신청 거부 사건
2007. 1. 31. 2006모657, [공보불게재]

1. 사실관계 및 사건의 경과

【사실관계】
① A 등은 P피의사건으로 구속되었다.
② A 등은 갑 등 여러 명의 변호사를 공동변호인으로 선임하였다.
③ 검사는 A 등에 대하여 접견불허처분을 내렸다.
④ 변호인 갑은 A 등에 대하여 독자적으로 접견신청을 하였다.
⑤ [검사는 갑이 수시로 접견권을 행사하여 진술거부권 행사를 행사하도록 조언함으로써 수사에 방해를 초래한다는 이유로 갑의 단독 접견신청을 거부하는 결정을 내렸다.]

【사건의 경과】
① 갑은 관할 서울중앙지방법원에 준항고를 제기하였다.

② 서울중앙지방법원은 다음의 이유를 들어서 검사의 접견불허처분을 위법하다고 판단하였다.
    (가) 다른 공동변호인들이 선임되어 있더라도 변호인 갑은 독자적으로 A 등 피의자들을 접견할 필요가 있다.
    (나) 변호인들이 수시로 접견권을 행사함으로써 수사기관의 수사에 다소간의 어려움이 발생하였다고 하더라도 총 접견시간 등 제반 사정에 비추어 갑이 접견권의 행사를 빙자하여 수사를 방해하려는 것이라고 단정할 수 없다.
    (다) 변호인 갑이 A 등 피의자들로 하여금 진술거부권을 행사하도록 법률적 조언을 하는 것을 위법하다고 할 수 없다.
    (라) 갑의 접견권 행사가 변호인 갑 자신을 위한 것이라고 단정할 수도 없다.
③ 검사는 서울중앙지방법원의 결정에 불복하여 대법원에 재항고하였다.

2. 변호인의 접견교통권에 관한 관련 규정

【대법원 분석】 1. 헌법 제12조 제4항 본문은 "누구든지 체포 또는 구속을 당한 때에는 즉시 변호인의 조력을 받을 권리를 가진다."라고 규정하여 체포 또는 구속을 당한 사람이 변호인의 조력을 받을 권리를 기본적 인권의 하나로 보장하고 있는바, 이는 변호인과의 자유로운 접견교통을 통하여 실현될 수 있는 것이므로 /

【대법원 분석】 형사소송법은 이를 실질적으로 보장하기 위하여 제34조에서 "변호인 또는 변호인이 되려는 자는 신체구속을 당한 피고인 또는 피의자와 접견하고 서류 또는 물건을 수수할 수 있다."고 규정하는 외에, /

【대법원 분석】 제89조에서 "구속된 피고인은 법률의 범위 내에서 타인과 접견할 수 있다."고 규정하고 이를 제209조에 의하여 체포 또는 구속된 피의자에 관하여 준용하고 있으며, /

【대법원 분석】 신체구속을 당한 피고인 또는 피의자에 대한 변호인의 접견교통권을 직접적으로 제한하는 규정을 따로 두고 있지는 않다.

3. 접견교통권의 제한 필요성과 그 한계

【대법원 요지】 그러나 형사소송법상 체포 또는 구속은 죄를 범하였다고 의심할 만한 상당한 이유가 있는 피의자 또는 피고인의 도망이나 증거인멸을 방지하고 출석을 보장하기 위해 이루어지는 것이므로(제70조, 제200조의2, 제201조), 신체구속을 당한 피고인 또는 피의자에 대한 변호인의 접견교통권은 위와 같은 신체구속 제도의 본래의 목적을 침해하지 아니하는 범위 내에서 행사되어야 하고, /

【대법원 요지】 이러한 한계를 일탈하는 접견교통권의 행사는 정당한 접견교통권의 행사에 해당하지 아니하여 허용될 수 없는 것으로 보아야 할 것이다.

【대법원 요지】 다만, 신체구속을 당한 사람에 대한 변호인의 접견교통권은 헌법상 기본권의 하나로 보장되고 있는 신체구속을 당한 사람이 변호인의 조력을 받을 권리와 표리관계에 있는 것이므로 /

【대법원 요지】 그 접견교통권의 행사가 위와 같은 한계를 일탈한 것이라고 인정함에 있어서는 신체구속을 당한 사람의 헌법상의 기본적 권리로서의 변호인의 조력을 받을 권리의 본질적인 내용이 침해

되는 일이 없도록 신중을 기하여야 한다.

4. 변호인의 진실의무와 법률적 조언의 한계

【대법원 요지】 한편, 변호사인 변호인에게는 변호사법이 정하는 바에 따라서 이른바 진실의무가 인정되는 것이지만, 변호인이 신체구속을 당한 사람에게 법률적 조언을 하는 것은 그 권리이자 의무이므로 /

【대법원 요지】 변호인이 적극적으로 피고인 또는 피의자로 하여금 허위진술을 하도록 하는 것이 아니라 단순히 헌법상 권리인 진술거부권이 있음을 알려 주고 그 행사를 권고하는 것을 가리켜 변호사로서의 진실의무에 위배되는 것이라고는 할 수 없다.

【대법원 요지】 나아가, 신체구속을 당한 피의자 또는 피고인이 범한 것으로 의심받고 있는 범죄행위에 해당 변호인이 관련되어 있다는 등의 사유에 기하여 그 변호인의 변호활동을 광범위하게 규제하는 변호인의 제척(除斥)과 같은 제도를 두고 있지 아니한 우리 법제 아래에서는, /

【대법원 요지】 변호인의 접견교통의 상대방인 신체구속을 당한 사람이 그 변호인을 자신의 범죄행위에 공범으로 가담시키려고 하였다는 등의 사정만으로 그 변호인의 신체구속을 당한 사람과의 접견교통을 금지하는 것이 정당화될 수는 없다.

【대법원 요지】 이러한 법리는 신체구속을 당한 사람의 변호인이 1명이 아니라 여러 명이라고 하여 달라질 수 없고, 어느 변호인의 접견교통권의 행사가 그 한계를 일탈한 것인지의 여부는 해당 변호인을 기준으로 하여 개별적으로 판단하여야 할 것이다.

5. 사안에 대한 대법원의 판단

【대법원 판단】 2. 이러한 법리와 기록에 의하여 살펴보면, 원심이 그 판시와 같은 사실들을 인정한 다음, 다른 공동변호인들이 선임되어 있더라도 준항고인은 독자적으로 이 사건 피의자들을 접견할 필요가 있고, /

【대법원 판단】 변호인들이 수시로 접견권을 행사함으로써 수사기관의 수사에 다소간의 어려움이 발생하였다고 하더라도 총 접견시간 등 제반 사정에 비추어 준항고인이 접견권의 행사를 빙자하여 수사를 방해하려는 것이라고 단정할 수 없으며, /

【대법원 판단】 준항고인이 이 사건 피의자들로 하여금 진술거부권을 행사하도록 법률적 조언을 하는 것을 위법하다고 할 수 없고, 준항고인의 접견권 행사가 준항고인 자신을 위한 것이라고 단정할 수도 없다는 등의 이유로

【대법원 판단】 검사의 이 사건 접견불허처분이 위법하다고 판단한 것은 결론에 있어서 정당한 것으로 수긍이 가고, 거기에 재항고이유의 주장과 같은 법리오해 등의 위법이 있다고 할 수 없다. (재항고기각)

2006초기335

직근 상급법원의 결정기준
심급관할 대 관할구역 사건
2006. 12. 5. 2006초기335 전원합의체 결정, 공 2007, 455

1. 사실관계 및 사건의 경과

【사실관계】

① A는 ㉠무고사건으로 서울중앙지방법원에 기소되었다.

② A는 ㉡무고사건으로 수원지방법원 성남지원에 기소되었다.

③ ㉠사건과 ㉡사건은 관련사건(법11)의 관계에 있다.

④ 갑은 A의 변호인이다.

【사건의 경과】

① 갑은 대법원을 서울중앙지방법원과 수원지방법원 성남지원의 직근(直近) 상급법원이라고 보았다.

② 갑은 대법원에 ㉠사건과 ㉡사건에 대해 토지관할 병합심리를 신청하였다.

③ 대법원은 갑의 신청이유를 살피기에 앞서 직권으로 판단하였다.

2. 직근 상급법원의 결정기준

【대법원 분석】 형사소송법 제6조는 "토지관할을 달리하는 수개의 관련사건이 각각 다른 법원에 계속된 때에는 공통되는 직근 상급법원은 검사 또는 피고인의 신청에 의하여 결정으로 1개 법원으로 하여금 병합심리하게 할 수 있다."고 규정하고 있다.

【대법원 요지】 사물관할은 같지만 토지관할을 달리하는 수개의 제1심 법원(지원을 포함한다. 이하 같다)들에 관련 사건이 계속된 경우에 있어서, 위 조항에서 말하는 상급법원은 그 성질상 형사사건의 토지관할 구역을 정해 놓은 '각급 법원의 설치와 관할구역에 관한 법률' 제4조에 기한 [별표 3]의 관할 구역 구분을 기준으로 정하여야 할 것인바, /

【대법원 요지】 형사사건의 제1심 법원은 각각 일정한 토지관할 구역을 나누어 가지는 대등한 관계에 있으므로 그 상급법원은 위 표에서 정한 제1심 법원들의 토지관할 구역을 포괄하여 관할하는 고등법원이 된다고 할 것이다. /

【대법원 요지】 따라서 토지관할을 달리하는 수개의 제1심 법원들에 관련 사건이 계속된 경우에 그 소속 고등법원이 같은 경우에는 그 고등법원이, 그 소속 고등법원이 다른 경우에는 대법원이 위 제1심 법원들의 공통되는 직근 상급법원으로서 위 조항에 의한 토지관할 병합심리 신청사건의 관할법원이 된다.

【대법원 요지】 이와 달리 위 조항의 상급법원을 이른바 심급관할에 따른 상급법원으로 본 대법원 1991. 2. 12.자 90초112 결정 등은 이와 배치되는 범위 내에서 모두 변경하기로 한다.

3. 사안에 대한 대법원의 판단

【대법원 판단】 이 사건 토지관할 병합심리 신청의 대상사건들은 서울중앙지방법원 ㉠무고 피고사건과 수원지방법원 성남지원 ㉡무고 피고사건인바, 위 사건들의 제1심 법원들은 모두 서울고등법원 소속이므로 이 사건 신청의 관할법원은 서울고등법원이고, 대법원은 관할권이 없다 할 것이다.

【대법원 결론】 따라서 대법원을 관할법원으로 하여 제기한 이 사건 신청은 관할을 위반한 잘못이 있으나, 이는 대법원의 종전 견해에 따른 것임을 고려하여 관할법원인 서울고등법원으로 이송하여 처리하도록 하기로 한다. (파기 이송)

2006헌마1131

검사의 접견금지결정과 헌법소원
'기소시까지 접견금지' 사건
2007. 5. 31. 2006헌마1131, 헌집 19①, 774

1. 사실관계 및 사건의 경과

【사실관계】
① 갑은 국가보안법위반죄(찬양 · 고무등) 혐의로 구속되어 조사를 받고 있었다.
② 검사는 접견제한 개시일을 특정하지 않고 장차 접견제한 조치가 있을 것이라는 사실을 수사 중에 갑에게 고지하였다.
③ 2006. 9. 7. 검사는 증거인멸 및 공범도피의 우려가 있음을 이유로 다음과 같은 피의자접견등 금지결정을 내렸다.
④ "기소 시까지 변호인 및 가족을 제외한 일체의 접견을 금지한다."
⑤ 2006. 9. 12. 갑은 국가보안법위반죄로 기소되었다.

【사건의 경과】
① 갑은 검사의 접견금지결정에 불복하여 곧바로 헌법재판소에 헌법소원심판을 청구하였다.
② 갑은 형소법 제417조의 준항고절차를 거치지 않은 이유에 대해 다음과 같이 주장하였다.
 (가) 검사의 접견금지결정 후 갑자기 기소되어 형소법 제417조에 따른 준항고를 준비할 시간이 없었다.
 (나) 기소 후에는 검사의 접견금지결정이 효력을 잃게 되므로 설사 준항고를 하더라도 준항고 관할법원은 실익이 없다는 이유로 각하하였을 것이다.
③ 갑은 본안 판단과 관련하여 검사의 접견금지결정으로 행복추구권 및 평등권 등이 침해되었다고 주장하였다.
④ 헌법재판소는 본안 판단에 앞서서 직권으로 심판청구의 적법 여부를 심사하였다.

2. 헌법소원과 형소법상 준항고의 관계

【헌재 판단】 헌법재판소법 제68조 제1항 단서에 의하면, 헌법소원심판청구는 다른 법률에 구제절차가 있는 경우에는 그 절차를 모두 거친 후가 아니면 청구할 수 없고(헌법재판소법 제68조 제1항 단서) 여기서 그 절차를 거친다고 함은 적법한 절차를 거치는 것을 뜻한다.

【헌재 판단】 이 사건 결정은 구속 피의자에 대한 검사의 접견금지처분으로서 "피의자의 구금에 관한 처분"이라 할 것인데, 형사소송법 제417조는 "검사 또는 사법경찰관의 구금, 압수 또는 압수물의 환부에 관한 처분에 대하여 불복이 있으면 그 직무집행지의 관할 법원 또는 검사의 소속 검찰청에 대응한 법원에 그 처분의 취소 또는 변경을 청구할 수 있다."고 규정하고 있다. /

【헌재 판단】 따라서 이 사건 결정에 대해서는 준항고가 가능함에도 불구하고 청구인은 이러한 형사소송법상의 준항고 절차를 거치지 아니하고 바로 이 사건 헌법소원심판청구를 제기하였으므로, 적법한 구제절차를 거치지 아니하였다.

3. 준항고 청구가 가능한 시점

【헌재 분석】 한편 청구인은 "이 사건 결정이 2006. 9. 7.에 내려졌고, 당시 피청구인은 접견 제한 개시일을 특정하지 않고 장차 그러한 조치가 있을 것이라는 사실을 수사 중에 청구인에게 고지하였을 뿐이며, 결정일로부터 5일이 경과한 같은 달 12. 공소제기되어 이 사건 결정은 그 효력을 상실하였으므로, 준항고를 준비하여 신청할 시간이 사실상 없었고 /

【헌재 분석】 준항고를 제기하였더라도 판단을 받기 전에 이미 처분의 효력이 상실되어 준항고를 구할 실익이 없다는 이유로 각하되었을 것이 명백한 이상 보충성에 대한 예외에 해당한다."고 주장하고 있다. /

【헌재 판단】 그러나 이 사건 결정 당시 접견금지기간은 2006. 9. 7.부터 기소 시까지로 특정되어 있었고, /

【헌재 판단】 변호인이 이 사건 결정이 있었던 사실을 늦게 알아 그에 대한 준항고를 준비할 시간이 부족했다거나 결정일로부터 불과 5일 후에 공소제기되어 이 사건 결정이 효력을 상실하였다는 등의 사정만으로는 /

【헌재 판단】 준항고절차를 거치는 것이 객관적으로 불가능했다거나 /

【헌재 판단】 준항고절차를 거치더라도 권리가 구제될 가능성이 거의 없어 전심절차 이행의 기대가능성이 없는 경우에 해당한다고 보기 어렵다.

【헌재 결론】 그렇다면 이 사건 심판청구는 다른 법률이 정한 적법한 구제절차를 거치지 아니하고 제기된 것이어서 부적법하므로 헌법재판소법 제72조 제3항 제1호에 따라 이를 각하하기로 하여 관여 재판관 전원의 일치된 의견으로 주문과 같이 결정한다. (청구 각하)

2006헌바69

인권옹호에 관한 검사의 지휘 범위
인권옹호방해죄 위헌심판 사건
2007. 3. 29. 2006헌바69, 헌집 19①, 258

1. 사실관계 및 사건의 경과

【사실관계】

① 2005. 12. 12. 10:50 사법경찰관 갑은 상습사기 피의사실로 경찰서에 출석한 피의자 A를 긴급체포하였다.

② 사법경찰관 갑은 검사에게 긴급체포 승인건의와 함께 구속영장을 신청하였다.

③ 2005. 12. 13. 16:00 수사지휘를 담당한 대전지방검찰청 검사 B는 다음의 이유를 들어서 사법경찰관 갑에게 피의자 A를 데려오라고 지시하였다.

　(가) 피의자 A에 대한 수사과정이 적법했는지 여부를 심사하기 위하여 A를 직접 신문할 필요가 있다.

　(나) A에 대한 구속영장을 청구하기에 앞서 구속사유의 존부를 심사하기 위하여 A를 직접 신문할 필요가 있다.

④ 2005. 12. 13. 17:00 이후 사법경찰관 갑은 다음의 이유를 들어서 검사 B의 지시를 거부하였다.

　(가) 검찰과 경찰 사이의 수사권 배분과 관련하여 볼 때 검사 B의 지시는 권한 밖의 것이다.

　(나) 검사가 긴급체포된 피의자를 직접 대면하여 조사할 수 있는 법적 근거가 없다.

【사건의 경과】

① 갑은 검사의 지시에도 불구하고 정당한 사유 없이 이를 이행하지 아니하여 사법경찰관으로서의 직무를 유기함과 동시에 인권옹호에 관한 검사의 명령을 준수하지 아니하였다는 이유로 기소되었다.

② 갑은 관할법원에 재판이 계속되던 중에 같은 법원에 인권옹호에 관한 검사의 직무명령을 준수하지 아니한 경우를 처벌하고 있는 형법 제139조에 대하여 위헌제청신청을 하였다.

③ 2006. 7. 5. 관할법원은 갑의 위헌제청신청을 기각하였다.

④ 2006. 8. 3. 갑은 헌법재판소법 제68조 제2항에 따라 헌법재판소에 헌법소원심판을 청구하였다.

⑤ (이하에서는 인권옹호방해죄와 명확성의 원칙에 관한 헌법재판소의 판단 부분만 소개함)

2. 죄형법정주의와 명확성의 원칙

【헌재 분석】 헌법 제12조 제1항 후문은 누구든지 법률과 적법한 절차에 의하지 아니하고는 처벌·보안처분 또는 강제노역을 받지 아니한다고 규정하고 있다. /

【헌재 요지】 이러한 죄형법정주의의 원칙은 법률이 처벌하고자 하는 행위가 무엇이며 그에 대한 형벌이 어떠한 것인지를 누구나 예견할 수 있고, 그에 따라 자신의 행위를 결정할 수 있도록 구성요건을 명확하게 규정할 것을 요구한다. /

【헌재 요지】 그러나 처벌법규의 구성요건이 명확하여야 한다고 하더라도 입법권자가 모든 구성요건

을 단순한 의미의 서술적인 개념에 의하여 규정하여야 한다는 것은 아니다. 처벌법규의 구성요건이 다소 광범위하여 어떤 범위에서는 법관의 보충적인 해석을 필요로 하는 개념을 사용하였다고 하더라도 그 점만으로 헌법이 요구하는 처벌법규의 명확성의 원칙에 반드시 배치되는 것이라고 볼 수 없다. /

【헌재 요지】 즉 건전한 상식과 통상적인 법감정을 가진 사람으로 하여금 그 적용대상자가 누구이며 구체적으로 어떠한 행위가 금지되고 있는지 충분히 알 수 있도록 규정되어 있다면 죄형법정주의의 명확성의 원칙에 위배되지 않는다고 보아야 한다. 그렇게 보지 않으면 처벌법규의 구성요건이 지나치게 구체적이고 정형적이 되어 부단히 변화하는 다양한 생활관계를 제대로 규율할 수 없게 될 것이기 때문이다.

3. 인권옹호방해죄와 명확성의 원칙

【헌재 분석】 이 사건 법률조항[형법 제139조] 중 '경찰의 직무를 행하는 자 또는 이를 보조하는 자'는 사법경찰관리를 의미하는 것으로 청구인도 이 부분이 불명확하다고 다투고 있지는 아니하고, '인권옹호에 관한 검사의 명령', '명령을 준수하지 아니하는 때' 부분이 불명확하다고 주장하는바 이에 대하여 차례로 살펴본다.

(1) 인권옹호기관으로서의 검사의 지위

【헌재 판단】 인권침해의 소지가 가장 많은 수사 분야에 있어 국민의 인권과 자유를 보호하기 위하여 우리 헌법과 법률은 검사제도를 두어 검사에게 준사법기관으로서의 지위를 부여하고 철저한 신분보장과 공익의 대변자로서 객관의무를 지워 사법경찰의 수사에 대한 지휘와 감독을 맡게 하고 있다.

【헌재 판단】 나아가 전속적 영장청구권(헌법 제12조 제3항), 수사주재자로서 사법경찰관리에 대한 수사지휘(형사소송법 제196조), 체포·구속장소 감찰(형사소송법 제198조의2) 등의 권한을 검사에게 부여하여 절차법적 측면에서 인권보호의 기능을 하게 하는 것이 현행 검사제도이며 /

【헌재 판단】 이러한 측면에서 검사의 수사에 관한 지휘는 수사과정에서의 인권침해를 방지하는 '인권옹호'를 당연히 포함한다고 할 것이다.

(2) 인권옹호에 관한 검사의 명령

【헌재 판단】 이 사건 법률조항에 규정된 '인권'의 의미가 무엇인지, 옹호해야 할 인권의 범위가 어디까지인지는 다소 불분명한 점이 있다. /

【헌재 판단】 그러나 범죄수사과정에서 그 침해가 방지되어야 할 인권의 내용을 입법자가 일일이 서술적으로 열거하고 인권옹호에 관한 검사의 명령 유형을 구체적으로 한정하는 것은 입법기술상 불가능하거나 현저히 곤란하다. 왜냐하면 수사과정에서 초래될 각종 인권침해의 모습은 언제 어떻게 변화된 새로운 양상으로 나타날지 모르기 때문이다. /

【헌재 판단】 그러므로 다소 불분명한 점이 있다 하더라도 궁극적으로 법원의 해석에 의하여 그것이 해소될 수 있다면 헌법이 요구하는 처벌법규의 명확성에 반드시 배치되는 것이라고는 할 수 없다.

【헌재 요지】 먼저 옹호되어야 할 인권의 내용을 살피건대 본죄의 입법취지 및 보호법익, 그 적용대상의 특수성 등을 고려하면 여기서 말하는 '인권'은 범죄수사과정에서 사법경찰관리에 의하여 침해되

기 쉬운 인권, /

【헌재 요지】 주로 헌법 제12조에 의한 국민의 신체의 자유, 이를 테면 법률에 의하지 아니하고는 체포·구금·압수·수색·심문을 받지 아니할 권리, 고문을 받지 아니하며, 형법상 자기에게 불리한 진술을 강요받지 아니할 권리, 변호인의 조력을 받을 권리 등을 그 내용으로 한다고 할 것이다.

【헌재 요지】 인권의 내용을 이렇게 볼 때 이 사건 검사의 명령도 '사법경찰관리의 직무수행에 의해 침해될 수 있는 인신 구속 및 체포와 압수수색 등 강제수사를 둘러싼 피의자, 참고인, 기타 관계인에 대하여 헌법이 보장하는 인권, /

【헌재 요지】 그 중 주로 그들의 신체적 인권에 대한 침해를 방지하고 이를 위해 필요하고도 밀접 불가분의 관련성 있는 검사의 명령'이라고 제한적으로 해석하는 등 얼마든지 그 의미를 명확히 하고 객관화할 수가 있을 것이다.

【헌재 분석】 특히 이 사건 법률조항의 피적용자는 사법경찰관리이다. 형사소송법 제196조에 의하면 사법경찰관리는 수사를 하거나 수사를 보조함에 있어 검사의 지휘를 받도록 되어 있고, 제198조는 "검사, 사법경찰관리 기타 직무상 수사에 관계있는 자는 비밀을 엄수하며 피의자 또는 다른 사람의 인권을 존중하고 수사에 방해되는 일이 없도록 주의하여야 한다."라고 규정하고 있으며, 사법경찰관리 집무규칙(법무부령) 제27조 제1항 및 제31조 제3항에서는 긴급체포 및 현행범인의 체포 시 인권침해가 없도록 신중을 기하여야 한다고 규정하고 있다. /

【헌재 판단】 그렇다면 이 같은 법 근거하에서 수사업무에 종사하는 사법경찰관리라면 통상적으로 이 사건 법률조항에서 규정하는 인권의 의미 및 인권옹호에 관한 검사의 명령이 무엇인지를 알 수 있다고 할 것이다.

【헌재 판단】 요컨대 이 사건 법률조항이 지닌 약간의 불명확성은 법관의 통상적인 해석작용에 의하여 충분히 보완될 수 있고, 특히 이 사건 법률조항의 피적용자가 사법경찰관리인 점을 감안한다면 건전한 상식과 통상적인 법감정을 가지고서도 이 사건 법률조항에서 규정한 인권옹호에 관한 검사의 명령이 무엇인지 충분히 예측 가능하다 하겠다.

(3) 인권옹호에 관한 검사의 명령 '불준수'

【헌재 판단】 명령 '불준수'의 사전적 의미는 명령을 '좇아서 지키지 아니함'이라는 것으로 이 사건 법률조항에서도 검사의 명령에 따르지 아니하는 것을 말한다고 할 것인바 여기에 불명확한 점이 있다고 보기 어렵다.

4. 사안에 대한 헌법재판소의 판단

【헌재 요지】 이 조항은, 그 입법 취지상, 사법경찰관리에 의해 침해될 수 있는 인권옹호에 관한 검사의 제반명령 중 '그에 위반할 경우 사법경찰관리를 형사처벌까지 함으로써 준수되도록 해야 할 정도로 인권옹호를 위해 꼭 필요한 검사의 명령'으로 봐야 할 것이고 나아가 법적 근거를 가진 적법한 명령이어야 할 것임은 의심할 여지가 없다.

【헌재 판단】 이러한 취지를 고려한 합리적 해석을 통해 당해 조항의 구체적 의미와 적용 범위를 적절히 제한하는 것은 법관의 고유한 권한이다. 그렇다면 이 사건 법률조항은 그 조항의 의미와 적법성

에 대한 법원의 해석을 통해 충분히 그 내용을 확정할 수 있으므로 죄형법정주의의 한 내용인 형벌법규의 명확성의 원칙에 반한다고 할 수 없다/

【헌재 판단】 (법관이 이 같은 해석을 통해 위 조항의 구체적 의미 내용을 확정할 수 있다고 보는 이상 청구인은 앞으로 법원의 재판과정에서의 이 조항의 법적 근거와 의미에 대한 법리 공방을 통해 적절한 판단을 얻도록 해야 할 것이다). (합헌 결정)

【코멘트】 본 판례에서 우리는 검찰과 경찰의 수사지휘권을 둘러싼 갈등의 일단을 엿볼 수 있다. 2005년에 발생한 본 사안은 2007년의 본 헌법재판소 결정을 거쳐 2010. 10. 28. **2008도11999** 대법원판결로 종결되고 있다.

　　검찰과 경찰 사이의 수사권조정은 제18대 국회의 사법제도개혁특별위원회의 핵심적 의제였다. 제18대 국회는 2011년 사개특위의 성과를 반영하여 형사소송법을 일부 개정하였다. 이 과정에서 국회는 사법경찰관의 수사권한에 관한 형소법 제196조를 개정하였으나, 법률 차원의 수사권조정을 포기하고 대통령령에 백지위임하는 선에서 미봉하였다(법196③). 형사절차의 핵심사항을 행정입법인 대통령령에 위임하는 이례적인 법상황에 대해 앞으로 헌법 제12조 제1항이 규정한 형사절차법률주의와의 관계에서 위헌 논란이 야기될 것으로 예상된다.

　　본 판례를 보면, "사법경찰관리 집무규칙(법무부령) 제27조 제1항 및 제31조 제3항에서는 긴급체포 및 현행범인의 체포 시 인권침해가 없도록 신중을 기하여야 한다고 규정하고 있다"는 부분이 있다. 2011년 형소법 개정에 따라 이 부분은 「검사의 사법경찰관리에 대한 수사지휘 및 사법경찰관리의 수사준칙에 관한 규정」(대통령령) 제35조 제1항 및 제37조 제3항으로 바꾸어서 읽어야 할 필요가 있다.

2007도1220

공소장변경의 필요성
피가름 설교 사건
2008. 10. 9. 2007도1220, 공 2008하, 1561

1. 사실관계 및 사건의 경과

【사실관계】

① 갑은 P대학교 교수이자 목사이다.

② 갑은 P대학교 신학대학원 100주년 기념관 채플실에서 1,200여 명의 학생들이 모인 가운데 예배를 인도하였다.

③ 갑은 예배 도중 대한예수교장로회 Q교회 목사인 A에 대해 다음과 같이 발언하였다.

④ "Q교회 A는 이단 중에 이단입니다. 그는 피가름을 실천에 옮겨야 된다고 가르치는 사람, 그것도 비밀리에 가르치고 있습니다."

⑤ A는 갑을 명예훼손으로 고소하였다.

【사건의 경과 1】

① 검사는 갑을 허위사실적시 명예훼손죄로 기소하였다.

② 갑의 피고사건은 제1심을 거친 후, 항소심에 계속되었다.

③ 항소심법원은 갑이 적시한 사실이 허위라는 점에 대해 합리적인 의심의 여지가 없을 정도로 입증이 되었다고 볼 수 없다는 이유로 무죄를 선고하였다.

【사건의 경과 2】

① 검사는 불복 상고하였다.

② 검사는 상고이유로 다음의 점을 주장하였다.

　(가) 갑의 발언은 허위사실적시 명예훼손에 해당한다. (적시된 사실의 허위 여부에 대한 부분은 이하 고찰을 생략함)

　(나) 갑의 발언이 허위가 아니더라도 최소한 사실적시 명예훼손에 해당한다.

　(다) 항소심법원은 직권으로 갑을 사실적시 명예훼손죄로 처벌했어야 한다.

　(라) 또는 항소심법원은 검사에게 석명을 구하여 사실적시 명예훼손죄로 공소장변경절차를 밟게 했어야 한다.

2. 공소장변경의 필요성과 직권 사실인정

【대법원 요지】 형법 제307조 제2항의 허위사실적시에 의한 명예훼손의 공소사실 중에는 같은 조 제1항 소정의 사실적시에 의한 명예훼손의 공소사실이 포함되어 있으므로, 위 허위사실 적시에 의한 명예훼손으로 기소된 사안에서 적시한 사실이 허위임에 대한 입증이 없다면 법원은 공소장변경절차 없이도 직권으로 위 사실적시에 의한 명예훼손죄를 인정할 수 있다 할 것이나, /

【대법원 요지】 다만 법원이 공소사실의 동일성이 인정되는 범위 내에서 공소가 제기된 범죄사실에 포함된 이보다 가벼운 범죄사실을 공소장변경 없이 직권으로 인정할 수 있는 경우라고 하더라도 /

【대법원 요지】 공소가 제기된 범죄사실과 대비하여 볼 때 실제로 인정되는 범죄사실의 사안이 중대하여 공소장이 변경되지 않았다는 이유로 이를 처벌하지 않는다면 적정절차에 의한 신속한 실체적 진실의 발견이라는 형사소송의 목적에 비추어 현저히 정의와 형평에 반하는 것으로 인정되는 경우가 아닌 한, /

【대법원 요지】 법원이 직권으로 그 범죄사실을 인정하지 아니하였다고 하여 위법한 것이라고까지 볼 수는 없다.

3. 사안에 대한 대법원의 판단

【대법원 판단】 기록에 비추어 살펴보면, 이 사건 공소사실의 핵심은 피고인이 '허위사실'을 적시함으로써 고소인의 명예를 훼손하였다는 점에 있으므로, 위 공소가 제기된 범죄사실과 대비하여 볼 때 실제로 인정되는 범죄사실의 사안이 중대하여 공소장변경이 없음을 이유로 이를 처벌하지 않는 것이 현저히 정의와 형평에 반한다고 보기 어려울 뿐 아니라, /

【대법원 판단】 원심판결에 이르기까지의 대부분의 심리과정 및 피고인의 방어방법 제출이 위 허위성 여부에 집중되어 왔던 점에 비추어 보더라도 원심이 공소장 기재 적용법조의 변경 없이 위 사실적

시에 의한 명예훼손에 대해 직권으로 판단하는 것이 피고인의 방어권행사에 불이익을 초래할 우려가 없다고는 볼 수 없으므로, /

【대법원 판단】 위와 같이 직권으로 판단하지 아니하고 무죄를 선고한 원심판결에 어떠한 잘못이 있다고 보기 어렵다.

【대법원 요지】 또한, 법원이 검사에게 공소장변경을 요구할 것인지 여부는 재량에 속하는 것으로서 검사에게 이를 석명하지 않았다 하여 위법하다고 볼 수 없는바, 원심판결에 심리미진의 위법이 있다는 이 부분 상고논지는 모두 이유 없다. (상고 기각)

2007도1755

사실오인과 채증법칙위반의 구별
검찰청 소변검사 사건
2008. 5. 29. 2007도1755, 공 2008하, 946

1. 사실관계 및 사건의 경과

【사실관계】

① 갑은 P필로폰 투약의 ㉠ 공소사실과 그 밖의 ㉡ 공소사실 등으로 마약류관리법위반죄로 기소되었다.

② 갑의 피고사건은 제1심을 거친 후, 항소심에 계속되었다.

③ 항소심법원은 다음과 같은 이유로 P필로폰 투약의 ㉠ 공소사실에 대해 무죄를 선고하였다.

  (가) 갑의 소변검사에서 필로폰 양성반응이 나오기는 하였다.

  (나) 그러나 갑은 누군가가 술자리에서 몰래 갑의 술잔에 필로폰을 넣은 것 같다고 주장하고 있다.

  (다) 갑은 필로폰 투약으로 적발되어 기소유예처분을 받은 뒤 정기적으로 검찰청에 출두하여 필로폰 투약 여부를 검사받아 왔다.

  (라) 그러던 중, ㉠공소사실로 적발될 당일에도 종전과 마찬가지로 스스로 검찰청에 출두하여 필로폰 투약 여부를 검사하기 위하여 소변검사를 하는 과정에서 양성반응이 나왔다.

  (마) 이러한 사정들을 종합하여 볼 때에 갑의 소변에서 필로폰이 검출된 사실만으로는 갑이 고의적으로 필로폰을 투약하였다고 인정하기에 부족하다.

  (바) 달리 공소사실을 인정할 증거가 부족하다.

④ 항소심법원은 ㉡공소사실 등을 유죄로 인정하여 징역 8월을 선고하였다.

【사건의 경과】

① 검사는 무죄 부분에 불복 상고하였다.

② 검사는 상고이유로 다음과 같이 주장하였다.

  (가) 이 사건 심리과정에서 나타난 여러 가지 다른 사정들을 종합하여 보면 갑의 변명은 믿기 어렵다.

  (나) 그 밖에 ㉠공소사실을 인정할 증거가 충분하다.

(다) 그러므로 갑에 대하여 무죄를 선고한 항소심판결에는 채증법칙을 위반한 사실오인의 잘못이
있다.

2. 사안에 대한 항소심의 판단

【항소심 판단】 1. 원심은 아래와 같은 이유로 피고인에 대한 이 부분 공소사실(필로폰 투약)에 대하
여 무죄를 선고하였다.

【항소심 판단】 즉, 피고인의 소변검사에서 필로폰 양성반응이 나오기는 하였으나, 피고인은 누군가
가 술자리에서 몰래 피고인의 술잔에 필로폰을 넣은 것 같다고 주장하고 있으며, /

【항소심 판단】 피고인이 필로폰 투약으로 적발되어 기소유예처분을 받은 뒤 정기적으로 검찰청에
출두하여 필로폰 투약 여부를 검사받아 오던 중, 이 사건 공소사실로 적발될 당일에도 종전과 마찬가
지로 스스로 검찰청에 출두하여 필로폰 투약 여부를 검사하기 위하여 소변검사를 하는 과정에서 양성
반응이 나온 점 등의 사정을 종합하여 볼 때에 /

【항소심 판단】 피고인의 소변에서 필로폰이 검출된 사실만으로는 피고인이 고의적으로 필로폰을 투
약하였다고 인정하기에 부족하고 달리 이를 인정할 증거가 부족하다는 것이다.

3. 사실오인과 채증법칙위반의 구별

【대법원 분석】 2. 검사는 상고이유로, 이 사건 심리과정에서 나타난 여러 가지 다른 사정들을 종합
하여 보면 피고인의 위 변명은 믿기 어렵고 그 밖에 공소사실을 인정할 증거가 충분하므로 피고인에
대하여 무죄를 선고한 원심판결에는 채증법칙을 위반한 사실오인의 잘못이 있다고 주장한다.

【대법원 분석】 검사의 상고이유 주장을 자세히 살펴보면, 그 주장은 결국 원심의 전권사항인 증거취
사와 사실인정을 나무라는 취지임을 알 수 있는바, /

【대법원 요지】 형사소송법 제308조는 증거의 증명력은 법관의 자유판단에 의하도록 자유심증주의
를 규정하고 있으므로, 가사 원심의 증거의 증명력에 대한 판단과 증거취사 판단에 그와 달리 볼 여지
가 상당한 정도 있는 경우라고 하더라도, /

【대법원 요지】 원심의 판단이 논리법칙이나 경험법칙에 따른 자유심증주의의 한계를 벗어나지 아니
하는 한 그것만으로 바로 형사소송법 제383조 제1호가 상고이유로 규정하고 있는 법령 위반에 해당한
다고 단정할 수 없고, /

【대법원 요지】 또한 원심의 구체적인 논리법칙 위반이나 경험법칙 위반의 점 등을 지적하지 아니한
채 단지 원심의 증거취사와 사실인정만을 다투는 것은, 특별한 사정이 없는 한 사실오인의 주장에 불
과하다.

4. 사안에 대한 대법원의 판단

【대법원 판단】 그런데 형사소송법 제383조는 사형, 무기 또는 10년 이상의 징역이나 금고가 선고된
사건에 한하여 '중대한 사실의 오인'을 상고이유로 허용하고 있고, 그 나머지 사건에서는 오로지 '판결
에 영향을 미친 법령 위반', '형의 폐지나 변경, 사면', '재심청구의 사유가 있을 때'만을 상고이유로 허
용하고 있으므로, 징역 8월이 선고된 이 사건에서는 위와 같은 사실오인의 주장은 형사소송법이 허용

하고 있는 적법한 상고이유에 해당하지 아니한다.

【대법원 판단】 검사의 이 사건 상고이유 중에는 원심의 증거판단 중 어떠한 점이 어떠한 이유로 어떠한 논리법칙이나 경험법칙에 위반하였는지에 관하여 구체적으로 지적하고 있지 않을 뿐 아니라, 원심판결 이유와 상고이유를 살펴보아도 원심판결에 자유심증주의의 한계를 벗어난 법령 위반에 해당한다고 볼 만한 사정은 엿보이지 아니하여, 결국 검사의 이 사건 상고이유 주장은 적법한 상고이유가 되지 못하므로, 그 구체적인 상고이유의 주장에 들어가 살펴볼 필요 없이 상고는 이유 없음이 명백하다. (상고 기각)

【코멘트】 본 판례에서 대법원은 사실오인과 채증법칙위반의 관계에 대하여 설시하고 있다. 대법원은 원칙적으로 법률심이다. 대법원이 담당하는 상고심에서는 원칙적으로 법령위반만을 주장할 수 있으며, 사실오인의 주장은 허용되지 않는다. 다만, 사형, 무기 또는 10년 이상의 징역이나 금고가 선고된 사건에 있어서 중대한 사실의 오인이 있어 판결에 영향을 미친 때에 한하여 예외적으로 피고인에게 사실오인의 주장이 허용될 뿐이다(법383 iv 전단).

그런데 대법원은 소위 채증법칙위반이라는 영역을 설정하여 사실오인 주장의 상당부분을 법령위반의 문제로 전환하고 있다. 단순한 사실오인과 법령위반으로서의 채증법칙위반 사이의 구별에 대해 대법원은 본 판례에서 다음과 같은 법리를 제시하고 있다.

(가) 형사소송법 제308조는 증거의 증명력은 법관의 자유판단에 의하도록 자유심증주의를 규정하고 있다. (나) 증거의 증명력에 대한 판단과 증거취사 판단에 사실심법원과 달리 볼 여지가 상당한 정도 있는 경우라고 하더라도 이를 존중하는 것이 원칙이다. (다) 그러나 사실심법원의 판단이 논리법칙이나 경험법칙에 따른 자유심증주의의 한계를 벗어나는 경우는 채증법칙위반으로서 법령위반에 해당한다. (라) 채증법칙위반을 주장하려면 사실심법원의 증거판단 중 어떠한 점이 어떠한 이유로 어떠한 논리법칙이나 경험법칙에 위반하였는지에 관하여 구체적으로 지적하여야 한다.

본 판례에서 검사는 사실오인과 함께 채증법칙위반이라는 법령위반 사유를 주장하고 있다. 이에 대해 대법원은 징역 8개월이 선고된 본 판례 사안의 경우 상고심에서 사실오인의 주장을 할 수 없고, 채증법칙위반의 주장도 검사가 구체적으로 논리칙, 경험칙 위반의 점을 지적하는 바가 없다는 이유로 상고를 기각하고 있다.

대법원은 구체적 타당성을 도모하기 위하여 채증법칙위반이라는 법령위반 사유를 인정하고 있지만 이를 넓게 인정하면 법률심인 상고심이 사실심으로 변질될 우려가 있다. 현재 대법원에는 상고사건이 급격히 증가하고 있다. 2004년 당시 대법원의 본안판단 사건은 연간 18,000건 정도이었다. 그러나 2012년에 이르러 대법원의 본안판단 사건이 30,000건을 넘어섰다는 보도가 나오고 있다. 이러한 상황이라면 사실심의 사실관계 판단을 최대한 존중하면서 법령해석의 통일에 보다 역량을 집중하는 대법원의 상고심 운영이 필요하다고 본다.

2007도1794

검증조서 진술의 증거능력
건초더미 낫 살인 사건
2007. 4. 26. 2007도1794, [미간행]

1. 사실관계 및 사건의 경과

【사실관계】

① 갑은 A를 살해하였다는 공소사실로 살인죄로 기소되었다.

② 갑은 정당방위라고 주장하여 살인죄 공소사실을 부인하였다.

③ 제1심 공판절차에서 검사는 사법경찰관이 작성한 검증조서를 증거로 제출하였다. (㉠사경 검증조서).

④ ㉠검증조서는 갑이 피의자 신분으로 범행을 재연하는 상황에 관한 것이었다.

⑤ ㉠검증조서는 다음과 같이 구성되어 있었다.

　(가) 사법경찰관이 갑의 범행 현장을 관찰하고 기술한 부분 (ⓐ검증 기재)

　(나) 갑이 범행을 재연하면서 행한 진술을 기재한 부분 (ⓑ피의자 진술)

　(다) 갑의 범행 재연 상황을 찍은 사진이 첨부됨 (ⓒ사진 영상)

⑥ 갑은 ㉠검증조서에 대해 증거로 함에 부동의하였다.

【사건의 경과】

① 갑의 피고사건은 제1심을 거친 후, 항소심에 계속되었다.

② 항소심법원은 다음의 범죄사실을 인정하였다.

③ 「피고인은 피해자와 말다툼을 하다가 건초더미에 있던 낫을 들고 반항하는 피해자로부터 낫을 빼앗아 그 낫으로 피해자의 가슴, 배, 등, 뒤통수, 목, 왼쪽 허벅지 부위 등을 10여 차례 찔러 피해자로 하여금 다발성 자상에 의한 기흉 등으로 사망하게 하였다.」 (㉡범죄사실)

④ 항소심법원은 갑에게 미필적 고의가 있었다고 판단하였다.

【사건의 경과】

① 항소심법원은 ㉡범죄사실을 인정하는 증거로 ㉠검증조서를 채택하면서 다음과 같이 적시하였다.

② "사법경찰관이 작성한 검증조서 중 피고인의 진술 부분을 제외한 기재 및 사진의 각 영상"

③ 항소심법원은 갑에게 유죄를 선고하였다.

④ 갑은 불복 상고하였다.

⑤ 갑은 상고이유로, 증거능력 없는 증거가 유죄 인정의 자료로 사용되었다고 주장하였다.

2. 사안에 대한 대법원의 분석

【대법원 분석】 1. 원심은 그 채택 증거들을 종합하여, /

【대법원 분석】 피고인이 피해자와 말다툼을 하다가 /

【대법원 분석】 건초더미에 있던 낫을 들고 반항하는 피해자로부터 낫을 빼앗아 /

【대법원 분석】 그 낫으로 피해자의 가슴, 배, 등, 뒤통수, 목, 왼쪽 허벅지 부위 등을 10여 차례 찔러 /

【대법원 분석】 피해자로 하여금 다발성 자상에 의한 기흉 등으로 사망하게 하였다는 /

【대법원 분석】 사실을 인정한 다음, /

【대법원 판단】 이에 비추어 보면, 피고인에게는 이 사건 범행 당시 적어도 살인의 미필적 고의는 있었다고 판단하였는바, /

【대법원 결론】 기록에 비추어 살펴보면, 위와 같은 원심의 판단은 옳고, 거기에 상고이유의 주장과 같은 채증법칙 위배 또는 심리미진으로 인한 사실오인이나 미필적 고의에 관한 법리오해 등의 위법이 있다고 할 수 없다.

【대법원 판단】 (정당방위 주장에 관한 판단 부분 : 생략함)

3. 사안에 대한 대법원의 판단

【대법원 분석】 3. 원심이 인용한 제1심 채택 증거들 중 /

【대법원 분석】 '사법경찰관이 작성한 검증조서 중 피고인의 진술 부분을 제외한 기재 및 사진의 각 영상'에는 /

【대법원 분석】 이 사건 범행에 부합되는 피의자이었던 피고인이 범행을 재연하는 사진이 첨부되어 있으나, /

【대법원 분석】 기록에 의하면 행위자인 피고인이 위 검증조서에 대하여 증거로 함에 부동의하였고 /

【대법원 분석】 공판정에서 검증조서 중 범행을 재연한 부분에 대하여 그 성립의 진정 및 내용을 인정한 흔적을 찾아 볼 수 없고 /

【대법원 분석】 오히려 이를 부인하고 있으므로 그 증거능력을 인정할 수 없는바, /

【대법원 판단】 원심으로서는 위 검증조서 중 피고인의 진술 부분뿐만 아니라 /

【대법원 판단】 범행을 재연한 부분까지도 제외한 /

【대법원 판단】 나머지 부분만을 증거로 채용하여야 함에도 /

【대법원 판단】 이를 구분하지 아니한 채 /

【대법원 판단】 피고인의 진술 부분을 제외한 나머지를 유죄의 증거로 인용한 조치는 위법하다고 할 것이나/

【대법원 판단】 (대법원 1988. 3. 8. 선고 87도2692 판결, 1990. 7. 24. 선고 90도1303 판결 등 참조), /

【대법원 판단】 한편 원심 및 제1심이 적법하게 조사·채택한 나머지 증거들을 기록에 의하여 살펴보면, /

【대법원 판단】 피고인에 대한 살인의 범죄사실을 충분히 인정할 수 있으므로, /

【대법원 결론】 원심의 위와 같은 위법은 판결에 영향이 없고, 따라서 피고인에 대하여 유죄를 선고한 원심판결에 영향을 미친 채증법칙 위배나 법리오해 등의 위법이 있다고 할 수 없다. (상고 기각)

2007도1903

함정수사의 판단기준
취객 상대 부축빼기 사건

2007. 5. 31. 2007도1903, 공 2007, 1016

1. 사실관계 및 사건의 경과

【사실관계 1】

① A 등은 지하철경찰대 소속 경찰관들이다.

② 경찰관 A 등은 사당역 인근에서 만취한 취객을 상대로 한 이른바 부축빼기 수법의 범죄가 빈발한다는 첩보를 입수하였다.

③ 경찰관 A 등은 지하철 막차 근무를 마친 후 함께 까치공원으로 가서 잠복근무를 하였다.

④ 경찰관 A 등은 까치공원 옆 P인도에 만취한 B가 누워 자고 있는 것을 발견하였다.

⑤ 경찰관 A 등은 P장소에서 사건이 계속 발생하다 보니 잡아야겠다는 생각으로 일부러 잠복을 하기로 결심하였다.

⑥ 경찰관 A 등은 B로부터 약 10m거리인 길 옆 모퉁이에 Q차량을 주차하고 머리를 숙이고 있었다.

⑦ 경찰관 A 등은 갑(51세)이 B에게 접근하는 것을 발견하였다.

【사실관계 2】

① 갑은 까치공원 옆 P인도에 옆으로 누워 잠들어 있는 B를 발견하였다.

② 갑은 주변을 살피다가 경찰관 A 등이 잠복근무 중이던 Q차량 옆까지 다가와 동정을 살폈다.

③ 갑은 B를 공원 옆 화단이 있는 으슥한 곳까지 약 10m 정도를 끌고 가, Q차량 바로 앞 약 1m 정도 떨어진 곳에서 멈추었다.

④ 갑은 화단 옆에 있는 돌 위에 B를 앉혀 놓고 B의 오른쪽 바지주머니에 손을 넣어 지갑을 꺼내었다.

⑤ 그 직후 경찰관 A 등은 곧바로 잠복 중이던 Q차량 안에서 뛰어나가 갑을 현행범으로 체포하였다.

【사건의 경과】

① 검사는 갑을 절도죄로 기소하였다.

② 갑의 피고사건은 제1심을 거친 후, 항소심에 계속되었다.

③ 항소심법원은 갑에게 유죄를 선고하였다.

④ 갑은 불복 상고하였다.

⑤ 갑은 상고이유로, 함정수사임을 이유로 들어서 기소 자체가 위법하다고 주장하였다.

2. 사안에 대한 대법원의 분석

【대법원 분석】 원심은 그 설시 증거들을 종합하여, 피고인이 범행 장소인 사당동 까치공원 옆 인도에 옆으로 누워 잠들어 있는 피해자를 발견하고 주변을 살피다가 경찰관들이 잠복근무 중이던 차량 옆까지 다가와 동정을 살핀 후, 피해자를 공원 옆 화단이 있는 으슥한 곳까지 약 10m 정도를 끌고 가, 위

차량 바로 앞(약 1m 정도 떨어진 곳)에서 멈추어 화단 옆에 있는 돌 위에 앉혀 놓고 피해자의 오른쪽 바지주머니에 손을 넣어 지갑을 꺼냈고, 그 직후 경찰관들이 곧바로 잠복 중이던 위 차량 안에서 뛰어나가 피고인을 체포한 사실을 인정한 다음, /

【대법원 판단】 피고인에 대한 이 사건 절도의 공소사실에 대하여 유죄판결을 선고한 제1심을 유지하였는바, 기록에 의하여 살펴보면, 원심의 위와 같은 인정은 사실심 법관의 합리적인 자유심증에 따른 것으로서 정당한 것으로 수긍이 가고, 거기에 상고이유로 주장하는 바와 같은 채증법칙 위배 등으로 판결 결과에 영향을 미친 위법이 있다고 볼 수 없다.

3. 함정수사 여부에 대한 판단

【대법원 요지】 본래 범의를 가지지 아니한 자에 대하여 수사기관이 사술이나 계략 등을 써서 범의를 유발케 하여 범죄인을 검거하는 함정수사는 위법함을 면할 수 없고, 이러한 함정수사에 기한 공소제기는 그 절차가 법률의 규정에 위반하여 무효인 때에 해당한다 할 것이지만, 범의를 가진 자에 대하여 단순히 범행의 기회를 제공하는 것에 불과한 경우에는 위법한 함정수사라고 단정할 수 없다.

【대법원 분석】 원심판결 이유에 의하면, 위 경찰관들은 지하철경찰대 소속으로서 사당역 인근에서 만취한 취객을 상대로 한 이른바 부축빼기 수법의 범죄가 빈발한다는 첩보를 입수하고 지하철 막차 근무를 마친 후 함께 범행장소인 까치공원으로 갔는데, 그곳 공원 옆 인도에 만취한 피해자가 누워 자고 있는 것을 보고서 "그 장소에서 사건이 계속 발생하다 보니 잡아야겠다는 생각"으로 일부러 잠복을 하기로 결심하고, /

【대법원 분석】 차량을 피해자로부터 약 10m거리인 길 옆 모퉁이에 주차하고 머리를 숙이고 있던 중 피고인(51세)이 접근하는 것을 발견하였고, 이어 피고인이 위와 같은 범행에 이르자 즉석에서 피고인을 현행범으로 체포하기에 이른 사실을 알 수 있다.

【대법원 판단】 위 인정 사실에 의할 때, 위와 같이 노상에 정신을 잃고 쓰러져 있는 피해자를 발견한 위 경찰관들로서는 경찰관직무집행법 제4조에 규정된 바에 따라 보건의료기관 또는 공공구호기관에 긴급구호를 요청하거나 경찰관서에 보호하는 등의 적당한 보호조치를 하였어야 마땅할 것인데도, 오히려 그러한 피해자의 상태를 이용하여 범죄수사에 나아간 것이고, 이는 지극히 부적절한 직무집행이라 할 것이다.

【대법원 판단】 나아가, 국가경찰은 국민의 생명·신체 및 재산의 보호와 범죄의 예방·진압을 가장 우선적인 사명으로 삼고 있는바(경찰법 제3조 참조), 범죄 수사의 필요성을 이유로 일반 국민인 피해자의 생명과 신체에 대한 위험을 의도적으로 방치하면서까지 수사에 나아가는 것은 허용될 수 없고, /

【대법원 판단】 또 수사에 국민의 협조가 필요한 경우라 할지라도 본인의 동의 없이 국민의 생명과 신체의 안전에 대한 위험을 무릅쓰고 이른바 미끼로 이용하여 범죄수사에 나아가는 것을 두고 적법한 경찰권의 행사라고 보기도 어려울 것이다. /

【대법원 판단】 이 사건에서도 피해자의 상태나 저항 유무에 따라서는 잠재적 범죄자가 단순한 절도 범행이 아닌 강도의 범행으로 급작스럽게 나아갈 개연성도 배제할 수 없고, 더구나 정신을 잃고 노상에 쓰러져 있는 시민을 발견하고도 적절한 조치를 강구하지 아니하고 오히려 그러한 상태를 이용하여 이 사건과 같이 잠재적 범죄행위에 대한 단속 및 수사에 나아가는 것은, 경찰의 직분을 도외시하여 범

죄수사의 한계를 넘어선 것이라 하지 아니할 수 없다.

【대법원 판단】 그러나 위와 같은 사유들은 어디까지나 피해자에 대한 관계에서 문제될 뿐으로서, 위 경찰관들의 행위는 단지 피해자 근처에 숨어서 지켜보고 있었던 것에 불과하고, 피고인은 피해자를 발견하고 스스로 범의를 일으켜 이 사건 범행에 나아간 것이어서, 앞서 본 법리에 의할 때 잘못된 수사방법에 관여한 경찰관에 대한 책임은 별론으로 하고, 스스로 범행을 결심하고 실행행위에 나아간 피고인에 대한 이 사건 기소 자체가 위법하다고 볼 것은 아니라 할 것이다. (상고 기각)

【코멘트】 본 판례는 함정수사가 문제되는 상황을 보여주고 있다. 본 판례에서 대법원이 다시 한번 확인하는 것처럼, 함정수사에 해당하면 함정수사에 기한 공소제기는 그 절차가 법률의 규정에 위반하여 무효인 때에 해당하여 공소기각판결로 절차가 종결된다. 여기에서 함정수사에 해당하는가 여부를 판단하는 기준이 필요하게 된다. 이와 관련하여 주관설과 객관설의 두 가지 접근방법을 상정할 수 있다. 주관설은 범인을 중심으로 그에게 범의가 새로 일어났는가를 따져보는 것이다. 객관설은 수사기관이 소위 미끼를 사용하여 수사하는 방식에 주목하여 수사의 상당성을 부인하는 입장이다. 그리고 양자를 절충하는 견해를 생각해 볼 수 있다.

본 판례에서 대법원은 취객을 소위 미끼로 삼아 절도범을 체포하는 수사기법에 대해 강도 높은 비판을 가하고 있다. 그런데 그와 같은 강한 비판에도 불구하고 대법원은 해당 수사를 함정수사라고 판단하지 않는다. 미끼를 사용하는 수사기법은 피해자와의 관계에서 법적으로 문제가 될 뿐이며, 함정수사 여부는 어디까지나 범인이 스스로 범의를 일으켜서 범행에 나아갔는가 여부에 초점이 있다는 것이다. 요컨대 본 판례는 함정수사의 판단에 관하여 주관설의 입장을 취한 것이라고 평가할 수 있을 것이다.

2007도2595

포괄일죄 추가기소의 법적 성질
협박범행 추가기소 사건
2007. 8. 23. 2007도2595, 공 2007, 1504

1. 사실관계 및 사건의 경과

【사실관계】

① 갑은 다음과 같은 일련의 협박범행을 하였다.

　(가) 2004. 7. 25. ㉠협박

　(나) 2004. 7. 26. ㉡협박

　(다) 2004. 7. 26. ㉢협박

　(라) 2004. 7. 28. ㉣협박

② 2005. 5. 30. 검사는 갑의 ㉠, ㉡, ㉢협박 범행을 실체적 경합범으로 기소하였다.

③ 2005. 5. 31. 검사는 갑의 ㉣협박 범행을 추가로 기소하였다.

【사건의 경과】

① 갑의 피고사건은 제1심을 거친 후, 항소심에 계속되었다.

② 항소심법원은 병합심리된 ㉠, ㉡, ㉢협박범행과 추가기소된 ㉣협박범행이 포괄하여 하나의 협박죄를 구성한다고 판단하였다.

③ 항소심법원은 실체판단을 하여 유죄를 선고하였다.

④ 갑은 불복 상고하였다.

⑤ 갑은 상고이유로 다음의 점을 주장하였다.

　(가) ㉠, ㉡, ㉢협박범행과 ㉣협박범행 부분은 범죄사실의 동일성이 인정된다.

　(나) 그렇다면 ㉣협박범행에도 공소제기의 효력이 미치고 있다.

　(다) 따라서 ㉣협박범행 부분은 이중기소에 해당하여 공소기각판결의 대상이 된다.

　(라) 설사 그렇지 않다고 하더라도 ㉣협박범행 부분을 처단하려면 공소장변경절차를 거쳐야 할 것인데, 이를 지키지 아니한 위법이 있다.

2. 포괄일죄의 추가기소와 이중기소의 문제

【대법원 요지】 검사가 수 개의 협박 범행을 먼저 기소하고 다시 별개의 협박 범행을 추가로 기소하였는데 이를 병합하여 심리하는 과정에서 전후에 기소된 각각의 범행이 모두 포괄하여 하나의 협박죄를 구성하는 것으로 밝혀진 경우, /

【대법원 요지】 이중기소에 대하여 공소기각판결을 하도록 한 형사소송법 제327조 제3호의 취지는 동일사건에 대하여 피고인으로 하여금 이중처벌의 위험을 받지 아니하게 하고 법원이 2개의 실체판결을 하지 아니하도록 함에 있으므로, 위와 같은 경우 법원이 각각의 범행을 포괄하여 하나의 협박죄로 인정한다고 하여 이중기소를 금하는 위 법의 취지에 반하는 것이 아닌 점과 /

【대법원 요지】 법원은 실체적 경합범으로 기소된 범죄사실에 대하여 그 범죄사실을 그대로 인정하면서 다만 죄수에 관한 법률적인 평가만을 달리하여 포괄일죄로 처단하더라도 이는 피고인의 방어에 불이익을 미치는 것이 아니므로 공소장변경 없이도 포괄일죄로 처벌할 수 있는 점에 비추어 보면, /

【대법원 요지】 비록 협박죄의 포괄일죄로 공소장을 변경하는 절차가 없었다거나 추가기소의 공소장의 제출이 포괄일죄를 구성하는 행위로서 먼저 기소된 공소장에 누락된 것을 추가·보충하는 취지의 것이라는 석명절차를 거치지 아니하였다 하더라도, /

【대법원 요지】 법원은 전후에 기소된 범죄사실 전부에 대하여 실체판단을 할 수 있고, 추가기소된 부분에 대하여 공소기각판결을 할 필요는 없다고 할 것이다.

3. 사안에 대한 대법원의 판단

【대법원 분석】 기록에 의하면, 검사는 2005. 5. 30. 피고인의 2004. 7. 25.자, 200[4]. 7. 26. 11:00경 및 200[4]. 7. 26. 오후 시간불상경의 각각의 협박 범행을 실체적 경합범으로 기소하였고, 그 다음날에 피고인의 200[4]. 7. 28.자 협박 범행에 대하여도 추가로 기소한 사실, /

【대법원 판단】 원심은 병합심리된 전자와 후자의 각 협박 범행이 포괄하여 하나의 협박죄를 구성하는데, 검사의 위 추가기소는 공소사실을 추가하는 등의 공소장변경과는 절차상 차이만 있을 뿐 그 실

질에 있어서는 별다른 차이가 없으므로 위 추가기소에 의하여 공소장변경이 이루어진 것으로 봄이 상당하다는 이유로 전후에 기소된 범죄사실 전부에 대하여 실체판단을 하여 협박죄의 포괄일죄로 인정한 사실을 알 수 있는바, /

【대법원 판단】 위의 법리에 비추어 살펴보면, 원심이, 각각의 협박 공소사실에 대하여 포괄하여 하나의 협박죄를 인정하면서 추가기소된 2004. 7. 28.자 협박 공소사실에 대하여 공소기각판결을 하지 않은 것은 옳고, 거기에 이중기소 또는 공소장변경에 관한 법리오해 등의 위법이 있다고 할 수 없다. (상고 기각)

2007도3061

위법수집증거배제법칙의 적용범위
제주지사실 압수수색 사건

2007. 11. 15. 2007도3061 전원합의체 판결, 공 2007하, 1974

1. 사실관계 및 사건의 경과

【사실관계】
① 갑은 제주도지사이다.
② A, B, C, D, E는 제주도의 공무원들이다.
③ 갑은 제주도의 공무원들로 하여금 선거운동의 기획에 참여하게 하였다는 공직선거법위반 피의사실로 수사를 받게 되었다.
④ [수사관들은 압수·수색영장을 발부받아 도지사 보좌관 을이 사용하던 M사무실을 수색하였다.]
⑤ [그 과정에서 때마침 도지사 비서관 병이 M사무실을 방문하였다.]
⑥ [수사관들은 도지사 비서관 병으로부터 도지사 업무일지, 각종 메모, 도지사에 대한 선거 관련 보고문서 등을 압수하였다. (P증거들)]
⑦ [수사관들은 결정적 증거가 확보되었다고 판단하여 더 이상의 증거를 수집하지 않았다.]

【사건의 경과 1】
① 검사는 갑 등을 공직선거법위반죄로 기소하였다.
② 제1심 공판절차에서 검사는 P증거들을 공소사실을 입증하는 증거로 제출하였다.
③ 갑의 변호인은 보좌관 을에 대한 압수수색절차에서 적법한 압수수색절차 없이 비서관 병 소지의 물건을 압수한 것은 위법하다고 주장하여 P증거들의 증거능력을 다투었다.
④ 갑 등의 피고사건은 제1심을 거친 후, 항소심에 계속되었다.
⑤ 항소심법원은 종래의 대법원판례인 성상불변론에 입각하여 갑 등에게 유죄를 선고하였다.
⑥ 갑 등은 이에 불복, 상고하였다.

【사건의 경과 2】
① 대법원은 종래의 성상불변론 판례를 폐기하고 위법수집증거배제법칙을 도입하는 데에 견해가 일치

하였다.

② 그러나 위법수집증거배제법칙의 적용과 관련한 원칙과 예외의 관계에 대해 대법원은 다수의견과 소수의견(별개의견)으로 견해가 나뉘었다.

③ 다수의견은 위법수집증거에 대해 원칙적으로 증거능력을 배제하고 예외적으로 증거능력을 허용해야 한다고 판단하였다.

④ 소수의견은 위법수집증거에 대해 원칙적으로 증거능력을 허용하고 예외적으로 증거능력을 배제해야 한다고 주장하였다.

⑤ 대법원은 다수의견에 따라 항소심판결을 파기 환송하였다.

⑥ (지면관계로 소수의견은 소개를 생략함)

2. 적법절차와 영장주의

【대법원 분석】 가. 우리 헌법은 "누구든지 법률에 의하지 아니하고는 … 압수·수색 … 을 받지 아니하며"(헌법 제12조 제1항 후문), "체포·구속·압수 또는 수색을 할 때에는 적법한 절차에 따라 검사의 신청에 의하여 법관이 발부한 영장을 제시하여야 한다. 다만, 현행범인인 경우와 장기 3년 이상의 형에 해당하는 죄를 범하고 도피 또는 증거인멸의 염려가 있을 때에는 사후에 영장을 청구할 수 있다."(같은 조 제3항)라고 정하여 압수수색에 관한 적법절차와 영장주의의 근간을 선언하고 있다.

【대법원 분석】 이를 이어받아 압수수색에 관한 적법절차와 영장주의를 구체화한 형사소송법과 형사소송규칙은 수사기관의 압수수색에 관한 상세한 절차 조항을 마련하고 있다. /

【대법원 분석】 이에 의하면, 수사기관의 압수수색은 법관이 발부한 압수수색영장에 의하여야 하는 것이 원칙이고, 그 영장에는 피의자의 성명, 압수할 물건, 수색할 장소·신체·물건과 압수수색의 사유 등이 특정되어야 하며(형사소송법 제215조, 제219조, 제114조 제1항, 형사소송규칙 제58조), /

【대법원 분석】 영장은 처분을 받는 자에게 반드시 제시되어야 하고, 피의자 아닌 자의 신체 또는 물건은 압수할 물건이 있음을 인정할 수 있는 경우에 한하여 수색할 수 있다(형사소송법 제219조, 제109조 제2항, 제118조). /

【대법원 분석】 또한, 영장 집행은 피의자 등 참여권자에게 미리 통지하여야 하고, 집행 장소가 공무소일 때에는 그 책임자에게 참여할 것을 통지하여야 하며, 공무원이 소지하는 물건에 관하여 직무상의 비밀에 관한 것이라는 신고가 있으면 그 소속 공무소 등의 승낙 없이는 압수하지 못하고(같은 법 제219조, 제111조 제1항, 제121조, 제122조, 제123조 제1항), /

【대법원 분석】 압수물을 압수한 경우에는 목록을 작성하여 소유자, 소지자 등에게 교부하여야 한다(같은 법 제219조, 제129조, 제133조).

3. 위법수집증거의 원칙적 배제

【대법원 요지】 위와 같이 기본적 인권 보장을 위하여 압수수색에 관한 적법절차와 영장주의의 근간을 선언한 헌법과 이를 이어받아 실체적 진실 규명과 개인의 권리보호 이념을 조화롭게 실현할 수 있도록 압수수색절차에 관한 구체적 기준을 마련하고 있는 형사소송법의 규범력은 확고히 유지되어야 한다. /

【대법원 요지】 그러므로 헌법과 형사소송법이 정한 절차에 따르지 아니하고 수집된 증거는 기본적 인권 보장을 위해 마련된 적법한 절차에 따르지 않은 것으로서 원칙적으로 유죄 인정의 증거로 삼을 수 없다 할 것이다.

【대법원 요지】 무릇 수사기관의 강제처분인 압수수색은 그 과정에서 관련자들의 권리나 법익을 침해할 가능성이 적지 않으므로 엄격히 헌법과 형사소송법이 정한 절차를 준수하여 이루어져야 한다. 절차 조항에 따르지 않는 수사기관의 압수수색을 억제하고 재발을 방지하는 가장 효과적이고 확실한 대응책은 이를 통하여 수집한 증거는 물론 이를 기초로 하여 획득한 2차적 증거를 유죄 인정의 증거로 삼을 수 없도록 하는 것이다.

【대법원 요지】 이와 달리, 압수물은 그 압수절차가 위법이라 하더라도 물건 자체의 성질, 형상에 변경을 가져오는 것은 아니므로 그 형상 등에 관한 증거가치에는 변함이 없다 할 것이므로 증거능력이 있다는 취지로 판시한 /

【대법원 요지】 대법원 1968. 9. 17. 선고 68도932 판결, 대법원 1987. 6. 23. 선고 87도705 판결, 대법원 1994. 2. 8. 선고 93도3318 판결, 대법원 1996. 5. 14.자 **96초88**[I권] 결정, 대법원 2002. 11. 26. 선고 2000도1513 판결, 대법원 2006. 7. 27. 선고 2006도3194 판결 등은 이 판결의 견해에 배치되는 범위 안에서 이를 변경하기로 한다.

4. 위법수집증거의 예외적 허용

【대법원 요지】 다만, 법이 정한 절차에 따르지 아니하고 수집된 압수물의 증거능력 인정 여부를 최종적으로 판단함에 있어서는, 실체적 진실 규명을 통한 정당한 형벌권의 실현도 헌법과 형사소송법이 형사소송 절차를 통하여 달성하려는 중요한 목표이자 이념이므로, 형식적으로 보아 정해진 절차에 따르지 아니하고 수집된 증거라는 이유만을 내세워 획일적으로 그 증거의 증거능력을 부정하는 것 역시 헌법과 형사소송법이 형사소송에 관한 절차 조항을 마련한 취지에 맞는다고 볼 수 없다는 것을 고려해야 한다. /

【대법원 요지】 따라서 수사기관의 증거 수집 과정에서 이루어진 절차 위반행위와 관련된 모든 사정 즉, 절차 조항의 취지와 그 위반의 내용 및 정도, 구체적인 위반 경위와 회피가능성, 절차 조항이 보호하고자 하는 권리 또는 법익의 성질과 침해 정도 및 피고인과의 관련성, 절차 위반행위와 증거수집 사이의 인과관계 등 관련성의 정도, 수사기관의 인식과 의도 등을 전체적·종합적으로 살펴 볼 때, /

【대법원 요지】 수사기관의 절차 위반행위가 적법절차의 실질적인 내용을 침해하는 경우에 해당하지 아니하고, 오히려 그 증거의 증거능력을 배제하는 것이 헌법과 형사소송법이 형사소송에 관한 절차 조항을 마련하여 적법절차의 원칙과 실체적 진실 규명의 조화를 도모하고 이를 통하여 형사 사법 정의를 실현하려 한 취지에 반하는 결과를 초래하는 것으로 평가되는 예외적인 경우라면, 법원은 그 증거를 유죄 인정의 증거로 사용할 수 있다고 보아야 할 것이다. /

5. 위법수집증거배제법칙과 파생증거의 증거능력

【대법원 요지】 이는 적법한 절차에 따르지 아니하고 수집된 증거를 기초로 하여 획득된 2차적 증거의 경우에도 마찬가지여서, 절차에 따르지 아니한 증거 수집과 2차적 증거 수집 사이의 인과관계 희석

또는 단절 여부를 중심으로 2차적 증거 수집과 관련된 모든 사정을 전체적·종합적으로 고려하여 예외적인 경우에는 유죄 인정의 증거로 사용할 수 있는 것이다.

6. 사안에 대한 대법원의 판단

【대법원 분석】 나. 이 사건에서, 피고인 갑, 피고인 A, B, C, D, E는 공소제기 직후부터 일관하여 검사가 실시한 압수수색은 압수수색영장의 효력이 미치는 범위, 영장의 제시 및 집행에 관한 사전통지와 참여, 압수목록 작성·교부 등에 관하여 법이 정한 여러 절차 조항을 따르지 않은 위법한 것이어서 이를 통하여 수집된 이 사건 압수물을 유죄 인정의 증거로 삼아서는 안 된다고 주장하고 있고, /

【대법원 분석】 이에 따라 압수물의 수집 과정에서 헌법 및 형사소송법이 정한 절차 조항을 위반한 위법이 있었는지, 그로 인하여 이 사건 압수물을 유죄 인정의 증거로 삼을 수 없는 것인지가 이 사건의 가장 핵심적인 쟁점이 되어 있다.

【대법원 판단】 그렇다면 원심으로서는 검사가 이 사건 압수물을 수집하는 과정에서 실제로 위 피고인들이 주장하는 바와 같은 헌법 및 형사소송법이 정한 절차 조항을 위반한 위법이 있는지를 확인해 보았어야 할 것이고, /

【대법원 판단】 특히 주장된 구체적 위법사유 중 영장에 압수할 물건으로 기재되지 않은 물건의 압수, 영장 제시 절차의 누락, 압수목록 작성·교부 절차의 현저한 지연 등으로 적법절차의 실질적인 내용을 침해한 점이 있는지 여부 등을 심리해 보았어야 할 것이다. /

【대법원 결론】 그럼에도 불구하고, 원심이 이 점에 관하여 충분히 심리하지 아니한 채 그냥 압수절차가 위법하더라도 압수물의 증거능력은 인정된다는 이유만으로 이 사건 압수물의 증거능력을 인정하고 이를 유죄 인정의 유력한 증거로 채택하여 위 피고인들에 대한 이 사건 공소사실 중 유죄 부분에 대하여 죄책을 인정한 것은, 적법한 절차에 따르지 아니하고 수집한 증거의 증거능력에 관한 법리오해, 채증법칙 위반 등의 위법을 범한 것으로, 이는 판결에 영향을 미쳤음이 분명하다. (파기 환송)

【코멘트】 본 판례는 대법원이 전원합의체 판결로써 위법수집증거배제법칙을 수용한 판례라는 점에서 주목된다. 2007년 6월에 공포된 개정 형사소송법은 제308조의2에서 위법수집증거배제법칙을 명문화하였다. 개정 형소법은 2008년 1월부터 시행되었다. 2007년 11월에 선고된 본 판결은 개정 형소법의 시행을 앞두고 위법수집증거배제법칙의 운용기준을 구체적으로 제시하였다는 점에서 대단히 주목된다. 본 판례에서 제시된 법리는 이후의 대법원판례에서 지속적으로 확인되고 있다.

본 판례에서 먼저 주목되는 부분은 "[헌법과 형사소송법의] 절차 조항에 따르지 않는 수사기관의 압수수색을 억제하고 재발을 방지하는 가장 효과적이고 확실한 대응책은 이를 통하여 수집한 증거는 물론 이를 기초로 하여 획득한 2차적 증거를 유죄 인정의 증거로 삼을 수 없도록 하는 것이다."라는 대목이다. 위법수집증거배제법칙이야말로 위법수사에 대한 가장 효과적이고 확실한 대응책임을 대법원이 확인한 것이다.

본 판례에서 대법원은 다음과 같은 몇 가지 중요한 법리를 제시하고 있다. (가) 위법하게 수집된 증거는 원칙적으로 증거능력을 배제해야 한다. (나) 위법수집증거를 유죄의 증거로 사용할 수 있는 것은 예외적이다. (다) 위법수집증거배제법칙의 적용 여부는 모든 사정을 구체적·종합적으로 고려하여 판단해야 한다. (라) 위법하게 수집한 제1차 증거뿐만 아니라 파생증거에 대해서도 이상의 법리가 적용되어야 한다.

2007도3219

업무상 작성된 통상문서
성매매 메모리카드 사건
2007. 7. 26. 2007도3219, 공 2007, 1418

1. 사실관계 및 사건의 경과

【사실관계】
① [경찰은 P성매매업소를 단속하였다.]
② [이 과정에서 경찰은 Q메모리카드를 발견하였다.]
③ Q메모리카드는 P업소의 업주 B가 고용한 성매매 여성 K 등이 성매매를 업으로 하면서 영업에 참고하기 위하여 성매매를 전후하여 상대 남성의 아이디와 전화번호 및 성매매방법 등을 메모지에 적어두었다가 B가 직접 입력하거나 B가 고용한 또 다른 여직원 D가 입력하여 작성된 것이었다.
④ Q메모리카드에는 갑 이외에 A 등 38명의 고객정보가 들어 있었다.
⑤ 수사기관은 B와 [다른 업주] C를 조사하였다.
⑥ B와 C의 진술은 R피의자신문조서에 기재되었다.

【사건의 경과 1】
① 갑은 성매매처벌법위반죄로 기소되었다.
② 갑은 공소사실을 부인하였다.
③ 검사는 Q메모리카드 출력물과 R피의자신문조서를 증거로 제출하였다.
④ 갑은 Q메모리카드 출력물에 대해 자신(갑)에 관련된 부분을 제외하고 증거동의를 하였다.
⑤ 제1심법원은 업주 B와 C를 증인으로 신문하였다.
⑥ B와 C는 Q메모리카드의 출처와 그 기록의 주체, 경위, Q메모리카드에 저장된 내용 및 그 진위 등에 관하여 증언하였다.

【사건의 경과 2】
① 갑의 피고사건은 제1심을 거친 후, 항소심에 계속되었다.
② 항소심법원은 R피의자신문조서와 증인 B, C의 진술을 증거로 채택하여 갑에게 유죄를 선고하였다.
③ 갑은 불복 상고하였다.
④ 갑은 상고이유로 다음의 점을 주장하였다.
　(가) 갑에 관한 Q메모리카드 출력물에 대해 증거동의를 하지 않았다.
　(나) Q메모리카드 출력물은 성립의 진정함이 증명되지 아니하여 증거능력이 없다.
　(다) A 등 38명에 관한 Q메모리카드 출력물 역시 증거능력이 없다.

(라) 항소심은 위와 같이 증거능력 없는 증거들을 유죄의 증거로 채택한 위법을 범하였다.

2. 사안에 대한 대법원의 판단

【대법원 분석】 1. 피고인은 이 사건 수사기록 169면의 피고인에 관한 메모리카드 출력물은 피고인이 이를 증거로 함에 동의한 바 없고 그 성립의 진정함이 증명되지 아니하여 증거능력이 없으며, 그 외 공소외 A 등 38명에 관한 메모리카드 출력물 역시 증거능력이 없음에도, 원심은 위와 같이 증거능력 없는 증거들을 유죄의 증거로 채택한 위법을 범하였다고 주장한다.

【대법원 분석】 그러나 원심판결에 의하면, 원심은 우선 피고인에 관한 메모리카드의 출력물을 유죄의 증거로 삼고 있는 것이 아니라 단지 위 메모리카드의 출처와 그 기록의 주체, 경위, 위 메모리카드에 저장된 내용 및 그 진위 등에 관한 공소외 B, C의 각 증언 및 각 피의자신문조서상의 진술기재를 유죄의 증거로 삼고 있음이 명백한데, /

【대법원 분석】 원심판결 이유와 원심이 적법하게 채택한 증거에 의하면, 위 메모리카드에 기재된 내용은 공소외 B가 고용한 성매매 여성들이 성매매를 업으로 하면서 영업에 참고하기 위하여 성매매를 전후하여 상대 남성의 아이디와 전화번호 및 성매매방법 등을 메모지에 적어두었다가 직접 또는 공소외 B가 고용한 또 다른 여직원이 입력하여 작성된 것임을 알 수 있는바, /

【대법원 요지】 이는 실질적으로 형사소송법 제315조 제2호 소정의 영업상 필요로 작성된 통상문서로서 그 자체가 당연히 증거능력 있는 문서에 해당한다고 할 것이니, 그 내용에 관한 공소외 B, C의 각 증언 및 피의자신문조서상의 진술기재 역시 증거능력이 없다고 할 수 없다. /

【대법원 판단】 또한, 공소외 A 등 38명에 관한 메모리카드 출력물의 경우 피고인이 이를 증거로 함에 동의하였음이 기록상 명백하여 증거능력이 있다고 할 것이다. /

【대법원 결론】 따라서 원심이 위 각 증거들을 증거로 채택한 것은 정당하고, 거기에 채증법칙을 위배하거나 증거능력에 관한 법리를 오해한 위법이 있다고 할 수 없다. (상고 기각)

【코멘트】 본 판례에서 문제되고 있는 것은 메모리카드에 기재된 내용의 증거능력이다. 문제의 메모리카드에 기재된 내용은 성매매 업소의 주인이 고용한 성매매 여성들이 성매매를 업으로 하면서 영업에 참고하기 위하여 성매매를 전후하여 상대 남성의 아이디와 전화번호 및 성매매방법 등을 메모지에 적어두었다가 업주가 [컴퓨터에] 직접 입력하거나 업주가 고용한 여직원이 입력하여 작성된 것이다.

여기에서 문제된 메모리카드는 디지털 정보저장매체에 해당한다. 디지털 정보저장매체에 기재된 내용이 문건으로 출력될 경우 원본 정보저장매체의 내용과 출력된 문건의 내용 사이에 동일성이 있음을 입증해야 한다. 이와 관련한 동일성 판단방법에 대해서는 대법원이 2007. 12. 13. **2007도7257** 판결(소위 일심회 사건)에서 상세히 제시한 바가 있다.

그런데 본 판례에서 문제된 것은 메모리카드에서 출력된 문건의 증거능력이 아니다. 증거능력이 논란이 되고 있는 것은 (가) 메모리카드에 수록된 내용을 업주가 법정에서 진술한 내용과 (나) 메모리카드에 수록된 내용을 업주가 수사기관의 피의자신문 단계에서 진술하여 조서에 기재된 내용이다. 메모리카드에 수록된 내용을 직접 사람이 진술 형태로 전달하고 있다는 점에서 위의 출력 문건의 경우에 논란되는 동일성 문제는 일어나지 않는다.

　메모리카드라는 디지털 정보저장매체의 내용이 사람의 진술을 매개로 법정에 증거로 현출될 때 문제되는 것은 정보저장매체의 내용 자체가 전문법칙에 저촉되는가 아닌가 하는 점이다. 본 판례의 사안에서 메모리카드에 담긴 내용의 진술주체(원진술자)는 성매매 업소에 고용되었던 여성 K 등이다. 그런데 이들은 법정에 출석하고 있지 않다. 원진술자에 의한 성립의 진정을 입증할 수 없는 상태인 것이다. 이러한 상황에서 전문법칙의 예외 인정을 위하여 원용할 수 있는 조문은 형소법 제314조 및 제315조이다.

　대법원은 이 문제와 관련하여 형소법 제315조에 주목하고 있다. 형소법 제315조는 전문법칙의 예외로서 당연히 증거능력이 있는 서류를 규정하고 있는데, 그 제2호에는 상업장부, 항해일지 기타 업무상 필요로 작성한 통상문서가 열거되어 있다. 여기에서 먼저 문제되는 것은 메모리카드라는 디지털 정보저장매체가 '서류'에 해당할 것인가 하는 점이다.

　이에 대해 대법원은 1999. 9. 3. **99도2317**[I권] 판결(소위 영남위원회 사건)에서 "컴퓨터 디스켓에 들어 있는 문건이 증거로 사용되는 경우 위 컴퓨터 디스켓은 그 기재의 매체가 다를 뿐 실질에 있어서는 피고인 또는 피고인 아닌 자의 진술을 기재한 서류와 크게 다를 바 없다"고 판단하여 전문법칙의 적용을 인정한 바가 있다. 메모리카드는 컴퓨터 디스켓과 같은 성질의 디지털 정보저장매체이므로 위의 법리가 본 사안에 해당할 것임은 의문이 없다. 본 판례에서 피고인 측은 이 점을 당연한 것으로 받아들여서 특별히 쟁점으로 삼고 있지 않다고 생각된다.

　이제 남은 문제는 과연 성매매 업소의 종사자가 고객의 인적 사항 등을 기록해 놓은 메모리카드(일종의 서류)의 기재내용이 업무상 필요로 작성한 통상문서에 해당할 것인가 하는 점이다. 이에 대해 대법원은 "[메모리카드에 기재된 내용은] 실질적으로 형사소송법 제315조 제2호 소정의 영업상 필요로 작성된 통상문서로서 그 자체가 당연히 증거능력 있는 문서에 해당한다"고 판시하고 있다. 대법원은 이러한 판단에 이르는 이유에 대해서는 밝히고 있지 않으나, 메모리카드에 기재된 내용이 영업상 필요에 의하여 계속적, 반복적으로 특별히 인위적 조작을 가할 필요 없이 기계적으로 작성되는 것(소위 business record)임에 주목하고 있는 것으로 생각된다.

　성매매업이라는 반사회성이 극히 높은 업무에 대해서도 '업무상' 필요로 작성한 통상문서의 성격을 인정하고 있다는 점에서 본 판례의 사안은 다소 특이한 점이 있다. 업무방해죄의 보호객체라는 점에서 보면 성매매업소는 보호의 대상이 되지 않는다. 대법원은 업무방해죄의 성립과 관련하여 이 점을 분명히 밝힌 바가 있다(2011.10.13. 2011도708).

　그러나 전문법칙 예외 인정의 근거로서 논의되는 업무에는 불법적인 영업도 포함된다. 증거능력은 유죄의 증거로 사용할 수 있는 자격을 말한다. 증거능력의 점에 있어서는 적법한 업무와 불법한 업무 사이에 차등을 둘 이유가 없다. 따라서 성매매업이라는 지극히 반사회적인 업무 영역에서 작성된 문서라 할지라도 그것이 통상문서에 해당하기만 하면 형소법 제315조에 의하여 전문법칙의 예외로서 증거능력이 인정된다.

2007도3906

약식절차와 공소장일본주의
공판조서의 열람 지체와 증거능력
전문법칙과 사진의 증거능력
증거동의의 취소와 철회
멱살잡이 상해 사진 사건

2007. 7. 26. 2007도3906, [공보불게재]

1. 사실관계 및 사건의 경과

【사실관계】

① 검사는 갑에 대해 다음의 공소사실로 약식명령을 청구하였다.

② "피고인은 피해자 A의 멱살을 잡아 밀고 당겨 피해자에게 목과 가슴 부위에 긁히는 치료일수미상의 상해를 가하였다."

③ 관할법원은 갑에게 벌금형을 과하는 약식명령을 발하였다.

④ 갑은 약식명령에 불복하여 정식재판을 청구하였다.

【사건의 경과 1】

① 2004. 10. 19. 제1심 제1회 공판기일이 열렸다.

② 제1회 공판기일에 검사는 A의 상해 부위를 촬영한 P사진을 증거로 제출하였다.

③ 갑은 P사진을 증거로 함에 동의하였다.

④ 이에 따라 제1심법원은 P사진에 대한 증거조사를 완료하였다.

⑤ 2004. 12. 13. 갑은 제1회 공판조서에 대한 열람 · 등사청구를 하였다.

⑥ 2004. 12. 16. 제1심법원은 제2회 공판기일을 열고, 제1회 공판심리에 관한 주요사항의 요지를 제1회 공판기일의 공판조서에 의하여 갑에게 고지하였다.

⑦ 2005. 4. 18. 갑은 제1회 공판기일의 공판조서를 열람 · 등사하였다.

⑧ 2005. 12. 8. 제1심법원은 변론을 종결하였다.

⑨ [제1심법원은 유죄를 선고하였다.]

【사건의 경과 2】

① [갑은 불복 항소하였다.]

② 갑은 항소심에 이르러 A의 상해 부위를 촬영한 P사진에 대한 증거동의의 의사표시를 취소하였다.

③ 항소심법원은 P사진과 제1심 제1회 공판조서를 증거의 일부로 채택하여 유죄를 선고하였다.

④ 갑은 불복 상고하였다.

⑤ 갑은 상고이유로 다음의 점을 주장하였다.

    (가) 검사가 약식명령을 청구할 때 증거서류 및 증거물을 법원에 제출하는 것은 공소장일본주의에 반한다.

  (나) 약식명령에 대한 정식재판청구가 제기되었음에도 법원이 증거서류 및 증거물을 검사에게 반환하지 않고 보관하고 있는 것은 공소제기의 절차가 법률의 규정에 위반하여 무효인 때에 해당한다.

  (다) P사진은 전문법칙에 의하여 증거능력이 없다.

  (라) P사진에 대한 증거동의가 취소되었으므로 P사진은 증거능력이 없다.

  (마) 열람·등사가 지연된 제1심 제1회 공판조서는 증거능력이 없다.

2. 약식절차와 공소장일본주의

【대법원 요지】 검사가 약식명령을 청구하는 때에는 약식명령의 청구와 동시에 약식명령을 하는 데 필요한 증거서류 및 증거물을 법원에 제출하여야 하는바(형사소송규칙 제170조), 이는 약식절차가 서면심리에 의한 재판이어서 공소장일본주의의 예외를 인정한 것이므로 약식명령의 청구와 동시에 증거서류 및 증거물이 법원에 제출되었다 하여 공소장일본주의를 위반하였다 할 수 없고, /

【대법원 요지】 그 후 약식명령에 대한 정식재판청구가 제기되었음에도 법원이 증거서류 및 증거물을 검사에게 반환하지 않고 보관하고 있다고 하여 그 이전에 이미 적법하게 제기된 공소제기의 절차가 위법하게 된다고 할 수도 없다.

【대법원 결론】 같은 취지의 원심판단은 정당하고, 상고이유의 주장과 같이 공소장일본주의에 관한 법리오해, 헌법 제12조 제1항의 적법절차의 원칙 위반, 형사소송법 제254조 제1항 및 검찰사건사무규칙 제61조 위반 등의 위법이 없다.

3. 공판조서의 열람 지체와 증거능력

【대법원 요지】 가. 형사소송법 제55조 제1항이 피고인에게 공판조서의 열람 또는 등사청구권을 부여한 이유는 공판조서의 열람 또는 등사를 통하여 피고인으로 하여금 진술자의 진술내용과 그 기재된 조서의 기재 내용의 일치 여부를 확인할 수 있도록 기회를 줌으로써 그 조서의 정확성을 담보함과 아울러 피고인의 방어권을 충실하게 보장하려는 데 있으므로, /

【대법원 요지】 비록 피고인이 차회 공판기일 전 등 원하는 시기에 공판조서를 열람·등사하지 못하였다 하더라도 그 변론종결 이전에 이를 열람·등사한 경우에는 그 열람·등사가 늦어짐으로 인하여 피고인의 방어권 행사에 지장이 있었다는 등의 특별한 사정이 없는 한 형사소송법 제55조 제1항 소정의 피고인의 공판조서의 열람·등사청구권이 침해되었다고 볼 수 없어, 그 공판조서를 유죄의 증거로 할 수 있다고 보아야 한다.

【대법원 분석】 기록에 의하면, 피고인은 2005. 4. 18.에 이르러 2004. 10. 19. 열린 제1회 공판기일의 공판조서를 열람·등사하였는데, 제1심법원은 2004. 12. 16. 제2회 공판기일에 제1회 공판심리에 관한 주요사항의 요지를 제1회 공판기일의 공판조서에 의하여 피고인에게 고지하였으며, 2005. 12. 8. 그 변론을 종결하였음을 알 수 있는바, /

【대법원 판단】 사정이 이러하다면 가사 피고인이 제1심 제2회 공판기일 전인 2004. 12. 13. 제1회 공판조서에 대한 열람·등사청구를 하였음에도 이를 열람·등사할 수 없었다 하더라도, 이로 인하여 피고인의 방어권행사에 어떠한 지장이 있었다고 보이지 아니하므로, 제1심 제1회 공판조서를 유죄의 증거로 사용할 수 있고, /

【대법원 결론】 따라서 위 제1회 공판조서를 유죄의 증거로 할 수 없음을 전제로 그 공판기일에 이루어진 '공소외인의 상해부위를 촬영한 사진'에 대한 증거조사 또한 효력이 없어 위 사진을 유죄의 증거로 쓸 수 없다는 취지의 상고이유의 주장은 이유 없다.

4. 위법수집증거배제법칙의 적용범위

【대법원 판단】 나. 상고이유의 주장과 같이 수사기관이 피고인을 현행범으로 체포한 절차 등에 어떠한 위법이 있다고 하여도, '공소외인의 상해부위를 촬영한 사진'은 피고인으로부터 수집한 증거가 아니어서 이를 위법하게 수집한 증거라 할 수 없다. 이 부분 상고이유의 주장 또한 이유 없다.

5. 상해부위 사진의 증거능력과 전문법칙

【대법원 요지】 다. '공소외인의 상해부위를 촬영한 사진'은 비진술증거로서 전문법칙이 적용되지 않으므로, 위 사진이 진술증거임을 전제로 전문법칙이 적용되어야 한다는 취지의 상고이유의 주장 또한 받아들일 수 없다.

6. 증거동의의 취소와 철회

【대법원 요지】 라. 형사소송법 제318조에 규정된 증거동의의 의사표시는 증거조사가 완료되기 전까지 취소 또는 철회할 수 있으나, 일단 증거조사가 완료된 뒤에는 취소 또는 철회가 인정되지 아니하므로 취소 또는 철회 이전에 이미 취득한 증거능력은 상실되지 않는바, /

【대법원 판단】 기록에 의하여 살펴보면, 피고인은 제1심 제1회 공판기일에 위 사진을 증거로 함에 동의하였고, 이에 따라 제1심법원이 위 사진에 대한 증거조사를 완료하였음을 알 수 있으므로, 상고이유의 주장과 같이 피고인이 원심에 이르러 위 사진에 대한 증거동의의 의사표시를 취소 또는 철회하였다 하여, 위 사진의 증거능력이 상실되지 않는다. 이 부분 상고이유의 주장 또한 이유 없다.

【대법원 결론】 마. 따라서 원심이 '공소외인의 상해부위를 촬영한 사진'의 증거능력을 인정한 조치는 정당하고, 상고이유의 주장과 같이 형사소송법 제55조 제3항, 제307조, 제310조의2, 제312조 제1항, 제318조 제1항, 헌법 제12조 제1항, 검찰사건사무규칙 제61조 등을 위반한 위법 등이 없다. (상고 기각)

【코멘트】 본 판례는 공소장일본주의, 전문법칙, 증거동의 등 여러 쟁점을 담고 있다. 그런데 본 판례는 대법원이 2007. 11. 15. **2007도3061** 전원합의체 판결로 위법수집증거배제법칙을 수용하기 전에 나온 것이라는 점에 주목할 필요가 있다. 이 점과 관련하여 특기할 대목은 "수사기관이 피고인을 현행범으로 체포한 절차 등에 어떠한 위법이 있다고 하여도, '공소외인의 상해부위를 촬영한 사진'은 피고인으로부터 수집한 증거가 아니어서 이를 위법하게 수집한 증거라 할 수 없다."라고 판시한 부분이다.

이 부분에 대해서는 두 가지 점에서 논점을 부각시킬 수 있다. 하나는 위법수집증거배제법칙과 인과관계의 문제이다. 대법원은 위의 판시사항을 통하여 위법수사가 있다고 하더라도 그로부터 파생된 것이 아니면 증거능력이 배제되지 않는다는 점을 분명히 하고 있다. 즉 위법수사와 증거능력 배제가 논의되는 증거 사이에 인과관계가 인정되어야 한다는 점이다.

다른 하나는 소위 주장적격의 문제이다. 주장적격이란 위법수사를 당한 본인만 위법수집증거의 배제를 주장할 수 있다는 이론이다. 본 판례에서 대법원은 P사진이 위법수사를 당한 갑으로부터 수집한 것이 아니라는 이유로 증거능력을 인정하고 있다. 엄밀히 말하자면 본 판례는 주장적격의 문제에 관한 것이 아니다. 왜냐하면 주장적격의 문제는 위법수사를 당하지 않은 피고인이 다른 사람에 대한 위법수사로 수집된 증거의 증거능력을 다툴 수 없다는 주장이기 때문이다.

2007년 11월 대법원이 위법수집증거배제법칙을 수용한 이래 위법수집증거배제법칙의 적용범위를 둘러싸고 일련의 대법원판례들이 제시되고 있다. 이 가운데 2011. 6. 30. **2009도6717** 판례는 주장적격의 논의와 상반되는 결론을 제시하고 있다. 이 판례에서 대법원은 적법성 없는 임의동행을 당한 사람의 진술을 피고인의 유죄인정 증거로 사용할 수 없다는 점을 분명히 하고 있다.

2007도4961

검찰사건사무규칙의 법적 성질
기명날인 공소장 사건
2007. 10. 25. 2007도4961, 공 2007하, 1889

1. 사실관계 및 사건의 경과

【사실관계】

① (형소법 제57조의 내용이 서명날인으로부터 기명날인 또는 서명으로 개정되기 전의 사안이다.)

② 검사 A는 갑을 특경법위반죄(수재등) 등으로 기소하였다.

③ 검사 A는 P공소장을 관할 제1심법원에 제출하였다.

④ P공소장에는 검사 란에 검사 A의 성명이 인쇄되어 있었고, 그 옆에 검사 A의 인장이 찍혀 있었다.

⑤ 당시의 검찰사건사무규칙에 따르면 공소장에는 공소제기 검사가 서명날인하도록 되어 있었다.

⑥ 검사 A는 제1심 제1회 공판기일에 공판검사로 출석하여 기소요지를 진술하고 P공소장의 인장 날인 앞부분에 자신의 서명을 추가로 기입하였다.

⑦ 제1심법원은 갑에게 유죄를 선고하였다.

【사건의 경과】

① 갑은 불복 항소하였다.

② 갑은 항소이유로 다음의 점을 주장하였다.

　(가) P공소장은 검사의 서명이 결여되어 부적법하다.

　(나) 공소장에 대한 서명의 추완은 불가능하다.

　(다) 부적법한 공소장에 의한 공소제기는 무효이다.

③ 항소심법원은 다음과 같이 판단하여 갑의 항소를 기각하였다.

　(가) P공소장은 기명날인된 공소장이다.

　(나) 공소장은 형소법 제57조의 규율대상인 공무원이 작성하는 서류이다.

　(다) 검사의 공소장도 [당시 형소규칙 제40조]에 따라 서명날인을 기명날인으로 갈음할 수 있다.

   (라) 검사 A는 공판정에 출석하여 기소요지를 진술하고 서명을 추가 기재하여 공소제기의 의사를 명확히 하였다.

   (마) 따라서 A검사의 공소제기는 적법하다.

④ 갑은 불복 상고하였다.

⑤ 갑은 상고이유로 다음의 점을 주장하였다.

   (가) 형소법 제57조는 '법률에 다른 규정'이 없으면 서명날인을 기명날인으로 갈음할 수 없도록 하고 있다.

   (나) 법률에 다른 규정이 서명날인을 하도록 정하고 있으면 그에 따라야 한다.

   (다) 공소장에 서명날인을 하도록 규정한 검찰사건사무규칙은 '법률에 다른 규정이 있는 때'에 해당한다.

   (라) 공소장에 대한 서명의 추완은 불가능하다.

2. 공소장의 기재방식과 검사의 서명날인

【대법원 판단】 원심은, 이 사건 공소장이 제1심법원에 접수될 당시부터 그 검사 란에 공소제기 검사인 공소외인의 성명이 인쇄되어 있었고, 그 옆에 공소제기 검사의 인장이 찍혀 있었으므로, 이 사건 공소장에 검사의 기명날인은 있었던 것으로 보아야 하고, /

【대법원 판단】 그 성명의 기재가 검사 란의 아래쪽에 치우쳐 있다거나 그 기재가 '서명날인 방식'에 관한 대검찰청의 예규에 따른 것이라고 하여 달리 볼 것은 아니라고 판단한 후, /

【대법원 판단】 나아가 그 판시와 같은 이유로 공소장에 대하여도 형사소송법(2007. 6. 1. 법률 제8496호로 개정되기 전의 것, 이하 같다) 제57조, 형사소송규칙 제40조가 적용되어 서명날인을 기명날인으로 갈음할 수 있는 것으로 보아야 하므로 검사의 기명날인이 된 이 사건 공소장이 법률이 정한 형식을 갖추지 못한 것으로 볼 수 없을 뿐만 아니라, /

【대법원 판단】 이 사건 공소장이 통상적인 경우와는 달리 기명 및 서명날인이 아닌 기명날인만 된 채 제1심법원에 제출되기는 하였으나 공소제기 검사가 제1심의 제1회 공판기일에 공판검사로 출석하여 기소요지를 진술하고 기명날인이 된 공소장에 서명을 추가함으로써 그 공소제기의 의사를 명확히 하였으므로 이 사건 공소의 제기는 위 검사의 의사에 의하여 적법하게 이루어진 것으로 인정된다고 판단하였는바, 관련 법령과 기록에 비추어 살펴보면 원심의 위와 같은 사실인정과 판단은 정당한 것으로 수긍할 수 있다.

【대법원 결론】 원심판결에는 상고이유로 주장하는 바와 같은 채증법칙 위배나 기명날인 내지 공소장의 성립에 관한 법리오해 등의 위법이 없다.

3. 검찰사건사무규칙의 법적 성질

【대법원 요지】 한편, 검찰사건사무규칙은 검찰청법 제11조의 규정에 따라 각급 검찰청의 사건의 수리 · 수사 · 처리 및 공판수행 등에 관한 사항을 정함으로써 사건사무의 적정한 운영을 기함을 목적으로 하여 제정된 것으로서 그 실질은 검찰 내부의 업무처리지침으로서의 성격을 가지는 것이므로 이를 형사소송법 제57조의 적용을 배제하기 위한 '법률의 다른 규정'으로 볼 수 없다. (상고 기각)

2007도4962

고소능력과 고소기간
생활지도원 상담 사건
2007. 10. 11. 2007도4962, 공 2007, 1790

1. 사실관계 및 사건의 경과

【사실관계 1】

① (각종 성범죄가 비친고화되기 전의 사안이다.)

② P학교는 정신지체아 교육기관이다.

③ A는 P학교의 학생이다.

④ [갑은 P학교 관계자이다.]

⑤ 2004. 4. 23.경 갑은 위력으로써 A를 간음하였다.

⑥ 갑의 범행 당시 A는 14세 4개월 남짓의 나이였다.

⑦ 2005. 9. 14. (갑의 범행일로부터 약 1년 5개월 후) A는 재학중이던 P학교의 기숙사 생활지도원과
의 상담 중에 갑의 범행사실을 말하였다.

⑧ 이로써 담임교사와 할머니 등 주위 사람들에게 갑의 범행사실이 알려지게 되었다.

【사실관계 2】

① 이후 A는 이들로부터 고소의 의미와 취지 등에 대해 설명을 들었다.

② 2005. 11. (갑의 범행 후 약 1년 7개월 후) A에 대해 면담 및 심리검사가 있었다.

③ 면담 및 심리검사결과는 다음과 같았다.

　(가) 심리검사 당시의 피해자의 나이는 15세 11개월 남짓임에도 그 지능지수는 49로 정신지체 수준
에 해당하고 발달성숙도 및 사회적응성이 10세 1개월 수준에 불과하다.

　(나) A는 자발적인 의사표현이 가능하고 기본적인 대상 명명 및 인식능력을 갖추고 있으며 자신의
이름과 가족 이름을 비롯한 나이, 집주소, 전화번호 등과 같은 기본적인 신변사항에 대하여 정
확히 보고할 정도의 능력이 있다.

　(다) 그러나 10단위 이하의 간단한 덧셈과 뺄셈만 가능하고 그 이상의 계산이 불가능하여 수 개념 형
성이 미흡한 상태이고 간단한 읽기와 쓰기 정도의 문자해독력을 가지고 있는 것에 불과하다.

④ 2006. 6. 5. A는 갑을 청소년강간죄로 고소하였다.

⑤ 문제된 청소년강간죄는 친고죄이다.

【사건의 경과】

① 검사는 갑을 청소년성보호법위반죄(청소년강간 등)로 기소하였다.

② 당시 청소년성보호법상 해당범죄의 고소기간은 1년이다.

③ [제1심법원은 갑에게 유죄를 선고하였다.]

④ 갑은 불복 항소하였다.

⑤ 갑은 항소이유로 다음의 점을 주장하였다.

　(가) A의 고소는 범행일시로부터 2년여가 경과하여 고소기간을 도과한 것으로서 무효이다.

　(나) A의 고소는 고소능력 없는 자에 의한 것으로서 무효이다.

⑥ 항소심법원은 A의 고소가 적법하다고 판단하여 갑에게 유죄를 선고하였다.

⑦ 갑은 불복 상고하였다.

2. 고소능력과 고소기간의 기산점

【대법원 요지】 고소를 함에는 소송행위능력, 즉 고소능력이 있어야 하는바, 고소능력은 피해를 받은 사실을 이해하고 고소에 따른 사회생활상의 이해관계를 알아차릴 수 있는 사실상의 의사능력으로 충분하므로 민법상의 행위능력이 없는 자라도 위와 같은 능력을 갖춘 자에게는 고소능력이 인정되고, /

【대법원 요지】 범행 당시 피해자에게 고소능력이 없었다가 그 후에 비로소 고소능력이 생겼다면 그 고소기간은 고소능력이 생긴 때로부터 기산하여야 한다.

3. 사안에 대한 대법원의 판단

【대법원 분석】 이 사건 공소사실은 친고죄인 청소년의 성보호에 관한 법률 제10조 제4항에 해당하는 범죄로서 이 사건 고소는 성폭력범죄의 처벌 및 피해자보호 등에 관한 법률 제19조 제1항에 따른 고소기간인 1년이 경과된 후에 제기되기는 하였으나, /

【대법원 분석】 원심은 그 설시의 증거를 종합하여 피해자가 이 사건 범행 당시인 2004. 4. 23.경 14세 4개월 남짓의 나이였으나, 이 사건 범행 후 약 1년 7개월 후에 실시된 면담 및 심리검사결과에 따르면 심리검사 당시의 피해자의 나이는 15세 11개월 남짓임에도 그 지능지수 49로 정신지체 수준에 해당하고 발달성숙도 및 사회적응성이 10세 1개월 수준에 불과하다는 것이고, /

【대법원 분석】 비록 피해자가 자발적인 의사표현이 가능하고 기본적인 대상 명명 및 인식능력을 갖추고 있으며 자신의 이름과 가족 이름을 비롯한 나이, 집주소, 전화번호 등과 같은 기본적인 신변사항에 대하여 정확히 보고할 정도의 능력이 있으나, /

【대법원 분석】 10단위 이하의 간단한 덧셈과 뺄셈만 가능하고 그 이상의 계산이 불가능하여 수 개념 형성이 미흡한 상태이고 간단한 읽기와 쓰기 정도의 문자해독력을 가지고 있는 것에 불과하다는 것인바, /

【대법원 판단】 이러한 피해자의 정신 상태와 지적 능력, 이 사건 범행일시는 위 심리검사일로부터 약 1년 7개월 이전이어서 이 사건 범행 당시의 피해자의 정신능력은 심리검사 당시의 정신능력에 비하여 더 낮은 수준이었을 것으로 보이는 점에 비추어 보면, 이 사건 범행 당시의 피해자로서는 자신이 피해를 받은 사실을 이해하고 고소에 따른 사회생활상의 이해관계를 알아차릴 수 있는 사실상의 의사능력이 있었던 것으로 볼 수 없고, /

【대법원 판단】 이 사건 범행일로부터 약 1년 5개월 후인 2005. 9. 14. 피해자가 재학중이던 P학교(정신지체아 교육기관)의 기숙사 생활지도원과의 상담 중에 이 사건 범행사실을 말함으로써 담임교사와 할머니 등 주위 사람들에게 이 사건 범행사실이 알려지게 되어 피해자가 그들로부터 고소의 의미와 취지 등을 설명 듣고 그 무렵 비로소 고소능력이 생겨 그로부터 1년 내인 2006. 6. 5. 이 사건 고소에 이르게 된 것으로 봄이 타당하므로 이 사건 고소는 고소기간 내에 제기된 것으로 적법하다고 판단하였

는바, /

【대법원 결론】 이러한 원심의 판단은 위 법리와 기록에 비추어 정당하고, 거기에 상고이유의 주장과 같은 고소에 관한 법리오해 등의 위법이 없다. (상고 기각)

【코멘트】 우리 입법자는 2013년 6월부터 각종 성범죄(간통죄 제외)를 비친고죄화 하기로 하는 입법 적 결단을 내렸다. 이러한 변화에 이르기까지 성폭력처벌법 및 아청법의 개정이 여러 차례 있었는데, 2012년 12월의 형법 일부개정은 이러한 변화를 마무리 하는 의미를 가지고 있다. 본 판례는 각종 성범 죄가 친고죄에서 비친고죄로 전환되기 전의 시점에 나온 것이다. 그럼에도 불구하고 본 판례는 친고죄 의 고소를 둘러싼 여러 가지 논점을 다루고 있다는 점에서 여전히 그 의미가 있다고 생각된다.

형사소송법은 친고죄의 고소기간을 6개월로 규정하고 있다(법230① 본문). 본 판례 사안의 범행시 점은 2004년 4월이다. 행위시의 청소년성보호법은 청소년에 대한 강간, 강제추행 등을 형법보다 무 겁게 처벌하면서 위계 또는 위력으로 여자 청소년을 간음한 자를 5년 이상의 유기징역으로 처벌하도 록 규정하고 있었다(동법10④). 그러나 청소년성보호법은 고소기간에 관한 특칙은 두고 있지 않았다. 그 대신에 범행 시점에 시행중이던 성폭력처벌법이 성폭력범죄 중 친고죄에 대해 고소기간을 1년으로 연장하는 특례규정을 두고 있었다(동법19① 본문). 그 결과 본 판례 사안의 고소기간은 1년이 된다.

2005년 말 청소년성보호법이 개정되었다. 개정 법률에 의하여 2006년 6월부터 청소년강간죄 등 중요 성범죄에 대한 고소기간이 2년으로 연장되었다(동법10의2). 2007년 8월 청소년성보호법이 확 대 개편되었다. 개정 법률은 아동·청소년 상대 중요 성범죄를 반의사불벌죄로 전환하였고(동법16), 관련 규정은 즉시 발효되었다. 2009년 6월 청소년성보호법이 아동·청소년성보호법으로 확대개편되 어 2010년부터 시행되었다. 2010년 4월에는 아청법이 또 다시 개정되어 공포와 함께 시행되었다. 개 정 법률은 아동·청소년 상대 성범죄를 일반범죄로 전환하면서, 공중밀집장소추행 등 일부 경미한 성 범죄만 반의사불벌죄로 남겨두었다(동법16). 2012년 12월 형법 일부개정과 함께 성폭력처벌법과 아 청법도 개정되었다.

개정 아청법은 아동·청소년 상대 성범죄를 일반범죄로 전환함과 동시에 공소시효 기간에 대한 특 례규정을 두고 있다. 형사소송법은 공소시효 기산점을 범죄행위 종료시로 규정하고 있다(법252①). 아청법은 형소법의 규정에도 불구하고 아동·청소년 대상 성범죄의 공소시효를 해당 성범죄로 피해를 당한 아동·청소년이 성년에 달한 날부터 진행하도록 하였다(동법20①). 또한 강간죄 등 중한 성범죄 (동법7)의 경우에는 DNA증거 등 그 죄를 증명할 수 있는 과학적인 증거가 있을 때 공소시효를 10년 연장하고(동법20②), 13세미만 미성년자에 대한 성범죄나 강간살인 등 중한 성범죄에 대해서는 공소 시효를 배제하였다(동조③·④).

이상에서 보는 바와 같이 아동·청소년 상대 성범죄는 친고죄에서 반의사불벌죄로, 반의사불벌죄 에서 일반범죄로 변모되어 왔다. 이 점에서 본 판례는 이미 낡은 것이라고 생각할 수도 있다. 그러나 본 판례에서 대법원이 제시한 기본법리는 여전히 유효하다. 즉 (가) 고소는 소송능력이 있어야 할 수 있다는 점, (나) 고소능력은 민법상의 행위능력과 달리 사실상의 이해능력으로 족하다는 점, (다) 고소 기간은 고소능력을 갖춘 시점으로부터 기산된다는 점 등은 친고죄의 일반적인 법리들이어서 아동·청 소년 상대 성범죄가 일반범죄로 전환된 이후에도 다른 친고죄의 경우에 계속 적용될 것이다.

2007도4977

고소의 효력발생 시점
간통 고소와 간통의 종용 및 유서
간통사실의 입증방법
고소장 돌려받기 사건

2008. 11. 27. 2007도4977, 공 2008하, 1828

1. 사실관계 및 사건의 경과

【사실관계 1】

① 갑과 A는 부부 사이이다.

② A는 갑이 이성 을과 교제하고 있음을 알게 되었다.

③ A는 갑에게 혼인관계 파탄의 책임이 갑에게 있음을 인정하면 이혼하겠다는 의사를 표명하였다.

④ 그러나 갑은 책임을 인정하지 않았다.

【사실관계 2】

① 2005. 6. 23. A는 갑과 을이 M모텔에 있음을 알고 112에 신고하였다.

② P경찰서 Q지구대 소속 경찰관 B 등은 M모텔에 출동하였다.

③ A는 출동한 경찰관 B에게 이혼소송서류와 ㉠고소장을 교부하였다.

④ 이혼소송서류와 ㉠고소장을 교부받은 경찰관 B 등은 갑과 을을 임의동행의 형식으로 P경찰서에 데려와서 사건을 조사계에 인계하였다.

⑤ P경찰서의 당직 경찰관 C는 A로부터 "갑과 을과 얘기할 수 있는 시간을 달라. 갑과 을과 이야기를 해 보고 고소장을 접수할 것인지를 결정하겠다."는 취지의 이야기를 들었다.

⑥ A의 이야기를 들은 당직 경찰관 C는 ㉠고소장을 A에게 돌려주었다.

⑦ 다른 당직 경찰관 D는 P경찰서 2005. 6. 23.자 당직사건처리부에 다음과 같이 기재하였다.

⑧ "6. 23. Q동 M모텔에서 1회 성교, 임의동행 → 고소인이 처벌 불원하여 귀가조치"

【사실관계 3】

① A는 당직 경찰관들에게 갑과 을과 이야기할 시간을 달라고 요청하면서 ㉠고소장을 반환받은 다음 갑과 함께 인근의 롯데호텔로 갔다.

② 그러나 영업시간이 끝나, 다시 잠실대교 밑 윈드서핑장에 가서 3인이 만나 이야기를 하던 중 을이 먼저 가버리는 바람에 A와 갑도 그대로 귀가하였다.

③ [갑이 을과의 관계를 정리하지 않자,] A는 3개월 후 다시 이혼소송서류와 함께 ㉡고소장을 수사기관에 제출하였다.

【사건의 경과 1】

① 검사는 갑과 을을 간통죄로 기소하였다.

② 제1심법원은 유죄를 선고하였다.

③ 갑과 을은 불복 항소하였다.

④ 항소심법원은 항소를 기각하고, 제1심판결을 유지하였다.

⑤ (항소심의 판단 이유는 판례 본문 참조)

【사건의 경과 2】

① 갑과 을은 불복 상고하였다.

② 갑과 을은 상고이유로 다음의 점을 주장하였다.

　(가) A가 ㉠고소장을 제출하였다가 회수한 것은 고소취소에 해당하므로 ㉡고소는 고소취소의 재 고소금지 효력에 반하여 부적법하다.

　(나) ㉠고소장을 제출하기 전에 갑과 A 사이에 이혼의사의 합치가 있었으므로 간통의 종용에 해당 하여 ㉠고소는 부적법하다.

　(다) A가 ㉠고소장을 회수하고 갑과 함께 귀가하였으므로 간통의 유서에 해당하여 ㉡고소는 부적 법하다.

③ 을은 상고이유로, 갑이 배우자 있는 자임을 알지 못하였다고 주장하였다.

2. 사안에 대한 항소심의 판단

【항소심 분석】 1. 원심판결 이유에 의하면, 원심은, 고소인은 2005. 6. 23. M모텔에서 112 신고 후 출동한 경찰관에게 이혼소송서류와 고소장을 교부하였고, 이를 교부받은 서울 P경찰서 Q지구대 소속 경찰관들은 피고인들을 임의동행의 형식으로 P경찰서에 데려와서 이 사건을 조사계에 인계한 사실, /

【항소심 분석】 P경찰서의 당직 경찰관인 공소외 B는 고소인으로부터 "피고인들과 얘기할 수 있는 시간을 달라. 피고인들과 이야기를 해 보고 고소장을 접수할 것인지를 결정하겠다."는 취지의 이야기 를 듣고서 고소장을 고소인에게 돌려준 사실, /

【항소심 분석】 당직 경찰관 공소외 C는 P경찰서 2005. 6. 23.자 당직사건처리부에 "6. 23. 방이동 M모텔에서 1회 성교, 임의동행 → 고소인이 처벌 불원하여 귀가조치"로 기재한 사실을 인정한 다음, /

【항소심 판단】 고소인이 2005. 6. 23. 경찰관에게 서면으로 고소장을 제출함으로써 고소를 하였고, 이에 따라 수사가 개시되었으나, /

【항소심 판단】 고소인이 피고인들과 대화를 해보고 정식으로 고소장을 접수할 것인지 결정하겠다고 밝히면서 경찰관으로부터 고소장을 회수하였다면 이는 고소인이 피고인들에 대한 소추를 희망하는 의 사를 명시적·확정적으로 철회한 것이 아니어서 고소취소에 해당한다고 볼 수 없다고 판단하였다.

3. 고소의 효력발생 시점

【대법원 요지】 고소는 범죄의 피해자 기타 고소권자가 수사기관에 대하여 범죄사실을 신고하여 범 인의 소추를 구하는 의사표시를 말하는 것으로서, 단순한 피해사실의 신고는 소추·처벌을 구하는 의 사표시가 아니므로 고소가 아니라고 할 것이다. /

【대법원 요지】 또한, 피해자가 고소장을 제출하여 처벌을 희망하는 의사를 분명히 표시한 후 고소를 취소한 바 없다면 비록 고소 전에 피해자가 처벌을 원치 않았다 하더라도 그 후에 한 피해자의 고소는 유효하다.

【대법원 판단】 이와 같은 법리에 비추어 이 사건의 경우를 보면, 비록 고소인이 사건 당일 간통의 범죄사실을 신고하면서 현장에 출동한 경찰관에게 고소장을 교부하였다고 하더라도, P경찰서에 도착하여 최종적으로 고소장을 접수시키지 아니하기로 결심하고 고소장을 반환받은 것이라면, 고소장이 수사기관에 적법하게 수리되어 고소의 효력이 발생되었다고 할 수 없다. /

【대법원 판단】 나아가 고소인이 당시 피고인들에 대하여 처벌 불원의 의사를 표시하였다고 하더라도, 애초 적법한 고소가 없었던 이상, 그로부터 3개월이 지나 제기된 이 사건 고소가 재고소의 금지를 규정한 형사소송법 제232조 제2항에 위반된다고 볼 수도 없다.

【대법원 결론】 원심의 이 부분 판단은 적절하지 아니한 점이 없지 않지만, 이 사건 고소가 적법하다고 본 결론에 있어서는 정당하다. 거기에 상고이유에서 주장하는 바와 같은 고소 및 고소취소의 효력에 관한 법리오해의 위법이 없다.

4. 간통죄 고소와 간통의 종용

【대법원 요지】 2. 혼인 당사자가 더 이상 혼인관계를 지속할 의사가 없고 이혼의사의 합치가 있는 경우에는 비록 법률적으로 혼인관계가 존속한다고 하더라도 간통에 대한 사전 동의인 종용에 해당하는 의사표시가 그 합의 속에 포함되어 있는 것으로 보아야 할 것이다. /

【대법원 요지】 그러나 그러한 합의가 없는 경우에는 비록 잠정적·임시적·조건적으로 이혼의사가 쌍방으로부터 표출되어 있다고 하더라도 간통 종용의 경우에 해당하지 않는다.

【대법원 판단】 이와 같은 법리에 비추어 원심판결 이유를 보면, 원심이 제1심판결의 이유를 인용하여 그 판시와 같은 사실을 인정한 다음, 고소인으로서는 혼인관계 파탄의 책임이 피고인 갑에게 있음이 인정됨을 조건으로 하여 이혼의 의사를 표명한 적은 있지만, 고소인과 피고인 갑 사이에 서로 다른 이성과의 정교관계가 있어도 묵인한다는 의사가 포함된 이혼의사의 합치가 있었다고 보기는 어렵다고 판단한 것은 정당하다. 거기에 상고이유에서 주장하는 바와 같은 간통의 종용에 관한 법리오해의 위법이 없다.

5. 간통죄의 고소와 간통의 유서

【대법원 요지】 3. 간통죄에 있어서의 유서는 배우자의 일방이 상대방의 간통사실을 알면서도 혼인관계를 지속시킬 의사로 악감정을 포기하고 상대방에게 그 행위에 대한 책임을 묻지 않겠다는 뜻을 표시하는 일방행위로서, /

【대법원 요지】 간통의 유서는 명시적으로 할 수 있음은 물론 묵시적으로도 할 수 있는 것이어서 그 방식에 제한이 있는 것은 아니다. /

【대법원 요지】 그러나 감정을 표현하는 어떤 행동이나 의사의 표시가 유서로 인정되기 위하여는 첫째, 배우자의 간통사실을 확실하게 알면서 자발적으로 한 것이어야 하고 둘째, 그와 같은 간통사실에도 불구하고 혼인관계를 지속시키려는 진실한 의사가 명백하고 믿을 수 있는 방법으로 표현되어야 한다.

【대법원 분석】 원심이 인용한 제1심판결 이유에 의하면, 이 사건 직후의 정황은 고소인이 사건 당일 당직 경찰관들에게 피고인들과 이야기할 시간을 달라고 요청하면서 고소장을 반환받은 다음 피고인 갑과 함께 인근의 롯데호텔로 갔으나 영업시간이 끝나, 다시 잠실대교 밑 윈드서핑장에 가서 3인이 만

나 이야기를 하던 중 피고인 을이 먼저 가버리는 바람에 고소인과 피고인 갑도 그대로 귀가하게 되었다는 것이다. /

【대법원 판단】 이와 같은 사실관계에 그 이후 고소인이 이 사건 고소에 이르게 된 전후 사정을 더해 보아도 고소인이 피고인 갑의 이 사건 간통행위를 유서하였다고 보기는 어렵다고 할 것이다.

【대법원 결론】 같은 취지에서 나온 원심판결은 정당하고, 거기에 상고이유에서 주장하는 바와 같은 간통의 유서에 관한 법리오해의 위법이 없다.

6. 간통사실의 입증방법

【대법원 요지】 4. 형사재판에 있어 유죄의 인정은 법관으로 하여금 합리적인 의심을 할 여지가 없을 정도로 공소사실이 진실한 것이라는 확신을 가지게 할 수 있는 증명력을 가진 증거에 의하여야 하고, 이러한 정도의 심증을 형성하는 증거가 없다면 피고인이 유죄라는 의심이 간다 하더라도 피고인의 이익으로 판단할 수밖에 없다. /

【대법원 요지】 그러나 그와 같은 심증이 반드시 직접증거에 의하여 형성되어야만 하는 것은 아니고 경험칙과 논리법칙에 위반되지 아니하는 한 간접증거에 의하여 형성되어도 무방하며, /

【대법원 요지】 간접증거가 개별적으로는 범죄사실에 대한 완전한 증명력을 가지지 못하더라도 전체 증거를 상호 관련하에 종합적으로 고찰할 경우 그 단독으로는 가지지 못하는 종합적 증명력이 있는 것으로 판단되면 그에 의하여도 범죄사실을 인정할 수 있는 것이다. /

【대법원 요지】 한편, 남녀 간의 정사를 내용으로 하는 간통죄에 있어서 그 행위는 통상 당사자 사이에 비밀리에 또는 외부에서 알아보기 어려운 상태 하에서 행하여지는 것이어서 이에 대한 직접적인 물적 증거나 증인의 존재를 기대하기가 매우 어려운 것이므로, 범행의 전후 정황에 관한 제반 간접증거들을 종합하여 범죄사실에 대한 종합적 증명력이 있는 것으로 판단되면 그에 의하여도 범죄사실을 인정할 수 있다고 할 것이다.

【대법원 결론】 원심이 그 채택 증거들을 종합하여 그 판시와 같은 사실을 인정한 다음, 피고인 을은 피고인 갑이 배우자 있는 자임을 알고 있었음을 전제로 피고인들에 대한 이 사건 공소사실에 대하여 유죄로 판단한 조치는 앞서 본 법리 및 기록에 비추어 정당한 것으로 수긍할 수 있다. 거기에 상고이유에서 주장하는 바와 같은 간통죄의 성립에 관한 법리오해 또는 채증법칙 위배 등의 위법이 없다. (상고 기각)

【코멘트】 본 판례는 간통죄와 관련된 법리들을 종합적으로 보여주고 있다. 본 판례는 (가) 간통고소의 효력발생 시점, (나) 간통고소와 간통의 종용 및 유서의 관계, (다) 간통사실의 입증방법이라는 세 가지 쟁점을 다루고 있다.

간통고소의 효력발생 시점과 관련하여 본 판례의 사안을 살펴보면, 동일한 간통사실에 대해 ㉠고소장 제출, ㉠고소장 회수, ㉡고소장 제출, 공소제기의 순서로 사실관계가 진행되고 있다. 공소제기의 시점에서 검토해야 할 것은 유효한 고소가 있는가 하는 점이다. 이 문제에 대해 항소심법원은 ㉠고소장의 제출로 유효한 고소가 있었고, ㉠고소장의 회수는 잠정적인 것이어서 고소취소로 볼 수 없다는 판단 아래 공소제기 시점에 유효한 고소가 있다고 판단하고 있다.

이에 대해 대법원은 먼저, ㉠고소장의 제출과 ㉠고소장의 회수로는 아직 고소가 수사기관에 수리된 것이 아니어서 그것만으로는 공소제기 시점에 유효한 고소가 있었다고 말할 수 없다고 판단한다. 이어서 대법원은 ⓛ고소장을 중심으로 살펴보면, 설사 그 앞에 처벌을 원치 않는 의사가 있었다고 하더라도, ㉠고소장이 수사기관에 처벌희망 의사가 표시된 것이 아니므로, 피해자는 새로이 처벌희망 의사표시를 할 수 있어서 공소제기 시점에 유효한 고소가 있다고 판단한다. 그런데 공소제기 시점에 유효한 고소가 존재한다는 결론은 항소심과 대법원이 일치한다. 그러므로 항소심을 파기할 이유는 없다는 것이 대법원의 첫번째 결론이다.

다음으로, 대법원은 간통 고소의 효력을 좌우하는 간통의 종용과 유서에 대해 살핀다. 형법은 간통죄는 배우자의 고소가 있어야 논한다고 규정하면서(형법241② 본문), 배우자가 간통을 종용 또는 유서한 때에는 고소할 수 없도록 하고 있다(동항 단서). 간통고소의 효력을 무력화시키는 간통의 종용과 유서에 대해 대법원은 본 판례에서 그 개념을 명확히 밝히면서 동시에 판단기준을 제시하고 있다. 그 내용은 판례 본문에 상세히 나타나 있으므로 여기에서 되풀이하지 않는다.

끝으로, 대법원은 간통죄의 입증방법에 대하여 판단한다. 대법원은 "남녀 간의 정사를 내용으로 하는 간통죄에 있어서 그 행위는 통상 당사자 사이에 비밀리에 또는 외부에서 알아보기 어려운 상태 하에서 행하여지는 것"이라는 점에 주목하면서 제1심 및 항소심의 간접증거에 의한 사실인정을 긍정하고 있다.

2007도5389

범죄사실 증명과 합리적 의심
대리운전사 급발진 사건
2008. 6. 12. 2007도5389, 공 2008하, 1007

1. 사실관계 및 사건의 경과

【사실관계】
① 갑은 대리운전사이다.
② 갑은 손님 A의 P차량을 이동하다가 갑자기 고속으로 질주하여 [사람이 죽거나 다치는] 교통사고를 내었다.
③ (사실관계의 상세한 내용은 판례 본문 참조)

【사건의 경과 1】
① 검사는 갑을 교통사고처리특례법위반죄로 기소하였다.
② 검사는 P차량에 의한 교통사고는 갑의 페달 오작동에 의한 것이라고 주장하였다.
③ 갑은 급발진사고에 의한 것이라고 주장하여 공소사실을 부인하였다.
④ 제1심법원은 갑의 업무상 과실의 점 및 사고와의 인과관계의 점에 대한 증명이 부족하다는 이유로 무죄를 선고하였다.
⑤ (무죄 판단의 이유는 판례 본문 참조)

【사건의 경과 2】

① 검사는 불복 항소하였다.

② 항소심법원은 항소를 기각하고, 제1심판결을 유지하였다.

③ 검사는 불복 상고하였다.

④ 검사는 상고이유로 다음의 점을 주장하였다.

　(가) 제조물책임을 원인으로 하는 손해배상청구와 관련하여 대법원은 급발진사고를 인정하지 않고 있다.

　(나) 대법원이 급발진사고를 인정하지 아니하므로 갑의 급발진사고 주장도 허용되지 않는다.

2. 급발진사고 주장과 합리적 의심

【대법원 요지】 형사재판에서 유죄의 인정은 법관으로 하여금 합리적인 의심을 할 여지가 없을 정도로 공소사실이 진실한 것이라는 확신을 가지게 하는 증명력을 가진 증거에 의하여야 하고, 그러한 증거가 없다면 설령 피고인에게 유죄의 의심이 간다 하더라도 피고인의 이익으로 판단할 수밖에 없다.

【대법원 분석】 원심은 그 채택 증거들을 종합하여, 이 사건 사고장소인 일방통행로는 음식점과 주택 밀집지역에 있는 차선이 설치되어 있지 않은 노폭 약 5m 정도의 직선도로로서, 거주자 우선주차구역이 설정되어 있고, 당시 도로 양쪽으로 여기 저기 음식점 손님들의 차량이 주차되어 있어 차량 1대가 지나기 쉽지 않을 정도의 공간밖에 없었을 뿐만 아니라, 음식점 종사자나 손님 등의 통행도 상당수 있었던 사실, /

【대법원 분석】 위 일방통행로의 길이는 약 160m 정도 되는데, 가해차량은 당시 불과 수 초 만에 이를 빠져나갈 정도로 빠른 속력이었고, 위 일방통행로의 마지막 부분에 이르러서는 좌측에 주차되어 있는 쏘나타 승용차(차량번호 생략)를 약 10m 정도나 밀고 나간 후 위 일방통행로와 직각으로 만나는 대로에 이르러 그곳에 정차 중인 다른 차량들을 들이받고서야 비로소 정지할 정도로 질주하는 힘이 엄청났던 사실, /

【대법원 분석】 다수의 목격자들은 가해차량이 당시 굉음을 내면서 매우 빠른 속도(각자의 느낌에 따라 시속 50km에서 100km 사이라고 하고 있다)로 위 일방통행로를 질주하였다고 거의 일치하여 진술하고 있고, 그 중에는 차량 밑부분에서 불꽃이 튀는 것을 보았다는 목격자들도 있는 사실, /

【대법원 분석】 위 일방통행로에 있는 '마포 일번관'이라는 음식점의 폐쇄회로TV에 찍힌 가해차량의 당시 상황을 살펴보면, 가해차량이 위 음식점 부근에 설치되어 있는 과속방지턱을 막 넘어가는 순간 차량 후미에 있는 브레이크등과 후진등이 켜지는 모습을 보여주고 있어, 피고인이 당시 브레이크페달을 밟거나 변속기를 후진(R) 위치로 바꾸는 등 차량의 제동을 위해 필요한 조치도 취하였던 사실, /

【대법원 분석】 가해차량은 시속 10km 이상의 속도에서는 전진 중에도 변속기를 주차(P)나 후진(R) 위치로 변경시킬 수 있고, 이렇게 하더라도 차량이 고속으로 전진하고 있을 때에는 그 관성에 의해 상당한 거리를 그대로 진행할 수 있으며, 이 경우 변속기에 무리가 가서 손상될 수 있는데, 가해차량은 사고 후 트랜스퍼 케이스의 하우징(변속기로부터 바퀴로 동력을 전달하기 위한 중간장치로서 변속기에 이상이 생겼을 경우 함께 영향을 받게 된다고 한다)이 깨지는 등의 손상이 있어 이를 수리한 사실, /

【대법원 분석】 피고인은 당시 대리운전을 의뢰받고 위 일방통행로가 끝나는 지점에 있는 '주물럭 숯불갈비'라는 음식점 앞에서 의뢰인이 나오기를 기다리고 있던 중, 일방통행로 쪽을 향해 주차되어 있던 가해차량이 보행자들의 통행에 방해가 되자 이를 약간 옆으로 옮기기 위해 가해차량의 시동을 걸었던 것일 뿐, 위와 같이 위 일방통행로를 고속으로 역주행해야 할 아무런 이유가 없었던 사실, /

【대법원 분석】 피고인은 1980년에 1종 보통 운전면허를 취득하여 운전을 해오던 중 1994년에 교통사고로 운전면허가 취소되었다가 다시 2000년에 1종 대형 운전면허를 취득하였고, 2004년 말경부터는 대리운전기사로 일하고 있는 등 운전경력이 풍부한 사람이며, 이 사건 사고 직후 받은 음주 및 약물 검사에서도 모두 정상으로 판명되었던 사실, /

【대법원 분석】 한편 사고 후 가해차량을 매수한 A도 2006년 8월경 가해차량을 주차한 상태에서 뒤로 빼려고 할 때 급발진 상황처럼 '왕'하는 소리가 나면서 앞으로 튀어 나가는 사고를 경험한 적이 있는 사실 등을 인정한 다음, /

【대법원 판단】 이와 같이 인정되는 여러 사정들에 비추어 볼 때, 가해차량은 피고인이 운전을 하기 전에 이미 원래의 운전자로서 피고인에게 대리운전을 의뢰한 사람에 의해 진입금지표시에 위반하여 일방통행로에 진입하여 주차된 상태였고, 더욱이 피고인이 가해차량을 운전하여 위 일방통행로를 벗어나려고 역주행하였다고 볼 수 없으며, /

【대법원 판단】 오히려 가해차량 자체에서 발생한 피고인이 통제할 수 없는 어떤 불가항력적인 상황에 의해 위와 같이 상상하기 어려운 속력의 역주행이 일어났을 가능성이 있는 것으로 합리적인 의심을 할 여지가 있다고 볼 수 있는 여러 정황들이 확인되고 있는바, /

【대법원 판단】 사정이 이러하다면 피고인에게 이 사건 사고 당시 조향 및 제동장치를 정확하게 조작하여 이 사건과 같은 사고를 방지할 것까지 기대할 수는 없었을 뿐만 아니라(피고인이 브레이크페달을 밟았던 점에 비추어 제동장치는 작동하지 않았던 것으로 보인다), 설사 피고인이 그렇게 했다고 하더라도 이 사건과 같은 사고를 미리 방지하기는 어려웠을 것으로 보이고, /

【대법원 판단】 더 나아가 이러한 합리적인 의심을 배제하고 피고인의 업무상 과실의 점 등을 인정할 만한 다른 증거가 없다는 취지로 판단하여, 결국 피고인의 이 사건 업무상 과실의 점 및 사고와의 인과관계의 점에 대한 증명이 부족하다는 이유로 피고인에게 무죄를 선고한 제1심판결을 유지하였다.

【대법원 결론】 원심판결의 이유를 앞서 본 법리와 기록에 비추어 살펴보면, 원심의 위와 같은 사실인정 및 판단은 정당한 것으로 충분히 수긍할 수 있다.

3. 급발진사고에 관한 민사상 증명과 형사상 증명

【대법원 판단】 상고이유에서 들고 있는 대법원판결은, 운전자가 가속페달을 밟지 않는 한 급발진이 생길 수 없음을 전제로, 자동차의 엔진제어장치 등에 결함이 존재하지 아니함이 증명되는 등의 여러 사정을 고려하여 차량의 급발진이 운전자의 페달 오조작으로 인한 것으로 추인되는 경우에는 민사상 제조물책임을 원인으로 하는 손해배상의 청구를 할 수 없다는 취지일 뿐, /

【대법원 판단】 검사에게 증명책임이 있는 운전자의 업무상 과실의 점이 합리적 의심의 여지가 없을 정도로 증명되지 아니한 경우에도 차량 급발진에 관한 위 일반 원리만을 근거로 형사상 책임을 물을 수 있다는 취지는 아니므로 이 사건에서 원용하기에는 적절하지 아니하다.

【대법원 결론】 원심판결에는 상고이유에서 주장하는 바와 같이 채증법칙을 어긴 위법이 없다. (상고기각)

2007도5776

증거동의의 간주
약식명령과 불출석재판
조수석 문짝 손괴 사건
2010. 7. 15. 2007도5776, 공 2010하, 1686

1. 사실관계 및 사건의 경과

【사실관계 1】

① 2006. 9. 3. 02:00경 A는 자신의 집에서 잠을 자다 누군인가가 밖에서 소란을 피우는 것을 듣고 잠에서 깨어났다.

② A는 이어 "꽝꽝"하는 소리를 듣고 밖으로 나갔다.

③ 이에 A는 경찰에 신고를 하였다.

④ 출동한 경찰관들은 갑을 현행범으로 체포하였다.

⑤ 경찰관들은 A 소유의 Q자동차 조수석 앞 문짝이 약간 찌그러져 있는 것을 보고 사진촬영을 하였다.

【사실관계 2】

① 검사는 갑을 재물손괴죄의 공소사실로 약식명령을 청구하였다.

② 서울동부지방법원은 갑에게 약식명령을 발령하였다.

③ 갑은 약식명령에 불복하여 정식재판을 청구하였다.

④ 갑은 제1심법원의 정식재판절차에 2회 불출석하였다.

⑤ 검사는 경찰관이 작성한 R수사보고서 등을 증거로 제출하였다.

⑥ R수사보고서에는 경찰관이 Q자동차를 촬영한 S사진이 첨부되어 있었다.

⑦ 제1심법원은 갑이 불출석한 가운데 검사 제출의 유죄증거에 관하여 형소법 제318조 제2항에 따른 증거동의 간주를 하였다.

⑧ 제1심법원은 R수사보고서 등을 증거로 채택하여 갑에게 유죄를 선고하였다.

【사건의 경과】

① 갑은 불복 항소하였다.

② 갑은 항소심절차에 출석하여 공소사실을 부인하였다.

③ 갑은 또한 증거동의로 간주된 증거동의를 철회 또는 취소한다는 의사표시를 하였다.

④ 항소심법원은 항소를 기각하고, 제1심판결을 유지하였다.

⑤ 갑은 불복 상고하였다.

⑥ 갑은 상고이유로 다음의 점을 주장하였다.

(가) 증거동의의 간주에 관한 법리오해의 위법이 있다.

(나) 증거동의의 철회 내지 취소에 관한 법리오해의 위법이 있다.

2. 정식재판절차 불출석과 증거동의

【대법원 분석】 형사소송법(이하, '법'이라고 한다)은 /

【대법원 분석】 "피고인의 출정 없이 증거조사를 할 수 있는 경우에 /

【대법원 분석】 피고인이 출정하지 아니한 때에는 피고인의 동의가 있는 것으로 간주한다. /

【대법원 분석】 단, 대리인 또는 변호인이 출정한 때에는 예외로 한다"고 규정하고 있고(제318조 제2항), /

【대법원 분석】 한편 '약식명령에 불복하여 정식재판을 청구한 피고인이 /

【대법원 분석】 그 정식재판절차의 공판기일에 출정하지 아니한 때에는 다시 기일을 정하여야 하고 /

【대법원 분석】 피고인이 정당한 사유 없이 다시 정한 기일에 출정하지 아니한 때에는 /

【대법원 분석】 피고인의 진술 없이 판결을 할 수 있다'라고 규정하고 있다(제458조 제2항, 제365조).

【대법원 요지】 법 제458조 제2항, 제365조는 피고인이 출정을 하지 않음으로써 본안에 대한 변론권을 포기한 것으로 보는 일종의 제재적 규정으로 /

【대법원 요지】 이와 같은 경우 피고인의 출정 없이도 심리판결할 수 있고 /

【대법원 요지】 공판심리의 일환으로 증거조사가 행해지게 마련이어서 피고인이 출석하지 아니한 상태에서 증거조사를 할 수밖에 없는 경우에는 /

【대법원 요지】 법 제318조 제2항의 규정상 피고인의 진의와는 관계없이 법 제318조 제1항의 동의가 있는 것으로 간주하게 되어 있는 점 /

【대법원 요지】 법 제318조 제2항의 입법 취지가 재판의 필요성 및 신속성 즉, /

【대법원 요지】 피고인의 불출정으로 인한 소송행위의 지연 방지 내지 /

【대법원 요지】 피고인 불출정의 경우 전문증거의 증거능력을 결정하지 못함에 따른 소송지연 방지에 있는 점 등에 비추어, /

【대법원 요지】 약식명령에 불복하여 정식재판을 청구한 피고인이 정식재판절차에서 2회 불출정하여 법원이 피고인의 출정 없이 증거조사를 하는 경우에 /

【대법원 요지】 법 제318조 제2항에 따른 피고인의 증거동의가 간주된다고 할 것이다.

3. 증거동의의 취소와 철회

【대법원 요지】 그리고 약식명령에 불복하여 정식재판을 청구한 피고인이 정식재판절차의 제1심에서 2회 불출정하여 /

【대법원 요지】 법 제318조 제2항에 따른 증거동의가 간주된 후 증거조사를 완료한 이상, /

【대법원 요지】 간주의 대상인 증거동의는 증거조사가 완료되기 전까지 철회 또는 취소할 수 있으나 /

【대법원 요지】 일단 증거조사를 완료한 뒤에는 취소 또는 철회가 인정되지 아니하는 점, /

【대법원 요지】 증거동의 간주가 피고인의 진의와는 관계없이 이루어지는 점 등에 비추어, /

【대법원 요지】 비록 피고인이 항소심에 출석하여 공소사실을 부인하면서 간주된 증거동의를 철회 또는 취소한다는 의사표시를 하더라도 /

【대법원 요지】 그로 인하여 적법하게 부여된 증거능력이 상실되는 것이 아니라고 할 것이다.

4. 사안에 대한 대법원의 판단

【대법원 판단】 같은 취지에서 원심이 /

【대법원 판단】 이 사건 약식명령에 불복하여 정식재판을 청구한 피고인이 정식재판절차에서 2회 불출정함에 따라 /

【대법원 판단】 피고인이 불출석한 가운데 검사 제출의 유죄증거에 관하여 /

【대법원 판단】 법 제318조 제2항에 따른 증거동의 간주를 하여 증거능력을 부여한 제1심의 조치를 /

【대법원 판단】 항소심에서도 그대로 유지하여 이를 채용한 조치는, /

【대법원 결론】 기록을 위 법리에 비추어 살펴보면 정당한 것으로 수긍이 가고 /

【대법원 결론】 거기에 증거동의 간주 및 그 철회 내지 취소에 관한 법리오해의 위법이 있다고 할 수 없다. (상고 기각)

2007도6129

사경 면전 영상녹화물의 증거능력
녹음·녹화 요약서 사건
2007. 10. 25. 2007도6129, [공보불게재]

1. 사실관계 및 사건의 경과

【사실관계】

① [본 사안은 2008년부터 시행된 개정 형사소송법이 수사기관의 영상녹화물에 관한 규정을 신설하기 전에 판단된 것이다.]

② 공무원 갑과 을 및 업자 병은 뇌물수수 및 뇌물공여의 피의사실로 검찰에서 조사를 받았다.

③ 업자 병은 공무원 갑과 을에게 뇌물을 주었다고 진술하였다.

④ 병의 진술은 다음과 같은 형태로 서면에 기재되었다.

　(가) 검찰주사 A 작성의 병에 대한 제1, 2회 각 P피의자신문조서

　(나) 검찰주사 A 작성의 병에 대한 제1, 2회 각 Q진술조서

　(다) 병 작성의 S진술서

⑤ 병의 진술과정은 영상녹화되었다(M영상녹화물).

⑥ 검찰주사는 병의 진술과 관련하여 N녹음·녹화 요약서를 작성하였다.

⑦ N녹음·녹화 요약서는 녹화참여자, 녹화일시 및 장소, 녹화된 CD(M영상녹화물)에 담긴 진술요지 등을 기재한 서면이다.

【사건의 경과】

① 갑, 을, 병은 뇌물수수죄 및 뇌물공여죄로 기소되었다.

② 갑과 을은 공소사실을 부인하였다.

③ 제1심 공판절차에서 검사는 P피의자신문조서, Q진술조서, S진술서, N녹음 · 녹화 요약서를 증거로 제출하였다.

④ 갑 등의 피고사건은 제1심을 거친 후, 항소심에 계속되었다.

⑤ 항소심법원은 다음의 이유를 들어서 무죄를 선고하였다.

　(가) 검찰주사 작성의 병에 대한 N녹음 · 녹화 요약서의 실질은 피의자신문조서와 다를 바 없다.

　(나) 검찰주사의 피의자신문조서에 있어서와 마찬가지 이유로 N녹음 · 녹화 요약서는 증거능력이 인정되지 않는다.

⑥ 검사는 불복 상고하였다.

⑦ 검사는 상고이유로, N녹음 · 녹화 요약서에 증거능력이 인정된다고 주장하였다.

2. 사경 면전 피의자신문조서의 증거능력

【대법원 분석】 1. 형사소송법 제312조 제2항은 검사 이외의 수사기관 작성의 피의자신문조서는 공판준비 또는 공판기일에 그 피의자였던 피고인이나 변호인이 그 내용을 인정할 때에 한하여 증거로 할 수 있다고 규정하고 있는바, /

【대법원 요지】 피의자의 진술을 녹취 내지 기재한 서류 또는 문서가 수사기관에서의 조사과정에서 작성된 것이라면 그것이 진술조서, 진술서, 자술서라는 형식을 취하였다 하더라도 당해 수사기관이 작성한 피의자신문조서와 달리 볼 수 없다. /

【대법원 요지】 그리고 위 규정은 검사 이외의 수사기관이 작성한 당해 피고인에 대한 피의자신문조서를 유죄의 증거로 하는 경우뿐만 아니라 검사 이외의 수사기관이 작성한 당해 피고인과 공범관계가 있는 다른 피고인 또는 피의자에 대한 피의자신문조서를 피고인에 대한 유죄의 증거로 하는 경우에도 적용된다.

【대법원 판단】 원심이 검찰주사 작성의 피고인 병에 대한 제1, 2회 각 피의자신문조서,

【대법원 판단】 검찰주사 작성의 피고인 병에 대한 제1, 2회 각 진술조서, /

【대법원 판단】 피고인 병 작성의 진술서는 /

【대법원 판단】 피고인 병과 공범관계에 있는 피고인 갑, 피고인 을이 법정에서 그 내용을 부인하고 있는 이상 형사소송법 제312조 제2항에 의하여 모두 증거능력이 없다고 판단한 것은 위 법리에 따른 것으로서 정당하고, /

【대법원 판단】 거기에 상고이유에서 주장하는 바와 같은 형사소송법 제312조 제2항의 적용범위에 관한 법리오해 등의 위법이나 판례변경의 필요가 있다고 할 수 없다.

3. 영상녹화물과 피의자신문조서의 관계

【대법원 판단】 3. 수사기관에서 피의자로 조사하는 과정을 녹화한 비디오테이프, CD 또는 이에 준하는 것들은 실질적으로 피의자의 진술을 기재한 수사기관 작성의 피의자신문조서와 다를 바 없으므로 피의자신문조서에 준하여 그 증거능력을 가려야 할 것이다.

【대법원 판단】 원심이 검찰주사 작성의 피고인 병에 대한 녹음 · 녹화 요약서(녹화참여자, 녹화일시

및 장소, 녹화된 CD에 담긴 진술요지 등을 기재한 서면이다)의 실질이 피의자신문조서와 다를 바 없어 피의자신문조서에 있어서와 마찬가지 이유로 증거능력이 인정되지 않는다고 판단한 것은 위 법리에 따른 것으로서 정당하고, 거기에 상고이유에서 주장하는 바와 같은 증거능력에 관한 법리오해 등의 위법이 없다. (상고 기각)

【코멘트】 본 판례는 2008년부터 시행된 개정 형사소송법이 수사기관 단계의 영상녹화물에 대한 규정을 명시하기 전에 나온 것이다. 대법원은 2004. 12. 16. **2002도537**[I권] 전원합의체 판결을 통하여 검사작성 피의자신문조서에 대해 형식적 진정성립 이외에 실질적 진정성립까지 원진술자의 진술에 의하여 인정하도록 태도를 변경하였다. 이에 따라 피의자가 법정에서 자신이 진술한 대로 조서에 기재되어 있지 않다고 다투기만 하면 검사작성 피의자신문조서는 증거능력을 상실할 처지에 놓이게 되었다.

이에 대한 대책으로 검찰에서는 피의자의 진술을 영상녹화하여 영상녹화물 자체를 조서에 갈음하여 증거로 제출하는 방법을 모색하였다. 이와 관련하여 영상녹화는 피의자의 진술을 있는 그대로 녹화하는 것이므로 조서작성 과정에서 나타나는 왜곡이나 조작 우려를 차단할 수 있다는 것이 영상녹화물의 활용 근거로 제시되었다. 이에 대해 반대진영에서는 조서재판의 폐해가 영상녹화물재판의 폐해로 바뀌는 것 이외에 아무런 변화가 없다고 비판하였다.

2003년 후반부터 시작된 사법개혁작업에서 영상녹화물의 증거능력 부여 여부가 중요한 논점으로 대두되었다. 형사소송법 정부원안은 검사 면전에서 만들어진 영상녹화물에 대해 기존의 다른 증거를 사용할 수 없는 경우에 한하여 예외적으로 증거능력을 부여하기로 하였다. 그러나 국회 심의과정에서 수사기관의 영상녹화물을 유죄 인정의 본증으로 사용하는 규정은 삭제되었고, 이에 따른 개정 형사소송법은 2008년 1월부터 시행되었다.

본 판례는 개정 형소법의 시행 직전에 나온 것이다. 본 판례에서 대법원은 수사기관에서 만들어진 영상녹화물을 수사기관의 조서와 동일하게 취급할 수 있다는 입장을 피력하였다. 본 판례를 근거로 개정 형사소송법이 시행된 이후에도 수사기관의 영상녹화물을 기존의 수사기관 조서와 대등한 것으로 취급할 수 있다는 주장이 제시되었다. 그러나 이러한 주장은 다음과 같은 점에서 문제가 있다고 생각된다.

첫째로, 본 판례에서 논의의 대상이 된 것은 검찰수사관이 영상녹화의 내용을 요약한 녹음·녹화요약서이다. 대법원은 영상녹화물의 사용을 불허한다는 관점에서 다음과 같이 논지를 전개하고 있다. 즉 (가) 검찰수사관의 녹음·녹화요약서는 사경 면전 피의자신문조서와 대등한 것으로 볼 수 있다. (나) 사경 면전 피의자신문조서는 내용을 부인하면 증거능력이 상실된다. (다) 사경 면전 피의자신문조서는 공범자에 대한 피의자신문일지라도 내용부인에 의하여 증거능력이 상실된다. (라) 뇌물공여자인 공범(병)에 대한 검찰수사관의 녹음·녹화요약서는 사경 면전의 피의자신문조서와 동일한 지위를 갖는다. (마) 뇌물수수자인 공범(갑과 을)이 뇌물공여자인 공범(병)에 대한 검찰수사관의 녹음·녹화요약서의 내용을 부인한다면 공범(병)에 대한 녹음·녹화요약서는 증거능력이 없다. 요컨대 증거능력을 제한하기 위하여 판단한 것이 본 판례이다. 그러한 본 판례를 검사 면전의 영상녹화물에 증거능력을 부여하기 위한 전거로 원용하는 것은 적절하지 않다.

다음으로, 2008년 시행된 개정 형사소송법의 정부원안은 보충적이기는 하지만 검사 면전 영상녹화물의 증거능력을 인정하고 있었다. 그러나 국회 심의과정에서 수사기관 영상녹화물을 본증으로 사용하는 데에 대한 우려가 제기되어 해당 규정이 삭제되었다. 입법자의 의도가 이와 같이 분명함에도 불구하고 개정 형사소송법 시행 이전에 나온 본 판례를 전거로 삼아 검사 면전 영상녹화물을 본증으로 사용하려고 하는 것은 입법자의 결단을 사법부의 판례를 통하여 뒤집으려는 것으로 권력분립의 원칙에 역행하는 접근방법이라고 하지 않을 수 없다.

본 판례에서 대법원이 "수사기관에서 피의자로 조사하는 과정을 녹화한 비디오테이프, CD 또는 이에 준하는 것들은 실질적으로 피의자의 진술을 기재한 수사기관 작성의 피의자신문조서와 다를 바 없으므로 피의자신문조서에 준하여 그 증거능력을 가려야 할 것이다."라고 판시한 부분은 2008년 개정 형사소송법이 수사기관에서 작성된 영상녹화물을 본증으로 사용할 수 없도록 함에 따라 그 의미를 상실하였다. 저자는 수사기관 영상녹화물의 증거능력에 대해 독자들의 이해를 돕기 위하여 본 판례를 본서에 수록하여 소개하고 있다. 그러나 본 판례가 현행 형사소송법하에서 더 이상 유효한 것이 아님을 분명히 해 둘 필요가 있다. 본 판례의 수록에 대해 독자들의 오해가 없기를 바라는 바이다.

2007도6273

증언거부권 불고지의 법적 효과
전처 위증 사건
2010. 2. 25. 2007도6273, 공 2010상, 690

1. 사실관계 및 사건의 경과

【사실관계】

① 갑녀와 을남은 부부였으나 이혼한 사이이다.

② 을은 도로교통법위반죄(음주운전)로 기소되었다. (㉠사건)

③ 제1심 공판절차에서 을은 자신은 음주운전한 사실이 없고 그의 처였던 갑이 운전하던 차에 타고 있었을 뿐이라고 진술하여 공소사실을 적극적으로 부인하였다.

④ 갑은 을의 증인으로 법정에 출석하여 증언을 하게 되었다.

⑤ 갑은 증인 선서를 한 후 을의 변호인의 신문에 대하여 다음과 같이 진술하였다.

⑥ "술에 만취한 을을 집으로 돌려보내기 위하여 본인(갑)이 을을 차에 태우고 운전하였다."

⑦ 그런데 갑의 증언에 앞서서 ㉠사건의 제1심 재판장은 갑에게 증언거부권을 고지하지 않았다.

⑧ 이후 갑의 진술이 허위임이 밝혀졌다.

【사건의 경과 1】

① 검사는 갑을 위증죄로 기소하였다. (㉡사건)

② ㉡위증죄의 제1심 제8회 공판기일에 ㉡사건의 재판장은 갑에게 다음과 같은 신문을 하였다.

③ "증언을 하지 않을 수 있다는 사실을 알았다면 증언을 거부했을 것이냐?"

④ 갑은 다음과 같이 답변하였다.

⑤ "그렇다 하더라도 [똑같은] 증언을 하였을 것이다."

【사건의 경과 2】

① ⓒ위증죄의 제1심법원은 다음의 이유를 들어서 갑에게 무죄를 선고하였다.

   (가) 갑은 을의 전처로서 형사소송법 제148조 제1호 소정의 친족관계가 있었던 자에 해당한다.

   (나) ⓐ사건의 제1심 재판장이 갑에게 증언거부권을 고지함이 없이 증인신문을 한 사실이 인정된다.

   (다) 증언거부권의 고지는 증언거부권에 대한 절차적 보장을 의미한다.

   (라) 증언거부권을 고지하지 아니한 채 선서를 하게 하고 증인신문을 한 경우에는 그 선서는 적정절
차에 위배된다.

② 검사는 불복 항소하였다.

③ 항소심법원은 항소를 기각하고, 제1심판결을 유지하였다.

④ 검사는 불복 상고하였다.

2. 사안에 대한 항소심의 판단

【항소심 분석】 원심은, 피고인이 서울북부지방법원 2006고정 ○ ○ ○ 공소외인에 대한 도로교통법
위반(음주운전) 사건의 증인으로 소환을 받아 선서한 다음 증언함에 있어, 피고인이 공소외인의 전처
로서 형사소송법 제148조 제1호 소정의 친족관계가 있었던 자에 해당함에도 불구하고 재판장이 피고
인에게 증언거부권을 고지함이 없이 증인신문을 한 사실이 인정된다고 한 다음, /

【항소심 판단】 증언거부권의 고지는 증언거부권에 대한 절차적 보장을 의미하므로 이를 고지하지 아
니한 채 선서를 하게 하고 증인신문을 한 경우에는 위 선서는 적정절차에 위배되므로 법률에 의한 유효
한 선서가 있다고 볼 수 없다는 이유로 피고인에 대하여 무죄를 선고한 제1심판결을 그대로 유지하였다.

3. 증언거부권 불고지의 법적 효과

【대법원 요지】 위증죄는 선서를 한 증인이 허위의 진술을 함으로써 성립하는 죄이며, 선서에 의하여
담보된 증인 진술의 정확성을 확보함으로써 법원 또는 심판기관의 진실 발견을 위한 심리를 해하여 정
당한 판단이 위태롭게 되는 것을 방지하는 기능을 수행한다. /

【대법원 요지】 한편 형사소송법상 증언거부권의 고지 제도는 증인에게 그러한 권리의 존재를 확인
시켜 침묵할 것인지 아니면 진술할 것인지에 관하여 심사숙고할 기회를 충분히 부여함으로써 침묵할
수 있는 권리를 보장하기 위한 것임을 감안할 때, /

【대법원 요지】 재판장이 신문 전에 증인에게 증언거부권을 고지하지 않은 경우에도 당해 사건에서
증언 당시 증인이 처한 구체적인 상황, 증언거부사유의 내용, 증인이 증언거부사유 또는 증언거부권의
존재를 이미 알고 있었는지 여부, 증언거부권을 고지받았더라도 허위 진술을 하였을 것이라고 볼 만한
정황이 있는지 등을 전체적 · 종합적으로 고려하여 /

【대법원 요지】 증인이 침묵하지 아니하고 진술한 것이 자신의 진정한 의사에 의한 것인지 여부를 기
준으로 위증죄의 성립 여부를 판단하여야 한다.

4. 사안에 대한 대법원의 판단

【대법원 분석】 이 사건의 경우, 원심이 적법하게 채택하여 조사한 증거와 기록에 의하면, 피고인은

위 공소외인에 대한 도로교통법 위반(음주운전) 사건에서 자신은 음주운전한 사실이 없고 그의 처였던 피고인이 운전하던 차에 타고 있었을 뿐이라고 공소사실을 적극적으로 부인하던 공소외인의 증인으로 법정에 출석하여 증언을 하기에 이르렀던 사실, /

【대법원 분석】 당시 피고인은 공소외인의 변호인의 신문에 대하여 술에 만취한 공소외인을 집으로 돌려보내기 위해 피고인 자신이 공소외인을 차에 태우고 운전하였다고 공소외인의 변명에 부합하는 내용을 적극적으로 진술하였던 사실, /

【대법원 분석】 피고인은 이 사건 제1심 제8회 공판기일에 재판장이 증언을 하지 않을 수 있다는 사실을 알았다면 증언을 거부했을 것이냐는 신문에 대하여 그렇다 하더라도 증언을 하였을 것이라는 취지로 답변을 하였던 사실 등을 알 수 있는바, /

【대법원 판단】 피고인이 위 형사사건의 증인으로 출석하여 증언을 한 경위와 그 증언 내용, 피고인의 이 사건 제1심 제8회 공판기일에서의 진술 내용 등을 전체적·종합적으로 고려하여 보면 피고인이 선서 전에 재판장으로부터 증언거부권을 고지받지 아니하였다 하더라도 이로 인하여 피고인의 증언거부권이 사실상 침해당한 것으로 평가할 수는 없다 할 것이다.

【대법원 결론】 그럼에도 불구하고 원심은 증언거부권의 침해 여부에 관한 여러 사정을 살피지 아니한 채 재판장이 피고인에 대하여 증언거부권을 고지하지 아니하였다는 사유만으로 위증죄의 성립을 부정한 제1심판결을 유지하였으니, 원심의 판단은 위증죄의 성립에 관한 법리를 오해한 위법이 있고, 이는 판결 결과에 영향을 미쳤음이 분명하다. 이 점을 지적하는 상고이유 주장은 이유 있다. (파기 환송)

【코멘트】 본 판례에서 대법원은 2010. 1. 21. 선고 **2008도942** 전원합의체 판결을 원용하면서도 결론에 있어서는 위증죄의 성립을 긍정하고 있다. 본 판례에서 대법원은 증인이 자신의 처벌에 관한 사항이 아니라 다른 사람의 처벌에 관한 사항에 대해 증언하면서 허위진술을 하는 경우에 대해 진술의 자발성에 주목하고 있다. 그리하여 대법원은 증인에게 증언거부권을 고지하지 않았더라도 위증죄가 성립된다고 판단하고 있다. 본 판례는 2008도942 전원합의체 판결의 적용범위를 조금 더 구체화한 것이라고 할 수 있다.

2007도6793

무죄판결과 상소이익
공소기각판결 상고 사건
2008. 5. 15. 2007도6793, 공 2008상, 878

1. 사실관계 및 사건의 경과

【사실관계】
① (각종 성범죄가 비친고죄로 되기 전의 사안이다.)
② (당시 성폭력처벌법상 공중밀집장소에서의 추행행위는 친고죄로 처벌되었다.)

③ A는 갑이 P공중밀집장소에서 자신을 추행하였다고 고소하였다.

④ 갑은 P공중밀집장소에서 A를 추행하였다는 공소사실로 성폭력처벌법위반죄로 기소되었다.

⑤ [A는 갑에 대한 고소를 취소하였다.]

【사건의 경과】

① 제1심법원은 갑에 대해 공소기각판결을 선고하였다.

② 갑은 무죄판결을 구하여 항소하였다.

③ 항소심법원은 제1심판결을 파기하고, 사건을 제1심법원으로 환송하였다.

④ 갑은 불복 상고하였다.

⑤ 대법원은 갑의 상고이유와 무관하게 직권으로 판단하였다.

2. 상소이익과 상소권

【대법원 요지】 피고인을 위한 상소는 피고인에게 불이익한 재판을 시정하여 이익된 재판을 청구함을 그 본질로 하는 것이므로 피고인은 재판이 자기에게 불이익하지 아니하면 이에 대한 상소권이 없다고 할 것인바, /

【대법원 요지】 공소기각의 재판이 있으면 피고인은 유죄판결의 위험으로부터 벗어나는 것이므로 그 재판은 피고인에게 불이익한 재판이라고 할 수 없어서 이에 대하여 피고인은 상소권이 없다.

【대법원 판단】 기록에 의하면, 피고인에 대한 공소를 기각한 제1심판결에 대해 피고인이 무죄판결을 구하면서 항소한 사실을 알 수 있는바, 이러한 공소기각 판결에 대해서는 피고인에게 상소권이 없으므로, /

【대법원 판단】 피고인의 항소는 법률상의 방식에 위반한 것이 명백하여 원심으로서는 피고인의 항소를 기각하여야 함에도 이와 달리 제1심판결을 파기하여 사건을 제1심법원으로 환송하고 말았으니, 이러한 원심판결은 위법하여 파기를 면치 못한다고 할 것이다. /

【대법원 판단】 다만, 이 사건은 소송기록에 의하여 당원이 직접 판결하기에 충분하다고 인정되므로 형사소송법 제396조 제1항에 의하여 이 법원이 직접 판결하기로 한다.

3. 사안에 대한 대법원의 판단

【대법원 판단】 2. 피고인은 공소를 기각한 제1심판결에 대해 무죄판결을 구하면서 항소하였는바, 공소기각의 재판이 있으면 피고인은 유죄판결의 위험으로부터 벗어나는 것이므로 그 재판은 피고인에게 불이익한 재판이라고 할 수 없어서, 이에 대하여 피고인은 상소권이 없다고 할 것이다. /

【대법원 판단】 따라서 피고인의 이 사건 항소는 항소의 제기가 법률상의 방식에 위반한 것이 명백한 때에 해당하므로 형사소송법 제362조 제1항, 제360조 제1항에 의하여 피고인의 항소를 기각한다.

【대법원 결론】 3. 그러므로 원심판결을 파기하고, 피고인의 항소를 기각하기로 하여 관여 대법관의 일치된 의견으로 주문과 같이 판결한다. (항소 기각)

【코멘트】 본 판례에서 대법원이 원심판결을 파기하고 자판(自判)하면서 '상고 기각'이 아니라 '항소 기각'의 판결을 선고하고 있음에 주목할 필요가 있다.

2007도7257

디지털 저장매체 출력 문건의 증거능력
영사증명서의 증거능력
'일심회' 국가보안법 위반 사건

2007. 12. 13. 2007도7257, 공 2008상, 80

1. 사실관계 및 사건의 경과

【사실관계 1】

① 갑 등 10여 명은 북한 관련 활동을 하는 소위 일심회의 구성원들이다.

② 국가정보원은 갑 등에 대해 국가보안법위반죄의 피의사실로 수사에 임하였다.

③ 갑 등의 피의사실은 국가보안법상의 간첩죄, 찬양·고무죄, 잠입·탈출죄, 회합·통신죄 등이었다.

④ 갑 등의 피의사실 가운데에는 이들 중 한 사람인 병이 북경에서 북한 공작원 D를 만났다는 내용이 들어 있었다.

⑤ 2006. 10. 24. 국가정보원 수사관들은 갑 등을 체포하였다.

【사실관계 2】

① 2006. 10. 24. (같은 시각) 국가정보원 수사관들은 갑 등의 주거와 사무실에서 컴퓨터 하드디스크, 플로피 디스켓, USB 등 정보저장매체를 압수하였다.

② (이하에서는 압수된 정보저장매체를 P디지털 저장매체 또는 P저장매체로 통칭함)

③ P저장매체를 압수할 당시 갑 등 본인이나 처 또는 사무실 직원이 입회하였다.

④ (이하 서술의 편의를 위하여 입회인을 갑으로 통칭함)

【사실관계 3】

① 국가정보원 수사관들은 P저장매체를 압수하면서 이미징 작업을 통하여 P저장매체를 Q저장매체에 복제하였다.

② 국가정보원 수사관들은 이미징 작업을 하면서 해쉬값을 작성하지 않았다.

③ P저장매체는 봉인되었고, 갑은 봉인에 서명하였다.

④ 이상의 모든 과정은 비디오테이프로 녹화되었다.

⑤ 국가정보원 수사관들은 갑에게 진술거부권을 고지하지 않은 상태에서 Q저장매체를 이용하여 P디지털 저장매체의 암호를 풀었다.

⑥ 국가정보원 수사관들은 P디지털 저장매체의 암호를 가지고 복사된 Q저장매체를 분석하여 갑 등의 활동 내역을 파악하였다.

【사실관계 4】

① 갑 등의 피의사건은 국가정보원으로부터 검찰에 송치되었다.

② P저장매체는 봉인된 상태로 검찰에 송치되었다.

③ 검찰 수사관 E는 갑이 입회한 상태에서 P저장매체의 봉인을 풀고 다시 이미징 작업으로 R저장매체

를 복제하였다.

④ R저장매체 복제를 위한 이미징 작업을 할 때에는 해쉬값이 작성되었다.

⑤ P저장매체와 R저장매체의 해쉬값이 동일하다는 점이 확인되었다.

⑥ R저장매체가 복제된 후 P저장매체는 다시 봉인되었다.

⑦ 검찰은 R저장매체를 분석하여 갑 등의 활동 내역을 파악하였다.

【사실관계 5】

① 검찰은 갑 등이 북한 공작원과 접촉한 사실을 조사하기 위하여 주중 한국대사관에 사실조회를 하였다.

② 검찰은 주중 한국대사관으로부터 영사 A가 작성한 K사실확인서를 송부받았다.

③ K사실확인서에는 다음의 내용이 기재되어 있고, 주중 한국대사관의 공인이 찍혀 있었다.

　(가) 북한 M무역공사 북경대표처 지사장 B가 사용 중인 승용차의 소유주는 C이다.

　(나) C의 신원 및 C가 대표로 있는 N무역공사의 실체는 (내용 생략)이다.

　(다) 북한 M무역공사 북경대표처 지사장으로 신분을 위장하여 활동 중인 B가 거주 중인 북경시 조양구에 있는 주택은 북한 대남공작조직의 공작아지트로 활용되고 있다.

　(라) 2006. 6. 24.경 병이 북경에서 만난 D는 북한공작원이다.

【사건의 경과 1】

① 검사는 갑 등을 국가보안법위반죄로 기소하였다.

② 갑 등은 공소사실을 부인하였다.

③ 검사는 갑 등의 간첩, 찬양·고무 등의 공소사실을 입증하기 위하여 R디지털 저장매체로부터 출력한 S문건과 T문건을 증거로 제출하였다.

④ (다량의 문건이 있으나 두 그룹으로 나누어 S문건과 T문건으로 통칭함)

⑤ 검사가 제출한 S문건에 대해 갑 등은 제1심 법정에서 작성자로서 그 성립의 진정함을 인정하였다.

⑥ 검사가 제출한 나머지 T문건에 대해 갑 등은 자신들이 작성한 것이 아니라고 진술하였다.

⑦ 검사는 갑 등 가운데 한 사람이 북한 공작원을 만났다는 사실을 증명하기 위하여 주중 한국대사관 영사 A가 작성한 K사실확인서를 증거로 제출하였다.

⑧ 갑은 A 영사의 K사실확인서를 증거로 함에 동의하지 않았다.

【사건의 경과 2】

① 갑 등은 R저장매체에서 출력되어 증거로 제출된 S문건 및 T문건의 내용과 P저장매체에 담겨 있던 원래의 자료 내용이 다르다고 주장하였다.

② 제1심법원은 R저장매체에 대한 검증을 실시하였다.

③ 제1심법원은 다음의 두 가지를 비교하였다.

　(가) P디지털 저장매체 원본을 이미징한 파일에 수록된 컴퓨터 파일의 내용

　(나) R저장매체로부터 수사기관이 출력하여 제출한 S문건, T문건에 기재된 내용

④ 제1심법원은 양자의 동일성을 인정하였다.

⑤ 제1심법원은 S문건과 T문건을 증거로 채택하여 대부분의 공소사실에 대해 유죄를 선고하였다.

⑥ 제1심법원은 병이 북한 공작원 D와 만났다는 공소사실에 대해서는 K사실확인서에 증거능력이 없

다는 이유로 무죄를 선고하였다.

【사건의 경과 3】

① 갑 등은 유죄 부분에 불복 항소하였다.

② 검사는 무죄 부분에 불복 항소하였다.

③ 항소심법원은 S문건 및 T문건의 동일성 이외에 전문법칙의 문제도 함께 검토하였다.

④ 항소심법원은 S문건 및 T문건의 동일성을 인정하였다.

⑤ 항소심법원은 T문건이 작성자에 의하여 성립의 진정이 인정되지 않았다는 점에 주목하였다.

⑥ 항소심법원은 제1심판결의 유죄 부분을 파기하고 다음과 같이 판결하였다.

    (가) S문건이 증거로 채택된 공소사실 부분 : 유죄

    (나) T문건이 증거로 채택된 공소사실 부분 : 무죄

⑦ 항소심법원은 K사실확인서의 증거능력이 부정된 부분에 대해 검사의 항소를 기각하였다.

⑧ 갑 등은 유죄 부분에 불복 상고하였다.

⑨ 검사는 무죄 부분과 항소기각 부분에 불복 상고하였다.

2. 디지털 저장매체로부터 출력된 문건의 동일성

【대법원 요지】 (1) 압수물인 디지털 저장매체로부터 출력된 문건이 증거로 사용되기 위해서는 디지털 저장매체 원본에 저장된 내용과 출력된 문건의 동일성이 인정되어야 할 것인데, /

【대법원 요지】 그 동일성을 인정하기 위해서는 디지털 저장매체 원본이 압수된 이후 문건 출력에 이르기까지 변경되지 않았음이 담보되어야 하고 /

【대법원 요지】 특히 디지털 저장매체 원본에 변화가 일어나는 것을 방지하기 위해 디지털 저장매체 원본을 대신하여 디지털 저장매체에 저장된 자료를 '하드카피' · '이미징'한 매체로부터 문건이 출력된 경우에는 디지털 저장매체 원본과 '하드카피' · '이미징'한 매체 사이에 자료의 동일성도 인정되어야 한다. /

【대법원 요지】 나아가 법원 감정을 통해 디지털 저장매체 원본 혹은 '하드카피' · '이미징'한 매체에 저장된 내용과 출력된 문건의 동일성을 확인하는 과정에서 이용된 컴퓨터의 기계적 정확성, 프로그램의 신뢰성, 입력 · 처리 · 출력의 각 단계에서 조작자의 전문적인 기술능력과 정확성이 담보되어야 한다.

3. 디지털 저장매체로부터 출력된 문건과 전문법칙

【대법원 요지】 그리고 압수된 디지털 저장매체로부터 출력된 문건이 진술증거로 사용되는 경우에는 그 기재 내용의 진실성에 관하여 전문법칙이 적용되므로, 형사소송법 제313조 제1항에 의하여 그 작성자 또는 진술자의 진술에 의하여 그 성립의 진정함이 증명된 때에 한하여 이를 증거로 사용할 수 있다(대법원 1999. 9. 3. 선고 **99도2317**[I권] 판결 참조).

4. 출력 문건의 동일성 부분에 관한 대법원의 판단

【대법원 분석】 (2) 기록에 의하여 살펴보면, 국가정보원에서 피고인들 혹은 가족, 직원이 입회한 상태에서 원심 판시 각 디지털 저장매체를 압수한 다음 입회자의 서명을 받아 봉인하였고, 국가정보원에서 각 디지털 저장매체에 저장된 자료를 조사할 때 피고인들 입회하에 피고인들의 서명무인을 받아 봉

인 상태 확인, 봉인 해제, 재봉인하였으며, 이러한 전 과정을 모두 녹화한 사실, /

【대법원 분석】 각 디지털 저장매체가 봉인된 상태에서 서울중앙지방검찰청에 송치된 후 피고인들이 입회한 상태에서 봉인을 풀고 세계적으로 인정받는 프로그램을 이용하여 이미징 작업을 하였는데, 디지털 저장매체 원본의 해쉬(Hash) 값과 이미징 작업을 통해 생성된 파일의 해쉬 값이 동일한 사실, /

【대법원 분석】 제1심법원은 피고인들 및 검사, 변호인이 모두 참여한 가운데 검증을 실시하여 이미징 작업을 통해 생성된 파일의 내용과 출력된 문건에 기재된 내용이 동일함을 확인한 사실을 알 수 있는바, /

【대법원 판단】 그렇다면 출력된 문건은 압수된 디지털 저장매체 원본에 저장되었던 내용과 동일한 것으로 인정할 수 있어 증거로 사용할 수 있고, 같은 취지의 원심의 판단은 정당하다.

【대법원 판단】 그리고 원심은, 판시와 같은 이유로 국가정보원에서 피고인들에게 진술거부권을 고지하지 않은 상태에서 강압적인 방법을 사용하여 디지털 저장매체의 암호를 획득하였다는 피고인들의 주장을 배척하였는바, 기록에 의하여 살펴보면 원심의 이러한 판단은 정당하다.

5. 출력 문건과 전문법칙 부분에 관한 대법원의 판단

【대법원 판단】 (3) 원심은 나아가, 검사가 디지털 저장매체에서 출력하여 증거로 제출한 문건 중에서 판시 53개의 문건[S문건]은 그 작성자가 제1심에서 그 성립의 진정함을 인정하였으므로 이를 증거로 할 수 있으나, 그 밖의 문건[T문건]은 그 작성자에 의하여 성립의 진정함이 증명되지 않았거나 작성자가 불분명하다는 이유로 그 문건의 내용을 증거로 사용할 수 없다고 판단하였는바, /

【대법원 판단】 위 법리와 기록에 비추어 보면 원심의 이러한 판단은 정당하고, 그 판단에 피고인들과 검사가 상고이유로 주장하는 증거법칙 위배나 판단유탈 등의 위법이 없다.

【대법원 판단】 그리고 이 사건 디지털 저장매체로부터 출력된 문건의 경우 논지와 같은 정황자료만으로 진정 성립을 인정할 수 있다거나 형사소송법 제314조, 제315조에 의하여 증거능력이 부여되어야 한다는 검사의 상고이유 주장은, 위에서 본 법리에 배치되거나 형사소송법 제314조, 제315조의 요건을 오해한 주장으로 받아들일 수 없다.

6. 영사증명서의 증거능력

【대법원 분석】 기록에 의하면, 대한민국 주중국 대사관 영사 공소외 A 작성의 사실확인서 중 공인 부분을 제외한 나머지 부분은 북한 조선상명무역공사 북경대표처 지사장 공소외 B가 사용 중인 승용차의 소유주가 공소외 C라는 것과 공소외 C의 신원 및 공소외 C가 대표로 있는 (상호 생략)무역공사의 실체에 관한 내용, 위 공소외 B가 거주 중인 북경시 조양구 소재 주택이 북한 대남공작조직의 공작아지트로 활용되고 있다는 내용, 피고인 병이 2006. 6. 24.경 북경에서 만난 공소외 D가 북한공작원이라는 취지의 내용으로,

【대법원 요지】 비록 영사 공소외 A가 공무를 수행하는 과정에서 작성된 것이지만 그 목적이 공적인 증명에 있다기보다는 상급자 등에 대한 보고에 있는 것으로서 엄격한 증빙서류를 바탕으로 하여 작성된 것이라고 할 수 없으므로, /

【대법원 요지】 위와 같은 내용의 각 사실 확인 부분은 형사소송법 제315조 제1호에서 규정한 호적의 등본 또는 초본, 공정증서등본 기타 공무원 또는 외국공무원의 직무상 증명할 수 있는 사항에 관하여 작성한 문서라고 볼 수 없고, 또한 같은 조 제3호에서 규정한 기타 특히 신용할 만한 정황에 의하여 작성된 문서에 해당하여 당연히 증거능력이 있는 서류라고 할 수 없다.

【대법원 분석】 한편, 형사소송법 제314조에 의하여 형사소송법 제313조의 진술서 등을 증거로 하기 위해서는 진술을 요할 자가 사망, 질병, 외국 거주 기타 사유로 인하여 공판정에 출석하여 진술을 할 수 없는 경우이어야 하고, 그 진술 또는 서류의 작성이 특히 신빙할 수 있는 상태 하에서 행해진 것이라야 한다는 두 가지 요건이 갖추어져야 하는바,

【대법원 요지】 첫째 요건과 관련하여 '외국 거주'란 진술을 요할 자가 외국에 있다는 것만으로는 부족하고, 가능하고 상당한 수단을 다하더라도 그 진술을 요할 자를 법정에 출석하게 할 수 없는 사정이 있어야 예외적으로 그 적용이 있을 것인데,

【대법원 판단】 이 사건에서 가능하고 상당한 수단을 다하더라도 공소외 A를 법정에 출석하게 할 수 없는 사정이 있다고 볼 자료가 없고, 위 사실확인서의 작성이 특히 신빙할 수 있는 상태 하에서 행하여진 것이라고 볼 자료도 없다.

【대법원 판단】 원심이 같은 취지에서 위 사실확인서의 증거능력을 배척한 것은 옳고, 그 판단에 영사증명서의 증거능력에 관한 법리를 오해하는 등의 위법이 없다. (검사와 피고인들의 각 상고 기각)

7. 코멘트

(1) 디지털 저장매체 내용에 관한 판례의 흐름

컴퓨터의 사용이 일상화되고 인터넷이 널리 보급되면서 컴퓨터에 수록되어 있거나 인터넷으로 전송되는 데이터의 내용이 범죄입증의 자료로 사용되는 경우가 늘어나고 있다. 이와 관련하여 소위 디지털 저장매체의 압수와 그 내용의 증거능력이 문제되고 있다. 여기에서 디지털 저장매체란 컴퓨터 하드디스크, 컴퓨터 디스켓, CD, DVD, USB 등 데이터를 저장할 수 있는 매체를 말한다.

디지털 저장매체의 압수와 관련한 쟁점을 다룬 판례들로서 일련의 연결관계에 있는 것으로 1999년의 **99도2317**[I권] 판결(소위 영남위원회 사건), 본 판례인 2007년의 **2007도7257** 판결(소위 일심회 사건), 2011년의 **2009모1190** 판결(소위 전교조 이메일 사건)을 들 수 있다.

99도2317 영남위원회 사건에서 수사관들은 피의자들을 국가보안법위반죄로 긴급체포하면서 피의자들이 소지하고 있던 컴퓨터 디스켓을 현장에서 압수하였다. 수사관들은 압수한 디스켓들을 한꺼번에 모아놓고 사진촬영을 한 후 압수목록을 작성하였고, 압수목록의 말미에 피압수자의 서명, 무인을 받았다. 이후 검사는 압수된 디스켓에서 출력된 문건을 법원에 증거로 제출하였다. 이에 대해 피고인들은 압수된 디지털 저장매체와 출력된 문건의 동일성을 확보하기 위한 절차가 준수되지 않았다는 점을 지적하면서, 압수된 디스켓이 이후 조작되었을 가능성을 배제할 수 없어서 출력된 문건을 증거로 사용할 수 없다고 주장하였다.

이에 대해 99도2317 판례의 대법원은 "피고인들은 위 컴퓨터 디스켓의 압수방법이 위법하다는 것이나, 컴퓨터 디스켓을 압수함에 있어 위조, 변조 등의 위험을 피하기 위하여 피고인들이 주장하는 바와 같은 방법을 취하는 것이 바람직하다 하더라도 이는 단지 압수방법의 적정 여부에 관한 것일 뿐 그

와 같은 조치를 취하지 않은 것이 반드시 위법한 것이라고는 할 수 없다"고 판단하여 피고인들의 주장을 배척하였다. 그러나 99도2317 영남위원회 사건을 통하여 디지털 저장매체와 최종 출력 문건 사이의 동일성 확보가 필요하다는 점에 대해 실무계의 인식이 높아진 것만큼은 부인할 수 없다.

(2) 문건의 동일성을 둘러싼 본 판례의 쟁점

2007년의 본 판례에서도 디지털 저장매체의 내용과 최종 출력 문건의 동일성 여부가 문제되고 있다. 본 판례의 사실관계를 보면 국정원 수사관들은 국가보안법위반죄의 피의자들을 긴급체포하면서 이들이 소지, 소유하고 있던 디지털 저장매체를 압수하였다. 여러 형태의 디지털 저장매체 가운데 USB와 같은 것은 바로 압수되고 봉함되었고, 이후 압수된 저장매체로부터 바로 최종 문건이 출력되었다.

그러나 컴퓨터 하드디스크 등과 같이 보다 대용량의 복잡한 저장매체의 경우 수사관들은 그 저장매체(P저장매체로 통칭함)를 압수하면서 그 일부분을 '하드카피' 또는 '이미징'이라는 기법을 통하여 별도의 저장매체(Q저장매체로 통칭함)에 복제하였다. 복제 과정은 피의자들이 입회한 가운데 이루어졌고, 원본 P저장매체는 피의자들의 서명과 함께 봉인되었다. 이러한 전 과정은 비디오테이프로 녹화되었다. 그런데 이 과정에서 P저장매체의 해쉬(Hash) 값과 Q저장매체의 해쉬 값이 동일하다는 점을 확인하는 절차가 누락되었다. 해쉬 값은 디지털 정보저장매체마다 고유한 값이 있는데, 정보저장매체에 조금이라도 변경이 가해지면 해쉬 값이 달라지는 특성이 있다.

본 판례의 사안을 보면, 국정원 수사 이후 P정보저장매체는 봉인된 채로 검찰에 송부되었다. 검찰 수사관은 피의자들의 입회하에 P저장매체의 봉인을 뜯고 그 내용을 하드카피' 또는 '이미징' 기법으로 새로운 디지털 정보저장매체(R저장매체로 통칭함)에 복제하였다. 이 때에는 P저장매체와 R저장매체 사이에 해쉬 값이 동일하다는 점이 확인되었고, P저장매체는 피의자들의 서명과 함께 다시 봉인되었다.

이후 검사는 R저장매체로부터 최종 문건을 출력하여 법정에 증거로 제출하였다. 이에 대해 피고인들은 최초에 P저장매체로부터 Q저장매체를 복제할 때 해쉬 값이 확인되지 아니하여 이후 R저장매체로부터 최종 문건이 출력되었어도 P저장매체의 원래 자료와 최종 문건 사이에 동일성을 인정할 수 없어 최종 문건에 증거능력이 인정되지 않는다고 주장하였다.

(3) 문건의 동일성에 관한 판단 기준

이와 관련하여 대법원은 본 판례에서 원본 디지털 저장매체의 내용과 최종 문건 사이의 동일성 판단에 대해 다음의 기준을 제시하였다.

(가) 압수물인 디지털 저장매체로부터 출력된 문건이 증거로 사용되기 위해서는 디지털 저장매체 원본에 저장된 내용과 출력된 문건의 동일성이 인정되어야 한다.

(나) 양자의 동일성을 인정하기 위해서는 디지털 저장매체 원본이 압수된 이후 문건 출력에 이르기까지 변경되지 않았음이 담보되어야 한다.

(다) 특히 디지털 저장매체 원본(P저장매체)에 변화가 일어나는 것을 방지하기 위해 디지털 저장매체 원본을 대신하여 디지털 저장매체에 저장된 자료를 '하드카피'·'이미징'한 매체(Q, R저장매체)로부터 문건이 출력된 경우에는 디지털 저장매체 원본(P저장매체)과 '하드카피'·'이미징'한 매체(Q, R저장매체) 사이에 자료의 동일성도 인정되어야 한다.

(라) 디지털 저장매체(P저장매체) 원본 혹은 '하드카피'·'이미징'한 매체(Q, R저장매체)에 저장된 내용과 출력된 문건의 동일성을 확인하는 법원의 감정 과정에서는 이용된 컴퓨터의 기계적 정확성, 프로그램의 신뢰성, 입력·처리·출력의 각 단계에서 조작자의 전문적인 기술능력과 정확성이 담보되어야 한다.

대법원은 이와 같은 판단기준을 제시한 다음 본 판례의 사안에 대해 다음의 점에 주목하였다.

(가) 국가정보원에서는 피고인들 혹은 가족, 직원이 입회한 상태에서 원본 디지털 저장매체를 압수한 다음 입회자의 서명을 받아 봉인하였고, 국가정보원에서 원본 디지털 저장매체에 저장된 자료를 조사할 때 피고인들 입회하에 피고인들의 서명무인을 받아 봉인 상태 확인, 봉인 해제, 재봉인하였으며, 이러한 전 과정을 모두 녹화하였다.

(나) 원본 디지털 저장매체가 봉인된 상태에서 검찰에 송치된 후 피고인들이 입회한 상태에서 봉인을 풀고 세계적으로 인정받는 프로그램을 이용하여 이미징 작업을 하였는데, 디지털 저장매체 원본의 해쉬(Hash) 값과 이미징 작업을 통해 생성된 파일의 해쉬 값이 동일하였다.

(다) 사실심 법원은 피고인들 및 검사, 변호인이 모두 참여한 가운데 검증을 실시하여 이미징 작업을 통해 생성된 파일의 내용과 출력된 문건에 기재된 내용이 동일함을 확인하였다.

대법원은 이상의 점을 판단 근거로 삼아, 출력된 문건은 압수된 디지털 저장매체 원본에 저장되었던 내용과 동일한 것으로 인정할 수 있어 증거로 사용할 수 있는 판단을 내렸다. 그런데 이상의 대법원 판단근거 가운데 (가)의 부분은 P저장매체의 해쉬값과 Q저장매체의 해쉬값의 동일성이 확인되지 않더라도 이를 대체하는 확인방법이 가능하다는 점을 인정하는 것이라고 볼 수 있다. 이 부분은 99도2317 영남위원회 사건에서 제시된 기준을 다소 강화한 것이라고 할 수 있으나, 크게 그 범주를 벗어난 것으로 보이지는 않는다.

그러나 (나)의 부분은 명백히 원본 디지털 저장매체와 복제 디지털 저장매체의 해쉬 값 비교를 통한 동일성 확인이라는 점에서 진일보한 것이라고 할 수 있다. 현재 수사 실무에서는 원본 저장매체와 복제 저장매체의 해쉬 값 확인작업은 일반화되어 있다고 생각된다.

(4) 동일성 확인을 위한 감정 방법

디지털 저장매체로부터 출력한 문건의 동일성이 다투어질 경우 법원은 디지털 저장매체에 대한 검증을 행하게 된다. 그리고 이 과정에서 디지털 저장매체의 내용과 출력 문건의 동일성에 대한 감정이 이루어진다. 법원은 감정인의 감정을 통하여 (가) 디지털 저장매체 원본에 저장된 내용과 출력된 문건의 동일성을 확인하거나, (나) 원본 디지털 저장매체를 '하드카피'·'이미징'한 매체에 저장된 내용과 출력된 문건의 동일성을 확인하게 된다. 많은 경우 감정은 (나)의 방식을 거치게 될 것으로 생각된다. 동일성 확인을 위한 감정과 관련하여 대법원은 본 판례에서 ⓐ 이용된 컴퓨터의 기계적 정확성, ⓑ 프로그램의 신뢰성, ⓒ 입력·처리·출력의 각 단계에서 조작자의 전문적인 기술능력과 정확성 담보라는 세 가지 준수사항을 제시하고 있다.

(5) 디지털 저장매체 및 출력 문건의 증거능력에 관한 이후의 변화

위에서 살펴본 것처럼, 본 판례는 이후 디지털 저장매체의 압수와 그로부터 최종 문건을 출력할 때까지 수사기관과 법원이 준수해야 할 사항을 잘 보여주고 있다. 2007년에 나온 본 판례는 이후 형사실무의 중요한 지침이 되어 왔는데, 이후 동일성 판단의 문제를 넘어서서 소위 관련성 요건의 영역에까지 문제의식을 넓힌 것이 전교조 이메일 사건으로 불리는 **2009모1190** 판결이다.

2011년 5월에 나온 2009모1190 판례의 사실관계에서는 디지털 저장매체에 수록되어 있는 8,000여개의 이메일에 대한 일괄적 압수·수색의 적법성이 문제되었다. 이에 대해 대법원은 사생활 보호를 위하여 디지털 저장매체에 수록되어 있는 방대한 양의 정보 가운데 피의사실과 관련성이 있는 것만을 압수할 수 있다는 원칙을 제시하였고, 이 기준은 2011년 7월의 형사소송법 개정시에 형소법 제106조 및 제215조의 개정으로 실정법화하였다. 이에 대한 자세한 내용은 2011. 5. 26. **2009모1190** 판례 항목에서 설명하기로 한다.

(6) 디지털 저장매체의 내용과 전문법칙

지금까지 본 판례의 주요 논점 가운데 원본 디지털 저장매체의 내용과 최종 출력 문건의 동일성 문제에 대해 살펴보았다. 본 판례는 그 밖에도 몇 가지 쟁점을 더 다루고 있다. 1999년의 99도2317 영남위원회 사건 판례에서 피고인들은 출력된 문건이 동일성이 없을 뿐만 아니라 전문증거에도 해당한다는 이유로 증거능력을 다투었다. 전문법칙과 관련하여 99도2317 판례의 대법원은 "컴퓨터 디스켓에 들어 있는 문건이 증거로 사용되는 경우 위 컴퓨터 디스켓은 그 기재의 매체가 다를 뿐 실질에 있어서는 피고인 또는 피고인 아닌 자의 진술을 기재한 서류와 크게 다를 바 없다"고 판단하여 전문법칙의 적용을 인정하였고, "따라서 형사소송법 제313조 제1항에 의하여 그 작성자 또는 진술자의 진술에 의하여 그 성립의 진정함이 증명된 때에 한하여 이를 증거로 사용할 수 있다"고 판단하였다. 이 기준은 본 판례의 사안에서 문제된 S문건과 T문건의 증거능력 인정에 대한 대법원의 판단을 통하여 다시 한번 확인되고 있다.

문서의 진정성립과 관련하여 우리나라 형소법은 원칙적으로 원진술자의 법정 진술에 의하여 성립의 진정이 인정될 것을 요구하고 있다(법312, 313 참조). 이에 대해 예컨대 미국의 연방증거법은 필적 감정이나 그 밖의 정황증거에 의한 진정성립의 입증을 허용하고 있다. 이러한 입법례를 참고로 하여 원진술자의 법정 진술이 없더라도 "디지털 저장매체로부터 출력된 문건의 경우 정황자료만으로도 진정 성립을 인정할 수 있다"는 주장을 전개할 여지가 있다. 본 판례에서 검사는 상고이유로 이 점을 주장하고 있다. 그러나 본 판례에서 대법원은 이러한 검사의 주장을 받아들이지 않고 있다. 대법원의 판단은 미국 연방증거법과 같은 명문의 근거 없이 원진술자의 진술을 정황증거로 대체할 수 없다는 입장이라고 할 수 있으며, 동시에 직접심리주의에 입각하여 가능한 한 원진술자의 직접 진술을 증거로 사용하려는 태도라고도 볼 수 있다.

(7) 영사의 사실확인서와 전문법칙

본 판례에서 다루어진 또 하나의 쟁점은 영사의 사실확인서가 전문법칙의 예외로서 증거능력이 인정될 수 있는가 하는 문제이다. 대법원은 이에 대해 영사의 사실확인서가 공무를 수행하는 과정에서 작성된 것이지만 "그 목적이 공적인 증명에 있다기보다는 상급자 등에 대한 보고에 있는 것으로서 엄격한 증빙서류를 바탕으로 하여 작성된 것이라고 할 수 없다"는 이유로 전문법칙의 예외에 해당하지 않는다고 판단하고 있다. 그리하여 대법원은 영사의 사실확인서가 (가) 형소법 제315조 제1호 또는 제3호에 해당하여 증거능력이 있다거나 (나) 형사소송법 제314조에 해당하여 증거능력이 있다는 검사의 주장을 배척하고 있다. 이 가운데 특히 (가) 주장에 대한 대법원의 판단은 형소법 제315조의 적용범위를 구체화하는 것이라는 점에서 주목된다.

2007도7760

진정성립 진술의 철회와 취소
의견진술 단계 동의 번복 사건
2008. 7. 10. 2007도7760, 공 2008하, 1200

1. 사실관계 및 사건의 경과

【사실관계】
① 갑은 P주택재건축정비사업조합의 사무를 처리하는 자이다.
② 갑은 사무처리 과정에서 을의 지시를 받은 A로부터 시공사로 선정되도록 도와달라는 부탁과 함께 그 대가로 돈을 받았다.
③ 검사는 갑과 을을 배임수재죄 및 배임증재죄 등으로 기소하였다.
④ 제1심 제3회 공판기일에서 증거조사가 있었다.
⑤ 갑과 그의 변호인 B는 검사의 피고인 갑에 대한 Q피의자신문조서에 대하여 진정성립 및 임의성을 인정하였다.
⑥ 갑과 변호인 B는 증거조사 절차가 끝날 때까지 Q조서의 증거능력에 대하여 아무런 이의를 제기하지 않았다.
⑦ 제1심 제4회 공판기일에 증거조사 결과에 대한 의견진술이 있었다.
⑧ 갑과 변호인 A는 제3회 공판기일에서의 진술을 번복하여 Q조서의 실질적 진정성립을 부인하는 취지의 주장을 하였다.

【사건의 경과】
① 갑의 피고사건은 제1심을 거친 후, 항소심에 계속되었다.
② 항소심법원은 Q조서를 증거의 하나로 채택하여 유죄를 선고하였다.
③ 갑은 불복 상고하였다.
④ 갑은 상고이유로, Q조서에 증거능력이 없다고 주장하였다.

2. 진정성립의 번복

【대법원 요지】 피고인이나 그 변호인이 검사 작성의 당해 피고인에 대한 피의자신문조서의 성립의 진정함을 인정하는 진술을 하였다 하더라도, 그 피의자신문조서에 대하여 구 형사소송법(2007. 6. 1. 법률 제8496호로 개정되기 전의 것, 아래에서도 같다) 제292조에서 정한 증거조사가 완료되기 전에는 최초의 진술을 번복함으로써 그 피의자신문조서를 유죄 인정의 자료로 사용할 수 없도록 할 수 있

으나, /

【대법원 요지】 그 피의자신문조서에 대하여 위의 증거조사가 완료된 뒤에는 그와 같은 번복의 의사표시에 의하여 이미 인정된 조서의 증거능력이 당연히 상실되는 것은 아니다. /

【대법원 요지】 다만, 적법절차 보장의 정신에 비추어 성립의 진정함을 인정한 최초의 진술에 그 효력을 그대로 유지하기 어려운 중대한 하자가 있고 그에 관하여 진술인에게 귀책사유가 없는 경우에 한하여 예외적으로 증거조사 절차가 완료된 뒤에도 그 진술을 취소할 수 있고, /

【대법원 요지】 그 취소 주장이 이유 있는 것으로 받아들여지게 되면 법원은 증거배제결정[구 형사소송규칙(2007. 10. 29. 대법원규칙 제2106호로 개정되기 전의 것) 제139조 제4항]을 통하여 그 조서를 유죄 인정의 자료에서 제외하여야 할 것이다.

3. 진술의 임의성에 대한 시인진술의 번복

【대법원 요지】 한편, 검사 작성의 당해 피고인에 대한 피의자신문조서에 기재된 진술의 임의성에 다툼이 있을 때에는 그 임의성을 의심할 만한 합리적이고 구체적인 사실을 피고인이 증명할 것이 아니라 검사가 그 임의성의 의문점을 없애는 증명을 하여야 하고, /

【대법원 요지】 검사가 그 임의성의 의문점을 없애는 증명을 하지 못한 경우에는 그 조서는 유죄 인정의 증거로 사용할 수 없는 것인바, /

【대법원 요지】 이러한 법리는 피고인이나 그 변호인이 검사 작성의 당해 피고인에 대한 피의자신문조서의 임의성을 인정하는 진술을 하였다가 이를 번복하는 경우에도 마찬가지로 적용되어야 하고, /

【대법원 요지】 증거조사를 마친 조서의 임의성을 다투는 주장이 받아들여지게 되면, 그 조서는 증거배제결정을 통하여 유죄 인정의 자료에서 제외되어야 한다.

4. 사안에 대한 대법원의 판단

【대법원 분석】 이 사건 기록에 의하면, 피고인 갑 및 그 변호인은 제1심 제3회 공판기일에서 검사의 피고인 갑에 대한 피의자신문조서에 대하여 진정성립 및 임의성을 인정하였고, 제1심 제3회 공판기일에서 위 조서에 대하여 구 형사소송법 제292조에서 정한 증거조사 절차가 끝날 때까지 그 증거능력에 관하여 아무런 이의를 제기하지 아니하였는데, /

【대법원 분석】 그 다음 기일인 제1심 제4회 공판기일에서 이루어진 구 형사소송법 제293조에서 정한 증거조사 결과에 대한 의견진술 절차에서 종전 진술을 번복하여 위 조서의 실질적 진정성립을 부인하는 취지의 주장을 하고 있는 사실이 인정된다.

【대법원 판단】 앞서 본 법리에 비추어, 위 인정 사실 및 기록에 나타나는 종전 진술을 번복하는 주장의 취지 등을 검토해 보면, 원심의 판시에 다소 미흡한 면은 없지 않으나, 종전 진술을 번복하는 피고인 갑 및 그 변호인의 주장을 받아들이지 않고 검사 작성의 피고인 갑에 대한 피의자신문조서의 증거능력이 인정된다고 판단한 원심의 조치는 정당하고, 거기에 상고이유에서 주장하는 바와 같은 피의자신문조서의 증거능력 등에 관한 법리오해 등의 위법은 없다. 이 부분 상고이유는 받아들이지 아니한다. (상고 기각)

【코멘트】 수사기관에서 작성된 조서가 증거로 제출되면 당해 조서에 대해 (가) 성립의 진정 여부를 검토하고, 이어서 (나) 진술의 임의성 여부를 확인한다. 사경 면전의 피의자신문조서의 경우에는 여기에 더하여 (다) 내용 인정 여부를 확인한다. 본 판례에서 문제된 증거는 검사 면전의 피의자신문조서이므로 (가)와 (나)의 요건이 문제된다.

본 판례의 사안에서 조서의 원진술자인 피고인(갑)은 제1심 제3회 공판기일에서 성립의 진정을 인정하고 진술의 임의성을 시인하는 진술을 하였다. 피고사건에 대한 증거조사는 제3회 공판기일에 종료되었다. 증거조사가 종료하면 재판장은 피고인에게 각 증거조사의 결과에 대한 의견을 묻고(법293 전단), 피고인에게 권리를 보호함에 필요한 증거조사를 신청할 수 있음을 고지하여야 한다(동조 후단). 본 판례의 사안을 보면, 증거조사가 종료한 후 증거조사결과에 대한 의견진술 단계에서 피고인(갑)은 성립의 진정과 진술의 임의성을 시인하였던 종전 진술을 번복하고 있다. 진술의 번복을 허용하게 되면 검사가 제출하였던 피고인(갑)에 대한 피의자신문조서는 증거능력을 상실하게 되며, 이를 유죄인정의 자료로 사용할 수 없게 된다. 과연 이러한 진술의 번복을 허용할 것인가?

대법원은 이 문제에 대해 (가) 진정성립 시인 진술의 번복과 (나) 임의성 시인 진술의 번복으로 경우를 나누어서 검토를 진행한다. 먼저, 진정성립 시인 진술의 번복에 대해 대법원은 증거동의의 법리에 준하여 다음과 같이 판단하고 있다. 대법원은 지속적인 판례를 통하여 증거동의는 증거조사가 완료되기 전까지는 취소(철회)할 수 있다고 판단해 왔다. 마찬가지로 진정성립을 인정하는 진술도 증거조사 도중에는 이를 번복하여 철회할 수 있다. 그러나 증거조사가 끝나면 증거동의의 철회는 허용되지 않는다. 마찬가지로 진정성립을 시인하는 진술의 철회도 증거조사가 종료되면 허용되지 않는다. 실무를 보면, 증거동의나 진정성립 시인 진술이 이루어지면 대체로 당해 기일에 증거조사가 종결된다. 그렇다면 당해 기일의 종료와 함께 종전 진술의 번복은 더 이상 허용되지 않는다는 결론이 나온다.

이상의 대법원 판단은 종래의 증거동의 철회의 법리를 충실히 따라가는 것으로서 특기할 만한 것이 없다. 그런데 대법원은 본 판례에서 지금까지의 입장에서 한걸음 더 나아가 새로운 기준을 추가로 제시하고 있다. 즉 "적법절차 보장의 정신에 비추어 성립의 진정함을 인정한 최초의 진술에 그 효력을 그대로 유지하기 어려운 중대한 하자가 있고 그에 관하여 진술인에게 귀책사유가 없는 경우에 한하여 예외적으로 증거조사 절차가 완료된 뒤에도 그 진술을 취소할 수 있다."는 기준이 바로 그것이다. 비록 '중대한 하자'와 '귀책사유'라는 제한이 가해지고 있기는 하지만, 진정성립의 진술에 대해 증거조사종결 후에도 이를 취소할 수 있는 길을 열어 놓은 것이다. 동일한 법리는 증거동의의 진술에 대해서도 그대로 적용될 것이다.

본 판례의 후반부에서 대법원은 진술의 임의성을 시인하는 진술의 취소 여부에 대해 살핀다. 대법원은 진술의 임의성은 검사가 입증해야 하는 것임을 분명히 하면서, 진술의 임의성이 절차의 전단계에 걸쳐서 다투어질 수 있음을 인정한다. 이 점은 "검사가 그 임의성의 의문점을 없애는 증명을 하지 못한 경우에는 그 조서는 유죄 인정의 증거로 사용할 수 없는 것인바, 이러한 법리는 피고인이나 그 변호인이 검사 작성의 당해 피고인에 대한 피의자신문조서의 임의성을 인정하는 진술을 하였다가 이를 번복하는 경우에도 마찬가지로 적용되어야 한다."는 대목에서 확인된다.

요컨대 피고인은 증거조사종결 후에 이어지는 증거조사결과에 대한 의견진술절차에서도 진술의 임의성을 다툴 수 있으며, 진술의 임의성이 다투어지면 검사가 진술의 임의성이 있음을 증명해야 한다.

만일 이를 증명하지 못한다면 그 진술은 유죄의 증거로 사용할 없다.

　본 판례의 사안에서 대법원은 (가)의 진정성립 인정 진술의 번복에 대해 피고인과 그 변호인이 아무런 이의를 제기하지 않고 있다가 증거조사가 종료한 후에 이르러 실질적 진정성립을 다투고 있다는 점에 주목한다. 그런데 조서의 진정성립을 인정하는 진술은 이미 증거조사가 종결되어 원칙적으로 철회할 수 없다. 나아가 최초의 진술에 그 효력을 그대로 유지하기 어려운 중대한 하자가 있고 그에 관하여 진술인에게 귀책사유가 없는 경우에 해당한다고 볼 예외적인 사정도 엿보이지 않는다. 따라서 진정성립 인정 진술의 번복은 허용되지 않는다.

　진정성립 진술의 번복 문제에 이어서 대법원은 (나)의 임의성 시인 진술의 번복에 대해 판단한다. 이와 관련하여 대법원은 진술의 임의성을 시인하는 진술은 증거조사절차가 종결된 후에도 일단 이를 번복할 수 있다고 판단한다. 그렇지만 대법원은 본 판례의 사안에서 진술의 임의성을 부정할 만한 특별한 사정이 보이지 않는다는 판단을 암묵적으로 내리고 있다. 결국 진정성립 인정이나 임의성 시인의 종전 진술을 번복하는 것은 본 판례의 사안에서 허용되지 않는다는 추론이 나온다. 이상의 두 가지 판단을 통하여 대법원은 피고인의 상고를 기각하는 결론을 내리고 있다.

2007도7835

자백보강법칙 위반의 법적 효과
불법 비자 모집 사건
2007. 11. 29. 2007도7835, 공 2008상, 2086

1. 사실관계 및 사건의 경과

【사실관계】
① 갑은 공문서위조죄 등으로 기소되었다.
② 갑에 대한 공소사실의 요지는 다음과 같다.
③ "피고인은 P인터넷 사이트에 모집광고를 하는 등의 방법으로 정상적으로 미국 비자를 발급받을 수 없는 사람들을 모집하여 대가를 받고 미국 비자 발급에 필요한 재직증명서, 소득금액증명서 등의 서류를 직접 위조하여 주었다."
④ 갑의 범행 상대방은 A, B, C 등 십여 명에 이르렀다.
⑤ 갑은 공소사실을 자백하였다.
⑥ 제1심법원은 유죄를 인정하여 징역 1년 6월을 선고하였다.
⑦ 제1심법원은 판결문의 증거 요지에서 A와 B를 상대로 하는 범행 부분(공소사실 제7, 8항)에 대해 갑의 자백 이외에 다른 보강증거를 적지 않았다.

【사건의 경과 1】
① 갑은 불복 항소하였다.
② 항소심법원은 다음과 같이 판단하였다.

(가) 제1심이 증거의 요지에서 공소사실 제7, 8항 기재 각 범행에 대하여 피고인의 자백을 뒷받침할 만한 보강증거를 거시하고 있지 아니한 잘못이 있다.

(나) 그러나 검사가 제출하여 제1심이 적법하게 증거조사를 마쳐 채택한 각 증거인 사법경찰리 작성의 공소외 K에 대한 피의자신문조서의 진술기재, 사법경찰리 작성의 수사보고의 기재에 의하면 위 각 공소사실 기재 각 범행에 대한 피고인의 자백을 뒷받침하기에 충분하다.

(다) 제1심의 잘못은 결국 판결의 결과에 아무런 영향이 없으므로, 이를 이유로 원심을 파기하지는 않는다.

③ 항소심법원은 항소를 기각하고, 제1심판결을 유지하였다.

④ 갑은 불복 상고하였다.

【사건의 경과 2】

① 대법원은 항소심판결에 자백보강법칙에 위반한 위법이 있다고 판단하였다.

② 대법원은 자판(自判)하여 다음의 주문을 선고하였다.

(가) 원심판결 및 제1심판결을 파기한다.

(나) 피고인을 징역 1년 6월에 처한다.

(다) 제1심판결 선고 전의 구금일수 65일을 본형에 산입한다.

2. 자백보강법칙 위반의 법적 효과

【대법원 요지】 1. 피고인의 자백이 그 피고인에게 불이익한 유일한 증거인 때에는 이를 유죄의 증거로 하지 못하는 것이므로(형사소송법 제310조), 보강증거가 없이 피고인의 자백만을 근거로 공소사실을 유죄로 판단한 경우에는 그 자체로 판결 결과에 영향을 미친 위법이 있는 것으로 보아야 한다.

【항소심 판단】 그럼에도 원심은, 제1심법원이 증거의 요지에서 공소사실 제7, 8항 기재 각 범행에 대하여 피고인의 자백을 뒷받침할 만한 보강증거를 거시하고 있지 아니한 잘못이 있으나, 검사가 제출하여 원심이 적법하게 증거조사를 마쳐 채택한 각 증거인 사법경찰리 작성의 D에 대한 피의자신문조서의 진술기재, 사법경찰리 작성의 수사보고의 기재에 의하면, 위 공소사실 기재 각 범행에 대한 피고인의 자백을 뒷받침하기에 충분하므로, 제1심법원의 위와 같은 잘못은 판결 결과에 아무런 영향을 미치지 않았다고 하면서 제1심법원의 판단을 유지하였으니, /

【대법원 판단】 이러한 원심판결에는 형사소송법 제310조, 제361조의5 제1호에 관한 해석 · 적용을 잘못하여 판결 결과에 영향을 미친 위법이 있다.

3. 사안에 대한 대법원의 판단

【대법원 판단】 2. 그러므로 나머지 상고이유에 대한 판단을 생략한 채 원심판결을 파기하되, 소송기록과 원심법원에 이르기까지 조사된 증거에 의하여 판결하기에 충분하다고 인정되므로 형사소송법 제396조에 의하여 대법원이 직접 판결하기로 한다.

【대법원 판단】 제1심판결에는 보강증거 없이 피고인의 자백만으로 공소사실 제7, 8항을 유죄로 인정한 잘못이 있으므로 나머지 항소이유에 대한 판단을 생략한 채 제1심판결을 파기하고, 다음과 같이 다시 판결하기로 한다.

【대법원 판단】 범죄사실과 증거의 요지는 공소사실 제7, 8항에 대한 보강증거로 사법경찰리 작성의 D에 대한 피의자신문조서의 진술기재, 사법경찰리 작성의 수사보고(수사기록 제197쪽, 제198쪽)의 기재를 추가하는 외에는 제1심판결의 각 해당란 기재와 같으므로 형사소송법 제399조, 제369조에 의하여 이를 그대로 인용한다.

【대법원 판단】 법률에 비추건대, /

【대법원 판단】 피고인의 판시 각 행위 중 판시 각 공문서위조의 점은 각 형법 제225조, 제30조에, /

【대법원 판단】 판시 각 위조공문서행사의 점은 각 형법 제229조, 제225조, 제30조에, /

【대법원 판단】 판시 각 사문서위조의 점은 각 형법 제231조, 제30조에, /

【대법원 판단】 판시 각 위조사문서행사의 점은 각 형법 제234조, 제231조, 제30조에, /

【대법원 판단】 판시 각 업무방해의 점은 형법 제314조 제1항, 제313조, 제30조에 각 해당하는바, /

【대법원 판단】 제1심법원 판시 범죄사실 제1항 기재 위조공문서행사죄 및 각 위조사문서행사죄 사이, 제1심법원 판시 범죄사실 제4항 기재 위조공문서행사죄와 위조사문서행사죄 사이에는 각 상상적 경합의 관계에 있으므로 형이 가장 무겁거나 더 무거운 판시 각 위조공문서행사죄에 정한 형으로 처벌하고, /

【대법원 판단】 판시 각 공문서위조죄와 동행사죄를 제외한 나머지 죄에 대하여는 정해진 형 중 징역형을 각 선택하고, /

【대법원 판단】 위 각 죄는 형법 제37조 전단의 경합범이므로 형법 제38조 제1항 제2호, 제50조에 의하여 그 형 및 범정이 가장 무거운 제1심판결 판시 범죄사실 제4항 기재 위조공문서행사죄에 정한 형에 경합범가중을 한 형기 범위 내에서 피고인을 징역 1년 6월에 처하고, /

【대법원 판단】 형법 제57조에 의하여 제1심판결 선고 전의 구금일수 65일을 위 형에 산입하기로 한다.

【대법원 결론】 3. 이상과 같은 이유로 원심판결을 위와 같이 파기자판하기로 하여, 관여 대법관의 일치된 의견으로 주문과 같이 판결한다.

【코멘트】 본 판례에서 대법원은 자백보강법칙의 중요성을 강조하고 있다. 본 판례에서 항소심법원은 제1심판결에 자백보강법칙의 위반이 있었음을 지적한다. 그럼에도 불구하고 항소심법원은 결론이 타당하다는 이유로 항소기각판결을 내려 제1심판결을 유지하고 있다. 이에 대해 대법원은 "보강증거가 없이 피고인의 자백만을 근거로 공소사실을 유죄로 판단한 경우에는 그 자체로 판결 결과에 영향을 미친 위법이 있는 것으로 보아야 한다."고 판단하면서, 항소심판결을 파기하고 자판하여 피고인에게 유죄를 선고하고 있다.

'결론은 제1심, 항소심, 상고심이 모두 유죄라는 점에서 동일하다. 그렇지만 자백보강법칙이 헌법 제12조 제7항에 기본권으로 규정되어 있을 정도로 중요시된다는 점에 비추어 보면, 대법원이 자백보강법칙을 위반한 판결을 반드시 파기하도록 한 것은 적절하다고 생각된다.

2007도9481

검사 수사지휘권의 범위
유치장 호송 명령 사건
2009. 4. 9. 2007도9481, [미공개]

1. 사실관계 및 사건의 경과

【사실관계】

① [제1심판결과 항소심판결의 판결문에 근거하여 요약 정리함.]

② 사법경찰관 갑은 P경찰서 상황실에서 상황실장으로 근무하고 있었다.

③ 2005. 12. 21. 19:50경 갑은 P경찰서 유치장에서 근무대기 중인 순경 A로부터 다음과 같은 요청을 받았다.

(가) Q지청 ○○○호 검사실에 있는 긴급체포된 자 B를 P경찰서로 호송하여 유치장에 구금하라는 검사 C의 지시가 있음.

(나) Q지청으로 출동하여 긴급체포된 자를 호송해 오려고 하니 유치장 출입문 외부잠금장치를 해제하여 주기 바람.

④ 갑은 다음과 같은 이유를 들어서 자신이 통제하고 있는 유치장의 외부잠금장치 해제를 거부하였다.

(가) 검찰에서 수사중인 피의자의 호송이나 이송은 검찰청의 직무이다.

(나) 검사의 지시가 부당하므로 따를 필요가 없다.

【사건의 경과 1】

① 검사는 갑을 직무유기죄와 직권남용죄로 기소하였다.

② 제1심법원은 직무유기죄 부분에 대해 다음의 이유를 들어서 유죄를 선고하였다.

(가) 범인을 경찰서로 호송하여 유치장에 구금하는 행위는 범인을 발견·확보·보전하는 직접적 행위이자 이를 통해 증거를 발견·수집·보전하기 위한 행위이다.

(나) 범인의 호송은 유치장소 이외의 장소에서 체포되거나 구속된 범인의 유치를 위해 반드시 필요한 행위로서 '수사'에 해당한다.

(다) 이에 따르면 호송지휘는 구체적 수사지휘에 포함된다.

③ 제1심법원은 직권남용죄 부분에 대해 다음의 이유를 들어서 무죄로 판단하였다.

(가) 순경 A에 대한 갑의 행위는 직권남용에 해당한다.

(나) 그러나 순경 A의 권리행사가 방해된 바가 없다.

④ 제1심법원은 갑에 대해 형(징역 4월)의 선고를 유예하였다.

【사건의 경과 2】

① 갑은 유죄 부분에 불복 항소하였다.

② 검사는 무죄 부분에 불복 항소하였다.

③ 항소심법원은 제1심법원과 같은 취지로 판단하였다.

④ 항소심법원은 항소를 모두 기각하고, 제1심판결을 유지하였다.

⑤ 갑은 유죄 부분에 불복 상고하였다.

⑥ 검사는 무죄 부분에 불복 상고하였다.

2. 검사 수사지휘의 거부와 직무유기죄

【대법원 요지】 직무유기죄는 이른바 부진정부작위범으로서 구체적으로 그 직무를 수행하여야 할 작위의무가 있는데도 불구하고 이러한 직무를 버린다는 인식하에 그 작위의무를 수행하지 아니함으로써 성립한다. /

【대법원 요지】 그리고, 이러한 직무유기죄는 공무원이 법령·내규 등에 의한 추상적 충근의무를 태만히 하는 일체의 경우에 성립하는 것이 아니라, 직무에 관한 의식적인 방임 내지 포기 등 정당한 사유없이 직무를 수해하지 아니함으로써 국가의 기능을 저해하고 국민에게 피해를 야기시킬 구체적 위험성이 있고 불법과 책임비난의 정도가 높은 법익침해의 경우에 한하여 성립하는 것이므로 /

【대법원 요지】 공무원이 태만, 분망, 착각 등으로 인하여 직무를 성실히 수해하지 아니한 경우나 형식적으로 또는 소홀히 직무를 수행하였기 때문에 성실한 직무수행을 못한 것에 불과한 경우에는 직무유기죄는 성립하지 아니한다고 할 것이고,

【대법원 요지】 또한, 어떠한 형태로든 직무집행의 의사로 자신의 직무를 수행한 경우에는 그 직무집행의 내용이 위법한 것으로 평가된다는 점만으로 직무유기죄의 성립을 인정할 것은 아니다.

【대법원 판단】 원심은, 적법하게 채용한 증거들에 의하여 그 판시와 같은 사실들을 인정한 다음, 그 인정사실들을 종합하면 피고인의 이 사건 각 직무유기의 점에 대하여 모두 유죄로 인정할 수 있다고 판단하였는바, /

【대법원 판단】 앞서 본 바와 같은 법리 및 기록에 비추어 살펴보면 위와 같은 원심에서의 증거의 취사선택과 사실인정 및 판단은 정당하여 수긍할 수 있고, 거기에 상고이유로 주장하는 바와 같은 채증법칙 위배로 인한 사실오인이나 심리미진, 검사의 수사지휘권 및 직무유기죄에 관한 법리오해 등의 위법이 있다고 할 수 없다.

3. 검사 수사지휘의 거부와 직권남용죄

【대법원 요지】 형법 제123조가 규정하는 직권남용권리행사방해죄에서 권리행사를 방해한다 함은 법령상 행사할 수 있는 권리의 정당한 행사를 방해하는 것을 말한다고 할 것이므로, 이에 해당하려면 구체화된 권리의 정당한 행사를 방해하는 것을 말한다고 할 것이므로, 이에 해당하려면 구체화된 권리의 현실적인 행사가 방해된 경우라야 할 것이고, /

【대법원 요지】 또한 공무원의 직권남용행위가 있었다 할지라도 현실적으로 권리행사의 방해라는 결과가 발생하지 아니하였다면 본죄의 기수를 인정할 수 없다.

【대법원 판단】 원심은, 적법하게 채용한 증거들에 의하여 그 판시와 같은 사실들을 인정한 다음, 그 인정사실들을 종합하면 이 사건 공소사실 제2항과 관련하여 /

【대법원 판단】 당시 P경찰서 유치장 근무 직원인 A순경에게는 피고인의 위 공소사실 기재와 같은 직권남용행위로 인하여 그 현실적인 행사가 방해될 만한 구체화된 권리가 있었다고 할 수 없다고 하여

피고인의 이 사건 직권남용권리행사방해의 점에 대하여 무죄로 판단하였는바,

【대법원 결론】 앞서 본 바와 같은 법리 및 기록에 비추어 살펴보면 위와 같은 원심에서의 증거의 취사선택과 사실인정 및 판단은 정당하여 수긍할 수 있고, 거기에 상고이유로 주장하는 바와 같은 직권남용권리행사방해죄에 관한 법리오해 등의 위법이 있다고 할 수 없다. (상고 기각)

【코멘트】 경찰과 검찰의 수사권조정에 대하여 논란이 계속되어 왔다. 2012년부터 시행된 개정 형사소송법은 검사의 수사지휘권을 재확인하면서 검사의 수사지휘에 관한 구체적 사항을 대통령령에 위임하고 있다(법196③ 2문). 본 판례는 2009년에 나온 것으로 검·경 수사권에 관한 논란이 한창 진행중이던 시점의 것이라는 점에서 주목된다.

본 판례는 검찰·경찰 간의 수사지휘권과 관련하여 피의자의 유치장 호송 및 이송에 관한 검사의 지휘권을 인정한 예로서 주목된다. 한편 2010. 10. 28. **2008도11999** 판결에서 대법원은 긴급체포된 피의자에 대해 사법경찰관이 구속영장을 검사에게 신청한 사안에 대해 긴급체포된 피의자를 검사실로 호송하라는 검사의 수사지휘권을 제한적으로 긍정한 바가 있다. 두 판례 모두 2012년 이전에 나온 것이지만, 2012년 이후의 개정 형사소송법 아래에서도 계속하여 규범력을 가지고 있다고 생각된다. 개정 형소법은 여전히 검사에게 사법경찰관리에 대한 수사지휘권을 인정하고 있기 때문이다.

2007도10058

공판조서의 절대적 증명력
증거동의 오기 주장 사건
2008. 4. 24. 2007도10058, 공 2008상, 815

1. 사실관계 및 사건의 경과

【사실관계】
① 갑은 성폭력처벌법위반죄(강간등치상)로 기소되었다.
② [갑에 대한 공소사실의 요지는 다음과 같다.]
③ "피고인은 위험한 물건인 전자충격기를 피해자 A의 허리에 대고 피해자를 폭행하여 강간하려다가 미수에 그치고 피해자에게 약 2주간의 치료를 요하는 안면부 좌상 등의 상해를 입혔다."
④ 제1심 제1회 공판기일에 검사는 A에 대한 P진단서를 증거로 제출하였다.
⑤ 공판조서의 증거목록에는 갑이 P진단서에 대해 증거동의를 한 것으로 기재되었다.
【사건의 경과】
① 갑의 피고사건은 제1심을 거친 후, 항소심에 계속되었다.
② 항소심법원은 P진단서를 증거로 채택하여 [공소사실을] 유죄로 인정하였다.
③ 갑은 불복 상고하였다.
④ 갑은 상고이유로 다음의 점을 주장하였다.

(가) 제1심 제1회 공판기일에 P진단서에 대해 증거동의를 한 일이 없다.

(나) 공판조서의 증거목록에 증거동의를 한 것으로 기재된 것은 명백한 오기 내지 착오이다.

2. 사안에 대한 대법원의 판단

【대법원 요지】 공판조서의 기재가 명백한 오기나 착오에 의한 경우를 제외하고는 공판기일의 소송절차로서 공판조서에 기재된 것은 조서만으로써 증명하여야 하고, 그 증명력은 공판조서 이외의 자료에 의한 반증이 허용되지 않는 절대적인 것이다.

【대법원 판단】 기록에 의하면, 피고인은 제1심 제1회 공판기일에 검사가 제출한 진단서에 대하여 증거동의를 하였음이 증거목록에 기재되어 있음을 알 수 있고, 그 기재가 명백한 오기나 착오에 의한 것이라고 볼 만한 자료가 없으므로, 증거목록의 기재에 반하여 위 진단서의 증거능력을 다투는 상고이유는 받아들이지 아니한다. (상고 기각)

2007도10121

기피신청과 전심절차
공판조서의 절대적 증명력
방북 교수 기피신청 사건
2010. 12. 9. 2007도10121, 공 2011상, 148

1. 사실관계 및 사건의 경과

【사실관계】

① 갑은 P대학교의 교수이다.

② 검사는 갑을 당국의 허가 없이 북한을 방문하고, 북한에 동조하는 발언 및 기고문 발표 등의 행위를 하였다는 등의 공소사실로 국가보안법위반죄(찬양고무등)로 기소하였다.

③ 제1심은 서울중앙지방법원 단독판사의 관할사건으로 진행되었다.

④ 제1심법원은 유죄를 선고하였다.

【사건의 경과 1】

① 갑은 불복 항소하였다.

② 항소심은 서울중앙지방법원 ㉠합의부 관할사건으로 진행되었다.

③ 항소심에서 갑은 ㉠합의부 재판장 A에 대해 기피신청을 하였다.

④ 서울중앙지방법원에는 갑의 기피신청신청사건을 심리하기 위하여 ㉡합의부가 구성되었다.

⑤ ㉠합의부 구성원 B, C판사는 ㉡합의부의 구성원이 되었다.

⑥ ㉡합의부는 ㉠합의부의 재판장 A에 대한 갑의 기피신청을 기각하는 결정을 내렸다.

【사건의 경과 2】

① 갑의 피고사건에 대해 항소심을 담당한 ㉠합의부는 심리를 진행하였다.

② 갑은 항소심법원에 대해 검사의 피고인신문사항 중 일부 내용과 검사의 항소이유서 중 일부 내용에 대해 검사의 석명을 요구하였다.

③ 항소심법원은 갑의 석명 요구를 받아들여 검사에게 석명을 요구하였다.

④ 검사는 석명서를 제출하였다.

⑤ 갑은 계속하여 석명서의 내용들에 대한 재석명을 요구하였다.

⑥ 항소심법원은 갑의 재석명 요구를 받아들이지 않았다.

【사건의 경과 3】

① [항소심 진행 도중에 인사발령으로 합의부원 B판사가 D판사로 교체되었다.]

② [판사 교체에 따라 공판절차 갱신이 있었다.]

③ 항소심 공판기록에는 항소심 제6회 공판기일에 공판절차 갱신절차에 따른 재판장과 소송관계인의 진술, 검사의 항소이유서 진술, 피고인의 진술, 증거관계에 대한 진술 등이 있었던 것으로 기재되었다.

④ 항소심법원은 심리를 마치고 변론을 종결하였다.

⑤ 갑은 항소심법원에 변론 속행 및 재개 요청을 하였다.

⑥ 항소심법원은 갑의 변론 속행 및 재개 요청을 받아들이지 않았다.

⑦ 항소심법원은 합의부원인 법관이 변경된 후 2개월여 만에 판결을 선고하였다

⑧ 항소심법원은 갑의 항소를 기각하고, 제1심판결을 유지하였다.

【사건의 경과 4】

① 갑은 불복 상고하였다.

② 갑은 상고이유로 다음의 점을 주장하였다.

　(가) 항소심판결에 소송절차에 관한 법령위반이 있다.

　(나) 항소심판결에 국가보안법에 관한 법리오해의 위법이 있다.

　(이하에서는 소송절차에 관한 법령위반 부분만 소개함)

③ 갑은 소송절차에 관한 법령위반으로 다음의 점을 주장하였다.

　(가) 합의부원인 법관이 재판장에 대한 기피신청 사건의 심리와 기각결정에 관여한 위법이 있다

　(나) 갑의 재석명 요구를 배척한 항소심의 조치는 석명의무를 다하지 아니하여 법령을 위반한 위법이 있다.

　(다) 공판절차에 기재된 절차진행이 실제로 있었던 절차진행과 달리 기재되어 공판조서만으로 절차진행의 준수 여부를 판단할 수 없다.

　(라) 항소심법원이 갑의 변론 속행 및 재개 요청을 받아들이지 않고 합의부원인 법관이 변경된 후 2개월여 만에 판결을 선고한 것은 피고인의 방어권 등에 관한 법리오해로 심리를 다하지 않은 위법이 있다.

2. 기피신청과 전심절차

【대법원 요지】 원심 합의부원인 법관이 원심 재판장에 대한 기피신청 사건의 심리와 기각결정에 관여한 사실이 있다고 하더라도, 이를 형사소송법 제17조 제7호 소정의 '법관이 사건에 관하여 그 기초

되는 조사, 심리에 관여한 때'에 해당한다고 볼 수는 없으므로, /

【대법원 판단】 원심 합의부원인 법관에 대하여 제척원인이 있다는 등의 상고이유 주장은 받아들일 수 없다.

3. 재판장의 석명의무의 한계

【대법원 분석】 또한 원심 공판기록을 살펴보면, /

【대법원 분석】 원심은 검사의 피고인신문사항 중 일부 내용과 검사의 항소이유서 중 일부 내용에 대한 피고인의 석명 요구를 받아들여 검사에게 석명을 요구하였고 이에 검사가 석명서를 제출한 사실, /

【대법원 분석】 그러나 피고인은 계속하여 위 내용들에 대한 재석명을 요구하였고 원심은 이를 받아들이지 않은 사실이 인정되는바, /

【대법원 판단】 피고인이 석명을 구한 사항은 공소사실의 특정에 필요한 것도 아니고 재판장이 반드시 석명권을 행사하여야 할 사항에 해당하는 것으로도 보이지 않으므로, 원심의 위와 같은 조치가 석명의무를 다하지 아니하여 법령을 위반한 잘못이 있다고 볼 수 없다.

4. 공판조서의 절대적 증명력

【대법원 요지】 한편 공판조서의 기재가 명백한 오기인 경우를 제외하고는 공판기일의 소송절차로서 공판조서에 기재된 것은 조서만으로써 증명하여야 하고, 그 증명력은 공판조서 이외의 자료에 의한 반증이 허용되지 않는 절대적인 것이다. /

【대법원 판단】 원심 공판기록에 의하면, 원심 제6회 공판기일에 공판절차 갱신절차에 따른 재판장과 소송관계인의 진술, 검사의 항소이유서 진술, 피고인의 진술, 증거관계에 대한 진술 등이 있었던 것으로 기재되어 있음을 알 수 있고, 그 기재가 명백한 오기라고 볼 만한 자료가 없으므로, 공판조서의 기재 내용을 다투는 상고이유는 받아들이지 아니한다.

5. 변론속행 및 변론재개와 법원의 재량

【대법원 요지】 변론의 속행 여부 또는 종결한 변론의 재개 여부는 모두 법원의 재량에 속하는 사항이므로, 원심이 피고인의 변론 속행 및 재개 요청을 받아들이지 않고 /

【대법원 판단】 합의부원인 법관이 변경된 후 2개월여 만에 판결을 선고하였다 하여 피고인의 방어권 등에 관한 법리오해로 심리를 다하지 않은 위법이 있다고 할 수 없다. (상고 기각)

【코멘트】 검사 또는 피고인은 제척사유가 있거나 불공평한 재판을 할 염려가 있다고 생각할 때에는 법관의 기피를 신청할 수 있다(법18①). 합의부법원의 법관에 대한 기피는 그 법관의 소속법원에 신청한다(법19① 전단). 이 경우 '그 법관의 소속법원'은 당해 사건의 재판부를 가리킨다. 당해 사건의 재판부는 '소송법적 의미의 법원'이다.

당해 사건의 재판부가 판단할 때 기피신청이 소송의 지연을 목적으로 함이 명백하거나 다른 적법요건을 갖추지 못하였을 때에는 신청을 받은 당해 재판부가 기피신청을 기각한다(법20① 참조). 이 경우의 기각(강학상으로는 '각하'에 해당함)을 가리켜서 간이기각결정이라고 한다. 간이기각결정의 경우에는 기피당한 법관도 적법요건의 심사에 관여할 수 있다(법21② 참조). 적법·부적법에 대한 판단은 형식적·객관적으로 이루어지기 때문이다.

기피신청이 적법요건을 갖추었다고 판단되면 당해 기피신청에 대한 재판은 기피당한 법관의 소속 법원 합의부에서 결정으로 이유 유무를 판단한다(법21①). 이 경우 '기피당한 법관의 소속법원'은 일단 국법상 의미의 법원을 가리킨다. 그러나 당해 국법상 의미의 법원에 소속하는 법관들에 의하여 합의부가 구성되면 그 재판부는 '소송법적 의미의 법원'이 된다. 이 경우 소송법적 의미의 법원은 당해 피고사건을 담당하는 소송법적 의미의 법원과 별개의 법원이 된다. 기피신청의 이유 유무를 판단하기 위한 합의부에는 기피신청을 당한 법관이 심리에 관여하지 못한다(법21②). 실질적 판단의 단계에 이르면 자기 사건에 대한 자기판단의 금지라는 원리가 적용되기 때문이다.

본 판례의 사실관계를 보면 갑은 서울중앙지방법원 항소심 재판부의 재판장에 대해 기피신청을 하고 있다. 항소심 재판부는 합의부로 구성된다. 당해 재판부는 기피신청을 당한 재판장 A를 포함하여 배석판사 B, C로 구성되어 있다(㉠합의부). 피고인의 기피신청은 ㉠재판부를 향해 이루어지고 있다. ㉠재판부는 피고인(갑)의 기피신청이 적법요건을 구비하였다고 판단하였다.

이제 기피신청의 이유 유무에 대한 재판은 기피당한 재판장 A가 소속하는 서울중앙지방법원의 합의부에서 하게 된다. 서울중앙지방법원은 피고인(갑)의 기피신청 이유 유무를 판단할 별도의 합의부(㉡합의부)를 구성하면서 판사 B와 C를 ㉡합의부에 배속시켰다. ㉡합의부는 갑의 기피신청이 이유 없다고 판단하여 기각하였다. 판사 B와 C는 다시 ㉠합의부의 구성원으로 돌아와 재판장 A와 함께 갑의 피고사건에 대한 심리에 관여하였고, ㉠합의부는 유죄를 선고하였다.

형사소송법은 제척사유 가운데 하나로 '법관이 사건에 관하여 그 기초되는 조사, 심리에 관여한 때'를 들고 있다(법17 vii 후단). 제척사유 있는 판사가 재판부를 구성하여 내린 재판은 위법하며, 상급심에서 파기의 대상이 된다(법361의5 iv, 383 i). 갑은 기피신청의 본안판단에 관여하였던 판사 C가 갑의 피고사건 항소심에 관여한 것에 주목하였다(판사 B는 인사발령으로 교체됨). 갑은 항소심 ㉠합의부에 전심재판에 참여하여 제척사유가 있는 판사 C가 들어 있으므로 재판부의 구성이 위법하여 항소심판결이 파기되어야 한다고 주장하였다.

대법원은 갑의 주장에 대해 "이를 형사소송법 제17조 제7호 소정의 '법관이 사건에 관하여 그 기초되는 조사, 심리에 관여한 때'에 해당한다고 볼 수는 없다"고 판단하여 이를 배척하고 있다. 그런데 판단의 이유는 제시하고 있지 않다. 그렇지만 이유 설명은 어렵지 않다. '사건에 관하여 그 기초되는 조사, 심리'란 당해 사건의 실체판단에 영향을 미칠 수 있는 사항에 대한 조사와 심리를 의미한다. 판사 C는 ㉡합의부에서 재판장 A가 불공정한 재판을 할 염려가 있는지 여부에 대한 심리에 관여하였다. ㉡합의부에서 한 '불공정한 재판을 할 염려'에 대한 판단은 갑의 ㉠피고사건의 실체판단에 영향을 미치는 사항이 아니다. 판사 C는 갑의 ㉠피고사건의 기초되는 조사, 심리에 관여한 법관이 아니므로 갑의 주장은 타당하지 않다는 결론이 도출된다.

2007모601

항고이유서 제출기회의 보장
송부 즉일 항고기각 사건
2008. 1. 2. 2007모601, 공 2008상, 247

1. 사실관계 및 사건의 경과

【사실관계】

① 갑은 P사건으로 의정부교도소에 수감중이었다.

② 의정부지방법원은 갑에 대해 Q사건으로 ㉠약식명령을 발령하였다.

③ 정식재판청구기간이 도과하여 ㉠약식명령은 확정되었다.

④ 갑은 의정부지방법원에 ㉠사건에 대한 정식재판청구권 회복청구를 하였다.

⑤ 의정부지방법원 제1심법원은 결정으로 갑의 청구를 기각하였다.

⑥ 갑은 제1심결정에 불복하여 즉시항고를 제기하였다.

【사건의 경과】

① 2007. 8. 7. 제1심법원은 의정부지방법원 항고심법원에 소송기록을 송부하였다.

② 2007. 8. 10. 의정부지방법원 항고심법원은 갑이 수감 중이던 의정부교도소 직원에게 소송기록접수통지서를 교부하였다.

③ 2007. 8. 10. (송부 당일) 의정부지방법원 항고심법원은 갑의 즉시항고를 기각하였다.

④ 갑은 대법원에 재항고하였다.

⑤ 갑은 재항고이유로, 항고심법원이 의견서 제출의 기회를 주지 않고 항고를 기각한 것은 위법하다고 주장하였다.

2. 사안에 대한 대법원의 판단

【대법원 분석】 형사소송법 제411조는 항고법원은 제1심법원이 필요하다고 인정하여 송부하거나 항고법원이 요구하여 송부한 소송기록과 증거물의 송부를 받은 날부터 5일 이내에 당사자에게 그 사유를 통지하도록 규정하고 있는바, /

【대법원 요지】 이는 비록 항고인이 항고이유서 제출의무를 부담하는 것은 아니지만 당사자에게 항고에 관하여 그 이유서를 제출하거나 의견을 진술하고 유리한 증거를 제출할 기회를 부여하려는 데 그 취지가 있다고 할 것이다.

【대법원 분석】 기록에 의하면, 이 사건 정식재판청구권회복청구를 기각한 제1심결정에 대하여 재항고인이 즉시항고를 제기하자 제1심법원은 2007. 8. 7. 항고심인 원심법원에 소송기록을 송부한 사실, /

【대법원 분석】 원심법원은 2007. 8. 10. 재항고인이 수감 중이던 의정부교도소 직원에게 소송기록접수통지서를 교부하였는데, 같은 날 재항고인의 즉시항고를 기각한 사실을 알 수 있는바, /

【대법원 판단】 앞서 본 법리에 비추어 보면, 원심이 제1심법원으로부터 소송기록을 송부받고 재항고

인에게 소송기록접수통지서가 송달된 날에 곧바로 재항고인의 즉시항고를 기각한 것은 당사자에게 항고에 관하여 그 이유서를 제출하거나 의견을 진술하고 유리한 증거를 제출할 기회를 부여하였다고 할 수 없으므로, 원심결정에는 형사소송법 제411조에 관한 법리를 오해한 위법이 있다고 할 것이고, 이 점을 지적하는 재항고이유의 주장은 이유 있다. (파기 환송)

2007모726

항소심 결정에 대한 불복방법
재판서 경정의 요건
미결구금일수 과다산입 사건
2008. 4. 14. 2007모726, 공 2008상, 715

1. 사실관계 및 사건의 경과

【사실관계】

① [본 사안은 2009년의 헌법재판소 결정에 의하여 미결구금일수가 전부 법정통산되기 전의 시점에 일어난 것이다.]

② 갑은 유해화학물질관리법위반죄(환각물질흡입)로 서울남부지방법원에 기소되었다.

③ 제1심법원은 유죄를 선고하였다.

④ 갑은 불복 항소하였다.

⑤ 2007. 7. 27. 서울남부지방법원 항소심 재판부는 갑의 항소를 기각하면서 다음의 주문을 선고하였다. (㉠판결)

　(가) 피고인의 항소를 기각한다.

　(나) 이 판결 선고 전 당심 구금일수 중 135일을 원심판결의 형에 산입한다."

⑥ 서울남부지방법원 항소심 재판부의 ㉠판결은 확정되었다.

【사건의 경과 1】

① 서울남부지방법원 항소심 재판부는 ㉠판결이 확정된 후에 갑의 실제 항소심 미결구금일수가 114일에 불과하다는 사실을 뒤늦게 발견하였다.

② 2007. 10. 15. 서울남부지방법원 항소심 재판부는 직권으로 ㉠판결의 주문 중 '당심 구금일수 중 135일'을 '당심 구금일수 중 105일'로 변경하는 내용의 경정결정을 하였다. (㉡경정결정)

③ 갑은 ㉡경정결정에 불복하여 서울남부지방법원에 항고를 제기하였다. (ⓐ항고)

④ 서울남부지방법원 항소심 재판부는 갑의 항고를 새로운 경정신청사건으로 보았다.

⑤ 2007. 10. 18. 서울남부지방법원 항소심 재판부는 "갑의 신청을 기각한다."는 결정을 하였다. (㉢기각결정)

【사건의 경과 2】

① 갑은 서울남부지방법원 항소심법원의 ㉢기각결정에 불복하여 대법원에 재항고하였다. (ⓑ재항고)

② 대법원은 먼저 직권으로 판단하여 ⓒ기각결정을 취소하였다.

③ 대법원은 갑의 항고를 ⓛ경정결정에 대한 재항고로 보고 판단에 임하였다.

④ 대법원은 ⓛ경정결정을 취소하였다.

2. 항소심결정에 대한 불복방법

【대법원 요지】 형사소송법 제415조에서는 "항고법원 또는 고등법원의 결정에 대하여는 재판에 영향을 미친 헌법·법률·명령 또는 규칙의 위반이 있음을 이유로 하는 때에 한하여 대법원에 즉시항고를 할 수 있다"고 규정하고 있는바, 항소법원의 결정에 대하여도 대법원에 재항고하는 방법으로 다투어야만 할 것이다.

【대법원 판단】 기록에 의하면, 재항고인은 항소법원인 서울남부지방법원 합의부가 같은 법원 2007노○○○ 유해화학물질관리법 위반(환각물질흡입) 사건에 관하여 직권으로 한 2007. 10. 15.자 판결서 경정결정(이하 '이 사건 경정결정'이라 한다)에 대하여 항고를 제기하였음이 분명하므로, /

【대법원 판단】 위 법원으로서는 이를 재항고로 보아 기록을 대법원에 송부하여야 할 것임에도 불구하고, 이를 새로운 경정신청사건으로 보고 원심법원으로서 신청을 기각한다는 결정을 하였는바, /

【대법원 판단】 그렇다면 원심법원이 위와 같이 결정을 한 것은 권한 없는 법원이 한 것으로 귀착된다 할 것이므로 원심결정을 취소하기로 하고, 이 사건 재항고는 이 사건 경정결정에 대한 재항고로서 처리하기로 한다.

3. 재판서 경정결정과 오류의 명백성

【대법원 분석】 구 형사소송규칙(2007. 10. 29. 대법원규칙 제2106호로 개정되기 전의 것) 제25조 제1항에 의하면 재판서에 '오기 기타 이에 유사한 오류가 있는 것이 명백한 때'에 한하여 법원이 경정결정을 할 수 있다. /

【대법원 판단】 따라서 미결구금일수가 실제로는 전혀 존재하지 아니함에도 이를 산입한 경우에는 재판서에 오기와 유사한 오류가 있음이 명백하여 판결서의 경정으로 시정할 수 있을 것이다. /

【대법원 판단】 또한, 주문에서 '구금일수 몇 일을 산입한다'는 형식으로 기재하는 등 판결서 기재에 의하여 미결구금일수 전부를 산입하려 한 것이 명백하지만 착오로 실제 존재하는 구금일수보다 적은 구금일수만을 산입한 오류가 있는 경우에도 판결서의 경정으로 이를 시정할 수 있다고 봄이 상당하다. /

【대법원 판단】 그러나 주문에서 '구금일수 중 몇 일을 산입한다'는 형식으로 기재하는 등 미결구금일수 중 일부만 산입하는 내용의 판결을 선고하면서 착오로 실제 존재하는 구금일수를 초과하여 산입한 경우에는 판결서의 기재만으로 실제 미결구금일수 중 몇 일을 산입하려고 하였는지 알 수 없으므로, 이를 판결서의 경정으로 시정하는 것은 허용될 수 없다. /

【대법원 판단】 다만, 이와 같이 실제 존재하는 미결구금일수를 초과하여 산입한 판결이 확정된 경우에도 그 초과 부분이 본형에 산입되는 효력이 생기는 것은 아니므로, 형의 집행과정에서는 실제 존재하는 미결구금일수만 산입하여야 할 것이다.

【대법원 분석】 기록에 의하면 항소법원인 서울남부지방법원 합의부는 2007. 7. 27. 피고인에 대한 2007노○○○ 유해화학물질관리법 위반(환각물질흡입) 사건에 관하여 "피고인의 항소를 기각한다.

이 판결 선고 전 당심 구금일수 중 135일을 원심판결의 형에 산입한다."라는 내용의 주문으로 항소심 미결구금일수 중 일부만 산입하는 내용의 판결을 선고하였는데, /

【대법원 분석】 위 법원은 위 판결이 확정된 후에 피고인의 실제 항소심 미결구금일수가 114일에 불과하다는 사실을 뒤늦게 발견하고, 2007. 10. 15. 위 판결의 주문 중 '당심구금일수 중 135일'을 '당심구금일수 중 105일'로 변경하는 내용의 이 사건 경정결정을 한 사실을 알 수 있다.

【대법원 판단】 그런데 앞서 본 법리에 비추어 보면, 위 법원이 최초에 미결구금일수 중 일부만 산입하는 형식의 주문으로 판결을 선고한 이상, 비록 뒤늦게 실제구금일수 114일보다 초과한 135일이 산입되었다는 사실을 발견하였다고 하더라도, 만약 처음부터 실제구금일수가 114일인 사실을 알았다면 그 중 산입하려고 한 일부의 미결구금일수가 몇 일이었는지를 판결서의 기재만으로 알 수 없기 때문에, 이를 판결서의 경정으로 시정하는 것은 허용될 수 없다고 할 것이므로, 이 사건 경정결정은 더 이상 유지할 수 없게 되었다.

【대법원 결론】 그러므로 원심결정을 취소하고, 당원이 직접 재판하기에 충분하므로 이 사건 경정결정을 취소하기로 하여 관여 법관의 일치된 의견으로 주문과 같이 결정한다.

【대법원 주문】

원심결정[ⓒ기각결정]을 취소한다.

서울남부지방법원이 같은 법원 2007노○○○ 유해화학물질관리법 위반(환각물질흡입) 사건에 관하여 한 2007. 10. 15.자 결정(ⓑ경정결정)을 취소한다.

【코멘트】 본 판례는 2009. 6. 25. **2007헌바25** 결정과 2009. 12. 29. **2008헌가13**, 2009헌가5(병합) 결정에 의하여 미결구금일수가 전부 법정통산되기 전에 나온 것이다. 따라서 미결구금일수의 산입에 관한 본 판례가 현재로서는 별다른 의미가 없는 것처럼 보일 여지가 있다. 그러나 아래에서 설명하는 것처럼 본 판례의 일부 판시사항은 여전히 규범력을 가지고 있다.

　본 판례의 사안을 보면 다음과 같이 사태가 진행되고 있다. 항소심법원은 ㉠유죄판결이 확정된 후 미결구금일수가 과다하게 산입된 것을 발견하였다. 이에 항소심법원은 직권으로 ⓑ경정결정을 내렸는데, 갑이 이에 불복하여 항고하였다(ⓐ항고). 그러자 항소심 재판부는 갑의 항고사건을 새로운 경정신청사건으로 보고 신청을 기각한다는 ⓒ기각결정을 내렸다. 갑은 항소심의 ⓒ기각결정에 불복하여 대법원에 재항고하였다(ⓑ재항고).

　대법원에 즉시항고하는 것을 가리켜서 재항고라고 한다. 형소법 제415조는 '항고법원의 결정'과 '고등법원의 결정'만을 재항고의 대상으로 명시하고 있다. 여기에서 '항소심법원의 결정'이 재항고의 대상이 될 수 있는가 하는 점에 대해 의문이 있을 수 있다. 이 점은 특히 지방법원 항소부의 결정과 관련하여 의미가 크다. 고등법원이 항소심의 지위에서 내리는 결정은 고등법원의 결정이므로 의문의 여지 없이 재항고가 허용되기 때문이다. 대법원은 본 판례에서 지방법원 항소부가 내리는 결정이 재항고의 대상이 됨을 분명히 하고 있다.

　본 판례의 사안에서 ⓑ경정결정은 서울남부지방법원 항소부의 결정이다. 그렇다면 ⓑ경정결정에 불복하여 갑이 제기한 ⓐ항고는 대법원에 대한 재항고에 해당한다. 그러므로 갑의 ⓐ항고에 대해 사건을 대법원에 이송하지 않고 서울남부지방법원 항소심 재판부가 스스로 판단한 ⓒ기각결정은 파기되지 않으면 안 된다.

이제 대법원은 ⓒ기각결정에 대한 갑의 ⓑ재항고 대신에 ⓛ경정결정에 대한 갑의 ⓐ항고에 대해 이를 대법원에 대한 재항고로 보고 판단에 임한다. 이와 관련하여 대법원은 본 판례에서 재판서 경정제도의 의의와 요건을 밝히고 있다. 재판서 경정결정은 '재판서에 잘못된 계산이나 기재, 그 밖에 이와 비슷한 잘못이 있음이 분명한 때'에 허용된다(규칙25①). 2009년 이전의 시점에서 문제된 본 판례의 사안에 대해 대법원은 당시 시행되던 미결구금일수의 산입과 관련하여 하급심의 '확정판결 재판서'에 대해서도 재판서 경정결정을 할 수 있다고 판시하고 있다.

그런데 대법원은 본 판례의 사안이 ㉠유죄판결에 잘못이 있음이 '명백한 때'에 해당한다고 볼 수 있는가에 대해 이를 부정하는 판단을 내리고 있다. 재판부가 미결구금일수의 일부를 산입하기로 하였는데 구체적으로 얼마의 일수를 산입하기로 한 것인지 알 수가 없어서 오류가 '명백하지 않다'는 것이 그 이유이다. 그렇다면 항소심법원이 직권으로 내린 ㉡경정결정 또한 파기되지 않으면 안 된다.

이제 ㉡경정결정이 파기된 상황에서 어느 정도 미결구금일수를 산입해야 할 것이며 그 방법은 무엇인가 하는 질문이 나오게 된다. 대법원은 이 점과 관련하여 ㉠확정판결을 경정하여 재판서의 오류를 바로잡을 방법이 없다고 보고 있다. 나아가 대법원은 "이와 같이 실제 존재하는 미결구금일수를 초과하여 산입한 판결이 확정된 경우에도 그 초과 부분이 본형에 산입되는 효력이 생기는 것은 아니므로, 형의 집행과정에서는 실제 존재하는 미결구금일수만 산입하여야 할 것이다."라고 판시하여 형 집행 단계에서의 해결방안을 제시하고 있다.

앞에서도 언급한 바와 같이 2009년에 나온 헌법재판소의 두 결정에 의하여 미결구금일수는 전부 법정통산되게 되었다. 따라서 대법원이 마지막에 제시한 형 집행단계에서의 해결책은 더 이상 의미가 없게 되었다. 그러나 (가) 하급심의 확정판결에 대해 확정판결이라 할지라도 하급심이 재판서 경정결정을 통하여 명백한 잘못을 바로잡을 수 있다는 부분(대법원의 경우에는 형소법 제400조에 판결정정 제도가 마련되어 있음)과 (나) 지방법원 항소부의 결정도 대법원의 재항고 대상이 된다는 부분은 본 판례에서 여전히 유효한 판시사항으로 남아 있는 부분이다.

2007헌마992

변호인 접견권의 한계
대기실 접견신청 사건
2009. 10. 29. 2007헌마992, 헌집 21②하, 288

1. 사실관계 및 사건의 경과

【사실관계】

① 갑은 화물연대 P지회 조직차장이다.

② 2007. 3. 30. 갑은 다음의 피의사실로 구속되었다.

③ "갑은 화물연대 총파업에 동참하지 않고 운행중인 화물차량 운전기사들이 파업기간 동안 화물운송

을 못하게 하기 위하여 파업에 참가하지 않고 화물을 적재한 차량에 방화하였다."

④ 2007. 4. 4.부터 갑은 Q구치소에 수용되었다.

⑤ 2007. 4. 20. 갑은 관할 R지방법원에 일반자동차방화죄의 공소사실로 기소되었다.

【사건의 경과 1】

① 2007. 6. 19. 16:30 R지방법원 101호 법정에서 갑에 대한 제1심 피고사건의 제2차 공판이 예정되어 있었다.

② 2007. 6. 19. 16:10경 101호 법정 옆 구속피고인 대기실에서 대기중이던 갑은 호송하는 교도관 A에게 변호인을 접견하게 하여달라고 요구하였다.

③ 교도관 A는 법정 옆 구속피고인 대기실에서는 변호인 접견이 허용되지 않는다는 이유로 갑의 접견 요구를 받아들이지 않았다.

④ 2007. 8. 14. R지방법원 제1심법원은 유죄를 인정하여 징역 1년에 집행유예 2년의 형을 선고하였다.

⑤ 검사는 불복 항소하였다.

【사건의 경과 2】

① 2007. 9. 4. 갑은 교도관 A가 변호인접견을 허용하지 않은 것은 헌법 제12조 제4항이 규정한 변호인의 조력을 받을 권리를 침해한 것이라고 주장하면서 헌법재판소에 헌법소원심판을 청구하였다.

② 2007. 11. 7. 항소심에서도 제1심과 동일한 판결이 선고되었고, 그 판결은 확정되었다.

③ 헌법재판소는 변호인참여권에 관한 판단의 중요성을 인정하여 갑에게 예외적으로 권리보호 이익을 인정하였다.

④ 헌법재판소는 갑의 청구에 대한 본안 심리에 임하였다.

⑤ 헌법재판소는 다수의견에 따라 갑의 심판청구를 기각하였다.

2. 변호인의 조력을 받을 권리와 변호인과의 면접·교섭권

【헌재 분석】 헌법 제12조 제4항 본문은 "누구든지 체포 또는 구속을 당한 때에는 즉시 변호인의 조력을 받을 권리를 가진다."라고 규정하여 신체구속을 당한 사람에 대하여 변호인의 조력을 받을 권리를 기본권으로 보장하고 있다.

【헌재 요지】 여기서 '변호인의 조력'은 '변호인의 충분한 조력'을 의미하는 것인바, /

【헌재 요지】 신체구속을 당한 사람에 대하여 변호인의 충분한 조력을 받게 하기 위하여는 무엇보다도 신체구속을 당한 사람이 변호인과 충분한 상담을 할 수 있도록 해 주어야만 할 것이므로 변호인의 조력을 받을 권리의 필수적 내용은 신체구속을 당한 사람과 변호인과의 접견교통이다. /

【헌재 판단】 변호인은 접견을 통하여 구속된 피의자나 피고인의 상태를 파악하여 그에 따른 적절한 대응책을 강구하고, 피의사실이나 공소사실의 의미를 설명해 주고 그에 관한 피의자나 피고인의 의견을 들어 대책을 의논한다. /

【헌재 판단】 또한 법적·심리적으로 불안한 상태에 있는 피의자나 피고인은 변호인과의 접견을 통하여 위로를 받음으로써 심리적인 안정을 회복하고, 형사소송절차 내에서 효과적으로 방어권을 행사할 수 있게 된다.

3. 공정한 재판을 받을 권리와 변호인과의 접견교통권

【헌재 분석】 한편, 헌법 제27조 제4항은 "형사피고인은 유죄의 판결이 확정될 때까지 무죄로 추정된다."라고 하여 이른바 무죄추정의 원칙을 선언하고 있다. /

【헌재 요지】 이와 같은 무죄추정의 원칙은 형사절차에서 불리한 처지에 놓인 피의자나 피고인의 지위를 옹호하여 그들의 불이익을 필요한 최소한에 그치게 하자는 것으로서 인간의 존엄성 존중을 궁극의 목표로 하고 있는 헌법이념에서 나온 것이다.

【헌재 요지】 형사소송절차는 이와 같이 무죄로 추정되는 피고인이 자신에게 유리한 사실과 증거자료를 제출함으로써 자신의 방어권을 가장 효과적으로 행사할 수 있는 절차이므로, 형사소송절차에서 피고인의 방어권을 최대한 보장하는 것은 헌법상 보장되는 '공정한 재판받을 권리'를 실현하기 위한 전제 조건이라고 할 수 있다. /

【헌재 요지】 따라서 재판을 앞둔 피고인이 방어권 행사를 준비하기 위한 변호인과의 면접 · 교섭권은 최대한 보장되어야 할 권리라고 할 것이고, 이와 같은 중대한 기본권을 침해하는 조치는 위헌적이라고 할 것이다. /

【헌재 요지】 특히 신체가 구속되어 있는 피고인으로서는 심리적으로도 가장 불안한 시점이라고 할 것이어서, 변호인의 법률적 · 심리적 조력을 가장 필요로 하는 시점이라고 할 것이므로 그 면접 · 교섭권의 보장이 더욱 절실히 요청된다고 할 것이다.

4. 변호인과의 면접 · 교섭권의 한계

【헌재 요지】 그러나 구속피고인의 변호인 면접 · 교섭권의 위와 같은 중요성은 독자적으로 존재하는 것이 아니라 국가형벌권의 적정한 행사와 피고인의 인권보호라는 형사소송절차의 전체적인 체계 안에서 의미를 갖고 있는 것이다. /

【헌재 요지】 따라서 구속피고인의 변호인 면접 · 교섭권은 최대한 보장되어야 하지만, 형사소송절차의 위와 같은 목적을 구현하기 위하여 제한될 수 있다. 다만 이 경우에도 그 제한은 엄격한 비례의 원칙에 따라야 하고, 시간 · 장소 · 방법 등 일반적 기준에 따라 중립적이어야 한다.

【헌재 분석】 이에 따라 행형법(2007. 12. 21. 법률 제8728호 '형의 집행 및 수용자의 처우에 관한 법률'로 전부 개정되기 전의 것)은 제18조에서 수용자의 접견에 관한 일반적 규정을 두는 것과는 별도로, /

【헌재 분석】 제66조 제1항에서 미결수용자와 변호인 간의 접견에 관한 특별규정을 두어, 미결수용자와 변호인과의 접견에는 교도관이 참여하거나 그 내용을 청취 또는 녹취하지 못하고, 단지 보이는 거리에서 미결수용자를 감시할 수 있도록만 하였다. /

【헌재 분석】 또한 행형법 시행령(2008. 10. 29. 대통령령 제21095호로 전부 개정되기 전의 것)도 미결수용자와 변호인 간의 접견에 대하여는 특별규정을 두어, 접견시간 및 접견횟수의 제한이 없도록 하고(제54조, 제56조 제2항), 접견시에도 일반 접견과는 달리 변호인의 성명과 주소만을 기록할 뿐 면담요지 등을 기록하지 않도록 하였다(제58조 제1항). /

【헌재 분석】 나아가 계호근무준칙(법무부훈령 제520호, 2005. 7. 11. 개정된 것) 제275조는 출정수용자의 일반적 접견은 허가하지 아니하면서도, 변호인과의 접견은 허용하되, 다만 계호의 효율성과 접견의 특성을 고려하여 변호인 접견의 절차(제1호), 장소(제2호) 및 방식(제3호, 제4호) 등을 규율하고 있다.

【헌재 요지】 결국 출정피고인에게도 변호인과의 면접·교섭권을 최대한 보장하여야 하지만, 계호의 필요성과 접견의 비밀성을 위하여 비례의 원칙에 따라 일반적 기준 아래에서 그 절차, 시간, 장소, 방식 등이 제한될 수 있다고 할 것이다.

5. 사안에 대한 헌법재판소의 판단

【헌재 분석】 이 사건 심판기록에 의하면, 청구인은 법정 옆 구속피고인 대기실에서 재판을 대기하던 중 자신에 대한 재판 시작 전 약 20분전에 교도관 A에게 변호인과의 면담을 요구하였다. /

【헌재 분석】 당시 위 대기실에는 청구인을 포함하여 14인이 대기 중이었고, 그 중 11인은 살인미수, 강간치상 등 이른바 강력범들이었다. /

【헌재 분석】 반면 대기실에서 근무하는 교도관은 위 A를 포함하여 2명뿐이었고, 위 대기실에는 다른 피고인들로부터 접견의 비밀이 보장될 공간이 없었다. /

【헌재 분석】 또한 청구인은 변호인과의 면접에 관하여 사전에 서면은 물론 구두로도 신청한 바 없어, 교도관들이 이에 대한 준비를 하지 아니하였을 뿐 아니라, 청구인이 만나고자 하는 변호인이 법정에 있는지 조차 알 수 없는 상황이었다.

【헌재 판단】 이 때 교도관 A가 계호근무준칙상의 변호인 접견절차를 무시하고라도 청구인의 변호인과의 면접을 허용하려면, 위 A가 법정으로 들어가 변호인을 찾은 후 면담의 비밀성이 보장되고 계호에도 문제가 없는 공간을 찾아서 A가 면담내용이 들리지 않는 거리에서 지켜보는 가운데 면담을 하게 하여줄 수밖에 없다. /

【헌재 판단】 그러나 위 상황에서 A가 청구인과 변호인 간의 면담을 위하여 이와 같은 행위를 하여주리라고 기대하는 것은 현실적으로 어려울 뿐 아니라 오히려 그러한 행위가 다른 피고인들의 계호 등 교도행정업무에 치명적 위험이 될 가능성도 배제할 수 없다.

【헌재 판단】 결국 위와 같은 시간적·장소적 상황을 고려할 때, 청구인의 이 사건 면담 요구는 구속피고인의 변호인과의 면접·교섭권으로서 현실적으로 보장할 수 있는 한계 범위 밖이라고 아니할 수 없다. /

【헌재 결론】 따라서 청구인의 변호인 면담 요구를 받아들이지 아니한 교도관 A의 이 사건 접견불허 행위는 청구인의 기본권을 침해하는 위헌적인 공권력의 행사라고 보기 어렵다. (심판청구 기각)

2007헌바25

미결구금일수의 전부 통산
형법 57조 위헌결정 사건
2009. 6. 25. 2007헌바25, 헌집 21①하, 784

1. 사실관계 및 사건의 경과

【사실관계】

① 2006. 4. 11. 04:40경 갑은 A(여, 37세)에게 뒤에서 과도를 들고 달려들어 현금과 휴대폰을 빼앗아 강취하고, 계속하여 A를 추행하던 중 A가 "강도야"라고 소리치자 과도로 A에게 상해를 가하였다.

② 검사는 갑을 성폭력처벌법위반죄로 기소하였다.

③ 2006. 8. 23. 제1심법원은 성폭력처벌법의 해당 규정을 적용하여 갑에게 징역 5년을 선고하였다.

④ 갑은 불복 항소하였다.

⑤ 2006. 10. 26. 항소심법원은 항소기각판결을 선고하였다.

⑥ 항소심법원은 형법 제57조 제1항을 적용하여 항소심의 미결구금일수 58일 중 28일만을 본형에 산입하였다.

【사건의 경과 1】

① 갑은 불복 상고하였다.

② 갑은 상고심에서 성폭력처벌법 관련규정과 형법 제57조 제1항이 헌법에 위반된다고 주장하면서 위헌법률심판제청 신청을 하였다.

③ 2007. 2. 8. 대법원은 상고기각판결을 선고하였다.

④ 대법원은 상고심의 미결구금일수 105일 중 100일만을 본형에 산입하였다.

⑤ 대법원은 갑의 위헌법률심판제청신청을 기각하였다.

⑥ 갑은 위헌법률심판제청 신청이 기각되자 헌법재판소법 제68조 제2항에 기하여 헌법재판소에 헌법소원심판을 청구하였다.

【사건의 경과 2】

① 헌법재판소는 다수의견에 따라 형법 제57조 제1항에 대해 일부 위헌결정을 내렸다.

② 헌법재판소는 "형법 제57조 제1항 중 '또는 일부' 부분은 헌법에 위반된다."는 주문을 선고하였다.

③ 헌법재판소는 성폭력처벌법 관련규정에 대해 합헌 결정을 내렸다.

④ (이하에서는 형법 제57조 제1항에 관한 부분만 소개함)

2. 미결구금일수 산입에 대한 일반론

(1) 미결구금의 성격과 통산의 근거

【헌재 분석】 형법 제57조 제1항은 "판결선고 전의 구금일수는 그 전부 또는 일부를 유기징역, 유기금고, 벌금이나 과료에 관한 유치 또는 구류에 산입한다."고 규정하고 있다. /

【헌재 판단】 이러한 판결선고 전의 구금, 즉 미결구금은 도망이나 증거인멸을 방지하여 수사, 재판 또는 형의 집행을 원활하게 진행하기 위하여 무죄추정의 원칙에도 불구하고 불가피하게 피의자 또는 피고인을 일정기간 일정시설에 구금하여 그 자유를 박탈하게 하는 재판확정 전의 강제적 처분이고, 형의 집행은 아니다. /

【헌재 판단】 그러나 미결구금은 자유를 박탈하여 고통을 주는 효과면에서는 실질적으로 자유형과 유사하고, 구금 여부 및 구금기간의 장단은 피고인의 죄책 또는 귀책사유에 정확하게 대응되는 것이 아니라 형사절차상의 사유에 의해 좌우되는 경우가 많다. /

【헌재 판단】 이러한 점에서, 유죄의 경우에는 미결구금기간을 형기에 산입하는 것이 형평에 맞고 피고인들 사이에서도 공평을 도모할 수 있다.

(2) 우리나라의 미결구금산입제도

【헌재 분석】 우리나라는 미결구금기간의 형기산입에 관하여, 형법 제57조 및 '소송촉진등에 관한 특례법' 제24조에 따라 법원의 재판으로 산입되는 '재정통산'제도와, 형사소송법 제482조에 따라 법률상 당연히 산입되는 '법정통산'제도를 두고 있다. /

【헌재 판단】 즉, 미결구금기간의 산입은 형법 제57조 등에 의한 재정통산을 원칙으로 하지만, 피고인에게 책임을 돌릴 수 없는 사유로 미결구금일수가 늘어나는 경우에는 법원의 재량개입이 없이 자동적으로 형기에 산입함이 타당하다고 보아 법정통산규정을 보충적으로 두고 있는 것이다. /

【헌재 판단】 따라서 법정통산은 미결구금일수의 본형산입에 관한 법관의 재량이 인정되지 아니하므로 판결에서 선고할 필요가 없고 선고하더라도 아무런 의미가 없는 것인 반면, 재정통산에 있어서는 법관에게 그 산입 여부에 대한 재량은 없으나 산입의 범위를 결정할 재량이 부여되어 있다.

【헌재 분석】 (3) 결국 미결구금이 자유를 박탈하여 고통을 주는 효과면에서는 실질적으로 자유형의 집행과 유사함에도, 형법 제57조 제1항 부분에 의하여 법관이 미결구금일수를 형기에 일부만 산입할 수 있도록 허용하는 것이 헌법상 적법절차의 원칙, 무죄추정의 원칙 등을 위배하여 신체의 자유를 지나치게 제한하는 것은 아닌지가 문제된다.

3. 적법절차의 원칙 및 무죄추정의 원칙

(1) 헌법상 신체의 자유의 보장

【헌재 판단】 신체의 안전이 보장되지 아니한 상황에서는 어떠한 자유와 권리도 무의미해질 수밖에 없기 때문에 신체의 자유는 인간의 존엄과 가치를 구현하기 위한 가장 기본적인 최소한의 자유로서 모든 기본권 보장의 전제가 된다. /

【헌재 판단】 인간의 자유와 권리의 역사에서 신체의 자유는 주로 통치권력과 지배자의 강압에 의하여 침해받아 왔으므로, 신체의 자유에 대한 보장은 국가공권력으로부터의 보장이 중핵을 이루고 있다. /

【헌재 판단】 이처럼 신체의 자유는 국가형벌권의 행사에 의하여 침해될 여지가 많기 때문에, 우리 헌법은 국가형벌권의 행사로 신체의 자유에 대한 불가피한 제한을 인정하면서도, 그와 동시에 국가형벌권의 부당한 행사에 의하여 발생할 수 있는 신체의 자유의 침해를 방지하기 위하여 그 한계를 구체적으로 정하고 있다.

【헌재 분석】 즉, 헌법 제12조 제1항 전문은 "모든 국민은 신체의 자유를 가진다."라고 선언하면서, 이를 구체적으로 보장하기 위하여, 같은 항 후문에서 "누구든지 법률에 의하지 아니하고는 체포 · 구속 · 압수 · 수색 또는 심문을 받지 아니하며, 법률과 적법한 절차에 의하지 아니하고는 처벌 · 보안처분 또는 강제노역을 받지 아니한다."라고 규정하여 신체의 자유를 보장하기 위한 적법절차의 원칙을 명시하고 있고, /

【헌재 분석】 제12조 제3항 본문은, "체포 · 구속 · 압수 또는 수색을 할 때에는 적법한 절차에 따라 검사의 신청에 의하여 법관이 발부한 영장을 제시하여야 한다."라고 규정함으로써 신체의 자유에 대한 제한은 법관의 영장에 의하여야만 한다는 영장주의를 채택하고 있다.

【헌재 분석】 또한, 헌법 제37조 제2항은 "국민의 모든 자유와 권리는 국가안전보장 · 질서유지 또는 공공복리를 위하여 필요한 경우에 한하여 법률로써 제한할 수 있으며, 제한하는 경우에도 자유와 권리의 본질적인 내용을 침해할 수 없다."라고 규정하여 기본권제한에 관한 일반적 법률유보원칙을 명시하고 그에 대한 입법권의 한계를 설정하여 두고 있으며, /

【헌재 분석】 헌법 제27조 제4항은 "형사피고인은 유죄의 판결이 확정될 때까지는 무죄로 추정된다."라고 규정하여 무죄추정의 원칙을 천명하고 있다.

(2) 적법절차의 원칙

【헌재 분석】 현행 헌법 제12조 제1항 후문과 제3항 본문은 위에서 본 바와 같이 적법절차의 원칙을 헌법상 명문규정으로 두고 있는데, 이는 개정 전의 헌법 제11조 제1항의 "누구든지 법률에 의하지 아니하고는 체포 · 구금 · 압수 · 수색 · 처벌 · 보안처분 또는 강제노역을 당하지 아니한다."라는 규정을 1987. 10. 29. 제9차 개정한 현행 헌법에서 처음으로 영미법계의 국가에서 국민의 인권을 보장하기 위한 기본원리의 하나로 발달되어 온 적법절차의 원칙을 도입하여 헌법에 명문화한 것이며, /

【헌재 분석】 이 적법절차의 원칙은 역사적으로 볼 때 영국의 마그나카르타(대헌장) 제39조, 1335년의 에드워드 3세 제정법률, 1628년 권리청원 제4조를 거쳐 1791년 미국 수정헌법 제5조 제3문과 1868년 미국 수정헌법 제14조에 명문화되어 미국헌법의 기본원리의 하나로 자리잡고 모든 국가작용을 지배하는 일반원리로 해석 · 적용되는 중요한 원칙으로서, 오늘날에는 독일 등 대륙법계의 국가에서도 이에 상응하여 일반적인 법치국가 원리 또는 기본권 제한의 법률유보 원리로 정립되게 되었다.

【헌재 요지】 이와 같이 현행 헌법상 규정된 적법절차의 원칙을 어떻게 해석할 것인가에 대하여 표현의 차이는 있지만 대체적으로 적법절차의 원칙이 독자적인 헌법원리의 하나로 수용되고 있으며 /

【헌재 요지】 이는 형식적인 절차뿐만 아니라 실체적 법률내용이 합리성과 정당성을 갖춘 것이어야 한다는 실질적 의미로 확대 해석하고 있고, /

【헌재 요지】 나아가 형사소송절차와 관련시켜 적용함에 있어서는 형벌권의 실행절차인 형사소송의 전반을 규율하는 기본원리로 이해된다. /

【헌재 요지】 더구나 형사소송절차에 있어서 신체의 자유를 제한하는 법률과 관련시켜 적용함에 있어서는 법률에 따른 형벌권의 행사라고 할지라도 신체의 자유의 본질적인 내용을 침해하지 않아야 할 뿐 아니라 비례의 원칙이나 과잉입법금지의 원칙에 반하지 아니하는 한도 내에서만 그 적정성과 합헌성이 인정될 수 있음을 특히 강조하고 있는 것으로 해석하여야 한다.

(3) 무죄추정의 원칙

【헌재 요지】 헌법상 무죄추정의 원칙은 형사재판에 있어서 유죄의 판결이 확정될 때까지 피의자나 피고인은 원칙적으로 죄가 없는 자로 다루어져야 하고, 그 불이익은 필요최소한에 그쳐야 한다는 것을 의미한다. /

【헌재 요지】 이러한 무죄추정의 원칙은 증거법에 국한된 원칙이 아니라 수사절차에서 공판절차에 이르기까지 형사절차의 전과정을 지배하는 지도원리로서 인신의 구속 자체를 제한하는 원리로 작용한다. /

【헌재 요지】 유죄의 확정판결이 있을 때까지 국가의 수사권은 물론 공소권, 재판권, 행형권 등의 행사에 있어서 피의자 또는 피고인은 무죄로 추정되고 그 신체의 자유를 해하지 아니하여야 한다는 무죄추정의 원칙은, 인간의 존엄성을 기본권질서의 중심으로 보장하고 있는 헌법질서 내에서 형벌작용의 필연적인 기속원리가 될 수밖에 없고, /

【헌재 요지】 이러한 원칙이 제도적으로 표현된 것으로는, 공판절차의 입증단계에서 거증책임(擧證責任)을 검사에게 부담시키는 제도, 보석 및 구속적부심 등 인신구속의 제한을 위한 제도, 그리고 피의자 및 피고인에 대한 부당한 대우 금지 등이 있다.

4. 사안에 대한 헌법재판소의 판단

(1) 불구속수사원칙

【헌재 요지】 신체의 자유를 최대한으로 보장하려는 헌법정신 특히 무죄추정의 원칙으로 인하여 수사와 재판은 원칙적으로 불구속상태에서 이루어져야 한다. /

【헌재 요지】 그러므로 구속은 구속 이외의 방법에 의하여서는 범죄에 대한 효과적인 투쟁이 불가능하여 형사소송의 목적을 달성할 수 없다고 인정되는 예외적인 경우에 한하여 최후의 수단으로만 사용되어야 하며 구속수사 또는 구속재판이 허용될 경우라도 그 구속기간은 가능한 한 최소한에 그쳐야 한다. /

【헌재 판단】 이처럼 신체의 자유를 규정한 헌법 제12조와 무죄추정의 원칙을 규정한 헌법 제27조 제4항의 정신에 비추어 당연하게 해석되어 온 일반원칙은, 2007. 6. 1. 법률 제8435호로 개정된 형사소송법 제198조 제1항이 "피의자에 대한 수사는 불구속 상태에서 함을 원칙으로 한다."라고 불구속수사의 원칙을 천명함으로써 입법화되었다.

(2) 미결구금일수의 통산

【헌재 요지】 그러므로 수사의 필요상 또는 재판절차의 진행상 불가피하게 피고인을 구금하더라도 이러한 미결구금은 무죄추정의 원칙에도 불구하고 신체의 자유라는 중요한 기본권을 제한하는 것이므로, 앞에서 본 바와 같이 적법절차의 원칙에 따라 신체의 자유의 본질적인 내용을 침해하지 않아야 할 뿐 아니라 과잉금지원칙에 반하지 아니하는 정당한 한도 내로 제한되어야 한다.

【헌재 요지】 또한, 피의자나 피고인이 위와 같은 국가의 형사소송적 필요에 의하여 적법하게 구금되었더라도, 미결구금은 피의자 또는 피고인의 신체의 자유를 박탈하고 있다는 점에서 실질적으로 자유형의 집행과 유사하기 때문에, 무죄추정의 원칙에 따라 그 구금기간에 대한 정당한 평가와 보상이 이루어져야 한다. /

【헌재 요지】 즉, 구금된 피고인이 무죄판결을 받은 경우 형사보상법 등에 의하여 미결구금일수에 따른 금전적 보상을 받을 수 있고, 유죄판결을 받은 경우에는 미결구금일수를 본형에 통산하게 된다.

(3) 재량통산과 그 목적

【헌재 분석】 그런데 우리 형법 제57조 제1항은, 대다수의 입법례가 미결구금기간의 '전부'를 형기에 산입하는 것과는 달리, 미결구금기간의 "전부 또는 일부를 …… 산입한다"라고 규정함으로써, 해당 법관으로 하여금 미결구금일수를 형기에 산입하되, 그 산입범위는 재량에 의하여 결정하도록 하고 있다.

【헌재 분석】 이처럼 미결구금일수 산입범위의 결정을 법관의 자유재량에 맡기는 이유는, 피고인이 고의로 부당하게 재판을 지연시키는 것을 막아 형사재판의 효율성을 높이고, 피고인의 남상소(濫上訴)를 방지하여 상소심 법원의 업무부담을 줄이는데 있다고 한다.

(4) 재량통산의 정당성 여부

【헌재 판단】 그러나 아래에서 보는 바와 같이, 위와 같은 입법목적이 헌법상 무죄추정의 원칙과 적법절차의 원칙에 반하여 미결구금일수의 일부만을 형기에 통산하는 것을 허용할 만큼 합리성과 정당성을 갖추었다고 보기 어렵다.

【헌재 판단】 (가) 우선 미결구금을 허용하는 것 자체가 헌법상 무죄추정의 원칙에서 파생되는 불구속수사의 원칙에 대한 예외인데, 형법 제57조 제1항 부분은 그 미결구금일수 중 일부만을 본형에 산입할 수 있도록 규정하여 그 예외에 대하여 사실상 다시 특례를 설정함으로써, 기본권 중에서도 가장 본질적인 신체의 자유에 대한 침해를 가중하고 있다.

【헌재 판단】 (나) 미결구금은 신체의 자유를 박탈하여 고통을 주는 효과면에서는 실질적으로 자유형의 집행과 유사하고, 미결구금상태에서의 정신적 긴장이나 미래에 대한 불안을 고려할 때 미결구금이 확정된 형의 집행보다 완화된 형태의 구금이라고 단정할 수도 없다.

【헌재 판단】 이른바 기결수에 비하여 미결수가 교도소 내의 면회횟수의 제한, 이감(移監), 노역 등의 처우에 있어 유리하다는 반론이 있으나, 미결수에 대한 이러한 처우는 무죄추정의 원칙상 인정되는 당연한 것이고, 기결수와의 위와 같은 차이는 기결수에 대한 교도소 내의 처우를 미결수에 맞추어 개선하려는 노력으로 해결하여야 할 것이지, 미결수의 구금을 기결수의 형집행에 비하여 차등평가하는 근거로 삼아서는 안 될 것이다.

【헌재 판단】 (다) 구속 피고인의 책임으로 부당하게 재판이 지연된 경우에는 재판의 효율성을 위하여 미결구금기간 중 그에 해당하는 부분을 형기에 산입하여서는 아니 된다는 주장이 있으나, 형사소송절차상의 사유에 의해 좌우되는 구금기간의 장단을 피고인의 귀책사유에 정확하게 대응시키기도 쉽지 않을 뿐 아니라, /

【헌재 판단】 설사 구속 피고인이 고의로 재판을 지연하거나 부당한 소송행위를 하였다고 하더라도 이를 이유로 미결구금기간 중 일부를 형기에 산입하지 않는 것은 처벌되지 않는 소송상의 태도에 대하여 형벌적 요소를 도입하여 제재를 가하는 것으로서 적법절차의 원칙 및 무죄추정의 원칙에 반한다고 할 것이다.

【헌재 판단】 (라) 형사소송절차에서 상소제도는 오판을 시정하고 법령의 해석·적용을 통일하기 위하여 마련된 것인바, 상소권의 남용은 형사재판절차를 불필요하게 지연시킬 뿐 아니라 상소심 업무를

과중하게 하여 신속·적정한 사법(司法)운영을 방해하므로, 이를 예방하거나 제어할 필요성이 있다.

【헌재 판단】 그러나 피고인의 상소권은 헌법 제27조의 재판청구권에 포함되는 피고인의 정당한 권리로서 헌법 제37조 제2항의 비례의 원칙에 의하여만 이를 제한할 수 있는바, 형법 제57조 제1항 부분이 상소제기 후 미결구금일수의 일부가 법원의 재량으로 산입되지 않을 수 있도록 하여 피고인의 상소 의사를 위축시킴으로써 남상소를 방지하려 하는 것은, 입법목적 달성을 위한 적절한 수단이라고 할 수 없다.

【헌재 판단】 즉, 형사재판에서 인신이 구속되어 검사에 비하여 불리한 상태에 있는 피고인으로서는 재판절차에서 자신에게 유리한 변론이나 증거신청을 하려 하다가도 위 형법 제57조 제1항 부분 때문에 정당한 증거신청을 포기할 수도 있다. /

【헌재 판단】 또한, 형법 제57조 제1항에 의하여 미결구금일수를 산입하는 이상 그 산입일수는 법관의 자유재량이라는 것이 대법원의 확립된 판례이고, 재정통산의 경우에 1심 판결이 피고인의 미결구금일수 중 일부를 본형에 산입하지 아니하였다 하더라도 이는 판결법원의 재량에 속하는 사항이며 일부 통산하지 아니한 미결구금일수에 대하여 상소심에 재량권이 없으므로, 원심판결에 불복하는 구속 피고인이 상소심에서 미결구금일수 중 일부만이 산입되어 사실상 구금기간이 연장되는 불이익을 입지 않기 위해서 상소를 주저하게 될 수도 있다. 이는 결국 남상소를 방지한다는 명목으로 오히려 구속 피고인의 재판청구권이나 상소권의 적정한 행사를 저해하게 되는 것이다.

【헌재 판단】 (마) 구속의 목적은 형사소송절차의 실효성, 즉 적정한 사실조사 및 소송절차에의 출석 확보와 판결 후의 형벌의 집행을 담보하려는 데에 있는 것이므로, 이러한 목적 이외의 다른 목적을 추구하는 데에 허용되지 않는다. 그러므로 피의자나 피고인이 구속된 상태를 이용하여 소송의 지연이나 남상소의 방지라는 사법운영상의 목적을 달성하려는 것은 구속제도의 본래 목적에 부합하지 않는다고 할 것이다.

【헌재 판단】 (바) 미결구금은 무죄추정원칙의 예외적 상태로서 신체의 자유를 중대하게 제한하는 것이므로 구속 피고인은 구속되었다는 점만으로도 이미 불구속 피고인보다 불이익한 처우를 받고 있는 것인데, 나아가 유죄판결 확정시 미결구금일수 중 일부만이 산입된다면 사실상 구금기간이 늘어나게 되어, 불구속 상태에서 유죄판결이 확정되어 자유형을 집행받는 피고인에 비하여 다시 한번 불리한 차별을 받는 결과를 초래한다.

(5) 소 결

【헌재 결론】 헌법상 무죄추정의 원칙에 따라, 유죄판결이 확정되기 전에 피의자 또는 피고인을 죄 있는 자에 준하여 취급함으로써 법률적·사실적 측면에서 유형·무형의 불이익을 주어서는 아니된다. /

【헌재 결론】 특히 미결구금은 신체의 자유를 침해받는 피의자 또는 피고인의 입장에서 보면 실질적으로 자유형의 집행과 다를 바 없으므로, 인권보호 및 공평의 원칙상 형기에 전부 산입되어야 한다.

【헌재 결론】 그러나 형법 제57조 제1항 중 "또는 일부" 부분은 미결구금의 이러한 본질을 충실히 고려하지 못하고 법관으로 하여금 미결구금일수 중 일부를 형기에 산입하지 않을 수 있게 허용하였는바, 이는 헌법상 무죄추정의 원칙 및 적법절차의 원칙 등을 위배하여 합리성과 정당성 없이 신체의 자유를 지나치게 제한함으로써 헌법에 위반된다고 할 것이다.

【헌재 주문】

1. 형법 제57조 제1항 중 "또는 일부" 부분은 헌법에 위반된다.

2008도942

증언거부권 불고지의 법적 효과
쌍방상해 위증 사건
2010. 1. 21. 2008도942 전원합의체 판결, 공 2010상, 465

1. 사실관계 및 사건의 경과

【사실관계 1】

① 갑과 을은 쌍방 상해 사건으로 기소되었다.

② 갑과 을은 P법원의 Q재판부에서 공동피고인으로 함께 재판을 받게 되었다.

③ 갑은 "을을 폭행한 사실이 없고, 제가 오히려 피해자입니다."라고 진술하였다.

④ Q재판부는 공동피고인 을에 대한 상해 사건의 변론을 분리하였다.

【사실관계 2】

① 변론 분리된 을에 대한 상해 사건에서 갑은 피해자 증인으로 채택되어 검사로부터 신문을 받게 되었다.

② 검사의 갑에 대한 증인신문 과정에서 검사는 갑이 을을 폭행하였는가에 대해 질문하였다.

③ 갑은 "을을 폭행한 사실이 없고, 제가 오히려 피해자입니다."라고 재차 진술하였다.

④ 그런데 갑의 진술은 거짓 진술이었다.

⑤ 변론 분리된 을에 대한 상해 사건에서 갑이 피해자 증인으로 신문받는 과정에서 Q재판부의 재판장은 갑에게 증언거부권을 고지하지 않았다.

【사건의 경과】

① 검사는 갑을 위증죄로 기소하였다.

② 갑의 피고사건은 제1심을 거친 후, 항소심에 계속되었다.

③ 항소심법원은 갑에게 무죄를 선고하였다.

④ 검사는 불복 상고하였다.

⑤ 대법원은 전원 일치의 의견으로 종전 대법원판례를 폐기하고 상고를 기각하였다.

2. 법률에 의하여 선서한 증인

【대법원 분석】 1. 형법은 제152조 제1항에서 "법률에 의하여 선서한 증인이 허위의 진술을 한 때에는 5년 이하의 징역 또는 1천만 원 이하의 벌금에 처한다."고 규정하여 위증죄를 두고 있다. /

【대법원 판단】 위증죄의 보호법익은 국가의 사법작용 및 징계작용에 있으며, 위증죄는 선서에 의하여 담보된 증인 진술의 정확성을 확보함으로써 법원 또는 심판기관의 진실 발견을 위한 심리를 해하여 정당한 판단이 위태롭게 되는 것을 방지하는 기능을 수행한다.

【대법원 판단】 형사사법작용에 관한 대표적인 법률인 형사소송법은 진실 발견을 위하여 증인으로 출석하여 증언을 하는 것을 모든 국민의 의무로 규정하면서도(제146조), 다른 한편으로는 소송법이 지향하고 있는 목표 내지 이념 및 이와 긴장·대립관계에 있을 수 있는 증인의 기본권 내지 이익 또는 다른 공익적 가치와의 조화를 꾀하고 있다. /

【대법원 판단】 형사소송법이 증인신문과 관련하여 마련한 여러 제도와 상세하고도 구체적인 절차 조항들은 모두 이러한 가치, 권리, 이익의 균형·조화 속에서 적법 절차를 구현하기 위한 장치들이다. /

【대법원 요지】 위와 같은 위증죄와 형사소송법의 취지, 정신과 기능을 고려하여 볼 때, 형법 제152조 제1항에서 정한 "법률에 의하여 선서한 증인"이라 함은 "법률에 근거하여 법률이 정한 절차에 따라 유효한 선서를 한 증인"이라는 의미이고, 그 증인신문은 법률이 정한 절차 조항을 준수하여 적법하게 이루어진 경우여야 한다고 볼 것이다.

3. 증인신문과 선서

【대법원 분석】 2. 형사소송법은 증인신문에 관하여 진지하고도 엄숙한 절차 규정을 두어 증인에게 진실의무를 부과함과 동시에 이를 어길 때에는 위증의 벌을 받는다는 것을 명확하고 충분하게 인식할 수 있도록 하고, 재판장으로 하여금 재판진행과정에서 이러한 절차 규정을 엄격하게 준수하게 함으로써 위증의 방지 및 궁극적으로는 형사소송의 이념을 실현할 것을 도모하고 있다. /

【대법원 분석】 즉, 재판장은 증인이 선서무능력자에 해당하지 아니하는 한 신문 전에 선서하게 하여야 하며(제156조, 제159조), 선서할 증인에 대하여 선서 전에 위증의 벌을 경고하여야 하고(제158조), 증인으로 하여금 기립하여 엄숙하게 "양심에 따라 숨김과 보탬이 없이 사실 그대로 말하고 만일 거짓말이 있으면 위증의 벌을 받기로 맹서합니다"라고 기재된 선서서를 원칙적으로 직접 낭독하고 기명날인 또는 서명하는 방식으로 선서하도록 하고 있다(제157조).

4. 증인신문과 증언거부권

【대법원 분석】 한편, 형사소송법은 자신에 대한 소송절차가 아님에도 불구하고 법정에 출석하여 선서하고 경험한 사실을 진술하여야 하는 의무를 부담하는 증인을 위하여 일정한 경우에는 진술 대신 침묵할 수 있는 증언거부권 제도를 두고 있다. /

【대법원 분석】 즉, 자기나 자기와 친족 또는 친족관계가 있었던 자, 법정대리인 및 후견감독인 등이 형사소추 또는 공소제기를 당하거나 유죄판결을 받을 사실이 발로될 염려 있는 증언, /

【대법원 분석】 변호사, 의사, 종교의 직 등 일정한 직역에 있는 자 또는 이러한 직에 있던 자가 그 업무상 위탁을 받은 관계로 알게 된 사실로서 타인의 비밀에 관한 증언 등에 대해서는 증언거부권을 인정하고(제148조, 제149조), /

【대법원 분석】 증언을 거부하는 자는 거부사유를 소명하도록 하는 일방(제150조), 증언거부권 고지 제도를 마련하여 재판장으로 하여금 증인에게 증언거부사유가 있는 경우에는 신문 전에 증언을 거부할 수 있음을 설명하도록 하고 있다(제160조).

5. 증인신문절차 위반의 법적 효과

【대법원 요지】 위에서 살펴본 위증죄의 의의 및 보호법익, 형사소송법에 규정된 증인신문절차의 내용, 증언거부권의 취지 등을 종합적으로 살펴보면, 증인신문절차에서 법률에 규정된 증인 보호를 위한 규정이 지켜진 것으로 인정되지 않은 경우에는 증인이 허위의 진술을 하였다고 하더라도 위증죄의 구성요건인 "법률에 의하여 선서한 증인"에 해당하지 아니한다고 보아 이를 위증죄로 처벌할 수 없는 것이 원칙이다. /

【대법원 요지】 다만, 법률에 규정된 증인 보호 절차라 하더라도 개별 보호절차 규정들의 내용과 취지가 같지 아니하고, 당해 신문 과정에서 지키지 못한 절차 규정과 그 경위 및 위반의 정도 등 제반 사정이 개별 사건마다 각기 상이하므로, 이러한 사정을 전체적·종합적으로 고려하여 볼 때, 당해 사건에서 증인 보호에 사실상 장애가 초래되었다고 볼 수 없는 경우에까지 예외 없이 위증죄의 성립을 부정할 것은 아니라고 할 것이다.

6. 위증처벌 경고 누락의 효과

【대법원 요지】 이러한 기준에서 보면, 재판장이 선서할 증인에 대하여 선서 전에 위증의 벌을 경고하지 않았다는 등의 사유는 그 증인신문절차에서 증인 자신이 위증의 벌을 경고하는 내용의 선서서를 낭독하고 기명날인 또는 서명한 이상 위증의 벌을 몰랐다고 할 수 없을 것이므로 증인 보호에 사실상 장애가 초래되었다고 볼 수 없고, 따라서 위증죄의 성립에 지장이 없다고 보아야 한다. /

7. 증언거부권 고지 누락의 효과

【대법원 요지】 그리고 증언거부권 제도는 앞서 본 바와 같이 증인에게 증언의무의 이행을 거절할 수 있는 권리를 부여한 것이고, 형사소송법상 증언거부권의 고지 제도는 증인에게 그러한 권리의 존재를 확인시켜 침묵할 것인지 아니면 진술할 것인지에 관하여 심사숙고할 기회를 충분히 부여함으로써 침묵할 수 있는 권리를 보장하기 위한 것임을 감안할 때, /

【대법원 요지】 재판장이 신문 전에 증인에게 증언거부권을 고지하지 않은 경우에도 /

【대법원 요지】 당해 사건에서 증언 당시 증인이 처한 구체적인 상황, /

【대법원 요지】 증언거부사유의 내용, /

【대법원 요지】 증인이 증언거부사유 또는 증언거부권의 존재를 이미 알고 있었는지 여부, /

【대법원 요지】 증언거부권을 고지받았더라도 허위진술을 하였을 것이라고 볼 만한 정황이 있는지 등을 /

【대법원 요지】 전체적·종합적으로 고려하여 증인이 침묵하지 아니하고 진술한 것이 자신의 진정한 의사에 의한 것인지 여부를 기준으로 위증죄의 성립 여부를 판단하여야 한다. /

【대법원 요지】 그러므로 헌법 제12조 제2항에 정한 불이익 진술의 강요금지 원칙을 구체화한 자기부죄거부특권에 관한 것이거나 /

【대법원 요지】 기타 증언거부사유가 있음에도 증인이 증언거부권을 고지받지 못함으로 인하여 그

증언거부권을 행사하는 데 사실상 장애가 초래되었다고 볼 수 있는 경우에는 위증죄의 성립을 부정하여야 할 것이다.

【대법원 요지】 이와 달리, 피고인이 증인으로 선서한 이상 진실대로 진술한다고 하면 자신의 범죄를 시인하는 진술을 하는 것이 되고 증언을 거부하는 것은 자기의 범죄를 암시하는 것이 되는 처지에 있다 하더라도 증인에게는 증언을 거부할 수 있는 권리를 인정하여 위증죄로부터의 탈출구를 마련하고 있는 만큼 적법행위의 기대가능성이 없다고 할 수 없고 선서한 증인이 허위의 진술을 한 이상 증언거부권 고지 여부를 고려하지 아니한 채 위증죄가 바로 성립한다는 취지로 /

【대법원 요지】 대법원 1987. 7. 7. 선고 86도1724 전원합의체 판결에서 판시한 대법원의 의견은 위 견해에 저촉되는 범위 내에서 이를 변경하기로 한다.

8. 사안에 대한 대법원의 판단

【대법원 분석】 3. 위 법리에 비추어 볼 때, 원심이 판시와 같은 사정, /

【대법원 판단】 특히 피고인이 공소외인과 쌍방 상해 사건으로 공소 제기되어 공동피고인으로 함께 재판을 받으면서 자신은 폭행한 사실이 없다고 주장하며 다투던 중 공소외인에 대한 상해 사건이 변론 분리되면서 피해자인 증인으로 채택되어 검사로부터 신문받게 되었고 /

【대법원 판단】 그 과정에서 피고인 자신의 공소외인에 대한 폭행 여부에 관하여 신문을 받게 됨에 따라 증언거부사유가 발생하게 되었는데도, 재판장으로부터 증언거부권을 고지받지 못한 상태에서 자신의 종전 주장을 그대로 되풀이함에 따라 결국 거짓 진술에 이르게 된 사정 등을 이유로 피고인에게 위증죄의 죄책을 물을 수 없다고 판단한 것은 결론에 있어 정당하고, 거기에 상고이유에서 주장하는 바와 같은 위증죄의 성립 범위에 관한 법리오해의 위법은 없다. (상고 기각)

【코멘트】 본 판례는 증인신문절차 위반과 위증죄의 관계를 보여주고 있다. 본 판례에서 대법원은 증인신문절차를 준수하지 않으면 '법률에 의하여 선서한 증인'의 요건이 구비되지 아니하여 원칙적으로 위증죄가 성립하지 않는다고 판시한다. 다만, 대법원은 재판장이 위증처벌의 경고를 하지 않더라도 증인이 선서서를 낭독하는 과정에서 위증처벌의 경고를 알게 되므로 '법률에 의하여 선서한 증인'의 요건을 탓할 수 없다고 본다.

본 판례에서 대법원은 재판장이 증언거부권을 고지하지 않은 경우에 대해 원칙적으로 위증죄의 성립을 부정한다. 이와 관련하여 대법원은 (가) 헌법 제12조 제2항에 정한 불이익 진술의 강요금지 원칙을 구체화한 자기부죄거부특권에 관한 것이거나, (나) 기타 증언거부사유가 있음에도 증인이 증언거부권을 고지받지 못함으로 인하여 그 증언거부권을 행사하는 데 사실상 장애가 초래되었다고 볼 수 있는 경우에는 위증죄의 성립을 부정한다.

그런데 (나)의 경우와 관련하여 '증언거부권을 행사하는 데 사실상 장애가 초래되었다'고 볼 것인가 여부가 문제된다. 본 판례에서 대법원은 사실상 장애가 초래되었다고 판단하고 있다. 한편 이와는 반대로 2010. 2. 25. **2007도6273** 판례는 대법원이 증언거부권을 행사하는 데 사실상 장애가 초래되었다고 볼 수 없다고 판단한 사안을 보여주고 있다. 2007도6273 판례는 본 판례의 판시사항을 그대로 인용하고 있으나 결론은 정반대이다. 사실관계의 어떠한 점이 반대의 결론에 이르게 하였는가를 검토하는 것은 증언거부권 불고지와 위증죄의 관계를 검토함에 있어서 유용한 작업이 될 것이다.

2008도984

간통 종용과 고소의 유효조건
위자료 청구 인낙 사건
2009. 7. 9. 2008도984, 공 2009하, 1370

1. 사실관계 및 사건의 경과

【사실관계】

① 갑과 A는 부부 사이이다.

② 2006. 12. 29. A는 서울가정법원에 이혼의 의사가 기재된 협의이혼신청 진술서가 첨부된 '협의이혼 의사확인 신청서'를 제출하였다.

③ 2007. 1. 15. (협의이혼 전 숙려기간중임) A는 혼인을 계속할 의사를 가지고 위 신청을 취하하였다.

④ 2007. 1. 18.경 갑과 을은 ㉠성관계를 가졌다.

⑤ 2007. 1. 18. 이를 알게 된 A는 갑과 을을 간통죄로 고소하였다.

⑥ 2007. 1. 23. A는 갑과 을을 상대로 이혼 및 위자료 등 청구소송을 제기하였다.

【사건의 경과 1】

① 2007. 2. 22. 갑은 A의 청구를 모두 인낙하는 취지의 답변서를 제출하였다.

② 2007. 3. 2. A는 간통고소를 취소하면서 이혼소송 취하서를 제출하였다.

③ 2007. 3. 14. 갑은 소취하 부동의서를 제출함으로써 이혼소송이 계속되었다.

④ 2007. 4. 초 갑과 을은 ㉡간통행위를 하였다.

【사건의 경과 2】

① 검사는 ㉡간통행위를 공소사실로 하여 갑과 을을 간통죄로 기소하였다.

② 갑과 을의 피고사건은 제1심을 거친 후, 항소심에 계속되었다.

③ 항소심법원은 유죄를 선고하였다.

④ 갑과 을은 불복 상고하였다.

⑤ 갑과 을은 상고이유로, A로부터 간통종용 내지 유서가 있었으므로 A의 고소는 무효라고 주장하였다.

2. 간통 고소와 간통의 종용

【대법원 요지】 혼인 당사자가 더 이상 혼인관계를 지속할 의사가 없고 이혼의사의 합치가 있는 경우에는 비록 법률적으로 혼인관계가 존속한다고 하더라도 간통에 대한 사전 동의인 종용에 해당하는 의사표시가 그 합의 속에 포함되어 있는 것으로 보아야 할 것이나, /

【대법원 요지】 그러한 합의가 없는 경우에는 비록 잠정적·임시적·조건적으로 이혼의사가 쌍방으로부터 표출되어 있다고 하더라도 간통 종용의 경우에 해당하지 않는다.

3. 사안에 대한 대법원의 분석

【**대법원 분석**】 원심판결 이유 및 기록에 의하면, /

【**대법원 분석**】 피고인 갑과 배우자인 공소외인은 2006. 12. 29. 서울가정법원에 이혼의 의사가 기재된 '협의이혼신청 진술서가 첨부된 '협의이혼 의사확인 신청서'를 제출하였는데, 공소외인은 이른바 협의이혼 전 숙려기간 진행 중이던 2007. 1. 15. 혼인을 계속할 의사를 가지고 위 신청을 취하한 사실, /

【**대법원 분석**】 피고인들은 그 후인 2007. 1. 18.경 성관계를 가졌고 이를 알게 된 공소외인은 같은 날 피고인들을 간통으로 고소하면서 2007. 1. 23. 피고인들을 상대로 이혼 및 위자료 등 청구소송을 제기한 사실, /

【**대법원 분석**】 피고인 갑은 2007. 2. 22. 이를 모두 인낙하는 취지의 답변서를 제출하였으나, 공소외인은 2007. 3. 2. 위 간통고소를 취소하면서 위 이혼소송 취하서를 제출한 사실, /

【**대법원 분석**】 그런데 피고인 갑이 2007. 3. 14. 소취하 부동의서를 제출함으로써 이혼소송이 계속되었고, 피고인들은 2007. 4.초경 이 사건 간통행위를 한 사실이 인정된다.

4. 사안에 대한 대법원의 판단

【**대법원 판단**】 위 인정 사실에 의하면, 피고인 갑과 공소외인이 이 사건 협의이혼 의사확인 신청서를 제출하였다고 하더라도 공소외인이 숙려기간을 거치는 동안 혼인을 계속할 의사로 협의이혼신청을 취하한 이상, 앞으로 다른 이성과의 정교관계가 있어도 묵인한다는 의사가 포함된 명백한 이혼의사의 합치가 있었다고 보기 어렵고, /

【**대법원 판단**】 공소외인이 피고인 갑을 상대로 하는 이혼소송을 제기하였다가 위 이혼소송에 대한 취하서를 제출하였다면, 비록 그 취하서 제출 전에 피고인 갑이 공소외인의 이혼청구를 인낙하는 취지로 답변하여 그 사이에 간통의 종용으로 볼 수 있는 이혼의사의 합치가 일시적으로 이루어졌고, 소취하가 부동의 되어 위 이혼소송이 계속되었다고 하더라도, 위 취하서의 제출로써 간통 종용의 의사표시는 유효하게 철회되었다고 할 것이고, /

【**대법원 판단**】 위 이혼소송은 피고인 갑에게 혼인관계 파탄의 책임이 있음이 인정됨을 조건으로 계속되었을 뿐이므로, 위 협의이혼 의사확인 신청과 이혼소송 제기 사실만으로 이 사건 간통행위에 대한 종용이 있었다고 볼 수는 없다.

【**대법원 결론**】 따라서 같은 취지에서 피고인들에 대한 이 사건 간통 범죄사실을 유죄로 인정한 원심판단은 수긍할 수 있고, 거기에 상고이유에서 주장하는 바와 같은 형법 제241조 제2항 단서규정에 대한 법령위배 또는 간통 종용 의사표시의 철회에 관한 법리오해 등의 위법이 없다. (상고 기각)

2008도1092

항소이유와 직권판단의 관계
도리어 감경 사건
2010. 12. 9. 2008도1092, 공 2011상, 154

1. 사실관계 및 사건의 경과

【사실관계】
① 갑은 사기죄 등으로 기소되었다.
② 제1심법원은 피고사건의 유죄 부분에 대하여 갑에게 징역형의 집행유예를 선고하였다.
③ 검사는 양형이 너무 가벼워서 부당하다는 취지로 항소하였다.

【사건의 경과】
① 항소심법원은 검사의 항소이유에 대한 판단을 생략한 채 직권으로 판단하였다.
② 항소심법원은 제1심의 양형이 너무 무거워서 부당하다고 인정하였다.
③ 항소심법원은 제1심판결을 파기하고 벌금형을 선고하였다.
④ 검사는 불복 상고하였다.

2. 사안에 대한 대법원의 판단

【대법원 분석】 항소법원은 항소이유에 포함된 사유에 관하여 심판하여야 하고, 다만 판결에 영향을 미친 사유에 관하여는 항소이유서에 포함되지 아니한 경우에도 직권으로 심판할 수 있다(형사소송법 제364조 제1항, 제2항). /

【대법원 요지】 한편, 항소이유에는 '형의 양정이 부당하다고 인정할 사유가 있는 때'가 포함되고(같은 법 제361조의5 제15호), /

【대법원 요지】 위와 같이 판결에 영향을 미치는 사유는 항소이유서에 포함되지 아니한 것이라도 항소심의 심판의 대상이 될 뿐만 아니라, /

【대법원 요지】 검사만이 항소한 경우 항소심이 제1심의 양형보다 피고인에게 유리한 형량을 정할 수 없다는 제한이 있는 것도 아니다. /

【대법원 요지】 따라서 항소법원은 제1심의 형량이 너무 가벼워서 부당하다는 검사의 항소이유에 대한 판단에 앞서 직권으로 제1심판결에 양형이 부당하다고 인정할 사유가 있는지 여부를 심판할 수 있고, 그러한 사유가 있는 때에는 제1심판결을 파기하고 제1심의 양형보다 가벼운 형을 정하여 선고할 수 있다고 할 것이다.

【대법원 분석】 이 사건에 대하여 보건대, 원심판결의 이유에 의하면, 제1심은 이 사건 유죄 부분에 관하여 피고인에게 징역형의 집행유예를 선고하였고, 검사만이 그 양형이 너무 가벼워서 부당하다는 취지로 항소하였다. /

【대법원 분석】 이에 원심은 검사의 항소이유에 대한 판단을 생략한 채 직권으로 제1심의 양형이 너

무 무거워서 부당하다고 인정한 다음 형사소송법 제364조 제2항, 제6항에 의하여 제1심판결을 파기하고 피고인에게 벌금형을 선고하였다.

【대법원 판단】 이러한 원심판결은 위 법리에 따른 것으로서 정당하고, 달리 거기에 형사소송법 제364조 제2항에 의한 항소법원의 심판에 관한 법리오해의 잘못이 없다. (상고 기각)

2008도1584

사인의 위법수집증거와 위법수집증거배제법칙
업무수첩 절취 사건
2008. 6. 26. 2008도1584, [미간행]

1. 사실관계 및 사건의 경과

【사실관계 1】

① 갑은 건설업체 P회사를 경영하고 있다.

② A는 P회사의 직원이다.

③ P회사는 Q사찰의 M건물 신축공사를 진행하고 있었다.

④ P회사와 Q사찰 사이에 분쟁이 발생하였다.

⑤ 갑은 Q사찰을 상대로 건축주명의변경절차이행청구의 소를 제기하였다. (㉮민사소송)

⑥ 갑은 ㉮민사소송에서 다음의 문서를 증거로 제출하였다.

　(가) 1996. 2. 25.자 Q사찰 신축 공사계약서 (㉠신축계약서)

　(나) 1998. 2. 25.자 Q사찰 신축추가 공사계약서 (㉡추가계약서)

　(다) 1999. 11. 27.자 약정서 (㉢약정서)

⑦ ㉠신축계약서와 추가계약서상의 공사대금은 합계 60억여 원이다.

⑧ 갑이 Q사찰을 상대로 제기한 ㉮민사소송에서 건축공사비에 대한 감정 결과상의 총공사비는 32억여 원이다.

⑨ ㉢약정서의 내용은 미지급 공사대금 전액을 6개월 이내에 지급하지 못하면 건축주 명의를 갑 앞으로 환원한다는 내용이다.

【사실관계 2】

① Q사찰은 R회사에 M건물의 나머지 공사를 맡겼다.

② 2000. 10. 11. 갑은 Q사찰을 상대로 공사금지 및 건축주명의변경금지 가처분신청을 하였다.

③ 갑은 이와 관련하여 ㉢약정서를 제출하였다.

④ Q사찰 측은 ㉠, ㉡, ㉢문서가 위조된 것이라고 주장하였다.

⑤ Q사찰 측은 갑을 사문서위조죄 등으로 고소하였다.

⑥ 검찰은 증거불충분으로 갑에 대해 불기소처분을 내렸다.

⑦ 갑은 ㉠, ㉡, ㉢문서를 증거로 제출하여 ㉮민사소송에서 승소하였다.

⑧ 갑의 승소판결은 확정되었다.

【사실관계 3】

① 갑이 운영하던 P회사의 직원 B는 갑을 상대로 ⑭민사소송을 제기하려고 준비하였다.

② B는 이를 위하여 P회사에 보관되어 있던 N업무일지를 통째로 가져왔다.

③ N업무일지 그 자체는 갑이 경영하는 P회사가 그날그날 현장 및 사무실에서 수행한 업무내용 등을 담당직원이 기재한 것이다.

④ B는 증거검토를 하던 중에 N업무일지 중 일부의 뒷면에서 갑이 ㉠, ㉡, ㉢문서의 위조를 위해 연습한 흔적을 발견하였다.

⑤ Q사찰 측은 이를 알고 B에게 대가를 주고 N업무일지를 입수하였다.

⑥ Q사찰 측은 N업무일지를 추가제출하여 갑을 다시 검찰에 고소하였다.

【사건의 경과】

① 검사는 갑을 특경가법위반죄(사기), 사문서위조죄 등으로 기소하였다.

② 제1심법원은 유죄를 인정하였다.

③ 갑은 불복 항소하였다.

④ 항소심법원은 N업무일지의 증거능력을 인정하였다.

⑤ 항소심법원은 항소를 기각하고, 제1심판결을 유지하였다.

⑥ (항소심의 판단 이유는 판례 본문 참조)

⑦ 갑은 불복 상고하였다.

⑧ 갑은 상고이유로 다음의 점을 주장하였다.

　　(가) N업무일지는 B가 P회사에서 절취한 것이다.

　　(나) N업무일지는 갑의 사생활 영역을 침해하여 취득한 증거이다.

　　(다) 따라서 N업무일지는 증거능력이 없다.

2. 사인의 위법수집증거와 증거능력

【대법원 분석】 1. 기록에 의하여 살펴보면, /

【대법원 분석】 이 사건 업무일지 그 자체는 피고인 경영의 주식회사 P건설이 그날그날 현장 및 사무실에서 수행한 업무내용 등을 담당직원이 기재한 것이고, /

【대법원 분석】 그 뒷면은 1996. 2. 25.자 Q사찰 신축 공사계약서(이하 '신축계약서'라 한다), /

【대법원 분석】 1998. 2. 25.자 Q사찰 신축추가 공사계약서(이하 '추가계약서'라 한다) 및 /

【대법원 분석】 1999. 11. 27.자 약정서 등 /

【대법원 분석】 이 사건 각 문서의 위조를 위해 미리 연습한 흔적이 남아 있는 것에 불과하여, /

【대법원 판단】 이를 피고인의 사생활 영역과 관계된 자유로운 인격권의 발현물이라고 볼 수는 없고, /

【대법원 요지】 사문서위조·위조사문서행사 및 소송사기로 이어지는 일련의 범행에 대하여 피고인을 형사소추하기 위해서는 이 사건 업무일지가 반드시 필요한 증거로 보이므로, /

【대법원 요지】 설령 그것이 제3자에 의하여 절취된 것으로서 /

【대법원 요지】 위 소송사기 등의 피해자측이 이를 수사기관에 증거자료로 제출하기 위하여 대가를

지급하였다 하더라도, /

【대법원 요지】 공익의 실현을 위하여는 이 사건 업무일지를 범죄의 증거로 제출하는 것이 허용되어야 하고, /

【대법원 요지】 이로 말미암아 피고인의 사생활 영역을 침해하는 결과가 초래된다 하더라도 이는 피고인이 수인하여야 할 기본권의 제한에 해당된다.

【대법원 결론】 따라서 원심이 이 사건 업무일지가 증거능력이 있는 것이라는 전제에서 이를 사실인정의 자료로 삼은 조치는 옳고, 거기에 상고이유의 주장과 같은 형사소송법상 증거능력에 관한 법리오해 등의 위법이 있다고 할 수 없다.

3. 사문서위조죄 부분에 대한 대법원의 판단

【대법원 분석】 2. 원심판결과 원심이 인용한 제1심판결의 채택 증거들을 기록에 비추어 살펴보면, /

【대법원 분석】 원심이 다음과 같은 사정, 즉 /

【대법원 분석】 ① 이 사건 업무일지의 뒷면에서 이 사건 각 문서를 위조하기 위하여 미리 연습한 흔적이 나타나는 점, /

【대법원 분석】 ② 위 업무일지 뒷면의 가필은 피고인의 필적과 매우 유사한 것으로 인정되는 점, /

【대법원 분석】 ③ 1996. 2. 25.자로 작성된 신축계약서의 당사자로 되어 있는 주식회사 R건설은 1997. 12. 10.에서야 설립된 회사이고, /

【대법원 분석】 피고인이 2000. 10. 11. Q사찰을 상대로 공사금지 및 건축주명의변경금지 가처분신청을 할 당시 제출한 약정서에는 양수인으로 Q사찰 대표인 공소외 A의 이름이 'C'로 잘못 기재되어 있는 등 /

【대법원 분석】 이 사건 각 문서의 형식에 비추어 그 작성경위에 의문이 가는 사정들이 발견되는 점, /

【대법원 분석】 ④ 신축계약서와 추가계약서상의 공사대금 합계 60억여 원은 피고인이 Q사찰을 상대로 제기한 민사소송에서 현출된 건축공사비에 대한 감정 결과상의 총공사비 32억여 원에 비하여 현저히 큰 금액이고, /

【대법원 분석】 약정서는 미지급 공사대금 전액을 6개월 이내에 지급하지 못하면 건축주 명의를 피고인 앞으로 환원한다는 내용임에도, /

【대법원 분석】 그 작성 당시까지 미지급된 공사대금의 액수가 전혀 특정되지 않았고, /

【대법원 분석】 또한 그 문언을 문리적으로 해석할 때 지급기한까지 극히 적은 금액의 공사대금이라도 지급되지 못하면 건축주 명의가 피고인에게 이전될 수밖에 없는 등 비합리적인 내용으로 되어 있는 점, /

【대법원 분석】 ⑤ 이 사건 업무일지는 피고인이 운영하던 회사의 직원이었던 공소외 B가 피고인을 상대로 별건 민사소송을 제기하기 위해 피고인의 회사에 보관되어 있던 것을 통째로 가져와 증거검토를 하던 중에 /

【대법원 분석】 그 중 일부의 뒷면에서 이 사건 각 문서의 위조를 위해 연습한 흔적이 발견된 것으로서, /

【대법원 분석】 피고인이 이 사건 각 문서에 터잡아 Q사찰을 상대로 제기한 건축주명의변경절차이행청구의 소가 피고인의 승소로 확정된 이후에 발견됨에 따라 위 소송에서 증거자료로 제출되지 못하

였고, /

【대법원 분석】 검찰에서도 당초 피고인의 이 사건 사문서위조 등 혐의사실에 대하여 불기소처분을 하였다가 이 사건 업무일지의 뒷면이 증거자료로 추가제출됨에 따라 재기수사를 하여 이 사건 기소에 이른 점 등을 종합하여, /

【대법원 판단】 이 사건 각 문서가 피고인에 의하여 위조되었다고 인정한 제1심판결을 그대로 유지한 조치는 옳은 것으로 수긍이 가고, 거기에 상고이유의 주장과 같은 채증법칙 위배나 심리미진 등의 위법이 있다고 할 수 없다.

4. 특경가법위반죄(사기) 부분에 대한 대법원의 판단

【대법원 판단】 3. 원심이 적법하게 인정한 사실관계에 의하면, /

【대법원 판단】 피고인이, 사실은 Q사찰 대표이던 공소외 A와 사이에 공사대금을 지급받지 못하면 Q사찰 사찰건물의 건축주 명의를 피고인 앞으로 이전받기로 약정한 사실이 없음에도, /

【대법원 판단】 Q사찰을 상대로 건축주명의변경절차이행청구소송을 제기하면서 위와 같이 위조한 이 사건 각 문서를 증거자료로 제출하였다는 것이므로, /

【대법원 판단】 피고인에게는 위 민사소송에서의 판결을 통하여 건축 중인 Q사찰 사찰건물에 관한 소유권을 취득하고자 한 편취의 범의가 있었다고 인정된다.

【대법원 결론】 같은 취지에서 원심이 이 부분 공소사실에 관하여 유죄를 인정한 제1심판결을 그대로 유지한 조치는 옳고, 거기에 상고이유의 주장과 같은 소송사기죄에서의 편취의 범의에 관한 법리오해의 위법 등이 있다고 할 수 없다. (상고 기각)

2008도3300

공범인 공동피고인의 허위진술
게임방 종업원 공동피고인 사건
2008. 6. 26. 2008도3300, 공 2008하, 1487

1. 사실관계 및 사건의 경과

【사실관계】

① 갑은 P게임장의 종업원이고, 을은 P게임장의 운영자이다.

② 갑과 을은 다음의 공소사실로 게임산업진흥법위반죄로 기소되었다. (㉠사건)

③ "갑은 게임장 종업원, 을은 게임장 운영자로서 공모하여 관할관청의 허가를 받지 않고 게임장 영업행위를 하였다."

④ 제1심법원은 갑과 을을 공동피고인으로 심리하였다.

⑤ 제1심법원은 갑과 을의 변론이 분리되지 아니한 상태에서 갑을 을의 공소사실에 대한 증인으로 채택하였다.

⑥ 갑은 을의 사건에 대해 증인으로 선서하고 기억에 반하는 허위의 진술을 하였다.

【사건의 경과】

① 검사는 갑을 위증죄로 기소하였다. (ⓛ사건)

② 갑의 ⓛ위증죄 피고사건은 제1심을 거친 후, 항소심에 계속되었다.

③ 항소심법원은 다음의 이유를 들어서 갑에게 위증죄가 성립하지 않는다고 판단하였다.

　(가) 공동피고인은 자신에 대한 공소사실과 밀접한 관련이 있는 공범인 다른 공동피고인에 대한 공
　　　소사실에 관하여는 변론의 분리 여부와 관계없이 증인적격이 없다.

　(나) 갑이 게임산업진흥에 관한 법률 위반 사건에서 공범인 을에 대한 공소사실에 관하여 증인으로
　　　출석하여 선서한 다음 증언함에 있어 기억에 반하는 허위의 진술을 하였다고 하더라도 갑은 증
　　　인적격이 없어 위증죄가 성립하지 않는다.

④ 검사는 불복 상고하였다.

2. 사안에 대한 대법원의 판단

【대법원 요지】 공범인 공동피고인은 당해 소송절차에서는 피고인의 지위에 있으므로 다른 공동피고인에 대한 공소사실에 관하여 증인이 될 수 없으나, /

【대법원 요지】 소송절차가 분리되어 피고인의 지위에서 벗어나게 되면 다른 공동피고인에 대한 공소사실에 관하여 증인이 될 수 있다 할 것이다.

【항소심 판단】 원심이 이와 달리, 공동피고인은 자신에 대한 공소사실과 밀접한 관련이 있는 공범인 다른 공동피고인에 대한 공소사실에 관하여는 변론의 분리 여부와 관계 없이 증인적격이 없음을 전제로, /

【항소심 판단】 피고인이 수원지방법원 성남지원 2007고단○○○○ 게임산업진흥에 관한 법률 위반 사건에서 공범인 공소외 을에 대한 공소사실에 관하여 증인으로 출석하여 선서한 다음 증언함에 있어 기억에 반하는 허위의 진술을 하였다고 하더라도 위증죄가 성립하지 아니한다고 판단한 것은 잘못이라 할 것이다.

【대법원 판단】 그러나 원심이 적법하게 채택하여 조사한 증거들에 의하면, 피고인은 위 성남지원 2007고단○○○○호 사건에서 "피고인은 게임장 종업원, 공소외 을은 게임장 운영자로서 공모하여 관할관청의 허가를 받지 않고 게임장 영업행위를 하였다."는 게임산업진흥에 관한 법률 위반의 공소사실로 공소외 을과 공동으로 기소되어 심리가 진행되고 있어 피고인의 지위에 있음에도 불구하고, /

【대법원 판단】 공소외 을과 피고인의 변론이 분리되지 아니한 상태에서 공소외 을에 대한 공소사실에 관하여 증인으로 채택되어 선서하고 증언한 사실을 알 수 있는바, /

【대법원 판단】 위 법리에 비추어 보면, 피고인과 공소외 을의 변론이 분리되지 아니한 이상 피고인은 공범인 공소외 을에 대한 공소사실에 관하여 증인이 될 수 없고, /

【대법원 판단】 따라서 피고인이 공소외 을에 대한 공소사실에 관하여 증인으로 출석하여 선서한 다음 증언함에 있어 기억에 반하는 허위의 진술을 하였다고 하더라도 위증죄가 성립하지 아니한다 할 것이므로, 원심이 이 사건 위증의 공소사실을 무죄로 인정한 조치는 결과적으로 정당하다 할 것이어서 원심의 위와 같은 잘못은 판결 결과에 영향이 없다. (상고 기각)

2008도3990

사인 수집 증거와 위법수집증거배제법칙
배우자 원룸 침입 사건

2010. 9. 9. 2008도3990, 공 2010하, 1942

1. 사실관계 및 사건의 경과

【사실관계 1】

① 갑과 A는 부부 사이이다.

② A는 갑과 을 사이를 의심하게 되었고, A와 갑 사이에 불화가 생겼다.

③ 갑은 A와 떨어져 M원룸에 거주하다가 다시 집으로 돌아왔다.

④ A는 갑의 소지품에서 M원룸의 열쇠를 빼내어 복사하였다.

⑤ A는 복사한 열쇠를 가지고 M원룸에 몰래 들어가 혈흔이 묻은 P휴지 및 Q침대시트를 수집하였다.

⑥ A는 사설 N감정기관에 P휴지의 감정을 의뢰하였다.

⑦ A는 N감정기관으로부터 P휴지에서 정액 양성 반응이 나왔고, 그 정액의 유전자 형이 A의 모발에서 채취한 유전자형과 서로 다르다는 결과 통보를 받았다.

【사실관계 2】

① A는 갑과 을을 [이혼소송 제기와 함께] 간통죄로 고소하였다.

② A는 P휴지 및 Q침대시트를 수사기관에 제출하였다.

③ 수사기관은 P휴지 및 Q침대시트에 대해 관계 감정기관에 감정을 의뢰하였다.

④ 관계 감정기관은 [P휴지 및 Q침대시트에서 갑과 을의 DNA가 검출되었다는] R감정의뢰회보를 하였다.

【사건의 경과 1】

① 검사는 갑과 을을 간통죄로 기소하였다.

② 갑과 을은 간통사실을 부인하였다.

③ 검사는 유죄의 증거로 R감정의뢰회보를 제출하였다.

④ 제1심법원은 유죄를 선고하였다.

【사건의 경과 2】

① 갑과 을은 불복 항소하였다.

② 갑과 을은 항소이유로 다음의 점을 주장하였다.

　(가) P휴지들 및 Q침대시트는 A의 주거침입 범행에 의하여 위법하게 수집된 것으로 증거능력이 없다.

　(나) P휴지들 및 Q침대시트의 감정결과를 기재한 R감정의뢰회보 또한 위법수집증거의 파생증거로서 증거능력이 없다.

③ 항소심법원은 다음과 같은 이유로 R감정의뢰회보의 증거능력을 인정하고, 공소사실을 유죄로 인정

하였다.

(가) A가 갑의 주거에 침입한 시점은 갑이 그 주거에서의 실제상 거주를 종료한 이후이다.

(나) R감정의뢰회보는 갑과 을에 대한 형사소추를 위하여 반드시 필요한 증거이므로 공익의 실현을 위해서 R감정의뢰회보를 증거로 제출하는 것이 허용되어야 한다.

(다) 이로 말미암아 피고인 갑의 주거의 자유나 사생활의 비밀이 일정 정도 침해되는 결과를 초래한다 하더라도 이는 피고인 갑이 수인하여야 할 기본권의 제한에 해당된다.

④ 갑과 을은 불복 상고하였다.

2. 사인이 수집한 증거와 위법수집증거배제법칙

【대법원 요지】 국민의 인간으로서의 존엄과 가치를 보장하는 것은 국가기관의 기본적인 의무에 속하는 것이고 이는 형사절차에서도 당연히 구현되어야 하는 것이지만, 국민의 사생활 영역에 관계된 모든 증거의 제출이 곧바로 금지되는 것으로 볼 수는 없으므로 법원으로서는 효과적인 형사소추 및 형사소송에서의 진실발견이라는 공익과 개인의 인격적 이익 등의 보호이익을 비교형량하여 그 허용 여부를 결정하여야 한다.

3. 사안에 대한 대법원의 판단

【대법원 분석】 원심은, 피고인들 사이의 이 사건 간통 범행을 고소한 피고인 갑의 남편인 공소외인이 피고인 갑의 주거에 침입하여 수집한 후 수사기관에 제출한 혈흔이 묻은 휴지들 및 침대시트를 목적물로 하여 이루어진 감정의뢰회보에 대하여, /

【대법원 분석】 다음과 같은 이유로 위 감정의뢰회보의 증거능력을 인정하고, 공소사실을 유죄로 인정하였다. /

【대법원 판단】 즉, 공소외인이 피고인 갑의 주거에 침입한 시점은 피고인 갑이 그 주거에서의 실제상 거주를 종료한 이후이고, 위 감정의뢰회보는 피고인들에 대한 형사소추를 위하여 반드시 필요한 증거라 할 것이므로 공익의 실현을 위해서 위 감정의뢰회보를 증거로 제출하는 것이 허용되어야 한다. /

【대법원 판단】 이로 말미암아 피고인 갑의 주거의 자유나 사생활의 비밀이 일정 정도 침해되는 결과를 초래한다 하더라도 이는 피고인 갑이 수인하여야 할 기본권의 제한에 해당된다는 것이다.

【대법원 결론】 앞서 본 법리를 원심판결 이유에 비추어 보면 위와 같은 원심판단은 정당한 것으로 수긍이 가고, 거기에 상고이유에서 주장하는 바와 같은 법리오해의 위법이 없다. (상고 기각)

2008도4376

법률의 개정과 공소시효
특가법 포탈세액 개정 사건
2008. 12. 11. 2008도4376, 공 2009상, 59

1. 사실관계 및 사건의 경과

【사실관계 1】
① 2002. 7. 6. 갑은 부산세관에서 부산항을 통하여 중국산 참깨를 수입하였다.
② 갑은 참깨 38,820kg을 수입하면서 33,000kg을 수입하는 것처럼 허위신고를 하였다.
③ 갑은 이 허위신고를 통하여 그 차액 5,188,900원에 부과하는 관세 39,622,569원 상당을 포탈하려 하였다.
④ 그러나 갑의 허위신고가 세관에 적발되는 바람에 그 뜻을 이루지 못하고 미수에 그쳤다.

【사실관계 2】
① 2002. 7. 6. (범행 당시) 관세법에 따르면, 관세포탈미수죄는 관세포탈기수죄와 같은 형으로 처벌된다.
② 관세포탈죄의 법정형은 3년 이하의 징역 또는 일정액의 벌금이다(당시 공소시효 3년).
③ 특가법은 관세포탈죄를 가중처벌하고 있다.
④ 2002. 7. 6. (범행 당시) 특가법에 의하면 포탈세액이 2천만 원 이상 1억 원 미만인 때에는 3년 이상의 유기징역으로 처벌된다(당시 공소시효 7년).
⑤ 2005. 12. 29. 특가법의 개정으로 관세포탈죄의 가중처벌규정이 포탈세액 5천만 원 이상 2억 원 미만인 때에 3년 이상의 유기징역에 처하는 것으로 개정되었다.
⑥ 2006. 3. 13. 검사는 갑을 특가법위반죄(관세포탈미수)로 기소하였다.
⑦ 2007. 11. 2. 제1심법원은 유죄를 선고하였다.

【사건의 경과】
① 갑은 불복 항소하였다.
② 갑은 항소이유로, 공소시효가 완성되어 면소되어야 한다고 주장하였다.
③ 2008. 4. 28. 항소심법원은 다음의 이유를 제시하면서 공소시효완성을 이유로 면소판결을 선고하였다.
  (가) 갑의 범죄는 특가법의 적용대상에서 제외되어 일반법인 관세법으로 의율받게 되었다.
  (나) 이것은 범죄 후 법률의 개정으로 법정형이 가벼워진 때에 해당한다.
  (다) 따라서 그 공소시효기간 역시 관세법의 법정형을 기준으로 한 3년으로 보아야 한다.
④ 검사는 불복 상고하였다.
⑤ 검사는 상고이유로, 다음의 점을 주장하였다.
  (가) 특가법으로 기소할 당시 갑에 대한 공소시효는 7년이었다.

(나) 공소제기 당시 공소시효가 완성되지 아니하였으므로 면소판결은 위법하다.

2. 사안에 대한 대법원의 판단

【대법원 요지】 범죄 후 법률의 개정에 의하여 법정형이 가벼워진 경우에는 형법 제1조 제2항에 의하여 당해 범죄사실에 적용될 가벼운 법정형(신법의 법정형)이 공소시효기간의 기준으로 된다.

【대법원 판단】 원심은, 이 사건 관세포탈 미수로 인한 관세법 위반의 점이 행위 당시 구 특정범죄가 중처벌 등에 관한 법률(2005. 12. 29. 법률 제7767호로 개정되기 전의 것) 제6조 제7항, 제4항 제2호, 관세법 제271조 제2항, 제270조 제1항 제1호에 해당하였으나, /

【대법원 판단】 2005. 12. 29. 위 특정범죄가중처벌 등에 관한 법률의 개정으로 위 범죄가 위 특별법의 적용대상에서 제외되어 일반법인 위 관세법으로 의율받게 된 것이 범죄 후 법률의 개정으로 법정형이 가벼워진 때에 해당하므로, 그 공소시효기간 역시 위 관세법의 법정형을 기준으로 한 3년으로 보아야 할 것이라며, 이 부분에 대해 면소를 선고하였다.

【대법원 결론】 원심의 이러한 판단은 앞서 설시한 법리에 따른 정당한 것으로서, 거기에 상고이유에서 주장하는 바와 같은 법리오해의 위법이 없다 할 것이므로, 검사의 이 부분 상고논지는 이유 없다. (상고 기각)

2008도4762

즉고발사건과 고소불가분의 원칙
리니언시 고발 사건
2010. 9. 30. 2008도4762, 공 2010하, 2025

1. 사실관계 및 사건의 경과

【사실관계 1】
① 공정거래법은 다음과 같은 규정을 두고 있다.
② 사업자들의 부당한 공동행위는 형사처벌한다(동법66① ix).
③ 공정거래법위반죄는 공정거래위원회의 고발이 있어야 검사가 공소를 제기할 수 있다(동법71①).
④ 사안이 중대한 경우 공정거래위원회는 검찰총장에게 사업자를 고발하여야 한다(동법71②).
⑤ 검찰총장은 고발요건에 해당하는 사실이 있음을 공정거래위원회에 통보하여 고발을 요청할 수 있다(동법71③).
⑥ 공정거래위원회는 공소가 제기된 후에는 고발을 취소하지 못한다(동법71④).

【사실관계 2】
① ㉮, ㉯, ㉰, ㉱, ㉲, ㉳ 6개 회사는 합성수지 제품을 생산하는 회사들이다.
② 갑은 ㉮회사의 영업담당 임직원이다.
③ 을은 ㉲회사의 영업담당 임직원이다.

④ ㉮ 등 6개 회사의 내수부문 영업담당 임직원들은 합성수지 제품에 대하여 매월 각 회사의 영업팀장들이 모여 거래처에 공급하는 합성수지 제품의 매월 판매기준가격 및 마감가격 등을 협의하여 정하기로 합의하였다.

⑤ ㉮ 등 6개 회사의 합성수지 제품 가격담합 행위는 수년간 계속되었다.

【사건의 경과 1】

① [갑과 을은 공정거래위원회에 6개 회사의 가격담합 행위를 제보하였다.]

② 공정거래위원회는 ㉮ 등 6개 회사 가운데 ㉮와 ㉲회사를 제외한 나머지 ㉯, ㉰, ㉱, ㉳회사 및 영업담당 임직원들을 공정거래법위반죄(부당한 공동행위)로 검찰에 고발하였다.

③ [공정거래위원회의 이와 같은 고발은 내부자 고발을 촉진하기 위한 정책방침에 의한 것이었다.]

④ 이에 대해 검사는 ㉮ 내지 ㉳의 6개 회사 및 그 영업담당 임직원 전부를 공정거래법위반죄(부당한 공동행위)로 기소하였다.

⑤ (이하는 공정거래위원회의 고발에서 제외되었던 ㉮, ㉲회사 및 그 영업담당 임직원 갑과 을에 대한 사안을 분석한 것이다.)

⑥ 제1심법원은 다음의 이유를 들어서 갑과 을에 대해 공소기각판결을 선고하였다.

　(가) 이 사건 각 공소사실은 공정거래위원회의 고발 없이 공소가 제기된 것이다.

　(나) 따라서 공소제기의 절차가 법률의 규정에 위반되어 무효인 경우에 해당한다.

【사건의 경과 2】

① 검사는 불복 항소하였다.

② 검사는 항소이유로 다음의 점을 주장하였다.

　(가) 공정거래법상 공정거래위원회의 고발에는 고소·고발불가분원칙이 적용되어야 한다.

　(나) 제1심법원이 고소·고발불가분원칙을 적용하지 않은 것은 위법하다.

③ 항소심법원은 항소를 기각하고, 제1심판결을 유지하였다.

④ 항소심법원은 공정거래법상의 고발에 형사소송법상 '고소불가분'에 관한 규정을 유추적용할 수 없다는 점을 판단 이유로 들었다.

⑤ 검사는 불복 상고하였다.

⑥ 검사는 상고이유로 다음의 점을 주장하였다.

　(가) 공정거래위원회의 고발권 행사가 자의적으로 이루어질 가능성이 있다.

　(나) 부당공동행위에 관한 가담 정도가 중한 자가 자진신고자 또는 조사협조자인 관계로 형사고발이 면제됨으로써 그 가담 정도가 경한 자와의 형평성 문제가 생길 가능성이 있다.

2. 소추조건과 유추해석금지의 원칙

【대법원 요지】 형벌법규의 해석에 있어서 법규정 문언의 가능한 의미를 벗어나는 경우에는 유추해석으로서 죄형법정주의에 위반하게 되고, 이러한 유추해석금지의 원칙은 모든 형벌법규의 구성요건과 가벌성에 관한 규정에 준용되는데, /

【대법원 요지】 위법성 및 책임의 조각사유나 소추조건 또는 처벌조각사유인 형면제 사유에 관하여도 그 범위를 제한적으로 유추적용하게 되면 행위자의 가벌성의 범위는 확대되어 행위자에게 불리하

게 되는바, 이는 가능한 문언의 의미를 넘어 범죄구성요건을 유추적용하는 것과 같은 결과가 초래되므로 죄형법정주의의 파생원칙인 유추해석금지의 원칙에 위반하여 허용될 수 없다.

3. 전속고발권과 고소·고발불가분의 원칙

【대법원 분석】 독점규제 및 공정거래에 관한 법률(이하 '법'이라 한다) 제71조 제1항은 '법 제66조 제1항 제9호 소정의 부당한 공동행위를 한 죄는 공정거래위원회의 고발이 있어야 공소를 제기할 수 있다'고 규정함으로써 그 소추조건을 명시하고 있다. /

【대법원 분석】 반면에 법은 공정거래위원회가 법 위반행위자 중 일부에 대하여만 고발을 한 경우에 그 고발의 효력이 나머지 법 위반행위자에게도 미치는지 여부 즉, 고발의 주관적 불가분원칙의 적용 여부에 관하여는 명시적으로 규정하고 있지 아니하고, /

【대법원 분석】 형사소송법도 제233조에서 친고죄에 관한 고소의 주관적 불가분원칙을 규정하고 있을 뿐 고발에 대하여 그 주관적 불가분의 원칙에 관한 규정을 두고 있지 않고 또한 형사소송법 제233조를 준용하고 있지도 아니하다.

【대법원 판단】 이와 같이 명문의 근거규정이 없을 뿐만 아니라 소추요건이라는 성질상의 공통점 외에 그 고소·고발의 주체와 제도적 취지 등이 상이함에도 불구하고 친고죄에 관한 고소의 주관적 불가분원칙을 규정하고 있는 형사소송법 제233조가 공정거래위원회의 고발에도 유추적용된다고 해석한다면 이는 공정거래위원회의 고발이 없는 행위자에 대해서까지 형사처벌의 범위를 확장하는 것으로서, 결국 피고인에게 불리하게 형벌법규의 문언을 유추해석한 경우에 해당하므로 죄형법정주의에 반하여 허용될 수 없다.

【대법원 판단】 상고이유에서 주장하는 것처럼 공정거래위원회의 고발권 행사가 자의적으로 이루어질 가능성이나, 부당공동행위에 관한 가담 정도가 중한 자가 자진신고자 또는 조사협조자인 관계로 형사고발이 면제됨으로써 그 가담 정도가 경한 자와의 형평성 문제가 생길 가능성을 부정할 수는 없다 하더라도, /

【대법원 판단】 위와 같은 형사법의 대원칙인 '죄형법정주의 원칙' 및 입법자의 입법형성에 관한 재량권이 존중되어야 하는데다가 법이 검찰총장의 공정거래위원회에 대한 고발요청권을 명시하고 있는 등(제71조 제3항) 전속고발권의 공정한 행사를 위한 제도적 보완책을 마련한 점 등의 사정에 비추어 보면 이와 달리 보기는 어렵다.

【대법원 판단】 같은 취지에서 원심이 공정거래위원회의 고발 대상에서 제외된 피고인들에 대한 이 사건 공소사실에 관하여 소추요건의 결여로 그 공소의 제기가 법률의 규정에 위반하여 무효인 경우에 해당한다는 이유로 공소기각판결을 선고한 제1심을 그대로 유지한 조치는 정당하고 /

【대법원 결론】 거기에 상고이유 주장과 같은 고소의 주관적 불가분의 원칙에 관한 법리를 오해하여 판결에 영향을 미친 위법이 있다고 할 수 없다. 상고이유에서 지적하는 대법원판결은 이 사건과 사안을 달리하는 것이어서 이 사건에 원용하기에 적절하지 아니하다. (상고 기각)

2008도5531

위드마크 측정과 증거능력
과학공식 사용과 엄격한 증명
사고 직후 소주 마시기 사건
2008. 8. 21. 2008도5531, 공 2008하, 1324

1. 사실관계 및 사건의 경과

【사실관계 1】

① 2007. 10. 13. 22:15경 갑은 술을 마신 상태에서 P소나타 승용차를 운전하다가 A가 운전하던 Q오토바이를 충격하는 M사고를 내었다.

② 갑은 M사고 직후 인근에 있는 '부부닭한마리'라는 상호의 식당에서 참이슬 소주 1병을 사서, 그 중 3분의 2 정도를 마셨다.

③ 2007. 10. 13. 22:25경 경찰은 갑으로 하여금 물로 입안을 헹구게 하지 아니한 채 음주측정기로 갑의 혈중알코올농도를 측정하였다.

④ 갑의 혈중알코올농도는 0.109%로 측정되었다.

【사실관계 2】

① 경찰은 갑이 M사고 후 알코올도수 0.21%의 소주 260㎖를 마셨다는 것을 기초로 하여, 체내흡수율 70%, 갑의 체중과 관련한 위드마크인수 0.86을 각각 적용한 위드마크공식에 의하여 갑이 M사고 후 마신 술에 의한 혈중알코올농도를 0.047%로 계산하였다.

② 경찰은 최초의 측정수치 0.109%에서 위드마크공식을 적용하여 계산한 측정수치 0.047%를 감한 0.062%를 M사고 당시 갑의 혈중알코올농도로 계산하였다.

③ 경찰은 갑의 M사고를 조사한 다음 검찰에 송치하였다.

【사건의 경과】

① 검사는 갑을 교통사고처리특례법위반죄와 도로교통법위반죄(음주운전)로 기소하였다.

② 제1심법원은 갑이 사고 당시 혈중알코올농도 0.062%의 주취상태에 있었다고 판단하여 공소사실을 모두 유죄로 인정하였다.

③ 갑은 불복 항소하였다.

④ 항소심법원은 항소를 기각하고, 제1심판결을 유지하였다.

⑤ 갑은 불복 상고하였다.

2. 음주측정의 절차와 방법

【대법원 요지】 도로교통법 제44조 제2항의 규정에 의하여 실시한 음주측정 결과는 그 결과에 따라서는 운전면허를 취소하거나 정지하는 등 당해 운전자에게 불이익한 처분을 내리게 되는 근거가 될 수

있고 향후 수사와 재판에 있어 중요한 증거로 사용될 수 있으므로, /

【대법원 요지】 음주측정을 함에 있어서는 음주측정 기계나 운전자의 구강 내에 남아 있는 잔류 알코올로 인하여 잘못된 결과가 나오지 않도록 미리 필요한 조치를 취하는 등 그 측정 결과의 정확성과 객관성이 담보될 수 있는 공정한 방법과 절차에 따라 이루어져야 하고, /

【대법원 요지】 만약 당해 음주측정 결과가 이러한 방법과 절차에 의하여 얻어진 것이 아니라면 이를 쉽사리 유죄의 증거로 삼아서는 아니 된다.

3. 과학공식의 적용과 엄격한 증명

【대법원 요지】 한편, 범죄구성요건사실의 존부를 알아내기 위해 과학공식 등의 경험칙을 이용하는 경우에는 그 법칙 적용의 전제가 되는 개별적이고 구체적인 사실에 대하여는 엄격한 증명을 요하는바, /

【대법원 요지】 위드마크 공식의 경우 그 적용을 위한 자료로 섭취한 알코올의 양, 음주 시각, 체중 등이 필요하므로 그런 전제사실에 대한 엄격한 증명이 요구된다. /

【대법원 분석】 나아가 위드마크 공식에 따른 혈중알코올농도의 추정방식에는 알코올의 흡수분배로 인한 최고 혈중알코올농도에 관한 부분과 시간경과에 따른 분해소멸에 관한 부분이 있고, /

【대법원 분석】 그 중 최고 혈중알코올농도의 계산에 있어서는 섭취한 알코올의 체내흡수율과 성, 비만도, 나이, 신장, 체중 등이 그 결과에 영향을 미칠 수 있으며 /

【대법원 분석】 개인마다의 체질, 음주한 술의 종류, 음주 속도, 음주시 위장에 있는 음식의 정도 등에 따라 최고 혈중알코올농도에 이르는 시간이 달라질 수 있고, /

【대법원 분석】 알코올의 분해소멸에 있어서는 평소의 음주 정도, 체질, 음주 속도, 음주 후 신체활동의 정도 등이 시간당 알코올 분해량에 영향을 미칠 수 있는 등 /

【대법원 분석】 음주 후 특정 시점에서의 혈중알코올농도에 영향을 줄 수 있는 다양한 요소들이 있는바, /

【대법원 요지】 형사재판에 있어서 유죄의 인정은 법관으로 하여금 합리적인 의심을 할 여지가 없을 정도로 공소사실이 진실한 것이라는 확신을 가지게 할 수 있는 증명이 필요하므로, 위 각 영향요소들을 적용함에 있어 피고인이 평균인이라고 쉽게 단정하여서는 아니 되고 필요하다면 전문적인 학식이나 경험이 있는 자의 도움을 받아 객관적이고 합리적으로 혈중알코올농도에 영향을 줄 수 있는 요소들을 확정하여야 한다.

4. 사안에 대한 대법원의 판단

【대법원 분석】 기록에 의하면, 피고인은 2007. 10. 13. 22:15경 술을 마신 상태에서 소나타 승용차를 운전하다가 공소외인 운전의 오토바이를 충격하는 사고를 낸 사실(이하 '이 사건 사고'라 한다), /

【대법원 분석】 피고인은 이 사건 사고 직후 인근에 있는 '부부닭한마리'라는 상호의 식당에서 참이슬 소주 1병을 사서, 그 중 3분지 2 정도를 마신 사실, /

【대법원 분석】 경찰은 같은 날 22:25경 피고인으로 하여금 물로 입안을 헹구게 하지 아니한 채 음주측정기로 피고인의 혈중알코올농도를 측정하였는데, 그 혈중알코올농도가 0.109%로 측정된 사실, /

【대법원 분석】 경찰은 피고인이 이 사건 사고 후 알코올도수 0.21%의 소주 260㎖를 마셨다는 것을

기초로 하여, /

【대법원 분석】 체내흡수율 70%, 피고인의 체중과 관련한 위드마크인수 0.86을 각 적용한 위드마크 공식에 의하여 피고인이 이 사건 사고 후 마신 술에 의한 혈중알코올농도를 0.047%로 계산한 다음, /

【대법원 분석】 위 측정수치 0.109%에서 위 0.047%를 감한 0.062%를 이 사건 사고 당시 피고인의 혈중알코올농도로 계산한 사실 등을 알 수 있다.

【대법원 판단】 위 법리에 비추어 살펴보면, 피고인에 대한 음주측정은 피고인이 음주한 후 불과 10분도 경과되지 아니한 시기에 피고인으로 하여금 물로 입안을 헹구게 하는 등 구강 내 잔류 알코올 등으로 인한 과다측정을 방지하기 위한 조치를 취하지 않은 상태에서 이루어진 것이므로, 구강 내 잔류 알코올로 인하여 과다측정되었을 가능성을 배제할 수 없어 유죄의 증거로 사용할 수 없고, /

【대법원 판단】 또한 경찰은 피고인이 이 사건 사고 후 마신 술에 의한 혈중알코올농도를 추산하기 위하여 위드마크공식을 사용하면서 피고인의 체중과 관련한 위드마크인수로 0.86을 적용하였으나, 기록상 피고인의 신체적 조건 등이 위 수치를 적용하기에 적합하다고 볼 아무런 자료가 없고, /

【대법원 판단】 이미 알려진 신빙성 있는 통계자료 중 피고인의 체중과 관련한 위드마크인수로 위 0.86 대신에 이 사건에서 피고인에게 가장 유리한 0.52를 적용하여 피고인이 이 사건 사고 후 마신 술에 의한 혈중알코올농도를 계산해보면 /

【대법원 판단】 0.077%[={260ml × 0.21(참이슬 소주의 알콜도수) × 0.7894g/ml(알코올의 비중) × 0.7(체내흡수율)}/{75kg×0.52 × 10}]가 되므로, /

【대법원 판단】 이 사건 사고 당시 피고인의 혈중알코올농도는 0.032%(= 0.109% − 0.077%)에 불과하게 되어, /

【대법원 판단】 결국 어느 모로 보나 피고인이 이 사건 사고 당시 혈중알코올농도 0.05% 이상의 주취상태에 있었다고 단정할 수 없고, 달리 이를 인정할 수 있는 어떠한 자료도 보이지 않는다.

【대법원 결론】 그런데도 원심은 피고인이 이 사건 사고 당시 혈중알코올농도 0.062%의 주취상태에 있었다고 속단하여 이 사건 각 공소사실을 모두 유죄로 인정한 제1심판결을 그대로 유지하였으니, 원심판결에는 채증법칙을 위반하거나 음주측정방법 내지 위드마크공식의 적용에 관한 법리를 오해하여 판결에 영향을 미친 위법이 있고, 이를 지적하는 상고이유의 주장은 이유 있다. (파기 환송)

2008도5596

몰수·추징과 상소불가분의 원칙
향정의약품 매매 알선 사건
2008. 11. 20. 2008도5596 전원합의체 판결, 공 2008하, 1817

1. 사실관계 및 사건의 경과

【사실관계】

① 갑은 마약류관리법위반죄로 기소되었다.

② 갑에 대한 공소사실의 요지는 다음과 같다.

③ "피고인은 마약류취급자가 아니면서 다른 사람들 사이의 향정신성의약품 매매를 중간에서 알선하였다."

④ 마약류관리에 관한 법률의 관계규정에 의하면 마약범죄에 제공한 마약류 및 시설·장비·자금 또는 운반수단과 그로 인한 수익금은 필요적으로 몰수 또는 추징해야 한다.

【사건의 경과 1】

① 갑의 피고사건은 제1심을 거친 후, 항소심에 계속되었다.

② 항소심법원은 갑에 대한 공소사실을 유죄로 인정하여 징역형을 선고하였다.

③ 항소심법원은 매매 알선의 대상이 된 향정신성의약품을 몰수하거나 그 가액을 추징하는 조치는 취하지 아니하였다.

④ 검사는 항소심판결 중 몰수나 추징을 하지 아니한 부분만을 불복대상으로 삼아 상고를 제기하였다.

⑤ 검사는 상고이유로, 항소심판결에 필요적 몰수 또는 추징에 관한 법리를 오해한 위법이 있다고 주장하였다.

【사건의 경과 2】

① 대법원의 종래 판례는 몰수 또는 추징에 관한 부분만을 불복대상으로 삼은 경우 그 상소의 제기는 부적법하다는 입장을 취하고 있었다.

② 대법원은 종전 판례를 폐기하였다.

③ 대법원은 새로운 기준에 따라 검사의 상소제기가 적법하다고 판단하였다.

④ 대법원은 검사의 상고를 받아들여 항소심판결을 파기 환송하였다.

2. 상소불가분의 원칙

【대법원 분석】 1. 형사소송법 제342조는 제1항에서 "상소는 재판의 일부에 대하여 할 수 있다."고 규정하여 일부 상소를 원칙적으로 허용하면서, /

【대법원 분석】 제2항에서 "일부에 대한 상소는 그 일부와 불가분의 관계에 있는 부분에 대하여도 효력이 미친다."고 규정하여 이른바 상소불가분의 원칙을 선언하고 있다. /

【대법원 요지】 따라서 불가분의 관계에 있는 재판의 일부만을 불복대상으로 삼은 경우 그 상소의 효력은 상소불가분의 원칙상 피고사건 전부에 미쳐 그 전부가 상소심에 이심되는 것이고, /

【대법원 요지】 이러한 경우로는 /

【대법원 요지】 일부 상소가 피고사건의 주위적 주문과 불가분적 관계에 있는 주문에 대한 것, /

【대법원 요지】 일죄의 일부에 대한 것, /

【대법원 요지】 경합범에 대하여 1개의 형이 선고된 경우 경합범의 일부 죄에 대한 것 /

【대법원 요지】 등에 해당하는 경우를 들 수 있다.

3. 필요적 몰수·추징과 상소불가분의 원칙

【대법원 분석】 2. 이 사건 피고인은 마약류취급자가 아니면서 다른 사람들 사이의 향정신성의약품 매매를 중간에서 알선하였다는 공소사실로 마약류 관리에 관한 법률 위반으로 공소제기되었는데, /

【대법원 분석】 원심은 이를 유죄로 인정하여 징역형을 선고하면서도 매매 알선의 대상이 된 향정신성의약품을 몰수하거나 그 가액을 추징하는 조치는 전혀 취하지 아니하였다. /

【대법원 분석】 이에 검사는, 원심판결 중 몰수나 추징을 하지 아니한 부분만을 불복대상으로 삼아 상고를 제기하고, 상고이유로 원심판결에는 필수적 몰수 또는 추징에 관한 법리를 오해한 위법이 있다고 주장하고 있다.

【대법원 분석】 그런데 이 사건에 적용되는 마약류관리에 관한 법률 제67조는 "이 법에 규정된 죄에 제공한 마약류 및 시설·장비·자금 또는 운반수단과 그로 인한 수익금은 몰수한다. 다만, 이를 몰수할 수 없는 때에는 그 가액을 추징한다."고 정하고 있는바, /

【대법원 요지】 이는 이른바 필수적 몰수 또는 추징 조항으로서 그 요건에 해당하는 한 법원은 반드시 몰수를 선고하거나 추징을 명하여야 하고, 위와 같은 몰수 또는 추징은 범죄행위로 인한 이득의 박탈을 목적으로 하는 것이 아니라 징벌적인 성질을 가지는 처분으로 부가형으로서의 성격을 띠고 있어, /

【대법원 요지】 이는 피고사건 본안에 관한 판단에 따른 주형 등에 부가하여 한 번에 선고되고 이와 일체를 이루어 동시에 확정되어야 하고 본안에 관한 주형 등과 분리되어 이심되어서는 아니 되는 것이 원칙이므로, /

【대법원 요지】 피고사건의 주위적 주문과 몰수 또는 추징에 관한 주문은 상호 불가분적 관계에 있어 상소불가분의 원칙이 적용되는 경우에 해당한다.

【대법원 요지】 따라서 피고사건의 재판 가운데 몰수 또는 추징에 관한 부분만을 불복대상으로 삼아 상소가 제기되었다 하더라도, 상소심으로서는 이를 적법한 상소제기로 다루어야 하는 것이지 몰수 또는 추징에 관한 부분만을 불복대상으로 삼았다는 이유로 그 상소의 제기가 부적법하다고 보아서는 아니 되고, /

【대법원 요지】 그 부분에 대한 상소의 효력은 그 부분과 불가분의 관계에 있는 본안에 관한 판단 부분에까지 미쳐 그 전부가 상소심으로 이심되는 것이다.

【대법원 요지】 이와 달리, 피고사건의 본안에 관한 판단 부분에 대하여는 상소하지 아니한 채 몰수 또는 추징 부분에 한하여 상소하는 것은 허용되지 않으므로 이러한 상소는 기각하여야 한다는 취지의 대법원 1984. 12. 11. 선고 84도1502 판결, 대법원 2007. 11. 15. 선고 2007도6775 판결 등의 견해는 이 판결의 견해에 배치되는 범위 내에서 이를 변경하기로 한다.

【대법원 판단】 앞서 본 법리에 의하면, 이 사건은 원심판결 중 몰수나 추징을 하지 아니한 부분을 불복대상으로 삼은 검사의 상고에 의하여 사건 전부가 상고심으로 이심되었고, /

【대법원 판단】 피고인의 향정신성의약품 매매 알선행위를 유죄로 인정하면서도 매매 알선의 대상이 된 향정신성의약품을 몰수하거나 그 가액을 추징하는 조치를 전혀 취하지 아니한 원심판결에는 마약류관리에 관한 법률 제67조의 해석·적용에 관한 법리를 오해한 위법이 있어 그대로 유지될 수 없다.

(파기 환송)

2008도5634

상고이유서 기재방법
10억 원 합의서 날인 사건
2009. 4. 9. 2008도5634, 공 2009상, 682

1. 사실관계 및 사건의 경과

【사실관계 1】

① 2004. 9. 30.부터 2005. 10. 7.경까지 갑은 P건설의 개발기획팀 부장으로 근무하며 사업부지 확보, 분양관리 등의 업무에 종사하였다.

② 2005. 4. 22.자 P건설과 Q건설 사이에 계약금을 5억 원으로 하는 M양해각서가 체결되었다.

③ P건설은 M양해각서 내용을 이행하지 못하게 되어 Q건설로부터 약정금 및 위약금의 반환을 요구받고 있었다.

④ 2005. 6. 28. P건설의 사무실에 Q건설의 A가 N합의서를 작성해서 가지고 왔다.

⑤ N합의서의 내용은 다음과 같다.

⑥ "P건설이 Q건설에게 계약금 5억 원의 배액을 배상하되, 1차로 2005. 6. 29.까지 5억 원을, 2차로 2005. 7. 6.까지 5억 원을 지급한다."

⑦ A는 갑에게 N합의서에 P건설의 인감을 날인해주도록 요구하였다.

⑧ 갑은 대표이사의 승낙을 받는 등 정상적인 결재절차를 밟지 않고 N합의서에 P건설의 인감을 날인한 뒤 N합의서를 A에게 건네주었다. (㉠행위)

【사실관계 2】

① 2005. 9. 27. 갑은 P건설 사무실에서 P건설 경영관리팀에 근무하는 B가 P건설에서 시행한 R아파트 분양계약해지자 수명에게 195,700,000원을 환급해 주려고 한다는 사실을 알게 되었다.

② 갑은 P건설과 Q건설 사이에 작성된 양해각서 내용을 P건설에서 이행을 하지 못하게 되어 Q건설로부터 약정금 및 위약금의 반환을 요구받자 위 환급금을 우선적으로 Q건설에 반환해 주기로 마음먹었다.

③ 2005. 9. 27. 갑은 B로부터 환급받을 분양계약자들의 계좌번호를 알려 달라는 말을 듣고, B에게 Q건설 대표이사 C 명의의 우리은행 계좌번호를 알려주었다.

④ 갑은 B로부터 환급할 사람이 4~5명인 것으로 알고 있는데 돈을 왜 다른 사람에게 송금해 주느냐는 질문을 받았다.

⑤ 갑은 C가 분양계약자들의 전주이므로 그냥 그 계좌로 송금하라고 지시하였다.

⑥ 그와 같은 사정을 알지 못한 B는 갑의 말만 믿고, 195,700,000원을 C 명의의 계좌로 송금하였다. (㉡행위)

【사건의 경과 1】

① P건설의 대표이사 D는 갑이 P건설의 인감을 용도 외로 무단으로 N합의서에 날인해 주었다는 혐의

사실로 갑을 수사기관에 고소하였다.

② 2006. 10. 13. 갑은 2005. 6. 28.자 합의서를 작성한 ㉠행위에 대해 수원지방법원으로부터 사문
서위조와 그 행사죄로 벌금 500,000원의 약식명령을 고지받아 그 무렵 확정되었다. (ⓐ약식명령)

【사건의 경과 2】

① 검사는 갑을 다음의 공소사실로 기소하였다.

　(가) 2005. 6. 28. 인감날인행위(㉠행위) : 특가법위반(배임) (피해자 P회사)

　(나) 2005. 9. 27. 송금행위(㉡행위) : 사기 (피해자 P회사)

② 제1심법원은 ㉠행위에 대해 면소를 선고하였다.

③ 제1심법원은 ㉡행위에 대해 무죄를 선고하였다.

【사건의 경과 3】

① 검사는 불복 항소하였다.

② 항소심에서 검사는 ㉠행위 부분에 대해 특가법위반죄(배임)를 형법상 업무상 배임죄로 바꾸는 공
소장변경을 신청하였다.

③ 항소심법원은 이를 허가하여 ㉠행위 부분은 업무상 배임(피해자 P회사)으로 변경되었다.

④ 항소심법원은 공소장이 변경됨에 따라 제1심판결을 파기하였다.

⑤ 항소심법원은 ㉠행위와 상상적 경합관계에 있는 ⓐ약식명령의 확정판결의 효력이 ㉠행위 부분에
미친다는 이유로 업무상 배임 부분에 대해 면소를 선고하였다.

⑥ 항소심법원은 ㉡행위 부분에 대해 다음의 이유를 들어서 무죄를 선고하였다.

　(가) 갑과 B는 모두 P회사의 이행보조자 내지 수족에 불과하여 P건설을 '타인'으로 볼 수 없다.

　(나) B가 갑의 기망적 수단에 속아서 분양계약자의 계좌번호로 잘못 알고 C의 계좌에 송금하였다고
하여도, 두 사람 사이의 관계를 재산적 거래관계라고 볼 수도 없어 갑의 행위가 '기망'에 해당한
다고 할 수 없다.

【사건의 경과 4】

① 검사는 불복 상고하였다.

② 검사는 S상고장과 T상고이유서를 순차로 대법원에 제출하였다.

③ S상고장에는 다음과 같이 기재되어 있었다.

　(가) 상고의 범위 란 : '전부'

　(나) 상고의 이유 란 : '채증법칙 위배 및 법리오해로 판결에 영향을 미친 위법이 있음'

④ T상고이유서에는 ㉠행위의 면소 부분에 대한 법리오해의 상고이유가 기재되어 있었다.

⑤ T상고이유서에는 ㉡행위의 무죄 부분에 대해 상고이유가 기재되어 있지 않았다.

2. 상상적 경합과 확정판결의 효력범위

【대법원 요지】 형법 제40조의 상상적 경합관계의 경우에는 그 중 1죄에 대한 확정판결의 기판력은
다른 죄에 대하여도 미치는 것이고, /

【대법원 요지】 여기서 1개의 행위라 함은 법적 평가를 떠나 사회관념상 행위가 사물자연의 상태로서
1개로 평가되는 것을 의미한다.

【대법원 분석】 원심판결 이유와 기록에 의하면, 이 사건 공소사실 중 특정경제범죄 가중처벌 등에 관한 법률 위반(배임)의 점의 요지는, /

【대법원 분석】 "피고인은 피해자 공소외 P건설의 개발기획팀 부장으로 근무하는 사람인데, 2005. 4. 22.자 공소외 P건설과 공소외 Q건설 사이에 작성된 양해각서 내용을 공소외 P건설이 이행을 하지 못하게 되어 공소외 P건설로부터 약정금 및 위약금의 반환을 요구받던 중, /

【대법원 분석】 2005. 6. 28. 공소외 P건설 사무실에서, 공소외 P건설의 공소외인이 작성해 온 '공소외 P건설이 공소외 Q건설에게 계약금 5억 원의 배액을 배상하되, 1차로 2005. 6. 29.까지 5억 원을, 2차로 2005. 7. 6.까지 5억 원을 지급한다'는 내용의 합의서에 공소외 P건설의 인감을 날인해주도록 요구받자 /

【대법원 분석】 대표이사의 승낙을 받는 등 정상적인 결재절차를 밟아 합의서를 작성해야 하는 임무에 위배하여 위 합의서에 공소외 P건설의 인감을 날인한 뒤 위 공소외인에게 건네주어 /

【대법원 분석】 공소외 Q건설로 하여금 당초 지급받을 약정금보다 5억 원을 초과한 재산상 이익을 취득하게 하고, 공소외 P건설에게 당초 반환할 약정금을 초과하여 5억 원의 재산상 채무를 추가로 부담하게 하여 동액 상당의 재산상 손해를 가하였다"는 것이고, /

【대법원 분석】 한편 피고인은 위 공소사실 기재 2005. 6. 28.자 합의서를 작성·행사한 행위에 관하여 2006. 10. 13. 수원지방법원에서 사문서위조와 그 행사죄로 벌금 500,000원의 약식명령을 고지 받아 위 약식명령이 그 무렵 확정된 사실을 알 수 있다.

【대법원 판단】 그렇다면 약식명령이 확정된 위 사문서위조 및 그 행사죄의 범죄사실과 피고인이 동일한 합의서를 임의로 작성·교부하여 회사에 재산상 손해를 가하였다는 위 공소사실은 그 객관적 사실관계가 하나의 행위라고 할 것이어서 1개의 행위가 수개의 죄에 해당하는 경우로서 형법 제40조에 정해진 상상적 경합관계에 있다고 할 것이다.

【대법원 결론】 같은 취지에서 위 확정된 약식명령의 기판력이 위 공소사실에도 미친다고 한 원심의 판단은 정당하고, 거기에 상고이유로 주장하는 바와 같은 법리를 오해하는 등의 위법이 없다.

3. 상고이유서의 기재방법

【대법원 요지】 상고법원은 상고이유에 의하여 불복신청한 한도 내에서만 조사·판단할 수 있으므로, 상고이유서에는 상고이유를 특정하여 원심판결의 어떤 점이 법령에 어떻게 위반되었는지에 관하여 구체적이고도 명시적인 이유의 설시가 있어야 할 것이고, /

【대법원 요지】 상고인이 제출한 상고이유서에 위와 같은 구체적이고도 명시적인 이유의 설시가 없이 상고이유로 단순히 원심판결에 사실오인 내지 법리오해의 위배가 있다고만 기재함에 그치고만 경우는 /

【대법원 요지】 어느 증거에 관한 취사조치가 채증법칙에 위배되었다는 것인지, /

【대법원 요지】 또 어떠한 법령적용의 잘못이 있고 어떠한 점이 부당하다는 것인지 /

【대법원 요지】 전혀 구체적 사유를 주장하지 아니한 것이어서 적법한 상고이유가 제출된 것이라고 볼 수 없다.

【대법원 분석】 기록에 의하면, 검사는 상고를 제기하면서 상고의 범위 란에 '전부', 상고의 이유 란에 '채증법칙 위배 및 법리오해로 판결에 영향을 미친 위법이 있음'이라고만 간단히 기재한 상고장을 제출

한 다음, 상고이유서에는 무죄 부분에 관한 상고이유를 기재하지 않고 있는바, /

【대법원 판단】 위 법리에 비추어 볼 때, 무죄 부분에 대하여는 적법한 상고이유가 제출된 것으로 보기 어려우므로, 검사의 이 부분 상고는 이유 없다. (상고 기각)

【코멘트】 본 판례에서 대법원은 "상고이유서에는 상고이유를 특정하여 원심판결의 어떤 점이 법령에 어떻게 위반되었는지에 관하여 구체적이고도 명시적인 이유의 설시가 있어야 할 것"이라는 기준을 제시하고 있다. 대법원은 이후 2010. 4. 20. **2010도759** 전원합의체 결정을 통하여 상소이유서가 적법하게 작성되지 아니한 경우에는 판결이 아닌 결정으로 상고기각을 할 수 있다는 입장을 천명하였다. 이 전원합의체 결정에 따라 대법원은 종전과 같이 일일이 선고공판기일에 상고기각의 주문을 낭독하지 않아도 되게 되었다. 상고이유서의 기재가 불비한 경우에 결정으로 상고기각을 할 수 있도록 한 대법원의 2010도759 전원합의체의 결정은 어느 의미에서 형사사건에 심리불속행제도를 도입한 것이라고 할 수 있다. 조용하면서도 의미 있는 변화라고 할 수 있다.

2008도6950

문서위조죄와 공소사실의 특정
외국대학 박사학위기 사건
2009. 1. 30. 2008도6950, 공 2009상, 279

1. 사실관계 및 사건의 경과

【사실관계】

① 갑은 외국에서의 학력을 위조하여 P대학교의 전임교수가 되고 Q비엔날레 예술감독으로 선정되었다는 혐의로 조사를 받았다.

② 검사는 갑이 학력위조와 관련하여 일련의 거짓 서류를 만들어서 관련되는 곳에 제출하였다는 공소사실로 갑을 여러 개의 사문서위조·행사죄 및 업무방해죄로 기소하였다.

③ 공소사실에서 문제된 학력증명 관련 서류들은 갑이 사본으로 제출한 것이었다.

④ 갑의 공소사실 가운데에는 'R대학교 박사학위기'에 관한 것이 들어 있었다.

⑤ 'R대학교 박사학위기'와 관련된 공소사실에는 '사본'이라는 말이 들어 있지 않았다.

⑥ (이하에서는 'R대학교 박사학위기' 부분만을 소개함)

【사건의 경과 1】

① 검사는 갑을 사문서위조죄 및 위조사문서행사죄로 기소하였다.

② 'R대학교 박사학위기'와 관련된 공소사실의 내용은 다음과 같다.

　(가) "피고인은 2007. 4. 불상의 장소에서 '갑이 2005. 5. 23. R대학교 예술철학사 박사학위를 수여받았다'는 취지와 R대학교 총장 A의 서명이 기재된 'R대학교 박사학위기' 1매를 위조하였다." (㉠공소사실).

　　(나) "피고인은 2007. 5. 20. P대학교 교직원으로부터 박사학위기 원본제출을 요구받아 위조한 문서를 제출하여 이를 행사하였다." (ⓒ공소사실).

　　(다) "피고인은 2007. 7. 4. Q비엔날레 사무실에서 Q비엔날레 직원 공소외 B에게 위조한 문서를 송부하여 행사하였다" (ⓒ공소사실)

③ 검사는 제1심법원에 갑이 관련되는 곳에 제출하였던 'R대학교 박사학위기' 사본을 증거로 제출하였다.

④ 제1심법원은 다음의 이유를 들어서 ㉠공소사실에 대해 공소기각판결을 선고하였다.

　　(가) ㉠공소사실은 피고인이 "R대학교 박사학위기" 1매를 위조하였다는 것이다.

　　(나) ㉠공소사실은 피고인이 직접 언제, 어디서, 어떠한 방법으로 위조하였다는 것인지 분명치 아니하고, 다른 공소사실을 종합하여 보더라도 그 부분을 보완할 수 없다.

　　(다) 이것은 피고인의 방어권 행사를 현저히 해하므로 ㉠공소사실 부분은 공소사실이 특정되어 있다고 볼 수 없다.

⑤ 제1심법원은 ⓒ, ⓒ공소사실에 대해서는 유죄를 선고하였다.

【사건의 경과 2】

① 갑은 유죄 부분에 불복 항소하였다.

② 검사는 공소기각 부분에 불복 항소하였다.

③ 항소심법원은 다음의 이유를 들어서 ㉠공소사실에 대한 검사의 항소를 기각하였다.

　　(가) ㉠공소사실은 다른 공소사실들과 달리 객체가 '박사학위기 1매'라고 기재되어 있을 뿐 박사학위기 '사본' 1매라고 기재되어 있지 않다.

　　(나) 피고인이 원본 제출을 요구받고 이를 제출하였다는 것인 점에 비추어 피고인이 위조·행사하였다는 '박사학위기'는 '원본'으로 보아야 한다.

　　(다) 피고인은 2007. 5. 20.경 박사학위기 사본을 제출하였을 뿐, 같은 날 박사학위기 원본을 제출하였다는 사실을 인정할 아무런 증거가 없다.

　　(라) 뿐만 아니라 R대학교 박사학위기 '원본'은 법정에 현출되어 있지 않다.

　　(마) 2007. 4.경에 피고인이 위조하였다는 박사학위기 원본이 2007. 5. 20.경 피고인이 P대학교에 제출한 박사학위기 사본과 동일한 것이라고 인정할 아무런 증거가 없다.

　　(바) ㉠공소사실은 존재하지 않는 문서에 대한 것으로서 범죄의 일시, 장소, 방법, 위조 내용 등을 전혀 알 수 없어 공소사실이 특정되지 않은 때에 해당한다.

④ 항소심법원은 ⓒ, ⓒ공소사실에 대해서는 다음의 이유를 들어서 공소기각판결을 선고하였다.

　　(가) 피고인이 'R대학교 박사학위기'를 위조하였다는 점(㉠공소사실)에 대하여 공소를 기각하였다.

　　(나) 그러한 이상 위조사문서 행사의 공소사실(ⓒ, ⓒ공소사실) 역시 존재하지 않는 문서에 대한 것으로서, 공소사실이 특정되었다고 볼 수 없다.

⑤ 검사는 불복 상고하였다.

2. 공소사실의 특정방법

【대법원 분석】 가. (1) 공소사실의 기재는 범죄의 일시, 장소와 방법을 명시하여 사실을 특정할 수 있도록 하여야 하는바(형사소송법 제254조 제4항), /

【대법원 요지】 이와 같이 공소사실의 특정을 요구하는 법의 취지는 피고인의 방어권 행사를 쉽게 해주기 위한 데에 있으므로, 공소사실은 이러한 요소를 종합하여 구성요건 해당사실을 다른 사실과 식별할 수 있는 정도로 기재하면 족하고, /

【대법원 요지】 공소장에 범죄의 일시, 장소 등이 구체적으로 적시되지 않았더라도 위의 정도에 반하지 아니하고 공소범죄의 성격에 비추어 그 개괄적 표시가 부득이하며 그에 대한 피고인의 방어권 행사에 지장이 없다면 그 공소내용이 특정되지 않았다고 볼 수 없다. /

【대법원 요지】 문서의 위조 여부가 문제되는 사건에서 그 위조된 문서가 압수되어 현존하고 있는 이상, 그 범죄 일시와 장소, 방법 등은 범죄의 동일성 인정과 이중기소의 방지, 시효저촉 여부 등을 가름할 수 있는 범위에서 사문서의 위조사실을 뒷받침할 수 있는 정도로만 기재되어 있으면 충분하다. /

【대법원 분석】 (중 략)

3. 공소사실

【대법원 분석】 (2) 원심은, 이 사건 공소사실 중 /

【대법원 분석】 "피고인 갑은 2007. 4.경 불상의 장소에서 행사할 목적으로 권한 없이 '갑이 2005. 5. 23. R대학교 예술철학사 박사학위를 수여하였다'는 취지와 R대학교 총장 [A] 서명이 기재된 'R대학교 박사학위기' 1매를 작성하여 사실증명에 관한 사문서를 위조하고, /

【대법원 분석】 2007. 5. 20. P대학교에서 P대학교 교직원으로부터 박사학위기 원본 제출을 요구받아 위조한 문서를 제출하여 행사하고, /

【대법원 분석】 2007. 7. 4. Q비엔날레 사무실에서 Q비엔날레 직원 공소외 B에게 송부하여 행사하였다"는 /

【대법원 분석】 사문서위조 및 위조사문서행사의 점에 관하여 /

4. 사안에 대한 항소심의 판단

【항소심 판단】 피고인이 위조·행사하였다고 하는 위 '박사학위기'는 '원본'으로 보아야 하는바, 갑은 2007. 5. 20.경 박사학위기 사본을 제출하였을 뿐, 같은 날 박사학위기 원본을 제출하였다는 사실을 인정할 아무런 증거가 없을 뿐 아니라 박사학위기 '원본'은 현출되어 있지 아니하여 /

【항소심 판단】 이 부분 공소사실은 존재하지 않는 문서에 대한 것으로서 범죄의 일시, 장소, 방법, 위조 내용을 전혀 알 수 없어 공소사실이 특정되지 아니한 때에 해당한다는 이유로 박사학위기위조 부분에 대한 공소를 기각한 제1심판결을 그대로 유지하고, /

【항소심 판단】 위조박사학위기행사 부분에 대하여도 역시 공소사실이 특정되지 아니하였다는 이유로 이에 대한 공소를 기각하였다.

5. 사안에 대한 대법원의 판단

【대법원 판단】 그러나 앞서 본 공소사실의 특정에 관한 법리에 비추어 볼 때 이 사건 공소사실 중 박사학위기위조 부분은 피고인이 위조하였다는 문서의 내용 및 그 명의자가 특정되었을 뿐 아니라 위조 일시, 방법이 개괄적으로 기재되어 있으며, /

【대법원 판단】 각 위조박사학위기행사 부분은 위조문서의 내용, 행사 일시, 장소, 행사 방법 등이 특정되어 기재되어 있고, 기록상 위조되었다는 R대학교 박사학위기와 동일하다고 하는 박사학위기 사본이 현출되어 있으므로 /

【대법원 판단】 이로써 공소사실은 특정되었다고 볼 것이고, /

【대법원 판단】 다만 피고인 갑이 2007. 4.경 위조하였다는 R대학교 박사학위기가 현출된 박사학위기 사본과 동일한 것으로 인정할 수 있는지 여부는 유·무죄의 실체 판단을 함에 있어서 고려하여야 할 요소라고 할 것이다.

【대법원 판단】 따라서 이 사건 박사학위기위조 및 각 위조박사학위기행사의 점에 관하여는 공소사실이 특정되었다고 보아야 할 것임에도 불구하고, 원심이 구체적인 범죄사실의 기재가 없다고 하여 공소를 기각하였음은 공소사실 특정에 관한 법리를 오해하여 판결에 영향을 미친 위법을 저질렀다고 할 것이므로, 이 점을 지적하는 검사의 상고이유는 그 이유 있다. (파기 환송)

【코멘트】 본 판례에서 사문서위조죄의 객체가 된 것은 외국 유명대학교의 박사학위기 원본이다. 과연 박사학위기 원본이 위조되었는가가 논란되고 있는 이 사건에서 제1심법원은 처음부터 사문서위조죄의 공소사실 자체가 특정되지 않았다고 보아 공소기각판결을 내리고 있으며, 항소심법원도 이를 지지하고 있다.

　이에 대해 대법원은 "문서의 위조 여부가 문제되는 사건에서 그 위조된 문서가 압수되어 현존하고 있는 이상, 그 범죄 일시와 장소, 방법 등은 범죄의 동일성 인정과 이중기소의 방지, 시효저촉 여부 등을 가름할 수 있는 범위에서 사문서의 위조사실을 뒷받침할 수 있는 정도로만 기재되어 있으면 충분하다."는 완만한 판단기준을 제시하면서 제1심법원 및 항소심법원과 다른 입장을 보이고 있다.

　요컨대 대법원은 문서위조죄의 특성상 위조된 문서의 사본이 제출되어 있으면 공소사실의 특정성을 다소 완화할 수 있다는 태도이다. 문제의 핵심은 위조되었다는 원본과 법정에 제출된 사본이 동일한 것인가 아닌가 하는 점인데, 이것은 법정에서의 본격적인 실체 심리를 통하여 판단하면 족하다는 것이다.

2008도6985

참고인 조사자 증언의 증거능력
진술번복 용 진술조서의 증거능력
회칼 협박 특수강간 사건
2008. 9. 25. 2008도6985, 공 2008하, 1513

1. 사실관계 및 사건의 경과

【사실관계 1】

① A녀는 갑이 자신을 감금하여 필로폰을 투약하고 회칼로 위협하면서 성폭행을 하였다는 혐의로 갑

을 고소하였다.

② 사법경찰관 B는 A로부터 피해사실에 대한 진술을 들었고, 사경 면전의 M진술조서가 작성되었다.

③ A는 검찰에서도 피해사실을 진술하여 검사 면전의 N진술조서가 작성되었다.

【사실관계 2】

① 검사는 갑을 ㉠감금죄, ㉡성폭력처벌법위반죄(특수강간), ㉢마약류관리법위반죄(향정) 등의 공소사실로 기소하였다.

② 갑의 ㉠감금죄 부분 공소사실의 요지는 다음과 같다.

③ "피고인은 2007. 10. 4. 03:30경부터 같은 달 5. 05:00경까지 서울 마포구 합정동 P장소에서 피해자 공소외 A에게 필로폰을 투약하고 항거불능 상태에 빠진 피해자를 수회 강간하면서 약 25시간 피해자를 감금하였다."

④ 갑의 ㉡성폭력처벌법위반죄(특수강간) 부분 공소사실의 요지는 다음과 같다.

⑤ "피고인은 2007. 10. 4. 09:30경 서울 마포구 합정동 P장소에서 피해자 공소외 A에게 필로폰을 추가로 투약하여 강간하려 하는 것을 피해자가 거부하자 평소 가지고 다니던 흉기인 회칼을 목에 들이대며 '똑바로 하지 않으면 죽어버린다'라고 위협하여 항거불능케 한 후 불상량의 필로폰을 생수에 희석하여 주사기를 이용 피해자의 오른쪽 팔뚝에 혈관주사하여 투약시키고, (중략) 강간하였다."

【사실관계 3】

① 제1심 공판절차에서 갑은 ㉠감금죄와 ㉡성폭력처벌법위반죄(특수강간) 공소사실을 부인하고 ㉢마약류관리법위반죄의 공소사실을 인정하는 취지로 다음의 진술을 하였다.

② "본인(갑)은 약 20년 전 A를 사귀다가 헤어진 적이 있고, 2007. 8.경 다시 만나게 되어 여러 차례에 걸쳐 A와 성관계를 가진 적이 있는바, 이 사건 발생일 당시에도 A의 동의하에 A를 자신의 주거지에 데리고 가서 마약을 투약시키면서 서로 성관계를 가진 사실이 있을 뿐, A를 감금하거나 회칼을 사용하여 강간한 사실은 없다."

③ 2007. 12. 6. (공소제기 이후) A는 갑과 합의하여 갑에 대한 고소를 취소하였다.

④ ㉠감금죄와 ㉡특수강간죄는 비친고죄이다.

【사실관계 4】

① 검사는 경찰 단계의 A에 대한 M진술조서와 검찰 단계의 A에 대한 N진술조서를 증거로 제출하였다.

② A는 증인으로 출석하여 다음과 같이 진술하였다.

(가) "경찰과 검찰에서 어떻게 진술하였는지 전혀 기억이 나지 않는다."

(나) "갑이 본인(A)을 감금한 사실이 없다."

③ 검사는 A를 조사한 사법경찰관 B를 증인으로 신청하였다.

④ 조사 경찰관 B는 A로부터 들은 피해사실의 진술 내용을 증언하였다.

【사건의 경과 1】

① 2008. 2. 15. 제1심법원은 ㉠감금죄에 대해 증거불충분으로 무죄를 선고하였다.

② 제1심법원은 ㉡성폭력처벌법위반죄(특수강간)에 대해 다음과 같은 이유로 공소기각판결을 선고하였다.

(가) 갑이 흉기를 사용하였다는 점에 대한 증거가 없다.

(나) 따라서 갑의 행위는 단순강간에 해당한다.

(다) 갑에 대해 피해자 A로부터 고소취소가 있었다.

③ 제1심법원은 ⓒ마약류관리법위반죄에 대해 유죄를 선고하였다.

【사건의 경과 2】

① 검사는 제1심판결의 무죄 부분 및 공소기각 부분에 불복하여 항소하였다.

② 2008. 4.경 (제1심판결 선고 이후) 검사는 A를 피내사자 신분으로 검찰에 소환하였다.

③ 검사는 A에게 제1심법정에서의 증언 내용을 추궁하면서 그 과정을 영상으로 녹화하였다. (K영상녹화물)

④ 검찰수사관 C는 A의 진술내용을 요약한 L수사보고서를 작성하였다.

【사건의 경과 3】

① 검사는 항소심 제3차 공판기일에 K영상녹화물과 L수사보고서를 증거로 신청하였다.

② 갑과 그의 변호인은 K영상녹화물과 L수사보고서에 대해 증거로 함에 부동의하였다.

③ 검사는 항소심 제4차 공판기일에 검찰수사관 C를 증인으로 신청하였다.

④ 항소심재판부는 검찰수사관 C에 대한 증인신청을 기각하였다.

⑤ 항소심재판부는 K영상녹화물과 L수사보고서에 대하여 증거신청을 기각하였다.

⑥ 항소심법원은 A를 증인으로 소환하였다.

⑦ A에 대한 증인소환장은 송달되지 않았다.

⑧ 검사는 항소심법원에 대해 A를 구인해 줄 것을 신청하였다.

⑨ 항소심법원은 검사의 A에 대한 증인구인 신청을 기각하였다.

【사건의 경과 4】

① 항소심법원은 검사가 제출한 증거들에 대해 다음과 같이 판단하였다.

(가) 조사 경찰관 B의 증언 부분 : A가 제1심법정에서 진술한 이상 수사기관에서 이루어진 A의 진술을 내용으로 하는 조사자 B의 증언은 증거능력이 없다.

(나) M조서와 N조서 : A가 제1심법정에서 실질적 진정성립을 부인하는 취지로 진술하고 있고 달리 M조서와 N조서의 실질적 진정성립을 인정할 아무런 자료가 없다.

(다) 증인 A의 법정진술과 증인 B의 법정진술 중 증거능력이 인정되는 부분의 진술만으로는 ㉠감금죄와 ㉡성폭력처벌법위반죄(특수강간)의 공소사실을 인정하기에 부족하다.

② 2008. 7. 11. 항소심법원은 검사의 항소를 기각하고, 제1심판결을 유지하였다.

【사건의 경과 5】

① 검사는 불복 상고하였다.

② 검사는 상고이유로 다음의 점을 주장하였다.

(가) 조사자인 사법경찰관 B의 증언의 증거능력을 잘못 판단한 법리오해의 위법이 있다.

(나) A에 대한 검사의 증인구인 신청을 기각한 것은 증인 구인에 관한 법리를 오해한 것이다.

(다) K영상녹화물, L수사보고서, 검찰수사관 C에 관한 검사의 증거신청을 기각한 것은 증거채택에 관한 법리를 오해한 것이다.

2. 참고인 조사와 조사자 증언의 증거능력

【대법원 분석】 (1) 형사소송법(이하 '법'이라고 한다) 제316조 제2항은 "피고인 아닌 자의 공판준비 또는 공판기일에서의 진술이 피고인 아닌 타인의 진술을 그 내용으로 하는 것인 때에는 원진술자가 사망, 질병, 외국거주, 소재불명, 그 밖에 이에 준하는 사유로 인하여 진술할 수 없고, 그 진술이 특히 신빙할 수 있는 상태하에서 행하여졌음이 증명된 때에 한하여 이를 증거로 할 수 있다"고 규정하고 있고, /

【대법원 요지】 같은 조 제1항에 따르면 위 '피고인 아닌 자'에는 공소제기 전에 피고인 아닌 타인을 조사하였거나 그 조사에 참여하였던 자(이하 '조사자'라고 한다)도 포함되는데, /

【대법원 요지】 위 조항에 따라 조사자의 증언에 증거능력이 인정되기 위해서는 원진술자가 사망, 질병, 외국거주, 소재불명, 그 밖에 이에 준하는 사유로 인하여 진술할 수 없어야만 하는 것이라서 /

【대법원 요지】 원진술자가 법정에 출석하여 수사기관에서의 진술을 부인하는 취지로 증언을 한 이상 원진술자의 진술을 내용으로 하는 조사자의 증언은 증거능력이 없다고 봄이 상당하다.

【대법원 판단】 같은 취지에서 원심이, 공소외 A가 제1심법정에서 진술한 이상 수사기관에서 이루어진 공소외 A의 진술을 내용으로 하는 조사자 공소외 B의 증언 부분은 증거능력이 없다고 판단한 것은 정당하고, 거기에 조사자 증언의 증거능력에 관한 법리오해 등의 위법이 없다.

3. 피해자 진술조서의 증거능력

【대법원 판단】 (2) 한편, 원심은 공소외 A에 대한 각 검찰 및 경찰진술조서는 공소외 A가 제1심법정에서 실질적 진정성립을 부인하는 취지로 진술하고 있고 달리 위 각 조서의 실질적 진정성립을 인정할 아무런 자료가 없다고 하여 증거능력을 부정한 다음, /

【대법원 판단】 증인 공소외 A의 법정진술과 증인 공소외 B의 법정진술 중 증거능력이 인정되는 부분의 진술만으로는 이 사건 성폭력범죄의 처벌 및 피해자보호 등에 관한 법률 위반(특수강간), 감금의 공소사실을 인정하기에 부족하다고 판단하였는바, /

【대법원 판단】 기록에 비추어 살펴보면 이러한 원심의 증거의 취사선택과 판단은 정당한 것으로 수긍할 수 있고, 거기에 상고이유의 주장과 같은 증거능력에 관한 법리오해, 자유심증주의의 한계 일탈 등의 위법이 없다.

4. 증인 구인의 요건

【대법원 분석】 형사공판절차에서 증인의 구인은 증인이 정당한 사유 없이 소환에 불응하거나(법 제152조), 법원에 출석해 있는 증인이 정당한 사유 없이 동행명령에 따른 동행을 거부하는 때(법 제166조 제2항)에 한하여 허용되므로, /

【대법원 판단】 원심 재판과정에서 증인소환장을 송달받은 적이 없고 법원에 출석하지도 아니한 공소외 A를 구인하여 달라는 검사의 신청을 기각한 원심의 조치는 정당하고, 거기에 상고이유의 주장과 같은 법령위반의 위법이 없다.

5. 진술번복을 위한 진술조서의 증거능력

【대법원 요지】 증거신청의 채택 여부는 법원의 재량으로서 법원이 필요하지 아니하다고 인정할 때에는 이를 조사하지 아니할 수 있는 것이고, /

【대법원 요지】 공판준비 또는 공판기일에서 이미 증언을 마친 증인을 검사가 소환한 후 피고인에게 유리한 그 증언 내용을 추궁하여 이를 일방적으로 번복시키는 방식으로 작성한 진술조서를 유죄의 증거로 삼는 것은 당사자주의·공판중심주의·직접주의를 지향하는 현행 형사소송법의 소송구조에 어긋나는 것일 뿐만 아니라, /

【대법원 요지】 헌법 제27조가 보장하는 기본권, 즉 법관의 면전에서 모든 증거자료가 조사·진술되고 이에 대하여 피고인이 공격·방어할 수 있는 기회가 실질적으로 부여되는 재판을 받을 권리를 침해하는 것이므로, /

【대법원 요지】 이러한 진술조서는 피고인이 증거로 할 수 있음에 동의하지 아니하는 한 그 증거능력이 없다고 하여야 할 것이고, /

【대법원 요지】 그 후 원진술자인 종전 증인이 다시 법정에 출석하여 증언을 하면서 그 진술조서의 성립의 진정함을 인정하고 피고인측에 반대신문의 기회가 부여되었다고 하더라도 그 증언 자체를 유죄의 증거로 할 수 있음은 별론으로 하고 위와 같은 진술조서의 증거능력이 없다는 결론은 달리할 것이 아니다/

【대법원 요지】 (대법원 2000. 6. 15. 선고 **99도1108**[I권] 전원합의체 판결, 대법원 2004. 3. 26. 선고 2003도7482 판결 등 참조).

【대법원 분석】 이 사건 기록에 의하면, 검사는 제1심판결 선고 이후인 2008. 4.경 공소외 A를 소환하여 제1심법정에서의 증언 내용을 추궁하면서 그 과정을 영상으로 녹화하였고, 검찰수사관 공소외 C는 공소외 A의 진술내용을 요약한 수사보고서를 작성한 사실, /

【대법원 분석】 검사는 원심 제3차 공판기일에 위 영상녹화물과 수사보고서를 증거로 신청하였으나 피고인의 변호인은 위 증거들에 대하여 부동의한 사실, /

【대법원 분석】 이에 검사는 원심 제4차 공판기일에 공소외 C를 증인으로 신청하였으나 원심재판부는 그 증인신청을 기각하고 위 증거들에 대하여도 증거신청을 기각한 사실이 인정되는바, /

【대법원 판단】 위와 같은 법리에 비추어 보면 위와 같은 원심의 조치는 정당하고, 거기에 상고이유의 주장과 같은 법령위반의 위법이 없다. (상고 기각)

【코멘트】 본 판례의 사안을 보면, 성폭력처벌법상의 특수강간을 당했다고 주장하여 고소한 A가 갑에 대한 공소제기 후에 그 진술을 번복하면서 고소를 취소하고 있다. A가 진술을 번복하고 고소를 취소한 이유는 알 수 없다. 처음부터 허위로 고소를 하였거나, 피해배상을 충분히 받았거나 또는 보복이 두려워서 그렇게 한 것일 수도 있다. 본 판례의 사안에서 검사는 A의 진술번복과 고소취소에 석연치 아니한 부분이 있다고 보고 A를 검찰청으로 다시 불러서 조사한 것이 아닌가 생각된다.

이러한 검사의 활동에 대해 대법원은 2000. 6. 15. 선고 **99도1108**[I권] 전원합의체 판결에 따라 진술번복을 위한 진술조서의 증거능력을 불허하고 있다. 증거능력 부인의 근거는 당사자주의, 공판중심주의, 직접심리주의 등 현행 형사소송법의 기본원리이다. 나아가 재판을 받을 권리라는 피고인의 기본권에서도 법적 근거가 도출된다. 요컨대 피고사건에 대한 실체심리는 법정에서 이루어져야 한다는 것이다.

 이상의 부분은 이미 대법원의 선판례가 있어서 새로운 것이 아니다. 본 판례가 특별히 주목되는 이유는 일견 조사자 증언의 문제가 다루어진 것처럼 보이기 때문이다. 2007년 6월에 공포되어 2008년 1월부터 시행된 개정 형사소송법은 조사자 증언제도를 새로이 도입하였다. 이 경우 조사자란 공소제기 전에 피고인을 피의자로 조사하였거나 그 조사에 참여하였던 자를 말한다(법316① 참조). 조사자 증언제도가 도입된 것은 특히 사법경찰관 면전의 피의자신문조서가 "내용을 부인한다"는 피고인 측의 진술 한 마디로 증거능력을 상실하게 되는 상황을 극복하기 위함이다.

 그런데 본 판례에서는 피고인이 피의자신문조서에 대해 종전진술을 번복(내용부인)하고, 이에 대응하여 검사가 조사자를 증인으로 신청하여 진술하게 하는 상황이 문제되고 있지는 않다. 본 판례의 사안에서 피해자 A가 수사기관에서 한 진술을 법정에서 번복하자, 검사는 피해자 A를 조사한 경찰관 B로 하여금 A의 진술을 법정에 전달하려 하고 있다. 검사의 시도는 개정 형사소송법이 도입한 조사자 증언제도를 참고인 진술번복의 경우에 원용하려는 것이라고 할 수 있다. 과연 이러한 시도가 법적으로 허용될 수 있을 것인가?

 본 판례에서 대법원은 참고인 진술번복과 관련한 조사자 증언 문제에 대해 분명하게 반대입장을 밝히고 있다. 대법원은 조사자 증언제도가 피고인이 종전 진술을 번복하는 상황에 대비하기 위한 것임을 암묵적으로 전제하고 있다. 이 입장에서 본다면 조사자 증언제도는 처음부터 참고인 진술번복의 경우에 적용되지 않는다. 참고인 A를 조사하였던 경찰관 B의 증언은 "피고인 아닌 자(조사자)의 진술이 피고인 아닌 타인(참고인)의 진술을 그 내용으로 하는 것"이 되어 형소법 제316조 제2항의 적용대상이 된다.

 형소법 제316조 제2항을 적용하려면 그 첫 번째 요건으로 원진술자가 사망, 질병 등의 사유로 공판정에서 진술할 수 없어야 한다. 그런데 본 판례의 사안에서 참고인 A는 법정에 나와서 진술을 한 바가 있다. 그렇다면 참고인을 조사하였던 경찰관의 증언은 증거능력을 인정받을 수가 없다. 그리하여 대법원은 "원진술자(A)가 법정에 출석하여 수사기관에서의 진술을 부인하는 취지로 증언을 한 이상 원진술자(A)의 진술을 내용으로 하는 조사자(B)의 증언은 증거능력이 없다"는 결론을 도출하고 있다.

2008도7375

즉결심판절차와 공소장일본주의
정재청구 후 조서작성 사건
2011. 1. 27. 2008도7375, 공 2011상, 519

1. 사실관계 및 사건의 경과

【사실관계 1】
 ① [갑은 A의 식당에서 무전취식을 하였다.]

② 2007. 11. 2. 대구수성경찰서장은 관할 대구지방법원에 갑에 대한 즉결심판을 청구하였다.

③ 즉결심판청구사실은 경범죄처벌법 제1조 제51호(무임승차, 무전취식) 위반이다.

④ 2007. 11. 2. 대구지방법원은 갑에 대하여 벌금 5만 원을 선고하였다.

⑤ 2007. 11. 6. 갑은 정식재판을 청구하였다.

【사실관계 2】

① 대구지방법원은 대구수성경찰서장에게 정식재판청구서를 첨부한 M사건기록을 송부하였다.

② 갑이 정식재판을 청구한 이후에 경찰은 피해자 A에 대한 N진술조서를 작성하였다.

③ N진술조서는 M사건기록에 편철되었다

【사건의 경과 1】

① 2008. 1. 18. 대구수성경찰서장은 관할 대구지방검찰청 검사장에게 사건을 송부하였다.

② 2008. 1. 22. 대구지방검찰청 검사는 M사건기록을 대구지방법원 제1심법원에 송부하였다.

③ 갑은 제1심법원에 [빈곤을 이유로] 국선변호인 선정신청을 하였다.

④ 제1심법원은 [빈곤의 사유가 없다고 판단하여] 갑의 신청을 기각하였다.

⑤ 제1심법원은 죄명과 적용법조를 변경하지 아니한 채 공소사실만을 변경하는 내용의 공소장변경절차를 마쳤다.

⑥ 2008. 5. 2. 제1심법원은 갑에 대하여 경범죄처벌법 위반죄로 벌금 5만 원을 선고하였다.

【사건의 경과 2】

① 갑은 불복 항소하였다.

② 항소심법원은 갑에게 국선변호인을 선정해 주지 아니한 채 절차를 진행하였다.

③ 2008. 7. 24. [항소심법원은 항소를 기각하고, 제1심판결을 유지하였다.]

④ 갑은 불복 상고하였다.

⑤ (다음의 상고이유는 저자가 임의로 구성함)

⑥ 갑은 첫번째 상고이유로 다음의 점을 들어서 이중기소의 위법을 주장하였다.

   (가) 갑의 정식재판청구로 이미 소송계속이 발생하였다.

   (나) 대구지방검찰청 검사가 M사건기록을 제1심법원에 송부한 것은 거듭된 공소제기이다.

⑦ 갑은 두번째 상고이유로 다음의 점을 들어서 공소장일본주의 위반을 주장하였다.

   (가) N피해자진술조서가 편철된 M사건기록이 이미 제1심법원에 송부되어 있다.

   (나) 예단을 불러일으킬 수 있는 M사건기록이 공판에 앞서서 제1심법원에 송부된 것은 공소장일본주의에 위반된다.

⑧ 갑은 세번째 상고이유로 다음의 점을 들어서 국선변호 선정과 관련한 위법을 주장하였다.

   (가) 갑은 빈곤하여 무전취식을 하였다.

   (나) 빈곤을 이유로 국선변호인 신청을 하였으나 제1심법원이 이를 기각하였다.

   (다) 항소심법원도 빈곤자 갑에게 직권으로 국선변호인을 선정해 주지 않았다.

2. 즉심기록의 송부와 이중기소 문제

【대법원 분석】 기록에 의하면, 대구수성경찰서장은 2007. 11. 2. 경범죄처벌법 제1조 제51호 위반

을 이유로 대구지방법원에 피고인에 대한 즉결심판을 청구하였고, 위 법원이 같은 날 피고인에 대하여 벌금 5만 원을 선고하자, 피고인이 2007. 11. 6. 정식재판을 청구한 사실, /

【대법원 분석】 위 법원은 대구수성경찰서장에게 정식재판청구서를 첨부한 이 사건 기록을 송부하였고, 대구수성경찰서장은 2008. 1. 18. 대구지방검찰청 검사장에게 이 사건을 송부하였으며, 대구지방검찰청 검사는 2008. 1. 22. 이 사건 기록을 제1심법원에 송부한 사실, /

【대법원 분석】 제1심법원은 죄명과 적용법조를 변경하지 아니한 채 공소사실만을 변경하는 내용의 공소장변경절차를 거쳐 2008. 5. 2. 피고인에 대하여 경범죄처벌법 위반죄로 벌금 5만 원을 선고한 사실이 인정된다.

【대법원 판단】 사실관계가 이와 같다면, 즉결심판이 청구되었던 이 사건에서 피고인의 정식재판청구에 따라 그 사건기록이 제1심법원에 송부되었을 뿐이고, 달리 피고인이 이중으로 기소되었다고 인정할 아무런 자료를 찾아볼 수 없다.

3. 즉결심판절차와 공소장일본주의

【대법원 분석】 즉결심판에 관한 절차법에 의하면, 즉결심판은 관할 경찰서장 또는 관할 해양경찰서장(이하 '경찰서장'이라고 한다)이 청구하고(제3조 제1항), 경찰서장은 즉결심판의 청구와 동시에 즉결심판을 함에 필요한 서류 또는 증거물을 판사에게 제출하여야 한다(제4조). /

【대법원 분석】 또한 즉결심판의 청구가 있는 때에는 판사는 사건이 즉결심판을 할 수 없거나 즉결심판절차에 의하여 심판함이 적당하지 아니하다고 인정되어 결정으로 즉결심판의 청구를 기각하는 경우를 제외하고 즉시 심판을 하여야 한다(같은 법 제6조). /

【대법원 요지】 이와 같이 즉결심판에 관한 절차법이 즉결심판의 청구와 동시에 판사에게 증거서류 및 증거물을 제출하도록 한 것은 즉결심판이 범증이 명백하고 죄질이 경미한 범죄사건을 신속·적정하게 심판하기 위한 입법적 고려에서 공소장일본주의가 배제되도록 한 것이라고 보아야 한다.

【대법원 분석】 또한 피고인이 즉결심판에 대하여 정식재판을 청구한 경우 판사는 정식재판청구서를 받은 날부터 7일 이내에 경찰서장에게 정식재판청구서를 첨부한 사건기록과 증거물을 송부하고, 경찰서장은 지체없이 관할 지방검찰청 또는 지청의 장에게 이를 송부하여야 하며, 관할 지방검찰청 또는 지청의 장은 지체없이 관할 법원에 이를 송부하여야 한다(즉결심판에 관한 절차법 제14조 제3항). /

【대법원 분석】 이에 따라 법원은 즉결심판에 대한 정식재판의 청구가 적법한 때에는 공판절차에 의하여 심판하여야 하는바(같은 법 제14조 제4항, 형사소송법 제455조 제3항), /

【대법원 요지】 위 규정에 따라 정식재판청구에 의한 제1회 공판기일 전에 사건기록 및 증거물이 경찰서장, 관할 지방검찰청 또는 지청의 장을 거쳐 관할 법원에 송부된다고 하여 그 이전에 이미 적법하게 제기된 경찰서장의 즉결심판청구의 절차가 위법하게 된다고 볼 수 없고, /

【대법원 요지】 그 과정에서 정식재판이 청구된 이후에 작성된 피해자에 대한 진술조서 등이 사건기록에 편철되어 송부되었다고 하더라도 달리 볼 것은 아니다.

【대법원 결론】 이와 같은 취지의 원심판결은 정당하고, 원심판결에 즉결심판에 대한 정식재판청구 후의 사건기록 및 증거물의 송부와 관련한 법령 위반의 점을 찾아볼 수 없다.

4. 즉결심판절차와 국선변호인의 선정

【대법원 판단】 이 부분 상고이유의 주장은 항소심에서 항소이유로 주장하지 아니하였을 뿐만 아니라 항소심이 직권으로 심판대상으로 삼은 사항도 아니므로 적법한 상고이유가 될 수 없다. /

【대법원 판단】 직권으로 살펴보더라도 필요적 변호사건이 아닌 이 사건에서 제1심이 피고인의 국선변호인 선정청구를 기각하였다거나 원심이 피고인에 대하여 국선변호인을 선정하여 주지 아니하였다는 것만으로 변호인의 조력을 받을 권리가 침해되었다고 보기 어렵다. 원심 및 제1심의 소송절차에 국선변호인의 선정과 관련한 법령 위반의 점을 찾아볼 수 없다. (상고 기각)

【코멘트】 본 판례는 즉결심판절차와 관련한 여러 가지 논점들을 보여주고 있다. 즉결심판절차에서는 즉결심판의 청구와 동시에 판사에게 증거서류와 증거물이 바로 제출된다(즉심법4). 이 점에 대해 대법원은 "범증이 명백하고 죄질이 경미한 범죄사건을 신속·적정하게 심판하기 위한 입법적 고려에서 공소장일본주의가 배제되도록 한 것"이라고 그 취지를 해석하고 있다.

이후에 진행되는 정식재판청구와 그에 따른 공판절차를 보면 관련 사건기록이 증거조사 전에 이미 재판부에 제출되어 있다. 여기에서도 이러한 절차진행이 공소장일본주의에 위반되는 것이 아닌가 하는 의문을 제기해 볼 수 있다. 그러나 즉결심판청구가 정식재판청구에 의하여 공소제기로 전환한다는 점에 비추어 생각해 보면 이러한 의문은 곧 해소된다. 즉결심판청구가 공소장일본주의가 적용되지 아니하여 적법하였으므로 그 이후의 절차 진행 또한 모두 적법하다는 추론이 나오기 때문이다.

참고로 본 사안에서 문제되었던 경범죄처벌법의 개정에 관하여 언급하고자 한다. 입법자는 그 동안 적용되어 왔던 경범죄처벌법을 시대에 맞게 개정하여 2013년부터 시행하고 있다. 개정 경범죄처벌법은 처벌대상 행위를 유형화하여 벌금액에 차등을 두고 있다. 이 개정법률과 관련하여 "술에 취한 채로 관공서에서 몹시 거친 말과 행동으로 주정하거나 시끄럽게 한 사람은 60만 원 이하의 벌금, 구류 또는 과료의 형으로 처벌한다."고 규정한 경범죄처벌법 제3조 제3항이 주목된다.

형사소송법은 현행범체포에 관하여 규정하면서 다액 50만 원 이하의 벌금, 구류 또는 과료에 해당하는 죄의 현행범에 대해서는 주거가 분명하지 아니한 경우에 한하여 현행범체포를 허용하고 있다(법 214 참조). 종전의 경범죄처벌법은 경범죄처벌법 위반 행위자를 10만 원 이하의 벌금 등으로 처벌하고 있었기 때문에 경범죄처벌법 위반 행위자에 대해서는 원칙적으로 현행범체포를 할 수 없었다. 이제 개정 경범죄처벌법 아래에서는 술에 취한 채로 관공서에서 몹시 거친 말과 행동으로 주정하거나 시끄럽게 한 사람이나 있지 아니한 범죄나 재해 사실을 공무원에게 거짓으로 신고한 사람에 대해 현행범체포를 할 수 있게 되었다.

2008도7462

친고죄와 고소불가분의 원칙
나이키 포스터 현수막 사건
2009. 1. 30. 2008도7462, [공보불게재]

1. 사실관계 및 사건의 경과

【사실관계】

① 갑은 P회사의 사장이다.

② A는 M의류판매점을 개업하여 영업을 개시하였다.

③ M의류판매점의 영업형태는 P회사로부터 나이키 제품을 공급받아 판매한 후 일정 금액을 P회사에 지급하고 나머지는 A가 가져가는 형태이다.

④ P회사의 사장 갑과 직원 을은 M의류판매점의 매장 개장 및 인테리어에 함께 참여하였다.

⑤ 이 과정에서 갑과 을의 지시에 따라 나이키 표장 및 유명 스포츠 스타의 사진이 실린 포스터가 M판매점의 외부에 설치된 현수막에 사용되었다.

【사건의 경과 1】

① Q회사는 나이키 표장의 상표권자로부터 전용사용권을 부여받아 영업을 해 오는 회사이다.

② Q회사는 갑과 을을 저작권법위반죄(친고죄)의 혐의사실로 고소하였다.

③ 수사과정에서 M의류판매점의 운영자 A가 갑 및 을의 공범으로 밝혀졌다.

④ Q회사는 A에게 다음과 같은 내용의 R합의서를 작성해 주었다.

⑤ "A가 본인의 잘못을 깊이 반성하고 이와 동일 또는 유사한 행위를 반복하지 않을 것을 약속하는 각서를 제출하고, 그 각서의 내용을 성실히 이행할 경우 고소 사건과 관련하여 A에게 향후 민·형사상 책임을 묻지 않기로 한다."

【사건의 경과 2】

① A는 R합의서를 수사기관에 제출하였다.

② R합의서를 제출받은 검찰 수사관 B는 이를 확인하기 위하여 Q회사의 고소대리인 C와 전화통화를 하였다.

③ Q회사의 고소대리인 C는 검찰 수사관 B와의 전화통화에서 다음과 같이 진술하였다.

④ "고소인은 A를 고소할 의사가 처음부터 없어 고소한 사실이 없는데, A가 경찰에서 조사를 받으며 피의자로 입건되어 A에 대한 합의서를 작성해준 것으로, 만약 이 건을 고소취소하게 되면 갑을 고소취소하는 결과가 되기 때문에 부득이 고소취소장이 아닌 합의서를 작성해주었다."

【사건의 경과 3】

① 검사는 갑과 P회사를 부정경쟁방지법위반죄 및 저작권법위반죄(친고죄)로 기소하였다.

② 갑과 P회사의 피고사건은 제1심을 거친 후, 항소심에 계속되었다.

③ 항소심법원은 부정경쟁방지법위반죄(영업주체 혼동행위)와 저작권법위반죄에 대하여 유죄를 선고

하였다.

④ 갑과 P회사는 불복 상고하였다.

⑤ 갑과 P회사는 상고이유로 다음의 점을 주장하였다.

(가) 항소심판결에는 영업주체 혼동행위에 관한 법리오해의 위법이 있다.

(나) 항소심판결에는 고소불가분의 원칙에 관한 법리오해의 위법이 있다.

2. 부정경쟁방지법 위반 여부

【대법원 요지】 병행수입업자가 적극적으로 상표권자의 상표를 사용하여 광고ㆍ선전행위를 한 것이 실질적으로 상표권 침해의 위법성이 있다고 볼 수 없어 상표권 침해가 성립하지 아니한다고 하더라도, /

【대법원 요지】 그 사용태양 등에 비추어 영업표지로서의 기능을 갖는 경우에는 일반 수요자들로 하여금 병행수입업자가 외국 본사의 국내 공인 대리점 등으로 오인하게 할 우려가 있으므로, 이러한 사용행위는 부정경쟁방지 및 영업비밀보호에 관한 법률 제2조 제1호 나목 소정의 영업주체 혼동행위에 해당되어 허용될 수 없는 것이다.

【대법원 판단】 원심은, 피고인들이 공소외 A와 함께 위 판매점의 외부에 설치된 현수막 등에 공소사실 기재와 같이 국내에 널리 인식된 나이키의 표장을 사용하여 영업한 것은 위 표장의 상표권자로부터 전용사용권을 부여받아 영업을 하는 [Q회사]의 영업상의 시설 또는 활동과 혼동하게 하는 것이라고 판단하고 있는바, 앞서 본 법리에 비추어 보면, 원심의 위와 같은 판단은 정당하고, 거기에 영업주체 혼동행위에 관한 법리를 오해한 위법이 있다고 할 수 없다.

3. 저작권법위반죄와 고소불가분의 원칙

【대법원 요지】 고소불가분의 원칙상 공범 중 일부에 대하여만 처벌을 구하고 나머지에 대하여는 처벌을 원하지 않는 내용의 고소는 적법한 고소라고 할 수 없고, /

【대법원 요지】 공범 중 1인에 대한 고소취소는 고소인의 의사와 상관없이 다른 공범에 대하여도 효력이 있다. /

【대법원 요지】 한편, 구 저작권법(2006. 12. 28. 법률 제8101호로 전문 개정되기 전의 것, 이하 '구 저작권법'이라고 한다) 제97조의5 위반죄와 같은 친고죄에서 공소제기 전에 고소의 취소가 있었다면 법원은 직권으로 이를 심리하여 공소기각의 판결을 선고하여야 한다(형사소송법 제327조 제2호).

【대법원 분석】 그런데 기록에 의하면, 고소인 회사는 이 사건 공소사실 중 구 저작권법 제97조의5 위반의 점에 관하여 피고인들만을 피고소인으로 하여 고소를 제기하였다가 수사과정에서 공소외 A가 공범으로 밝혀지자 /

【대법원 분석】 이 사건 공소가 제기되기 전인 2007. 1. 22. 공소외 A에게 /

【대법원 분석】 "공소외 A가 본인의 잘못을 깊이 반성하고 이와 동일 또는 유사한 행위를 반복하지 않을 것을 약속하는 각서를 제출하고, 그 각서의 내용을 성실히 이행할 경우 고소 사건과 관련하여 공소외 A에게 향후 민ㆍ형사상 책임을 묻지 않기로 한다"는 내용의 합의서를 작성하여 주었으며, /

【대법원 분석】 고소인 회사의 고소대리인은 공소외 A로부터 위 합의서를 제출받은 검찰 수사관과의 전화통화에서 /

【대법원 분석】 "고소인은 공소외 A를 고소할 의사가 처음부터 없어 고소한 사실이 없는데, 공소외 A가 경찰에서 조사를 받으며 피의자로 입건되어 공소외 A에 대한 합의서를 작성해준 것으로, 만약 이 건을 고소취소하게 되면 피고인을 고소취소하는 결과가 되기 때문에 부득이 합의서를 작성해주었다"고 진술하였음을 알 수 있는바, /

【대법원 판단】 위와 같은 고소과정과 합의서의 내용 및 고소대리인의 진술내용에 원심이 인용하고 있는 제1심이 적법하게 채택하여 조사한 증거들에 나타난 제반 사정 등을 종합하여 보면, /

【대법원 판단】 고소인 회사는 처음부터 피고인들에 대하여만 고소하였을 뿐 공소외 A에 대하여는 고소할 의사가 없었던 것이거나, /

【대법원 판단】 피고인들에 대한 고소로 인하여 고소불가분의 원칙상 공소외 A를 고소한 것이 되더라도 더 이상 공소외 A에 대하여는 처벌을 원하지 아니한다는 의사를 수사기관에 표시한 것으로서, /

【대법원 판단】 공소외 A에 대하여 고소취소장이 아닌 합의서를 작성해준 이유는 고소인 회사가 피고인들에 대하여 고소하였을 뿐 공소외 A에 대하여는 고소한 바 없었기에, 만약 기왕에 한 고소를 취소하게 될 경우 그것은 피고인들에 대한 고소취소를 의미하는 것이 된다고 여기고 공소외 A만에 대한 처벌불원의사만을 명확히 표시하기 위해서라고 볼 여지가 있다. /

【대법원 판단】 만약, 사정이 그러하다면 고소인 회사의 고소는 처음부터 공범 중 일부만의 처벌을 원하는 것이므로 부적법한 것으로서 무효이거나, /

【대법원 판단】 위 처벌불원 의사의 표시를 통하여 공소외 A에 대한 고소를 취소한 것으로 볼 수 있고, 위 고소취소의 효력은 고소불가분의 원칙상 고소인 회사의 의사와 상관없이 공범인 피고인들에게도 미친다고 할 것이므로, /

【대법원 판단】 원심으로서는 실체에 관한 판단에 앞서 직권으로 고소인 회사가 공범 중 일부에 대한 처벌만을 위하여 고소한 경우에 해당하는지 또는 공소외 A에 대하여 합의서를 작성해주고 위와 같은 내용의 전화통화를 한 것이 그에 대하여 고소를 취소한 경우에 해당하는지에 관하여 심리하였어야 할 것이다.

【대법원 결론】 그럼에도 불구하고, 원심은 그에 이르지 아니한 채 피고인들에 대한 구 저작권법 제97조의5 위반의 점 부분을 유죄로 판단하고 있는바, 원심의 위와 같은 판단에는 고소취소 여부에 관한 심리를 다하지 아니하거나 채증법칙을 위배하고 고소불가분의 원칙에 관한 법리를 오해하여 판결 결과에 영향을 미친 위법이 있다 할 것이다. (파기 환송)

【코멘트】 본 판례의 사안은 거래사회에서 비교적 자주 일어나는 일이라고 할 수 있다. 본 판례의 의미내용을 확인하기 위하여 먼저 사실관계를 간단히 요약 정리할 필요가 있다.

　　본 판례에서 P회사의 관계자 갑과 을은 의류판매점 주인 A와 함께 A 경영의 판매점 외부에 설치된 현수막 등에 국내에 널리 인식된 나이키의 표장을 사용하여 영업하게 하였다. 이러한 행위에 대해 나이키 표장의 상표권자로부터 전용사용권을 부여받아 영업을 하는 Q회사 측은 경쟁사인 P회사의 관계자 갑과 을을 수사기관에 고소하고 있다.

　　그런데 갑과 을에 대한 고소사건을 수사하면서 A도 관련이 있다는 점이 확인되었다. 그러자 A는 조사대상에서 빠지기를 원하여 Q회사에 반성을 표시하는 각서를 제출하였고, Q회사는 A에 대해

민·형사상 책임을 묻지 않겠다는 합의서를 제출해 주었다. Q회사가 고소취소가 아닌 합의서를 작성해 준 것은 고소불가분의 원칙상 A에 대한 고소취소가 갑과 을에 대한 고소취소로 될 수 있음을 염려하였기 때문이다.

A에 대한 Q회사의 합의서가 있는 상황에서 갑과 을에 대한 Q회사의 고소의 효력이 문제된다. 이에 대해 대법원은 두 가지 판단기준을 제시한다. 즉 (가) 고소불가분의 원칙상 공범 중 일부에 대하여만 처벌을 구하고 나머지에 대하여는 처벌을 원하지 않는 내용의 고소는 적법한 고소라고 할 수 없고, (나) 고소불가분의 원칙상 공범 중 1인에 대한 고소취소는 고소인의 의사와 상관없이 다른 공범에 대하여도 효력이 있다는 것이다.

이에 따르면 먼저 (가)의 기준에 의할 때, Q회사의 합의서가 갑과 을에 대해서만 처벌을 구하고 A에 대해서 처벌을 원하지 않는 내용의 것이라면 애당초 Q회사가 행한 고소는 적법한 고소라고 볼 수 없다. 다음으로 (나)의 기준에 의할 때, A에 대한 합의서를 고소취소라고 본다면 그 효력은 고소취소 불가분의 원칙에 따라 Q회사의 의사와 상관없이 갑과 을에 대해서도 효력이 있다. 결국 어느 쪽으로 가던지 간에 갑과 을에 대한 Q회사의 고소는 효력을 상실하게 된다. 이러한 분석을 토대로 대법원은 갑과 을에 대하여 유죄를 선고한 항소심판결을 파기 환송하고 있다.

거래사회에서는 고소인의 의사 여하에 따라서 상대방의 처벌 여부가 결정된다는 인식이 퍼져 있을 수 있다. 그러나 형사소송법은 고소불가분의 원칙 아래 친고죄의 공범자들에 대해 통일적 처리를 도모하고 있다. 일반인의 인식과 법률이 정한 기준 사이에 차이가 생기는 경우를 본 판례에서 엿볼 수 있는데, 이 부분은 법률가의 법적 조언이 특히 필요한 대목이라고 할 수 있다.

2008도7562

헌법불합치결정과 무죄판결
집시법 헌법불합치결정 사건
2011. 6. 23. 2008도7562 전원합의체 판결, 공 2011하, 1487

1. 사실관계 및 사건의 경과

【사실관계】
① 집시법은 야간옥외집회를 금지하면서 형사처벌하는 규정을 두고 있다. (P규정)
② 갑은 M야간옥외집회를 주최하였다는 공소사실 등으로 집시법위반죄로 기소되었다.
③ 갑은 제1심법원에 P규정에 대해 위헌법률심판제청 신청을 하였다.
④ 제1심법원은 갑의 신청을 받아들여 P규정에 대해 헌법재판소에 위헌법률심판제청을 하였다.
⑤ 제1심법원은 갑의 피고사건에 대한 심리를 진행하여 유죄를 선고하였다.

【사건의 경과 1】
① 갑은 불복 항소하였다.
② 항소심법원은 항소를 기각하고 제1심판결을 유지하였다.

③ 갑은 불복 상고하였다.

④ 항소심판결 선고 후 헌법재판소는 P규정에 대해 다음과 같은 헌법불합치결정을 내렸다.

　(가) 집시법의 P규정 부분은 헌법에 합치되지 아니한다.

　(나) 위 조항들은 2010. 6. 30.을 시한으로 입법자가 개정할 때까지 계속 적용된다.

　(다) 만일 위 일자까지 개선입법이 이루어지지 않는 경우 위 법률조항들은 2010. 7. 1.부터 그 효력
　　을 상실하도록 한다.

⑤ 국회는 2010. 6. 30.까지 집시법의 P규정을 개정하지 않았다.

【사건의 경과 2】

① 대법원은 P규정의 효력상실시기에 대하여 견해가 나뉘었다.

② 다수의견은 P규정이 소급하여 효력을 상실한다고 판단하였다.

③ 별개의견은 P규정이 헌법재판소가 정한 효력상실시기 이후에만 효력을 상실한다고 주장하였다.

④ 대법원은 다수의견 및 별개의견에 따라 항소심판결을 파기 환송하였다.

⑤ (지면관계로 다수의견만 소개함)

2. 사실관계의 분석

【대법원 분석】 가. 원심은 피고인 갑에 대한 이 사건 공소사실 중 위 피고인이 야간옥외집회를 주최
하였다는 취지의 각 공소사실을 집회 및 시위에 관한 법률(2007. 5. 11. 법률 제8424호로 전부 개정
된 것, 이하 '집시법'이라 한다) 제23조 제1호, 제10조 본문을 적용하여 유죄로 인정한 제1심판결을 그
대로 유지하였다. /

【대법원 분석】 그런데 원심판결 선고 후 헌법재판소는, 주문에서 "집시법 제10조 중 '옥외집회' 부분
및 제23조 제1호 중 '제10조 본문의 옥외집회' 부분은 헌법에 합치되지 아니한다. 위 조항들은 2010.
6. 30.을 시한으로 입법자가 개정할 때까지 계속 적용된다.", /

【대법원 분석】 이유 중 결론에서 "만일 위 일자까지 개선입법이 이루어지지 않는 경우 위 법률조항
들은 2010. 7. 1.부터 그 효력을 상실하도록 한다."라는 내용의 헌법불합치결정을 선고하였고/

【대법원 분석】 (헌법재판소 2009. 9. 24. 선고 2008헌가25 전원재판부 결정, 이하 '이 사건 헌법
불합치결정'이라 한다). /

【대법원 분석】 국회는 2010. 6. 30.까지 집시법의 위 조항들을 개정하지 아니하였다.

3. 헌법불합치결정의 법적 성질

【대법원 요지】 나. 헌법재판소의 헌법불합치결정은 헌법과 헌법재판소법이 규정하고 있지 않은 변
형된 형태이지만 법률조항에 대한 위헌결정에 해당하고/

【대법원 요지】 [대법원 2009. 1. 15. 선고 2004도7111 판결, 헌법재판소 2004. 5. 27. 선고 2003
헌가1, 2004헌가4(병합) 전원재판부 결정 등 참조], /

【대법원 판단】 집시법 제23조 제1호는 집회 주최자가 집시법 제10조 본문을 위반할 것을 구성요건
으로 삼고 있어 집시법 제10조 본문은 집시법 제23조 제1호와 결합하여 형벌에 관한 법률조항을 이루

게 되므로, 집시법의 위 조항들(이하 '이 사건 법률조항'이라 한다)에 대하여 선고된 이 사건 헌법불합치결정은 형벌에 관한 법률조항에 대한 위헌결정이라 할 것이다. /

4. 형벌법규에 대한 헌법불합치결정과 소급효

【대법원 분석】 그리고 헌법재판소법 제47조 제2항 단서는 형벌에 관한 법률조항에 대하여 위헌결정이 선고된 경우 그 조항이 소급하여 효력을 상실한다고 규정하고 있으므로, /

【대법원 요지】 형벌에 관한 법률조항이 소급하여 효력을 상실한 경우에 당해 조항을 적용하여 공소가 제기된 피고사건은 범죄로 되지 아니한 때에 해당한다 할 것이고, 법원은 그 피고사건에 대하여 형사소송법 제325조 전단에 따라 무죄를 선고하여야 한다.

【대법원 요지】 또한 헌법 제111조 제1항과 헌법재판소법 제45조 본문에 의하면 헌법재판소는 법률 또는 법률조항의 위헌 여부만을 심판·결정할 수 있으므로, 형벌에 관한 법률조항이 위헌으로 결정된 이상 그 조항은 헌법재판소법 제47조 제2항 단서에 정해진 대로 효력이 상실된다 할 것이다. /

【대법원 요지】 그러므로 헌법재판소가 이 사건 헌법불합치결정의 주문에서 이 사건 법률조항이 개정될 때까지 계속 적용되고, 이유 중 결론에서 개정시한까지 개선입법이 이루어지지 않는 경우 그 다음날부터 이 사건 법률조항이 효력을 상실하도록 하였더라도, 이 사건 헌법불합치결정을 위헌결정으로 보는 이상 이와 달리 해석할 여지가 없다.

【대법원 판단】 따라서 이 사건 헌법불합치결정에 의하여 헌법에 합치되지 아니한다고 선언되고 그 결정에서 정한 개정시한까지 법률 개정이 이루어지지 않은 이 사건 법률조항은 소급하여 그 효력을 상실한다 할 것이므로 이 사건 법률조항을 적용하여 공소가 제기된 야간옥외집회 주최의 피고사건에 대하여 형사소송법 제325조 전단에 따라 무죄가 선고되어야 할 것이다.

【대법원 결론】 다. 그러므로 원심판결 중 피고인 갑에 대한 야간옥외집회 주최의 공소사실을 유죄로 인정한 부분은 더 이상 그대로 유지될 수 없게 되었는바, 원심은 위 피고인에 대한 위 공소사실과 나머지 공소사실이 형법 제37조 전단의 경합범 관계에 있다는 이유로 하나의 형을 선고하였으므로, 위 피고인에 대한 원심판결은 전부 파기될 수밖에 없다. (파기 환송)

2008도7724

특별사법경찰관리의 수사권한
즉고발사건 고발의 법적 성질
출입국관리소장 고발 사건
2011. 3. 10. 2008도7724, 공 2011상, 782

1. 사실관계 및 사건의 경과

【사실관계 1】

① 출입국관리법은 출입국사범의 처리와 관련하여 다음의 규정들을 두고 있다.

② (서술의 편의를 위하여 이하에서 관할 주체를 출입국관리사무소장으로 통칭함)

　(가) 출입국관리사무소장의 고발이 없는 한 검사는 공소를 제기할 수 없다(동법101①).

　(나) 출입국관리공무원 외의 수사기관이 출입국사범에 관한 사건을 입건한 때에는 지체 없이 관할 출입국관리사무소장에게 인계하여야 한다(동법101②).

　(다) 출입국관리사무소장은 출입국사범에 대한 조사결과 범죄의 확증을 얻은 때에는 범칙금납부의 통고처분을 할 수 있다(동법102①).

　(라) 출입국관리사무소장은 조사결과 범죄의 정상이 금고 이상의 형에 처할 것으로 인정되는 때에는 즉시 고발하여야 한다(동법102③).

【사실관계 2】

① 갑은 P중국어학원을 경영하고 있다.

② 갑은 취업비자 없는 중국인 A 등을 강사로 고용하였다.

③ 경기지방경찰청 소속 사법경찰관 B는 A 등이 불법취업자임을 알게 되었다.

④ 2007. 9. 20. 사법경찰관 B는 갑을 출입국관리법위반죄 피의사실로 입건하였다. (㉠사건)

⑤ 2007. 9. 20. 사법경찰관 B는 ㉠사건을 관할 출입국관리사무소장에게 인계하지 않고 직접 갑에 대한 피의자신문조서를 작성하였다.

⑥ 2007. 11. 30. 경기지방경찰청장은 서울출입국관리사무소장에게 출입국관리법위반죄 피의자 91명에 대해 고발의뢰를 하였다. (㉡고발의뢰)

⑦ ㉡고발의뢰에는 갑의 ㉠사건도 포함되어 있었다.

⑧ 경기지방경찰청장은 ㉡고발의뢰를 하면서 91명의 인적사항과 범죄인지보고서만을 첨부하였을 뿐 피의자신문조서 등은 첨부하지는 않았다.

【사실관계 3】

① 2008. 1. 18. 수원출입국관리사무소장은 경기지방경찰청장에게 출입국관리법위반죄 피의자들을 고발하였다. (㉢고발)

② ㉢고발에는 수원출입국관리사무소장의 의견서, 피고발인명부, 경기지방경찰청 고발의뢰 및 범죄사실 공문이 첨부되어 있었다.

③ ㉢고발에는 갑의 ㉠사건이 포함되어 있었다.

④ 수원출입국관리사무소장의 ㉢고발에는 고발사유로 다음의 내용이 기재되어 있었다.

⑤ "피고발인의 출입국관리법 위반사실이 경기지방경찰청의 고발의뢰 공문 등에 의해 명백히 입증되어 출입국관리법 제101조 제1항에 따라 고발하오니 의법조치하여 주시기 바랍니다."

【사건의 경과 1】

① 검사는 갑을 출입국관리법위반죄로 기소하였다.

② 제1심법원은 다음의 이유를 들어서 공소기각판결을 선고하였다.

　(가) 출입국관리법은 출입국관리공무원 외의 수사기관이 출입국사범에 관한 사건을 입건한 때에는 지체 없이 관할 출입국관리사무소장에게 인계하도록 규정하고 있다(동법101②).

　(나) 이는 출입국관리사무소장이 일반 수사기관으로부터 사건을 인계받아 실질적인 조사를 한 후에 고발 여부를 결정하기 위한 것이다.

(다) 경기지방경찰청 소속 사법경찰관 B는 갑의 ㉠사건을 입건하고도 지체 없이 수원출입국관리사무소장에게 사건을 인계하지 않았다.

(라) 경기지방경찰청 소속 사법경찰관 B의 피의자 갑에 대한 조사는 위법수사에 해당한다.

(마) 수원출입국관리사무소장의 고발은 경기지방경찰청장의 고발의뢰에 따른 형식적 것이다.

(바) 수원출입국관리사무소장의 고발은 위법수사에 기초하고 형식적인 것이므로 무효이다.

(사) 효력이 없는 수원출입국관리사무소장의 고발에 의하여 공소가 제기되었으므로, 갑에 대한 기소는 공소제기의 절차가 법률의 규정에 위반되어 무효인 때에 해당한다.

【사건의 경과 2】

① 검사는 불복 항소하였다.

② 항소심법원은 제1심판결을 파기하고 환송한다는 판결을 내렸다.

③ 항소심법원은 파기 판단의 이유로 다음의 점을 제시하였다.

(가) 본 사안에서 수원출입국관리사무소장의 고발이 형식적이라고 볼 수 없다.

(나) 설사 수원출입국관리사무소장의 고발이 경기경찰청장의 고발의뢰에 따른 것이어서 형식적인 것이었다고 하더라도 그것만으로 고발이 무효라고 볼 수는 없다.

(다) 출입국관리사무소장의 고발은 공소제기의 요건이지 수사개시의 요건은 아니다.

(라) 출입국사범을 출입국관리사무소장에게 인계하도록 한 출입국관리법의 취지는 출입국사범에 대한 수사는 일반 사건에 대한 수사와 구별할 필요가 있어 출입국관리공무원에게 특별사법경찰권을 부여한 것이지 출입국관리공무원에게 출입국사범에 대한 전속수사권을 부여한 것은 아니다.

④ 갑은 불복 상고하였다.

2. 일반사법경찰관리와 특별사법경찰관리의 수사권 관계

【대법원 분석】 구 출입국관리법(2010. 5. 14. 법률 제10282호로 개정되기 전의 것, 이하 '법'이라고 한다) 제101조 제1항에 의하면, /

【대법원 분석】 출입국사범에 관한 사건은 사무소장·출장소장 또는 외국인보호소장(이하 '사무소장 등'이라고 한다)의 고발이 없는 한 공소를 제기할 수 없고, /

【대법원 분석】 출입국관리공무원 외의 수사기관이 출입국사범에 관한 사건을 입건한 때에는 지체없이 관할 사무소장 등에게 인계하여야 한다. /

【대법원 분석】 한편 출입국관리공무원은 출입국관리에 관한 범죄 등에 관하여 사법경찰관리의 직무를 수행하며('사법경찰관리의 직무를 수행할 자와 그 직무범위에 관한 법률' 제3조 제5항), /

【대법원 분석】 사무소장 등은 출입국사범에 대한 조사 결과 범죄의 확증을 얻은 때에는 그 이유를 명시한 서면으로 벌금에 상당하는 금액을 지정한 곳에 납부하도록 통고할 수 있고, /

【대법원 분석】 범죄의 정상이 금고 이상의 형에 처할 것으로 인정되는 때에는 즉시 고발하여야 한다(법 제102조 제1항, 제3항).

【대법원 요지】 이와 같이 법에서 사무소장 등에게 전속적 고발권과 더불어 출입국관리공무원에게 특별사법경찰관리로서의 지위를 부여한 취지는 출입국관리에 관한 전문적 지식과 경험을 갖춘 출입국

관리공무원으로 하여금 출입국관리에 관한 행정목적 달성을 위하여 자율적·행정적 제재수단을 형사처벌에 우선하여 활용할 수 있도록 하려는 데에 있다고 볼 것이다. /

【대법원 요지】 그러나 출입국관리공무원으로 하여금 수사를 전담하게 하는 규정은 이를 찾을 수 없으므로, 경찰관직무집행법 제2조 제5호에 따라 공공의 안녕과 질서유지를 위하여 그 직무를 수행하는 일반사법경찰관리의 출입국사범에 대한 수사권한은 위 법률의 규정에도 불구하고 배제되는 것은 아니라 할 것이다.

3. 수사조건과 소추조건의 구별

【대법원 요지】 그런데 법률에 의하여 고소나 고발이 있어야 논할 수 있는 죄에 있어서 고소 또는 고발은 이른바 소추조건에 불과하고 당해 범죄의 성립 요건이나 수사의 조건은 아니므로, /

【대법원 요지】 위와 같은 범죄에 관하여 고소나 고발이 있기 전에 수사를 하였다고 하더라도, 그 수사가 장차 고소나 고발이 있을 가능성이 없는 상태하에서 행해졌다는 등의 특단의 사정이 없는 한, 고소나 고발이 있기 전에 수사를 하였다는 이유만으로 그 수사가 위법하게 되는 것은 아니다.

【대법원 판단】 그렇다면 일반사법경찰관리가 출입국사범에 대한 사무소장 등의 고발이 있기 전에 수사를 하였다고 하더라도 달리 위에서 본 특단의 사정이 없는 한 그 사유만으로 수사가 소급하여 위법하게 되는 것은 아니다. /

【대법원 판단】 법 제101조는 제1항에서 사무소장 등의 전속적 고발권을 규정함과 아울러 제2항에서 일반사법경찰관리가 출입국사범을 입건한 때에는 지체없이 사무소장 등에게 인계하도록 규정하고 있고, 이는 그 규정의 취지에 비추어 제1항에서 정한 사무소장 등의 전속적 고발권 행사의 편의 등을 위한 것이라고 봄이 상당하므로 일반사법경찰관리와의 관계에서 존중되어야 할 것이지만, /

【대법원 판단】 앞서 본 바와 같이 이를 출입국관리공무원의 수사 전담권에 관한 규정이라고까지 볼 수는 없는 이상 이를 위반한 일반사법경찰관리의 수사가 소급하여 위법하게 되지 아니하는 것은 마찬가지이다.

【대법원 판단】 원심은 그 판시와 같이 이 사건 고발 경위를 인정한 다음 이 사건에 관하여 수원출입국관리사무소장이 통고처분 없이 한 고발은 이 사건에 대한 구체적인 검토에 따라 그 재량에 좇아 행하여진 것이어서 무효라고 볼 수 없고,

【대법원 판단】 경기지방경찰청에서 법 제101조 제2항의 규정을 위반하였다는 것만으로 경기지방경찰청 및 검찰의 수사가 위법하다거나 공소제기의 절차가 법률의 규정에 위반되어 무효인 때에 해당한다고 볼 수 없다고 판단하였다. /

【대법원 결론】 앞서 본 법리에 비추어 보면 이러한 원심의 판단은 정당하고, 거기에 출입국사범의 고발 및 수사 등에 관한 법리를 오해한 위법이 없다. (상고 기각)

2008도7848

판단유탈과 직권파기
세신업자 고소 사건
2009. 2. 12. 2008도7848, 공 2009상, 356

1. 사실관계 및 사건의 경과

【사실관계】

① 갑은 P스포츠센터에서 Q사우나를 운영하는 사람이다.

② A는 Q사우나에서 세신업(때밀이)을 하는 사람이다.

③ 갑과 A 사이에 분쟁이 발생하였다.

④ [A는 갑을 업무방해죄로 고소하였다.]

【사건의 경과 1】

① 검사는 갑을 다음의 공소사실로 업무방해죄로 기소하였다.

② "피고인은 서울 동대문구 ○○동 P스포츠센터 제141동에 있는 Q사우나를 운영하는 자인바, 2007. 1. 23. 15:00경 위 사우나에서 일부를 임차하여 세신업을 운영하던 피해자 공소외 A가 손님들에게 불친절하여 사우나의 이미지를 훼손한다는 이유로, 손님을 상대로 세신을 하려는 피해자의 허리를 양팔로 껴안아 사우나 바깥에 있는 탈의실로 끌어내는 등 위력으로 피해자의 세신 업무를 방해하였다." (㉠공소사실)

③ "피고인은 2007. 1. 27. 10:00경 피해자가 사용하던 세신 침대, 마사지 크림 등을 사우나 계단에 내어놓는 등 위력으로 피해자의 세신 영업을 방해하였다." (㉡공소사실)

④ 제1심법원은 A의 제1심법정에서의 진술과 수사기관에서의 진술을 근거로 ㉠공소사실을 유죄로 인정하였다

⑤ 제1심법원은 ㉡공소사실에 대해서는 아무런 판단을 하지 않았다.

【사건의 경과 2】

① 갑은 불복 항소하였다.

② 항소심법원은 ㉠공소사실에 대해 갑의 행위는 갑의 사우나 영업을 보호하고 손님들에 대한 위해를 방지하기 위한 부득이한 것으로서 형법 제20조에서 정한 사회상규에 위배되지 아니하는 행위로서 위법성이 조각된다고 판단하였다.

③ 항소심법원은 ㉠공소사실에 대해 제1심판결을 파기하고, 무죄를 선고하였다.

④ 항소심법원은 ㉡공소사실에 대해 아무런 판단을 하지 않았다.

⑤ 검사는 불복 상고하였다.

⑥ 검사는 상고이유로 다음의 점을 주장하였다.

(가) 갑의 행위는 사회상규에 위배되지 아니하는 행위에 해당하지 않는다.

(나) 항소심에는 ㉡공소사실에 대한 판단을 빠뜨린 잘못이 있다.

【사건의 경과 3】
① 대법원은 사회상규 부분에 관한 상고이유를 배척하였다.
② (사회상규 부분에 대한 소개는 생략함).
③ 대법원은 판단유탈의 상고이유 부분에 대해 판단하였다.

2. 사안에 대한 대법원의 판단

【대법원 분석】 기록에 의하면, 이 사건 공소사실에는 앞서 본 바와 같이 원심이 무죄로 판단한 공소사실 이외에도 /

【대법원 분석】 "피고인이 2007. 1. 27. 10:00경 피해자가 사용하던 세신 침대, 마사지 크림 등을 사우나 계단에 내어놓는 등 위력으로 피해자의 세신 영업을 방해하였다."는 점이 포함되어 있는 사실, /

【대법원 분석】 그런데 제1심과 원심은 이 부분에 대하여 아무런 판단을 하지 않았음을 알 수 있다.

【대법원 요지】 이와 같이 제1심이 실체적 경합범 관계에 있는 공소사실 중 일부에 대하여 재판을 누락한 경우, 원심으로서는 당사자의 주장이 없더라도 직권으로 제1심의 누락 부분을 파기하고 그 부분에 대하여 재판하여야 하고, 다만 피고인만이 항소한 경우라면 불이익변경금지의 원칙에 따라 제1심의 형보다 중한 형을 선고하지 못한다고 할 것이다. /

【대법원 판단】 그럼에도 불구하고, 제1심에서 재판을 누락한 공소사실에 대해 아무런 판단을 하지 아니한 원심판결에는 판결에 영향을 미친 위법이 있다고 할 것이다. 이 점을 지적하는 상고이유의 주장은 정당하다.

【대법원 결론】 그러므로 원심판결 중 2007. 1. 27.자 업무방해의 점에 대한 부분을 파기하고, 이 부분 사건을 다시 심리·판단하도록 원심법원에 환송하되, 검사의 나머지 상고를 기각하기로 하여 관여 대법관의 일치된 의견으로 주문과 같이 판결한다. (파기 환송)

2008도7917

공판중심주의와 실질적 직접심리주의
제1심과 항소심의 관계
잠든 청소년 항거불능 사건
2009. 1. 30. 2008도7917, [공보불게재]

1. 사실관계 및 사건의 경과

【사실관계】
① A는 중학교 2학년 여학생이다.
② A는 다음의 두 차례 간음사실로 갑을 강간죄로 고소하였다.
   (가) 2008. 1. 12. 23:00경 간음사실
   (나) 2008. 1. 20. 08:00경 간음사실

③ 수사과정에서 A의 진술에 의하여 2008. 1. 13. 03:00경의 또 다른 간음행위가 알려졌다.

④ 검사는 갑을 다음 요지의 공소사실로 청소년성보호법위반죄(청소년강간)로 기소하였다.

⑤ (공소사실의 요지는 판례 본문 참조)

【사건의 경과 1】

① 갑은 수사기관 이래 일관하여 "A가 정신이 있는 상태에서 성관계에 동의하여 성관계를 하였을 뿐 항거불능 상태가 아니었다."고 주장하였다.

② A는 고소 이후 일관하여 "갑이 본인(A)이 술에 취하여 정신을 잃고 잠을 자거나 피곤해서 잠을 자는 상태를 이용하여 성관계를 가졌다."고 주장하였다.

③ A의 어머니 B도 "A의 고소 이후 일관하여 A로부터 이를 전해 들었다."고 주장하였다.

④ A와 B는 제1심에 증인으로 출석하였고, 두 사람 모두 같은 취지로 진술하였다.

⑤ 제1심법원은 A와 B의 법정 진술을 유죄의 증거로 채택하여 갑에게 유죄를 선고하였다.

⑥ (제1심의 판단 이유는 판례 본문 참조)

【사건의 경과 2】

① 갑은 불복 항소하였다.

② 항소심법원은 A와 B의 제1심법정에서의 진술을 신뢰하기 어렵다고 판단하였다.

③ 항소심법원은 유죄를 선고한 제1심판결을 파기하고 갑에 대하여 무죄를 선고하였다.

④ (항소심의 판단근거에 대해서는 판례 본문 참조)

⑤ 검사는 불복 상고하였다.

2. 공판중심주의와 실질적 직접심리주의

【대법원 요지】 1. 우리 형사소송법은 형사사건의 실체에 대한 유죄·무죄의 심증 형성은 법정에서의 심리에 의하여야 한다는 공판중심주의의 한 요소로서, /

【대법원 요지】 법관의 면전에서 직접 조사한 증거만을 재판의 기초로 삼을 수 있고 /

【대법원 요지】 증명 대상이 되는 사실과 가장 가까운 원본 증거를 재판의 기초로 삼아야 하며, /

【대법원 요지】 원본 증거의 대체물 사용은 원칙적으로 허용되어서는 안 된다는 /

【대법원 요지】 실질적 직접심리주의를 채택하고 있는바, /

【대법원 요지】 이는 법관이 법정에서 직접 원본 증거를 조사하는 방법을 통하여 사건에 대한 신선하고 정확한 심증을 형성할 수 있고 피고인에게 원본 증거에 관한 직접적인 의견진술의 기회를 부여함으로써 실체적 진실을 발견하고 공정한 재판을 실현할 수 있기 때문이다. /

【대법원 요지】 형사소송절차를 주재하는 법원으로서는 형사소송절차의 진행과 심리 과정에서 법정을 중심으로 특히, 당사자의 주장과 증거조사가 이루어지는 원칙적인 절차인 제1심의 법정에서 위와 같은 실질적 직접심리주의의 정신이 충분하고도 완벽하게 구현될 수 있도록 하여야 한다.

3. 제1심 심리와 항소심 심리의 차이

【대법원 판단】 원래 제1심이 증인신문 절차를 진행한 뒤 그 진술의 신빙성 유무를 판단함에 있어서는, 진술 내용 자체의 합리성·논리성·모순 또는 경험칙 부합 여부나 물증 또는 제3자의 진술과의 부

합 여부 등은 물론, /

【대법원 판단】 법관의 면전에서 선서한 후 공개된 법정에서 진술에 임하고 있는 증인의 모습이나 태도, 진술의 뉘앙스 등 증인신문조서에는 기록하기 어려운 여러 사정을 직접 관찰함으로써 얻게 된 심증까지 모두 고려하여 신빙성 유무를 평가하게 된다. /

【대법원 판단】 이에 비하여, 현행 형사소송법상 제1심 증인이 한 진술에 대한 항소심의 신빙성 유무 판단은 원칙적으로 증인신문조서를 포함한 기록만을 그 자료로 삼게 되므로, /

【대법원 판단】 진술의 신빙성 유무 판단에 있어 가장 중요한 요소 중의 하나라 할 수 있는 진술 당시 증인의 모습이나 태도, 진술의 뉘앙스 등을 신빙성 유무 평가에 반영할 수 없다는 본질적인 한계를 지니게 된다. /

【대법원 요지】 앞서 본 실질적 직접심리주의의 정신에 따라 위와 같은 제1심과 항소심의 신빙성 평가 방법의 차이를 고려해 보면, /

【대법원 요지】 제1심판결 내용과 제1심에서 적법하게 증거조사를 거친 증거들에 비추어 제1심 증인이 한 진술의 신빙성 유무에 대한 제1심의 판단이 명백하게 잘못되었다고 볼 특별한 사정이 있거나, /

【대법원 요지】 제1심의 증거조사 결과와 항소심 변론종결시까지 추가로 이루어진 증거조사 결과를 종합하면 제1심 증인이 한 진술의 신빙성 유무에 대한 제1심의 판단을 그대로 유지하는 것이 현저히 부당하다고 인정되는 예외적인 경우가 아니라면, /

【대법원 요지】 항소심으로서는 제1심 증인이 한 진술의 신빙성 유무에 대한 제1심의 판단이 항소심의 판단과 다르다는 이유만으로 이에 대한 제1심의 판단을 함부로 뒤집어서는 안 될 것이다.

4. 공소사실

【대법원 분석】 2. 이 사건 공소사실의 요지는 /

【대법원 분석】 "피고인은 2008. 1. 12. 23:00경 ○○시 P원룸 203호에서 피해자가 술에 취하여 정신을 잃고 잠이 들자 항거불능의 상태에 있는 피해자를 1회 간음하고, 이로 인하여 피해자로 하여금 치료일수 미상의 처녀막파열상을 입게 하였고, /

【대법원 분석】 2008. 1. 13. 03:00경 같은 장소에서 위와 같이 정신을 잃고 계속 잠을 자 항거불능의 상태에 있는 청소년인 피해자를 1회 간음하였으며, /

【대법원 분석】 2008. 1. 20. 08:00경 같은 장소에서 잠이 들어 항거불능의 상태에 있는 청소년인 피해자를 1회 간음하였다는 것이다."는 것인데, /

5. 사안에 대한 제1심의 판단

【제1심 분석】 피고인은 수사기관 이래 일관하여 2008. 1. 12. 23:00경 피해자가 술이 먹고 싶다고 해서 피고인이 소주를 사 와서 먹었으나 항거불능 상태가 아니었고, 2008. 1. 13. 03:00경 피해자가 잠을 자다가 다리를 벌려 주어 성관계를 하였을 뿐 항거불능 상태가 아니었으며, 2008. 1. 20. 08:00경 피해자가 정신이 있는 상태에서 성관계에 동의하여 성관계를 하였을 뿐 항거불능 상태가 아니었다고 주장하였다.

【제1심 분석】 이에 반하여, 피해자는 고소 이후 일관하여 피고인이 피해자가 술에 취하여 정신을 잃

고 잠을 자거나 피곤해서 잠을 자는 상태를 이용하여 성관계를 가졌다고 주장하였고, 피해자의 모인 공소외인도 피해자의 고소 이후 일관하여 피해자로부터 이를 전해 들었다고 주장하였으며, 두 사람은 제1심에 증인으로 출석해서도 같은 취지로 진술하였는바, /

【제1심 판단】 두 사람에 대한 증인신문을 마친 제1심은 피해자의 진술이 수사기관 이래로 일관된 점, /

【제1심 판단】 이 사건 당시 중학교 2학년에 재학 중인 청소년인 피해자가 만 29세의 성인인 피고인의 성관계 요구에 아무런 저항 없이 응하였다는 것은 쉽게 납득하기 어려운 점, /

【제1심 판단】 피해자는 당초 수사기관에서 2008. 1. 12. 23:00경 및 2008. 1. 20. 08:00경 2차례에 걸친 간음행위에 대하여 피고인을 고소하였다가 수사과정에서 피고인의 진술에 의하여 2008. 1. 13. 03:00경 간음행위에 대하여 비로소 알게 된 점 등에 비추어, /

【제1심 판단】 피고인이 피해자가 술에 취하여 정신을 잃고 잠을 자거나 피곤해서 잠을 자는 상태를 이용하여 3번이나 성관계를 가졌다는 두 사람의 제1심법정 진술에 신빙성이 인정된다고 판단하여 피고인에게 유죄를 선고하였다.

6. 사안에 대한 항소심의 판단

【항소심 분석】 그런데 원심은 주로 제1심에서 증거조사를 마친 증거들에 기초하여 수사 및 제1심 과정에서 이미 지적이 되었던 사정들, 즉 /

【항소심 분석】 피고인과 피해자는 2008. 1. 1.경 인터넷 게임사이트에서 채팅을 하는 과정에서 알게 되어 서로 전화번호를 주고받았고, 그때부터 매일 수차례 문자메시지 등으로 연락을 계속하여 왔으며, 인터넷 게임상으로 부부관계를 맺을 정도로 친한 관계에 있었다는 점, /

【항소심 분석】 피고인이 2008. 1. 12. 처음 피해자를 피고인의 집으로 오게 함에 있어 의사를 억압할 정도의 협박이나 별다른 유형력을 행사한 바가 없었음에도 피해자가 피고인의 원룸까지 찾아갔다는 점, /

【항소심 분석】 피해자가 피고인의 원룸에 있으면서 피고인이 술을 사러 밖으로 나갔을 때 그곳을 벗어나거나 휴대전화로 구조요청을 하지 않았던 점, /

【항소심 분석】 피해자에게 극도의 스트레스를 받으면 정신을 잃을 정도로 잠을 자는 수면장애가 있다 하더라도 피고인이 2번이나 성관계를 가졌고 처녀막파열상까지 입었음에도 그러한 사실을 전혀 모른 채 계속하여 잠을 잤다는 것이 상식적으로 납득되지 않는 점, /

【항소심 분석】 피해자가 자신의 원룸으로 오라는 피고인의 요구를 받고 2008. 1. 20. 새벽에 부모님에게 도움을 요청하지 않은 채 다시 피고인의 원룸으로 찾아갔다는 점, /

【항소심 분석】 피해자가 잠이 든 사이에 피고인으로부터 간음을 당하고 그로 인하여 처녀막파열상을 입었음을 나중에 알게 되었다면 2008. 1. 20. 아무런 대비 없이 피고인의 침대에서 다시 잠이 들었다고는 생각할 수 없다는 점, /

【항소심 분석】 피해자가 이 사건 당시 나이가 만 14세이고 지능이 낮은 편이기는 하나, 피고인으로부터 간음을 당하고 그로 인하여 처녀막파열상을 입었음에도 피고인이 부른다고 하여 다시 피고인의 원룸에 찾아가 잠결에 같은 피해를 볼 정도로 지능이나 판단력이 떨어진다고 인정할 증거가 없는 점, 및 /

【항소심 분석】 원심 변론종결시까지 추가로 이루어진 증거조사 결과 밝혀진 사정, /

【항소심 분석】 즉 피해자가 피고인의 간음행위로 인하여 처녀막파열상을 입었음을 알게 된 이후 집으로 돌아가면서 피고인에게 문자메시지를 51회 발송하였고, 피고인도 피해자에게 문자메시지를 34회 발송하였던 점 등에 비추어, /

【항소심 판단】 피고인이 피해자가 잠을 자는 상태를 이용하여 3번이나 성관계를 가졌다는 내용의 피해자 진술을 완전히 신뢰하기는 어렵고, 피해자로부터 이를 전해 들었다는 공소외인의 진술을 별도로 신뢰하기는 어려우며, 달리 합리적인 의심을 배제할 정도로 공소사실을 인정할 만한 증거가 없다는 이유로, 피해자 및 공소외인의 제1심법정에서의 각 진술 등을 채용하여 유죄를 선고한 제1심판결을 파기하고 피고인에 대하여 무죄를 선고하였다.

7. 사안에 대한 대법원의 판단

【대법원 판단】 앞서 본 법리에 비추어 위에서 든 사실들을 살펴보면, 원심이 공소사실을 뒷받침하는 피해자 및 공소외인의 제1심법정에서의 각 진술의 신빙성을 인정한 제1심의 판단을 뒤집기 위해서는 /

【대법원 판단】 제1심판결 내용과 제1심에서 적법하게 증거조사를 거친 증거들에 비추어 피해자 및 공소외인이 제1심법정에서 한 진술의 신빙성 유무에 대한 제1심의 판단이 명백하게 잘못되었다고 볼 특별한 사정이 있거나, /

【대법원 판단】 제1심의 증거조사 결과와 항소심 변론종결시까지 추가로 이루어진 증거조사 결과를 종합하면 피해자 및 공소외인이 제1심법정에서 한 진술의 신빙성 유무에 대한 제1심의 판단을 그대로 유지하는 것이 현저히 부당하다고 인정되는 경우라야 할 것인데, /

【대법원 판단】 원심이 지적한 사정들은 주로 제1심에서 적법하게 채택하여 조사한 증거 등에 기초하여 수사 및 제1심 과정에서 이미 지적이 되었던 사정들이고, /

【대법원 판단】 항소심 변론종결시까지 추가로 이루어진 증거조사 결과 밝혀진 사정은 피해자가 피고인의 간음행위로 인하여 처녀막파열상을 입었음을 알게 된 이후 집으로 돌아가면서 피고인에게 문자메시지를 51회 발송하였고 피고인도 피해자에게 문자메시지를 34회 발송하였다는 것에 불과하여, /

【대법원 판단】 원심이 지적한 사정들만으로는 제1심판결 내용과 제1심에서 적법하게 증거조사를 거친 증거들에 비추어 제1심 증인이 한 진술의 신빙성 유무에 대한 제1심의 판단이 명백하게 잘못되었다고 볼 특별한 사정이 있거나, /

【대법원 판단】 제1심의 증거조사 결과와 항소심 변론종결시까지 추가로 이루어진 증거조사 결과를 종합하면 제1심 증인이 한 진술의 신빙성 유무에 대한 제1심의 판단을 그대로 유지하는 것이 현저히 부당하다고 인정되는 예외적인 경우는 아니라 할 것이니, /

【대법원 판단】 원심이 위와 같은 사유로 피해자 및 공소외인이 제1심법정에서 한 진술의 신빙성에 대한 제1심의 판단을 뒤집은 조치는 수긍하기 어렵다.

【대법원 결론】 결국, 원심판결에는 제1심 증인이 한 진술의 신빙성에 대한 판단을 함에 있어 공판중심주의와 직접심리주의의 원칙에 어긋남으로써 채증법칙을 위반한 위법이 있고, 이는 판결에 영향을 미쳤음이 명백하여 그대로 유지될 수 없다. (파기 환송)

2008도8007

전문증거 여부의 판단방법
건축허가 알선수재 사건
2008. 11. 13. 2008도8007, [미간행]

1. 사실관계 및 사건의 경과

【사실관계】

① 갑은 P구청 공무원이다.

② A는 M토지의 소유자이다.

③ 갑은 A로부터 P구청 건축허가 담당 공무원에게 잘 말하여 M토지에 건축허가가 나올 수 있게 해달라는 부탁과 함께 4,000만 원을 받았다는 혐의를 받았다.

④ 갑에 대해 특가법위반죄(알선수재) 및 사기죄 등의 피의사실로 수사가 진행되었다.

⑤ A는 경찰에서 다음과 같이 진술하였다.

　(가) "2005. 8.경 전화를 통하여 갑이 하는 다음의 말을 들었다."

　(나) 갑 : "건축허가 담당 공무원 K가 외국연수를 가므로 사례비를 주어야 한다." (㉮진술)

⑥ A는 또한 경찰에서 다음과 같이 진술하였다.

　(가) "2006. 2.경 전화를 통하여 갑이 하는 다음의 말을 들었다."

　(나) 갑 : "2006. 2.경 건축허가 담당 공무원 K가 4,000만 원을 요구하는데 사례비로 2,000만 원을 주어야 한다." (㉯진술)

⑦ A의 진술은 경찰 진술조서에 기재되었다. (㉠진술조서)

⑧ A는 검찰에서도 동일한 진술을 하였다.

⑨ A의 진술은 검찰 진술조서에 기재되었다. (㉡진술조서)

【사건의 경과】

① 검사는 갑을 특가법위반죄(알선수재) 및 사기죄 등으로 기소하였다.

② 검사는 ㉠, ㉡진술조서를 증거로 제출하였다.

③ 갑은 ㉠, ㉡진술조서를 증거로 함에 부동의하였다.

④ 제1심법원은 A를 증인으로 신문하였다.

⑤ 제1심 공판절차에서 A는 동일한 진술을 하였다.

⑥ 갑의 피고사건은 제1심을 거친 후, 항소심에 계속되었다.

⑦ 항소심법원은 A를 증인으로 신문하였다.

⑧ 항소심 공판절차에서 A는 동일한 진술을 하였다.

【사건의 경과】

① 항소심법원은 다음과 같이 판단하였다.

　(가) A의 경찰, 검찰 제1심 및 항소심 법정 진술 중 갑으로부터 들은 ㉮, ㉯진술 내용 부분은 전문

증거이다.

　(나) 그 진술이 이루어진 전후 사정, 그 과정과 내용 등 기록에 나타난 여러 사정에 비추어 살펴본다.

　(다) 그 진술 내용이나 조서의 작성에 허위개입의 여지가 거의 없다.

　(라) 그 진술내용의 신빙성이나 임의성도 인정된다.

　(마) 그러므로 그 진술은 갑의 부동의에도 불구하고 증거능력이 있다.

② 항소심법원은 유죄를 인정하였다.

③ 갑은 불복 상고하였다.

④ 갑은 상고이유로, 증거능력에 관한 법리오해가 있다고 주장하였다.

2. 전문증거 여부의 판단기준

【대법원 요지】 가. 타인의 진술을 내용으로 하는 진술이 전문증거인지 여부는 요증사실과의 관계에서 정하여지는바, /

【대법원 요지】 원진술의 내용인 사실이 요증사실인 경우에는 전문증거이나, /

【대법원 요지】 원진술의 존재 자체가 요증사실인 경우에는 본래증거이지 전문증거가 아니다.

3. 사안에 대한 항소심의 판단

【항소심 판단】 원심판결 이유에 의하면, /

【항소심 판단】 원심은 공소외 A의 경찰, 검찰, 제1심 및 원심 법정 진술 중 피고인으로부터 들은 내용에 관한 부분이 전문증거임을 전제로 하여, /

【항소심 판단】 그 진술이 이루어진 전후 사정, 그 과정과 내용 등 기록에 나타난 여러 사정에 비추어 볼 때, /

【항소심 판단】 그 진술 내용이나 조서의 작성에 허위개입의 여지가 거의 없고 진술내용의 신빙성이나 임의성도 인정되므로, /

【항소심 판단】 피고인의 부동의에도 불구하고 증거능력이 있다고 판단하고 있다.

4. 사안에 대한 대법원의 판단

【대법원 판단】 앞에서 본 법리와 기록에 비추어 살펴보면, /

【대법원 판단】 공소외 [A](판례 원문에는 B로 되어 있으나 A의 오기임; 필자 주)는 전화를 통하여 /

【대법원 판단】 피고인으로부터 2005. 8.경 /

【대법원 판단】 건축허가 담당 공무원이 외국연수를 가므로 사례비를 주어야 한다는 말과 /

【대법원 판단】 2006. 2.경 /

【대법원 판단】 건축허가 담당 공무원이 4,000만 원을 요구하는데 사례비로 2,000만 원을 주어야 한다는 말을 들었다는 취지로 /

【대법원 판단】 수사기관, 제1심 및 원심 법정에서 진술하였음을 알 수 있는데, /

【대법원 판단】 피고인의 위와 같은 원진술의 존재 자체가 이 사건 알선수재죄에 있어서의 요증사실

이므로, /

【대법원 판단】 이를 직접 경험한 공소외 B가 피고인으로부터 위와 같은 말들을 들었다고 하는 진술들은 전문증거가 아니라 본래증거에 해당된다.

【대법원 결론】 그럼에도 원심이 위 증거들이 전문증거에 해당됨을 전제로 위와 같이 판단한 것은 적절하지 않으나, /

【대법원 결론】 위 증거들의 증거능력이 인정된다고 판단한 원심의 조치는 결론에 있어서 정당하여 수긍할 수 있고, 거기에 상고이유로 주장하는 바와 같은 법리오해, 심리미진 또는 채증법칙 위배 등의 위법이 없다. (상고 기각)

2008도8213

피고인진술조서의 증거능력
진술거부권의 적용범위
위법수집증거배제법칙과 주장적격 문제
공범사건 피고인 진술조서 사건
2009. 8. 20. 2008도8213, 공 2009하, 1579

1. 사실관계 및 사건의 경과

【사실관계 1】

① 2006. 8. 16. 검사는 갑에 대해 국가보안법위반죄로 구속영장을 청구하였다.

② 2006. 8. 18. 검사는 갑에 대해 서울중앙지방법원으로부터 P구속영장을 발부받았다.

③ P구속영장의 범죄사실에는 "갑이 연계된 공범들과 공모하여 국가보안법을 위반하였다."는 등의 내용이 포함되어 있었다.

④ 검사는 그 후 갑에 대해 피의자신문을 하면서 공범들과의 조직구성 및 활동 등에 관하여 신문을 하였다.

⑤ 갑은 진술을 거부하였다.

⑥ 2006. 9. 12. 검사는 다음의 공소사실을 포함하여 갑을 국가보안법위반죄 등으로 구속 기소하였다.

⑦ "피고인은 공소외 병, 공소외 갑 등과 공모하여 2005. 11.경 대학가에 주체사상을 유포시키고 주사파 양성을 위한 전국적 단일 조직의 중앙지도부를 결성하고, 이를 위하여 대학가에 주체사상 학습CD 등을 조직적으로 제작·배포하는 한편 이를 학습·토론함으로서 이적 활동을 찬양·동조하였다."

【사실관계 2】

① 2006. 9. 19. 검사는 갑을 재차 소환하여 을 등 공범들과의 조직구성 및 활동 등에 관한 신문을 하였다.

② 검사는 갑의 진술을 들음에 있어 갑에게 미리 진술거부권이 있음을 고지하지 아니하였다.
③ 검사는 갑에 대한 신문내용을 기재하면서 피의자신문조서의 형식을 취하지 않았다.
④ 검사는 갑에 대한 신문내용을 일반적인 진술조서의 형식으로 기재하여 Q진술조서가 작성되었다.
⑤ Q진술조서에는 갑이 을과의 공범관계를 인정하는 내용이 들어 있었다.

【사건의 경과 1】

① 검사는 을을 갑의 국가보안법 위반죄의 공범으로 기소하였다.
② 검사는 갑이 을과의 공범관계를 인정하는 내용의 갑에 대한 Q진술조서를 을의 피고사건에서 증거로 제출하였다.
③ 제1심법원은 갑에 대한 Q진술조서에 증거능력이 없다는 이유로 을에 대해 무죄를 선고하였다.

【사건의 경과 2】

① 검사는 불복 항소하였다.
② 검사는 항소이유로 다음의 점을 주장하였다.
　(가) Q진술조서의 작성 당시 갑은 피의자가 아니라 이미 공소제기된 피고인의 신분이었다.
　(나) Q진술조서는 진술자인 갑에 대한 공소사실의 입증 내지 추가기소를 목적으로 작성된 것이 아니다.
　(다) Q진술조서는 갑이 아닌 다른 공범들의 범죄사실을 입증하는 데에 제출되었으므로 진술거부권을 고지할 아무런 필요나 근거가 없다.
　(라) Q진술조서는 다른 공범들에 대한 관계에서는 위법하게 수집된 증거가 아니다.
③ 항소심법원은 대법원판례를 원용하여 다음의 판단기준을 제시하였다.
　(가) 피의자의 진술을 녹취 내지 기재한 서류 또는 문서가 수사기관에서의 조사과정에서 작성된 것이라면, 그것이 '진술조서, 진술서, 자술서'라는 형식을 취하였다고 하더라도 피의자신문조서와 달리 볼 수 없다(대법원 2004. 9. 3. 선고 2004도3588 판결 등).
　(나) 한편, 형사소송법 제200조 제2항은 검사 또는 사법경찰관이 출석한 피의자의 진술을 들을 때에는 미리 피의자에 대하여 진술을 거부할 수 있음을 알려야 한다고 규정하고 있는바, 이러한 피의자의 진술거부권은 헌법이 보장하는 형사상 자기에 불리한 진술을 강요당하지 않는 자기부죄거부의 권리에 터잡은 것이므로 수사기관이 피의자를 신문함에 있어서 피의자에게 미리 진술거부권을 고지하지 않은 때에는 그 피의자의 진술은 위법하게 수집된 증거로서 진술의 임의성이 인정되는 경우라도 증거능력이 부인되어야 할 것이다(대법원 1992. 6. 23. 선고 **92도 682**[I권] 판결 등 참조).
④ 항소심법원은 위의 기준을 토대로 다음의 이유를 들어서 검사의 항소이유를 배척하였다.
　(가) 피고인은 자신이 사후에 그와 관련하여 공소 제기되는지 여부와 무관하게 자기가 관련된 범죄에 관한 수사기관의 신문에 대하여는 진술을 거부할 권리가 보장되어 있다(법283의2).
　(나) 검사가 범죄의 혐의가 있다고 판단하여 수사를 개시하였다면 범인은 피의자의 신분이 되므로(법195), 수사기관이 피조사자에 대한 기소나 입증 외의 다른 목적을 가졌다고 하더라도 당해 진술자에 대하여 그가 관련된 범죄에 관한 신문을 한다면 진술거부권의 대상이 된다고 보아야 한다.

(다) 검사의 주장대로 공범으로 기소된 피고인(을)에 대한 유죄의 증거로 사용되는 경우에도, 진술거부권이 사전에 고지되지 않아 실질적으로 보장되었다고 볼 수 없는 상태에서 작성된 진술피의자(갑)에 대한 진술조서를, 진술거부권이 보장된 그에 대한 피의자신문조서와 동일하게 증거능력이 있는 것으로 보아 이를 증거로 허용한다면, 동일범죄에 대한 공범 각각의 진술거부권은 결국 형해화될 수밖에 없다 할 것이어서, 공범으로 기소된 피고인(을)에 대하여도 위 진술조서의 증거능력은 동일하게 적용되어야 할 것이다.

(라) 그와 같은 진술조서에 대하여 공범피고인(을)의 사건에 한하여만 증거능력을 인정한다 하더라도, 그 자체가 진술피의자(갑)의 사건의 직접적인 증거로 사용될 수 없지만 나아가 공범피고인(을)의 사건결과 등 그로 인하여 파생되어 만들어진 증거의 형태 등으로 결국 진술피의자(갑)의 사건에 영향을 미칠 수도 있음을 배제할 수 없다.

⑤ 을의 피고사건에 대해 항소심법원은 무죄를 선고하였다.

⑥ 검사는 불복 상고하였다.

⑦ 검사는 상고이유로, Q진술조서에 증거능력이 인정된다고 주장하였다.

2. 피의자신문조서와 진술거부권의 고지

【대법원 요지】 피의자의 진술을 녹취 내지 기재한 서류 또는 문서가 수사기관에서의 조사과정에서 작성된 것이라면, 그것이 '진술조서, 진술서, 자술서'라는 형식을 취하였다고 하더라도 피의자신문조서와 달리 볼 수 없고, /

【대법원 요지】 한편 형사소송법이 보장하는 피의자의 진술거부권은 헌법이 보장하는 형사상 자기에 불리한 진술을 강요당하지 않는 자기부죄거부의 권리에 터잡은 것이므로 수사기관이 피의자를 신문함에 있어서 피의자에게 미리 진술거부권을 고지하지 않은 때에는 그 피의자의 진술은 위법하게 수집된 증거로서 진술의 임의성이 인정되는 경우라도 증거능력이 부인되어야 한다.

3. 사안에 대한 대법원의 판단

【대법원 분석】 원심은, 검사가 2006. 8. 16. 공소외 갑에 대하여 국가보안법위반죄로 구속영장을 청구하여 2006. 8. 18. 서울중앙지방법원으로부터 구속영장을 발부받았는데, 그 구속영장의 범죄사실에는 공소외 갑이 연계된 공범들과 공모하여 국가보안법을 위반하였다는 등의 내용이 포함되어 있었던 사실, /

【대법원 분석】 그 후 검사는 공소외 갑에 대한 피의자신문을 하면서 공범들과의 조직구성 및 활동 등에 관하여 신문을 하였으나, 공소외 갑이 진술을 거부한 사실, /

【대법원 분석】 검사는 2006. 9. 12. 공소외 갑을 국가보안법위반죄 등으로 구속 기소한 이후, 2006. 9. 19. 공소외 갑을 재차 소환하여 피고인 등 공범들과의 조직구성 및 활동 등에 관한 신문을 하면서 피의자신문조서의 형식이 아니라 일반적인 진술조서의 형식으로 위 진술조서를 작성한 사실을 인정한 다음, /

【대법원 판단】 위 공소외 갑에 대한 진술조서가 진술조서의 형식을 취하였다고 하더라도 그 내용은 피의자의 진술을 기재한 피의자신문조서와 실질적으로 같고, /

【대법원 판단】 그런데도 기록상 검사가 공소외 갑의 진술을 들음에 있어 공소외 갑에게 미리 진술거부권이 있음을 고지한 사실을 인정할 만한 아무런 자료가 없으므로, 진술의 임의성이 인정되는 경우라도 위법하게 수집된 증거로서 증거능력이 없어 피고인에 대한 유죄의 증거로 쓸 수 없으며, /

【대법원 판단】 나아가 검사가 제출한 나머지 증거들만으로 피고인이 공소외 병, 공소외 갑 등과 공모하여 2005. 11.경 대학가에 주체사상을 유포시키고 주사파 양성을 위한 전국적 단일 조직의 중앙지도부를 결성하고, 이를 위하여 대학가에 주체사상 학습CD 등을 조직적으로 제작·배포하는 한편 이를 학습·토론함으로서 이적 활동을 찬양·동조하였다는 위 공소사실을 인정하기에는 부족하고, 달리 이를 인정할 만한 아무런 증거가 없다고 판단하였다.

【대법원 결론】 위 법리와 기록에 비추어 살펴보면, 위와 같은 원심의 사실인정과 판단은 정당하여 수긍할 수 있고, 거기에 증거능력에 관한 법리오해 등의 위법이 없다. (상고 기각)

【코멘트】 본 판례의 사실관계를 보면 대략 다음의 사실을 알 수 있다. 갑과 을은 국가보안법위반죄의 공범이라는 혐의를 받고 있다. 검사는 국가보안법위반죄로 기소되어 피고인 신분으로 있는 갑을 재차 소환하여 을의 공범 여부에 대해 신문하고 있다. 검사는 을이 공범임을 시인한 갑의 진술을 일반적인 진술조서의 형태로 기재하고 있다. 그런데 검사는 갑에 대한 신문과정에서 진술거부권을 고지하지 않고 있다. (아마도 갑이 이미 기소되어 피고인 신분이었기 때문이었을 것이다.) 그렇다면 진술거부권이 고지되지 않은 상태에서 작성된 피고인 갑의 진술조서를 공범인 피고인 을에 대해 유죄인정의 자료로 사용할 수 있을 것인가?

　이 문제와 관련하여 몇 가지 세부적 쟁점을 정리해 볼 수 있다. 하나는 본 판례의 사안에서 진술거부권 고지의 근거조문이 무엇인가 하는 점이다. 형사소송법은 진술거부권의 고지와 관련하여 피의자에 대한 경우와 피고인에 대한 경우의 두 가지로 나누어 규정하고 있다. 전자는 피의자신문과 관련하여 규정한 형소법 제244조의3 제1항이고, 후자는 공판절차와 관련하여 규정한 형소법 제283조의2이다. 이 문제에 대해 대법원은 본 판례에서 명확한 입장을 표현하고 있지 않으나 간접적으로 그 태도를 추론해 볼 수 있다.

　대법원은 본 판례에서 "피의자의 진술을 녹취 내지 기재한 서류 또는 문서가 수사기관에서의 조사과정에서 작성된 것이라면, 그것이 '진술조서, 진술서, 자술서'라는 형식을 취하였다고 하더라도 피의자신문조서와 달리 볼 수 없다"고 판시하고 있다. 이 대목을 본 판례의 사실관계에 비추어 재구성해 본다면, "피의자로부터 피고인이 된 자의 진술을 녹취 내지 기재한 서류 또는 문서가 수사기관에서의 조사과정에서 작성된 것이라면, 그것이 '진술조서, 진술서, 자술서'라는 형식을 취하였다고 하더라도 피의자신문조서와 달리 볼 수 없다"라고 읽어낼 수 있다.

　이는 요컨대 수사기관이 피고인이 된 사람을 조사하는 과정에서 그 사람의 진술을 녹취한 서류나 문서는 피의자신문조서와 같게 보아야 한다는 것이다. 수사기관이 피고인을 재차 불러서 신문할 때 이는 피의자신문과 마찬가지이므로 수사기관은 형소법 제244조의3 제1항이 규정한 바에 따라 진술거부권을 고지하지 않으면 안 된다는 결론이 도출될 것이다.

　다음으로, 피고인 자신에 대한 사항이 아니라 공범자에 대한 사항을 조사하는 경우에도 진술거부권을 고지해야 하는가 하는 문제가 있다. 이 문제에 대해 대법원은 명시적으로 언급하고 있지 않다. 그러나 대법원이 항소심의 판단을 그대로 받아들이고 있다는 점에 비추어 보면, 항소심법원이 제시한 분석을 대법원이 암묵적으로 용인하고 있다고 볼 여지가 충분하다. 그렇다면 항소심이 제시한 다음의 분석은 대법원의 태도를 추론할 수 있는 토대가 될 수 있다고 본다.

항소심법원의 논리는 대체로 다음과 같이 재구성할 수 있을 것이다. 즉 (가) 공범자에 대한 조사라는 이유로 진술거부권이 사전에 고지되지 아니한 상태에서 작성된 피의자(갑)에 대한 진술조서를 상정해 보자. (나) 이를 진술거부권이 보장된 그 자신(갑)에 대한 피의자신문조서와 동일하게 증거능력이 있는 것으로 보아 이를 증거로 허용한다고 생각해 보자. (다) 그리고 이를 검사의 주장대로 공범으로 기소된 피고인(을)에 대한 유죄의 증거로 사용할 수 있다고 생각해 보자. (라) 그렇게 된다면 동일범죄에 대한 공범(갑과 을) 각각의 진술거부권은 결국 형해화될 수밖에 없다. (마) 그리하여 공범으로 기소된 피고인(을)에 대한 부분에 대해서도 갑에 대한 진술조서의 증거능력은 동일하게 판단되어야 한다.

요컨대 수사기관이 공범자들에 대한 신문을 하면서 당해 피의자에 대한 사항이 아니라는 이유로 진술거부권을 고지하지 않는다면 결국 공범자 각자에 대한 진술거부권이 형해화되는 결과에 이르기 때문에 이를 방지하기 위하여 공범자에 대한 사항을 신문하는 경우에도 진술거부권을 고지하지 않으면 안 된다는 것이다.

한편 대법원은 공범자에 대한 신문과 관련한 진술거부권의 고지에 대해 2011. 11. 10. **2011도8125** 판례에서 보다 구체적인 기준을 제시한 바가 있다. 이를 여기에서 요약 정리해 본다. (가) 수사기관이 조사대상자에 대해 범죄혐의를 인정하여 수사를 개시하는 때로부터 피의자의 지위가 인정된다. (나) 피의자의 지위가 인정되는 순간 그 피의자는 공범 여부를 묻지 않고 진술거부권 고지의 대상이 된다. (다) 수사기관이 진술거부권 고지를 잠탈할 의도로 피의자(갑)를 공범자(을)에 대한 참고인 조사의 형식으로 조사하는 것은 허용되지 않는다. (라) 그러나 피의자(갑)가 자신에 대한 범죄혐의를 벗기 위하여 공범자(을)에 대한 조사를 원한 경우라면 [범죄혐의를 확인하기 위한 것이 아니므로] 공범자(을)에 대하여 진술거부권을 고지할 필요는 없다.

끝으로, 본 판례에서 위법수집증거배제법칙과 소위 주장적격의 문제를 다시 한번 발견할 수 있다. 본 판례에서 진술거부권 고지 없이 신문이 행해진 대상은 이미 기소된 피고인 갑이다. 갑이 피고인 단계에서 검사의 신문을 받아 작성된 진술조서는 진술거부권 고지 없이 작성된 것이므로 위법하게 수집된 증거이다. 그런데 갑에 대하여 위법하게 수집된 진술조서를 다른 피고인 을의 사건에서 을이 유죄의 증거에서 배제해 달라고 요구할 수 있을 것인가?

이와 관련하여 소위 주장적격(standing)의 법리가 문제된다. 주장적격이란 위법수사를 당한 사람만 위법수집증거배제법칙을 주장할 수 있다는 이론을 말한다. 위법수집증거배제법칙이 발달한 미국법에서는 주장적격의 법리를 통하여 유죄의 증거가 지나치게 많이 배제되는 상황에 대처하려고 한다. 본 판례에서 검사는 같은 맥락에 입각하여 피고인 을은 갑에 대한 진술조서의 증거능력 배제를 구할 수 없다고 주장하고 있다. 그러나 대법원은 검사의 주장을 배척하고, 갑에 대한 진술조서의 증거능력을 부정하고 있다.

앞에서도 여러 번 강조한 바와 같이, 우리나라는 적법절차의 원칙이라는 헌법상의 기본권에 토대를 두고 위법수집증거배제법칙을 구성하고 있다. 그 결과 위법수사를 당한 사람 본인 이외에 공범자 등 다른 사람도 위법수집증거의 배제를 요구할 수 있다. 본 판례는 대법원이 소위 주장적격의 주장을 배척한 또 하나의 사례로서도 주목된다.

2008도8922

상상적 경합범의 일부 상소
중대장 심의기구 무고 사건
2008. 12. 11. 2008도8922, 공 2009상, 72

1. 사실관계 및 사건의 경과

【사실관계】

① 군 검찰관은 군인 갑을 다음의 공소사실로 보통군사법원에 기소하였다.

    (가) A에 대한 무고죄(㉠무고죄)

    (나) B에 대한 무고죄(㉡무고죄)

    (다) 상관협박죄(㉢상관협박죄)

② ㉠무고죄와 ㉡무고죄는 상상적 경합관계에 있다.

③ ㉠무고죄는 다음과 같은 ⓐ무고행위와 ⓑ무고행위로 이루어져 있다.

    (가) ⓐ무고행위 : A가 B의 등급조정을 방해하였다는 허위사실 신고

    (나) ⓑ무고행위 : A가 중대장심의기구를 불법으로 구성하여 C의 고유권한을 침해하였다는 허위
        사실 신고

④ ⓐ무고행위와 ⓑ무고행위는 일죄이거나 상상적 경합범의 관계에 있다.

【사건의 경과 1】

① 갑의 피고사건은 제1심을 거친 후, 항소심에 계속되었다.

② 항소심인 고등군사법원은 공소사실 전부에 대하여 다음과 같이 무죄를 선고하였다.

    (가) A에 대한 무고죄(㉠무고죄) : 무죄

    (나) B에 대한 무고죄(㉡무고죄) : 무죄

    (다) 상관협박죄(㉢상관협박죄) : 무죄

③ 군검찰관은 항소심판결 전부에 불복하여 상고를 제기하였다.

④ 그런데 군검찰관은 상고이유서를 제출하면서 ㉡무고죄는 상고이유로 삼지 않았다.

⑤ 대법원은 ㉠무고죄의 ⓐ무고행위 부분과 ㉢상관협박죄 부분을 유죄 취지로 파기하였다.

⑥ 대법원은 ㉠무고죄의 나머지 ⓑ무고행위 부분과 ㉡무고죄 부분까지 포함하여 항소심판결을 전부
파기 환송하였다.

【사건의 경과 2】

① 환송 후의 항소심법원은 ㉠무고죄, ㉡무고죄, ㉢상관협박죄의 공소사실을 모두 유죄로 인정하였다.

② 환송 후의 항소심법원은 다음과 같은 방법으로 처단형을 산정하여 갑에게 형을 선고하였다.

    (가) A에 대한 ㉠무고죄와 B에 대한 ㉡무고죄는 상상적 경합관계에 있다.

    (나) ㉠무고죄(ⓐ무고행위 부분)와 ㉡무고죄를 비교하면 ㉡무고죄의 범정이 더 무겁다.

    (다) 따라서 ㉠무고죄와 ㉡무고죄는 ㉡무고죄에 정한 형으로 처벌하기로 한다.

    (라) ㉡무고죄와 ㉢상관협박죄는 형법 제37조 전단의 경합범이므로 1개의 형을 선고한다.

③ 갑은 불복 상고하였다.

④ 대법원은 환송 전의 항소심에서 무죄판결되었던 ㉡무고죄가 환송 후의 항소심에서 유죄로 판결된 것에 주목하였다.

⑤ 대법원은 이 점에 대하여 직권으로 판단하였다.

2. 사안에 대한 대법원의 분석

【대법원 분석】 기록에 의하면, 검찰관은 피고인에 대하여 공소외 A, B에 대한 무고죄 및 상관협박죄로 공소를 제기하였는데, 환송 전 원심은 공소사실 전부에 대하여 무죄를 선고하였고, /

【대법원 분석】 이에 대하여 검찰관은 원심판결 전부에 대하여 상고를 제기하면서도 상상적 경합 관계에 있는 공소외 A, B에 대한 무고죄 중 공소외 B에 대한 무고죄 부분에 대하여는 상고이유로 삼지 아니하였는데, /

【대법원 분석】 그 상고심은 공소외 A에 대한 일부 무고죄 부분 및 상관협박죄 부분을 유죄 취지로 파기하면서 공소외 A에 대한 일부 무고죄 부분과 일죄 또는 상상적 경합 관계에 있는 공소외 A에 대한 나머지 무고죄 부분 및 공소외 B에 대한 무고죄 부분까지 포함하여 환송 전 원심판결을 전부 파기환송한 사실, /

【대법원 분석】 이에 환송 후 원심은 공소외 A에 대한 일부 무고죄 부분 및 상관협박죄 부분을 유죄로 인정하면서 당초 환송 전 원심이 무죄로 판단하였던 공소외 B에 대한 무고죄 부분을 다시 유죄로 인정하여 유죄판결을 선고한 사실을 알 수 있다.

3. 상상적 경합범의 일부상소와 판단범위

【대법원 요지】 그러나 이와 같이 환송 전 원심에서 상상적 경합 관계에 있는 수죄에 대하여 모두 무죄가 선고되었고, 이에 검사가 무죄 부분 전부에 대하여 상고하였으나 그 중 일부 무죄 부분에 대하여는 이를 상고이유로 삼지 아니하였다면, /

【대법원 요지】 비록 상고이유로 삼지 아니한 무죄 부분도 상고심에 이심된다고는 하나 그 부분은 이미 당사자 간의 공격방어의 대상으로부터 벗어나 사실상 심판대상에서부터도 이탈하게 되는 것이므로, 상고심으로서도 그 무죄 부분에까지 나아가 판단할 수 없는 것이고, /

【대법원 요지】 따라서 상고심으로부터 다른 무죄 부분에 대한 원심판결이 잘못되었다는 이유로 사건을 파기환송 받은 원심은 그 무죄 부분에 대하여 다시 심리·판단하여 유죄를 선고할 수 없다고 보아야 할 것이다.

【대법원 결론】 그럼에도 불구하고, 원심은 당초 환송 전 원심이 무죄로 판단하였던 공소외 B에 대한 무고죄 부분을 다시 유죄로 인정하여 유죄판결을 선고하였으니, 원심판결에는 심판범위에 관한 법리를 오해한 위법이 있고, 이는 판결에 영향을 미쳤음이 분명하다.

4. 파기의 범위

【대법원 판단】 따라서 원심판결 중 공소외 B에 대한 무고죄 부분은 파기되어야 할 것이고, /

【대법원 판단】 공소외 A에 대한 일부 무고죄 부분(공소외 A가 공소외 B의 등급조정을 방해하였다는 점) 및 상관협박죄 부분에 관한 피고인의 상고는 이유 없으나, /

【대법원 분석】 원심은 위 각 공소사실을 모두 유죄로 인정한 다음, 그 처단형을 정함에 있어 상상적 경합 관계에 있는 공소외 B에 대한 무고죄와 공소외 A에 대한 일부 무고죄 부분 중 법정이 더 무거운 공소외 B에 대한 무고죄에 정한 형으로 처벌하기로 한 후, 이것과 상관협박죄 부분을 형법 제37조 전단의 경합범으로 보아 피고인에게 1개의 형을 선고하였으므로, 원심판결 중 유죄 부분은 모두 파기될 수밖에 없으며, /

【대법원 판단】 원심이 무죄로 판단한 공소외 A에 대한 나머지 무고죄 부분(공소외 A가 중대장심의 기구를 불법으로 구성하여 공소외 C의 고유권한을 침해하였다는 점) 역시 유죄로 인정된 공소외 A에 대한 일부 무고죄 부분 및 공소외 B에 대한 무고죄 부분과 일죄 또는 상상적 경합 관계에 있는 이상 함께 파기될 수밖에 없다. (파기 환송)

【코멘트】 본 판례는 상상적 경합범에 대한 일부상소의 법리를 보여주고 있다. 본 판례의 사안에서 ㉠무고 공소사실과 ㉡무고 공소사실은 상상적 경합관계에 있다. 환송전 항소심법원은 ㉠무고 공소사실과 ㉡무고 공소사실을 전부 무죄로 판단하였다. 이에 대해 검사는 불복 상고하였으나 ㉡무고 공소사실에 대해 상고이유를 제시하지 않았다. 대법원의 파기 환송 후, 환송 후 항소심법원은 다시 판단하여 ㉠무고 공소사실과 ㉡무고 공소사실을 전부 유죄로 판단하였다. 피고인의 불복 상고에 대해 대법원은 직권으로 판단하여 다음의 기준을 제시하고 있다.

　(가) 상상적 경합관계 있는 수죄에 대해 상고가 제기된다면 그 전부가 상고심으로 이심된다. (나) 그러나 상고이유를 제시하지 않은 부분은 당사자 간의 공격방어의 대상으로부터 벗어나 사실상 심판대상에서 이탈된다. (다) 따라서 상고심은 사실상 심판대상에서 이탈된 부분에 대해 판단할 수 없다. 대법원은 이러한 판단기준을 적용하여 검사가 상고이유를 제시하지 않은 ㉡무고 공소사실 부분에 대해 판단할 수 없다고 보고, 그럼에도 불구하고 ㉡공소사실까지 유죄로 판단한 환송 후 항소심판결을 파기 환송하고 있다.

　주지하는 바와 같이 상상적 경합관계에 있는 수죄는 과형상 일죄이므로 그 일부의 죄에 대해서만 상소할 수 없다. 그러나 상소이유에서 그 일부의 죄를 다투지 않을 경우 그 부분에 대해서는 상소심의 판단이 이루어지지 않는다. 이것은 사실상 일부상소를 허용하는 것과 마찬가지 결과라고 할 수 있다. 대법원은 이러한 점을 나타내기 위하여 '사실상 심판대상에서 이탈된 부분'이라는 표현을 사용하고 있다.

　동시적 경합범에 대해 하나의 형이 선고된 경우에는 불가분성이 인정되어 일부상소가 허용되지 않는다. 그런데 이와 반대되는 상황이 상상적 경합범에 대한 상소이유 불기재의 경우이다. 이 경우에는 상소이유가 기재되지 아니한 부분이 사실상 심판대상에서 이탈된다. 그리하여 상상적 경합범임에도 불구하고 사실상으로 일부상소를 허용하는 것과 같은 결과에 이르게 된다.

2008도9634

공소취소와 재기소금지의 범위
세금계산서 합계표 사건
2009. 8. 20. 2008도9634, 공 2009하, 1582

1. 사실관계 및 사건의 경과

【사실관계】

① 갑은 M매출처별세금계산서합계표를 정부에 제출하였다.

② M매출처별세금계산서합계표에는 P, Q 등 12개의 거래처에 대한 사항이 기재되어 있었다.

③ 갑은 허위세금계산서와 관련된 다음의 공소사실로 특가법위반죄(조세)로 기소되었다.

④ "피고인은 2006년 1기 M매출처별세금계산서합계표에 기재된 12개의 거래처 중 P, Q 2개 거래처에 재화 또는 용역을 공급한 사실이 없음에도 재화나 용역을 공급한 것처럼 허위기재한 매출처별세금계산서합계표를 정부에 제출하였다." (㉠공소사실)

⑤ 검사는 ㉠공소사실에 대해 공소를 취소하였다.

⑥ 제1심법원은 ㉠공소사실에 대해 공소기각결정을 내렸다.

⑦ 2007. 8. 24. ㉠공소사실에 대한 공소기각결정은 확정되었다.

【사건의 경과 1】

① 이후 M매출처별세금계산서합계표에 기재된 내용 중 P거래처를 제외한 나머지 11개 매출처(Q거래처 부분 포함)에 대한 부분이 허위 기재되었다는 사실에 관한 N증거가 새로이 발견되었다.

② 검사는 N증거를 토대로 M매출처별세금계산서합계표 내용 가운데 Q거래처를 포함한 11개 거래처 부분에 대해 갑을 다시 특가법위반죄(조세)로 기소하였다.

③ 갑에 대한 새로운 공소사실의 요지는 다음과 같다.

④ "피고인은 2006년 1기 M매출처별세금계산서합계표에 기재된 12개의 거래처 중 Q거래처 부분을 포함한 11개 매출처의 매출액에 관한 사항을 허위 기재한 매출처별세금계산서합계표를 정부에 제출하였다." (㉡공소사실)

【사건의 경과 2】

① 갑의 피고사건은 제1심을 거친 후, 항소심에 계속되었다.

② 항소심법원은 유죄를 선고하였다.

③ 갑은 불복 상고하였다.

④ 갑은 상고이유로 다음의 점을 주장하였다.

　(가) P, Q 두 거래처 부분에 대해 검사의 공소취소가 있었다.

　(나) 새로운 증거가 있을 경우 P, Q 두 거래처 부분에 대해서만 재기소할 수 있다.

　(다) 재기소에는 그 외의 거래처에 대한 부분을 포함시킬 수 없다.

2. 공소취소와 재기소의 허용범위

【대법원 분석】 형사소송법 제329조는 공소취소에 의한 공소기각의 결정이 확정된 때에는 공소취소 후 그 범죄사실에 대한 다른 중요한 증거를 발견한 경우에 한하여 다시 공소를 제기할 수 있다고 규정하고 있는바, /

【대법원 요지】 이는 단순일죄인 범죄사실에 대하여 공소가 제기되었다가 공소취소에 의한 공소기각결정이 확정된 후 다시 종전 범죄사실 그대로 재기소하는 경우뿐만 아니라 /

【대법원 요지】 범죄의 태양, 수단, 피해의 정도, 범죄로 얻은 이익 등 범죄사실의 내용을 추가 변경하여 재기소하는 경우에도 마찬가지로 적용된다고 할 것이다. /

【대법원 요지】 따라서 단순일죄인 범죄사실에 대하여 공소취소로 인한 공소기각결정이 확정된 후에 종전의 범죄사실을 변경하여 재기소하기 위하여는 변경된 범죄사실에 대한 다른 중요한 증거가 발견되어야 할 것이다.

3. 조세범처벌법 위반사범과 범죄사실의 단위

【대법원 분석】 그리고 조세범처벌법 제11조의2(세금계산서 교부 의무위반등) 제4항 제3호는 부가가치세법의 규정에 의한 재화 또는 용역을 공급하지 아니하고 매출·매입처별세금계산서합계표를 허위 기재하여 정부에 제출한 행위를 처벌하도록 규정하고 있는바, /

【대법원 요지】 하나의 매출·매입처별세금계산서합계표에 여러 가지 사항에 관하여 허위의 사실을 기재하였더라도 전체로서 하나의 매출·매입처별세금계산서합계표를 허위로 작성하여 정부에 제출하는 것이므로 하나의 조세범처벌법위반(세금계산서 교부 의무위반등)죄가 성립한다.

4. 사안에 대한 대법원의 판단

【대법원 분석】 원심이 적법하게 채택하여 조사한 증거 및 기록에 의하여 인정되는 사정에 의하면, /

【대법원 분석】 의정부지방법원 고양지원 2007고합○○ 특정범죄가중처벌등에관한법률위반(조세) 등 사건에서는 /

【대법원 분석】 피고인이 2006년 1기 매출처별세금계산서합계표에 기재된 12개의 거래처 중 [P]오일플라자 본점, [Q]에너지 등 2개 거래처에 재화 또는 용역을 공급한 사실이 없음에도 재화나 용역을 공급한 것처럼 허위기재한 매출처별세금계산서합계표를 정부에 제출한 사실로 공소가 제기되었다가 /

【대법원 분석】 2007. 8. 24. 검사의 공소취소로 인하여 공소기각결정이 확정된 사실, /

【대법원 분석】 위 공소취소가 있은 후에 위 매출처별세금계산서합계표에 기재된 내용 중 위 '[Q]에너지' 부분을 포함한 나머지 11개 매출처에 대한 부분이 허위 기재되었다는 사실에 관한 증거가 새로 발견되었고, /

【대법원 분석】 검사는 이 사건에서 위 매출처별세금계산서합계표 부분에 관하여 새로 발견된 증거에 기하여 피고인에 대하여 위 '[Q]에너지' 부분을 포함한 11개 매출처의 매출액에 관한 사항을 허위 기재한 매출처별세금계산서합계표를 정부에 제출한 사실로 다시 공소를 제기한 사실을 알 수 있다.

【대법원 판단】 사정이 이와 같다면, 이 사건 허위 매출처별세금계산서합계표 제출의 점에 대하여는

공소취소 후 변경된 범죄사실에 대한 다른 중요한 증거를 발견한 경우에 해당하므로 이에 대하여 다시 공소를 제기한 것은 적법하다고 할 것이어서, /

【대법원 결론】 원심의 판단은 비록 그 이유 설시에 있어서는 적절하지 아니한 면이 있으나 결론에 있어서 타당한 것으로 수긍이 가고, 거기에 상고이유에서 주장하는 바와 같은 공소취소 후 재기소에 관한 법리오해 등의 위법이 없다. (상고 기각)

【코멘트】 본 판례에서 대법원은 공소취소의 재기소금지 효력범위에 대해 판시하고 있다. 대법원은 종전 범죄사실 그대로 재기소하는 경우뿐만 아니라 종전 범죄사실에 다른 사실을 추가하는 경우에도 재기소금지가 적용된다고 판시한다. 재기소금지에도 불구하고 재기소를 하려면 '그 범죄사실'에 대한 다른 중요한 증거를 발견해야 한다(법329). 사안에서 검사는 새로운 증거를 발견하고 있다. 그런데 문제는 새로운 증거가 공소취소가 이루어진 '그 범죄사실'에 관한 것인지 문제된다.

　　대법원은 매출·매입처별세금계산서합계표를 허위기재하여 정부에 제출하는 행위가 하나의 범죄사실에 해당한다고 본다. 하나의 범죄사실의 일부에 대해 공소취소가 있었다 할지라도 그 범죄사실의 다른 부분에 새로운 증거가 발견된다면 검사가 종전 범죄사실에 다른 사실을 추가하여 공소를 제기하더라도 아무런 지장이 없다는 것이 대법원의 태도이다.

2008도9685

포괄일죄와 기판력의 범위
천막 재설치 사건
2009. 2. 26. 2008도9685, [미간행]

1. 사실관계 및 사건의 경과

【사실관계】
① 갑 등은 P노조지부의 노조원들이다.
② (이하 갑으로 통칭함)
③ P노조지부 사무실이 철거되었다.
④ 갑은 소재지 M시청 앞 인도에 간이시설물을 설치하고 농성을 하였다.
⑤ 갑의 농성 경과는 다음과 같다.
　(가) 2007. 1. 17. 농성용 ⓐ천막 설치 (ⓐ행위)
　(나) [이후 시점 농성용 ⓐ천막 강제철거]
　(다) 2017. 1. 19. 농성용 ⓑ천막 설치 (ⓑ행위)
　(라) 2007. 1. 30. 농성용 ⓑ천막 강제철거
　(마) 2007. 1. 30. 농성용 ⓒ천막 다시 설치 (ⓒ행위)
　(바) 2007. 2. 1. 농성용 ⓒ천막 최종 철거

【사건의 경과 1】

① 2007. 8. 29. 검사는 ⓐ, ⓑ행위에 대해 약식명령을 청구하였다. (㉠사건)

② 2007. 10. 17. 관할법원 판사는 갑에 대한 약식명령 청구사건을 공판절차에 회부하였다.

③ 2007. 11. 13. 제1심법원은 갑에게 벌금 500,000원의 판결을 선고하였다. (㉠판결)

④ 2007. 11. 21. ㉠판결은 확정되었다. (㉠확정판결)

【사건의 경과 2】

① 검사는 ⓒ행위에 대해 갑을 정식으로 기소하였다. (㉡피고사건)

② 제1심을 거친 후, 갑의 피고사건은 항소심에 계속되었다.

③ 항소심법원은 다음의 사실을 인정하였다.

  (가) 2007. 1. 17. 18:37경부터 갑은 노조지부 사무실의 철거에 항의하기 위하여 천막을 설치하여 놓고 농성을 계속하였다.

  (나) 2007. 1. 30. 14:00경 천막이 강제철거 당하였다.

  (다) 2007. 1. 30. 18:44경 갑은 다시 동일한 천막을 설치하였다.

  (라) 2007. 2. 1. 18:26경까지 갑은 도로를 점용하였다.

④ 항소심법원은 확정된 ㉠범죄사실과 이후 기소된 ㉡공소사실이 동일하다고 판단하였다.

⑤ 2008. 10. 10. 항소심법원은 ㉠확정판결의 효력이 ㉡공소사실에 미친다는 이유로 갑에게 면소를 선고하였다.

⑥ 검사는 불복 상고하였다.

⑦ 검사는 상고이유로, ㉠범죄사실과 ㉡공소사실은 동일하지 않다고 주장하였다.

2. 사안에 대한 대법원의 분석

【대법원 분석】 원심은 그 채택 증거들을 종합하여, /

【대법원 분석】 피고인들이 "성명불상의 노조원들과 공모하여 /

【대법원 분석】 2007. 1. 17. 20:00경 및 /

【대법원 분석】 2007. 1. 19. 20:00경 /

【대법원 분석】 이 사건 도로법위반의 공소사실 기재와 같이 /

【대법원 분석】 원주시청 앞 인도 위에 비닐하우스를 설치하여 관할관청의 허가를 받지 아니하고 도로를 점용하였다"는 도로법위반의 공소사실로 /

【대법원 분석】 2007. 8. 29. 춘천지방법원 원주지원에 약식명령 청구되었다가 /

【대법원 분석】 2007. 10. 17. 공판절차에 회부됨으로써, 같은 법원 2007고단***호로 재판이 계속되어 /

【대법원 분석】 2007. 11. 13. 각 벌금 500,000원의 판결이 선고되었고 /

【대법원 분석】 그 판결은 2007. 11. 21. 확정된 사실, /

【대법원 분석】 피고인들이 /

【대법원 분석】 2007. 1. 17. 18:37경부터 노조지부 사무실의 철거에 항의하기 위하여 천막을 설치하여 놓고 농성을 계속하던 중 /

【대법원 분석】 2007. 1. 30. 14:00경 천막이 강제철거 당하자 /

【대법원 분석】 같은 날 18:44경 다시 동일한 천막을 설치하였고 /

【대법원 분석】 종국적으로 2007. 2. 1. 18:26경까지 도로를 점용하게 된 사실을 인정한 다음, /

3. 사안에 대한 대법원의 판단

【대법원 판단】 천막 설치의 목적, 천막의 규모 및 형태, 천막을 설치하여 둔 기간 및 장소 등을 고려하여 보면 /

【대법원 판단】 피고인들이 천막철거 후 새로운 범의를 가지고 새로운 천막을 다시 설치한 것이라기보다는 /

【대법원 판단】 단일하고 계속된 목적과 범의하에 일정 기간 동안 계속하여 천막을 설치하여 둔 것이라고 보아, /

【대법원 판단】 판결이 확정된 위 범죄사실과 /

【대법원 판단】 그 판결선고 전에 범한 이 사건 도로법위반의 공소사실은 /

【대법원 판단】 동일 죄명에 해당하는 수개의 행위를 /

【대법원 판단】 단일하고 계속된 범의하에 /

【대법원 판단】 일정 기간 동안 계속하여 행한 것으로 /

【대법원 판단】 그 보호법익도 동일한 경우로서 /

【대법원 판단】 포괄일죄의 관계에 있으므로, /

【대법원 판단】 위 확정된 판결의 기판력이 이 부분 공소사실에 미친다는 이유로 면소를 선고하였다.

【대법원 결론】 기록에 비추어 살펴보면, 원심의 위와 같은 사실인정과 판단은 정당한 것으로 수긍이 가고, 거기에 주장과 같이 포괄일죄에 관한 법리를 오해한 위법이 없다. (상고 기각)

2008도10572

상급심 판단의 기속력
동업자 부인 공갈 사건
2009. 4. 9. 2008도10572, 공 2009상, 685

1. 사실관계 및 사건의 경과

【사실관계】

① 갑은 공갈죄로 기소되었다.

② 갑에 대한 공소사실의 요지는 다음과 같다.

③ "피고인은 동업자인 A의 처 피해자 B가 술에 취한 상태를 이용하여 그 의사에 반하여 추행한 후 남편 등에게 이를 알리겠다며 위협하여 10여 회 성관계를 갖고, 이를 가족들에게 알리겠다고 협박하여 2002. 7. 5.부터 2002. 12. 31.까지 사이에 5회에 걸쳐 1억 600만 원을 갈취하였다."

④ 제1심 공판절차에서 갑은 B로부터 받은 돈은 투자금 명목으로 교부받았을 뿐 갈취한 사실이 없다고 공소사실을 부인하였다.

⑤ 제1심법원은 A, B, C, D, E, F, G를 증인으로 신문하였다.

⑥ 제1심법원은 다음의 이유를 들어서 무죄를 선고하였다.

　(가) 증인 A, B, C, D, E, F의 진술은 신빙성이 부족하다.

　(나) 증인 G의 진술만으로는 범죄를 인정하기 어렵다.

　(다) 그 밖의 여러 사정을 고려한다.

【사건의 경과 1】

① 검사는 불복 항소하였다.

② 항소심법원은 아무런 추가 증거조사 없이 변론을 종결하였다.

③ 항소심법원은 증인 A, B, C, D, E, F의 진술이 신빙성이 있다고 판단하였다.

④ 항소심법원은 증인 A, B, C, D, E, F의 진술을 토대로 제1심을 파기하고, 갑에게 유죄를 선고하였다. (㉠환송전판결)

⑤ 갑은 불복 상고하였다.

⑥ 대법원은 다음의 이유를 들어서 ㉠항소심판결을 파기 환송하였다. (㉡환송판결)

　(가) 환송 전 항소심이 아무런 추가 증거조사 없이 제1심 재판 과정에서 이미 현출되었던 증거와 사정들만으로 제1심 판단을 뒤집은 조치는 수긍하기 어렵다.

　(나) 이러한 환송 전 항소심의 조치에는 공판중심주의와 직접심리주의의 원칙에 어긋남으로써 채증법칙을 위반한 위법이 있다.

　(다) 또한 환송 전 원심이 유죄 판단의 근거로 내세운 P정황들에 대하여도 Q사유와 같은 합리적인 의심이 존재함에도 갑이 A를 협박하여 돈을 갈취하였다고 인정한 것은 형사재판에 있어 합리적인 의심이 없는 정도의 증명에 이르지 아니하였음에도 불구하고, 범죄사실을 인정한 위법이 있다.

【사건의 경과 2】

① 환송 후 항소심법원은 B와 D에 대하여 다시 증인신문을 하였다.

② B와 D는 환송 전까지의 진술내용과 같은 취지의 증언을 하였다.

③ 환송 후 항소심법원은 그 밖에 추가적으로 증거조사는 하지 않았다.

④ 환송 후 항소심은 제1심판결을 파기하고, 갑에게 유죄를 선고하였다. (㉢환송후판결)

⑤ 갑은 불복 상고하였다.

2. 상급법원 파기판결의 기속력

【대법원 분석】 법원조직법 제8조는 "상급법원의 재판에 있어서의 판단은 당해 사건에 관하여 하급심을 기속한다."고 규정하고, /

【대법원 분석】 민사소송법 제436조 제2항 후문도 상고법원이 파기의 이유로 삼은 사실상 및 법률상의 판단은 하급심을 기속한다는 취지를 규정하고 있으며, /

【대법원 분석】 형사소송법에서는 이에 상응하는 명문의 규정은 없지만, /

【대법원 요지】 법률심을 원칙으로 하는 상고심은 형사소송법 제383조 또는 제384조에 의하여 사실인정에 관한 원심판결의 당부에 관하여 제한적으로 개입할 수 있는 것이므로 조리상 상고심판결의 파기이유가 된 사실상의 판단도 기속력을 가지는 것이며, /

【대법원 요지】 따라서 상고심으로부터 사건을 환송받은 법원은 그 사건을 재판함에 있어서 상고법원이 파기이유로 한 사실상 및 법률상의 판단에 대하여 환송 후의 심리과정에서 새로운 증거가 제시되어 기속적 판단의 기초가 된 증거관계에 변동이 생기지 않는 한 이에 기속된다 할 것이다.

3. 제1심의 판단

【대법원 분석】 기록에 의하면, 이 사건 공소사실의 요지는 피고인이 동업자인 공소외 A의 처인 피해자 공소외 B가 술에 취한 상태를 이용하여 그 의사에 반하여 추행한 후 남편 등에게 이를 알리겠다며 위협하여 10여 회 성관계를 갖고, 이를 가족들에게 알리겠다고 협박하여 2002. 7. 5.부터 2002. 12. 31.까지 사이에 5회에 걸쳐 1억 600만 원을 갈취하였다는 것인데, /

【대법원 분석】 피고인은 위 돈을 투자금 명목으로 교부받았을 뿐 갈취한 사실이 없다고 공소사실을 부인하였고, /

【대법원 분석】 제1심법원은 증인 공소외 A, B, C, D, E, F의 진술은 신빙성이 부족하다고 보고, 증인 공소외 G의 진술만으로는 범죄를 인정하기 어렵다고 본 다음, 그 밖의 여러 사정을 고려하여 피고인에게 무죄를 선고하였다.

4. 환송전 항소심의 판단

【대법원 분석】 환송 전 원심은 아무런 추가 증거조사 없이 변론을 종결한 다음, /

【대법원 분석】 제1심 재판 과정에서 신빙성이 부족하다고 배척한 위 증인들의 진술을 토대로 제1심을 파기하여, 피고인에게 유죄를 선고하였다.

5. 대법원의 환송판결

【대법원 분석】 환송판결은 환송 전 원심이 아무런 추가 증거조사 없이 제1심 재판 과정에서 이미 현출되었던 증거와 사정들만으로 제1심 판단을 뒤집은 조치는 수긍하기 어렵고, /

【대법원 분석】 이러한 환송 전 원심의 조치에는 공판중심주의와 직접심리주의의 원칙에 어긋남으로써 채증법칙을 위반한 위법이 있으며, /

【대법원 분석】 또한 환송 전 원심이 유죄 판단의 근거로 내세운 정황들에 대하여도 그 판시와 같은 합리적인 의심이 존재함에도 피고인이 피해자를 협박하여 돈을 갈취하였다고 인정한 것은 형사재판에 있어 합리적인 의심이 없는 정도의 증명에 이르지 아니하였음에도 불구하고, 범죄 사실을 인정한 위법이 있다는 이유로 /

【대법원 분석】 환송 전 원심판결을 파기하고 사건을 환송하였다. /

6. 환송 후 항소심의 판단

【대법원 분석】 이에 대하여 환송 후 원심은 공소외 B와 공소외 D에 대하여 다시 증인신문을 한 다음 /

【대법원 분석】 역시 제1심을 파기하여 피고인에게 유죄를 선고하였다.

7. 사안에 대한 대법원의 판단

【대법원 분석】 기록에 의하여 환송 후 원심에서의 공소외 B와 공소외 D의 각 증언 내용을 살펴보면, 환송 전까지의 진술내용과 같은 취지로서 그들의 종전 진술을 다시 한 번 확인하는 정도에 그쳤음을 알 수 있고, 환송 후 원심에서 그 외 추가적으로 증거조사를 한 바는 없다. /

【대법원 판단】 이러한 경우는 앞서 본 법리의 '환송 후의 심리과정에서 새로운 증거가 제시되어 기속적 판단의 기초가 된 증거관계에 변동이 생긴 경우'에 해당된다고 할 수 없다. /

【대법원 판단】 따라서 환송 후 원심의 위와 같은 조치는 파기환송 판결의 기속력에 관한 법리를 위반한 위법이 있다. (파기 환송)

【코멘트】 본 판례는 형사재판에 있어서 상급심 판단의 기속력에 관한 문제점을 보여주고 있다. 법원조직법 제8조는 상급심 판단의 하급심에 대한 기속력을 인정하고 있다. 한편 민사소송법 제436조 제2항 후문은 상급심 판단의 기속력이 사실상 판단과 법률상 판단 모두에 미친다고 규정하고 있다. 그런데 형사소송법은 그에 상응하는 규정이 없다. 형사소송법상 상고심은 법률심이다. 법률심은 법률상 판단만을 내릴 뿐 사실상의 판단은 내리지 않는다. 그렇다면 명문의 근거 없이 상고심이 사실인정과 관련하여 내린 판단에 대해 하급심을 기속하는 효력을 부여할 수 있겠는가?

대법원은 이 의문에 대해 "상고심은 형사소송법 제383조 또는 제384조에 의하여 사실인정에 관한 원심판결의 당부에 관하여 제한적으로 개입할 수 있다"는 답변을 내어놓고 있다. 그런데 대법원이 언급한 조문들을 보면, 형소법 제383조는 상고이유를 규정한 것이고, 제384조는 상고심의 심판범위에 관한 규정이다. 이들 조문의 문언만으로는 상고심의 사실인정에 관한 판단에 대한 기속력이 부여되는지 알 수 없다.

법률상 판단과 사실상 판단의 중간지점에 있는 것으로 채증법칙이 있다. 사실판단은 사실심 법관이 증거를 조사하여 최종 판단을 내린다. 형소법 제308조가 천명하고 있는 자유심증주의에 의하여 증거의 증명력 여부는 사실심 법관이 자유롭게 판단한다. 그러나 자유로운 판단에도 한계가 있다. 증명력을 판단할 때에는 판단준칙으로서 논리칙과 경험칙을 준수해야 한다. 논리칙과 경험칙을 벗어난 사실판단은 사실판단 자체가 잘못된 것일 뿐만 아니라, 채증법칙이라는 법률상 판단을 그르친 것이다. 그리하여 사실판단의 잘못이 채증법칙위반을 매개로 법률상 판단의 잘못으로 전환될 수 있다.

이와 같은 맥락을 염두에 두고 본다면, 대법원이 "상고심은 형사소송법 제383조 또는 제384조에 의하여 사실인정에 관한 원심판결의 당부에 관하여 제한적으로 개입할 수 있는 것이므로 조리상 상고심판결의 파기이유가 된 사실상의 판단도 기속력을 가지는 것"이라는 결론을 도출하는 것은 충분히 이해할 수 있다. '조리상'의 사실상 판단은 채증법칙에 의한 사실판단을 의미하기 때문이다.

그러나 이와 같은 접근방법이 반드시 현명한 것만은 아니다. 입법자는 법률심과 사실심을 준별하여 상고심이 법률심으로서 법률해석의 통일에 전념하도록 입법적 결단을 내리고 있다. 이러한 입법자의 결단에 비추어 본다면 상고심이 채증법칙위반을 쉽게 인정하여 사실오인의 문제를 법령위반의 문제로 전환하는 실무운영은 경계하지 않으면 안 된다.

이와 같은 비판점에도 불구하고 본 판례의 대법원 태도는 환영할 만한 것이라고 생각된다. 공판중심주의와 직접심리주의에 비추어 볼 때 증인 등의 태도증거를 확인할 수 있는 제1심 공판절차의 중요성을 결코 과소평가할 수 없다. 항소심이 단지 상급법원이라는 이유로 기존의 증거자료만을 재평가하여 결론을 달리 내리는 것은 제1심의 강화라는 측면에서 볼 때 결코 바람직하지 않다. 본 판례는 앞으로 우리나라 상소제도의 운용을 가늠케 해주는 지침으로서 그 의미가 크다고 생각된다.

2008도10914

현행범체포시의 압수와 사후영장
마약류범죄와 공소사실의 특정
인터넷 스와핑 카페 사건
2009. 5. 14. 2008도10914, 공 2009상, 925

1. 사실관계 및 사건의 경과

【사실관계 1】
① 갑은 인터넷사이트에서 집단 성행위(일명 '스와핑') 목적의 S카페를 개설, 운영하였다.
② 2007. 10. 23. 사법경찰리 A는 정보통신망법위반죄(음란물유포)의 범죄혐의를 이유로 P압수·수색영장을 발부받았다.
③ P압수·수색영장의 주요 기재사항은 다음과 같다.
   (가) 수색·검증할 장소, 신체 또는 물건 : M장소의 갑의 주거지, N장소의 사업장
   (나) 압수할 물건 : 범죄행위에 제공되었거나 범죄행위에 관련된 컴퓨터 및 주변기기, 하드디스크, USB메모리, 플로피 디스크, CD, 장부, 서류, 수첩, 메모지

【사실관계 2】
① 사법경찰리 A는 P영장에 기하여 갑의 M주거지를 수색하는 과정에서 Q대마를 발견하였다.
② 사법경찰리 A는 갑을 마약류관리법위반죄(대마)의 현행범으로 체포하였다.
③ 사법경찰리 A는 갑을 체포하면서 Q대마를 압수하고, R압수조서를 작성하였다.
④ R압수조서에는 "Q대마를 갑에게서 압수하였다"는 내용이 기재되었다.
⑤ 2007. 10. 24. 현행범으로 체포되었던 갑은 구속되지 않고 석방되었다.
⑥ 이 과정에서 사법경찰리 A는 Q대마의 압수와 관련하여 사후에 압수·수색영장을 발부받아 두지 않았다.
⑦ 한편 별도의 수사과정에서 갑이 향정신성의약품인 일명 엑스터시를 투약한 사실이 발견되었다.

【사건의 경과 1】
① 검사는 갑을 다음의 공소사실로 기소하였다.
   (가) ㉠마약류관리법위반죄(대마소지)
   (나) ㉡정보통신망법위반죄(음란물유포)

(다) ⓒ마약류관리법위반죄(향정투약)

② ⓒ마약류관리법위반죄(향정투약) 공소사실은 다음과 같이 기재되었다.

③ "피고인은 마약류 취급자가 아님에도 불구하고, 2007. 4.경 내지 6.경 사이에 알 수 없는 곳에서, 향정신성의약품인 엠디엠에이(MDMA, 일명 '엑스타시')를 알 수 없는 방법으로 투약하였다."

【사건의 경과 2】

① 갑의 피고사건은 제1심을 거친 후, 항소심에 계속되었다.

② 항소심법원은 사후영장을 발부받지 아니한 Q대마와 그에 대한 R압수조서에 증거능력이 없다고 판단하였다.

③ 항소심법원은 다음과 같이 판단하였다.

  (가) ㉠마약류관리법위반죄(대마소지) : 무죄

  (나) ㉡정보통신망법위반죄(음란물유포) : 유죄

  (다) ⓒ마약류관리법위반죄(향정소지) : 유죄

④ 검사는 무죄 부분에 불복 상고하였다.

⑤ 갑은 유죄 부분에 불복 상고하였다.

2. 위법수집증거배제법칙의 원칙과 예외

【대법원 요지】 기본적 인권 보장을 위하여 압수·수색에 관한 적법절차와 영장주의의 근간을 선언한 헌법과 이를 이어받아 실체적 진실 규명과 개인의 권리보호 이념을 조화롭게 실현할 수 있도록 압수·수색절차에 관한 구체적 기준을 마련하고 있는 형사소송법의 규범력은 확고히 유지되어야 하므로 /

【대법원 요지】 헌법과 형사소송법이 정한 절차에 따르지 아니하고 수집한 증거는 물론 이를 기초로 하여 획득한 2차적 증거 역시 기본적 인권 보장을 위해 마련된 적법한 절차에 따르지 않은 것으로서 원칙적으로 유죄 인정의 증거로 삼을 수 없고, /

【대법원 요지】 다만 위법하게 수집한 압수물의 증거능력 인정 여부를 최종적으로 판단함에 있어서는, 수사기관의 증거 수집 과정에서 이루어진 절차 위반행위와 관련된 모든 사정, 즉 절차 조항의 취지와 그 위반의 내용 및 정도, 구체적인 위반 경위와 회피가능성, 절차 조항이 보호하고자 하는 권리 또는 법익의 성질과 침해 정도 및 피고인과의 관련성, 절차 위반행위와 증거수집 사이의 인과관계 등 관련성의 정도, 수사기관의 인식과 의도 등을 전체적·종합적으로 살펴 볼 때, /

【대법원 요지】 수사기관의 절차 위반행위가 적법절차의 실질적인 내용을 침해하는 경우에 해당하지 아니하고, 오히려 그 증거의 증거능력을 배제하는 것이 헌법과 형사소송법이 형사소송에 관한 절차 조항을 마련하여 적법절차의 원칙과 실체적 진실 규명의 조화를 도모하고 이를 통하여 형사 사법 정의를 실현하려고 한 취지에 반하는 결과를 초래하는 것으로 평가되는 예외적인 경우에 한해 그 증거를 유죄 인정의 증거로 사용할 수 있을 뿐이다.

3. 체포현장에서의 압수에 대한 항소심의 판단

【항소심 분석】 원심판결 이유에 의하면, 원심은, /

【항소심 분석】 사법경찰리가 2007. 10. 23. 이 사건 구 정보통신망 이용촉진 및 정보보호 등에 관

한 법률 위반(음란물유포)의 범죄혐의를 이유로 발부받은 압수·수색영장{수색·검증할 장소, 신체 또는 물건 : (M장소 주거지), (N장소 사업장), 압수할 물건 : 범죄행위에 제공되었거나 범죄행위에 관련된 컴퓨터 및 주변기기, 하드디스크, USB메모리, 플로피 디스크, 시디, 장부, 서류, 수첩, 메모지}에 기하여 피고인의 주거지를 수색하는 과정에서 대마가 발견되자 /

【항소심 분석】 이에 피고인을 마약류관리에 관한 법률 위반(대마)죄의 현행범으로 체포하면서 위 대마를 압수하였으나, 현행범으로 체포된 피고인이 구속영장에 의하여 구속되지 않고 다음날인 2007. 10. 24. 석방되었음에도 사후 압수·수색영장을 받지 아니한 사실이 인정되므로 /

【항소심 판단】 위 압수한 대마 및 그 압수조서 중 "위 대마를 피고인에게서 압수하였다"는 취지의 기재 등은 형사소송법상 영장주의를 위반하여 수집한 증거로, 그 절차위반의 정도가 적법절차의 실질적인 내용을 침해하는 것이어서 그 증거능력을 배제하는 것이 형사사법 정의실현의 취지에 합치된다 할 것이고, 따라서 위 각 증거는 증거능력이 없어 위 대마소지의 점에 관한 공소사실의 증거로 사용할 수 없다고 판단하였다.

4. 체포현장에서의 압수에 대한 대법원의 판단

【대법원 분석】 구 형사소송법(2007. 6. 1. 공포되고 2008. 1. 1.부터 시행된 법률 제8496호 이전의 것) 제216조 제1항 제2호, 제217조 제2항에 의하면 피의자를 체포하는 경우에 필요한 때에는 영장 없이 체포현장에서 압수·수색을 할 수 있고 /

【대법원 분석】 이때 구속영장의 발부를 받지 못한 때에는 이를 즉시 환부하여야 하지만, 압수한 물건을 계속 압수할 필요가 있는 경우에는 사후에 압수·수색영장을 받아야 한다고 규정하고, /

【대법원 분석】 같은 법 제216조 제3항에 의하면 범행 중 또는 범행 직후의 범죄 장소에서 긴급을 요하여 법원판사의 영장을 받을 수 없는 때에는 영장 없이 압수·수색을 하되, 사후에 영장을 받도록 규정하고 있는바, /

【대법원 판단】 이러한 형사소송법의 규정과 앞서 본 법리에 비추어 보면, 이 사건 압수물과 압수조서의 기재는 형사소송법상 영장주의 원칙에 위배하여 수집하거나 그에 기초한 증거로서 그 절차위반 행위가 적법절차의 실질적인 내용을 침해하는 정도에 해당한다 할 것이니, /

【대법원 판단】 원심이 위 각 증거의 증거능력을 부정하고 이 사건 대마소지의 점에 관한 공소사실에 대하여 범죄의 증명이 없다는 이유로 무죄를 선고한 것은 정당하다.

【대법원 결론】 원심판결에는 상고이유에서 주장하는 바와 같이 압수물 등의 증거능력에 관한 법리오해 및 채증법칙위배 등의 위법이 없다.

5. 정보통신망법과 음란물유포죄

【대법원 분석】 구 정보통신망 이용촉진 및 정보보호 등에 관한 법률(2007. 1. 26. 법률 제8289호로 개정되기 전의 것) 제65조 제1항 제2호(이하 '이 사건 법률 규정'이라 한다)는 정보통신망을 통하여 음란한 부호·문언·음향·화상 또는 영상을 배포·판매·임대하거나 공연히 전시한 자를 처벌하도록 규정하고 있는바, /

【대법원 요지】 이 사건 법률 규정은 초고속 정보통신망의 광범위한 구축과 그 이용촉진 등에 따른

음란물의 폐해를 막기 위하여 마련된 것이고, /

【대법원 요지】 여기서 '공연히 전시'한다고 함은 불특정 또는 다수인이 실제로 음란한 부호·문언·음향 또는 영상을 인식할 수 있는 상태에 두는 것을 의미한다.

【대법원 분석】 원심은, 피고인이 그 판시 인터넷사이트에서 집단 성행위(일명 '스와핑') 목적의 카페를 개설, 운영하면서 남녀 회원을 모집한 후 특별모임을 빙자하여 집단으로 성행위를 하고 그 촬영물이나 사진 등을 카페에 게시함으로써 정보통신망을 통하여 음란한 화상 등을 공연히 전시하였다고 하는 이 사건 공소사실에 대하여, /

【대법원 판단】 피고인의 주장처럼 위 카페가 회원제로 운영되는 등 제한적이고 회원들 상호간에 위 음란물을 게시, 공유하여 온 사정이 있다 하여도 위 카페의 회원수 등에 비추어 피고인은 정보통신망을 이용하여 음란물을 다수인이 인식할 수 있는 상태로 전시한 사실이 인정된다고 판단하였다.

【대법원 판단】 앞서 본 법리와 원심의 인정 사실에 의하면 위와 같은 피고인의 행위는 정보통신망을 이용하여 음란물을 다수인이 인식할 수 있는 상태로 전시함으로써 이 사건 법률규정을 위반한 경우에 해당한다 할 것이니, 같은 취지의 원심 판단은 정당하다.

【대법원 결론】 원심판결에는 상고이유에서 주장하는 바와 같이 정보통신망을 통한 음란물 유포의 점에 관한 법리오해의 위법이 없다.

6. 마약류관리법위반죄와 공소사실의 특정

【대법원 요지】 형사소송법 제254조 제4항이 "공소사실의 기재는 범죄의 시일, 장소와 방법을 명시하여 사실을 특정할 수 있도록 하여야 한다."라고 규정한 취지는, 심판의 대상을 한정함으로써 심판의 능률과 신속을 꾀함과 동시에 방어의 범위를 특정하여 피고인의 방어권 행사를 쉽게 해 주기 위한 것이므로, /

【대법원 요지】 검사로서는 위 세 가지 특정요소를 종합하여 다른 사실과의 식별이 가능하도록 범죄구성요건에 해당하는 구체적 사실을 기재하여야 하는바, /

【대법원 요지】 이는 마약류 취급자가 아니면서도 마약류를 투약하였음을 내용으로 하는 마약류관리에 관한 법률 위반죄의 공소사실에 관한 기재에 있어서도 마찬가지이다.

【대법원 분석】 피고인에 대한 이 부분 공소사실은 "피고인은 마약류 취급자가 아님에도 불구하고, 2007. 4.경 내지 6.경 사이에 알 수 없는 곳에서, 향정신성의약품인 엠디엠에이(MDMA, 일명 '엑스타시')를 알 수 없는 방법으로 투약하였다."는 것인바, /

【대법원 판단】 엠디엠에이의 투약시기, 투약장소, 투약방법에 관한 위와 같은 기재만으로는 피고인의 방어권의 행사에 지장을 초래할 위험성이 크고, /

【대법원 판단】 위 투약시기로 기재된 위 기간 내에 복수의 투약가능성도 충분히 있으므로 투약횟수의 기재조차 없는 위 공소사실에 대하여는 그 심판대상이 한정되었다고도 보기도 어렵다.

【대법원 판단】 따라서 위와 같은 공소사실의 기재는 특정한 구체적 사실의 기재에 해당한다고 볼 수 없어 형사소송법 제254조 제4항에 정해진 요건을 갖추지 못하였으므로, 이 부분 공소는 공소제기의 절차가 법률의 규정에 위반하여 무효라 할 것이다.

【대법원 결론】 그럼에도 불구하고, 이 사건 공소사실이 특정되었음을 전제로 이를 유죄라고 판단한

원심판결에는 공소사실의 특정에 관한 법리를 오해하여 판결에 영향을 미친 위법이 있다 할 것이다. 이 점을 지적하는 취지의 상고이유의 주장은 이유 있다. (파기 환송)

2008도11040

정당 대표의 당사자능력
정당 대표 기소 사건

2009. 5. 14. 2008도11040, 공 2009상, 930

1. 사실관계 및 사건의 경과

【사실관계】

① 갑은 P정당의 대표이다.

② P정당에 대해 다음의 혐의사실로 조사가 진행되었다.

   (가) 을을 비례대표 국회의원 후보로 추천하는 행위와 관련하여 을, 병으로부터 합계 17억 원을 제공받았다.

   (나) 정을 비례대표 국회의원 후보로 추천하는 행위와 관련하여 15억 1천만 원을 제공받았다.

③ 검사는 P정당의 대표 갑을 공직선거법위반죄로 기소하였다.

【사건의 경과】

① 갑의 피고사건은 제1심을 거친 후, 항소심에 계속되었다.

② 항소심법원은 갑에게 공직선거법의 매수 및 이해유도죄를 인정하였다.

③ 갑은 불복 상고하였다.

④ 갑은 상고이유로 다음의 점을 주장하였다.

   (가) 금품을 제공받은 것은 P정당이다.

   (나) 갑은 P정당 자체가 아니므로 갑을 처벌할 수는 없다.

2. 사안에 대한 대법원의 판단

【대법원 요지】 법인격 없는 사단과 같은 단체는 법인과 마찬가지로 법률에 명문의 규정이 없는 한 그 범죄능력은 없고 그 단체의 업무는 단체를 대표하는 자연인인 기관의 의사결정에 따른 대표행위에 의하여 실현될 수밖에 없는바, /

【대법원 요지】 공직선거법 제47조의2 제1항에 의하여 정당이 특정인을 후보자로 추천하는 일과 관련하여 금품이나 그 밖의 재산상의 이익을 제공받은 당사자가 정당인 경우에는 자연인인 기관이 그 업무를 수행하는 것이므로, /

【대법원 요지】 같은 법 제230조 제6항에서 같은 법 제47조의2 제1항의 규정에 위반한 자라 함은 정당인 경우 업무를 수행하는 정당의 기관인 자연인을 의미한다고 할 것이다.

【대법원 판단】 이와 같은 법리에서 원심이, [P정당이] 피고인 을을 비례대표 국회의원 후보로 추천하는 행위와 관련하여 피고인 을, 병으로 합계 17억 원을 제공받고, 피고인 정을 비례대표 국회의원 후보로 추천하는 행위와 관련하여 15억 1천만 원을 제공받은 [P정당]의 대표인 피고인 갑에게 공직선거법의 매수 및 이해유도죄를 인정한 것은 결론에 있어서 정당하고 /

【대법원 결론】 거기에 공직선거법의 매수 및 이해유도죄에 관한 법리를 오해한 위법은 없다. 이 점을 지적하는 피고인 갑의 상고이유 주장은 받아들일 수 없다. (상고 기각)

2008도11042

공소장변경의 필요성
비례대표 추천 대가 사건
2009. 6. 11. 2008도11042, 공 2009하, 1158

1. 사실관계 및 사건의 경과

【사실관계】

① 갑은 P정당 추천으로 비례대표국회의원에 당선된 사람이다.

② 을은 P정당 재정국장이자 제18대 국회의원선거 당시 총선승리본부 관리지원단장을 역임한 사람이다.

③ 갑과 을은 다음의 공소사실로 공직선거법위반죄로 기소되었다.

④ "피고인 갑은 2008. 4. 9. 실시된 제18대 국회의원선거에서 P정당 추천의 비례대표국회의원으로 당선된 사람이고, 피고인 을은 P정당 재정국장이자 제18대 국회의원선거 당시 총선승리본부 관리지원단장을 역임한 사람인바, 피고인 갑은 P정당이 자신을 당선권 범위 안에 있는 비례대표국회의원 후보자로 추천하는 일과 관련하여 P정당에 6억 원의 대가를 제공하고, 피고인 을은 6억 원을 제공받았다." (㉠공소사실)

⑤ 제1심 공판절차에서 갑과 을은 비례대표추천 대가로 6억 원의 금품을 주거나 받은 일이 없다고 주장하였다.

⑥ 갑은 6억 원을 P정당에 연 1%의 이자로 빌려준 것이라고 주장하였다.

⑦ 을은 6억 원을 P정당이 연 1%의 이자로 빌린 것이라고 주장하였다.

【사건의 경과】

① 갑과 을의 피고사건은 제1심을 거친 후, 항소심에 계속되었다.

② 항소심법원은 다음과 같이 판단하였다.

   (가) 갑과 을 사이에 6억 원의 '금품'을 수수한 사실을 인정할 수는 없다.

   (나) 그러나 갑은 P정당의 비례대표국회의원 후보자를 추천하는 일과 관련하여 이자 연 1%의 당채 매입대금으로 6억 원을 지급함으로써 그로 인한 재산상 이익을 제공하였다.

   (다) 을은 그 재산상 이익을 제공받았다.

③ 항소심법원은 공소장변경절차를 거치지 아니하고 직권으로 다음의 범죄사실을 인정하였다.

④ "피고인 갑은 제18대 총선에서 P정당 비례대표국회의원 후보자를 추천하는 일과 관련하여 P정당에 6억 원을 이자 연 1%, 만기 대여일로부터 1년으로 정하여 대여함으로써 그로 인한 재산상 이익을 제공하고, 피고인 을은 그 재산상 이익을 제공받았다." (ⓒ범죄사실)

⑤ 갑과 을은 불복 상고하였다.

⑥ 갑과 을은 상고이유로, 항소심이 공소장변경절차를 거치지 아니하고 ⓒ범죄사실을 인정한 위법을 범하였다고 주장하였다.

2. 사안에 대한 대법원의 판단

【대법원 요지】 가. 법원이 공소장의 변경 없이 직권으로 공소장에 기재된 공소사실과 다른 범죄사실을 인정하기 위하여는 공소사실의 동일성이 인정되는 범위 내이어야 할뿐더러 또한 피고인의 방어권 행사에 실질적 불이익을 초래할 염려가 없어야 한다.

【대법원 분석】 나. 이 부분 공소사실의 요지는, '피고인 갑은 2008. 4. 9. 실시된 제18대 국회의원 선거에서 [P정당] 추천의 비례대표국회의원으로 당선된 사람이고, 피고인 을은 [P정당] 재정국장이자 제18대 국회의원선거 당시 총선승리본부 관리지원단장을 역임한 사람인바, 피고인 갑은 [P정당]이 자신을 당선권 범위 안에 있는 비례대표국회의원 후보자로 추천하는 일과 관련하여 [P정당]에 6억 원의 대가를 제공하고, 피고인 을은 6억 원을 제공받았다'는 것이다.

【대법원 분석】 원심은, 판시와 같은 이유로 피고인들이 위 6억 원의 '금품'을 수수한 사실을 인정할 수는 없으나, 판시 채용 증거들에 의하여 피고인 갑은 [P정당]의 비례대표국회의원 후보자를 추천하는 일과 관련하여 이자 연 1%의 당채 매입대금으로 6억 원을 지급함으로써 그로 인한 재산상 이익을 제공하고, 피고인 을은 그 재산상 이익을 제공받았다고 판단한 뒤, /

【대법원 분석】 공소장변경절차를 거치지 아니하고 '피고인 갑은 제18대 총선에서 [P정당]의 비례대표국회의원 후보자를 추천하는 일과 관련하여 [P정당]에 6억 원을 이자 연 1%, 만기 대여일로부터 1년으로 정하여 대여함으로써 그로 인한 재산상 이익을 제공하고, 피고인 을은 그 재산상 이익을 제공받았다'는 범죄사실을 유죄로 인정하였다.

【대법원 판단】 다. 그러나 '정당의 공직후보자 추천과 관련하여 6억 원의 금품을 수수하였다'는 공소사실에는 '위 6억 원을 이자 연 1%, 만기 대여일로부터 1년으로 정하여 대여함으로써 그로 인한 재산상 이익을 수수하였다'는 점이 포함되어 있다고 보기 어렵고, /

【대법원 판단】 공소제기된 금품수수 행위와 원심이 인정한 금융이익 상당의 재산상 이익의 수수행위는 그 범죄행위의 내용 내지 태양이 서로 달라서 그에 대응할 피고인들의 방어행위 역시 달라질 수밖에 없다. /

【대법원 판단】 또한, 기록에 의하면 원심의 심리절차에서 위 6억 원이 연리 1%의 [P정당]의 당채 매입대금으로 지급된 것인지에 대하여도 어느 정도 심리가 행하여진 것으로 보이기는 하나, /

【대법원 판단】 피고인들이 금품수수라는 공소사실을 방어의 대상으로 하여 방어권을 행사함에 따라 일부 심리가 행하여진 것에 불과하고, /

【대법원 판단】 피고인들이 정당의 공직후보자 추천과 관련하여 재산상 이익을 수수한 점이 심판의

대상으로 될 것을 예상하여 이를 방어의 대상으로 하여 방어권을 행사한 것으로 보기에는 부족하므로, 그 부분에 관련하여 충분한 방어권 행사가 되었다고 볼 수는 없다. /

【대법원 판단】 따라서 공소장변경 없이 공직후보자 추천과 관련하여 재산상 이익을 수수한 것으로 인정하는 것은 피고인들의 방어권 행사에 실질적인 불이익이 초래된 것으로 볼 수 있다.

【대법원 결론】 그럼에도 불구하고, 원심은 피고인들이 정당의 후보자추천과 관련하여 재산상 이익을 수수한 공직선거법 위반의 점에 대하여 공소장변경절차를 거치지 아니한 채 직권으로 유죄로 판단하였으니, 원심판결에는 공소장변경에 관한 법리를 오해하여 판결에 영향을 미친 위법이 있다고 할 것이므로, 위 공소사실에 대한 피고인들의 나머지 상고이유 및 검사의 상고이유에 대하여 나아가 살펴볼 필요 없이 원심판결은 그대로 유지될 수 없게 되었다. (파기 환송)

2008도11437

위법수집증거의 예외적 허용
진술거부권 불고지와 2차 증거의 증거능력
가방 강도 자백 사건

2009. 3. 12. 2008도11437, 공 2009상, 900

1. 사실관계 및 사건의 경과

【사실관계】

① 2008. 3. 12. 03:00경 갑은 은평경찰서 연신내지구대 소속 경장 A 등에 의하여 B에 대한 강도 현행범으로 체포되었다.

② 2008. 3. 12. 05:00경 은평경찰서 형사과 소속 경장 C는 은평경찰서에서 갑을 인계받아 진술거부권을 고지하지 아니한 채 같은 날 06:00경까지 조사를 하면서 B에 대한 강도 범행에 대해 자백을 받았다.

③ 2008. 3. 12. 06:00경 경장 C는 갑의 또 다른 범행을 의심하여 갑의 주거지로 향하였다.

④ 경장 C는 차 안에서 진술거부권을 고지하지 아니한 채 갑에게 "이 사건 전의 범행이 있으면 경찰관이 찾기 전에 먼저 이야기하라, 그렇게 해야 너에게 도움이 된다"는 취지로 이야기하였다.

⑤ 그러자 경장 C는 갑으로부터 "2008년 2월 초, 중순경 새벽에 응암시장 부근에서 어떤 아주머니 가방을 날치기한 적이 있고, 그 가방을 피고인의 집에 보관하고 있다."는 진술을 듣게 되었다.

⑥ 2008. 3. 12. 09:00경 경장 C는 갑의 집에서 P가방 등을 발견하여 이를 임의 제출받아 압수하였다.

【사건의 경과 1】

① 2008. 3. 12. 10:20경 (압수 직후 시점) 경장 C는 갑에 대하여 최초로 진술거부권을 고지하였다.

② 경장 C는 진술거부권 고지 후 갑으로부터 "P가방을 빼앗았다"는 자백을 받았다.

③ 그 후 이루어진 경찰 및 검찰의 갑에 대한 신문에 있어서는 신문 전에 모두 진술거부권 고지가 이루

어졌다.

④ 이에 갑은 일관하여 임의로 자백하였다.

⑤ 한편 압수된 가방 내용물을 기초로 그 피해자가 D라는 점이 확인되었다.

⑥ 이후 D를 상대로 피해사실에 관한 진술을 받는 등 D에 대한 조사가 이루어졌다.

【사건의 경과 2】

① 검사는 갑을 강도죄로 기소하였다.

② 2008. 4. 23. 열린 제1심 제1회 공판기일에서 갑은 변호인 E와 함께 출석하였다.

③ 인정신문에 앞서 재판장은 갑에게 "진술을 하지 아니하거나 각개의 물음에 대하여 진술을 거부할 수 있고 이익되는 사실을 진술할 수 있다."는 내용의 진술거부권을 고지하였다.

④ 그 후 검사가 공소장에 의하여 공소사실, 죄명, 적용법조를 낭독하였다.

⑤ 이에 갑은 "공소사실을 인정하나 피해자들에게 강압적이고 의도적으로 심하게 하면서 가방을 빼앗은 것은 아니다."라고 진술하였다.

⑥ 갑의 변호인 E는 다음과 같이 진술하였다.

⑦ "피고인은 공소사실 중 피해자 D에 대한 강도 부분에 대하여 자백하고 있으나 제출된 증거들이 위법한 절차에 의해서 수집된 것들이기 때문에 비록 피고인이 자백하고는 있지만 제출된 증거들의 증거능력에 대하여 다툼이 있다."

【사건의 경과 3】

① 갑의 피고사건은 제1심을 거친 후, 항소심에 계속되었다.

② 항소심에서도 갑은 계속 D에 대한 범행을 시인하였다.

③ 항소심에서 검찰은 D를 증인으로 신청하였다.

④ 2008. 9. 19. D 본인이 증인소환장을 송달받았다.

⑤ 2008. 9. 25. 항소심 제2회 공판기일에 D는 출석하지 않았다.

⑥ 2008. 9. 30. D 본인이 증인소환장을 재차 송달받았다.

⑦ 2008. 10. 16. D는 항소심 제3회 공판기일에 출석하였다.

⑧ 공판기일에 출석한 D는 공소사실에 부합하는 증언을 하였다.

⑨ 항소심법원은 다음의 증거에 증거능력을 인정하여 갑에게 유죄를 선고하였다.

   (가) 갑의 제1심 법정에서의 자백

   (나) D의 항소심 법정에서의 진술

【사건의 경과 4】

① 갑은 불복 상고하였다.

② 갑은 상고이유로 다음의 점을 주장하였다.

   (가) 갑의 최초 자백은 진술거부권을 고지받지 않은 상태에서 이루어진 것으로서 증거능력이 없다.

   (나) 제1심 법정에서의 자백은 최초 자백과 같은 내용이므로 마찬가지로 증거능력이 없다.

   (다) D의 항소심에서의 진술은 위법한 갑의 최초 자백에서 유래한 파생증거이므로 마찬가지로 증거능력이 없다.

2. 위법수집증거배제법칙의 원칙과 예외

【대법원 분석】 가. 형사소송법 제308조의2는 '적법한 절차에 따르지 아니하고 수집한 증거는 증거로 할 수 없다'고 규정하고 있는바, 수사기관이 헌법과 형사소송법이 정한 절차에 따르지 아니하고 수집한 증거는 물론, 이를 기초로 하여 획득한 2차적 증거 역시 유죄 인정의 증거로 삼을 수 없는 것이 원칙이다.

【대법원 요지】 다만, 수사기관의 절차 위반 행위가 적법절차의 실질적인 내용을 침해하는 경우에 해당하지 아니하고, 오히려 그 증거의 증거능력을 배제하는 것이 헌법과 형사소송법이 형사소송에 관한 절차 조항을 마련하여 적법절차의 원칙과 실체적 진실 규명의 조화를 도모하고, 이를 통하여 형사 사법 정의를 실현하려 한 취지에 반하는 결과를 초래하는 것으로 평가되는 예외적인 경우라면, 법원은 그 증거를 유죄 인정의 증거로 사용할 수 있다고 할 것이다. /

【대법원 요지】 따라서 법원이 2차적 증거의 증거능력 인정 여부를 최종적으로 판단할 때에는 먼저 절차에 따르지 아니한 1차적 증거 수집과 관련된 모든 사정들, /

【대법원 요지】 즉 절차 조항의 취지와 그 위반의 내용 및 정도, 구체적인 위반 경위와 회피가능성, 절차 조항이 보호하고자 하는 권리 또는 법익의 성질과 침해 정도 및 피고인과의 관련성, 절차 위반행위와 증거수집 사이의 인과관계 등 관련성의 정도, 수사기관의 인식과 의도 등을 살피는 것은 물론, /

【대법원 요지】 나아가 1차적 증거를 기초로 하여 다시 2차적 증거를 수집하는 과정에서 추가로 발생한 모든 사정들까지 구체적인 사안에 따라 주로 인과관계 희석 또는 단절 여부를 중심으로 전체적·종합적으로 고려하여야 한다.

3. 진술거부권 불고지와 2차 증거의 증거능력

【대법원 요지】 나. 수사기관이 진술거부권을 고지하지 않은 상태에서 임의로 이루어진 피의자의 자백을 기초로 수집한 2차적 증거들, 예컨대 반복된 자백, 물적 증거나 증인의 증언 등이 유죄 인정의 증거로 사용될 수 있는지 역시 위와 같은 법리에 따라 판단되어야 할 것이다. /

【대법원 요지】 구체적인 사안에서 위와 같은 2차적 증거들의 증거능력 인정 여부는 제반 사정을 전체적·종합적으로 고려하여 판단하여야 할 것인데, /

【대법원 요지】 예컨대 진술거부권을 고지하지 않은 것이 단지 수사기관의 실수일 뿐 피의자의 자백을 이끌어내기 위한 의도적이고 기술적인 증거확보의 방법으로 이용되지 않았고, 그 이후 이루어진 신문에서는 진술거부권을 고지하여 잘못이 시정되는 등 수사 절차가 적법하게 진행되었다는 사정, /

【대법원 요지】 최초 자백 이후 구금되었던 피고인이 석방되었다거나 변호인으로부터 충분한 조력을 받은 가운데 상당한 시간이 경과하였음에도 다시 자발적으로 계속하여 동일한 내용의 자백을 하였다는 사정, /

【대법원 요지】 최초 자백 외에도 다른 독립된 제3자의 행위나 자료 등도 물적 증거나 증인의 증언 등 2차적 증거 수집의 기초가 되었다는 사정, /

【대법원 요지】 증인이 그의 독립적인 판단에 의해 형사소송법이 정한 절차에 따라 소환을 받고 임의

로 출석하여 증언하였다는 사정 등은 /

【대법원 요지】 통상 2차적 증거의 증거능력을 인정할 만한 정황에 속한다고 볼 수 있을 것이다.

4. 사안에 대한 대법원의 분석

【대법원 분석】 피고인은 2008. 3. 12. 03:00경 원심 판시와 같이 은평경찰서 연신내지구대 소속 경장 공소외 A 등에 의하여 공소외 B에 대한 강도 현행범으로 체포된 사실, /

【대법원 분석】 은평경찰서 형사과 소속 경장 공소외 C는 같은 날 05:00경 위 경찰서에서 피고인을 인계받아 진술거부권을 고지하지 아니한 채 같은 날 06:00경까지 조사를 하면서 위 강도 범행에 대한 자백을 받은 사실, /

【대법원 분석】 공소외 C는 피고인의 또 다른 범행을 의심하여 같은 날 06:00경 피고인의 주거지로 향하는 차 안에서 진술거부권을 고지하지 아니한 채 피고인에게 "이 사건 전의 범행이 있으면 경찰관이 찾기 전에 먼저 이야기하라, 그렇게 해야 너에게 도움이 된다"는 취지로 이야기하여 /

【대법원 분석】 피고인으로부터 같은 해 2월 초, 중순경 새벽에 응암시장 부근에서 어떤 아주머니 가방을 날치기한 적이 있고, 그 가방을 피고인의 집에 보관하고 있다는 진술을 듣게 된 사실, /

【대법원 분석】 공소외 C는 같은 날 09:00경 피고인의 집에서 가방 등을 발견하여 임의 제출받아 압수하였고, 그 직후인 10:20경 피고인에 대하여 최초로 진술거부권을 고지한 후 피고인으로부터 가방을 빼앗았다는 자백을 받은 사실, /

【대법원 분석】 그 후 이루어진 경찰 및 검찰의 피고인에 대한 신문 전에 모두 진술거부권 고지가 이루어졌고, 피고인은 일관하여 임의로 자백한 사실, /

【대법원 분석】 한편 압수된 가방 내용물을 기초로 그 피해자가 공소외 D인 점이 확인된 후 공소외 D를 상대로 피해 사실에 관한 진술을 받는 등 공소외 D에 대한 조사가 이루어진 사실, /

【대법원 분석】 그 후 2008. 4. 23. 열린 제1심 제1회 공판기일에서 피고인은 변호인과 함께 출석하여 인정신문에 앞서 진술을 하지 아니하거나 각개의 물음에 대하여 진술을 거부할 수 있고 이익되는 사실을 진술할 수 있음을 고지받은 후, /

【대법원 분석】 검사가 공소장에 의하여 공소사실, 죄명, 적용법조를 낭독하자 '공소사실을 인정하나 피해자들에게 강압적이고 의도적으로 심하게 하면서 가방을 빼앗은 것은 아니다'라고 진술하였고, /

【대법원 분석】 변호인 역시 피고인은 이 사건 공소사실 중 피해자 공소외 D에 대한 강도 부분에 대하여 자백하고 있으나 제출된 증거들이 위법한 절차에 의해서 수집된 것들이기 때문에 비록 피고인이 자백하고는 있지만 위 증거들의 증거능력에 대하여 다툼이 있다고 진술한 사실, /

【대법원 분석】 그 후에도 피고인은 원심에 이르기까지 계속 공소외 D에 대한 범행을 시인하고 있는 사실, /

【대법원 분석】 원심에서 검찰은 공소외 D를 증인으로 신청하였고, 2008. 10. 16. 열린 원심 제3회 공판기일에 출석한 공소외 D(2008. 9. 19. 증인소환장을 본인이 송달받았으나 2008. 9. 25. 원심 제2회 공판기일에 출석하지 않았고, 2008. 9. 30. 증인소환장을 재차 본인이 송달받은 후 원심 제3회 공판기일에 출석하였다)는 이 부분 공소사실에 부합하는 증언을 한 사실을 인정할 수 있다.

5. 피고인의 법정진술 부분에 대한 대법원의 판단

【대법원 판단】 이와 같은 사정을 앞서 본 법리에 비추어 살펴보면, /

【대법원 판단】 비록 피고인의 제1심 법정에서의 자백은 진술거부권을 고지받지 않은 상태에서 이루어진 피고인의 최초 자백과 같은 내용이기는 하나, /

【대법원 판단】 피고인의 제1심 법정에서의 자백에 이르게 되기까지의 앞서 본 바와 같은 모든 사정들, /

【대법원 판단】 특히 최초 자백이 이루어진 이후 몇 시간 뒤 바로 수사기관의 진술거부권 고지가 이루어졌을 뿐 아니라 그 후 신문시마다 진술거부권 고지가 모두 적법하게 이루어졌고, /

【대법원 판단】 제1심 법정 자백은 최초 자백 이후 약 40여 일이 지난 후 공개된 법정에서 변호인의 충분한 조력을 받으면서 진술거부권을 고지받는 등 /

【대법원 판단】 적법한 절차를 통해 임의로 이루어진 사정 등을 전체적·종합적으로 고려해 볼 때, 이를 유죄 인정의 증거로 사용할 수 있는 경우에 해당한다고 할 것이다.

6. 피해자의 법정진술 부분에 대한 대법원의 판단

【대법원 판단】 나아가 공소외 D의 원심 법정에서의 진술 또한 /

【대법원 판단】 그 진술에 이르게 되기까지의 앞서 본 바와 같은 모든 사정들, /

【대법원 판단】 특히 공소외 D가 피해자로서 범행일로부터 무려 7개월 이상 지난 시점에서 법원의 적법한 소환에 따라 자발적으로 공개된 법정에 출석하여 위증의 벌을 경고받고 선서한 후 자신이 직접 경험한 사실을 임의로 진술한 사정 등을 고려해 볼 때, /

【대법원 판단】 이 역시 유죄 인정의 증거로 사용할 수 있는 경우에 해당한다고 할 것이다.

【대법원 결론】 같은 취지에서, 피고인의 제1심 법정에서의 자백과 공소외 D의 원심 법정에서의 진술의 증거능력을 인정한 원심 판단은 정당하고, 거기에 상고이유 주장과 같은 위법수집증거의 증거능력 배제에 관한 법리오해 등의 위법이 있다고 할 수 없다. (상고 기각)

【코멘트】 대법원은 2007. 11. 15. **2007도3061** 전원합의체 판결로 위법수집증거배제법칙을 도입하면서 (가) 위법수집증거는 원칙적으로 증거능력을 배제하고 예외적으로 증거능력이 허용된다는 점과 (나) 동일한 법리는 위법수집증거로 인하여 수집된 파생증거에 대해서도 적용된다는 점을 분명히 하였다. 그런데 위법수집증거가 예외적으로 어떠한 경우에 허용될 것인가에 대해서는 다소 의문이 남아 있었다. 본 판례는 위법수집증거의 예외적 허용범위에 관한 것으로서 특별히 주목된다.

  본 판례의 사안을 보면 경찰관 C는 피의자 갑에게 진술거부권을 고지하지 아니한 채 자백을 획득하고 있다. 이 자백을 계기로 피해물품인 P가방이 발견되었고, 피해자 D도 확인되었다. 이후 갑은 D에 대한 강도죄 피고사건의 법정에서 다시 한번 자백하였고, 피해자 D는 항소심 법정에서 피해사실을 증언하고 있다. 이를 정리하면 진술거부권이 고지되지 않은 최초의 자백으로부터 증거물인 P가방, 갑의 제1심 법정에서의 자백, 피해자 D의 항소심에서의 증언이 순차적으로 수집되고 있다. 이러한 사실관계를 토대로 대법원은 진술거부권 불고지라는 위법수사로 얻어진 자백진술과 그로부터 획득된 2차 증거의 증거능력에 대해 검토하고 있다. (이와 관련하여 한 가지 흥미로운 점은 갑의 최초 자백에 기하여 발견된 P가방은 본 판례에서 유죄의 증거로 언급되고 있지 않다는 사실이다.)

본 판례에서 대법원은 위법수사로 인하여 취득한 증거에서 파생된 2차 증거가 예외적으로 유죄인 정의 증거로 쓰일 수 있는 경우를 다음과 같이 예시하고 있다.

(가) 진술거부권을 고지하지 않은 것이 단지 수사기관의 실수일 뿐 피의자의 자백을 이끌어내기 위한 의도적이고 기술적인 증거확보의 방법으로 이용되지 않았고, 그 이후 이루어진 신문에서는 진술거부권을 고지하여 잘못이 시정되는 등 수사 절차가 적법하게 진행된 경우이다.

(나) 최초 자백 이후 구금되었던 피고인이 석방되었다거나 변호인으로부터 충분한 조력을 받은 가운데 상당한 시간이 경과하였음에도 다시 자발적으로 계속하여 동일한 내용의 자백을 한 경우이다.

(다) 최초 자백 외에도 다른 독립된 제3자의 행위나 자료 등이 물적 증거나 증인의 증언 등 2차적 증거 수집의 기초가 된 경우이다.

(라) 증인이 그의 독립적인 판단에 의해 형사소송법이 정한 절차에 따라 소환을 받고 임의로 출석하여 증언한 경우이다.

대법원은 본 판례의 사안이 위의 네 가지 예외적 허용사유 가운데 (가), (나), (라)의 경우에 해당한다고 판단하였다. 그리하여 진술거부권의 고지가 없는 상태에서 피의자로부터 자백을 획득하였고, 그 자백으로부터 다시 피고인의 법정진술과 피해자의 법정진술이 이루어졌다고 할지라도 이들 2차 증거를 유죄인정의 자료로 쓸 수 있다는 결론에 이르렀다. 대법원이 본 판례에서 제시한 네 가지의 예외적 허용사유는 앞으로 우리나라의 위법수집증거배제법칙 운용에 있어서 대단히 중요한 지침으로 작용할 것이라고 생각된다.

2008도11813

공소제기의 방식
'공소장으로 갈음' 사건
2009. 2. 26. 2008도11813, 공 2009상, 428

1. 사실관계 및 사건의 경과

【사실관계 1】
① 갑은 마약류관리법위반죄(향정)로 기소되었다.
② 공소장에는 ㉠, ㉡, ㉢사실과 2007. 8. 26.자 필로폰 판매행위(㉣사실)가 기재되어 있었다.
③ 2008. 5. 9. 검사는 제1심법원에 다음 내용의 P공소장변경 허가신청서를 제출하였다.
④ "㉣사실에 대하여 2007. 8. 30.자 필로폰 매매알선행위(㉤사실)를 예비적으로 추가한다."
⑤ 제1심법원은 검사의 P공소장변경신청을 허가하였다.
【사실관계 2】
① 2008. 6. 13. 제1심법원은 제13회 공판기일에서 ㉣판매행위와 ㉤매매알선행위 사이에 동일성이 없다는 이유로 P공소장변경신청에 대한 허가결정을 취소하였다.

② 그러자 검사는 그 자리에서 "P공소장변경신청서로 ⑰알선행위에 대한 공소장을 갈음한다."고 하면서 P공소장변경신청서에 의하여 기소요지 진술을 하였다.

③ 이에 갑과 그의 변호인은 "이의 없다."고 진술하였다.

④ 2008. 8. 13. 제1심법원은 ㉣판매행위에 대하여는 무죄를, ⑰매매알선행위를 포함한 나머지 범죄사실에 대하여는 유죄를 인정하는 판결을 선고하였다.

【사건의 경과】

① 갑은 유죄 부분에 불복 항소하였다.

② 검사는 무죄 부분에 불복 항소하였다.

③ 항소심법원은 갑의 항소(사실오인 주장)와 검사의 항소를 모두 기각하였다.

④ 갑은 불복 상고하였다.

2. 공소제기의 방식

【대법원 요지】 1. 공소의 제기는 법원에 대하여 특정한 형사사건의 심판을 요구하는 검사의 법률행위적 소송행위로서 /

【대법원 분석】 형사소송법(이하 '법'이라고 한다) 제254조 제1항은 공소를 제기함에는 공소장을 관할법원에 제출하여야 한다고 규정하고, /

【대법원 분석】 같은 조 제4항은 위 공소장에는 피고인의 성명 기타 피고인을 특정할 수 있는 사항, 죄명, 공소사실, 적용법조 등 일정한 사항을 기재하도록 하고 있으며, /

【대법원 분석】 법 제266조는 공소의 제기가 있는 때에는 지체없이 공소장의 부본을 피고인 또는 변호인에게 송달하여야 한다고 규정하고 있는바, /

【대법원 요지】 형사소송법이 공소의 제기에 관하여 위와 같은 서면주의와 엄격한 요식행위를 채용한 것은 공소의 제기에 의해서 법원의 심판이 개시되므로 심판을 구하는 대상을 명확하게 하고 피고인의 방어권을 보장하기 위한 것이다. /

【대법원 요지】 따라서 위와 같은 엄격한 형식과 절차에 따른 공소장의 제출은 공소제기라는 소송행위가 성립하기 위한 본질적 요소라고 할 것이므로, 공소의 제기에 있어서 현저한 방식위반이 있는 경우에는 공소제기의 절차가 법률의 규정에 위반하여 무효인 경우에 해당된다고 할 것이고, /

【대법원 요지】 위와 같은 절차위배의 공소제기에 대하여 피고인과 변호인이 이의를 제기하지 아니하고 변론에 응하였다고 하여 그 하자가 치유되지는 않는다.

3. 사안에 대한 대법원의 분석

【대법원 분석】 2. 원심판결 이유 및 이 사건 기록에 의하면, 애초 피고인에 대하여 제1심 판시 1, 2, 4항의 범죄사실과 2007. 8. 26.자 필로폰 판매행위(이하 '이 사건 판매행위'라고 한다)에 대하여 공소가 제기되었던 사실, /

【대법원 분석】 검사는 제1심 계속중이던 2008. 5. 9. 이 사건 판매행위에 대한 공소사실에 대하여 2007. 8. 30.자 필로폰 매매알선행위(이하 '이 사건 알선행위'라고 한다)를 예비적으로 추가하는 내용의 공소장변경 허가신청서(이하 '이 사건 변경신청서'라고 한다)를 제출한 사실, /

【대법원 분석】 제1심법원은 이 사건 변경신청을 허가하였다가 2008. 6. 13. 제13회 공판기일에서 이 사건 판매행위와 이 사건 알선행위 사이에 동일성이 없다는 이유로 이 사건 변경신청에 대한 허가 결정을 취소한 사실, /

【대법원 분석】 그러자 검사는 그 자리에서 이 사건 변경신청서로 이 사건 알선행위에 대한 공소장을 갈음한다고 하면서 이 사건 변경신청서에 의하여 기소유지 진술을 하였고, 이에 피고인과 변호인은 이의 없다고 진술한 사실, /

【대법원 분석】 2008. 8. 13. 제1심판결이 선고되면서 이 사건 판매행위에 대하여는 무죄가 선고되었고, 이 사건 알선행위를 포함하여 나머지 범죄사실에 대하여는 유죄가 인정된 사실, /

【대법원 분석】 피고인은 원심에서 이 사건 알선행위에 대하여 사실오인 주장을 하였으나 그 주장이 받아들여지지 않아 피고인의 항소가 기각되었고, 위 무죄 부분에 대한 검사의 항소도 기각된 사실, /

【대법원 분석】 이 사건 변경신청서에는 이 사건 알선행위에 대한 공소사실과 이 사건 변경신청을 허가하여 달라는 취지의 문구만이 기재되어 있을 뿐 피고인의 성명 기타 피고인을 특정할 수 있는 사항, 적용법조 등이 기재되어 있지 않고, /

【대법원 분석】 이 사건 변경신청서가 피고인 또는 변호인에게 송달되지는 않았으며, /

【대법원 분석】 새로운 공소의 제기에 대한 사건번호의 부여 및 사건배당절차도 거치지 않은 사실이 각 인정된다.

4. 사안에 대한 대법원의 판단

【대법원 판단】 3. 위 법리에 비추어 보면, 이 사건 알선행위에 대한 공소의 제기는 법 제254조에 규정된 형식적 요건을 갖추지 못한 이 사건 변경신청서에 기하여 이루어졌을 뿐만 아니라, /

【대법원 판단】 공소장부본 송달 등의 절차 없이 공판기일에서 이 사건 변경신청서로 공소장을 갈음한다는 검사의 구두진술에 의한 것이라서, /

【대법원 판단】 그 공소제기의 절차에는 법률의 규정에 위반하여 무효라고 볼 정도의 현저한 방식위반이 있다고 봄이 상당하고, /

【대법원 판단】 피고인과 변호인이 그에 대하여 이의를 제기하지 않았다고 하여 그 하자가 치유된다고 볼 수는 없으므로, /

【대법원 판단】 이 사건 알선행위 부분에 대한 공소사실에 대하여는 판결로써 공소기각의 선고를 하여야 한다.

【대법원 결론】 그럼에도 원심이 이 사건 알선행위에 대한 공소의 제기가 적법함을 전제로 하여 그 부분 공소사실을 유죄라고 인정한 조치에는 공소의 제기방식에 관한 법리를 오해함으로써 판결 결과에 영향을 미친 잘못이 있다고 할 것이므로, 이를 지적하는 상고이유의 주장은 이유 있다. /

【대법원 결론】 그런데 이 사건 알선행위 부분 공소사실과 유죄가 인정된 나머지 공소사실은 형법 제37조 전단의 경합범의 관계에 있어 하나의 형이 선고되었으므로, 원심판결 중 유죄 부분은 전부 파기를 면할 수 없다. (파기 환송)

2008도11921

공소장변경의 허용한계
실체적 경합범과 파기의 범위
태안 기름유출 사건
2009. 4. 23. 2008도11921, 공 2009상, 795

1. 사실관계 및 사건의 경과

【사실관계】
① M회사는 S회사의 협력업체이다.
② M회사는 예인선단 용역관리위탁계약에 따라 S회사를 위하여 P예인선단을 관리·운영하고 있다.
③ 갑은 P예인선단의 주예인선 선장이고, 을은 P예인선단의 단장이다.
④ 병은 N회사 소속 대형 Q유조선의 선장이고, 정은 Q유조선의 선원이다.
⑤ M회사의 P예인선단과 N회사의 대형 Q유조선이 충돌하여 [태안 앞바다에] 다량의 기름이 누출되는 사고가 발생하였다.
⑥ 수사단계에서 P예인선단과 Q유조선의 충돌방지를 위한 ⓐ주의의무 위반과 누출된 기름의 오염방지에 관한 ⓑ주의의무 위반이 문제되었다.

【사건의 경과 1】
① 검사는 갑, 을, 병, 정을 다음의 공소사실로 기소하였다.
　(가) 해양오염방지법위반죄(㉠죄)
　(나) 선원법위반죄(㉡죄)
　(다) 업무상과실 선박파괴죄(㉢죄)
② 검사는 S회사를 다음의 공소사실로 기소하였다.
　(가) 해양오염방지법위반죄 (양벌규정)
　(나) 선원법위반죄 (양벌규정)
③ 검사는 N회사를 해양오염방지법위반죄(양벌규정)로 기소하였다.
④ 검사는 Q유조선의 선장 병과 선원 정에 대하여 ㉠해양오염방지법위반죄와 ㉢업무상과실선박파괴죄를 상상적 경합범으로 기소하였다.
⑤ 검사는 병과 정의 ㉠죄와 ㉢죄에 대해 처음에는 충돌방지를 위한 ⓐ주의의무 위반만을 공소사실로 특정하였다.
⑥ 제1심의 심리 과정에서는 수사단계에서 그러했던 것과 마찬가지로 오염방지 관련 ⓑ주의의무 위반 여부가 논란이 되어 상당 부분 심리가 진행되었다.

【사건의 경과 2】
① 갑 등의 피고사건은 제1심을 거친 후, 항소심에 계속되었다.
② 항소심에 이르러서 검사는 다음과 같은 공소장변경신청을 하였다.

(가) ⓐ해양오염방지법위반죄와 ⓒ업무상과실선박파괴죄를 상상적 경합범에서 실체적 경합범으로 변경한다.

(나) 충돌방지를 위한 ⓐ주의의무 위반의 구체적인 내용을 일부 변경한다.

(다) 충돌 후 기름 누출을 막기 위한 오염방지 관련 ⓑ주의의무 위반을 공소사실로 추가한다.

③ 항소심법원은 검사의 공소장변경신청을 허가하였다.

④ 항소심법원은 갑 등의 범죄사실을 인정하였다.

【사건의 경과 3】

① 항소심법원은 갑에 대해 다음과 같이 판결하였다.

(가) 제1심판결을 파기한다.

(나) 갑의 ⓐ해양오염방지법 위반죄와 ⓒ업무상과실선박파괴죄 및 ⓛ선원법 위반죄(일부)를 유죄로 인정한다.

(다) ⓐ, ⓛ, ⓒ죄는 실체적 경합범이다.

(라) ⓐ해양오염방지법 위반죄와 ⓒ업무상과실선박파괴죄에 대하여는 하나의 징역형을 선고한다.

(마) ⓛ선원법 위반에 대하여는 징역형과 별개로 벌금형을 병과한다.

② 항소심법원은 갑에 대한 제1심판결 가운데 소송비용부담에 대한 부분은 파기를 하지 않았다.

【사건의 경과 4】

① 항소심법원은 을에 대해 다음과 같이 판결하였다.

(가) 제1심판결을 파기한다.

(나) ⓐ해양오염방지법 위반죄와 ⓒ업무상과실선박파괴죄에 대하여 하나의 형을 선고한다.

② 항소심법원은 병, 정에 대하여 다음과 같이 판결하였다.

(가) ⓐ해양오염방지법 위반에 대하여는 벌금형을 선택한다.

(나) ⓒ업무상과실선박파괴죄에 대하여는 금고형을 선택한다.

(다) 금고형과 벌금형을 병과한다.

③ 항소심법원은 S회사와 N회사에 대해 벌금형을 선고하였다.

【사건의 경과 5】

① 갑 등은 불복 상고하였다.

② 갑 등은 상고이유로 다음의 점을 주장하였다.

(가) ⓐ주의의무와 ⓑ주의의무를 위반하지 않았다.

(나) 항소심의 공소장변경허가는 동일성이 없어 위법하다.

(다) Q유조선에 발생한 피해는 업무상과실 선박파괴죄에서 말하는 '파괴'의 정도에 이르지 않는다.

③ 대법원은 (가)와 (나)의 상고이유를 배척하였다.

④ 대법원은 (다)의 상고이유를 받아들였다.

⑤ 대법원은 원심판결 파기범위에 대해 판단하였다.

⑥ (이하에서는 공소장변경 관련 부분과 파기범위 관련 부분만 소개함)

2. 공소장변경의 허용한계

【대법원 분석】 (1) 형사소송법 제298조 제1항은 "검사는 법원의 허가를 얻어 공소장에 기재한 공소사실 또는 적용법조의 추가·철회 또는 변경을 할 수 있다. 이 경우에 법원은 공소사실의 동일성을 해하지 아니하는 한도에서 허가하여야 한다."고 정하고 있는바, /

【대법원 요지】 공소사실의 동일성 여부는 사실의 동일성이 갖는 법률적 기능을 염두에 두고 피고인의 행위와 그 사회적인 사실관계를 기본으로 하되 그 규범적 요소도 고려에 넣어 판단하여야 한다.

【대법원 분석】 이 사건 소송기록에 의하면, 검사는 이 사건 [P]예인선단과 [Q유조선]의 충돌로 초래된 다량의 기름 누출에 대한 형사책임을 묻기 위하여 피고인 병, 정에 대하여 업무상과실선박파괴죄와 해양오염방지법 위반의 상상적 경합범으로 공소제기하면서/

【대법원 분석】 ([N]회사에 대하여는 해양오염방지법 위반만 적용), /

【대법원 분석】 처음에는 충돌방지를 위한 주의의무 위반만을 공소사실로 특정하였다가 /

【대법원 분석】 원심에 이르러 위 두 죄의 관계를 실체적 경합범으로 변경하면서, 충돌방지를 위한 주의의무 위반의 구체적인 내용을 일부 변경하고 충돌 후 기름 누출을 막기 위한 오염방지 관련 주의의무 위반을 공소사실로 추가하였고, /

【대법원 분석】 이미 이 사건 수사 및 제1심 심리 과정에서도 오염방지 관련 주의의무 위반 여부가 논란이 되어 상당 부분 심리가 진행되어 온 사실이 인정되는바, /

【대법원 판단】 위와 같이 이미 공소제기된 수개의 죄에 대한 죄수 평가를 변경하는 것이나 단순일죄인 과실범의 주의의무 위반 내용을 일부 보완하는 것은 기존의 공소사실의 동일성을 해하는 경우에 해당하지 아니한다.

【대법원 결론】 같은 취지의 원심은 정당하고, 거기에 상고이유에서 주장하는 바와 같은 공소장변경 허용범위에 관한 법리오해의 위법이 없다.

3. 하나의 형이 선고된 실체적 경합범과 판결파기의 범위

【대법원 분석】 원심은 피고인 갑의 업무상과실선박파괴죄와 해양오염방지법 위반 및 선원법 위반(일부)을 유죄로 인정한 다음, /

【대법원 분석】 이들을 실체적 경합범으로 보아 업무상과실선박파괴죄와 해양오염방지법 위반에 대하여는 하나의 징역형을 선고하고, /

【대법원 분석】 선원법 위반에 대하여는 이와 별개로 벌금형을 병과하였다. /

【대법원 판단】 이 경우 하나의 징역형이 선고된 업무상과실선박파괴죄와 해양오염방지법 위반은 소송상 일체로 취급되어야 하므로 /

【대법원 판단】 업무상과실선박파괴죄에 관한 원심판단에 위법이 있는 이상 해양오염방지법 위반 부분까지 함께 파기를 면할 수 없다. /

【대법원 판단】 다만, 별개의 벌금형이 병과된 선원법 위반 부분은 소송상 별개로 분리 취급되어야 하므로 이 부분은 파기 범위에 속하지 아니한다/

4. 소송비용부담 부분과 판결파기의 범위

【대법원 분석】 (원심은 피고인 갑에 대한 제1심판결 중 본안에 대한 부분을 파기하면서도 소송비용부담에 대한 부분은 파기를 하지 아니하였다. /

【대법원 요지】 그런데 소송비용부담 부분은 본안 부분과 한꺼번에 심판되어야 하고 분리 확정될 수 없는 것이므로, /

【대법원 판단】 1심 본안 부분을 파기하는 경우에는 마땅히 소송비용부담 부분까지 함께 파기하였어야 할 것이다. /

【대법원 판단】 따라서 피고인 갑에 대한 소송비용부담 부분까지 함께 파기하기로 한다).

5. 형이 병과된 실체적 경합범과 판결파기의 범위

【대법원 판단】 원심은 피고인 을의 업무상과실선박파괴죄와 해양오염방지법 위반에 대하여도 하나의 형을 선고하였으므로, 피고인 을에 대한 원심판결은 모두 파기를 면할 수 없다.

【대법원 분석】 한편, 원심은 이 사건 업무상과실선박파괴죄와 해양오염방지법 위반이 실체적 경합범이라고 판단하고, /

【대법원 분석】 피고인 병, 정에 대하여 업무상과실선박파괴죄에 대하여는 금고형을, 해양오염방지법 위반에 대하여는 벌금형을 각 선택한 다음 이를 병과하였다. /

【대법원 판단】 이 경우 두 죄는 소송상 별개로 분리 취급되어야 하므로 파기 범위는 업무상과실선박파괴죄에 한정되고, 해양오염방지법 위반에 대하여는 미치지 아니한다.

6. 사안에 대한 대법원의 최종 판단

【대법원 결론】 그러므로 원심판결 중 피고인 을에 대한 부분, /

【대법원 결론】 피고인 갑에 대한 업무상과실선박파괴죄와 해양오염방지법 위반 및 소송비용부담 부분, /

【대법원 결론】 피고인 병, 정에 대한 업무상과실선박파괴죄 부분을 /

【대법원 결론】 모두 파기하여 이 부분 사건을 다시 심리·판단하게 하기 위하여 원심법원에 환송하기로 하고, /

【대법원 결론】 피고인 갑, 병, 정의 나머지 상고 및 피고인 S회사, N회사의 상고를 모두 기각하기로 하여 관여 대법관의 일치된 의견으로 주문과 같이 판결한다.

2008도11999

검사 수사지휘권의 한계
인권옹호방해죄 사건

2010. 10. 28. 2008도11999, [공보불게재]

1. 사실관계 및 사건의 경과

【사실관계 1】

① 갑은 충남지방경찰청 수사과 광역수사대 조직범죄수사팀장으로서 재직 중인 사법경찰관으로서 계급은 경감이다.

② 2005. 12. 12. 10:50경 갑은 경찰서에 조사받기 위하여 자진출두한 A를 상습사기 혐의로 긴급체포하였다.

③ 2005. 12. 12. 20:30경 A는 대전 중부경찰서 수사과 유치장에 인치되었다.

④ 2005. 12. 13. 10:00 갑은 A에 대한 긴급체포 승인건의서 및 구속영장 신청서를 대전지방검찰청에 접수하였다.

【사실관계 2】

① 갑에 대한 수사지휘 검사는 대전지방검찰청 B검사이다.

② B검사는 A에 대하여 접수된 기록을 검토하였다.

③ B검사는 수사과정의 적법성 및 적정성에 의문이 있다고 보고, 긴급체포 승인 여부와 구속영장의 청구 여부를 결정하기 전에 피의자 A를 직접 신문함이 상당하다고 판단하였다.

④ B검사는 사법경찰관 갑에 대해 "A를 직접 대면 신문하겠으니 대전지방검찰청 ○○○호 검사실로 A를 데려오라."는 구두명령을 내렸다.

⑤ B검사는 검찰청 직원 C를 통하여 구두명령을 갑에게 전하도록 하였다.

⑥ 2005. 12. 13. 16:00경 갑은 같은 팀 소속 사법경찰리 D로부터 B검사의 구두명령을 전달받았다.

【사실관계 3】

① [당시 경찰관들 사이에서는 검사의 피의자 직접면담과 관련하여 다음과 같은 견해가 주장되고 있었다.]

　(가) 형사소송법 등 관련 법령 어디에도 검사가 구속영장 청구 여부를 심사하는 단계에서 사법경찰관에 의하여 체포된 피의자를 소환하여 조사할 수 있다는 명문 규정이 없다.

　(나) 검사의 사법경찰관리에 대한 명령은 기관 대 기관의 관계에서 이루어지는 것이므로 공문 형식에 의하여야 한다.

② 사법경찰관 갑은 B검사의 구두명령과 관련하여 수사 1계장 D 경정의 의견을 들었다.

③ 갑은 '구속영장 청구 전 피의자 직접면담제 검토'라는 내부문건의 내용을 검토하였다.

④ 2005. 12. 13. 17:30 사법경찰관 갑은 B검사에게 전화를 걸어 긴급체포된 A를 검사실로 데려갈 수 없다는 의사를 밝혔다. (㉠구두명령 불이행)

【사실관계 4】

① 2005. 12. 13. 18:25경 B검사는 다시 다음과 같은 내용의 서면명령을 내렸다.

② "피의자에 대하여 검사가 직접 대면 신문 후 구속영장 청구 여부에 대해 결정할 예정이니, 금일 21:00까지 대전지방검찰청 ○○○호 검사실로 이건 수사기록과 함께 피의자 신병인치 요망"

③ 2005. 12. 13. 21:00 갑은 재차 서면으로 거부의사를 표하였다. (ⓒ서면명령 불이행)

④ 2005. 12. 14. 00:20 B검사는 A에 대한 긴급체포를 불승인하고 갑의 구속영장신청을 기각하였다.

【사건의 경과 1】

① 검사는 갑을 다음과 같이 기소하였다.

   (가) ⓐ구두명령 불이행 : 인권옹호직무명령불준수죄와 직무유기죄의 상상적 경합

   (나) ⓒ서면명령 불이행 : 인권옹호직무명령불준수죄와 직무유기죄의 상상적 경합

   (다) ⓐ구두명령 불이행 부분과 ⓒ서면명령 불이행 부분은 실체적 경합

② 갑은 인권옹호방해죄를 규정한 형법 제139조 가운데 인권옹호명령불준수죄 부분에 대해 제1심법원에 위헌제청신청을 하였다.

③ 2006. 7. 5. 제1심법원은 갑의 위헌제청신청을 기각하였다.

④ 2006. 8. 3. 갑은 헌법재판소에 헌법소원심판을 청구하였다.

⑤ 2007. 3. 29. 헌법재판소는 형법 제139조 가운데 인권옹호명령불준수죄 부분에 대해 합헌결정을 내렸다. (2007. 3. 29. **2006헌바69** 결정)

【사건의 경과 2】

① 2007. 9. 13. 제1심법원은 다음과 같이 판단하였다.

   (가) ⓐ구두명령 불이행 : 인권옹호직무명령불준수죄 유죄, 직무유기죄 무죄

   (나) ⓒ서면명령 불이행 : 인권옹호직무명령불준수죄 유죄, 직무유기죄 무죄

   (다) ⓐ구두명령 불이행 부분에 대한 인권옹호직무명령불준수죄와 ⓒ서면명령 불이행 부분에 대한 인권옹호직무명령불준수죄는 실체적 경합

   (라) 주문 : 형의 선고유예(유예된 형 : 징역 8월)

② 갑은 유죄 부분에 불복 항소하였다.

③ 검사는 무죄 부분에 불복 항소하였다.

【사건의 경과 3】

① 2008. 12. 10. 항소심법원은 제1심판결을 파기하고, 다음과 같이 판단하였다.

   (가) ⓐ구두명령 불이행과 ⓒ서면명령 불이행은 포괄일죄 관계에 있다.

   (나) ⓐ구두명령 불이행 및 ⓒ서면명령 불이행 : 인권옹호직무명령불준수죄 유죄, 직무유기죄 유죄,

   (다) 인권옹호직무명령불준수죄와 직무유기죄는 상상적 경합

   (라) 주문 : 형의 선고유예(유예된 형 : 자격정지 6월)

② 갑은 불복 상고하였다.

③ 검사는 상고하지 않았다.

④ 2010. 10. 28. 대법원은 갑의 상고를 기각하였다.

2. 인권옹호방해죄와 '인권'의 의미

【대법원 요지】 1. 인권침해의 소지가 가장 많은 수사 분야에서 국민의 인권과 자유를 보호하기 위하여 우리 헌법과 법률은 검사 제도를 두어 검사에게 준사법기관으로서의 지위를 부여하고 철저한 신분보장과 공익의 대변자로서 객관의무를 지워 사법경찰관리의 수사에 대한 지휘와 감독을 맡게 함과 동시에 /

【대법원 요지】 전속적 영장청구권(헌법 제12조 제3항), 수사주재자로서 사법경찰관리에 대한 수사지휘(형사소송법 제196조), 체포 · 구속 장소 감찰(형사소송법 제198조의2) 등의 권한을 부여하여 절차법적 차원에서 인권보호의 기능을 수행하게 하고 있다. /

【대법원 요지】 이러한 측면에서 검사의 수사에 관한 지휘는 수사과정에서의 인권침해를 방지하는 '인권옹호'를 당연히 포함한다. /

【대법원 요지】 따라서 형법 제139조의 입법 취지 및 보호법익, 그 적용대상의 특수성 등을 고려하면 여기서 말하는 '인권'은 범죄수사 과정에서 사법경찰관리에 의하여 침해되기 쉬운 인권으로서, 주로 헌법 제12조에 의한 국민의 신체의 자유 등을 그 내용으로 한다. /

3. 인권옹호에 관한 검사의 명령

【대법원 요지】 인권의 내용을 이렇게 볼 때 형법 제139조에 규정된 '인권옹호에 관한 검사의 명령'은 사법경찰관리의 직무수행에 의하여 침해될 수 있는 인신 구속 및 체포와 압수수색 등 강제수사를 둘러싼 피의자, 참고인, 기타 관계인에 대하여 헌법이 보장하는 인권 가운데 주로 그들의 신체적 인권에 대한 침해를 방지하고 이를 위해 필요하고도 밀접 불가분의 관련성 있는 검사의 명령 중 /

【대법원 요지】 '그에 위반할 경우 사법경찰관리를 형사처벌까지 함으로써 준수되도록 해야 할 정도로 인권옹호를 위해 꼭 필요한 검사의 명령'으로 보아야 하고 나아가 법적 근거를 가진 적법한 명령이어야 한다(헌법재판소 2007. 3. 29. 선고 **2006헌바69** 전원재판부 결정 참조).

4. 검사의 피의자 대면조사 지휘의 한계

【대법원 요지】 한편 사법경찰관이 검사에게 긴급체포된 피의자에 대한 긴급체포 승인 건의와 함께 구속영장을 신청한 경우, 검사는 긴급체포의 승인 및 구속영장의 청구가 피의자의 인권에 대한 부당한 침해를 초래하지 않도록 긴급체포의 적법성 여부를 심사하면서 수사서류 뿐만 아니라 피의자를 검찰청으로 출석시켜 직접 대면조사할 수 있는 권한을 가진다고 보아야 한다. /

【대법원 요지】 따라서 이와 같은 목적과 절차의 일환으로 검사가 구속영장 청구 전에 피의자를 대면조사하기 위하여 사법경찰관리에게 피의자를 검찰청으로 인치할 것을 명하는 것은 적법하고 타당한 수사지휘 활동에 해당하고, 수사지휘를 전달받은 사법경찰관리는 이를 준수할 의무를 부담한다. /

【대법원 요지】 다만 체포된 피의자의 구금 장소가 임의적으로 변경되는 점, 법원에 의한 영장실질심사 제도를 도입하고 있는 현행 형사소송법하에서 체포된 피의자의 신속한 법관 대면권 보장이 지연될 우려가 있는 점 등을 고려하면, /

【대법원 요지】 위와 같은 검사의 구속영장 청구 전 피의자 대면조사는 긴급체포의 적법성을 의심할 만한 사유가 기록 기타 객관적 자료에 나타나고 피의자의 대면조사를 통해 그 여부의 판단이 가능할 것으로 보이는 예외적인 경우에 한하여 허용될 뿐, 긴급체포의 합당성이나 구속영장 청구에 필요한 사유를 보강하기 위한 목적으로 실시되어서는 아니 된다. /

【대법원 요지】 나아가 검사의 구속영장 청구 전 피의자 대면조사는 강제수사가 아니므로 피의자는 검사의 출석 요구에 응할 의무가 없고, 피의자가 검사의 출석 요구에 동의한 때에 한하여 사법경찰관리는 피의자를 검찰청으로 호송하여야 한다.

5. 인권옹호직무명령불준수죄와 직무유기죄의 관계

【대법원 요지】 그리고 형법 제139조에 규정된 인권옹호직무명령불준수죄와 형법 제122조에 규정된 직무유기죄의 각 구성요건과 보호법익 등을 비교하여 볼 때, 인권옹호직무명령불준수죄가 직무유기죄에 대하여 법조경합 중 특별관계에 있다고 보기는 어렵고 양 죄를 상상적 경합관계로 보아야 한다.

6. 사안에 대한 대법원의 판단

【대법원 판단】 2. 위 법리와 원심이 판시한 사정들을 종합하면, 긴급체포된 피의자에 대한 긴급체포의 승인 및 구속영장 청구 여부를 심사한 검사가 이 사건 긴급체포 등 강제처분의 적법성에 의문을 갖고 수사서류 외에 피의자를 대면조사할 충분한 사유가 있었던 것으로 보이므로, 2회에 걸친 검사의 이 사건 명령은 적법하고 타당한 수사지휘권의 행사에 해당하고, /

【대법원 판단】 사법경찰관리의 체포 등 강제수사 과정에서 야기될 수 있는 피의자의 신체적 인권에 대한 침해를 방지하기 위하여 사법경찰관리를 형사처벌까지 함으로써 준수되도록 해야 할 정도로 인권옹호를 위해 꼭 필요한 검사의 명령으로 봄이 상당하다. /

【대법원 판단】 또한 원심이 인정한 이 사건 명령의 외관, 형식 및 내용, 이 사건 명령이 발하여진 시기와 경위 등을 종합하면, 사법경찰관인 피고인으로서는 이 사건 명령이 강제수사 과정에서의 인권옹호에 관한 것임을 충분히 알고 있었던 것으로 보인다.

【대법원 결론】 따라서 원심이 같은 취지에서 피고인에 대한 이 사건 인권옹호직무명령불준수 및 직무유기의 공소사실을 모두 유죄로 인정하고 양 죄를 상상적 경합관계로 처리한 것은 그 이유 설시에 다소 미흡한 점이 있으나 결론에 있어서는 정당하다. /

【대법원 결론】 거기에 상고이유와 같은 형법 제139조의 해석 및 적용, 형법 제139조와 형법 제122조에 규정된 양 죄 사이의 죄수에 관한 법리오해 등의 위법이 없다. (상고 기각)

2008모793

변호인 신문참여권의 한계
떨어져 앉기 사건
2008. 9. 12. 2008모793, 공 2008하, 1491

1. 사실관계 및 사건의 경과

【사실관계】

① 갑은 인천지방검찰청 소속 사법경찰관이다.

② A는 조사받는 피의자이고, B는 A의 변호인이다.

③ 갑은 변호인 B의 참여 아래 A에 대해 피의자 신문을 하였다.

④ 갑은 A 옆에 나란히 앉아 있는 변호인 B에게 피의자로부터 떨어진 곳으로 옮겨 앉을 것을 요구하였다.

⑤ 변호인 B는 A 옆에 계속 앉아 있겠다면서 갑의 요구에 불응하였다.

⑥ 그러자 갑은 변호인 B에게 퇴실을 명하였다.

⑦ 당시 변호인 B가 피의자신문을 방해하거나 수사기밀을 누설할 염려가 있었다는 등의 특별한 사정은 발견할 수 없었다.

【사건의 경과】

① 변호인 B는 관할 인천지방법원에 준항고를 제기하였다.

② 인천지방법원은 준항고를 받아들여 갑의 처분을 취소하는 결정을 내렸다.

③ 갑은 인천지방법원의 결정에 불복하여 대법원에 재항고하였다.

2. 사안에 대한 대법원의 판단

【대법원 분석】 형사소송법 제243조의2 제1항에 의하면, 검사 또는 사법경찰관은 피의자 또는 변호인 등이 신청할 경우 정당한 사유가 없는 한 변호인을 피의자신문에 참여하게 하여야 한다고 규정하고 있는바, /

【대법원 요지】 여기에서 '정당한 사유'라 함은 변호인이 피의자신문을 방해하거나 수사기밀을 누설할 염려가 있음이 객관적으로 명백한 경우 등을 말하는 것이므로, /

【대법원 요지】 수사기관이 피의자신문을 하면서 위와 같은 정당한 사유가 없음에도 불구하고, 변호인에 대하여 피의자로부터 떨어진 곳으로 옮겨 앉으라고 지시를 한 다음 이러한 지시에 따르지 않았음을 이유로 변호인의 피의자신문 참여권을 제한하는 것은 허용될 수 없다.

【대법원 분석】 기록에 의하면, 인천지방검찰청 소속 사법경찰관인 재항고인은 변호인 참여 아래 피의자 신문을 하면서 피의자 옆에 나란히 앉아 있는 변호인에게 피의자로부터 떨어진 곳으로 옮겨 앉을 것을 요구한 사실, /

【대법원 분석】 변호인이 피의자 옆에 계속 앉아 있겠다면서 위 요구에 불응하자 변호인에게 퇴실을 명한 사실, 당시 변호인이 피의자신문을 방해하거나 수사기밀을 누설할 염려가 있었다는 등의 특별한

사정은 발견할 수 없는 사실을 알 수 있다.

【대법원 판단】 앞서 본 법리에 비추어 보면, 재항고인이 위와 같이 변호인에게 퇴실을 명한 행위는 변호인의 피의자신문 참여권을 침해한 처분에 해당한다고 할 것이므로, 이를 이유로 이 사건 준항고를 받아들여 재항고인의 위 처분을 취소한 원심의 조치는 옳고, 거기에 재판에 영향을 미친 헌법·법률· 명령 또는 규칙의 위반이 없다. (재항고 기각)

【코멘트】 본 판례는 변호인의 피의자신문 참여권을 제한할 수 있는 근거로서 '정당한 사유'의 범위에 관한 것이다. 변호인의 피의자신문 참여권을 어느 범위까지 허용하고 어디에서부터 제한할 것인가 하는 문제는 수사기관과 변호인 사이에 이해관계가 첨예하게 대립하는 쟁점이다. 변호인의 신문참여권 은 2008년부터 시행된 개정 형사소송법에 의하여 도입된 것인데, 입법과정에서 수사기관과 변호인 사이의 의견조절이 쉽지 아니하였다. 그리하여 '정당한 사유'라는 불확정개념을 매개로 판례를 통해 변 호인참여권의 한계를 구체화하기로 하였다.

2012년부터 시행된 개정 형사소송법은 제196조 제3항에서 검사의 수사지휘에 관한 구체적 사항을 대통령령에 위임하고 있다. 이에 근거하여 제정된 대통령령이 「검사의 사법경찰관리에 대한 수사지휘 및 사법경찰관리의 수사준칙에 관한 규정」이다(이하 수사지휘규정으로 약칭함). 그런데 수사지휘규정 은 검사와 사법경찰관리의 수사지휘 영역을 넘어서 수사기관과 변호인 사이의 변호인참여권에 대해서 까지 기준을 제시하고 있다.

수사지휘규정 제21조 제1항은 변호인의 피의자신문 참여에 관하여 규정하고 있는데, 제2문에서 "이 경우 정당한 사유란 변호인의 참여로 인하여 신문 방해, 수사기밀 누설 등 수사에 현저한 지장을 줄 우려가 있다고 인정되는 경우를 말한다."는 개념정의를 하고 있다. 본 판례에서 대법원은 변호인의 신문참여를 제한할 수 있는 '정당한 사유'를 "변호인이 피의자신문을 방해하거나 수사기밀을 누설할 염 려가 있음이 객관적으로 명백한 경우 등을 말한다"라고 정의하고 있다. 이를 수사지휘규정의 정의규정 과 비교해 보면 수사지휘규정에는 '객관적으로 명백한 경우'의 요건이 누락되어 있음을 알 수 있다.

수사지휘규정 제21조 제4항은 "다음 각 호의 어느 하나에 해당하는 사유가 발생하여 신문 방해, 수 사기밀 누설 등 수사에 현저한 지장이 있을 때에는 피의자신문 중이라도 변호인의 참여를 제한할 수 있다."라고 규정하면서, (1) 사법경찰관의 승인 없이 부당하게 신문에 개입하거나 모욕적인 말과 행동 등을 하는 경우, (2) 피의자를 대신하여 답변하거나 특정한 답변 또는 진술 번복을 유도하는 경우, (3) 변호인의 이의진술권(법243의2③ 단서)에 반하여 부당하게 이의를 제기하는 경우, (4) 피의자신문 내 용을 촬영·녹음·기록하는 경우(다만, 기록의 경우 피의자에 대한 법적 조언을 위하여 변호인이 기억 을 되살리기 위해 하는 간단한 메모는 제외한다.)를 들고 있다.

수사기관이 대통령령인 수사지휘규정을 통하여 일방적으로 변호인 참여권 제한사유를 규정하는 것 은 형사절차법률주의(헌법12①)에 반하는 흠이 있다고 생각된다. 수사지휘규정은 어디까지나 검사와 사법경찰관리 사이의 내부관계를 규율하는 행정입법이다. 검찰사건사무규칙이 그러한 것과 마찬가지 로(1991. 7. 8. **91헌마42**; 2007. 10. 25. **2007도4961** 참조), 수사지휘규정은 수사기관 내부의 행위 준칙을 정하는 것에 지나지 않으며, 피의자·피고인이나 변호인 등 다른 소송관계인들의 권리·의무 를 규율하는 형사소송법의 법원(法源)이 될 수 없다고 본다.

2008재도11 (결정)

사법경찰관의 직무범죄와 재심사유
조봉암 재심청구 사건
2010. 10. 29. 2008재도11 전원합의체 결정, 공 2011상, 63

1. 사실관계 및 사건의 경과

【사실관계】

① [본 판례는 소위 조봉암 사건의 재심청구 사건이다.]

② 갑은 진보당 당수 조봉암이다.

③ (아래에서는 서술의 편의를 위하여 '갑'으로 약칭함)

④ 서울특별시 경찰국은 진보당의 정강정책, 특히 평화통일론의 이적성에 대한 내사를 벌였다.

⑤ 1958. 1. 13. 갑은 서울특별시경찰국에 의하여 진보당 간부들과 함께 구속되었다.

⑥ 1958. 2. 19.부터 1958. 3. 2.까지 갑은 육군특무부대에서 그 소속 수사관들로부터 조사를 받았다.

⑦ 갑의 혐의사실은 육군첩보부대(HID) 공작 경로를 이용하여 남북한을 왕래하며 물자교역을 하던 을을 통해 북한 괴뢰집단의 지령 및 자금을 수령하고 을에게 진보당 관련 문건 등을 교부하였다는 것이다.

【사건의 경과 1】

① 1958. 2. 8.부터 1958. 4. 8.까지 3회에 걸쳐 서울지방검찰청 검사는 서울지방법원에 갑을 ㉠간첩·간첩방조, ㉡구 국가보안법 위반, ㉢군정 법령 제5호 위반, ㉣간첩 등의 공소사실로 기소하였다.

② 갑에 대한 공소사실의 요지는 다음과 같다.

③ "갑은 진보당을 결성함에 있어 북한 괴뢰집단과 호응하여 그 산하 조국통일구국투쟁위원회 김약수에게 밀사를 파견하여 북한 괴뢰집단이 지령하는 목적사항을 협의 내지 실천하여 국가보안법 제3조(목적사항의 실행 협의 등)를 위반하고, 간첩 박정호, 정우갑 등과 밀회하여 형법 제98조 소정의 간첩 내지 간첩방조행위를 하였다." (㉠간첩·간첩방조죄)

④ "갑은 1956. 11. 10. 서울특별시 중구 소재 시공관에서 공동피고인 병 등 공동피고인들 및 80여 명과 회합하여 북한 괴뢰집단의 주장과 같은 평화통일을 정강정책으로 하는 진보당을 결당함으로써 대한민국을 변란할 목적으로 결사를 구성함과 동시에 그 중앙위원장에 취임함으로써 수괴에 임하고, 4회에 걸쳐 진보당이 목적하는 실행사항을 협의하여 구 국가보안법 제1조(결사 등 구성), 제3조(목적사항의 실행 협의 등)를 위반하였다." (㉡결사구성죄)

⑤ "갑은 당국의 허가 없이 권총 1정, 실탄 50발을 불법소지하여 군정 법령 제5호를 위반하였다." (㉢군정법령위반죄)

⑥ "갑은 을을 통하여 '현재 북에서는 조봉암과 합작할 용의가 있다, 남한의 현 정권을 전복시키기 위하여 평화통일이란 공동목표로 합작하자, 자금이 필요하면 원조하겠다'는 북한 괴뢰집단의 지령을 받아 이에 호응하여, 북한 괴뢰집단에 선거자금, 진보당 기관지 인수비용 등의 원조를 요청하여 공

동피고인 을을 통해 십 수회에 걸쳐 합계 3,900만 환 및 미화 620불의 금품을 수수하고, 제반 남한 정세 및 진보당 중앙당위원 명단 등 문건을 북한 괴뢰집단에 제보 내지 제공하여 형법 제98조 소정의 간첩행위를 하였다." (ㄹ간첩죄).

【사건의 경과 2】

① 서울지방법원은 ㄱ 내지 ㄹ사건을 병합 심리하였다.

② 1958. 7. 2. 서울지방법원은 공소사실에 대하여 다음과 같이 판단하였다.

　　(가) ㄱ간첩 · 간첩방조죄 : 무죄

　　(나) ㄴ결사구성죄 : 무죄

　　(다) ㄷ군정법령위반죄 : 유죄

　　(라) ㄹ간첩죄 : 유죄

③ 서울지방법원은 갑에게 징역 5년을 선고하였다. (ⓐ제1심판결) [재판장 유병진 부장판사]

【사건의 경과 3】

① 갑은 유죄 부분에 불복 항소하였다.

② 검사는 무죄 부분에 불복 항소하였다.

③ 1958. 10. 25. 서울고등법원은 다음과 같이 판단하였다.

　　(가) ㄱ간첩 · 간첩방조죄 : 무죄 (검사 항소 기각)

　　(나) ㄴ결사구성죄 : 유죄 (검사 항소 인용)

　　(다) ㄷ군정법령위반죄 : 유죄

　　(라) ㄹ간첩죄 : 유죄

④ 서울고등법원은 갑에게 사형을 선고하였다. (ⓑ원심판결)

【사건의 경과 4】

① 서울고등법원의 ⓑ판결에 대하여 갑은 불복 상고하였다.

② 1959. 2. 27. 대법원은 ⓑ원심판결 중 갑에 대한 부분을 파기하고 직접 판결을 하였다.

③ 대법원은 다음과 같이 판단하였다.

　　(가) ㄱ간첩 · 간첩방조죄 : 무죄

　　(나) ㄴ결사구성죄 : 유죄

　　(다) ㄷ군정법령위반죄 : 유죄

　　(라) ㄹ간첩죄 : 유죄

④ 대법원은 갑에게 사형을 선고하였다. (ⓒ재심대상판결)

【사건의 경과 5】

① 1959. 5. 5. 갑은 다음의 이유를 들어서 재심을 청구하였다.

　　(가) ⓒ재심대상판결에 대하여 무죄를 인정할 명백한 증거가 새로 발견되었다.

　　(나) 새로운 증거는 공소의 기초된 수사에 관여한 육군특무부대 수사관들의 을에 대한 불법감금, 독직가혹행위 등이다.

　　(다) 이는 형사소송법 제420조 제5호, 제7호에 정한 재심사유에 해당한다.

② 1959. 7. 30. 대법원은 갑의 재심청구를 기각하였다.

③ 1959. 7. 31. 갑에 대해 사형이 집행되었다.

【사건의 경과 6】

① 2007. 9. '진실·화해를 위한 과거사 정리위원회'는 갑[조봉암]의 사형을 비인도적, 반인도적 인권 유린이자 정치탄압으로 규정하고 국가 차원의 사과와 피해 구제 및 명예회복을 위한 적절한 조치를 권고하였다.

② 2008. 8. 갑의 유족들은 ⓒ재심대상판결을 선고하였던 대법원에 재심을 청구하였다.

③ 재심청구인들은 재심청구의 이유를 다음과 같이 주장하였다.

    (가) 갑에 대한 공소의 기초된 수사에 관여한 육군특무부대 수사관들은 일반인에 대한 수사권한 없이 갑과 을 등을 조사하였고, 그 조사과정에서 을을 불법체포·감금하였을 뿐만 아니라, 그에게 약물을 투여하여 가혹행위를 하는 등 그 직무에 관한 죄를 범하였다.

    (나) 이러한 육군특무부대 수사관들의 행위는 헌병과 국군정보기관의 수사한계에 관한 법률 제3조 위반, 형법 제123조의 타인의 권리행사방해, 형법 제124조의 불법체포·감금, 형법 제125조의 독직가혹행위의 각 죄에 해당한다.

    (다) 위 각 범죄에 대하여 공소시효가 완성되었으나 증거자료에 의하여 그 사실이 증명되었다.

    (라) 그러므로 ⓒ재심대상판결 중 갑에 대한 부분에는 형사소송법 제420조 제7호(사법경찰관의 직무상 범죄), 제422조(확정판결에 대신하는 증명)에 의한 재심사유가 있다.

④ 2010. 10. 29. 대법원은 갑의 유족들이 제기한 재심청구사건에 대해 재심개시 결정을 내렸다.

2. 사안에 대한 대법원의 분석

【대법원 분석】 가. 기록에 의하면, 다음과 같은 사실이 인정된다.

【대법원 분석】 육군특무부대는 1957. 12.경 공동피고인 을이 북한을 왕래하면서 간첩행위를 하고, 피고인과 접선을 꾀한다는 제보에 따라 수사에 착수하여 1958. 2. 8. 공동피고인 을을 연행하였고, /

【대법원 분석】 위 부대 소속의 육군 중령 공소외 A와 육군 문관 공소외 B는 위 공동피고인 을이 군부대 주둔지, 영내 등에서의 간첩행위에 관한 구 국방경비법(1948. 7. 5. 남조선과도정부 법률 번호미상으로 제정되어 1962. 1. 20. 법률 제1004호로 폐지된 것, 이하 같다) 제33조를 위반하였다는 혐의로 1958. 2. 13.부터 같은 해 3. 2.까지 위 공동피고인 을에 대하여 12회에 걸쳐 피의자신문을 진행하였다. /

【대법원 분석】 또한, 위 공소외 A와 공소외 B는 이미 구 국가보안법 위반의 공소사실로 구속 기소된 피고인에 대하여도 구 국방경비법 제33조를 위반하였다는 혐의에 관하여 1958. 2. 19.부터 같은 해 3. 2.까지 8회에 걸쳐 서울형무소 내지 위 부대에서 피의자신문을 진행하였다. /

【대법원 분석】 그 후 육군특무부대장은 피고인과 위 공동피고인 을의 행위가 구 국방경비법 제33조에 해당한다는 공소외 A의 의견에 따라 1958. 3. 17. 기소의견으로 서울지방검찰청 검사장에게 사건을 송치하였다.

【대법원 분석】 한편, 당시 피고인은 군인이나 군속이 아닌 일반인이었고, 위 공동피고인 을도 인천 소재 육군첩보부대(HID)의 공작 경로를 이용하여 남북한을 왕래하면서 물자교역에 종사하였으나 그 신분은 일반인이었을 뿐 달리 군인이나 군속은 아니었다. /

【대법원 분석】 또한, 피고인이 위 공동피고인 을과 만나거나 그에게 진보당과 관련된 문건 등을 수수하고, 금전을 교부받은 장소는 서울 시내에 소재한 음식점이나 태평로 등 노상이거나 광주시 소재 남한산성 등이었고 군부대의 주둔지나 숙사 혹은 진영은 아니었다.

3. 관련 법령에 대한 대법원의 분석

【대법원 분석】 (1) 구 국방경비법 제33조는 조선경비대의 여하한 요새지, 주둔지, 숙사 혹은 진영 내에서 간첩으로서 잠복 또는 행동하는 여하한 자든지 고등군법회의에서 이를 재판하며, 유죄로 인정되는 때에는 사형에 처한다고 규정하고 있다. /

【대법원 분석】 또한, 구 헌병과 국군정보기관의 수사한계에 관한 법률(1949. 12. 19. 법률 제80호로 제정되어 1962. 1. 20. 법률 제1004호로 폐지된 것, 이하 같다)에 의하면, 헌병은 군인, 군속의 범죄에 대한 수사를 전행(專行)하고, 군사 또는 군인, 군속의 범죄에 관련 있는 일반인의 범죄에 대하여는 형사소송법의 규정에 의하여 이를 수사할 수 있으되 긴급구속은 할 수 없고(제1조), /

【대법원 분석】 국군정보기관의 소속원과 방첩원은 군인, 군속의 범죄만을 수사할 수 있으며, 이 경우 헌병과 동일한 권한을 가지지만(제2조), /

【대법원 분석】 만일 헌병이 직권을 남용하여 일반인을 수사하거나 헌병 이외의 국군기관이 일반인의 범죄에 대하여 수사를 행한 때에는 1년 이상 10년 이하의 징역에 처한다고 규정되어 있다(제3조).

【대법원 분석】 (2) 육군특무부대는 육군의 방첩에 관한 사항과 법령의 규정에 의하여 그 소관에 속하는 범죄수사를 관장하고, 그 부대장은 육군참모총장의 명을 받아 부대업무를 통할하고 소속대원을 지휘·감독한다[구 육군특무부대령(1957. 11. 21. 대통령령 제1316호로 제정되어 1960. 7. 20. 국무원령 제36호로 개정되기 전의 것, 이하 같다) 제1조, 제4조]. /

【대법원 판단】 따라서 육군특무부대는 헌병과는 달리 육군의 방첩업무 등을 담당하는 국군정보기관에 해당하고, 구 헌병과 국군정보기관의 수사한계에 관한 법률 제2조에 의하여 그 소속원과 방첩원은 군인이나 군속의 범죄를 수사할 수 있으나, 이들은 군인이나 군속이 아닌 일반인에 대해서는 수사권을 가지지 않는다.

4. 군수사기관의 일반인 수사와 관련 범죄

【대법원 판단】 (1) 피고인과 공동피고인 을에 대한 혐의는 군부대의 요새지, 주둔지, 숙사 혹은 진영 내에서 간첩으로서 잠복하거나 또는 행동한 것에 대한 것이 아니므로 구 국방경비법 제33조의 적용대상이 되지 않는다. /

【대법원 판단】 그리고 피고인과 위 공동피고인 을은 군인이나 군속이 아닌 일반인이므로 국군정보기관인 육군특무부대에서 이들을 수사할 권한이 없다. /

【대법원 판단】 따라서 육군특무부대 소속 육군 중령 공소외 A와 육군 문관 공소외 B 등이 피고인과 위 공동피고인 을을 구 국방경비법 제33조의 간첩 혐의로 입건하여 피의자로 신문한 행위는 구 헌병과 국군정보기관의 수사한계에 관한 법률 제3조를 위반한 죄에 해당할 뿐만 아니라, /

【대법원 판단】 공무원이 직권을 남용하여 사람으로 하여금 의무 없는 일을 하게 한 경우로서 구 형법 제123조의 타인의 권리행사방해죄를 구성하고, /

【대법원 판단】 이들 범죄는 모두 형사소송법 제420조 제7호 소정의 사법경찰관의 직무에 관한 죄에 해당한다.

5. 수사기관의 범죄와 확정판결

【대법원 분석】 (2) 한편, 피고인과 공동피고인 을이 육군특무부대에서 조사받은 것은 1958. 2. 8.부터 같은 해 3. 2.까지인데, /

【대법원 분석】 구 헌병과 국군정보기관의 수사한계에 관한 법률 제3조 위반죄는 그 법정형이 1년 이상 10년 이하의 징역으로서 공소시효가 7년이고[구 형사소송법(2007. 12. 21. 법률 제8730호로 개정되기 전의 것) 제249조 제1항 제3호, 형사소송법 부칙(2007. 12. 21.) 제3조], /

【대법원 분석】 구 형법 제123조의 타인의 권리행사방해죄는 그 법정형이 '5년 이하의 징역과 10년 이하의 자격정지'로서 공소시효가 5년이므로[구 형사소송법(2007. 12. 21. 법률 제8730호로 개정되기 전의 것) 제249조 제1항 제4호, 형사소송법 부칙(2007. 12. 21.) 제3조], /

【대법원 판단】 위 각 죄에 대한 공소시효가 완성되었음은 역수상 명백하다. /

【대법원 판단】 따라서 위 각 죄에 대하여는 유죄판결을 얻을 수 없는 사실상, 법률상의 장애가 있는 경우로서 형사소송법 제422조 소정의 '확정판결을 얻을 수 없는 때'에 해당한다.

6. 재심사유의 판단

【대법원 판단】 (3) 결국 재심대상판결의 범죄사실 중 제4 공소사실[㉣간첩죄]에 대한 부분과 제4 공소사실의 일부를 인용하여 유죄로 인정한 제2 공소사실[㉡결사구성죄]에 대한 부분은 그 공소의 기초된 수사에 관여한 사법경찰관이 그 직무에 관한 죄를 범하였고 그러한 사실이 증명되었다고 할 것이므로, /

【대법원 판단】 나머지 재심청구의 이유에 대하여 살펴볼 것도 없이, 재심대상판결에는 형사소송법 제420조 제7호에 정한 재심사유가 있다. /

7. 경합범 사안과 재심개시 결정의 범위

【대법원 요지】 그리고 경합범 관계에 있는 수개의 범죄사실을 유죄로 인정하여 1개의 형을 선고한 불가분의 확정판결에서 그 중 일부의 범죄사실에 대하여 재심청구의 이유가 있는 것으로 인정된 경우에는 형식적으로는 1개의 형이 선고된 판결에 대한 것이어서 그 판결 전부에 대하여 재심개시의 결정을 하지 않으면 안 된다.

8. 사안에 대한 대법원의 최종 판단

【대법원 결론】 그렇다면 이 사건 재심청구는 이유 있으므로 형사소송법 제435조 제1항에 의하여 관여 대법관의 일치된 의견으로 주문과 같이 결정한다.

【대법원 주문】
재심대상판결 중 피고인 조봉암에 대한 유죄 부분에 관하여 재심을 개시한다.

2008재도11 (판결)

재심심판과 적용법령
조봉암 재심판결 사건
2011. 1. 20. 2008재도11 전원합의체 판결, 공 2011상, 508

1. 사실관계 및 사건의 경과

【사실관계】

① [본 판례는 소위 조봉암 사건의 재심판결 사건이다.]

② [앞의 **2008재도11** 재심개시 결정에 이어서 이루어진 대법원의 재차 심판 사건이다.]

③ [대법원은 앞의 재심개시결정에 따라 새로운 상고심으로서 판단에 임하고 있다.]

④ [그러므로 이하에서 '원심판결'은 위의 재심청구사건에서 말하는 1958. 10. 25. 서울고등법원의 항소심판결(ⓑ원심판결)을 가리킨다.]

⑤ 대법원은 재심공판을 열어 새로이 상고심을 진행하였다.

⑥ 대법원은 ⓑ원심판결의 유죄 부분을 모두 파기하였다.

⑦ ⓑ원심판결이 파기되었으므로 상고심의 판단대상은 1958. 7. 2. 서울지방법원의 ⓐ제1심판결이 된다.

【사건의 경과 1】

① ⓐ제1심판결의 유죄 부분은 ⓒ군정법령위반죄와 ⓔ간첩죄이다.

② 대법원은 ⓐ제1심판결의 유죄 부분을 전부 파기하였다.

③ 대법원은 ⓔ간첩죄에 대하여 무죄를 선고하였다.

④ 대법원은 ⓒ군정법령위반죄에 대해 형의 선고를 유예하였다(유예된 형 징역 6월).

【사건의 경과 2】

① ⓐ제1심판결의 무죄 부분은 ㉠간첩·간첩방조죄와 ㉡결사구성죄이다.

② ⓐ제1심판결의 무죄 부분 가운데 ㉠간첩·간첩방조죄는 검사가 항소하지 않았으므로 이미 무죄로 확정된 상태이다.

③ 제1심의 무죄 부분 가운데 ㉡결사구성죄는 검사가 항소한 상태이다.

④ 대법원은 ㉡결사구성죄 부분에 대해 검사의 항소를 기각하였다.

⑤ 대법원의 최종적 결론은 다음과 같다.

　(가) ㉠간첩·간첩방조죄 : 판단 없음 (ⓐ제1심판결 이미 확정되었음)

　(나) ㉡결사구성죄 : 검사의 항소 기각

　(다) ⓒ군정법령위반죄 : ⓐ제1심판결 파기, 형의 선고유예 (징역 6월)

　(라) ⓔ간첩죄 : ⓐ제1심판결 파기, 무죄

2. 국가변란 목적 결사구성죄 부분

(1) 결사구성죄의 구성요건

【대법원 분석】 1. 진보당이 '국가를 변란할 목적으로 구성된 결사'에 해당하는지 여부에 관한 상고이유에 대하여

【대법원 분석】 가. 구 국가보안법(1948. 12. 1. 법률 제10호로 제정되어 1958. 12. 26. 법률 제500호로 폐지제정되기 전의 것, 이하 '구 국가보안법'이라고 한다) 제1조, 제3조는 /

【대법원 분석】 '국헌을 위배하여 정부를 참칭하거나 그에 부수하여 국가를 변란할 목적으로 결사 또는 집단을 구성한 자로서 수괴와 간부는 무기, 3년 이상의 징역 또는 금고에 처하고, /

【대법원 분석】 그 목적으로서 그 목적한 사항의 실행을 협의 선동 또는 선전한 자는 10년 이하의 징역에 처한다'고 규정하고 있다. /

【대법원 요지】 여기에서 '국헌을 위배하여'라 함은 대한민국헌법에 위반하는 것을, /

【대법원 요지】 '정부를 참칭한다'고 함은 합법적 절차에 의하지 않고 임의로 정부를 조직하여 진정한 정부인 것처럼 사칭하는 것을, /

【대법원 요지】 '국가를 변란한다'고 함은 정부를 전복하여 새로운 정부를 구성하는 것을 각 의미하고, /

【대법원 요지】 '결사 또는 집단'이라 함은 공동의 목적을 가진 2인 이상 특정 다수인의 임의적인 계속적 또는 일시적 결합체를 말한다. /

【대법원 요지】 그러므로 구 국가보안법 제1조, 제3조의 구성요건을 충족하기 위해서는 그 구성된 결사나 집단의 공동목적으로서 정부를 참칭하거나 그에 부수하여 국가를 변란할 목적, 즉 주관적 요건을 갖추어야 하고, /

【대법원 요지】 그와 같은 목적을 가지고 있는지 여부는 그 결사나 집단의 강령이나 규약에 의하여 판단하는 것이 보통이나, 외부적으로 표방한 목적이 무엇인가에 구애되지 않고 그 결사 또는 집단이 실제로 추구하는 목적이 무엇인가에 의하여 판단되어야 할 것이며, /

【대법원 요지】 어느 구성원 한 사람의 내심의 의도를 가지고 그 결사 또는 집단의 공동목적이라고 단정해서는 아니 된다.

(2) 공소사실의 분석

【대법원 분석】 나. 원심판결의 이유에 의하면, /

【대법원 분석】 피고인은 국헌에 위배하여 정부를 참칭하는 북한괴뢰집단에 부수하여 국가를 변란할 목적으로 /

【대법원 분석】 '우리는 노동자, 농민을 중심으로 하는 광범한 근로대중(피해 대중)을 대표로 하는 주체적, 선진적 정치적 집결체이며, 변혁적, 주체적 세력의 적극적 실천에 의하여 자본주의를 지양하고 착취 없는 복지사회를 건설하여야 한다'는 취지의 혁신정치의 실현, /

【대법원 분석】 '우리는 자유민주주의를 폐기 지양하고, 주요 산업과 대기업의 국유 내지 국영을 위시로 급속한 경제건설, 사회적 생산력의 제고 및 사회적 생산물의 공정분배를 완수하기 위하여 계획과 통제의 제 원칙을 실천하여야 한다'는 취지의 수탈 없는 경제체제의 확립, /

【**대법원 분석**】 '우리는 남북한에서 평화통일을 저해하는 요소를 견제하고 진보당세력의 주도권 장악 하에 피 흘리지 않는 평화적 방식으로 조국의 통일을 실현한다'는 취지의 /

【**대법원 분석**】 평화통일의 실현 등을 강령정책으로 하는 진보당을 조직하는 동시에 그 수괴인 중앙 당위원장에 취임하고, /

【**대법원 분석**】 또한 공동피고인 병으로부터 '실천적 제 문제'라는 문서를 받아 진보당 노선의 자료로 검토하고, /

【**대법원 분석**】 당세를 확장하기 위하여 근민당의 재남 잔류자인 김성숙 등과 회합하여 통일준비위 원회를 구성하기로 합의하였으며, /

【**대법원 분석**】 중앙정치 10월호에 '평화통일에의 길, 진보당의 주장을 만천하에 천명한다'라는 논문 을 게재하고, /

【**대법원 분석**】 공동피고인 정으로부터 '북한 당국의 평화공세에 대한 진보당의 선언문'이라는 제목 으로 기안된 통일방안을 제출받아 진보당의 노선으로 검토하는 등 /

【**대법원 분석**】 4회에 걸쳐 진보당의 목적한 사항의 실천을 협의하였다는 이 사건 공소사실(이하 '이 사건 제2 공소사실'[ⓛ결사구성죄]이라 한다. 이는 이 사건 2010. 10. 29.자 재심개시결정 기재 순서 에 따른 것이다. 이하 같다)에 대하여, /

(3) 사안에 대한 항소심의 판단

【**항소심 판단**】 원심은 그 판시 증거를 종합하여 이를 모두 유죄로 인정하고, /

【**항소심 판단**】 나아가 진보당은 폭력적 혁명의 방법에 의하지 않고 평화적 민주적 선거의 방법으로 그 강령정책을 실천하려는 결사이므로 구 국가보안법 제1조 소정의 불법결사에 해당하지 않는다는 주 장에 대해서도 /

【**항소심 판단**】 위 법조항의 규정은 결사의 목적을 달성하려는 방법이 폭력적 혁명의 방법이든 평화 적 민주적 선거의 방법이든 가리지 않는다는 이유로 이를 배척한 다음, 피고인을 구 국가보안법 제1 조, 제3조 위반죄로 처단하였다.

(4) 진보당 강령의 분석

【**대법원 분석**】 다. (1) 먼저, 진보당의 결성 목적이 대한민국헌법에 위배된 것인지 여부에 관하여 본다.

【**대법원 분석**】 원심 및 제1심에서 채택하여 조사한 증거에 의하면, /

【**대법원 분석**】 진보당의 강령은 /

【**대법원 분석**】 "1. 우리는 원자력 혁명이 재래할 새로운 시대의 출현에 대응하여 사상과 제도의 선구 적 창도로써 세계 평화와 인류 복지의 달성을 기한다. /

【**대법원 분석**】 2. 우리는 공산 독재는 물론 자본가와 부패분자의 독재도 이를 배격하고 진정한 민주 주의 체제를 확립하여 책임 있는 혁신정치의 실현을 기한다. /

【**대법원 분석**】 3. 우리는 생산 분배의 합리적 계획으로 민족자본의 육성과 농민·노동자 모든 문화 인 및 봉급생활자의 생활권을 확보하여 조국의 부흥 번영을 기한다. /

【**대법원 분석**】 4. 우리는 안으로 민주 세력의 대동단결을 추진하고 밖으로 민주 우방과 긴밀히 제휴

하여 민주 세력이 결정적 승리를 얻을 수 있는 평화적 방식에 의한 조국 통일의 실현을 기한다. /

【대법원 분석】 5. 우리는 교육 체계를 혁신하여 점진적으로 국가보장제를 수립하고 민주적 새 문화의 창조로써 세계 문화에의 기여를 기한다."는 것이고, /

【대법원 분석】 그 정책은 '무능 부패한 낡은 자본주의적 민주주의와 이에 대한 안티테제(Antithese) 로서의 볼셰비즘(Bolshevism)을 다 같이 지양할 수 있고 또 지양하게 될 사회민주주의만이 우리 민족을 자유와 진보와 행복으로 인도할 수 있는 유일한 길이라는 확신' 아래, /

【대법원 분석】 ① 남한의 소위 무력통일론은 이미 불가능하고 또 불필요하며, 평화적 통일에의 길은 오직 하나 남북한에 있어서 평화통일을 저해하고 있는 요소를 견제하고 민주주의적 진보세력이 주도권을 장악하는 것뿐이라는 것을 통일정책으로, /

【대법원 분석】 ② 낡은 '자유민주주의 = 자유자본주의적' 방식은 무력하고 무효할 뿐만 아니라 도리어 유해하므로, 폭력적 독재적인 볼셰비즘적 방식과 더불어 이를 단호히 거부·배격하는 동시에 대중적이고 과학적인 '사회적 민주주의 = 계획적 민주주의'의 방식과 원칙에 의거하는 것을 경제정책으로, /

【대법원 분석】 ③ 일인 독재에 기울어지기 쉽고 따라서 대의제도와 법질서가 유린되기 쉬운 현 대통령중심제 정부형태를 반대하고, 진실로 법이 준수되고 만인의 자유와 권리가 보장되며 집권자가 국민의 대표기관인 입법부에 대해서 책임지는 의원내각제를 확립할 것을 정치형태로 채택한다는 것임을 알 수 있다.

(5) 진보당 강령의 헌법위반 여부

【대법원 판단】 진보당의 강령·정책이 위와 같다면, 진보당이 지양하고자 하는 소위 '낡은 자본주의적 민주주의, 낡은 자유민주주의, 자유자본주의' 등이라고 함은 소위 자유방임적 자본주의(laissez-faire capitalism)를 지칭하는 것으로서 /

【대법원 판단】 진보당의 경제정책은 사회적 민주주의의 방식에 의하여 자본주의 경제체제의 부작용이나 모순점을 완화·수정하려는 데 있는 것이지 사유재산제와 시장경제체제의 골간을 전면 부인하는 취지가 아님이 분명하고, /

【대법원 판단】 진보당의 정치형태 역시 주권재민과 대의제도, 국민의 자유와 권리의 보장 등을 목표로 하는 것이지 자유민주주의를 부정하는 내용이 아님이 분명하므로, /

【대법원 판단】 이 사건 재심대상판결[ⓒ판결] 당시의 구 대한민국헌법(1954. 11. 29. 헌법 제3호로 일부 개정된 것, 이하 '구 대한민국헌법'이라 한다) 및 현행 헌법의 각 전문 및 경제조항 등에서 규정하고 있는 대한민국의 민주적 기본질서 및 경제질서에 위배된다고 할 수 없다.

(6) 진보당 결성과 국가변란 목적의 유무

【대법원 분석】 (2) 다음으로, 진보당의 결성이 북한에 부수하여 국가를 변란할 목적으로 이루어진 것인지 여부에 관하여 본다.

【대법원 판단】 원심판결 및 제1심판결에서 들고 있는 모든 증거들에 의하더라도 진보당의 통일정책인 평화통일론이 북한이 대한민국을 변란할 목적으로 선전·선동하고 있는 위장평화통일론에 부수하는 것이라고 인정되지 아니할 뿐만 아니라 이를 인정할 다른 아무런 증거도 찾을 수 없는 이 사건에서, /

【대법원 판단】 그 평화통일론이 이 사건 재심대상판결 당시 우리 사회의 주도적인 통일론이었던 북

진통일론에 배치된다 하더라도 그러한 사정을 들어 곧바로 진보당의 통일정책이 헌법에 위배된다거나 또는 국가를 변란할 목적으로 주창된 것이라고 할 수는 없다.

(7) 재심대상판결의 내용

【대법원 분석】 (3) 재심대상판결[ⓒ판결]은, /

【대법원 분석】 피고인이 원심 공동피고인 을 등과 함께 창당한 진보당은 그 강령정책에 비추어 국헌에 위배하여 정부를 참칭하는 북한괴뢰집단에 부수하여 국가를 변란할 목적으로 구성된 결사라고 판단하여 이 사건 제2 공소사실[ⓛ결사구성죄]을 유죄로 인정한 원심판결[ⓑ판결]에 대하여, /

【대법원 분석】 진보당의 강령정책이 헌법에 위배되는 것이 아니고 진보당의 평화통일에 관한 주장 역시 언론자유의 한계를 일탈하였다고 볼 수 없어 그 조직에 참가하여 간부 기타 요직에 취임하고 정치활동을 한 원심 공동피고인들은 죄가 되지 아니한다 하더라도, /

【대법원 분석】 진보당은 피고인이 주동·발의하여 추진·결당된 것이며 그 결당 목적이 북한괴뢰집단과 밀통 야합하여 그 지령하에 대한민국을 변란하려 함에 있음이 명백한 이상 피고인은 그 결사를 구성한 죄책을 면할 수 없고 /

【대법원 분석】 그에 의하여 조직된 진보당 역시 자체의 성격에 불구하고 불법단체임을 면할 수 없다고 판단하였다.

(8) 재심대상판결에 대한 대법원의 판단

【대법원 판단】 그러나 앞서 본 법리에 비추어 보면, 구 국가보안법 제1조, 제3조에 규정된 불법결사에 해당하는지 여부는 그 결사의 공동목적이 국가변란에 있는지 여부에 따라 결정되어야 하는 것이지, 그 결사를 주동·발의하거나 또는 그에 참가한 구성원 한 사람의 내심의 의도와 결사의 목적을 동일시하여 구성원별로 그 해당 여부를 달리 볼 것은 아니므로, 위 재심대상판결의 법리는 더 이상 유지될 수 없다. /

【대법원 판단】 뿐만 아니라, 재심대상판결은 뒤에서 보는 공동피고인 을 관련 간첩죄의 공소사실이 유죄로 인정됨을 전제로 피고인이 북한괴뢰집단에 부수하여 국가를 변란할 목적으로 진보당을 창당하고 그 통일정책으로 평화통일론을 내세운 것이라고 판단하였으나, 뒤에서 보는 바와 같이 공동피고인 을 관련 간첩죄에 대한 원심의 사실인정이 그릇된 것인 이상 재심대상판결의 그와 같은 판단 또한 잘못된 것임이 분명하다.

【대법원 결론】 라. 그럼에도 불구하고, 원심은 진보당의 강령·정책이 자본주의를 폐기하고 사회주의를 지향하고 있다거나 자유민주주의를 폐기하는 것을 주요 내용으로 하고 있다는 이 사건 제2 공소사실[ⓛ결사구성죄]을 그대로 유죄로 인정하고 말았으니, /

【대법원 결론】 원심판결[ⓑ판결]에는 증거에 의하지 아니하고 사실을 인정함으로써 증거재판주의에 위반하였고 또한 구 대한민국헌법에 규정된 민주주의와 경제질서 및 구 국가보안법 제1조에 규정된 결사의 의미 등에 관한 법리를 오해하여 판결에 영향을 미친 위법이 있고, 이 점을 지적하는 상고이유의 주장은 이유 있다.

3. 간첩죄 부분

(1) 사안에 대한 항소심의 분석

【대법원 분석】 2. 간첩죄의 성립 여부에 관한 상고이유에 대하여

【대법원 분석】 가. 원심판결[ⓑ판결]의 이유에 의하면, 원심은 그 채용 증거에 의하여 피고인과 공동피고인 을에 대한 간첩죄의 공소사실(이하 '이 사건 제4 공소사실'[ⓡ간첩죄]이라 한다)을 유죄로 인정하였다.

【대법원 분석】 그 요지는 다음과 같다.

【항소심 판단】 (1) 공동피고인 을은 단기 4288년 6월 군첩보기관 해상공작 경로로 월북하여 노동당 정보위원회 부위원장의 직에 있는 박일영을 만나 동인으로부터 피고인이 하는 신당 운동의 내용과 그의 사생활을 자세히 조사하여 오라는 지령을 받고 한약재료 등 시가 300만 환 상당의 물품을 받아 월남한 후 재차 월북하여 그에게 피고인의 주소와 전화번호를 비롯하여 피고인이 민주당 창당운동에서 제외되어 신당의 조직을 추진하고 있다는 보고를 하였다.

【항소심 판단】 (2) 공동피고인 을은 단기 4289년 2월 육군 첩보기관의 휴전선 경로로 월북하여 박일영을 만나 동인에게 피고인이 진보당 결당 추진위원회를 조직하여 활동하고 있다는 취지의 보고를 하였다.

【항소심 판단】 (3) 공동피고인 을은 위 자리에서 박일영으로부터 "현재 북에서는 피고인과 합작할 용의가 있으니 남한의 현 정권을 전복시키기 위하여 평화통일이란 공동목표로 합작하자는 말을 전하라, 피고인이 5·15 정부통령선거에 입후보하면 재정적으로 후원한다고 전하라"는 지령을 받고, 그 해 3월 피고인을 만나 그와 같은 지령을 받았다고 전하고, 피고인으로부터 "돈을 벌었으면 개인적으로 원조하여 달라"는 말을 들었으며, 월북하여 박일영에게 그와 같은 취지를 보고하였다.

【항소심 판단】 (4) 공동피고인 을은 위 자리에서 박일영으로부터 선거자금을 원조한다고 전하라는 지령을 받고 월남하여 그 해 4월 피고인에게 그 지령을 전하고, 피고인이 "돈을 벌었다면 개인적으로 원조해 달라는데 왜 딴 소리를 하는가" 하므로 자신의 제의를 승낙하는 줄로 알고 "선거자금은 얼마나 드는가"라고 물어 "약 2억 환 있으면 족하다."라는 말을 들었으며, 월북하여 박일영에게 그와 같은 취지를 보고하였다.

【항소심 판단】 (5) 공동피고인 을은 위 자리에서 박일영으로부터 600만 환 상당의 한약재를 받아 월남하여 피고인에게 현금 및 보증수표 500만 환 가량을 교부하고, 월북하여 박일영에게 그 교부사실과 5·15 정부통령선거에서 신익희가 사망한 까닭에 피고인이 약 200만 표를 획득하였다는 취지의 보고를 하였다.

【항소심 판단】 (6) 공동피고인 을은 위 자리에서 박일영으로부터 "이제는 선거도 끝났으니 빨리 창당하도록 하라, 정당은 기관지가 필요하니 속히 일간신문지 판권을 획득하여 평화통일노선을 적극 추진하도록 하라, 그 운영자금은 전적으로 원조할 터이니 전하라"는 지령을 받고 월남하여 피고인에게 그 지령을 전하고, 그 해 8월 월북하여 박일영에게 피고인과의 회담내용을 보고하였다.

【항소심 판단】 (7) 공동피고인 을은 위 자리에서 박일영 및 그로부터 소개받은 임춘추로부터 700만

환 상당의 물품을 받아 월남하여, 그 해 9월부터 11월까지 사이에 피고인, 그의 장녀인 재심청구인 A, 그의 운전사인 공소외 B 등에게 400만 환 가량의 현금 및 보증수표, 백삼 3근 등을 교부하고, 피고인으로부터 "백삼을 보내 주어서 감사하다, 사업은 잘 되고 있는데 앞으로도 많이 후원하여 주기 바란다."는 취지의 편지를 받아 월북하여 박일영의 후임자인 임호에게 피고인의 편지를 전하고 진보당의 창당 및 진보당이 평화통일을 구호로 내세웠다는 내용을 보고하였다.

【항소심 판단】 (8) 공동피고인 을은 위 자리에서 임호로부터 지령을 받고 월남하여, 단기 4290년 2월 피고인에게 합계 500만 환 가량의 보증수표를 교부하고 그 무렵 피고인으로부터 진보당 중앙위원 및 상임위원 명단, 진보당의 선언 강령 정책 당헌이라는 소책자 및 진보당의 동향을 감시하라는 공소외 C 치안국장의 무전지시 사본 등을 교부받고 월북하여 이를 전달하였다.

【항소심 판단】 (9) 공동피고인 을은 위 자리에서 최 명불상으로부터 "조속히 신문사를 경영하도록 하라, 진보당의 조직을 강화하는 동시에 혁신세력을 규합하여 연합전선을 추진하도록 하라, 미군철수를 주장하라"는 취지의 지령을 받고 월남하여, 그 무렵 피고인을 만나 그 지령을 전하고, 그 해 5월 피고인으로부터 "사업이 잘 되기는 하나 경제적으로 곤란하므로 좀더 원조해 달라"는 취지의 자필서한과 진보당 지방당 간부 명단 1장, 대구시당 간부예정자 명단 1장 등을 받고 월북하여 이를 전달하였다.

【항소심 판단】 (10) 공동피고인 을은 위 자리에서 임호로부터 지령 및 미화 27,000불, 녹용 10냥 등의 금품을 받고 월남하여, 그 무렵 피고인에게 위 미화를 환전하여 마련한 2,400만 환 가량의 보증수표 및 미화 620불을 교부하고, 그 해 9월 피고인으로부터 중앙정치 10월호 1권, 진보당 조직 명단 1장 등을 교부받고 월북하여 이를 전달하였다.

【항소심 판단】 (11) 공동피고인 을은 위 자리에서 조 명불상 등으로부터 지령을 받고 월남하여, 그 무렵 피고인을 만나 그 지령을 전하고 피고인으로부터 "반미운동과 관련하여 진보당의 지위가 확고하지 못하여 주장하기 어렵다, 진보당의 지방조직은 잘 되어 간다, 자기는 제4대 민의원 총선거에서 인천에서 출마할 예정이다."라는 취지의 말과 진보당의 제4대 민의원 입후보자 명단 1장과 자금요청서 1장 등이 들어 있는 진보당선거대책이란 서한을 교부받았다.

(2) 간첩죄 증거의 분석

【대법원 분석】 나. 먼저, 원심이 들고 있는 유죄의 증거를 살펴본다.

【대법원 판단】 (1) 피고인은 육군특무부대 이래 원심법정에 이르기까지 공동피고인 을로부터 돈을 벌었으니 지원하겠다는 말을 듣고 그로부터 자금을 지원받은 적은 있으나 북한괴뢰집단이나 그 구성원으로부터 지령을 받거나 그 지령한 사항의 실행을 협의한 사실은 없다는 취지로 진술하고 있으므로, 피고인의 진술은 유죄의 증거가 될 수 없다.

【대법원 판단】 (2) 그리고 공소외 C, D, E, F, F 등의 검찰 또는 제1심법정, 원심법정 등에서의 각 진술, 재심청구인 A, 공소외 H, I 등의 검찰에서의 각 진술 등을 살펴보아도 이들은 모두 공소사실에 대한 직접적인 증거가 될 만한 내용은 없다. 또한, 수사기관에서 압수한 물건들도 모두 그 내용이나 경위에 비추어 공소사실에 대한 직접적인 증거가 되지 못한다.

【대법원 판단】 (3) 그렇다면 남는 증거로서는 공동피고인 을의 진술뿐인데, 공동피고인 을은 육군특무부대 이래 검찰 및 제1심법정에서 이 사건 제4 공소사실[ⓒ간첩죄]에 부합하는 진술을 하다가 원심

법정에 이르러 그 진술을 허위라고 번복하고 있으므로, 그의 진술의 증명력이 문제가 된다. /

【대법원 판단】 그런데 이 사건 2010. 10. 29.자 재심개시결정 이유에서 보듯이, 기록에 의하면 공동피고인 을은 육군첩보부대(HID)의 공작경로를 이용하여 남북한을 왕래하면서 물자교역에 종사하던 자로서 군인이나 군속의 신분에 있지 않음에도 불구하고 수사권이 없는 육군특무부대에 영장 없이 연행되어 장기간 여관에 감금된 상태에서 그 무렵 진보당 결성 및 그 평화통일론의 이적성 등과 관련하여 국가보안법 위반 혐의로 이미 구속되어 있었던 피고인과의 관계에 대하여 집중적으로 조사를 받았고 그 과정에서 자살을 기도하기도 하였던 사실을 알 수 있다. /

【대법원 판단】 이러한 사정에 더하여 공동피고인 을이 남북한을 왕래한 것은 육군첩보부대의 도움을 얻어 이루어진 것이라는 점 및 공동피고인 을이 원심 제1회 공판기일에서 수사기관 및 제1심법정에서의 진술을 허위라고 번복한 이후 일관되게 그와 같이 주장하고 있는 점 등을 감안하여 볼 때, 그가 원심법정에서 한 진술과 배치되는 수사기관 및 제1심법정에서의 진술이 특히 신빙성이 있는 것이라고 믿기 어렵다.

【대법원 요지】 (4) 무릇 형사재판에서 공소된 범죄사실에 대한 입증책임은 검사에게 있는 것이고, 유죄의 인정은 법관으로 하여금 합리적인 의심을 할 여지가 없을 정도로 공소사실이 진실한 것이라는 확신을 가지게 하는 증명력을 가진 증거에 의하여야 하므로, 그와 같은 증거가 없다면 설령 피고인에게 유죄의 의심이 간다 하더라도 피고인의 이익으로 판단할 수밖에 없다.

【대법원 판단】 이 사건의 경우, 공동피고인 을의 수사기관 및 제1심법정에서의 진술은 앞서 본 바와 같이 원심법정에서의 진술과 배치될 뿐만 아니라 그 전후 사정에 비추어 신빙하기 어렵고, 그 밖의 다른 증거들은 이 사건 공소 부분에 대한 직접적인 증거가 되지 아니하거나 피고인의 무죄 주장을 배척하기에 부족하므로, 결국 이 사건 제4 공소사실은 합리적인 의심이 없을 정도로 증명되었다고 보기 어렵고, 달리 이를 인정할 만한 증거를 기록상 찾을 수 없다.

【대법원 결론】 그럼에도 불구하고, 원심이 그 판시와 같은 증거를 들어 위 공소 부분을 유죄로 인정한 조치는 증거의 증명력에 관한 법리를 오해하여 형사소송법 제307조, 제308조에 규정한 증거재판주의와 자유심증주의에 위반한 잘못을 저지른 것으로서 이는 판결 결과에 영향을 미쳤음이 명백하다. 이 점을 지적하는 상고이유의 주장은 이유 있다.

(3) 간첩죄 구성요건의 충족 여부

【대법원 분석】 다. 다음으로, 원심판결 이유에 기재된 이 사건 간첩죄의 범죄사실이 과연 형법 제98조의 구성요건을 충족하는 것인지 여부에 관하여 본다.

【대법원 분석】 형법 제98조 제1항은 "적국을 위하여 간첩하거나 적국의 간첩을 방조한 자는 사형, 무기 또는 7년 이상의 징역에 처한다."고 규정하고 있다. /

【대법원 요지】 여기에서 간첩이라 함은 적국에 제보하기 위하여 은밀한 방법으로 우리나라의 군사상은 물론 정치, 경제, 사회, 문화, 사상 등 기밀에 속한 사항 또는 도서, 물건을 탐지·수집하는 것을 말하고, /

【대법원 요지】 간첩행위는 기밀에 속한 사항 또는 도서, 물건을 탐지·수집한 때에 기수가 되는 것이므로 /

【대법원 요지】 간첩이 이미 탐지·수집하여 지득하고 있는 사항을 타인에게 보고·누설하는 행위는 간첩의 사후행위로서 위 조항에 의하여 처단의 대상이 되는 간첩행위 자체라고 할 수 없다.

【대법원 판단】 그런데 원심판결의 이유에 의하더라도, 피고인의 행위는 공동피고인 을로부터 북한의 지령을 전달받고 대화를 나누었으며 그로부터 금품 등을 수수하고 그에게 진보당 관련 문건 등을 교부하였다는 것일 뿐이므로, 결국 진보당의 중앙위원장인 피고인이 이미 지득하고 있던 진보당 관련 문건 등을 보고·누설한 행위에 불과하다고 할 것인바, 이러한 행위는 그 사실 자체로서 형법 제98조 제1항에 규정된 간첩행위, 즉 우리나라의 기밀을 탐지·수집하는 간첩행위라고 보기 어렵다.

【대법원 결론】 그럼에도 불구하고 원심은 이 부분 공소사실이 간첩죄에 해당한다고 판단하였으니, 원심판결에는 형법 제98조 제1항에 규정한 간첩죄에 관한 법리오해의 위법이 있다. 이 점을 지적하는 상고이유의 주장은 이유 있다.

(4) 사안에 대한 대법원의 판단

【대법원 결론】 가. 이상과 같이, 원심판결[ⓑ판결] 중 진보당 결성 관련 구 국가보안법 제1조, 제3조 위반 부분[ⓒ결사구성죄]과 공동피고인 을 관련 간첩 부분[ⓓ간첩죄]은 각기 판결에 영향을 미친 법리오해의 위법이 있어 파기를 면할 수 없고, /

【대법원 결론】 이들 각 죄와 원심판결 중 재심이 개시된 나머지 죄인 무기불법소지에 의한 군정법령 제5호 위반 부분[ⓒ군정법령위반죄]은 경합범으로서 하나의 형이 선고되었으므로, 원심판결 중 피고인에 대한 유죄 부분은 모두 파기되어야 한다.

【대법원 결론】 나. 한편, 이 사건은 원심법원과 제1심법원이 조사한 증거에 의하여 판결하기에 충분하다고 인정되므로 형사소송법 제396조 제1항에 의하여 이 법원이 직접 판결하기로 한다.

4. 대법원의 파기자판

(1) 결사구성죄 부분에 대한 대법원의 판단

【대법원 판단】 (1) 이 사건 제2 공소사실[ⓒ결사구성죄]에 대하여 판단한다.

【대법원 판단】 앞서 본 바와 같이 진보당은 국헌에 위배되거나 북한에 부수하여 국가를 변란할 목적으로 구성된 결사에 해당한다고 볼 수 없는바, 이와 같은 취지에서 이 사건 제2 공소사실에 대하여 무죄를 선고한 제1심판결은 정당하므로, 이에 대한 검사의 항소를 기각한다.

(2) 간첩죄 부분에 대한 대법원의 판단

【대법원 판단】 (2) 이 사건 제4 공소사실[ⓓ간첩죄]에 대하여 판단한다.

【대법원 판단】 앞서 본 바와 같이 이 사건 제4 공소사실은 이에 부합하는 듯한 공동피고인 을의 수사기관 및 제1심법정에서의 진술은 믿기 어렵고, 나머지 증거만으로는 이 사건 제4 공소사실을 인정하기 어려우며, 달리 이를 인정할 증거를 찾아볼 수 없을 뿐만 아니라, 이 사건 제4 공소사실은 그 자체로서 형법 제98조 제1항에 규정된 간첩행위에 해당한다고 볼 수 없다. /

【대법원 판단】 따라서 이 사건 제4 공소사실은 형사소송법 제325조 소정의 범죄로 되지 아니하거나 범죄의 증명이 없는 때에 해당하고, 이와 같이 이 사건 제4 공소사실을 인정할 증거가 없는 이상 제1심

판결과 같이 이 사건 제4 공소사실에 대하여 구 국가보안법 제3조를 적용하여 처벌할 수 없는 것이며, 더욱이 공소장변경 없이 그와 같이 심판할 수 있는 것도 아니므로, 이 부분에 대한 제1심판결을 파기하고 피고인에 대하여 무죄를 선고한다.

(3) 군정법령위반죄 부분에 대한 대법원의 판단

【대법원 판단】 (3) 무기불법소지에 의한 군정법령 제5호 위반 부분[ⓒ군정법령위반죄]에 대하여 판단한다.

【대법원 분석】 제1심은, 피고인이 1957. 8.경 당국의 허가 없이 운전수 공소외 K를 통하여 미제 45구경 권총 1정 및 실탄 50발을 서울시 중구 신당동 노상에서 성명불상자로부터 3만 환에 매수하여 이를 불법으로 소지하였다는 이 사건 공소사실(이하 '이 사건 제3 공소사실'[ⓒ군정법령위반죄]이라 한다)에 대하여, 그 판시 증거에 의하여 이를 유죄로 인정하고 군정법령 제5호 제2조 위반죄로 처단하였다. /

【대법원 판단】 그런데 제1심판결에서 이와 경합범으로 하나의 형이 선고된 이 사건 제4 공소사실 [ⓔ간첩죄] 부분에 대하여 위와 같이 무죄가 선고되는 이상 제1심판결 중 이 사건 제3 공소사실[ⓒ군정법령위반죄] 부분도 더 이상 유지될 수 없게 되었다. /

【대법원 판단】 따라서 이 부분에 대한 제1심판결을 파기하고 아래와 같이 다시 판결한다.

【대법원 판단】 이 사건 제3 공소사실에 대한 범죄사실, 증거의 요지는 제1심판결과 같으므로 형사소송법 제399조, 제369조에 따라 이를 그대로 인용한다.

【대법원 요지】 그런데 재심이 개시된 사건에서 범죄사실에 대하여 적용하여야 할 법령은 재심판결 당시의 법령이고, 재심대상판결 당시의 법령이 변경된 경우 법원은 그 범죄사실에 대하여 재심판결 당시의 법령을 적용하여야 한다. /

【대법원 분석】 이 사건 제3 공소사실과 같이 당국의 허가 없이 총포를 소지하는 행위에 대한 처벌을 규정하였던 군정법령 제5호는

【대법원 분석】 1961. 12. 13. 법률 제835호 총포화약류단속법(이하 '구 총포화약류단속법'이라고 한다)의 제정으로 구 대한민국헌법 제100조에 의하여 의용되고 있던 구 총포화약류취체령(1912. 8. 21. 조선총독부제령 제3호로 제정된 것)과 함께 폐지되었고, /

【대법원 분석】 그러한 행위에 대한 처벌은 구 총포화약류단속법에 이어 구 총포 · 도검 · 화약류 단속법(1981. 1. 10. 법률 제3354호로 전부 개정된 것), /

【대법원 분석】 구 총포 · 도검 · 화약류 단속법(1984. 8. 4. 법률 제3743호로 전부 개정된 것), /

【대법원 분석】 현행 총포 · 도검 · 화약류 등 단속법(1995. 12. 6. 법률 제4989호로 일부 개정된 것) 등에 의하여 순차 규율되었다. /

【대법원 판단】 그러므로 이 사건 제3 공소사실에 대해서는 형법 제1조 제1항, 제2항, 제8조에 의하여 형이 가장 가벼운 구 총포화약류단속법이 적용되어야 하는바, /

【대법원 판단】 피고인의 판시 무기불법소지행위는 구 총포화약류단속법 제36조, 제12조가 정한 형 가운데 징역형을 선택하고 그 형기는 징역 6월로 정한다.

【대법원 판단】 끝으로 피고인에게 형을 선고하기에 앞서 그 정상을 살펴본다. 피고인은 일제강점기 하에서 독립운동가로서 조국의 독립을 위하여 투쟁하였고, 광복 이후 조선공산당을 탈당하고 대한민

국 건국에 참여하여 제헌국회의 국회의원, 제2대 국회의원과 국회 부의장 등을 역임하였으며, 1952년과 1956년 제2, 3대 대통령선거에 출마하기도 하였다. 또한, 피고인은 초대 농림부장관으로 재직하면서 농지개혁의 기틀을 마련하여 우리나라 경제체제의 기반을 다진 정치인이었다. /

【대법원 분석】 그런데 그 후 진보당 창당과 관련한 이 사건 재심대상판결로 사형이 집행되기에 이르렀는바, 이 사건 재심에서 피고인에 대한 공소사실 대부분이 무죄로 밝혀졌으므로 이제 뒤늦게나마 재심판결로써 그 잘못을 바로잡고, 무기불법소지의 점에 대하여는 형의 선고를 유예하기로 한다.

【대법원 판단】 이상과 같은 이유로 관여 법관의 의견이 일치되어 주문과 같이 판결한다.

(4) 대법원의 재심판결 주문

【대법원 주문】

원심판결과 제1심판결 중 유죄 부분을 각 파기한다.

무기불법소지에 의한 군정법령 제5호 위반죄[ⓒ군정법령위반죄]에 대하여 형의 선고를 유예한다.

이 사건 공소사실 중 공동피고인 을 관련 간첩의 점[ⓔ간첩죄]은 무죄.

제1심판결 중 진보당 관련 구 국가보안법 위반의 점[ⓛ결사구성죄]에 대한 검사의 항소를 기각한다.

2008헌가13

상소심 미결구금일수의 전부통산
형소법 482조 헌법불합치결정 사건
2009. 12. 29. 2008헌가13, 2009헌가5(병합), 헌집 21②하, 710

1. 사실관계 및 사건의 경과

【사실관계】

① 2007. 8. 31. 갑은 광주지방법원에서 교통사고처리특례법위반죄 등으로 징역 4월에 집행유예 2년을 선고받았다. (ㄱ교통사고사건)

② 2008. 1. 16. (집행유예기간 중임) 갑은 광주지방법원에서 도로교통법위반죄(음주운전 및 무면허운전)로 다음과 같은 판결을 선고받았다. (ⓛ음주운전사건)

　(가) 피고인을 징역 4월에 처한다.

　(나) 미결구금일수 41일을 위 징역형에 산입한다.

③ 2008. 1. 21. 갑은 항소하였다.

④ 2008. 2. 26. 갑은 항소를 취하하여 ⓛ음주운전사건 판결은 확정되었다.

⑤ 그에 따라 ㄱ교통사고사건 집행유예의 선고가 실효되었다.

【사건의 경과】

① 2008. 2. 28. (ⓛ음주운전사건 판결 확정 후임) 광주지방검찰청 검사는 다음과 같은 내용의 형집행지휘를 하였다.

② "1심 판결선고 전의 구금일수 41일과 항소제기기간에 해당하는 8일만을 ⓛ음주운전사건 판결의 징역형에 산입한다."

③ 2008. 3. 26. 갑은 광주지방법원에 검사의 형집행지휘처분에 대한 이의신청을 하였다.

④ 2008. 4. 15. 갑은 광주지방법원에 형사소송법 제482조 제2항에 대하여 위헌법률심판제청 신청을 하였다.

⑤ 갑은 신청이유로, 상소를 취하한 경우의 미결구금일수 산입에 대한 규정이 없음은 위헌이라고 주장하였다.

⑥ 2008. 4. 30. 광주지방법원은 갑의 제청신청을 받아들여 형사소송법 제482조 제1항 및 제2항에 대해 헌법재판소에 위헌법률심판제청을 하였다.

2. 미결구금일수 산입에 대한 일반론

(1) 미결구금의 성격과 통산의 근거

【헌재 요지】 미결구금(未決拘禁)은 도망이나 증거인멸을 방지하여 수사, 재판 또는 형의 집행을 원활하게 진행하기 위하여 무죄추정의 원칙에도 불구하고 불가피하게 피의자 또는 피고인을 일정기간 일정시설에 구금하여 그 자유를 박탈하게 하는 재판확정 전의 강제적 처분이며, 형의 집행은 아니다. /

【헌재 요지】 그러나 미결구금은 자유를 박탈하여 고통을 주는 효과면에서는 실질적으로 자유형과 같고, 구금 여부 및 구금기간의 장단은 피고인의 죄책 또는 귀책사유에 정확하게 대응되는 것이 아니라 형사절차상의 사유에 의해 좌우되는 경우가 많다. /

【헌재 요지】 이러한 점에서, 유죄의 경우에는 미결구금기간을 형기에 산입하는 것이 형평에 맞고 피고인들 사이에서도 공평을 도모할 수 있다.

(2) 형법 제57조 제1항에 대한 헌법재판소의 위헌 결정

【헌재 분석】 우리나라는 미결구금기간의 형기산입에 관하여, 형법 제57조 및 '소송촉진 등에 관한 특례법' 제24조에 따라 법원의 재판으로 산입되는 '재정통산'제도와, 형사소송법 제482조에 따라 법률상 당연히 산입되는 '법정통산'제도를 두고 있었다. /

【헌재 분석】 즉, 미결구금기간의 산입은 형법 제57조 등에 의한 재정통산을 원칙으로 하지만, 피고인에게 책임을 돌릴 수 없는 사유로 미결구금일수가 늘어나는 경우에는 법원의 재량개입이 없이 자동적으로 형기에 산입함이 타당하다고 보아 법정통산규정을 보충적으로 두었던 것이다.

【헌재 분석】 그런데 우리 재판소는 2009. 6. 25. **2007헌바25** 결정에서 /

【헌재 분석】 형법 제57조 제1항 중 "또는 일부" 부분에 대하여 "형법 제57조 제1항은 자유형의 집행과 다를 바 없는 미결구금의 본질을 충실히 고려하지 못하고 법관으로 하여금 미결구금일수 중 일부를 형기에 산입하지 않을 수 있게 허용하였는바, 이는 헌법상 무죄추정의 원칙 및 적법절차의 원칙 등을 위배하여 합리성과 정당성 없이 신체의 자유를 지나치게 제한함으로써 헌법에 위반된다."라는 위헌결정을 하였고, /

【헌재 분석】 이에 따라 형법 제57조 제1항의 문언은 "판결선고 전의 구금일수는 그 전부를 유기징역, 유기금고, 벌금이나 과료에 관한 유치 또는 구류에 산입한다."로 축소되었다. /

【헌재 판단】 즉, 형법 제57조 제1항은 판결선고 전 구금일수의 본형산입에 관한 법관의 재량을 배제하고 판결선고 전 구금일수의 전부를 본형에 산입하는 법정통산으로 그 성격이 변경되었다고 할 것이다.

3. 형소법 제482조에 대한 판단

(1) 문제의 소재

【헌재 요지】 미결구금은 무죄추정의 원칙에도 불구하고 신체의 자유라는 중요한 기본권을 제한하는 것이므로, 수사의 필요상 또는 재판절차의 진행상 불가피하게 미결구금을 하는 경우에도 적법절차의 원칙에 따라 신체 자유의 본질적인 내용을 침해하지 않도록 해야 할 뿐만 아니라, 과잉금지의 원칙에도 반하지 않도록 정당한 한도 내로 제한되어야 한다. /

【헌재 요지】 따라서 피의자나 피고인이 위와 같은 국가의 형사소송의 절차적 필요에 의하여 적법하게 구금되었다 하더라도, 미결구금은 피의자 또는 피고인의 신체의 자유를 박탈하고 있다는 점에서 실질적으로 자유형의 집행과 다를 바 없으므로, 그 구금기간에 대해서는 반드시 정당한 평가와 보상이 이루어져야 한다. /

【헌재 요지】 그리하여 미결구금에 대해서, 구금된 피고인이 무죄판결을 받은 경우에는 형사보상법 등에 의하여 보상을 받을 수 있고, 유죄판결을 받은 경우에는 그 미결구금일수를 본형에 통산하게 되는 것이다.

【헌재 분석】 그런데 구속 피고인이 상소제기 후 상소를 취하한 경우의 미결구금일수에 관해서는 상소심 법원의 판결이 없었다는 점에서 형사소송법 제482조 제1항이 적용될 수 없고, 또 '상소제기기간 중의 구금일수'를 규정한 형사소송법 제482조 제2항이 적용되지도 아니하므로, 결국 본형 형기에 산입할 수 없는 상태이다.

【헌재 분석】 그렇다면 상소제기 후의 미결구금일수 산입을 규정한 형사소송법 제482조 제1항 및 제2항(이하 '이 사건 법률조항들'이라 한다) 모두가 상소제기 후 상소취하시까지의 구금일수 통산에 관하여는 규정하지 아니함으로써 이를 본형 산입의 대상에서 제외되도록 한 것이 구속 피고인의 신체의 자유를 지나치게 제한하는 것은 아닌지, 상소제기 후 상소기각판결을 선고받는 구속 피고인과의 차별은 아닌지가 문제된다.

(2) 이 사건 법률조항들의 위헌성

【헌재 요지】 헌법상 무죄추정의 원칙에 따라, 유죄판결이 확정되기 전의 피의자 또는 피고인은 아직 죄 있는 자가 아니므로 그들을 죄 있는 자에 준하여 취급함으로써 법률적·사실적 측면에서 유형·무형의 불이익을 주어서는 아니되고, /

【헌재 요지】 특히 미결구금은 신체의 자유를 침해받는 피의자 또는 피고인의 입장에서 보면 실질적으로 자유형의 집행과 다를 바 없으므로 인권보호 및 공평의 원칙상 형기에 전부 산입되어야 한다. /

【헌재 요지】 따라서 상소제기 후 상소취하시까지의 구금 역시 미결구금에 해당하는 이상 그 구금일수도 형기에 전부 산입되어야 한다. /

【헌재 판단】 그런데 이 사건 법률조항들은 구속 피고인의 상소제기 후 상소취하시까지의 구금일수를 본형 형기 산입에서 제외함으로써 기본권 중에서도 가장 본질적 자유인 신체의 자유를 침해하고 있다.

【헌재 판단】 한편 구속 피고인이 고의로 재판을 지연하거나 부당한 소송행위를 하였다고 판단되는 경우에도 이를 이유로 미결구금기간 중 일부를 형기에 산입하지 않는다면 이는 처벌되지 않아야 할 소송상의 행위에 대하여 형벌적 제재를 가하는 것으로서 적법절차원칙 및 무죄추정의 원칙에 반하여 부당하다고 할 것인바(헌재 2009. 6. 25. **2007헌바25**). /

【헌재 판단】 이에 비하여 상소 취하의 경우에는 상소기각판결까지 이르기 전에 신속하게 법률관계를 확정시켜 법적안정성에 기여하고 또한 법원의 재판부담도 경감시키게 된다는 점에서 미결구금일수 불산입의 부당성이 더욱 명백하다 할 것이다.

【헌재 판단】 또한 구속 피고인이 상소하였다가 상소기각판결을 선고받는 경우에는 앞서 본 형법 제57조 제1항에 대한 헌재 2009. 6. 25. **2007헌바25** 결정에 의하여 그 미결구금일수 전부를 산입받을 수 있게 된 반면, /

【헌재 판단】 구속 피고인이 상소하였다가 상소를 취하한 때에는 이 사건 법률조항들이 상소제기 후 상소취하시까지의 구금기간을 통산하도록 규정하고 있지 아니함으로써 그 구금기간을 본형에 산입받지 못하는바, /

【헌재 판단】 이로 인하여 상소를 취하한 구속 피고인은 상소기각판결을 선고받은 구속 피고인에 비하여 현저히 불리한 차별을 받는 결과가 된다.

【헌재 판단】 결국 상소제기 후 상소취하시까지의 미결구금을 형기에 산입하지 아니하는 것은 헌법상 무죄추정의 원칙 및 적법절차의 원칙, 평등원칙 등을 위배하여 합리성과 정당성 없이 신체의 자유를 지나치게 제한하는 것이고, 따라서 '상소제기 후 미결구금일수의 산입'에 관하여 규정하고 있는 이 사건 법률조항들이 상소제기 후 상소취하시까지의 미결구금일수를 본형에 산입하도록 규정하지 아니한 것은 헌법에 위반된다고 할 것이다.

(3) 헌법불합치 결정과 잠정적용 명령

【헌재 판단】 이상과 같이 이 사건 법률조항들은 헌법에 위반되므로 원칙적으로 위헌결정을 하여야 할 것이나, /

【헌재 판단】 이 사건 법률조항들의 위헌성은 '그 조항들에서 규정하고 있는 사유가 있는 경우에 이를 법정통산하는 것' 자체에 있는 것이 아니라, /

【헌재 판단】 그 조항들이 '상소제기 후 상소취하시까지의 미결구금'을 법정통산의 적용대상으로 규정하지 아니한 불충분한 입법(부진정입법부작위)에 있는 것이다. /

【헌재 판단】 따라서 입법자는 이러한 위헌성을 제거하기 위하여 이 사건 법률조항들을 개정하여 상소제기 후 상소취하한 경우의 미결구금도 법정통산되도록 법정통산의 사유를 추가해야 할 것이다/

【헌재 판단】 (이 사건 법률조항들과 형법 제57조 제1항 및 '소송촉진 등에 관한 특례법' 제24조 전부를 개정대상으로 놓고 재판이 확정되기 전까지의 모든 구금기간을 전부 형기에 산입될 수 있도록 적절한 형태로 개정할 수도 있을 것이다).

【헌재 판단】 한편 위헌결정으로 이 사건 법률조항들의 효력을 즉시 상실시키거나 그 적용을 중지할 경우에는 상소의 취하와 관련이 없는 일반 형사사건에 적용할 법정통산의 근거조항마저 없어지게 되어 법적 안정성의 관점에서 용인하기 어려운 법적 공백이 생기게 된다. /

【헌재 판단】 따라서 입법자가 합헌적인 내용으로 법률을 개정할 때까지 이 사건 법률조항들을 계속 존속하게 하여 적용되도록 할 필요가 있다. /

【헌재 판단】 입법자는 이 결정에서 밝힌 위헌이유에 맞추어 조속한 시일 내에 이 사건 법률조항들을 합헌적인 내용으로 개정하여야 할 입법의무가 있으며, 그때까지 이 사건 법률조항들은 계속 존속하여 적용된다.

【헌법재판소 주문】

1. 형사소송법 제482조 제1항(2007. 6. 1. 법률 제8496호로 개정된 것) 및 제482조 제2항(2004. 10. 16. 법률 제7225호로 개정된 것)은 헌법에 합치되지 아니한다.

2. 위 각 법률조항은 입법자가 개정할 때까지 계속 적용된다.

2008헌마414

재정신청 이유기재와 재판청구권
형소법 260조 4항 위헌소원 사건
2009. 12. 29. 2008헌마414, 헌공 제159호, 134

1. 사실관계 및 사건의 경과

【사실관계】

① 2007. 1.경 갑은 영업부장으로 근무하던 A가 판매대금 중 4, 5백만 원을 횡령하였다며 A를 수사기관에 고소하였다.

② 2007. 10. 23. 갑의 고소사건을 수사한 서울중앙지방검찰청 검사는 A에 대하여 혐의없음의 불기소처분을 하였다.

③ 갑은 검찰청법에 따라 항고하였다.

④ 2008. 1. 30. 서울고등검찰청은 갑의 항고를 기각하였다.

⑤ 2008. 2. 14. 갑은 서울고등법원에 재정신청을 하였다.

⑥ 2008. 4. 14. 서울고등법원은 갑이 재정신청서에 그 사유를 기재하지 않았다는 이유로 재정신청을 기각하였다.

【사건의 경과】

① 2008. 5. 28. 갑은 헌법재판소에 헌법소원심판을 청구하였다.

② 갑은 심판청구 이유로 다음의 점을 주장하였다.

③ "재정신청서에 재정신청의 대상이 되는 사건의 범죄사실 및 증거 등 재정신청을 이유 있게 하는 사유를 기재하도록 규정하고 있는 형사소송법 제260조 제4항은 청구인의 재판청구권 등을 침해하였다."

2. 형소법 제260조 제4항과 제한되는 기본권

【헌재 분석】 이 사건 법률조항[형소법 제260조 제4항]에 따라 재정신청서에는 재정신청의 대상이

되는 사건의 범죄사실 및 증거 등 재정신청을 이유 있게 하는 사유를 기재하여야 하고, /

【헌재 분석】 재정신청서에 위와 같은 사항을 기재하지 않은 경우에는 형사소송법 제262조 제2항 제1호 중 "신청이 법률상의 방식에 위배된 때"에 해당하여 재정신청을 기각할 수 있다.

【헌재 판단】 재정신청제도는 검사의 불기소처분이 자의적으로 행사된 경우 형사피해자의 재판절차진술권을 보장하기 위해 마련된 사법절차로서, 불기소처분의 당부를 심사하는 법원의 '재판절차'이고 형사피해자는 재정신청이라는 재판청구를 할 수 있는 것이므로, 이에 대한 제한은 재판청구권의 행사에 대한 제한이 될 수 있다.

【헌재 분석】 그 밖에 청구인은 이 사건 법률조항이 평등권을 침해하고 있다고 주장하고 있으므로, 이를 순차로 살핀다.

3. 재판청구권의 침해 여부

(1) 위헌심사기준

【헌재 판단】 우리 헌법은 공소제기의 주체, 방법, 절차나 사후통제에 관하여 직접적인 규정을 두고 있지 아니하며, 검사의 자의적인 불기소처분에 대한 통제방법에 관하여도 헌법에 아무런 규정을 두고 있지 않기 때문에 어떠한 방법으로 어느 범위에서 그 남용을 통제할 것인가 하는 문제 역시 기본적으로 입법자의 재량에 속하는 입법정책의 문제이다. /

【헌재 판단】 그러므로 입법자가 재정신청제도를 두면서 그 범위나 방법을 제한하는 경우에도 그 제한이 현저하게 불합리하게 설정되지 않는 한 헌법에 위반되는 것이라고 할 수 없다.

【헌재 판단】 또한 재판을 청구하는 방법을 정하는 것은 입법자가 입법형성재량에 기초한 정책적 판단에 따라 결정할 문제이고 그것이 입법부에 주어진 합리적인 재량의 한계를 일탈하지 아니하는 한 위헌이라고 판단할 것은 아니다. /

【헌재 판단】 다만 이러한 입법재량도, 예컨대 소를 제기하는 것이 사실상 불가능하게 하거나 매우 어렵게 하는 경우와 같이 헌법상 보장된 기본권인 재판청구권의 본질적 내용을 침해하여서는 아니된다는 한계가 있을 뿐이다.

【헌재 판단】 그러므로 이 사건 법률조항이 형사피해자의 재판청구권(재정신청권)을 침해하는지 여부는 그 구체적인 형성에 관한 합리적인 입법재량을 일탈하였는지 여부를 기준으로 판단하면 될 것이고, 그 판단의 내용은 재정신청서에 재정신청이유를 기재하도록 하는 것이 입법목적에 합리성이 있는지 여부 및 재판청구권의 보장을 사실상 형해화하여 재판청구권의 본질적 내용이 침해되는지 여부에 있다.

(2) 재판청구권의 침해 여부

【헌재 판단】 (가) 형사소송법과 검찰청법에서 재정신청이 가능한 사건의 경우 검찰 재항고를 불허하고(검찰청법 제10조 제3항), 재정법원의 심리기간을 3개월로 제한하며(형사소송법 제262조 제2항), 재정법원의 재정신청기각결정에 대하여 불복을 불허하는(같은 법 제262조 제4항) 등의 제한을 두고 있는 것은 모두 피고소인 또는 피고발인의 지위가 장기간 불안정해지는 것을 방지하고자 한 것으로, /

【헌재 판단】 이 사건 법률조항에서 재정신청서에 재정신청이유를 기재하도록 규정하고 있는 것도

재정신청서에 재정신청의 근거를 명시하게 함으로써 법원으로 하여금 재정신청의 범위를 신속하게 확정하고, 재정신청에 대한 결정을 신속하게 내릴 수 있도록 하며, /

【헌재 판단】 재정신청의 남발을 방지하려는 취지와 재정신청으로 인하여 이미 검사의 불기소처분을 받은 피고소인 또는 피고발인의 지위가 계속 불안정하게 되는 불이익을 고려하여 입법자가 정당한 이익형량을 한 결과라고 할 것이다. /

【헌재 판단】 따라서 재정신청서에 재정신청이유를 기재하도록 한 것은 재정신청제도를 형성하는 입법재량에 속하는 것으로서 합리적인 이유가 있다.

【헌재 판단】 (나) 형사소송법 제260조 제2항 본문은 재정신청을 하려면 반드시 검찰 항고를 거치도록 하고 있는바, 고소인이나 고발인이 재정신청을 하게 되는 때에는 이미 불기소처분의 통지를 받은 날부터 30일의 제기기간이 주어지는 검찰항고절차를 통하여 당해 사건의 범죄사실이나 증거 등에 관련된 검토를 어느 정도 마친 이후라고 할 것이다. /

【헌재 판단】 또한, 재정신청을 하는 신청인에게 재정신청이유를 기재하도록 하는 것은 사법제도의 본질상 당연하다고 할 것이고, /

【헌재 판단】 이 사건 법률조항에서 재정신청서에 재정신청이유를 기재하도록 규정하고 있으나, 이것이 법률전문가에게 기대하는 것과 같이 법리적으로 정확하고 치밀한 이유의 기재를 요구하는 것이라고 볼 수도 없다. /

【헌재 판단】 따라서 이 사건 법률조항에서 고소인 또는 고발인에게 재정신청서에 재정신청의 이유를 기재하도록 하는 것이 재판청구권을 형해화할 정도에 이른다고 볼 수도 없다.

【헌재 판단】 (다) 청구인의 주장과 같이 형사판결에 대한 상소이유서 제출과 같이 재정신청에 있어서도 재정신청의 접수통지를 받은 후에 약 20일 정도의 재정신청이유서 제출기간을 부여할 수도 있을 것이다. /

【헌재 판단】 그러나 그렇게 한다면, 관할 고등법원이 재정신청서를 송부받아 그 사실을 재정신청인에게 통지하는 기간(형사소송규칙 제120조에 의하면 재정신청서를 송부받은 날로부터 10일 이내에 통지하도록 하고 있다) 및 부여된 재정신청이유서 제출기간 만큼 재정신청사건의 처리가 지연되고, 피고소인 또는 피고발인의 지위가 계속 불안정하게 되는 불이익을 받게 되는바, 입법자가 이와 같이 입법하지 않았다고 하여 입법재량의 한계를 일탈했다고 보기는 어렵다.

【헌재 판단】 (라) 따라서 이 사건 법률조항은 비록 형사피해자인 청구인의 재판청구권의 행사를 제한하고 있지만, 이에 관한 합리적인 입법재량의 한계를 일탈하지 아니하였고 청구인의 재판청구권을 형해화하고 있다고 할 수도 없으므로 이로 인하여 청구인의 재판청구권이나 재판절차진술권이 침해된다고 볼 수는 없다.

4. 평등권 침해 여부

(1) 위헌심사기준

【헌재 판단】 헌법재판소는 평등권의 침해 여부를 심사하는 기준으로서, 헌법에서 특별히 평등을 요구하고 있는 경우와 차별적 취급으로 인하여 관련 기본권에 대한 중대한 제한을 초래하게 되는 경우에는 엄격한 심사척도가 적용되어야 하고, 그렇지 않은 경우에는 완화된 심사척도에 의한다는 원칙을 적

용하고 있는데, /

【헌재 판단】 이 사건 법률조항은 헌법에서 특별히 평등을 요구하는 부분에 대한 것이 아니므로 완화된 심사기준에 따라 평등권의 침해 여부를 가려야 할 것이고, /

【헌재 판단】 그에 관한 구체적 심사요건은 본질적으로 동일한 것을 다르게 취급하고 있는지 또는 본질적으로 다른 것을 같게 취급하고 있는지에 관련된 차별취급의 존재 여부와 이러한 차별취급이 존재한다면 이를 자의적으로 볼 수 있는지 여부라고 할 수 있다.

(2) 재정신청인과의 차별 여부

【헌재 분석】 청구인은 민사소송의 항소인에게는 항소장에 항소이유를 기재할 것을 요구하지 않고, 상고인에게도 상고장에 상고이유를 기재하도록 요구하지 않으며, 상고장 접수통지를 받은 날로부터 20일 이내에 상고이유서를 제출하도록 하고 있고, 불기소처분에 대한 검찰 재항고의 경우 재항고장에 재항고이유를 기재하도록 요구하고 있지 않은데, /

【헌재 분석】 유독 재정신청인에게만 재정신청서에 재정신청이유를 기재하도록 요구하고 있는 것은 민사소송에서의 항소인, 상고인 및 검찰 재항고에서의 재항고인과 비하여 재정신청인을 합리적 이유 없이 차별하는 것이라고 주장한다.

【헌재 판단】 그러나 민사소송법에서의 항소인 및 상고인은 민사소송절차에서의 당사자임에 반하여 불기소처분에 대한 재정신청인은 형사소송절차에서의 당사자라는 점에서 평등권 심사에 있어서 동일한 비교집단으로 구성된다고 할 수 없고, /

【헌재 판단】 검찰청법에 따른 재항고는 검찰 내부의 감독기능을 청구하는 것이고, 이에 비하여 재정신청은 소송절차를 통하여 법원이 제3자의 입장에서 검찰의 불기소처분을 통제하는 절차라는 점에서 재항고인과 재정신청인 또한 평등권심사에 있어서 동일한 비교집단으로 구성하기는 어렵다.

(3) 형사소송의 상소인과 재정신청인의 차별 여부

【헌재 분석】 청구인은 형사소송의 항소인이나 상고인에게는 항소장이나 상고장에 항소이유나 상고이유를 기재할 것을 요구하지 않고, 항소장이나 상고장 접수통지를 받은 날로부터 20일 이내에 항소이유서 내지 상고이유서를 제출하도록 하고 있는데, 재정신청인에게만 재정신청서에 재정신청이유를 기재하도록 요구하고 있는 것은 형사소송의 항소인이나 상고인에 비하여 재정신청인을 합리적 이유 없이 차별하는 것이라고 주장한다.

【헌재 판단】 형사소송의 항소인이나 상고인과 재정신청인은 모두 형사소송절차의 당사자라는 점에서 일응 양자를 동일한 비교집단으로 구성할 수 있다.

【헌재 판단】 그러나 형사판결에 대한 상소이유서 제출과 같이 재정신청에 있어서도 재정신청의 접수통지를 받은 후에 약 20일 정도의 재정신청이유서 제출기간을 부여한다면 그 기간만큼 더 피고소인 또는 피고발인의 지위가 계속 불안정하게 되는 불이익을 받게 되는 점, /

【헌재 판단】 재정신청을 하려면 반드시 검찰 항고를 거치도록 하고 있는데 고소인이나 고발인이 재정신청을 하게 되는 때에는 이미 불기소처분의 통지를 받은 날부터 30일의 제기기간이 주어지는 검찰 항고절차를 통하여 당해 사건의 범죄사실이나 증거 등에 관련된 검토를 어느 정도 마친 이후라고 할 것인 점, /

【헌재 판단】 재정신청서에 재정신청이유를 기재하도록 규정하고 있으나, 이것이 법률전문가에게 기대하는 것과 같이 법리적으로 정확하고 치밀한 이유의 기재를 요구하는 것이라고 볼 수도 없는 점 등에 비추어 볼 때, /

【헌재 판단】 재정신청인에게 재정신청서에 재정신청이유를 기재하도록 하는 것은 합리적 이유가 있으며 부당한 차별이라고 보기는 어렵다. (심판청구 기각)

2008헌마578

재정신청 기각결정에 대한 불복
형소법 262조 4항 한정위헌 사건
2011. 11. 24. 2008헌마578, 2009헌마41, 98(병합), 헌공 제182호, 1868

1. 사실관계 및 사건의 경과

【사실관계】

① 2008. 1. 1.부터 개정 형사소송법이 시행되었다.
② 개정 형사소송법 제262조 제4항은 고등법원의 재정결정에 대해 불복할 수 없도록 규정하고 있다.
③ 갑은 A 등 3인을 업무상 배임 혐의로 고소하였다.
④ 갑의 고소사건에 대해 관할 부산지방검찰청 검사는 혐의없음의 불기소처분을 하였다.
⑤ 갑은 검찰항고를 하였으나 기각되었다.
⑥ (이하에서는 갑 이외의 다른 병합사건에 대한 소개를 생략함)

【사건의 경과】

① 2008. 4. 28. 갑은 부산고등법원에 재정신청을 하였다.
② 2008. 7. 24. 부산고등법원은 갑의 재정신청이 이유 없다고 판단하여 신청을 기각하였다.
③ 2008. 9. 19. 갑은 형소법 제262조에 대하여 헌법재판소에 헌법소원심판을 청구하였다.
④ 2011. 11. 24. 헌법재판소는 형소법 제262조 제4항에 대해 한정 위헌 결정을 내렸다.

2. 형소법 제262조와 제한되는 기본권

【헌재 요지】 형사피해자로 하여금 자신이 피해자인 범죄에 대한 형사재판절차에 접근할 가능성을 제한하는 것은 동시에 그의 재판청구권을 제한하는 것이 될 수 있으며, /

【헌재 요지】 재정신청제도는 검사의 불기소처분이 자의적인 경우 형사피해자의 재판절차진술권을 보장하기 위해 마련된 별개의 사법절차로서, 이 역시 불기소처분의 당부를 심사하는 법원의 '재판절차'이고 /

【헌재 요지】 형사피해자는 재정신청이라는 재판청구를 할 수 있는 것이므로, 재정신청을 비롯하여 그 심리의 공개 및 재정결정에 대한 불복 등에 대한 제한은 재판청구권의 행사에 대한 제한이 될 수 있다.

【헌재 판단】 그러므로 법 제262조 제3항이 재정신청사건의 심리를 비공개원칙으로 하는 것, /

【헌재 판단】 법 제262조 제4항 전문 중 재정신청 기각결정에 관한 부분이 재정신청 기각결정에 대한 불복을 금지하는 것, /

【헌재 판단】 그리고 법 제262조의2 본문이 재정신청사건의 심리 중에 관련 서류 등의 열람·등사를 금지하고 있는 것은 /

【헌재 판단】 재정신청인의 재판청구권의 행사에 대한 제한이 된다.

【헌재 판단】 또, 법 제262조 제4항 전문 중 재정신청 기각결정에 관한 부분이 재정신청 기각결정에 대하여 법 제415조의 재항고까지 허용하지 않는 것이라고 본다면 법 제415조의 재항고가 허용되는 고등법원의 여타 결정을 받은 사람에 비하여 재정신청인을 차별취급하여 평등권을 제한하는 것이 된다.

3. 재판청구권 침해 여부의 심사기준

【헌재 판단】 우리 헌법은 공소제기의 주체, 방법, 절차나 사후통제에 관하여 직접적인 규정을 두고 있지 아니하며, 검사의 자의적인 불기소처분에 대한 통제방법에 관하여도 헌법에 아무런 규정을 두고 있지 않기 때문에 어떠한 방법으로 어느 범위에서 그 남용을 통제할 것인가 하는 문제 역시 기본적으로 입법자의 재량에 속하는 입법정책의 문제이다. /

【헌재 판단】 그러므로 입법자가 재정신청제도를 두면서 그 범위를 제한하는 경우에도 그 제한이 현저하게 불합리하게 설정되지 않는 한 헌법에 위반되는 것이라고 할 수 없다. /

【헌재 판단】 이 사건들에 있어서 재정신청사건의 심리의 공개를 제한하는 법 제262조 제3항, /

【헌재 판단】 재정신청 기각결정에 대한 불복을 금지하는 법 제262조 제4항 전문 중 재정신청 기각결정에 관한 부분, /

【헌재 판단】 그리고 재정신청사건의 심리 중에 관련 서류 등의 열람·등사를 금지하는 법 제262조의2 본문은 /

【헌재 판단】 재정신청에 대한 재판에 있어서 재정신청인의 재판청구권의 행사를 제한하는 것이지만, 그 구체적인 내용을 정하는 데에는 입법형성의 자유가 있다고 할 것이다.

【헌재 판단】 따라서 위 각 법률규정이 재판청구권을 침해하는지 여부는 그 구체적인 형성에 관한 합리적인 입법재량을 일탈하였는지를 기준으로 판단하면 될 것이다.

4. 심리비공개와 열람·등사제한의 재판청구권 침해 여부

【헌재 분석】 법 제262조 제3항과 제262조의2는 형사소송법이 2007. 6. 1. 법률 제8496호로 개정되면서 새로이 규정된 것으로서, /

【헌재 판단】 법 제262조 제3항이 재정신청사건의 심리를 비공개원칙으로 하는 것은 심리의 보안을 유지하여 적정한 재정결정이 이루어지게 하고 무죄추정을 받는 관련자의 사생활 침해를 방지할 수 있도록 하기 위함이며, /

【헌재 판단】 법 제262조의2 본문이 재정신청사건 기록의 열람·등사를 금지하는 것은 민사소송 제출용 증거서류를 확보하려는 목적으로 재정신청을 남용하는 사태를 방지하기 위함이다.

【헌재 판단】 재정법원의 심리는 기소여부 결정을 위하여 행하여지는 수사에 준하는 성격을 일부 가지고 있으며, 검찰이 불기소 판단을 내린 사건에 대한 재심리 절차인 점을 고려할 때 비밀을 보장하고

피의자를 더욱 보호할 필요가 있는데, /

【헌재 판단】 재정신청사건의 심리를 공개하고 관련 서류 및 증거물에 대한 열람 · 등사를 제한 없이 허용한다면 피의자의 사생활이 침해되고, 수사의 비밀을 해칠 우려가 있으며, 민사사건에 악용하기 위하여 재정신청을 남발하는 문제 등이 발생할 수 있는바, /

【헌재 판단】 위 각 법률규정은 이를 방지하기 위한 것으로 그 입법목적의 합리성이 인정된다.

【헌재 판단】 뿐만 아니라 법 제262조 제3항은 특별한 사정이 있는 경우에는 심리를 공개할 수 있도록 하고 있고, 법 제262조의2 단서는 재정신청사건을 심리하는 법원이 그 증거조사과정에서 작성된 서류의 전부 또는 일부의 열람 또는 등사를 허가할 수 있도록 규정하고 있다.

【헌재 판단】 따라서 위 각 법률규정은 합리적인 입법재량의 한계를 일탈하지 않았으므로 이로 인하여 청구인 갑, 을의 재판청구권이 침해된다고 볼 수 없다.

5. 기각결정 불복불허규정의 입법 연혁

【헌재 분석】 1) 형사소송법은 제정 당시 법 제262조 제2항 전단에서 '재정결정에 대하여는 항고할 수 없고'라고 규정하였는데(이하 '항고불허규정'이라고 한다), /

【헌재 분석】 위 규정과 관련하여, 대법원은 '재정결정에 대하여 헌법이나 법률에 위반되는 것임을 이유로 재항고할 수 있다.'라고 하였다가(대법원 1965. 5. 12.자 **64모38**[I권] 전원합의체결정), /

【헌재 분석】 '재정신청 기각결정에 대하여는 법 제415조의 재항고를 할 수 있으나 심판회부결정에 대하여는 법 제415조의 재항고를 허용할 수 없다.'라고 판례를 변경하였으며(대법원 1997. 11. 20.자 **96모119**[I권] 전원합의체결정), /

【헌재 분석】 헌법재판소는 1996. 10. 31. 94헌바3 결정에서 '항고불허규정은 재정신청 기각결정에 대하여 법 제415조의 재항고가 아니라 보통항고를 금지하고 있는 것으로 헌법에 위반되지 않는다.'라고 판시하였다(판례집 8-2, 466).

【헌재 분석】 2) 항고불허규정은 형사소송법이 2007. 6. 1. 법률 제8496호로 개정되면서 법 제262조 제4항 전문으로 옮겨져 '재정결정에 대하여는 불복할 수 없다.'라고 변경되었는데(이하 '불복불허규정'이라고 한다), /

【헌재 분석】 국회의 형사소송법 개정법률안 심의과정에서 위 대법원 판례의 취지에 따라 재정신청 기각결정에 대해서는 법 제415조의 재항고를 허용하자는 논의가 있었지만, 고소가 남발되는 상황에서 재정신청 기각결정에 대하여 불복을 허용하면 피의자의 지위가 장기간 불안정해지고 향후 대법원 판례도 변경될 가능성을 배제할 수 없다고 하여 모든 재정결정에 대하여 일체의 불복을 금지하도록 하였다. /

【헌재 분석】 그러나 불복불허규정은 항고불허규정에서의 '항고'라는 용어를 '불복'이라는 용어로 바꾸어 놓은 것에 불과할 뿐이어서 위 규정이 재정신청 기각결정에 대하여 보통항고 외에 법 제415조의 재항고까지 불허하는 것인지에 관하여 학자들 사이에 견해가 일치되지 않고 있고, /

【헌재 분석】 대법원은 재정신청 기각결정 중 신청이 법률상의 방식을 준수하였음에도 법원이 방식 위배의 신청이라고 잘못 보아 기각결정을 한 경우에는 불복불허규정의 적용이 없다고 판시하였을 뿐(대법원 2011. 2. 1.자 2009모407 결정, 대법원 2011. 2. 28.자 2009모921 결정 등) /

【헌재 분석】 불복불허규정이 재정신청 기각결정에 대하여 법 제415조의 재항고까지 불허하는지에

관하여는 명시적인 입장 표명을 한 적이 없다.

6. 기각결정 불복불허규정과 관련한 쟁점의 정리

【헌재 판단】 법원의 결정에 대하여 불복이 있으면 원칙적으로 항고를 할 수 있으나, 형사소송법에 특별한 규정이 있는 경우에는 항고를 할 수 없는데(법 제402조), /

【헌재 판단】 법 제415조가 "항고법원 또는 고등법원의 결정에 대하여는 재판에 영향을 미친 헌법·법률·명령 또는 규칙의 위반이 있음을 이유로 하는 때에 한하여 대법원에 즉시항고를 할 수 있다."라고 규정하고 있으므로, /

【헌재 판단】 법 해석상 고등법원의 결정에 대하여는 보통항고를 할 수 없다.

【헌재 판단】 그렇다면 기각결정에 대한 불복불허규정에서의 '불복할 수 없다.'는 것은 적어도 법 제415조에서 도출되는 원칙을 재확인하는 의미에서 고등법원의 결정인 재정신청 기각결정에 대하여 보통항고를 금지한다는 의미를 가짐은 물론 /

【헌재 판단】 나아가 재정신청 기각결정에 대하여는 법 제415조의 재항고도 허용되지 않는다는 입장을 취할 때에는 법 제415조의 재항고까지 금지한다는 의미를 가지게 된다.

【헌재 판단】 이러한 점을 고려할 때 기각결정에 대한 불복불허규정이 재판청구권을 침해하는지의 문제는 재정신청 기각결정에 대하여 보통항고를 금지하는 것이 재판청구권을 침해하는지 여부와 /

【헌재 판단】 재정신청 기각결정에 대하여 법 제415조의 재항고를 금지하는 것이 재판청구권을 침해하는지 여부로 나누어 살펴볼 필요가 있다.

7. 보통항고 불허와 재판청구권 침해 여부

【헌재 판단】 가) 무릇 재판이란 사실 확정과 법률의 해석적용을 본질로 함에 비추어 법관에 의하여 사실적 측면과 법률적 측면에서 한 차례 심리검토를 받을 기회는 적어도 보장되어야 할 것이며, 또 그와 같은 기회에 접근하기 어렵도록 제약이나 장벽을 쌓아서는 안 된다. 만일 그러한 보장이 제대로 안 되면 재판을 받을 권리의 본질적 침해의 문제가 생길 수 있다. /

【헌재 판단】 그러나 모든 사건에 대하여 똑같이 한 차례 이상 상급법원에서의 심사기회를 제공하는 것이 곧 헌법상의 재판을 받을 권리의 보장이라고 할 수는 없을 것이다. /

【헌재 판단】 국가에 따라서는 국민에게 상소심에서 재판을 받을 권리를 헌법상 명문화한 예도 있으나, /

【헌재 판단】 그와 같은 명문규정이 없고 상소문제가 일반 법률에 맡겨져 있는 우리나라의 경우에는 헌법 제27조에서 규정한 재판을 받을 권리에 모든 사건에 대해 상소법원의 구성 법관에 의한, 상소심 절차에 의한 재판을 받을 권리까지도 당연히 포함된다고 단정할 수는 없을 것이고, /

【헌재 판단】 모든 사건에 대하여 획일적으로 상소할 수 있게 하느냐 또는 상소의 사유를 어떻게 규정하느냐는 특단의 사정이 없는 한 입법정책의 문제라고 함이 타당하다.

【헌재 판단】 나) 상소심의 재판을 받을 권리가 헌법상 제한이 불가능한 기본권이라고 할 수는 없기 때문에, 어느 정도까지 상소의 기회를 부여할 것인가 및 상소의 사유를 어떻게 정할 것인가의 문제는 각 사건유형의 성질과 사안의 경중에 따라 입법자가 법률로써 제한할 수 있는 문제이다. /

【헌재 판단】 다만 우리나라의 형사소송법이 판결에 대하여는 항소와 상고를, 결정에 대하여는 항고를 각 인정하는 것을 원칙으로 하고 있는 점에 비추어 만일 기각결정에 대한 불복불허규정이 합리적인 이유도 없이 고등법원의 재정신청 기각결정에 대하여 항고를 배제하거나 항고이유를 제한하고 있는 것이라면 이는 재판당사자에 대하여 헌법 제27조 제1항의 재판청구권을 침해하는 것이 될 수 있을 것이다.

【헌재 요지】 그러나 재정신청 기각결정 등 고등법원의 결정에 대하여 보통항고를 허용하면 대법원은 사건의 폭주로 인하여 법령해석의 통일이라는 대법원의 본질적 기능을 제대로 수행할 수 없게 되기 때문에 대법원의 업무부담을 경감하려는 취지와 법률관계를 조속히 확정하고 형사재판제도의 효율성을 제고하며, 형사사건의 당사자와 이해관계인의 법적 안정성을 조화하려는 목적에서 고등법원의 결정에 대한 보통항고를 금지하는 것이고, /

【헌재 요지】 기각결정에 대한 불복불허규정 역시 같은 취지에서 고등법원의 결정 중 하나인 재정신청 기각결정에 대하여 보통항고를 금지하는 것이다.

【헌재 분석】 형사소송법은 불필요한 소송지연을 방지하려는 취지에서 법원의 관할 또는 판결전의 소송절차에 관한 결정에 대하여는 원칙적으로 항고를 불허하고 있고(제403조 제1항), /

【헌재 분석】 또한 구속적부심사청구에 대한 결정에 대하여도 항고권의 남용으로 인한 수사의 지장, 심사기간의 장기화, 절차의 번잡 등의 이유로 항고를 금지하고 있다(제214조의2 제8항). /

【헌재 판단】 따라서 현행 형사소송법에서는 법원의 결정에 대하여 불복이 있으면 항고를 할 수 있다는 법 제402조 본문의 규정에도 불구하고 그 예외의 폭이 매우 광범위하므로 실질적으로 보통항고는 예외적인 경우에만 인정된다고 하겠다.

【헌재 요지】 다) 그렇다면, 기각결정에 대한 불복불허규정이 재정신청 기각결정에 대하여 보통항고를 허용하지 않는 것은 대법원의 부담경감과 법률관계의 신속한 안정 등을 위하여 고등법원의 결정에 대하여 사실오인을 이유로 한 항고를 금지하고 있는 법 제415조의 원칙을 재확인하는 것이므로, /

【헌재 요지】 합리적인 이유 없이 재판청구권을 과도하게 제한하거나 그 본질적 내용을 침해한다고 할 수 없다.

8. 재항고 불허와 재판청구권 침해 여부

(1) 제한적 불허와 전면적 불허

【헌재 분석】 가) 법 제415조는 "항고법원 또는 고등법원의 결정에 대하여는 재판에 영향을 미친 헌법·법률·명령 또는 규칙의 위반이 있음을 이유로 하는 때에 한하여 대법원에 즉시항고를 할 수 있다."라고 규정하고 있다. /

【헌재 판단】 이와 같이 재항고의 이유를 제한한 것은 항고법원 또는 고등법원의 모든 결정에 대하여 무제한적으로 재항고를 허용할 경우 야기될 대법원의 업무부담을 경감시킴과 아울러 법령해석의 통일성 확보라는 대법원의 권한을 존중하는 것으로 합리적인 제한이라고 할 수 있고, /

【헌재 판단】 기각결정에 대한 불복불허규정이 이와 같은 취지에서 고등법원의 결정 중 하나인 재정신청 기각결정에 대한 재항고를 법 제415조가 정한 사유가 있는 범위 내로 제한하는 것은 역시 합리성을 인정할 수 있다.

【헌재 요지】 나) 그러나 기각결정에 대한 불복불허규정이 재정신청 기각결정에 대하여 법 제415조 소정의 제한을 넘어 일체의 재항고를 금지하는 것이라고 해석한다면 이는 다음과 같은 이유로 그 합리성을 인정하기 어렵다.

(2) 대법원의 최종심판권

【헌재 요지】 첫째, 헌법 제107조 제2항은 '명령·규칙 또는 처분이 헌법이나 법률에 위반되는 여부가 재판의 전제가 된 경우에는 대법원이 그에 대한 최종적인 심사권한을 가진다.'라고 규정하여 명령·규칙 또는 처분의 위헌·위법 여부에 대한 최종적인 심판권을 대법원의 권한으로 하고 있기 때문에 /

【헌재 요지】 명령·규칙 또는 처분의 위헌·위법 여부에 관한 하급법원의 재판에 대하여는 반드시 대법원까지 상소할 수 있는 제도적 장치가 마련되어야만 한다.

【헌재 요지】 따라서 법원이 검사의 불기소처분의 위법·부당 여부를 심사하는 재정신청절차에서 불기소처분이 위헌·위법인지 여부가 문제된 사건은 반드시 대법원까지 상소할 수 있는 제도적 장치가 마련되어야만 한다. /

【헌재 요지】 그렇지 않고 재정신청 기각결정에 대한 일체의 재항고를 허용하지 않는다면 대법원에 명령·규칙 또는 처분의 위헌·위법 심사권한을 부여하여 법령해석의 통일성을 기하고자 하는 위 헌법규정의 취지에 반할 뿐 아니라, /

【헌재 요지】 헌법재판소법에 의하여 법원의 재판이 헌법소원의 대상에서 제외되어 있는 상황에서 재정신청인의 재판청구권을 지나치게 제약하는 것이 된다.

(3) 다른 소송절차와의 비교

【헌재 분석】 둘째, 법 제415조는 항고법원 또는 고등법원의 결정에 대하여는 헌법·법률·명령 또는 규칙 위반 등 이른바 법령위반을 이유로 하여 즉시항고를 할 수 있다고 하면서 법 제402조와 달리 아무런 예외를 두고 있지 아니할 뿐 아니라, /

【헌재 분석】 소액사건심판법 제3조 제1호는 소액사건에 대한 지방법원 본원 합의부의 제2심 판결이나 결정·명령에 대하여 법률·명령·규칙 또는 처분의 헌법위반 여부와 명령·규칙 또는 처분의 법률위반 여부에 대한 판단이 부당한 때는 대법원에 상고 또는 재항고를 할 수 있도록 하고 있고, /

【헌재 분석】 민사소송, 가사소송 및 행정소송의 상고사건에 적용되는 '상고심절차에 관한 특례법'의 제4조 제1항은 대법원이 심리를 하지 아니하고 상고를 기각하는 제도를 두면서 원심판결이 헌법에 위반되거나 헌법을 부당하게 해석한 경우와 명령·규칙 또는 처분의 법률위반 여부에 대하여 부당하게 판단한 경우(같은 항 제1, 2호)에는 반드시 심리를 하도록 하고 있는바, /

【헌재 요지】 재정신청 기각결정 역시 처분(불기소처분)의 헌법위반 여부나 위법·부당 여부에 관한 법원의 결정에 해당함에도 소액사건의 제2심 판결이나 결정·명령 그리고 민사소송, 가사소송 및 행정소송의 상고사건과 달리 이른바 법령위반을 이유로 한 재항고를 허용하지 아니하여 대법원의 심리를 받지 못하게 하는 것은 위와 같은 재정신청 기각결정의 법적 성격에도 부합하지 아니한다.

【헌재 분석】 또, 민사소송법이 항고법원 등의 결정 등에 대하여 재판에 영향을 미친 헌법이나 법령, 규칙 위반을 이유로 드는 때에는 대법원에 재항고를 할 수 있도록 하고 있는(민사소송법 제442조) 외에 /

【헌재 분석】 불복할 수 없는 결정이나 명령에 대하여는 재판에 영향을 미친 헌법위반이 있거나 재판

의 전제가 된 명령·규칙·처분의 헌법 또는 법률의 위반 여부에 대한 판단이 부당하다는 것을 이유로 하여 대법원에 특별항고를 할 수 있도록 하고 있는 것(민사소송법 제449조)과 비교하여 보아도, /

【헌재 요지】 재정신청 기각결정에 대하여 이른바 법령위반을 이유로 한 재항고를 허용하지 아니하는 것은 재정신청인의 재판청구권을 현저하게 제한하는 것이다.

(4) 외국과의 비교

【헌재 분석】 셋째, 비교법적으로 볼 때, 일본 형사소송법은 제262조 내지 제270조에서 우리나라의 재정신청제도에 준하는 부심판청구제도에 대하여 규정하면서 부심판청구 기각결정에 대한 불복 허용 여부에 대하여 아무런 규정을 두고 있지 않으나 일본최고재판소는 그에 대한 보통항고를 인정하고 있고, /

【헌재 분석】 항고재판소의 결정에 대하여는 항고할 수 없지만(일본 형사소송법 제427조), 항고재판소의 결정에 대하여 헌법위반이나 헌법해석의 잘못을 이유로 하여 특별항고를 할 수 있도록 규정하고 있는바(일본 형사소송법 제433조, 제405조 제1호), /

【헌재 요지】 이와 비교하여 보면 기각결정에 대한 불복불허규정이 재정신청 기각결정에 대하여 이른바 법령위반을 이유로 한 재항고를 허용하지 않는 것은 재정신청인의 재판청구권 보장을 소홀히 하는 것이다.

【헌재 요지】 따라서 기각결정에 대한 불복불허규정은 그 규정 중 '불복'에 법 제415조의 '재항고'가 포함되는 것으로 해석하는 한 합리적인 입법재량의 범위를 벗어나 청구인들의 재판청구권을 침해하는 것으로서 헌법에 위반된다.

9. 불복불허규정과 평등권 침해 여부

【헌재 요지】 기각결정에 대한 불복불허규정이 재정신청 기각결정에 대하여 보통항고를 금지하는 것에 더하여 법 제415조의 재항고까지 허용하지 않는 것이라고 해석한다면, /

【헌재 요지】 기각결정에 대한 불복불허규정은 앞서 본 바와 같이 헌법 제107조 제2항의 취지에 반할 뿐 아니라 다른 법률에서 하급심의 결정에 대하여 처분의 이른바 법령위반에 대한 판단이 부당한 때에는 대법원에 재항고를 할 수 있도록 하거나 대법원의 심리를 받을 수 있도록 규정하고 있는 점 등을 고려할 때, /

【헌재 요지】 법 제415조의 재항고가 허용되는 고등법원의 여타 결정을 받은 사람과 비교하여 합리적 이유 없이 재정신청인을 차별취급하여 청구인들의 평등권을 침해하는 것이 된다.

【헌법재판소 주문】

1. 형사소송법(2007. 6. 1. 법률 제8496호로 개정된 것) 제262조 제4항의 "불복할 수 없다."는 부분은, 재정신청 기각결정에 대한 '불복'에 형사소송법(1963. 12. 13. 법률 제1500호로 개정된 것) 제415조의 '재항고'가 포함되는 것으로 해석하는 한 헌법에 위반된다.

2008헌바40

고소취소기한 제한과 평등권
형소법 232조 위헌소원 사건
2011. 2. 24. 2008헌바40, 헌공 제173호, 338

1. 사실관계 및 사건의 경과

【사실관계】
① 2008. 2. 11. 갑은 강간죄로 징역 4년 6월의 유죄판결을 선고받았다.
② 갑은 불복 항소하였다.
③ 2008. 4. 13. 갑은 피해자 A와 합의하였다.
④ 2008. 4. 17. 갑은 항소심법원에 A의 고소취소장을 제출하였다.

【사건의 경과】
① 형소법 제232조 제1항은 제1심판결 선고 전까지 고소를 취소할 수 있도록 규정하고 있다.
② 갑은 형소법 제232조 제1항이 헌법에 위배된다고 주장하여 항소심법원에 위헌법률심판제청 신청을 하였다.
③ 2008. 5. 1. 항소심법원은 형사소송법 제232조 제1항에 기하여 고소취소의 효력을 인정하지 않은 채 징역 3년의 유죄판결을 선고하였다.
④ 2008. 5. 1. 항소심법원은 갑의 위헌법률심판제청 신청을 기각하였다.
⑤ 2008. 5. 14. 갑은 헌법재판소에 헌법소원심판을 청구하였다.

2. 형소법 제232조의 연혁과 의의

【헌재 분석】 (1) 의용 형사소송법 제267조 제1항은 제2심 판결선고전까지 고소를 취소할 수 있도록 규정하고 있었지만, 1954. 9. 23. 법률 제341호로 제정된 이 사건 법률조항은 제1심 판결선고전까지만 고소를 취소할 수 있도록 규정하고 있다.

【헌재 판단】 (2) 형사소송법상 고소는 범죄의 피해자 또는 그와 일정한 관계에 있는 자가 수사기관에 범죄사실을 신고함으로써 범인의 처벌을 구하는 의사표시이다. /

【헌재 판단】 고소가 있어야 죄를 논할 수 있는 친고죄의 경우와는 달리 비친고죄에서 고소는 단순한 수사의 단서가 됨에 지나지 아니하므로 고소의 유무 또는 그 고소의 취소여부에 관계없이 그 죄를 논할 수 있다. /

【헌재 판단】 즉, 일반적인 고소는 수사의 단서에 불과하지만 친고죄에서의 고소는 소송조건으로서의 성격도 아울러 지닌다.

【헌재 판단】 (3) 이 사건 법률조항에서의 고소는 친고죄의 고소를 의미한다. /

【헌재 판단】 따라서 제1심 판결선고 후 항소심에 이르러 친고죄의 고소가 취소된 경우에는 이 사건 법률조항에 따라 형사소송법 제327조 제5조가 적용되지 못하므로, 공소기각이라는 형식재판으로 소

송이 종결될 수는 없고 유, 무죄를 가리는 실체재판이 이루어질 수밖에 없으며, 고소가 취소되었다는 사정은 단지 양형사유로 고려될 수 있을 뿐이다.

3. 형소법 제232조의 위헌 여부

(1) 제한되는 기본권 및 헌법 원리

【헌재 분석】 청구인은 이 사건 법률조항이 헌법 제11조 제1항의 평등권, 헌법 제12조의 신체의 자유 및 헌법 제10조 전문의 행복추구권을 침해하고, 헌법 제10조에서 선언된 국가의 기본권 보장 의무에 위배된다고 주장한다.

【헌재 분석】 우선 이 사건 법률조항으로 인하여 항소심 단계에서 친고죄의 고소가 취소된 사람은 그 이전 단계에서 그 고소가 취소된 사람과 달리 실체재판을 면할 수 없으므로 평등권이 침해되는 것은 아닌지 문제될 수 있다.

【헌재 판단】 그러나 신체의 자유란 신체의 안정성이 외부로부터의 물리적인 힘이나 정신적인 위험으로부터 침해당하지 아니할 자유와 신체활동을 임의적이고 자율적으로 할 수 있는 자유를 의미하는바, /

【헌재 판단】 친고죄에서의 고소 취소가 제1심 판결선고전까지로 제한된다 하더라도 그것이 곧바로 청구인과 같은 피고소인의 신체의 자유에 대한 제한으로 연결되는 것은 아니므로 신체의 자유는 이 사건 법률조항에 의해 제한되는 기본권이라고 할 수 없다.

【헌재 판단】 다음으로 헌법 제10조의 행복추구권은 국민이 행복을 추구하기 위한 활동을 국가권력의 간섭 없이 자유롭게 할 수 있다는 포괄적인 의미의 자유권으로서 다른 기본권에 대한 보충적 기본권으로서의 성격을 가지므로, 평등권이라는 우선적으로 적용되는 기본권이 존재하여 그 침해 여부를 판단하는 이상, 행복추구권에 대하여는 따로 판단하지 않기로 한다.

【헌재 판단】 그리고 기본권 보호의무란 기본권적 법익을 기본권 주체인 사인에 의한 위법한 침해 또는 침해의 위험으로부터 보호하여야 하는 국가의 의무를 말하며, 주로 사인인 제3자에 의한 개인의 생명이나 신체의 훼손에서 문제되는바, 이 사건은 제3자에 의한 개인의 생명이나 신체의 훼손이 문제되는 사안도 아닐 뿐만 아니라 평등권이라는 기본권 침해 여부를 적극적으로 판단하는 바이므로 기본권 보호의무 위반 여부에 대해서는 따로 판단하지 않기로 한다.

(2) 평등권 침해의 심사척도

【헌재 요지】 평등권 침해 여부를 심사함에 있어 엄격한 심사척도에 의할 것인지, 완화된 심사척도에 의할 것인지는 입법자에게 인정되는 입법형성권의 정도에 따라 달라지게 될 것이다. /

【헌재 요지】 먼저 헌법에서 특별히 평등을 요구하고 있는 경우 엄격한 심사척도가 적용될 수 있다. 헌법이 스스로 차별의 근거로 삼아서는 아니 되는 기준을 제시하거나 차별을 특히 금지하고 있는 영역을 제시하고 있다면 그러한 기준을 근거로 한 차별이나 그러한 영역에서의 차별에 대하여 엄격하게 심사하는 것이 정당화된다. /

【헌재 요지】 다음으로 차별적 취급으로 인하여 관련 기본권에 대한 중대한 제한을 초래하게 된다면 입법형성권은 축소되어 보다 엄격한 심사척도가 적용되어야 할 것이다.

【헌재 판단】 이 사건 법률조항의 경우, 헌법에서 특별히 평등을 요구하고 있는 경우라거나, 차별적

취급으로 인하여 관련 기본권에 대한 중대한 제한을 초래하는 경우라고 볼 수 없다. 따라서 평등권에 대한 심사는 자의의 금지라는 완화된 기준에 따라야 할 것이다.

(3) 구체적 검토

【헌재 요지】 (가) 친고죄의 고소 취소를 인정할 것인지의 문제 및 이를 인정한다고 하더라도 형사소송절차 중 어느 시점까지 이를 허용할 것인지의 문제는 우리의 역사와 문화, 시대적 상황, 국가형벌권과 국가소추주의에 대한 국민 일반의 가치관과 법감정, 범죄피해자의 이익보호 등을 종합적으로 고려하여 정할 수 있는 입법정책의 문제이다. /

【헌재 분석】 고소 취소에 관한 각 국의 입법례를 살피더라도, 우리나라에서의 친고죄의 고소 취소와 같은 것을 아예 인정하지 않는 입법례에서부터(미국, 프랑스), 공소제기전까지 고소 취소가 가능한 입법례(일본), 형사소송절차가 종결될 때까지 고소 취소가 가능한 입법례까지(독일) 다양하다.

【헌재 분석】 (나) 친고죄의 고소 취소 가능시점을 지나치게 짧게 설정한다면, 고소인과 피고소인이 자율적으로 화해를 이룸으로써 범죄로 인해 발생한 갈등을 해소할 가능성을 빼앗으며 최후수단에 머물러야 할 국가형벌권이 남용될 우려가 있고, /

【헌재 분석】 그에 반해 친고죄의 고소 취소 가능시점을 지나치게 길게 설정한다면, 국가형벌권의 행사 여부가 오랜 기간 동안 고소인의 의사에 의해 좌우되는 폐단이 발생할 것이며, 이로 인하여 고소 취소 제도가 고소인에 의하여 악용될 우려가 있다.

【헌재 분석】 (다) 이 사건 법률조항은 제1심 판결선고전에 고소 취소가 이루어져야만 친고죄로 기소된 피고인이 실체재판을 면할 수 있도록 하고 있다. /

【헌재 분석】 즉, 친고죄의 고소 취소 가능시점을 고소로 인한 수사개시에서부터 공소제기 및 제1심, 항소심, 상고심을 거쳐 판결이 확정되기까지 여러 시점 중 수사초기와 판결확정시 어느 한 쪽에 치우치지 아니하고 제1심 판결선고전까지로 정하고 있다. /

【헌재 판단】 이는 고소인과 피고소인 사이에 자율적인 화해가 이루어질 수 있도록 어느 정도의 시간을 보장함으로써 국가형벌권의 남용을 방지하는 동시에 국가형벌권의 행사가 전적으로 고소인의 의사에 의해 좌우되는 것 또한 방지하는 한편, /

【헌재 판단】 가급적 고소 취소가 제1심 판결선고전에 이루어지도록 유도함으로써 남상소를 막고, 사법자원이 효율적으로 분배될 수 있도록 하기 위함이다.

【헌재 판단】 (라) 경찰·검찰의 수사단계에서부터 제1심 판결선고전까지의 기간이 고소인과 피고소인 상호간에 숙고된 합의를 이루어낼 수 없을 만큼 부당하게 짧은 기간이라고 하기 어렵다. /

【헌재 판단】 또한 제1심 판결이 선고되었다는 것은 공소제기 전의 수사단계나 공소제기 후 제1심 판결선고전의 공판단계에 비해 국가형벌권 행사를 위해 사법자원이 이미 상당 부분 투입되었음을 의미하는바, 이러한 제1심 판결이 있은 후에 고소인의 고소 취소에 의해 그것이 무의미해지거나 무력화되는 것은 결코 바람직하지 않다. /

【헌재 판단】 따라서 이 사건 법률조항을 통해 그와 같은 상태에 이르기 전에 고소가 취소되도록 유도함으로써 불필요한 제1심 실체재판과 남상소를 억제하고 한정된 사법자원이 무익하게 허비되는 것을 방지할 필요가 있다. /

【헌재 판단】 우리 형사소송법이 검사의 공소취소를 제1심 판결의 선고전까지만 가능하도록 규정한 것도(형사소송법 제255조 제1항) 같은 맥락에서 이해할 수 있다.

【헌재 판단】 한편 현행 형사소송법상 제1, 2심이 모두 사실심이기는 하나, 제2심은 제1심에 대한 항소심인 이상 두 심급이 근본적으로 동일하다고 볼 수는 없고, 현행 형사 항소심은 사후심적 성격이 가미된 속심의 성격을 가지고 있으므로, 심리에 관한 여러 규정들이 반드시 서로 같아야만 하는 것도 아니고, 국가형벌권의 행사가 무력화되고 사법자원이 낭비되는 것까지 감수하면서 항소심에서도 친고죄의 고소 취소를 허용해 주어야 할 만한 필연적인 이유가 있는 것도 아니다.

【헌재 결론】 (마) 그렇다면, 국가형벌권의 행사가 고소인의 의사에 의하여 장기간 좌우되는 것을 막으면서도 불필요한 제1심의 실체재판과 항소심 재판을 억제함으로써 사법자원을 보다 효율적으로 분배하기 위하여 친고죄의 고소 취소를 제1심 판결선고전까지로 한정한 것을 두고, 항소심 단계에서 고소 취소된 사람을 자의적으로 차별하는 것이라고 할 수는 없다. 따라서 이 사건 법률조항은 청구인의 평등권을 침해하지 아니한다.

【헌재 결론】 그렇다면 이 사건 법률조항은 헌법에 위반되지 아니하므로, 아래 5.와 같은 재판관 김종대, 재판관 민형기의 반대 의견을 제외한 나머지 관여 재판관 전원의 일치된 의견으로 주문과 같이 결정한다.

4. 반대의견

【소수의견 판단】 우리는 다수의견과 달리 이 사건 법률조항이 청구인의 평등권을 침해하여 헌법에 위반된다고 보므로 다음과 같이 반대의견을 밝힌다.

(1) 형벌의 보충성원칙

【소수의견 판단】 형벌은 사회생활에 불가결한 법익을 보호함에 있어 다른 수단으로는 불가능할 경우에 최후적으로 적용되어야 하는 것으로서, 범죄와 같은 사회적 갈등을 범죄자와 피해자가 자율적으로 해결할 수만 있다면 이를 우선으로 하여야 하고, 그렇지 않을 때에 비로소 국가형벌권이 행사되어야 할 것이다.

【소수의견 판단】 친고죄에 있어 고소는 절차적으로 본안판단의 전제조건인 소송조건이 될 뿐만 아니라, 실체적으로 범죄로 인한 갈등을 자율적으로 해결하지 않고 국가에 대하여 형벌의 부과를 요구하는 피해자의 의사표시로서, 국가형벌권의 근거가 된다.

【소수의견 판단】 따라서 친고죄에 있어 피해자가 고소기간을 도과시키거나 고소를 취소하는 것은 범죄자에게 형벌을 면해주기 위한 것이고, 이로 인하여 행위의 가벌성이 제거되어 국가형벌권의 행사가 자제되는 것이므로, 현행 법률은 범죄 중 일부를 친고죄로 하면서, 범죄자와 피해자 간의 화해 등을 고려하여 고소기간을 설정함과 아울러 고소취소를 할 수 있도록 하고 있다.

【소수의견 판단】 그렇다고 하여 친고죄에 있어 국가형벌권의 행사를 고소권자의 의사에 무한정 맡길 수만은 없는 것이므로, 고소기간이나 고소취소기간을 제한할 필요가 있다 할 것이나, 그와 같이 한다 하더라도 범죄자와 피해자가 자율적으로 화해하여 범죄행위로 인한 사회적 갈등을 해소할 수 있는 적정기간은 마땅히 보장되어야 하는 것이다.

(2) 실무 운영상의 문제점

【소수의견 분석】 이 사건 법률조항은 고소취소의 시한을 제1심 판결선고 전까지로 제한하고 있으나, 이에 대한 해석 및 실무상 운용과 관련하여 다음에서 보는 바와 같은 여러 가지 불합리한 결과가 초래되고 있다.

【소수의견 분석】 (1) 먼저, 제1심에서 피고인의 행위가 비친고죄로 인정되어 유죄가 선고되었으나 항소심에서 공소장변경을 거쳐 공소사실이 친고죄로 변경된 경우 이에 대하여 고소취소를 하더라도 이 사건 법률조항이 정한 시한을 준수하지 못하여 그 효력이 인정되지 않는다.

【소수의견 판단】 그러나, ① 항소심에서 비친고죄가 친고죄로 변경된 경우 항소심은 실질적인 제1심에 해당함에도 불구하고 고소취소의 효력을 인정하지 아니하는 것은 피고인의 방어권 행사에 실질적인 불이익이 되고, /

【소수의견 판단】 ② 항소심에서 공소장변경을 허용하면서 고소취소의 효력은 인정하지 않는 것은 무기평등의 원칙에 반하며, /

【소수의견 판단】 ③ 결과적으로 검찰과 제1심 법원의 판단 잘못으로 인한 불이익을 피고인에게 전가시키는 것일 뿐만 아니라, /

【소수의견 판단】 ④ 피해자의 입장에서도 피고인과의 합의를 통한 피해회복의 기회가 충분히 주어지지 않게 되고, /

【소수의견 판단】 ⑤ 이 경우 고소취소의 효력을 인정하더라도 고소취소기간 제한의 취지에 배치되지 않는다 할 것이므로, 이는 정당하다고 할 수 없다.

【소수의견 판단】 (2) 또, 친고죄인 간통사건에 대한 제1심 판결이 선고된 후 항소심 계속중 고소인이 피고인을 상대로 제소한 이혼심판청구 사건이 취하되거나 각하된 경우 간통고소가 소급하여 효력을 상실함에 반하여, 항소심에서 간통고소가 취소된 피고인은 이 사건 법률조항에 의하여 고소취소의 효력을 인정받을 수 없어 현저하게 불리한 취급을 받게 된다.

【소수의견 판단】 즉, 간통의 경우, 혼인이 해소되거나 이혼소송을 제기한 후가 아니면 고소할 수 없어(형사소송법 제229조 제1항) 간통고소는 혼인관계의 해소 또는 이혼소송의 계속을 그 유효조건으로 하고, 다시 혼인을 하거나 이혼소송을 취하한 때에는 고소는 취소된 것으로 간주하기 때문에(형사소송법 제229조 제2항) 이혼소송이 취하되는 경우에는 취하의 소급효로 인하여 그 소가 처음부터 제기되지 않는 것과 같게 되는바, /

【소수의견 판단】 이혼소송이 취하되면 이는 고소의 유효요건의 소급적인 상실을 의미하는 것이어서 그 취하 시점을 불문하고 고소는 소급하여 무효로 되므로, 이 사건 법률조항에 따르면 제1심 판결선고 전까지만 유효하게 고소를 취소할 수 있음에도 불구하고 간통죄의 경우에는 제1심 판결선고 후에도 다시 혼인을 하거나 이혼소송을 취하하여 사실상 고소취소의 효과를 달성할 수 있게 된다.

【소수의견 판단】 그러나 이혼소송의 취하도 고소권자인 제소자의 의사에 기인하는 것이므로, 임의로 고소를 취소하는 경우와 이혼소송의 취하로 인하여 고소가 취소되는 것으로 간주되는 경우를 구별할 실익이 없고, 이들 모두 동일한 고소권자인 제소자의 의사에 따른 것임에도 불구하고 그 중 어느 것을 택하는지 여부에 따라 형사사건의 결과가 달라지는 것은 모순이라 할 것이다.

【소수의견 판단】 뿐만 아니라 간통죄의 공범 중 1인에 대하여 유죄판결이 확정된 후 나머지 공범에 대한 제1심 판결선고 후에 고소인의 이혼심판청구가 취하된 경우에도 간통고소는 소급하여 효력을 상실하게 되는데, /

【소수의견 판단】 이는 고소인의 의사 여하에 따라 간통죄의 필연적 공범자 중 한 사람은 처벌되고 다른 한 사람은 처벌이 되지 않는 결과가 되어 국가형벌권 행사의 공평관념에 위배될 뿐만 아니라, /

【소수의견 판단】 소송관계의 합일적 확정을 도모하기 위하여 친고죄의 공범 중 그 1인 또는 수인에 대한 고소 또는 그 취소는 다른 공범자에 대하여도 효력이 있도록 한 고소의 불가분원칙(형사소송법 제233조)에도 정면으로 배치된다.

【소수의견 판단】 (3) 이외에도, 이 사건 법률조항이 고소취소 시한을 제1심 판결선고 전까지로 한정하고 있는 관계로, 자신의 결백을 주장하고 싶은 피고인으로서도 제1심에서 유죄로 인정될 지도 모르며 그 이후엔 고소취소가 있어도 소용이 없다는 불안감 때문에 무죄의 주장을 포기하고 서둘러 고소취소를 받기 위하여 피해자에게 과다한 금원을 지급하고 졸속으로 합의하는 등 부당한 결과가 초래될 수 있고, /

【소수의견 판단】 특히 불구속 상태에서 재판을 받는 피고인의 경우 고소취소의 기회를 확보하기 위하여 재판기일에 불출석하는 등 고의적으로 재판진행을 지연시키는 폐해가 우려되기도 한다.

(3) 형사 항소심의 구조

【소수의견 판단】 더욱이, 우리의 형사 항소심은 원칙적으로 속심의 형태를 취하여 원판결을 기초로 하면서도 자체적으로 증거조사와 사실심리를 행하고 자신의 심증에 의하여 사건의 실체를 심판하는 사실심의 구조와 성격을 지니고 있으므로, 국가의 형벌권 행사에 영향을 미치는 모든 요소는 원칙적으로 항소심의 재판에 반영되어야 하는 것으로서, /

【소수의견 판단】 일반 범죄에 있어서 범행 후 항소심 판결선고시까지의 모든 정황이 항소심의 형벌권 행사를 위한 양형에 반영되어야 하듯이, 친고죄에 있어서 범죄자와 피해자 사이의 화해 성립을 의미하는 고소취소 역시 적어도 항소심의 판결선고 전까지는 허용되어야 하고, 이는 친고죄를 인정하는 취지에 부합하며 형벌의 보충성의 원칙을 충족하는 것이기도 하다.

(4) 평등권 침해

【소수의견 판단】 이와 같이, 이 사건 법률조항이 고소취소의 시한을 제1심 판결선고 전까지 한정한 것은 합리성을 결한 입법재량의 행사이고, /

【소수의견 판단】 이로 인하여 항소심에서 고소취소를 받은 피고인은 제1심 판결선고 전에 고소취소를 받은 피고인 등에 비하여 현저하게 불리한 취급을 받게 된다.

【코멘트】 본 판례는 고소취소 기한을 제1심판결 선고 전까지로 제한하고 있는 형사소송법 제232 제1항의 위헌 여부를 다룬 것이다. 본 판례에서 헌법재판소 다수의견은 평등권 침해에 관한 판단기준 가운데 완화된 기준을 적용하여 헌법위반이 아니라는 결론에 이른다. 이에 대해 헌법재판소 소수의견은 특히 간통죄의 고소취소와 이혼소송의 취하가 모두 형사절차를 종결시키는 효력이 있음에 주목하면서, 전자는 제1심판결 선고 전까지만 허용됨에 반하여 후자는 항소심에서도 허용되고 있어서 차별이 있다고 본다. 고소취소나 이혼소송의 취하가 모두 사인의 의사표시인데 양자의 어느 것에 의하는가에

따라 피고인의 지위가 달라지는 것은 평등권 침해라는 것이다.

본 판례에서 특히 주목되는 것은 고소취소가 제1심판결 선고 전까지로 제한됨에 따라 형사실무에서 발생하는 여러 가지 불합리점을 소수의견이 잘 정리해 놓고 있다는 점이다. 특히 항소심에서의 이혼소송취하, 항소심에서의 공소장변경 등에 따르는 일련의 문제점들은 특히 주목해 볼 필요가 있다고 생각된다.

2008헌바67

형사항소심의 구조
파기자판 위헌 시비 사건
2010. 2. 25. 2008헌바67, 헌공 제161호, 505

1. 사실관계 및 사건의 경과

【사실관계】

① 갑은 필요적 변호사건인 폭처법위반죄(집단 · 흉기등상해)로 기소되었다.

② 제1심법원은 제8회 공판기일과 제9회 공판기일에 변호인 없이 개정하고 증거조사를 실시하였다.

③ 2007. 10. 15. 제1심법원은 위 증거조사 결과를 유죄의 증거로 삼아 갑에게 징역 4년을 선고하였다.

④ 갑은 불복 항소하였다.

【사건의 경과】

① 2008. 3. 14. 항소심법원은 다음과 같이 판단하였다.

　(가) 제1심은 제8회 공판기일과 제9회 공판기일에 변호인 없이 개정하고 증거조사를 실시하여 이를 유죄의 증거로 삼은 위법이 있다.

　(나) 제1심판결을 파기한다.

　(다) 당원이 자판하여 유죄를 선고한다.

② 갑은 불복 상고하였다.

③ 갑은 상고심 계속 중 다음의 이유를 들어서 대법원에 위헌법률심판제청 신청을 하였다.

④ "필요적 변호를 규정하고 있는 형사소송법 제282조에 위반됨을 이유로 원심판결을 파기하는 경우를 원심법원에 환송하여야 하는 사유로 규정하지 아니한 형사소송법 제366조는 위헌이다."

⑤ 2008. 6. 12. 대법원은 갑의 상고를 기각함과 동시에 위헌법률심판제청 신청을 각하하였다.

⑥ 2008. 7. 2. 갑은 헌법재판소법 제68조 제2항에 따라 헌법재판소에 헌법소원심판을 청구하였다.

2. 형사항소심의 구조에 관한 입법형성권

【헌재 판단】 헌법 제27조 제1항은 "모든 국민은 헌법과 법률이 정한 법관에 의하여 법률에 의한 재판을 받을 권리를 가진다."라고 규정하고 있으므로 국민은 법률에 의한 정당한 재판을 받을 권리가 있고, /

【헌재 판단】 하급심에서 잘못된 재판을 하였을 때에는 상소심으로 하여금 이를 바로 잡게 하는 것이

재판청구권을 실질적으로 보장하는 방법이 된다는 의미에서 심급제도는 재판청구권을 보장하기 위한 하나의 수단으로 이해할 수 있다(헌재 1997. 10. 30. 97헌바37등, 판례집 9-2, 502, 519).

【헌재 요지】 그런데 헌법 제27조 제1항이 규정하는 재판청구권은 입법자가 형성한 법률에 의하여 재판을 받을 권리를 의미하고, 심급제도는 사법에 의한 권리보호에 관하여 한정된 재판자원의 합리적인 분배의 문제인 동시에 재판의 적정과 신속이라는 서로 상반되는 두 가지 요청을 어떻게 조화시키느냐의 문제이므로, 재판청구권의 한 내용을 이루는 심급제도의 구성·운영은 기본적으로 입법자의 형성의 자유에 속하는 사항이다.

【헌재 판단】 따라서 형사항소심에서 제1심판결을 파기할 경우에 자판과 환송의 범위를 어떻게 규율할 것인가에 대한 구체적 결정도 원칙적으로 입법자가 형사소송법의 체계, 항소심의 구조와 성격, 재판의 특성, 심급의 이익의 관철을 통한 재판의 적정·신속 및 소송경제와의 조화 등을 고려하여 형성할 정책적 문제라고 할 것이므로, /

【헌재 판단】 이 사건 법률조항이 '필요적 변호를 규정하고 있는 형사소송법 제282조에 위반됨을 이유로 원심판결을 파기하는 경우'를 원심법원에의 환송사유로 규정하지 아니한 것의 위헌 여부는 그러한 입법형성이 현저히 불합리하고 자의적인 것으로서 입법형성 재량의 범위를 벗어난 것인지 여부에 의하여 결정된다고 할 것이다.

3. 형사소송법 제366조의 취지

【헌재 분석】 형사소송법은, 제1심판결에 대하여 항소하려면 항소이유를 제출하여야 하지만, /

【헌재 분석】 항소심에서 제1심의 소송자료만을 기초로 하여 항소이유의 당부를 판단하지 아니하고, 항소심에서 제한 없이 변론과 증거조사를 실시하여 그 심리결과를 종합하여 항소이유의 유무를 판단하고, /

【헌재 분석】 항소이유가 이유 있는 경우에도 원칙적으로 항소심법원이 자판하게 하면서(제364조 제6항), /

【헌재 분석】 공소기각 또는 관할위반의 재판이 법률에 위반됨을 이유로 원심판결을 파기하는 때와 같이 원심에서 사건의 실체에 대한 심리가 이루어지지 않은 경우에만 제1심법원에 환송하여 제1심의 실체적 심리를 거치도록(제366조) 하고 있는 것이다. /

【헌재 판단】 이는 형사항소심을 원칙적 속심절차로 형성한 것이고, 항소심에서 속심한 이상 항소이유가 있는 경우에 항소심에서 자판하는 것은 당연한 귀결이라고 할 수 있다.

4. 필요적 변호절차 위반의 법적 효과

【헌재 분석】 형사소송법 제282조는 중형이 예상되거나 피고인의 소송능력이 부족하여 실질적인 방어권 행사가 특별히 요청되는 사건에 관하여 피고인의 권리보호와 공판심리의 적정을 기하고 국가형벌권의 공정한 행사를 확보하기 위하여 변호인의 출석을 개정 및 심리의 요건으로 규정하고 있다.

【헌재 요지】 필요적 변호사건에서 변호인이 없거나 출석하지 아니한 채 공판절차가 진행되었다면 그와 같이 위법한 공판절차에서 이루어진 소송행위는 무효이고 그 판결은 소송절차가 법령에 위반하여 판결에 영향을 미친 위법을 범한 것으로서 파기의 대상이 된다.

【헌재 요지】 그러나 필요적 변호사건에서 변호인이 없거나 출석하지 아니한 채 공판절차가 진행되었기 때문에 그 공판절차가 위법한 것이라 하더라도 그 절차에서의 소송행위 외에 다른 절차에서 적법하게 이루어진 소송행위까지 모두 무효로 된다고 볼 수는 없다. /

【헌재 판단】 그래서 대법원은 "형사소송법 제282조에 규정된 필요적 변호사건에 해당하는 사건에서 제1심의 공판절차가 변호인 없이 이루어진 경우에 항소심으로서는 변호인 있는 상태에서 소송행위를 새로이 한 후 위법한 공판절차에 따른 제1심판결을 파기하고, 항소심에서의 진술 및 증거조사 등 심리결과에 기하여 다시 판결하여야 한다."고 판시하고 있다(대법원 1995. 4. 25. 선고 94도2347 판결, 대법원 2002. 9. 4. 선고 2002모239 판결).

【헌재 판단】 제1심에서 필요적 변호절차를 준수하지 못한 경우에는 형사소송법 제282조를 위반하여 소송절차의 법령위반이 있기는 하지만, /

【헌재 판단】 제1심의 심리절차에서 사건의 실체에 대한 심리가 이루어졌고 소송절차의 하자는 항소심의 속심절차에 의하여 시정·보완될 수 있는 것이므로, /

【헌재 판단】 제1심에서 실체적인 심리가 전혀 이루어지지 아니한 공소기각 또는 관할위반의 재판과는 본질적인 차이가 있는 것이다.

5. 항소심의 구조와 파기자판

【헌재 요지】 형사소송법 제282조에 위반한 원심판결을 파기한 후 사건을 원심법원으로 환송하지 않고 자판한다고 하더라도, 피고인으로서는 원심법원보다 경륜이 높거나 다수의 법관들로 구성된 항소법원에 의하여 원심 절차의 법령위반이 해소된 상태에서 충실한 심리를 받을 수 있을 뿐만 아니라, 대법원에 상고할 권리도 보장되어 있으므로 재판의 적정이라는 관점에서 보더라도 재판청구권 또는 공정한 재판을 받을 권리를 침해한다고 보기 어렵다.

【헌재 요지】 필요적 변호사건을 규정하고 있는 형사소송법 제282조에 위반하는 경우에 사건을 원심법원으로 환송하게 하는 것은 재판의 신속 및 소송경제의 측면에서도 무익한 절차의 반복에 지나지 아니하여 공공의 이익은 물론 피고인의 이익에도 반한다고 할 수 있다.

【헌재 요지】 결국 이 사건 법률조항이 제1심에서 실체적 심리를 하지 아니한 경우에만 환송하여 제1심의 실체적 심리를 거치게 하고 제1심에서 필요적 변호절차를 위반한 경우에는 항소심에서 자판하게한 것은 속심제 항소심 구조하에서 재판의 적정·신속 및 소송경제의 이념을 합리적으로 조화시키기위한 입법자의 정책적 결단이 표현된 것이라 할 것이고, 입법형성권의 재량이 현저히 불합리하거나 자의적으로 행사되었다고 볼 수 없다.

【헌재 결론】 제1심의 실체적 심리과정에서 필요적 변호절차를 위반하였더라도 항소심의 속심절차에의하여 시정되고 보완될 수 있으므로, 제1심에 환송하여 다시 필요적 변호절차를 거치게 하지 않더라도 적법절차의 원칙에 위반된다거나 형사피고인의 공정한 재판을 받을 권리를 침해하였다고 볼 수 없다. (청구 기각)

2008헌바81

법정경찰권과 소송지휘권의 차이
녹음불허 불복 사건
2011. 6. 30. 2008헌바81, 헌공 제177호, 897

1. 사실관계 및 사건의 경과

【사실관계】
① 법원조직법 제59조는 "누구든지 법정 안에서는 재판장의 허가 없이 녹화 · 촬영 · 중계방송 등의 행위를 하지 못한다."고 규정하고 있다.
② 갑은 해고무효확인 청구소송을 제기하였다.
③ 갑의 피고사건은 제1심을 거친 후, 항소심에 계속되었다.
④ 항소심법원은 증인신문을 실시하기로 하였다.
⑤ 갑은 항소심 재판장에게 증인의 증언을 자신(갑)이 직접 녹음할 수 있도록 허가해 달라는 신청을 하였다.
⑥ 항소심 재판장은 법원조직법 제59조상 소송당사자의 직접 녹음은 허용되지 않는다는 이유로 갑의 녹음신청을 기각하였다.
⑦ 갑은 법원조직법 제59조에 대해 항소심법원에 위헌법률심판제청을 신청하였다.
⑧ 항소심법원은 다음의 이유로 갑의 신청이 부적법하다고 판단하여 신청을 각하하였다.
　(가) 녹음불허결정은 재판의 일종이다.
　(나) 재판에 대해서는 헌법소원이 인정되지 않는다.

【사건의 경과】
① 갑은 헌법재판소법 제68조 제2항에 따라 헌법소원심판을 청구하였다.
② 헌법재판소는 견해가 나뉘었다.
③ 다수의견은 재판장의 녹음 불허처분을 사법행정행위로 파악하였다.
④ 소수의견은 재판장의 녹음 불허처분을 소송지휘권의 행사로 파악하였다.
⑤ 헌법재판소는 다수의견에 따라 갑의 청구를 각하하였다.

2. 녹음허가신청의 양면성

【헌재 분석】 청구인은 법정 안에서 본인이 소송당사자인 사건의 변론 중 재판장에게 증인의 증언을 녹음할 수 있도록 허가하여 달라는 신청을 하였다. /
【헌재 분석】 그런데 법정에서의 녹음에 관하여는 이 사건 법률조항[법원조직법 제59조] 부분 이외에도, /
【헌재 분석】 민사소송법 제159조 제1항이 "법원은 필요하다고 인정하는 경우에는 변론의 전부 또는 일부를 녹음하거나, 속기자로 하여금 받아 적도록 명할 수 있으며, 당사자가 녹음 또는 속기를 신청하

면 특별한 사유가 없는 한 이를 명하여야 한다."라고 규정하고 있으므로, /

【헌재 분석】 소송당사자인 청구인의 위 녹음허가신청은 이 사건 법률조항 부분의 허가신청으로 볼 수도 있고, 민사소송법 제159조 제1항의 녹음허가신청으로 해석할 수도 있다.

3. 법원조직법에 의한 녹음허가의 법적 성질

【헌재 분석】 이 사건 법률조항[법원조직법 제59조] 부분에 의하면, 누구든지 법정 안에서 녹음을 하려면 재판장의 허가를 받아야만 한다. /

【헌재 요지】 그런데 이 사건 법률조항 부분이 법원조직법에 규정되어 있는 입법취지와 위 법률조항 부분의 문언에 비추어 볼 때, /

【헌재 요지】 이 사건 법률조항 부분의 '재판장의 허가'는 재판장이 법정의 권위를 지키고 법정 내 질서를 유지하며 심리의 방해를 저지하기 위하여 법정 내 모든 사람들에 대하여 행하는 사법행정행위라고 볼 것이지, /

【헌재 요지】 법원이 소송의 심리를 신속·공평하고 충실하게 하기 위하여 소송당사자에 대하여 행하는 소송지휘권의 행사라고 할 수는 없으며, /

【헌재 요지】 이러한 법적 성격은 녹음허가신청인이 소송당사자의 지위를 겸하고 있다고 하여 달라지지 않는다.

【헌재 요지】 이와 같이 이 사건 법률조항 부분에 기한 재판장의 녹음불허가는 사법행정행위로서 이에 대하여 이의를 신청하더라도 재판절차가 개시되는 것은 아니므로 이에 대한 불복은 행정소송이나 헌법재판소법 제68조 제1항의 헌법소원에 의하여야 한다/

【헌재 판단】 (청구인은 이 사건 불허가에 대하여 이의신청을 하면서 위 법률조항 부분에 대한 위헌법률심판제청을 신청하였고, 재판장 역시 이 사건 불허가에 대한 이의신청이 재판절차라는 전제 아래 위 제청신청을 각하하였으나, /

【헌재 판단】 이는 청구인과 재판장 모두 이 사건 법률조항 부분의 '재판장의 불허가'의 법적 성격에 관한 법리를 오해한 데에서 비롯된 것으로 보인다). /

【헌재 판단】 그러나 청구인은 헌법재판소법 제68조 제2항의 헌법소원으로서 이 사건 심판청구를 하고 있는바, 이러한 헌법소원은 재판의 전제가 된 법률의 위헌 여부에 대하여 제기할 수 있는 것이므로, 위 이의신청이 재판절차임을 전제로 제기된 이 사건 심판청구는 위와 같은 헌법소원의 적법요건을 갖추지 못하였다고 할 것이다.

4. 민사소송법에 의한 녹음허가의 법적 성질

【헌재 판단】 민사소송법 제159조 제1항은, 소송당사자는 법원에 변론의 전부 또는 일부의 녹음을 신청할 수 있고, 법원은 특별한 사유가 없는 한 이를 명하여야 한다고 규정하고 있으므로, /

【헌재 판단】 소송당사자가 변론의 내용을 직접 녹음할 수는 없고, 소송당사자의 신청에 의하여 법원이 녹음하되, 이 녹음테이프는 조서의 일부가 된다(같은 조 제2항).

【헌재 판단】 그런데 법원이 소송당사자의 녹음신청에도 불구하고 특별한 사유가 있다는 이유로 녹음신청을 기각하는 결정을 한 경우, 이러한 결정은 소송절차 중의 재판이므로 소송당사자는 민사소송

법 제151조에 따라 소송절차에 관한 이의를 제기할 수 있다.

【헌재 판단】 이 사건에서 청구인의 녹음신청이 민사소송법 제159조 제1항의 신청이고, 법원이 위 법률조항상 소송당사자의 직접 녹음이 허용되지 않음을 이유로 녹음신청을 기각하였으며, 위 기각결정에 대한 이의 재판에서 청구인이 민사소송법 제159조 제1항에 '소송당사자의 직접 녹음'이 포함되지 않은 것은 위헌이라고 다툰 것으로 본다면, /

【헌재 판단】 청구인으로서는 위 조항에 대하여 위헌법률심판제청을 신청하고 위 신청이 받아들여지지 않을 때 헌법재판소법 제68조 제2항의 헌법소원을 제기할 수 있는 것이다.

【헌재 판단】 그러나 청구인이나 법원 모두 민사소송법 제159조 제1항이 아닌 이 사건 법률조항[법원조직법 제59조] 부분을 심판대상으로 하고 있어, 그 위헌 여부는 당해 사건인 녹음허가신청기각결정에 대한 이의 재판과 아무런 관련이 없으므로, 결국 이 사건 심판청구는 재판의 전제성을 갖추지 못하고 있다. (부적법 각하)

【코멘트】 본 판례는 법정경찰권과 소송지휘권의 차이를 잘 보여주고 있다. 본 판례의 사안을 보면 해고무효 청구소송을 제기한 소송 당사자 갑이 법원에 증인의 증언을 자신이 직접 녹음할 수 있게 해달라고 허가를 신청하였으나 재판장은 이를 불허하고 있다. 이 경우 재판장의 녹음불허 조치가 법정경찰권의 발동인지 소송지휘권의 행사인지 궁금해진다. 양자 가운데 어느 것으로 볼 것인가에 따라 불복방법이 달라지기 때문이다. 이 문제와 관련하여 헌법재판소는 당사자의 녹음신청이 법원조직법에 근거하여 이루어진 것인지 아니면 민사소송법에 의하여 이루어진 것인지를 묻는다.

먼저 갑이 법원조직법 제59조에 근거하여 녹음허가를 신청하였으나 법원이 이를 불허한 경우를 본다. 헌법재판소는 이 경우에 대해 (가) 재판장의 허가(또는 불허가)는 재판장이 법정의 권위를 지키고 법정 내 질서를 유지하며 심리의 방해를 저지하기 위하여 법정 내 모든 사람들에 대하여 행하는 사법행정행위이며, (나) 이를 법원이 소송의 심리를 신속·공평하고 충실하게 하기 위하여 소송당사자에 대하여 행하는 소송지휘권의 행사라고 할 수 없고, (다) 이러한 법적 성격은 녹음허가신청인이 소송당사자의 지위를 겸하고 있다고 하여 달라지지 않는다고 판단한다.

갑의 녹음신청에 대한 법원의 불허결정을 사법행정처분으로 파악하게 되면 그에 대한 불복방법은 행정소송이나 공권력의 행사로 기본권이 침해되었음을 주장하는 헌법소원심판청구(헌법재판소법 제68조 제1항; 소위 헌마 사건)가 된다. 그런데 갑은 자신이 받은 '재판'의 전제가 되는 법률에 위헌의 흠이 있다고 주장하여 헌법소원심판청구(헌법재판소법 제68조 제2항; 소위 헌바 사건)를 하고 있다. 그렇다면 갑의 심판청구는 적법요건을 결여하여 각하의 대상이 된다.

다음으로 갑이 해고무효 청구소송에 적용되는 민사소송법 제159조에 근거하여 녹음을 신청하였으나 불허된 경우를 본다. 이 경우의 불허결정은 소송절차 중의 재판이므로 소송당사자는 민사소송법 제151조에 따라 소송절차에 관한 이의를 제기할 수 있다(참고로 형사소송의 경우에는 제56조의2 녹음·녹화에 관한 규정이 마련되어 있다). 갑이 녹음불허가의 재판에 대해 헌법소원을 하는 방법은 그 재판의 전제가 된 법률에 대해 위헌임을 주장하여 헌법소원심판(헌법재판소법 제68조 제2항)을 청구하는 것이다. 이 경우 전제가 되는 법률은 민사소송법 제159조이다. 그런데 갑은 법원조직법 제59조의 위헌을 주장하여 헌법소원심판청구를 하고 있다. 그렇다면 갑의 심판청구는 부적법하여 각하의 대

상이 된다. 결국 재판장의 녹음불허결정에 대해 갑이 제기한 헌법소원심판청구는 어느 경우에나 부적
법 각하의 결론에 이르게 된다.

　본 판례는 법정경찰권에 의한 재판장의 판단은 사법행정의 일환임에 대하여 소송지휘권에 기한 재
판장의 판단은 재판의 일종이라는 점을 밝히면서, 양자의 구별 실익을 구체적으로 보여주는 사례를 제
시하고 있다는 점에서 주목할 만하다.

2009도9

적용법조 누락과 하자의 치유
집시법 해산명령 사건
2009. 8. 20. 2009도9, 공 2009하, 1584

1. 사실관계 및 사건의 경과

【사실관계 1】

① 집시법은 일정한 집회행위를 금지하면서 그에 위반한 집회의 해산명령을 따르지 않는 사람을 처벌
하고 있다.

② 집시법은 관련 규정을 다음과 같이 순차적으로 구체화하고 있다.

　(가) 집시법 제24조 : "다음 각 호의 어느 하나에 해당하는 자는 6개월 이하의 징역 또는 50만 원
이하의 벌금·구류 또는 과료에 처한다."

　(나) 집시법 제24조 제5호 : "제16조 제5항, 제17조 제2항, 제18조 제2항 또는 제20조 제2항을 위
반한 자"

　(다) 집시법 제20조 제2항 : "집회 또는 시위가 제1항에 따른 해산 명령을 받았을 때에는 모든 참가
자는 지체 없이 해산하여야 한다."

　(라) 집시법 제20조 제1항 : 관할 경찰관서장은 다음 각 호의 어느 하나에 해당하는 집회 또는 시위
에 대하여는 상당한 시간 이내에 자진 해산할 것을 요청하고 이에 따르지 아니하면 해산을 명
할 수 있다.

　　1. 제5조 제1항, 제10조 본문 또는 제11조를 위반한 집회 또는 시위

　　2. 제6조 제1항에 따른 신고를 하지 아니하거나 제8조 또는 제12조에 따라 금지된 집회 또는
시위

　　3. 제8조 제3항에 따른 제한, 제10조 단서 또는 제12조에 따른 조건을 위반하여 교통 소통 등
질서 유지에 직접적인 위험을 명백하게 초래한 집회 또는 시위

　　4. 제16조 제3항에 따른 종결 선언을 한 집회 또는 시위

　　5. 제16조 제4항 각 호의 어느 하나에 해당하는 행위로 질서를 유지할 수 없는 집회 또는 시위

【사실관계 2】

① 갑 등은 P장소 Q상가의 재건축을 반대하며 집회를 하였다.

② 갑은 집시법위반죄 등으로 기소되었다.

③ 검사가 제출한 공소장에는 집시법위반죄 부분 공소사실이 다음과 같이 기재되어 있었다.

　(가) "피고인은 2008. 4. 8. 10:00경부터 서울 P장소 Q상가 재건축공사장 출입구 앞에서 철거대책위원회 회원 26명과 함께 재건축 공사장 출입구를 막고 일렬로 도열하여 서거나 때로는 앉아서 회원들 일부가 연설을 하고 회원들이 함께 구호를 외치는 등 집회를 개최하는 방법으로 공사장 출입차량의 통행을 불가능하게 하여 피해자 조합의 재건축 업무를 방해하며 집회를 하고 있었다."

　(나) "이에 중부경찰서 서장으로부터 불법집회 해산에 관한 권한을 위임받은 중부경찰서 경비과장이 자진 해산할 것을 요청하고, 이어서 11:00경, 11:05경, 11:10경 3회에 걸쳐 해산명령을 하였다."

　(다) "그러나 피고인은 지체없이 해산하지 아니하였다."

④ (이해를 돕기 위하여 문단을 나누었음)

⑤ 검사는 적용법조로 집시법 제24조 제5호, 제20조 제2항을 기재하였다.

⑥ 검사는 집시법 제20조 제2항이 지시하는 제20조 제1항에 대해서는 적용법조에 기재하지 않았다.

【사건의 경과 1】

① 제1심 공판절차에서 경찰의 해산명령의 근거가 무엇인지 문제되었다.

② 검사는 제1심 변론이 종결된 후에 이르러 집시법 제20조 제1항 제5호, 제16조 제4항 제3호가 경찰의 해산명령의 근거라는 의견을 제시하였다.

③ 검사의 의견에 따르면 해산명령의 대상이 되는 집회는 다음과 같이 구체화된다.

　(가) 집시법 제20조 제1항 본문 : "관할 경찰관서장은 다음 각 호의 어느 하나에 해당하는 집회 또는 시위에 대하여는 상당한 시간 이내에 자진 해산할 것을 요청하고 이에 따르지 아니하면 해산을 명할 수 있다."

　(나) 집시법 제20조 제1항 제5호 : "제16조 제4항 각 호의 어느 하나에 해당하는 행위로 질서를 유지할 수 없는 집회 또는 시위"

　(다) 집시법 제16조 제4항 제3호 : "신고한 목적, 일시, 장소, 방법 등의 범위를 뚜렷이 벗어나는 행위"

【사건의 경과 2】

① 갑의 피고사건은 제1심을 거친 후, 항소심에 계속되었다.

② 항소심법원은 집시법위반죄 부분 공소사실에 대해 무죄를 선고하였다.

③ 검사는 불복 상고하였다.

④ 대법원은 직권으로 판단하였다.

2. 공소장의 기재방식

【대법원 요지】 공소장에 적용법조를 기재하는 이유는 공소사실의 법률적 평가를 명확히 하여 공소의 범위를 확정하는 것을 돕고, 또한 피고인의 방어권을 보장하고자 함에 있다. /

【대법원 요지】 한편 공소장의 공소사실은 법원의 심판대상을 한정하고 피고인의 방어범위를 특정하여 그 방어권을 보장하는 데 의미가 있는 것이므로,

【**대법원 요지**】 형사소송법 제254조 제4항은 공소사실을 기재함에 있어서는 범죄의 일시 · 장소와 방법을 명시하여 구성요건에 해당하는 구체적 사실을 특정하여야 한다고 정하고 있다.

3. 사실관계의 분석과 쟁점의 정리

【**대법원 분석**】 이 사건에서 검사는 '집회 및 시위에 관한 법률'(이하 '집시법'이라 한다) 위반의 점에 관하여 /

【**대법원 분석**】 "피고인은 2008. 4. 8. 10:00경부터 서울 [P장소] Q상가 재건축공사장 출입구 앞에서 철거대책위원회 회원 26명과 함께 재건축 공사장 출입구를 막고 일렬로 도열하여 서거나 때로는 앉아서 회원들 일부가 연설을 하고 회원들이 함께 구호를 외치는 등 집회를 개최하는 방법으로 공사장 출입차량의 통행을 불가능하게 하여 피해자 조합의 재건축 업무를 방해하며 집회를 하고 있었다. /

【**대법원 분석**】 이에 중부경찰서 서장으로부터 불법집회 해산에 관한 권한을 위임받은 중부경찰서 경비과장이 자진 해산할 것을 요청하고, 이어서 11:00경, 11:05경, 11:10경 3회에 걸쳐 해산명령을 하였다. 그러나 피고인은 지체없이 해산하지 아니하였다"라는 공소사실과 /

【**대법원 분석**】 집시법 제24조 제5호, 제20조 제2항을 적용법조로 기재하여 피고인을 기소하였다.

【**대법원 분석**】 그런데 여기서 집시법 제24조는 벌칙규정으로서 그 제5호는 집시법 제20조 제2항을 위반한 자를 일정한 형벌에 처한다는 내용이고, /

【**대법원 분석**】 집시법 제20조 제2항은 "집회 또는 시위가 제1항에 따른 해산명령을 받았을 때에는 모든 참가자는 지체없이 해산하여야 한다"는 것이다. /

【**대법원 분석**】 그러므로 이 사건 집시법 위반의 점에 대하여 심리 · 판단하기 위하여는 거기서 정하는 "제1항에 따른 해산명령"이 무엇인지를 살펴보지 않을 수 없다.

4. 집시법 관련 규정의 내용

【**대법원 분석**】 집시법 제20조 제1항은 다음과 같이 정하고 있다.

【**대법원 분석**】 "① 관할경찰관서장은 다음 각 호의 어느 하나에 해당하는 집회 또는 시위에 대하여는 상당한 시간 이내에 자진 해산할 것을 요청하고 이에 따르지 아니하면 해산을 명할 수 있다. /

  1. 제5조 제1항, 제10조 본문 또는 제11조를 위반한 집회 또는 시위 /
  2. 제6조 제1항에 따른 신고를 하지 아니하거나 제8조 또는 제12조에 따라 금지된 집회 또는 시위 /
  3. 제8조 제3항에 따른 제한, 제10조 단서 또는 제12조에 따른 조건을 위반하여 교통 소통 등 질서 유지에 직접적인 위험을 명백하게 초래한 집회 또는 시위 /
  4. 제16조 제3항에 따른 종결 선언을 한 집회 또는 시위 /
  5. 제16조 제4항 각 호의 어느 하나에 해당하는 행위로 질서를 유지할 수 없는 집회 또는 시위" /

【**대법원 분석**】 또한 집시법 제20조 제1항 제5호에서 인용하는 제16조 제4항은 다음과 같이 정하고 있다. /

【**대법원 분석**】 "④ 집회 또는 시위의 주최자는 다음 각 호의 어느 하나에 해당하는 행위를 하여서는 아니 된다. /

  1. 총포, 폭발물, 도검(刀劍), 철봉, 곤봉, 돌덩이 등 다른 사람의 생명을 위협하거나 신체에 해를

끼칠 수 있는 기구(器具)를 휴대하거나 사용하는 행위 또는 다른 사람에게 이를 휴대하게 하거나 사용하게 하는 행위 /

2. 폭행, 협박, 손괴, 방화 등으로 질서를 문란하게 하는 행위 /

3. 신고한 목적, 일시, 장소, 방법 등의 범위를 뚜렷이 벗어나는 행위" /

5. 사안에 대한 대법원의 판단

【대법원 판단】 이와 같이 집시법 제20조 제1항에 따라 해산명령을 할 수 있는 집회 또는 시위의 태양은 매우 다종·다양하다. /

【대법원 판단】 그런데 앞서 본 공소사실의 기재만으로는 이 사건 집회가 위 제20조 제1항에서 해산명령이 발하여질 수 있다고 정하여진 그 많은 집회의 태양 중 어느 것에 해당하여 경찰로부터 해산명령을 받았는지를 쉽사리 알 수 없다. /

【대법원 판단】 또한 이 사건 공소사실을 위 제20조 제1항에서 열거된 이들 규정에 일일이 비추어 본다고 하여도 그러한 불명확함이 현저히 감소된다고 할 수 없으므로, 이 사건 집시법 위반의 점에 대하여 공소장에 적용법조로 집시법 제20조 제2항만을 기재한 것은 결국 공소사실에 대한 법적 평가를 제대로 제시하지 못하였다고 할 수밖에 없다. /

【대법원 판단】 따라서 이 사건 공소사실 및 적용법조의 기재는 공소의 범위를 확정하지 못하고 나아가 피고인의 방어권 행사에 실질적인 불이익을 주는 것이어서, 이 사건 공소제기의 절차는 위법하여 무효라고 할 것이다. /

6. 공소사실의 불특정과 하자의 치유 문제

【대법원 요지】 비록 검사가 제1심 변론이 종결된 후에 이르러 집시법 제20조 제1항 제5호, 제16조 제4항 제3호가 이 사건 해산명령의 근거라는 의견을 제시하였다고 하더라도, 그에 의하여 공소장변경의 절차를 밟은 것이 아닌 이상, 그것만으로 위와 같은 공소제기절차상의 위법이 치유된다고 할 수 없다.

【대법원 판단】 설령 검사가 위와 같이 제시한 위 각 집시법 규정이 적용법조로 추가된 것으로 볼 수 있다고 하더라도, /

【대법원 판단】 이 사건 공소사실은 앞서 본 집시법 제16조 제4항 제3호에 해당하는 구체적 사항, 즉 이 사건 집회에 관하여 신고된 목적·일시·장소·방법이 어떤 내용인지 및 이 사건 집회가 어떠한 점에서 그 신고된 목적·일시·장소·방법 등의 범위를 '뚜렷이 벗어나는' 것인지를 전혀 기재하지 않고 있으므로, 구성요건에 해당하는 구체적 사실을 특정하였다고 볼 수 없어 결국 위법함을 면할 수 없다.

【대법원 결론】 원심이 이와 같은 점을 간과한 채 이 사건 집시법 위반의 점에 관한 공소사실을 무죄로 인정한 것은 공소제기절차에 관한 법리를 오해하여 판결에 영향을 미친 위법이 있다. (파기 환송)

【코멘트】 본 판례는 공소장의 기재방식과 관련한 특정성의 문제를 다루고 있다. 본 사안에서 검사는 피고인을 집시법으로 기소하면서 적용법조로 집시법 제24조 제5호, 제20조 제2항을 기재하였다. 그러나 집시법 제20조 제2항이 지시하는 제20조 제1항에 대해서는 적용법조에 기재하지 않았다.

대법원은 이러한 공소제기에 대해 두 가지 점에서 공소장 기재방식에 위반되는 흠이 있다고 판단하였다. 하나는 적용법조의 불명확함이다. 집시법 제20조 제2항이 지시하는 제20조 제1항을 보면 각호로서 다양한 경우들이 열거되어 있는데, 검사가 기재한 적용법조에 의하면 어느 것에 해당하는지 불명확하여 판단대상을 특정할 수가 없다는 것이다.

다른 하나는 공소사실의 불특정이다. 대법원은 검사가 변론종결 후에 제시한 의견대로 집시법 제20조 제1항 제5호, 제16조 제4항 제3호를 적용법조로 인정해 본다는 가정에서 출발한다. 그러나 검사의 공소사실에는 갑의 집회에 관하여 신고된 목적·일시·장소·방법이 어떤 내용인지 및 갑의 집회가 어떠한 점에서 그 신고된 목적·일시·장소·방법 등의 범위를 '뚜렷이 벗어나는' 것인지가 전혀 기재되어 있지 않다. 결국 공소사실도 특정되어 있지 않다는 것이다.

이상의 분석을 토대로 대법원은 검사의 공소제기절차가 법률의 규정에 위반하여 무효인 때에 해당하여 공소기각판결의 대상이 된다고 판단한다. 그런데 여기에서 한 가지 유념해서 보아야 할 또 하나의 판시사항이 있는데, 하자치유의 불허가 그것이다.

적용법조는 공소사실과 마찬가지로 공소장의 핵심적 기재사항에 속한다. 대법원이 확인하는 바와 같이 "공소장에 적용법조를 기재하는 이유는 공소사실의 법률적 평가를 명확히 하여 공소의 범위를 확정하는 것을 돕고, 또한 피고인의 방어권을 보장하고자 함에 있다." 적용법조의 기재가 이와 같이 중요한 의미를 가지고 있으므로 적용법조의 추가는 단순한 의견진술의 형태가 아니라 공소장변경절차에 의하여야 한다는 것이다. 대법원은 이 점의 중요성을 더욱 강조하기 위하여 "그에 의하여 공소장변경의 절차를 밟은 것이 아닌 이상, 그것[의견진술]만으로 위와 같은 공소제기절차상의 위법이 치유된다고 할 수 없다."는 엄격한 입장을 천명하고 있다.

2009도224

기소결정의 위법과 불복방법
버스 경매 배당이의 사건
2010. 11. 11. 2009도224, 공 2010하, 2288

1. 사실관계 및 사건의 경과

【사실관계 1】
① [항소심판결을 토대로 사실관계를 재구성함]
② P운송회사(대표이사 A)는 Q캐피탈 회사로부터 자금을 차용하여 할부로 R자동차판매회사로부터 H버스들을 구입하였다.
③ P회사는 Q회사에 할부금을 제때에 갚지 못하였다.
④ Q회사는 H버스들에 대한 강제집행을 신청하였다.

【사실관계 2】
① 2003. 초순경 갑은 P회사 명의의 액면금액 2억 원의 S약속어음을 작성하였다.
② 2003. 2. 14. 갑은 P회사 명의의 T위임장을 작성하였다.

③ 2003. 2. 14. 갑은 S약속어음과 T위임장을 가지고 M합동법률사무소에서 S약속어음에 대하여 강제집행할 것을 인낙하는 내용의 U공정증서를 작성하였다.

④ 2003. 2. 14. U공정증서는 M합동법률사무소에 비치되었다.

⑤ 갑은 A의 위임을 받아, P회사가 사용하고 있는 L건물과 그 부대시설에 대해 임차인을 P회사로 하는 2억 원의 V임대차계약서를 거짓으로 작성하였다.

⑥ 2003. 2. 28. 갑은 V임대차계약서에 의한 2억 원의 임대보증금지급채권을 원인채권으로 하는 U약속어음공정증서를 집행권원으로 하여 관할 법원에 H버스들에 대해 유체동산강제경매를 신청하였다.

⑦ 갑은 관할 법원 담당 직원에게 U약속어음공정증서 정본을 제출하였다.

【사실관계 3】

① H버스들은 강제경매에서 매각되었다.

② 2003. 5. 20. 배당기일에서 사정을 모르는 법원 소속 집행관 B는 H버스들에 대한 매각대금에서 집행비용을 공제하고 남은 2억 원 중 갑에게 9천만 원을 배당하는 배당협의표 원안을 제시하였다.

③ 2003. 6. 2. 갑은 법원 집행관사무실에서 집행관 B로부터 갑에 대한 배당액 9천만 원 중 R회사가 이의를 제기한 금액을 공제한 나머지 7천만 원을 배당받았다.

【사건의 경과 1】

① R회사는 갑을 고소하였다.

② 검사는 갑에 대해 불기소처분을 내렸다.

③ R회사는 관할 고등법원에 재정신청을 하였다.

④ R회사는 재정신청을 하면서 재정신청서에 재정신청을 이유 있게 하는 사유를 기재하지 않았다.

⑤ 관할 고등법원은 R회사의 재정신청을 받아들여 공소제기명령을 내렸다.

【사건의 경과 2】

① 검사는 갑을 다음의 공소사실로 기소하였다.

　　(가) S약속어음 부분 : 유가증권위조죄 및 위조유가증권행사죄 (㉠공소사실)

　　(나) T위임장 부분 : 사문서위조죄 및 위조사문서행사죄 (㉡공소사실)

　　(다) U공정증서 부분 : 공정증서원본불실기재죄 및 불실공정증서원본행사죄 (㉢공소사실)

　　(라) V임대차계약서 부분 : 사문서위조죄 및 위조사문서행사죄 (㉣공소사실)

　　(마) 배당금 취득 부분 : 사기 (㉤공소사실)

② 제1심법원은 ㉠, ㉡, ㉢, ㉣공소사실 부분은 P회사측과의 통정허위표시에 기인한 것임을 이유로 무죄를 선고하였다.

③ 제1심법원은 ㉤공소사실에 대해 유죄를 선고하였다.

④ 갑은 유죄 부분에 불복 항소하였다.

⑤ 검사는 무죄 부분에 불복 항소하였다.

⑥ 항소심법원은 갑과 검사의 항소를 모두 기각하였다.

【사건의 경과 3】

① 갑은 불복 상고하였다.

② 갑은 상고이유로 다음의 점을 주장하였다.

　　(가) R회사는 재정신청을 하면서 재정신청서에 재정신청을 이유 있게 하는 사유를 기재하지 않았다.

　　(나) 재정신청서에 재정신청을 이유 있게 하는 사유가 기재되어 있지 않은 경우에 관할 고등법원은 그 재정신청을 기각하여야 한다.

　　(다) 기각되어야 할 재정신청에 기하여 내려진 관할 고등법원의 공소제기명령은 무효이다.

　　(라) 무효인 공소제기명령에 기하여 제기된 공소는 무효이다.

2. 재정신청서의 기재방법

【대법원 분석】 1. 형사소송법(이하 '법'이라고 한다) 제260조 제4항은 "재정신청서에는 재정신청의 대상이 되는 사건의 범죄사실, 증거 등 재정신청을 이유 있게 하는 사유를 기재하여야 한다."고 정하고 있고, /

【대법원 분석】 법 제262조 제2항 제1호는 재정신청이 "법률상의 방식에 위배"된 때에는 그 신청을 기각한다고 정하고 있으며, /

【대법원 분석】 법 제262조 제4항은 "제2항의 결정에 대하여는 불복할 수 없다."고 정하고 있다. /

【대법원 판단】 따라서 법원은 재정신청서에 재정신청을 이유 있게 하는 사유가 기재되어 있지 않은 경우에는 그 재정신청을 기각하여야 한다.

3. 공소제기결정의 위법과 불복방법

【대법원 요지】 그런데 법원이 재정신청서에 재정신청을 이유 있게 하는 사유가 기재되어 있지 않음에도 이를 간과한 채 법 제262조 제2항 제2호 소정의 공소제기결정을 한 관계로 그에 따른 공소가 제기되어 본안사건의 절차가 개시된 후에는, 다른 특별한 사정이 없는 한 이제 그 본안사건에서 위와 같은 잘못을 다툴 수 없다고 할 것이다. /

【대법원 요지】 그렇지 아니하고 위와 같은 잘못을 본안사건에서 다툴 수 있다고 한다면 이는 재정신청에 대한 결정에 대하여 그것이 기각결정이든 인용결정이든 불복할 수 없도록 한 법 제262조 제4항의 규정취지에 위배하여 형사소송절차의 안정성을 해칠 우려가 있기 때문이다. /

【대법원 요지】 또한 위와 같은 잘못은 본안사건에서 공소사실 자체에 대하여 무죄, 면소, 공소기각 등을 할 사유에 해당하는지를 살펴 무죄 등의 판결을 함으로써 그 잘못을 바로잡을 수 있는 것이다. /

【대법원 요지】 뿐만 아니라 본안사건에서 심리한 결과 범죄사실이 유죄로 인정되는 때에는 이를 처벌하는 것이 오히려 형사소송의 이념인 실체적 정의를 구현하는 데 보다 충실하다는 점도 고려하여야 한다.

4. 사안에 대한 대법원의 판단

【대법원 분석】 그리하여 이러한 법리에 비추어 기록을 살펴보면, /

【대법원 판단】 비록 이 사건 재정신청서에 법 제260조 제4항에 정한 사항의 기재가 없어서 법원으로서는 그 재정신청이 법률상의 방식에 위배된 것으로서 이를 기각하여야 함에도 이 사건 심판대상인 사기 부분을 포함한 고소사실 전부에 관하여 이 사건 공소제기결정을 한 잘못이 있고 나아가 그 결정

에 따라 공소제기가 이루어졌다 하더라도, /

【대법원 판단】 공소사실에 대한 실체판단에 나아간 제1심의 판결을 유지한 원심의 조치는 정당하다. 따라서 이러한 원심에는 상고이유의 주장과 같이 공소제기결정의 위법에 관한 법리를 오해한 위법이 있다고 할 수 없다. (상고 기각)

2009도526

위법수집증거배제법칙의 원칙과 예외
구속영장 미제시 사건

2009. 4. 23. 2009도526, 공 2009상, 804

1. 사실관계 및 사건의 경과

【사실관계】

① 2008. 6. 25. 08:38경 갑은 뇌물수수 등 피의사실로 체포영장에 의하여 체포되었다.

② 2008. 6. 25. 11:00경 갑은 수원지방검찰청 검사실에 인치되었다.

③ 2008. 6. 26. 00:40경 갑은 수원구치소에 구금되었다.

④ 2008. 6. 27. 갑에 대한 P구속영장이 발부되었다.

⑤ 2008. 6. 27. 23:10경 갑에 대해 수원구치소에서 교도관리 A에 의하여 P구속영장이 집행되었다.

⑥ 이 과정에서 교도관리 A는 갑에게 P구속영장을 제시하지 않았다.

【사건의 경과 1】

① 2008. 7. 1. 갑에 대한 검사 면전 제3회 피의자신문조서(부인)가 작성되었다.

② 2008. 7. 7. 갑에 대한 검사 면전 제4회 피의자신문조서(일부 시인)가 작성되었다. (㉠진술)

③ 2008. 7. 11. 갑에 대한 검사 면전 제6회 피의자신문조서(일부 시인)가 작성되었다. (㉡진술)

【사건의 경과 2】

① 2008. 7. 2. 갑은 변호인을 선임하였다.

② 2008. 7. 3. 갑은 변호인을 통하여 구속적부심사를 청구하였다.

③ 갑은 구속적부심청구사유로 구속영장을 제시받지 못한 채 불법적으로 구금되어 있다고 주장하였다.

④ 갑의 청구에 따라 열린 구속적부심사 사건의 심문절차에서 갑은 판사로부터 P구속영장을 제시받았다.

【사건의 경과 3】

① 갑은 뇌물수수죄 등으로 구속 기소되었다.

② 2008. 8. 18. 갑은 변호인을 통하여 제1심법원에 보석허가청구를 하였다.

③ 갑은 보석허가청구사유로, 구속영장을 제시받지 못한 채 구속되어 있다고 주장하였다.

④ 제1심 제1회 공판기일이 열렸다.

⑤ 갑과 변호인은 모두 범의를 일부 부인하였을 뿐, 공소사실의 객관적인 사실관계는 모두 인정하였다. (㉢진술)

⑥ 갑은 제1심 제2회 공판기일 이후 공소사실을 모두 자백하였다. (ⓔ진술)

⑦ 제1심법원은 ㉠∼ⓔ진술을 증거의 일부로 채택하여 유죄를 선고하였다.

【사건의 경과 4】

① 갑은 불복 항소하였다.

② 항소심 공판기일에 이르러서도 갑은 공소사실을 모두 자백하였다.

③ 항소심법원은 항소를 기각하고, 제1심판결을 유지하였다.

④ 갑은 불복 상고하였다.

⑤ 갑은 상고이유로 다음의 점을 주장하였다.

   (가) 영장 제시 없는 구속영장의 집행은 위법한 수사에 해당한다.

   (나) P구속영장의 집행은 영장의 제시가 없어서 위법하다.

   (다) 위법수사에 기하여 수집된 증거는 증거능력이 없다.

   (라) 따라서 P구속영장 집행 후 수집된 ㉠∼ⓔ진술 모두 증거능력이 없다.

【사건의 경과 5】

① 대법원은 갑에게 P구속영장이 제시되기 전에 이루어진 ㉠, ㉡진술과 P구속영장이 제시된 후에 이루어진 ㉢, ⓔ진술을 나누어서 증거능력을 검토하였다.

② 대법원은 ㉠, ㉡진술 부분에 대해 증거능력을 부인하였다.

③ 대법원은 ㉢, ⓔ진술에 대해 증거능력을 인정하였다.

④ 대법원은 ㉢, ⓔ진술로도 범죄사실 모두를 인정하기에 충분하다고 판단하여 상고를 기각하였다.

2. 구속영장 제시 전에 수집된 증거의 증거능력

【대법원 요지】 가. 형사소송법 제308조의2는 '적법한 절차에 따르지 아니하고 수집한 증거는 증거로 할 수 없다'고 규정하고 있는바, 수사기관이 헌법과 형사소송법이 정한 절차에 따르지 아니하고 수집한 증거는 물론, 이를 기초로 하여 획득한 2차적 증거 역시 유죄 인정의 증거로 삼을 수 없는 것이 원칙이다.

【대법원 요지】 다만, 수사기관의 절차 위반 행위가 적법절차의 실질적인 내용을 침해하는 경우에 해당하지 아니하고, 오히려 그 증거의 증거능력을 배제하는 것이 헌법과 형사소송법이 형사소송에 관한 절차 조항을 마련하여 적법절차의 원칙과 실체적 진실 규명의 조화를 도모하고, 이를 통하여 형사 사법 정의를 실현하려 한 취지에 반하는 결과를 초래하는 것으로 평가되는 예외적인 경우라면, 법원은 그 증거를 유죄 인정의 증거로 사용할 수 있다. /

【대법원 요지】 따라서 법원이 2차적 증거의 증거능력 인정 여부를 최종적으로 판단할 때에는 먼저 절차에 따르지 아니한 1차적 증거 수집과 관련된 모든 사정들, /

【대법원 요지】 즉 절차 조항의 취지와 그 위반의 내용 및 정도, 구체적인 위반 경위와 회피가능성, 절차 조항이 보호하고자 하는 권리 또는 법익의 성질과 침해 정도 및 피고인과의 관련성, 절차 위반행위와 증거수집 사이의 인과관계 등 관련성의 정도, 수사기관의 인식과 의도 등을 살피는 것은 물론, /

【대법원 요지】 나아가 1차적 증거를 기초로 하여 다시 2차적 증거를 수집하는 과정에서 추가로 발생

한 모든 사정들까지 구체적인 사안에 따라 주로 인과관계 희석 또는 단절 여부를 중심으로 전체적·종합적으로 고려하여야 한다.

【대법원 요지】 수사기관이 헌법 제12조 제3항, 형사소송법 제85조 제1항, 제209조에 반하여 사전에 영장을 제시하지 아니한 채 구속영장을 집행한 경우, 그 구속중 수집한 2차적 증거들인 구속 피고인의 진술증거가 유죄 인정의 증거로 사용될 수 있는지 역시 위와 같은 법리에 의하여 판단되어야 하고, /

【대법원 요지】 이는 형사소송법 제81조 제3항, 제209조에 따라 검사의 지휘에 의하여 교도관리가 구속영장을 집행하는 경우에도 마찬가지이다.

3. 사안에 대한 대법원의 분석

【대법원 분석】 나. 기록에 의하면, 피고인은 2008. 6. 25. 08:38경 체포영장에 의하여 체포되어 같은 날 11 : 00경 수원지방검찰청 검사실에 인치된 후 2008. 6. 26. 00 : 40경 수원구치소에 구금된 사실, /

【대법원 분석】 피고인에 대한 구속영장이 2008. 6. 27. 발부된 사실, 위 구속영장은 같은 날 23:10 경 수원구치소에서 교도관리에 의하여 집행된 것으로 구속영장에 기재되어 있는 사실, /

【대법원 분석】 2008. 7. 1. 피고인에 대한 검사 작성의 제3회 피의자신문조서가 작성되었고, 그 이후인 2008. 7. 7. 피고인에 대한 검사 작성의 제4회 피의자신문조서가, 2008. 7. 11. 피고인에 대한 검사 작성의 제6회 피의자신문조서가 작성된 사실, /

【대법원 분석】 피고인은 2008. 7. 2. 변호인을 선임하였고, 2008. 7. 3. 변호인을 통하여 구속영장을 제시받지 못한 채 불법적으로 구금되어 있다는 등의 사유를 주장하면서 구속적부심사청구를 한 사실, /

【대법원 분석】 피고인은 이에 따라 열린 2008초적○○ 구속적부심사 사건의 심문절차에서 판사로부터 구속영장을 제시받은 사실, /

【대법원 분석】 피고인은 검사 작성의 제4회, 제6회 피의자신문조서에서 이 사건 공소사실 중 일부만을 시인한 사실, /

【대법원 분석】 피고인은 제1심 소송이 계속중이던 2008. 8. 18. 변호인을 통하여 구속영장을 제시받지 못한 채 구속되어 있다는 등의 사유를 주장하면서 보석허가청구를 한 사실, /

【대법원 분석】 한편 피고인과 그 변호인은 모두 제1심의 제1회 공판기일에서 범의를 일부 부인하였을 뿐 이 사건 공소사실의 객관적인 사실관계는 모두 인정하였고, 제2회 공판기일 이후 원심의 각 공판기일에 이르기까지 이 사건 공소사실을 모두 자백한 사실을 알 수 있다.

4. 항소심 판단에 대한 대법원의 평가

【대법원 판단】 위와 같은 사실을 앞서 본 법리에 비추어 살펴보면, /

【대법원 판단】 피고인의 주장과 같이 피고인에 대한 구속영장의 집행 당시 구속영장이 사전에 제시된 바 없다면, 이는 헌법 및 형사소송법이 정한 절차를 위반한 구속집행이고, 그와 같은 구속중에 수집한 피고인의 진술증거인 피고인에 대한 검사 작성의 제3회 내지 제6회의 피의자신문조서와 피고인의

법정진술은 예외적인 경우가 아닌 한 유죄인정의 증거로 삼을 수 없는 것이 원칙이다. /

【대법원 판단】 더욱이 구속 직후 피고인이 위와 같은 구속영장이 사전에 제시됨이 없이 구속된 불법 구금임을 주장하면서 법원에 구속적부심사를 청구하고 제1심 법원에 보석을 청구하는 등 구속집행절차상의 위법을 다투고 있는 상황이라면, /

【대법원 판단】 원심으로서는 피고인에 대한 구속영장을 집행하는 과정에서 실제로 위 피고인이 주장하는 바와 같은 위법이 있는지를 살펴보고 나아가 위 각 증거를 유죄 인정의 증거로 삼을 수 있는지에 대하여 심리해 보았어야 한다. /

【대법원 판단】 그런데도 제1심이 이 점에 관하여 전혀 심리를 하지 아니한 채 피고인에 대한 검사 작성의 제4회, 제6회의 각 피의자신문조서와 피고인의 법정진술의 각 증거능력을 인정하고 이를 유죄 인정의 증거로 채택하여 이 사건 공소사실에 대하여 유죄의 죄책을 인정하였으며, /

【대법원 판단】 원심은 피고인이 양형부당만을 항소이유로 주장하였다는 이유만으로 이 점에 대한 심리에 이르지 아니한 채 제1심판결을 그대로 유지하였는바, 이러한 조치는 잘못된 것이다.

5. 사안에 대한 대법원의 판단

【대법원 판단】 그러나 피고인의 제1심 법정진술은, 앞서든 법리나 위 인정 사실에 나타난 다음에서 드는 각 사정을 전체적·종합적으로 고려해 볼 때, 이를 유죄 인정의 증거로 사용할 수 있는 경우에 해당한다. /

【대법원 판단】 즉, 피고인은 구속적부심사의 심문 당시 구속영장을 제시받은 바 있어 그 이후에는 구속영장에 기재된 범죄사실에 대하여 숙지하고 있었던 것으로 보이고, /

【대법원 판단】 구속 이후 원심에 이르기까지 구속적부심사와 보석의 청구를 통하여 사전에 구속영장을 제시받지 못한 구속집행절차의 위법성만을 다투었을 뿐 /

【대법원 판단】 그 구속중 이루어진 피고인의 진술증거인 피고인에 대한 검사 작성의 피의자신문조서와 법정에서의 피고인 진술의 임의성이나 신빙성에 대하여는 전혀 다투지 아니하였으며, /

【대법원 판단】 구속 이후 피고인에 대한 검사 작성의 제4회, 제6회 피의자신문조서의 작성시에는 이 사건 공소사실 중 일부만을 시인하는 태도를 보이다가, /

【대법원 판단】 오히려 변호인과 충분히 상의를 한 제1심 법정 이후에는 이 사건 공소사실 전부에 대하여 자백하는 것으로 태도를 바꾼 후 원심에 이르기까지 그 자백을 번복하고 있지 아니하였다.

【대법원 판단】 이와 같이 증거능력이 인정되는 피고인의 제1심 법정진술 등 나머지 제1심의 적법한 채택 증거들에 의하더라도 이 사건 범죄사실 모두를 인정하기에 충분한바, /

【대법원 결론】 제1심이 이 사건 공소사실을 모두 유죄로 인정하고, 원심이 이러한 제1심판결을 그대로 유지한 조치는 결국 정당하므로, 원심의 위에서 본 잘못은 판결 결과에 영향을 미쳤다고 볼 수 없다. (상고 기각)

2009도2109

강제채혈과 위법수집증거배제법칙
응급실 강제채혈 사건
2011. 4. 28. 2009도2109, 공 2011상, 1080

1. 사실관계 및 사건의 경과

【사실관계 1】

① 2008. 6. 25. 21:00경 갑이 P장소에서 화물자동차를 운전하여 가다가 도로 우측 가드레일을 들이 받고 차량이 논으로 빠지는 사고가 발생하였다.

② 갑은 이 사고로 약 7주간의 치료를 요하는 상해를 입고 응급실로 호송되었다.

③ 2008. 6. 25. 21:14경 사고신고를 받고 경찰관 A가 응급실로 출동하였다.

④ 경찰관 A는 갑의 동서 B로부터 채혈동의를 받고서 의사 C로 하여금 무알콜솜을 사용하여 의식을 잃고 응급실에 누워있는 갑으로부터 채혈을 하도록 하였다. (Q혈액)

⑤ 경찰관 A는 Q혈액 압수와 관련하여 사후에 영장을 발부받지 않았다.

【사실관계 2】

① 경찰관 A는 Q혈액을 국립과학수사연구소로 보내어 감정을 의뢰하였다.

② 국립과학수사연구소는 Q혈액에 대한 혈중알콜농도에 대한 R감정서를 회보하였다.

③ 경찰관 A은 R감정서를 토대로 S주취운전적발보고서를 작성하였다.

【사건의 경과】

① 갑은 도로교통법위반죄(음주운전 등)로 기소되었다.

② 갑의 피고사건은 제1심을 거친 후, 항소심에 계속되었다.

③ 항소심법원은 다음의 이유를 들어서 공소사실을 무죄로 판단하였다.

  (가) Q채혈은 법관으로부터 영장을 발부받지 않은 상태에서 이루어졌다.

  (나) 경찰관은 사후에 영장을 발부받지도 아니하였다.

  (다) 그러므로 갑의 혈중알콜농도에 대한 국립과학수사연구소 R감정서 및 이에 기초한 S주취운전 자적발보고서는 위법수집증거로서 증거능력이 없다.

  (라) 달리 공소사실을 인정할 만한 증거가 없다.

  (마) Q채혈이 갑의 동서의 동의를 얻어서 이루어졌다는 사정만으로는 달리 볼 수 없다.

④ 검사는 불복 상고하였다.

2. 위법수집증거배제법칙의 원칙과 예외

【대법원 요지】 1. 형사소송법 제308조의2는 "적법한 절차에 따르지 아니하고 수집한 증거는 증거로 할 수 없다."고 선언하고 있고, 기본적 인권 보장을 위하여 압수 · 수색 · 검증 및 감정처분에 관한 적법 절차와 영장주의의 근간을 선언한 헌법과 이를 이어받아 실체적 진실 규명과 개인의 권리보호 이념을

조화롭게 실현할 수 있도록 압수 · 수색 · 검증 및 감정처분절차에 관한 구체적 기준을 마련하고 있는 형사소송법의 규범력은 확고히 유지되어야 하므로, /

【대법원 요지】 헌법과 형사소송법이 정한 절차에 따르지 아니하고 수집한 증거는 물론 이를 기초로 하여 획득한 2차적 증거 역시 기본적 인권 보장을 위해 마련된 적법한 절차에 따르지 않은 것으로서 원칙적으로 유죄 인정의 증거로 삼을 수 없다. /

【대법원 요지】 다만 위법하게 수집한 압수물의 증거능력 인정 여부를 최종적으로 판단함에 있어서는, 수사기관의 증거 수집 과정에서 이루어진 절차 위반행위와 관련된 모든 사정, 즉 절차 조항의 취지와 그 위반의 내용 및 정도, 구체적인 위반 경위와 회피가능성, 절차 조항이 보호하고자 하는 권리 또는 법익의 성질과 침해 정도 및 피고인과의 관련성, 절차 위반행위와 증거 수집 사이의 인과관계 등 관련성의 정도, 수사기관의 인식과 의도 등을 전체적 · 종합적으로 살펴볼 때 /

【대법원 요지】 수사기관의 절차 위반행위가 적법절차의 실질적인 내용을 침해하는 경우에 해당하지 아니하고, 오히려 그 증거의 증거능력을 배제하는 것이 헌법과 형사소송법이 형사소송에 관한 절차 조항을 마련하여 적법절차의 원칙과 실체적 진실 규명의 조화를 도모하고 이를 통하여 형사사법 정의를 실현하려고 한 취지에 반하는 결과를 초래하는 것으로 평가되는 예외적인 경우라면, 법원은 그 증거를 유죄 인정의 증거로 사용할 수 있다고 보아야 한다. /

【대법원 요지】 이는 적법한 절차에 따르지 아니하고 수집한 증거를 기초로 하여 획득한 2차적 증거의 경우에도 마찬가지여서, 절차에 따르지 아니한 증거 수집과 2차적 증거 수집 사이에 인과관계가 희석 또는 단절되었는지 여부를 중심으로 2차적 증거 수집과 관련된 사정을 전체적 · 종합적으로 고려하여 볼 때 위와 같은 예외적인 경우에 해당한다고 볼 수 있으면 유죄 인정의 증거로 사용할 수 있을 것이다.

3. 강제채혈과 영장주의

【대법원 분석】 그런데 사법경찰관이 범죄수사에 필요한 때에는 검사에게 신청하여 검사의 청구로 지방법원 판사가 발부한 영장에 의하여 압수 · 수색 또는 검증을 할 수 있고(형사소송법 제215조 제2항), /

【대법원 분석】 범행 중 또는 범행 직후의 범죄장소에서 긴급을 요하여 판사의 영장을 받을 수 없는 때에는 압수 · 수색 · 검증을 할 수 있으나 이 경우에는 사후에 지체 없이 영장을 받아야 하며(형사소송법 제216조 제3항), /

【대법원 분석】 검사 또는 사법경찰관으로부터 감정을 위촉받은 감정인은 감정에 관하여 필요한 때에는 검사의 청구에 의해 판사로부터 감정처분허가장을 발부받아 신체의 검사 등 형사소송법 제173조 제1항에 규정된 처분을 할 수 있도록 규정되어 있으므로(형사소송법 제221조, 제221조의4, 제173조 제1항), /

【대법원 요지】 위와 같은 형사소송법 규정에 위반하여 수사기관이 법원으로부터 영장 또는 감정처분허가장을 발부받지 아니한 채 피의자의 동의 없이 피의자의 신체로부터 혈액을 채취하고 /

【대법원 요지】 더구나 사후적으로도 지체 없이 이에 대한 영장을 발부받지도 아니하고서 그 강제채혈한 피의자의 혈액 중 알콜농도에 관한 감정이 이루어졌다면, /

【대법원 요지】 이러한 감정결과보고서 등은 형사소송법상 영장주의 원칙을 위반하여 수집되거나 그에 기초한 증거로서 그 절차 위반행위가 적법절차의 실질적인 내용을 침해하는 정도에 해당하고, /

【대법원 요지】 이러한 증거는 피고인이나 변호인의 증거동의가 있다고 하더라도 유죄의 증거로 사용할 수 없다고 보아야 할 것이다.

4. 사안에 대한 항소심의 판단

【항소심 분석】 2. 원심은 그 채택 증거에 의하여, /

【항소심 분석】 피고인이 2008. 6. 25. 21:00경 판시 장소에서 화물자동차를 운전하여 가다가 도로 우측 가드레일을 들이받고 차량이 논으로 빠지는 사고가 발생하였고 피고인은 위 사고로 약 7주간의 치료를 요하는 상해를 입고 응급실로 호송된 사실, /

【항소심 분석】 그런데 같은 날 21:14경 위 사고신고를 받고 응급실로 출동한 경찰관은 법원으로부터 압수·수색 또는 검증 영장을 발부받지 아니한 채 피고인의 동서로부터 채혈동의를 받고서 의사로 하여금 무알콜솜을 사용하여 의식을 잃고 응급실에 누워있는 피고인으로부터 채혈을 하도록 한 사실 등을 인정한 다음, /

【항소심 판단】 이 사건 채혈은 법관으로부터 영장을 발부받지 않은 상태에서 이루어졌고 사후에 영장을 발부받지도 아니하였으므로 피고인의 혈중알콜농도에 대한 국립과학수사연구소 감정서 및 이에 기초한 주취운전자적발보고서는 위법수집증거로서 증거능력이 없고 /

【항소심 판단】 달리 이 부분 공소사실을 인정할 만한 증거가 없으며 /

【항소심 판단】 이 사건 채혈이 피고인 동서의 동의를 얻어서 이루어졌다는 사정만으로는 달리 볼 수 없다는 이유로, 이 부분 공소사실을 무죄로 판단하였다.

5. 사안에 대한 대법원의 판단

【대법원 판단】 앞서 본 법리에 비추어 보면, 원심이 적법한 절차에 따르지 아니하고 수집된 피고인의 혈액을 이용한 혈중알콜농도에 관한 감정서 및 주취운전자적발보고서의 증거능력을 부정한 것은 정당하고, /

【대법원 판단】 음주운전자에 대한 채혈에 관하여 영장주의를 요구할 경우 증거가치가 없게 될 위험성이 있다거나 /

【대법원 판단】 음주운전 중 교통사고를 야기하고 의식불명 상태에 빠져 병원에 후송된 자에 대해 수사기관이 수사의 목적으로 의료진에게 요청하여 혈액을 채취한 사정이 있다고 하더라도 /

【대법원 판단】 이러한 증거의 증거능력을 배제하는 것이 형사사법 정의를 실현하려고 한 취지에 반하는 결과를 초래하는 것으로 평가되는 예외적인 경우에 해당한다고 볼 수 없다. (상고 기각)

【코멘트】 본 판례는 영장에 의하지 아니하고 강제채혈한 혈액과 그 혈액에 기초한 감정서의 증거능력을 위법수집증거배제법칙을 적용하여 부정한 예로서 주목된다. 일선 실무에서는 음주운전자의 채혈에 관하여 영장주의를 엄격하게 요구할 경우 증거가치가 사라질 우려가 있다는 주장이 제기되고 있다.

이러한 실무측의 주장에 대해 대법원은 본 판례에서 다음과 같은 입장을 천명하고 있다. (가) 수사기관은 영장 없이 압수·수색·검증을 행하고 사후에 영장을 발부받을 수 있다. (나) 의료진에게 요청하여 혈액을 채취한 경우라고 할지라도 영장주의의 확립을 위하여 사후의 압수·수색영장이 필요하다. (다) 영장주의에 위배된 강제채혈은 설사 가족의 동의를 얻어서 이루어졌다고 할지라도 증거능력의 배제에 영향을 미치지 않는다.

본 판례에서 대법원은 음주운전자의 채혈과 관련하여 두 가지 영장을 요구하고 있다. 하나는 압수·수색·검증영장이다. 다른 하나는 감정처분허가장이다. 전자는 피의자의 신체로부터 혈액을 채취하는 데에 필요한 것이며, 후자는 채취된 혈액에 대한 감정을 하는 데에 필요한 것이다.

위법수집증거배제법칙이 도입됨에 따라 증거물의 수집과 관련하여 영장주의 준수가 수사기관의 필수사항으로 되었다. 이와 관련하여 초동수사 단계에서부터 수사기관이 간이하고 신속한 절차에 의하여 사전영장 또는 사후영장의 청구가 가능하도록 관련 규정과 절차를 정비할 필요가 있다. 전후 연합국 점령하의 일본에서 영장주의 실현을 위하여 전국 방방곡곡에 간이재판소를 설치하여 신속한 영장청구를 가능하게 하였던 입법례는 우리의 경우에도 참고할 필요가 있다.

우리나라 전국에 설치되어 있는 시·군법원에는 판사가 배치되어 소액의 민사사건을 처리하고 있다. 그러나 아직도 형사사건을 처리하지는 못하고 있다. 다른 나라의 경우에 비추어 볼 때 법관이 배치되어 있는 법원에서 형사재판을 하지 못하는 상황은 극히 이례적이다. 영장사건을 위시하여 경미한 형사사건에 대해 시·군법원의 관할권이 조속히 확대되어야 할 것이다.

한 가지 더 첨언할 것이 있다. 2011년 7월 형사소송법이 일부 개정되어 2012년부터 시행되고 있다. 이 개정의 주요골자 가운데 하나가 압수·수색·검증 요건의 강화이다. 수사절차와 관련하여 형소법 제215조 제1항은 "범죄수사에 필요한 때에는 피의자가 죄를 범하였다고 의심할 만한 정황이 있고 해당 사건과 관계가 있다고 인정할 수 있는 것에 한정하여 지방법원판사에게 청구하여 발부받은 영장에 의하여 압수, 수색 또는 검증을 할 수 있다."고 규정하고, 같은 조문 제2항은 "사법경찰관이 범죄수사에 필요한 때에는 피의자가 죄를 범하였다고 의심할 만한 정황이 있고 해당 사건과 관계가 있다고 인정할 수 있는 것에 한정하여 검사에게 신청하여 검사의 청구로 지방법원판사가 발부한 영장에 의하여 압수, 수색 또는 검증을 할 수 있다."고 규정하고 있다.

개정 전 형소법은 수사의 필요성만을 명시하고 있었다. 이에 대하여 개정 형소법은 범죄혐의, 수사의 필요성, 관련성 요건을 명시하고 있다. 여기에 강제수사비례의 원칙(법199① 단서)까지 더하면 네 가지 요건이 강제수사에 요구되는 것이다. 본 판례는 이러한 형소법 개정이 있기 전에 나온 것이다. 따라서 본 판례에 언급된 형소법 조문들은 개정 형소법의 조문에 맞추어 고쳐 읽을 필요가 있다.

2010. 2. 11. 2009도2338, 공 2010상, 594

2009도2338

과학적 연구결과와 엄격한 증명
사료용 표시 색소 사건

1. 사실관계 및 사건의 경과

【사실관계】

① 식품위생법은 외국에서 식품을 수입할 때에는 '식품용'으로 수입신고를 하도록 규정하고 있다. (M규정)

② 식품위생법은 '불결하거나 다른 물질의 혼입 또는 첨가 등으로 인체의 건강을 해할 우려가 있는 것' (소위 이물질)이 들어 있는 식품을 판매하거나 판매목적으로 수입하지 못하도록 규정하고 있다. (N규정)

③ M규정과 N규정 위반행위는 식품위생법의 벌칙규정에 의하여 형사처벌된다.

④ 갑은 사료용으로 사용한다고 관계 당국에 신고하여 P겉보리를 수입하였다.

⑤ P겉보리에는 사료용임을 표시하기 위하여 Q색소(CARMOISINE)가 뿌려져 있었다.

⑥ 갑은 Q색소가 뿌려진 P겉보리를 식품용으로 판매하였다.

【사건의 경과】

① 검사는 갑을 ㉠수입신고 위반의 공소사실과 ㉡이물질첨가금지 위반의 공소사실로 식품위생법위반죄로 기소하였다.

② 갑은 Q색소가 식품위생법의 N규정에서 말하는 '이물질'에 해당하지 않는다고 주장하였다.

③ 갑의 피고사건은 제1심을 거친 후, 항소심에 계속되었다.

④ 항소심법원은 공소사실을 모두 유죄로 인정하였다.

⑤ 항소심법원은 ㉡공소사실과 관련하여 다음의 이유를 들어서 Q색소가 '이물질'에 해당한다고 판단하였다.

  (가) 식품의약품안전청 식품첨가물데이터베이스 홈페이지 R자료에 의하면, P겉보리에 묻어 있는 Q색소는 유럽 등지에서 식용색소로 사용되고 있기는 하지만 국내에서는 사용이 허용되지 않은 색소로서 식품에 사용할 수 없다.

  (나) Q색소는 식품첨가물공전에도 등재되어 있지 않다.

  (다) 영국에서 진행된 S연구에 의하면 Q색소 등의 식품첨가물이 아이들에게 있어 분노발작, 집중력 저하, 과잉행동장애, 알레르기 반응 등을 유발할 수 있다는 결과가 발표된 바 있다.

  (라) S연구 결과에 따라 유럽연합은 최근 Q색소 등이 첨가된 식품에 그 섭취가 어린이들의 행동과 주의에 부정적인 영향을 줄지도 모른다는 경고문을 부착할 것을 의무화하는 제도를 도입하였다.

⑥ 갑은 불복 상고하였다.

⑦ 갑은 상고이유로, 항소심법원이 증거능력 없는 증거로 범죄사실을 인정한 위법을 범하였다고 주장

하였다.

2. 과학적 연구 결과와 엄격한 증명

【대법원 요지】 범죄구성요건에 해당하는 사실을 증명하기 위한 근거가 되는 과학적인 연구 결과는 적법한 증거조사를 거친 증거능력 있는 증거에 의하여 엄격한 증명으로 증명되어야 한다.

【대법원 분석】 또한 형사소송법 제323조 제1항은 형의 선고를 하는 때에는 판결이유에 범죄될 사실, 증거의 요지와 법령의 적용을 명시하여야 한다고 규정하고 있는바, /

【대법원 요지】 여기에서 '증거의 요지'는 어느 증거의 어느 부분에 의하여 범죄사실을 인정하였느냐 하는 이유 설명까지 할 필요는 없지만 /

【대법원 요지】 적어도 어떤 증거에 의하여 어떤 범죄사실을 인정하였는가를 알아볼 정도로 증거의 중요 부분을 표시하여야 한다.

3. 사안에 대한 항소심의 판단

【항소심 분석】 원심판결 이유에 의하면 원심은 겉보리에 관한 피고인 갑의 식품위생법 제4조 제4호 위반의 점에 대하여, /

【항소심 분석】 제1심이 적법하게 채택하여 조사한 증거들 및 식품의약품안전청 식품첨가물데이터베이스 홈페이지 자료에 의하면, /

【항소심 분석】 이 사건 겉보리에 묻어 있는 색소(CARMOISINE)가 유럽 등지에서 식용색소로 사용되고 있기는 하지만 국내에서는 사용이 허용되지 않은 색소로서 식품에 사용할 수 없고,

【항소심 분석】 식품첨가물공전에도 등재되어 있지 않으며, /

【항소심 분석】 영국에서 진행된 연구에 의하면 위 색소 등의 식품첨가물이 아이들에게 있어 분노발작, 집중력 저하, 과잉행동장애, 알레르기 반응 등을 유발할 수 있다는 결과가 발표된 바 있고, /

【항소심 분석】 위 연구 결과에 따라 유럽연합은 최근 위 색소 등이 첨가된 식품에 그 섭취가 어린이들의 행동과 주의에 부정적인 영향을 줄지도 모른다는 경고문을 부착할 것을 의무화하는 제도를 도입하였다는 사실을 인정할 수 있다고 하면서, /

【항소심 판단】 이와 같은 사정을 종합하여 보면, 위 겉보리는 식품위생법 제4조 제4호의 '다른 물질의 혼입 또는 첨가 등으로 인체의 건강을 해할 우려가 있는 것'에 해당된다고 봄이 상당하다고 판단하여 이 부분 공소사실을 유죄로 인정하였다.

4. 사안에 대한 대법원의 판단

【대법원 분석】 원심이 적법한 증거조사를 거쳐 채택한 증거 등에 의하면, 위 색소는 사료용임을 표시하기 위하여 이 사건 겉보리에 뿌려졌다는 것이므로, /

【대법원 판단】 만약 원심이 인정한 위와 같은 사정들이 그대로 인정된다면, 식용을 전제로 첨가량 등이 조절되지 않은 채 단지 사료용임을 표시하기 위해 위 색소가 뿌려져 사료용으로 관리된 이 사건 겉보리는 식품위생법 제4조 제4호의 '불결하거나 다른 물질의 혼입 또는 첨가 등으로 인체의 건강을 해할 우려가 있는 것'에 해당할 여지가 있다 할 것이다.

【대법원 판단】 그러나 기록에 의하면 원심이 거시한 위 식품의약품안전청 식품첨가물데이터베이스 홈페이지 자료에 대하여는 아무런 증거조사가 이루어지지 않았음을 알 수 있고, /

【대법원 판단】 원심판결 및 제1심판결의 각 증거의 요지에도 원심이 인정한 위 사실들을 인정할 수 있는 증거는 전혀 거시되어 있지 않으므로, /

【대법원 판단】 결국 앞서 본 법리에 비추어 보면, 원심판결에는 겉보리에 관한 피고인 갑의 식품위생법 제4조 제4호 위반죄의 구성요건 해당 사실로서 '위 색소가 인체의 건강을 해할 우려가 있다는 점'에 대한 적법한 증거가 전혀 거시되지 아니한 것이라고 할 것이다.

【대법원 결론】 따라서 겉보리에 관한 피고인 갑의 식품위생법 제4조 제4호 위반의 점에 대한 원심판결에는 적법한 증거의 채택에 관한 법리오해 등으로 판결 결과에 영향을 미친 위법이 있다고 할 것이므로, 이를 지적하는 피고인 갑의 상고이유는 이유 있다. (파기 환송)

【코멘트】 본 판례는 과학적 연구결과를 유죄인정의 증거로 사용할 경우에 엄격한 증명을 거치도록 대법원이 판시한 예로서 주목된다. 본 판례에서 갑은 사료용임을 표시하기 위하여 Q색소가 뿌려진 겉보리를 식용으로 판매하고 있다. 검사는 Q색소를 이물질이라고 보고 이물질이 들어간 식품을 판매하였다는 공소사실로 갑을 식품위생법위반죄로 기소하고 있다. 여기에서 문제는 Q색소가 식품첨가가 금지된 '이물질'인가 하는 점이다.

이 점과 관련하여 항소심법원은 Q색소가 이물질이라고 판단하였다. 항소심법원은 그에 대한 증거로 (가) 식품의약품안전청 식품첨가물데이터베이스 홈페이지 R자료, (나) Q색소가 등재되어 있지 않은 식품첨가물공전, (다) 영국에서 진행된 S연구결과를 제시하고 있다.

대법원은 이들 증거가 엄격한 증명의 자료로 쓰일 수 있는 것인가를 검토한다. 이와 관련하여 대법원은 (가), (나), (다)에 대해 아무런 증거조사절차가 이루어지지 않았다는 점을 확인하고, 이러한 증거들을 유죄판결의 증거요지에 기재한 것은 위법하다고 판단한다. 이 과정에서 특히 주목되는 것은 (다)의 과학적 연구결과이다. 이에 대해 대법원은 본 판례에서 "범죄구성요건에 해당하는 사실을 증명하기 위한 근거가 되는 과학적인 연구 결과는 적법한 증거조사를 거친 증거능력 있는 증거에 의하여 엄격한 증명으로 증명되어야 한다."는 원칙을 천명하고 있다.

┌─────────────┐
│ **2009도2453** │
└─────────────┘

몰수·추징액 산정과 엄격한 증명

중국 선박운항허가 로비 사건

2011. 5. 26. 2009도2453, 공 2011하, 1335

1. 사실관계 및 사건의 경과

【사실관계】

① 갑은 해운정책과 소속 공무원이다.

② 을과 병은 P회사의 임직원이다.

③ 갑은 을과 병으로부터 다음의 명목으로 8,000만 원을 받았다.

　(가) 중국의 선박운항허가 담당부서가 관장하는 중국 국적선사인 Q유한공사의 선박에 대한 운항허가를 받을 수 있도록 노력해 달라. (㉠부분)

　(나) P회사의 업무편의를 도모해 달라. (㉡부분)

④ 갑은 특가법위반죄로 기소되었다.

⑤ 갑의 피고사건은 제1심을 거친 후, 항소심에 계속되었다.

【사건의 경과】

① 항소심법원은 ㉠부분은 [외국 공무원에 대한 사항이므로] 직무관련성이 없어 뇌물죄가 성립하지 않고 ㉡부분만 뇌물죄를 구성한다고 판단하였다.

② 뇌물의 추징과 관련하여 갑이 수수한 8,000만 원 가운데 ㉡부분과 관련한 액수의 계산이 문제되었다.

③ 항소심법원은 갑의 피고사건이 수뢰액을 엄격한 증명에 의하여 객관적으로 정확하게 산정할 수 없는 경우에 해당한다고 판단하였다.

④ 항소심법원은 갑이 수수한 8,000만 원 가운데 ㉠부분에 대한 수뢰액을 75%인 6,000만 원, ㉡부분에 대한 수뢰액을 25%인 2,000만 원으로 계산하였다.

⑤ 항소심법원은 이를 토대로 갑에게 단순수뢰죄(형법129①)를 인정하고 2,000만 원의 추징을 선고하였다.

⑥ 검사는 불복 상고하였다.

2. 뇌물액수 및 추징액수 산정과 엄격한 증명

【대법원 분석】 가. 형법 제129조 제1항은 공무원이 그 직무에 관하여 뇌물을 수수한 때에는 5년 이하의 징역 또는 10년 이하의 자격정지에 처하도록 규정하고 있고, /

【대법원 분석】 특정범죄 가중처벌 등에 관한 법률 제2조 제1항은 형법 제129조의 뇌물죄에 대하여 그 수뢰액에 따라 그 형을 가중하여 처벌하고 있는데, /

【대법원 분석】 수뢰액이 3천만 원 이상 5천만 원 미만인 경우 5년 이상의 유기징역에 처하고(제3호), /

【대법원 분석】 5천만 원 이상 1억 원 미만인 경우 7년 이상의 유기징역에 처하고(제2호), /

【대법원 분석】 1억 원 이상인 경우 무기 또는 10년 이상의 징역에 처하도록(제1호) 규정하고 있다. /

【대법원 분석】 한편 형법 제134조는 뇌물죄에서의 수수한 뇌물은 필요적으로 몰수하고 몰수가 불능한 때에는 그 가액을 추징하도록 규정하고 있다.

【대법원 요지】 이와 같이 뇌물죄에서의 수뢰액은 그 다과에 따라 범죄구성요건이 되므로 엄격한 증명의 대상이 되고, /

【대법원 요지】 특정범죄 가중처벌 등에 관한 법률 소정의 범죄구성요건이 되지 않는 단순 뇌물죄의 경우에도 몰수 · 추징의 대상이 되는 까닭에 역시 증거에 의하여 인정하여야 하며, /

【대법원 요지】 수뢰액을 특정할 수 없는 경우에는 그 가액을 추징할 수 없다.

3. 사안에 대한 항소심의 판단

【항소심 분석】 나. 원심판결 이유에 의하면, 원심은, /

【항소심 분석】 피고인이 중국 교통부로부터의 선박운항허가 명목과 공소외 P주식회사의 업무편의 도모 명목으로 공소외 P주식회사의 전·현직 대표이사인 제1심 공동피고인 을, 병으로부터 8,000만 원을 교부받아 그 직무에 관한 뇌물을 수수하였다는 이 사건 공소사실에 대하여, /

【항소심 판단】 공소외 P주식회사의 업무편의 도모 부분은 피고인의 직무와 관련이 있으나 중국 교통부로부터의 선박운항허가 부분은 피고인의 직무와 관련이 없다고 판단한 다음, /

【항소심 판단】 직무행위에 대한 보수 또는 사례와 직무 외의 행위에 대한 보수 또는 사례가 불가분적으로 결합되어 있는 경우, /

【항소심 판단】 직무 외의 행위에 대한 보수 또는 사례가 직무행위에 대한 그것에 비하여 그 비중이 높다고 평가되지만 각 해당 부분의 크기를 객관적인 자료에 따른 증명에 의하여 구분하기 어려운 때에는 제반 사정을 고려한 평가에 의한 추정에 따라 구분하여야 하는데, /

【항소심 분석】 그 판시와 같은 사정, 즉 ① 피고인이 8,000만 원을 받은 주된 명목은 선박운항허가와 관련된 것이었고 부수적인 명목은 공소외 P 주식회사의 운영과 관련된 일반적인 업무편의 도모였던 점, /

【항소심 분석】 ② 피고인이 제1심 공동피고인 을, 병을 상당히 오랫동안 알고 지내왔음에도 금전을 받기 시작한 시기가 선박운항허가 문제가 발생한 직후인 점, /

【항소심 분석】 ③ 구체적이고도 현실적인 문제에 부딪혀 있거나 장래 부딪힐 것이 예상되어 피고인에게 뇌물을 제공하는 경우가 아니라면 피고인의 지위 등에 비추어 그다지 큰 금액이 제공되리라고 보이지 아니할 뿐만 아니라 /

【항소심 분석】 실제로 피고인의 부하 직원이던 공소외 A 등이 제1심 공동피고인 을, 병으로부터 지급받은 금액이 900만 원이고, 비슷한 무렵 뇌물수수죄로 처벌받은 해양수산부 차관이던 공소외 B가 수수한 금액이 증뢰자별로 보면 가장 큰 경우가 2,500만 원이고 나머지의 경우에는 모두 2,000만 원에 미치지 못하는 점, /

【항소심 분석】 ④ 피고인이 선박운항허가 문제와 관련하여 중국 공무원들과 접촉하는 과정에서 상당한 정도의 비용을 지출하였을 것으로 보이는 점, /

【항소심 분석】 ⑤ 위 운항허가 문제가 해결되지 아니하여 공소외 Q유한공사나 공소외 P주식회사가 입고 있던 경제적 손실의 크기에 비추어 이러한 문제의 해결을 위한 노력에 대한 대가로서의 보수나 사례가 적지 않은 금액에 이를 것으로 보이는 점 등을 고려하면, /

【항소심 판단】 피고인이 수수한 8,000만 원 중 선박운항허가와 관련된 부분은 75%인 6,000만 원, 공소외 P주식회사의 업무편의 도모와 관련된 부분은 25%인 2,000만 원으로 봄이 상당하고, /

【항소심 판단】 나아가 수뢰액을 엄격한 증명에 의하여 객관적으로 정확하게 산정할 수 없는 경우에 해당한다는 이유로 피고인에 대하여 형법 제129조 제1항 소정의 뇌물수수죄를 적용하고, /

【항소심 판단】 다만 피고인이 수수한 8,000만 원 중 공소외 P주식회사의 업무편의 도모에 대한 대가인 2,000만 원만을 추징한다고 판시하였다.

4. 사안에 대한 대법원의 판단

【대법원 판단】 다. 그러나 앞서 본 법리에 의하면, /

【대법원 판단】 피고인이 수수한 8,000만 원에 직무관련성이 있는 업무에 대한 대가로서의 성질과 직무관련성이 없는 업무에 대한 사례로서의 성질이 불가분적으로 결합되어 그 구분이 객관적으로 불가능하다면 추징을 아예 하지 않거나, /

【대법원 판단】 그렇지 않고 추징을 할 것이라면 직무관련성이 있는 수뢰액을 특정하여 그에 따라 적용법조 및 추징액을 결정하였어야 함에도 불구하고, /

【대법원 결론】 원심이 그 판시와 같이 단지 양자의 구분이 어렵다는 이유로 명확한 근거도 없이 비율적 방법으로 직무관련성이 있는 업무와 대가관계에 있는 수뢰액을 추산하여 추징한 것은 수뢰액의 산정 및 추징에 관한 법리를 오해하여 필요한 심리를 다하지 아니한 것이고, 이로써 판결 결과에 영향을 미쳤다고 할 것이다/

【대법원 판단】 (수뢰액을 산정할 수 없다고 하여 형법상의 단순 뇌물수수죄로 의율하면서도 추징액을 2,000만 원으로 특정하여 추징하는 것 자체가 서로 모순된다고 하지 않을 수 없다). (파기 환송)

2009도4545

영상데이터와 유체물
음란 위성방송 시청 사건
2010. 7. 15. 2009도4545, 공2010하, 1606

1. 사실관계 및 사건의 경과

【사실관계 1】

① 영화 및 비디오물의 진흥에 관한 법률은 등급분류를 받지 않은 불법비디오물을 시청에 제공하는 행위를 처벌하고 있다. (㉠규정)

② 풍속영업의 규제에 관한 법률은 음란한 영화, 음반, 비디오물, 그 밖의 음란한 물건을 관람하게 하는 행위를 처벌하고 있다. (㉡규정)

【사실관계 2】

① P회사(대표자 B)는 일본의 SKY perfecTV 오사카지사와 위성 방송 사용계약을 체결하였다.

② 2006. 3.경 갑은 P회사에 의뢰하여 갑이 운영하는 Q모텔에 R위성수신장치를 설치하였다.

③ 2007. 2. 21.경 경찰관 A는 Q모텔을 단속하였다.

④ Q모텔 객실에 있는 텔레비전의 4번 채널에서는 R위성수신장치에 의해 성인 남·녀가 전신을 노출한 상태에서 음란한 행위를 하는 S영상물이 방영되고 있었다.

⑤ S영상물은 관계 당국에 의하여 등급분류를 받은 바 없는 것이었다.

【사건의 경과】

① 검사는 갑을 영화진흥법위반죄(등급외 비디오상영)와 풍속영업법위반죄(음란물 시청)로 기소하였다.

② 갑의 피고사건은 제1심을 거친 후, 항소심에 계속되었다.

③ 항소심법원은 갑에게 유죄를 선고하였다.

④ 갑은 불복 상고하였다.

⑤ 갑은 상고이유로 다음의 점을 주장하였다.

　(가) 음란한 영상을 시청하게 한 행위는 영화진흥법상의 불법한 '비디오물'을 시청에 제공한 행위에 해당하지 않는다.

　(나) 음란한 영상을 시청하게 한 행위는 풍속영업규제법상의 음란한 '비디오물'을 관람하게 하는 행위에 해당하지 않는다.

　(다) 음란한 영상을 시청하게 한 행위는 풍속영업규제법상의 기타 '음란한 물건'을 관람하게 하는 행위에 해당하지 않는다.

2. 풍속영업규제법과 음란한 물건

【대법원 요지】 텔레비전방송프로그램은 사물의 순간적 영상과 그에 따르는 음성·음향 등을 기계나 전자장치로 재생하여 시청자에게 송신할 수 있도록 제작된 방송내용물로서, /

【대법원 요지】 영화 또는 비디오물과는 저장이나 전달의 방식이 다른 별개의 매체물이므로, /

【대법원 요지】 그 방송프로그램이 기억·저장되어 있는 방송사업자의 테이프 또는 디스크 등의 유형물은 구 풍속영업의 규제에 관한 법률(이하 '풍속법'이라 한다) 제3조 제2호에서 규정하는 '기타 물건'에 해당한다. /

【대법원 요지】 한편 전기통신설비에 의하여 송신되는 방송프로그램은 그 전달 과정에서 신호의 변환이나 증폭 등의 단계를 거치더라도 그 내용을 이루는 영상이나 음성·음향 등이 그대로 텔레비전 등의 장치를 통하여 재현되는 것이므로, 방송 시청자가 관람하는 대상은 유형물에 고정된 방송프로그램 그 자체라고 할 수 있다. /

【대법원 요지】 따라서 풍속영업소인 숙박업소에서 음란한 외국의 위성방송프로그램을 수신하여 투숙객 등으로 하여금 시청하게 하는 행위는, 풍속법 제3조 제2호에 규정된 '음란한 물건'을 관람하게 하는 행위에 해당한다.

【대법원 판단】 이러한 법리에 비추어 보면, 피고인이 원심 판시와 같이 위성방송수신기 등을 이용하여 일본의 음란한 위성방송프로그램을 수신하여 숙박업소의 손님들로 하여금 시청하게 한 행위는 풍속법 제3조 제2호에 위반된다.

【대법원 결론】 원심의 이 부분 판단은 그 이유 설시에 다소 미흡한 점이 있으나, 피고인이 관람에 제공한 객체가 위 법률 소정의 음란한 물건에 해당한다고 인정한 조치는 그 결론에 있어 정당한 것으로 수긍할 수 있고, 거기에 피고인이 상고이유로 주장하는 바와 같은 음란한 물건의 개념 등에 관한 법리오해의 위법이 없다.

【대법원 판단】 한편 이 사건 방송프로그램은 음란성이 인정되는 이른바 '포르노물'로서, 성인을 상대로 이를 시청 또는 관람에 제공하더라도 풍속법 제3조 제2호 위반으로 처벌받게 되므로, 일정한 잠금

장치를 설치하여 관람을 원하는 성인만을 상대로 방송을 시청하게 하였다는 사정은 범죄의 성립에 영향을 미치지 아니한다. 이와 견해를 달리하는 이 부분 상고이유의 주장은 이유 없다.

3. 영화와 비디오물의 구별

【대법원 분석】 영화 및 비디오물의 진흥에 관한 법률(이하 '영화등진흥법'이라 한다)은 비공연성, 높은 유통성, 복제용이성 및 접근용이성 등 영화나 음반 등과 다른 '비디오물'의 특성을 고려하여, 유해한 비디오물의 공개나 유통으로 인한 악영향을 사전에 차단하기 위하여 등급분류제를 규정하고 있는 점, /

【대법원 분석】 영화등진흥법 제2조, 제50조 제1항, 같은 법 시행령 제23조 등의 규정은 영화나 방송프로그램이 비디오물과는 다른 형태의 매체물이라는 것을 전제로 하고 있는 점, /

【대법원 분석】 영화등진흥법 제65조 및 같은 법 시행령 제27조, 같은 법 시행규칙 제25조 등은 테이프나 디스크 등의 매체에 저장된 상태로 유통되는 영상물과 인터넷 등의 정보통신망을 이용하여 시청에 제공되는 영상물만을 그 대상으로 하고 있는 점, /

【대법원 분석】 영상물등급분류제도와 유사한 목적으로 청소년유해매체물을 규정하고 있는 청소년보호법 제7조도 규제의 대상이 되는 매체물을 '비디오물', '음반', '영화', '방송프로그램' 등으로 나누어 규정하고 있는 점, /

【대법원 분석】 방송프로그램에 대해서는 방송법이 별도로 등급분류 등에 관한 규정을 두고 있는 점 등의 여러 사정을 종합하면, /

【대법원 요지】 전기통신설비를 이용하여 시청에 제공되는 텔레비전방송프로그램은 영화등진흥법 제2조 제12호 소정의 '비디오물'에 해당하지 아니한다.

【대법원 판단】 위 법리에 비추어 보면, 피고인이 위성방송수신기 등을 이용하여 숙박업소의 손님들을 상대로 시청에 제공한 이 사건 방송프로그램이 영화등진흥법에 의한 등급분류를 받아야 하는 비디오물에 해당한다고 보아 이 부분 공소사실을 유죄로 인정한 원심의 조치는 비디오물의 개념에 관한 법리를 오해한 것으로 위법하다. /

【대법원 판단】 나아가 상상적 경합범의 관계에 있는 수죄 중 일부만이 유죄로 인정된 경우와 그 전부가 유죄로 인정된 경우와는 형법 제51조에 규정된 양형의 조건이 달라 선고형을 정함에 있어서 차이가 있을 수 있으므로, 위와 같은 원심판단의 위법은 판결 결과에 영향을 미친 것으로 볼 수 있다.

【대법원 판단】 이 점을 지적하는 상고이유의 주장은 이유 있다. (파기 환송)

【코멘트】 본 판례는 소위 정보 자체에 대한 형사법적 규율에 관하여 생각하게 해 주는 예이다. 본 판례에서 Q모텔의 업자 갑은 음란한 방송을 손님들에게 시청할 수 있게 하였다는 혐의로 경찰관에게 적발되었다. 풍속영업규제법은 음란한 물건을 관람하게 하는 행위를 처벌하고 있고, 영화등진흥법은 제한관람가 비디오물 소극장이 아닌 장소 또는 시설에서 제한관람가 비디오물을 시청에 제공하는 행위를 처벌하고 있다. 검사는 갑의 행위를 풍속영업규제법위반죄와 영화등진흥법위반죄로 기소하였다. 이 경우 전자의 객체는 음란한 물건이고 후자는 비디오물이다.

본 판례의 사안에서 피고인 갑은 모텔에서 음란 방송프로그램을 시청하게 하는 행위가 음란한 '영상'을 시청하게 한 것은 되어도 음란한 '물건'을 시청하게 한 것은 아니라고 주장한다. 이에 대해 대법원은 방송 프로그램이 원래 유체물이라는 점에 주목한다. 그리하여 "전기통신설비에 의하여 송신되는 방송프로그램은 그 전달 과정에서 신호의 변환이나 증폭 등의 단계를 거치더라도 그 내용을 이루는 영상이나 음성·음향 등이 그대로 텔레비전 등의 장치를 통하여 재현되는 것이므로, 방송 시청자가 관람하는 대상은 유형물에 고정된 방송프로그램 그 자체이다."라는 결론에 이른다.

대법원의 논리구성을 다른 말로 바꾸어 말한다면, (가) 전기통신설비에 의하여 송신될 목적으로 제작된 방송프로그램은 정보 자체가 수록된 정보저장매체라고 할 수 있으며, (나) 정보저장매체가 전기통신설비에 의하여 송신되는 과정에서 신호의 변환이나 증폭 등의 단계를 거치더라도 정보 자체가 의미를 갖는 것이 아니라 정보저장매체가 중심이 된다는 것이다. 이러한 논리는 소위 디지털 증거의 압수·수색 문제에도 그대로 대입할 수 있다.

2011년 7월 형사소송법이 일부 개정되어 2012년부터 시행되고 있다. 개정 형사소송법 제106조 제3항은 "법원은 압수의 목적물이 컴퓨터용디스크, 그 밖에 이와 비슷한 정보저장매체(이하 이 항에서 "정보저장매체등"이라 한다)인 경우에는 기억된 정보의 범위를 정하여 출력하거나 복제하여 제출받아야 한다. 다만, 범위를 정하여 출력 또는 복제하는 방법이 불가능하거나 압수의 목적을 달성하기에 현저히 곤란하다고 인정되는 때에는 정보저장매체등을 압수할 수 있다."라고 규정하고 있다. 형소법 제106조 제3항은 형소법 제219조에 의하여 수사절차에 준용된다.

이 개정 조문들은 정보 자체의 압수·수색을 인정하지 않고 정보저장매체를 중심으로 대물적 강제처분을 규율하고 있음을 보여주고 있다. 개정 형소법은 무형의 정보 자체에 대해 압수·수색을 인정하지 않고, (가) 기억된 정보의 범위를 정하여 출력하여 제출받는 방법, (나) 기억된 정보의 범위를 정하여 복제하여 제출받는 방법, (다) 예외적으로 정보저장매체 자체를 압수하는 방법의 세 가지 형태를 인정하고 있다. 이들 방법은 무형물인 정보 자체가 아니라 무형의 정보를 유형물로 전환하는 것이라는 점에서 공통된다.

개정 형소법 제106조 제3항과 제219조의 입법 계기가 된 것은 2011. 5. 26. **2009모1190** 판례이다. 이 판례에는 정보저장매체에 대한 압수·수색의 실무상황과 그에 대한 대법원의 입장이 잘 드러나 있다.

2009도4949

허위사실 인식의 거증책임
자동차 과급기 특허분쟁 사건
2010. 10. 28. 2009도4949, 공 2010하, 2219

1. 사실관계 및 사건의 경과

【사실관계 1】
① 갑은 P사를 운영하고 있다.
② A는 Q사를 운영하고 있다.

③ P사와 Q사는 내연기관의 연료효율을 높이는 장치를 판매하는 동종 업체로서 경쟁관계에 있다.

④ Q사는 K, L발명특허를 취득하였다.

⑤ Q사의 K, L발명특허는 ㉠호와 ㉡호로 등록실용신안공보에 각각 게재되었다.

⑥ Q사는 K, L발명특허를 이용한 '터보플러스'라는 제품을 판매하고 있다.

⑦ 2005. 9. 28. Q사는 M실용신안고안을 ㉢호로 하여 실용신안등록출원을 설정등록하였다.

⑧ 2007. 6. 1. [P사의 이의제기로] Q사의 실용신안등록고안은 기술평가절차에서 등록취소결정이 되었다.

【사실관계 2】

① P사는 B와 공유로 N발명특허를 출원하여 취득하였다.

② N발명특허는 '자동차용 과급기'라는 제목을 가지고 있다.

③ Q사는 P사의 N발명특허에 대해 특허심판원에 이의심판청구를 제기하였다.

④ 2007. 5. 1. 특허심판원은 다음의 이유를 들어서 N특허를 무효로 하는 심결을 내렸다.

⑤ "N발명이 속하는 기술분야에서 통상의 지식을 가진 자가 N특허의 원출원일 전에 반포된 ㉠ 및 ㉡의 등록실용신안공보에 게재된 K, L발명에 의하여 용이하게 발명할 수 있는 것이어서 N특허의 진보성이 부정된다."

⑥ 갑은 특허무효심결에 불복하여 특허법원에 소송을 제기하였다.

⑦ 갑은 특허심판원에서 특허무효심결이 내려진 후로부터 특허법원의 판결이 나오기 전 단계에서 다음의 행위를 하였다.

  (가) "Q사의 '터보플러스'는 P사의 N특허권을 침해한 제품이다"라는 내용을 인터넷에 띄웠다. (ⓐ행위)

  (나) Q회사의 거래처들에 "Q사의 '터보플러스'는 N특허권을 침해한 제품이다"라는 내용의 내용증명 우편을 발송하였다. (ⓑ행위)

⑧ (P사의 '자동차용 과급기'와 Q사의 '터보플러스' 사이의 구체적 차이점은 판례 본문 참조)

【사실관계 3】

① 2007. 11. 22. 특허법원은 특허심판원의 무효심결을 유지하는 판결을 내렸다.

② 갑은 특허법원의 판결에 불복 상고하였다.

③ 2008. 3. 27. 대법원은 갑의 상고를 심리불속행으로 기각하였다.

④ 2008. 3. 31. 대법원의 기각판결은 갑에게 송달되었다.

【사건의 경과】

① 검사는 갑을 다음과 같이 기소하였다.

  (가) ⓐ행위 부분 : 정보통신망법위반죄(명예훼손) 및 형법상 업무방해죄

  (나) ⓑ행위 부분 : 형법상 명예훼손죄 및 업무방해죄

② 제1심법원은 갑에게 유죄를 선고하였다.

③ 갑은 불복 항소하였다.

④ 항소심법원은 항소를 기각하고, 제1심판결을 유지하였다.

⑤ 갑은 불복 상고하였다.

⑥ 갑은 상고이유로 다음의 점을 주장하였다.

　(가) "Q사의 '터보플러스'는 P사의 N특허권을 침해한 제품이다"라는 내용은 허위사실이 아니다.

　(나) "Q사의 '터보플러스'는 P사의 N특허권을 침해한 제품이다"라는 내용을 인터넷에 띄우거나 같은 내용의 내용증명우편을 보낼 때 이를 허위사실이라고 생각한 일이 없다.

2. 사안에 대한 항소심의 판단

【항소심 분석】 1. 원심은, /

【항소심 분석】 명칭을 '자동차용 과급기'로 하는 이 사건 특허발명(특허번호 제5○○○61호)은 피고인의 이 사건 각 범행 당시에 이미 무효심결이 내려진 상태였던 점, /

【항소심 분석】 피해자 공소외 A가 생산·판매한 터보플러스 제품 중 피고인이 이 사건 특허권의 침해라고 주장하는 '지지대에 빗각을 사용한 구성'은 피해자 측의 등록고안에도 나와 있는 것인 점 등에 비추어 보면, /

【항소심 판단】 특허무효심결이 확정되기 이전이라도 피고인은 피해자가 이 사건 특허권을 침해하지 않았음을 인식하였거나 인식할 수 있었다고 봄이 상당하다고 판단하여, /

【항소심 분석】 피고인이 피해자를 비방할 목적으로 정보통신망을 통하여 공연히 '터보플러스는 이 사건 특허권을 침해한 제품이다'라는 허위의 사실을 적시하여 피해자의 명예를 훼손함과 동시에 위계로써 피해자의 터보플러스 판매 업무를 방해하였다는 /

【항소심 분석】 정보통신망 이용촉진 및 정보보호 등에 관한 법률 위반(명예훼손) 및 업무방해의 공소사실, /

【항소심 분석】 피고인이 공연히 같은 취지의 허위 사실을 적시하여 피해자의 명예를 훼손함과 동시에 위계로써 피해자의 위 업무를 방해하였다는 명예훼손 및 업무방해의 공소사실을 /

【항소심 판단】 모두 유죄로 인정한 제1심판결을 그대로 유지하였다.

3. 허위사실의 입증

【대법원 판단】 2. 그러나 원심의 이러한 판단은 다음과 같은 이유로 수긍하기 어렵다.

【대법원 요지】 구 정보통신망 이용촉진 및 정보보호 등에 관한 법률(2007. 12. 21. 법률 제8778호로 개정되기 전의 것, 이하 같다) 제61조 제2항의 정보통신망을 통한 허위사실 적시에 의한 명예훼손죄, /

【대법원 요지】 형법 제307조 제2항의 허위사실 적시에 의한 명예훼손죄가 성립하려면 /

【대법원 요지】 그 적시하는 사실이 허위이어야 할 뿐 아니라, /

【대법원 요지】 피고인이 그와 같은 사실을 적시함에 있어 적시사실이 허위임을 인식하여야 하고, /

【대법원 요지】 이러한 허위의 점에 대한 인식 즉 범의에 대한 입증책임은 검사에게 있다 할 것이며, /

【대법원 요지】 위와 같은 법리는 허위사실을 적시한 행위가 형법 제314조 제1항의 허위사실 유포 기타 위계에 의한 업무방해죄에 해당하는지 여부를 판단함에 있어서도 마찬가지라고 할 것이다.

4. 사안에 대한 대법원의 분석

【대법원 분석】 기록 및 원심이 인용한 제1심이 적법하게 채택한 증거에 의하면, /

【대법원 분석】 P환경에너지 주식회사(이하 'P환경에너지'라 한다)와 공소외 B의 공유이던 이 사건 특허발명에 대하여는 /

【대법원 분석】 2007. 5. 1. 특허심판원 2006당3○○9호로 /

【대법원 분석】 그 발명이 속하는 기술분야에서 통상의 지식을 가진 자(이하 '통상의 기술자'라 한다) 가 그 원출원일 전에 반포된 등록번호 제27○○○2호 또는 제32○○○0호의 각 등록실용신안공보 에 게재된 발명(이하 각각 '선행발명 1', '선행발명 2'로 부른다)에 의하여 용이하게 발명할 수 있는 것 이어서 진보성이 부정된다는 이유로 /

【대법원 분석】 그 특허를 무효로 하는 심결이 내려졌고, /

【대법원 분석】 위 무효심결을 유지한 특허법원 2007. 11. 22. 선고 2007허○○○○ 판결에 대한 상고를 심리불속행으로 기각한 대법원 2008. 3. 27.자 2007후○○○○ 판결이 같은 달 31일 P환경 에너지에 송달됨으로써 위 무효심결이 확정된 사실, /

【대법원 분석】 그런데 P환경에너지를 운영하던 피고인은 위 특허무효심결이 내려진 후 확정되기 전 인 원심 판시 이 사건 각 범행일시에 그 판시와 같은 방법으로 '피해자의 터보플러스는 이 사건 특허권 을 침해한 제품이다'라는 사실을 인터넷을 통하여 적시하고, 또한 피해자의 거래처들에 같은 내용의 내용증명을 발송한 사실을 알 수 있다.

5. 사안에 대한 대법원의 판단

【대법원 판단】 위 사실관계를 앞에서 본 법리에 비추어 살펴보면, /

【대법원 판단】 특허권은 국가기관인 특허청의 심사와 등록을 통하여 부여되는 권리이고, 특허법은 특허가 일정한 사유에 해당하는 경우에 별도로 마련한 특허의 무효심판절차를 거쳐 무효로 할 수 있도 록 규정하고 있으므로, 특단의 사정이 없는 한 특허권자로서는 자신의 권리가 적법·유효한 것으로 믿 고 이를 행사하는 것이 보통이라 할 것인데, /

【대법원 분석】 기록에 의하면 이 사건 특허발명은 '지지대에 회전익과 고정익에 형성된 나선형의 곡 면과 동일 방향으로 유도면이 형성된 구성'을 채택한 점에 기술적 특징이 있고, /

【대법원 분석】 그와 같은 구성을 채택한 결과 발생된 와류를 엔진의 연소실 속으로 저항 없이 밀어 넣는 역할을 하여 효율적인 연비개선을 달성하는 효과가 있는 반면에, /

【대법원 분석】 위와 같은 선행발명들의 지지대에는 이 사건 특허발명의 유도면에 대응되는 구성이 형성되어 있지는 않은 사실을 알 수 있으므로, /

【대법원 분석】 비록 선행발명 2의 명세서에 '회전체의 전방단부 및 회전체 후방 고정구를 유선형으 로, 지지대를 세장형(細長型)으로 형성하는 구성'이 나타나 있어, /

【대법원 분석】 선행발명들의 지지대에도 공기저항을 줄이기 위하여 유선형의 유도면을 형성하는 것 은 통상의 기술자라면 별다른 어려움 없이 도출해 낼 수 있는 구성이고, /

【대법원 분석】 이 사건 특허발명의 위 효과 역시 통상의 기술자가 선행발명들로부터 예측할 수 있는 정도에 불과하여 결국 이 사건 특허발명의 진보성이 부정된다고 할지라도, /

【대법원 판단】 통상의 기술자가 아닌 피고인으로서는 이 사건 각 범죄일시 당시 이미 이 사건 특허 발명에 대한 무효심결이 있었다는 사유만으로 위 심결이 확정되지도 않은 상태에서 이 사건 특허발명

에 무효사유가 있음을 알고 있었다고 단정하기는 어렵다. /

【대법원 분석】 더욱이 기록에 의하면 피해자가 운영하는 주식회사 Q이엔지(이하 'Q이엔지'라 한다)는 이 사건 특허발명의 최초 특허권자인 공소외 C에게 2002년경부터 2004, 2005년경까지 내연기관용 와류기를 납품한 바도 있고, /

【대법원 분석】 한편 Q이엔지는 이 사건 특허발명의 원출원일 이후 '리브가 와류 팬의 휘어진 각도와 동일한 각도로 기울어지면서 공기의 유입방향에 대하여 점점 작아지는 면적을 갖는 삼각체 형상을 취하는 것을 특징으로 하는 내연기관용 와류기'에 관하여 실용신안등록출원을 하여 2005. 9. 28. 등록번호 제39○○○1호로 설정등록을 하였지만, /

【대법원 분석】 위 등록고안은 이 사건 각 범행일시 전인 2007. 6. 1. 그 기술평가절차에서 등록취소결정 되었음을 알 수 있으므로, /

【대법원 판단】 피고인으로서는 피해자의 터보플러스 제품이 이 사건 특허발명의 특징적 구성인 '지지대에 유도면 내지 빗각이 형성된 구성'을 가지고 있어 이 사건 특허권을 침해하는 것이라고 판단할 여지가 없지 않다고 할 것이다. /

【대법원 판단】 위와 같은 사정들에 비추어 보면, 원심 판시와 같은 사유만으로 이 사건 각 범행일시에 피고인에게 위와 같이 적시된 사실이 허위라는 인식이 있었다고 보기 어렵다.

【대법원 결론】 그럼에도 이와 달리 피고인에게 허위의 점에 대한 인식이 있다고 단정한 원심판결에는 구 정보통신망 이용촉진 및 정보보호 등에 관한 법률 제61조 제2항 및 형법 제307조 제2항의 허위사실 적시 명예훼손죄와 형법 제314조의 허위사실 유포 기타 위계에 의한 업무방해죄의 범의에 관한 법리를 오해하여 판결에 영향을 미친 위법이 있고, 이 점을 지적하는 상고이유의 주장은 이유 있다. (파기 환송)

【코멘트】 각종 명예훼손죄나 업무방해죄의 구성요건요소로 '허위사실'이 있다. '허위사실'이 구성요건요소로 규정되어 있는 범죄를 기소한 경우에 검사는 문제된 내용이 '허위사실'이라는 점과 피고인이 '허위사실의 인식'을 가지고 있었음을 증명해야 한다. 그런데 객관적으로 문제된 사실이 '허위사실'이라는 점을 입증하기가 쉽지 않을 뿐만 아니라, 피고인의 내면적 의사인 '허위사실의 인식'을 입증하는 것은 더욱 어렵다. 본 판례는 이러한 상황을 잘 보여주고 있다.

본 판례의 사안을 보면 다음과 같이 진행되고 있다. 갑은 자신의 회사가 보유하고 있는 특허를 경쟁사가 침해했다는 내용을 인터넷에 띄우고, 거래처에 내용증명 우편을 보냈다. 경쟁사측은 갑을 수사기관에 고소하였다. 검사는 갑을 정보통신망법에 의한 허위사실적시 명예훼손죄(인터넷 부분), 형법상 허위사실적시 명예훼손죄(내용증명우편 부분), 업무방해죄로 기소하였다. 그런데 세 가지 죄 모두 '허위사실'을 구성요건요소로 하고 있으므로 갑에게 범죄성립을 인정하려면 검사가 갑이 인터넷에 올리거나 내용증명우편을 발송한 내용이 허위사실임을 입증하고 갑에게 허위사실의 인식이 있었음을 증명해야 한다.

객관적 측면에서 보면, 갑의 특허는 특허등록, 이의제기, 특허무효심결(특허청), 무효심결유지판결(특허법원), 상고기각판결(대법원)이라는 순서로 무효로 판명되고 있다. 요컨대 갑이 인터넷에 띄우고 내용증명우편을 보낸 내용, 즉 자신이 특허권을 가지고 있고, 경쟁업체에 의하여 특허권이 침해되었다는 내용은 객관적으로 허위사실임이 입증된다. 이제 남은 것은 갑이 과연 '허위사실의 인식'을 가지고 있었는가 하는 점이다.

허위사실의 인식에 대해서는 항소심과 대법원의 판단이 다르다. 항소심은 특허청에 의하여 갑의 특허가 무효로 판단된 이후의 시점에 갑이 자신의 특허보유 사실 및 상대방의 특허침해 사실을 다른 사람들에게 알렸다는 점에 주목한다. 특허청의 특허무효 판단이 있는 시점에 해당 사실을 알렸으므로 허위사실의 인식이 인정된다는 것이다. 이에 대해 대법원은 갑이 해당 분야의 전문가도 아니라는 점과 아직 대법원의 최종 판단이 남아 있는 시점에서 해당 사실을 알렸다는 점에 주목하여 갑의 허위사실 인식을 인정하기에는 충분하지 않다는 판단을 내리고 있다.

본 판례는 '허위사실'을 구성요건요소로 하는 각종 형벌법규의 공소유지가 얼마나 어려운가 하는 점을 잘 보여주고 있다. 동일한 맥락의 판례로 2010. 11. 25. **2009도12132** 판례가 있다.

2009도6058

친고죄 고소취소와 소송능력
법정대리인 동의 논란 사건
2009. 11. 19. 2009도6058 전원합의체 판결, 공 2009하, 2129

1. 사실관계 및 사건의 경과

【사실관계 1】
① (형법이 주요 성범죄를 친고죄로 규정하고 있던 시점의 사안이다.)
② (본 판례의 사안은 청소년성보호법이 시행되고 있던 시점에 일어난 것이다.』
③ 청소년성보호법은 청소년을 보호하기 위하여 청소년 대상 주요 성범죄를 반의사불벌죄로 전환하였다.
④ 이후 청소년성보호법은 아동·청소년성보호법으로 확대 개편되어 수차 개정되었고, 이제 아동·청소년 대상 성범죄는 일반범죄로 전환되어 있다.

【사실관계 2】
① 갑과 을은 미성년자 A에 대해 강간죄를 범하였다.
② A는 갑과 을을 고소하였다.
③ 이후 A는 갑과 을에 대한 고소를 취소하였다.
④ 고소를 취소할 당시 A의 나이는 14세 10개월 정도였다.
⑤ A의 고소취소 당시 A의 법정대리인으로부터 동의는 없었다.

【사건의 경과 1】
① 검사는 갑과 을을 청소년성보호법위반죄(미성년자 강간)로 기소하였다.
② 갑과 을의 피고사건은 제1심을 거친 후, 항소심에 계속되었다.
③ 항소심법원은 다음의 이유를 들어서 공소기각판결을 내렸다.
　(가) A가 갑과 을에 대한 처벌희망 의사표시를 철회할 당시 A는 14세 10개월 정도의 어린 나이였다.

(나) 그렇다고 하더라도 A는 갑과 을의 범행의 의미와 본인이 피해를 당한 정황 및 자신이 하는 처벌희망 의사표시의 철회의 의미와 효과 등을 충분히 이해하고 분별할 수 있었다.

(다) 그리하여 A는 의사능력이 있는 상태에서 고소취소의 의사표시를 한 것이다.

(라) 따라서 A의 의사표시에 법정대리인의 동의가 없었더라도 그 의사표시는 유효하다.

④ 검사는 불복 상고하였다.

【사건의 경과 2】

① 대법원은 견해가 나뉘었다.

② 대법원 다수의견은 미성년자도 소송능력이 있으면 고소를 취소할 수 있다고 판단하였다.

③ 대법원 소수의견(1명)은 미성년자는 법정대리인의 동의를 얻어야 유효하게 고소를 취소할 수 있다고 주장하였다.

④ 대법원은 다수의견에 따라 상고를 기각하였다.

2. 청소년성보호법과 반의사불벌죄

【대법원 분석】 가. 청소년의 성보호에 관한 법률(이하 '청소년성보호법'이라고 한다) 제16조는 "형법 제306조 및 성폭력범죄의 처벌 및 피해자보호 등에 관한 법률 제15조에도 불구하고 청소년을 대상으로 한 다음 각 호의 죄에 대하여는 피해자의 고소가 없어도 공소를 제기할 수 있다. 다만, 피해자의 명시한 의사에 반하여 공소를 제기할 수 없다."고 하면서 /

【대법원 분석】 그 각 호에서 청소년성보호법 제7조의 죄, 형법 제297조부터 제300조까지의 죄와 제302조·제303조·제305조의 죄, 성폭력범죄의 처벌 및 피해자보호 등에 관한 법률(이하 '성폭력법'이라고 한다) 제11조 제1항의 죄 등을 열거함으로써 /

【대법원 분석】 위 청소년성보호법 제7조의 죄 등을 이른바 반의사불벌죄로 규정하고 있다. /

3. 소송능력의 판단기준

【대법원 요지】 반의사불벌죄에서 피해자가 피고인 또는 피의자에 대하여 처벌을 희망하지 않는다는 의사를 표시하거나 처벌을 희망하는 의사표시를 철회하는 것은 형사소송절차에서 소극적 소송조건으로서 법원 또는 수사기관에 대한 피해자의 소송행위에 해당하므로, 피해자에게 소송능력이 있어야 형사소송법상 그 효과가 인정된다.

【대법원 요지】 형사소송법상 소송능력이라 함은 소송당사자가 유효하게 소송행위를 할 수 있는 능력, 즉 피고인 또는 피의자가 자기의 소송상의 지위와 이해관계를 이해하고 이에 따라 방어행위를 할 수 있는 의사능력을 의미한다. /

【대법원 판단】 형사소송법이 제26조에서 "형법 제9조 내지 제11조의 규정의 적용을 받지 아니하는 범죄사건에 관하여 피고인 또는 피의자가 의사능력이 없는 때에는 그 법정대리인이 소송행위를 대리한다"고, /

【대법원 판단】 제306조 제1항에서 "피고인이 사물의 변별 또는 의사의 결정을 할 능력이 없는 상태에 있는 때에는 법원은 검사와 변호인의 의견을 들어서 결정으로 그 상태가 계속하는 기간 공판절차를 정지하여야 한다"고 각 규정하고 있는 것도 /

【대법원 판단】 형사소송절차에서의 소송능력을 위와 같이 파악하고 있기 때문이다. /

【대법원 판단】 이는 민사소송법이 소송능력에 관하여 특별한 규정이 없으면 민법상의 행위능력에 의하도록 하는 것(민사소송법 제51조, 제55조)과는 대비되는데, /

【대법원 판단】 형사벌과 관련한 자기책임의 원칙상 피고인 또는 피의자에게 의사능력이 있으면 직접 소송행위를 하는 것이 원칙이라는 데에 근거한 것이다.

4. 소송행위 단독의 원칙

【대법원 요지】 의사능력이 있으면 소송능력이 있다는 위 원칙은 피해자 등 제3자가 소송행위를 하는 경우에도 마찬가지라고 보아야 한다. /

【대법원 분석】 종래 대법원도 "고소를 함에는 소송행위능력, 즉 고소능력이 있어야 하는바, 고소능력은 피해를 받은 사실을 이해하고 고소에 따른 사회생활상의 이해관계를 알아차릴 수 있는 사실상의 의사능력으로 충분하므로, 민법상의 행위능력이 없는 자라도 위와 같은 능력을 갖춘 자에게는 고소능력이 인정된다"고 하여 /

【대법원 분석】 이러한 입장을 분명히 하고 있다/(대법원 1999. 2. 9. 선고 98도2074 판결, 대법원 2004. 4. 9. 선고 2004도664 판결, 대법원 2007. 10. 11. 선고 **2007도4962** 판결 등 참조).

【대법원 요지】 따라서 반의사불벌죄에 있어서 피해자의 피고인 또는 피의자에 대한 처벌을 희망하지 않는다는 의사표시 또는 처벌을 희망하는 의사표시의 철회는, 위와 같은 형사소송절차에 있어서의 소송능력에 관한 일반원칙에 따라, 의사능력이 있는 피해자가 단독으로 이를 할 수 있고, 거기에 법정대리인의 동의가 있어야 한다거나 법정대리인에 의해 대리되어야만 한다고 볼 것은 아니다. /

【대법원 요지】 나아가 청소년성보호법에 형사소송법과 다른 특별한 규정을 두고 있지 않는 한 위와 같은 반의사불벌죄에 관한 해석론은 청소년성보호법의 경우에도 그대로 적용되어야 한다.

5. 고소능력과 법정대리인의 동의 문제

【대법원 요지】 이와 달리, 만약 반의사불벌죄에 있어서 피해자에게 의사능력이 있음에도 불구하고 그 처벌을 희망하지 않는다는 의사표시 또는 처벌희망 의사표시의 철회에 법정대리인의 동의가 있어야 하는 것으로 본다면, /

【대법원 요지】 이는 피고인 또는 피의자에 대한 처벌희망 여부를 결정할 수 있는 권한을 명문의 근거 없이 새롭게 창설하여 법정대리인에게 부여하는 셈이 되어 부당하며, 형사소송법 또는 청소년성보호법의 해석론을 넘어서는 입론이라고 할 것이다. /

【대법원 요지】 뿐만 아니라, 처벌을 희망하지 않는다는 의사표시 또는 처벌희망 의사표시의 철회는 이른바 소극적 소송조건에 해당하고, 소송조건에는 죄형법정주의의 파생원칙인 유추해석금지의 원칙이 적용된다고 할 것인데, /

【대법원 요지】 명문의 근거 없이 그 의사표시에 법정대리인의 동의가 필요하다고 보는 것은 유추해석에 의하여 소극적 소송조건의 요건을 제한하고 피고인 또는 피의자에 대한 처벌가능성의 범위를 확대하는 결과가 되어 죄형법정주의 내지 거기에서 파생된 유추해석금지의 원칙에도 반한다.

【대법원 요지】 그러므로 청소년성보호법 제16조에 규정된 반의사불벌죄라고 하더라도, 피해자인 청

소년에게 의사능력이 있는 이상, 단독으로 피고인 또는 피의자의 처벌을 희망하지 않는다는 의사표시 또는 처벌희망 의사표시의 철회를 할 수 있고, 거기에 법정대리인의 동의가 있어야 하는 것으로 볼 것은 아니다. /

6. 고소능력의 판단요소

【대법원 요지】 다만, 여기에서 피해자인 청소년의 의사능력은 그 나이, 지능, 지적 수준, 발달성숙도 및 사회적응력 등에 비추어 그 범죄의 의미, 피해를 당한 정황, 처벌을 희망하지 않는다는 의사표시 또는 처벌희망 의사표시의 철회가 가지는 의미·내용·효과를 이해하고 알아차릴 수 있는 능력을 말하고, /

【대법원 요지】 그 의사표시는 흠이 없는 진실한 것이어야 하므로, /

【대법원 요지】 법원으로서는 위와 같은 의미에서 피해자인 청소년에게 의사능력이 있는지 여부 및 그러한 의사표시가 진실한 것인지 여부를 세밀하고 신중하게 조사·판단하여야 함은 물론이다.

7. 사안에 대한 대법원의 판단

【대법원 판단】 나. 원심판결 이유에 의하면, 원심은, 청소년성보호법 제16조를 적용함에 있어 의사능력 있는 피해자인 청소년의 처벌희망 의사표시의 철회에 법정대리인의 동의가 있어야 하는 것은 아니라고 전제한 다음, /

【대법원 판단】 그 채택 증거에 의하여 인정되는 그 판시와 같은 사실들에 비추어 /

【대법원 판단】 피해자가 피고인들에 대한 처벌희망 의사표시를 철회할 당시에 비록 14세 10개월 정도의 어린 나이였다고 하더라도 /

【대법원 판단】 이 사건 범행의 의미와 본인이 피해를 당한 정황 및 자신이 하는 처벌희망 의사표시의 철회의 의미와 효과 등을 충분히 이해하고 분별할 수 있어 의사능력이 있는 상태에서 위와 같은 의사표시를 한 것이고, /

【대법원 판단】 따라서 그 의사표시에 법정대리인의 동의가 없었더라도 그 의사표시는 유효하다고 판단하여 피고인들에 대한 이 사건 공소사실 중 청소년성보호법 위반의 점의 공소를 기각하였다.

【대법원 결론】 앞서 본 법리에 비추어 살펴보면, 원심의 판단은 정당하고, 거기에 상고이유로 주장하는 바와 같은 반의사불벌죄에 있어서의 청소년인 피해자의 소송능력에 관한 법리오해 등의 위법이 없다. (상고 기각)

【코멘트】 본 판례의 사안은 우리 입법자가 2013년 6월부터 형법, 성폭력처벌법, 아청법 전체에 걸쳐서 각종 성범죄(간통죄 제외)를 비친고죄로 전환하기 이전의 시점에 일어난 것이다. 따라서 미성년자인 성범죄 피해자는 단독으로 고소취소를 할 수 있다는 본 판례의 결론은 이제 의미가 없게 되었다. 그러나 본 판례에서 대법원이 제시한 소송능력, 소송행위 단독의 원칙, 고소능력 등에 관한 판시사항은 현재에도 여전히 의미가 살아 있다. 아동·청소년 대상 성범죄의 규율에 관한 입법의 변화는 2007. 10. 11. **2007도4962** 판례의 코멘트에서 설명하였다.

2009도6602

사경 면전 공범 피의자신문조서의 증거능력
50일 후 공범 사망 사건

2009. 11. 26. 2009도6602, [공보불게재]

1. 사실관계 및 사건의 경과

【사실관계】
① 갑은 A와 B에게 필로폰을 매도하는 한편, 함께 투약하였다는 피의사실로 조사를 받았다.
② 사법경찰관은 A를 신문하여 피의사실을 인정하는 진술을 받았다.
③ A의 진술은 A에 대한 사경 면전의 P피의자신문조서에 기재되었다.
④ A는 경찰 조사 후 50여일이 경과한 후에 사망하였다.
⑤ 검사는 갑을 마약류관리법위반죄(향정)로 기소하였다.

【사건의 경과】
① 검사는 사경 면전의 A에 대한 P피의자신문조서를 증거로 제출하였다.
② 갑은 공소사실을 부인하면서 A에 대한 P피의자신문조서의 내용을 부인하였다.
③ 갑의 피고사건은 제1심을 거친 후, 항소심에 계속되었다.
④ 항소심법원은 다음의 이유를 들어서 A에 대한 P피의자신문조서의 증거능력을 인정하였다.
　(가) A의 경찰 피의자신문조서의 기재는 A가 사망하기 약 50일 전의 진술로서 내용이 구체적이다.
　(나) A가 사망 전에 허위진술을 할 이유가 없는 것으로 보인다.
　(다) 이러한 점에 비추어 볼 때 A의 진술에 신빙성이 있다.
⑤ 항소심법원은 갑에게 유죄를 선고하였다.
⑥ 갑은 불복 상고하였다.

2. 공범에 대한 사경작성 피의자신문조서의 증거능력

【대법원 요지】 형사소송법 제312조 제3항은 검사 이외의 수사기관이 작성한 당해 피고인에 대한 피의자신문조서를 유죄의 증거로 하는 경우뿐만 아니라 /

【대법원 요지】 검사 이외의 수사기관이 작성한 당해 피고인과 공범관계에 있는 다른 피고인이나 피의자에 대한 피의자신문조서 또는 공동피의자에 대한 피의자신문조서를 당해 피고인에 대한 유죄의 증거로 채택할 경우에도 적용되는바, /

【대법원 요지】 당해 피고인과 공범관계가 있는 다른 피의자에 대한 검사 이외의 수사기관 작성의 피의자신문조서는 그 피의자의 법정진술에 의하여 그 성립의 진정이 인정되더라도 당해 피고인이 공판기일에서 그 조서의 내용을 부인하면 증거능력이 부정되므로, /

【대법원 요지】 그 당연한 결과로 그 피의자신문조서에 대하여는 사망 등 사유로 인하여 법정에서 진술할 수 없는 때에 예외적으로 증거능력을 인정하는 규정인 형사소송법 제314조가 적용되지 않는다.

3. 사안에 대한 항소심의 판단

【항소심 분석】 원심은 /

【항소심 분석】 "피고인이 (1) 2006. 12. 초순경 서울 강남구 신사동에 있는 이름을 알 수 없는 여관에서 공소외 A(2007. 1. 31. 사망), 공소외 B에게 필로폰 약 1g을 30만 원에 매도하고, /

【항소심 분석】 (2) 위 일시·장소에서 위 공소외 A, B와 함께 필로폰 불상량을 1회용 주사기에 담고 생수로 희석한 다음, 각자 자신의 팔 혈관에 주사하는 방법으로 1회 투약하고, /

【항소심 분석】 (3) 2006. 12. 7. 20:00경 서울 중랑구 상봉동에 있는 한국관 인근에서 위 공소외 A, B에게 필로폰 약 1g을 30만 원에 매도하였다."는 각 공소사실에 대하여, /

【항소심 판단】 이에 부합하는 공소외 A의 각 경찰 피의자신문조서의 기재가 공소외 A가 사망하기 약 50일 전의 진술로서 내용이 구체적일 뿐 아니라 그가 사망 전에 허위진술을 할 이유가 없는 것으로 보이는 점 등에 비추어 볼 때 신빙성이 있다고 보아, 이를 증거로 채택하여 모두 유죄로 인정하였다.

4. 사안에 대한 대법원의 판단

【대법원 판단】 그러나 원심의 판단은 다음과 같은 이유에서 이를 그대로 받아들일 수 없다.

【대법원 판단】 앞서 본 법리에 비추어 보면, /

【대법원 판단】 공소외 A의 각 경찰 피의자신문조서는 검사 이외의 수사기관이 작성한 피고인과 공범관계에 있는 다른 피의자에 대한 피의자신문조서 또는 공동피의자에 대한 피의자신문조서로서 /

【대법원 판단】 형사소송법 제312조 제3항이 적용되어 당해 피고인이 공판기일에서 그 조서의 내용을 부인하면 증거능력이 부정되고, /

【대법원 판단】 또한 형사소송법 제314조에 의하여 예외적으로 증거능력이 인정될 여지가 없는 것인바, /

【대법원 판단】 기록에 의하면 피고인은 위 각 공소사실을 전부 부인하면서 공소외 A의 각 경찰 피의자신문조서의 내용을 부인하였음을 알 수 있으므로, 그 증거능력이 부정되어야 할 것이고, /

【대법원 판단】 달리 위 공소사실을 인정할 만한 다른 증거를 찾아볼 수 없다.

【대법원 결론】 그럼에도 불구하고 원심은 공소외 A의 각 경찰 피의자신문조서의 증거능력을 인정하여 이를 유죄의 증거로 채택하였으니, 원심판결에는 공범인 다른 피의자에 대한 검사 이외의 수사기관 작성 피의자신문조서의 증거능력에 관한 법리를 오해하여 판결에 영향을 미친 위법이 있다. 이 부분의 원심판결은 파기를 면할 수 없다. (파기 환송)

【코멘트】 2007년 6월 개정되어 2008년부터 시행된 개정 형사소송법은 사법경찰관의 피의자신문조서에 관한 규정을 종전의 형소법 제312조 제2항으로부터 형소법 제312조 제3항으로 옮겼다. 개정전 형소법은 사경의 피의자신문조서에 대해 증거능력을 엄격하게 제한하고 있었는데, 본 판례는 개정 후에도 종전의 법리가 그대로 적용되고 있음을 확인해 주고 있다.

형소법 제312조 제3항은 '내용부인'이라는 요건을 통하여 사법경찰 단계에서 작성된 피의자신문조서의 증거능력을 대폭 제한하고 있다. 즉 사경 단계의 피의자신문조서에 기재된 내용에 대해 피고인이 공판정에서 "그 내용은 사실과 다르다"라고 진술하기만 하면 곧바로 증거능력이 부정되는 것이다. 원래 형소법 제312조 제3항은 사경 단계에서의 가혹행위를 방지하기 위하여 마련된 것인데, "어차피 공판정에서 피의자가 피고인이 되어 내용을 부인하면 증거능력이 부정될 것인데 굳이 피의자에게 고문 등 가혹한 방법을 사용하여 진술을 받아낼 필요가 있겠는가?"라는 논리에 입각하고 있다.

그런데 이와 같은 논리라면 '내용부인'에 의하여 증거능력이 배제되는 사경 면전의 피의자신문조서는 피고인이 된 당해 피의자의 신문조서에 한정되는 것이 마땅한 것 아닌가 하는 생각을 할 수 있다. 그러나 대법원은 본 판례에서 '내용부인'에 의하여 증거능력이 배제되는 사경 면전 피의자신문조서에는 (가) 당해 피고인에 대한 피의자신문조서는 물론, (나) 당해 피고인과 공범관계에 있는 다른 피고인이나 피의자에 대한 피의자신문조서와 (다) [당해 피고인과 공범관계 있지 않은] 공동피의자에 대한 피의자신문조서도 모두 포함되는 것으로 판시하고 있다.

이 가운데 (나)의 공범관계에 있는 사람에 대한 피의자신문조서는 이해관계가 공통된 자에 대한 것이라고 보아 (가)의 경우와 어느 정도 연관성을 발견할 수 있으나 (다)의 경우는 연관성을 발견하기가 쉽지 않다. (다)에 해당하는 예로서 예컨대 맞고소 사건으로 함께 공동피의자로 조사를 받고 있는 이해 상반자들의 경우를 생각할 수 있다. 그러나 여기에 그치지 않고 우연히 함께 공동피의자로 사법경찰 단계에서 조사를 받는 경우도 배제할 수 없다.

여기에서 대법원이 사경 면전 피의자신문조서의 증거능력을 배제하는 범위가 원래의 입법취지보다 훨씬 확장되고 있음을 알 수 있다. 대법원이 이와 같이 사경 면전 피의자신문조서의 증거능력을 제한하는 이면에는 검사 면전 피의자신문조서와의 차등취급이라는 관점이 작용하고 있다고 생각된다. 우리 형사소송법은 수사의 주재자를 검사로, 사법경찰관리를 그의 보조자로 규정하고 있다. 사경 면전 피의자신문조서 전반에 대해 '내용부인'의 요건이 작용한다고 판단하는 대법원의 태도는 검·경간의 수사지휘권과 관련하여 검사에게 우월적 지위를 확인해 주는 것이라고 할 수 있다.

2009도6717

위법수집증거배제법칙과 주장적격
성매매 용의자 강제연행 사건
2011. 6. 30. 2009도6717, 공 2011하, 1552

1. 사실관계 및 사건의 경과

【사실관계 1】
① 갑과 을은 P유흥주점을 운영하고 있다.
② M 등 경찰관 4명은 P주점과 관련하여 성매매가 이루어진다는 제보를 받았다.
③ 2008. 1. 30. 21:30경부터 M 등 경찰관은 잠복근무를 하였다.
④ 2008. 1. 30. 22:24 경 M 등 경찰관은 A남과 P주점의 종업원 B녀가 P주점으로부터 나와 Q여관으로 들어가는 것을 확인하였다.

【사실관계 2】

① M 등 경찰관은 Q여관 주인의 협조를 얻어 A와 B가 투숙한 방에 들어가 이들을 "성매매로 현행범 체포한다"고 고지하고 체포하려 하였다.

② 그러나 M 등 경찰관은 A와 B의 성관계를 증명할 증거물을 발견하지 못하였다.

③ M 등 경찰관은 "동행을 거부할 수도 있으나 거부하더라도 강제로 연행할 수 있다."고 말하면서 A와 B에게 동행을 요구하였다.

④ A와 B는 경찰관서에 도착하여 [P주점과 관련하여 성매매가 이루어지고 있다는 내용의] R자술서를 작성하였다.

⑤ A와 B에 대해 같은 내용의 S진술조서가 작성되었다.

【사건의 경과】

① 검사는 P주점의 업주 갑과 을을 식품위생법위반죄로 기소하였다.

② 검사는 유죄의 증거로 A와 B의 R자술서 및 S진술조서를 제출하였다.

③ 갑과 을의 피고사건은 제1심을 거친 후, 항소심에 계속되었다.

④ 항소심법원은 A와 B의 R자술서 및 S진술조서에 증거능력이 없다고 판단하였다.

⑤ 항소심법원은 다음의 이유를 들어서 [성매매 알선 부분에 대해 무죄를 선고하였다.]

    (가) A와 B의 연행은 위법한 임의동행에 해당한다.

    (나) R자술서와 S진술조서는 위법한 임의동행에 기하여 작성된 것이다.

    (다) 따라서 R자술서와 S진술조서는 증거능력이 없다.

    (라) 그 밖의 증거들은 범죄사실의 증명에 충분하지 않다.

⑥ 검사는 불복 상고하였다.

⑦ 검사는 상고이유로, A와 B의 R자술서와 S진술조서는 갑과 을에 대한 관계에서 증거능력이 인정된다고 주장하였다.

2. 임의동행의 적법성 요건

【대법원 분석】 1. 형사소송법 제199조 제1항은 "수사에 관하여 그 목적을 달성하기 위하여 필요한 조사를 할 수 있다. 다만, 강제처분은 이 법률에 특별한 규정이 있는 경우에 한하며, 필요한 최소한도의 범위 안에서만 하여야 한다."고 규정하여 임의수사의 원칙을 명시하고 있는바, /

【대법원 요지】 수사관이 수사과정에서 당사자의 동의를 받는 형식으로 피의자를 수사관서 등에 동행하는 것은, /

【대법원 요지】 상대방의 신체의 자유가 현실적으로 제한되어 실질적으로 체포와 유사한 상태에 놓이게 됨에도, 영장에 의하지 아니하고 그 밖에 강제성을 띤 동행을 억제할 방법도 없어서 제도적으로는 물론 현실적으로도 임의성이 보장되지 않을 뿐만 아니라, /

【대법원 요지】 아직 정식의 체포·구속단계 이전이라는 이유로 상대방에게 헌법 및 형사소송법이 체포·구속된 피의자에게 부여하는 각종의 권리보장 장치가 제공되지 않는 등 형사소송법의 원리에 반하는 결과를 초래할 가능성이 크므로, /

【대법원 요지】 수사관이 동행에 앞서 피의자에게 동행을 거부할 수 있음을 알려 주었거나 동행한 피

의자가 언제든지 자유로이 동행과정에서 이탈 또는 동행장소로부터 퇴거할 수 있었음이 인정되는 등 /

【대법원 요지】 오로지 피의자의 자발적인 의사에 의하여 수사관서 등에의 동행이 이루어졌음이 객관적인 사정에 의하여 명백하게 입증된 경우에 한하여, 그 적법성이 인정되는 것으로 봄이 상당하다.

3. 위법수집증거배제법칙의 원칙

【대법원 판단】 또한 형사소송법 제308조의2는 "적법한 절차에 따르지 아니하고 수집한 증거는 증거로 할 수 없다."고 규정하고 있는바, 수사기관이 헌법과 형사소송법이 정한 절차에 따르지 아니하고 수집한 증거는 유죄 인정의 증거로 삼을 수 없는 것이 원칙이므로, 수사기관이 피고인이 아닌 자를 상대로 적법한 절차에 따르지 아니하고 수집한 증거는 원칙적으로 피고인에 대한 유죄 인정의 증거로 삼을 수 없다.

4. 사안에 대한 대법원의 분석

【대법원 분석】 원심이 적법하게 인정한 사실관계와 기록에 의하면, /

【대법원 분석】 경찰관 4명이 이 사건 P유흥주점에서 성매매가 이루어진다는 제보를 받고 2008. 1. 30. 21:30경부터 위 유흥주점 앞에서 잠복근무를 하다가 같은 날 22:24경 위 유흥주점에서 공소외 A와 위 유흥주점 종업원인 공소외 B가 나와 인근의 Q여관으로 들어가는 것을 확인하고 여관 업주의 협조를 얻어 같은 날 22:54경 공소외 A와 공소외 B가 투숙한 여관 방문을 열고 들어간 사실, /

【대법원 분석】 당시 위 두 사람은 침대에 옷을 벗은 채로 약간 떨어져 누워 있었는데 경찰관들이 위 두 사람에게 '성매매로 현행범 체포한다'고 고지하였으나, 위 두 사람이 성행위를 하고 있는 상태도 아니었고 방 내부 및 화장실 등에서 성관계를 가졌음을 증명할 수 있는 화장지나 콘돔 등도 발견되지 아니하자 /

【대법원 분석】 경찰관들은 위 두 사람을 성매매로 현행범 체포를 하지는 못하고 수사관서로 동행해 줄 것을 요구하면서 그 중 경찰관 공소외 C는 위 두 사람에게 "동행을 거부할 수도 있으나 거부하더라도 강제로 연행할 수 있다."고 말한 사실, /

【대법원 분석】 수사관서로 동행과정에서 공소외 B가 화장실에 가자 여자 경찰관이 공소외 B를 따라가 감시하기도 한 사실, /

【대법원 분석】 공소외 A와 공소외 B는 경찰관들과 괴산경찰서 증평지구대에 도착하여 같은 날 23:40경 각각 자술서를 작성하였고, /

【대법원 분석】 곧 이어 사법경찰리가 2008. 1. 31. 00:00경부터 01:50경까지 사이에 공소외 A와 공소외 B에 대하여 각각 제1회 진술조서를 작성한 사실 등을 알 수 있는바, /

5. 사안에 대한 대법원의 판단

【대법원 분석】 당시 경찰관들이 위 두 사람을 수사관서로 동행할 당시 동행을 거부하더라도 강제로 연행할 수 있다고 말한 점, /

【대법원 분석】 당초 경찰관들은 위 두 사람을 성매매로 현행범 체포하려 하였으나 성매매행위에 대한 증거가 없자 현행범 체포를 하지 못하고 /

【대법원 분석】 위 두 사람이 성매매를 하려고 한 것이 범죄가 되거나 혹은 위 유흥업소의 영업자를 처벌하기 위하여 위 두 사람에 대한 조사가 필요하다고 보아 수사관서로의 동행을 요구한 것으로 보이는 점, /

【대법원 분석】 공소외 A와 공소외 B는 여관방 침대에 옷을 벗은 채로 누워 있다가 여관방 문을 열고 들어온 경찰관 4명으로부터 성매매 여부를 추궁당한 후에 임의동행을 요구받았고 '동행을 거부하더라도 강제로 연행할 수 있다'는 말까지 들었으므로 그러한 상황에서 동행을 거부하기는 어려웠을 것이라 보이는 점, /

【대법원 분석】 동행과정에서 공소외 B가 화장실에 가자 여자 경찰관이 공소외 B를 따라가 감시하기도 한 점 등에 비추어 보면, /

【대법원 판단】 비록 사법경찰관이 공소외 A와 공소외 B를 동행할 당시에 물리력을 행사한 바가 없고, 이들이 명시적으로 거부의사를 표명한 적이 없다고 하더라도, 사법경찰관이 이들을 수사관서까지 동행한 것은 위에서 본 적법요건이 갖추어지지 아니한 채 사법경찰관의 동행 요구를 거절할 수 없는 심리적 압박 아래 행하여진 사실상의 강제연행, 즉 불법체포에 해당한다고 보아야 할 것이다. /

【대법원 판단】 따라서 위와 같은 불법체포에 의한 유치 중에 공소외 A와 공소외 B가 작성한 위 각 [R]자술서와 사법경찰리가 작성한 공소외 A, 공소외 B에 대한 각 제1회 [S]진술조서는 헌법 제12조 제1항, 제3항과 형사소송법 제200조의2, 제201조 등이 규정한 체포·구속에 관한 영장주의 원칙에 위배하여 수집된 증거로서 수사기관이 피고인이 아닌 자를 상대로 적법한 절차에 따르지 아니하고 수집한 증거로 형사소송법 제308조의2에 의하여 그 증거능력이 부정되므로 피고인들에 대한 유죄 인정의 증거로 삼을 수 없다.

【대법원 판단】 원심이 공소외 A, B에 대한 수사관서로의 동행이 위법하여 위 각 [R]자술서와 위 각 [S]진술조서가 증거능력이 없다고 판단함에 있어 설시한 이유는 위 법리와는 다소 달라 적절하지 아니한 점이 없지 아니하나, /

【대법원 결론】 위 각 자술서와 위 각 진술조서가 증거능력이 없어 피고인들에 대한 공소사실의 증거로 사용할 수 없다고 판단한 조치는 결론에 있어 정당하고, 거기에 상고이유에서 주장하는 바와 같은 증거능력에 관한 법리오해 등의 위법이 없다. (상고 기각)

【코멘트】 본 판례는 위법수집증거배제법칙의 적용범위와 관련하여 의미 있는 판시사항을 제시하고 있다. 본 판례의 진행과정을 보면, 임의동행의 적법성 요건을 구비하지 못한 강제연행에 의하여 성매매 용의자들이 경찰관서에 연행된 다음 성매매 알선 혐의를 받고 있는 업주의 범죄사실에 대해 진술을 하고 있다. 사안에서는 업소의 업주가 식품위생법위반죄로 기소되어 재판을 받고 있는데, 종업원과 손님의 진술이 업주의 처벌에 결정적인 증거가 되고 있다.

　그런데 대법원은 성매매 용의자의 진술이 위법한 임의동행에 의하여 획득된 것이어서 업주의 범죄사실을 위한 증거로 쓸 수 없다는 결론을 제시하고 있다. 여기에서 위법수집증거배제법칙의 적용과 관련한 소위 주장적격의 의문이 제기된다. 미국법에서 말하는 주장적격의 이론이란 위법수사를 당한 사람만이 자기의 피고사건에서 증거능력의 배제를 주장할 수 있다는 법리를 말한다. 증거능력에 대해 이의가 있을 때 당사자는 기립(standing)하여 이의신청을 하게 되는데, 이의신청의 자격을 주장적격

(standing)이라고 하는 것이다.

위법수집증거배제법칙이 미국법에서 유래하였다는 점과 위법수집증거배제법칙이 지나치게 확대적용될 경우 실체적 진실발견에 지장을 초래하게 된다는 점을 이유로 우리 형소법 제308조의2를 해석함에 있어서도 주장적격의 법리가 적용되어야 한다고 주장하는 견해가 있다. 본 판례에서 주장적격의 문제가 본격적으로 언급되고 있지 않으나, 대법원은 위법하게 임의동행을 당한 종업원과 손님의 진술을 업소 주인의 범죄 인정을 위한 증거로 쓸 수 없다는 결론을 제시하여 소위 주장적격의 이론을 채택하지 않고 있음을 보여주고 있다.

주장적격의 이론에 대해서는 다음과 같은 반론이 가능하다고 본다. 미국법의 위법수집증거배제법칙은 연방수정헌법의 기본권조항에서 유래하는 법리가 아니라 연방대법원이 각 주의 법원에 대하여 가지고 있는 사법적 통제권에 근거한 것이라고 설명되고 있다. 이에 대해 우리 형사소송법 제308조의2가 규정하고 있는 위법수집증거배제법칙은 헌법 제12조 제1항과 제3항이 규정하고 있는 적법절차의 원칙을 근거로 하고 있다. 적법절차의 원칙은 개개 국민의 기본권임과 동시에 제도보장을 의미한다. 국가는 적법절차의 원칙을 최대한 보장해야 할 의무가 있다. 이러한 우리 헌법의 결단에 비추어 볼 때 다른 사람에 대한 위법수사로 수집된 증거라고 할지라도 이를 피고인의 유죄 입증을 위한 증거로 사용해서는 안 된다는 결론이 도출된다. 요컨대 미국법의 주장적격 이론은 우리나라 헌법과 형사소송법의 해석론으로서는 타당하지 않다고 생각된다.

2009도6788

변호사의 증언거부권과 형소법 제314조
법무법인 의견서 사건
2012. 5. 17. 2009도6788, 대법원 판례속보

1. 사실관계 및 사건의 경과

【사실관계 1】
① K지역에 주택재개발사업이 추진되고 있었다.
② P회사는 K지역 건설사업의 시공권을 획득하기 위하여 노력하고 있었다.
③ P회사는 M법무법인에 법률자문을 구하였다.
④ M법무법인은 이에 응하여 전자메일 형태로 N의견서를 발송하였다.
⑤ [N의견서는 K지역 재개발사업의 시공권 취득과 관련하여 P회사 및 그 임직원의 행위에 대한 법적 검토를 내용으로 하고 있다.]
⑥ N의견서는 M법무법인의 구성원 변호사 A가 작성한 것이다.

【사실관계 2】
① K지역에 주택재개발조합(이하 K조합)이 결성되었다.
② 갑은 K조합의 조합장으로 입후보하여 당선되었다.

③ P회사는 조합원 투표를 통하여 K조합의 시공사로 선정되었다.

④ P회사 측의 K지역 담당 S사업소의 소장은 을이고, 그 위의 본부장은 병이다.

⑤ [P회사가 시공사로 선정된 후 다음과 같은 제보가 있었다.]

　　(가) P회사의 L자금이 Q회사를 거쳐 R회사에 전달되었다.

　　(나) R회사에 전달된 L자금은 갑의 조합장 선거 홍보비로 지급된 것이다.

　　(다) P회사는 이를 통하여 K조합으로부터 시공권을 따내었다.

【사실관계 3】

① 검사는 P회사의 S사업소를 압수·수색하였다.

② 압수·수색 과정에서 M법무법인이 P회사에 보낸 ㉠전자메일(N의견서)이 발견되었다.

③ 검사는 ㉠전자메일을 디지털 저장매체의 압수 형태로 확보하였다.

④ [㉠전자메일은 이후 출력되어 법정에 ㉡문건으로 제출되었다.]

⑤ [검사는 S사업소의 직원 B와 C에게 ㉠전자메일(N의견서)을 확인하게 하였다.]

⑥ 검사는 B와 C를 상대로 N의견서의 작성경위와 내용에 대해 조사하였다.

⑦ B와 C의 진술내용은 검찰 진술조서에 기재되었다. (㉢검찰조서)

【사건의 경과 1】

① 건설산업기본법은 다음과 같은 규정을 두고 있다.

② 제38조의2 : "도급계약의 체결 또는 건설공사의 시공과 관련하여 발주자, 수급인, 하수급인 또는 이해관계인은 부정한 청탁에 의한 재물 또는 재산상의 이익을 취득하거나 공여하여서는 아니된다."

③ 제95조의2 : "제38조의2의 규정에 위반하여 부정한 청탁에 의한 재물 또는 재산상 이익을 취득하거나 공여한 자는 5년 이하의 징역 또는 5천만 원 이하의 벌금에 처한다."

④ 검사는 갑, 을, 병과 P회사를 다음의 공소사실로 건설산업기본법위반죄로 기소하였다.

　　(가) 갑 : 부정한 청탁에 의한 재산상 이익 취득

　　(나) 을 : 부정한 청탁에 의한 재산상 이익 공여

　　(다) 병 : 부정한 청탁에 의한 재산상 이익 공여

　　(라) P회사 : 양벌규정

【사건의 경과 2】

① 제1심 공판절차에서 피고인들은 공소사실을 부인하였다.

② 검사는 관련 증거를 제출하였다.

③ 검사는 M법무법인이 P회사에 보낸 N의견서를 증거로 제출하였다.

④ N의견서는 ㉠전자메일을 출력한 ㉡문건의 형태로 제출되었다.

⑤ 피고인들은 ㉡문건을 증거로 함에 동의하지 않았다.

【사건의 경과 3】

① 검사는 B와 C에 대한 ㉢검찰 진술조서를 증거로 제출하였다.

② 피고인들은 ㉢검찰조서를 증거로 함에 동의하지 않았다.

③ 검사는 B와 C를 증인으로 신청하였다.

④ B와 C는 증인으로 출석하였으나 증언을 거부하였다.

⑤ 피고인들은 다음과 같이 주장하였다.

 (가) N의견서를 증거로 사용하는 것은 헌법 제12조 제4항에서 규정하고 있는 변호인의 조력을 받을 권리를 침해하는 것이다.

 (나) N의견서를 증거로 사용할 수 없으므로 ⓛ출력문건을 증거로 사용할 수 없다.

 (다) N의견서를 증거로 사용할 수 없으므로 ⓒ검찰조서 또한 증거로 사용할 수 없다.

【사건의 경과 4】

① 제1심법원은 N의견서(ⓛ출력문건)의 증거능력에 대해 다음과 같이 판단하였다.

 (가) 작성자인 변호사 A가 법정에서 성립의 진정을 인정하지 아니하여 증거능력이 없다.

 (나) 그렇지 않다고 하더라도 변호인−의뢰인 특권에 의하여 N의견서는 의뢰인인 피고인들의 범죄사실을 인정할 증거로 사용할 수 없다.

② 제1심법원은 ⓒ검찰조서의 증거능력에 대해 다음과 같이 판단하였다.

 (가) 판례에 의할 때 변호사 A의 증언거부는 형소법 제314조의 '기타 사유로 진술할 수 없는 때'에 해당하여 증거능력이 인정될 여지가 있다.

 (나) 그러나 증거능력을 인정할 경우 변호인−의뢰인 특권에 정면으로 반하여 이를 허용할 수 없다.

 (다) 결국 ⓒ검찰조서는 형소법 제314조의 적용대상이 되지 않는다.

③ 제1심법원은 나머지 증거들로 범죄사실을 인정하기에 부족하다고 판단하였다.

④ 제1심법원은 피고인들에게 무죄를 선고하였다.

【사건의 경과 5】

① 검사는 불복 항소하였다.

② 검사는 항소이유로, 우리 현행법상 변호인−의뢰인 특권을 인정하는 명문의 규정이 없다고 주장하였다.

③ 항소심절차에서는 N의견서를 작성한 것으로 되어 있는 변호사 A가 증인으로 출석하였다.

④ 변호사 A는 증언해야 할 내용이 의뢰인 P회사로부터 업무상 위탁을 받은 관계로 알게 된 타인의 비밀에 관한 것이라고 소명하였다.

⑤ 변호사 A는 재판장으로부터 증언을 거부할 수 있다는 설명을 들었다.

⑥ 변호사 A는 증언을 거부하였다.

⑦ 항소심법원은 다음의 이유를 들어서 검사의 항소를 기각하였다.

 (가) 제1심법원은 변호인의 조력을 받을 권리로부터 변호인−의뢰인 특권을 도출하고 있다.

 (나) 제1심법원이 ⓛ출력문건(N의견서)과 ⓒ검찰조서의 증거능력을 부인한 조처는 타당하다.

【사건의 경과 6】

① 검사는 불복 상고하였다.

② 대법원은 12 대 1로 견해가 나뉘었다.

③ 다수의견은 변호인의 증언거부가 형소법 제314조의 '기타 사유로 진술할 수 없는 때'에 해당하지 않는다고 판단하였다.

④ 소수의견은 변호인의 증언거부가 형소법 제314조의 '기타 사유로 진술할 수 없는 때'에 해당한다고 주장하였다.

⑤ 대법원은 다수의견에 따라 검사의 상고를 기각하였다.

⑥ (이하에서는 지면 관계로 소수의견의 소개는 생략함)

2. 증언거부권 행사와 형소법 제314조

【대법원 분석】 (1) 형사소송법 제314조는 "제312조 또는 제313조의 경우에 공판준비 또는 공판기일에 진술을 요하는 자가 사망·질병·외국거주·소재불명, 그 밖에 이에 준하는 사유로 인하여 진술할 수 없는 때에는 그 조서 및 그 밖의 서류를 증거로 할 수 있다. 다만, 그 진술 또는 작성이 특히 신빙할 수 있는 상태하에서 행하여졌음이 증명된 때에 한한다"라고 정함으로써, /

【대법원 분석】 원진술자 등의 진술에 의하여 진정성립이 증명되지 아니하는 전문증거에 대하여 예외적으로 증거능력이 인정될 수 있는 사유로 '사망·질병·외국거주·소재불명, 그 밖에 이에 준하는 사유로 인하여 진술할 수 없는 때'를 들고 있다. /

【대법원 분석】 위 증거능력에 대한 예외사유로 1995. 12. 29. 법률 제5054호로 개정되기 전의 구 형사소송법 제314조가 '사망, 질병 기타 사유로 인하여 진술할 수 없는 때', /

【대법원 분석】 2007. 6. 1. 법률 제8496호로 개정되기 전의 구 형사소송법 제314조가 '사망, 질병, 외국거주 기타 사유로 인하여 진술할 수 없는 때'라고 각 규정한 것에 비하여 /

【대법원 요지】 현행 형사소송법은 그 예외사유의 범위를 더욱 엄격하게 제한하고 있는데, 이는 직접심리주의와 공판중심주의의 요소를 강화하려는 취지가 반영된 것이다.

【대법원 분석】 한편 형사소송법은 누구든지 자기 또는 친족 등이 형사소추 또는 공소제기를 당하거나 유죄판결을 받을 사실이 발로될 염려가 있는 증언을 거부할 수 있도록 하고(제148조), /

【대법원 분석】 또한 변호사, 변리사, 공증인, 공인회계사, 세무사, 대서업자, 의사, 한의사, 치과의사, 약사, 약종상, 조산사, 간호사, 종교의 직에 있는 자 또는 이러한 직에 있던 사람은 그 업무상 위탁을 받은 관계로 알게 된 사실로서 타인의 비밀에 관한 것은 증언을 거부할 수 있도록 규정하여(제149조 본문), /

【대법원 분석】 증인에게 일정한 사유가 있는 경우 증언을 거부할 수 있는 권리를 보장하고 있다.

【대법원 요지】 위와 같은 현행 형사소송법 제314조의 문언과 개정 취지, 증언거부권 관련 규정의 내용 등에 비추어 보면, 법정에 출석한 증인이 형사소송법 제148조, 제149조 등에서 정한 바에 따라 정당하게 증언거부권을 행사하여 증언을 거부한 경우는 형사소송법 제314조의 '그 밖에 이에 준하는 사유로 인하여 진술할 수 없는 때'에 해당하지 아니한다고 할 것이다.

3. 사안에 대한 항소심의 판단

【항소심 판단】 (2) 원심은, 피고인 P주식회사(이하 'P회사'라고 한다)가 판시 법무법인 소속 변호사로부터 법률자문을 받은 내용이 기재된 이 사건 법률의견서의 증거능력을 부정한 제1심의 판단을 그대로 유지하면서, /

【항소심 판단】 비록 현행법상 명문의 규정은 없으나 헌법 제12조 제4항에 의하여 인정되는 변호인의 조력을 받을 권리 중 하나로서 변호인과 의뢰인 사이에서 법률자문을 목적으로 비밀리에 이루어진 의사교환에 대하여 의뢰인은 그 공개를 거부할 수 있는 특권을 가진다고 전제하였다. /

【**항소심 판단**】 이에 따라 원심은, 이 사건 법률의견서는 법정에서 작성자인 변호사에 의하여 그 성립의 진정이 인정되지 아니한 이상 증거능력이 없을 뿐만 아니라, /

【**항소심 판단**】 그 성립의 진정이 인정된다고 하더라도 위 법리에 따라 압수절차의 위법 여부와 관계없이 변호인-의뢰인 특권에 의하여 의뢰인인 피고인 P회사 및 피고인 을, 병에 대한 범죄사실을 인정할 증거로 사용할 수 없다고 판단하였다.

4. 변호인의 조력을 받을 권리와 변호인-의뢰인 특권의 관계

【**대법원 분석**】 (3) 헌법 제12조 제4항 본문은 "누구든지 체포 또는 구속을 당한 때에는 즉시 변호인의 조력을 받을 권리를 가진다"라고 규정하고 있고, /

【**대법원 분석**】 이와 관련하여 형사소송법 제34조는 변호인 또는 변호인이 되려는 사람에 대하여 신체구속을 당한 피고인 또는 피의자와 제한 없이 접견하고 서류 또는 물건을 수수할 수 있도록 허용하고 있다. /

【**대법원 분석**】 한편 형사소송법은 변호사 등이 그 업무상 위탁을 받아 소지 또는 보관하는 물건으로 타인의 비밀에 관한 것은 압수를 거부할 수 있고(제112조 본문, 제219조), /

【**대법원 분석**】 그 업무상 위탁을 받은 관계로 알게 된 사실로서 타인의 비밀에 관한 것은 증언을 거부할 수 있도록 규정하여(제149조 본문), /

【**대법원 판단**】 변호사와 의뢰인 사이의 법률자문 또는 법률상담의 비밀을 일정한 범위에서 보호하고 있다.

【**대법원 판단**】 위와 같은 변호인의 조력을 받을 권리, 변호사와 의뢰인 사이의 비밀보호 범위 등에 관한 헌법과 형사소송법 규정의 내용과 취지 등에 비추어 볼 때, /

【**대법원 요지**】 아직 수사나 공판 등 형사절차가 개시되지 아니하여 피의자 또는 피고인에 해당한다고 볼 수 없는 사람이 일상적 생활관계에서 변호사와 상담한 법률자문에 대하여도 변호인의 조력을 받을 권리의 내용으로서 그 비밀의 공개를 거부할 수 있는 의뢰인의 특권을 도출할 수 있다거나, /

【**대법원 요지**】 위 특권에 의하여 의뢰인의 동의가 없는 관련 압수물은 압수절차의 위법 여부와 관계없이 형사재판의 증거로 사용할 수 없다는 견해는 받아들일 수 없다고 하겠다. /

【**대법원 판단**】 원심이 이 사건 법률의견서의 증거능력을 부정하는 이유를 설시함에 있어 위와 같은 이른바 변호인-의뢰인 특권을 근거로 내세운 것은 적절하다고 할 수 없다.

5. 사안에 대한 대법원의 판단

【**대법원 판단**】 (4) 그러나 원심이 이 사건 법률의견서의 증거능력을 부정하고 이를 증거로 채택하지 아니한 결론은 다음과 같은 이유에서 정당하다고 할 것이다.

【**대법원 요지**】 압수된 디지털 저장매체로부터 출력한 문건을 진술증거로 사용하는 경우 그 기재 내용의 진실성에 관하여는 전문법칙이 적용되므로 형사소송법에 따라 그 작성자 또는 진술자의 진술에 의하여 그 성립의 진정함이 증명된 때에 한하여 이를 증거로 사용할 수 있다/

【**대법원 요지**】 (대법원 1999. 9. 3. 선고 **99도2317**[I권] 판결, 대법원 2007. 12. 13. 선고 **2007도7257** 판결 등 참조).

【**대법원 분석**】 원심판결 이유 및 기록에 의하면, 이 사건 법률의견서는 판시 법무법인 소속 변호사가 작성한 후 전자우편으로 피고인 P회사 측에 전송한 전자문서를 검사가 컴퓨터 등 디지털 저장매체의 압수를 통하여 취득한 다음 이를 출력하여 증거로 신청한 서류로서, /

【**대법원 분석**】 피고인 을, 병, P회사가 이를 증거로 함에 동의하지 아니한 사실, /

【**대법원 분석**】 위 변호사는 원심 제6회 공판기일에 증인으로 출석하였으나 증언하여야 할 내용이 피고인 P회사로부터 업무상 위탁을 받은 관계로 알게 된 타인의 비밀에 관한 것임을 소명한 후 재판장으로부터 증언을 거부할 수 있다는 설명을 듣고 증언을 거부한 사실을 알 수 있다.

【**대법원 판단**】 위 사실관계를 앞서 본 법리에 비추어 살펴보면, 이 사건 법률의견서는 압수된 디지털 저장매체로부터 출력한 문건으로서 그 실질에 있어서 형사소송법 제313조 제1항에 규정된 '피고인 아닌 자가 작성한 진술서나 그 진술을 기재한 서류'에 해당한다고 할 것인데, /

【**대법원 판단**】 공판준비 또는 공판기일에서 그 작성자 또는 진술자인 위 변호사의 진술에 의하여 그 성립의 진정함이 증명되지 아니하였으므로 위 규정에 의하여 이 사건 법률의견서의 증거능력을 인정할 수는 없다. /

【**대법원 판단**】 나아가 원심 공판기일에 출석한 위 변호사가 이 사건 법률의견서의 진정성립 등에 관하여 진술하지 아니한 것은 형사소송법 제149조에서 정한 바에 따라 정당하게 증언거부권을 행사한 경우에 해당하므로, 앞서 본 법리에 따라 형사소송법 제314조에 의하여 이 사건 법률의견서의 증거능력을 인정할 수도 없다.

【**대법원 판단**】 따라서 원심의 이유설시에 앞서 본 것과 같은 잘못이 있기는 하나 이 사건 법률의견서의 증거능력을 배척한 원심의 결론이 정당한 이상, 이로 인하여 판결 결과에 영향을 미쳤다고 할 수 없다. 이 부분 상고이유의 주장은 받아들일 수 없다. (상고 기각)

【**코멘트**】 본 판례의 사실관계를 보면, 컴퓨터 등 디지털 정보저장매체에 수록되어 있는 법무법인의 의견서가 디지털 저장매체의 압수라는 형태로 확보된 후 그 내용을 출력한 문건이 유죄의 증거로 법정에 제출되고 있다. 이 출력문건에 대해 피고인들은 증거동의를 하지 아니하였다. 그렇다면 디지털 저장매체의 내용과 출력문건의 동일성이 먼저 문제될 것이다. 그러나 본 판례의 사안에서는 이 점이 쟁점으로 부각되어 있지 않다. 양자 사이에 동일성이 인정된다고 하여도 전문법칙과의 관계에서 디지털 저장매체의 내용을 증거로 사용할 수 없다는 결론이 나오기 때문이다.

본 판례에서 대법원은 "압수된 디지털 저장매체로부터 출력한 문건을 진술증거로 사용하는 경우 그 기재 내용의 진실성에 관하여는 전문법칙이 적용되므로 형사소송법에 따라 그 작성자 또는 진술자의 진술에 의하여 그 성립의 진정함이 증명된 때에 한하여 이를 증거로 사용할 수 있다."는 종전의 법리를 확인한다. 이 기준은 본 판례에서 인용되고 있는 것처럼 **99도2317**[I권](소위 '영남위원회 사건')과 **2007도7257**(소위 '일심회 사건')에서 거듭 확인된 것이다.

이 기준에 의할 때 디지털 저장매체에 수록된 내용의 작성자가 법정에 출석하여 성립의 진정을 인정하지 않으면 안 된다. 그런데 문제된 법무법인의 의견서를 실제로 작성한 변호사는 제1심 법정에 출석하지 않다가, 항소심 법정에 출석하여서는 증언거부권을 행사하고 있다. 변호사가 의뢰인의 요청에 따라 작성한 의견서는 변호사와 의뢰인 사이의 비밀에 관한 것이어서 증언할 수 없다는 것이다.

여기에서 변호사가 의뢰인과의 비밀임을 들어서 증언을 거부하는 경우에 해당 문건의 증거능력을 어떻게 판단해야 할 것인가 하는 문제가 나온다. 이에 대해서는 제1심, 항소심, 대법원의 결론이 모두 동일하나 그 논리구성은 조금씩 다르다. 먼저 제1심법원은 (가) 비밀준수의무를 규정한 변호사법, (나) 업무상 비밀누설죄를 규정한 형법, (다) 업무상 보관물의 압수금지와 업무자의 증언거부권을 규정한 형사소송법의 관련 규정들을 종합하여 변호인—의뢰인의 특권이라는 법리를 도출해 낸다. 그리하여 제1심법원은 문제된 법무법인의 의견서가 변호인—의뢰인의 특권을 침해하는 것이어서 증거능력이 없다는 결론에 이른다. 이 과정에서 제1심법원은 전문법칙에 대해 전혀 언급하고 있지 않다. 변호인—의뢰인의 특권 '침해'라는 관점이므로 위법수집증거배제법칙과 비슷한 문제의식에서 접근하는 태도라고 할 수 있다.

제1심법원의 판단에 대해 검사는 변호인—의뢰인의 특권이 명시적으로 규정되어 있지 않다는 점을 항소이유로 주장하고 있다. 이에 대해 항소심법원은 제1심법원이 제시한 변호인—의뢰인의 특권이라는 법리가 헌법이 규정한 변호인의 조력을 받을 권리에 근거한 것이라고 판단한다. 항소심의 접근방법 또한 변호인의 조력을 받을 권리를 '침해'한다고 판단하는 점에서 위법수집증거배제법칙과 비슷한 맥락이라고 할 수 있다.

검사의 상고에 대해 대법원은 전혀 다른 각도에서 문제에 접근한다. 대법원은 항소심법원이 변호인의 조력을 받을 권리로부터 변호인—의뢰인의 특권을 도출하는 것에 대해 반대한다. 대법원은 '변호인'의 조력을 받을 권리가 수사기관으로부터 범죄혐의를 받을 때부터 적용되는 것이라고 전제한다. 그리하여 "아직 수사나 공판 등 형사절차가 개시되지 아니하여 피의자 또는 피고인에 해당한다고 볼 수 없는 사람이 일상적 생활관계에서 변호사와 상담한 법률자문에 대하여도 변호인의 조력을 받을 권리의 내용으로서 그 비밀의 공개를 거부할 수 있는 의뢰인의 특권을 도출할 수는 없다"는 판단을 내린다.

이제 대법원은 출력문건과 전문법칙의 관계에 주목한다. 문건의 작성자가 증언거부권을 행사한다면 원진술자로부터 그 문건의 진정성립 인정을 기대할 수 없다. 이러한 상황에서 전문법칙의 예외로 주목되는 것은 형소법 제314조와 제315조인데, 본 판례의 사안에서는 형소법 제314조가 문제된다. 형소법 제314조의 적용요건은 (가) 원진술자가 법정에서 진술할 수 없을 것과 (나) 원진술이 특히 신빙할 수 있는 상태에서 이루어진 것이라는 두 가지이다. 두 요건 가운데 어느 하나라도 충족되지 않으면 형소법 제310조의2가 규정한 전문법칙에 의하여 그 문건을 유죄의 증거로 사용할 수 없다.

형소법 제314조의 요건 가운데 (가)의 요건과 관련하여 종래 대법원은 증언거부권을 행사하는 경우도 원진술자가 법정에서 진술할 수 없는 때에 해당한다고 판단하여 전문법칙의 예외를 인정해 오고 있었다. 예컨대 1992. 8. 14. **92도1211**[I권] 판례는 그 좋은 예이다. 그런데 본 판례에서 대법원은 판례 변경 절차를 거치지 아니하고 정반대의 결론에 이르고 있다.

대법원은 이와 관련하여 1995년 및 2007년의 형소법 개정으로 형소법 제314조의 요건이 강화되었다고 판단하고 있다. 형소법 제314조 개정의 취지가 직접심리주의 및 공판중심주의 요소의 강화에 있다는 것이 그 이유이다. 그러나 이에 대해서는 1995년 및 2007년의 형소법 개정에 그와 같은 입법취지가 분명하게 표명된 바가 없었다는 대법관 1인의 반대의견이 제시되고 있다.

이제 대법원은 새로운 형소법 하에서 증언거부권의 행사가 형소법 제314조가 규정하는바, 원진술자가 법정에서 진술할 수 없는 때에 해당하지 않는다고 하는 새로운 판단기준을 제시하고 있다. 법률의 개정에 근거한다고 이유를 제시하고 있으나 실질적으로는 판례변경에 해당하는 셈이다. 이제 새로운 판례에 의할 때 변호사와 의뢰인 사이는 물론 의사나 성직자 등과 같이 의뢰인 등 상대방과의 신뢰관계에서 비밀을 지득하게 되는 업무자들의 경우에 전문법칙이 적용되는 경우가 대폭 늘어나게 되었다. 그와 함께 업무자와 의뢰인 간의 비밀은 그만큼 더 두텁게 보호받게 되었다.

본 판례는 비유적으로 말하자면 법률문화의 면에서 마치 OECD 국가에 가입하는 것과 같은 중요한 의미를 가진다고 평가할 수 있다. 의사, 변호사, 종교인 등은 우리 사회에서 시민들과 긴밀한 신뢰관계를 유지하면서 사회의 긍정적 발전에 기여하고 있다. 이들 업무자와 시민 사이의 신뢰관계의 출발점은 양자 사이의 비밀을 충실히 보호하는 것이다. 본 판례를 통하여 우리 사회도 이제 이러한 단계에 진입하였다고 보여진다.

이와 같이 중대한 변화의 이정표라고 할 수 있는 본 판례에서 대법원은 위법수집증거배제법칙이나 변호인의 조력을 받을 권리의 '침해' 등과 같이 거창하고 무거운 이론체계를 앞세우지 않는다. 선진국형의 업무자—의뢰인의 특권이라는 법리를 사실상 도입하면서도, 이를 전문법칙의 예외규정인 형소법 제314조의 해석론으로 이론구성하고 있다. 법리 결단의 중대성과 함께 대법원의 경묘한 법리구성에 찬탄과 경의를 표하는 바이다.

2009도7166

공소사실의 특정 정도
고발사실의 특정 정도
공소장변경의 필요성
금지금 폭탄영업 사건

2011. 11. 24. 2009도7166, [공보불게재]

1. 사실관계 및 사건의 경과

【사실관계】

① 서울지방국세청은 면세금지금(金地金; 골드바)을 수입하여 가공 수출하는 것처럼 꾸며서 부가가치세를 환급받았다는 혐의로 P폭탄업체, Q과세도관업체, R바닥업체 등을 조사하였다.

② 갑은 P, Q, R업체와 관련된 혐의로 서울지방국세청으로부터 조사를 받았다.

③ 서울지방국세청장은 갑을 검찰에 고발하였다.

④ 서울지방국세청장의 M고발서에 기재된 범칙사실에는 다음과 같은 내용이 기재되었다.

⑤ "갑은 P폭탄업체, Q과세도관업체 등과 공모하여 면세금지금 제도 및 수출재화에 대한 영세율 제도 등을 악용한 폭탄영업의 방법으로 L기간에 걸쳐 그[내용불명]와 거의 동일한 액수의 부가가치세를 환급받아 포탈함으로써 조세범처벌법 제9조 제1항 제3호를 위반하였다."

【사건의 경과 1】

① 검사는 갑을 P폭탄업체를 정범으로 한 조세포탈범행의 공동정범으로 특가법위반죄(조세포탈)로 기

소하였다.

② 검사는 제1심법원에 N공소장을 제출하였다.

③ N공소장에 기재된 공소사실의 요지는 다음과 같다.

④ "갑은 이른바 P폭탄업체, Q과세도관업체, R바닥업체 등의 운영자와 공모하여 금지금 폭탄영업의 방법으로 부가가치세를 포탈하였다."

⑤ N공소장에는 갑의 금지금 거래와 관련한 거래기간, 거래수량, 폭탄업체별 포탈세액, P폭탄업체, Q과세도관업체, R바닥업체의 명칭 및 바닥업체의 운영자가 특정되어 있었다.

⑥ 그러나 N공소장에는 수입업체, 영세·면세도관업체에 관한 내용, P폭탄업체 및 Q과세도관업체의 운영자 이름, 공모의 일시·장소 등이 구체적으로 기재되어 있지 않았다.

【사건의 경과 2】

① 제1심법원은 공소사실대로 갑을 특가법위반죄(조세포탈)의 공동정범으로 인정하였다.

② 갑은 불복 항소하였다.

③ 항소심에서 갑은 공동가공의 의사 및 실행행위의 분담 등을 다투었고, 이를 중심으로 공방이 이루어졌다.

④ 항소심법원은 갑이 조세포탈의 공동정범으로 인정되지는 않지만 그 방조범으로는 인정이 된다고 판단하였다.

⑤ 항소심법원은 공소장변경절차 없이 갑을 조세포탈범행의 방조범으로 처벌하였다.

⑥ 갑은 불복 상고하였다.

⑦ 갑은 상고이유로 다음의 점을 주장하였다.

    (가) 공소사실이 특정되지 않았다.

    (나) 서울지방국세청장의 M고발사실과 검사의 N공소사실 사이에 동일성이 인정되지 않는다.

    (다) 공소장변경절차 없이 공동정범을 방조범으로 인정한 위법이 있다.

2. 공소사실의 특정

【대법원 요지】 형사소송법 제254조 제4항에서 범죄의 일시·장소와 방법을 명시하여 공소사실을 특정하도록 한 취지는 법원의 심판대상을 한정하고 피고인의 방어의 범위를 특정하여 그 방어권 행사를 용이하게 하기 위한 데에 있으므로, /

【대법원 요지】 공소 제기된 범죄의 성격에 비추어 그 공소의 원인 된 사실을 다른 사실과 구별할 수 있을 정도로 그 일시·장소·방법·목적 등을 적시하여 특정하면 족하고, /

【대법원 요지】 공모의 시간·장소·내용 등을 구체적으로 명시하지 아니하였다거나 그 일부가 다소 불명확하더라도 그와 함께 적시된 다른 사항들에 의하여 그 공소사실을 특정할 수 있고, 그리하여 피고인의 방어권 행사에 지장이 없다면 그와 같은 이유만으로 공소사실이 특정되지 아니하였다고 할 수 없다.

【항소심 분석】 원심판결 이유에 의하면, 원심은, /

【항소심 분석】 이 사건 공소사실의 요지는, 피고인이 이른바 폭탄업체, 과세도관업체, 바닥업체 등의 운영자와 공모하여 금지금 폭탄영업의 방법으로 부가가치세를 포탈하였다는 것으로서, /

【대법원 판단】 피고인의 금지금 거래와 관련한 거래기간, 거래수량, 폭탄업체별 포탈세액, 폭탄업

체, 과세도관업체, 바닥업체의 명칭 및 바닥업체의 운영자가 특정되어 있으므로, /

【대법원 판단】 비록 수입업체, 영세·면세도관업체에 관한 내용, 폭탄업체 및 과세도관업체의 운영자 이름, 공모의 일시·장소 등이 구체적으로 기재되어 있지 않았다고 하더라도 /

【대법원 판단】 이로 인하여 법원의 심판대상이 불분명해진다거나 피고인의 방어권 행사에 지장이 초래된다고 보기 어렵고, 따라서 공소사실이 불특정된 것으로 볼 수는 없다고 판단하였다.

【대법원 결론】 앞서 본 법리와 기록에 비추어 보면 원심의 위와 같은 판단은 정당하고, 거기에 상고이유의 주장과 같은 공소사실 특정에 관한 법리오해의 위법이 없다.

3. 고발사실의 특정 정도

【대법원 요지】 조세범처벌법에 의한 고발은 고발장에 범칙사실의 기재가 없거나 특정이 되지 아니할 때에는 부적법하나, /

【대법원 요지】 반드시 공소장 기재요건과 동일한 범죄의 일시·장소를 표시하여 사건의 동일성을 특정할 수 있을 정도로 표시하여야 하는 것은 아니고, /

【대법원 요지】 조세범처벌법이 정하는 어떠한 태양의 범죄인지를 판명할 수 있을 정도의 사실을 일응 확정할 수 있을 정도로 표시하면 족하고, /

【대법원 요지】 고발사실의 특정은 고발장에 기재된 범칙사실과 세무공무원의 보충진술 기타 고발장과 함께 제출된 서류 등을 종합하여 판단하여야 한다.

【대법원 요지】 그리고 고발은 범죄사실에 대한 소추를 요구하는 의사표시로서 그 효력은 고발장에 기재된 범죄사실과 동일성이 인정되는 사실 모두에 미친다.

【대법원 분석】 원심판결 이유 및 원심이 채용한 증거에 의하면, /

【대법원 분석】 서울지방국세청장의 이 사건 고발서의 범칙사실에는 /

【대법원 분석】 피고인이 폭탄업체, 과세도관업체 등과 공모하여 면세금지금 제도 및 수출재화에 대한 영세율 제도 등을 악용한 폭탄영업의 방법으로 공소장에 적시된 것과 같은 기간에 걸쳐 그와 거의 동일한 액수의 부가가치세를 환급받아 포탈함으로써 조세범처벌법 제9조 제1항 제3호를 위반하였다는 내용이 기재되어 있고, /

【대법원 분석】 그 고발서에 첨부된 각 일자별 거래흐름도에는 공소사실의 별지 범죄일람표와 거의 같은 내용으로 각 거래일시, 거래업체명, 거래수량, 거래금액 등의 세부항목이 기재되어 있는 사실을 알 수 있다.

【대법원 판단】 위 사실관계를 앞서 본 법리에 비추어 보면, 이 사건 고발사실과 공소사실 사이에는 기본적 사실관계의 동일성이 인정되므로 조세범처벌법위반에 관한 이 사건 공소는 유효한 고발에 따라 적법하게 제기되었다고 할 것이다. /

【대법원 판단】 그리고 이 사건 고발서 범칙사실 중 피고인의 행위에 대한 세무공무원의 법률적 평가에 관한 내용은 이 사건 고발의 효력에 아무런 영향을 주지 않는다고 할 것이다.

【대법원 결론】 같은 취지의 원심 판단은 정당하고, 거기에 상고이유의 주장과 같은 고발사실의 동일성에 관한 법리오해의 위법이 없다.

4. 공소장변경의 필요성

【**대법원 요지**】 가. 형법상 방조행위는 정범이 범행을 한다는 정을 알면서 그 실행행위를 용이하게 하는 직접·간접의 행위를 말하므로, 방조범은 정범의 실행을 방조한다는 이른바 방조의 고의와 정범의 행위가 구성요건에 해당하는 행위라는 점에 대한 인식, 즉 정범의 고의가 있어야 한다. /

【**대법원 요지**】 이러한 방조범은 공동정범과 비교할 때 형법상 다 같이 공범의 형식으로 규정되어 있다고 하더라도 그 성립요건에서 엄연한 차이가 있고 범의의 내용도 반드시 동일하지 않다. /

【**대법원 요지**】 따라서 공동정범으로 기소된 피고인이 정범으로서의 공동가공 의사나 실행행위의 분담이 없었다고 다투는 것과 범행을 주도하는 정범의 존재를 전제로 하여 그 정범의 실행행위를 인식하면서 단순히 이를 돕는 행위를 한다는 방조의 의사 및 방조행위의 내용을 다투는 것은 방어권 행사의 내용과 접근방식에서 크게 다를 수 있다.

【**대법원 분석**】 한편 형사소송법은 공소사실의 동일성 범위 내에서 공소장을 변경할 수 있도록 하는 한편 법원에 대해서도 심리의 경과에 비추어 상당하다고 인정할 때에는 검사에게 공소장의 변경을 요구하여야 한다고 규정하고 있다(형사소송법 제298조 제2항). /

【**대법원 요지**】 비록 위 공소장 변경 요구가 법원의 의무라고 할 것은 아니라고 하더라도, 법원이 당초의 공소사실과 다른 사실을 심판대상으로 삼아 유죄로 인정하고자 할 경우에는 공소장변경 절차를 거치는 것이 불고불리 원칙 등 형사소송의 기본원칙에 부합한다 할 것이다.

【**대법원 요지**】 다만 공판과정에서 이미 변경하여 인정하려는 사실이 심판대상으로 드러나 공방이 되었다거나 당초의 공소사실에 대한 심판범위에 변경하여 인정하려는 사실이 포섭되어 있다는 등 특별한 사정이 있어 피고인의 방어권 행사를 해치지 아니할 정도라고 인정되는 경우라면 /

【**대법원 요지**】 예외적으로 공소장 변경 없이도 직권에 의하여 공소사실과 동일성이 인정되는 범위 내에서 그와 다른 사실을 인정하여 유죄로 판단하는 것이 허용된다고 할 것이다. /

【**대법원 요지**】 이러한 취지에서 공소사실의 동일성이 인정되는 범위 내에서 공소가 제기된 범죄사실보다 가벼운 범죄사실이 인정되는 경우 법원이 공소장변경 없이 직권으로 그 범죄사실을 인정할 수는 있으나, 그 경우에도 심리의 경과 등에 비추어 이로 인하여 피고인의 방어에 실질적인 불이익을 주는 것이 아니어야 한다.

【**대법원 요지**】 이와 같은 형법상 방조행위 및 형사소송법상 공소장변경에 관한 법리에 비추어 볼 때, 공동정범으로 공소가 제기된 피고인에 대하여 법원이 공소장 변경 없이 직권으로 방조범으로 인정하여 처벌하기 위해서는, 정범의 범행에 대한 공동가공의 의사나 기능적 행위지배의 점에 대한 증명이 부족하지만 그 의심이 있다는 정도로는 부족하고 /

【**대법원 요지**】 방조의 고의와 행위가 있었다는 점에 대한 적극적인 증명이 있어야 하고, 나아가 그 점에 대하여 피고인에게 방어의 기회가 제공되는 등 심리의 경과에 비추어 피고인의 방어에 실질적인 불이익을 주지 아니한 경우라야 가능할 것이다.

5. 사안에 대한 항소심의 판단

【**항소심 분석**】 나. 원심판결 이유에 의하면, 원심은, 피고인이 폭탄업체, 과세도관업체, 바닥업체

등의 운영자와 공모하여 금지금 폭탄영업의 방법으로 부가가치세를 포탈하였다는 공소사실에 대하여. /

【항소심 판단】 공소장변경 절차를 거치지 아니한 채 피고인이 폭탄업체 등 전단계 매출업체의 운영자들이 공동하여 금지금 폭탄영업의 방법으로 부가가치세를 포탈하리라는 정을 알고도 그 범행을 완성할 수 있도록 바닥업체로부터 시세보다 싼 금액에 금지금을 매입해 줌으로써 바닥업체의 조세포탈 실행행위를 방조하였다고 직권으로 인정하였다.

6. 사안에 대한 대법원의 판단

【대법원 분석】 그런데 이 사건 기록에 의하면, 피고인은 폭탄업체를 정범으로 한 조세포탈범행의 공동정범으로 공소가 제기되어 제1심에서는 공소사실대로 공동정범으로 인정된 사실, /

【대법원 분석】 이에 대하여 피고인이 공동가공의 의사 및 실행행위의 분담 등을 다투며 항소하여 항소심에서 위 쟁점들을 중심으로 공방이 이루어진 사실, /

【대법원 분석】 반면 제1심 및 항소심 심리과정에서 피고인이 공동정범이 아닌 방조범으로서 유죄라고 인정될 수 있는지에 대해서는 전혀 언급되거나 공방이 이루어진 바가 없고, 공소장변경과 관련된 논의도 없었던 사실, /

【대법원 분석】 그럼에도 원심은 피고인이 조세포탈의 공동정범으로 인정되지는 않지만 그 방조범으로는 인정이 된다고 하여 공소장변경 없이 조세포탈범행의 방조범으로 유죄의 판결을 선고한 사실을 알 수 있다.

【대법원 판단】 위와 같은 이 사건 심리의 경과에 관한 사실관계를 앞서 본 공동정범과 방조범의 차이에 따른 방어권 행사의 본질적 · 기능적 차이점과 공소장변경에 관한 법리에 비추어 보면, 법원이 위와 같이 최종판결에서 갑자기 직권으로 방조범의 성립을 인정하게 되면 피고인의 방어권행사에 실질적 불이익을 초래할 우려가 있다고 하지 않을 수 없다.

【대법원 판단】 따라서 원심으로서는 설령 그 판시와 같은 사정을 들어 피고인을 조세포탈범행의 방조범으로 인정할 수 있다고 하더라도 그에 앞서 공소장변경의 절차를 거치거나 피고인에게 방조범의 성립 여부와 관련한 방어의 기회를 제공함으로써 그 방어권 행사에 불이익이 초래되지 않도록 필요한 조치를 하였어야 할 것이다. /

【대법원 결론】 그럼에도 불구하고 원심이 공판진행과정에서는 아무런 언급이 없다가 판결을 선고하면서, 공동정범으로는 인정되지 않지만 방조범으로는 인정이 된다고 하여 유죄로 판단한 것은 공소장변경에 관한 법리를 오해하여 판결에 영향을 미친 위법이 있는 경우에 해당한다. 이 점을 지적하는 상고이유의 주장은 이유 있다. (파기 환송)

2009도7436

공소장일본주의 위반의 법적 효과
14쪽짜리 공소장 사건
2009. 10. 22. 2009도7436 전원합의체 판결, 공 2009하, 1921

1. 사실관계 및 사건의 경과

【사실관계】

① P정당의 대표 갑은 P정당의 비례대표 후보를 선정하는 과정에서 A로부터 거액의 정치자금을 기부 받았다는 공소사실로 공직선거법위반죄 및 정치자금법위반죄로 기소되었다.

② 갑에 대한 주위적 공소사실의 요지는 다음과 같다.

③ "P정당 대표인 피고인은 같은 당 재정국장 겸 총선승리본부 관리지원단 부단장인 공소외 B와 공모하여, 2008. 4. 9. 실시된 제18대 국회의원 선거에 공소외 A를 같은 당의 비례대표 후보자로 중앙선거관리위원회에 등록해 주고, 공소외 A로부터 2008. 3. 26. 6,000만 원, 그달 28일 5억 5,500만 원, 합계 6억 1,500만 원의 공천헌금을 예금계좌로 입금 또는 송금 받아, 위 정당이 위 공소외 A를 국회의원 비례대표 후보자로 추천하는 일과 관련하여 6억 원(선거관리위원회 기탁금 1,500만 원 제외)을 제공받음과 동시에 같은 금액의 정치자금을 기부 받았다."

④ 갑에 대한 예비적 공소사실의 요지는 다음과 같다.

⑤ "P정당 대표인 피고인은 위 주위적 공소사실과 같이 공소외 A를 비례대표 후보자로 등록해 주고, 공소외 A로 하여금 이율 연 1%의 당채를 매입하게 하여 당채매입대금 6억 원을 제공받음으로써, 6억 원의 자금 융통 및 6억 원에 대한 시중 사채금리와 당채이율 사이의 차액 상당 재산상 이익을 수수하여 국회의원 후보자 추천과 관련하여 재산상 이익을 제공받음과 동시에 정치자금을 기부 받았다."

⑥ 검사가 제출한 M공소장은 다음과 같은 형태로 되어 있다. (㉠기재내용)

    (가) 갑의 범행 이전단계의 정황과 경위, 범행을 전후한 과정에서 관계자들이 주고받은 대화내용과 이메일 내용, 수첩의 메모내용, 세세한 주변사실, 공소사실에 포함되지 않은 것으로 보이는 A 이외의 다른 비례대표 후보 지망자들로부터 유사한 방법으로 금품을 제공받은 내용 등이 길게 기재되어 있다.

    (나) ㉠기재내용의 분량은 14쪽에 이르고 있다.

    (다) ㉠기재의 상당부분은 대화내용, 이메일 내용과 수첩의 기재내용을 인용부호까지 사용하면서 그대로 인용하는 형식으로 기재되어 있다.

【사건의 경과 1】

① 갑의 피고사건은 제1심을 거친 후, 항소심에 계속되었다.

② 항소심은 유죄를 선고하였다.

③ 갑은 불복 상고하였다.

④ 갑은 상고이유로, 검사의 공소제기가 공소장일본주의에 위반하여 무효라고 주장하였다.

【사건의 경과 2】

① 대법원은 공소장일본주의 위반 여부와 관련하여 견해가 나뉘었다.

② 대법원의 전원합의체 재판부는 대법관 13명으로 구성되었다.

③ 대법관 8명의 다수의견은 검사의 공소제기가 공소장일본주의에 위반되지 않는다고 판단하였다.

④ 다수의견과 다른 견해로 대법관 1명이 별개의견을 제시하였다.

⑤ 다수의견과 다른 견해로 대법관 3명이 반대의견을 제시하였다.

⑥ 다수의견에 대해 대법관 3명이 각각 별도의 보충의견을 제시하였다.

⑦ 반대의견에 대해 대법관 2명이 각각 별도의 보충의견을 제시하였다.

⑧ 대법원은 다수의견에 따라 갑의 상고를 기각하였다.

⑨ (지면관계로 아래에서는 다수의견과 소수의견만 소개함)

⑩ (소제목은 판례 원문과 다르며, 이해를 돕기 위하여 저자가 임의로 붙인 것임)

2. 공소장일본주의의 도입 경위

【대법원 분석】 가. 공소장일본주의는 검사가 공소를 제기할 때에는 원칙적으로 공소장 하나만을 제출하여야 하고 그밖에 사건에 관하여 법원에 예단을 생기게 할 수 있는 서류 기타 물건을 첨부하거나 그 내용을 인용하여서는 아니 된다는 원칙이다(형사소송규칙 제118조 제2항). /

【대법원 분석】 공소장에 법령이 요구하는 사항 이외의 사실로서 법원에 예단이 생기게 할 수 있는 사유를 나열하는 것이 허용되지 않는다는 것도 이른바 '기타 사실의 기재 금지'로서 공소장일본주의의 내용에 포함된다.

【대법원 분석】 종래 우리나라의 형사재판 실무는 검사가 제1회 공판기일 이전에 수사기록 일체를 법원에 제출하는 것이 관행이었다. /

【대법원 분석】 그리하여 법원에 따라서는 제1회 공판기일에 들어가기 이전에 검사로부터 제출받은 수사기록을 살펴보고 사안을 미리 파악하기도 하는 등 실무상 혼란이 없지 않았고, 이에 대해서는 예단배제를 위한 공소장일본주의의 취지에 반한 것이라는 비판이 있었다.

【대법원 분석】 이러한 실무관행은 2006. 4. 1. 개정된 대법원 재판예규에 의하여 전국적으로 증거분리제출제도가 시행됨으로써 획기적인 변화가 이루어지게 되었다. 이 제도의 시행으로 검사는 피고인이 자백하든 부인하든 제1회 공판기일 이후 증거조사에 들어가서야 비로소 증거서류를 법정에서 제출하게 된 것이다. /

【대법원 분석】 또한, 2007. 6. 1. 법률 제8495호 국민의 형사재판 참여에 관한 법률의 제정으로 국민참여재판제도가 도입되어 직업법관이 아닌 배심원이 국민참여재판을 하는 사건에 관하여 사실의 인정, 법령의 적용 및 형의 양정에 관한 의견을 제시할 권한을 가지게 됨으로써 공판절차에서 법관이나 배심원이 공평한 제3자의 입장에서 심리에 관여할 수 있도록 제도적 장치를 보완할 필요가 생겼다. /

【대법원 분석】 이러한 사정을 반영하여 2007. 6. 1. 법률 제8496호로 개정된 형사소송법은 공판절차에 관한 규정을 개정하여, 재판장은 증거조사를 하기에 앞서 검사 및 변호인으로 하여금 공소사실 등의 증명과 관련된 주장 및 입증계획 등을 진술하게 할 수 있으나, 다만 증거로 할 수 없거나 증거로 신청할 의사가 없는 자료에 기초하여 법원에 사건에 대한 예단 또는 편견을 발생하게 할 염려가 있는

사항은 진술할 수 없도록 하였고(법 제287조 제2항), /

【대법원 분석】 공판절차의 순서를 바꾸어 증거조사를 피고인신문에 앞서서 실시하도록 규정하는(법 제290조, 제296조의2) 등 당사자주의 소송구조를 강화하였다.

3. 공소장일본주의의 중요성

【대법원 분석】 위와 같은 형사소송 법령의 내용과 그 개정 경위에 더하여, /

【대법원 분석】 형사피고인은 유죄의 판결이 확정될 때까지는 무죄로 추정된다는 헌법 제27조 제4항의 규정상 형사피고인에 대하여 법관이 가질 수 있는 유죄의 예단을 차단할 필요가 있다는 공소장일본주의의 기본취지, /

【대법원 분석】 우리나라 형사소송법은 피고사건에 대한 실체심리가 공개된 법정에서 검사와 피고인 양 당사자의 공격·방어활동에 의하여 행해질 것을 요구하는 당사자주의와 공판중심주의 원칙 및 /

【대법원 분석】 공소사실의 인정은 법관의 면전에서 직접 조사한 증거만을 기초로 이루어져야 한다는 직접심리주의와 증거재판주의 원칙 등을 채택하고 있다는 점 등을 아울러 살펴보면, /

【대법원 요지】 공소장일본주의는 위와 같은 형사소송절차의 원칙을 공소제기의 단계에서부터 실현할 것을 목적으로 하는 제도적 장치로서 우리나라 형사소송구조의 한 축을 이루고 있다고 보아야 한다. /

【대법원 요지】 공소장일본주의에 관한 형사소송규칙 제118조 제2항은 바로 이러한 법리를 명문화한 것인 이상, 법원은 물론 소추기관인 검사 역시 형사재판의 운용에 있어서 그 취지가 충분하게 기능을 발휘할 수 있도록 최대한 노력을 기울일 의무가 있다고 할 것이다.

4. 공소장일본주의 위반의 판단기준

【대법원 분석】 나. 우리나라의 형사소송구조상 공소장일본주의가 인정된다고 하더라도, 형사소송법은 과연 어떤 경우에 검사의 공소제기가 공소장일본주의에 위배되었다고 볼 것인지 그리고 그 법적 효과가 무엇인지, /

【대법원 분석】 특히 어떤 경우에 공소장일본주의의 위배가 형사소송법 제327조 제2호에 정한 "공소제기의 절차가 법률의 규정에 위반하여 무효인 때"에 해당한다고 볼 것인지 등에 관하여 아무런 규정을 두고 있지 않다. /

【대법원 판단】 형사소송법은 국가형벌권의 구체적 실현을 위하여 필요한 법적 절차를 규율하는 법률로서 법공동체가 추구하는 이상과 좌절의 역사적 체험을 담은 그 시대 사회적·문화적 상황의 산물이므로 여기에는 필연적으로 상충되는 법원칙이 혼재하여 있게 마련이다. /

【대법원 판단】 공소장일본주의 역시 우리나라 형사절차에 있어서 당사자주의적 요소를 반영하는 원칙의 하나인데, 형사소송법에는 그와 상호충돌 관계에 있는 직권주의적 요소에 관한 여러 규정들이 있으므로 이러한 규정들과 조화를 이루도록 해석할 필요가 있고 나아가 공소장일본주의가 형사재판의 운용 전반에 미치는 영향 등도 고려하여야 할 것이므로 /

【대법원 판단】 이러한 제반 사정을 감안하여 공소범죄사건에서 실체적 진실발견과 적법절차보장이라는 형사소송이념을 실현할 수 있도록 그 구체적인 기준을 설정하지 않으면 안 된다.

5. 공소장일본주의와 공소사실 특정의 관계

【대법원 판단】 (1) 먼저, 형사소송법 제254조 제4항은 "공소사실의 기재는 범죄의 시일, 장소와 방법을 명시하여 사실을 특정할 수 있도록 하여야 한다"고 규정하여 공소사실을 구체적으로 특정할 것을 요구하고 있다. /

【대법원 판단】 이는 법원에 대하여 심판의 대상을 한정함으로써 심판의 능률과 신속을 꾀함과 동시에 방어의 범위를 특정하여 피고인의 방어권 행사를 쉽게 해 주려는 데 그 취지가 있다. /

【대법원 판단】 그러므로 공소사실은 가능한 한 명확하게 이를 특정할 수 있도록 기재하는 것이 바람직하고 이러한 필요성은 공소장일본주의 원칙과 비교하더라도 가볍게 다룰 것이 아니다. /

【대법원 판단】 한편, 공소사실의 기재는 본질적으로 역사적으로 이미 발생한 사실을 그에 관한 자료를 기초로 범죄사실로 재구성하여 표현하는 것이어서 그 정도의 차이가 있을 뿐 필연적으로 장차 증거로 제출될 서류 기타 물건에 담긴 정보를 기술하는 형식에 의하게 되고, /

【대법원 판단】 특히 명예훼손·모욕·협박 등과 같이 특정한 표현의 구체적인 내용에 따라 범죄의 성부가 판가름되는 경우나 특허권·상표권 침해사범처럼 사안의 성질상 도면 등에 의한 특정이 필요한 경우 등에는 서류 기타 물건의 내용을 직접 인용하거나 요약 또는 사본하여 첨부할 수밖에 없다.

【대법원 판단】 결국, 공소장일본주의는 공소사실 특정의 필요성이라는 또 다른 요청에 의하여 필연적으로 제약을 받을 수밖에 없는 것이므로, 양자의 취지와 정신이 조화를 이룰 수 있는 선에서 공소사실 기재 또는 표현의 허용범위와 한계가 설정되어야 한다.

6. 공소장일본주의와 공판준비절차의 관계

【대법원 분석】 또한, 형사소송법은 형사피고사건의 효율적이고 집중적인 심리를 위하여 재판장은 사건을 공판준비절차에 부칠 수 있고(법 제266조의5 제1항), /

【대법원 분석】 법원은 공판준비절차에서 공소사실 등을 명확하게 하는 행위, /

【대법원 분석】 공소사실의 추가·철회 또는 변경을 허가하는 행위, /

【대법원 분석】 공소사실과 관련하여 주장할 내용을 명확히 하여 사건의 쟁점을 정리하는 행위, /

【대법원 분석】 계산이 어렵거나 그밖에 복잡한 내용에 관하여 설명하도록 하는 행위 등을 할 수 있다고 규정하고 있다(법 제266조의9 제1항). /

【대법원 판단】 공판준비절차는 공판중심주의와 집중심리의 원칙(법 제267조의2)을 실현하려는 데 그 주된 목적이 있으므로, 공소장일본주의 위배를 포함한 공소제기 절차상의 하자는 이 단계에서 점검함으로써 위법한 공소제기에 기초한 소송절차가 계속 진행되지 않도록 하는 것이 바람직하다.

7. 공소장일본주의와 공소장변경제도의 관계

【대법원 분석】 뿐만 아니라, 형사소송법은 공소장변경제도를 인정하여, 검사는 법원의 허가를 얻어 공소사실의 동일성을 해하지 아니하는 한도에서 공소장에 기재한 공소사실 또는 적용법조의 추가·철회 또는 변경을 할 수 있고, /

【대법원 분석】 법원 역시 심리의 경과에 비추어 상당하다고 인정할 때에는 공소사실 또는 적용법조

의 추가 또는 변경을 요구하여야 한다고 규정하고 있다(법 제298조 제1항, 제2항). /

【대법원 판단】 이러한 공소장변경제도는 실체적 진실발견이라는 형사소송이념을 실현하기 위한 직권주의적 요소로서 형사소송법이 절차법으로서 가지는 소송절차의 발전적 · 동적 성격과 소송경제의 이념 등을 반영하고 있는 것이므로, 이러한 점에서도 공소장일본주의의 적용은 공소제기 이후 공판절차가 진행된 단계에서는 필연적으로 일정한 한계를 가질 수밖에 없다.

8. 공소장일본주의에 관한 기존의 판례

【대법원 분석】 (2) 대법원은 종래, ① 공소장의 공소사실 첫머리에 소년부송치처분 등 범죄전력을 기재하였다 하더라도 이는 피고인의 특정에 관한 사항으로서 그와 같은 내용의 기재가 있다 하여 공소제기의 절차가 법률의 규정에 위반된 것이라고 할 수 없고(대법원 1990. 10. 16. 선고 90도1813 판결 참조), /

【대법원 분석】 ② 공소장에는 법령이 요구하는 사항만 기재할 것이고 공소사실의 첫머리에 공소사실과 관계없이 법원의 예단만 생기게 할 사유를 불필요하게 나열하는 것은 옳다고 할 수 없으며, /

【대법원 분석】 공소사실과 관련이 있는 것도 원칙적으로 범죄의 구성요건에 적어야 할 것이고, 이를 첫머리 사실로서 불필요하게 길고 장황하게 나열하는 것을 적절하다고 할 수 없으나, /

【대법원 분석】 공소장에 기재된 첫머리 사실이 공소사실의 범의나 공모관계, 공소범행에 이르게 된 동기나 경위 등을 명확히 나타내기 위하여 적시한 것으로 보이는 때에는 공소제기의 방식이 공소장일본주의에 위배되어 위법하다고 할 수 없으며(대법원 1992. 9. 22. 선고 92도1751 판결, 대법원 1994. 3. 11. 선고 93도3145 판결, 대법원 1999. 5. 14. 선고 99도202 판결 등 참조), /

【대법원 분석】 ③ 설사 범죄의 직접적인 동기가 아닌 경우에도 동기의 기재는 공소장의 효력에 영향을 미치지 아니한다고(대법원 2007. 5. 11. 선고 2007도748 판결 참조) 판시하여 왔는바, /

【대법원 판단】 이러한 판결들은 모두 공소장일본주의의 위배 여부는 형사소송법상 공소장일본주의에 관한 규정과 형사재판의 적정한 운용에 관한 그 밖의 다른 규정들이 합리적으로 조화를 이루도록 판단하여야 한다는 취지라고 볼 수 있다.

9. 공소장일본주의 위반과 구체적 판단기준

【대법원 요지】 (3) 위에서 살펴본 여러 사정들을 종합하여 보면, 공소장일본주의의 위배 여부는 공소사실로 기재된 범죄의 유형과 내용 등에 비추어 볼 때에 공소장에 첨부 또는 인용된 서류 기타 물건의 내용, 그리고 법령이 요구하는 사항 이외에 공소장에 기재된 사실이 법관 또는 배심원에게 예단을 생기게 하여 법관 또는 배심원이 범죄사실의 실체를 파악하는 데 장애가 될 수 있는지 여부를 기준으로 당해 사건에서 구체적으로 판단하여야 한다. /

【대법원 요지】 이러한 기준에 비추어 공소장일본주의에 위배된 공소제기라고 인정되는 때에는 그 절차가 법률의 규정에 위반하여 무효인 때에 해당하는 것으로 보아 공소기각의 판결을 선고하는 것이 원칙이다(법 제327조 제2호). /

【대법원 요지】 그러나 공소장 기재의 방식에 관하여 피고인 측으로부터 아무런 이의가 제기되지 아니하였고 법원 역시 범죄사실의 실체를 파악하는 데 지장이 없다고 판단하여 그대로 공판절차를 진행

한 결과 증거조사절차가 마무리되어 법관의 심증형성이 이루어진 단계에서는 소송절차의 동적 안정성 및 소송경제의 이념 등에 비추어 볼 때 이제는 더 이상 공소장일본주의 위배를 주장하여 이미 진행된 소송절차의 효력을 다툴 수는 없다고 보아야 한다.

10. 사안에 대한 대법원의 판단

【대법원 판단】 다. 이러한 법리에 비추어 원심판결을 살펴보면, 원심이 판시한 바와 같은 사정, 특히 당초 이 사건 공소가 제기되었던 주위적 공소사실은 정당이 후보자 추천과 관련하여 당대표 등이 금품 등을 수수하여 공직을 매수하는 범행에 관한 것으로서, /

【대법원 판단】 이러한 범죄는 당 내부적으로도 일부 핵심 인사만 알 수 있도록 은밀하고도 계획적으로 행하여지는 성격을 가지기 때문에 검사로서는 그 범의나 공모관계, 범행의 동기나 경위 등을 명확히 하기 위하여 구체적인 사정을 적시할 필요도 어느 정도 있다는 점, /

【대법원 판단】 이와 관련하여 제1심 공판절차에서 피고인 측이 이 점에 관하여 아무런 이의를 제기하지 않은 상태에서 공판절차가 진행되어 위와 같이 공소사실에 인용된 증거들을 포함하여 검사가 제출한 증거들에 대한 증거조사가 모두 마쳐진 점 등을 종합하여, /

【대법원 판단】 이 사건 공소제기의 절차가 법률의 규정에 위반하여 무효인 경우에 해당하므로 공소기각 하여야 한다는 피고인의 주장을 받아들이지 않은 것은 정당한 것으로 수긍할 수 있고, 여기에 공소장일본주의에 관한 법리오해의 위법은 없다. 이 점에 관한 피고인의 상고이유 주장은 이유 없다. (상고 기각)

11. 대법관 4명의 반대의견

【대법원 분석】 상고이유 중 공소장일본주의 위반의 점에 관한 대법관 김영란, 대법관 박시환, 대법관 김지형, 대법관 전수안의 반대의견은 다음과 같다.

(1) 공소장일본주의와 공소장 기재방식

【소수의견 판단】 가. 공소장일본주의는 다수의견이 잘 설명하고 있듯이, 당사자주의 구조를 기본으로 하는 우리 형사소송절차에서 공판중심주의, 증거재판주의, 직접심리주의 및 무죄추정의 원칙을 실현하기 위한 중요한 원칙이다. /

【소수의견 판단】 특히 공소장일본주의는 재판제도의 생명이라 할 수 있는 재판의 공정성을 보장하기 위한 필수적인 원칙으로서 그 원칙에 위배된 재판은 이미 생명을 잃어버린 것이나 다름없다.

【소수의견 분석】 우리 형사소송절차에서 공소제기는 공소장을 법원에 제출하는 방식으로 하도록 되어 있고, 공소장에는 공소사실을 기재하되 범죄의 시일(時日), 장소와 방법을 명시하여 사실을 특정할 수 있도록 하여야 한다고 규정되어 있다(형사소송법 제254조). /

【소수의견 판단】 공소장에 기재되는 공소사실 그 자체는, 당사자주의 소송구조에서 적극적 당사자의 지위에 있는 검사가 반대 당사자인 피고인의 처벌을 요구하면서 처벌의 구성요건으로 제시하여 주장하는 사실의 기재에 불과하다. 그리고 그 주장사실들이 공판과정에서 증명의 대상을 특정하고 구획 짓는 기능을 하는 것이다. 따라서 그 주장사실의 기재는 범죄 구성요건에 직접 해당하는 사실들로만

간결하고 명확하게 기재되어야 하며 그것으로 족하다. /

【소수의견 판단】 때에 따라 구성요건 사실 자체를 직접 증명하고 확인하는 것이 어려운 경우에 이를 추단할 수 있는 간접사실을 기재하거나 공소사실을 특정하기 위하여 필요한 주변사실들을 덧붙여 기재할 수는 있을 것이나, 그 경우에도 필요한 최소한도에 그쳐야 하며, 필요한 범위를 넘어서서 너무 장황하거나 자세하게 동기나 경위 등을 기재하는 것은 부적절하므로 허용될 수 없다.

【소수의견 판단】 그리고 공소사실의 기재는 어디까지나 검사의 주장에 그쳐야지, 사실에 대한 주장의 정도를 넘어 법관의 판단과 심증형성에 영향을 미칠 요소가 개재되는 것은 허용되어서는 아니 된다. /

【소수의견 판단】 검사가 공소장에서 주장한 공소사실은 그 자체가 증명의 대상이 되어, 공개된 공판정의 공판절차에서 쌍방의 입증에 따라 그 존부가 판단되어야 하는 것이고, 그 이전에는 누구도 미리 그 존부에 대한 예단이나 선입견을 가질 수 없음은 증거재판주의와 공판중심주의 원칙상 명백하다. /

【소수의견 판단】 그런 필요성에 따라 우리 형사소송법과 형사소송규칙은, 공소장에는 법에서 허용된 사항들을 기재하는 외에 미리 범죄사실에 대한 예단을 줄 우려가 있는 일체의 물건이나 서류를 첨부하거나 내용을 인용하지 못하도록 규정하여 공소장일본주의를 천명하고 있는 것이다.

(2) 기타 사실의 기재와 예단의 위험

【소수의견 판단】 나. 공소장일본주의의 구체적인 내용은 크게 두 가지로 나눌 수 있는데, 그 하나는 전과사실, 피고인의 악성, 경력, 소행, 여죄, 범죄성립과 직접불가분의 관계에 있지 아니한 동기 등 이른바 '기타 사실의 기재'를 하거나 관련된 물건·서류를 첨부·인용함으로써 예단을 갖게 하는 것이고, 다른 하나는 범죄구성요건을 이루는 요증사실에 대한 증거를 첨부하거나 증거의 내용을 인용하는 것이다.

【소수의견 판단】 먼저, 예단을 줄 수 있는 '기타 사실의 기재'나 첨부·인용을 금지하는 것은, 그 '기타 사실' 자체는 범죄 구성요건 사실에는 포함되지 않으므로 그 하나하나가 직접적인 증명의 대상이 되지 않아 공판과정에서 그 존부가 일일이 확인되지 않으면서도 피고인에게 불리한 예단을 형성시키는 작용을 할 뿐 아니라, /

【소수의견 판단】 설령 그 존재가 증거에 의하여 인정된다고 하더라도 그 '기타 사실'의 존재와 범죄사실의 존재 사이에 직접 관련이 없어 유죄 인정의 자료가 될 수 없는 것임에도, 실제로는 법관과 배심원에게 막연한 의구심을 불러일으켜 은연중에 유죄의 심증 형성에 가세하게 되는 것을 막고자 하는 것이다. /

【소수의견 판단】 심지어 증거조사 결과 '기타 사실'에 관하여는 아무런 증거가 없어 그 존재가 인정되지 않는 경우에도, 이미 그 기재 자체로서 공소장을 보는 순간 법관과 배심원에게 예단이 형성될 수 있고, 그렇게 형성되어 버린 예단이나 불리한 심증은 유무죄를 결정짓는 범죄사실 자체에 관한 증거판단 과정에서 피고인에게 불리하게 작용하게 되는 것을 피할 수 없다. /

【소수의견 판단】 그 단계에 가서 '기타 사실'에 대한 증거가 없다는 점이 밝혀진다 한들 이미 법관과 배심원에게 형성된 예단이 범죄사실 판단에 있어 피고인에게 불리하게 영향을 미쳐 버린 상황은 되돌릴 길이 없다. /

【소수의견 판단】 그렇게 되면 증거로 뒷받침 되지도 않는 '기타 사실'의 일방적 기재 자체만으로도

유죄의 결론 쪽으로 상당한 영향을 미치게 되어 피고인으로서는 불공평한 재판을 받게 되고, '기타 사실' 자체에 대한 증거가 없다고 하여 법원이 할 수 있는 일은 유죄판결의 범죄사실에서 그 기재를 빼는 것 외에는 아무것도 없다.

(3) 증거의 첨부·인용과 예단의 위험

【소수의견 판단】 다음으로, 요증사실에 대한 증거의 첨부나 인용을 금지하는 이유는, 앞에서 본 바와 같이 형사소송절차에서 범죄사실의 존부에 대한 판단은 공개된 공판정에서의 쌍방 입증과정을 통한 증거조사절차에 의하여 비로소 이루어져야 한다는 공판중심주의, 당사자주의, 증거재판주의 원칙상 당연한 것으로서, /

【소수의견 판단】 그러한 증거조사절차 이전에 검사의 일방적인 공소장 제출에 의하여 미리 증거물과 증거서류를 보게 하거나 그 인용된 내용을 인지하게 하는 것은 위 원칙들을 심각하게 훼손하는 것이 되기 때문이다. /

【소수의견 판단】 더구나 우리 형사소송법상 위법수집 증거에 대한 증거능력 배제나 전문증거의 증거능력 제한 등 여러 증거법 원칙상 증거능력이 확인되지 아니한 증거는 법관에게 제시되거나 그 내용을 보게 하는 것이 엄격히 금지되어야 하는 것인데(형사소송규칙 제134조 제4항, /

【소수의견 판단】 같은 이유로 국민의 형사재판 참여에 관한 법률 제44조는 배심원 또는 예비배심원은 법원의 증거능력에 관한 재판에 관여하지 못하도록 규정되어 있다), /

【소수의견 판단】 장차 증거조사 단계에서 증거능력이 인정되어 증거조사에 들어가게 될지 여부조차도 확실하지 아니한 증거를 미리 공소장에 첨부하거나 내용을 인용하여 법관이나 배심원들로 하여금 보거나 듣게 하는 것은 증거조사절차를 통하지 아니한 심증형성을 허용하는 것으로서, 형사소송절차의 근간을 이루는 위 원칙들을 형해화하는 것이며 증거법 원칙과 증거재판주의 및 공판중심주의로 지탱되는 형사소송의 기본구조를 붕괴시키는 결과가 된다.

【소수의견 판단】 공소장에 첨부되거나 내용이 인용된 증거가 실제 증거조사과정에서는 아예 증거로 신청되지도 않거나 증거능력을 인정받지 못하여 증거조사가 이루어지지 않는 경우도 있을 수 있는데, 그런 경우에도 그것이 공소장에 첨부 또는 인용기재되어 법관과 배심원들이 보게 되는 순간 피고인에게 불리한 예단은 이미 형성될 수 있으므로 그것들이 나중에 증거로 조사되지 않았다는 사정은 그 흠의 해소에 아무런 도움이 되지 못한다. /

【소수의견 판단】 그 경우 법원이 할 수 있는 일은 심증 형성에는 그 증거들이 예단으로 작용하였음에도 불구하고 유죄의 증거를 나열할 때에 이를 제외하는 것밖에는 아무 것도 없다. /

【소수의견 판단】 반면에 그 증거가 나중에 실제로 증거능력을 취득하여 증거조사를 마치게 됨으로써 유죄 인정의 증거로 사용될 수 있게 되었다 하더라도 증거조사 단계에 이르기 전의 공소제기 단계에서 이를 먼저 보게 됨으로써 생기는 예단 및 그로 인한 재판의 불공정 문제는 여전히 남는다는 점은 뒤에서 다시 언급한다.

【소수의견 판단】 한마디로 공소장일본주의에 위배되는 '기타 사실의 기재'와 요증사실에 대한 증거의 첨부 또는 내용의 인용은 이를 첨부·기재하는 검찰에게는 아무런 부담을 주지 않으면서 유죄 예단의 형성이라는 효과를 안겨주는 반면에, /

【소수의견 판단】 피고인은 재판의 첫 단계부터 시종 공정하지 못한 입장에서 재판을 받게 되고, 법원은 형사소송법상의 중요한 여러 원칙을 어기는 불공정한 재판을 할 수밖에 없는 불합리한 결과가 된다.

(4) 공소장일본주의의 우선순위

【소수의견 분석】 다. 공소장일본주의의 한계와 관련하여, 다수의견은 우리 형사소송법에는 여러 사정상 상충되는 법원칙이 혼재하여 있게 마련이고, 당사자주의와 상호충돌 관계에 있는 직권주의적 요소가 가미되어 있어 그 사이에 조화로운 해석의 필요가 있으며, 실체적 진실발견과 적법절차 보장이라는 또 다른 이념을 실현할 수 있도록 공소장일본주의를 실제 적용함에는 구체적 기준의 설정이 필요하므로 그것이 절대적인 원칙이 될 수는 없다는 취지로 주장한다.

【소수의견 판단】 그러나 공소장일본주의는 공소사실에 유죄의 예단을 줄 수 있는 '기타 사실의 기재'나 물건·서류 등의 첨부·인용을 금지한다는 것으로서, 재판을 담당한 법관 또는 배심원들이 아무런 선입견 없는 백지 상태에서 재판에 임하게 함으로써 재판의 공정을 기하고자 하는 것이다. /

【소수의견 판단】 공정한 재판이라는 것 그 자체가 실체적 진실발견을 위한 중요한 수단이고 적법절차의 중요한 내용을 이루는 것이며, 공소장일본주의는 바로 이러한 공정한 재판을 실현하기 위한 중요한 원칙이다. /

【소수의견 판단】 그리고 우리 형사소송법이 당사자주의의 기본구조에 직권주의적 요소를 가미한 것도 실체적 진실발견에 도움이 되고자 하는 것이므로 직권주의적 요소가 가미되어 있다는 점이 공소장일본주의가 추구하고자 하는 재판의 공정과 상충되는 요인이 될 수 없고, 그것이 공소장일본주의에 일정한 한계를 두어야 하는 근거로 될 수 없다. /

【소수의견 판단】 설사 실체적 진실발견에 공소장일본주의가 다소 장애가 되는 경우를 상정할 수 있다 하더라도, 우리 형사소송법 제308조의2가 위법하게 수집된 증거는 증거로 쓸 수 없도록 증거능력을 제한함으로써 그 증거를 사용하여 얻을 수 있는 실체적 진실발견을 희생시켜 가면서도 피고인의 인권과 적법절차의 준수에 더 의미를 두고 있는 것에서 알 수 있듯이, 형사소송절차에는 실체적 진실발견보다 더 우선하는 가치를 가지는 원칙들이 있다. /

【소수의견 판단】 공소장일본주의가 추구하는 재판의 공정이라는 가치 역시 실체적 진실발견보다는 더 우선하는 의미를 가지는 것이므로 재판의 공정과 관련된 공소장일본주의의 기능 발휘를 위해서는 실체적 진실발견의 요청은 일부 양보할 수밖에 없다고 보아야 한다.

(5) 공소장일본주의와 소송절차 진행의 관계

【소수의견 분석】 다수의견은 또, 공소사실 특정의 필요성과 소송절차의 발전적·동적 성격, 소송경제의 이념 등을 고려하면 공판절차가 진행된 단계에서는 공소장일본주의는 일정한 한계를 가질 수밖에 없다고 주장한다.

【소수의견 판단】 그러나 재판의 공정은 재판을 시작하는 첫 단계에서부터 마지막까지 시종일관 보장되어야 하는 중요한 원칙이다. 일단 재판의 시작단계에서 공정성에 흠이 있는 상태로 재판이 출발하게 되면 그 이후의 모든 재판과정에 첫 단계의 불공정성이 영향을 미쳐 전체 재판과정에 심각한 흠이 내재하게 됨을 부정할 수 없다. /

【소수의견 판단】 따라서 재판의 공정성과 직결되는 공소장일본주의는 공판절차가 어느 단계에 가

있든 항상 문제가 될 수 있는 것으로서, 그 원칙을 적용함에 있어 공판절차 진행에 따른 한계를 적용해야 한다는 다수의견은 공소장일본주의의 기본취지에 반하는 것으로 타당하지 않다. /

【소수의견 판단】 그리고 공소장일본주의가 추구하는 재판의 공정 이념은 우선적 가치를 가진 근본 이념으로서, 재판의 신속·경제 등 기능적인 면에서 추구되는 이념들과 같은 평면에 놓고 서로 타협·양보할 수 있는 그런 가치는 아니다. 재판의 신속·경제를 위해 재판의 공정을 희생시킬 수는 없다. /

(6) 범죄의 성질과 공소장일본주의

【소수의견 판단】 그리고 다수의견이 설명하고 있는 바와 같이 명예훼손, 모욕, 협박 등과 같이 구체적인 표현 내용 자체를 인용하여야만 범죄의 성립여부를 판별할 수 있는 경우나 도면 등을 인용하여야만 특정이 가능한 공소사실의 경우에는 공소장일본주의의 예외로서 서류의 첨부나 인용 등이 허용된다고 할 것이나, /

【소수의견 판단】 그 예외가 인정되는 범위는 그 인용이나 첨부가 아니면 공소사실의 특정이나 기재 자체가 어려운 부득이한 경우에 한정되는 것이고, 그렇지 않은 경우에도 공소사실의 특정 등을 핑계 삼아 법관에게 예단을 줄 수 있는 서류나 물건의 첨부·인용을 함부로 허용할 수는 없는 것이다.

【소수의견 분석】 뒤에서 보는 다수의견에 대한 대법관 안대희의 보충의견은, 우리 형사소송법과 규칙이 공소장에 구속관련 서류를 첨부하도록 규정하고 있는 점, 구속영장 실질심사, 체포·구속의 적부심사, 보석 심리에 관여한 법관이 공판절차에서 배제될 것을 요구하지 않는 점, 약식명령에 대한 정식재판절차, 공판절차 갱신 후의 절차, 파기환송·이송 후의 절차 등에서는 공판심리 전에 소송기록과 증거물이 법원에 제출되는 점 등을 고려하면, 공소장일본주의는 형사소송절차의 다른 이념들과 적절히 조화를 이룰 수 있도록 제한적으로 적용되어야 한다는 취지로 주장한다.

【소수의견 판단】 그러나 우리 형사소송법령과 형사재판 실무의 변천과정을 되돌아보면, 위 보충의견이 들고 있는 위와 같은 규정들이나 실무 관행 중 일부 공소장일본주의와 맞지 않는 부분들은 공소장일본주의가 갖고 있는 의미와 가치가 충분히 인식되지 못한 상태에서 소송절차상 다른 필요를 염두에 두고 규정되거나 형성된 것들로서, 공소장일본주의를 적용함에 일정한 제한을 둘 것인지를 충분히 고려한 끝에 그러한 의도하에 만들어진 것이라고 보기는 어렵다. /

【소수의견 판단】 따라서 위 보충의견이 들고 있는 사정들은 공소장일본주의의 적용을 제한할 근거가 된다기보다는 오히려 국민의 재판참여제도가 시행되고 공판중심주의와 당사자주의가 더욱 강화된 지금에 와서는 공소장일본주의의 진정한 의미 실현에 장애가 되는 것들이어서, 장차 법령의 개정과 실무의 개선을 통하여 공소장일본주의를 더욱 관철시키는 방향으로 다듬어나가야 할 과제라고 생각된다.

【소수의견 판단】 결국, 다수의견이 내세우는 여러 사정들을 고려하여 공소장일본주의에 일정한 한계를 두어야 한다는 주장은 타당하지 못하다.

(7) 공소장일본주의 위반의 시기적 제한 문제

【소수의견 판단】 라. 다수의견은 공소장일본주의에 위배된 때에는 공소제기가 법률의 규정에 위반하여 무효인 것으로 보아 원칙적으로 공소기각의 판결을 선고하여야 한다는 입장을 취하고 있는바, 이에 대하여는 전적으로 의견을 같이 한다. /

【소수의견 판단】 그러나 다수의견이 피고인 측으로부터 이의제기가 없고 법원이 범죄사실의 실체를 파악하는 데 지장이 없다고 판단하여 그대로 공판절차를 진행한 결과 증거조사절차가 마무리되어 법관의 심증형성이 이루어진 단계에서는 더 이상 공소장일본주의 위배를 주장하여 이미 진행된 소송절차의 효력을 다툴 수 없다고 보는 데에는 찬성할 수 없다.

【소수의견 분석】 다수의견은 이와 같이 공소장일본주의 위반을 다툴 수 있는 시기를 제한하는 입장을 취하는 근거로, 우리 형사소송법이 공판준비절차를 규정하여 공소제기 절차상의 하자 등을 점검하고 시정할 기회를 갖도록 하였으며, 공소장변경제도를 두어서 공소사실을 추가·철회·변경할 수 있도록 하고 있다는 점, 실체적 진실발견을 위하여 직권주의가 가미된 공판절차가 진행된 단계에서는 소송절차의 발전적·동적 성격과 소송경제의 이념 등을 고려하여야 한다는 점을 들고 있다.

【소수의견 판단】 그러나 다수의견의 위와 같은 견해는 공소장일본주의 의미와 취지에 부합하지 않는다고 생각된다. /

【소수의견 판단】 앞에서 살펴본 바와 같이 공소장일본주의는, 공개된 공판정에서 이루어지는 증거조사절차에서 엄격한 증거법칙에 따라 증거능력을 갖춘 증거들만에 의하여 법관의 심증형성을 하여야 하고 그 이외에는 일체 법관의 심증형성에 미리 영향을 주어서는 안 되며, 공소장에 그와 같은 예단을 줄 우려가 있는 일체의 '기타 사실의 기재'나 물건·서류의 첨부 및 내용의 인용은 허용하지 않는다는 것이다. /

【소수의견 판단】 이를 위반하여 공소장에 그러한 기재나 첨부가 되었을 때에는 적법한 증거조사절차를 거치기 전에 법관에게 예단을 주어 미리 심증형성에 영향을 주게 되고, 이미 그와 같이 예단으로 공정성이 훼손된 상태에서 법관이 진행하는 이후의 모든 소송절차는 그 자체로서 공정성에 심각한 문제가 내재되어, 나중에 증거조사절차에서 적법하게 증거조사가 이루어진다 하더라도, 이미 공정성이 훼손된 상태에서 진행된 그 사이의 모든 절차 및 그 절차에 따라 형성된 법관의 심증에 배어든 흠이 없어질 수는 없다. /

【소수의견 판단】 한마디로 말하자면 일단 예단의 위험성에 노출된 법관이나 배심원들이 그 예단에서 벗어나서 그 이전의 백지상태로 돌아가 재판을 진행하는 것은 불가능한 일이고, 그와 같은 경우 이를 시정하는 길은 부득이 그 법관이나 배심원들을 그 사건에서 물러나게 한 다음 다른 법관이나 배심원들로 하여금 다시 재판하게 하는 방법밖에 없다. 그렇게 하기 위해서는 공소기각의 판결을 하여 일단 사건을 종결시킨 후 다시 제대로 된 공소장에 의하여 공판절차를 새로 진행하는 수밖에 없다.

(8) 절차반복 무용론에 대한 반론

【소수의견 분석】 다수의견에 대한 대법관 김능환의 보충의견 주장과 같이, 공소기각 판결을 한다 하더라도 다시 정정된 공소장에 의하여 재판을 받게 될 것인데 이는 무용의 절차를 반복하는 것으로서 피고인의 이익에도 반하게 된다는 반론이 제기될 수 있다. /

【소수의견 판단】 그러나 예단의 우려가 있는 상태에서 진행된 재판과 그렇지 않은 백지 상태에서 진행된 재판은 공정성과 재판의 신뢰 면에서 질적으로 차이가 있는 것으로서, 설령 재판의 결과가 동일한 것으로 나타난다 하더라도 이를 무용의 절차 반복이라 할 수는 없고, 공정한 재판을 간절히 기대하고 있는 피고인의 입장을 고려해 보더라도 피고인의 이익에 반하는 것이라고 할 수 없다. /

【소수의견 판단】 공정한 재판을 보장하기 위하여 엄수되어야 할 적법절차의 원칙을 위반하여 공소가 제기되었음에도 재판의 결과에 영향이 없고 적법절차의 원칙을 준수한 재기소가 무용의 절차를 반복한다는 이유만으로 그 잘못된 공소제기의 효력을 인정하게 된다면, 형사소추기관의 적법절차 원칙 위반을 억제하고 재발을 방지하는 길은 멀어질 수밖에 없다. /

【소수의견 판단】 강요된 자백이나 위법하게 수집한 증거의 증거능력을 배제하고, 체포 당시 피의사실의 요지나 변호인을 선임할 권리 등을 고지 받지 않으면 불법체포로 인정하며, 진술거부권의 고지를 받지 않은 채 작성된 피의자신문조서의 증거능력을 부정하는 등 모든 적법절차의 원칙에서 이미 일반적인 법리로 확인한 바 있듯이, 적법절차의 원칙을 보장하기 위한 가장 효과적이고 확실한 대응책은 그 위반의 효력을 전면 부정하는 것임은 새삼 강조할 필요도 없을 것이다.

【소수의견 분석】 또한, 피고인이 범죄를 모두 인정하는 경우나 법원이 무죄의 심증을 굳힌 경우에도 예외 없이 공소기각의 판결을 하여 재차 재판절차에 응하도록 강제하는 것은 심히 불합리하다는 지적이 있으나, /

【소수의견 분석】 피고인이 범행을 자백하였다가 다시 번복하여 무죄를 적극 다투는 경우가 적지 않으며, 무죄판결을 선고 받은 후에도 상소심에서 무죄판결이 번복될 가능성이 있다는 점을 고려하면, 그와 같은 경우에도 공소장일본주의가 추구하는 재판의 공정을 위하여 예단의 배제 필요성은 여전히 남는다고 할 것이다.

(9) 공소장일본주의 위반의 치유 시점

【소수의견 판단】 나아가 다수의견에 따르면 공소장에 첨부되거나 인용된 증거 중 전부 또는 일부에 대하여 증거조사가 이루어지지 아니한 채 증거조사를 마치거나 판결이 내려진 때에도 더 이상 문제제기를 할 수 없다는 결론에 이르게 되는데, /

【소수의견 판단】 그 첨부된 증거가 증거능력을 갖춘 것인지, 인용된 증거가 존재하는지, 존재한다면 증거능력이 있는지도 확인되지 않은 상태에서 그에 대한 증거조사를 거치지도 않은 채 공소장에 첨부 또는 기재된 내용을 다른 증거와 종합하여 심증을 형성하게 된다면, 이는 증거조사 자체를 거치지 않은 증거를 함께 고려하여 사실인정을 하는 셈이 되어 증거재판주의가 완전히 무시되는 용납할 수 없는 결과가 된다.

【소수의견 판단】 공소장일본주의에 위배된 공소사실 기재가 공판준비절차나 공소장변경절차를 통하여 수정·삭제될 수 있다 하더라도, 여러 차례 언급한 바와 같이 이미 공소제기 단계에서 형성되어 버린 예단은 그 후 그 기재를 삭제하거나 첨부된 것을 제거한다고 하여 법관이나 배심원의 머릿속에서까지 지워질 수는 없는 것이다. 한번 예단에 의해 형성된 절차의 불공정성은 치유될 방법이 없다. /

【소수의견 판단】 적법한 증거조사를 거치면서 그 흠이 치유될 수 있다는 다수의견의 주장은 예단에 감염된 법관과 배심원들이 그 상태에서 진행하는 증거조사 자체가 그 예단을 시정하기보다는 예단 자체를 강화할 위험이 크다는 점을 간과한 것이다. /

【소수의견 판단】 또한, 소송절차의 발전적·동적 성격과 소송경제의 이념 또한 공소장일본주의가 추구하는 재판의 공정이라는 이념과 대등할 만한 의미를 가지지 못한다는 점 역시 이미 말한 바와 같으므로 그러한 사유들을 근거로 공소장일본주의 위반의 효과를 완화시킬 수는 없는 것이다.

【소수의견 판단】 요컨대 다수의견은 공소장일본주의를 위반한 공소제기의 경우에도 공판절차의 진행에 따라 일정한 조건 하에 그 흠이 치유될 수 있고 그 단계에 가서는 더 이상 이를 문제 삼지 못한다는 것인데, /

【소수의견 판단】 공소장일본주의를 위반하였는지 여부는 공소가 제기된 단계에서 우선적으로 판단되어 위반으로 인정될 경우 즉시 적절한 조치가 취해져야 하고 더 이상의 불공정한 공판절차의 진행 자체가 허용되어서는 안 되는 것이므로, 그 이후 증거조사 절차가 적절히 이루어지는지를 기다려서 그 위반 여부를 결정할 문제는 아닌 것이며, 그 성격상 당사자의 책문권 포기·상실의 대상이 된다고 보기도 어려우므로 피고인 측이 이의를 하지 않았다고 나중에 문제제기를 하지 못한다고 볼 것은 아니다.

(10) 위반효과의 차등론에 대한 반론

【소수의견 분석】 한편, 별개의견은 다수의견의 입장과는 다소 다르게, 공소장일본주의 위반의 효과는 일률적으로 확정할 수는 없고, 증거조사 절차가 모두 마무리된 뒤라 할지라도 그 위반의 정도가 중대하여 법관이나 배심원의 공정하고 중립적인 심증 형성에 심각한 장애를 초래하는 정도에 해당하는 경우에는 소송절차의 진행정도에 관계없이 공소기각의 판결을 하여야 한다는 입장을 취하고 있다.

【소수의견 판단】 그러나 공소장일본주의의 의미와 기능을 생각해 볼 때에, 법관이 예단을 가진 채로 불공정한 공판절차를 진행하게 된다는 심각하고도 치유될 수 없는 흠을 초래하게 되는 공소장일본주의 위반은 그 자체로 이미 중대한 위법상태에 해당하는 것으로서, 그 위반의 정도나 경중을 가릴 것 없이 모두 위법한 공소제기라고 보는 것이 타당하다. /

【소수의견 판단】 우리 형사소송법이 제척사유가 있는 법관에 대하여는 그 사유 해당의 정도나 그로 인한 불공정한 재판의 위험성의 정도를 묻지 않고 모두 일률적으로 사건에서 배제되도록 규정하고 있는 것이나, /

【소수의견 판단】 기피신청의 경우 민사소송과는 달리 공판과정에의 참여 여부나 공판 진행단계를 묻지 아니하고 판결 선고 때까지 제한없이 기피신청을 할 수 있도록 함으로써 이를 책문권 포기·상실의 대상으로 규정하지 않은 것은 재판의 공정성과 관련된 문제에 대해서는 그 정도의 경중과 재판 진행의 단계를 가리지 않고 문제로 삼을 수 있다는 것을 보여주는 것으로서, 공소장일본주의의 효과를 논함에 있어서도 참고하여야 할 것이다. /

【소수의견 판단】 또한, 별개의견과 같은 입장을 취하게 되면 구체적인 사건에서 공소기각 판결의 대상이 되는 경우와 그렇지 않은 경우 사이의 구별 기준이 불분명하여 공판절차의 안정과 예측가능성에 큰 장애가 초래되며, 피고인의 지위를 불안정하게 한다는 단점도 있음을 덧붙여 둔다.

(11) 공소시효 완성 우려에 대한 반론

【소수의견 판단】 별개의견은 나아가 이 사건과 같이 단기의 공소시효가 적용되는 등 다시 공소를 제기할 시간적 여유가 없는 경우 공소기각의 판결을 선고하게 되면 이를 처벌할 수 없어 적절한 형벌권의 행사가 곤란하게 된다는 점을 고려하여야 한다고 하나, /

【소수의견 판단】 다수의견에 대한 대법관 김능환의 보충의견에서 언급하듯이 공소제기시부터 공소기각 판결 확정시까지는 공소시효가 정지되는 것이므로, 공소기각 판결 선고 즉시 서둘러 문제된 부분을 삭제·정리하여 재차 기소를 한다면 공소시효 완성 전에 충분히 공소제기가 가능하여 별개의견이

우려하는 경우는 생기지 않을 것이다. 또 그와 같은 우려 때문에 공정성에 의심이 있는 재판을 그냥 감수하라고 요구할 수는 없는 것이다.

(12) 공소장일본주의의 엄격한 기준 필요

【소수의견 판단】 결론적으로 공소장일본주의의 취지와 의미를 고려한다면 그 위반의 효과에 대하여 는 엄격한 기준이 적용되어야 한다. 공소장일본주의를 위반하는 것은 소송절차의 생명이라 할 수 있는 공정한 재판의 원칙에 치명적인 손상을 가하는 것이고, 이를 위반한 공소제기는 법률의 규정에 위배된 것으로 치유될 수 없는 것이므로 시기 및 위반의 정도와 무관하게 항상 공소기각의 판결을 하는 것이 타당하다.

【소수의견 판단】 이상과 같은 결론을 따른다면, 다수의견이 인용하고 있는 대법원 판결 중 상당부분 은 이 반대의견과 배치되는 범위 내에서는 변경될 필요가 있고, 특히 대법원 1994. 3. 11. 선고 93도 3145 판결과 대법원 2007. 5. 11. 선고 2007도748 판결 중 공소장일본주의와 관련된 부분은 변경되 어야 마땅하다.

(13) 본 사안의 공소장과 기타 사실 기재의 필요성 여부

【소수의견 분석】 마. 이 사건에 돌아와 공소장일본주의 위반 여부를 살펴본다.

【소수의견 분석】 이 사건 공소사실을 범죄 구성요건 사실의 특정 등에 필요한 정도로 적절히 기재해 보면, /

【소수의견 분석】 주위적 공소사실은 /

【소수의견 분석】 "[P정당] 대표인 피고인이 같은 당 재정국장 겸 총선승리본부 관리지원단 부단장인 공소외 B와 공모하여, /

【소수의견 분석】 2008. 4. 9. 실시된 제18대 국회의원 선거에 공소외 A를 같은 당의 비례대표 후보 자로 중앙선거관리위원회에 등록해 주고, 공소외 A로부터 2008. 3. 26. 6,000만 원, 그달 28일 5억 5,500만 원, 합계 6억 1,500만 원의 공천헌금을 예금계좌로 입금 또는 송금 받아, /

【소수의견 분석】 위 정당이 위 공소외 A를 국회의원 비례대표 후보자로 추천하는 일과 관련하여 6 억 원(선거관리위원회 기탁금 1,500만 원 제외)을 제공받음과 동시에 같은 금액의 정치자금을 기부 받 았다"는 것이고, /

【소수의견 분석】 예비적 공소사실은 /

【소수의견 분석】 "위 주위적 공소사실과 같이 공소외 A를 비례대표 후보자로 등록해 주고, 공소외 A 로 하여금 이율 연 1%의 당채를 매입하게 하여 당채매입대금 6억 원을 제공받음으로써, /

【소수의견 분석】 6억 원의 자금 융통 및 6억 원에 대한 시중 사채금리와 당채이율 사이의 차액 상당 재산상 이익을 수수하여 국회의원 후보자 추천과 관련하여 재산상 이익을 제공받음과 동시에 정치자 금을 기부 받았다"는 것이 된다.

【소수의견 분석】 검찰은 통상의 사건에서는 공소사실을 위와 같은 방식에 따라 구성요건을 이루는 사실만을 나열하여 간략하고 명료하게 기재하고 있으며, 이 사건 공소사실을 그와 같이 기재하는 경우 그 분량은 불과 1쪽을 넘기기 어려울 것으로 보인다. /

【소수의견 분석】 그런데 이 사건에서 검사는 위 범죄사실 이전단계의 정황과 경위, 범행을 전후한

과정에서 관계자들이 주고받은 대화내용과 이메일 내용, 수첩의 메모내용, 세세한 주변사실, 이 사건 공소사실에 포함되지 않은 것으로 보이는 공소외 A 이외의 다른 비례대표 후보 지망자들로부터 이 사건과 유사한 방법으로 금품을 제공받은 내용 등을 장황하게 기재하여 그 분량이 무려 14쪽에 이르고 있다. /

【소수의견 분석】 그리고 그 기재의 상당부분은 대화내용, 이메일 내용과 수첩의 기재내용을 인용부호까지 사용하면서 그대로 인용하는 형식으로 기재되어 있다.

【소수의견 분석】 다수의견에 대한 대법관 양승태의 보충의견은 이 사건 공소사실의 기재가 불필요하게 장황하고 산만하다는 점 및 공소사실을 뒷받침하는 증거서류 내용이 인용되어 있는 점을 인정하면서도, 공소사실을 특정하기 위하여 그 배경과 과정을 자세하게 기재할 필요가 있을 뿐 아니라, 증거와 동일한 내용의 표현을 기재하였다는 것만으로는 공소장일본주의에 위배된다고는 할 수 없다고 한다.

【소수의견 판단】 그러나 위 견해에는 동의할 수 없다. 무엇보다 위와 같은 결론은 다수의견이 스스로 공소장일본주의 원칙을 우리 형사소송구조의 한 축으로 보아 그 중요성을 강조하고 있는 태도에 비추어 보아도 선뜻 이해하기 어렵다. /

【소수의견 판단】 앞에서 말한 바와 같이 범죄의 유형과 내용에 따라서는 구성요건 사실 자체만을 간략히 기재하는 것만으로는 공소사실을 특정하기 어렵거나 그 내용을 제대로 전달하는 것이 곤란하여 범행에 이르게 된 경위나 주변사실 또는 간접사실 등을 상세히 기재할 필요가 있는 경우도 있을 것이다. /

【소수의견 판단】 그러나 피고인과 공소외 B의 공모관계를 설시할 필요가 있다는 점을 감안하더라도 위와 같이 불과 1쪽 정도로 간략하게 정리될 수 있는 이 사건 공소사실을 10여 쪽에 걸쳐 방대한 분량으로 기재하지 않으면 안 될 어떤 구체적 사정이 있는지, /

【소수의견 판단】 어떤 면에서 공모관계, 범행의 동기 등이 명확해 지지 않는지, /

【소수의견 판단】 이 사건에서 범죄 구성요건 사실을 기재하는 외에 굳이 공모관계와 범행 동기, 배경, 과정 등을 상세히 기재하지 않으면 안 될 구체적인 사정은 무엇인지, /

【소수의견 판단】 위에서 예시해 본 정도로 구성요건 사실만을 간략하게 기재한다고 하여 공소사실의 특정이나 내용 전달에 어떤 부족함이 있는지 이해할 수가 없다.

【소수의견 판단】 아래에서 이 사건 공소사실 중 공소장일본주의에 위배된 것으로 보이는 기재를 구체적으로 열거한 내용을 보면 쉽게 알 수 있듯이, 이 사건 공소사실 기재 중 '기타 사실의 기재'에 해당하는 부분을 생략한다고 하여도 이 사건의 경위를 파악하거나 공모관계를 설명하는 데에 하등 지장이 없다. 그리고 증거서류의 내용을 인용한 부분 역시 공소사실을 특정하거나 그 내용을 명확히 하는 것과는 아무런 관련이 없는 기재들이다.

(14) 기타 사실의 기재에 대한 판단

【소수의견 분석】 공소장일본주의 위반 여부는 공소사실의 구체적인 기재 내용에 따라 판명되는 성질의 것이므로, 여기서 이 사건 공소사실 기재 중 공소장일본주의에 위배되는 것으로 보이는 대표적인 기재들을 열거하여 살펴본다.

【소수의견 분석】 우선 예단을 줄 수 있는 '기타 사실의 기재'에 해당하는 부분은 아래와 같다.

【소수의견 분석】 ① 공소장 6면 1 – 14행(검찰주사보 작성의 수사보고에 첨부된 메일문건 내용의

인용)

【소수의견 분석】 공소외 3은 …… 공소외 B, 공소외 4에게 "2. 공소외 5 위원장 자금 관련"이라는 제목으로 아래와 같은 내용의 이메일을 발송하였다.

【소수의견 분석】 – 월말에 필요한 자금은 구했는데, 채권을 인수할 의사는 없다고 하고

【소수의견 분석】 – 당에서 비례에 대한 순번이라도 책임있게 약속을 해 줘야 할 것 아니냐고 주장

【소수의견 분석】 – 단순 차입금 형식은 본인이 수용하지 않을 태세임. 순번도 안주고 돈만 빌려달라고 하냐고……

【소수의견 분석】 – 암튼 자금은 구했다는데…… 지금 비례대표 선정위 회의도 없이 확정순위를 줄 수도 없고…… 빌려줄 의사도 없고……

【소수의견 분석】 – 빌려달라고 설득하거나…… 아니면…… 순위 네고를 해서 확정을(??) 주고

【소수의견 분석】 – 서로 합의한 금액을 정식으로 당비로 납부하게 하거나 하지 않는 한 그 돈 우리가 가용할 수 없는게 아닌가 싶군요

【소수의견 분석】 – 달리 다른 창구로 자금을 마련해야 할 듯 합니다.

【소수의견 분석】 ② 공소장 7면 1 – 12행

【소수의견 분석】 위와 같은 경위를 거쳐 [P정당]은 당 계좌로, 공소외 6(비례대표 □번)으로부터 2008. 3. 26.경 기탁금 1,500만 원을 송금 받았고 그 외에도 같은 해 4. 18.경 3천만 원(채권 미발행)을 송금 받았으며, …… /

【소수의견 분석】 공소외 5(비례대표 □번)로부터 같은 해 3. 4.경 5천만 원, 같은 해 3. 6.경 5천만 원, 3. 25.경 1억 원(이상 합계 2억 원에 대하여 추후 채권 발행), 같은 해 3. 26.경 기탁금 1,500만 원, 같은 해 4. 2.경 공소외 7(공소외 5의 동생) 명의로 1억5천만 원(채권 미발행)을 송금 받았으며, /

【소수의견 분석】 공소외 8(비례대표 □번)로부터 같은 해 3. 19. 1억 원(채권 미발행, 기탁금 1,500만 원 포함)을 송금 받았고, /

【소수의견 분석】 공소외 9(비례대표 □번)로부터 같은 해 3. 14.경 5천 만 원, 같은 해 3. 26.경 5천만 원(각 채권 미발행, 기탁금 1,500만 원 포함)을 송금 받았다.

【소수의견 분석】 ③ 공소장 7면 13 – 22행(공소외 10에 대한 피의자신문조서 내용의 인용)

【소수의견 분석】 공소외 10(창조한국당 대표 비서실 차장)은 2008. 3. 20.경 공소외 11(회사 명칭 1 생략)에게 "창조한국당에서 비례대표 □번 내지 □번 여성후보 영입을 하고 있다, 공소외 11이 적임자라고 생각한다", "비례대표로 나와 달라, ……"고 말하면서 "비례대표로 공천될 경우 7~10억 원의 특별당비를 내야 할 것"이라고 말하기도 하였다.

【소수의견 판단】 위와 같은 기재들은 이 사건에서 문제된 공소외 A 이외의 다른 비례대표 후보 지망자인 공소외 5, 공소외 6, 공소외 8, 공소외 9 등으로부터 공천과 관련하여 돈을 송금 받거나, 공소외 11에게 비례대표 자리를 제의하면서 특별당비를 내라고 요구하였다는 내용으로, /

【소수의견 판단】 그 내용 자체가 이 사건 기소된 범죄사실에는 포함되지 않았음에도 유사한 사례를 열거함으로써 피고인의 이 사건 공소사실이 진실한 것으로 예단을 갖게 할 우려가 농후한 기재로서 공소장일본주의에 위배되는 '기타 사실의 기재'에 해당한다. /

【소수의견 판단】 또 그 중 일부는 증거로 사용될 가능성이 짙은 메일문건과 피의자신문조서의 내용

을 그대로 인용한 것으로서 증거로 될 서류의 내용인용에 해당하므로 공소장일본주의 위반에 해당하기도 한다.

(15) 예단우려 증거의 인용 사례

【소수의견 분석】 다음, 예단의 우려가 있는 증거의 인용에 해당하는 부분은 아래와 같다.

【소수의견 분석】 ① 공소장 4면 7행 ‒ 5면 5행(검사의 공소외 B에 대한 제3회 피의자신문조서의 첨부문서인 이메일 내용의 인용)

【소수의견 분석】 2008. 1. ~2.경 공소외 3은 공소외 B에게 "2. 비례대표 특별당비 사례"라는 제목으로 아래와 같은 내용의 이메일을 발송함으로써 과거 다른 정당의 비례대표 공천헌금 관련 연구결과를 전달하였다.

【소수의견 분석】 1) 16대 자민련 강모 의원 20억 공천헌금 후 1번 받고 당선

【소수의견 분석】 2) 17대의 경우 당선 안정권은 20억이 정설임, 다만 당선안정권이 몇 번째 순위이냐에 대한 판단이 다를 수 있음

【소수의견 분석】 3) 17대 이전에는 확실한 당선권은 30억도 다수였다고 함

【소수의견 분석】 4) 참고 : 작년 경기도의회 비례대표 당비 1억 5천 요구하였다가 문제됨

【소수의견 분석】 공소외 B는 공소외 3으로부터 위 이메일을 받고 이를 출력한 다음, 위 내용 옆에 자필로 아래와 같이 기재함으로써 창조한국당 비례대표 □번 공천헌금 30억 원부터 10번 공천헌금 5억 원까지 비례대표 후보들로부터 공천헌금으로 받을 돈을 구상하였다.

【소수의견 분석】 ② 공소장 5면 6 ‒ 9행(검사의 공소외 B에 대한 제3회 피의자신문조서의 첨부문서인 수첩의 내용 인용)

【소수의견 분석】 그 즈음 공소외 B는 공소외 4로부터 공천헌금 등에 대한 말을 듣고 자신의 수첩에 "공천심사건 장악, 당 발전기금" 등의 내용을 기재해 놓았다.

【소수의견 분석】 ③ 공소장 9면 14 ‒ 18행(검사의 공소외 B에 대한 진술조서 내용의 인용)

【소수의견 분석】 공소외 A가 자기의 이력을 자랑한 다음 "어떻게 하면 당에 기여하고, 공천을 받을 수 있느냐"고 묻자 공소외 4는 "당 재정사정이 어려우므로 당비를 내는 방법, 특별당비를 내는 방법, 당사랑 채권을 발행하는 방법이 있다. 채권을 발행하는데 채권이 많이 판매될 수 있도록 도와주면 그것이 고려가 된다"라고 답변하였다.

【소수의견 분석】 ④ 공소장 9면 18 ‒ 22행(검사의 공소외 A에 대한 제6, 7회 피의자신문조서 내용의 인용)

【소수의견 분석】 공소외 B는 공소외 A에게 "□번 확정을 축하한다. 대선 빚으로 7억 원 가량이 남아 있다. 당의 재정이 어려우니 도와 달라. 비례대표 □번인 공소외 5가 5억 원을 냈으니 □번은 그보다는 더 내야하지 않느냐, 최소한 5억5천만 원은 내 달라"고 하였다.

【소수의견 분석】 ⑤ 공소장 11면 6 ‒ 7행(검사의 공소외 12에 대한 진술조서 내용의 인용)

【소수의견 분석】 {피고인은 공소외 12에게} "당이 어렵다, 다른 분들은 몇 억씩 특별당비를 내기 때문에 내가 당 대표라도 마음대로 공천순위를 결정하지 못한다"고 말함으로써

【소수의견 분석】 ⑥ 공소장 11면 13 ‒ 18행(검사의 공소외 13에 대한 제3회 진술조서 내용의 인용)

【소수의견 분석】 (공소외 A는), 2008. 3. 20.경 공소외 13(회사 명칭 2 생략 대표)에게 "[P정당] 비례대표 □번이나 □번으로 공천을 받기로 피고인 대표로부터 승낙을 받았다, [P정당]에 특별당비나 발전기금으로 5억 원을 내야 한다"라고 하면서 /

【소수의견 분석】 "위 돈을 마련하기 위하여 공소외 14로부터 받은 어음을 할인해야 하는데, 회사 명칭 2 생략 명의로 대출을 받아 달라"고 부탁하였다.

【소수의견 분석】 ⑦ 공소장 11면 22행 – 12면 1행(검사의 공소외 A에 대한 제6, 7회 피의자신문조서 내용의 인용)

【소수의견 분석】 (공소외 B는) 공소외 A에게 전화를 하여 "당 채권을 사 달라, □번이 5억 원을 냈으니 □번은 6억 원은 내야 할 것 아니냐, 왜 약속한 돈을 입금하지 않느냐, 돈을 내지 않으면 비례대표 □번을 취소하겠다"라고 말하[였다.]

【소수의견 분석】 ⑧ 공소장 13면 17 – 23행(검사의 공소외 A에 대한 제9회 피의자신문조서 내용의 인용)

【소수의견 분석】 피고인은 2008. 3. 25. ~ 27.경 공소외 A와 수회 전화통화를 하면서 "공소외 B 재정국장의 말을 들었을 텐데, 지금 당 재정사정이 아주 어려워 여러 준비를 하지 못하고 있다. 대선 빚 등으로 당이 재정적으로 너무 어려우니 공소외 A께서 도와 달라"고 말하여 입금을 독촉하였다.

【소수의견 분석】 또한 피고인은 입금한 다음 날인 2008. 3. 29. 18:42경 공소외 A로부터 전화를 받고 공소외 A에게 "입금했다는 것을 공소외 B로부터 들었다, 정말 고맙다"라고 감사의 인사를 하였다.

(16) 예단우려 증거의 인용 사례에 대한 평가

【소수의견 분석】 위와 같이 증거서류의 내용을 인용한 부분은, /

【소수의견 분석】 이 사건 공범인 공소외 B가 당 총무국장과 사이에 비례대표 공천헌금 관련 검토결과를 주고받은 내용, /

【소수의견 분석】 공소외 B가 자신의 수첩에 공천헌금 관련 내용이나 피고인이 공소외 A를 비례대표 □번으로 확정지우는 과정 등을 메모한 내용, /

【소수의견 분석】 당 대표비서실 차장이 다른 비례대표 후보 지망자에게 특별당비를 내라고 직접 요구하는 내용, /

【소수의견 분석】 피고인 또는 공소외 B가 공소외 A에게 비례대표 □번을 제의하면서 금전으로 당에 기여해 달라는 요구를 하고, 공천헌금의 지급을 독촉하는 내용이 기재된 증거서류의 내용을 직접 인용한 것이다. /

【소수의견 판단】 이와 같은 내용은 피고인의 이 사건 공소사실을 인정하는 데에 결정적인 역할을 하는 내용들로서 그와 같은 내용의 증거가 존재하고 증거능력이 있는 것으로 인정되기만 하면 그 증거의 신빙성에 특별한 문제가 없는 한 바로 피고인의 유죄를 인정할 수 있는 핵심 증거들이다/

【소수의견 판단】 (검사는 피고인에 대한 유죄심증 형성에 도움이 되도록 공소사실을 인정하는 데에 강한 영향력을 미칠 만한 증거들을 선별하여 그 핵심 내용을 상세히 인용한 것으로 보인다). /

【소수의견 판단】 따라서 이와 같은 증거서류의 내용을 인용하여 공소사실에 기재한 것은 법관에게 예단을 주기에 충분한 기재라 하지 않을 수 없고, 이는 공소장일본주의를 정면으로 중대하게 위반한

것이라고 보아야 한다.

【소수의견 판단】 그리고 위 내용들이 기재된 서류들은 그 자체로서 모두 전문증거에 해당하고, 그 중 일부는 피고인이나 공범 등의 전문진술을 기재한 부분도 있어, 그 자체로는 원칙적으로 증거능력이 없는 서류들이다. /

【소수의견 판단】 피고인 또는 변호인이 이를 증거로 함에 동의하거나 형사소송법 제311조 내지 제318조에 따라 증거능력을 취득하기 전에는 전혀 증거로 쓸 수 없으며, 증거능력을 취득하지 못한 증거서류는 법원이 그 내용을 보아서는 안 되는 것은 물론 법원이 이를 제출받아서도 안 된다는 점은 이미 언급하였다. /

【소수의견 판단】 따라서 위 서류들은 원칙적으로는 공판절차가 진행되어 증거조사 단계에 이르렀을 때 검사가 이를 증거로 신청하고 법원이 증거능력이 있는 것으로 인정하였을 때에 비로소 법관에게 제출되어 법관이 그 내용을 볼 수 있는 것이고, 그 이전에는 법관이 그 내용을 미리 알 수도 없고 알아서도 안 되는 것이다. /

【소수의견 판단】 그럼에도 불구하고, 이 사건 공소사실에는 그 증거의 내용들이 ─ 더구나 핵심적인 내용들이 ─ 그대로 인용·기재되어 법관이 공소제기와 동시에 이를 볼 수 있는 상태로 되어 있으므로 사실상 공소 제기의 단계에서 이미 중요한 증거조사는 마친 것이나 다름없는 효과를 본 것이라고 해도 과언이 아닐 정도이다. /

【소수의견 판단】 이는 우리 형사소송법의 기본원칙인 공판중심주의, 증거재판주의, 당사자주의 등 중요한 원칙들을 심하게 침해한 것으로 공소장일본주의를 정면으로 위반한 것이고 공소제기가 법률의 규정에 위반된 것이라고 아니할 수 없다.

(17) 결론의 요약

【소수의견 판단】 바. 결론적으로 이 사건 공소사실의 기재에는 기소된 범죄로 포함되지도 않은 유사한 공천헌금의 사례들을 여러 개 열거하여 피고인에 대하여 강한 유죄의 심증을 형성하게 하는 기재가 있는가 하면, /

【소수의견 판단】 기소된 범죄 구성요건 사실 중 중요 부분과 직접 관련된 결정적인 증거들을 수차례 반복 인용함으로써 중요한 증거의 내용을 공소제기 단계에서 이미 다 읽어볼 수 있도록 되어 있으므로, /

【소수의견 판단】 이는 공소장일본주의를 심하게 위반한 것으로 그 공소제기 자체가 법률의 규정에 위반하여 무효인 때로 보아 공소기각의 판결을 선고해야 마땅할 것이다. 이와 달리 실체판단에 들어가 피고인에게 유죄를 선고한 원심의 판단은 공소장일본주의에 관한 법리를 오해함으로써 판결에 영향을 미친 잘못을 범한 것이다.

(18) 석명권 행사의 필요성

【소수의견 판단】 마지막으로 공소장일본주의 위반의 점과는 별도로 한 가지 덧붙이고자 한다. /

【소수의견 판단】 공소사실의 기재가 필요 없이 길고 장황한 경우 어디까지가 공소사실로 기소된 것인지 어느 부분이 엄격한 증명을 요하는 대상인지 구분 짓기 어려워 피고인의 방어권 행사에 지장을 초래하고 법원의 심리에 지연 및 혼란을 야기할 위험이 생길 수 있다. /

【소수의견 판단】 이 사건 공소사실의 기재 역시 공소장일본주의 위반의 문제와는 별도로 공소사실

기재의 잡다함과 장황함 그 자체로 위와 같은 문제점이 있다는 평가를 받을 가능성을 배제할 수 없다. 그러한 경우 법원은 검사에게 석명권을 행사하여 공소사실을 간단·명료하게 정리하게 한 뒤 심리를 진행하여야 한다는 점을 지적해 둔다.

12. 코멘트

(1) 문제의 소재

본 판례의 사실관계를 보면 P정당의 대표 갑은 비례대표후보 추천과 관련하여 공직선거법이 금지하는 불법한 대가를 수수하고 있다. 갑은 당해 국회의원 선거에 출마하여 당선되었는데, 본 판례에서 기소된 공소사실이 유죄로 인정되면 국회의원직을 상실하게 된다.

본 판례의 사안에서 검사는 무려 14쪽에 걸쳐 공소사실과 직접 관련 없는 사실들을 기재한 공소장을 법원에 제출하고 있다. 이러한 공소장이 공소장일본주의에 위반된다는 점에는 대법관들의 견해가 대체로 일치하고 있는 것으로 보인다. 그런데 공소장일본주의 위반에 대한 법적 효과의 부여와 관련하여 대법원은 일종의 딜레마적인 상황에 처하고 있다.

만일 공소장일본주의 위반이라고 판단하여 대법원이 공소기각판결로 당해 사건의 절차를 종결시킨다고 해 보자. 그리고 검사가 공소장일본주의에 부합하는 공소장을 다시 제출하여 공소를 제기한다고 생각해 보자. 그렇게 된다면 지금까지 재판에 소요된 시간 이외에 새로운 재판을 하기 위하여 또 다시 많은 시일이 소요될 것이다. 그 동안에 피고인은 계속 국회의원의 직을 수행하게 될 것이며, 어쩌면 재판 도중에 국회의원의 임기를 무사히 채울지도 모른다. 국회의원의 직을 상실시키기 위하여 시작된 재판이 국회의원 직의 유지를 위한 구실이 된다는 것은 모순이 아닐 수 없다.

그러나 공소장일본주의의 위반이 사법판단의 생명이라고도 할 수 있는 재판의 공정성을 의심케 한다고 보는 입장에서는 생각이 다르다. 설혹 당해 재판에서 피고인에게 이로운 결과가 초래된다고 할지라도 재판의 공정성이라는 대의 아래 공소장일본주의에 반하는 공소제기에 대해 엄정하게 공소기각의 판결로써 절차를 종결시키지 않으면 안 된다.

(2) 다수의견과 소수의견의 내용

이와 같은 딜레마적 상황을 배경으로 하면서 대법원은 다수의견과 소수의견으로 나뉘고 있다. 다수의견은 다음과 같은 원칙과 예외를 제시하고 있다. 먼저 공소장일본주의에 위배된 공소제기라고 인정되는 때에는 그 절차가 법률의 규정에 위반하여 무효인 때에 해당하는 것으로 보아 공소기각의 판결을 선고하는 것이 원칙이다. 그러나 이 원칙에는 예외가 인정될 수 있는데, (가) 공소장 기재의 방식에 관하여 피고인 측으로부터 아무런 이의가 제기되지 아니하였고, (나) 법원 역시 범죄사실의 실체를 파악하는 데 지장이 없다고 판단하여 그대로 공판절차를 진행한 결과 증거조사절차가 마무리되어 법관의 심증형성이 이루어진 단계에 이른 경우가 그것이다. 이 단계에서는 소송절차의 동적 안정성 및 소송경제의 이념 등에 비추어 볼 때 더 이상 공소장일본주의 위배를 주장하여 이미 진행된 소송절차의 효력을 다툴 수는 없다는 것이 다수의견의 결론이다.

이에 대해 소수의견은 재판의 공정성을 담보하기 위한 공소장일본주의의 중요성에 비추어 공소기각판결의 원칙에 예외를 두지 말자는 입장이다. 즉 (가) 공소장일본주의는 피고인 측의 이의제기 유무에 상관없이 지켜져야 하며, (나) 절차진행의 어느 단계에 이르더라도 공소장일본주의 위반을 바로잡아야 하고, (다) 공소장일본주의 위반의 위법은 치유가 인정되지 않는다는 것이다.

(3) 배심재판과 예단배제의 중요성

공소장일본주의의 중요성과 그 위반에 대한 법적 효과에 대해 다수의견과 소수의견은 다양한 논거를 제시하고 있다. 이 자리에서 그 논거들을 다시 되풀이하여 확인할 필요는 없다고 본다. 중요한 것은 공소장일본주의의 중요성에 대한 인식변화가 앞으로 다수의견 쪽으로부터 소수의견 쪽으로 옮아가게 될 것이라는 점이다.

공소장일본주의는 특히 배심재판으로 이루어지는 형사재판에서 그 의미가 크다. 공소장은 검사가 주장하는 명제형식으로 간결하게 기재되어야 한다. 장황하게 관련사실을 함께 늘어놓는 공소장은 배심원들에게 이를 낭독하더라도 재판의 핵심적 심판대상을 전달할 수 없다. 심판대상이 간결명료하게 전달되지 않으면 유죄 평결을 이끌어 낼 수 없다.

한편, 문외한으로 구성된 배심원단에게 공소사실과 관련 없는 기타 사실을 공소장에 적어 넣어 예단을 불러일으키려는 시도도 경계하지 않으면 안 된다. 미국의 배심재판에서는 검사가 배심원들에게 예단을 불러일으키고 그 예단이 더 이상 배제할 수 없는 상태에 이르렀다고 판단되는 경우에는 직업법관인 재판장이 당해 재판에 대해 심판불성립(mistrial)을 선언한다. 이 심판불성립은 재판이 상당히 진행된 단계에서도 언제든지 가능하다. 심판불성립이 선언되면 배심원은 해산되고, 새로운 배심원단이 구성된다. 심증에 예단이 개입되지 않은 새로운 판단자들로 하여금 유무죄의 실체판단을 하도록 하는 것이다.

(4) 국민참여재판의 실시와 공소장일본주의

본 판례의 사실관계에서 소수의견은 미국식 배심재판의 구상에 충실히 따라가고 있는 것처럼 보인다. 우리나라에도 2008년부터 국민참여재판제도가 실시되어 일반 시민들이 배심원단을 구성하여 형사재판에 참여하고 있다. 이러한 변화를 염두에 두고 보면, 소수의견의 주장은 그 의미와 설득력이 더욱 더 커진다. 본서의 저자는 국민참여재판의 실시에 따른 사법환경의 변화에 대비한다는 의미에서 본 판례의 분량이 방대함에도 불구하고 다수의견 외에 소수의견까지 본서에 소개해 두었다.

본 판례는 직업법관에 의한 직권주의적 형사재판으로부터 국민참여재판을 계기로 한 당사자주의적 형사재판으로 전환하는 우리나라 형사사법의 과도기적 문제상황을 잘 드러내 보여주고 있다. 법관이 주도적으로 심리를 진행하는 직권주의하에서는 공소장에 기재하는 공소사실의 특정성이 보다 중시되었다. 증거관련 사실을 공소장에 기재하거나 증거 관련 서류 등을 공소장에 첨부하더라도 직업법관은 이를 증거조사절차에서 조사된 증거자료들과 구별할 수 있었다. 그러나 국민참여재판과 같이 배심재판이 이루어지는 곳에서는 배심원이 증거조사절차를 통하여 공판정에서 입증된 사실과 공소장에 기재되어 바로 전달받은 사실과의 차이를 제대로 알지 못한다.

우리나라는 현재 직권주의적 형사재판의 요소와 당사자주의적 형사재판의 요소가 혼재되어 있는 상황이다. 대법원의 견해가 다수의견, 별개의견, 소수의견으로, 또 각각의 입장에 따라 여러 가지 보충의견들이 제시될 정도로 다양하게 분화되고 있는 것은 바로 이와 같은 우리 형사절차의 특수성 때문이다. 우리나라 형사재판의 특수상황을 정확히 이해해야 한다는 관점에서 다수의견과 소수의견을 지면을 아끼지 않고 소개해 두었다. 아울러 판례 원문의 자세한 검토를 권하는 바이다.

2009도7681

간통죄 고소의 유효조건
고소인 재차 혼인 사건
2009. 12. 10. 2009도7681, 공 2010상, 185

1. 사실관계 및 사건의 경과

【사실관계】

① 갑과 A는 부부 사이이다.

② 2008. 2. 22. 00:30경 갑은 을과 간통하였다.

③ 2008. 6. 18. 01:00경 갑은 을과 간통하였다.

④ A는 갑에 대하여 이혼소송을 제기함과 아울러 갑을 간통죄로 고소하였다.

⑤ 검사는 갑과 을을 간통죄로 기소하였다.

⑥ 2008. 12. 26. 갑과 A는 협의이혼에 따른 이혼신고를 하였다.

⑦ 제1심법원은 갑과 을에게 유죄를 선고하였다.

【사건의 경과】

① 갑은 불복 항소하였다.

② 을은 항소하지 아니하여 유죄판결이 확정되었다.

③ 2009. 6. 23. (항소심 계속 중) A는 갑과 다시 혼인하였다.

④ 항소심법원은 항소를 기각하고, 제1심판결을 유지하였다.

⑤ 갑은 불복 상고하였다.

2. 간통죄의 고소와 유효조건

【대법원 분석】 1. 형법 제241조 제2항에 의하여 배우자의 고소가 있어야 논할 수 있는 간통죄에 관하여 형사소송법 제229조 제1항은 "혼인이 해소되거나 이혼소송을 제기한 후가 아니면 고소할 수 없다."고 규정함으로써 /

【대법원 요지】 혼인관계의 부존재 또는 이혼소송의 계속을 간통고소의 유효조건으로 삼고 있고 이러한 조건은 공소제기시부터 재판이 종결될 때까지 유지되어야 할 것인바, /

【대법원 요지】 고소인이 피고인과 이혼하였다가 피고인에 대한 간통죄의 재판이 종결되기 전에 다시 피고인과 혼인한 경우에는 간통고소는 혼인관계의 부존재라는 유효조건을 상실하여 소추조건을 결하게 되므로, 결국 공소제기절차가 법률의 규정에 위반하여 무효인 때에 해당하게 된다.

3. 사안에 대한 대법원의 판단

【대법원 분석】 2. 이 사건 공소사실의 요지는, /

【대법원 분석】 "피고인이 고소인과 혼인신고를 마친 배우자 있는 사람으로서, 2008. 2. 22. 00:30

경 서울 강남구 역삼동 P관광호텔 815호실에서 제1심 공동피고인 을과 1회 성교하고, 2008. 6. 18. 01:00경 서울 관악구 봉천○동 Q하우스 305호실에서 제1심 공동피고인 을과 1회 성교하여 각 간통하였다."는 것인데, /

【대법원 분석】 원심판결 이유 및 기록에 의하면 고소인이 피고인에 대하여 이혼소송을 제기함과 아울러 피고인을 간통죄로 고소한 다음 2008. 12. 26. 협의이혼에 따른 이혼신고를 하였다가 원심 계속 중이던 2009. 6. 23. 피고인과 다시 혼인하였다는 것이므로, /

【대법원 판단】 이를 앞서 본 법리에 비추어 살펴보면, 고소인이 피고인과 다시 혼인함으로써 간통고소의 유효조건을 상실하게 됨에 따라 결국 이 사건 간통죄의 공소는 그 공소제기의 절차가 법률의 규정에 위반하여 무효인 때에 해당한다 할 것이다.

【대법원 결론】 이와 달리 원심은 이 사건 공소제기가 적법하다고 보아 이 사건 공소사실을 유죄로 인정한 제1심판결을 유지하였는바, 이러한 원심의 판단에는 간통고소의 유효조건에 관한 법리를 오해한 위법이 있고, 이는 판결결과에 영향을 미쳤음이 분명하다. 이 점을 지적하는 상고이유의 주장은 이유 있다.

4. 대법원의 파기 자판

【대법원 판단】 3. 그러므로 원심판결을 파기하되, 이 사건은 소송기록과 원심에 이르기까지 조사된 증거에 의하여 판결하기에 충분하다고 인정되므로, 형사소송법 제396조에 의하여 직접 판결하기로 한다.

【대법원 판단】 이 사건 공소사실의 요지는 앞서 본 바와 같은바, 이 사건 공소제기의 절차가 법률의 규정에 위반하여 무효인 때에 해당하므로, 제1심판결 중 피고인에 대한 부분을 파기하고 형사소송법 제327조 제2호에 의하여 이 사건 공소를 기각하기로 하여, 관여 대법관의 일치된 의견으로 주문과 같이 판결한다.

2009도9112

간통죄 고소의 취소시점
환송 후 고소취소 사건
2011. 8. 25. 2009도9112, 공 2011하, 1975

1. 사실관계 및 사건의 경과

【사실관계】
① 갑은 다음의 공소사실로 기소되었다.
  (가) ㉠마약류관리법위반죄(향정)
  (나) ㉡마약류관리법위반죄(대마)
  (다) ㉢간통죄
② 제1심법원은 다음과 같이 판단하였다.
  (가) ㉠마약류관리법위반죄(향정) : 유죄

(나) ㉡마약류관리법위반죄(대마) : 유죄

(다) ㉢간통죄 : 고소인 A의 종용이 인정되어 고소 무효

③ 제1심법원은 ㉠과 ㉡마약류관리법위반죄를 실체적 경합범으로 처리하여 하나의 형을 선고하였다.

④ 제1심법원은 ㉢간통의 점에 관해서는 고소 무효를 이유로 공소기각판결을 선고하였다.

【사건의 경과 1】

① 갑은 제1심판결의 유죄 부분에 불복 항소하였다.

② 검사는 제1심판결의 공소기각판결 부분에 불복 항소하였다.

③ 항소심 절차가 진행되던 중 고소인 A는 갑에 대한 고소를 취소하였다.

④ 항소심법원은 고소인 A가 갑의 간통을 종용하였다고 볼 수 없어 ㉢간통죄에 대한 공소기각 부분이 위법하다고 판단하였다.

⑤ 항소심법원은 ㉢간통죄 부분 및 이와 형법 제37조 전단의 경합범 관계에 있는 ㉠, ㉡유죄 부분 등 제1심판결 전부를 파기하고 사건을 제1심법원에 환송하였다.

【사건의 경과 2】

① 환송 후 제1심법원은 ㉠, ㉡, ㉢공소사실 전부를 유죄로 인정하고 갑에게 징역 8월을 선고하였다.

② 갑은 불복 항소하였다.

③ 환송 후 항소심법원은 ㉡마약류법위반죄(대마)의 일부 적용법조가 누락되었음을 이유로 환송 후 제1심판결을 직권으로 파기하였다.

④ 환송 후 항소심법원은 다시 ㉠, ㉡, ㉢공소사실 전부를 유죄로 인정하고 동일한 형인 징역 8월을 선고하였다.

⑤ 갑은 환송 후 항소심판결에 불복 상고하였다.

⑥ 갑은 상고이유로, 항소심판결에 고소취소의 허용시점에 관한 법리오해의 위법이 있다고 주장하였다.

2. 환송 후 제1심과 고소취소

【대법원 분석】 1. 형사소송법 제232조 제1항은 고소를 제1심판결 선고 전까지 취소할 수 있도록 규정함으로써 친고죄에서 고소취소의 시한을 한정하고 있다. /

【대법원 요지】 그런데 상소심에서 형사소송법 제366조 또는 제393조 등에 의하여 제1심의 공소기각판결이 법률에 위배됨을 이유로 이를 파기하고 사건을 제1심법원에 환송함에 따라 다시 제1심 절차가 진행된 경우, 종전의 제1심판결은 이미 파기되어 그 효력을 상실하였으므로, 환송 후의 제1심판결 선고 전에는 고소취소의 제한사유가 되는 제1심판결 선고가 없는 경우에 해당한다. /

【대법원 요지】 뿐만 아니라 특히 간통죄의 고소는 제1심판결 선고 후 이혼소송이 취하된 경우 또는 피고인과 고소인이 다시 혼인한 경우에도 소급적으로 효력을 상실하게 되는 점까지 감안하면, 환송 후 제1심판결 선고 전에 간통죄의 고소가 취소되면 형사소송법 제327조 제5호에 의하여 판결로써 공소를 기각하여야 할 것이다.

3. 사안에 대한 대법원의 분석

【대법원 분석】 2. 기록에 의하면, 이 사건 환송 전 제1심은 피고인에 대한 공소사실 중 마약류관리에

관한 법률 위반(향정), 마약류관리에 관한 법률 위반(대마) 등의 점을 유죄로 인정하였으나 각 간통의 점에 관해서는 배우자인 고소인이 이를 종용하였음이 인정되어 그 고소가 효력이 없다는 이유로 형사소송법 제327조 제2호에 의하여 공소기각판결을 선고한 사실, /

【대법원 분석】 위 환송 전 제1심판결에 대하여 피고인과 검사가 항소하여 항소심 절차가 진행되던 중 고소인이 피고인에 대한 고소를 취소한 사실, /

【대법원 분석】 위 항소심은 고소인이 피고인의 간통을 종용하였다고 볼 수 없어 공소기각 부분이 위법하다는 이유로 간통 부분 및 이와 형법 제37조 전단의 경합범 관계에 있는 나머지 유죄 부분 등 환송 전 제1심판결 전부를 파기하고 사건을 다시 제1심법원에 환송한 사실, /

【대법원 분석】 환송 후 제1심은 각 간통의 점을 비롯한 공소사실 전부를 유죄로 인정하고 피고인에 대하여 징역 8월을 선고하였는데, 원심은 마약류관리에 관한 법률 위반(대마)죄의 일부 적용법조가 누락되었음을 이유로 환송 후 제1심판결을 직권으로 파기하고 다시 각 간통의 점을 비롯한 공소사실 전부를 유죄로 인정하고 동일한 형을 선고한 사실을 알 수 있다.

4. 사안에 대한 대법원의 판단

【대법원 분석】 3. 위 사실관계를 앞서 본 법리에 따라 살펴보면, 고소인의 위 간통 부분 고소취소는 그 후 항소심에서 종전 제1심의 공소기각판결이 파기되고 사건이 제1심법원에 환송된 후 진행된 환송 후 제1심의 판결이 선고되기 전에 이루어진 것으로서 적법한 고소취소에 해당하므로, 원심으로서는 형사소송법 제327조 제5호에 의하여 각 간통의 점에 대한 공소를 기각하였어야 할 것이다.

【대법원 결론】 그럼에도 원심은 위와 같이 피고인에 대한 각 간통의 공소사실에 관한 실체판단에 나아가 이를 유죄로 인정하고 이는 나머지 범죄사실과 형법 제37조 전단의 경합범 관계에 있다고 하여 그 전부에 대하여 하나의 형을 선고하였으니, 원심판결에는 친고죄의 고소취소 시기에 관한 법리를 오해하여 판결에 영향을 미친 위법이 있고, 이를 지적하는 상고이유의 주장은 이유 있다. (파기 환송)

2009도9344

반대신문권의 보장과 책문권 포기
퇴정 피고인 반대신문권 사건
2010. 1. 14. 2009도9344, 공 2010상, 363

1. 사실관계 및 사건의 경과

【사실관계】

① 갑은 A에 대한 폭행, 강제추행 등의 공소사실로 기소되었다.

② 제1심법원은 제3회 공판기일에 공소사실 중 폭행, 강제추행의 점에 대해 피해자 A를 증인으로 신문하기로 하였다.

③ 제1심법원의 재판장은 A를 증인으로 신문함에 있어서 A가 갑의 면전에서 충분한 진술을 할 수 없

다고 인정하였다.

④ 제1심법원의 재판장은 피고인 갑의 퇴정을 명하고 증인신문을 진행하였다.

⑤ [A는 갑의 범죄사실을 증명하는 진술을 하였다.]

【사건의 경과 1】

① A에 대한 증인신문 당시 갑에게는 변호인이 선임되어 있지 아니하였다.

② 그 결과 변호인 또는 피고인 갑이 A의 증인신문과정에 참여할 수 없었다.

③ 제1심법원의 재판장은 증인신문에서 갑의 퇴정을 명하기 전에 미리 갑으로부터 신문사항을 제출받아 퇴정한 갑을 대신하여 증인신문을 행하였다.

④ 제1심법원의 재판장은 증인신문이 모두 종료한 후에 갑을 입정하게 하였다.

⑤ 제1심법원의 재판장은 법원사무관 등으로 하여금 갑에게 A의 진술의 요지를 고지하도록 하였다.

⑥ 제1심법원의 재판장은 A의 진술요지 고지 후 바로 증인신문절차를 종결하였다.

⑦ 제1심법원의 재판장은 갑에게 실질적인 반대신문의 기회를 부여하지 않았다.

【사건의 경과 2】

① 이상의 A에 대한 증인신문은 제1심 제3회 공판기일에 이루어진 것이었다.

② 제1심법원은 A에 대한 증인신문의 내용을 P공판조서(증인신문조서)에 기재하였다.

③ 제1심 제4회 공판기일에서 제1심법원의 재판장은 A에 대한 증인신문 결과 등을 P공판조서에 의하여 고지하였다.

④ 갑은 이에 대해 "변경할 점과 이의할 점이 없다."고 진술하였다.

⑤ 제1심법원은 갑에게 유죄를 선고하였다.

【사건의 경과 3】

① 갑은 불복 항소하였다.

② 항소심법원은 항소를 기각하고, 제1심판결을 유지하였다.

③ 갑은 불복 상고하였다.

④ 갑은 상고이유로, A에 대해 반대신문을 할 수 없었으므로 A에 대한 증인신문은 무효라고 주장하였다.

2. 피고인의 퇴정과 반대신문권의 보장

【대법원 요지】 형사소송법 제297조의 규정에 따라 재판장은 증인이 피고인의 면전에서 충분한 진술을 할 수 없다고 인정한 때에는 피고인을 퇴정하게 하고 증인신문을 진행함으로써 피고인의 직접적인 증인 대면을 제한할 수 있지만, /

【대법원 요지】 이러한 경우에도 피고인의 반대신문권을 배제하는 것은 허용될 수 없다.

3. 사안에 대한 대법원의 분석

【대법원 분석】 기록에 의하면, /

【대법원 분석】 ① 제1심법원의 재판장은 이 사건 공소사실 중 폭행, 강제추행의 점에 대한 피해자 A를 증인으로 신문함에 있어서 위 증인이 피고인의 면전에서 충분한 진술을 할 수 없다고 인정하여 피고인의 퇴정을 명하고 증인신문을 진행한 사실, /

【대법원 분석】 ② 당시 피고인에게는 변호인이 선임되어 있지 아니하여 변호인 또는 피고인이 증인신문과정에 전혀 참여할 수 없었던 사실, /

【대법원 분석】 ③ 제1심법원의 재판장은 증인신문에서 피고인의 퇴정을 명하기 전에 미리 피고인으로부터 신문사항을 제출받아 퇴정한 피고인을 대신하여 증인신문을 행하기는 하였으나, 증인신문이 모두 종료한 후에 피고인을 입정하게 하고 법원사무관 등이 진술의 요지를 고지하여 준 다음 바로 신문절차를 종결하였을 뿐, 피고인에게 실질적인 반대신문의 기회를 부여하지 아니한 사실 등을 알 수 있다.

4. 사안에 대한 대법원의 판단

【대법원 분석】 위와 같은 증인신문의 진행 과정을 앞서 본 법리에 비추어 살펴보면, 변호인이 없는 피고인을 일시 퇴정하게 하고 증인신문을 한 다음 피고인에게 실질적인 반대신문권의 기회를 부여하지 아니한 채 이루어진 증인 A의 법정진술은 위법한 증거로서 증거능력이 없다고 볼 여지가 있다.

【대법원 판단】 그러나 또한 기록에 의하면, 제1심법원은 제3회 공판기일에 위와 같이 증인 A에 대한 증인신문을 실시하고 공판조서(증인신문조서)를 작성한 다음, 제4회 공판기일에서 재판장이 증인신문 결과 등을 위 공판조서에 의하여 고지하였는데 피고인은 '변경할 점과 이의할 점이 없다'고 진술한 사실을 알 수 있는바, /

【대법원 판단】 이와 같이 피고인이 책문권 포기 의사를 명시함으로써 실질적인 반대신문의 기회를 부여받지 못한 하자가 치유되었다고 할 수 있으므로, 증인 A의 법정진술이 위법한 증거라고 볼 수 없고, 결국 상고이유의 주장은 이유 없다. (상고 기각)

2009도10092

임의제출물 압수의 요건
피해자 쇠파이프 제출 사건
2010. 1. 28. 2009도10092, 공 2010상, 474

1. 사실관계 및 사건의 경과

【사실관계】
① [갑이 A를 쇠파이프로 가격하여 상해를 입혔다는 신고를 받고 경찰관 B가 사건 현장에 출동하였다.]
② 경찰관 B는 P쇠파이프를 갑의 주거지 앞마당에서 발견하였다.
③ P쇠파이프의 소유자는 갑이다.
④ 경찰관 B는 P쇠파이프를 피해자 A로부터 임의로 제출받는 형식으로 압수하였다.
⑤ 경찰관 B는 P쇠파이프의 사진을 찍었다. (Q사진)

【사건의 경과】
① 갑은 폭처법위반죄(흉기상해)로 기소되었다.

② 검사는 Q사진을 증거로 제출하였다.
③ 갑의 피고사건은 제1심을 거친 후, 항소심에 계속되었다.
④ 항소심법원은 Q사진을 증거의 하나로 채택하여 유죄를 선고하였다.
⑤ 갑은 불복 상고하였다.
⑥ 갑은 상고이유로, Q사진에 증거능력이 없다고 주장하였다.

2. 위법수집증거배제법칙의 원칙과 예외

【대법원 요지】 기본적 인권 보장을 위하여 압수·수색에 관한 적법절차와 영장주의의 근간을 선언한 헌법과 이를 이어받아 실체적 진실 규명과 개인의 권리보호 이념을 조화롭게 실현할 수 있도록 압수·수색절차에 관한 구체적 기준을 마련하고 있는 형사소송법의 규범력은 확고히 유지되어야 하므로, /

【대법원 요지】 헌법과 형사소송법이 정한 절차에 따르지 아니하고 수집한 증거는 물론이거니와 이를 기초로 하여 획득한 2차적 증거 또한 기본적 인권 보장을 위해 마련된 적법한 절차에 따르지 않은 것으로서 원칙적으로 유죄 인정의 증거로 삼을 수 없고, /

【대법원 요지】 다만 수사기관의 절차 위반행위가 적법절차의 실질적인 내용을 침해하는 경우에 해당하지 아니하고, 그 증거의 증거능력을 배제하는 것이 오히려 헌법과 형사소송법이 적법절차의 원칙과 실체적 진실 규명의 조화를 통하여 형사 사법 정의를 실현하려고 한 취지에 반하는 결과를 초래하는 것으로 평가되는 예외적인 경우에 한하여 그 증거를 유죄 인정의 증거로 사용할 수 있을 뿐이다.

【대법원 요지】 형사소송법 제218조는 '사법경찰관은 소유자, 소지자 또는 보관자가 임의로 제출한 물건을 영장 없이 압수할 수 있다'고 규정하고 있는바, 위 규정을 위반하여 소유자, 소지자 또는 보관자가 아닌 자로부터 제출받은 물건을 영장없이 압수한 경우 그 압수물 및 압수물을 찍은 사진은 이를 유죄 인정의 증거로 사용할 수 없는 것이고, /

【대법원 요지】 헌법과 형사소송법이 선언한 영장주의의 중요성에 비추어 볼 때 피고인이나 변호인이 이를 증거로 함에 동의하였다고 하더라도 달리 볼 것은 아니다.

3. 사안에 대한 대법원의 판단

【대법원 분석】 기록에 의하면, 충청남도 M경찰서 소속 경사 공소외 B는 피고인 소유의 쇠파이프를 피고인의 주거지 앞마당에서 발견하였으면서도 그 소유자, 소지자 또는 보관자가 아닌 피해자 공소외 A로부터 임의로 제출받는 형식으로 위 쇠파이프를 압수하였고, 그 후 압수물의 사진을 찍은 사실, /

【대법원 분석】 공판조서의 일부인 제1심 증거목록상 피고인이 위 사진(증 제4호의 일부)을 증거로 하는 데 동의한 것으로 기재되어 있는 사실을 알 수 있는바, /

【대법원 판단】 앞서 본 법리에 비추어 보면, 이 사건 압수물과 그 사진은 형사소송법상 영장주의 원칙을 위반하여 수집하거나 그에 기초한 증거로서 그 절차 위반행위가 적법절차의 실질적인 내용을 침해하는 정도에 해당한다고 할 것이므로, 피고인의 증거동의에도 불구하고 위 사진은 이 사건 범죄사실을 유죄로 인정하는 증거로 사용할 수 없다고 할 것이다.

【대법원 결론】 그럼에도 불구하고 원심이 제1심판결을 인용하여 위 사진을 유죄 인정의 증거로 들고 있는 것은 잘못이라고 할 것이나, 아래에서 살펴보는 바와 같이 위 증거를 제외한 나머지 증거들만으

로도 이 사건 범죄사실을 유죄로 인정하기에 충분하다고 할 것이므로, 원심의 위와 같은 잘못은 판결 결과에는 영향이 없다고 할 것이다. (상고 기각)

2009도10412

공소제기 후의 강제수사
100만 원 자기앞수표 뇌물 사건
2011. 4. 28. 2009도10412, 공 2011상, 1084

1. 사실관계 및 사건의 경과

【사실관계】
① 갑은 공정거래위원회 경쟁국 유통거래과에서 근무하는 공무원이다.
② 을은 K회사의 임직원이다.
③ 검사는 L법원에 갑과 을을 뇌물수수 및 뇌물공여의 공소사실로 기소하였다.
④ 갑과 을의 피고사건은 L법원의 M재판부가 심리하게 되었다.
⑤ 피고인들에 대한 공소사실들 가운데 하나로 "갑이 을로부터 P자기앞수표를 받았다"는 내용이 들어 있었다.
⑥ 제1심 공판절차에서 갑과 을은 공소사실을 부인하였다.
⑦ [을은 P자기앞수표의 존재 자체를 부인하였다.]

【사건의 경과 1】
① 2007. 12. 7.경 (제1심 공판절차 진행 도중임) 검사는 형소법 제215조에 의하여 수소법원(M재판부)이 아닌 지방법원 판사 A로부터 을에 대한 Q압수·수색영장을 발부받았다.
② 검사는 Q영장의 집행을 통하여 을의 자립예탁금 거래내역표 1부, 해당거래청구 및 수표발행전표 사본 각 1부, 지급필수표 조회내용 1부, 자기앞수표 사본 3부를 압수하였다. (이상 R증거)
③ 2008. 1. 17. 검사는 R증거를 기초로 S수사보고서를 작성하였다.
④ 이후 열린 제1심 공판절차에서 검사는 R증거와 S수사보고서를 증거로 제출하였다.

【사건의 경과 2】
① 갑과 을의 피고사건은 제1심을 거친 후, 항소심에 계속되었다.
② 항소심법원은 P자기앞수표의 공여 및 수수 부분에 대해 무죄를 선고하였다.
③ 항소심법원은 무죄의 이유로 R증거와 S수사보고서에 증거능력이 없다는 점을 들었다.
④ (자세한 판단 이유는 판례 본문 참조)
⑤ 검사는 불복 상고하였다.

2. 공판중심주의와 강제처분의 주체

【대법원 요지】 가. 헌법 제12조 제1항 후문에서 규정한 적법절차의 원칙, 그리고 헌법 제27조가 보

장하는 기본권, 즉 법관의 면전에서 모든 증거자료가 조사·진술되고 이에 대하여 피고인이 공격·방어할 수 있는 기회가 실질적으로 부여되는 재판을 받을 권리 등을 구현하기 위하여 현행 형사소송법(이하 '법'이라고만 한다)은 당사자주의·공판중심주의·직접주의를 그 기본원칙으로 하고 있다.

【대법원 요지】 이에 따라 공소가 제기된 후에는 그 피고사건에 관한 형사절차의 모든 권한이 사건을 주재하는 수소법원의 권한에 속하게 되며, 수사의 대상이던 피의자는 검사와 대등한 당사자인 피고인으로서의 지위에서 방어권을 행사하게 되므로, 공소제기 후 구속·압수·수색 등 피고인의 기본적 인권에 직접 영향을 미치는 강제처분은 원칙적으로 수소법원의 판단에 의하여 이루어지지 않으면 안 된다.

3. 수소법원 강제처분과 수사기관 강제처분의 구별

【대법원 분석】 법 또한 강제처분에 관하여, 먼저 공판절차에서 수소법원이 행하는 강제처분을 규율하는 상세한 규정을 두고(법 제68조 이하), /

【대법원 분석】 수사절차상 강제처분, 특히 이 사건에서 문제된 압수·수색에 대하여는 법 제215조에서 '검사는 범죄수사에 필요한 때에는 지방법원 판사에게 청구하여 발부받은 영장에 의하여 압수·수색 또는 검증을 할 수 있다'고 규정한 다음 그 구체적인 요건, 대상, 절차 등은 수소법원이 행하는 압수·수색에 관한 규정들을 준용하는 형식을 취함으로써(법 제219조), /

【대법원 분석】 수사절차에서의 강제처분과 공판절차에서의 그것을 준별하고 있다.

【대법원 분석】 나아가 법 제215조에 의한 압수·수색 영장 청구의 절차를 구체적으로 규정한 형사소송규칙(이하 '규칙'이라고만 한다)은 압수·수색 영장 청구서의 기재사항으로 '피의자'의 성명 등 그 인적 사항과 그 범죄사실 즉, '피의사실'의 요지를 기재하도록 되어 있고, '피의자'에게 범죄의 혐의가 있다고 인정되는 자료와 압수·수색의 필요를 인정할 수 있는 자료를 제출하여야 한다고 되어 있을 뿐(규칙 제107조 제1항, 제108조 제1항), /

【대법원 분석】 '피고인'의 인적 사항이나 '공소사실'의 요지를 기재할 수 있도록 규정하고 있지 않으며, 위 규정들이 공소제기 후 압수·수색 영장을 청구함에 있어서 준용된다고 볼 여지도 없다. /

【대법원 분석】 이처럼 우리 법 및 규칙은 공소제기 후 수사기관의 압수·수색 영장 청구에 관하여 정식의 구체적 절차를 전혀 마련하지 않고 있다.

4. 공소제기 후의 강제수사

【대법원 요지】 결국 법은 제215조에서 검사가 압수·수색 영장을 청구할 수 있는 시기를 공소제기 전으로 명시적으로 한정하고 있지는 아니하나, /

【대법원 요지】 위에서 본 바와 같은 헌법상 보장된 적법절차의 원칙과 재판받을 권리, 공판중심주의·당사자주의·직접주의를 지향하는 현행 형사소송법의 소송구조, 관련 법규의 체계, 문언 형식, 내용 등을 종합하여 보면, 일단 공소가 제기된 후에는 그 피고사건에 관하여 검사로서는 법 제215조에 의하여 압수·수색을 할 수 없다고 보아야 하며, /

【대법원 요지】 그럼에도 검사가 공소제기 후 법 제215조에 따라 수소법원 이외의 지방법원 판사에게 청구하여 발부받은 영장에 의하여 압수·수색을 하였다면, 그와 같이 수집된 증거는 기본적 인권 보장을 위해 마련된 적법한 절차에 따르지 않은 것으로서 원칙적으로 유죄의 증거로 삼을 수 없다.

5. 위법수집증거의 예외적 허용 요건

【대법원 요지】 나. 한편 헌법과 형사소송법이 정한 절차에 따르지 아니하고 수집된 증거라고 할지라도 수사기관의 증거 수집 과정에서 이루어진 절차 위반행위와 관련된 모든 사정을 전체적·종합적으로 살펴볼 때, /

【대법원 요지】 수사기관의 절차 위반행위가 적법절차의 실질적인 내용을 침해하는 경우에 해당하지 아니하고, 오히려 그 증거의 증거능력을 배제하는 것이 헌법과 형사소송법이 형사소송에 관한 절차 조항을 마련하여 적법절차의 원칙과 실체적 진실 규명의 조화를 도모하고 이를 통하여 형사사법 정의를 실현하려 한 취지에 반하는 결과를 초래하는 것으로 평가되는 예외적인 경우라면, 법원은 그 증거를 유죄 인정의 증거로 사용할 수 있다.

【대법원 요지】 그러나 이러한 예외적인 경우를 함부로 인정하게 되면 결과적으로 앞서 본 원칙을 훼손하는 결과를 초래할 위험이 있으므로, 법원은 구체적인 사안이 이러한 예외적인 경우에 해당하는지를 판단하는 과정에서 원칙을 훼손하는 결과가 초래되지 않도록 유념하여야 한다. /

【대법원 요지】 나아가 법원이 수사기관의 절차 위반행위에도 불구하고, 그 수집된 증거를 유죄 인정의 증거로 사용할 수 있는 예외적인 경우에 해당한다고 볼 수 있으려면, 그러한 예외적인 경우에 해당한다고 볼 만한 구체적이고 특별한 사정이 존재한다는 것을 검사가 증명하여야 한다.

6. 사안에 대한 대법원의 판단

【대법원 분석】 다. 원심판결 이유에 의하면, 원심은 /

【대법원 분석】 '피고인이 2002년 3월 하순경 과천시에 있는 상호불상의 식당에서, 피고인 을로부터 향후 동일한 취지의 불공정거래행위 신고나 관련 업무처리 등을 할 경우 잘 봐달라는 취지로 건네주는 액면 금 100만 원권 [P자기앞수표 1매])를 교부받아 그 직무에 관하여 뇌물을 수수하였다'는 공소사실에 대하여, /

【대법원 분석】 이에 부합하는 증거로 제출된 것은 검사가 이 사건 공소가 제기되고 공판절차가 진행 중이던 2007. 12. 7.경 법 제215조에 의하여 수소법원이 아닌 지방법원 판사로부터 피고인 을에 대한 압수·수색 영장을 발부받아 그 집행을 통하여 확보한 자립예탁금 거래내역표 1부, 해당거래청구 및 수표발행전표 사본 각 1부, 지급필수표 조회내용 1부, 자기앞수표 사본 3부와 이를 기초로 작성된 2008. 1. 17.자 수사보고뿐인데, /

【대법원 판단】 위 증거들은 모두 공소제기 후 검사가 적법한 절차에 따르지 아니하고 수집한 증거들이거나 이를 기초로 하여 획득된 2차적 증거에 불과하여 원칙적으로 유죄 인정의 증거로 삼을 수 없으며, /

【대법원 판단】 나아가 검사로서는 이 사건에서 수소법원에 압수·수색에 관한 직권발동을 촉구하거나 법 제272조에 의한 사실조회를 신청하여 절차를 위반하지 않고서도 소정의 증명 목적을 달성할 수 있었던 점 등 그 판시와 같은 사정들에 비추어 볼 때, /

【대법원 판단】 위 증거들이 유죄 인정의 증거로 사용할 수 있는 예외적인 경우에 해당하지 않는다는 이유로 이 부분 공소사실을 무죄라고 판단하였다.

【대법원 결론】 앞서 본 법리와 기록에 비추어 볼 때, 원심의 위와 같은 사실인정 및 판단은 정당하

다. 원심판결에는 상고이유에서 주장하는 바와 같이 공소제기 후 수사기관에 의한 강제처분의 허용 여부에 관한 법리 등을 오해함으로써 판결에 영향을 미친 위법이 없다. (상고 기각)

【코멘트】 2011년 7월 형사소송법이 일부 개정되어 2012년 1월부터 시행되었다. 개정 내용 가운데 압수·수색·검증 요건의 강화가 있다. 이에 대해서는 2011. 4. 28. **2009도2109** 판례에 대한 코멘트에서 설명하였다.

2009도10701

공소장변경 없는 직권판단
농지법 위반 이중매매 사건
2011. 1. 27. 2009도10701, 공 2011상, 522

1. 사실관계 및 사건의 경과

【사실관계】

① P농지는 경치가 좋은 곳에 위치하고 있다.

② P농지는 A의 소유이다.

③ 갑은 A의 처이다.

④ P농지는 A로부터 B(농가)로, B로부터 C(비농가)로 각각 매도되었다.

⑤ C는 D에게 P농지를 임대하여 D와 그 가족들이 C에게 임료를 지급하고 이를 경작해 왔다.

⑥ 이후 A와 B는 사망하였다.

⑦ P농지에 대한 등기명의는 계속 A 앞으로 남아 있었다.

⑧ A의 상속인 갑은 P농지를 F에게 매도하고 소유권 이전등기를 마쳐주었다.

【사건의 경과】

① 검사는 C를 피해자로 하는 배임죄로 갑을 기소하였다.

② 갑의 피고사건은 제1심을 거친 후, 항소심에 계속되었다.

③ 항소심법원은 다음의 이유를 들어서 무죄를 선고하였다.

　(가) 비농가인 C는 농지개혁법의 관련규정에 의하여 P농지에 대한 소유권을 취득할 수 없다.

　(나) 따라서 C에게는 재산상 손해발생이 없다.

　(다) 피해자에게 손해발생이 없으므로 배임죄는 성립하지 않는다.

④ 검사는 불복 상고하였다.

⑤ 검사는 상고이유로 다음의 점을 주장하였다.

　(가) 갑의 행위는 C(비농가)에 대한 배임죄에 해당한다.

　(나) 그렇지 않다고 하더라도 갑의 행위는 적어도 B(농가)의 상속인에 대한 배임죄에는 해당한다.

　(다) 항소심법원은 직권으로라도 갑에게 유죄를 선고하는 것이 마땅한 것인데 이를 소홀히 한 위법

이 있다.

2. 농지법 위반과 배임죄 성립 여부

【대법원 요지】 가. 구 농지개혁법(1994. 12. 22. 법률 제4817호 농지법 부칙 제2조에 의하여 1996. 1. 1.자로 폐지된 법, 이하 '구 농지개혁법'이라 한다)상 자경 또는 자영의 의사가 없는 농지의 매수인은 농지매매증명의 발급 여부에 관계없이 농지에 대한 소유권을 취득할 수 없는 것이고, /

【대법원 요지】 비농가인 매수인이 자경·자영의사가 없었다고 인정되면 매수인은 매도인에 대하여 소유권이전등기절차의 이행을 청구할 수 없다.

【대법원 분석】 나. 원심은, /

【대법원 분석】 망 공소외 A는 망 공소외 B에게, 망 공소외 B는 공소외 C에게 각 이 사건 토지에 관한 소유권이전등기절차를 순차 이행하여 주어야 할 의무가 있고, 공소외 A의 처인 피고인은 공소외 A의 위와 같은 의무를 상속하였음에도 그 임무에 위배하여 이 사건 토지를 제3자에게 처분하고 소유권이전등기를 마쳐 줌으로써 이 사건 토지의 시가 상당의 재산상 이익을 취득하고 피해자 공소외 C에게 그에 해당하는 손해를 가하였다는 요지의 이 사건 공소사실에 대하여, /

【대법원 분석】 ① 공소외 C는 제1심법정에 증인으로 출석하여, 이 사건 토지를 매수한 동기가 학창 시절에 등산을 갔을 때 경치가 아름다워서 나이가 들면 노년을 이곳에서 보내고 싶은 생각이었고 애당초 이 사건 토지를 매수할 당시 직접 농사를 지을 의도는 없었다고 진술한 점, /

【대법원 분석】 ② 공소외 C는 1987. 1. 17. 이 사건 토지에 관한 매매계약을 체결한 후 일정 기간 공소외 D에게 임대해 주고 차임을 지급받았을 뿐 이 사건 토지를 자경 또는 자영한 일이 없는 점, /

【대법원 분석】 ③ 위 매매계약 체결 이래로 20년 가까이 경과하도록 공소외 C는 소유권이전등기를 경료하기 위한 아무런 조치도 취하지 않았고, 이 사건 토지와 멀리 떨어진 부산 등지에서 생활하여 왔던 점, /

【대법원 분석】 ④ 위 기간 동안 이 사건 토지에 관한 재산세 등 부동산에 부과되는 제세공과금은 모두 피고인이 납부하여 왔던 점 등에 비추어 보면, /

【대법원 판단】 공소외 B와 공소외 C 사이의 이 사건 토지 매매는 자경 또는 자영할 의사가 없었던 매매로서 공소외 C는 구 농지개혁법상 이 사건 토지의 소유권을 취득할 수 없으므로, 피고인이 제3자에게 이 사건 토지를 처분하고 소유권이전등기절차를 마쳐 주었다 하더라도 공소외 C에 대하여 배임죄를 구성하지 아니한다고 판단하였다.

【대법원 결론】 다. 원심판결 이유를 기록에 비추어 살펴보면, 원심의 위와 같은 판단은 정당하여 수긍이 가고, 거기에 상고이유에서 주장하는 바와 같은 구 농지개혁법과 배임죄에 관한 법리오해 등의 잘못이 없다.

3. 공소장변경 없는 직권판단의 요건

【대법원 요지】 가. 법원이 공소장의 변경 없이 직권으로 공소장에 기재된 공소사실과 다른 범죄사실을 인정하기 위하여는 공소사실의 동일성이 인정되는 범위 내이어야 할 뿐만 아니라 피고인의 방어권 행사에 실질적 불이익을 초래할 염려가 없어야 하고, /

【대법원 요지】 이와 같은 경우라고 하더라도 이를 처벌하지 않는다면 적정절차에 의한 신속한 실체적 진실의 발견이라는 형사소송의 목적에 비추어 현저히 정의와 형평에 반하는 것으로 인정되는 경우가 아닌 한 법원이 직권으로 그 범죄사실을 인정하지 아니하였다고 하여 잘못이라고 할 수 없다.

4. 사안에 대한 대법원의 판단

【대법원 분석】 나. 상고이유 제2점의 주장은, 공소외 A와 공소외 B 사이의 이 사건 토지에 관한 매매계약은 유효하므로 원심으로서는 공소장변경 없이도 직권으로 공소사실에 피해자로 기재된 공소외 C가 아닌 공소외 B의 상속인들을 피해자로 보아 배임죄의 성립을 인정하였어야 한다는 취지로 선해할 수 있으나, /

【대법원 판단】 이 사건에서 공소사실과 달리 공소외 B의 상속인들을 피해자로 인정할 경우 그에 대응할 피고인의 방어방법이 달라질 수밖에 없어 피고인의 방어권 행사에 실질적인 불이익을 초래할 염려가 있다고 보일 뿐만 아니라, 기록에 비추어 보면, 원심이 직권으로 공소외 B의 상속인들을 피해자로 인정하지 아니한 것이 현저하게 정의와 형평에 반한다고 볼 수도 없다.

【대법원 결론】 따라서 원심이 공소제기된 대로 공소외 C를 피해자로 한 배임죄에 관하여만 판단하여 무죄를 선고한 조치는 정당하고, 거기에 상고이유로 주장하는 취지와 같은 공소장변경에 관한 법리오해 등의 잘못이 없다. (상고 기각)

2009도11401

긴급체포시의 압수 요건
외사과 경찰관 압수 사건
2009. 12. 24. 2009도11401, 공 2010상, 298

1. 사실관계 및 사건의 경과

【사실관계】
① 갑은 외국인이다.
② A는 서울지방경찰청 외사과 소속 경사이다.
③ 2008. 12. 1. 경찰관 A는 갑을 경찰관서로 불러 조사하였다.
④ 이 자리에서 경찰관 A는 갑을 사기죄 등으로 긴급체포하였다.
⑤ 경찰관 A는 긴급체포를 하면서 갑이 소지하고 있던 P물건을 압수하였다.
⑥ 갑을 긴급체포할 당시 경찰관 A는 갑에게 변호인의 조력을 받을 권리를 고지하지 않았다.
⑦ 경찰관 A는 압수한 P물건에 대해 사후에 압수수색영장을 발부받지 않았다.

【사건의 경과 1】
① 경찰관 A는 조사를 마친 후 갑을 검찰로 송치하였다.

② 2008. 12. 10. 검사의 신문에 대해 갑은 피의사실을 시인하는 진술을 하였다.

③ 갑의 진술은 검사 면전 Q피의자신문조서에 기재되었다.

【사건의 경과 2】

① 검사는 갑을 사기 등의 공소사실로 기소하였다.

② 갑은 공소사실을 부인하였다.

③ 제1심 공판절차에서 검사는 P증거물과 검사 면전 Q피의자진술조서를 증거로 제출하였다.

④ 갑은 Q피의자신문조서가 자신에 대하여 작성된 것임을 인정하였으나, 범행사실은 부인하였다.

⑤ 갑의 피고사건은 제1심을 거친 후, 항소심에 계속되었다.

⑥ 항소심법원은 무죄를 선고하였다.

⑦ (무죄판단의 이유는 판례 본문 참조)

⑧ 검사는 불복 상고하였다.

2. 위법수집증거배제법칙의 원칙과 예외

【대법원 요지】 기본적 인권 보장을 위하여 압수·수색에 관한 적법절차와 영장주의의 근간을 선언한 헌법과 이를 이어받아 실체적 진실 규명과 개인의 권리보호 이념을 조화롭게 실현할 수 있도록 압수·수색절차에 관한 구체적 기준을 마련하고 있는 형사소송법의 규범력은 확고히 유지되어야 하므로 /

【대법원 요지】 헌법과 형사소송법이 정한 절차에 따르지 아니하고 수집한 증거는 물론 이를 기초로 하여 획득한 2차적 증거 역시 기본적 인권 보장을 위해 마련된 적법한 절차에 따르지 않은 것으로서 원칙적으로 유죄 인정의 증거로 삼을 수 없고, /

【대법원 요지】 다만 위법하게 수집한 압수물의 증거능력 인정 여부를 최종적으로 판단함에 있어서는, 수사기관의 증거 수집 과정에서 이루어진 절차 위반행위와 관련된 모든 사정, 즉 절차 조항의 취지와 그 위반의 내용 및 정도, 구체적인 위반 경위와 회피가능성, 절차 조항이 보호하고자 하는 권리 또는 법익의 성질과 침해 정도 및 피고인과의 관련성, 절차 위반행위와 증거수집 사이의 인과관계 등 관련성의 정도, 수사기관의 인식과 의도 등을 전체적·종합적으로 살펴 볼 때, /

【대법원 요지】 수사기관의 절차 위반행위가 적법절차의 실질적인 내용을 침해하는 경우에 해당하지 아니하고, 오히려 그 증거의 증거능력을 배제하는 것이 헌법과 형사소송법이 형사소송에 관한 절차 조항을 마련하여 적법절차의 원칙과 실체적 진실 규명의 조화를 도모하고 이를 통하여 형사 사법 정의를 실현하려고 한 취지에 반하는 결과를 초래하는 것으로 평가되는 예외적인 경우라면, 법원은 그 증거를 유죄 인정의 증거로 사용할 수 있다고 보아야 한다. /

【대법원 요지】 이는 적법한 절차에 따르지 아니하고 수집한 증거를 기초로 하여 획득한 2차적 증거의 경우에도 마찬가지여서, 절차에 따르지 아니한 증거 수집과 2차적 증거 수집 사이 인과관계의 희석 또는 단절 여부를 중심으로 2차적 증거 수집과 관련된 모든 사정을 전체적·종합적으로 고려하여 예외적인 경우에는 유죄 인정의 증거로 사용할 수 있다.

3. 긴급체포시의 압수·수색과 사후영장

【대법원 분석】 한편 형사소송법 제216조 제1항 제2호, 제217조 제2항, 제3항은 사법경찰관은 형사

소송법 제200조의3(긴급체포)의 규정에 의하여 피의자를 체포하는 경우에 필요한 때에는 영장 없이 체포현장에서 압수·수색을 할 수 있고, /

【대법원 분석】 압수한 물건을 계속 압수할 필요가 있는 경우에는 지체 없이 압수수색영장을 청구하여야 하며, 청구한 압수수색영장을 발부받지 못한 때에는 압수한 물건을 즉시 반환하여야 한다고 규정하고 있는바, /

【대법원 요지】 형사소송법 제217조 제2항, 제3항에 위반하여 압수수색영장을 청구하여 이를 발부받지 아니하고도 즉시 반환하지 아니한 압수물은 이를 유죄 인정의 증거로 사용할 수 없는 것이고, /

【대법원 요지】 헌법과 형사소송법이 선언한 영장주의의 중요성에 비추어 볼 때 피고인이나 변호인이 이를 증거로 함에 동의하였다고 하더라도 달리 볼 것은 아니다.

4. 사안에 대한 대법원의 판단

【대법원 분석】 원심판결 이유에 의하면, 원심은, /

【대법원 판단】 서울지방경찰청 외사과 소속 경사 공소외인이 피고인을 긴급체포할 당시 헌법 제12조 제5항, 형사소송법 제200조의3 제1항, 제200조의5에서 요구하는 긴급체포의 요건을 갖추지 못하였으므로 피고인에 대한 긴급체포는 위법한 체포이고, /

【대법원 판단】 검사의 피고인에 대한 피의자신문은 2008. 12. 1. 피고인이 경찰에서 위법하게 긴급체포된 후 검찰로 송치되어 2008. 12. 10. 이루어졌으므로 위법한 긴급체포와 시간적으로 근접하여 이루어진 것인데다가, 당시 피고인이 변호인의 조력을 받은 바도 없으므로 위 피의자신문조서는 그 위법의 정도가 중하여 이를 유죄의 증거로 할 수 없으며, /

【대법원 판단】 피고인에 대한 긴급체포가 위법하므로 그에 수반하여 이루어진 각 압수절차 또한 위법임을 면할 수 없고, /

【대법원 판단】 가사 위 긴급체포가 적법하여 그에 수반된 압수절차가 허용되는 경우라 하더라도 이후 공소외인 등은 그 영장을 발부받아야 함에도 그러한 조치가 이루어지지 아니하였으므로, 위와 같이 위법한 압수절차에 의하여 압수한 물건은 이 사건 공소사실을 유죄로 인정하는 증거로 사용할 수 없다고 판단하였다.

【대법원 판단】 앞서 본 법리에 비추어 보면, 원심이 증거동의에도 불구하고 압수물의 증거능력을 부정한 것은 정당하므로(기록상 검사 작성의 피고인에 대한 피의자신문조서는 그 진정성립을 인정한 것으로 보일 뿐, 이를 증거로 함에 동의하였다고 볼 근거는 찾아보기 어렵다), /

【대법원 결론】 원심이 위 각 증거의 증거능력을 부정하고 이 사건 공소사실에 대하여 범죄의 증명이 없다는 이유로 무죄를 선고한 것은 정당하며, 거기에 상고이유에서 주장하는 바와 같은 증거능력에 관한 법리오해 및 채증법칙 위반 등의 위법이 없다. (상고 기각)

2009도11448

양형기준의 법적 성질
양형기준 소급적용 사건
2009. 12. 10. 2009도11448, 공 2010상, 193

1. 사실관계 및 사건의 경과

【사실관계】
① 갑은 성폭력처벌법위반죄(13세미만 미성년자강간)로 기소되었다.
② 아동·청소년 상대 성범죄에 대한 사회의 비난여론이 고조되면서 여러 가지 조치들이 마련되었다.
③ 그와 함께 성범죄에 대한 양형기준이 양형위원회에 의하여 공표, 발효되었다.
④ 갑의 피고사건은 제1심을 거친 후, 항소심에 계속되었다.

【사건의 경과】
① 항소심법원은 갑에게 유죄를 인정하였다.
② 항소심법원은 성범죄에 대한 양형기준을 적용하여 1년 6월의 징역형을 선고하였다.
③ 갑은 불복 상고하였다.
④ 갑은 상고이유로 다음의 점을 주장하였다.
　(가) 항소심판결문의 주문에 미결구금일수의 산입에 관한 판단이 누락되었다.
　(나) 형이 너무 무겁고 양형에 관한 사정에 관하여 사실 왜곡이 있다.
　(다) 갑의 범행 이후에 공표, 발효된 양형기준을 적용한 것은 소급효금지의 원칙에 반한다.

2. 미결구금일수의 전부 통산

【대법원 요지】 1. 형법 제57조 제1항 중 "또는 일부" 부분은 헌법재판소 2009. 6. 25. 선고 **2007헌바25** 사건의 위헌결정으로 효력이 상실되었다. /
【대법원 요지】 그리하여 판결선고 전 미결구금일수는 그 전부가 법률상 당연히 본형에 산입하게 되었으므로, 판결에서 별도로 미결구금일수 산입에 관한 사항을 판단할 필요가 없다고 할 것이다.
【대법원 판단】 이와 다른 전제에서 원심이 판결선고 전 미결구금일수 산입에 관한 사항을 판결문에 기재하지 않은 것이 위법하다는 상고이유의 주장은 이유 없다.

3. 양형부당 상고이유

【대법원 판단】 2. 원심에서 사형, 무기 또는 10년 이상의 징역이나 금고가 선고된 경우가 아닌 한 형의 양정이 부당하다는 것을 들어 상고할 수 없음은 형사소송법 제383조 제4호에 비추어 명백하다. /
【대법원 판단】 따라서 피고인에 대하여 10년 미만의 징역형이 선고된 이 사건에서 그 형이 너무 무겁다거나 양형에 관한 사정에 관하여 사실 왜곡이 있다는 취지의 주장은 적법한 상고이유가 되지 못한다.

4. 양형기준과 소급효

【대법원 요지】 또한 법원조직법 제81조의2 이하의 규정에 의하여 마련된 대법원 양형위원회의 양형기준은 법관이 합리적인 양형을 정하는 데 참고할 수 있는 구체적이고 객관적인 기준으로서 마련된 것이다(같은 법 제81조의6 제1항 참조). /

【대법원 요지】 위 양형기준은 법적 구속력을 가지지 아니하고(같은 법 제81조의7 제1항 단서), 단지 위와 같은 취지로 마련되어 그 내용의 타당성에 의하여 일반적인 설득력을 가지는 것으로 예정되어 있으므로 법관의 양형에 있어서 그 존중이 요구되는 것일 뿐이다. /

【대법원 판단】 그렇다면 법관이 형을 양정함에 있어서 참고할 수 있는 자료에 달리 제한이 있는 것도 아닌 터에 원심이 위 양형기준이 발효하기 전에 법원에 공소가 제기된 이 사건 범죄에 관하여 형을 양정함에 있어서 위 양형기준을 참고자료로 삼았다고 하여, 거기에 상고이유로 주장하는 바와 같이 피고인에게 불리한 법률을 소급하여 적용한 위법이 있다고 할 수 없다. (상고 기각)

2009도12132

허위사실의 증명방법
유학원 설명회 사건
2010. 11. 25. 2009도12132, 공 2011상, 70

1. 사실관계 및 사건의 경과

【사실관계】

① 갑은 인터넷에 다음과 같은 글을 올렸다.

② "지난 11월에 지인이 P에듀 설명회를 참석하였는데 그 이후 P에듀는 돈부터 입금하라는 독촉이 있었다. 우리 아이를 맡긴 Q에듀는 운영이 잘 안 되다 보니까 실무책임자들과 직원들이 2년 사이에 100%라고 할 정도로 바뀌었고, 더더욱 학부모들의 큰소리도 끊이지 않았었다. 유학원 대표가 미국이나 캐나다에 살다가 한국에 나와서 유학 사업을 하는 경우가 있다. 그들은 사고가 나면 바로 도망갈 가능성이 농후하다."

③ P에듀 측은 갑을 고소하였다.

【사건의 경과】

① 검사는 갑을 정보통신망법위반죄(허위사실적시 명예훼손)로 기소하였다.

② 제1심 공판절차에는 [P에듀 측의 관계자] A와 B가 출석하여 증언하였다.

③ 검사는 갑의 글이 게시된 인터넷 화면캡쳐자료를 증거로 제출하였다.

④ 갑의 피고사건은 제1심을 거친 후, 항소심에 계속되었다.

⑤ 항소심법원은 다음의 이유를 들어서 유죄를 선고하였다.

　(가) 갑이 자신의 주장이 진실임을 소명할 구체적이고 객관적인 자료를 전혀 제시하지 못하고 있다.

(나) 그러므로 갑이 인터넷에 게시한 글에서 적시한 내용은 허위라고 봄이 상당하다.

⑥ 항소심법원은 유죄의 증거로 제1심 공판조서 중 증인 A, B의 각 법정 진술기재, 화면캡쳐자료를 들었다.

⑦ 갑은 불복 상고하였다.

2. 사안에 대한 항소심의 판단

【대법원 분석】 원심은 그 채용 증거들을 종합하여 그 판시와 같은 사실을 인정한 다음, /

【대법원 분석】 이 사건 공소사실 제1항의 구 정보통신망 이용촉진 및 정보보호 등에 관한 법률 (2008. 6. 13. 법률 제9119호로 개정되기 전의 것, 이하 '구법'이라고 한다) 제70조 제2항의 허위사실 적시 정보통신망을 통한 명예훼손의 점에 관하여, /

【항소심 판단】 피고인이 "지난 11월에 지인이 P에듀 설명회를 참석하였는데 그 이후 P에듀는 돈부터 입금하라는 독촉이 있었다. 우리 아이를 맡긴 Q에듀는 운영이 잘 안 되다 보니까 실무책임자들과 직원들이 2년 사이에 100%라고 할 정도로 바뀌었고, 더욱 학부모들의 큰소리도 끊이지 않았다. 유학원 대표가 미국이나 캐나다에 살다가 한국에 나와서 유학 사업을 하는 경우가 있다. 그들은 사고가 나면 바로 도망 갈 가능성이 농후하다."고 주장하면서도 /

【항소심 판단】 이러한 주장이 진실임을 소명할 구체적이고 객관적인 자료를 전혀 제시하지 못하고 있으므로 피고인이 인터넷에 게시한 위 글에서 적시한 내용은 허위라고 봄이 상당하다고 판단하였다.

【대법원 판단】 그러나 원심의 이러한 판단은 다음과 같은 이유로 수긍하기 어렵다.

3. 허위사실의 입증방법

【대법원 요지】 형사재판에서 공소가 제기된 범죄의 구성요건을 이루는 사실은 그것이 주관적 요건이든 객관적 요건이든 그 입증책임이 검사에게 있으므로, /

【대법원 요지】 구법 제70조 제2항의 허위사실 적시 정보통신망을 통한 명예훼손죄로 기소된 사건에서 사람의 사회적 평가를 떨어뜨리는 사실이 적시되었다는 점, /

【대법원 요지】 그 적시된 사실이 객관적으로 진실에 부합하지 아니하여 허위일 뿐만 아니라 그 적시된 사실이 허위라는 것을 피고인이 인식하고서 이를 적시하였다는 점은 모두 검사가 입증하여야 한다.

【대법원 요지】 그런데 위 입증책임을 다하였는지 여부를 결정함에 있어서는, 어느 사실이 적극적으로 존재한다는 것의 증명은 물론, 그 사실의 부존재의 증명이라도 특정 기간과 특정 장소에서의 특정 행위의 부존재에 관한 것이라면 적극적 당사자인 검사가 이를 합리적 의심의 여지가 없이 증명하여야 할 것이지만, /

【대법원 요지】 특정되지 아니한 기간과 공간에서의 구체화되지 아니한 사실의 부존재를 증명한다는 것은 사회통념상 불가능한 반면 그 사실이 존재한다고 주장·증명하는 것이 보다 용이하므로 이러한 사정은 검사가 그 입증책임을 다하였는지를 판단함에 있어 고려되면 된다.

4. 사안에 대한 대법원의 판단

【대법원 판단】 위 법리 및 기록에 비추어 살펴보면, 피고인이 적시한 공소사실 제1항의 각 사실들은

특정 기간과 특정 장소에서의 특정행위로 봄이 상당하므로 위 각 사실들이 허위라는 점 및 피고인이 그 허위를 인식하고 있었다는 점에 대한 입증책임은 검사에게 있다고 할 것인데, /

【대법원 판단】 원심이 유죄 인정의 근거로 들고 있는 증거들, 즉 "제1심 공판조서 중 증인 공소외 A, B의 각 법정 진술기재, 화면캡쳐자료"만으로는 피고인이 적시한 공소사실 제1항 기재의 각 사실들이 허위이고 나아가 피고인이 그와 같은 사실이 허위임을 인식하였다는 점이 합리적인 의심을 할 여지가 없을 정도로 입증되었다고 보기 어렵고, 달리 이를 인정할 증거가 없다.

【대법원 판단】 그럼에도 불구하고 원심은 피고인이 공소사실 제1항의 각 사실들이 진실이라는 점을 소명할 구체적이고 객관적인 자료를 전혀 제시하지 못하였다는 이유만으로 위 각 사실들이 허위이고, 피고인이 이러한 사실들이 허위라고 인식하고 있었다고 판단하여 이 사건 공소사실 제1항의 허위사실 적시 정보통신망을 통한 명예훼손의 점을 유죄로 인정하고 말았으니, 원심판결에는 위 명예훼손죄에 관한 입증책임에 관한 법리를 오해하였거나 채증법칙을 위반하여 판결 결과에 영향을 미친 위법이 있다. 이를 지적하는 상고이유의 주장은 이유 있다. (파기 환송)

【코멘트】 허위사실이 구성요건표지로 되어 있는 범죄의 경우 허위사실의 입증과 허위사실 인식의 입증이 모두 검사의 책임으로 돌아간다. 허위사실 자체의 입증방법에 관한 것으로는 2008. 11. 13. **2006도7915** 판례가, 허위사실의 인식에 대한 입증방법에 관한 것으로는 2010. 10. 28. **2009도4949** 판례가 있다. 상호 비교해 보면 도움이 될 것이라고 본다.

2009도12249

범죄사실의 동일성 판단기준
노점상 자리 다툼 사건
2011. 4. 28. 2009도12249, 공 2011상, 1089

1. 사실관계 및 사건의 경과

【사실관계】
① 2008. 6. 11. 12시를 전후하여 갑은 P재래시장에서 노점상 자리 문제로 A와 다투었다.
② 2008. 6. 11. 갑은 다음과 같은 요지의 ㉠범칙사실을 이유로 관할 경찰서장으로부터 범칙금 30,000원을 납부할 것을 통고받았다.
③ "피고인은 2008. 6. 11. 12:30경 P재래시장 화장실 내에서 경범죄처벌법 제1조 제26호의 범칙행위(인근소란행위)를 하였다."
④ 2008. 6. 12. 갑은 범칙금을 납부하였다.

【사건의 경과 1】
① 이후 검사는 갑을 다음과 같은 요지의 ㉡공소사실로 폭처법위반죄(흉기상해)로 기소하였다.
② "피고인은 2008. 6. 11. 11:50경 P재래시장 앞길에서 노점상 자리 문제로 피해자 A와 다투던 중

손으로 피해자를 밀어 넘어뜨린 후 그곳에 있던 흉기인 야채 손질용 칼 2자루(각 칼날길이 약 10cm)를 들고 피해자의 다리 부위를 찔러 피해자에게 약 4주간의 치료를 요하는 우측대퇴부 외측부 피하조직 손상 등의 상해를 가하였다."

③ 제1심법원은 ㉠범칙사건의 범칙금의 납부에 따른 확정판결의 기판력이 ㉡공소사실에도 미친다는 이유로 면소를 선고하였다.

【사건의 경과 2】

① 검사는 불복 항소하였다.

② 항소심법원은 다음의 이유를 들어서 ㉠범칙사실과 ㉡공소사실 사이에 기본적 사실관계가 동일하다고 판단하였다.

　(가) ㉡공소사실과 갑이 범칙금을 납부한 ㉠범칙행위는 범행 장소 및 일시가 동일하다.

　(나) ㉡공소사실과 ㉠범칙행위는 갑이 노점상 자리 문제로 A와 다투던 중 폭행을 가하는 일련의 과정에서 이루어진 것으로서 그 범행동기와 상대방까지 동일하다.

③ 항소심법원은 검사의 항소를 기각하고, 제1심판결을 유지하였다.

④ 검사는 불복 상고하였다.

2. 공소사실과 범칙행위의 비교

【대법원 분석】 이 사건 공소사실의 요지는, /

【대법원 분석】 피고인이 2008. 6. 11. 11:50경 충남 당진군 (이하 생략)에 있는 P재래시장 앞길에서 노점상 자리 문제로 피해자 공소외인(56세)과 다투던 중 손으로 피해자를 밀어 넘어뜨린 후 그곳에 있던 흉기인 야채 손질용 칼 2자루(각 칼날길이 약 10㎝)를 들고 피해자의 다리 부위를 찔러 피해자에게 약 4주간의 치료를 요하는 우측대퇴부 외측부 피하조직 손상 등의 상해를 가하였다는 것이다.

【대법원 분석】 기록에 의하면, 피고인은 2008. 6. 11. 12:30경 충남 당진군 (이하 생략)에 있는 P재래시장 화장실 내에서 경범죄처벌법 제1조 제26호의 범칙행위를 하였음을 이유로 같은 날 관할 경찰서장으로부터 범칙금 30,000원을 납부할 것을 통고받고 같은 달 12일 이를 납부한 사실이 인정된다.

3. 사안에 대한 항소심의 판단

【항소심 판단】 원심은 이 사건 공소사실과 피고인이 범칙금을 납부한 위 범칙행위가 범행 장소 및 일시가 동일할 뿐만 아니라, 피고인이 노점상 자리 문제로 피해자와 다투던 중 폭행을 가하는 일련의 과정에서 이루어진 것으로서 그 범행동기와 상대방까지 동일하므로, 양 사실은 그 기본적 사실관계가 동일하다고 판단하였다. /

【항소심 판단】 이에 따라 위 범칙금의 납부에 따른 확정판결의 기판력이 이 사건 공소사실에도 미친다고 보아야 한다는 이유로 형사소송법 제326조 제1호에 의하여 면소를 선고한 제1심판결을 그대로 유지하였다.

【대법원 판단】 그러나 위와 같은 원심의 판단은 수긍할 수 없다.

4. 범죄사실(공소사실) 동일성의 판단기준

【대법원 요지】 공소사실이나 범죄사실의 동일성 여부는 사실의 동일성이 갖는 법률적 기능을 염두에 두고 피고인의 행위와 그 사회적인 사실관계를 기본으로 하면서 규범적 요소 또한 아울러 고려하여 판단하여야 한다.

【대법원 요지】 한편 경범죄처벌법상 범칙금제도는 형사절차에 앞서 경찰서장 등의 통고처분에 의하여 일정액의 범칙금을 납부하는 기회를 부여하여 그 범칙금을 납부하는 사람에 대하여는 기소를 하지 아니하고 사건을 간이하고 신속, 적정하게 처리하기 위하여 처벌의 특례를 마련해 둔 것이라는 점에서 법원의 재판절차와는 제도적 취지 및 법적 성질에서 차이가 있다. /

【대법원 요지】 그리고 범칙금의 납부에 따라 확정판결에 준하는 효력이 인정되는 범위는 범칙금 통고의 이유에 기재된 당해 범칙행위 자체 및 그 범칙행위와 동일성이 인정되는 범칙행위에 한정된다. /

【대법원 요지】 따라서 범칙행위와 같은 시간과 장소에서 이루어진 행위라 하더라도 범칙행위의 동일성을 벗어난 형사범죄행위에 대하여는 범칙금의 납부에 따라 확정판결에 준하는 일사부재리의 효력이 미치지 아니한다고 할 것이다.

5. 사안에 대한 대법원의 판단

【대법원 판단】 앞서 본 사실관계 및 기록에 의하면, 피고인이 범칙금의 통고처분을 받게 된 범칙행위인 인근소란과 이 사건 폭력행위 등 처벌에 관한 법률 위반죄의 공소사실인 흉기휴대상해행위는 범행 장소와 일시가 근접하고 모두 피고인과 피해자의 시비에서 발단이 된 것으로 보이는 점에서 일부 중복되는 면이 있다.

【대법원 판단】 그러나 피고인에게 적용된 경범죄처벌법 제1조 제26호(인근소란등)의 범칙행위는 "악기·라디오·텔레비전·전축·종·확성기·전동기 등의 소리를 지나치게 크게 내거나 큰소리로 떠들거나 노래를 불러 이웃을 시끄럽게 한 행위"인 데 반하여, /

【대법원 판단】 이 사건 공소사실인 흉기휴대상해는 흉기인 야채 손질용 칼 2자루를 휴대하여 사람의 신체를 상해하였다는 것이므로 범죄사실의 내용이나 그 행위의 수단 및 태양이 매우 다르다. /

【대법원 판단】 또한 인근소란은 불특정인의 평온 내지 사회의 안녕질서를 보호법익으로 하는 데 비하여 흉기휴대상해는 특정인의 신체의 자유 및 완전성을 보호법익으로 하므로 각 행위에 따른 피해법익이 전혀 다르고, 그 죄질에도 현저한 차이가 있다. /

【대법원 판단】 나아가 위 범칙행위의 내용이나 수단 및 태양 등에 비추어 그 행위과정에서나 이로 인한 결과에 통상적으로 이 사건 공소사실인 흉기휴대상해행위까지 포함된다거나 이를 예상할 수 있다고는 볼 수 없으므로 위 범칙행위와 이 사건 공소사실은 서로 별개의 행위로서 양립할 수 있는 관계에 있다고 할 것이다. /

【대법원 판단】 따라서 앞서 본 법리에 비추어 그 사회적인 사실관계와 함께 위와 같은 규범적 요소를 아울러 고려하여 보면, 위 범칙행위와 이 사건 공소사실은 기본적 사실관계가 동일한 것으로 평가할 수 없다고 봄이 상당하다.

【대법원 결론】 그럼에도 불구하고 위 범칙행위와 이 사건 공소사실은 기본적 사실관계가 동일하다

는 이유로 위 범칙행위에 대한 범칙금 납부의 효력이 이 사건 공소사실에도 미친다고 보아 형사소송법 제326조 제1호에 의하여 면소를 선고한 원심판결에는 범칙행위의 동일성과 범칙금의 납부에 따른 일사부재리의 효력에 관한 법리를 오해하여 판결 결과에 영향을 미친 위법이 있고, 이 점을 지적하는 상고이유의 주장은 이유 있다. (파기 환송)

2009도12446

간통고소의 고소권자
식물인간 배우자 사건

2010. 4. 29. 2009도12446, [공보불게재]

1. 사실관계 및 사건의 경과

【사실관계 1】
① 갑과 A는 배우자 사이이다.
② [A는 갑이 운전하여 가던 중에 교통사고를 당하여 중상을 입었다.]
③ (위의 상황은 이해를 돕기 위한 가상의 것임)
④ A는 식물인간 상태가 되어 금치산선고를 받았다.
⑤ 갑은 A의 후견인으로 되었다.

【사실관계 2】
① 갑은 다른 이성 을과 성관계를 가졌다.
② B는 A의 어머니로서 B의 특별대리인이다.
③ B는 A를 대리하여 갑을 상대로 이혼소송을 제기하였다.
④ B는 이혼소송 제기와 함께 갑을 간통죄로 고소하였다.
⑤ B가 제기한 이혼소송은 이후 관할 가정법원에서 청구가 인용되었고, 그 판결은 확정되었다.

【사건의 경과】
① 검사는 갑을 간통죄로 기소하였다.
② 갑의 피고사건은 제1심을 거친 후, 항소심에 계속되었다.
③ 항소심법원은 갑에게 유죄를 선고하였다.
④ 갑은 불복 상고하였다.
⑤ 갑은 상고이유로 다음의 점을 주장하였다.
    (가) 간통죄는 사회적 법익에 관한 죄이므로 A는 피해자에 해당하지 않는다.
    (나) 따라서 B의 고소는 형소법 제226조가 규정한 피해자의 친족에 의한 고소라고 할 수 없다.
    (다) 간통죄의 고소는 혼인관계의 부존재 또는 이혼소송의 계속을 유효조건으로 하고 있다.
    (라) B가 A를 대리하여 제기한 이혼소송이 확정판결로 종결되어 이혼소송의 소송계속이 종료하였으므로 B의 고소는 부적법하다.

2. 간통죄의 고소권자

【대법원 요지】 형법 제241조 제2항에 간통죄는 배우자의 고소가 있어야 논한다는 취지로 규정하였음은 간통죄는 배우자의 상대방 배우자에게 대한 정조에 대한 권리를 침해한 것으로서 배우자의 피해자로서의 고소가 있어야 죄를 논할 수 있도록 규정한 취지이며 /

【대법원 요지】 형사소송법 제226조에 피해자의 법정대리인이 피의자이거나 법정대리인의 친족이 피의자인 때에는 피해자의 친족은 독립하여 고소할 수 있다.

【대법원 분석】 원심판결 이유에 의하면, 피고인의 배우자 공소외 A가 식물인간 상태가 되어 금치산선고를 받아 피고인이 후견인으로 된 사실, 공소외 A의 어머니인 공소외 B가 이 사건 고소를 제기한 사실을 알 수 있는바, /

【대법원 판단】 위 법리에 의하면, 공소외 B에 의하여 제기된 고소는 간통죄의 공소제기 요건으로서 적법하므로 같은 취지의 원심판결은 정당하고 거기에 상고이유 주장과 같은 간통죄에서 고소권에 관한 법리오해 등의 위법이 없다.

3. 간통고소의 유효조건

【대법원 분석】 또한 형사소송법 제229조 제1항에 의하면, 간통고소는 혼인이 해소되거나 이혼소송을 제기한 후가 아니면 할 수 없다고 규정하고 있으므로, 위 고소는 혼인관계의 부존재 또는 이혼소송의 계속을 그 유효조건으로 하고 있으며, 이러한 조건은 공소제기시부터 재판이 종결될 때까지 구비하여야 하는 것인바, /

【대법원 판단】 위 조건을 구비하지 아니한 고소는 위 법조에 위반되는 고소라 할 수 있는 것은 상고이유에서 지적하는 바와 같지만, 공소외 B가 특별대리인으로서 공소외 A를 대리하여 피고인을 상대로 이혼소송을 제기하여 그 청구를 인용한 판결이 확정된 이상 위 고소가 이혼소송의 소송계속의 소멸로 부적법하게 될 것이라는 상고이유 주장은 받아들일 수 없다. (상고 기각)

2009도13197

국회 위증과 증언거부권
국회 문광위 위증 사건
2012. 10. 25. 2009도13197, 공 2012하, 1977

1. 사실관계 및 사건의 경과

【사실관계】
① 국회에서의증언·감정등에관한법률은 증언거부권을 규정하고 있다(동법 제3조).
② 국회에서의증언·감정등에관한법률은 증언거부권 고지에 관한 규정을 두고 있지 않다.
③ 갑은 국회에서의증언·감정등에관한법률에 기하여 국회 문화관광위원회에 증인으로 출석하였다.

④ 국회 문화관광위원회 위원장 A는 갑에게 증언거부권을 고지하지 않았다.

⑤ 갑은 이후 선서를 하고 허위증언을 하였다

【사건의 경과】

① 검사는 갑을 국회에서의증언·감정등에관한법률위반죄(위증)로 기소하였다.

② 갑의 피고사건은 제1심을 거친 후, 항소심에 계속되었다.

③ 항소심법원은 유죄를 인정하였다.

④ 갑은 불복 상고하였다.

⑤ 갑은 상고이유로 다음의 점을 주장하였다.

　(가) 갑은 증언거부권을 고지받지 않았으므로 위증죄가 성립하지 않는다.

　(나) 신문요구서가 법정된 기간 내에 송달되지 아니하여 신문절차가 위법하다.

　(다) 갑은 증언거부권을 고지받지 않았으므로 진실한 증언에 대한 기대가능성이 없다.

2. 증언거부권 고지조항과 유추해석

【대법원 분석】 형사소송법 제160조는 '증인이 제148조, 제149조에 해당하는 경우에는 재판장은 신문 전에 증언을 거부할 수 있음을 설명하여야 한다'고 규정하고 있음에 반해, /

【대법원 분석】 국회에서의 증언·감정 등에 관한 법률은 위와 같은 증언거부권의 고지에 관한 규정을 두고 있지 아니한바, /

【대법원 요지】 증언거부권을 고지받을 권리가 형사상 자기에게 불리한 진술을 강요당하지 아니함을 규정한 헌법 제12조 제2항에 의하여 바로 국민의 기본권으로 보장받아야 한다고 볼 수는 없고, /

【대법원 요지】 증언거부권의 고지를 규정한 형사소송법 제160조 규정이 국회에서의 증언·감정 등에 관한 법률에도 유추 적용되는 것으로 인정할 근거가 없다.

【대법원 판단】 원심이 같은 취지에서

【대법원 판단】 피고인 갑이 국회 문화관광위원회 위원장으로부터 증언거부권을 고지받지 아니한 채 선서를 하고 증언을 하였다고 하더라도 위 선서 및 증언 자체는 유효한 것이라고 보아 /

【대법원 판단】 허위 증언한 피고인 갑에 대하여 위증죄가 성립한다고 판단한 것은 정당하고, /

【대법원 결론】 거기에 국회에서의 증언·감정 등에 관한 법률에서의 선서 및 증언거부권과 위증죄 성립에 관한 법리를 오해한 위법이 없다.

3. 신문요지 통보의 법적 성질

【대법원 분석】 국회에서의 증언·감정 등에 관한 법률 제5조 제1항은 '본회의 또는 위원회가 이 법에 의한 보고나 서류제출의 요구 또는 증인·감정인·참고인의 출석요구를 할 때에는 해당자나 기관의 장에게 요구서를 발부한다'고 규정하고 있고, /

【대법원 분석】 같은 조 제3항은 '제1항의 요구서에는 증인과 참고인의 경우에는 신문할 요지를 첨부하여야 한다'고 규정하고 있으며, /

【대법원 분석】 같은 조 제4항은 '제1항의 요구서는 늦어도 증인 등의 출석요구일 7일 전에 송달되어야 한다'고 규정하고 있다.

【대법원 요지】 위 법률 제5조 제3항이 증인에게 신문할 요지를 통보하도록 규정한 취지는 /

【대법원 요지】 대상자로 하여금 사전에 국회에 출석하여 증언할 대체적인 내용을 파악하고 미리 사실관계를 확인해 보거나 관련 자료를 찾아볼 수 있도록 준비하게 함으로써 국회에서 보다 충실한 증언이 가능하도록 하기 위한 것에 있을 뿐 /

【대법원 요지】 신문할 요지에 포함되지 않은 사항의 신문을 금지하는 취지는 아니라 할 것이고, /

【대법원 요지】 위 법률 제5조 제4항은 규정형식, 출석으로 인한 증인의 일정관리상 제약, 답변자료 준비의 필요성, 위반 시 처벌의 엄격성 등을 고려할 때 반드시 준수하여야 할 강행규정으로 해석함이 상당하나, /

【대법원 요지】 위 규정들을 준수하지 못한 이유로 국회에 출석한 증인이 허위의 진술을 하는 것까지 처벌할 수 없다고 할 수는 없다.

【대법원 결론】 원심이 같은 취지로 판단한 것은 정당하고, 이와 다른 전제에 선 상고이유 주장은 이유 없다.

4. 증언거부권 불고지와 기대가능성

【대법원 판단】 피고인 갑은 국회에서의 증언·감정 등에 관한 법률 제3조에 의하여 증언을 거부할 수 있는 권리가 있어 위증죄로부터의 탈출구가 마련되어 있는 만큼 사실대로 진술할 것을 기대할 가능성이 없다고 볼 수는 없고, /

【대법원 판단】 피고인 갑에게 증언거부권이 있음을 고지하지 않은 것이 국회에서의 증언·감정 등에 관한 법률 위반으로 되지 않음은 앞서 본 바와 같다.

【대법원 결론】 원심이 적법하게 증인으로 선서하고 증언을 한 피고인 갑에게 사실대로 진술할 것을 기대할 가능성이 없는 것으로 볼 수 없다고 판단한 것은 정당하고, 거기에 위증죄에 있어서 기대가능성에 관한 법리를 오해한 위법이 없다. (상고 기각)

2009도13846

정보저장매체의 증거조사방법
확성기 승합차 집회 사건
2011. 10. 13. 2009도13846, 공 2011하, 2392

1. 사실관계 및 사건의 경과

【사실관계 1】

① 2006. 10. 23.경부터 갑 등은 M집회 장소에서 천막 2개 동을 설치하고 생활하였다.

② 갑 등은 확성기가 설치된 승합차를 이용하여 노동가요와 자신의 요구사항을 수시로 방송하였다.

③ 갑은 이로 인해 업무방해죄로 수회에 걸쳐 처벌받았다.

④ 2008. 7. 4.부터 2008. 8. 14.까지 사이에 갑의 계속되는 집회에 따른 소음으로 피해를 입는다는

112신고가 50회 남짓에 이르렀다.

⑤ 갑의 집회에 대한 경찰의 소극적, 미온적 대응에 항의하는 내용의 인터넷 민원이 제기되기도 하였다.

⑥ M집회 장소와 인접한 거리에 위치한 N마을 10단지 아파트 주민들은 갑이 수 년간에 걸쳐 주최한 집회에서 발생한 소음으로 인한 피해를 해소하고자 여러 차례 민원을 제기하였다.

⑦ N마을 10단지 아파트 주민들은 민원이 해결되지 않자 법원에 L 시위자 확성기 사용금지 가처분을 신청하기 위하여 연대서명을 하였다.

⑧ 2008. 11. 27. 이전까지 M집회에서 갑 등의 미신고 또는 금지통고된 집회는 십 여차례에 달하였다.

【사실관계 2】

① 2008. 11. 27. 갑 등은 미신고 내지 금지통고된 M집회에서 마이크를 사용하여 발언하였고, 구호나 노동가요를 제창하였다. (㉮집회)

② 경찰은 갑 등에 대해 ㉮집회의 해산을 3회 명하였다.

③ 갑 등은 경찰의 3회에 걸친 해산명령에 응하지 않았다.

④ 경찰은 갑 등의 ㉮집회에 대해 강제해산을 실시하였다.

⑤ 경찰공무원 A 등은 세 번째 해산명령 직후 직접 ㉮집회를 해산시키기 위하여 갑 등을 체포하였다.

⑥ 갑 등에 대한 체포장면은 동영상으로 녹화되었다.

【사건의 경과 1】

① 검사는 갑을 다음의 공소사실로 집시법위반죄로 기소하였다.

 (가) ㉮집회

 (나) ㉮집회 전까지의 미신고 또는 금지통고된 집회 12회

② 갑 등은 경찰의 해산과정이 위법하게 진행되었다고 주장하였다.

③ 갑 등은 경찰의 해산명령이 위법하므로 갑에 대한 체포 또한 위법하다고 주장하였다.

④ 검사는 경찰의 해산과정이 적법하였음을 증명하기 위하여 ㉠수사보고서를 서증으로 제출하였다.

⑤ ㉠수사보고서에는 ㉡동영상CD가 첨부되어 있었다.

⑥ ㉠수사보고서에는 ㉡동영상CD의 내용이 간략히 요약되어 있었다.

⑦ 검사는 ㉡동영상CD를 별도의 증거로 제출하지는 않았다.

⑧ 제1심법원은 ㉠수사보고서를 증거의 하나로 채택하여 유죄를 인정하였다.

【사건의 경과 2】

① 갑은 불복 항소하였다.

② 갑은 경찰의 해산과정이 위법하였다고 주장하였다.

③ 항소심법원은 갑의 주장을 배척하면서 유죄판결에 다음과 같이 판시하였다.

④ "㉡CD 영상에 의하면, 피고인 전원을 체포하는 데는 2분 20여초가 소요되었음을 알 수 있다."

⑤ 갑은 불복 상고하였다.

⑥ 갑은 상고이유로 먼저 경찰의 ㉮집회 해산명령은 위법하다고 주장하였다.

⑦ 갑은 상고이유로, 다음의 이유를 들어 ㉡CD를 유죄의 증거로 사용한 위법이 있다고 주장하였다.

 (가) ㉡CD는 정보저장매체이다.

 (나) 형사소송규칙은 정보저장매체에 대한 증거조사절차를 규정하고 있다.

(다) ⓒCD에 대해 형사소송규칙이 정한 증거조사절차가 이루어지지 않았다.

2. 집시법상 해산명령 부분에 대한 판단

(1) 집시법상 해산명령의 요건

【대법원 판단】 (전략)

【대법원 판단】 위와 같이 집시법상 일정한 경우 집회의 자유가 사전 금지 또는 제한된다 하더라도 /

【대법원 판단】 이는 다른 중요한 법익의 보호를 위하여 반드시 필요한 경우에 한하여 정당화되는 것이며, /

【대법원 판단】 특히 집회의 금지와 해산은 원칙적으로 공공의 안녕질서에 대한 직접적인 위협이 명백하게 존재하는 경우에 한하여 허용될 수 있고, /

【대법원 판단】 집회의 자유를 보다 적게 제한하는 다른 수단, 예컨대 시위 참가자 수의 제한, 시위 대상과의 거리 제한, 시위 방법, 시기, 소요시간의 제한 등 조건을 붙여 집회를 허용하는 가능성을 모두 소진한 후에 비로소 고려될 수 있는 최종적인 수단이다.

【대법원 판단】 따라서 사전 금지 또는 제한된 집회라 하더라도 /

【대법원 판단】 실제 이루어진 집회가 당초 신고 내용과 달리 평화롭게 개최되거나 집회 규모를 축소하여 이루어지는 등 /

【대법원 판단】 타인의 법익 침해나 기타 공공의 안녕질서에 대하여 직접적이고 명백한 위험을 초래하지 않은 경우에는 /

【대법원 판단】 이에 대하여 사전 금지 또는 제한을 위반하여 집회를 한 점을 들어 처벌하는 것 이외에 /

【대법원 판단】 더 나아가 이에 대한 해산을 명하고 이에 불응하였다 하여 처벌할 수는 없다.

【대법원 판단】 원심이 이 사건 집회가 사전에 금지통고된 집회라는 이유만으로 해산을 명할 수 있다고 전제한 부분은 적절하지 아니하다.

(2) 사안에 대한 대법원의 분석

【대법원 분석】 그러나 원심판결 이유 및 원심이 적법하게 채택한 증거들에 의하면, /

【대법원 분석】 피고인 갑은 2006. 10. 23.경부터 이 사건 집회 장소에서 천막 2개 동을 설치하고 생활하면서 확성기가 설치된 승합차를 이용하여 노동가요와 자신의 요구사항을 수시로 방송하여 업무방해죄로 수회에 걸쳐 처벌받은 사실, /

【대법원 분석】 위와 같이 계속되는 집회에 따른 소음으로 피해를 입는다는 112신고가 2008. 7. 4.부터 2008. 8. 14.까지 사이만도 50회 남짓에 이르며 경찰의 소극적, 미온적 대응에 항의하는 내용의 인터넷 민원이 제기되기도 한 사실, /

【대법원 분석】 이 사건 집회 장소와 인접한 거리에 위치한 ○○마을 10단지 아파트 주민들은 피고인 갑이 수 년간에 걸쳐 주최한 집회에서 발생한 소음으로 인한 피해를 해소하고자 여러 차례 민원을 제기하였으나 해결되지 않자 법원에 △△ 시위자 확성기 사용금지 가처분을 신청하기 위하여 연대서명을 한 사실, /

【**대법원 분석**】 이 사건 집회 이외에도 함께 공소제기된 미신고 또는 금지통고된 집회만도 12회에 달하는 사실, /

【**대법원 분석**】 이 사건 집회 당일 피고인들은 마이크를 사용하여 발언하였고, 구호나 노동가요를 제창한 사실 등을 알 수 있다.

(3) 사안에 대한 대법원의 판단

【**대법원 판단**】 위와 같은 이 사건 집회 및 동종의 집회가 개최된 기간, 집회 장소 주변 거주자들의 피해 정도 및 항의 수준, 동종 집회에 대한 제한 및 금지조치의 경과, 이 사건 집회의 실제 진행상황 등을 종합하면, /

【**대법원 판단**】 이 사건 집회가 집시법 제8조 제3항 제1호에서 정하는 '사생활의 평온을 뚜렷하게 해칠 우려가 있는 경우'에 해당된다고 판단하여 이 사건 집회를 사전 금지하고 이를 통고한 것은 적법하고, /

【**대법원 판단**】 실제 이루어진 이 사건 집회 역시 당초 신고 내용과 달리 평화롭게 개최되는 등 타인의 법익 침해나 기타 공공의 안녕질서에 대하여 직접적이고 명백한 위험을 초래하지 않은 경우에 해당한다고 볼 수 없다.

【**대법원 판단**】 원심이 이 사건 해산명령을 적법한 것으로 보고 이에 불응한 피고인들에게 유죄를 인정한 결론은 정당한 것으로 수긍할 수 있다.

3. CD 영상물에 대한 증거조사방법

(1) 사안에 대한 대법원의 분석

【**대법원 분석**】 형사소송법 제292조의3은 /

【**대법원 분석**】 도면·사진·녹음테이프·비디오테이프·컴퓨터용 디스크, 그 밖에 정보를 담기 위하여 만들어진 물건으로서 문서가 아닌 증거의 조사에 관하여 필요한 사항은 대법원규칙으로 정하도록 위임하였고, /

【**대법원 분석**】 이에 따라 형사소송규칙 제134조의8은 /

【**대법원 분석**】 녹음·녹화매체 등에 대한 증거조사는 녹음·녹화매체 등을 재생하여 청취 또는 시청하는 방법으로 하도록 규정하고 있다.

【**대법원 분석**】 원심판결 이유 및 기록에 의하면, /

【**대법원 분석**】 검사는 피고인들에 대한 체포장면이 녹화된 동영상 CD를 별도의 증거로 제출하지 아니하고 /

【**대법원 분석**】 위 CD의 내용을 간략히 요약한 수사보고서에 위 CD를 첨부하여 수사보고서만을 서증으로 제출하였는데, /

(2) 사안에 대한 항소심의 판단

【**항소심의 판단**】 원심은 피고인들이 이 사건 해산명령 및 그에 따른 체포의 위법성을 다투자 /

【**항소심의 판단**】 위 CD를 재생하여 청취 또는 시청하는 방법으로 증거조사를 거치지 아니한 채 /

【**항소심의 판단**】 위 수사보고서를 유죄의 증거로 거시한 제1심판결을 인용한 데 이어 /

【**항소심의 판단**】 '위 CD 영상에 의하면, 피고인 전원을 체포하는 데는 2분 20여초가 소요되었음을 알 수 있다'는 이유로 피고인들의 주장을 배척함으로써 /

【**항소심의 판단**】 위 CD의 영상을 유죄의 증거로 사용하였다.

(3) 사안에 대한 대법원의 판단

【**대법원 판단**】 원심이 위 CD에 대하여「형사소송규칙」에서 규정한 증거조사절차를 거치지도 아니한 채 이를 유죄의 증거로 채택한 조치는 잘못된 것이지만, /

【**대법원 판단**】 한편 증거능력이 인정되고 적법한 증거조사절차를 거친 원심의 나머지 채택 증거들을 종합해 보면, /

【**대법원 판단**】 그에 의하더라도 피고인들이 금지통고된 2008. 11. 27.자 집회(이하 '이 사건 집회'라 한다)를 진행하던 중 3회에 걸쳐 자진 해산명령을 받았음에도 지체없이 해산하지 아니한 범죄사실을 인정하기에 충분하므로, 원심의 위와 같은 잘못은 판결 결과에 영향이 없다.

【**대법원 판단**】 한편 기록에 의하면 이 사건 집회는 피고인들 12명만이 참가한 매우 소규모 집회였던 사실, /

【**대법원 판단**】 피고인들은 3회에 걸친 자진 해산명령에도 불구하고 전혀 해산할 움직임이 없었던 사실을 알 수 있고, /

【**대법원 판단**】 위와 같은 집회 규모 및 피고인들이 자발적으로 해산하는 데 그리 오랜 시간이 걸리지 않을 것으로 예상되는 점 등에 비추어 보면, /

【**대법원 판단**】 관할 경찰공무원 등이 세 번째 해산명령 직후 직접 이 사건 집회를 해산시키기 위하여 피고인들을 체포한 것을 위법하다고 볼 수 없다.

【**대법원 결론**】 이 부분 상고이유의 주장도 이유 없다. (상고 기각)

2009도14065

국민참여재판과 항소심의 관계
금목걸이 강취 참여재판 사건
2010. 3. 25. 2009도14065, 공 2010상, 844

1. 사실관계 및 사건의 경과

【**사실관계**】

① 갑은 강도상해죄 등 일련의 공소사실로 기소되었다.

② 공소사실 중 강도상해 부분의 요지는 다음과 같다.

③ "피고인은 공소외인 을과 합동하여, P일시에 Q모텔에서 피해자 A를 때려 반항을 억압한 다음, 피해자의 목에 걸려 있던 시가 290만 원 상당의 R금목걸이를 강취하고, 이로 인하여 피해자에게 약 4주일간의 치료를 요하는 상해를 가하였다."

④ 갑은 국민참여재판을 신청하였다.

⑤ 제1심 공판절차는 배심원이 참여하는 국민참여재판으로 진행되었다.

【사건의 경과 1】

① 제1심 공판절차에서 갑은 공소사실을 부인하였다.

② 갑은 A가 R금목걸이를 스스로 건네주어 받았다고 진술하였다.

③ A는 갑이 R금목걸이를 강제로 **빼앗아** 갔다고 진술하였다.

④ 피고인의 주장과 피해자의 진술이 상반되자 그에 따라 R금목걸이의 강취 사실 및 범의 여부가 제1
심 공판의 쟁점이 되었다.

⑤ 제1심법원은 피해자, 피고인과 함께 Q모텔에 들어간 B 등 일행들과 Q모텔 주인 C 등 다수의 관련
자들에 대한 증인신문을 행하였다.

【사건의 경과 2】

① 배심원 9명은 평의에 임하여 만장일치로 강도상해 공소사실을 무죄로 평결하였다.

② 제1심 재판부는 배심원의 평결 결과를 받아들였다.

③ 제1심 재판부는 다음의 이유로 강도상해의 공소사실에 관하여 무죄를 선고하였다.

   (가) 강도상해의 공소사실에 부합하는 A 및 을 등의 진술의 신빙성을 배척한다.

   (나) 갑이 R목걸이를 가져갈 당시 재물 강취의 고의는 물론, 불법영득의 의사로 R금목걸이를 강취
하였다고 볼 증거가 부족하다.

【사건의 경과 3】

① 검사는 불복 항소하였다.

② 항소심법원은 피해자 A에 대해서만 증인신문을 추가로 실시하였다.

③ 항소심법원은 A의 진술에 신빙성이 인정된다고 판단하였다.

④ 항소심법원은 제1심판결을 파기하고, 강도상해의 공소사실을 유죄로 판단하였다.

⑤ 갑은 불복 상고하였다.

2. 제1심과 항소심의 신빙성 판단방법

【대법원 요지】 형사공판절차에서 제1심이 증인신문 절차를 진행한 뒤 그 진술의 신빙성을 판단함에
있어서는, 진술 내용 자체의 합리성 · 논리성 · 모순 또는 경험칙 부합 여부나 물증 또는 제3자의 진술
과의 부합 여부 등은 물론, /

【대법원 요지】 법관의 면전에서 선서한 후 공개된 법정에서 진술에 임하고 있는 증인의 모습이나 태
도, 진술의 뉘앙스 등 증인신문조서에는 기록하기 어려운 여러 사정을 직접 관찰함으로써 얻게 된 심
증까지 모두 고려하여 신빙성 유무를 평가하게 된다. /

【대법원 요지】 이에 비하여, 현행 형사소송법상 제1심 증인이 한 진술에 대한 항소심의 신빙성 유무
판단은 원칙적으로 증인신문조서를 포함한 기록만을 자료로 삼게 되므로, 진술의 신빙성 유무 판단에
있어 가장 중요한 요소 중의 하나라 할 수 있는 진술 당시 증인의 모습이나 태도, 진술의 뉘앙스 등을
신빙성 유무 평가에 반영할 수 없다는 본질적인 한계를 지니게 된다.

3. 제1심의 신빙성 판단과 항소심의 신빙성 판단의 관계

【대법원 요지】 이와 같은 제1심과 항소심의 신빙성 평가 방법의 차이에 우리 형사소송법이 채택하고 있는 실질적 직접심리주의의 취지 및 정신을 함께 고려해 보면, /

【대법원 요지】 제1심판결 내용과 제1심에서 적법하게 증거조사를 거친 증거들에 비추어 제1심 증인이 한 진술의 신빙성 유무에 대한 제1심의 판단이 명백히 잘못되었다고 볼 특별한 사정이 있거나, /

【대법원 요지】 제1심의 증거조사 결과와 항소심 변론종결시까지 추가로 이루어진 증거조사 결과를 종합하면 제1심 증인이 한 진술의 신빙성 유무에 대한 제1심의 판단을 그대로 유지하는 것이 현저히 부당하다고 인정되는 등의 예외적인 경우가 아니라면, /

【대법원 요지】 항소심으로서는 제1심 증인이 한 진술의 신빙성 유무에 대한 제1심의 판단이 항소심의 판단과 다르다는 이유를 들어 제1심의 판단을 함부로 뒤집어서는 안 될 것이다. /

【대법원 요지】 특히 공소사실을 뒷받침하는 증인의 진술의 신빙성을 배척한 제1심의 판단을 뒤집는 경우에는 무죄추정의 원칙 및 형사증명책임의 원칙에 비추어 이를 수긍할 수 없는 충분하고도 납득할 만한 현저한 사정이 나타나는 경우라야 할 것이다.

4. 국민참여재판의 신빙성 판단과 항소심의 신빙성 판단의 관계

【대법원 요지】 한편 사법의 민주적 정당성과 신뢰를 높이기 위해 도입된 국민참여재판의 형식으로 진행된 형사공판절차에서 엄격한 선정절차를 거쳐 양식 있는 시민으로 구성된 배심원이 사실의 인정에 관하여 재판부에 제시하는 집단적 의견은 실질적 직접심리주의 및 공판중심주의 하에서 증거의 취사와 사실의 인정에 관한 전권을 가지는 사실심 법관의 판단을 돕기 위한 권고적 효력을 가지는 것인바, /

【대법원 요지】 배심원이 증인신문 등 사실심리의 전 과정에 함께 참여한 후 증인이 한 진술의 신빙성 등 증거의 취사와 사실의 인정에 관하여 만장일치의 의견으로 내린 무죄의 평결이 재판부의 심증에 부합하여 그대로 채택된 경우라면, /

【대법원 요지】 이러한 절차를 거쳐 이루어진 증거의 취사 및 사실의 인정에 관한 제1심의 판단은 위에서 본 실질적 직접심리주의 및 공판중심주의의 취지와 정신에 비추어 항소심에서의 새로운 증거조사를 통해 그에 명백히 반대되는 충분하고도 납득할 만한 현저한 사정이 나타나지 않는 한 한층 더 존중될 필요가 있다.

5. 제1심과 항소심의 판단의 분석

【대법원 분석】 원심판결 이유 및 기록에 의하면 다음과 같은 사정을 알 수 있다.

【대법원 분석】 이 사건 공소사실 중 강도상해의 점의 요지는, 피고인이 공소외인과 합동하여, 그 판시 일시에 모텔에서 피해자를 때려 반항을 억압한 다음, 피해자의 목에 걸려 있던 시가 290만 원 상당의 금목걸이를 강취하고, 이로 인하여 피해자에게 약 4주일간의 치료를 요하는 상해를 가하였다는 것이다.

【대법원 분석】 국민참여재판으로 진행된 제1심에서는 피고인이 위 범행 당시 피해자의 금목걸이를

피해자로부터 넘겨받게 된 경위에 관하여 피고인의 주장과 피해자의 진술이 상반되고 그에 따라 위 금 목걸이의 강취 사실 및 범의 여부가 공판의 쟁점이 되자, 피해자, 피고인과 함께 모텔에 들어간 일행들 과 모텔 주인 등 다수의 관련자들에 대한 증인신문을 마친 다음, /

【대법원 분석】 배심원 9명이 만장일치로 한 평결 결과를 재판부가 받아들여, 위 공소사실에 부합하 는 피해자 및 공소외인 등의 진술의 신빙성을 배척하는 한편, 피고인이 위 범행 당시 재물 강취의 고 의는 물론, 불법영득의 의사로 금목걸이를 강취하였다고 볼 증거가 부족하다는 이유로 위 강도상해의 공소사실에 관하여 무죄로 판단하였다.

【대법원 분석】 그런데 원심은 피해자에 대하여만 증인신문을 추가로 실시한 다음, 그 진술의 신빙성 이 인정된다는 이유 등을 들어, 제1심이 증거의 증명력을 판단함에 있어 경험칙과 논리법칙에 어긋나 는 판단을 함으로써 자유심증주의에 관한 법리를 오해하거나 사실을 오인한 위법이 있다고 보아 제1심 판결을 파기하고 위 강도상해의 공소사실에 관하여 유죄로 판단하였다.

6. 사안에 대한 대법원의 판단

【대법원 판단】 앞서 본 법리와 위 소송의 경과에 비추어 보면, 국민참여재판에서 피해자를 비롯한 다수의 증인과 피고인에 대한 제1심 사실심리의 전 과정을 직접 지켜본 배심원이 만장일치로 내린 평 결 결과를 받아들여 공소사실을 뒷받침하는 피해자 등의 진술의 신빙성을 배척하고 이를 토대로 무죄 를 선고한 제1심의 판단을 뒤집기 위해서는 원심에서의 새로운 증거조사를 통해 그에 명백히 반대되는 충분하고도 납득할 만한 현저한 사정이 나타나는 경우라야 한다.

【대법원 판단】 그런데 이 점과 관련하여 원심이 지적한 사정들은 피해자의 원심법정 진술을 제외하 고는 제1심의 증거조사 과정에서 이미 현출되어 제1심이 관련 진술의 신빙성 유무를 판단함에 있어 이 미 고려했던 증거나 사정들 중 일부에 불과하여 제1심의 판단을 뒤집을 만한 특별한 사정으로 내세울 것이 되지 못하고, /

【대법원 판단】 피해자의 원심법정 진술 또한 피고인과 대립되는 이해당사자로서 수사과정에서부터 대체로 공소사실에 부합하는 내용으로 일관하여 온 같은 진술의 반복에 지나지 아니하여 역시 특별한 사정이라 보기 어렵다.

【대법원 결론】 그럼에도 불구하고 그 판시와 같은 이유로 피해자 등 진술의 신빙성 및 그에 기초한 위 강도상해의 공소사실에 대한 제1심의 판단을 뒤집어 이를 유죄라고 인정한 원심의 판단에는, 실질 적 직접심리주의와 공판중심주의의 원칙 아래 국민참여재판의 형식으로 이루어진 형사공판절차를 통 해 제1심이 한 증거의 취사와 사실의 인정을 합리적 근거 없이 뒤집음으로써 공판중심주의와 실질적 직접심리주의의 원칙을 위반하고 그 결과 범죄사실의 인정은 합리적인 의심이 없는 정도의 증명에 이 르러야 한다고 하는 증거재판주의에 관한 법리를 오해한 위법이 있으며, 이는 판결에 영향을 미쳤음이 명백하므로 그대로 유지될 수 없다. (파기 환송)

2009도14263

확정판결 효력범위의 판단기준
보험사기 후속 기소 사건
2010. 2. 25. 2009도14263, 공 2010상, 700

1. 사실관계 및 사건의 경과

【사실관계】

① 갑은 고의로 P교통사고를 낸 뒤 보험금을 청구하여 수령하는 Q보험사기의 범행을 저질렀다.

② 갑은 P교통사고에 대해 교통사고처리특례법위반죄로 기소되어 유죄판결을 받고 확정되었다. (㉠확정판결)

③ 검사는 Q보험사기 범행에 대해 갑을 다시 사기 및 사기미수죄로 기소하였다. (㉡공소사실)

【사건의 경과】

① 갑의 피고사건은 제1심을 거친 후, 항소심에 계속되었다.

② 항소심법원은 유죄를 선고하였다.

③ 갑은 불복 상고하였다.

④ 갑은 상고이유로, ㉠확정판결의 효력은 ㉡공소사실에 미치므로 면소를 선고해야 한다고 주장하였다.

2. 사안에 대한 대법원의 판단

【대법원 분석】 형사재판이 실체적으로 확정되면 동일한 범죄에 대하여 거듭 처벌할 수 없고(헌법 제13조 제1항), 확정판결이 있는 사건과 동일사건에 대하여 공소의 제기가 있는 경우에는 판결로써 면소의 선고를 하여야 하는 것인바(형사소송법 제326조 제1호), /

【대법원 판단】 피고인에 대한 각 교통사고처리 특례법 위반죄의 확정판결의 기판력이 이 사건 사기 및 사기미수죄에 미치는 것인지의 여부는 그 기본적 사실관계가 동일한 것인가의 여부에 따라 판단하여야 할 것이다. /

【대법원 요지】 또한 기본적 사실관계가 동일한가의 여부는 규범적 요소를 전적으로 배제한 채 순수하게 사회적, 전법률적인 관점에서만 파악할 수는 없고, 그 자연적, 사회적 사실관계나 피고인의 행위가 동일한 것인가 외에 그 규범적 요소도 기본적 사실관계 동일성의 실질적 내용의 일부를 이루는 것이라고 보는 것이 상당하다.

【대법원 판단】 살피건대, 위 각 교통사고처리 특례법 위반죄의 행위 태양은 과실로 교통사고를 발생시켰다는 점인데 반하여, 이 사건 사기 및 사기미수죄는 고의로 교통사고를 낸 뒤 보험금을 청구하여 수령하거나 미수에 그쳤다는 것으로서 서로 행위 태양이 전혀 다르고, /

【대법원 판단】 각 교통사고처리 특례법 위반죄의 피해자는 교통사고로 사망한 사람들이나, 이 사건 사기 및 사기미수죄의 피해자는 피고인과 운전자보험계약을 체결한 보험회사들로서 역시 서로 다르다. /

【대법원 판단】 따라서 위 각 교통사고처리 특례법 위반죄와 이 사건 사기 및 사기미수죄는 그 기본

적 사실관계가 동일하다고 볼 수 없으므로, 위 전자에 관한 확정판결의 기판력이 후자에 미친다고 할 수 없다. (상고 기각)

2009도14376

체포와 무영장 압수 · 수색
집 앞 20m 체포 사건

2010. 7. 22. 2009도14376, [**공보불게재**]

1. 사실관계 및 사건의 경과

【사실관계】

① 갑이 A를 흉기로 상해하였다는 피의사실로 갑에 대해 수사가 진행되고 있었다.

② 경찰관 B는 갑의 집에서 20m 떨어진 곳에서 갑을 체포하여 수갑을 채웠다.

③ 경찰관 B는 갑의 집으로 가서 집안을 수색하여 칼과 합의서를 압수하였다.

④ 압수가 있은 직후에 경찰관 B는 갑으로부터 갑이 작성한 압수물에 대한 임의제출동의서를 받았다.

⑤ 경찰관 B는 압수조서 및 압수목록을 작성하고, 압수품 사진을 촬영하였다.

⑥ 그러나 경찰관 B는 사후에 압수수색영장을 발부받지 않았다.

【사건의 경과】

① 검사는 갑을 폭처법위반죄(흉기등상해)로 기소하였다.

② 검사는 유죄의 증거로 칼, 합의서, 압수조서 및 압수목록, 압수품 사진을 증거로 제출하였다.

③ 제1심법원은 검사가 제출한 증거에 증거능력이 없다는 이유로 무죄를 선고하였다.

④ 검사는 불복 항소하였다.

⑤ 항소심법원은 항소를 기각하고, 제1심판결을 유지하였다.

⑥ 검사는 불복 상고하였다.

2. 위법수집증거배제법칙의 원칙과 예외

【대법원 요지】 1. 기본적 인권 보장을 위하여 압수 · 수색에 관한 적법절차와 영장주의의 근간을 선언한 헌법과 이를 이어받아 실체적 진실 규명과 개인의 권리보호 이념을 조화롭게 실현할 수 있도록 압수 · 수색절차에 관한 구체적 기준을 마련하고 있는 형사소송법의 규범력은 확고히 유지되어야 하므로, /

【대법원 요지】 헌법과 형사소송법이 정한 절차에 따르지 아니하고 수집한 증거는 물론이거니와 이를 기초로 하여 획득한 2차적 증거 또한 기본적 인권 보장을 위해 마련된 적법한 절차에 따르지 않은 것으로서 원칙적으로 유죄 인정의 증거로 삼을 수 없고, /

【대법원 요지】 다만 수사기관의 절차 위반행위가 적법절차의 실질적인 내용을 침해하는 경우에 해당하지 아니하고, 그 증거의 증거능력을 배제하는 것이 오히려 헌법과 형사소송법이 적법절차의 원칙

과 실체적 진실 규명의 조화를 통하여 형사 사법 정의를 실현하려고 한 취지에 반하는 결과를 초래하는 것으로 평가되는 예외적인 경우에 한하여 그 증거를 유죄 인정의 증거로 사용할 수 있을 뿐이다.

3. 사법경찰관의 압수·수색과 영장주의

【대법원 분석】 형사소송법 제215조 제2항은 "사법경찰관이 범죄수사에 필요한 때에는 검사에게 신청하여 검사의 청구로 지방법원 판사가 발부한 영장에 의하여 압수, 수색 또는 검증을 할 수 있다."고 규정하고 있는바, /

【대법원 요지】 사법경찰관이 위 규정을 위반하여 영장 없이 물건을 압수한 경우 그 압수물은 물론 이를 기초로 하여 획득한 2차적 증거 역시 유죄 인정의 증거로 사용할 수 없는 것이고, /

【대법원 요지】 이와 같은 법리는 헌법과 형사소송법이 선언한 영장주의의 중요성에 비추어 볼 때 위법한 압수가 있은 직후에 피고인으로부터 작성받은 그 압수물에 대한 임의제출동의서도 특별한 사정이 없는 한 마찬가지라고 할 것이다.

4. 사안에 대한 대법원의 판단

【대법원 분석】 기록에 의하면, 경찰이 피고인의 집에서 20m 떨어진 곳에서 피고인을 체포하여 수갑을 채운 후 피고인의 집으로 가서 집안을 수색하여 칼과 합의서를 압수하였을 뿐만 아니라 적법한 시간 내에 압수수색영장을 청구하여 발부받지도 않았음을 알 수 있는바, /

【대법원 판단】 이를 위 법리에 비추어 보면 위 칼과 합의서는 임의제출물이 아니라 영장 없이 위법하게 압수된 것으로서 증거능력이 없고, 따라서 이를 기초로 한 2차 증거인 임의제출동의서, 압수조서 및 목록, 압수품 사진 역시 증거능력이 없다고 할 것이다.

【대법원 결론】 같은 취지의 원심의 판단은 정당하고, 거기에 상고이유로 주장하는 바와 같은 압수물의 증거능력에 관한 법리오해나 채증법칙을 위반한 잘못이 없다. (상고 기각)

2009도14525

녹취록의 증거능력 인정요건
병원 감금 각서 강요 사건
2010. 3. 11. 2009도14525, 공 2010상, 778

1. 사실관계 및 사건의 경과

【사실관계 1】

① 갑은 A, B 등을 수사기관에 고소하였다.

② A, B 등에 대한 고소사실의 요지는 다음과 같다.

③ "A, B 등은 본인(갑)을 P병원에 감금한 후 각서를 작성하게 하고, 현금카드 등을 강취하였다."

④ [A, B 등은 갑을 무고죄로 맞고소하였다.]

⑤ 갑은 무고죄로 기소되었다.

⑥ 검사는 갑의 허위사실 신고행위를 입증하기 위하여 Q녹취록을 증거로 제출하였다.

【사실관계 2】

① [Q녹취록은 A가 갑, A, B 3인 사이의 대화를 녹음한 R녹음테이프를 풀어서 녹취한 것이었다.]

② 갑은 Q녹취록을 증거로 사용함에 대해 부동의하였다.

③ A는 제1심 공판기일에 출석하여 다음과 같이 증언하였다.

④ "갑과 A, B 사이의 대화는 본인(A)이 녹음하였고 Q녹취록의 내용이 다 맞다."

⑤ 그런데 Q녹취록에는 작성자가 기재되어 있지 않았다.

⑥ 한편 검사는 Q녹취록 작성의 토대가 된, 대화내용을 녹음한 원본 R녹음테이프를 증거로 제출하지 않았다.

【사건의 경과】

① 제1심법원은 갑에게 유죄를 선고하였다.

② 갑은 불복 항소하였다.

③ 항소심법원은 Q녹취서를 유죄 증거의 하나로 채택하여 갑의 항소를 기각하였다.

④ 갑은 불복 상고하였다.

⑤ 갑은 상고이유로, Q녹취서에 증거능력이 인정되지 않는다고 주장하였다.

2. 사안에 대한 대법원의 판단

【대법원 판단】 기록에 의하면, 1심에 제출된 피고인과 공소외 A 및 공소외 B의 대화에 관한 위 녹취록은 피고인의 진술에 관한 전문증거인데, /

【대법원 판단】 피고인이 위 녹취록에 대하여 부동의한 이 사건에서, 공소외 A가 위 대화를 자신이 녹음하였고 위 녹취록의 내용이 다 맞다고 1심 법정에서 진술하였을 뿐 그 이외에 위 녹취록에 그 작성자가 기재되어 있지 않을 뿐만 아니라 /

【대법원 판단】 검사는 위 녹취록 작성의 토대가 된 위 대화내용을 녹음한 원본 녹음테이프 등을 증거로 제출하지도 아니하는 등 형사소송법 제313조 제1항에 따라 위 녹취록의 진정성립을 인정할 수 있는 요건이 전혀 갖추어지지 않았으므로 /

【대법원 판단】 원심이 유죄의 자료로 설시한 위 녹취록의 기재는 증거능력이 없어 이를 증거로 사용할 수 없음에도 원심이 위 녹취록을 위와 같이 피고인의 무고의 점에 대한 유죄의 자료로 설시한 것은 잘못이다. /

【대법원 결론】 그러나 증거능력이 인정되는 나머지 적법한 1심의 채택 증거들에 의하더라도 이 사건 무고의 범죄사실을 인정하기에 충분하므로 원심이 위 공소사실을 유죄로 인정한 제1심판결을 유지한 조치는 결국 정당하여 원심의 위와 같은 잘못은 판결 결과에 영향이 없고, 채증법칙 위반 등에 관한 이 부분 상고이유 주장은 받아들일 수 없다. (상고 기각)

2009모1032

국민참여재판을 받을 권리
기한 도과 후의 의사확인서 사건
2009. 10. 23. 2009모1032, 공 2009하, 1957

1. 사실관계 및 사건의 경과

【사실관계 1】
① 국민참여재판법에 따르면 피고인은 공소장 부본을 송달받은 날부터 7일 이내에 국민참여재판을 원하는지 여부에 관한 의사가 기재된 서면을 법원에 제출하여야 한다(동법8②).
② 2009. 4. 30. 갑은 전주지방법원에 강도상해죄로 불구속 기소되었다.
③ 2009. 5. 16. 전주지방법원은 공소장 부본과 함께 국민참여재판 의사확인서 등이 포함된 P안내서를 갑에게 발송하였다.
④ 2009. 5. 19. 전주지방법원이 발송한 P안내서는 갑에게 송달되었다.

【사실관계 2】
① 갑은 공소장 부본을 송달받은 후 7일이 지나도 의사확인서를 제출하지 않고 있었다.
② 2009. 6. 24. 갑은 자신의 피고사건을 국민참여재판으로 진행하기를 원한다는 내용의 Q의사확인서를 전주지방법원 제1심재판부에 제출하였다.
③ 갑은 Q의사확인서의 여백에 다음과 같이 기재하였다.
④ "본인은 2009. 5. 19. 공소장 부분을 송달받았으나, 국민참여재판이라는 제도에 관하여 알지 못하여 신청하지 못하였습니다. 그러던 중 사선변호인을 통하여 국민참여재판에 대해 알게 되었고, 위와 같이 국민참여재판을 신청하오니 허가하여 주시길 바랍니다."

【사건의 경과】
① 2009. 6. 26. 제1심법원은 전주지방검찰청 검사에게 의견요청서를 보냈다.
② 2009. 6. 29. 제1심법원은 검사로부터 갑의 피고사건을 국민참여재판으로 진행하는 것은 상당하지 않다는 의견을 받았다.
③ 2009. 7. 20. 제1심법원은 공판준비절차에서 검사와 피고인측 쌍방의 의견을 다시 들었다.
④ 제1심법원은 갑의 피고사건에 대하여 국민참여재판으로 진행하기로 하는 결정을 하고 이를 고지하였다.
⑤ 2009. 7. 22. 검사는 국민참여재판으로 진행하기로 하는 제1심법원의 결정에 불복하여 항고하였다.
⑥ 2009. 8. 10. 항고법원인 광주고등법원(전주재판부)은 검사의 항고를 기각하였다.
⑦ 검사는 항고법원의 항고기각결정에 불복하여 대법원에 재항고하였다.

2. 참여재판 개시결정의 필요 여부

【대법원 요지】 1. 국민의 형사재판 참여에 관한 법률(이하 '법'이라고만 한다)에 의하면 제1심 법원이

국민참여재판 대상사건을 피고인의 의사에 따라 국민참여재판으로 진행함에 있어 별도의 국민참여재판 개시결정을 할 필요는 없고, /

【대법원 요지】 그에 관한 이의가 있어 제1심 법원이 국민참여재판으로 진행하기로 하는 결정에 이른 경우 이는 판결 전의 소송절차에 관한 결정에 해당하며 그에 대하여 특별히 즉시항고를 허용하는 규정이 없으므로 위 결정에 대하여는 항고할 수 없다고 할 것이다(형사소송법 제403조).

【대법원 요지】 따라서 국민참여재판으로 진행하기로 하는 제1심 법원의 결정에 대한 항고는 항고의 제기가 법률상의 방식에 위반한 때에 해당하여 위 결정을 한 법원이 항고를 기각하여야 하고(형사소송법 제407조 제1항), /

【대법원 요지】 위 결정을 한 법원이 항고기각의 결정을 하지 아니한 때에는 항고법원은 결정으로 항고를 기각하여야 한다(형사소송법 제413조).

【대법원 결론】 같은 취지에서 원심이 국민참여재판으로 진행하기로 한 제1심 법원의 결정에 대한 검사의 항고를 기각한 것은 정당하고, 거기에 재판에 영향을 미친 헌법·법률·명령 또는 규칙의 위반이 있다고 할 수 없다.

3. 참여재판 의사확인서의 제출가능시점

【대법원 분석】 2. 한편, 법에서는 피고인이 공소장 부본을 송달받은 날부터 7일 이내에 국민참여재판을 원하는지 여부에 관한 의사가 기재된 서면(이하 '의사확인서'라고 한다)을 제출하도록 하고(법 제8조 제2항), /

【대법원 분석】 피고인이 그 기간 내에 의사확인서를 제출하지 아니한 때에는 국민참여재판을 원하지 아니하는 것으로 보며(법 제8조 제3항), /

【대법원 분석】 공판준비기일이 종결되거나 제1회 공판기일이 열린 이후 등에는 종전의 의사를 바꿀 수 없도록 규정하고 있다(법 제8조 제4항).

【대법원 요지】 살피건대, 국민참여재판을 시행하는 이유는 사법의 민주적 정당성과 신뢰를 높이기 위한 것으로서(법 제1조) 누구든지 법으로 정하는 바에 따라 국민참여재판을 받을 권리를 가지는 것이나(법 제3조) 시행 초기의 제반 부담 등을 고려하여 국민참여재판 대상사건을 중죄 사건으로 한정한 것 뿐이므로, /

【대법원 요지】 법에서 정하는 대상사건에 해당하는 한 피고인은 원칙적으로 국민참여재판으로 재판을 받을 권리를 가지는 것이고, 피고인이 국민참여재판을 원하지 아니하거나 법 제9조 제1항에 따른 배제결정이 있어 국민참여재판을 진행하지 않는 경우(법 제5조 제1항, 제2항)를 예외로 보아야 하는 점, /

【대법원 요지】 법에서 국민참여재판 배제결정에 대하여 즉시항고를 할 수 있도록 규정하면서도(법 제9조 제3항), 국민참여재판으로 진행하기로 하는 법원의 판단에 대하여는 불복의 방법을 따로 규정하지 않은 것도 같은 취지에서 비롯된 것으로 볼 수 있는 점, /

【대법원 요지】 당초 정부가 제출한 법률안에서는 의사확인서를 제출하지 아니한 피고인의 경우 필요적으로 기일을 열어 피고인을 상대로 국민참여재판을 원하는지 여부를 확인하도록 하였으나, 국회 심사과정에서 위와 같은 의사확인 절차로 인한 법원의 부담을 감소시키고 피고인의 필요적 소환으로 인한 절차지연을 방지할 목적으로 공소장 부본을 송달받은 날부터 7일 이내에 의사확인서를 제출하지

아니한 때에는 국민참여재판을 원하지 아니하는 것으로 본다는 내용으로 수정되어 법이 제정된 것으로서. /

【대법원 요지】 위와 같은 입법경과에 비추어 볼 때 위 규정의 취지를 위 기한이 지나면 피고인이 국민참여재판 신청을 할 수 없도록 하려는 것으로는 보기 어려운 점. /

【대법원 요지】 당초 국민참여재판을 희망하지 않는다는 의사확인서를 제출한 피고인도 제1회 공판기일이 열리기 전까지 의사를 변경하여 국민참여재판 신청을 할 수 있는 것인데/

【대법원 요지】 (국민참여재판으로 진행하는 경우에는 필요적으로 공판준비기일을 열게 되고 공판준비기일이 종결되면 종전의 의사를 변경할 수 없게 되므로, '제1회 공판기일이 열리기 전까지' 종전의 의사를 변경할 수 있는 피고인에 당초 국민참여재판을 희망하는 의사확인서를 제출한 피고인은 해당하지 않는다), /

【대법원 요지】 의사확인서를 제출하지 아니한 피고인은 제1회 공판기일이 열리기 전에도 국민참여재판 신청을 할 수 없다고 보는 것은 형평성에 어긋나는 점. /

【대법원 요지】 의사확인서를 제출하지 아니한 피고인이 제1회 공판기일이 열리기 전까지 국민참여재판 신청을 할 수 있도록 허용하더라도 재판이 지연되는 정도는 중하지 아니하며 오히려 국민참여재판으로 진행되는 경우 재판이 더욱 신속하게 종결될 가능성이 큰 점 등에 비추어 보면, /

【대법원 요지】 공소장 부본을 송달받은 날부터 7일 이내에 의사확인서를 제출하지 아니한 피고인도 제1회 공판기일이 열리기 전까지는 국민참여재판 신청을 할 수 있고 법원은 그 의사를 확인하여 국민참여재판으로 진행할 수 있다고 봄이 상당하다.

【대법원 결론】 위 법리에 비추어 보면, 피고인이 이 사건 공소장 부본을 송달받은 날부터 7일이 경과한 후 국민참여재판 신청을 하였더라도 제1심 법원이 피고인의 의사를 확인하여 국민참여재판으로 진행하기로 한 결정은 법에 따른 정당한 조치라고 본 원심 판단은 옳고, 거기에 국민참여재판 의사확인 등에 관한 법리를 오해한 위법은 없다. (재항고 기각)

【코멘트】 본 판례에서 대법원은 국민참여재판의 중요성을 강조하면서 다음과 같은 몇 가지 중요한 판단기준을 제시하고 있다. (가) 형사재판은 국민참여재판으로 진행하는 것이 원칙이고 국민참여재판으로 진행하지 않는 것이 예외이다. (나) 국민참여재판으로 진행하는 데에는 별도의 개시결정이 필요 없다. (다) 국민참여재판을 불허하는 데에는 항고가 가능하나, 국민참여재판으로 진행하는 데에는 항고가 허용되지 않는다. (라) 당초 국민참여재판을 희망하지 않는다는 의사확인서를 제출한 피고인도 제1회 공판기일이 열리기 전까지 의사를 변경하여 국민참여재판 신청을 할 수 있다. (마) 역으로 국민참여재판 의사확인서를 제출한 피고인은 필요적으로 공판준비기일이 열리는 관계로 공판준비기일이 종결되면 종전의 국민참여재판 희망의사를 변경할 수 없다. (사) 국민참여재판법 제8조 제2항은 공소장부본 송달 후 7일 이내에 국민참여재판에 관한 의사확인서를 제출하도록 규정하고 있으나 피고인은 제1회 공판기일이 열리기 전까지 국민참여재판 희망 의사확인서를 제출할 수 있다.

대법원은 이상의 기준을 제시하여 국민참여재판제도의 활성화를 도모하고 있다. 국민참여재판법은 의사확인서 제출기간을 7일로 정하고, 그 기간 내에 의사확인서를 제출하지 않으면 국민참여재판을 원하지 않는 것으로 본다는 규정을 두고 있다(동법8② · ③). 이와 같은 명문의 규정에도 불구하고 대법원이 해당 조항의 입법취지를 검토하여 피고인에게 유리한 해석을 도모하는 부분은 본 판례에서 특기할 만한 대목이다.

국민참여재판제도는 2008년부터 시행되었다. 2012년 1월 국민참여재판법이 개정되어 2012년 7월부터 개정법이 시행되었다. 입법자는 국민참여재판제도의 초기 시행성과를 긍정적으로 평가하여 국민참여재판 대상사건을 합의부 관할사건 전반으로 확장하였다(동법5 참조). 다만 성폭력범죄의 피해자를 보호하기 위하여 피해자나 법정대리인이 국민참여재판을 원하지 않는 경우에 법원이 이를 고려할 수 있도록 국민참여재판 배제결정 사유를 확대하였다(동법9① iii).

합의부 관할사건 전반으로 대상사건이 확대됨에 따라 사회적 이목을 끄는 사건이 국민참여재판으로 판단될 가능성이 보다 높아지게 되었다. 법원조직법에 의하면 단독판사 관할사건이라 할지라도 합의부에서 심판할 것으로 합의부가 결정한 사건은 합의부 관할사건이 된다(동법32① i). 이 경우의 합의부 관할사건을 재정(裁定)합의사건이라고 한다. 단독사건이라고 할지라도 재정합의부가 사회적 관심 등을 감안하여 합의부에서 심판할 것으로 결정하면 국민참여재판 대상사건이 될 수 있는 것이다.

2009모1044

국선변호인의 조력을 받을 권리
국선변호인 항소이유서 미제출 사건
2012. 2. 16. 2009모1044 전원합의체 결정, 공 2012상, 480

1. 사실관계 및 사건의 경과

【사실관계】
① 갑은 70세를 넘은 사람이다.
② 갑은 P피고사건으로 기소되었다.
③ 제1심법원은 갑에게 유죄를 선고하였다.
④ 갑은 불복 항소하였다.
⑤ 갑은 70세 이상이어서 갑의 피고사건은 필요적 변호사건(법33① iii)에 해당한다.
⑥ 갑의 항소이유서 제출기간 20일이 경과하였다.

【사건의 경과 1】
① 항소심법원은 갑 본인의 항소이유서 제출기간이 경과한 후 국선변호인 A를 선정하고 A에게 소송기록접수통지를 하였다.
② 국선변호인 A는 20일의 법정기간 내에 항소이유서를 제출하지 않았다.
③ 항소심법원은 다음의 이유를 들어서 항소기각결정(법361조의4①)을 내렸다.
  (가) 갑과 국선변호인 A가 모두 그 제출기간 내에 항소이유서를 제출하지 아니하였다.
  (나) 제1심판결에 직권조사사유가 없다.
④ 항소심법원의 판단은 종래의 대법원판례에 따른 것이었다.

⑤ 갑은 항소심법원의 항소기각결정에 불복하여 대법원에 재항고하였다.

【사건의 경과 2】

① 대법원은 견해가 나뉘었다.

② 대법원 다수의견은 피고인과 국선변호인이 모두 법정기간 내에 항소이유서를 제출하지 않은 경우에 항소법원은 원칙적으로 종전 국선변호인의 선정을 취소하고 새로운 국선변호인을 선정하여 다시 소송기록접수통지를 함으로써 새로운 국선변호인으로 하여금 항소이유서를 제출하도록 해야 한다고 주장하였다.

③ 대법원 소수의견은 피고인과 변호인이 항소법원으로부터 소송기록접수를 통지받고도 법정기간 내에 항소이유서를 제출하지 아니한 경우에 항소법원은 원칙적으로 피고인의 항소를 기각하여야 한다고 주장하였다.

④ 대법원은 다수의견에 따라 피고인의 항소를 기각하였던 종전의 판례를 폐기하였다.

⑤ 대법원은 항소심의 항소기각결정을 파기하고 환송하였다.

⑥ (이하에서 소수의견의 소개는 지면관계로 생략함)

2. 국선변호인의 조력을 받을 권리

【대법원 요지】 1. 가. 헌법 제12조 제4항 본문은 "누구든지 체포 또는 구속을 당한 때에는 즉시 변호인의 조력을 받을 권리를 가진다"고 규정하고 있는바, 우리 헌법상의 법치국가원리, 적법절차원칙 등에 비추어 이러한 변호인의 조력을 받을 권리는 구속 피의자, 피고인뿐만 아니라 불구속 피의자, 피고인에게도 당연히 인정되는 것이다. /

【대법원 요지】 나아가 헌법은 같은 항 단서에서 "다만, 형사피고인이 스스로 변호인을 구할 수 없을 때에는 법률이 정하는 바에 의하여 국가가 변호인을 붙인다"고 규정함으로써 일정한 경우 형사피고인에게 국선변호인의 조력을 받을 권리가 있음을 밝히면서 이를 보장하는 것이 국가의 공적 의무임을 천명하고 있다.

【대법원 요지】 그런데 위와 같이 헌법상 보장되는 '변호인의 조력을 받을 권리'는 변호인의 '충분한 조력'을 받을 권리를 의미하므로, /

【대법원 요지】 일정한 경우 피고인에게 국선변호인의 조력을 받을 권리를 보장하여야 할 국가의 의무에는 형사소송절차에서 단순히 국선변호인을 선정하여 주는 데 그치지 않고 한 걸음 더 나아가 피고인이 국선변호인의 실질적인 조력을 받을 수 있도록 필요한 업무 감독과 절차적 조치를 취할 책무까지 포함된다고 할 것이다.

【대법원 분석】 때문에 위와 같은 헌법의 취지와 정신을 구현하기 위하여 형사소송법은 일정한 경우 법원으로 하여금 직권 또는 피고인의 청구 등에 의하여 국선변호인을 선정하도록 하는 한편(제33조), /

【대법원 분석】 국선변호인이 선정된 사건에 관하여 변호인 없이 개정하지 못하게 하면서 만일 변호인이 출석하지 아니한 때에는 직권으로 새로운 국선변호인을 선정하도록 하였고(제282조, 제283조, 제370조), /

【대법원 분석】 형사소송규칙은 국선변호인을 선정한 후에도 법원으로 하여금 그 선정 취소, 사임 허가, 감독 등의 업무를 담당하도록 하고 있는 것이다(제18조 내지 제21조).

3. 항소심에서의 국선변호인의 조력을 받을 권리

【대법원 판단】 나. 한편 형사소송법 제361조의3 제1항, 제361조의2 제1항, 제2항, 제361조의4 제1항, 제364조 제1항 등에 의하면, 피고인이 항소한 경우 형사 항소심은 기본적으로 피고인 또는 변호인이 법정기간 내에 제출한 항소이유서에 포함된 항소이유에 관하여 심판하는 구조이고, /

【대법원 판단】 만일 법정기간 내에 적법한 항소이유서가 제출되지 아니하면 원칙적으로 피고인의 항소를 기각하도록 되어 있다. 그 결과 피고인은 항소법원으로부터 본안판단을 받을 기회를 잃게 된다. /

【대법원 요지】 항소심 소송절차에서 항소이유서의 작성과 제출이 지니는 위와 같은 의미와 중요성에 비추어 볼 때, 항소심 소송절차에서 국선변호인이 선정된 경우 국선변호인으로부터 충분한 조력을 받을 피고인의 권리는 공판심리 단계에서뿐만 아니라 항소이유서의 작성, 제출 과정에서도 당연히 보장되어야 한다.

4. 국선변호인의 항소이유서 미제출과 변호인의 조력을 받을 권리

【대법원 요지】 그러므로 피고인을 위하여 선정된 국선변호인이 법정기간 내에 항소이유서를 제출하지 아니하면 이는 피고인을 위하여 요구되는 충분한 조력을 제공하지 아니한 것으로 보아야 하고, /

【대법원 요지】 이런 경우에 피고인에게 책임을 돌릴 만한 아무런 사유가 없음에도 불구하고 항소법원이 형사소송법 제361조의4 제1항 본문에 따라 피고인의 항소를 기각한다면, 이는 위에서 본 바와 같이 피고인에게 국선변호인으로부터 충분한 조력을 받을 권리를 보장하고 이를 위한 국가의 의무를 규정하고 있는 헌법의 취지에 반하는 조치라고 할 것이다. /

【대법원 요지】 따라서 피고인과 국선변호인이 모두 법정기간 내에 항소이유서를 제출하지 아니하였다고 하더라도, 국선변호인이 항소이유서를 제출하지 아니한 데 대하여 피고인에게 귀책사유가 있음이 특별히 밝혀지지 않는 한, 항소법원은 종전 국선변호인의 선정을 취소하고 새로운 국선변호인을 선정하여 다시 소송기록접수통지를 함으로써 새로운 국선변호인으로 하여금 그 통지를 받은 때로부터 형사소송법 제361조의3 제1항의 기간 내에 피고인을 위하여 항소이유서를 제출하도록 하여야 한다.

【대법원 요지】 이와 달리, 국선변호인이 선정된 경우 국선변호인이 형사소송법 제361조의3 제1항의 기간 내에 항소이유서를 제출하지 아니한 때에는 피고인 본인이 적법한 항소이유서를 제출하지 아니한 이상 형사소송법 제361조의4 제1항 본문에 따라 항소기각의 결정을 하는 것이 상당하다고 판시한 대법원 1966. 5. 25.자 66모31 결정 등은 이 결정의 견해에 배치되는 범위 내에서 변경하기로 한다.

5. 사안에 대한 대법원의 분석

【대법원 분석】 2. 가. 원심결정 이유 및 기록에 의하면, 재항고인은 이 사건의 피고인으로서 제1심 판결에 불복하여 원심법원에 항소한 사실, /

【대법원 분석】 재항고인이 70세 이상이어서 이 사건은 형사소송법 제33조 제1항 제3호에 의한 필요적 변호사건에 해당하는데, 원심은 재항고인 본인의 항소이유서 제출기간이 경과한 후 비로소 국선변호인을 선정하고 그에게 소송기록접수통지를 하였으나 위 국선변호인이 법정기간 내에 항소이유서를

제출하지 아니한 사실, /

【대법원 분석】 원심은 국선변호인이 항소이유서를 제출하지 아니한 데 대하여 재항고인에게 책임을 돌릴 만한 사유가 있는지 여부를 확인하거나 고려하지 아니한 채, 재항고인과 국선변호인이 모두 그 제출기간 내에 항소이유서를 제출하지 아니하였고 제1심판결에 직권조사사유가 없다는 등의 이유로 형사소송법 제361조의4 제1항에 따라 결정으로 재항고인의 항소를 기각한 사실을 알 수 있다.

6. 사안에 대한 대법원의 판단

【대법원 판단】 나. 위와 같은 사실관계를 앞서 본 법리에 비추어 살펴보면, 원심으로서는 국선변호인이 그 제출기간 내에 항소이유서를 제출하지 아니한 데 대하여 재항고인에게 책임을 돌릴 만한 사유가 특별히 밝혀지지 아니한 이상, 재항고인과 국선변호인이 항소이유서를 제출하지 아니하였다고 하여 곧바로 형사소송법 제361조의4 제1항에 의하여 재항고인의 항소를 기각할 것이 아니라, /

【대법원 판단】 위 국선변호인의 선정을 취소하고 새로운 국선변호인을 선정하여 그에게 소송기록접수통지를 함으로써 재항고인을 위하여 새로운 국선변호인으로 하여금 항소이유서를 제출하도록 하는 조치를 취하여야 했다.

【대법원 결론】 따라서 위와 같은 조치를 취하지 아니한 채 곧바로 재항고인의 항소를 기각한 원심결정은 국선변호인의 조력을 받을 피고인의 권리에 관한 헌법 및 형사소송법상의 법리를 오해하여 판단을 그르친 것이다. 이 점을 지적하는 취지의 재항고인의 주장은 이유 있다. (파기 환송)

2009모1190

정보저장매체 압수 · 수색 방법
전교조 이메일 사건
2011. 5. 26. 2009모1190, 공 2011하, 1342

1. 사실관계 및 사건의 경과

【사실관계 1】
① 전국교직원노동조합(전교조)은 소속 조합원 70,000여 명에 이르는 단체이다.
② 갑은 전교조의 간부이다.
③ 2009. 6. 18.경 전교조 교원들 17,000여 명은 미디어법 입법 중단과 한반도 대운하 추진의혹 해소 등을 요구하는 시국선언을 발표하였다.
④ 2009. 6. 26. 교육과학기술부는 서울중앙지방검찰청에 갑 등 전교조 간부 41명이 국가공무원법을 위반하였으니 처벌하여 달라는 내용의 M고발장을 제출하였다.
⑤ 이러한 사실은 언론 등을 통하여 널리 알려졌다.
⑥ 2009. 7. 2. M고발사건을 담당하던 검사 A는 서울중앙지방법원에 압수 · 수색영장을 청구하였다.
⑦ 2009. 7. 2. 검사 A는 서울중앙지방법원 판사로부터 아래와 같은 내용의 P영장을 발부받았다.

【사실관계 2】

① (압수·수색할 장소)

서울 영등포구 영등포동5가 (이하 생략) 전국교직원노동조합 본부 사무실

② (압수, 수색할 물건)

　(가) ■ 압수·수색할 장소에 보관중인,

　(나) ○ 각 전교조의 2009. 6. 18.자 시국선언 발표와 관련된, 전교조 대의원대회 및 중앙집행위원회 등 전교조 의사결정기관의 회의자료(공문, 의사록, 회의록 등 명칭 불문), 시국선언 집행 지침서, 전교조 본부·지부·지회·분회의 업무연락 등 공문·기안문서·결재문서, 보도자료(초안포함), 시국선언문 초안, 시국선언 참가교사 명단, 서명지, 시국선언 서명장부, 정당 또는 정당 연계 단체 및 다른 노동조합과 연락한 공문·기안문서·결재문서, 위 각 문서와 관련된 노트, 수첩, 메모, 전산파일(참가자 명단 엑셀파일 포함) 및 데이터베이스(DB) 일체

　(다) ○ 위 자료를 보관중인 컴퓨터, 노트북, 외장 하드디스크, 플레쉬메모리, CD, DVD, 플로피 디스켓, 기타 외부 저장매체 및 그 출력물

③ (압수의 방법)

　(가) 1. 압수할 물건이 문서인 경우, 해당 문서가 몰수 대상물인 경우에는 그 원본을 압수하고, 해당 문서가 증거물인 경우에는 이를 사본하여 피압수자 또는 형사소송법 제123조에 정한 참여인의 확인을 받는 방법으로 압수함(다만, 사본 작성 및 확인에 협조하지 아니하는 경우에는 원본을 압수할 수 있고, 업무일지·수첩·다이어리·메모지·도장·통장·현금·CD·수표·주권·상품권 기타 유가증권·금품은 원본을 압수할 수 있음)

　(나) 2. 컴퓨터 저장장치에 저장된 정보는 피압수자 또는 형사소송법 제123조에 정한 참여인의 확인을 받아 수사기관이 휴대한 저장장치에 하드카피·이미징하거나, 문서로 출력할 수 있는 경우 그 출력물을 수집하는 방법으로 압수함(다만, 하드카피·이미징 또는 문서의 출력을 할 수 없는 경우에는 컴퓨터 저장장치 자체를 압수할 수 있음)

　(다) ※ 이 영장을 일출 전, 일몰 후에도 집행할 수 있다.

【사건의 경과 1】

① 2009. 7. 3. 05:00~07:00까지 사이에 검사 A의 집행지휘에 따라 사법경찰관 B는 전교조 본부 사무실에서 P영장을 집행하였다.

② 영장 집행 당시 사법경찰관 B는 저장매체에 저장된 파일들을 카피하기 위하여 하드 복사기 2대를 준비하여 갔다.

③ 그러나 사무실에 설치된 컴퓨터 50여 대 중 대부분의 컴퓨터에서 하드디스크가 제거된 상태였고, 컴퓨터와 서버의 전원공급은 차단된 상태여서 저장매체에 저장된 내용을 확인할 수도 없는 상태였다.

④ 이에 따라 사법경찰관 B는 저장매체가 포함된 데스크톱 컴퓨터 3대 및 서버 컴퓨터 10대(이하 Q저장매체로 약칭함)를 압수하여 서울영등포경찰서로 가지고 갔다.

⑤ 그런데 Q저장매체에는 2009. 5. 1. 이후 열람된 문서(단 엑셀문서는 2009. 6. 1. 이후)파일만 8,000여 개(DVD 3장 분량 및 CD 1장 분량)가 존재하였다.

【사건의 경과 2】

① P영장 집행 직후에 서울영등포경찰서에서, 사법경찰관 B는 전교조의 직원들 및 그 변호인이 참관

하고 있는 가운데 압수된 저장매체에 저장된 파일들 중 2009. 5. 1. 이후 열람한 모든 문서(단 엑셀 문서는 2009. 6. 1. 이후) 파일들을 해쉬값 교환 등을 통하여 무결성을 확보하는 방식으로 DVD 및 CD에 카피하였다.

② 이때 전교조의 직원들 및 그 변호인은 카피 범위가 너무 넓다는 이유로 이를 축소할 것(시국선언과 가까운 일자에 작성된 문서 등) 등을 요구하기도 하였다.

③ 위와 같이 파일 카피가 마쳐 진 후 사법경찰관 B는 Q저장매체가 포함된 압수물을 전교조 측에 가환부하였다.

【사건의 경과 3】

① 2009. 7. 6. 전교조와 전교조 간부 갑은 P영장집행의 적법성을 다투어 검사 A와 사법경찰관 B를 상대로 관할지방법원인 서울중앙지방법원에 준항고를 제기하였다.

② 서울중앙지방법원은 준항고를 기각하였다.

③ 전교조와 갑은 서울중앙지방법원의 준항고결정에 불복하여 대법원에 재항고하였다(법419, 415 참조).

2. 정보저장매체의 압수 · 수색 방법

【대법원 요지】 전자정보에 대한 압수 · 수색영장의 집행에 있어서는 원칙적으로 영장 발부의 사유로 된 혐의사실과 관련된 부분만을 문서 출력물로 수집하거나 수사기관이 휴대한 저장매체에 해당 파일을 복사하는 방식으로 이루어져야 하고, /

【대법원 요지】 집행현장의 사정상 위와 같은 방식에 의한 집행이 불가능하거나 현저히 곤란한 부득 이한 사정이 존재하더라도 그와 같은 경우에 그 저장매체 자체를 직접 혹은 하드카피나 이미징 등 형 태로 수사기관 사무실 등 외부로 반출하여 해당 파일을 압수 · 수색할 수 있도록 영장에 기재되어 있고 실제 그와 같은 사정이 발생한 때에 한하여 예외적으로 허용될 수 있을 뿐이다. /

3. 정보저장매체의 압수 · 수색과 관련성 요건

【대법원 요지】 나아가 이처럼 저장매체 자체를 수사기관 사무실 등으로 옮긴 후 영장에 기재된 범죄 혐의 관련 전자정보를 탐색하여 해당 전자정보를 문서로 출력하거나 파일을 복사하는 과정 역시 전체 적으로 압수 · 수색영장 집행의 일환에 포함된다고 보아야 한다. /

【대법원 요지】 따라서 그러한 경우의 문서출력 또는 파일복사의 대상 역시 혐의사실과 관련된 부분 으로 한정되어야 함은 헌법 제12조 제1항, 제3항, 형사소송법 제114조, 제215조의 적법절차 및 영장 주의의 원칙상 당연하다. /

【대법원 요지】 그러므로 수사기관 사무실 등으로 옮긴 저장매체에서 범죄 혐의와의 관련성에 대한 구분 없이 저장된 전자정보 중 임의로 문서출력 혹은 파일복사를 하는 행위는 특별한 사정이 없는 한 영장주의 등 원칙에 반하는 위법한 집행이 된다.

4. 압수 · 수색영장 집행절차의 적법성 요건

【대법원 분석】 한편 검사나 사법경찰관이 압수 · 수색영장을 집행함에 있어서는 자물쇠를 열거나 개

봉 기타 필요한 처분을 할 수 있지만 그와 아울러 압수물의 상실 또는 파손 등의 방지를 위하여 상당한 조치를 하여야 하므로(형사소송법 제219조, 제120조, 제131조 등), /

【대법원 요지】 혐의사실과 관련된 정보는 물론 그와 무관한 다양하고 방대한 내용의 사생활 정보가 들어 있는 저장매체에 대한 압수·수색영장을 집행함에 있어서 그 영장이 명시적으로 규정한 위 예외적인 사정이 인정되어 그 전자정보가 담긴 저장매체 자체를 수사기관 사무실 등으로 옮겨 이를 열람 혹은 복사하게 되는 경우에도, /

【대법원 요지】 그 전체 과정을 통하여 피압수·수색 당사자나 그 변호인의 계속적인 참여권 보장, /

【대법원 요지】 피압수·수색 당사자가 배제된 상태에서의 저장매체에 대한 열람·복사 금지, /

【대법원 요지】 복사대상 전자정보 목록의 작성·교부 등 /

【대법원 요지】 압수·수색의 대상인 저장매체 내 전자정보의 왜곡이나 훼손과 오·남용 및 임의적인 복제나 복사 등을 막기 위한 적절한 조치가 이루어져야만 그 집행절차가 적법한 것으로 될 것이다.

5. 사안에 대한 대법원의 판단 – 압수·수색절차의 적법성

【대법원 분석】 원심결정 이유를 기록에 비추어 살펴보면, 수사기관이 이 사건 압수·수색영장을 집행함에 있어 그 영장이 허용한 바와 같은 사유로 이 사건 저장매체 자체를 영장 기재 집행장소에서 수사기관 사무실로 가져가 그곳에서 저장매체 내 전자정보파일을 다른 저장매체로 복사하였는데, 그 과정 내내 피압수·수색 당사자의 직원들과 변호인들의 참여가 허용된 사실, /

【대법원 분석】 위 당사자 측의 참여하에 이루어진 이 사건 전자정보파일의 복사에 있어 그 대상을 영장에 기재된 혐의사실의 일시로부터 소급하여 일정 시점 이후에 열람된 파일들로 제한한 사실, /

【대법원 분석】 이러한 압수·수색영장의 집행방법과 관련하여 당사자 측은 위 소급 복사하는 파일 열람시점에 관한 의견만 제시하였을 뿐, 범죄 혐의와의 관련성에 관한 별도의 이의나 저장매체의 봉인 요구 등 절차상 이의를 제기하지 않고 오히려 위와 같은 방법으로 수사기관이 대상 전자정보파일을 복사하여 담아 둔 저장매체 2개 중 하나를 수령하였을 뿐만 아니라 /

【대법원 분석】 위 영장의 집행일인 2009. 7. 3. 당일이 아닌 2009. 7. 6.에야 비로소 이 사건 준항고를 제기한 사실 등을 알 수 있다.

【대법원 판단】 앞서 본 법리와 위 인정 사실에 의하면, 수사기관이 이 사건 저장매체 내 전자정보에 대한 압수·수색영장을 집행함에 있어 저장매체 자체를 수사기관 사무실로 옮긴 것은 영장이 예외적으로 허용한 부득이한 사유의 발생에 따른 것으로 볼 수 있고, /

【대법원 판단】 나아가 당사자 측의 참여권 보장 등 압수·수색 대상물건의 훼손이나 임의적 열람 등을 막기 위해 법령상 요구되는 상당한 조치가 이루어진 것으로 볼 수 있으므로 이 점에 있어 절차상 위법이 있다고는 할 수 없다. /

6. 사안에 대한 대법원의 판단 – 압수·수색 대상물의 관련성

【대법원 판단】 다만 수사기관 사무실에서 저장매체 내 전자정보를 파일복사함에 있어서 당사자 측의 동의 등 특별한 사정이 없는 이상 관련 파일의 검색 등 적절한 작업을 통해 그 대상을 이 사건 범죄 혐의와 관련 있는 부분에 한정하고 나머지는 대상에서 제외하여야 할 것이므로, /

【대법원 판단】 영장의 명시적 근거가 없음에도 수사기관이 임의로 정한 시점 이후의 접근 파일 일체를 복사하는 방식으로 8,000여 개나 되는 파일을 복사한 이 사건 영장집행은 원칙적으로 압수·수색영장이 허용한 범위를 벗어난 것으로서 위법하다고 볼 여지가 있다.

【대법원 판단】 그런데 범죄사실 관련성에 관하여 명시적인 이의를 제기하지 아니한 이 사건의 경우, 당사자 측의 참여하에 이루어진 위 압수·수색의 전 과정에 비추어 볼 때, 수사기관이 영장에 기재된 혐의사실의 일시로부터 소급하여 일정 시점 이후의 파일들만 복사한 것은 나름대로 혐의사실과 관련 있는 부분으로 대상을 제한하려고 노력을 한 것으로 보이고, /

【대법원 판단】 당사자 측도 그 조치의 적합성에 대하여 묵시적으로 동의한 것으로 봄이 상당하므로, /

【대법원 판단】 결국 이 사건 범죄 혐의와 관련 있는 압수·수색의 대상을 보다 구체적으로 제한하기 위한 수사기관의 추가적인 조치가 없었다 하여 그 영장의 집행이 위법하다고 볼 수는 없다. (재항고 기각)

【코멘트】 본 판례는 2011. 5. 26.에 선고된 것이다. 본 판례의 사안을 통하여 정보저장매체에 대한 압수·수색의 문제점이 크게 부각되었다. 당시 가동되고 있던 국회의 사법제도개혁특별위원회는 본 판례가 제시한 법리를 조문화하여 형사소송법 개정안을 마련하였다. 개정안은 2011년 7월의 형사소송법 개정을 통하여 제106조, 제215조 등의 개정조문으로 입법화되었고, 2008년 1월부터 시행되고 있다. 따라서 개정 형소법 제106조, 제215조 등을 해석함에 있어서는 본 판례의 판시사항을 숙지하는 것이 필수적이라고 할 수 있다.

본 판례에서 주목되는 판시사항을 몇 가지 정리한다면 다음과 같다.

(가) 정보저장매체 자체를 압수하는 것은 극히 예외적으로만 허용된다.

(나) 수사관서에서 정보저장매체로부터 범죄 혐의 관련 전자정보를 문서로 출력하거나 파일을 복사하는 과정은 압수·수색영장의 집행에 포함된다.

(다) 수사기관 사무실 등으로 옮긴 저장매체에서 범죄 혐의와의 관련성에 대한 구분 없이 저장된 전자정보 중 임의로 문서출력 혹은 파일복사를 하는 행위는 특별한 사정이 없는 한 영장주의 등 원칙에 반하는 위법한 집행이 된다.

(라) 저장매체 자체를 수사기관 사무실 등으로 옮겨 이를 열람 혹은 복사하게 되는 경우에도 압수·수색의 대상인 저장매체 내 전자정보의 왜곡이나 훼손과 오·남용 및 임의적인 복제나 복사 등을 막기 위한 적절한 조치가 이루어져야만 그 집행절차가 적법한 것으로 된다. 이를 위하여 필요한 조치로는 ㉠ 피압수·수색 당사자나 그 변호인의 계속적인 참여권 보장, ㉡ 피압수·수색 당사자가 배제된 상태에서의 저장매체에 대한 열람·복사 금지, ㉢ 복사대상 전자정보 목록의 작성·교부 등을 들 수 있다.

2009헌가30

통신제한조치 연장과 통신의 비밀
통비법 제8조 위헌소원 사건
2010. 12. 28. 2009헌가30, 헌공제171호, 54

1. 사실관계 및 사건의 경과

【사실관계 1】

① 본 사안이 문제될 당시 통신비밀보호법은 수사기관이 통신제한조치기간의 연장을 청구할 수 있도록 하고 있었다(동법6⑦ 단서).

② 통신비밀보호법은 통신제한조치 연장의 단위 기간은 2개월로 명시하고 있으나 연장 회수에 대해서는 명시하지 않았다.

【사실관계 2】

① 2009. 6. 24. 갑, 을, 병은 국가보안법위반죄(잠입탈출, 찬양고무)로 서울중앙지방법원에 구속 기소되었다.

② 갑 등의 공소사실의 요지는 다음과 같다.

③ "피고인들은 각각 북한 노동당내 대남공작사업 담당기구인 '통일전선부' 산하 조국평화통일위원회가 1990. 11. 20. 독일 베를린에서 남한 및 해외 친북세력을 결집시켜 출범시킨 단체인 통일범민족연합의 남측본부 의장, 사무처장, 정책위원장 등의 직책을 수행하였다."

【사건의 경과】

① 검사는 제1심법원에 갑 등의 유죄를 입증하기 위하여 다음 증거에 대해 증거신청을 하였다.

  (가) 수사기관이 통신제한조치의 허가 및 그 연장허가를 통하여 수집한 P이메일

  (나) Q녹취자료(전화녹음)

  (다) R팩스자료

② 갑 등은 다음의 이유를 들어서 제1심인 서울중앙지방법원에 위헌법률심판제청 신청을 하였다.

  (가) P, Q, R증거자료들은 대부분이 총 14회(총 30개월)에 걸쳐 연장된 통신제한조치를 통하여 수집된 것이다.

  (나) 이와 같이 통신제한조치기간의 연장을 허가함에 있어 제한을 두고 있지 않은 통신비밀보호법 제6조 제7항 단서는 적법절차, 영장주의, 과잉금지 원칙을 위반하여 사생활의 비밀과 통신의 자유를 부당히 침해한다.

③ 2009. 11. 27. 서울중앙지방법원은 갑 등의 제청신청을 받아들여 헌법재판소에 위헌법률심판제청을 하였다.

④ 헌법재판소는 다수의견에 따라 헌법불합치 결정을 내렸다.

2. 쟁점의 정리

【헌재 판단】 이 사건 법률조항은 범죄수사를 위하여 통신제한조치를 받고 있는 자에게 법원의 허가를 통하여 그 통신제한조치기간을 2월의 범위 내에서 횟수 제한 없이 연장받을 수 있도록 하는 근거가 되어 헌법 제18조 통신의 자유 중에서도 가장 핵심내용인 '통신의 비밀'을 제한하고 있다. /

【헌재 판단】 제청법원은 그 밖에 이 사건 법률조항이 사생활의 비밀을 침해한다고도 주장하지만, 이 사건 법률조항은 사생활의 비밀의 특별한 영역으로 헌법이 개별적인 기본권으로 보호하는 통신의 비밀을 제한하고 있다는 점에서 별도로 사생활의 비밀을 침해하는지 여부를 검토할 필요는 없다.

【헌재 판단】 따라서 비록 법원의 허가를 전제로 하고 있지만 그 횟수의 제한 없이 통신제한조치의 연장을 가능하게 하는 이 사건 법률조항이 과잉금지원칙에 위반하여 통신의 비밀을 침해하는지 여부가 주된 판단대상이 된다.

3. 통신제한조치 연장 목적의 정당성 및 수단의 적합성

【헌재 판단】 통신제한조치를 법원의 허가를 전제로 2월의 범위 내에서 연장할 수 있도록 한 것은 통신제한조치를 취하였음에도 불구하고 여전히 법 제5조 제1항 통신제한조치의 허가요건이 존속하는 경우에 효과적으로 범죄수사목적을 달성하여 국가안전보장과 질서유지를 도모하기 위한 것으로서 그 입법목적의 정당성이 인정되고, /

【헌재 판단】 이 사건 통신제한조치기간의 연장은 이와 같은 입법목적을 달성하기 위한 적합한 수단이라고 할 수 있다.

4. 통신제한조치 연장과 침해의 최소성

【헌재 요지】 통신제한조치기간은 헌법상 무죄추정의 원칙과 통신의 비밀보호에 비추어 인정되는 불감청수사원칙의 예외로 설정된 기간이고, 이 기간을 연장하는 것은 예외에 대하여 다시금 특례를 설정하여 주는 것이 되므로 최소한에 그쳐야 한다. /

【헌재 요지】 그 최소한의 연장기간 동안 범죄혐의를 입증할 증거를 수집하지 못하였다면 범죄혐의가 없는 것으로 보거나 범죄혐의가 있어도 그 입증수단이 과도한 것으로 보아 통신제한조치를 중단하여야 한다. /

【헌재 판단】 만약 위와 같이 최소한의 연장기간 동안 범죄혐의를 입증하지 못하는 경우 통신제한조치를 중단하게 한다고 하여도, 여전히 통신제한조치를 해야 할 필요가 있으면 법원에 새로운 통신제한조치의 허가를 청구할 수 있으므로 이로써 수사목적을 달성하는데 충분하다. /

【헌재 판단】 이렇게 통신제한조치가 연장될 수 있는 총기간이나 연장횟수를 제한하는 방식으로 통신제한조치 기간의 연장이 허가될 수 있는 기간을 한정하는 것은 통신제한조치의 연장이 남용되는 것을 막고 개인의 통신의 비밀을 덜 제한하면서도 충분히 수사목적을 달성할 수 있는 수단이 된다.

【헌재 분석】 물론 통신제한조치를 연장하기 위해서는 법원의 허가받아야 하는바, 이 사건 법률조항에 총연장기간이나 총연장횟수를 제한하는 규정을 두지 않고서도 법원이 그때그때 사안을 고려하여 통신제한조치 기간의 연장이 남용되는 것을 충분히 통제할 수 있다고 생각할 수 있다.

【헌재 판단】 그러나 법원이 통신제한조치기간의 연장이 남용되는 것을 통제하는 것은 일정한 한계가 있다. /

【헌재 판단】 동일한 범죄사실에 하여 새롭게 통신제한조치를 청구하기 위해서는 "다시 통신제한조치를 청구하는 취지와 이유"까지 기재하여야 하는 등 기간연장허가의 청구절차에 비하여 더욱 엄격한 절차를 요구하고 있는바(법 제6조 제4항), /

【헌재 판단】 통신제한조치를 새롭게 청구하여야 할 사안임에도 완화된 절차로 통신제한조치를 계속하기 위하여 기간연장의 허가를 청구함으로써 기간연장제도를 남용할 경우 법원은 기간연장절차에 따른 심사를 하는 외에 다른 방도가 없다.

【헌재 판단】 실제로 기간연장을 심사함에 있어서 일단 통신제한조치가 허가된 이후에는 계속되는 기간연장의 청구가 기각되는 일이 실무상 매우 드물다는 사실은 기간연장의 청구를 실질적으로 심사하여 통제하는 것이 사실상 어렵다는 것을 방증해 준다. /

【헌재 판단】 더구나 이 사건처럼 기간연장청구의 남용을 스스로 통제하여야 할 법원이 그 남용가능성을 통제하기 어렵다는 이유로 위헌제청을 하고 있다는 점을 고려하면 사법적으로 기간연장을 통제하는데 한계가 있다는 점을 수긍하지 않을 수 없다.

【헌재 판단】 나아가 압수·수색영장은 범죄혐의가 있는 경우 범죄에 관련된 증거의 수집 등을 위하여 행해지는 대물적 강제처분이라는 점 및 강제처분을 하는 과정에서 범죄와 상관없는 개인의 사생활의 비밀이 침해될 우려가 크다는 점 등에서 통신제한조치와 유사하고, 이러한 유사점에 비추어 양자에 대한 법원의 통제정도가 비교될 수 있을 것이다. /

【헌재 판단】 통신제한조치의 경우 감청 당시에 개인이 감청사실을 알 수 없기 때문에 방어권을 행사하기 어려운 상황이라는 점에서 영장을 통해 압수·수색의 사실을 고지 받고 시행되는 압수·수색의 경우보다 오히려 그 기본권의 제한의 정도가 더욱 큼에도 불구하고 통신제한조치의 허가청구의 기각률은 압수·수색영장청구의 기각률보다 현저하게 낮으며, /

【헌재 판단】 통신제한조치기간의 연장청구의 기각률은 통상 통신제한조치의 허가청구의 기각률의 반에도 채 미치지 못하는 실무를 고려해 보더라도 통신제한조치기간의 연장허가청구에 대한 법원의 통제가 제대로 이루어지지 않고 있음을 확인할 수 있다.

【헌재 판단】 이처럼 실제 통신제한조치의 기간연장절차의 남용을 통제하는데 한계가 있는 이상 통신제한조치 기간연장에 사법적 통제절차가 있다는 사정만으로는 그 남용으로 인하여 개인의 통신의 비밀이 과도하게 제한되는 것을 막을 수 없기 때문에, 통신제한조치기간을 연장함에 있어 법운용자의 남용을 막을 수 있는 최소한의 한계를 설정할 필요가 있다.

【헌재 결론】 그럼에도 통신제한조치의 총연장기간이나 총연장횟수를 제한하지 않고 계속해서 통신제한조치가 연장될 수 있도록 한 이 사건 법률조항은 최소침해성원칙을 위반한 것이다.

5. 통신제한조치 연장과 법익균형성

【헌재 판단】 통신제한조치기간의 연장은 앞에서 본 바와 같이 불감청수사원칙의 예외에 대하여 다시금 특례를 설정하여 주는 것인바, 이처럼 기본권제한에 관한 사항에 대하여 그 예외의 범위를 확장할 경우에는 국가안전보장과 질서유지라는 공익과 국민의 기본권보장이라는 상충되는 긴장관계의 비

례성 형량에 있어서 더욱 엄격한 기준이 요구된다.

【헌재 판단】 통신제한조치가 내려진 피의자나 피내사자는 자신이 감청을 당하고 있다는 사실을 모르는 기본권제한의 특성상 방어권을 행사하기 어려운 상태에 있으므로 통신제한조치기간의 연장을 허가함에 있어 횟수나 기간제한을 두지 않는다면 수사와 전혀 관계없는 개인의 내밀한 사생활의 비밀이 침해당할 우려가 심히 크고, /

【헌재 판단】 나아가 피의자나 피내사자뿐만 아니라 그들과 전자적 방식으로 접촉한 제3자의 수사와 관련 없는 내밀한 사생활의 비밀도 침해당할 우려도 심히 크다. /

【헌재 판단】 반면 통신제한조치기간의 연장을 통하여 추구하고자 하는 수사목적은 일정한 연장기간이 종료될 때까지 통신제한조치를 통해 범죄혐의를 입증하지 못한 경우 오히려 그러한 범죄혐의가 불필요했던 것은 아닌가라는 평가를 받을 수 있고, 여전히 범죄혐의가 있다면 새로운 청구를 통해서도 충분히 실현될 수 있는 정도에 지나지 않는다. /

【헌재 결론】 결국 이 사건 법률조항은 추구하고자 하는 범죄 수사목적에 비해 개인의 통신비밀의 보호법익이 과도하게 제한되므로 법익균형성을 갖추었다고 볼 수 없다.

【헌재 주문】

통신비밀보호법(2001. 12. 29 법률 제6546호로 개정된 것) 제6조 제7항 단서 중 전기통신에 관한 '통신제한조치기간의 연장'에 관한 부분은 헌법에 합치하지 아니한다.

위 법률조항은 2011. 12. 31.을 시한으로 입법자가 개정할 때까지 계속 적용한다.

[2011. 12. 31.까지 입법자가 개정하지 아니하여 통신비밀법의 제6조 제7항 단서는 실효되었다.]

2009헌마47

고발사건 검찰재항고와 헌법소원
호반 주택 고발 사건

2009. 11. 26. 2009헌마47, 헌공 제158호, 2141

1. 사실관계 및 사건의 경과

【사실관계 1】

① P토지는 갑 소유의 Q주택과 M호수 사이에 위치하고 있다.

② P토지는 A의 소유이다.

③ A는 P토지 지상에 R건물을 신축하였다.

④ [이로 인하여 갑 소유의 Q주택에서 M호수의 경치를 바라볼 수 없게 되었다.]

⑤ 갑은 R건물의 신축과 관련하여 A, B, C를 고소, 고발하였다.

⑥ [고소, 고발사실의 요지는 R건물이 B, C 앞으로 명의신탁되는 등 관련법률이 금지하는 편법을 사용하여 건축되었고, 사실과 다르게 부동산등기부에 등기되었다는 것이다.]

⑦ 갑의 고소, 고발사건과 관련된 죄명은 다음과 같다.

    (가) ㉠고발사건 : 공정증서원본불실기재 및 불실기재공정증서원본행사

    (나) ㉡고발사건 : '개발제한구역의 지정 및 관리에 관한 특별조치법' 위반

    (다) ㉢고발사건 : '부동산실권리자명의등기에 관한 법률' 위반

    (라) ㉣고소사건 : 사기

⑧ 갑의 고소사실 및 고발사실을 A, B, C별로 정리하면 다음과 같다.

    (가) A : ㉠, ㉡, ㉢고발사건, ㉣고소사건

    (나) B : ㉠, ㉡, ㉢고발사건

    (다) C : ㉠, ㉡, ㉢고발사건

【사실관계 2】

① 2008. 7. 22. 수원지방검찰청 검사는 갑의 고소 및 고발사실에 대하여 판단을 내렸다.

② "A에 대한 ㉡고발사건은 약식기소한다."

③ "나머지 사건은 다음과 같이 불기소처분한다." (S불기소처분)

    (가) A에 대한 ㉠, ㉢고발사건은 혐의없음의 불기소처분

    (나) B에 대한 ㉠, ㉡, ㉢고발사건은 혐의없음의 불기소처분

    (다) C에 대한 ㉠, ㉡, ㉢고발사건은 혐의없음의 불기소처분

【사건의 경과 1】

① 갑은 S불기소처분에 불복하여 검찰청법에 따라 항고하였다.

② 2008. 10. 13. 갑의 검찰항고는 기각되었다.

③ 갑은 대검찰청에 재항고를 하였다.

④ 2008. 12. 24. 대검찰청 검사는 다음의 이유를 들어서 재항고 각하결정을 하였다. (T재항고각하결정)

    (가) 갑은 A 등의 범죄로 인한 피해자이다.

    (나) 갑은 고소권자로서 고등법원에 재정신청을 할 수 있다.

    (나) 따라서 갑은 검찰청에 재항고할 권리가 없다.

【사건의 경과 2】

① 2009. 1. 22. 갑은 헌법재판소에 헌법소원심판을 청구하였다.

② 갑의 심판청구는 주위적 청구와 예비적 청구로 구성되어 있다.

③ 갑의 주위적 심판청구의 내용은 다음과 같다.

    (가) 갑은 ㉠, ㉡, ㉢고발사실에 관하여 고소인이 아닌 고발인의 지위에 있어 재항고할 권리가 있다.

    (나) 그럼에도 대검찰청 검사가 갑을 재정신청을 할 수 있는 고소권자로 보아 재항고권자가 아니라
는 이유로 갑에 대해 T재항고각하결정을 하였다.

    (다) T재항고각하결정으로 인하여 재항고절차를 통하여 실체심리를 받을 권리가 박탈되어 평등권
이 침해되었다.

    (라) 그러므로 T재항고각하결정 중 ㉠, ㉡, ㉢고발사실 부분의 취소를 구한다.

④ 갑의 예비적 심판청구의 내용은 다음과 같다.

    "만일 T재항고각하결정 중 ㉠, ㉡, ㉢고발사실 부분에 대한 주위적 심판청구가 인용되지 않을 경
우 S불기소처분 중 ㉠, ㉡, ㉢고발사실 부분의 취소를 구한다."

【사건의 경과 3】

① 2008. 7. 22. S항고기각결정을 받은 후 갑은 검찰항고와 다른 통로를 이용하기 위하여 서울고등법원에 재정신청을 하였다.

② 2009. 1. 30. 서울고등법원은 불기소된 갑의 고소 및 고발사실에 대해 다음과 같이 결정하였다.

　(가) A에 대한 ㉣고소사실 부분에 대한 불기소처분에 대해 재정신청을 인용한다.

　(나) A에 대한 ㉠, ㉢고소사실 및 B, C의 ㉠, ㉡, ㉢고발사실 부분에 대한 불기소처분은 갑이 고발인에 불과하여 재정신청이 허용되지 아니하므로 재정신청이 부적법하여 기각한다.

2. 고발사건 재항고각하결정에 대한 헌법소원 가능 여부

【헌재 분석】 헌법재판소는, /

【헌재 요지】 "헌법재판소법 제40조에 의하여 이 사건에 준용되는 행정소송법 제19조에 규정된 이른바 '원처분주의'의 취지에 비추어 보면, 검사의 불기소처분에 불복하여 검찰청법 제10조에 의한 항고 및 재항고를 거쳐 헌법재판소에 헌법소원심판을 청구하는 경우에는 그 항고 또는 재항고결정 자체에 고유한 위법이 있음을 그 이유로 내세우는 경우가 아니면 원래의 불기소결정이 아닌 그 항고 또는 재항고결정에 대한 헌법소원심판을 청구할 수 없다 /

【헌재 분석】 (헌재 1991. 4. 1. 90헌마230, 판례집3, 195, 198, 헌재 1993. 5. 13. 91헌마213, 판례집 5-1, 339, 342 참조)."고 판시하여 왔는바, /

【헌재 요지】 이에 따르면, 청구인이 재항고결정 자체의 고유한 위법사유를 그 이유로 내세우는 경우라면 재항고결정에 대하여 헌법소원심판을 청구할 수 있다고 할 것이다.

3. 재항고 각하결정 자체에 대한 헌법소원의 요건

【헌재 분석】 이 사건 재항고 각하결정 중 이 사건 고발사실 부분의 취소를 구하는 청구인의 주위적 심판청구이유는, /

【헌재 분석】 이 사건 고발사실에 대하여는, 청구인이 고소인이 아닌 고발인의 지위에 있을 뿐이므로, 청구인으로서는 항고기각결정을 받은 후 검찰청법에 따른 재항고를 할 수 있음에도, 피청구인 대검찰청 검사가 청구인의 재항고에 대하여 '재항고권자가 아닌 자가 재항고한 경우'에 해당한다고 판단하여 이 사건 고발사실에 대한 재항고를 각하함으로써 재항고 절차를 통하여 실체적 판단을 받을 기회를 잃게 되어 청구인의 평등권 등이 침해되었다는 것이다. /

【헌재 판단】 이와 같은 청구인의 주장은, 이 사건 재항고 각하결정 자체의 고유한 위법사유에 해당한다고 할 것이므로, 이 사건 재항고 각하결정 중 이 사건 고소사실 부분은 이 사건 불기소처분과는 별개로 헌법소원심판의 대상이 될 수 있다고 할 것이며, 다른 적법요건의 흠결도 없다.

4. 고발사건과 검찰재항고권자

【헌재 분석】 (1) 형사소송법 제260조 제1항은 고소권자로서 고소를 한 자나 형법 제123조 내지 제125조(직권남용, 불법체포감금, 폭행가혹행위)의 죄에 대하여 고발을 한 자를 재정신청권자로 한정하

고 있다. /

【헌재 요지】 여기에서 '고소권자'라 함은 범죄로 인한 피해자나 피해자의 법정대리인 등(형사소송법 제223조, 제225조)을 의미한다. /

【헌재 분석】 한편, 검찰청법 제10조 제3항은 형사소송법 제260조에 따라 재정신청을 할 수 있는 자를 제외한 항고를 한 자는 항고를 기각하는 처분에 불복할 경우에는 그 검사가 속하는 고등검찰청을 거쳐 서면으로 검찰총장에게 재항고할 수 있다고 규정하고 있다.

【헌재 요지】 따라서 고소권자가 아닌 고발인의 경우에는 형법 제123조 내지 제125조의 죄에 대한 고발을 제외하고는 항고기각결정에 불복하여 재항고를 할 수 있다고 할 것이다.

5. 범죄피해자와 검찰재항고

【헌재 분석】 (2) 범죄피해자 개념과 관련하여 헌법재판소는 "범죄의 피해자는 그 범죄의 피의자에 대한 검사의 불기소처분에 대하여 평등권과 재판절차에서의 피해자 진술권이 침해되었음을 이유로 헌법소원을 제기할 수 있으며, /

【헌재 요지】 여기서 피해자라 함은 형사실체법상의 직접적인 보호법익의 향유주체만이 아니라 문제된 범죄행위로 말미암아 법률상 불이익을 받게 된 자도 포함한다."고 판시하고 있다(헌재 1997. 2. 20. 96헌마76 참조).

6. 사안에 대한 헌법재판소의 판단

【헌재 판단】 그런데 피고발인 A 등의 건물신축으로 인하여 인접한 건물의 소유자인 자신의 조망권이 침해되었다는 청구인의 주장과 이 사건에 제출된 자료만으로는 /

【헌재 판단】 청구인이 이 사건 고발사실, 즉, 공정증서원본불실기재 및 불실기재공정증서원본행사, '부동산실권리자명의등기에 관한 법률' 위반, '개발제한구역의 지정 및 관리에 관한 특별조치법' 위반 범행에 관하여 간접적이고 사실상의 이해관계가 있을 뿐 그 범행으로 인하여 법률상 이익이 침해된 직접적인 피해자라고 보기 어렵다.

【헌재 판단】 따라서 청구인은 위 각 죄를 내용으로 하는 이 사건 고발사실에 대하여는 고소권자로서 재정신청을 할 수 없고, 고발인으로서 검찰청법에 따른 재항고를 할 수 있다고 할 것이다. /

【헌재 판단】 그런데 피청구인 대검찰청 검사는 청구인이 고소권자로서 재정신청을 할 수 있으므로 재항고권자가 아닌 자라고 판단하여 이 사건 고발사실에 대한 재항고를 각하하였는바, 이는 위법한 재항고 각하결정이라고 할 것이고,

【헌재 판단】 이로 인하여 청구인은 재항고절차를 통하여 이 사건 불기소처분 및 항고기각결정 중 이 사건 고발사실 부분에 대한 실체적 판단을 받지 못하게 되어 평등권이 침해되었다고 할 것이다.

【헌재 판단】 따라서 이 사건 재항고 각하결정 중 이 사건 고발사실 부분은 청구인의 평등권을 침해하였으므로 취소하여야 할 것이다.

【헌재 결정】 그렇다면 청구인의 이 사건 주위적 심판청구는 이유 있어 이 사건 재항고 각하결정 중 이 사건 고발사실 부분을 취소하여야 할 것이므로 이 사건 예비적 심판청구를 판단할 필요 없이 재판관 전원의 일치된 의견으로 주문과 같이 결정한다.

【헌재 주문】

피청구인 대검찰청 검사가 대검찰청 2008불재항 제○○○○호 사건에 관하여 2008. 12. 24. 결정한 재항고 각하결정 중 /

A의 공정증서원본불실기재 및 불실기재공정증서원본행사, '부동산실권리자명의등기에 관한 법률' 위반 부분 및 /

B, C의 공정증서원본불실기재 및 불실기재공정증서원본행사, '개발제한구역의 지정 및 관리에 관한 특별조치법' 위반, '부동산실권리자명의등기에 관한 법률' 위반 부분은 /

청구인의 평등권을 침해한 것이므로 이를 취소한다.

【코멘트】 2007년의 개정 형사소송법은 검사의 불기소처분에 대한 재정신청과 관련하여 종래 인정되었던 형법 제123조 내지 제125조의 고발사건 이외에 모든 고소사건을 재정신청 대상사건에 포함시켰다. 또한 개정 형소법은 검찰항고전치주의를 채택하여 재정신청에 앞서서 반드시 검찰항고를 거치도록 하고 있다. 한편 2011년의 개정 형소법은 형법 제126조의 피의사실공표죄를 피해자의 명시적인 의사에 반하여 재정신청을 할 수 없다는 조건을 붙여서 고발사건 재정신청의 대상에 포함시키고 있다.

본 판례는 2007년 개정 형소법이 시행된 이후에 나온 것이라는 점에서 주목된다. 갑은 호숫가에 위치한 자기 집과 호수 사이에 A가 건물을 신축하자 조망권 침해 등의 이유로 불만을 가지게 되었다. 갑은 A가 건물을 신축하는 과정에서 각종 문서위조죄를 범하고 토지규제 관련 행정법령을 위반하였다는 혐의로 A 및 관련자를 고소·고발하였다(이하 설명의 편의를 위하여 A에 대한 사기 부분은 제외함). 갑의 고소·고발사건에 대해 지방검찰청 검사는 불기소처분을 내렸다. 갑은 불복하여 검찰항고를 하였으나 기각되었다. 갑은 불복하여 검찰재항고를 하였다. 대검찰청검사는 갑의 사건이 피해자가 제기한 고소사건이라고 보고, 피해자인 고소인은 검찰재항고를 제기할 권한이 없다는 이유로 재항고 각하결정을 내렸다. 갑은 대검찰청 검사의 재항고 각하결정에 대해 헌법재판소에 헌법소원심판청구를 하였다.

본 판례에서 헌법재판소는 고발사건의 헌법소원과 관련하여 몇 가지 쟁점을 정리하고 있다. 첫째로 헌법소원과 관련한 원처분주의에 비추어 볼 때 지방검찰청 검사의 불기소처분에 대해 곧바로 헌법재판소에 헌법소원심판을 청구할 수는 없다. 그러나 검사의 불기소처분에 대해 검찰항고를 거쳐 검찰재항고까지 한 경우(이 단계에서는 보충성의 원칙이 충족된다)에는 예외적으로 "재항고결정 자체의 고유한 위법사유를 그 이유로 내세우는 경우라면 재항고결정에 대하여 헌법소원심판을 청구할 수 있다."

두 번째로, 개정 형소법에 의하여 모든 고소사건이 검찰항고를 거친 후 곧바로 재정신청 대상사건으로 됨에 따라 고소인은 검찰재항고를 할 수 없게 되었다. 이 경우 고소인은 범죄의 피해자를 말한다. 그런데 대검찰청검사는 갑을 A의 문서위조죄 등 범죄의 피해자라고 보아 검찰재항고를 각하하고 있다.

이에 대해 헌법재판소는 먼저 "여기서 피해자라 함은 형사실체법상의 직접적인 보호법익의 향유주체만이 아니라 문제된 범죄행위로 말미암아 법률상 불이익을 받게 된 자도 포함한다."고 판시하여 범죄피해자의 정의를 제시한다. 이어서 헌법재판소는 갑이 A의 범행과 관련하여 "간접적이고 사실상의 이해관계가 있을 뿐 그 범행으로 인하여 법률상 이익이 침해된 직접적인 피해자라고 보기 어렵다."는 판단을 내린다. 그렇다면 대검찰청검사가 갑을 피해자로 보아 재항고 기각결정을 내린 것은 위법하다는 결론이 나온다. 그리하여 헌법재판소는 대검찰청 검사의 재항고 기각결정을 취소한다. 이제 재항고 기각결정이 없는 상태로 돌아갔으므로 대검찰청 검사는 갑의 재항고에 대해 실체판단을 내려야한다.

본 판례는 고발사건에 대해 헌법재판소가 헌법소원심판청구를 허용한 사례라는 점에서 특히 주목된다. 그러나 그 의미는 대단히 제한적이다. 원처분주의에 입각해서 볼 때 원처분인 지방검찰청 검사의 불기소처분 자체에 대한 헌법소원은 인정되지 않는다(1989. 12. 22. **89헌마145** 참조). 또한 보충성의 원칙에 비추어 볼 때 고등검찰청의 검찰항고 기각결정도 헌법소원 심판대상이 될 수 없다. 오직 대검찰청 검사의 재항고 기각결정 그 자체에 고유한 위법사유가 있을 때에만 그 재항고기각결정에 대해 헌법소원심판을 청구할 수 있을 뿐이다. 그럼에도 불구하고 검사의 불기소처분에 대한 대검찰청의 재항고 기각결정에 대해 헌법소원심판청구의 길이 남아 있다는 점은 주목할 만하다.

2009헌마205

기소유예처분과 헌법소원
비뇨기과 병원장 사건
2010. 7. 29. 2009헌마205, 헌공 제166호, 1481

1. 사실관계 및 사건의 경과

【사실관계】
① 갑은 P비뇨기과 원장이다.
② 을은 P비뇨기과 직원으로 의료인은 아니다.
③ 2008. 12. 6. 9:30경 을은 성병 치료를 위해 P병원을 방문한 A 등을 상대로 수술을 해 주고 그 비용을 받았다.
④ 을은 의료법위반죄(무면허의료행위)로 기소되었다.
⑤ 갑은 의료법상의 양벌규정에 기하여 기소되었다.

【사건의 경과】
① 2009. 1. 22. 검사는 갑에게 의료법위반의 혐의가 인정되나 정상에 참작할 만한 사유가 있다는 이유로 기소유예처분을 하였다.
② 2009. 4. 13. 갑은 기소유예처분의 취소를 구하여 헌법재판소에 헌법소원심판을 청구하였다.
③ 갑은 심판청구의 이유로 다음의 점을 주장하였다.
　(가) 의료법상의 양벌규정은 책임주의에 반하는 것으로 헌법에 위반된다.
　(나) 검사의 기소유예처분으로 인하여 평등권과 행복추구권이 침해되었다.

2. 형벌법규에 대한 위헌결정과 소급효

【헌재 분석】 헌법재판소는, /

【헌재 분석】 이 사건 법률조항인 의료법(2007. 4. 11. 법률 제8366호로 전부 개정되고 2009. 12. 31. 법률 제9906호로 개정되기 전의 것) 제91조 제2항 중 "개인의 대리인, 사용인, 그 밖의 종업원이 제87조 제1항 제2호 중 제27조 제1항의 규정에 따른 위반행위를 하면 그 개인에게도 해당조문의 벌금형을 과한다."는 부분에 대하여, /

【헌재 요지】 위 조항은 개인이 고용한 종업원 등이 의료법 제87조 제1항 제2호 중 제27조 제1항의 규정에 따른 위반행위, 즉 무면허 의료행위를 한 사실이 인정되면, 그와 같은 종업원 등의 범죄행위에 대해 영업주가 비난받을 만한 행위가 있었는지 여부와는 전혀 관계없이 종업원 등의 범죄행위가 있으면 자동적으로 영업주도 처벌하도록 규정하고 있는바, /

【헌재 요지】 이는 아무런 비난받을 만한 행위를 한 바 없는 자에 대해서까지, 다른 사람의 범죄행위를 이유로 처벌하는 것으로서 형벌에 관한 책임주의에 반하므로 헌법에 위반된다고 판단하여 위헌결정한 바 있다(헌재 2009. 10. 29. 2009헌가6, 판례집 21-2하, 1 참조).

【헌재 분석】 원칙적으로 위헌으로 결정된 법률 또는 법률의 조항은 그 결정이 있는 날로부터 효력을 상실하지만, 형벌에 관한 법률 또는 법률의 조항은 소급하여 그 효력을 상실하는바(헌법재판소법 제47조 제2항), /

【헌재 판단】 이 사건 법률조항은 종업원 등의 무면허 의료행위를 이유로 개인 영업주에게 해당조문의 벌금형을 과하는 것을 그 내용으로 하고 있고 벌금형은 형법 제41조 제6호에 규정된 형의 종류에 해당하므로 이 사건 법률조항은 형벌에 관한 법률조항에 해당한다.

【헌재 판단】 그러므로 이 사건 법률조항은 헌법재판소법 제47조 제2항 단서에 따라 헌법재판소가 2009. 10. 29. 선고한 2009헌가6 결정에 의하여 소급하여 그 효력을 상실하였다고 할 것이다.

3. 사안에 대한 헌법재판소의 판단

【헌재 판단】 이와 같이 이 사건 법률조항이 헌법재판소의 위헌결정으로 인하여 소급하여 그 효력을 상실하였으므로 이 사건 법률조항을 적용 근거로 하여 그 혐의가 인정됨을 전제로 이루어진 처분 또한 그 효력을 상실한다고 봄이 상당하다.

【헌재 판단】 따라서 이 사건 법률조항을 적용 근거로 하여 청구인의 의료법위반 혐의가 인정됨을 전제로 이루어진 이 사건 기소유예처분은 결국 범죄를 구성하지 않는 행위를 대상으로 한 처분에 해당하므로 취소됨이 마땅하다고 할 것이다.

【헌재 결론】 그러므로 이 사건 기소유예처분은 근거되는 법률조항이 헌법재판소의 위헌결정으로 소급하여 그 효력을 상실함으로써 청구인의 행위가 범죄를 구성하지 않게 되었음에도 불구하고 그 혐의가 인정됨을 전제로 처분의 효력을 지속하고 있으므로 그로 말미암아 청구인의 기본권인 평등권과 행복추구권이 침해되었다고 할 것이다. (기소유예처분 취소)

【코멘트】 2007년 개정 형사소송법에 의하여 모든 고소사건에 대한 불기소처분이 고등법원의 재정신청 대상에 포함되게 되었다. 그에 따라 와 함께 검사의 불기소처분에 대한 헌법소원심판청구는 그 의미가 대폭 축소되었다. 검사의 불기소처분에 대해 내려지는 고등법원의 재정결정은 법원의 재판이므로 재판소원 불허의 원칙에 따라 헌법소원심판대상이 될 수 없기 때문이다. 그럼에도 불구하고 검사

의 불기소처분이 헌법소원 심판대상에서 완전히 배제된 것은 아니다. 개정 형사소송법의 시행 이후에도 피의자에 대한 검사의 기소유예처분은 여전히 헌법소원심판청구의 대상이 되기 때문이다. 본 판례는 이에 해당하는 실제 사례를 보여주고 있다.

2009헌마257

증거개시명령 불복과 헌법소원
용산참사 헌법소원 사건
2010. 6. 24. 2009헌마257, 헌집 22①하, 621

1. 사실관계 및 사건의 경과

【사실관계 1】
① M건물의 철거를 둘러싸고 철거를 반대하는 농성자들과 경찰이 대치하고 있었다.
② 2009. 1. 19. 농성자들을 해산하기 위하여 경찰이 M건물로 진입하였다.
③ 이 과정에서 화재가 발생하여 경찰관을 위시하여 다수의 사상자가 발생하였다. (N사고)
④ 수사기관은 N사고에 관련된 사람들을 조사하였다.
⑤ 수사기관의 조사과정에서 수사보고서, 진술서, 진술조서 등이 작성되었다. (P수사기록)

【사실관계 2】
① 검사는 농성에 관여한 갑 등을 특수공무집행방해치사죄 등으로 기소하였다. (㉮피고사건)
② 갑 등에 대한 공소사실의 요지는 다음과 같다.
③ "피고인들은 2009. 1. 19. 03:00경부터 같은 달 20. 07:10경까지 서울 용산구 한강로 2가에 있는 M건물에 침입하여, 건물 옥상에 망루를 짓고 점거 농성을 하면서 화염병을 사용하여 사람의 생명, 신체 또는 재산에 위험을 발생하게 하는 한편, 위험한 물건을 휴대하여 시위진압에 관한 경찰관들의 정당한 공무집행을 방해하고, 이로 인하여 경찰특공대원 1명을 사망에 이르게 함과 동시에 경찰특공대원 13명으로 하여금 상해를 입게 하였다."

【사건의 경과 1】
① 2009. 3. 25. 갑 등의 변호인들은 서울중앙지방검찰청 검사에게 형사소송법 제266조의3 제1항 제3호, 제4호에 따라 P수사기록의 열람·등사를 신청하였다.
② 2009. 3. 27. 서울중앙지방검찰청 검사는 검찰사건사무규칙 제112조의3 제1항 제1호, 제3호, 제5호의 사유를 들어 그 전부에 대하여 이를 거부하였다. (㉠거부처분)
③ 검찰사건사무규칙의 해당 조문은 다음과 같다.
제112조의3 (열람·등사 또는 서면 교부의 제한) ① 검사는 형사소송법 제266조의3 제2항에 따라 국가안보, 증인보호의 필요성, 증거인멸의 염려, 관련사건의 수사에 장애를 가져올 것으로 예상되는 구체적인 사유가 있거나 /
다음 각 호와 같이 열람·등사 또는 서면의 교부를 허용하지 아니할 상당한 이유가 있는 때에는 /

서류 등의 목록을 제외한 나머지 서류 등에 대하여 열람·등사 또는 서면의 교부를 거부하거나 그 범위를 제한할 수 있으며, /

이 경우 지체 없이 별지 제170호의4 서식의 열람·등사 거부 또는 범위제한 통지서를 작성하여 신청인에게 통지하여야 한다.

1. 사건관계인의 명예나 사생활의 비밀 또는 생명·신체의 안전이나 생활의 평온을 현저히 해칠 우려가 있는 경우
3. 수사기관의 의견 또는 법률판단 등을 기재한 내부문서인 경우
5. 형사소송법 제266조의3 제1항 제3호 또는 제4호 소정의 관련성이 인정되지 아니하는 경우

【사건의 경과 2】

① 2009. 3. 31. 갑 등의 변호인들은 서울중앙지방법원에 형사소송법 제266조의4 제1항에 따라 서울중앙지방검찰청 검사에게 P수사기록의 열람·등사를 허용하도록 할 것을 신청하였다.

② 2009. 4. 14. 서울중앙지방법원은 변호인들의 신청이 이유 있다고 판단하였다.

③ 서울중앙지방법원은 형사소송법 제266조의4 제2항에 따라 서울중앙지방검찰청 검사에게 이 사건 또는 관련 소송 이외의 다른 목적으로 다른 사람에게 교부하거나 제시하여서는 아니 된다는 조건을 붙여 변호인들의 P수사기록에 대한 열람·등사를 허용할 것을 명하는 결정을 하였다. (ⓒ허용결정)

④ 2009. 4. 14. 갑 등의 변호인들은 서울중앙지방검찰청 검사에게 ⓒ허용결정의 사본을 첨부하여 P수사기록의 열람·등사를 신청하였다.

⑤ 2009. 4. 16. 서울중앙지방검찰청 검사는 2009. 4. 10.자 추가 증거신청과 관련하여 자신의 P수사기록 중 Q부분(1차 교부본)의 등사만을 허용하고, 나머지 R부분에 대하여는 재차 같은 이유를 들어 이를 거부하였다.

【사건의 경과 3】

① 2009. 4. 23. 서울중앙지방검찰청 검사는 2009. 4. 17.자 및 같은 달 22.자 추가 증거신청과 관련하여 변호인들에게 추가로 자신의 수사기록 중 S부분(2차 교부본)의 등사만을 허용하고, 1, 2차 교부본을 제외한 나머지 부분(ⓐ수사기록)에 대해서는 여전히 이를 거부하였다. (ⓒ거부행위)

② 2009. 5. 12. 갑 등의 변호인들은 헌법재판소에 서울중앙지방검찰청 검사의 ⓐ수사기록에 대한 열람·등사 거부행위의 취소를 구하는 헌법소원심판을 청구하였다.

③ 갑 등의 변호인들은 심판청구의 이유로, 서울중앙지방검찰청 검사의 ⓐ수사기록에 대한 열람·등사 거부행위가 갑 등의 신속하고 공정한 재판을 받을 권리 및 변호인의 조력을 받을 권리를 침해한다고 주장하였다.

【사건의 경과 4】

① 갑 등은 M건물의 농성진압을 지휘한 경찰관 A 등을 고소하였다.

② 담당 검사는 경찰관 A 등에 대한 고소사건에 대하여 불기소처분을 하였다.

③ 갑 등은 검사의 불기소처분에 불복하여 서울고등법원에 재정신청을 하였다. (ⓝ재정신청사건)

④ 한편 갑 등에 대한 ㉮피고사건은 제1심을 거친 후, 서울고등법원의 항소심 재판부에 계속되었다.

⑤ 서울고등법원의 항소심 재판부는 ㉮피고사건 및 그와 관련된 ⓝ재정신청사건을 함께 심리하게 되었다.

⑥ ㉯재정신청사건 심리절차에서 갑 등의 변호인들은 ⓐ수사기록에 대한 열람·등사 신청을 하였다.

⑦ 2010. 1. 14. ㉮피고사건의 항소심 재판장은 검사에게 ㉯재정신청사건 기록에 편철되어 있는 ⓐ 수사기록에 대한 변호인들의 열람·등사 신청을 허용하도록 결정하였다.

⑧ 이에 따라 갑 등의 변호인들은 ⓐ수사기록에 대한 열람·등사를 모두 마칠 수 있었다.

【사건의 경과 5】

① 갑 등의 헌법소원심판청구에 대해 헌법재판소는 8명의 다수의견과 1명의 소수의견으로 견해가 나 뉘었다.

② 8명의 다수의견 가운데에는 1명의 보충의견이 있었다.

③ 헌법재판소는 먼저 심판청구의 적법요건에 대해 판단하였다.

　(가) 보충성원칙 : 검사의 거부처분에 대해 다른 법률의 구제절차를 모두 거쳤는가?

　(나) 권리보호이익 : 이미 변호인들에 의하여 ⓐ수사기록에 대한 열람·등사가 이루어졌음에도 심 판청구를 할 필요가 있는가?

④ 헌법재판소는 적법요건을 긍정한 다음 본안 판단에 임하였다.

2. 헌법소원과 보충성의 원칙

【헌재 판단】 (1) 헌법소원심판은 다른 법률에 구제절차가 있는 경우에는 그 절차를 모두 거친 후가 아니면 이를 청구할 수 없으므로(헌법재판소법 제68조 제1항 단서), 청구인들로서는 다른 법률에 구 제절차가 있다면 이 사건 헌법소원심판 청구에 앞서 이를 거쳤어야 할 것이고, 만약 이를 거치지 않았 다면 특단의 사정이 없는 한 이는 부적법한 청구라 할 것이다.

【헌재 분석】 (2) 피청구인의 이 사건 거부행위를 항고소송의 대상이 되는 행정처분으로 본다면, 청 구인들은 이 사건 헌법소원심판을 청구하기보다는 행정쟁송 절차를 거쳤어야 할 것이므로, 먼저 이 사 건 거부행위가 항고소송의 대상이 되는 행정처분인지 보기로 한다.

3. 사안에 대한 헌법재판소의 분석

【헌재 분석】 이 사건은 /

【헌재 분석】 ① 변호인의 피청구인에 대한 형사소송법 제266조의3 제1항 소정의 수사서류 열람· 등사 신청권의 행사, /

【헌재 분석】 ② 피청구인의 거부처분, /

【헌재 분석】 ③ 변호인의 법원에 대한 형사소송법 제266조의4 제1항 소정의 수사서류 열람·등사 허용 신청, /

【헌재 분석】 ④ 법원의 이 사건 허용 결정, /

【헌재 분석】 ⑤ 변호인의 피청구인에 대한 이 사건 허용 결정에 따른 수사서류 열람·등사 요청 및 /

【헌재 분석】 ⑥ 피청구인의 이 사건 거부행위의 순으로 진행되었다.

4. 검사의 증거개시 거부처분의 법적 성질

【헌재 요지】 여기서 피청구인의 거부처분은 변호인이 형사소송법 제266조의3 제1항 소정의 수사서

류 열람·등사 신청권에 근거하여 신청한 것을 피청구인이 받아들이지 않고 거부함으로써 변호인의 열람·등사권의 실현을 방해하여 이에 영향을 미치는 것이므로, 항고소송의 대상이 되는 행정처분이라 할 것이고, /

【헌재 요지】 따라서 형사소송법 제266조의4 소정의 불복절차는 행정처분에 대한 항고소송과 유사하며, 형사소송법 제417조의 준항고와 같은 성질의 것으로 볼 것이다.

5. 검사의 증거개시명령 이행거부의 법적 성질

【헌재 판단】 그리고 ① 법원의 이 사건 허용 결정은 법원이 피청구인의 거부처분에 대한 형사소송법 제266조의4 소정의 불복절차에서, 열람·등사를 허용할 경우 생길 폐해의 유형·정도, 피고인의 방어 또는 재판의 신속한 진행을 위한 필요성 및 해당 서류 등의 중요성 등을 고려해 볼 때 피청구인의 거부처분에 정당한 사유가 없다고 판단하고, 법률에 따라 피청구인에게 그 열람·등사를 허용하도록 명한 것이고, /

【헌재 판단】 ② 변호인의 피청구인에 대한 이 사건 허용 결정에 따른 수사서류 열람·등사 요청은 종전 신청에 대한 거부처분이 있은 후 다시 형사소송법 제266조의3 제1항 소정의 열람·등사 신청권을 행사한 것이 아니라 이 사건 허용 결정의 이행을 촉구하는 의미에 불과하며, /

【헌재 판단】 ③ 피청구인의 이 사건 거부행위는 이 사건 허용 결정의 이행을 거절하고 있는 것이라 할 것이다.

【헌재 요지】 따라서 피청구인의 이 사건 거부행위는 이 사건 허용 결정상의 열람·등사 의무를 사실상 이행하지 않음으로써 수사서류에 대한 열람·등사권의 실현을 방해하는 권력적 사실행위로서의 공권력 행사에 해당할 뿐, /

【헌재 요지】 종전의 피청구인의 거부처분과는 별도로 어떤 권리의 설정 또는 의무의 부담을 명하거나 기타 법률상 효과를 발생하게 하는 등 국민의 구체적인 권리의무에 직접적 변동을 초래하는 행위라고 보기는 어려워 항고소송의 대상이 되는 행정처분이라고 볼 수 없다.

6. 보충성원칙의 예외 인정

【헌재 판단】 (3) 이와 달리 피청구인의 이 사건 거부행위를 항고소송의 대상이 되는 행정처분으로 보더라도, 신설된 형사소송법 제266조의4 소정의 구제절차를 거쳐 법원으로부터 열람·등사 허용 결정을 받았음에도 피청구인이 이를 이행하지 아니한 채 다시 이 사건 거부행위를 하고 있는 상황에서, 이 사건 거부행위에 대하여 재차 행정쟁송 절차를 거치게 한들 권리구제의 실익이 없는 반복적인 절차의 이행을 요구하는 것에 지나지 않고, /

【헌재 판단】 권리보호이익이 소멸하여 이제는 더 이상 행정쟁송 절차에 의해서는 권리구제의 가능성이 없으므로, 청구인들에게 행정쟁송 절차를 이행할 것을 요구하는 것은 불필요한 우회절차를 강요하는 것이 된다 할 것이다.

【헌재 판단】 따라서 청구인들이 행정쟁송 절차를 거치지 아니하고 바로 이 사건 헌법소원심판을 청구하였다고 하더라도 이는 보충성원칙의 예외로서 허용된다고 보아야 할 것이다.

7. 헌법소원과 권리보호의 이익

【헌재 판단】 (1) 앞서 본 바와 같이 변호인들은 2010. 1. 14. 이 사건 수사서류에 대하여 그 열람 · 등사를 마쳤으므로, 이 사건 헌법소원이 인용된다고 하더라도 청구인들의 주관적 권리구제에는 더 이상 도움이 되지 않는다고 할 수 있다.

【헌재 판단】 (2) 그러나 헌법소원은 주관적 권리구제뿐만 아니라 객관적인 헌법질서 보장의 기능도 겸하고 있으므로, 가사 청구인의 주관적 권리구제에는 도움이 되지 아니한다 하더라도 같은 유형의 침해행위가 앞으로도 반복될 위험이 있고, 헌법질서의 수호 유지를 위하여 그에 대한 헌법적 해명이 긴요한 사항에 대하여는 심판청구의 이익을 인정하여야 하므로, /

【헌재 판단】 이 사건의 경우 같은 유형의 침해행위가 앞으로도 반복될 위험이 있는지와 헌법적 해명이 긴요한 사항인지에 대한 검토가 필요하다.

【헌재 판단】 먼저, 피청구인의 의견요지에서 보듯이, 피청구인은 형사소송법 제266조의4 제5항 규정을 법원의 열람 · 등사 허용 결정에도 불구하고 수사서류를 증거로 사용할 수 없는 불이익을 감수하는 한 열람 · 등사의 제한이 가능하다고 해석하고 있으므로, 앞으로도 이 사건과 같은 유형의 침해행위가 반복될 가능성이 크다 할 것이다.

【헌재 분석】 다음으로 헌법재판소는 1997. 11. 27. **94헌마60**[I권] 사건 및 2003. 3. 27. **2000헌마474**[I권] 사건에서 변호인의 수사기록에 대한 열람 · 등사권에 관하여 이미 헌법적 해명을 한 바 있으므로(판례집 9-2, 675, 704 및 15-1, 282, 297 참조), 이 사건에서 비슷한 논점에 대하여 재차 헌법적 해명을 할 필요가 있는지 여부가 문제된다.

【헌재 분석】 위 94헌마60 사건의 경우 /

【헌재 분석】 '검사가 변호인의 수사서류 열람 · 등사신청을 국가기밀의 누설이나 증거인멸, 증인협박, 사생활 침해의 우려 등 정당한 사유를 밝히지 아니한 채 전부 거부한 것은 청구인의 신속하고 공정한 재판을 받을 권리와 변호인의 조력을 받을 권리를 침해한 것으로 위헌임을 확인한 사건'이고, /

【헌재 분석】 위 2000헌마474 사건은 /

【헌재 분석】 '경찰서장이 구속적부심사건 피의자의 변호인의 고소장 및 피의자신문조서 열람 · 등사신청에 대하여 정보비공개결정을 한 것은 청구인의 변호권과 알 권리를 침해한 것으로 위헌임을 확인한 사건'이다.

【헌재 판단】 그런데, 위 두 사건의 경우는 모두 수사서류의 열람 · 등사에 관한 형사소송법의 규정들이 신설되기 전의 것으로 이 사건과는 본질적인 차이가 있다.

【헌재 판단】 즉, 형사소송법이 2007. 6. 1. 법률 제8496호로 개정됨에 따라 공소제기 후 검사가 보관하고 있는 수사서류 등에 대하여 피고인의 열람 · 등사신청권이 인정되고, 검사의 열람 · 등사 거부처분에 대한 불복절차가 마련되었는바, /

【헌재 판단】 이 사건의 경우 이러한 불복절차에 따른 법원의 열람 · 등사 허용 결정에 대하여 검사가 따르지 않은 경우임에 반하여, 앞의 두 사건은 법원의 결정이 관여되지 않은 경우이므로 큰 차이가 있다.

【헌재 판단】 아울러, 종전의 선례(위 **94헌마60**[I권] 사건)에서는 검사의 열람 · 등사의 거부행위로 인하여 피고인의 기본권이 침해되는지 여부를 판단하기 위해서는 수사서류 각각에 대하여 거부에 정

당한 사유가 있는지 여부를 살펴서 판단하여야만 하였으나, /

【헌재 판단】 이 사건의 경우 뒤에서 보는 바와 같이 법원의 열람·등사 허용 결정을 매개로 하고 있어 수사서류 각각에 대하여 정당한 사유가 있는지 여부를 판단할 필요가 없다는 점에서도 큰 차이가 있다.

【헌재 판단】 그렇다면, 이 사건과 같은 유형의 침해행위가 앞으로도 반복될 가능성이 크고, 형사소송법이 개정된 이후에 이 사건과 유사한 사건에 대하여 헌법적 해명이 이루어진 바 없으므로, 비록 청구인들의 주관적 권리보호의 이익이 소멸하였다 하더라도 이 사건 심판청구에 있어서는 심판의 이익이 여전히 존재한다 할 것이다.

8. 증거개시제도와 신속·공정한 재판을 받을 권리

【헌재 분석】 헌법 제27조 제1항은 "모든 국민은 헌법과 법률이 정한 법관에 의하여 법률에 의한 재판을 받을 권리를 가진다."고 규정하고 있는데, /

【헌재 요지】 여기서 '법률에 의한 재판'이라 함은 형사재판에 있어서는 적어도 그 기본원리인 죄형법정주의와 절차의 적법성뿐만 아니라 절차의 적정성까지 보장되는 적법절차주의에 위반되지 않는 실체법과 절차법에 따라 규율되는 것으로서 피고인의 방어활동이 충분히 보장되고, 실질적 당사자 대등이 이루어진 공정한 재판을 의미한다.

【헌재 판단】 또한 헌법 제27조 제3항은 "모든 국민은 신속한 재판을 받을 권리를 가진다."고 하여 피고인으로 하여금 신속한 재판을 받을 권리를 기본권으로 보장하고 있다.

【헌재 판단】 한편, 검사는 수사의 주재자로서 범죄혐의의 유무를 명백히 하고 공소를 제기하고 이를 유지할 것인지 여부를 결정하기 위하여 사법경찰관리를 지휘하여 피의자신문, 참고인조사, 감정·통역·번역의 위촉, 사실조회, 압수·수색·검증 등 임의수사 및 강제수사를 수행한다.

【헌재 판단】 이처럼 검사는 국가의 방대한 인적·물적 조직을 활용하여 피의자나 그 변호인에 비하여 월등하게 우월한 증거수집 능력을 갖게 되고, 수사과정에서 많은 자료를 확보하여 일건 수사기록을 완성한다.

【헌재 판단】 위 수사기록 중 피고인 이외의 공동피고인이나 참고인들의 진술을 기재한 서류는 피고인의 방어권 행사와 관련하여 중요한 의미를 갖게 되는데, 그러한 수사서류에 대하여 피고인이나 변호인의 접근이 허용되지 않는다면 피고인의 방어활동이 충분히 보장되기 어렵고, 실질적 당사자 대등이 이루어진 공정한 재판을 기대하기 곤란하게 되며, /

【헌재 판단】 또한 수사서류에 대한 사전 열람·등사의 거부는 증거조사절차의 지연을 가져와 신속한 재판을 저해하게 할 수도 있다.

【헌재 요지】 따라서 검사가 보관하는 수사서류에 대한 변호인의 열람·등사는 실질적인 당사자 대등을 확보하고, 피고인의 신속·공정한 재판을 받을 권리를 실현하기 위하여 필요불가결하다 할 것이다.

9. 증거개시제도와 변호인의 조력을 받을 권리

【헌재 요지】 헌법 제12조 제4항은 "누구든지 체포 또는 구속을 당한 때에는 즉시 변호인의 조력을 받을 권리를 가진다. 다만, 형사피고인이 스스로 변호인을 구할 수 없을 때에는 법률이 정하는 바에 의

하여 국가가 변호인을 붙인다."고 규정하고 있어 헌법적 차원에서 '변호인의 조력을 받을 권리'를 형사
피고인의 기본권으로 보장하고 있다.

【헌재 요지】 그런데, 변호인의 조력을 받을 권리에는 피고인이 변호인을 통하여 수사서류를 포함한
소송관계 서류를 열람 · 등사하고 이에 대한 검토 결과를 토대로 공격과 방어의 준비를 할 수 있는 권
리도 포함된다고 보아야 한다.

【헌재 요지】 변호인의 조력을 받을 권리가 보장된다는 것은 피고인을 위한 변호인의 활동이 충분히
보장됨을 의미하는 것인데, /

【헌재 요지】 변호인의 변론활동 중 수사서류에 대한 검토는 피고인에게 유리한 증거를 피고인의 이
익으로 원용하고, 불리한 증거에 대하여는 효율적으로 방어하기 위하여 필수적인 것이므로, 이에 대한
접근이 거부된다면 실질적인 당사자 대등이 이루어졌다고 할 수 없고, 피고인에게 변호인의 조력을 받
을 권리가 충분하게 보장되었다고 할 수도 없을 것이다.

【헌재 요지】 따라서 피고인이 변호인을 통하여 수사서류를 열람 · 등사하는 것은 피고인에게 보장된
변호인의 조력을 받을 권리의 중요한 내용을 이루게 된다.

10. 변호인의 조력을 받을 권리와 피고인을 조력할 권리의 관계

【헌재 요지】 피고인의 신속 · 공정한 재판을 받을 권리 및 변호인의 조력을 받을 권리는 헌법이 보장
하고 있는 기본권이고, 변호인의 수사서류 열람 · 등사권은 피고인의 신속 · 공정한 재판을 받을 권리
및 변호인의 조력을 받을 권리라는 헌법상 기본권의 중요한 내용이자 구성요소이며 이를 실현하는 구
체적인 수단이 된다.

【헌재 요지】 따라서 변호인의 수사서류 열람 · 등사를 제한함으로 인하여 결과적으로 피고인의 신
속 · 공정한 재판을 받을 권리 또는 변호인의 충분한 조력을 받을 권리가 침해된다면 이는 헌법에 위반
되는 것이다.

【헌재 판단】 그러나 이와 같이 변호인의 수사서류 열람 · 등사권이 위 헌법상 기본권의 중요한 내용
이자 구성요소라고 하더라도 열람 · 등사의 절차 및 대상, 열람 · 등사의 거부 및 제한 사유, 검사의 열
람 · 등사 거부처분에 대한 불복절차 및 제재 등 그 상세한 내용의 형성은 입법을 통하여 구체화될 수
있는 것으로서, /

【헌재 판단】 형사소송법 제266조의3과 제266조의4는 공소가 제기된 후 검사가 보관하고 있는 서류
등에 대한 피고인 또는 변호인의 열람 · 등사권을 구체화하고 있는 것이다.

11. 증거개시제도의 의의

【헌재 요지】 형사소송법은 피고인의 신속 · 공정한 재판을 받을 권리 및 변호인의 조력을 받을 권리
를 실질적으로 보장하기 위하여 공소가 제기된 후의 피고인 또는 변호인의 수사서류 열람 · 등사권에
대하여, /

【헌재 요지】 증거개시의 대상을 검사가 신청할 예정인 증거에 한정하지 아니하고 피고인에게 유리
한 증거까지를 포함한 전면적인 증거개시를 원칙으로 하며, 검사는 열람 · 등사의 신청이 있는 경우에
는 원칙적으로 열람 · 등사를 허용해야 하고, 예외적으로 제한사유가 있는 경우에만 열람 · 등사를 제

한할 수 있으며, /

【헌재 요지】 열람·등사를 제한할 경우에도 지체 없이 그 이유를 서면으로 통지하도록 규정하고 있고(제266조의3), 피고인 측의 열람·등사신청권이 형해화되지 않도록 검사의 열람·등사 거부처분에 대하여 별도의 불복절차를 마련하고 있다(제266조의4).

【헌재 요지】 이렇듯 형사소송법이 행정처분에 대한 항고소송과 유사한 형태로 별도의 권리구제 절차를 마련한 것은 일반적인 행정소송에 의하여 권리구제를 받도록 하는 것이 신속한 권리구제의 필요성 등에 비추어 적당하지 않다는 입법자의 정책적 판단에 따른 것으로서, /

【헌재 요지】 피고인 측의 수사서류 열람·등사권이 헌법상의 신속·공정한 재판을 받을 권리 및 변호인의 조력을 받을 권리의 중요한 내용인 점을 감안하여 종전 헌법소원심판이나 정보공개법 상의 행정쟁송 절차 등과 같은 우회적인 권리구제수단 대신에 보다 신속하고 실효적인 권리구제 절차를 마련하기 위한 것이다.

12. 증거개시명령의 이행거부와 기본권침해

【헌재 요지】 형사소송법은 검사의 열람·등사 거부처분에 대하여 법원이 그 허용 여부를 결정하도록 하면서도, 법원의 열람·등사 허용 결정에 대하여 집행정지의 효력이 있는 즉시항고 등의 불복절차를 별도로 규정하고 있지 않으므로, 이러한 법원의 열람·등사 허용 결정은 그 결정이 고지되는 즉시 집행력이 발생한다고 보아야 할 것이다.

【헌재 요지】 형사소송법 제266조의4 제5항은 검사가 수사서류의 열람·등사에 관한 법원의 허용 결정을 지체 없이 이행하지 아니하는 때에는 해당 증인 및 서류 등에 대한 증거신청을 할 수 없도록 규정하고 있다.

【헌재 요지】 그런데 이는 검사가 그와 같은 불이익을 감수하기만 하면 법원의 열람·등사 결정을 따르지 않을 수도 있다는 의미가 아니라, 피고인의 열람·등사권을 보장하기 위하여 검사로 하여금 법원의 열람·등사에 관한 결정을 신속히 이행하도록 강제하는 한편, 이를 이행하지 아니하는 경우에는 증거신청상의 불이익도 감수하여야 한다는 의미로 해석하여야 할 것이므로, /

【헌재 요지】 법원이 검사의 열람·등사 거부처분에 정당한 사유가 없다고 판단하고 그러한 거부처분이 피고인의 헌법상 기본권을 침해한다는 취지에서 수사서류의 열람·등사를 허용하도록 명한 이상, 법치국가와 권력분립의 원칙상 검사로서는 당연히 법원의 그러한 결정에 지체 없이 따라야 할 것이다.

【헌재 요지】 그러므로 법원의 열람·등사 허용 결정에도 불구하고 검사가 이를 신속하게 이행하지 아니하는 경우에는 해당 증인 및 서류 등을 증거로 신청할 수 없는 불이익을 받는 것에 그치는 것이 아니라, 그러한 검사의 거부행위는 피고인의 열람·등사권을 침해하고, 나아가 피고인의 신속·공정한 재판을 받을 권리 및 변호인의 조력을 받을 권리까지 침해하게 되는 것이다.

13. 사안에 대한 헌법재판소의 판단

【헌재 요지】 신속하고 실효적인 구제절차를 형사소송절차 내에 마련하고자 열람·등사에 관한 규정을 신설한 입법취지와, 검사의 열람·등사 거부처분에 대한 정당성 여부가 법원에 의하여 심사된 마당

에 헌법재판소가 다시 열람·등사 제한의 정당성 여부를 심사하게 된다면 이는 법원의 결정에 대한 당부의 통제가 되는 측면이 있는 점 등을 고려하여 볼 때, /

【헌재 요지】 이 사건과 같이 수사서류에 대한 법원의 열람·등사 허용 결정이 있음에도 검사가 열람·등사를 거부하는 경우 수사서류 각각에 대하여 검사가 열람·등사를 거부할 정당한 사유가 있는지를 심사할 필요 없이 그 거부행위 자체로써 청구인들의 기본권을 침해한다고 보아야 할 것이다.

【헌재 판단】 그렇다면 피청구인의 이 사건 거부행위는 청구인들의 '신속하고 공정한 재판을 받을 권리'와 '변호인의 조력을 받을 권리'를 침해하여 헌법에 위반된다 할 것이나, 앞서 본 바와 같이 청구인들에 대한 기본권침해의 상태가 이미 해소되었으므로, 피청구인의 이 사건 거부행위를 취소하는 것에 갈음하여 그것이 헌법에 위반됨을 확인하기로 하여, /

【헌재 판단】 아래 6.과 같은 재판관 이동흡의 보충의견 및 아래 7.과 같은 재판관 김희옥의 반대의견을 제외한 나머지 관여 재판관 전원의 일치된 의견으로 주문과 같이 결정한다.

【헌재 주문】
서울중앙지방법원 2009고합○○○, ○○○(병합) 특수공무집행방해치사 등 사건에 관하여 2009. 4. 14. 법원이 한 열람·등사 허용 결정에 따라 청구인들의 변호인들이 [별지 1] 기재 서류에 대하여 한 열람·등사 신청 중 /
비고란 기재 1, 2차 교부본을 제외한 나머지 부분에 대하여 2009. 4. 16. 피청구인이 이를 거부한 것은, 청구인들의 신속하고 공정한 재판을 받을 권리와 변호인의 조력을 받을 권리를 침해한 것이므로 헌법에 위반됨을 확인한다.

【코멘트】 2007년 개정 형사소송법은 증거개시제도를 도입하였다. 증거개시제도란 검사 수중에 있는 증거를 피고인·변호인이 열람·등사할 수 있게 하는 제도를 말하는데(법266의3 이하 참조), 일정한 경우에는 피고인 수중에 있는 증거를 검사가 열람·등사할 수 있는 경우도 있다(법266의11).

본 판례의 사실관계를 보면, (가) 피고인측의 수사기록 열람·등사청구, (나) 검사의 거부처분, (다) 법원의 열람·등사 허용결정, (라) 검사의 거부행위, (마) 헌법소원심판청구의 순으로 사태가 진행되고 있다. 법원의 결정에 대해 검사가 그 이행을 거부한 초유의 사태를 놓고 헌법재판소는 새로이 도입된 증거개시제도에 대해 여러 가지 중요한 법리들을 제시하고 있다. 이 가운데 몇 가지를 정리해 본다.

첫째로, 검사의 열람·등사 거부처분은 그 성질이 항고소송의 대상이 되는 행정처분이다. 그러나 절차의 신속한 진행을 위하여 형소법은 증거개시절차에서 별도의 불복방법을 마련하고 있다.

둘째로, 법원의 열람·등사 허용결정에 대해서는 별도의 불복방법이 없으므로 결정이 고지되는 즉시 집행력이 발생한다.

셋째로, 형소법은 검사가 법원의 열람·등사 허용결정을 이행하지 아니하는 때 증거신청을 할 수 없도록 하고 있다(법266의4⑤). 그런데 그 의미는 검사가 증거신청상의 불이익을 감수하기만 하면 법원의 열람·등사 결정을 따르지 않을 수도 있다는 것이 아니라, 당연히 법원의 결정에 지체 없이 따라야 한다는 의미이다.

넷째로, 법원의 열람·등사 허용결정에 대한 검사의 거부행위는 의무를 사실상 이행하지 않음으로써 수사서류에 대한 열람·등사권의 실현을 방해하는 권력적 사실행위로서의 공권력 행사에 해당할 뿐, 항고소송의 대상이 되는 별도의 행정처분이 아니다.

다섯째로, 법원의 열람·등사 허용 결정이 있음에도 검사가 열람·등사를 거부하는 경우 헌법재판소는 검사가 열람·등사를 거부할 정당한 사유가 있는지를 심사할 필요 없이 그 거부행위 자체로써 청구인들의 기본권을 침해한다고 보아야 한다.

여섯째로, 수사서류에 대한 법원의 열람·등사 허용 결정이 있음에도 검사가 열람·등사를 거부하는 것은 피고인의 신속하고 공정한 재판을 받을 권리와 변호인의 조력을 받을 권리를 침해하는 것이다.

2009헌마341

변호인 접견교통권의 제한
시간 대 시간대 사건
2011. 5. 26. 2009헌마341, 헌집 23-1하, 201

1. 사실관계 및 사건의 경과

【사실관계 1】
① 갑은 사기 등의 죄로 불구속 기소되었다.
② 2009. 5. 1. 갑은 선고기일에 불출석하였다.
③ 갑에 대해 구속영장이 발부되었다.
④ 2009. 5. 27. 갑은 서울구치소에 수감되었다.

【사실관계 2】
① 변호사 A는 갑의 국선변호인으로 선정되었다.
② 2009. 6. 5. 국선변호인 A는 서울구치소에 갑에 대한 접견을 신청하였다.
③ 갑에 대한 접견 희망일자는 6. 6.이다.
④ 서울구치소는 6. 6.이 현충일로 공휴일이라는 이유로 국선변호인 A의 접견신청을 불허하였다.
⑤ 2009. 6. 8. 갑은 국선변호인 A를 접견하였다.

【사건의 경과】
① 2009. 6. 19. 제1심법원은 다시 변론을 종결하였다.
② 2009. 6. 24. 제1심법원은 갑에게 징역 10월, 집행유예 2년을 선고하였다.
③ 2009. 6. 25. 갑은 법무부장관과 서울구치소장을 상대로 다음의 이유를 들어 헌법소원심판을 청구하였다.
　(가) 갑과 국선변호인 간의 6. 6.자 접견이 불허되었다.
　(나) 접견불허처분은 갑의 변호인의 조력을 받을 권리를 침해한 것이다.

2. 변호인의 조력을 받을 권리

【헌법재판소 요지】 변호인의 조력을 받을 권리란 /

【헌법재판소 요지】 국가권력의 일방적인 형벌권 행사에 대항하여 /

【헌법재판소 요지】 자신에게 부여된 헌법상·소송법상 권리를 효율적이고 독립적으로 행사하기 위하여 /

【헌법재판소 요지】 변호인의 도움을 얻을 피의자 및 피고인의 권리를 말한다.

【헌법재판소 분석】 헌법은 제12조 제4항에서 "누구든지 체포 또는 구속을 당한 때에는 즉시 변호인의 조력을 받을 권리를 가진다. 다만, 형사피고인이 스스로 변호인을 구할 수 없을 때에는 법률이 정하는 바에 의하여 국가가 변호인을 붙인다."고 규정하고, /

【헌법재판소 분석】 제12조 제5항 제1문에서 "누구든지 체포 또는 구속의 이유와 변호인의 조력을 받을 권리가 있음을 고지받지 아니하고는 체포 또는 구속을 당하지 아니한다."고 하여 /
변호인의 조력을 받을 권리를 헌법상 기본권으로 명시하고 있다.

【헌법재판소 요지】 이러한 변호인의 조력을 받을 권리에는 /

【헌법재판소 요지】 변호인을 선임하고, /

【헌법재판소 요지】 변호인과 접견하며, /

【헌법재판소 요지】 변호인의 조언과 상담을 받고, /

【헌법재판소 요지】 변호인을 통해 방어권 행사에 필요한 사항들을 준비하고 행사하는 것 등이 /

【헌법재판소 요지】 모두 포함된다.

3. 변호인과의 접견교통권 제한

【헌법재판소 분석】 청구인은 헌법재판소가 /

【헌법재판소 분석】 "변호인과의 자유로운 접견은 신체구속을 당한 사람에게 보장된 변호인의 조력을 받을 권리의 가장 중요한 내용이어서 국가안전보장·질서유지 또는 공공복리 등 어떠한 명분으로도 제한될 수 있는 성질의 것이 아니다." /

【헌법재판소 분석】 (헌재 1992. 1. 28. 91헌마111, 판례집 4, 51, 60-61)라고 판시한 것을 들어, /

【헌법재판소 분석】 미결수용자와 변호인과의 접견에 대해서는 어떠한 제한도 할 수 없다고 주장한다.

【헌법재판소 요지】 그러나, 위 결정에서 어떠한 명분으로도 제한할 수 없다고 한 것은 /

【헌법재판소 요지】 구속된 자와 변호인 간의 접견이 실제로 이루어지는 경우에 있어서의 '자유로운 접견', /

【헌법재판소 요지】 즉 '대화내용에 대하여 비밀이 완전히 보장되고 어떠한 제한, 영향, 압력 또는 부당한 간섭 없이 자유롭게 대화할 수 있는 접견'을 제한할 수 없다는 것이지 /

【헌법재판소 요지】 변호인과의 접견 자체에 대해 아무런 제한도 가할 수 없다는 것을 의미하는 것이 아니다.

【헌법재판소 판단】 변호인의 조력을 받을 권리 역시 다른 모든 헌법상 기본권과 마찬가지로 /

【헌법재판소 판단】 국가안전보장·질서유지 또는 공공복리를 위하여 필요한 경우에는 법률로써 제

한할 수 있는 것이다(헌법 제37조 제2항).

【헌법재판소 판단】 그렇다면 변호인의 조력을 받을 권리의 내용 중 하나인 미결수용자의 변호인 접견권 역시 /

【헌법재판소 판단】 국가안전보장·질서유지 또는 공공복리를 위해 필요한 경우에는 법률로써 제한될 수 있음은 당연하다.

4. 변호인 접견불허와 법률유보 원칙

(1) 법률유보원칙의 의의

【헌법재판소 요지】 (1) 기본권에 대한 제한은 법률로써 하여야 하고(헌법 제37조 제2항), /

【헌법재판소 요지】 여기서 법률로써 제한한다는 것은 반드시 '법률에 의한' 규율까지는 아니더라도 /

【헌법재판소 요지】 '법률에 근거한' 것이어야 한다는 것을 의미한다.

(2) 접견불허처분의 근거 조항

【헌법재판소 분석】 이 사건 접견불허처분은 /

【헌법재판소 분석】 "수용자의 접견은 매일(공휴일 및 법무부장관이 정한 날은 제외한다) '국가공무원 복무규정' 제9조에 따른 근무시간 내에서 한다."고 규정한 /

【헌법재판소 분석】 '형의 집행 및 수용자의 처우에 관한 법률 시행령'(이하 '수용자처우법 시행령'이라 한다) 제58조 제1항에 따른 것이고, /

【헌법재판소 분석】 이러한 수용자처우법 시행령 조항은 "접견의 횟수·시간·장소·방법 및 접견내용의 청취·기록·녹음·녹화 등에 관하여 필요한 사항은 대통령령으로 정한다."고 규정한 /

【헌법재판소 분석】 수용자처우법 제41조 제4항에 근거한 것이다.

【헌법재판소 분석】 (2) 그런데 수용자처우법은 제41조 제4항에서 '접견의 시간 등'에 관하여 필요한 사항을 대통령령이 규정하도록 위임하면서도, /

【헌법재판소 분석】 제84조 제2항에서는 "미결수용자와 변호인 간의 접견은 시간과 횟수를 제한하지 아니한다."고 하고 있어, /

【헌법재판소 분석】 미결수용자와 변호인 간의 접견에 있어 제한이 금지되는 '시간'의 의미가 무엇인지 문제된다. /

【헌법재판소 분석】 ① 수용자처우법은 수용자의 처우와 권리 이외에도 교정시설의 운영에 관하여 필요한 사항을 규정하는 것을 목적으로 하고(제1조), /

【헌법재판소 분석】 ② 이에 따라 시설의 안전 또는 질서를 해칠 우려가 있는 등 일정한 경우에는 /

【헌법재판소 분석】 수용자의 접견 자체를 불허하고 진행 중인 접견도 금지할 수 있도록 규정하고 있으며 /

【헌법재판소 분석】 (제41조 제1항 단서, 제42조), /

【헌법재판소 분석】 ③ 미결수용자와 변호인의 접견이라면 1년 365일 그리고 하루 중 어느 시각이라 하더라도(예컨대 심야 또는 이른 새벽) 접견이 이루어져야한다거나 /

【헌법재판소 분석】 그 접견이 24시간을 넘어 며칠 동안 계속되어도 중단할 수 없다고 보는 것은 /

【헌법재판소 분석】 현실적으로 불가능하다는 점 등을 고려할 때, /

【헌법재판소 요지】 수용자처우법 제84조 제2항에 의해 금지되는 접견시간 제한의 의미는 /

【헌법재판소 요지】 접견에 관한 일체의 시간적 제한이 금지된다는 것으로 볼 수는 없고, /

【헌법재판소 요지】 수용자와 변호인의 접견이 현실적으로 실시되는 경우, /

【헌법재판소 요지】 그 접견이 미결수용자와 변호인의 접견인 때에는 /

【헌법재판소 요지】 미결수용자의 방어권 행사로서의 중요성을 감안하여 /

【헌법재판소 요지】 자유롭고 충분한 변호인의 조력을 보장하기 위해 /

【헌법재판소 요지】 접견 시간을 양적으로 제한하지 못한다는 의미로 이해하는 것이 타당하다.

(3) 접견 시간대와 접견 시간의 구별

【헌법재판소 판단】 그러므로 수용자처우법 제84조 제2항에도 불구하고 /

【헌법재판소 판단】 같은 법 제41조 제4항의 위임에 따라 /

【헌법재판소 판단】 수용자의 접견이 이루어지는 일반적인 시간대를 대통령령으로 규정하는 것은 가능하다고 보아야 한다.

【헌법재판소 분석】 이에 따라 수용자처우법 시행령은 '시간대'와 '시간'을 구별하여, /

【헌법재판소 분석】 이 사건 접견불허 처분의 근거가 된 제58조 제1항에서는 /

【헌법재판소 분석】 "수용자의 접견은 매일(공휴일 및 법무부장관이 정한 날은 제외한다) '국가공무원 복무규정' 제9조에 따른 근무시간 내에서 한다."고 하고, /

【헌법재판소 분석】 제2항에서는 "변호인과 접견하는 미결수용자를 제외한 수용자의 접견시간은 회당 30분 이내로 한다."고 하며, /

【헌법재판소 분석】 이어 제59조 제1항, 제102조, 제110조 등에서는 "접견 시간대 외에도 접견을 하게 할 수 있고," "접견시간을 연장할 수 있다."고 규정하고 있다.

【헌법재판소 분석】 그 밖에도 제75조는 수용자의 집필에 관해 규정하면서 '집필의 시간대·시간 및 장소'라는 제목으로 /

【헌법재판소 분석】 제1항에서 "수용자는 휴업일 및 휴게시간 내에 시간의 제한 없이 집필할 수 있다."고 하여 /

【헌법재판소 분석】 "시간대"와 "시간"의 의미를 명백히 구별하여 사용하고 있다.

【헌법재판소 판단】 (3) 결국 이 사건 접견불허 처분은 /

【헌법재판소 판단】 수용자처우법 제41조 제4항의 위임에 따라 규정된 수용자처우법 시행령 제58조 제1항에 근거한 것으로서, /

【헌법재판소 판단】 법률유보원칙에 위배되지 아니한다.

5. 변호인 접견불허처분과 기본권 침해

(1) 변호인 접견 시점과 변호인의 조력을 받을 권리

【헌법재판소 판단】 (1) 체포 또는 구속된 자와 변호인 간의 접견은 변호인의 조력을 받을 권리의 필수적인 내용이므로 /

【헌법재판소 판단】 미결수용자와 변호인 간의 접견은 가능한 한 충분히 보장되어야 함은 물론이다.

【헌법재판소 판단】 그러나, 변호인의 조력을 받을 권리를 보장하는 목적은 피의자 또는 피고인의 방어권 행사를 보장하기 위한 것이므로, /

【헌법재판소 판단】 미결수용자 또는 변호인이 원하는 특정한 시점에 접견이 이루어지지 못하였다 하더라도 /

【헌법재판소 판단】 그것만으로 곧바로 변호인의 조력을 받을 권리가 침해되었다고 단정할 수는 없는 것이고, /

【헌법재판소 요지】 변호인의 조력을 받을 권리가 침해되었다고 하기 위해서는 /

【헌법재판소 요지】 접견이 불허된 특정한 시점을 전후한 수사 또는 재판의 진행 경과에 비추어 보아, /

【헌법재판소 요지】 그 시점에 접견이 불허됨으로써 피의자 또는 피고인의 방어권 행사에 어느 정도는 불이익이 초래되었다고 인정할 수 있어야만 하며, /

【헌법재판소 요지】 그 시점을 전후한 변호인 접견의 상황이나 수사 또는 재판의 진행 과정에 비추어 /

【헌법재판소 요지】 미결수용자가 방어권을 행사하기 위해 변호인의 조력을 받을 기회가 충분히 보장되었다고 인정될 수 있는 경우에는, /

【헌법재판소 요지】 비록 미결수용자 또는 그 상대방인 변호인이 원하는 특정 시점에는 접견이 이루어지지 못하였다 하더라도 /

【헌법재판소 요지】 변호인의 조력을 받을 권리가 침해되었다고 할 수 없는 것이다.

(2) 사안에 대한 헌법재판소의 분석

【헌법재판소 분석】 (2) 앞서 본 바와 같이, 청구인은 사기 등의 죄로 2009. 3. 3. 기소되어 선고기일인 5. 1.에 이르기까지 불구속 상태로 공판을 받았고, /

【헌법재판소 분석】 선고기일에 불출석하여 5. 27. 구속되었고, /

【헌법재판소 분석】 그 후 20여일이 지난 6. 19. 공판기일이 다시 열렸으며, /

【헌법재판소 분석】 그로부터 5일 후인 6. 24. 판결이 선고되었다.

【헌법재판소 분석】 한편 청구인이 구속된 후 6. 1. 청구인의 국선변호인이 선정되었고, /

【헌법재판소 분석】 그 국선변호인은 6. 5. 청구인에 대한 접견을 신청하였는데, /

【헌법재판소 분석】 접견을 희망한 6. 6.이 현충일로 공휴일이라는 이유로 접견이 거부되었고, /

【헌법재판소 분석】 이로부터 이틀 후인 6. 8. 청구인과 변호인의 접견이 실시되었다.

(3) 사안에 대한 헌법재판소의 판단

【헌법재판소 분석】 (3) 청구인은 방어권 행사를 위해 /

【헌법재판소 분석】 특히 '2009. 6. 6.'이라는 특정한 시점에 변호인과의 접견이 필요하였다거나, /

【헌법재판소 분석】 그날 변호인과의 접견이 이루어지지 못해 방어권 행사와 관련하여 어떠한 불이익을 입었는지에 대해 /

【헌법재판소 분석】 아무런 구체적인 주장도 하지 않고 있다.

【헌법재판소 판단】 청구인은 불구속 상태에서 재판을 받은 후 선고기일만을 남겨 놓았다가 그 기일에 출석하지 않아 비로소 구속된 것으로, /

【헌법재판소 판단】 불구속 상태에서 사실상 재판은 모두 진행되었다고 볼 수 있을 뿐 아니라, /

【헌법재판소 판단】 구속된 후 새로이 공판기일이 열리기는 하였으나 /

【헌법재판소 판단】 그 공판기일은 청구인을 위한 국선변호인이 선정된 6. 1.부터 따져도 18일 후인 6. 19. 예정되어 있었으므로, /

【헌법재판소 판단】 청구인이 국선변호인을 접견하고 조력을 받을 수 있는 기간은 충분히 있었다고 할 수 있고, /

【헌법재판소 판단】 무엇보다도 6. 6.자 접견은 불허되었으나 그로부터 이틀 후인 6. 8. 접견이 실시되었으며, /

【헌법재판소 판단】 그 후로도 공판기일까지는 열흘 넘는 기간이 남아 있었던 점에 비추어 보면, /

【헌법재판소 판단】 국선변호인이 희망한 6. 6. 청구인에 대한 접견이 이루어지지 못하였다고 해서 /

【헌법재판소 판단】 청구인의 방어권 행사에 어떠한 불이익이 있었다고 보기는 어렵다.

【헌법재판소 결론】 (4) 결국 이 사건 접견불허 처분을 전후한 청구인과 변호인의 접견 상황, 청구인에 대한 재판의 진행 과정 등에 비추어 볼 때, /

【헌법재판소 결론】 이 사건 접견불허 처분이 청구인의 변호인의 조력을 받을 권리를 침해하였다고 볼 수 없다. (심판청구 기각)

<hr>

2009헌바8

구속사유와 구속의 필요성
형소법 70조 2항 위헌소원 사건
2010. 11. 25. 2009헌바8, 헌집 22②하, 358

1. 사실관계 및 사건의 경과

【사실관계】

① 2009. 1. 9. 갑은 사기 혐의로 구속되었다.

② 2009. 1. 13. 갑은 서울중앙지방법원에 구속적부심사를 신청하였다.

③ 2009. 1. 15. 갑은 서울중앙지방법원에 다음과 같은 취지의 위헌제청 신청을 하였다.

④ "형사소송법 제70조 제2항, 제209조가 구속사유를 심사함에 있어 범죄의 중대성, 재범의 위험성, 피해자 및 중요참고인 등에 대한 위해우려 등을 필요적 고려사유로 규정한 것은 헌법에 위반된다."

【사건의 경과 1】

① 2009. 1. 16. 서울중앙지방법원은 갑의 구속적부심 신청 및 위헌제청 신청을 기각하였다.

② 2009. 1. 20. 갑은 헌법재판소법 제68조 제2항에 따라서 헌법재판소에 헌법소원심판을 청구하였다.

③ 2009. 2. 17. 제1심법원은 갑을 징역 4월에 처하고 미결구금일수를 전부 산입하는 판결을 선고하였다.

④ 2009. 2. 25. 갑에 대한 판결이 확정되었다.

【사건의 경과 2】

① 헌법재판소는 갑의 심판청구에 대해 적법요건을 심사하였다.

② 헌법재판소는 갑의 판결이 확정되었음에도 불구하고 갑의 청구에 대해 헌법적 해명을 할 필요가 있다고 판단하였다.

③ 헌법재판소는 갑의 심판청구에 예외적으로 심판청구의 이익이 있다고 보아 본안 판단을 하였다.

④ 헌법재판소는 심판대상 법률조문을 형사소송법 제209조로 결정하였다.

⑤ 형사소송법 제209조는 구속사유의 필요적 고려사항을 규정한 형소법 제70조 제2항을 준용하고 있다.

2. 형소법 제70조 제2항의 연혁과 의의

【헌재 분석】 이 사건 법률조항[형소법 제209조]에서 준용하고 있는 법 제70조 제2항은 2007. 6. 1. 형사소송법 개정으로 신설된 조항이다. /

【헌재 분석】 형사소송법의 구속사유 규정이 구속영장 청구 및 발부의 현실과 괴리가 크다는 비판이 대두됨에 따라, 2006. 2. 27. 구속사유에 사안의 중대성이나 재범의 위험성 등을 추가하는 내용의 "형사소송법 일부개정법률안"(이하 '개정안'이라 한다)이 국회 법제사법위원회에 계류되었다. /

【헌재 분석】 개정안은 '누범이나 상습범인 경우 등 재범의 우려가 있을 때나 사건 관련자들에게 위해를 가할 우려가 있을 때, 장기 10년 이상의 징역이나 금고에 해당하는 죄를 범한 것이 의심될 때'를 구속사유로 신설할 것을 주된 내용으로 하고 있었다. /

【헌재 분석】 그러나 개정안과 같이 구속사유를 확대하여 사안의 중대성만을 이유로 구속하는 것은 헌법상 무죄추정의 원칙이나 불구속재판·수사의 원칙과 충돌할 수 있다는 반론이 제기되어 그 대안으로 구속사유 판단시의 일반적 고려사항을 두기로 하였다. /

【헌재 분석】 그 결과 구속사유 자체는 현행법처럼 "주거부정, 증거인멸 또는 도망염려"로 유지되면서, 이러한 구속사유를 판단함에 있어 범죄의 중대성 등을 고려하여야 한다는 내용의 법 제70조 제2항이 신설되었다.

【헌재 분석】 법 제70조 제2항 신설의 일차적인 계기는 사회적 영향력이 있는 피의자가 법률 외적인 이유로 방면되는 것을 막으려는 데에 있었지만, 이러한 표면상의 이유 외에도 기존에 명문의 규정이 없음에도 불구하고 범죄의 중대성, 재범의 위험성, 사회적 파급효과 등의 실체적 요소 및 형사정책적 요소를 구속사유 판단의 보조요소로 고려해 왔던 영장실무를 형사소송법에 반영토록 하여 법과 현실과의 간격을 해소하려는 것 또한 배경이 되었다.

3. 형소법 제70조 제2항과 기존 구속사유와의 관계

【헌재 요지】 법 제70조 제1항에서는 주거부정, 증거인멸의 우려, 도주우려 등의 구속사유를 규정하고 있는데, 법 제70조 제2항은 여기에 새로운 '구속사유'를 신설하거나 추가한 것이 아니라, 이러한 '구속사유를 심사할 때 고려해야 할 사항'을 명시한 것이다. /

【헌재 요지】 범죄의 중대성, 재범의 위험성이나 피해자·중요 참고인 등에 대한 위해우려는 구속사유를 판단함에 있어 고려하여야 할 구체적이고 전형적인 사례를 거시한 것이다.

【헌재 요지】 따라서 구속사유가 없거나 구속의 필요성이 적은데도 이 같은 의무적 고려사항만을 고려하여 구속하는 것은 허용되지 않으며, 반면에 구속사유가 존재한다고 하여 바로 구속이 결정되는 것이 아니라 거기에 더하여 의무적 고려사항인 범죄의 중대성, 재범의 위험성, 중요 참고인 등에 대한 위해우려를 종합적으로 판단하여 구속 여부를 결정하여야 한다.

4. 형소법 제70조 제2항의 의의

【헌재 요지】 위 조항의 신설배경만으로 보면 범죄의 중대성이라든가 재범의 위험성 같은 실체적인 사유를 고려해서 영장발부 여부를 결정해 오던 기존의 영장실무를 형사소송법 규정에 반영하여 실무와 법률 사이의 간격을 줄이려는 노력의 산물이라고 평가할 수 있을 것이다. /

【헌재 요지】 한편, 적극적인 측면에서 위 조항은 법 제70조 제1항의 구속사유를 심사할 때 고려하여야 할 사항을 거시함으로써 구속사유 판단의 구체적인 지침을 제시함과 동시에 구속 여부 판단에서의 비례의 원칙을 확인하는 의미를 가진다. /

【헌재 요지】 도망할 염려를 판단할 때는 범죄의 중대성과 재범의 위험성이 고려되어야 할 것이며, 증거인멸의 우려 판단에서는 피해자 및 중요참고인 등에 대한 위해우려가 구체적 기준으로 작용할 수 있다.

【헌재 요지】 법 제70조 제1항의 구속사유 심사에서는 명문의 규정이 없더라도 당연히 비례의 원칙에 의한 판단이 이루어져야 한다. 법 제70조 제2항은 범죄의 중대성 등을 종합적으로 참작해서 신중하게 구속 여부를 결정할 것을 촉구함으로써 구속에 있어서 비례의 원칙이 관철되어야 함을 재확인하고 있다. /

【헌재 요지】 원래의 개정안에서는 일정한 중죄에 해당하는 경우는 무조건적인 구속사유로 하자는 것이었지만, 사안의 중대성만을 이유로 구속하는 것이 헌법상 무죄추정의 원칙이나 불구속재판·수사의 원칙에 역행할 수 있다는 우려 때문에 구속사유를 확대하지 않고 구속사유 판단시의 일반적 고려사항을 규정하는 식으로 입법된 경위를 보더라도, 위 조항이 헌법상의 원칙을 완화하려는 입장에서 제정된 것이 아님을 알 수 있다.

【헌재 요지】 법 제70조 제2항을 준용하는 이 사건 법률조항의 위헌 여부를 판단함에 있어서는 위 조항의 의의에 대한 위와 같은 해명이 바탕이 되어야 한다.

5. 형소법 제209조와 명확성의 원칙

【헌재 요지】 명확성의 원칙은 법치국가원리의 한 표현으로서 기본권을 제한하는 법규범의 내용은 명확하여야 한다는 헌법상의 원칙이며, 이는 법규범의 의미내용이 불확실하면 법적 안정성과 예측가능성이 확보될 수 없고, 법집행 당국의 자의적인 법해석과 집행이 가능하게 된다는 것을 근거로 한다. /

【헌재 요지】 그러나 법규범의 문언은 어느 정도 가치개념을 포함한 일반적, 규범적 개념을 사용하지 않을 수 없는 것이기 때문에 명확성의 원칙이란 기본적으로 최대한이 아닌 최소한의 명확성을 요구하는 것으로서, /

【헌재 요지】 법 문언이 법관의 보충적인 가치판단을 통해서 그 의미내용을 확인할 수 있고, 그러한 보충적 해석이 해석자의 개인적인 취향에 따라 좌우될 가능성이 없다면 명확성의 원칙에 반한다고 할

수 없다.

【헌재 분석】 청구인은 이 사건 법률조항이 구속사유를 추가 내지 확대하려면 더 구체적으로 명확하게 입법하여야 함에도 '범죄의 중대성'이나 '재범의 위험성', '피해자 및 중요 참고인에 대한 위해우려'와 같이 구체성이 결여된 용어를 사용하였으므로 명확성의 원칙에 반한다고 주장한다.

【헌재 판단】 이 사건 법률조항은 법 제70조 제1항 소정의 구속 사유 외에 구속사유를 새로이 추가하거나 확장한 것이 아니라 구속판단시에 고려하여야 할 요소를 거시한 것이므로 요구되는 구체성의 정도는 상대적으로 완화되어야 할 것이다. /

【헌재 판단】 또한 법률조항의 명확성 여부는 정도의 문제로서 이는 적용의 주체 내지 판단의 주체에 따라 다를 수밖에 없는데, 이 사건 법률조항의 수범자는 판사이므로 형사소송법 하에서 영장업무를 담당하는 판사가 이 사건 법률조항에서 규정하는 범죄의 중대성 등이 해당 사건과 관련하여 어떤 의미를 가지는가를 객관적이고 일의적으로 해석할 수 있는가 하는 점에서 바라보아야 한다.

【헌재 판단】 이 사건 법률조항의 뜻은 입법취지의 테두리 안에서 구속제도의 체계, 관련조항의 규정, 적용방법 등을 종합하면 해석 과정에서 판사가 구속사유를 판단할 때 고려할 사유로서 충분한 정도의 구체성을 가질 수 있다. /

【헌재 요지】 '범죄의 중대성'은 소명된 범죄의 종류, 죄질, 동기, 피해의 정도, 범행 후의 정황 등을 종합적으로 고려하였을 때 피의자 또는 피고인의 신병확보의 필요가 우선시되는 심각한 범죄를 의미한다 할 것이고, /

【헌재 요지】 '재범의 위험성'은 피의자 또는 피고인이 당해 사건으로 구속되지 않으면 장래에 다시 범죄를 저지를 위험이 경험적으로 추정되는 경우라고 이해할 수 있다. /

【헌재 요지】 '피해자 및 중요참고인에 대한 위해우려'는 그 뜻이 비교적 일의적인데, 피의자 또는 피고인의 태도 및 피해자를 포함한 중요 참고인과의 관계, 범행후의 정황, 피해자와 참고인의 반응 등을 종합하여 그 여부를 판단할 수 있을 것이다.

【헌재 판단】 요컨대, 이 사건 법률조항의 내용은 보통의 상식을 가진 일반인이라면 위와 같은 의미를 충분히 알 수 있고 특히 이 사건 법률조항의 수범자가 판사인 점을 감안한다면 법관의 보충적인 가치판단을 통해서 그 의미내용을 구체화하여 확인할 수 있다. /

【헌재 결론】 그렇다면 이 사건 법률조항에서 사용한 '범죄의 중대성'이나 '재범의 위험성', '피해자 및 중요참고인에 대한 위해우려'라는 용어가 명확성의 원칙에 위반된다고 볼 수 없다.

6. 형소법 제209조와 무죄추정의 원칙

【헌재 분석】 (가) 청구인은 구속사유를 심사할 때 범죄의 중대성 같은 실체적 요소를 고려하도록 하는 것은 무죄추정의 원칙과 불구속 수사·재판 원칙에 반하며, 또한 절차의 진행을 담보하려는 구속제도 본래의 취지에도 반한다고 주장한다.

【헌재 요지】 (나) 헌법상 무죄추정의 원칙은 형사재판에 있어서 유죄의 판결이 확정될 때까지 피의자나 피고인은 원칙적으로 죄가 없는 자로 다루어져야 하고, 그 불이익은 필요최소한에 그쳐야 한다는 것을 의미한다. /

【헌재 요지】 이러한 무죄추정의 원칙은 증거법에 국한된 원칙이 아니라 수사절차에서 공판절차에

이르기까지 형사절차의 전 과정을 지배하는 지도 원리로서 인신의 구속 자체를 제한하는 원리로 작용한다.

【헌재 요지】 헌법상 보장된 신체의 자유와 무죄추정의 원칙은 수사와 재판 또한 원칙적으로 불구속 상태에서 이루어질 것을 요구한다. /

【헌재 요지】 그러므로 구속은 예외적으로 구속 이외의 방법에 의하여서는 범죄에 대한 효과적인 투쟁이 불가능하여 형사소송의 목적을 달성할 수 없다고 인정되는 경우에 한하여 최후의 수단으로만 사용되어야 하며 구속수사 또는 구속재판이 허용될 경우라도 그 구속기간은 가능한 한 최소한에 그쳐야 한다. /

【헌재 분석】 2007. 6. 1. 법률 제8435호로 개정된 형사소송법 제198조 제1항은 "피의자에 대한 수사는 불구속 상태에서 함을 원칙으로 한다."라고 규정하여 불구속수사의 원칙을 명문화하였다.

【헌재 요지】 위와 같은 무죄추정의 원칙과 불구속 수사·재판 원칙에 따라, 피의자의 범죄에 대한 구체적인 소명이 있다는 이유만으로 구속이 허용되지는 아니한다. /

【헌재 요지】 그러나 범죄의 상당한 소명이 이루어진 경우에 수반되는 도주 및 증거인멸의 우려라는 절차적 위험이 상당한 정도로 인정되는 때에는 도주 혹은 증거인멸로 위협받을 수 있는 형사절차의 확보를 위하여 구속이 행해지게 된다. /

【헌재 요지】 이 사건 법률조항은 형사피의자를 일단 유죄라고 추정한 위에 사안의 중대성 등의 실체적 사유를 고려하여 구속 여부를 결정하도록 하려는 입법이 아니라, 범죄의 상당한 소명을 전제로 형사절차 확보를 위한 구속에 있어서 고려하여야 할 사유를 객관화하여 구체적으로 거시하고 이 기준을 통해 비례의 원칙을 확인한 규범이므로 오히려 헌법상 무죄추정의 원칙에 충실한 조항이며, 인신구속제도의 객관화, 실질화라는 목적에 부합하는 규정으로 보아야 한다. /

【헌재 요지】 또한, 이 사건 법률조항은 구속에 있어서의 비례의 원칙을 재확인하여 구속판단의 신중을 기하려는 데에 입법취지가 있으므로 이로 인하여 도주 또는 증거인멸의 가능성 내지 개연성이 없는 피의자까지도 구속될 위험이 높아져 불구속 수사·재판 원칙에 반하게 되는 결과를 초래하는 것도 아니다.

【헌재 결론】 (다) 따라서, 이 사건 법률조항이 무죄추정의 원칙과 불구속 수사·재판 원칙에 반하며, 구속제도 본래의 취지에도 반한다고 하는 청구인의 주장은 이유 없다.

7. 형소법 제209조와 과잉금지의 원칙

【헌재 분석】 청구인은 중한 범죄의 혐의만으로 구속을 인정하는 것은 구속의 목적에 비추어 기본권 제한에 관한 최소침해의 원칙에 위배된다는 주장을 하고 있다.

【헌재 판단】 그러나 이 사건 법률조항은 범죄의 중대성 등을 구속사유로 들고 있는 것이 아니라 구속사유를 판단할 때의 의무적 고려사항을 들고 있는 것에 불과한 것으로서, 인신구속제도의 예측가능성과 투명성을 높이기 위해 구속 사유 심사 시의 필요적 고려사항을 거시함으로써 구속에 있어서의 비례의 원칙을 재확인한 의미를 갖는 조항이므로 과잉금지원칙의 한 요소인 최소침해원칙에 위반될 여지가 없다. (합헌 결정)

2009헌바351

변론병합의 법적 성질
화물운송회사 지입차량 사건
2011. 3. 31. 2009헌바351, 헌공 제174호, 586

1. 사실관계 및 사건의 경과

【사실관계】

① 갑은 주식회사 P기업 및 합자회사 Q상운의 실제 운영자이다.

② 갑은 경영상태가 부실한 화물운송회사 29개를 인수하여 각 회사에 소속된 지입차량을 주식회사 P기업 명의로 신규 등록을 한 다음 이를 처분하는 방식으로 영업을 하였다.

③ 수사기관은 갑의 영업과 관련하여 업무상배임, 권리행사방해, 사기, 공기호부정사용, 부정사용공기호행사, 자동차관리법위반, 사문서위조, 위조사문서행사, 협박 등의 피의사실로 수사하였다.

④ 2004. 12. 27. 검사는 갑의 ㉠사건에 대해 갑을 업무상배임 등 죄로 기소하였다.

⑤ 갑은 전주지방법원 M재판부에서 ㉠사건에 대해 재판을 받게 되었다.

⑥ 검사는 갑에 대해 ㉡, ㉢, ㉣, ㉤, ㉥사건을 추가로 기소하였다.

⑦ M재판부는 ㉠사건에 ㉡, ㉢, ㉣, ㉤, ㉥사건을 병합하였다. (㉠등사건).

【사건의 경과 1】

① 전주지방법원에 갑의 ⓐ, ⓑ, ⓒ, ⓓ, ⓔ사건이 추가로 기소되었다. (ⓐ등사건)

② 갑은 M재판부에 ⓐ등사건을 ㉠등사건에 병합하여 줄 것을 신청하였다.

③ M재판부는 ㉠등사건에 ⓐ등사건을 병합하는 결정을 하였다.

④ M재판부는 며칠 후 ㉠등사건과 ⓐ등사건의 변론을 다시 분리하는 결정을 하였다.

【사건의 경과 2】

① 검사는 전주지방법원에 갑의 ㉮, ㉯사건을 추가로 기소하였다. (㉮등사건)

② 갑은 M재판부에 ㉮등사건에 대하여도 병합신청을 하였다.

③ M재판부는 갑의 신청을 받아들이지 않았다.

【사건의 경과 3】

① 2008. 4. 29. M재판부는 ㉠등사건에 대해 갑을 징역 4년에 처하는 판결을 선고하였다. (㉠등1심판결)

② 갑은 ㉠등사건의 제1심판결에 불복 항소하였다.

③ 2008. 10. 23. 항소심법원은 ㉠등사건에 대해 징역 3년을 선고하였다. (㉠등항소심판결)

④ 갑은 ㉠등항소심판결에 불복 상고하였다.

⑤ 대법원은 일부 무죄의 취지로 ㉠등항소심판결을 파기환송하였다. (㉠등상고심판결)

⑥ 전주지방법원에서는 ㉠등 환송후 항소사건으로 항소심재판이 진행되었다.

【사건의 경과 4】

① 2009. 2. 10. M재판부는 ⓐ등사건에 대해 갑을 징역 2년 6월에 처하는 판결을 선고하였다. (ⓐ등 1심판결)

② M재판부는 ⓐ등사건에 대해 갑에게 유죄를 선고하였다.

③ 갑은 불복 항소하였다.

④ ㉠등 환송후 항소사건의 항소심법원은 ⓐ등항소사건을 ㉠등 환송후 항소사건에 병합하였다.

⑤ 2009. 10. 23. 환송후 항소심법원은 갑에 대하여 징역 3년 6월 및 일부 무죄의 판결을 선고하였다.

【사건의 경과 5】

① 2009. 9. 23.은 전주지방법원에서 ㉠등환송후항소사건, ⓐ등항소사건(병합) 사건이 소송계속중인 시점이다.

② 2009. 9. 23. 갑은 형사소송법 제5조, 제6조, 제9조, 제10조, 제13조, 제300조, 형사소송규칙 제118조, 제141조, 제156조의4에 대하여 전주지방법원에 위헌심판제청을 신청하였다.

③ 2009. 10. 23. 전주지방법원은 갑의 위헌심판제청 신청을 각하하였다.

④ 2009. 10. 27. 갑에게 각하 결정문이 송달되었다.

⑤ 2009. 11. 24. 갑은 헌법재판소법 제68조 제2항에 의하여 헌법소원심판을 청구하였다.

⑥ (아래에서는 형사소송법 제300조 위헌심판청구 부분만 소개함)

⑦ (이해를 돕기 위하여 ㉠, ⓐ, ㉮ 등의 부호를 판례본문에 임의로 추가함)

2. 쟁점의 정리

【헌재 분석】 ㉠환송후항소심 사건의 1심 법원은 ㉠등사건에 ⓐ등사건의 변론을 병합하는 결정을 하였다가 다시 변론을 분리하는 결정을 한 후 ㉠등사건에 대하여만 재판을 진행하여 판결을 선고하였고, /

【헌재 분석】 ㉮, ㉯사건에 대하여는 변론의 병합신청을 받아들이지 않고 재판을 진행하여 결국 ⓐ등사건에 대하여는 따로 판결이 선고되었으며, ㉮, ㉯사건도 나중에 별도의 재판을 받게 되었는바, /

【헌재 판단】 만약 변론의 병합 또는 분리 여부에 대하여 법원에 재량을 부여한 [형사소송]법 제300조(이하 '이 사건 법률조항'이라고 한다)가 위헌이라는 결정이 선고된다면 당해 사건 재판의 주문·내용 등이 달라지게 되므로, 이 사건 법률조항은 당해 사건 재판의 전제가 된다.

3. 변론의 병합·분리에 대한 입법례

【헌재 분석】 이 사건 법률조항은 1954. 9. 23. 형사소송법 제정 당시부터 현재까지 개정됨이 없이 "법원은 필요하다고 인정한 때에는 직권 또는 검사, 피고인이나 변호인의 신청에 의하여 결정으로 변론을 분리하거나 병합할 수 있다."라고 규정하고 있다. /

【헌재 분석】 이는 법원으로 하여금 소송경제와 실체적 진실발견의 요청 등을 비교교량하여 변론의 병합과 분리 여부를 결정하도록 하고 있는 것이다.

【헌재 분석】 이와 관련하여, 피고인의 신속한 재판을 받을 권리의 보장을 헌법적 가치 또는 형사법적 원리로 채택하고 있는 미국, 독일, 일본 등 각국에서도 변론의 병합과 분리 여부는 법원의 재량에 맡기고 있고, 의무적으로 병합하는 규정을 두고 있는 나라는 없으며, 다만 일본의 경우 변론의 분리에

관해서 피고인의 권리보호를 위해 필요한 경우에 반드시 분리하도록 하는 규정을 두고 있을 뿐이다.

4. 변론의 병합·분리와 신속한 재판을 받을 권리의 관계

【헌재 분석】 (1) 헌법 제27조 제1항은 "모든 국민은 헌법과 법률이 정한 법관에 의하여 법률에 의한 재판을 받을 권리를 가진다.", 같은 조 제3항은 "모든 국민은 신속한 재판을 받을 권리를 가진다. 형사피고인은 상당한 이유가 없는 한 지체 없이 공개재판을 받을 권리를 가진다."라고 규정함으로써 공정하고 신속한 공개재판을 받을 권리를 보장하고 있다.

【헌재 판단】 그런데 이 사건 법률조항이 법원으로 하여금 변론의 병합과 분리 여부를 결정하도록 재량을 부여하고 변론의 병합과 분리를 필수적인 것으로 규정하지 아니한 결과 검사 또는 피고인 측의 병합 또는 분리 신청이 거절되는 경우, /

【헌재 판단】 ① 병합이 거절된 후행 사건의 입장에서 보면 병합되지 아니한 선행 사건과 함께 증거조사를 하는 등의 방법으로 신속한 재판을 받을 기회가 차단된다고 할 수 있고, /

【헌재 판단】 ② 분리가 거절된 사건에서 보면, 심리기간이 길어지는 공동피고인 때문에 종국재판을 선고받지 못하고 있는 다른 피고인으로서는 신속한 재판을 받지 못하게 된다고 할 수 있다. /

【헌재 판단】 따라서 이 사건 법률조항으로 인하여 피고인은 헌법 제27조가 정한 재판청구권, 그 중에서도 '신속한 재판을 받을 권리'를 제한받게 된다.

5. 신속한 재판을 받을 권리와 입법재량

【헌재 판단】 (1) 헌법 제27조 제3항 제1문은 "모든 국민은 신속한 재판을 받을 권리를 가진다."라고 규정하고 있다. 그러나 신속한 재판을 받을 권리의 실현을 위해서는 구체적인 입법형성이 필요하며, 다른 사법절차적 기본권에 비하여 폭넓은 입법재량이 허용된다. /

【헌재 요지】 따라서, 입법자는 형사소송절차를 규율함에 있어서 형사피고인인 국민을 단순한 처벌대상으로 전락시키는 결과를 초래하는 등 헌법적으로 포기할 수 없는 요소를 무시하거나 헌법 제37조 제2항이 정하는 과잉금지원칙에 위반되는 내용의 절차를 형성하지 아니하는 한, 재판절차를 합리적으로 형성할 수 있는 입법형성권을 가진다.

6. 형소법 제300조 입법목적의 정당성과 수단의 상당성

【헌재 판단】 (2) 이 사건 법률조항은 변론의 병합, 분리에 관하여 피고인, 검사의 신청이나 직권에 의하여 법원이 재량으로 결정하도록 하고 있는바, 이는 형사소송절차를 형성하는 광범위한 입법재량의 범위에 속하는 부분이다. /

【헌재 요지】 이 사건 법률조항은 합리적이고 적정한 변론 진행을 위하여 법원으로 하여금 소송경제와 신속한 재판, 실체적 진실발견의 요청, 검사의 입증이나 피고인 측의 방어의 편의, 경합범처벌조항 적용의 이익, 공범 사이의 사건 처리의 형평, 병합 또는 분리 심리의 장단점을 종합적으로 고려하여 변론의 병합과 분리 여부를 개별적으로 판단하도록 한 것으로서, 그 입법목적의 정당성 및 수단의 적합성이 인정된다.

7. 형소법 제300조와 재량권의 한계

【헌재 판단】 (3) 변론의 병합은 각 피고인에 대해 합일하여 사실을 확정할 수 있고 형의 균형을 유지할 수 있을 뿐만 아니라 소송경제에도 도움이 되는 반면, 심리의 혼란을 초래하고 신속한 재판과 실체적 진실의 발견에 지장을 초래할 우려도 있기 때문에 병합심리의 장단점을 종합적으로 고려하여 개별적으로 판단할 수밖에 없고, /

【헌재 판단】 변론의 분리는 피고인의 소송절차상의 이익을 보호할 필요성과 적정·신속한 재판의 실현이라는 소송이념을 고려하여 판단하여야 한다.

【헌재 판단】 변론의 병합이나 분리 여부를 결정함에 있어서는 변론의 병합, 분리의 장·단점에 대한 고려 외에, 개개 사건이 처해있는 구체적 사정 하에서 검사의 입증이나 피고인 측의 방어의 편의, 경합범처벌조항 적용의 이익, 공범 사이의 사건 처리의 형평, 당해 사안의 신속한 심리의 요청 정도, 법원의 인적·물적인 제반사정을 종합적으로 고려해야 한다. /

【헌재 판단】 특히 신속한 재판을 위해서 적정한 판결선고기일을 정하는 것은 법률상 쟁점의 난이도, 개별사건의 특수상황, 접수된 사건의 양 등 여러 가지 요소를 복합적으로 고려하여 결정되어야 할 사항인데, 이때 법원에는 광범위한 재량권이 부여된다.

【헌재 판단】 다만, 위와 같은 법원의 재량권은 어디까지나 건전하고 합리적인 범위 내에서 정당하게 행사되어야 하는 제한을 받는 것이고, 자의적인 재량을 의미하는 것이 아님은 물론이다. 대법원도 변론의 병합과 분리에 관한 재량권의 한계를 인정하고 있다(대법원 1998. 10. 9. **98모89**[I권] 결정 참조).

8. 형소법 제300조와 침해의 최소성 및 법익의 균형성

【헌재 판단】 이 사건 법률조항과 달리 일정한 경우에 필수적으로 변론을 병합, 분리하도록 하는 것은 이를 법률로써 세분화하여 구체적, 서술적, 일률적으로 규정하는 것이 입법기술상 불가능하거나 현저히 곤란할 뿐만 아니라 그에 따른 부작용 또한 상당할 것으로 보이므로, /

【헌재 판단】 변론의 병합, 분리에 관한 판단을 직접 변론을 진행하는 법원에 맡기는 것은 불가피하다고 볼 수 있고, 그 외 입법목적을 효과적으로 달성할 수 있는 다른 대체수단도 찾기 어렵다.

【헌재 판단】 한편, 이 사건 법률조항에 의한 합리적이고 적정한 변론 진행을 통하여 실현되는 공익은 이 사건 법률조항으로 인하여 피고인의 신속한 재판을 받을 권리가 제한되는 정도에 비하여 결코 작다고 할 수 없다.

【헌재 판단】 따라서 이 사건 법률조항은 기본권제한에 관한 피해의 최소성과 법익의 균형성도 갖추고 있다.

【헌재 결론】 (4) 그렇다면 이 사건 법률조항은 신속한 재판을 받을 권리를 침해하지 아니한다. (합헌결정)

2010도12

형소법 제314조의 적용요건
필로폰 구매자 소재불명 사건

2011. 11. 10. 2010도12, [공보불게재]

1. 사실관계 및 사건의 경과

【사실관계】
① 갑은 다음과 같은 요지의 공소사실로 마약류관리법위반죄로 기소되었다.
② "피고인은 2008. 11. 13. 및 같은 해 11. 28. 등 2회에 걸쳐 공소외 A로부터 필로폰을 매수하거나 공소외 A와 공소외 B 사이의 필로폰 매매를 알선하였다."
③ 갑은 공소사실을 부인하였다.
④ 검사는 유죄의 증거로 A와 B에 대한 수사기관 면전의 P진술조서를 증거로 제출하였다.
⑤ 그러나 A와 B는 [소재불명으로] 법정에 출석하지 않았다.
⑥ 제1심법원은 갑의 다툼에도 불구하고 A와 B가 수사기관에서 한 각 진술이 형사소송법 제314조에 의하여 증거능력이 인정된다고 판단하였다.

【사건의 경과】
① 갑의 피고사건은 제1심을 거친 후, 항소심에 계속되었다.
② 항소심법원은 제1심법원의 판단을 그대로 받아들였다.
③ 항소심법원은 A와 B의 진술을 주된 증거로 삼아 공소사실을 모두 유죄로 인정하였다.
④ 갑은 불복 상고하였다.

2. 실질적 직접심리주의와 전문법칙

【대법원 요지】 1. 형사소송법은 헌법이 요구하는 적법절차를 구현하기 위하여 사건의 실체에 대한 심증 형성은 법관의 면전에서 본래증거에 대한 반대신문이 보장된 증거조사를 통하여 이루어져야 한다는 실질적 직접심리주의와 전문법칙을 채택하고 있다. /
【대법원 요지】 따라서 법원은 이러한 실질적 직접심리주의와 전문법칙이 형사소송절차 진행 및 심리 과정에서 원칙적이고 실질적인 지배원리로서 충실히 기능할 수 있도록 하여야 하고, /
【대법원 요지】 그 예외는 직접주의와 공판중심주의에 의한 공정한 공개재판을 받을 권리와 무죄추정을 받을 권리를 본질적으로 침해하거나 형해화하는 결과가 초래되지 않도록 형사소송법이 정한 필요한 최소한도에 그쳐야 한다.

3. 형소법 제314조의 요건

【대법원 요지】 이에 전문법칙의 예외를 규정한 형사소송법 제314조는 공판준비 또는 공판기일 외에서의 진술은 그것이 비록 적법절차에 따라 이루어진 것으로 그 임의성이 의심스러운 때에 해당하지 않

더라도 /

【대법원 요지】 사망·질병·외국거주·소재불명 또는 이에 준하는 부득이한 사유로 원진술자나 작성자가 공판준비 또는 공판기일에 진술할 수 없는 경우로서, '특히 신빙할 수 있는 상태하에서 행하여졌음이 증명된 때'에 한하여 증거로 할 수 있다고 명시함으로써 그 증거능력의 인정 범위를 필요한 최소한도로 엄격히 제한하고 있다.

【대법원 요지】 그러므로 검사가 공판준비 또는 공판기일 외에서의 진술을 유죄의 증거로 제출하는 경우 법원은 먼저 검사로 하여금 그 진술이 '특히 신빙할 수 있는 상태하에서 행하여진' 사정을 증명하도록 하여야 하고, 이를 엄격히 심사하여 그 요건을 충족한 것으로 인정될 때에 비로소 증거조사의 대상으로 삼을 수 있는 것이다.

【대법원 요지】 이때 요구되는 증명의 정도는, 그 진술이 이루어진 구체적인 경위와 상황에 비추어 보아 단순히 적법하고 진술의 임의성이 담보되는 정도를 넘어, 법정에서의 반대신문 등을 통한 검증을 굳이 거치지 않더라도 진술의 신빙성을 충분히 담보할 수 있어 실질적 직접심리주의와 전문법칙에 대한 예외로 평가할 수 있는 정도에 이르러야 할 것이다.

4. 사안에 대한 항소심의 판단

【항소심 분석】 2. 이 사건 공소사실의 요지는 피고인이 제1심 판시와 같이 2008. 11. 13. 및 같은 해 11. 28. 등 2회에 걸쳐 공소외 A로부터 필로폰을 매수하거나 공소외 A와 공소외 B 사이의 필로폰 매매를 알선하였다는 것인데, /

【항소심 판단】 제1심은 피고인의 다툼에도 불구하고 공소외 A와 공소외 B가 수사기관에서 한 각 진술은 형사소송법 제314조에 의하여 증거능력이 인정된다고 판단하였고, 원심도 이를 그대로 받아들여 위 각 진술을 주된 증거로 삼아 공소사실을 모두 유죄로 인정하였다.

5. 사안에 대한 대법원의 판단

【대법원 판단】 그러나 앞서 본 법리에 의하면, 공소외 A와 공소외 B가 수사기관에서 한 각 진술의 증거능력을 인정하기 위해서는 그 진술이 '특히 신빙할 수 있는 상태하에서' 행하여진 것임이 증명되어야 할 것인바, /

【대법원 판단】 피고인의 다툼에도 불구하고 이 점에 관한 검사의 증명이 없을 뿐만 아니라 기록상 달리 위와 같은 상태로 평가할 만한 정황도 보이지 않는다. /

【대법원 분석】 오히려 기록에 나타나는 다음과 같은 사정 즉, /

【대법원 분석】 ① 위 각 진술 당시 공소외 A와 공소외 B는 피고인을 비롯한 마약사범 혐의자들에 대한 수사기관 제보를 통해 자신들에 대한 형사처벌을 감면받고자 노력하고 있었고, 특히 공소외 A는 피고인 때문에 억울하게 마약사범으로 구속되었다고 생각하는 등 피고인과 반대되는 이해관계인에 해당한다고 볼 여지가 많았던 점(기록상 대향범의 관계 등으로 인하여 통상적으로 피고인과 같이 처벌되어야 할 위 공소외 A와 공소외 B에 대하여는 공소도 제기되지 아니한 것으로 보인다), /

【대법원 분석】 ② 피고인이 이 사건 수사 초반부터 일관되게 혐의사실을 부인하고 제보자와의 대질신문을 요청하기까지 하였음에도 수사기관이 그 요청을 받아들이지 아니하는 바람에 피고인으로서는

제보자의 일방적 주장에 대하여 적절한 반박의 기회도 갖지 못한 점, /

【대법원 분석】 ③ 특히 공소외 A는 이 사건 공소사실 중 피고인의 필로폰 매수에 관하여 최초 검찰 진술 당시에는 전혀 언급하지 아니하다가 그로부터 약 1주일 후에야 비로소 이를 언급하기 시작하였는데 이와 같은 언급은 자신의 구속이 피고인 때문이라고 생각하고 있던 상태에서 바로 그 전날에 피고인으로부터 서로 죽이는 관계이니 한번 해보자는 취지의 서신을 받은 직후에 행하여진 점 등에 비추어 볼 때, /

【대법원 판단】 공소외 A와 공소외 B가 수사기관에서 한 각 진술은 법정에서의 반대신문을 통하여 그 신빙성을 엄격하게 검증하여야 할 필요가 있는 것으로 보인다. /

【대법원 판단】 따라서 공소외 A와 공소외 B의 수사기관에서의 각 진술은 형사소송법 제314조에 의한 증거능력을 인정할 수 없고, 이를 제외한 나머지 증거들만으로는 이 사건 공소사실을 인정하기에 부족하다.

【대법원 결론】 그럼에도 불구하고, 공소외 A와 공소외 B가 수사기관에서 한 위 각 진술이 형사소송법 제314조에서 정한 '특히 신빙할 수 있는 상태하'에서 이루어진 것인지에 대한 심리도 전혀 없이 당연히 그 증거능력이 인정됨을 전제로 이를 토대로 이 사건 공소사실이 인정된다고 판단해 버린 제1심판결 및 이를 유지한 원심판결에는 위 조항의 적용범위에 관한 법리를 오해한 위법이 있어 그대로 유지될 수 없다. (파기 환송)

2010도750

양형조사의 법적 성질
법원 조사관 보고서 사건

2010. 4. 29. 2010도750, [공보불게재]

1. 사실관계 및 사건의 경과

【사실관계】

① 갑은 특가법위반죄(절도) 등으로 기소되었다.

② A는 법원 소속 조사관이다.

③ 법원 소속 조사관은 법원조직법 제54조의3에 의하여 심판에 필요한 자료의 수집·조사 등의 업무를 담당한다.

④ 제1심법원은 조사관 A에게 갑에 대해 양형의 조건이 되는 사항을 수집·조사하여 제출하게 하였다.

⑤ 조사관 A는 P조사보고서를 공판기일 외의 일시 장소에서 제1심법원에 제출하였다.

⑥ 제1심법원은 P조사보고서를 갑에 대한 정상관계 사실과 함께 참작하여 갑에게 징역 3년 8월을 선고하였다.

【사건의 경과】

① [검사는 불복 항소하였다.]

② [검사는 항소이유로, 법원조사관은 양형조사를 할 법적 근거와 권한이 없다고 주장하였다.]
③ 항소심법원은 항소를 기각하고, 제1심판결을 유지하였다.
④ 검사는 불복 상고하였다.

2. 양형사유와 증명의 정도

【대법원 요지】 양형의 조건에 관하여 규정한 형법 제51조의 사항은 널리 형의 양정에 관한 법원의 재량사항에 속한다고 해석되므로, 법원은 범죄의 구성요건이나 법률상 규정된 형의 가중·감면의 사유가 되는 경우를 제외하고는, 법률이 규정한 증거로서의 자격이나 증거조사방식에 구애됨이 없이 상당한 방법으로 조사하여 양형의 조건이 되는 사항을 인정할 수 있다. /
【대법원 요지】 나아가 형의 양정에 관한 절차는 범죄사실을 인정하는 단계와 달리 취급하여야 하므로, 당사자가 직접 수집하여 제출하기 곤란하거나 필요하다고 인정되는 경우 등에는 직권으로 양형조건에 관한 형법 제51조의 사항을 수집·조사할 수 있다.

3. 사안에 대한 대법원의 판단

【대법원 분석】 이와 같은 취지에서, 제1심법원이 법원조직법 제54조의3에 의하여 심판에 필요한 자료의 수집·조사 등의 업무를 담당하는 법원 소속 조사관에게 양형의 조건이 되는 사항을 수집·조사하여 제출하게 하고, 이를 피고인에 대한 정상 관계 사실과 함께 참작하여 피고인에게 징역 3년 8월을 선고한 이 사건에 있어, /
【대법원 판단】 원심이 그 판시와 같은 이유로 제1심판결을 유지한 것은 정당하고, 달리 거기에 양형의 조건이 되는 사항의 수집·조사에 관한 법리오해 등의 잘못이 있다고 할 수 없다. (상고 기각)

【코멘트】 본 판례는 법원 조사관을 활용한 양형조사의 적법성을 인정한 예로서 주목된다. 법원이 독자적인 양형조사관을 보유할 수 있는가를 놓고 법원행정처와 법무부 사이에 갈등이 계속되어 왔다. 법무부는 법률상 양형조사관의 명시적 근거규정이 없음에도 불구하고 법원이 법원 조사관을 양형조사관으로 활용하는 것에 반대하는 입장을 취해 왔다. 법무부는 법무부 산하의 보호관찰소 소속 보호관찰관을 통하여 양형조사를 하는 것으로 충분하다는 입장이다.

이에 대해 법원 측은 양형은 법관의 고유권한이며 재량에 속하는 사항이라는 점, 양형사유는 자유로운 증명으로 족하다는 점 등을 들어서 법원조직법 제54조의3에 근거를 두고 있는 법원 조사관을 양형조사관으로 활용하는 실무를 발전시켜 왔다.

본 판례에서 제1심법원이 법원 조사관을 통한 양형조사를 하자 검사가 이를 문제 삼아 대법원에 상고하기에까지 이른 배경에는 이와 같은 법원행정처와 법무부의 갈등이 자리잡고 있다. 대법원은 이 문제에 대해 양형조사의 법적 근거가 법관의 양형판단 재량에 근거한 것이라고 판시하여 판례로써 법원 실무의 적법성을 확인하고 있다.

2010도759

부적법 상고이유서와 상고기각결정
벌금 감액 요청 사건
2010. 4. 20. 2010도759 전원합의체 결정, 공 2010상, 1054

1. 사실관계 및 사건의 경과

【사실관계】

① 갑은 도로교통법위반죄 등으로 기소되었다.

② 제1심법원은 유죄를 인정하여 벌금 300만 원을 선고하였다.

③ 갑은 불복 항소하였다.

④ 항소심법원은 항소를 기각하고, 제1심판결을 유지하였다.

【사건의 경과】

① 갑은 불복 상고하였다.

② 갑이 제출한 상고장에는 상고이유의 기재가 없었다.

③ 갑이 제출한 상고이유서에는 갑에게 선고된 300만 원을 감액해 달라고 기재되어 있었다.

④ 대법원은 직권으로 판단하였다.

⑤ 대법원은 전원합의체 결정으로 갑의 상고를 기각하였다.

2. 상고이유서의 방식

【대법원 분석】 상고인이나 변호인이 상고법원의 기록접수통지를 받은 날부터 20일 이내에 상고이유서를 제출하지 아니하고, 상고장에도 상고이유의 기재가 없는 때에는 결정으로 상고를 기각하여야 한다[형사소송법(이하 '법'이라고만 한다) 제380조]. /

【대법원 분석】 한편, 상고법원은 상고이유서에 포함된 사유에 관하여 심판하여야 하는데(법 제384조 본문), 법 제383조는 원심판결에 대한 상고이유로 할 수 있는 사유를 /

【대법원 분석】 "1. 판결에 영향을 미친 헌법·법률·명령 또는 규칙의 위반이 있을 때, /

【대법원 분석】 2. 판결 후 형의 폐지나 변경 또는 사면이 있는 때, /

【대법원 분석】 3. 재심청구의 사유가 있는 때, /

【대법원 분석】 4. 사형, 무기 또는 10년 이상의 징역이나 금고가 선고된 사건에 있어서 중대한 사실의 오인이 있어 판결에 영향을 미친 때 또는 형의 양정이 심히 부당하다고 인정할 현저한 사유가 있는 때"의 네 가지로 제한하고 있다. /

【대법원 요지】 이들 규정을 종합하면, 법 제380조에서 말하는 상고이유서라 함은 법 제383조 각 호에 규정한 상고이유를 포함하고 있는 서면을 의미하는 것으로 보아야 할 것이다. /

【대법원 요지】 따라서 상고인이나 변호인이 상고이유서라는 제목의 서면을 제출하였다고 하더라도 위 법조에서 상고이유로 들고 있는 어느 하나에라도 해당하는 사유를 포함하고 있지 않은 때에는

적법한 상고이유서를 제출한 것이라고 할 수 없고, /

【대법원 요지】 이 경우 상고법원은 법 제380조에 의하여 결정으로 상고를 기각할 수 있다고 할 것이다. /

【대법원 요지】 다만, 상고법원은 법 제383조 제1호 내지 제3호의 사유에 관하여는 상고이유서에 포함되지 아니한 때에도 직권으로 이를 심판할 수 있으므로(법 제384조 단서), 원심판결에 이에 해당하는 사유가 있는 때에는 상고법원은 판결로 그 사유에 관하여 심판할 수 있다고 할 것이다.

3. 사안에 대한 대법원의 판단

【대법원 분석】 기록에 의하면, 피고인이 제출한 상고장에는 상고이유의 기재가 없고, 상고이유서에는 원심이 유지한 제1심판결에서 피고인에게 선고한 벌금 300만 원을 감액하여 달라는 뜻이 기재되어 있을 뿐임을 알 수 있는데,

【대법원 판단】 이는 법 제383조 각 호에 규정된 사유의 어느 것에도 해당하지 아니함이 명백하고, 달리 원심판결에 직권으로 심판할 수 있는 사유가 있다고도 인정되지 아니한다. /

【대법원 판단】 그렇다면 위에서 본 법리에 따라 이 사건 상고는 법 제380조에 의하여 결정으로 상고를 기각할 수 있는 경우에 해당한다고 할 것이다. (상고기각 결정)

【코멘트】 본 판례는 상고이유서의 방식을 준수하지 않는 상고에 대해 종래와 같이 판결로써 상고기각을 하지 않고 결정으로써 상고기각을 하겠다는 대법원의 의지를 전원합의체 결정으로 천명하였다는 점에서 주목된다. 판결로써 상고기각을 하는 경우에는 공판기일을 열어서 상고기각의 주문을 일일이 낭독하는 방식으로 판결을 선고해야 한다. 이에 대해 결정으로써 상고를 기각하게 되면 적당한 방식으로 결정을 고지하면 되므로 공판기일을 열 필요가 없다. 대법원의 업무부담이 크게 줄어들게 될 것이다.

대법원은 최근 상고사건이 급증하여 그 해결책에 부심하고 있다. 2004년 무렵의 상고심 본안사건이 연간 18,000건이었던 것이 2012년 무렵에는 30,000건을 돌파하였다는 소식이 들리고 있다. 이와 같은 상황에서 민사사건의 경우에는 심리불속행제도가 인정되어 대법원의 업무경감에 상당한 기여를 하고 있다. 그러나 형사사건의 경우에는 심리불속행제도가 도입되어 있지 않다. 오히려 불이익변경금지의 원칙이 약식명령사건(법457의2) 및 즉결심판사건(즉심법19)에까지 확대되어 상고사건 급증의 한 요인이 되고 있다.

본 판례는 형사사건의 경우에 무조건 상고하고 보자는 소송관계인들의 행동에 대처하기 위한 대법원의 대응책의 하나라고 할 수 있다. 상고이유의 방식을 우선 검토하여 방식위반이라는 이유로 실체심리에 들어가지 않고 결정으로 상고를 기각하는 것은 사실상 형사재판에 심리불속행제도를 도입하는 것이나 다름없다. 저렴한 비용으로 변호인의 조력을 받을 수 없는 서민들의 처지에서 보면 본 판례는 재판받을 권리를 크게 제한하는 것으로 인식될 것이다. 그러나 격증하는 대법원의 업무량이라는 관점에서 보면 현실적으로 불가피한 대법원의 결단이라고 평가할 수 있다.

2010도1189

목적범과 검사의 증명책임
실천연대 자료집 사건
2010. 7. 23. 2010도1189 전원합의체 판결, 공 2010하, 1696

1. 사실관계 및 사건의 경과

【사실관계】
① 갑은 이적단체로 판단된 P단체(실천연대)의 집행위원 겸 중앙사무처 사무국원으로서 적극 활동하고 있었다.
② P단체는 북한의 주체사상 등을 강조하고 이러한 노선에 따라 각종 반미·반정부 투쟁을 전개해 왔다.
③ P단체에서는 Q표현물을 제작하였다.
④ Q표현물에는 P단체의 목표와 노선 및 북한의 상투적인 대남선전선동 활동을 적극적으로 찬양·고무·선전하거나 이에 동조하는 내용 등이 수록되어 있었다.
⑤ 갑은 Q표현물을 P단체 간부로서 활동하는 지침으로 사용하였다.
⑥ 갑이 학술연구나 영리 등 목적을 주된 동기로 Q표현물을 소지한 것으로 볼 만한 사정은 없었다.

【사건의 경과】
① 검사는 갑을 국가보안법위반죄(찬양·고무)로 기소하였다.
② 갑의 피고사건은 제1심을 거친 후, 항소심에 계속되었다.
③ 항소심법원은 유죄를 선고하였다.
④ 갑은 불복 상고하였다.
⑤ 갑은 상고이유로 이적목적이 없다고 주장하였다.
⑥ 대법원은 이적표현물 소지로부터 이적목적을 추정하던 종전의 판례를 폐기하는 데에 견해가 일치하였다.
⑦ 그러나 갑의 구체적 사안에서 이적목적을 인정할 것인가를 놓고 대법원의 견해가 나뉘었다.
⑧ 대법원은 다수의견에 따라 갑에게 이적목적이 있음을 인정하고 상고를 기각하였다.

2. 목적범의 목적과 증명책임

【대법원 판단】 국가보안법 제7조 제5항의 죄는 제1, 3, 4항에 규정된 이적행위를 할 목적으로 문서·도화 기타의 표현물을 제작·수입·복사·소지·운반·반포·판매 또는 취득하는 것으로서 이른바 목적범임이 명백하다. /

【대법원 요지】 목적범에서의 목적은 범죄 성립을 위한 초과주관적 위법요소로서 고의 외에 별도로 요구되는 것이므로, 행위자가 표현물의 이적성을 인식하고 제5항 소정의 행위를 하였다고 하더라도 이적행위를 할 목적이 인정되지 아니하면 그 구성요건은 충족되지 아니하는 것이다. /

【대법원 요지】 그리고 형사재판에서 공소가 제기된 범죄의 구성요건을 이루는 사실에 대한 증명책

임은 검사에게 있으므로 행위자에게 이적행위를 할 목적이 있었다는 점은 검사가 증명하여야 하며, 행위자가 이적표현물임을 인식하고 제5항 소정의 행위를 하였다는 사실만으로 그에게 이적행위를 할 목적이 있었다고 추정해서는 아니된다. /

【대법원 요지】 이 경우 행위자에게 이적행위 목적이 있음을 증명할 직접증거가 없는 때에는 앞에서 본 표현물의 이적성의 징표가 되는 여러 사정들에 더하여 피고인의 경력과 지위, 피고인이 이적표현물과 관련하여 제5항 소정의 행위를 하게 된 경위, 피고인의 이적단체 가입 여부 및 이적표현물과 피고인이 소속한 이적단체의 실질적인 목표 및 활동과의 연관성 등 간접사실을 종합적으로 고려하여 판단할 수 있는 것이다.

【대법원 요지】 이와 달리 이적표현물임을 인식하면서 취득·소지 또는 제작·반포하였다면 그 행위자에게는 위 표현물의 내용과 같은 이적행위를 할 목적이 있는 것으로 추정된다는 취지로 판시한 /

【대법원 요지】 대법원 1992. 3. 31. 선고 90도2033 전원합의체 판결, 대법원 1996. 12. 23. 선고 95도1035 판결, 대법원 1997. 6. 13. 선고 96도2606 판결, 대법원 1997. 10. 24. 선고 96도1327 판결, 대법원 1999. 12. 7. 선고 98도4398 판결, 대법원 2000. 5. 26. 선고 98도4101 판결, 대법원 2002. 11. 22. 선고 2002도2246 판결과 /

【대법원 요지】 그 밖에 이 판결의 견해와 다른 대법원 판결들은 모두 이 판결의 견해에 배치되는 범위 안에서 이를 변경하기로 한다.

3. 사안에 대한 대법원의 판단

【대법원 분석】 위 법리와 원심판결 및 제1심판결 이유에 의하여 알 수 있는 사정들, /

【대법원 분석】 즉 피고인은 이적단체인 '한국대학총학생회연합'과 '조국통일범민족청년학생연합'에 가입하여 이적표현물을 취득, 소지, 제작, 반포하고 불법적인 집회·시위에 참가하여 시위 진압 경찰관들에게 상해를 가한 범죄사실 등으로 징역 3년에 집행유예 5년을 선고받아 확정된 전력이 있는 자로서 이 사건 당시에는 이적단체인 실천연대의 집행위원 겸 중앙사무처 사무국원으로서 적극 활동하고 있었던 점, /

【대법원 분석】 실천연대는 앞서 본 바와 같이 북한의 주체사상, 선군정치, 강성대국론, 핵실험에 대한 찬양·홍보와 그에 기한 사상교육의 시도, 반미자주화를 위한 물리력 행사와 민중 폭력의 당위성 등을 강조하고 이러한 노선에 따라 각종 반미·반정부 투쟁을 전개해 왔는데, /

【대법원 분석】 이 사건 각 표현물은 이러한 실천연대의 목표와 노선 및 북한의 상투적인 대남선전선동 활동을 적극적으로 찬양·고무·선전하거나 이에 동조하는 내용 등을 수록하고 있으며, 피고인은 이 사건 각 표현물을 실천연대 간부로서 활동하는 지침으로 사용하였던 것으로 보이는 점, /

【대법원 분석】 피고인이 학술연구나 영리 등 목적을 주된 동기로 이 사건 각 표현물을 소지한 것으로 볼 만한 사정이 없는 점 등을 종합하여 살펴보면, /

【대법원 판단】 피고인으로서는 이 사건 각 표현물의 내용이 이적성을 담고 있음을 인식하고 이 사건 각 표현물로써 반국가단체 등의 활동에 대한 찬양·고무 등 이적행위를 할 목적으로 이 사건 각 표현물을 소지하였다고 인정할 수 있다. /

【대법원 결론】 원심이 같은 취지에서 이 사건 각 표현물을 소지한 피고인에게 이적행위 목적이 인정

된다고 본 제1심의 판단을 유지한 것은 정당하고, 거기에 상고이유 주장과 같이 이적행위 목적의 증명에 관한 법리오해 등으로 판결에 영향을 미친 위법이 없다. (상고 기각)

2010도2094

음주측정 연행과 위법수집증거 후사경 접촉사고 음주측정 사건

2013. 3. 14. 2010도2094, 공 2013상, 688

1. 사실관계 및 사건의 경과

【사실관계 1】

① 2008. 12. 12. 22:00경 갑은 ⓐ승용차를 운행하던 중 ⓑ차량의 후사경을 부딪쳤다는 이유로 ⓑ차량의 운전자 A, 동승자 B 등과 시비가 벌어졌다.

② ⓑ차량 측의 신고에 의해 경찰관 C 등이 현장에 출동하였다.

③ 경찰관들은 갑의 음주운전을 의심하여 음주측정을 위해서 지구대로 동행할 것을 요구하였다.

④ 갑은 "술을 마시지 않았고 사고도 내지 않았다"는 취지로 주장하면서 계속해서 순찰차에 타기를 거부하였다.

⑤ 이에 4명의 경찰관이 갑의 팔다리를 잡아 강제로 순찰차에 태워 P지구대로 데려갔다.

⑥ 그 과정에서 경찰관들은 갑에게 형사소송법 제200조의5에 정한 미란다 고지를 하지 않았다.

【사실관계 2】

① 갑은 P지구대로 연행된 후 경찰관들로부터 호흡조사 방법에 의한 음주측정에 응할 것을 요구받았다.

② 갑은 음주측정 요구를 거부하다가 계속 음주측정에 불응할 경우 구속된다는 말을 듣고 호흡측정에 응하였다.

③ 그 결과 음주운전으로 처벌받는 수치가 나왔다.

④ 이에 담당 경찰관 C는 갑에게 이제 다 끝났으니 집으로 가라는 취지로 수차 말하였다.

⑤ 갑은 "운전을 한 당시에는 음주를 한 상태가 아니었고 또 호흡측정 결과도 받아들일 수 없다"고 항의하면서 혈액측정을 요구하였다.

【사실관계 3】

① 이에 경찰관 D가 갑과 인근 Q병원에 동행하여 채혈을 하였다. (㉠혈액)

② [㉠혈액은 국립과학수사연구원에 송부되었다.]

③ [국립과학수사연구원은 ㉡혈중알코올농도 감정서를 회보하였다.

④ 담당 경찰관 C는 ㉡혈중알코올농도 감정서를 토대로 ㉢주취운전자 적발보고서를 작성하였다.

【사건의 경과 1】

① 검사는 갑을 도로교통법위반죄(음주운전)로 기소하였다.

② 검사는 ⓛ혈중알코올농도 감정서와 ⓒ주취운전자 적발보고서를 증거로 제출하였다.

③ 갑의 피고사건은 제1심을 거친 후, 항소심에 계속되었다.

④ 항소심법원은 다음과 같이 판단하였다.

    (가) 갑을 사건 현장에서 지구대로 데리고 간 경찰관들의 행위는 임의동행이 아닌 강제력에 의한 체포에 해당한다.

    (나) 체포 당시 형사소송법 제200조의5에 정한 미란다 고지 절차가 이행되지 않았다.

    (다) 그러나 ⓣ채혈은 갑의 자발적인 의사에 기하여 이루어졌다.

    (라) ⓣ채혈을 바탕으로 이루어진 ⓛ혈중알코올농도 감정서와 ⓒ주취운전자 적발보고서는 증거능력이 있다.

⑤ 항소심법원은 유죄를 선고하였다.

【사건의 경과 2】

① 갑은 불복 상고하였다.

② 갑은 상고이유로 다음의 점을 주장하였다.

    (가) 갑을 지구대로 연행한 경찰관들의 행위는 위법한 체포에 해당한다.

    (나) ⓣ채혈, ⓛ혈중알코올농도 감정서, ⓒ주취운전자 적발보고서는 위법한 체포로 취득한 것이다.

    (다) 따라서 ⓣ채혈, ⓛ혈중알코올농도 감정서, ⓒ주취운전자 적발보고서는 증거능력이 없다.

2. 위법한 체포와 위법수집증거배제법칙

【대법원 분석】 1. 헌법은 "누구든지 법률에 의하지 아니하고는 체포·구속·압수·수색 또는 심문을 받지 아니하며"(제12조 제1항), /

【대법원 분석】 "체포 또는 구속의 이유와 변호인의 조력을 받을 권리가 있음을 고지받지 아니하고는 체포 또는 구속을 당하지 아니한다"고 규정하여(제12조 제5항), /

【대법원 분석】 체포·구속에 관한 적법절차의 원칙을 선언하고 있다. /

【대법원 분석】 이를 이어받아 형사소송법은 "검사 또는 사법경찰관은 피의자를 체포하는 경우에는 피의사실의 요지, 체포의 이유와 변호인을 선임할 수 있음을 말하고 변명할 기회를 주어야 한다."고 하고(제200조의5), /

【대법원 분석】 이 규정은 검사 또는 사법경찰관리가 현행범인을 체포하거나 현행범인을 인도받은 경우에도 준용하도록 하고 있다(제213조의2). /

【대법원 분석】 나아가 형사소송법 제308조의2는 "적법한 절차에 따르지 아니하고 수집한 증거는 증거로 할 수 없다."고 함으로써 /

【대법원 분석】 위 각 규정의 규범력이 확고하게 유지되도록 뒷받침하고 있다.

【대법원 요지】 이러한 규정을 종합하면, /

【대법원 요지】 적법한 절차에 따르지 아니한 위법행위를 기초로 하여 증거가 수집된 경우에는 당해 증거뿐 아니라 /

【대법원 요지】 그에 터 잡아 획득한 2차적 증거에 대해서도 그 증거능력은 부정되어야 할 것이다. /

【대법원 요지】 다만 위와 같은 위법수집증거 배제의 원칙은 수사과정의 위법행위를 억지함으로써 국민의 기본적 인권을 보장하기 위한 것이므로 /

【대법원 요지】 적법절차에 위배되는 행위의 영향이 차단되거나 소멸되었다고 볼 수 있는 상태에서 수집한 증거는 /

【대법원 요지】 그 증거능력을 인정하더라도 적법절차의 실질적 내용에 대한 침해가 일어나지는 않는다 할 것이니 그 증거능력을 부정할 이유는 없다. /

【대법원 요지】 따라서 증거수집 과정에서 이루어진 적법절차 위반행위의 내용과 경위 및 그 관련 사정을 종합하여 볼 때 /

【대법원 요지】 당초의 적법절차 위반행위와 증거수집 행위의 중간에 그 행위의 위법 요소가 제거 내지 배제되었다고 볼 만한 다른 사정이 개입됨으로써 /

【대법원 요지】 인과관계가 단절된 것으로 평가할 수 있는 예외적인 경우에는 이를 유죄 인정의 증거로 사용할 수 있다고 할 것이다.

3. 위법체포와 음주측정의 관계

【대법원 요지】 한편 체포의 이유와 변호인 선임권의 고지 등 적법한 절차를 무시한 채 이루어진 강제연행은 전형적인 위법한 체포에 해당하고, /

【대법원 요지】 위법한 체포 상태에서 이루어진 음주측정요구는 /

【대법원 요지】 주취운전의 범죄행위에 대한 증거수집을 목적으로 한 일련의 과정에서 이루어진 것이므로, /

【대법원 요지】 그 측정 결과는 형사소송법 제308조의2에 규정된 '적법한 절차에 따르지 아니하고 수집한 증거'에 해당하여 증거능력을 인정할 수 없다. /

【대법원 요지】 또한 위법한 강제연행 상태에서 호흡측정의 방법에 의한 음주측정을 한 다음 /

【대법원 요지】 그 강제연행 상태로부터 시간적·장소적으로 단절되었다고 볼 수도 없고 /

【대법원 요지】 피의자의 심적 상태 또한 강제연행 상태로부터 완전히 벗어났다고 볼 수 없는 상황에서 /

【대법원 요지】 피의자가 호흡측정 결과에 대한 탄핵을 하기 위하여 스스로 혈액채취 방법에 의한 측정을 할 것을 요구하여 혈액채취가 이루어졌다고 하더라도 /

【대법원 요지】 그 사이에 위법한 체포 상태에 의한 영향이 완전하게 배제되고 /

【대법원 요지】 피의자의 의사결정의 자유가 확실하게 보장되었다고 볼 만한 /

【대법원 요지】 다른 사정이 개입되지 않은 이상 /

【대법원 요지】 불법체포와 증거수집 사이의 인과관계가 단절된 것으로 볼 수는 없다. /

【대법원 요지】 따라서 그러한 혈액채취에 의한 측정 결과 역시 유죄 인정의 증거로 쓸 수 없다고 보아야 한다. /

【대법원 요지】 그리고 이는 수사기관이 위법한 체포 상태를 이용하여 증거를 수집하는 등의 행위를 효과적으로 억지하기 위한 것이므로, /

【대법원 요지】 피고인이나 변호인이 이를 증거로 함에 동의하였다고 하여도 달리 볼 것은 아니다.

4. 사안에 대한 대법원의 분석

【대법원 분석】 2. 원심판결 이유 및 원심이 적법하게 채택한 증거들에 의하면, /

【대법원 분석】 피고인이 2008. 12. 12. 22:00경 승용차를 운행하던 중 피해 차량의 후사경을 부딪쳤다는 이유로 피해 차량의 운전자, 동승자들과 시비가 벌어졌고 /

【대법원 분석】 피해 차량 측의 신고에 의해 경찰관들이 현장에 출동한 사실, /

【대법원 분석】 경찰관들이 피고인의 음주운전을 의심하여 음주측정을 위해서 지구대로 동행할 것을 요구하자 /

【대법원 분석】 피고인은 '술을 마시지 않았고 사고도 내지 않았다'는 취지로 주장하면서 계속해서 순찰차에 타기를 거부하였고 /

【대법원 분석】 이에 4명의 경찰관이 피고인의 팔다리를 잡아 강제로 순찰차에 태워 지구대로 데려갔으며, /

【대법원 분석】 그 과정에서 경찰관들은 피고인에게 형사소송법 제200조의5에 정한 사항을 고지하는 등의 절차를 전혀 지키지 않은 사실, /

【대법원 분석】 피고인은 지구대로 연행된 후 경찰관들로부터 호흡조사 방법에 의한 음주측정에 응할 것을 요구받았으나 이를 거부하다가 /

【대법원 분석】 계속 음주측정에 불응할 경우 구속된다는 말을 듣고 호흡측정에 응하였고 /

【대법원 분석】 그 결과 음주운전으로 처벌받는 수치가 나온 사실, /

【대법원 분석】 이에 담당 경찰관은 피고인에게 이제 다 끝났으니 집으로 가라는 취지로 수차 말하였으나 /

【대법원 분석】 피고인은 운전을 한 당시에는 음주를 한 상태가 아니었고 또 위 호흡측정 결과도 받아들일 수 없다는 취지로 항의하면서 혈액측정을 요구하였고 /

【대법원 분석】 이에 경찰관이 피고인과 인근 병원에 동행하여 채혈을 하게 된 사실 등을 알 수 있다.

5. 사안에 대한 항소심의 판단

【항소심 판단】 위와 같은 사실관계를 토대로 원심은, /

【항소심 판단】 비록 피고인을 이 사건 현장에서 지구대로 데리고 간 경찰관들의 행위가 임의동행이 아닌 강제력에 의한 체포에 해당하고, /

【항소심 판단】 그 체포 당시 형사소송법 제200조의5에 정한 절차가 이행되지 않았다고 하더라도, /

【항소심 판단】 피고인의 자발적인 의사에 기하여 이루어진 채혈을 바탕으로 이루어진 /

【항소심 판단】 혈중알코올농도 감정서와 주취운전자 적발보고서는 증거능력이 있다고 보아 /

【항소심 판단】 피고인을 유죄로 판단하였다.

6. 사안에 대한 대법원의 판단

【대법원 판단】 그러나 피고인의 연행 경위 및 채혈에 이르는 과정 등 위 사실관계를 앞서 본 법리에 비추어 보면, /

【대법원 판단】 경찰관들이 피고인을 지구대로 강제연행한 행위는 위법한 체포에 해당하므로 /

【대법원 판단】 그 상태에서 한 음주측정요구는 위법한 수사라고 볼 수밖에 없고, /

【대법원 판단】 그러한 요구에 따른 음주측정 결과 또한 적법한 절차에 따르지 아니하고 수집한 증거로서 그 증거능력을 인정할 수 없다. /

【대법원 판단】 나아가 피고인이 위와 같이 적법한 절차에 따르지 아니하고 수집한 증거인 호흡조사 방법에 의한 음주측정 결과에 이의를 제기하고 채혈을 하기에 이른 과정 등 제반 사정에 비추어 보면, /

【대법원 판단】 혈액채취 방법에 의한 혈중알코올농도 감정서 및 주취운전자 적발보고서 역시 /

【대법원 판단】 불법체포의 연장선상에서 수집된 증거 내지 이를 기초로 한 2차적 증거로서 /

【대법원 판단】 형사소송법 제308조의2에 규정된 '적법한 절차에 따르지 아니하고 수집된 증거'에 해당한다 할 것이므로 /

【대법원 판단】 이는 원칙적으로 유죄 인정의 증거로 삼을 수 없다. /

【대법원 판단】 또한 강제연행과 호흡측정 및 채혈에 이르기까지의 장소적 연계와 시간적 근접성 등 연결된 상황에 비추어 볼 때, /

【대법원 판단】 당시 불법적인 호흡측정을 마친 경찰관이 피고인에게 귀가를 권유하였음에도 불구하고 피고인 스스로 채혈을 요구하였다는 등 원심이 든 사정만으로는 /

【대법원 판단】 그 채혈이 위법한 체포 상태에 의한 영향이 완전하게 배제되고 /

【대법원 판단】 피의자의 자유로운 의사결정이 확실하게 보장된 상태에서 이루어진 것으로서 /

【대법원 판단】 불법체포와 증거수집 사이의 인과관계가 단절되었다고 평가할 만한 객관적 사유가 개입되어 /

【대법원 판단】 위법수집증거 배제의 원칙이 적용되지 않는다고 할 예외적 사유에 해당한다고 보기는 어렵다고 할 것이다.

【대법원 결론】 그럼에도 원심은 위 혈액채취 방법에 의한 음주측정의 결과를 담은 혈중알코올농도 감정서 및 주취운전자 적발보고서가 증거능력이 있다고 판단하여 이 사건 공소사실을 유죄로 인정하였으니, /

【대법원 결론】 이러한 원심판결에는 위법수집증거 배제의 원칙과 그 예외 인정의 범위에 관한 법리를 오해하여 판결 결과에 영향을 미친 위법이 있다. 이 점을 지적하는 상고이유의 주장은 이유 있다. (파기 환송)

2010도3359

조서작성의 적법한 절차와 방식
공항 리무진 삥땅 사건
2013. 3. 28. 2010도3359, 공 2013상, 801

1. 사실관계 및 사건의 경과

【사실관계 1】

① 갑 등은 P버스회사의 운전사들이다.

② P회사는 M지역과 인천공항 사이의 리무진 버스를 운행하고 있다.

③ P회사는 갑 등을 다음 수법의 업무상횡령죄로 고소하였다.

　(가) 당일 승객들로부터 운임 명목으로 수령한 현금을 P회사에 입금하지 않고 이를 차지한다.

　(나) 그 대신 P회사에는 미리 확보해 두었던 다른 날짜에 발권된 승차권을 제출한다.

④ 갑 등은 사법경찰관들로부터 피의자신문을 받았다.

【사실관계 2】

① 사법경찰관 A는 갑을 신문하였다.

② 사법경찰관 A는 갑에게 진술거부권을 행사할 수 있음을 알려 주고 그 행사 여부를 질문하였다.

③ 사법경찰관 A는 갑에 대해 피의자신문조서를 작성하였다. (㉠피신조서)

④ ㉠피신조서에는 다음의 사항이 기재되어 있다.

　(가) "피의자는 진술거부권을 행사할 것인가요?"

　(나) "아니요, 진술할 것입니다."

⑤ 갑의 답변은 자필로 기재되어 있지 않다.

⑥ 갑의 답변 부분에는 갑의 기명날인 또는 서명이 되어 있지 않았다.

⑦ ㉠피신조서에는 범행사실을 시인하는 갑의 진술이 기재되어 있었다.

【사실관계 3】

① 사법경찰관 B는 을을 신문하였다.

② 사법경찰관 B는 "피의자는 변호인의 조력을 받을 권리를 행사할 것인가요"라고 질문하였다.

③ 을은 "예"라고 답변하였다.

④ 사법경찰관 B는 변호인이 참여하지 아니한 상태에서 계속하여 을을 상대로 혐의사실에 대한 신문을 행하였다.

⑤ 을에 대해 피의자신문조서가 작성되었다. (㉡피신조서)

⑥ ㉡피신조서에는 범행사실을 시인하는 을의 진술이 기재되어 있었다.

【사실관계 4】

① 사법경찰관 C는 병을 신문하였다.

② 병에 대해 피의자신문조서가 작성되었다. (㉢피신조서)

③ ㉢피신조서에는 범행사실을 시인하는 병의 진술이 기재되어 있었다.

④ [㉢조서는 정상적으로 작성되었다.]

【사건의 경과 1】

① 검사는 갑 등을 업무상 횡령죄로 기소하였다.

② 갑 등은 공소사실을 부인하였다.

③ 검사는 다음을 유죄의 증거로 제출하였다.

　(가) ㉠피신조서

　(나) ㉡피신조서

　(다) ㉢피신조서

　(라) 운행 당일에 발권되지 아니한 ㉣승차권

④ ⓒ피신조서에 대해 증거목록에 '내용인정'으로 기재되었다.

【사건의 경과 2】

① 갑 등의 피고사건은 제1심을 거친 후, 항소심에 계속되었다.

② 항소심법원은 다음의 이유를 들어서 무죄를 선고하였다.

    (가) ⓐ, ⓑ, ⓒ피신조서에 증거능력이 없다.

    (나) ⓓ승차권 부분에 신빙성이 없다.

③ 검사는 불복 상고하였다.

④ 검사는 상고이유로 다음의 점을 주장하였다.

    (가) ⓐ, ⓑ, ⓒ피신조서에 증거능력이 있다.

    (나) ⓓ승차권 부분에 신빙성이 있다.

2. 수사기관 조서작성의 '적법한 절차와 방식'

【대법원 분석】 가. 형사소송법에 규정된 피의자의 진술거부권은 헌법 제12조 제2항의 형사상 자기에 불리한 진술을 강요당하지 않는 자기부죄거부의 권리에 터 잡은 것으로, /

【대법원 분석】 이를 실질적으로 보장하기 위하여 2007. 6. 1. 법률 제8496호로 개정된 형사소송법 제244조의3은 /

【대법원 분석】 제1항에서 검사 또는 사법경찰관은 피의자를 신문하기 전에 "일체의 진술을 하지 아니하거나 개개의 질문에 대하여 진술을 하지 아니할 수 있다는 것"(제1호) 등의 사항을 알려주어야 한다고 규정하고, /

【대법원 분석】 제2항에서 "검사 또는 사법경찰관은 제1항에 따라 알려 준 때에는 피의자가 진술을 거부할 권리를 행사할 것인지의 여부를 질문하고, 이에 대한 피의자의 답변을 조서에 기재하여야 한다. /

【대법원 분석】 이 경우 피의자의 답변은 피의자로 하여금 자필로 기재하게 하거나 검사 또는 사법경찰관이 피의자의 답변을 기재한 부분에 기명날인 또는 서명하게 하여야 한다"고 규정하여 /

【대법원 분석】 진술거부권 행사 여부에 관한 답변 기재 방식의 절차를 구체적으로 규정하고 있다.

【대법원 요지】 한편 형사소송법 제312조 제3항은 검사 이외의 수사기관이 작성한 피의자신문조서의 증거능력이 인정되려면 "적법한 절차와 방식에 따라 작성된 것"이어야 한다고 규정하고 있다. /

【대법원 요지】 여기서 '적법한 절차와 방식'이라 함은 /

【대법원 요지】 피의자에 대한 조서 작성 과정에서 지켜야 할 진술거부권의 고지 등 형사소송법이 정한 제반 절차를 준수하고 /

【대법원 요지】 조서의 작성 방식에도 어긋남이 없어야 한다는 것을 의미한다.

3. ⓐ피신조서 부분에 대한 판단

【대법원 요지】 위와 같은 규정들에 비추어 보면, /

【대법원 요지】 비록 사법경찰관이 피의자에게 진술거부권을 행사할 수 있음을 알려 주고 그 행사 여부를 질문하였다 하더라도, /

【대법원 요지】 형사소송법 제244조의3 제2항에 규정한 방식에 위반하여 진술거부권 행사 여부에

대한 피의자의 답변이 자필로 기재되어 있지 아니하거나 /

【대법원 요지】 그 답변 부분에 피의자의 기명날인 또는 서명이 되어 있지 아니한 사법경찰관 작성의 피의자신문조서는 /

【대법원 요지】 특별한 사정이 없는 한 형사소송법 제312조 제3항에서 정한 '적법한 절차와 방식에 따라 작성'된 조서라 할 수 없으므로 /

【대법원 요지】 그 증거능력을 인정할 수 없다.

【대법원 판단】 나. 기록에 의하면 제1조서[㉠피신조서]에는 "피의자는 진술거부권을 행사할 것인가요"라는 질문에 "아니요, 진술할 것입니다"라는 답변이 기재되어 있기는 하나 /

【대법원 판단】 그 답변은 위 피고인들의 자필로 기재된 것이 아니고 답변란에 피고인들의 기명날인 또는 서명이 되어 있지 아니한 사실을 알 수 있다. /

【대법원 판단】 위에서 본 형사소송법 규정과 법리에 비추어 보면 /

【대법원 판단】 제1조서는 형사소송법 제312조 제3항에서 정하는 '적법한 절차와 방식'에 따라 작성된 조서로 볼 수 없으므로 이를 증거로 쓸 수 없다고 할 것이다. /

【대법원 결론】 따라서 제1조서가 '적법한 절차와 방식'에 위반된 조서라는 전제에서 그 증거능력을 부인한 이 부분 원심의 판단은 정당하고, /

【대법원 결론】 상고이유 주장과 같이 피의자신문조서의 증거능력에 관한 법리를 오해하는 등의 위법이 없다.

4. ㉡피신조서 부분에 대한 판단

(1) 변호인 참여권의 의의와 효과

【대법원 분석】 가. 헌법 제12조 제1항에 의하면 누구든지 법률과 적법한 절차에 의하지 아니하고는 처벌·보안처분 또는 강제노역을 받지 아니하고, /

【대법원 분석】 같은 조 제4항 본문에 의하면 누구든지 체포 또는 구속을 당한 때에는 즉시 변호인의 조력을 받을 권리를 가진다. /

【대법원 분석】 한편 2007. 6. 1. 법률 제8496호로 개정된 형사소송법 제243조의2 제1항은 /

【대법원 분석】 "검사 또는 사법경찰관은 피의자 또는 그 변호인·법정대리인·배우자·직계친족·형제자매의 신청에 따라 변호인을 피의자와 접견하게 하거나 /

【대법원 분석】 정당한 사유가 없는 한 피의자에 대한 신문에 참여하게 하여야 한다."고 규정하고 있다. /

【대법원 요지】 형사소송법 제243조의2 제1항은 /

【대법원 요지】 피의자신문에 있어 수사기관과 피의자 사이의 당사자 대등을 확보함으로써 /

【대법원 요지】 헌법상 적법절차의 원칙과 변호인의 조력을 받을 권리를 실질적으로 보장하기 위한 것이므로 /

【대법원 요지】 그 절차는 엄격히 준수되어야 할 것이다.

【대법원 요지】 위와 같은 헌법, 형사소송법의 규정 및 그 입법 목적 등에 비추어 보면, /

【대법원 요지】 피의자가 변호인의 참여를 원한다는 의사를 명백하게 표시하였음에도 /

【대법원 요지】 수사기관이 정당한 사유 없이 변호인을 참여하게 하지 아니한 채 피의자를 신문하여

작성한 피의자신문조서는 /

【대법원 요지】 형사소송법 제312조에 정한 '적법한 절차와 방식'에 위반된 증거일 뿐만 아니라, /

【대법원 요지】 형사소송법 제308조의2에서 정한 "적법한 절차에 따르지 아니하고 수집한 증거"에 해당하므로 /

【대법원 요지】 이를 증거로 할 수 없다고 할 것이다.

(2) 사안에 대한 대법원의 판단

【대법원 분석】 나. 제2조서[ⓛ피신조서]에 의하면, /

【대법원 분석】 피고인 을이 "피의자는 변호인의 조력을 받을 권리를 행사할 것인가요"라는 사법경찰관의 물음에 "예"라고 답변하였음에도 /

【대법원 분석】 사법경찰관은 변호인이 참여하지 아니한 상태에서 계속하여 피고인 을을 상대로 혐의사실에 대한 신문을 행한 것으로 보인다.

【대법원 판단】 사실관계가 이와 같다면, /

【대법원 판단】 피고인 을이 경찰 조사 당시 변호인의 참여를 원하는 의사를 명확히 표시하였음에도 /

【대법원 판단】 사법경찰관이 변호인의 참여를 제한하여야 할 정당한 사유 없이 변호인의 참여에 관한 조치를 취하지 않은 채 계속하여 피의자신문을 행한 조치는 위법하다고 할 것이고, /

【대법원 판단】 그 신문 결과에 터 잡아 작성된 제2조서는 '적법한 절차와 방식'에 위반된 조서일 뿐만 아니라 /

【대법원 판단】 적법한 절차에 따르지 아니하고 수집한 증거에 해당하여 /

【대법원 판단】 이를 증거로 할 수 없다고 할 것이다.

【대법원 결론】 따라서 제2조서가 위법하게 수집된 증거라는 전제에서 그 증거능력을 부인한 이 부분 원심의 판단은 정당하고, /

【대법원 결론】 상고이유 주장과 같이 피의자신문조서의 증거능력에 관한 법리를 오해하는 등의 위법이 없다. /

【대법원 결론】 나아가 기록을 살펴보더라도 상고이유로 주장하는 바와 같이 피고인 을이 제2조서에 대하여 증거로 함에 동의하였다고 단정하기에 부족하므로, 이 부분 상고이유 주장도 받아들일 수 없다.

5. ⓒ피신조서 부분에 대한 판단

【대법원 요지】 형사소송법 제312조 제3항에 의하면, /

【대법원 요지】 검사 이외의 수사기관이 작성한 피의자신문조서는 공판준비 또는 공판기일에 그 피의자였던 피고인 또는 변호인이 그 내용을 인정할 때에 한하여 증거로 할 수 있는바, /

【대법원 요지】 여기서 '그 내용을 인정할 때'라 함은 /

【대법원 요지】 피의자신문조서의 기재 내용이 진술 내용대로 기재되어 있다는 의미가 아니고 /

【대법원 요지】 그와 같이 진술한 내용이 실제 사실과 부합한다는 것을 의미한다.

【대법원 판단】 기록에 의하면, 피고인 병은 제1심 법정 이래 계속하여 이 사건 공소사실을 부인하고

있으므로 /

【대법원 판단】 이는 공소사실에 대하여 자백하는 듯한 취지가 포함되어 있는 경찰 작성의 제2회 피의자신문조서[ⓒ피신조서]의 진술 내용을 인정하지 않는 것이라고 보아야 할 것이다. /

【대법원 판단】 따라서 증거목록에 피고인이 제1심의 제1회 공판기일에서 경찰 작성의 제2회 피의자신문조서의 내용을 인정한 것으로 기재된 것은 착오 기재이거나 /

【대법원 판단】 아니면 피고인이 그와 같이 진술한 사실이 있었다는 것을 '내용 인정'으로 조서를 잘못 정리한 것으로 이해될 뿐 /

【대법원 판단】 이로써 위 피의자신문조서가 증거능력을 가지게 되는 것은 아니다.

【대법원 결론】 원심이 같은 취지에서 피고인 병에 대한 제2회 경찰 피의자신문조서의 증거능력을 배척한 조치는 정당하고, /

【대법원 결론】 거기에 상고이유에서 주장하는 바와 같은 증거능력에 관한 법리오해의 위법이 없다. /

【대법원 결론】 (ⓓ승차권 등 나머지 증거들에 대한 신빙성 판단이 잘못되었음을 이유로 파기 환송)

2010도3504

형소법 제313조와 전문법칙
통일학교 자료집 사건
2013. 2. 15. 2010도3504, 공 2013상, 528

1. 사실관계 및 사건의 경과

【사실관계 1】
① 갑 등은 전국교직원노동조합(이하 '전교조'라고 한다) P지부 통일위원회 소속 교사들이다.
② 갑 등은 전교조 P지부 교사들을 대상으로 통일학교를 개최하였다.
③ 갑 등은 통일학교 교재로 '통일학교 자료집'을 제작하였다.
④ 갑 등은 통일학교 수강교사들에게 '통일학교 자료집'을 나누어주고, 자료집의 내용을 강의하였다.
⑤ '통일학교 자료집'에는 북한의 역사인식과 통치노선 등에 관한 내용이 들어 있었다.

【사실관계 2】
① 수사기관은 갑 등으로부터 컴퓨터, USB 등 정보저장매체를 압수하였다. (㉠정보저장매체)
② 수사기관은 ㉠정보저장매체로부터 1~23의 자료를 출력하였다.
③ 경찰관 A는 1~23의 자료를 입수하게 된 경위, 그 자료의 내용, 혐의사실과의 관련성 등에 대해 1~23의 수사보고를 작성하였다.
④ 1~23의 수사보고에는 1~23의 자료가 첨부되었다.

【사건의 경과 1】
① 검사는 갑 등을 국가보안법위반죄(찬양·고무)로 기소하였다.
② (공소사실의 요지는 판례 본문 참조)

③ 갑 등은 '통일학교 자료집'이 이적표현물이 아니라고 주장하였다.

④ 검사는 1∼23의 수사보고를 각각의 첨부자료와 함께 증거로 제출하였다.

⑤ 경찰관 A는 법정에 출석하여 1∼23의 수사보고는 자신이 작성한 것이라고 진술하였다.

【사건의 경과 2】

① 제1심법원은 1∼23의 수사보고를 증거로 채택하여 유죄를 인정하였다.

② 갑 등은 불복 항소하였다.

③ 항소심법원 또한 1∼23의 수사보고를 증거로 채택하여 범죄사실을 인정하였다.

④ 항소심법원은 양형부당을 이유로 제1심판결을 파기하고 다시 형을 선고하였다.

⑤ 갑 등은 불복 상고하였다.

⑥ 갑 등의 상고이유로 다음의 점을 주장하였다.

(가) 1∼23의 수사보고는 경찰관 A 이외의 다른 사람의 진술이 들어 있는 전문증거이다.

(나) 1∼23의 수사보고에 기재된 진술의 원진술자가 법정에 출석하여 진정성립을 인정한 바가 없다.

(다) 따라서 1∼23의 수사보고는 전문법칙에 저촉되어 증거능력이 없다.

2. 정보저장매체 출력물과 전문법칙의 적용범위

【대법원 요지】 피고인 또는 피고인 아닌 사람이 컴퓨터용디스크 그 밖에 이와 비슷한 정보저장매체에 입력하여 기억된 문자정보 또는 그 출력물을 증거로 사용하는 경우, /

【대법원 요지】 이는 실질에 있어서 피고인 또는 피고인 아닌 사람이 작성한 진술서나 그 진술을 기재한 서류와 크게 다를 바 없고, /

【대법원 요지】 압수 후의 보관 및 출력과정에 조작의 가능성이 있으며, 기본적으로 반대신문의 기회가 보장되지 않는 점 등에 비추어 /

【대법원 요지】 그 내용의 진실성에 관하여는 전문법칙이 적용되고, /

【대법원 요지】 따라서 원칙적으로 형사소송법 제313조 제1항에 의하여 그 작성자 또는 진술자의 진술에 의하여 성립의 진정함이 증명된 때에 한하여 이를 증거로 사용할 수 있다. /

【대법원 요지】 다만 정보저장매체에 기억된 문자정보의 내용의 진실성이 아닌 /

【대법원 요지】 그와 같은 내용의 문자정보의 존재 그 자체가 직접 증거로 되는 경우에는 /

【대법원 요지】 전문법칙이 적용되지 아니한다고 할 것이다/

【대법원 요지】 (대법원 1999. 9. 3. 선고 99도2317 판결 등 참조).

3. 공소사실의 요지

【대법원 분석】 나. 이 사건 공소사실의 요지는, /

【대법원 분석】 피고인들은 전국교직원노동조합(이하 '전교조'라고 한다) ○○지부 통일위원회 소속 교사들로서 /

【대법원 분석】 전교조 ○○지부 교사들을 대상으로 통일학교를 개최하면서, /

【대법원 분석】 반국가단체인 북한의 활동을 선전 또는 이에 동조할 목적으로 /

【대법원 분석】 김일성과 공산당을 찬양하는 북한의 역사인식과 '선군정치' 등 북한의 통치노선을 그

대로 수용하거나 정당화 내지 미화하는 내용의 표현물인 /

【대법원 분석】 '통일학교 자료집'을 제작·반포하고, /

【대법원 분석】 통일학교 수강교사들에게 위와 같은 '통일학교 자료집'의 내용을 강의함으로써 /

【대법원 분석】 반국가단체인 북한의 활동을 선전하거나 이에 동조하였다는 것이다.

4. 사안에 대한 항소심의 판단

【항소심 판단】 이에 대하여 원심은, 제1심이 채택한 증거를 종합하여 /

【항소심 판단】 피고인들이 제작·반포한 '통일학교 자료집'은 국가보안법상의 이적표현물에 해당한다고 판단하고, /

【항소심 판단】 또한 위 증거에 의하여 인정되는 판시 사정들을 종합하여 /

【항소심 판단】 피고인들에게 국가보안법 제7조 제5항의 이적행위에 관한 목적 및 /

【항소심 판단】 같은 조 제1항의 반국가단체 활동의 선전·동조에 관한 고의가 있었다고 판단하여 /

【항소심 판단】 위 각 공소사실을 유죄로 인정하였다.

5. 수사보고 및 첨부자료에 대한 분석 1

【대법원 분석】 다. (1) 원심판결 이유 및 기록에 의하면, /

【대법원 분석】 원심이 유지한 제1심 채택 증거 중, /

【대법원 분석】 수사보고(9월 2일 통일위원회 회의결과), / (수사보고 1)

【대법원 분석】 수사보고(전국회의 ○○지부 조직원 명단), / (수사보고 2)

【대법원 분석】 수사보고[전국회의 ○○지부(준) 11차 운영위 회의결과], / (수사보고 3)

【대법원 분석】 수사보고[전국회의 ○○지부(준) 12차 운영위 회의결과], / (수사보고 4)

【대법원 분석】 수사보고(전국회의 ○○지부 1기 3차 운영위 회의자료), / (수사보고 5)

【대법원 분석】 수사보고(전국회의 ○○지부 1기 8차 운영위 회의자료), / (수사보고 6)

【대법원 분석】 수사보고(전국회의 ○○지부 1기 10차 회의자료), / (수사보고 7)

【대법원 분석】 수사보고[전국회의 사업평가 및 과제(전교조)-2007 전망], / (수사보고 8)

【대법원 분석】 수사보고(전국회의 ○○지부 2006년 회원수련회 및 감정서), / (수사보고 9)

【대법원 분석】 수사보고(전국회의 ○○지부 2기 2차 운영위 자료집), / (수사보고 10)

【대법원 분석】 수사보고(정책토론회 자료집), / (수사보고 11)

【대법원 분석】 수사보고(전국회의 ○○지부 정책토론회 자료집 분석), / (수사보고 12)

【대법원 분석】 수사보고(기초교양자료집 제작·반포), / (수사보고 13)

【대법원 분석】 수사보고(기초교양자료집 및 감정서), / (수사보고 14)

【대법원 분석】 수사보고(전국회의 ○○지부 창립총회), / (수사보고 15)

【대법원 분석】 수사보고(창립총회 참가 관련 1차 집행위자료), / (수사보고 16)

【대법원 분석】 수사보고(전국회의 ○○지부 교육위원회 1차 회의), / (수사보고 17)

【대법원 분석】 수사보고(전국회의 ○○지부 교육위원회 2차 회의), / (수사보고 18)

【대법원 분석】 수사보고(전국회의 ○○지부 2006년 정기 총회자료집), / (수사보고 19)

【대법원 분석】 수사보고(CD; 현대조선역사, 조선로동당 4, 5차 대회, 주체사상 총서 등), / (수사보고 20)

【대법원 분석】 수사보고[CD; 공소외 1 - 북(조선)의 선군정치와 한(조선)반도의 정세 등], / (수사보고 21)

【대법원 분석】 수사보고(전국회의 ○○지부 재정현황 등), / (수사보고 22)

【대법원 분석】 수사보고(피고인 을 주거지에서 전국회의 관련 문건 입수)는 / (수사보고 23)

【대법원 판단】 수사기관이 위 각 수사보고에 첨부된 자료를 입수하게 된 경위, 그 자료의 내용, 혐의사실과의 관련성 등을 기재한 것이고, /

【대법원 분석】 각 첨부 자료는 /

【대법원 판단】 정보저장매체에 기억된 문자정보를 출력한 것으로서 /

【대법원 판단】 그 작성자가 밝혀지지 아니하였거나 /

【대법원 판단】 작성자 또는 진술자의 진술에 의하여 그 성립의 진정함이 증명되지 아니한 것임을 알 수 있다.

6. 수사보고 및 첨부자료에 대한 분석 2

【대법원 분석】 (2) 위 증거들 중 /

【대법원 분석】 수사보고(기초교양자료집 및 감정서), / (수사보고 14)

【대법원 분석】 수사보고(CD; 현대조선역사, 조선로동당 4, 5차 대회, 주체사상 총서 등), / (수사보고 20)

【대법원 분석】 수사보고[CD; 공소외 1 - 북(조선)의 선군정치와 한(조선)반도의 정세 등], / (수사보고 21)

【대법원 분석】 수사보고(피고인 을 주거지에서 전국회의 관련 문건 입수)의 경우, / (수사보고 23)

【대법원 분석】 원심판결 이유 및 제1심이 적법하게 채택하고 원심이 유지한 증거에 의하면, /

【대법원 판단】 각 첨부 자료는 그 내용의 진실성을 요증사실로 하는 것이 아니라, /

【대법원 판단】 그 자료 자체가 이적표현물에 해당한다는 점 또는 /

【대법원 판단】 수사기관이 피고인 을의 주거지에서 입수한 해당 첨부 자료가 전국회의 ○○지부 사무실 등에서 발견된 기존 증거와 동일한 것이라는 점을 /

【대법원 판단】 증명하기 위한 것으로서, /

【대법원 판단】 그와 같은 내용을 담은 자료의 존재 자체가 요증사실인 증거에 해당하고, /

【대법원 판단】 위 각 수사보고의 작성자인 경찰관 공소외 2가 제1심 공판기일에 증인으로 출석하여 그 성립의 진정에 관하여 진술한 사실이 인정된다.

7. 사안에 대한 대법원의 판단 1

【대법원 판단】 이를 앞서 본 증거능력에 관한 법리에 비추어 살펴보면, /

【대법원 판단】 위 각 첨부 자료는 전문법칙이 적용되는 증거라고 할 수 없고 /

【대법원 판단】 달리 그 증거능력을 배척할 사유가 없으며, /

【대법원 판단】 위 각 수사보고는 이러한 첨부 자료의 입수경위와 내용 등을 요약·설명한 서류로서 /

【대법원 판단】 그 작성자의 공판기일 진술에 의하여 그 성립의 진정함이 증명되었으므로, /

【대법원 판단】 형사소송법 제313조 제1항에 의하여 증거로 할 수 있다고 할 것이다. /

【대법원 판단】 따라서 원심이 위 각 수사보고를 증거로 채택한 제1심을 유지한 조치에 상고이유의 주장과 같은 증거법칙 위반의 잘못이 없다.

8. 사안에 대한 대법원의 판단 2

【대법원 판단】 (3) 한편 위 증거들 중 나머지 각 수사보고의 경우, /

【대법원 판단】 만일 원심이 거기에 첨부된 자료 내용의 진실함을 요증사실로 하여 해당 자료를 증거로 채택하였고, /

【대법원 판단】 이를 전제로 위 각 수사보고를 피고인들에 대한 유죄의 증거로 삼아 /

【대법원 판단】 피고인들의 행위와 민주노동자 전국회의 ○○지부와의 관련성 등에 관한 판시 사정을 인정한 것이라면 /

【대법원 판단】 이는 적법하다고 할 수 없다. /

【대법원 판단】 앞서 본 증거능력에 관한 법리에 비추어 볼 때, /

【대법원 판단】 그 경우 위 각 수사보고에 첨부된 자료는 전문법칙에 의하여 그 증거능력을 인정할 수 없고, /

【대법원 판단】 이처럼 증거능력이 없는 증거의 내용을 요약·설명한 데 불과한 수사보고 역시 유죄의 증거로 삼을 수 없다고 할 것이기 때문이다.

9. 사안에 대한 대법원의 최종 판단

【대법원 결론】 그러나 위 증거 또는 /

【대법원 결론】 피고인들의 행위와 민주노동자 전국회의 ○○지부와의 관련성에 관한 원심 판시 사정 등을 제외하더라도, /

【대법원 결론】 원심이 유지한 제1심이 적법하게 채택한 나머지 증거를 종합하여 /

【대법원 결론】 앞서 본 국가보안법 제7조 제1항 및 제5항의 해석에 관한 법리[생략하였음]에 비추어 살펴보면, /

【대법원 결론】 원심이 이 사건 '통일학교 자료집'이 같은 조 제5항의 이적표현물에 해당하고, /

【대법원 결론】 피고인들이 통일학교 수강교사들에게 그 내용을 강의한 행위가 같은 조 제1항의 반국가단체 활동을 선전하거나 이에 동조한 것에 해당한다고 판단한 조치는 정당하다.

【대법원 결론】 나아가 원심판결 이유 및 위와 같이 적법하게 채택된 증거에 의하면, /

【대법원 결론】 피고인들이 반국가단체 활동 선전·동조 행위에 해당하는 통일학교 강의에 교재로 사용하기 위하여 '통일학교 자료집'을 제작하여 수강교사들에게 반포한 사실이 인정되고, /

【대법원 결론】 이를 위 법리에 비추어 살펴보면, /

【대법원 결론】 원심이 피고인들에게 국가보안법 제7조 제5항의 이적행위 목적이 인정된다고 판단하고, /

【대법원 결론】 이를 기초로 위 공소사실을 모두 유죄로 인정한 조치는 정당한 것으로 수긍할 수

있다.

【대법원 결론】 결국 설령 원심이 위 나머지 수사보고를 피고인들에 대한 유죄의 증거로 삼아 이에 의하여 일부 간접사실을 인정한 조치에 잘못이 있다고 하더라도, 이는 판결에 영향을 미친 것이라고 할 수 없다. (상고 기각)

2010도3950

범죄사실 동일성의 판단기준
양평군 임야 중개 사건
2012. 5. 24. 2010도3950, 공 2012하, 1167

1. 사실관계 및 사건의 경과

【사실관계】

① 갑은 공인중개사 자격도 없고 중개사무소 개설등록을 하지 않은 사람이다.

② 2005. 12. 21. 갑은 A, C와 함께 D에게 경기 양평군 ㉠임야 35,000평에 대한 매매계약을 중개하였다.

③ 갑은 이와 관련하여 D로부터 2천만 원을 받았다.

④ 갑은 D로부터 받은 2천만 원을 자신이 소비하였다.

【사건의 경과 1】

① 검사는 갑에 대해 공인중개사법위반죄로 약식명령을 청구하였다.

② 갑에 대한 공소사실은 다음과 같다.

③ 「피고인이 공인중개사 자격도 없고 중개사무소 개설등록을 하지 않았음에도 A, C와 공모하여, 2005. 12.경 경기 양평군 M지역 ㉠임야 35,000평에 대한 매매계약을 중개하고 그 대가로 D로부터 A, C 및 피고인 등의 수고비 합계 2천만 원을 교부받아 중개행위를 한 것이다.」

④ 2007. 11. 16. 수원지방법원 여주지원은 갑에게 공인중개사법위반죄로 벌금 500만 원의 약식명령을 발령하였다. (㉮약식명령)

⑤ 2007. 12. 15. ㉮약식명령은 [송달과정을 거쳐] 확정되었다.

【사건의 경과 2】

① [갑이 D로부터 받은 돈의 용처와 관련하여 갑과 D 사이에 분쟁이 발생하였다.]

② [D는 갑을 고소하였다.]

③ 검사는 갑을 다음의 공소사실로 횡령죄로 기소하였다. (㉯공소사실)

「갑은 2005. 12. 21. 피해자 D로부터 A, C에 대한 소개비 조로 2천만 원을 교부받아 이를 위 피해자를 위하여 보관하던 중 그 무렵 피고인의 경비, 생활비 등으로 임의로 사용하여 이를 횡령하였다.」

④ 갑의 ㉯사건 피고사건은 제1심을 거친 후, 항소심에 계속되었다.

⑤ 항소심법원은 ㉮사건 약식명령의 기판력이 ㉯공소사실에 미친다고 보아 면소판결을 선고하였다.
⑥ 검사는 불복 상고하였다.

2. 범죄사실의 동일성 판단기준

【대법원 요지】 형사재판이 실체적으로 확정되면 동일한 범죄에 대하여 거듭 처벌할 수 없고, /

【대법원 요지】 확정판결이 있는 사건과 동일사건에 대하여 공소의 제기가 있는 경우에는 판결로써 면소의 선고를 하여야 하는 것인바, /

【대법원 요지】 이때 공소사실이나 범죄사실의 동일성 여부는 사실의 동일성이 갖는 법률적 기능을 염두에 두고 피고인의 행위와 그 사회적인 사실관계를 기본으로 하되 그 규범적 요소도 고려에 넣어 판단하여야 할 것이고, /

【대법원 요지】 확정된 판결의 공소사실과 공소가 제기된 공소사실 간에 그 일시만 달리하는 경우 /

【대법원 요지】 사안의 성질상 두 개의 공소사실이 양립할 수 있다고 볼 사정이 있는 경우에는 /

【대법원 요지】 그 기본인 사회적 사실을 달리할 위험이 있다 할 것이므로 /

【대법원 요지】 기본적 사실은 동일하다고 볼 수 없다 할 것이지만, /

【대법원 요지】 일방의 범죄가 성립되는 때에는 타방의 범죄의 성립은 인정할 수 없다고 볼 정도로 양자가 밀접한 관계에 있는 경우에는 /

【대법원 요지】 양자의 기본적 사실관계는 동일하다고 봄이 상당하다.

3. 사안에 대한 대법원의 분석

【대법원 분석】 이 사건 기록에 의하면, /

【대법원 분석】 2007. 11. 16. 수원지방법원 여주지원에서 [㉮사건]호로 /

【대법원 분석】 "피고인이 공인중개사 자격도 없고 중개사무소 개설등록을 하지 않았음에도 공소외 A, C와 공모하여, /

【대법원 분석】 2005. 12.경 경기 양평군 [M장소] 임야 35,000평에 대한 매매계약을 중개하고 /

【대법원 분석】 그 대가로 공소외 D로부터 공소외 A, C 및 피고인 등의 수고비 합계 2천만 원을 교부받아 중개행위를 한 것이다."라는 공소사실로 /

【대법원 분석】 피고인에게 공인중개사의 업무 및 부동산 거래신고에 관한 법률 위반죄로 벌금 500만 원의 약식명령이 발령되어 2007. 12. 15. 확정되었고, /

【대법원 분석】 그 후 "피고인은 2005. 12. 21. 피해자 공소외 D로부터 공소외 A, C에 대한 소개비조로 2천만 원을 교부받아 이를 위 피해자를 위하여 보관하던 중 /

【대법원 분석】 그 무렵 피고인의 경비, 생활비 등으로 임의로 사용하여 이를 횡령하였다."는 공소사실로 /

【대법원 분석】 이 부분 공소가 제기되었다.

4. 사안에 대한 대법원의 판단

【대법원 판단】 확정된 약식명령의 공소사실대로라면 /

【대법원 판단】 피고인이 공소외 A, C와 공모하여 공인중개사의 업무 및 부동산 거래신고에 관한 법률을 위반하고 위 2천만 원을 중개수수료로 취득한 이상, /

【대법원 판단】 위 2천만 원은 피고인 등의 소유로 확정적으로 귀속되고, /

【대법원 판단】 그 이후 피고인이 이를 소지하다가 소비하는 것은 공범인 공소외 A, C 사이의 내부적인 문제는 별론으로 하고 /

【대법원 판단】 자신 소유의 금품을 소비한 것에 불과하여 불가벌적 사후행위에 해당한다 할 것이다.

【대법원 판단】 그런데 이 부분 공소사실은 /

【대법원 판단】 피고인이 위 2천만 원을 교부받은 이후에도 /

【대법원 판단】 위 2천만 원이 피고인 등의 소유로 귀속되지 않고 여전히 피해자 공소외 D의 소유로 그대로 남아 있어 /

【대법원 판단】 피고인으로서는 이를 피해자를 위하여 보관하는 자의 지위에 있었을 뿐임을 전제로 하고 있는바, /

【대법원 판단】 이는 확정된 약식명령의 기판력에 반하여 약식명령의 공소사실과 상반되는 사실관계를 전제로 한 것이어서, /

【대법원 판단】 확정된 위 약식명령의 공소사실과 서로 양립할 수 없는 관계에 있을 뿐만 아니라, /

【대법원 판단】 양자의 행위의 객체인 금품이 공소외 D가 교부한 2천만 원으로서 동일하다는 점에 비추어 보면, /

【대법원 판단】 양자는 비록 그 행위의 태양이나 피해법익 등을 서로 달리하고 있기는 하지만 규범적으로는 그 공소사실의 동일성이 인정된다고 할 것이다.

【대법원 결론】 따라서 원심이 이와 같은 취지에서 확정된 위 약식명령의 기판력이 이 부분 공소사실에도 미친다고 보아, /

【대법원 결론】 이 부분 공소사실은 확정판결이 있은 때에 해당한다는 이유로 면소를 선고한 조치는 옳고, /

【대법원 결론】 거기에 상고이유로 주장하는 바와 같은 확정판결의 기판력에 관한 법리오해 등의 위법이 없다. (상고 기각)

2010도5605

**형벌법규 위헌결정과 소급효
특경법 합헌결정 번복 사건**

2011. 4. 14. 2010도5605, 공 2011상, 956

1. 사실관계 및 사건의 경과

【사실관계】

① 금융기관의 임·직원 갑은 5,000만 원의 금품을 수수하였다.

② 당시 특경법(구법) 제5조는 금융기관 임·직원의 금품수수행위에 대해 다음과 같은 단계적 처벌규정을 두고 있었다.

　(가) 제1항 : 5년 이하의 징역 또는 10년 이하의 자격정지 (㉠조항)

　(나) 제4항 제1호 : 수수액이 5,000만 원 이상인 때에는 무기 또는 10년 이상의 징역 (㉡조항)

　(다) 제4항 제2호 : 수수액이 1,000만 원 이상 5,000만 원 미만인 때에는 5년 이상의 유기징역 (㉢조항)

③ 2005. 6. 30. 헌법재판소는 ㉡조항을 합헌으로 선언하였다.

④ 2006. 4. 27. 헌법재판소는 ㉡조항과 ㉢조항을 위헌으로 선언하였다.

【사건의 경과】

① 2007. 5. 17. 특경법(신법) 제5조 제4항이 개정되었다.

② 이 개정에 의하여 5,000만 원 이상 뇌물수수의 법정형이 '7년 이상의 유기징역'으로 하향 조정되었다. (㉣조항)

③ 2009. 9. 25. 검사는 갑을 개정된 특경법 제5조 제4항(㉣조항)을 적용하여 기소하였다.

④ 제1심은 ㉠조항을 적용하면서 5년의 공소시효가 완성되었다는 이유로 면소판결을 하였다.

⑤ 검사는 불복 항소하였다.

⑥ 항소심법원은 항소를 기각하고, 제1심판결을 유지하였다.

⑦ 검사는 불복 상고하였다.

2. 비형벌법규에 대한 위헌결정과 소급효 문제

【대법원 분석】 1. 헌법재판소법 제47조 제2항은 "위헌으로 결정된 법률 또는 법률의 조항은 그 결정이 있는 날로부터 효력을 상실한다. 다만, 형벌에 관한 법률 또는 법률의 조항은 소급하여 그 효력을 상실한다."고 규정하고, /

【대법원 분석】 동조 제3항은 "제2항 단서의 경우에 위헌으로 결정된 법률 또는 법률의 조항에 근거한 유죄의 확정판결에 대하여는 재심을 청구할 수 있다."고 규정하고 있다. /

【대법원 판단】 위헌결정에 소급효를 인정하는 것은 개별 사건에 있어서의 정의 내지 평등의 원칙을 구현하는 측면이 있는 반면, 법적 안정성 내지 신뢰보호의 원칙에는 배치되는 측면도 있어 그 중 어느 원칙을 보다 중시할 것인지는 원칙적으로 입법적 선택의 문제라 할 수 있고, /

【대법원 판단】 우리 헌법재판소법이 형벌조항에 대한 위헌결정과 비형벌조항에 대한 위헌결정의 소급효를 명문으로 달리 규정한 것도 그 때문이다.

【대법원 판단】 그런데 이러한 입법적 결단에도 불구하고 그 효력이 다양할 수밖에 없는 위헌결정의 특수성 때문에 예외적으로 부분적인 소급효의 인정 또는 소급효의 제한 가능성을 부정할 수는 없다. /

【대법원 판단】 따라서 당사자의 소급적 권리구제를 위한 구체적 타당성의 요청, 소급효 인정에 따른 법적 안정성 또는 신뢰보호의 침해 우려, 구법에 의하여 형성된 법적 질서 혹은 기득권과 위헌결정에 따른 새로운 법적 질서의 조화 등 제반 이익을 종합적으로 고려하여 /

【대법원 판단】 맹목적인 소급효의 인정이나 부인이 오히려 정의와 형평 등 헌법적 이념에 심히 배치

되는 것으로 인정될 때에는, 법문의 규정에도 불구하고 그 소급효의 범위를 달리 정할 필요성이 인정된다고 할 것이다. /

【대법원 분석】 이미 대법원과 헌법재판소는 비형벌조항에 대한 위헌결정의 소급효와 관련하여 이와 같은 법리를 명시적으로 채택하고 있다/

【대법원 분석】 (대법원 2003. 7. 24. 선고 2001다48781 전원합의체 판결, 대법원 2009. 5. 14. 선고 2007두16202 판결, 헌법재판소 2008. 9. 25. 선고 2006헌바108 전원재판부 결정 등 참조).

3. 형벌법규에 대한 위헌결정과 소급효 문제

【대법원 판단】 형벌조항의 경우에도 그 제정이나 개정 이후의 시대적·사회적 상황의 변화로 말미암아 비로소 위헌적인 것으로 평가받는 경우에는 그 조항의 효력발생 시점까지 위헌결정의 전면적인 소급효를 인정하는 것이 오히려 사법적 정의에 현저히 반하는 결과를 초래할 수 있으므로, 헌법재판소법 제47조 제2항 단서의 규정에도 불구하고 그 소급효를 제한할 필요성이 있음은 비형벌조항의 경우와 크게 다르지 않다 할 것이다. /

【대법원 판단】 특히 동일한 형벌조항에 대하여 과거 헌법재판소의 결정에 의하여 그 조항의 합헌성이 선언된 바 있음에도 그 후의 사정변경 때문에 새로 위헌으로 결정된 경우에는 더욱 그러할 것이다.

【대법원 요지】 그럼에도 형벌조항에 대한 위헌결정의 경우, 죄형법정주의 등 헌법과 형사법하에서 형벌이 가지는 특수성에 비추어 위헌결정의 소급효와 그에 따른 재심청구권을 명시적으로 규정한 법률의 문언에 반하여 해석으로 그 소급효 및 피고인의 재심에 관한 권리를 제한하는 것은 허용되기 어렵다 할 것이고, 그에 따른 현저한 불합리는 결국 입법에 의하여 해결할 수밖에 없을 것이다.

4. 특경법에 대한 위헌결정과 소급효 문제

【대법원 판단】 2. 구 특정경제범죄 가중처벌 등에 관한 법률(2007. 5. 17. 법률 제8444호로 개정되기 전의 것, 이하 '구 특경법'이라 한다) 제5조 제4항 제1호는 헌법재판소 2006. 4. 27. 선고 2006헌가5 전원재판부 결정에서 위헌으로 선언되었으므로 헌법재판소법 제47조 제2항 단서에 의하여 소급하여 그 효력을 상실하였다고 할 것이고, /

【대법원 판단】 그에 앞서 헌법재판소 2005. 6. 30. 선고 2004헌바4, 2005헌바44(병합) 전원재판부 결정에서 동일한 조항이 합헌으로 선언된 바가 있고, 위 위헌결정은 그 후에 발생한 관련 법률의 개정 등 외부적 사정변경을 이유로 한 법원의 위헌법률심판제청에 따른 것이라 해도 법률상 달리 볼 수는 없다.

【대법원 판단】 상고이유에서 지적하는 것처럼 이와 같은 해석이 법적 안정성 및 신뢰보호의 원칙에 반할 뿐만 아니라 이 사건 형벌조항의 경우에는 최초 합헌결정 후 사정변경에 기인한 위헌결정의 경위에 비추어 구체적 타당성의 원칙에마저 부합하지 않는 측면이 있음은 분명하다 할 것이지만, 앞서 설시한 바와 같이 이는 입법만이 유일한 합법적인 해결책이라 할 것이다.

5. 사안에 대한 대법원의 판단

【대법원 분석】 그리고 이 사건 공소사실 중 피고인 갑의 구 특경법 위반(수재등)죄의 경우, 위 피고

인이 그 범행으로 수수한 금액의 합계가 5,000만 원으로, 위 위헌결정 이후 구 특경법 제5조 제4항이 2007. 5. 17. 법률 제8444호로 개정되어 위 수수액에 대한 법정형이 '무기 또는 10년 이상의 징역'에서 '7년 이상의 유기징역'으로 가볍게 변경되기는 하였으나, /

【대법원 판단】 그에 앞서 위헌결정으로 이미 효력을 상실한 가중처벌 벌칙규정인 구 특경법 제5조 제4항 대신 적용되어야 하는 원래의 벌칙규정인 구 특경법 제5조 제1항의 법정형인 '5년 이하의 징역 또는 10년 이하의 자격정지'와 비교하면 결국 범죄 후 법률의 변경에 의하여 형이 구법보다 경하게 된 때(형법 제1조 제2항)에 해당하지 아니하므로, 형이 더 무거운 현행 특정경제범죄 가중처벌 등에 관한 법률 제5조 제4항 제2호를 적용할 수는 없다. /

【대법원 판단】 또한 형벌조항이 위헌으로 결정되어 효력을 상실한 경우에는 그 대신 적용되는 형벌조항의 법정형에 해당하는 공소시효가 적용될 뿐이다.

【대법원 판단】 원심이 같은 취지에서, 위 공소사실에 대하여는 구 특경법 제5조 제1항이 적용되어야 하는데, 구 특경법 제5조 제1항 위반죄는 그 법정형이 5년 이하의 징역 또는 10년 이하의 자격정지에 해당하여 공소시효가 5년인바, 이 사건 공소는 범죄행위가 종료된 때로부터 5년이 경과된 2009. 9. 25.에 제기되었음이 기록상 명백하여 공소시효가 완성된 때에 해당한다고 한 제1심의 판단을 그대로 유지한 것은 정당하고, 거기에 상고이유 주장과 같이 형벌조항에 대한 위헌결정의 소급효 등에 관한 법리를 오해한 위법이 없다. (상고 기각)

2010도5986

재심사건에 대한 적용법령
위헌법령과 무죄판결
통치행위에 대한 사법판단
긴급조치 위헌무효 사건

2010. 12. 16. 2010도5986 전원합의체 판결, 공 2011상, 259

1. 사실관계 및 사건의 경과

【사실관계】

① 갑은 1974년 유신헌법하에서 비상보통군법회의에 다음의 공소사실로 기소되었다.

　　(가) ㉠반공법위반죄

　　(나) ㉡긴급조치위반죄(유언비어 날조 · 유포)

　　(다) ㉢긴급조치위반죄(헌법비방)

② (자세한 내용은 판례 본문 참조)

③ 1974. 8. 8. 제1심법원은 유죄를 선고하였다.

④ 갑은 제1심판결에 불복하여 비상고등군법회의에 항소하였다.

⑤ 1974. 9. 23. 항소심법원은 유죄를 선고하였다.

⑥ 갑은 항소심판결에 불복하여 대법원에 상고하였다.

⑦ 1975. 2. 10. 대법원은 갑의 상고를 기각하여 항소심판결은 확정되었다. (재심대상판결)

⑧ 유신헌법 제53조 제4항은 "제1항과 제2항의 긴급조치는 사법적 심사의 대상이 되지 아니한다."고 규정하고 있었다.

⑨ 대법원은 유신헌법 아래에서, 긴급조치는 유신헌법에 근거한 것으로서 사법적 심사의 대상이 되지 아니하므로 그 위헌 여부를 다툴 수 없다는 취지의 판시를 한 바 있었다(74도3510 전원합의체 판결 등 참조).

【사건의 경과 1】

① 2009. 2. 12. 갑은 서울고등법원에 비상고등군법회의의 재심대상판결에 대해 재심청구를 하였다.

② 2009. 12. 29. 서울고등법원은 형사소송법 제420조 제7호[공무원 직무범죄]의 재심사유가 존재한다고 인정하여 재심개시결정을 하였다. (재심개시결정)

③ 서울고등법원은 재심법원으로서 항소심 공판절차를 진행하였다.

④ 서울고등법원은 채택한 증거를 토대로 제1심(비상보통군법회의)의 판결을 파기하였다.

⑤ 서울고등법원은 다음과 같이 판단하였다. (원심판결)

　　(가) ㉠반공법위반죄 : 무죄

　　(나) ㉡긴급조치위반죄(유언비어 날조 · 유포) : 면소

　　(다) ㉢긴급조치위반죄(헌법비방) : 면소

⑥ 서울고등법원은 ㉢공소사실에 대해서는 주문에서 따로 면소를 선고하지 않고, 1개의 주문으로 ㉢공소사실과 상상적 경합범의 관계에 있는 ㉠공소사실에 대해 무죄를 선고하였다.

⑦ 갑은 ㉡과 ㉢공소사실에 대한 서울고등법원의 면소 판단에 불복하여 대법원에 상고하였다.

⑧ 검사는 채증법칙 위배를 주장하여 상고하였다.

⑨ (이하에서는 피고인의 상고 부분만 소개함)

【사건의 경과 2】

① 대법원은 전원합의체 판결로써 통치행위의 사법심사와 관련한 판단기준을 제시하였다.

② 대법원은 이를 근거로 유신헌법하의 관련 대법원판례들을 폐기하였다.

③ 대법원은 ㉡과 ㉢공소사실에 대해 면소가 아니라 무죄를 선고해야 한다고 판단하였다.

④ (상세한 분석은 판례 본문 참조)

⑤ 대법원은 원심판결을 파기하고 자판하였다.

【사건의 경과 3】

① 대법원은 ㉠반공법위반죄를 무죄로 판단하였다.

② 대법원은 ㉡긴급조치위반죄(유언비어 날조 · 유포)를 무죄로 판단하였다.

③ 대법원은 ㉢긴급조치위반죄(헌법비방)에 대해 다음과 같이 판단하였다.

　　(가) ㉢긴급조치위반죄(헌법비방)는 무죄로 판단해야 할 것이다.

　　(나) 그런데 원심판결은 주문에서 ㉢긴급조치위반죄(헌법비방)에 대하여 따로 면소를 선고하지 않고 1개의 주문으로 이와 상상적 경합범의 관계에 있는 ㉠반공법 위반의 점에 대하여 무죄를

선고하였다.

(다) 그러한 이상 따로 ⓒ긴급조치위반죄(헌법비방)에 대하여 무죄를 선고하지 아니하였다고 하더
라도 이는 판결 결과에 영향이 없다.

(라) 원심판결에 무죄라고 판단하여야 할 것을 면소로 판단한 위법이 있음을 지적한다.

(마) 그 외에는 ⓒ긴급조치위반죄(헌법비방) 부분 원심판결을 그대로 유지하기로 한다.

④ 대법원판결의 주문은 다음과 같다.

(가) 원심판결과 제1심판결 중 유언비어 날조·유포로 인한 대통령 긴급조치위반 부분을 파기
한다.

(나) 이 사건 공소사실 중 각 유언비어 날조·유포로 인한 대통령 긴급조치 위반의 점은 무죄.

(다) 검사의 상고를 기각한다.

2. 재심개시사건의 적용법령

【대법원 요지】 (1) 재심이 개시된 사건에서 범죄사실에 대하여 적용하여야 할 법령은 재심판결 당시
의 법령이다. /

【대법원 요지】 따라서 법원은 재심대상판결 당시의 법령이 변경된 경우에는 그 범죄사실에 대하여
재심판결 당시의 법령을 적용하여야 하고, /

【대법원 요지】 폐지된 경우에는 형사소송법 제326조 제4호를 적용하여 그 범죄사실에 대하여 면소
를 선고하는 것이 원칙이다.

3. 위헌법령과 무죄판결

【대법원 요지】 그러나 법원은, 형벌에 관한 법령이 헌법재판소의 위헌결정으로 인하여 소급하여 그
효력을 상실하였거나 법원에서 위헌·무효로 선언된 경우, 당해 법령을 적용하여 공소가 제기된 피고
사건에 대하여 형사소송법 제325조에 따라 무죄를 선고하여야 한다. /

【대법원 요지】 나아가 형벌에 관한 법령이 재심판결 당시 폐지되었다 하더라도 그 '폐지'가 당초부터
헌법에 위배되어 효력이 없는 법령에 대한 것이었다면 형사소송법 제325조 전단이 규정하는 '범죄로
되지 아니한 때'의 무죄사유에 해당하는 것이지, 형사소송법 제326조 제4호 소정의 면소사유에 해당
한다고 할 수 없다. /

【대법원 요지】 따라서 면소판결에 대하여 무죄판결인 실체판결이 선고되어야 한다고 주장하면서 상
고할 수 없는 것이 원칙이지만, /

【대법원 요지】 위와 같은 경우에는 이와 달리 면소를 할 수 없고 피고인에게 무죄의 선고를 하여야
하므로 면소를 선고한 판결에 대하여 상고가 가능하다.

4. 사안에 대한 대법원의 분석

【대법원 분석】 (2) 이 사건이 대법원에 상고된 경위는 아래와 같다.

【대법원 분석】 (가) 이 사건 공소사실의 요지는, /

【**대법원 분석**】 피고인이 1974. 5. 17.과 같은 달 22일에 공소외인 등에게 각 정부시책을 비난하는 유언비어를 날조·유포하고, /

【**대법원 분석**】 같은 달 22일 공소외인 등에게 위와 같이 정부를 비방하던 자리에서 "이와 같이 우리나라가 부패되어 있으니 이것이 무슨 민주체제냐. 유신헌법 체계하에서는 민주주의가 발전할 수 없으니 이와 같은 사회는 차라리 일본에 팔아넘기든가 이북과 합쳐서 나라가 없어지더라도 배불리 먹었으면 좋겠다."고 하는 등 대한민국헌법을 비방하며 반국가단체인 북괴의 활동을 찬양·고무·동조하여 북괴를 이롭게 하였다는 것이다. /

【**대법원 분석**】 제1심(비상보통군법회의 1974. 8. 8. 선고 74비보군형공 제○○호 판결)은 피고인에 대한 이 사건 공소사실을 모두 인정하고 /

【**대법원 분석**】 구 대한민국헌법(1980. 10. 27. 헌법 제9호로 전부 개정되기 전의 것, 이하 '유신헌법'이라 한다) 제53조에 기한 대통령 긴급조치(이하 '긴급조치'라 한다) 제1호 제5항, 제3항, 제1항 및 구 반공법(1980. 12. 31. 법률 제3318호 국가보안법 부칙 제2조로 폐지되기 전의 것, 이하 '반공법'이라 한다) 제4조 제1항을 적용하여 유죄를 선고하였고, /

【**대법원 분석**】 이에 대하여 피고인이 항소하였으나 항소심에서도 역시 같은 법령을 적용하여 유죄의 판결(비상고등군법회의 1974. 9. 23. 선고 74비보군형항 제○○호 판결, 이하 '재심대상판결'이라 한다)을 선고하였으며,

【**대법원 분석**】 위 판결은 대법원 1975. 2. 10. 선고 74도3506 판결로 피고인의 상고가 기각되어 그대로 확정되었다.

【**대법원 분석**】 (나) 피고인이 2009. 2. 12. 위 확정판결인 재심대상판결에 대하여 재심청구를 하였고, 원심은 2009. 12. 29. 형사소송법 제420조 제7호의 재심사유가 존재한다고 인정하여 재심개시결정을 하였다. /

【**대법원 분석**】 그 후 원심은 그 채택 증거를 종합하여 제1심판결을 파기하고, /

【**대법원 분석**】 이 사건 공소사실 중 유언비어 날조·유포로 인한 긴급조치 위반의 점에 대하여 /

【**대법원 분석**】 그 근거 법령인 긴급조치 제1호가, 1974. 8. 23. 긴급조치 제5호에 의하여 해제되거나 제5호 제2항에 의하여 해제가 유보된 자에 대하여도 그 근거가 되는 유신헌법 제53조가 1980. 10. 27. 구 헌법(1987. 10. 29. 헌법 제10호로 전부 개정되기 전의 것)의 제정·공포에 따라 폐지됨으로써 실효되었음을 이유로 면소를 선고하였으며, /

【**대법원 분석**】 헌법비방으로 인한 긴급조치 위반의 점에 관하여도 같은 이유로 면소를 선고하여야 할 것이나, 이와 상상적 경합범의 관계에 있는 반공법 위반의 공소사실에 대하여 무죄를 선고하였음을 이유로 주문에서 따로 면소를 선고하지 아니하였다. /

【**대법원 분석**】 이에 피고인은 긴급조치 제1호가 위헌·무효이므로 유언비어 날조·유포로 인한 긴급조치 위반의 점에 대하여 면소가 아닌 무죄가 선고되어야 한다고 주장하면서 대법원에 상고하기에 이르렀다.

5. 긴급조치에 대한 위헌판단의 필요성

【**대법원 판단**】 (3) 앞서 본 법리에 비추어 보면, 재심대상판결의 적용법령이 폐지된 경우에도 그 범

죄사실에 관하여 적용할 법령이 당초부터 위헌이라면 이를 적용할 수 없어 무죄가 선고되어야 하는 것이므로. /

【대법원 판단】 이 사건 공소사실에 적용할 법령인 긴급조치 제1호가 재심판결 당시에 해제 또는 실효되었다고 하더라도 원심으로서는 먼저 이 사건 긴급조치 제1호가 헌법에 위반되는지 여부에 관하여 살펴보았어야 한다. 따라서 나아가 이 점에 관하여 판단하기로 한다.

6. 긴급조치에 대한 사법심사의 가부

【대법원 요지】 (가) 입헌적 법치주의국가의 기본원칙은 어떠한 국가행위나 국가작용도 헌법과 법률에 근거하여 그 테두리 안에서 합헌적·합법적으로 행하여질 것을 요구하고, 이러한 합헌성과 합법성의 판단은 본질적으로 사법의 권능에 속하는 것이다. /

【대법원 요지】 다만 고도의 정치성을 띤 국가행위에 대하여는 이른바 통치행위라 하여 법원 스스로 사법심사권의 행사를 억제하여 그 심사대상에서 제외하는 영역이 있을 수 있다. /

【대법원 요지】 그러나 이와 같이 통치행위의 개념을 인정한다고 하더라도 과도한 사법심사의 자제가 기본권을 보장하고 법치주의 이념을 구현하여야 할 법원의 책무를 태만히 하거나 포기하는 것이 되지 않도록 그 인정을 지극히 신중하게 하여야 한다.

【대법원 요지】 이러한 법리를 바탕으로 하여 볼 때, 평상시의 헌법질서에 따른 권력행사방법으로는 대처할 수 없는 중대한 위기상황이 발생한 경우 이를 수습함으로써 국가의 존립을 보장하기 위하여 행사되는 국가긴급권에 관한 대통령의 결단은 가급적 존중되어야 한다. /

【대법원 요지】 그러나 앞에서 살펴본 바와 같은 법치주의의 원칙상 통치행위라 하더라도 헌법과 법률에 근거하여야 하고 그에 위배되어서는 아니 된다. /

【대법원 요지】 더욱이 유신헌법 제53조에 근거한 긴급조치 제1호는 국민의 기본권에 대한 제한과 관련된 조치로서 형벌법규와 국가형벌권의 행사에 관한 규정을 포함하고 있다. /

【대법원 요지】 그러므로 기본권 보장의 최후 보루인 법원으로서는 마땅히 긴급조치 제1호에 규정된 형벌법규에 대하여 사법심사권을 행사함으로써, 대통령의 긴급조치권 행사로 인하여 국민의 기본권이 침해되고 나아가 우리나라 헌법의 근본이념인 자유민주적 기본질서가 부정되는 사태가 발생하지 않도록 그 책무를 다하여야 할 것이다.

7. 사법심사 불허조항에 대한 위헌 여부

【대법원 분석】 (나) 그런데 유신헌법 제53조 제4항이 "제1항과 제2항의 긴급조치는 사법적 심사의 대상이 되지 아니한다."고 규정하고 있어, 대법원은 유신헌법 아래서, 긴급조치는 유신헌법에 근거한 것으로서 사법적 심사의 대상이 되지 아니하므로 그 위헌 여부를 다툴 수 없다는 취지의 판시를 한 바 있다(대법원 1977. 3. 22. 선고 74도3510 전원합의체 판결, 대법원 1977. 5. 13.자 77모19 전원합의체 결정 등 참조).

【대법원 요지】 그러나 재심소송에서 적용될 절차에 관한 법령은 재심판결 당시의 법령이므로, 사법적 심사의 대상이 되는지 여부는 현재 시행 중인 대한민국헌법(이하 '현행 헌법'이라 한다)에 기하여 판단하여야 한다. /

【대법원 분석】 현행 헌법 제76조는 대통령의 긴급명령·긴급재정경제명령 등 국가긴급권의 행사에 대하여 사법심사배제 규정을 두고 있지 아니하다. /

【대법원 판단】 더욱이 유신헌법 자체에 의하더라도 그 제8조가 "모든 국민은 인간으로서의 존엄과 가치를 가지며, 이를 위하여 국가는 국민의 기본적 인권을 최대한으로 보장할 의무를 진다."고 규정하고 제9조 내지 제32조에서 개별 기본권 보장 규정을 두고 있었으므로, /

【대법원 판단】 유신헌법 제53조 제4항이 사법심사를 배제할 것을 규정하고 있다고 하더라도 이는 사법심사권을 절차적으로 제한하는 것일 뿐 이러한 기본권 보장 규정과 충돌되는 긴급조치의 합헌성 내지 정당성까지 담보한다고 할 수 없다. /

【대법원 요지】 따라서 이 사건 재심절차를 진행함에 있어, 모든 국민은 유신헌법에 따른 절차적 제한을 받음이 없이 법이 정한 절차에 의해서 긴급조치의 위헌성 유무를 따지는 것이 가능하므로, 이와 달리 유신헌법 제53조 제4항에 근거하여 이루어진 긴급조치에 대한 사법심사가 불가능하다는 취지의 위 대법원 판결 등은 더 이상 유지될 수 없다.

8. 긴급조치의 위헌심판기관

【대법원 분석】 현행 헌법 제107조 제1항은 "법률이 헌법에 위반되는 여부가 재판의 전제가 된 경우에는 법원은 헌법재판소에 제청하여 그 심판에 의하여 재판한다."고 규정하고, 현행 헌법 제111조 제1항 제1호는 헌법재판소의 관장사무로 법원의 제청에 의한 법률의 위헌여부 심판을 규정하고 있다. /

【대법원 요지】 위 각 헌법규정에 의하면, 위헌심사의 대상이 되는 '법률'이라 함은 '국회의 의결을 거친 이른바 형식적 의미의 법률'을 의미하고, 위헌심사의 대상이 되는 규범이 형식적 의미의 법률이 아닌 때에는 그와 동일한 효력을 갖는 데에 국회의 승인이나 동의를 요하는 등 국회의 입법권 행사라고 평가할 수 있는 실질을 갖춘 것이어야 한다.

【대법원 분석】 유신헌법 제53조 제3항은 대통령이 긴급조치를 한 때에는 지체 없이 국회에 통고하여야 한다고 규정하고 있을 뿐, 사전적으로는 물론이거니와 사후적으로도 긴급조치가 그 효력을 발생 또는 유지하는 데 국회의 동의 내지 승인 등을 얻도록 하는 규정을 두고 있지 아니하고, 실제로 국회에서 긴급조치를 승인하는 등의 조치가 취하여진 바도 없다. /

【대법원 요지】 따라서 유신헌법에 근거한 긴급조치는 국회의 입법권 행사라는 실질을 전혀 가지지 못한 것으로서, 헌법재판소의 위헌심판대상이 되는 '법률'에 해당한다고 할 수 없고, 긴급조치의 위헌 여부에 대한 심사권은 최종적으로 대법원에 속한다.

9. 긴급조치 제1호의 위헌 여부

【대법원 판단】 (가) 국가긴급권은 국가가 중대한 위기에 처하였을 때 그 위기의 직접적 원인을 제거하는 데 필수불가결한 최소의 한도 내에서 행사되어야 하는 것으로서, 국가긴급권을 규정한 헌법상의 발동 요건 및 한계에 부합하여야 하고, 이 점에서 유신헌법 제53조에 규정된 긴급조치권 역시 예외가 될 수는 없다.

【대법원 분석】 (나) 유신헌법도 제53조 제1항, 제2항에서 긴급조치권 행사에 관하여 '천재·지변

또는 중대한 재정·경제상의 위기에 처하거나, 국가의 안전보장 또는 공공의 안녕질서가 중대한 위협을 받거나 받을 우려가 있어, 신속한 조치를 할 필요'가 있을 때 그 극복을 위한 것으로 한정하고 있다. /

【대법원 분석】 그러나 이에 근거하여 발령된 긴급조치 제1호의 내용은 /

【대법원 분석】 대한민국헌법을 부정, 반대, 왜곡 또는 비방하는 일체의 행위, /

【대법원 분석】 대한민국헌법의 개정 또는 폐지를 주장, 발의, 제안 또는 청원하는 일체의 행위와 /

【대법원 분석】 유언비어를 날조, 유포하는 일체의 행위 및 /

【대법원 분석】 이와 같이 금지된 행위를 권유, 선동, 선전하거나, /

【대법원 분석】 방송, 보도, 출판 기타 방법으로 이를 타인에게 알리는 일체의 언동을 금하고(제1항 내지 제4항), /

【대법원 분석】 이 조치를 위반하거나 비방한 자는 법관의 영장 없이 체포, 구속, 압수, 수색하며 15년 이하의 징역에 처한다(제5항)는 것으로, /

【대법원 판단】 유신헌법 등에 대한 논의 자체를 전면금지함으로써 이른바 유신체제에 대한 국민적 저항을 탄압하기 위한 것임이 분명하여 긴급조치권의 목적상의 한계를 벗어난 것일 뿐만 아니라, /

【대법원 판단】 위 긴급조치가 발령될 당시의 국내외 정치상황 및 사회상황이 긴급조치권 발동의 대상이 되는 비상사태로서 국가의 중대한 위기상황 내지 국가적 안위에 직접 영향을 주는 중대한 위협을 받을 우려가 있는 상황에 해당한다고 할 수 없으므로, /

【대법원 판단】 그러한 상황에서 발령된 긴급조치 제1호는 유신헌법 제53조가 규정하고 있는 요건을 결여한 것이다.

【대법원 판단】 (다) 한편 긴급조치 제1호의 내용은 민주주의의 본질적 요소인 표현의 자유 내지 신체의 자유와 헌법상 보장된 청원권을 심각하게 제한하는 것으로서, 국가가 국민의 기본적 인권을 최대한으로 보장하도록 한 유신헌법 제8조(현행 헌법 제10조)의 규정에도 불구하고, /

【대법원 판단】 유신헌법 제18조(현행 헌법 제21조)가 규정한 표현의 자유를 제한하고, /

【대법원 판단】 영장주의를 전면 배제함으로써 법치국가원리를 부인하여 /

【대법원 판단】 유신헌법 제10조(현행 헌법 제12조)가 규정하는 신체의 자유를 제한하며, /

【대법원 판단】 명시적으로 유신헌법을 부정하거나 폐지를 청원하는 행위를 금지시킴으로써 유신헌법 제23조(현행 헌법 제26조)가 규정한 청원권 등을 제한한 것이다.

【대법원 판단】 이와 같이 긴급조치 제1호는 그 발동 요건을 갖추지 못한 채 목적상 한계를 벗어나 국민의 자유와 권리를 지나치게 제한함으로써 헌법상 보장된 국민의 기본권을 침해한 것이므로, 긴급조치 제1호가 해제 내지 실효되기 이전부터 유신헌법에 위배되어 위헌이고, /

【대법원 판단】 나아가 긴급조치 제1호에 의하여 침해된 위 각 기본권의 보장 규정을 두고 있는 현행 헌법에 비추어 보더라도 위헌이다.

【대법원 요지】 (라) 결국 이 사건 재판의 전제가 된 긴급조치 제1호 제1항, 제3항, 제5항을 포함하여 긴급조치 제1호는 헌법에 위배되어 무효이다.

【대법원 요지】 이와 달리 유신헌법 제53조에 근거를 둔 긴급조치 제1호가 합헌이라는 취지로 판시한 대법원 1975. 1. 28. 선고 74도3492 판결, 대법원 1975. 1. 28. 선고 74도3498 판결, 대법원

1975. 4. 8. 선고 74도3323 전원합의체 판결과 그 밖에 이 판결의 견해와 다른 대법원판결들은 모두 폐기한다.

10. 사안에 대한 대법원의 판단

【대법원 판단】 그렇다면 위헌·무효인 긴급조치 제1호 제5항, 제1항, 제3항을 적용하여 공소가 제기된 이 사건 공소사실 중 각 긴급조치 위반의 점은 형사소송법 제325조 전단의 '피고사건이 범죄로 되지 아니한 때'에 해당하므로 모두 무죄를 선고하였어야 할 것이다. /

【대법원 결론】 그럼에도 불구하고 형사소송법 제326조 제4호를 적용하여 면소를 선고한 원심판결 중 유언비어 날조·유포로 인한 긴급조치 위반 부분에는 면소 및 무죄판결에 대한 법리와 그 범죄사실에 적용할 법령인 긴급조치 제1호의 위헌 여부 판단에 대한 법리를 오해하여 판결 결과에 영향을 미친 위법이 있다.

【대법원 결론】 이를 지적하는 피고인의 상고이유의 주장은 이유 있다.

11. 대법원의 파기 자판

【대법원 판단】 그러므로 원심판결 중 유언비어 날조·유포로 인한 긴급조치 위반 부분을 파기하고, 형사소송법 제396조 제1항에 의하여 이 법원이 직접 판결하기로 하되, /

【대법원 판단】 이 부분 공소사실의 요지는 앞서 본 바와 같은바, /

【대법원 판단】 그 적용법령인 긴급조치 제1호 제5항, 제3항이 위헌·무효이어서 범죄로 되지 아니함에도 불구하고 이에 대하여 유죄를 선고한 제1심판결은 위법하므로, 제1심판결 중 이 부분을 파기하고, 이에 대하여 형사소송법 제325조 전단에 의하여 무죄를 선고한다.

【대법원 판단】 한편 원심판결 중 이유 부분에서 면소하여야 할 것이라고 판시한 헌법비방으로 인한 긴급조치 위반 부분 역시 같은 이유로 무죄라고 판단하여야 할 것이나, 원심이 판결주문에서 위 긴급조치 위반의 점에 대하여 따로 면소를 선고하지 않고 1개의 주문으로 이와 상상적 경합범의 관계에 있는 반공법 위반의 점에 대하여 무죄를 선고한 이상 /

【대법원 판단】 따로 위 긴급조치 위반의 점에 대하여 무죄를 선고하지 아니하였다고 하더라도 이는 판결 결과에 영향이 없으므로, 원심판결에 무죄라고 판단하여야 할 것을 면소로 판단한 위법이 있음을 지적하는 외에 이 부분 원심판결을 그대로 유지하기로 [한다.]

【대법원 주문】

원심판결과 제1심판결 중 유언비어 날조·유포로 인한 대통령 긴급조치 위반 부분을 파기한다.

이 사건 공소사실 중 각 유언비어 날조·유포로 인한 대통령 긴급조치 위반의 점은 무죄.

검사의 상고를 기각한다.

2010도6090

포괄일죄의 동일성 판단기준
스포츠 마사지 약식명령 사건
2011. 5. 26. 2010도6090, 공 2011하, 1345

1. 사실관계 및 사건의 경과

【사실관계 1】

① 성매매처벌법 제2조 제1항 제2호는 "성매매알선등행위"로 다음의 행위를 규정하고 있다.

　　(가) 가목 : 성매매를 알선·권유·유인 또는 강요하는 행위

　　(나) 다목 : 성매매에 제공되는 사실을 알면서 자금·토지 또는 건물을 제공하는 행위

② 성매매처벌법은 "영업으로 성매매알선등행위를 한 자"에 대한 처벌규정을 두고 있다.

③ 갑은 P업소의 전 업주이다.

【사실관계 2】

① 2008. 7. 1.경 갑은 P업소가 A에 의해 성매매 장소로 제공되는 사실을 알면서도 A에게 P업소를 전대하여 주어 영업으로 성매매알선행위를 하였다. (㉠범행)

② 2008. 8. 29. 갑으로부터 P업소를 전대받은 A 등은 P업소에서 여종업원으로 하여금 유사성교행위를 하도록 하여 영업으로 성매매알선행위를 하였다.

③ 2008. 8. 30.경부터 2009. 1. 8.경까지 갑은 A 등과 공모하여 P업소에서 여종업원들을 고용한 다음 여종업원들로 하여금 성매매를 하도록 하여 영업으로 성매매를 알선하고, 같은 기간 합계 약 45,949,500원의 매출을 올렸다. (㉡범행)

④ 이후 갑의 ㉠범행에 대해 성매매처벌법위반죄로 약식명령이 발령되어 확정되었다.

【사건의 경과】

① 검사는 갑의 ㉡범행에 대해 갑을 성매매처벌법위반죄로 기소하였다.

② 갑의 피고사건은 제1심을 거친 후, 항소심에 계속되었다.

③ 항소심법원은 ㉠범행과 ㉡범행이 포괄일죄의 관계에 있다는 이유로 ㉡범행의 공소사실에 대해 면소를 선고하였다.

④ 검사는 불복 상고하였다.

2. 사안에 대한 항소심의 판단

【항소심 분석】 원심판결의 이유에 의하면 원심은, /

【항소심 분석】 약식명령이 확정된 구 성매매알선 등 행위의 처벌에 관한 법률 위반 범죄사실, /

【항소심 분석】 즉 제1심 공동피고인 등은 2008. 8. 29. 서울 노원구 상계동 (이하 생략) 소재 P스포츠 마사지에서 여종업원으로 하여금 유사성교행위를 하도록 하여 영업으로 성매매알선행위를 하였는데, 피고인은 위 업소의 전 업주로서 2008. 7. 1.경 위 업소가 제1심 공동피고인에 의해 성매매 장소

로 제공되는 사실을 알면서도 제1심 공동피고인에게 전대하여 주어 영업으로 성매매알선행위를 하였다는 내용의 범죄사실(이하 '1차 범행'이라 한다)과 /

【항소심 분석】 위 약식명령 확정 이전에 범하여진 이 사건 공소사실. /

【항소심 분석】 즉 '피고인은 제1심 공동피고인 등과 공모하여 2008. 8. 30.경부터 2009. 1. 8.경까지 위 업소에서 여종업원들을 고용한 다음 여종업원들로 하여금 성매매를 하도록 하여 영업으로 성매매를 알선하고, 같은 기간 합계 약 45,949,500원의 매출을 올렸다'는 내용의 범죄사실(이하, '이 사건 범행'이라 한다)에 대하여, /

【항소심 판단】 위 약식명령이 확정된 1차 범행과 그 발령 전에 범한 이 사건 범행은 그 범행의 내용에 있어 약간의 차이가 있기는 하지만 위 약식명령의 범죄사실 내용 역시 전대를 통해 성매매 장소를 제공함으로써 "영업으로 성매매알선행위를 하였다."는 것이고, /

【항소심 판단】 그 범행일시, 장소 및 영업의 태양 등에 비추어 피고인이 단일하고 계속된 범의하에 성매매의 알선이라는 동종의 범행을 동일하거나 유사한 방법으로 일정기간 반복적으로 행한 것으로서 그 피해법익도 동일하여 기본적 사실관계가 동일하다고 할 것이어서 포괄일죄의 관계에 있다고 봄이 상당하다 할 것이므로, /

【항소심 판단】 위 확정된 약식명령의 효력은 그 발령 이전에 행하여진 이 사건 공소사실에 대하여도 미친다는 이유로 피고인에 대하여 면소를 선고하였다.

3. 사안에 대한 대법원의 판단

【대법원 판단】 그러나 원심의 위와 같은 판단은 수긍하기 어렵다. /

【대법원 요지】 동일 죄명에 해당하는 수개의 행위 혹은 연속된 행위를 단일하고 계속된 범의하에 일정 기간 계속하여 행하고 그 피해법익도 동일한 경우에는 이들 각 행위를 통틀어 포괄일죄로 처단하여야 할 것이나, /

【대법원 요지】 범의의 단일성과 계속성이 인정되지 아니하거나 범행방법이 동일하지 않은 경우에는 각 범행은 실체적 경합범에 해당한다. /

【대법원 분석】 그런데 구 성매매알선 등 행위의 처벌에 관한 법률 제2조 제1항 제2호는 "성매매알선등행위"로 /

【대법원 분석】 (가)목에서 "성매매를 알선·권유·유인 또는 강요하는 행위"를, /

【대법원 분석】 (다)목에서 "성매매에 제공되는 사실을 알면서 자금·토지 또는 건물을 제공하는 행위"를 규정하는 한편, /

【대법원 분석】 같은 법 제19조는 "영업으로 성매매알선등행위를 한 자"에 대한 처벌규정을 두고 있는바, /

【대법원 판단】 위 규정에 의하면 성매매알선행위와 건물제공행위는 비록 그 처벌규정은 동일하지만, 두 행위는 범행방법 등의 기본적 사실관계가 상이할 뿐 아니라 그 주체도 다르다고 보아야 한다. /

【대법원 판단】 또한 수개의 행위태양이 동일한 법익을 침해하는 일련의 행위로서 각 행위 간의 필연적 관련성이 당연히 예상되어 있는 경우에는 포괄일죄라고 볼 수 있을 것이지만, /

【대법원 판단】 건물제공행위와 성매매알선행위는 성매매알선행위가 건물제공행위의 필연적 결과라

거나 반대로 건물제공행위가 성매매알선행위에 수반되는 필연적 수단이라고도 볼 수 없다. /

【대법원 판단】 따라서 이 사건 공소사실인 영업으로 성매매를 알선한 행위와 종전에 약식명령이 확정된 영업으로 성매매에 제공되는 건물을 제공하는 행위는 당해 행위 사이에서 각각 포괄일죄의 관계에 있을 뿐, 위 각 행위는 서로 독립된 가벌적 행위로서 별개의 죄를 구성한다고 보아야 할 것이다.

【대법원 결론】 그렇다면 위 성매매알선행위와 장소제공행위가 포괄일죄의 관계에 있다고 보아, 이 사건 공소사실에 대하여 면소판결을 선고한 원심의 조치에는, 포괄일죄에 관한 법리를 오해하여 판결에 영향을 미친 위법이 있다. (파기 환송)

2010도6203

불심검문과 유형력 행사의 한계
부평동 자전거 검문 사건
2012. 9. 13. 2010도6203, 공 2012하, 1700

1. 사실관계 및 사건의 경과

【사실관계 1】
① 경위 A, 경사 B, 순경 C는 인천시 P경찰서 Q지구대 소속 경찰관 들이다.
② 2009. 2. 15. 01:00경 A 등 경찰관들은 인천 부평구 부평동 소재 M장소 앞길에서 경찰관 정복 차림으로 검문을 하고 있었다.
③ 2009. 2. 15. 01:14경 '01:00경 자전거를 이용한 핸드백 날치기 사건발생 및 자전거에 대한 검문 검색 지령'이 무전으로 전파되었다.
④ 범인의 인상착의는 '30대 남자, 찢어진 눈, 짧은 머리, 회색바지, 검정잠바 착용'이라고 알려졌다.
⑤ 2009. 2. 15. 01:20경 A 등 경찰관들은 무전을 청취한 직후 자전거를 타고 검문 장소로 다가오는 갑을 발견하였다.

【사실관계 2】
① 경찰관 B가 갑에게 다가가 정지를 요구하였다
② 갑은 자전거를 멈추지 않은 채 B를 지나쳤다.
③ 이에 경찰관 C는 경찰봉으로 갑의 앞을 가로막고 자전거를 세워 줄 것을 요구하면서 소속과 성명을 고지하고 다음과 같이 말하였다.
④ "인근 경찰서에서 자전거를 이용한 날치기가 있었는데 인상착의가 비슷하니 검문에 협조해 달라."
⑤ 갑은 평상시 그곳에서 한 번도 검문을 받은 바 없다고 하면서 검문에 불응하고 그대로 전진하였다.

【사실관계 3】
① 이에 경찰관 C는 갑을 따라가서 갑이 가지 못하게 앞을 막고 검문에 응할 것을 요구하였다.
② 갑은 그 과정에서 평소 검문을 하지 않다가 경찰관 C가 갑을 상대로 검문한 것에 화가 났다.

③ 갑은 "이 xx놈아, 나이도 어린놈이 육군 대위 출신을 몰라보고 검문이냐."고 욕설을 하였다.

④ 갑은 또한 경찰관 C의 멱살을 잡아 흔들어 바닥에 넘어뜨렸다.

⑤ 이에 A 등 경찰관들은 갑을 공무집행방해죄와 모욕죄의 현행범인으로 체포하였다.

⑥ 멱살을 잡혀 쓰러진 경찰관 C는 3주간 치료를 요하는 경추염좌 등의 상해를 입었다.

【사건의 경과】

① 검사는 갑을 다음의 공소사실로 기소하였다.

　　(가) 상해죄

　　(나) 공무집행방해죄

　　(다) 모욕죄

② 제1심법원은 유죄를 인정하였다.

③ 갑은 불복 항소하였다.

④ 항소심법원은 무죄를 선고하였다.

⑤ (항소심의 판단 이유는 판례 본문 참조)

⑥ 검사는 불복 상고하였다.

⑦ 검사는 상고이유로, 항소심 판단에 불심검문의 내용과 한계에 관한 법리오해의 위법이 있다고 주장하였다.

2. 불심검문과 물리력 행사의 한계

【대법원 분석】 1. 경찰관직무집행법(이하 '법'이라고만 한다) 제1조는 제1항에서 /

【대법원 분석】 "이 법은 국민의 자유와 권리의 보호 및 사회공공의 질서유지를 위한 경찰관(국가경찰공무원에 한한다. 이하 같다)의 직무수행에 필요한 사항을 규정함을 목적으로 한다."고 규정하고, /

【대법원 분석】 제2항에서 /

【대법원 분석】 "이 법에 규정된 경찰관의 직권은 그 직무수행에 필요한 최소한도 내에서 행사되어야 하며 이를 남용하여서는 아니된다."고 규정하고 있다. /

【대법원 분석】 한편 법 제3조는 제1항에서 /

【대법원 분석】 "경찰관은 수상한 거동 기타 주위의 사정을 합리적으로 판단하여 어떠한 죄를 범하였거나 범하려 하고 있다고 의심할 만한 상당한 이유가 있는 자 또는 이미 행하여진 범죄나 행하여지려고 하는 범죄행위에 관하여 그 사실을 안다고 인정되는 자를 정지시켜 질문할 수 있다."고 규정하고, /

【대법원 분석】 제2항에서 /

【대법원 분석】 "그 장소에서 제1항의 질문을 하는 것이 당해인에게 불리하거나 교통의 방해가 된다고 인정되는 때에는 질문하기 위하여 부근의 경찰서·지구대·파출소 또는 출장소(이하 "경찰관서"라 하되, 지방해양경찰관서를 포함한다)에 동행할 것을 요구할 수 있다. /

【대법원 분석】 이 경우 당해인은 경찰관의 동행요구를 거절할 수 있다."고 규정하고 있으며, /

【대법원 분석】 제3항에서 /

【대법원 분석】 "경찰관은 제1항에 규정된 자에 대하여 질문을 할 때에 흉기의 소지 여부를 조사할 수 있다."고 규정하고, /

【대법원 분석】 제7항에서 /

【대법원 분석】 "제1항 내지 제3항의 경우에 당해인은 형사소송에 관한 법률에 의하지 아니하고는 신체를 구속당하지 아니하며, 그 의사에 반하여 답변을 강요당하지 아니한다."고 규정하고 있다.

【대법원 요지】 위와 같은 법의 목적, 규정 내용 및 체계 등을 종합하면, /

【대법원 요지】 경찰관은 법 제3조 제1항에 규정된 대상자에게 질문을 하기 위하여 /

【대법원 요지】 범행의 경중, 범행과의 관련성, 상황의 긴박성, 혐의의 정도, 질문의 필요성 등에 비추어 /

【대법원 요지】 그 목적 달성에 필요한 최소한의 범위 내에서 /

【대법원 요지】 사회통념상 용인될 수 있는 상당한 방법으로 /

【대법원 요지】 그 대상자를 정지시킬 수 있고 /

【대법원 요지】 질문에 수반하여 흉기의 소지 여부도 조사할 수 있다 할 것이다.

3. 사안에 대한 대법원의 분석

【대법원 분석】 2. 원심은 그 채택 증거를 종합하여, /

【대법원 분석】 부평경찰서 역전지구대 소속 경위 공소외 A, 경사 공소외 B, 순경 공소외 C가 2009. 2. 15. 01:00경 인천 부평구 부평동 소재 ○○○ 앞길에서 경찰관 정복 차림으로 검문을 하던 중, /

【대법원 분석】 '01:00경 자전거를 이용한 핸드백 날치기 사건발생 및 자전거에 대한 검문검색 지령'이 01:14경 무선으로 전파되면서, /

【대법원 분석】 범인의 인상착의가 '30대 남자, 찢어진 눈, 짧은 머리, 회색바지, 검정잠바 착용'이라고 알려진 사실, /

【대법원 분석】 위 경찰관들은 무전을 청취한 직후인 01:20경 자전거를 타고 검문 장소로 다가오는 피고인을 발견한 사실, /

【대법원 분석】 공소외 B가 피고인에게 다가가 정지를 요구하였으나, 피고인은 자전거를 멈추지 않은 채 공소외 B를 지나쳤고, /

【대법원 분석】 이에 공소외 C가 경찰봉으로 피고인의 앞을 가로막고 자전거를 세워 줄 것을 요구하면서 소속과 성명을 고지하고, /

【대법원 분석】 "인근 경찰서에서 자전거를 이용한 날치기가 있었는데 인상착의가 비슷하니 검문에 협조해 달라."는 취지로 말하였음에도 /

【대법원 분석】 피고인은 평상시 그곳에서 한 번도 검문을 받은 바 없다고 하면서 검문에 불응하고 그대로 전진한 사실, /

【대법원 분석】 이에 공소외 C는 피고인을 따라가서 피고인이 가지 못하게 앞을 막고 검문에 응할 것을 요구한 사실, /

【대법원 분석】 이와 같은 제지행위로 더 이상 자전거를 진행할 수 없게 된 피고인은 경찰관들이 자신을 범인 취급한다고 느껴 공소외 C의 멱살을 잡아 밀치고 공소외 A, B에게 욕설을 하는 등 거세게 항의한 사실, /

【대법원 분석】 이에 위 경찰관들은 피고인을 공무집행방해죄와 모욕죄의 현행범인으로 체포한 사실

을 인정한 다음, /

4. 사안에 대한 항소심의 판단

【항소심 판단】 불심검문은 상대방의 임의에 맡겨져 있는 이상 /

【항소심 판단】 질문에 대한 답변을 거부할 의사를 밝힌 상대방에 대하여 /

【항소심 판단】 유형력을 사용하여 그 진행을 막는 등의 방법은 /

【항소심 판단】 사실상 답변을 강요하는 것이어서 허용되지 않고, /

【항소심 판단】 따라서 공소외 C의 위 제지행위는 불심검문의 한계를 벗어나 위법하므로 /

【항소심 판단】 직무집행의 적법성을 전제로 하는 공무집행방해죄는 성립하지 않고, /

【항소심 판단】 위법한 공무집행방해죄에 대한 저항행위로 행하여진 상해 및 모욕도 정당방위로서 위법성이 조각된다고 판단하여, /

【항소심 판단】 이 사건 공소사실에 대하여 모두 무죄를 선고하였다.

5. 사안에 대한 대법원의 판단

【대법원 판단】 그러나 원심이 인정한 사실관계를 앞서 본 법리에 비추어 살펴보면, /

【대법원 판단】 이 사건 범행 장소 인근에서 자전거를 이용한 날치기 사건이 발생한 직후 검문을 실시 중이던 경찰관들이 /

【대법원 판단】 위 날치기 사건의 범인과 흡사한 인상착의 피고인을 발견하고 앞을 가로막으며 진행을 제지한 행위는 /

【대법원 판단】 그 범행의 경중, 범행과의 관련성, 상황의 긴박성, 혐의의 정도, 질문의 필요성 등에 비추어 /

【대법원 판단】 그 목적 달성에 필요한 최소한의 범위 내에서 사회통념상 용인될 수 있는 상당한 방법으로 /

【대법원 판단】 법 제3조 제1항에 규정된 자에 대하여 의심되는 사항에 관한 질문을 하기 위하여 정지시킨 것으로 보아야 한다. /

【대법원 결론】 그럼에도 원심은 그 판시와 같은 이유만으로 이 사건 공소사실 중 공무집행방해 부분에 관하여 경찰관들의 불심검문이 위법하다고 보아 무죄를 선고하고 말았으니, 이러한 원심의 판단에는 불심검문의 내용과 한계에 관한 법리를 오해하여 판결 결과에 영향을 미친 위법이 있다 할 것이다.

【대법원 결론】 한편 원심이 정당방위에 해당하여 무죄라고 판단한 상해 및 모욕 부분은 위 공무집행이 적법하다는 전제에서는 더 이상 유지될 수 없으므로, 더 나아가 살펴볼 필요 없이 원심판결은 전부 파기될 수밖에 없다. (파기 환송)

2010도7410

양형기준과 항소심 판단방법
항소심 양형기준 이탈 사건
2010. 12. 9. 2010도7410, 2010전도44, 공 2011상, 172

1. 사실관계 및 사건의 경과

【사실관계】

① 검사는 갑이 13세 미만 아동 A와 B를 성추행하였다는 공소사실로 갑을 성폭력처벌법위반죄(13세 미만 미성년자 강간 등)로 기소하였다.

② 검사는 동시에 갑에 대해 위치추적 전자장치 부착명령을 청구하였다.

③ 제1심법원은 유죄를 인정하고 형을 선고하였다.

④ [전자장치 부착명령 청구사건에 대한 판단은 불명]

【사건의 경과】

① 갑은 불복 항소하였다.

② 항소심법원은 다음의 이유를 들어서 제1심판결을 파기하였다.

   (가) 갑이 누범기간에 범행을 저지른 점, 피해자들과 전혀 합의가 이루어지지 않은 점 등이 인정된다.

    (나) 갑에게 성폭력 전과는 없는 점, 우발적으로 범행을 저지른 것으로 보이는 점, 추행의 정도가 비교적 경미한 점 등을 참작한다.

    (다) 기타 갑의 나이, 성행, 환경, 범행의 경위 및 결과 등 변론에 나타난 여러 양형조건을 참작한다.

    (라) 이상을 고려할 때 제1심의 양형은 너무 무거워 부당하다.

③ 항소심법원은 양형기준을 벗어나 갑에게 징역 1년 6월을 선고하였다.

④ 항소심법원은 전자장치 부착명령 청구사건에 대해 청구를 기각하였다.

⑤ 검사는 불복 상고하였다.

⑥ 검사는 상고이유로, 항소심법원이 양형기준을 벗어나는 양형을 하면서 그 이유를 제시하지 아니한 위법을 범하였다고 주장하였다.

2. 양형기준의 구속력 여부

【대법원 분석】 법원조직법 제81조의2 제1항, 제81조의6 제1항, 제4항, 제81조의7 제1항, 제2항에 의하면, 형을 정함에 있어 국민의 건전한 상식을 반영하고 국민이 신뢰할 수 있는 공정하고 객관적인 양형을 실현하기 위하여 대법원에 양형위원회(이하 '위원회'라고 한다)를 두고, 위원회는 법관이 합리적인 양형을 도출하는 데 참고할 수 있는 구체적이고 객관적인 양형기준을 설정하거나 변경하며, 그 양형기준을 공개하여야 한다. /

【대법원 분석】 한편 법관은 형의 종류를 선택하고 형량을 정함에 있어서 양형기준을 존중하여야 하나, 양형기준은 법적 구속력을 갖지 아니한다. 또한 법원이 양형기준을 벗어난 판결을 하는 경우에는

판결서에 양형의 이유를 기재하여야 하나, 약식절차 또는 즉결심판절차에 따라 심판하는 경우에는 그러하지 아니하다.

3. 양형기준의 이탈과 양형이유의 기재

【대법원 분석】 이와 같은 위원회 설치의 목적, 구성, 업무내용, 양형기준을 설정·변경함에 있어 준수하여야 하는 여러 원칙 및 고려사항, 양형기준의 효력 등에 관한 각 규정의 내용 및 그 입법 경위 등을 종합하면, /

【대법원 요지】 법관은 양형을 함에 있어서 위와 같은 양형기준을 존중하여야 하고, 법원은 약식절차 또는 즉결심판절차에 의하여 심판하는 경우가 아닌 한, 양형기준을 벗어난 판결을 함에 따라 판결서에 양형의 이유를 기재하여야 하는 경우에는 위와 같은 양형기준의 의의, 효력 등을 감안하여 당해 양형을 하게 된 사유를 합리적이고 설득력 있게 표현하는 방식으로 그 이유를 기재하여야 할 것이다. /

【대법원 요지】 한편, 항소법원은 항소이유에 포함된 사유에 관하여 심판하여야 하므로(형사소송법 제364조 제1항), 양형부당을 이유로 항소된 경우에는 항소심 판결서에 제1심의 양형의 이유가 부당한지 여부에 관한 판단을 구체적으로 설시하였다면, 항소심이 제1심판결을 파기하고 양형기준을 벗어난 판결을 하면서 같은 내용의 양형의 이유를 중복하여 설시하지 않았다고 하여 위법하다고 할 수 없다.

4. 사안에 대한 대법원의 판단

【대법원 분석】 원심판결 이유 및 기록에 의하면, 원심은 /

【대법원 분석】 피고인이 누범기간에 이 사건 범행을 저지른 점, 피해자들과 전혀 합의가 이루어지지 않은 점 등은 인정되나, 피고인이 성폭력 전과는 없는 점, 우발적으로 이 사건 범행을 저지른 것으로 보이는 점, 추행의 정도가 비교적 경미한 점, 기타 피고인의 나이, 성행, 환경, 이 사건 범행의 경위 및 결과 등 변론에 나타난 여러 양형조건을 참작하여, 제1심의 양형이 너무 무거워 부당하다는 이유로 제1심판결을 파기하고, 양형기준을 벗어나 피고인에게 징역 1년 6월을 선고하였다. /

【대법원 판단】 위 법리에 의하면, 원심은 같은 내용의 양형의 이유를 중복하여 설시하지는 않았으나, 피고인에 대하여 그 판시와 같은 형을 선고하게 된 사유를 합리적이고 설득력 있게 표현하는 방식으로 판결서에 양형의 이유를 기재한 것으로 볼 수 있다.

【대법원 결론】 원심판결에는 상고이유의 주장과 같이 판결서에 기재할 양형의 이유에 관한 법리를 오해하는 등의 위법이 없다.

5. 성범죄사건의 부착명령과 재범의 위험성

【대법원 요지】 구 특정 범죄자에 대한 위치추적 전자장치 부착 등에 관한 법률 (2010. 4. 15. 법률 제10257호로 일부 개정되기 전의 것) 제5조 제1항에 정한 성폭력범죄의 재범의 위험성이라 함은 재범할 가능성만으로는 부족하고 피부착명령청구자가 장래에 다시 성폭력범죄를 범하여 법적 평온을 깨뜨릴 상당한 개연성이 있음을 의미한다. /

【대법원 요지】 성폭력범죄의 재범의 위험성 유무는 피부착명령청구자의 직업과 환경, 당해 범행 이전의 행적, 그 범행의 동기, 수단, 범행 후의 정황, 개전의 정 등 여러 사정을 종합적으로 평가하여 객

관적으로 판단하여야 하고, /

【대법원 요지】 이러한 판단은 장래에 대한 가정적 판단이므로, 판결시를 기준으로 하여야 한다.

【대법원 분석】 원심판결 이유에 의하면, 원심은 그 채용 증거들과 제1심 및 원심 변론과정에서 나타난 여러 사정들, 즉 피부착명령청구자는 성폭력 전과가 전혀 없는 점, 우발적으로 이 사건 강제추행의 범행을 저지른 것으로 보이는 점, 피해자 공소외 A, B에 대한 강제추행은 같은 현장에서 연이어 발생한 것으로 단 1회에 불과한 점, 추행의 정도가 경미한 점 등을 종합하면, 피고인이 성폭력범죄를 다시 범할 위험성이 있다고 단정하기 어렵다고 판단하여 이 사건 부착명령 청구를 기각하였다.

【대법원 결론】 위에서 본 법리와 기록에 비추어 살펴보면, 이러한 원심의 판단은 정당한 것으로 수긍할 수 있다. 원심판결에는 상고이유의 주장과 같은 재범의 위험성에 관한 법리오해의 위법이 없다. (상고 기각)

2010도7497

녹취록의 증거능력
학부모 정신병 발언 사건
2011. 9. 8. 2010도7497, 공 2011하, 2167

1. 사실관계 및 사건의 경과

【사실관계】

① A와 B는 같은 M건물의 서로 다른 점포에서 영업을 하는 사람들이다.

② A는 D의 어머니이다.

③ 갑은 C의 [어머니]이다.

④ A는 갑을 명예훼손죄로 고소하였다.

⑤ A의 고소내용은 다음과 같다.

　(가) D는 정신병이 없다.

　(나) 갑은 A, B, E가 있는 자리에서 "D가 원래 정신병이 있다."고 말하였다.

　(다) 갑의 발언은 허위사실적시 명예훼손죄에 해당하므로 처벌을 희망한다.

【사건의 경과 1】

① 검사는 갑을 허위사실적시 명예훼손죄로 기소하였다.

② 갑에 대한 공소사실의 요지는 다음과 같다.

③ "갑은 그의 아들 C 등으로부터 폭행을 당하여 입원한 D의 병실로 찾아가 D의 어머니 A에게 '아프다는 애가 왜 게임을 하느냐, 학교에 알아보니 원래 정신병이 있었다고 하더라.'(㉠발언)는 내용의 허위사실을 적시하였다."

④ 제1심 공판절차에서 갑은 "D가 원래 정신병이 있었다고 하더라"는 ㉠발언을 한 사실 자체가 없다고 공소사실을 부인하였다.

【사건의 경과 2】

① 검사는 P녹취서를 증거로 제출하였다.

② P녹취서는 B의 진술을 녹취한 것이다.

③ P녹취서에는 다음 진술이 수록되어 있었다.

④ "내(B)가 D의 병실에 있을 때 갑이 A에게 ㉠발언을 하였다."

⑤ P녹취서는 Q녹음테이프를 녹취한 것이었다.

⑥ Q녹음테이프는 A가 A와 B 사이의 대화내용을 녹음한 것이었다.

⑦ 갑은 P녹취록을 증거로 함에 동의하지 않았다.

⑧ 검사는 Q녹음테이프를 증거로 제출하지 않았다.

⑨ B는 법정에 출석하여 갑이 ㉠발언을 하는 것을 듣지 못하였다고 증언하였다.

【사건의 경과 3】

① 제1심법원은 갑에게 무죄를 선고하였다.

② 검사는 불복 항소하였다.

③ 항소심 공판절차에서 A는 다음과 같이 진술하였다.

④ "B가 사건 당시 갑의 말을 다 들었다. 그래서 지금 녹취도 해왔다."

⑤ 항소심법원은 제1심판결을 파기하고, P녹취록을 증거의 하나로 채택하여 유죄를 선고하였다.

⑥ 갑은 불복 상고하였다.

2. 사안에 대한 항소심의 판단

【항소심 분석】 원심판결 이유에 의하면, 원심은, 원심 증인 공소외 A, B의 각 진술, 녹취록의 기재 등에 의하여 그 판시와 같은 사실을 인정한 다음, /

【항소심 판단】 피고인이 자신의 아들 공소외 C 등으로부터 폭행을 당하여 입원한 피해자 공소외 D의 병실로 찾아가 그의 어머니인 공소외 A에게 '아프다는 애가 왜 게임을 하느냐, 학교에 알아보니 원래 정신병이 있었다고 하더라'는 내용의 허위사실을 적시함으로써 피해자의 명예가 훼손되었다는 사실은 합리적 의심의 여지가 없을 정도로 증명되었다고 봄이 타당하고, /

【항소심 판단】 피고인의 공소사실 기재와 같은 말을 들은 사람은 공소외 B 한 사람에 불과하였으나, 공소외 B는 단지 공소외 A와 같은 건물의 다른 점포에서 영업을 하는 사람에 불과하여 피고인과 특별한 친분관계가 있는 사이가 아니어서 피고인이 적시한 사실이 전파될 가능성이 클 뿐만 아니라, /

【항소심 판단】 결과적으로 이 사건 공소사실과 같은 내용이 문제가 되어 법적 분쟁이 발생하였다는 사실이 이미 위 건물의 다른 점포주들 사이에 전파된 것으로 보이는 점을 참작하여 볼 때 피고인이 공소외 A에게 공소사실 기재와 같은 말을 할 당시에 이미 공소외 B를 통하여 그와 같은 취지의 말이 전파될 가능성이 있었고, /

【항소심 판단】 피고인도 그 가능성을 인식하였음은 물론 나아가 그 위험을 용인하는 내심의 의사까지도 있었다고 봄이 상당하므로 명예훼손죄의 구성요건인 공연성도 충족된다고 판단하여, 이 사건 공소사실에 대하여 무죄를 선고한 제1심판결을 파기하고 유죄를 선고하였다.

3. 녹취록의 증거능력

【대법원 요지】 수사기관이 아닌 사인(私人)이 피고인 아닌 사람과의 대화내용을 녹음한 녹음테이프는 형사소송법 제311조, 제312조 규정 이외의 피고인 아닌 자의 진술을 기재한 서류와 다를 바 없으므로, /

【대법원 요지】 피고인이 그 녹음테이프를 증거로 할 수 있음에 동의하지 아니하는 이상 그 증거능력을 부여하기 위해서는 /

【대법원 요지】 첫째, 녹음테이프가 원본이거나 원본으로부터 복사한 사본일 경우에는 복사과정에서 편집되는 등의 인위적 개작 없이 원본의 내용 그대로 복사된 사본일 것, /

【대법원 요지】 둘째 형사소송법 제313조 제1항에 따라 공판준비나 공판기일에서 원진술자의 진술에 의하여 그 녹음테이프에 녹음된 각자의 진술내용이 자신이 진술한 대로 녹음된 것이라는 점이 인정되어야 할 것이다.

【대법원 판단】 원심이 유죄의 증거로 채용한 위 녹취록은 사인(私人)인 공소외 A가 피고인이 아닌 공소외 B와의 대화내용을 녹음한 녹음테이프 등을 기초로 작성된 것으로서, /

【대법원 판단】 형사소송법 제313조의 진술서에 준하여 피고인의 동의가 있거나 원진술자의 공판준비나 공판기일에서의 진술에 의하여 그 성립의 진정함이 증명되어야 증거능력을 인정할 수 있을 것인데, /

【대법원 분석】 피고인이 위 녹취록을 증거로 함에 동의하지 않았고, /

【대법원 분석】 공소외 A가 원심 법정에서 "공소외 B가 사건 당시 피고인의 말을 다 들었다. 그래서 지금 녹취도 해왔다."고 진술하였을 뿐, 검사는 위 녹취록 작성의 토대가 된 대화내용을 녹음한 원본 녹음테이프 등을 증거로 제출하지 아니하고, /

【대법원 분석】 원진술자인 공소외 A와 공소외 B의 공판준비나 공판기일에서의 진술에 의하여 자신들이 진술한 대로 기재된 것이라는 점이 인정되지 아니하는 등 /

【대법원 판단】 형사소송법 제313조 제1항에 따라 위 녹취록의 진정성립을 인정할 수 있는 요건이 전혀 갖추어지지 않았으므로 위 녹취록의 기재는 증거능력이 없어 이를 유죄의 증거로 사용할 수 없다. (파기 환송)

2010도9317

확정판결의 분리
공익요원 무단결근 사건
2011. 3. 10. 2010도9317, 공 2011상, 785

1. 사실관계 및 사건의 경과

【사실관계】
① 병역법은 다음과 같은 내용의 P벌칙규정을 두고 있다.
② "공익근무요원으로서 정당한 사유 없이 통산 8일 이상의 기간 복무를 이탈하거나 해당 분야에 복무

하지 아니한 사람은 3년 이하의 징역에 처한다."

③ 갑은 Q시 평생학습 청소년과에서 공익근무요원으로 근무하고 있다.

④ 갑은 다음과 같이 무단결근을 하였다.

(가) 2008. 12. 9.경부터 2008. 12. 12.경까지 4일간 (㉠결근)

(나) 2008. 12. 15.경부터 2008. 12. 18.경까지 4일간 (㉡결근)

(다) 2009. 1. 13.부터 2009. 1. 15.까지 3일간 (㉢결근)

(라) 2009. 9. 17.부터 2009. 9. 21.까지 3일간 (㉣결근)

(마) 2009. 9. 23.부터 2009. 9. 24.까지 2일간 (㉤결근)

⑤ 2009. 5. 8.(㉢결근과 ㉣결근의 중간 시점임) 갑은 다음의 범죄사실로 징역 6월에 집행유예 2년의 판결을 선고받았다(ⓐ판결).

⑥ "㉠결근과 ㉡결근으로 통산 8일간의 기간 동안 정당한 사유 없이 공익근무요원으로서 복무를 이탈하였다."

⑦ 2009. 5. 16. ⓐ판결은 확정되었다.

【사건의 경과】

① 이후 검사는 갑을 다시 ㉢, ㉣, ㉤무단결근을 공소사실로 병역법위반죄로 기소하였다.

② 갑의 피고사건은 제1심을 거친 후, 항소심에 계속되었다.

③ 항소심법원은 다음과 같이 판결하였다. (ⓑ판결)

(가) ㉢무단결근 부분은 면소

(나) ㉣, ㉤무단결근 부분은 통산 8일에 이르지 못하였으므로 무죄

④ 검사는 불복 상고하였다.

2. 포괄일죄와 중간의 확정판결

【대법원 분석】 구 병역법(2009. 6. 9. 법률 제9754호로 개정되기 전의 것) 제89조의2 제1호는 '공익근무요원으로서 정당한 사유 없이 통산 8일 이상의 기간 복무를 이탈하거나 해당 분야에 복무하지 아니한 사람'을 3년 이하의 징역에 처하도록 규정하고 있는바, /

【대법원 요지】 위 범죄는 정당한 사유 없이 계속적 혹은 간헐적으로 행해진 통산 8일 이상의 복무이탈행위 전체가 하나의 범죄를 구성하는 것이고, /

【대법원 요지】 계속적 혹은 간헐적으로 행해진 통산 8일 이상의 복무이탈행위 중간에 동종의 죄에 관한 확정판결이 있는 경우에는 그 확정판결에 의하여 일련의 복무이탈행위는 그 확정판결의 전후로 분리된다.

3. 사안에 대한 대법원의 분석

【대법원 분석】 이 사건 공소사실의 요지는 /

【대법원 분석】 '피고인은 P시 평생학습 청소년과에서 공익근무요원으로 근무하고 있다. /

【대법원 분석】 피고인은 2009. 1. 13.부터 2009. 1. 15.까지 3일간, /

【대법원 분석】 2009. 9. 17.부터 2009. 9. 21.까지 3일간, /

【대법원 분석】 2009. 9. 23.부터 2009. 9. 24.까지 2일간 /

【대법원 분석】 공익근무요원으로 근무하지 않고 무단결근함으로써 정당한 사유 없이 통산 8일 이상의 기간 동안 복무를 이탈하였다'라는 것이다.

【대법원 분석】 원심판결 이유에 의하면, /

【대법원 분석】 피고인은 2009. 5. 8. 수원지방법원 안산지원에서 /

【대법원 분석】 '2008. 12. 9.경부터 2008. 12. 12.경까지 4일간, /

【대법원 분석】 2008. 12. 15.경부터 2008. 12. 18.경까지 4일간 등 /

【대법원 분석】 통산 8일간의 기간 동안 정당한 사유 없이 공익근무요원으로서 복무를 이탈하였다'는 내용의 구 병역법 위반죄로 징역 6월에 집행유예 2년의 판결을 선고받아 그 판결이 2009. 5. 16. 확정된 사실을 알 수 있다.

4. 사안에 대한 대법원의 판단

【대법원 판단】 이와 같은 사실관계를 앞에서 본 법리에 비추어 보면, /

【대법원 판단】 판결이 확정된 위 구 병역법 위반죄의 범죄사실은 이 사건 공소사실과 동종의 범행이라고 할 것이므로, /

【대법원 판단】 이 사건 공소사실 중 피고인이 2009. 1. 13.부터 2009. 1. 15.까지 3일간 복무이탈하였다는 부분은 /

【대법원 판단】 판결이 확정된 위 구 병역법 위반죄의 판결 확정 전에 범한 것으로서 위 판결이 확정된 구 병역법 위반죄와 하나의 범죄를 구성하는 것이고, /

【대법원 판단】 이 사건 공소사실 중 나머지 공소사실 부분은 별개의 범죄사실에 해당한다 할 것이다.

【대법원 판단】 따라서 이 사건 공소사실 중 2009. 1. 13.부터 2009. 1. 15.까지 3일간의 복무이탈 범행은 확정판결이 있는 때에 해당하여 형사소송법 제326조 제1호에 의하여 면소를 선고하여야 할 것이고, /

【대법원 판단】 이 사건 공소사실 중 2009. 9. 17.부터 2009. 9. 21.까지 3일간, /

【대법원 판단】 2009. 9. 23.부터 2009. 9. 24.까지 2일간 등 /

【대법원 판단】 통산 5일간의 복무이탈 범행만으로는 통산 8일 이상 복무를 이탈하거나 해당 분야에 복무하지 아니한 경우에 해당하지 아니함으로써 범죄로 되지 아니하는 때에 해당하여 형사소송법 제325조 전단에 의하여 무죄를 선고하여야 할 것이다.

【대법원 결론】 같은 취지의 원심의 판단은 정당하고, 거기에 상고이유로 주장하는 복무이탈로 인한 병역법 위반죄의 죄수에 관한 법리오해 등의 위법이 없다. (상고 기각)

2010도9737

과형상 일죄와 과형상 수죄
농협 선거용 조합원 교육 사건
2011. 6. 24. 2010도9737, 공 2011하, 1500

1. 사실관계 및 사건의 경과

【사실관계 1】

① 갑은 P농협 조합장이다.

② 을은 P농협 상임이사이다.

③ 2008. 11. 4.에 P농협 조합장 선거가 실시되게 되었다.

④ P농협 조합장 선거를 앞두고 갑과 을은 상의하여 다음과 같은 행동을 하였다.

【사실관계 2】

① 2008. 5. 21.경 갑은 A 등 신규조합원 153명을 상대로 약 1시간 분량의 특강을 하면서 조합장 재직 중의 사업실적과 향후 계획을 홍보하였다. (㉠행위)

② 갑은 신규조합원 교육 실시 후 A 등 신규조합원들에게 구내식당에서 음식을 제공하였다. (ⓐ행위)

③ 2008. 5. 22.경 갑은 B 등 신규조합원 110명을 상대로 약 1시간 분량의 특강을 하면서 조합장 재직 중의 사업실적과 향후 계획을 홍보하였다. (㉡행위)

④ 신규조합원 교육 실시 후 갑은 B 등 신규조합원들에게 구내식당에서 음식을 제공하였다. (ⓑ행위)

⑤ 2008. 7. 30.경 갑은 C 등 신규조합원 107명을 상대로 약 30분 분량의 인사말을 실시하면서 조합장 재직 중의 사업실적과 향후 계획을 홍보하였다. (㉢행위)

⑥ 신규조합원에 대한 인사말 후 갑은 C 등 신규조합원들에게 구내식당에서 음식을 제공하였다. (ⓒ행위)

【사건의 경과 1】

① 검사는 갑과 을을 다음 공소사실의 공동정범으로 농업협동조합법위반죄로 기소하였다.

  (가) ㉠, ㉡, ㉢행위 : 임직원의 지위를 이용한 불법 선거운동 (농협법50⑤)

  (나) ⓐ, ⓑ, ⓒ행위 : 향응 제공에 의한 불법 선거운동 (농협법50①)

② 검사는 ㉠과 ⓐ, ㉡과 ⓑ, ㉢과 ⓒ의 행위를 각각 상상적 경합범 관계로 파악하여 기소하였다.

③ 제1심법원은 다음과 같이 판단하였다.

  (가) ㉠, ㉡, ㉢공소사실의 구성요건(농협법50⑤)과 ⓐ, ⓑ, ⓒ공소사실의 구성요건(농협법50①)은 그 주체나 행위 태양 등이 다르므로 실체적 경합 관계에 있다.

  (나) 주어진 사정을 고려할 때 ⓐ, ⓑ, ⓒ식사제공은 선거운동으로 인정되는 ㉠, ㉡, ㉢신규조합원 교육의 실시 과정에서 부수적으로 수반된 것이다.

  (다) ⓐ, ⓑ, ⓒ식사제공 행위 자체를 갑의 당선을 목적으로 한 별도의 이익제공 행위로 보기는 어렵다.

④ 제1심법원은 ㉠, ㉡, ㉢공소사실에 대해 유죄를 선고하였다.

⑤ 제1심법원은 ⓐ, ⓑ, ⓒ공소사실에 대해 무죄를 선고하였다.

【사건의 경과 2】

① 검사는 무죄 부분에 불복하여 항소하였다.

② 항소심법원은 항소를 기각하고, 제1심판결을 유지하였다.

③ 검사는 불복 상고하였다.

2. 임직원 지위이용 선거운동 부분

【항소심 분석】 원심판결 이유에 의하면, 원심은, /

【항소심 분석】 P농업협동조합(이하 'P농협'이라 한다) 조합장으로서 2008. 11. 4. 실시된 P농협 조합장 선거의 후보자인 피고인 갑과 P농협의 경제상임이사인 피고인 을이 공모하여,

【항소심 분석】 피고인 갑이 2008. 5. 21.경 신규조합원 153명을 상대로 약 1시간 분량의 특강을,

【항소심 분석】 2008. 5. 22.경 신규조합원 110명을 상대로 약 1시간 분량의 특강을, /

【항소심 분석】 2008. 7. 30.경 신규조합원 107명을 상대로 약 30분 분량의 인사말을 실시하면서 /

【항소심 분석】 피고인 갑의 조합장 재직 중의 사업실적과 향후 계획을 홍보하는 등으로 임원의 지위를 이용하여 선거운동을 하였다는 요지의 이 부분 공소사실에 대하여, /

【항소심 판단】 위 교육이 실시된 배경, 시기, 교육 내용, 신규조합원의 전체 투표권자에 대한 비율, 기존 조합원에 대한 교육이 선거 후로 연기된 점, 이사회 결정 과정에서 피고인들이 행한 역할과 발언 내용 등을 종합하여 볼 때 위 각 교육은 법에 의해 금지되는 P농협의 임원의 지위를 이용한 선거운동으로 평가된다고 판단하여 /

【항소심 판단】 피고인들을 임직원의 지위를 이용한 선거운동으로 인한 농업협동조합법 위반죄의 공동정범으로 인정한 제1심판결을 유지하였다.

【대법원 판단】 위 법리와 기록에 비추어 살펴보면, 원심의 이러한 사실인정과 판단은 정당한 것으로 수긍할 수 있다.

3. 향응제공 선거운동 부분

【항소심 분석】 원심판결 이유에 의하면, 원심은, /

【항소심 분석】 피고인 갑, 을이 신규조합원 교육 실시 후 신규조합원들에게 음식을 제공한 행위에 대하여 농협법 제50조 제1항 제1호[향응 제공]를 적용하여 제1심 판시 범죄사실 제2항과 상상적 경합 관계에 있는 것으로 기소된 이 부분 공소사실에 대하여, /

【항소심 판단】 그 판시와 같은 사정을 고려할 때 이 사건 식사제공은 선거운동으로 인정되는 이 사건 신규조합원 교육의 실시 과정에서 부수적으로 수반된 것으로서, 점심식사 제공 행위 자체를 피고인 갑의 당선을 목적으로 한 별도의 이익제공 행위로 보기는 어렵다고 판단하여, /

【항소심 판단】 이 부분 공소사실과 제1심 판시 범죄사실 제2항의 구성요건은 그 주체나 행위 태양 등이 다르므로 실체적 경합 관계에 있다고 보아 이 부분 공소사실에 대하여 무죄를 선고한 제1심판결을 유지하였다.

【대법원 판단】 원심판결 이유를 기록에 비추어 살펴보면, 원심의 이러한 판단은 정당한 것으로 수긍할 수 있다.

【대법원 결론】 원심판결에는 상고이유에서 주장하는 바와 같이 죄수에 관한 법리를 오해하거나 목적범 내지 이익제공 행위로 인한 농협법 위반죄에 관한 법리를 오해하는 등의 위법이 없다. (상고 기각)

【코멘트】 본 판례는 상상적 경합범으로 공소제기된 사안이 실체적 경합범으로 인정되는 경우를 보여주고 있다. 상상적 경합범은 과형상 일죄임에 대하여 실체적 경합범은 과형상 수죄이다. 소송물의 관점에서 보면 과형상 일죄가 소송물의 기본단위를 제시하는 최대한도로 파악된다. 실체적 경합범에 있는 수개의 죄는 과형상 수죄를 이룬다.

그런데 본 사안에서는 상상적 경합범으로 기소된 사안이 실체적 경합범으로 판단되고 있다. 1개의 소송물이 수개의 소송물로 변모하는 상황이 나타나고 있는 것이다. 여기에서 실체법상의 죄수론이 반드시 형사절차의 심판대상을 결정하는 기준이 아님을 확인할 수 있다. 검사가 공소를 제기한 사실이나 법원이 판단을 내린 사실은 어디까지나 동일한 범죄사실이며, 범죄사실 자체가 소송물의 결정단위가 된다.

본 판례에서 검사가 주장한 바에 따라 ㉠과 ⓐ, ㉡과 ⓑ, ㉢과 ⓒ의 행위가 각각 상상적 경합관계에 있다고 가정해 보자. 그리고 제1심법원이 판단한 대로, ⓐ, ⓑ, ⓒ행위가 범죄를 성립시키지 않는다고 생각해 보자. 이 경우에 법원은 ㉠, ㉡, ㉢공소사실에 대해 주문에서 유죄를 선고하고, ⓐ, ⓑ, ⓒ공소사실에 대해서는 이유 부분에서 무죄임을 나타내는 것으로 족하다. 별도로 무죄라는 주문은 판결문에 나타나지 않는다.

이에 반해 ㉠과 ⓐ, ㉡과 ⓑ, ㉢과 ⓒ의 행위가 각각 실체적 경합관계에 있다면 법원은 ㉠, ㉡, ㉢공소사실에 대해 주문에서 유죄를, ⓐ, ⓑ, ⓒ공소사실에 대해 주문에서 무죄를 각각 선고해야 한다. 요컨대 판결문의 주문에 무죄가 명시되는 것이다. 검사는 판결문의 주문에 무죄가 선고되는 점에 불만을 가지고 항소 및 상고를 하고 있다. 그러나 항소심 및 상고심은 검사의 주장을 받아들이지 않고 있다. 검사가 상상적 경합범으로 기소하였더라도 법원은 실체적 경합범으로 판단할 수 있기 때문이다.

2010도10985

일부상소의 법적 효과
확정판결과 경합범의 분리
공무방해 마약사범 사건
2010. 11. 25. 2010도10985, 공 2011상, 78

1. 사실관계 및 사건의 경과

【사실관계 1】

① 2009. 8. 20. 이전 시점에 갑은 ⓐ공무집행방해죄로 기소되었다.

② 2009. 8. 20. 갑은 ⓐ공무집행방해죄로 징역 8월(집행유예 2년)을 선고받았다.

③ 2009. 8. 28. ⓐ공무집행방해죄에 대한 판결은 확정되었다. (ⓐ확정판결)

【사실관계 2】

① 갑은 다음과 같은 메스암페타민 판매 · 투약행위의 공소사실로 마약류관리법위반죄(향정)의 실체적 경합범으로 기소되었다.

    (가) 2009. 8. 26.자 (㉠행위)

    (나) 2009. 8. 27.자 (㉡행위)

    (다) 2009. 9. 17.자 (㉢행위)

② 제1심법원은 다음과 같이 판단하였다.

    (가) 2009. 8. 26.자 (㉠행위) : 유죄

    (나) 2009. 8. 27.자 (㉡행위) : 유죄

    (다) 2009. 9. 17.자 (㉢행위) : 무죄

③ 제1심법원은 ㉠, ㉡행위에 대해 징역 10월에 집행유예 2년 등을 선고하였다.

【사건의 경과】

① 검사는 무죄 부분에 불복 항소하였다.

② 갑은 항소하지 않았다.

③ 항소심법원은 검사의 항소를 받아들여 ㉢행위를 유죄로 인정한 후 제1심판결 전부를 파기하였다.

④ 항소심법원은 다음과 같이 형을 선택하였다.

    (가) 2009. 8. 26.자 (㉠행위) : 유죄, 징역형

    (나) 2009. 8. 27.자 (㉡행위) : 유죄, 징역형

    (다) 2009. 9. 17.자 (㉢행위) : 유죄, 벌금형

⑤ 항소심법원은 갑에게 징역 10월(집행유예 2년), 벌금 1,000만 원의 형을 선고하였다.

⑥ 갑은 불복 상고하였다.

⑦ 대법원은 직권으로 판단하였다.

2. 사안에 대한 대법원의 분석

【대법원 분석】 기록에 의하면, 피고인은 2009. 8. 20. 대구지방법원 안동지원에서 공무집행방해죄로 징역 8월에 집행유예 2년을 선고받았고, 위 판결은 2009. 8. 28. 확정된 사실, /

【대법원 분석】 피고인은 당초 위 2009. 9. 17.자 마약류관리에 관한 법률 위반(향정)죄 외에도 2009. 8. 26.자 및 2009. 8. 27.자 마약류관리에 관한 법률 위반(향정)죄로도 기소되었는데, /

【대법원 분석】 제1심에서 2009. 9. 17.자 마약류관리에 관한 법률 위반(향정) 부분에 대해서는 무죄, 2009. 8. 26.자 및 2009. 8. 27.자 마약류관리에 관한 법률 위반(향정) 부분에 대해서는 유죄판결(징역 10월에 집행유예 2년 등)을 선고받자 항소하지 않았고, 검사만이 위 무죄 부분에 대해서 항소를 제기한 사실, /

【대법원 분석】 원심은 검사의 항소를 받아들여 2009. 9. 17.자 마약류관리에 관한 법률 위반(향정)죄를 유죄로 인정한 후 제1심판결 전부를 파기하고 /

【대법원 분석】 2009. 8. 26.자 및 2009. 8. 27.자 마약류관리에 관한 법률 위반(향정)죄에 대하여는 징역형을, /

【대법원 분석】 2009. 9. 17.자 마약류관리에 관한 법률 위반(향정)죄에 대하여는 벌금형을 각 선택한 다음 /

【대법원 분석】 피고인에게 징역 10월 및 벌금 1,000만 원, 위 징역형에 대한 집행유예 2년 등의 형을 선고한 사실을 알 수 있다.

3. 일부 유죄, 일부 무죄의 경합범과 일부상소

【대법원 요지】 그런데 경합범으로 동시에 기소된 사건에 대하여 일부 유죄, 일부 무죄를 선고하는 등 판결주문이 수개일 때에는 그 1개의 주문에 포함된 부분을 다른 부분과 분리하여 일부상소를 할 수 있고 당사자 쌍방이 상소하지 아니한 부분은 분리 확정되므로, /

【대법원 요지】 경합범 중 일부에 대하여 무죄, 일부에 대하여 유죄를 선고한 제1심판결에 대하여 검사만이 무죄 부분에 대하여 항소를 한 경우, /

【대법원 요지】 피고인과 검사가 항소하지 아니한 유죄판결 부분은 항소기간이 지남으로써 확정되어 항소심에 계속된 사건은 무죄판결 부분에 대한 공소뿐이며, /

【대법원 요지】 그에 따라 항소심에서 이를 파기할 때에는 무죄 부분만을 파기하여야 한다.

4. 사안에 대한 대법원의 판단

【대법원 판단】 따라서 제1심판결의 유죄 부분인 2009. 8. 26.자 및 2009. 8. 27.자 마약류관리에 관한 법률 위반(향정)죄에 대해서 피고인은 항소하지 아니하고 무죄 부분인 2009. 9. 17.자 마약류관리에 관한 법률 위반(향정)죄에 대한 검사의 항소만 있는 이 사건에 있어서, /

【대법원 판단】 위 유죄 부분은 확정되고 무죄 부분만이 원심에 계속되게 되었으므로 원심으로서는 위 무죄 부분만을 심리·판단하여야 한다.

【대법원 결론】 그럼에도 원심은 이미 유죄로 확정된 부분까지 다시 심리하여 확정되지 않은 무죄 부분과 함께 형을 선고하였으니, 원심판결에는 심리의 범위에 관한 법리를 오해하여 판결 결과에 영향을 미친 위법이 있다.

5. 확정판결에 의한 경합범의 분리

【대법원 분석】 더하여 원심은, /

【대법원 판단】 이 사건 각 죄의 중간에 피고인에 대한 2009. 8. 28.자 확정판결이 존재하여 2009. 8. 26.자 및 2009. 8. 27.자 마약류관리에 관한 법률 위반(향정)죄와 2009. 9. 17.자 마약류관리에 관한 법률 위반(향정)죄는 서로 경합범 관계에 있지 않게 되었으므로, 형법 제39조 제1항에 따라 2개의 주문으로 형을 선고하여야 함에도 /

【대법원 결론】 '피고인을 징역 10월 및 벌금 1,000만 원에 처한다'는 하나의 병과형을 선고하였으니, 원심판결에는 경합범에 관한 법리를 오해한 위법도 있다. (파기 환송)

2010도11030

문서사본의 증거능력
노동조합 업무수첩 사건
2011. 1. 27. 2010도11030, 공 2011상, 532

1. 사실관계 및 사건의 경과

【사실관계】
① 갑 등은 P노동조합의 간부들이다.
② 갑 등은 회사측의 정리해고 방침에 반발하여 폭력적인 방법으로 집단 시위를 하였다.
③ 검사는 갑 등을 특수공무집행방해치상죄 및 폭처법위반죄(공동폭행 등)로 기소하였다.
④ 검사는 유죄의 증거로 A가 작성한 Q수첩의 사본을 증거로 제출하였다.
⑤ A는 법정에 출석하여 Q수첩이 자신이 작성한 것이 맞다고 진술하였다.

【사건의 경과】
① 갑 등의 피고사건은 제1심을 거친 후, 항소심에 계속되었다.
② 항소심법원은 Q수첩의 사본을 증거의 하나로 채택하여 유죄를 선고하였다.
③ 갑 등은 불복 상고하였다.
④ 갑 등은 상고이유로, Q수첩의 사본은 증거능력이 없다고 주장하였다.

2. 사안에 대한 대법원의 판단

【대법원 분석】 피고인이 아닌 자가 작성한 진술서나 그 진술을 기재한 서류로서 그 작성자 또는 진술자의 자필이거나 그 서명 또는 날인이 있는 것은 공판준비나 공판기일에서의 그 작성자 또는 진술자의 진술에 의하여 그 성립의 진정함이 증명된 때에는 증거로 할 수 있고(형사소송법 제313조 제1항), /

【대법원 요지】 문서의 사본이라도 피고인이 증거로 함에 동의하였고 진정으로 작성되었음이 인정되는 경우이거나 /

【대법원 요지】 동의하지 아니하였더라도 특히 신용할 만한 정황에 의하여 작성된 문서인 경우에는 그 증거능력이 있다.

【대법원 판단】 기록에 의하면, 이 사건 수첩사본은 그 작성자인 공소외인의 진술에 의하여 그 진정 성립이 인정될 뿐 아니라 그 작성경위와 내용 및 형식에 비추어 볼 때 특히 신용할 만한 정황에 의하여 작성된 것으로 보이므로 그 증거능력이 있다.

【대법원 결론】 같은 취지에서 이 사건 수첩사본의 증거능력을 인정한 원심의 판단은 정당하고, 거기에 문서의 증거능력 등에 관한 법리오해의 위법이 없다. (상고 기각)

【코멘트】 본 판례의 사안에서는 업무수첩 사본의 증거능력이 문제되고 있다. 직접심리주의와 전문법칙의 관계에서 볼 때 문서의 사본은 증거능력을 인정받지 못하는 것이 원칙이다. 그러나 예외적으로 증거능력이 인정되는 경우가 있다. 본 판례에서 대법원은 이러한 경우로 (가) 피고인이 증거로 함에 동의하였고 진정으로 작성되었음이 인정되는 경우와 (나) 동의하지 아니하였더라도 특히 신용할 만한 정황에 의하여 작성된 문서인 경우의 두 가지를 들고 있다.

본 판례의 사안에서 피고인은 문제된 업무수첩 사본의 증거능력을 다투고 있다. 이로부터 미루어 볼 때 피고인은 업무수첩 사본에 대해 증거동의를 하지 않은 것으로 보인다. 이러한 상황에서 대법원은 "그 작성자인 A의 진술에 의하여 그 진정성립이 인정될 뿐 아니라 그 작성경위와 내용 및 형식에 비추어 볼 때 특히 신용할 만한 정황에 의하여 작성된 것으로 보이므로 그 증거능력이 있다."는 판단을 내리고 있다. 요컨대 위의 (나)의 요건을 충족할 뿐만 아니라 (가)의 후반부 요건도 갖추고 있다는 것이다.

이상의 대법원 판단에서 주목할 부분이 있는데, 그것은 증거동의와 진정성 인정의 관계이다. 형사소송법 제318조 제1항은 "검사와 피고인이 증거로 할 수 있음을 동의한 서류 또는 물건은 진정한 것으로 인정한 때에는 증거로 할 수 있다."고 규정하고 있다. 이에 따르면 예컨대 문서사본을 증거로 하는 데에 검사와 피고인이 동의하더라도 법원이 그 문서사본을 '진정한 것으로 인정'할 때 비로소 증거능력이 생긴다. 이와 관련하여 '진정한 것으로 인정한다'는 의미가 무엇인지 궁금해진다.

본 판례에서 대법원은 문서사본에 증거능력이 인정될 수 있는 경우의 하나로 "피고인이 증거로 함에 동의하였고 진정으로 작성되었음이 인정되는 경우"를 들고 있다. 이를 형소법 제318조 제1항과 대비해 보면 문서사본이 '진정한 것으로 인정'되는 경우는 문서사본이 '진정으로 작성되었음이 인정'되는 경우임을 알 수 있다. 본 판례의 사안에서는 업무수첩 사본의 작성자인 A의 진술에 의하여 그 진정성립이 인정되고 있다. 요컨대 문서의 경우에 대법원은 증거동의의 요건 가운데 하나인 '진정성 인정'을 문서의 '진정성립 인정'으로 파악하고 있음을 알 수 있다.

문서의 진정성립은 진술자가 그 문서에 표시된 서명·날인이 자신의 것임을 인정하는 형식적 진정성립과 진술자가 그 문서에 기재된 내용이 자신이 진술한 대로 기재되었음을 인정하는 실질적 진정성립으로 나누어진다. 여기에서 증거동의와 관련한 진정성립이 어느 범위까지를 의미하는지 궁금해진다. 대법원은 1990. 10. 26. **90도1229** 판례에서 피고인이 작성한 진술서에 관하여 피고인과 변호인이 증거로 함에 동의한 사안에 대해 "그 진술서에 피고인의 서명과 무인이 있는 것으로 보아 진정한 것으로도 인정된다"는 판단을 내리고 있다. 형식적 진정성립이 인정되면 그 문서가 진정한 것으로 인정할 수 있다는 것이 대법원의 입장임을 알 수 있다.

2010도11272

고의 입증과 자백의 보강법칙
'운전하지 못할 우려' 사건
2010. 12. 23. 2010도11272, 공 2011상, 281

1. 사실관계 및 사건의 경과

【사실관계 1】
① 도로교통법은 약물로 인하여 정상적으로 운전하지 못할 우려가 있는 상태에서 자동차 등을 운전한 사람을 처벌하고 있다.
② 갑은 도로교통법위반죄로 기소되었다.
③ 갑에 대한 공소사실의 요지는 다음과 같다.
④ "피고인은 2010. 2. 18. 02:00경 필로폰 약 0.03g을 커피에 타 마신 후 그와 같이 투약한 필로폰의 영향으로 정상적으로 운전하지 못할 우려가 있는 상태에서 P스타렉스 차량을 M지점에서 N지점까지 1km 가량 운전하였다."

【사실관계 2】
① 제1심 공판절차에서 갑은 "공소사실을 전부 자백한다."고 진술하였다. (㉠자백)
② 검사는 다음의 증거를 제출하였다.
  (가) "2010. 2. 18. 01:35경 P스타렉스 차량을 타고 온 갑으로부터 필로폰 0.06g을 건네받은 후, 갑이 P차량을 운전해 갔다."고 진술한 A의 경찰, 검찰에서의 진술조서 (㉡진술조서)
  (나) "2010. 2. 20. 갑으로부터 채취한 소변에서 필로폰 양성 반응이 나왔다."는 ㉢감정의뢰회보서
③ 갑은 ㉡진술조서와 ㉢감정의뢰회보서에 대해 증거동의를 하였다.

【사건의 경과】
① 갑의 피고사건은 제1심을 거친 후, 항소심에 계속되었다.
② 항소심 공판기일에서 갑은 "필로폰 투약 후 P자동차를 운전할 당시 아무런 증상이 없었다."고 진술하였다. (㉣진술)
③ 항소심법원은 ㉡진술조서, ㉢감정의뢰회보서의 기재 등을 종합하면 "갑이 공소사실 기재와 같이 필로폰을 투약한 후에 P차량을 운전하였다."는 사실은 인정된다고 판단하였다.
④ 항소심법원은 그러나 다음의 이유를 들어서 무죄를 선고하였다.
  (가) 갑은 제1심에서 공소사실 전부를 자백한 것으로 되어 있다. (㉠자백)
  (나) 그러나 ㉠자백은 단지 "필로폰 투약 후에 운전을 하였다"는 점에 대한 자백으로 보일 뿐이다.
  (다) ㉠자백은 필로폰 투약으로 인하여 "정상적으로 운전하지 못할 상태에 있었다"는 부분까지 포함된 자백으로는 보이지 않는다.
  (라) 가사 그렇지 않다 하더라도 ㉠자백을 보강할 만한 증거가 없다.
⑤ 검사는 불복 상고하였다.

2. 항소심의 판단

【항소심 분석】 1. 원심판결 이유에 의하면, /

【항소심 분석】 이 사건 공소사실 중 /

【항소심 분석】 "자동차 등의 운전자는 마약·대마 및 향정신성의약품 등 약물의 영향으로 정상적으로 운전하지 못할 우려가 있는 상태에서 자동차 등을 운전하여서는 아니됨에도, /

【항소심 분석】 피고인은 2010. 2. 18. 02:00경 부산 북구 구포동에 있는 엘지마트 앞길에서 필로폰 약 0.03g을 커피에 타 마신 후 그와 같이 투약한 필로폰의 영향으로 정상적으로 운전하지 못할 우려가 있는 상태에서 부산 70사(이하 생략)호 스타렉스 차량을 위 엘지마트 앞길에서부터 부산 북구 덕천동에 있는 부민병원 앞길까지 1km 가량 운전하였다."는 /

【항소심 분석】 도로교통법 위반의 공소사실에 대하여, /

【항소심 판단】 원심은, 판시 공소외인의 경찰, 검찰에서의 각 진술 및 2010. 2. 20.에 채취한 피고인의 소변에서 필로폰 성분이 검출되었다는 감정의뢰회보서의 기재 등을 종합하면, 피고인이 위 공소사실 기재와 같이 필로폰을 투약한 후에 위 차량을 운전한 사실은 인정된다고 판단하였다. /

【항소심 판단】 그러나 원심은, 피고인이 원심 제2회 공판기일에서 위와 같이 필로폰 투약 후 자동차를 운전할 당시 아무런 증상이 없었다고 진술하고 있을 뿐, 달리 피고인이 위와 같이 자동차를 운전할 당시 그 직전에 투약한 필로폰의 영향으로 정상적으로 운전하지 못할 우려가 있는 상태에 있었다는 점을 인정할 만한 아무런 증거가 없으므로 결국 이 부분 공소사실은 범죄의 증명이 없는 경우에 해당한다고 판단하였다. /

【항소심 판단】 나아가 피고인은 제1심에서 위 공소사실 전부를 자백한 것으로 되어 있으나 이는 단지 필로폰 투약 후에 운전을 하였다는 점에 대한 자백으로 보일 뿐 /

【항소심 판단】 그로 인하여 정상적으로 운전하지 못할 상태에 있었다는 부분까지 포함된 자백으로는 보이지 아니하고, /

【항소심 판단】 가사 그렇지 않다 하더라도 이 부분 자백을 보강할 만한 증거가 없다고 판단하였다.

3. 정상운전 불능 우려와 도로교통법위반죄

【대법원 판단】 2. 다음과 같은 이유로 원심의 판단을 수긍할 수 없다. /

【대법원 분석】 가. 도로교통법 제150조 제1호에 "제45조의 규정을 위반하여 약물로 인하여 정상적으로 운전하지 못할 우려가 있는 상태에서 자동차등을 운전한 사람"을 처벌하도록 규정하고 있고, /

【대법원 분석】 도로교통법 제45조에 "자동차등의 운전자는 제44조의 규정에 의한 술에 취한 상태 외에 과로·질병 또는 약물(마약·대마 및 향정신성의약품과 그 밖에 행정안전부령이 정하는 것을 말한다)의 영향과 그 밖의 사유로 인하여 정상적으로 운전하지 못할 우려가 있는 상태에서 자동차등을 운전하여서는 아니된다."고 규정하고 있다. /

【대법원 요지】 위 규정의 법문상 필로폰을 투약한 상태에서 운전하였다고 하여 바로 처벌할 수 있는 것은 아니고 그로 인하여 정상적으로 운전하지 못할 우려가 있는 상태에서 자동차 등을 운전한 경우에만 처벌할 수 있다고 봄이 상당할 것이나, /

【대법원 요지】 위 도로교통법 위반죄는 이른바 위태범으로서 약물 등의 영향으로 인하여 '정상적으로 운전하지 못할 우려가 있는 상태'에서 운전을 하면 바로 성립하고, 현실적으로 '정상적으로 운전하지 못할 상태'에 이르러야만 하는 것은 아니다.

【대법원 판단】 따라서 피고인이 필로폰 투약의 증상이 나타나는 통상적인 수량을 투약하고 근접한 시간 내에 운전을 하였다면 위태범인 위 도로교통법 위반죄가 성립하고, 피고인이 현실적으로 필로폰 투약의 영향으로 인하여 정상적으로 운전하지 못하는 상태에 이르러야 하는 것은 아니다. /

【대법원 판단】 그렇다면 필로폰 투약 후 자동차를 운전할 당시 아무런 증상이 없었다는 피고인의 진술만으로 위 도로교통법 위반죄의 성립을 방해할 수 없다.

【대법원 판단】 그런데도 원심이 판시와 같은 이유로 피고인이 위 자동차를 운전할 당시 그 직전에 투약한 필로폰의 영향으로 정상적으로 운전하지 못할 우려가 있는 상태에 있었다는 점을 인정할 아무런 증거가 없다고 판단한 데에는 위태범인 위 도로교통법 위반죄의 성립에 관한 법리를 오해한 위법이 있다.

4. 자백의 대상

【대법원 요지】 나. 고의와 같은 주관적 구성요건도 자백의 대상이 된다고 할 것이므로, /

【대법원 요지】 피고인이 필로폰 투약으로 인하여 정상적으로 운전하지 못할 우려가 있는 상태에 있었다는 구성요건도 자백의 대상이 된다.

【대법원 분석】 위 공소사실에 "자동차 등의 운전자는 마약·대마 및 향정신성의약품 등 약물의 영향으로 정상적으로 운전하지 못할 우려가 있는 상태에서 자동차 등을 운전하여서는 아니된다."라고 적시하고 있고, /

【대법원 분석】 피고인은 제1심에서 위 공소사실에 대하여 자백하고 검사 제출의 증거에 대하여 모두 동의하였음이 기록상 명백하다.

【대법원 판단】 그런데도 원심이 판시와 같은 이유로 피고인이 정상적으로 운전하지 못할 상태에 있었다는 부분까지 포함된 자백으로는 보이지 아니한다고 판단한 것은 쉽게 납득하기 어렵다.

5. 자백의 보강법칙

【대법원 요지】 다. 자백에 대한 보강증거는 범죄사실의 전부 또는 중요 부분을 인정할 수 있는 정도가 되지 아니하더라도 피고인의 자백이 가공적인 것이 아닌 진실한 것임을 인정할 수 있는 정도만 되면 족할 뿐만 아니라, /

【대법원 요지】 직접증거가 아닌 간접증거나 정황증거도 보강증거가 될 수 있고, /

【대법원 요지】 또한 자백과 보강증거가 서로 어울려서 전체로서 범죄사실을 인정할 수 있으면 유죄의 증거로 충분하다.

【대법원 분석】 원심이 적법하게 조사한 공소외인의 경찰, 검찰 진술, 감정의뢰회보에 의하면, 공소외인은 2010. 2. 18. 01:35경 위 스타렉스 차량을 타고 온 피고인으로부터 필로폰 0.06g을 건네받은 후 피고인이 위 차량을 운전해 갔다고 진술하였고, /

【대법원 분석】 2010. 2. 20. 피고인으로부터 채취한 소변에서 필로폰 양성 반응이 나왔다는 것인바, /

【**대법원 판단**】 앞서 본 법리에 의하면 위와 같은 증거는 피고인이 필로폰 투약으로 정상적으로 운전하지 못할 우려가 있는 상태에 있었다는 공소사실 부분에 대한 자백을 보강하는 증거가 되기에 충분하다.

【**대법원 결론**】 따라서 위 공소사실 부분에 대한 보강증거가 없다는 원심의 판단은 보강증거의 정도에 관한 법리를 오해한 잘못이 있다. (파기 환송)

2010도11550

고소대리의 허용범위
피고인 처 합의서 사건
2010. 11. 11. 2010도11550, 2010전도83, 공 2010하, 2299

1. 사실관계 및 사건의 경과

【**사실관계**】

① 2010. 4. 15. 「아동·청소년의 성보호에 관한 법률」의 개정에 의하여 아동·청소년 상대 주요 성범죄가 반의사불벌죄에서 일반범죄로 전환되었다.

② 본 판례의 사안은 아동·청소년 상대 주요 성범죄가 반의사불벌죄에서 일반범죄로 전환되기 전에 일어난 것이다.

③ 당시에는 청소년에 대한 강간이 반의사불벌죄로 규정되어 있었다.

④ 갑은 여자 청소년 A를 강간하였다.

⑤ 2009. 12. 7. A는 갑을 강간죄로 고소하였다.

【**사건의 경과 1**】

① 검사는 갑을 청소년성보호법위반죄(청소년강간)로 기소하였다.

② 2010. 3. 30. (제1심판결 선고 전) A의 부모들 및 A 명의의 ㉠합의서가 제1심법원에 제출되었다.

③ ㉠합의서의 내용은 다음과 같다.

④ "이 사건에 관하여 피해자는 피고인과 합의하였으므로 피고인의 처벌을 바라지 아니한다."

⑤ 제1심법원은 A와 A의 아버지에게 전화를 걸어 ㉠합의서의 진위를 확인하였다.

⑥ 제1심법원은 A와 A의 아버지로부터 "갑과 합의를 한 것은 맞지만 갑에 대한 선처를 바라는 취지일 뿐 여전히 갑의 처벌을 원한다."는 말을 들었다.

⑦ 제1심법원은 또한 ㉠합의서의 A 명의는 A의 부모가 A를 대신하여 서명·날인하였다는 사실을 확인하였다.

【**사건의 경과 2**】

① 제1심법원은 갑의 처 B에게 ㉠합의서만으로는 피해자의 처벌불원 의사표시가 명확하지 아니하다는 사실을 통보하였다.

② 2010. 4. 2. 갑의 처 B는 A를 다시 직접 만났다.

③ B는 집을 처분하여 마련한 돈 5,500만 원을 합의금으로 지급하고 A로부터 ⓛ합의서를 받았다.

④ ⓛ합의서의 내용은 다음과 같다.

⑤ "이 사건에 관하여 피해자와 피고인은 합의하였고 피고인이 선처받기를 탄원한다."

⑥ 갑의 처 B는 ⓛ합의서를 제1심법원에 제출하였다.

⑦ ⓛ합의서의 합의 당시 A는 고등학교 2학년에 재학 중이었고 만 17세에 거의 도달해 있었다.

⑧ 이후 A는 법정에서 다시 갑의 처벌을 원한다는 취지의 진술을 하였다.

【사건의 경과 3】

① 갑의 피고사건은 제1심을 거친 후, 항소심에 계속되었다.

② 항소심법원은 다음의 이유를 들어서 공소기각판결을 내렸다.

   (가) 형사소송법상 소송능력이 있는 미성년의 피해자를 대리하여 법정대리인인 부모가 처벌불원의 의사결정 자체를 할 수 있다.

   (나) 제1심판결 선고 전에 피해자의 피고인에 대한 처벌희망의 의사표시가 유효하게 철회되었다.

③ 검사는 불복 상고하였다.

④ 검사는 상고이유로, 미성년 피해자 A의 처벌불원 의사표시는 A 부모의 동의가 없어 무효라고 주장하였다.

2. 사안에 대한 대법원의 판단

【대법원 요지】 반의사불벌죄에 있어서 피해자가 처벌을 희망하지 아니하는 의사표시 또는 그 처벌을 희망하는 의사표시의 철회는 피해자의 진실한 의사가 명백하고 믿을 수 있는 방법으로 표명되어야 한다.

【대법원 분석】 원심판결 이유에 의하면, /

【대법원 분석】 피해자는 반의사불벌죄에 해당하는 위 공소사실에 대하여 2009. 12. 7. 고소를 한 사실, /

【대법원 분석】 제1심판결 선고 전인 2010. 3. 30. 제1심법원에 "이 사건에 관하여 피해자는 피고인과 합의하였으므로 피고인의 처벌을 바라지 아니한다."는 내용의 피해자 부모들 및 피해자 명의의 합의서가 제출된 사실, /

【대법원 분석】 제1심법원이 위 피해자와 피해자의 부(父)에게 전화를 한 결과 "피고인과 합의를 한 것은 맞지만 피고인에 대한 선처를 바라는 취지일 뿐 여전히 피고인의 처벌을 원한다."는 말을 듣는 한편 위 합의서의 피해자 명의는 피해자의 부모가 피해자를 대신하여 서명·날인하였다는 사실을 확인한 사실, /

【대법원 분석】 피고인의 처는 2010. 4. 2. 피해자를 직접 만나 피해자로부터 "이 사건에 관하여 피해자와 피고인은 합의하였고 피고인이 선처받기를 탄원한다."는 내용의 합의서를 다시 작성받아 제1심법원에 제출한 사실을 알 수 있다.

【대법원 분석】 위와 같은 사실에 덧붙여 기록에 나타나는 다음과 같은 사정, /

【대법원 분석】 즉 피고인의 처는 피해자와의 합의를 위하여 가족들이 거주하는 집을 8,600만 원에 매각하여 그 매매대금에서 융자금 반환과 최소한의 주거를 위한 비용을 제외한 나머지 5,500만 원을

합의금으로 지급한 점. /

【대법원 분석】 피고인의 처가 2010. 4. 2. 다시 피해자로부터 합의서를 작성받은 이유는 제1심법원으로부터 2010. 3. 30.자 합의서만으로는 피해자의 처벌 불원 의사표시가 명확하지 아니하다는 사실을 통보받고 피해자의 처벌 불원 의사표시를 명확히 확인받기 위한 것으로 보이는 점. /

【대법원 분석】 피해자는 1993. 4. 16.생으로 2010. 4. 2. 합의 당시 고등학교 2학년에 재학 중이고 만 17세에 거의 도달한 청소년으로 기록에 나타난 그의 지능, 지적 수준, 발달성숙도 및 사회적응력에 비추어 볼 때 위 합의의 목적 및 취지를 충분히 이해할 수 있었다고 보이는 점 등을 종합하면, /

【대법원 판단】 피해자는 위 2010. 4. 2.자 합의서를 통하여 피고인에 대한 처벌 희망의 의사표시 철회를 명백하고 믿을 수 있는 방법으로 표현하였다고 할 것이다.

【대법원 판단】 그렇다면 그 후 피해자가 다시 피고인의 처벌을 원하는 취지의 진술을 하였다고 하더라도 반의사불벌죄에 있어서 처벌 불원의 의사를 표시한 이후에는 다시 처벌을 희망하는 의사를 표시할 수 없는 것이므로, 위 공소사실에 대한 공소는 결국 공소제기의 절차가 법률의 규정에 위반하여 무효인 때에 해당한다고 할 것이다.

【대법원 결론】 결국 형사소송법상의 소송능력이 있는 미성년의 피해자를 대리하여 법정대리인인 부모가 처벌 불원의 의사결정 자체를 할 수 있다는 원심의 판시는 적절하지 아니하나, /

【대법원 결론】 위 공소사실에 대한 공소제기 후 제1심판결 선고 전에 피해자의 피고인에 대한 처벌 희망의 의사표시가 유효하게 철회되었다고 보아 위 공소사실에 대한 공소를 기각한 결론은 정당하다. 거기에 상고이유 주장과 같은 처벌 불원 의사표시의 효력에 관한 법리 오해 등의 위법이 있다고 할 수 없다. (상고 기각)

【코멘트】 본 판례에서는 미성년 피해자의 처벌불원 의사표시가 유효한가 하는 점이 문제되고 있다. 대법원은 명시하고 있지 않으나 소송능력 있는 사람은 유효한 고소취소를 할 수 있다는 입장에서 출발하고 있다. 대법원은 피해자 A의 고소취소가 소송능력 있는 사람의 고소취소에 해당한다는 점을 확인한다. 나아가 일단 고소취소를 하면 이후에 고소취소를 철회하더라도 효력이 없다는 점도 확인한다. 결국 처벌희망 의사표시를 철회하였으므로 반의사불벌죄인 청소년강간죄는 공소기각판결로 종결할 수밖에 없다.

이상의 결론은 지금까지의 판례 기준을 재확인한 것이어서 특별한 의미는 없다. 그런데 본 판례에서 주목되는 대목은 일견 방론처럼 보여지는 부분, 즉 "형사소송법상의 소송능력이 있는 미성년의 피해자를 대리하여 법정대리인인 부모가 처벌 불원의 의사결정 자체를 할 수 있다는 원심의 판시는 적절하지 아니하나"라는 부분이다. 고소의 대리와 관련하여 그 동안 의사대리설과 표시대리설이 대립하여 왔다. 의사대리설은 처벌희망 의사표시 자체까지 대리인이 대리할 수 있다는 입장이다. 이에 대하여 표시대리설은 처벌희망 의사표시 자체는 대리할 수 없고 본인이 결정한 처벌희망 의사표시를 대리인이 본인을 대리하여 외부에 표시할 수 있을 뿐이라는 입장이다.

이러한 대립에 대해 대법원은 지금까지 아무런 입장을 제시하지 않고 있었다. 그런데 본 판례에서 대법원은 "법정대리인인 부모가 처벌불원의 의사결정 자체를 할 수 있다는 원심의 판시는 적절하지 않다"고 판단하여 의사대리설을 취하지 않음을 분명히 하였다. 학계의 논란에 대해 대법원이 최고법원의 권위를 가지고 확실한 판단기준을 제시하고 있다는 점에서 본 판례는 선판례로서 중요한 의미를 갖는다.

다만 이와 같이 중요한 판단기준을 제시하면서 대법원이 원심판결의 잘못을 지나가는 길에 지적하는 듯한 모양새를 취하고 있어서 다소 아쉬운 느낌이 있다. 그러나 표현은 어찌 되었든지 간에 대법원이 본 판례를 통하여 고소대리의 문제에 대해 의사표시설을 취하지 않고 표시대리설을 취한다고 밝힌 점은 특별히 기억할 필요가 있다고 생각된다.

2010도12728

자유심증주의의 한계
유리컵 상해 사건
2011. 1. 27. 2010도12728, 공 2011상, 540

1. 사실관계 및 사건의 경과

【사실관계 1】
① 2009. 6. 20. 00:40경 P주점에서 갑(동석자 A, B, C)과 술집 여주인 D 사이에 술값으로 인한 M시비가 있었다.
② M시비 와중에 D는 왼쪽 팔이 유리에 깊이 찔리는 상해를 입었다.
③ 2009. 6. 20. (M시비 발생 직후) D는 N병원으로 찾아가 치료를 받았다.
④ 이 과정에서 N병원 간호사는 다음 내용의 Q간호력을 작성하였다.
⑤ "술집에서 날아오는 유리잔에 수상(受傷)"
⑥ 2009. 6. 23. D는 N병원 소속 의사로부터 다음 내용의 R상해진단서를 발급받았다.
　(가) 상해의 원인 : '유리컵에 맞았다 함'
　(나) 병명 : '좌측 전완부 심부열상, 신전건 및 척골신경 부분파열'

【사실관계 2】
① 경찰은 M시비에 대해 조사하였다.
② D는 경찰에서 "갑이 깨진 유리컵 조각으로 내리찍어 다쳤다."라고 진술하였다. (㉠진술)
③ 갑은 검찰에서 다음과 같이 진술하였다.
④ "깨진 유리컵 조각으로 피해자의 왼쪽 팔을 찍었다는 D의 말이 맞는 것 같다. 제가 술에 취한 상태에서 정신을 놓고 저도 모르게 행패를 부린 것 같다." (ⓐ진술)
⑤ 2009. 7. 17. A는 갑과 합의를 하여 다음 내용의 S합의서가 작성되었다.
⑥ "P주점에서 유리컵에 찍은 것을 민·형사상 차후에 책임지지 않게 하겠음"

【사건의 경과 1】
① 검사는 갑을 다음 요지의 공소사실로 상해죄로 기소하였다.
② "피고인은 2009. 6. 20. 00:40경 P주점에서 깨진 유리컵 조각을 들고 피해자의 왼쪽 팔 부위를 찔러 피해자에게 상해를 가하였다." (주위적 공소사실)

③ 제1심 법정에서 갑은 범행사실을 부인하였다. (ⓑ진술)

④ 2009. 11. 13. D는 제1심 법정에 출석하여 다음과 같이 증언하였다.

⑤ "무서워서 도망을 가다가 넘어지는 바람에 유리컵 조각에 찔려 다쳤다." (ⓛ진술)

⑥ 갑의 동석자 A, B, C는 다음과 같이 진술하였다.

⑦ "D가 급히 방을 나가면서 바닥에 미끄러져 넘어지는 과정에서 자신의 좌측 팔로 바닥을 딛다가 그 바닥에 흩어져 있던 유리컵 조각에 찔려 상처를 입었다."

⑧ 검사는 Q간호력, R상해진단서, S합의서를 증거로 제출하였다.

⑨ 제1심법원은 D의 ㉠진술, Q간호력, R상해진단서, S합의서를 증거로 채택하여 유죄를 선고하였다.

【사건의 경과 2】

① 갑은 불복 항소하였다.

② 항소심 법정에서 갑은 제1심에서와 같이 범행사실을 부인하였다. (ⓑ진술)

③ [제1심 증언 이후 검사는 D를 위증혐의로 조사하였다.]

④ 항소심 법정에서 D는 다음과 같이 증언하였다.

⑤ "갑이 유리컵을 던지는 바람에 벽에 부딪혀 튀어나오는 깨진 유리조각에 찔려 다쳤다." (ⓒ진술)

⑥ 검사는 아래와 같은 내용으로 상해죄의 공소사실을 예비적으로 추가하는 공소장변경신청을 하였다.

⑦ 항소심법원은 검사의 공소장변경신청을 허가하였다.

⑧ "피고인은 [주위적 공소사실] 일시, 장소에서 유리컵을 피해자를 향해 집어던져 깨진 유리조각이 피해자의 왼쪽 팔 부위에 부딪히게 하여 상해를 가하였다." (예비적 공소사실)

【사건의 경과 3】

① 항소심법원은 제1심판결을 파기하였다.

② 항소심법원은 D의 진술이 ㉠, ㉡, ㉢진술 순서로 변화하는 점에 주목하였다.

③ 항소심법원은 D의 진술, Q간호력, R상해진단서, S합의서 등만으로 갑에 대해 상해의 공소사실을 인정하기에 부족하다고 판단하였다.

④ 항소심법원은 주위적 공소사실과 예비적 공소사실에 대해 판결문의 이유 부분에서 무죄로 판단하였다.

⑤ 항소심법원은 주위적 공소사실과 예비적 공소사실 가운데 갑이 M시비 과정에서 D의 머리채를 잡아 흔들었다는 사실(폭행)만을 인정하였다.

⑥ 항소심법원은 A가 갑의 처벌을 원하지 않는다는 의사표시(형법260③)를 하였다는 이유를 들어서 주위적 공소사실과 예비적 공소사실에 대해 각각 공소기각판결을 선고하였다.

⑦ (항소심의 상세한 판단 이유는 판례 본문 참조)

⑧ 검사는 불복 상고하였다.

2. 법관의 사실인정과 자유심증주의

【대법원 요지】 자유심증주의를 규정한 형사소송법 제308조가 증거의 증명력을 법관의 자유판단에 의하도록 한 것은 그것이 실체적 진실발견에 적합하기 때문이라 할 것이므로, 증거판단에 관한 전권을 가지고 있는 사실심 법관은 사실인정에 있어 공판절차에서 획득된 인식과 조사된 증거를 남김없이 고

려하여야 한다. /

【대법원 요지】 또한, 증거의 증명력에 대한 법관의 판단은 논리와 경험칙에 합치하여야 하고, 형사
재판에 있어서 유죄로 인정하기 위한 심증 형성의 정도는 합리적인 의심을 할 여지가 없을 정도여야
하나, 이는 모든 가능한 의심을 배제할 정도에 이를 것까지 요구하는 것은 아니며, /

【대법원 요지】 증명력이 있는 것으로 인정되는 증거를 합리적인 근거가 없는 의심을 일으켜 배척하
는 것은 자유심증주의의 한계를 벗어나는 것으로 허용될 수 없다 할 것인바, /

3. 합리적 의심의 정도

【대법원 요지】 여기에서 말하는 합리적 의심이라 함은 모든 의문, 불신을 포함하는 것이 아니라 /

【대법원 요지】 논리와 경험칙에 기하여 요증사실과 양립할 수 없는 사실의 개연성에 대한 합리성 있
는 의문을 의미하는 것으로서, /

【대법원 요지】 단순히 관념적인 의심이나 추상적인 가능성에 기초한 의심은 합리적 의심에 포함된
다고 할 수 없다. /

4. 상해진단서의 증명력

【대법원 요지】 그리고 상해죄의 피해자가 제출하는 상해진단서는 일반적으로 의사가 당해 피해자의
진술을 토대로 상해의 원인을 파악한 후 의학적 전문지식을 동원하여 관찰·판단한 상해의 부위와 정
도 등을 기재한 것으로서 /

【대법원 요지】 거기에 기재된 상해가 곧 피고인의 범죄행위로 인하여 발생한 것이라는 사실을 직접
증명하는 증거가 되기에 부족한 것이지만, /

【대법원 요지】 그 상해에 대한 진단일자 및 상해진단서 작성일자가 상해 발생시점과 시간상으로 근
접하고 상해진단서 발급 경위에 특별히 신빙성을 의심할 만한 사정이 없으며 거기에 기재된 상해의 부
위와 정도가 피해자가 주장하는 상해의 원인 내지 경위와 일치하는 경우에는, /

【대법원 요지】 그 무렵 피해자가 제3자로부터 폭행을 당하는 등으로 달리 상해를 입을 만한 정황이
발견되거나 의사가 허위로 진단서를 작성한 사실이 밝혀지는 등의 특별한 사정이 없는 한, /

【대법원 요지】 그 상해진단서는 피해자의 진술과 더불어 피고인의 상해 사실에 대한 유력한 증거가
되고, 합리적인 근거 없이 그 증명력을 함부로 배척할 수 없다고 할 것이다.

5. 사안에 대한 항소심의 판단

【항소심 분석】 원심판결 이유에 의하면, 원심은 /

【항소심 분석】 '피고인이 2009. 6. 20. 00:40경 서울 마포구 ○○○동 ○○−○○에 있는 원저클
럽 주점에서 깨진 유리컵 조각을 들고 피해자의 왼쪽 팔 부위를 찔러 피해자에게 상해를 가하였다'는
요지의 주위적 공소사실 및 /

【항소심 분석】 '피고인이 위 일시, 장소에서 유리컵을 피해자를 향해 집어던져 깨진 유리조각이 피
해자의 왼쪽 팔 부위에 부딪히게 하여 상해를 가하였다'는 요지의 예비적 공소사실에 대하여, /

【항소심 분석】 피해자는 경찰에서는 '피고인이 깨진 유리컵 조각으로 내리찍어 다쳤다'는 취지로 진

술하였고, 제1심 법정에서는 '무서워서 도망을 가다가 넘어지는 바람에 유리컵 조각에 찔려 다쳤다'는 취지로 증언하였으며, 원심 법정에서는 '피고인이 유리컵을 던지는 바람에 다쳤다'는 취지로 증언하는 등 자신이 입은 상해의 발생 경위에 관하여 합리적인 이유 없이 그 진술을 계속해서 번복하고 있는 점. /

【항소심 분석】 이 사건 당시 피고인 및 피해자와 동석하고 있었던 공소외 A, B, C는 피고인이 유리컵을 손에 들고 탁자에 내리쳐 깨뜨리자 겁을 먹은 피해자가 급히 그곳 방을 나가면서 바닥에 미끄러져 넘어지는 과정에서 자신의 왼쪽 팔로 바닥을 딛다가 그 바닥에 흩어져 있던 유리컵 조각에 찔려 이 사건 상해를 입게 된 것이라고 진술하고 있는 점 등에 비추어 볼 때 /

【항소심 판단】 이 사건 공소사실에 부합하는 피해자의 경찰 진술이나 원심의 법정 증언은 믿기 어렵고, 상해진단서, 합의서, 의무기록 사본 등의 각 증거들만으로는 이 사건 공소사실을 인정하기에 부족하다는 이유를 들어 폭력행위 등 처벌에 관한 법률 위반의 공소사실에 대하여는 이유 부분에서 무죄로 판단한 다음 /

【항소심 판단】 폭행의 점에 관하여는 피해자의 처벌불원의 의사표시가 있었음을 들어 이 사건 주위적 및 예비적 공소를 모두 기각하였다.

6. 사안에 대한 대법원의 판단

【대법원 판단】 그러나 원심의 이와 같은 판단은 앞서 본 법리와 아래와 같은 사정에 비추어 볼 때 수긍하기 어렵다.

【대법원 판단】 먼저, 피해자의 수사기관 진술과 원심 증언은 그 상해의 발생경위에 있어서 차이가 있기는 하지만 피고인의 행위로 인하여 피해자가 이 사건 상해를 입게 된 것이라는 점에서는 일치하고 있는 반면, /

【대법원 판단】 피해자의 제1심 증언과 공소외 A 등의 진술은 피고인의 행위와 무관하게 피해자가 이 사건 상해를 입게 된 것이라는 점에서 피해자의 수사기관 진술 및 원심 증언과 배치되는 것임이 분명하다. /

【대법원 판단】 결국, 원심이 이 사건 주위적 및 예비적 공소사실에 대한 증명이 없다고 본 것은 피해자의 제1심 증언과 공소외 A 등의 진술에 비추어 볼 때, 피고인의 행위와 무관하게 피해자가 이 사건 상해를 입게 되었을 가능성이 있다는 점에 주목한 것이라고 볼 수밖에 없다.

【대법원 분석】 그런데 원심 및 제1심이 적법하게 채택한 증거들에 의하면, 이 사건 발생 직후 피해자는 신촌연세병원으로 찾아가 치료를 받았는데, 그 과정에서 신촌연세병원 간호사가 작성한 간호력에는 '술집에서 날아오는 유리잔에 수상'이라는 내용이 기재되어 있는 사실, /

【대법원 분석】 피해자는 이 사건 발생일로부터 3일 후인 2009. 6. 23. 신촌연세병원 소속 의사로부터 상해진단서를 발급받았는데, 위 상해진단서에도 상해의 원인은 '유리컵에 맞았다 함'으로 기재되어 있고, 병명은 '좌측 전완부 심부열상, 신전건 및 척골신경 부분파열'로 기재되어 있는 사실, /

【대법원 분석】 피해자는 2009. 7. 17. 피고인과 합의를 하였는데 그 합의서에는 '원저에서 유리컵에 찍은 것을 민·형사상 차후에 책임지지 않게 하겠음'이라는 내용이 기재되어 있는 사실, /

【대법원 분석】 피해자는 위와 같이 합의가 성립된 이후인 2009. 11. 13. 제1심 법정에 출석하여 '자

신이 넘어지는 바람에 유리컵 조각에 찔려 다쳤다'는 취지로 증언하였다가 위 증언에 대하여 위증혐의로 조사를 받게 되자 2010. 8. 10. 원심 법정에 출석하여 '피고인이 컵을 던지는 바람에 다쳤다'는 취지로 증언한 사실. /

【대법원 분석】 피고인은 검찰에서 '깨진 유리컵 조각으로 피해자의 왼쪽 팔을 찍었다는 피해자의 말이 맞는 것 같다. 제가 술에 취한 상태에서 정신을 놓고 저도 모르게 행패를 부린 것 같다'는 취지로 진술한 사실을 알 수 있다. /

【대법원 판단】 이와 같은 사실관계에 의해 알 수 있는 다음과 같은 사정, 즉, /

【대법원 판단】 ① 피고인의 검찰 진술이나 피해자의 경찰 진술 및 원심 증언은 모두 피고인의 행위로 인하여 피해자가 이 사건 상해를 입게 된 것이라는 점에서는 일치하고 있고 다만 그 상해의 구체적인 발생 경위에 있어서만 차이가 있는 것에 불과한 점, /

【대법원 판단】 ② 신촌연세병원의 의사가 작성한 상해진단서와 위 병원 간호사가 작성한 간호력의 기재도 단순히 피해자가 넘어지는 바람에 다친 것이 아니라 외부적인 요소로 인하여 피해자가 이 사건 상해를 입게 된 것이라는 점을 뒷받침하고 있을 뿐만 아니라 그 작성일자와 발급 경위에 비추어 볼 때 상해진단서의 신빙성을 의심할 만한 특별한 사정도 발견되지 않는 점, /

【대법원 판단】 ③ 피고인의 행위와 전혀 무관하게 피해자가 다친 것임에도 불구하고 피고인이 검찰에서 피해자의 경찰 진술에 부합하는 진술을 하거나 피해자가 피고인과 합의를 함에 있어 '유리컵에 찍은 것을 책임지지 않게 하겠다'는 내용의 합의서를 작성한다는 것은 경험칙에 현저히 반하는 점, /

【대법원 판단】 ④ 상해진단서에 의하면, 피해자가 다친 부위는 왼쪽 팔뚝 부위로서 그곳에 심부열상을 입었다는 것인데, 피해자의 제1심 증언이나 공소외 A 등의 진술처럼 피해자가 바닥에 미끄러져 넘어지면서 왼쪽 팔뚝 부위를 다친다거나 그곳에 심부열상을 입었다고 보는 것 역시 경험칙이나 논리칙에 부합하지 않는 점 등을 모두 종합하여 보면, /

【대법원 판단】 피해자의 제1심 증언과 공소외 A 등의 진술을 토대로 피고인의 행위와 무관하게 피해자가 이 사건 상해를 입게 되었을 가능성이 있다고 본 원심의 판단은 요증사실과 양립할 수 없는 사실의 개연성에 대한 합리적인 의심에 기초한 것이라고 볼 수 없다.

【대법원 결론】 사정이 이와 같다면, 피고인의 행위로 인하여 피해자가 이 사건 상해를 입게 된 것이라는 이 사건 공소사실을 인정할 여지가 충분하다고 할 것임에도 불구하고 원심은 그 판시와 같은 사정을 들어 이 사건 공소사실에 대하여 무죄로 판단하였는바, 이러한 원심판결에는 증거의 증명력을 판단함에 있어 경험칙과 논리칙에 어긋나는 판단을 함으로써 자유심증주의에 관한 법리를 오해한 위법이 있다고 할 것이다. 이 점을 지적하는 검사의 상고이유 주장은 이유 있다. (파기 환송)

2010도12950

불고불리의 원칙과 적용법조
신문발전 보조금 사건
2012. 8. 23. 2010도12950, 공 2012하, 1633

1. 사실관계 및 사건의 경과

【사실관계】

① P협회는 신문발전위원회로부터 일간신문의 발행부수 등의 검증사업을 수행하고 있다.

② P협회는 신문발전위원회로부터 발행부수 검증사업과 관련하여 위탁사업비 명목으로 일정 금액을 지급받고 있다.

③ 갑은 P협회의 사무국장이다.

④ P협회는 신문발전위원회로부터 위탁사업비 명목으로 4억 2,000만 원을 지급받았다.

⑤ 갑은 지급받은 돈 가운데 54,228,900원을 목적 이외의 용도로 사용하였다.

【사건의 경과 1】

① 검사는 갑이 정부의 '보조금'을 목적 이외의 용도로 사용하였다고 판단하였다.

② 검사는 갑을 보조금의예산및관리에관한법률(이하 보조금법으로 약칭함) 제41조를 적용하여 기소하였다.

③ 검사는 P협회를 [보조금법 제43조의 양벌규정을 적용하여] 기소하였다.

④ (공소사실 및 적용법조의 요지는 판례 본문 참조)

⑤ 제1심법원은 갑이 사용한 돈이 '보조금'에 해당하지 않는다고 판단하였다.

⑥ 제1심법원은 갑과 P협회에 대해 무죄를 선고하였다.

⑦ 검사는 불복 항소하였다.

【사건의 경과 2】

① 항소심법원은 갑이 사용한 돈이 보조금법상 '보조금'이 아니라 '간접보조금'에 해당한다고 판단하였다.

② 항소심법원은 공소장변경절차를 거치지 않고 보조금법 제41조, 제22조 제2항을 적용하여 갑과 P협회에 유죄를 인정하였다.

③ 갑과 P협회는 불복 상고하였다.

④ 검사도 불복 상고하였다.

⑤ 검사는 상고이유로, 갑이 사용한 돈은 '보조금'에 해당한다고 주장하였다.

⑥ 대법원은 먼저 공소장의 적용법조에 대해 직권으로 판단하였다.

⑦ 대법원은 다음으로 갑이 사용한 돈이 '보조금'에 해당하는지에 대해 판단하였다.

【참조조문】

보조금의예산및관리에관한법률 (행위시법)

제41조 (벌칙) 제22조의 규정에 위반하여 보조금이나 간접보조금을 다른 용도에 사용한 자는 3년 이하의 징역 또는 200만원 이하의 벌금에 처한다.

제22조 (용도외 사용의 금지) ① 보조사업자는 법령의 규정, 보조금의 교부결정의 내용 또는 법령에 의한 중앙관서의 장의 처분에 따라 선량한 관리자의 주의로 성실히 그 보조사업을 수행하여야 하며 그 보조금을 다른 용도에 사용하여서는 아니된다.

② 간접보조사업자는 법령의 규정과 간접보조금의 교부목적에 따라 선량한 관리자의 주의로 간접보조사업을 수행하여야 하며 그 간접보조금을 다른 용도에 사용하여서는 아니된다.

2. 공소사실의 요지

【대법원 분석】 1. 가. 원심판결 이유 및 기록에 의하면, /

【대법원 분석】 판시 보조금의 용도 외 사용의 점에 관하여, /

【대법원 분석】 검사는 /

【대법원 분석】 피고인 협회가 신문발전위원회 지원사업으로 2005 회계연도 일간신문의 발행 부수 등 검증사업과 관련하여 위탁사업비 명목으로 '보조금' 4억 2,000만 원을 지급받았는데, /

【대법원 분석】 피고인 갑이 그 보조금 중 54,228,900원을 목적 이외의 용도로 사용하였고, /

【대법원 분석】 피고인 협회는 피고인 갑이 위와 같은 위반행위를 하였다고 공소사실을 적시하고, /

【대법원 분석】 피고인들을 구 보조금의 예산 및 관리에 관한 법률(2009. 1. 30. 법률 제9347호로 개정되기 전의 것, 이하 '구 보조금법'이라 한다) 제41조를 적용법조로 하여 공소를 제기하였으나, /

3. 사안에 대한 항소심의 판단

【항소심 판단】 원심은 /

【항소심 판단】 구 보조금법의 보조금은 국가가 교부하는 돈이어야 하는데, /

【항소심 판단】 신문발전위원회는 정부로부터 출연받은 신문발전기금을 관리하는 주체이기는 하나 구 보조금법에서 말하는 '국가'에 해당한다고 볼 수는 없으므로, /

【항소심 판단】 위 위탁사업비 명목의 돈(이하 '이 사건 돈'이라 한다)이 보조금에 해당한다는 검사의 주장을 배척하고, /

【항소심 판단】 공소장 변경 절차 없이 피고인 협회가 신문발전위원회로부터 '간접보조금' 4억 2,000만 원을 지급받았는데, /

【항소심 판단】 피고인 갑이 위 간접보조금 중 54,228,900원을 목적 이외의 용도로 사용하였고, /

【항소심 판단】 피고인 협회는 피고인 갑이 위와 같은 위반행위를 하였다고 인정하고, /

【항소심 판단】 구 보조금법 제41조, 제22조 제2항을 적용하여, /

【항소심 판단】 이 사건 돈이 보조금에 해당하지 않는다는 이유로 무죄를 선고한 제1심판결을 파기하고 /

【항소심 판단】 이 부분 공소사실에 관하여 유죄를 선고하였다.

4. 적용법조 부분에 대한 대법원의 판단

【대법원 분석】 나. 그러나 직권으로 살피건대, /

【대법원 분석】 ① 구 보조금법 제2조 제1호 및 제4호에 의하면, /

【대법원 분석】 '보조금이라 함은 /

【대법원 분석】 국가 외의 자가 하는 사무 또는 사업에 대하여 국가가 이를 조성하거나 재정상의 원조를 하기 위하여 교부하는 보조금/

【대법원 분석】 (지방자치단체에 대한 것과 기타 법인 또는 개인의 시설자금이나 운영자금에 대한 것에 한한다) /

【대법원 분석】 부담금(국제조약에 의한 부담금은 제외한다) /

【대법원 분석】 기타 상당한 반대급부를 받지 아니하고 교부하는 급부금으로서 /

【대법원 분석】 대통령령으로 정하는 것을 말한다'고 규정하고, /

【대법원 분석】 '간접보조금이라 함은 /

【대법원 분석】 국가 외의 자가 보조금을 재원의 전부 또는 일부로 하여 /

【대법원 분석】 상당한 반대급부를 받지 아니하고 그 보조금의 교부목적에 따라 다시 교부하는 급부금을 말한다'고 규정하고 있으며, /

【대법원 분석】 ② 구 보조금법 제2조 제3호와 제6호, 같은 법 제22조 제1항과 제2항, 같은 법 제34조 제1항과 제2항 등에서는 보조사업자와 간접보조사업자를 구별하고 있고, /

【대법원 분석】 ③ 검사가 구 보조금법 제41조만으로 공소를 제기한 채 구 보조금법 제22조 제1항 또는 제2항 중 어느 조항에 따라 처벌할 것인지 여부에 관한 적용법조를 특정하지는 않았지만, /

【대법원 판단】 공소사실에 기재된 내용을 보거나 /

【대법원 판단】 원심이 이 사건 돈을 간접보조금이라고 판단한 것에 대하여 /

【대법원 판단】 검사가 상고를 제기하여 이 사건 돈은 보조금이지 간접보조금이 아니라고 다투고 있는 점 등 /

【대법원 판단】 이 사건 공판의 진행과정에 비추어 보면, /

【대법원 판단】 검사는 판시 보조금의 용도 외 사용의 점에 대하여는 구 보조금법 제22조 제1항을 적용법조로 하여 공소를 제기한 것으로 보아야 할 것이다.

【대법원 판단】 따라서 검사가 이 사건 돈을 구 보조금법의 '보조금'으로 보아 구 보조금법 제41조, 제22조 제1항이 적용되는 것으로 기소하였으므로, /

【대법원 판단】 공소장 변경이 없는 이 사건에서 /

【대법원 판단】 위 돈을 '간접보조금'으로 보아서 구 보조금법 제41조, 제22조 제2항을 적용하여 처벌할 수 없음은 불고불리의 원칙에 비추어 명백하다.

【대법원 결론】 다. 그럼에도 원심이 공소장 변경 없이 피고인들을 간접보조금의 용도 외 사용으로 인한 구 보조금법 위반죄에 관하여 유죄로 인정한 것은 공소장 변경에 관한 법리를 오해하여 판결에 영향을 미친 것이다.

5. 보조금 여부에 대한 대법원의 판단

【대법원 판단】 2. 한편 이 사건 돈이 간접보조금에 해당하기 위해서는 우선 그 재원인 신문발전기금의 전부 또는 일부가 구 보조금법 제2조 제2호에 규정된 '보조금'에 해당하여야 한다(구 보조금법 제2조 제4호).

【대법원 분석】 구 신문 등의 자유와 기능보장에 관한 법률(2008. 6. 5. 법률 제9099호로 개정되기 전의 것, 이하 '구 신문법'이라 한다)에 의하면, /

【대법원 분석】 일간신문의 발행 부수 등 신고·검증 및 공개에 관한 업무를 수행하기 위하여 신문발전위원회를 두고(제29조 제2호), /

【대법원 분석】 그 운영을 위하여 필요한 예산은 신문발전기금 또는 국고에서 지원할 수 있다(제30조 제2항). /

【대법원 분석】 그리고 신문발전기금은 '정부의 출연금, 다른 기금으로부터의 전입금, 개인 또는 법인으로부터의 출연금 및 기부금품, 기금의 운용으로 생기는 수입금, 그 밖에 대통령령이 정하는 수입금'으로 조성된다(제33조 제2항).

【대법원 분석】 그런데 기록에 의하면, 2006년도 신문발전위원회의 운영을 위한 예산에는 신문발전기금 이외의 다른 예산은 없는 사실, /

【대법원 분석】 2006년도 신문발전기금은 정부내부수입금 250억 원과 신문발전기금 자체 수입금 1억 8,000만 원으로 구성된 사실(2006년도 기금운영계획안), /

【대법원 분석】 위 정부내부수입금 250억 원이 보조금인지 출연금인지 특정되지 아니한 사실을 알 수 있다. /

【대법원 분석】 나아가 기획재정부장관은 '신문발전기금은 구 신문법에 따라 설치된 국가기금이지 보조금이 아니다'라고 사실조회회신을 하고 있다.

【대법원 판단】 이러한 점들에 비추어 보면, /

【대법원 판단】 신문발전기금은 정부 또는 개인, 법인이 출연하는 금원을 재원으로 하는 것이지, /

【대법원 판단】 국가가 교부하는 보조금이 그 재원은 아니라고 할 것이고, /

【대법원 판단】 신문발전위원회가 정부의 출연금 등으로 조성된 신문발전기금을 지원사업에 사용하면서 보조금이라는 명칭을 사용하였다고 하여 /

【대법원 판단】 신문발전기금 자체를 구 보조금법상의 보조금이라고 할 수는 없고, /

【대법원 판단】 그렇다면 신문발전기금에서 교부된 이 사건 돈 또한 간접보조금이라고 할 수 없다.

【대법원 결론】 그럼에도 이 사건 돈을 간접보조금이라고 판단한 원심판결에는 구 보조금법상의 보조금과 간접보조금 및 구 신문법상의 신문발전기금에 관한 법리를 오해한 잘못도 있다. (파기 환송)

2010도13583

통역인의 제척사유
사실혼관계 통역인 사건
2011. 4. 14. 2010도13583, 공 2011상, 969

1. 사실관계 및 사건의 경과

【사실관계】

① 갑, 을, A는 특정법위반죄(사기)로 기소되었다.

② 갑과 을의 공소사실 요지는 다음과 같다.

③ "피고인들은 한국전력과 한국통신에서 발생하는 폐·고철의 수거판매권한을 받을 수 있는 것처럼 [외국인] B를 기망하여 15억 원을 편취하였다."

④ 제1심 제2회 공판기일에 B와 사실혼 관계에 있던 C가 먼저 증인으로 출석하여 진술하였다.

⑤ C는 증언 후에 같은 기일에 통역인으로서 증인 B의 진술을 통역하였다.

⑥ 증인 B의 진술은 제1심 제2회 공판조서에 기재되었다.

【사건의 경과】

① 갑 등의 피고사건은 제1심을 거친 후, 항소심에 계속되었다.

② 항소심법원은 갑 등에게 B로부터 15억 원을 편취하였다는 범죄사실을 인정하여 유죄를 선고하였다.

③ 항소심법원은 판결문의 증거 요지에 제1심 제2회 공판조서 중 증인 B의 진술기재를 들었다.

④ 갑 등은 불복 상고하였다.

⑤ 갑 등은 상고이유로, 제척사유 있는 통역인이 통역한 증인신문조서는 증거능력이 없다고 주장하였다.

2. 통역인의 증언과 제척사유

【대법원 분석】 가. 원심판결 이유에 의하면, 원심은 그 판시와 같은 이유로 피고인들이 공소외 A와 공모하여 공소외 B로부터 15억 원을 편취한 사실을 유죄로 인정하면서, 그 증거의 요지에 제1심 제2회 공판조서 중 증인 공소외 B의 진술기재를 들고 있다.

【대법원 요지】 형사소송법 제17조 제4호는 법관이 사건에 관하여 증인, 감정인, 피해자의 대리인으로 된 때에는 직무집행에서 제척된다고 규정하고 있고, 위 규정은 형사소송법 제25조 제1항에 의하여 통역인에게 준용되므로, 통역인이 사건에 관하여 증인으로 증언한 때에는 직무집행에서 제척된다.

【대법원 판단】 그런데 기록에 의하면, 공소외 C는 이 사건 제1심 제2회 공판기일에 증인으로 출석하여 진술한 다음, 같은 기일에 통역인으로서 증인 공소외 B의 진술을 통역한 사실을 알 수 있으므로, 위와 같이 제척사유가 있는 통역인이 통역한 증인 공소외 B의 증인신문조서는 유죄 인정의 증거로 사용할 수 없다. 그럼에도 불구하고, 원심이 위 증인신문조서를 유죄 인정의 증거로 삼은 것은 잘못이다. /

3. 사실혼관계 통역인과 제척사유

【대법원 분석】 (반면, 형사소송법 제17조 제2호는 법관이 피고인 또는 피해자의 친족 또는 친족관계가 있었던 자인 때에는 직무집행에서 제척된다고 규정하고 있고, 위 규정도 형사소송법 제25조 제1항에 의하여 통역인에게 준용되나, /

【대법원 요지】 사실혼관계에 있는 사람은 민법 소정의 친족이라고 할 수 없어 형사소송법 제17조 제2호에서 말하는 친족에 해당하지 않으므로, /

【대법원 판단】 통역인 공소외 C가 피해자 공소외 B의 사실혼 배우자라고 하여도 공소외 C에게 형사소송법 제25조 제1항, 제17조 제2호 소정의 제척사유가 있다고 할 수 없다).

4. 사안에 대한 대법원의 판단

【대법원 판단】 나. 그러나 한편 원심판결 및 원심과 제1심이 채택한 증거들 중 위 증인신문조서나 그에 의하여 성립의 진정이 증명되는 서류들을 제외한 다른 증거들을 기록에 비추어 살펴보면, /

【대법원 판단】 피고인 갑이 공소외 A와 공모하여 공소외 D 사업단이 한국전력과 한국통신에서 발생하는 폐·고철의 수거판매권한을 가지고 있고 공소외 A 경영의 공소외 E 주식회사가 그 판매대행권한을 가지고 있는 것처럼 피해자 공소외 B를 기망하는 행위에 가담하고, /

【대법원 판단】 피고인 을도 공소외 F 주식회사의 부회장으로서 위 회사가 폐·고철 수거사업권을 줄 수 있는 권한이 없음을 알면서도 공소외 A와 피고인 갑이 공소외 B를 기망하여 금원을 편취하는 데 가담한 사실을 인정할 수 있다.

【대법원 결론】 그렇다면 결국 원심이 피고인들이 공소외 A와 공모하여 공소외 B를 기망하여 15억원을 편취하였다는 공소사실을 유죄로 인정한 것은 정당하고, 원심이 위에서 본 바와 같이 유죄 인정의 증거로 삼을 수 없는 위 증인신문조서를 증거로 삼은 잘못은 판결 결과에는 영향이 없다고 할 것이다. 원심판결에 그 밖에 채증법칙 위반이나 심리미진으로 인하여 사실을 오인하거나 공모공동정범에 관한 법리를 오해한 잘못이 없다. (상고 기각)

2010도14391

직권 사실인정과 석명권 행사
유사성교 직권인정 사건
2011. 2. 10. 2010도14391, 2010전도119, 공 2011상, 606

1. 사실관계 및 사건의 경과

【사실관계】

① 성폭력처벌법은 13세 미만의 사람에 대하여 폭행이나 협박으로 성기, 항문에 손가락 등 신체(성기

는 제외한다)의 일부나 도구를 넣는 행위를 7년 이상의 유기징역으로 처벌하고 있다(동법7② ii).

② 성폭력처벌법은 13세 미만의 사람에 대하여 강제추행의 죄를 범한 사람을 5년 이상의 유기징역 또는 3천만 원 이상 5천만 원 이하의 벌금으로 처벌하고 있다(동법7③).

③ 성폭력처벌법은 위계 또는 위력으로써 13세 미만의 여자를 간음하거나 13세 미만의 사람에 대하여 추행한 사람은 제1항부터 제3항까지의 예에 따라 처벌한다(동법7⑤).

④ 갑은 13세 미만의 아동 A에게 위계로써 성기에 손가락을 넣는 행위를 하였다.

【사건의 경과 1】

① 검사는 갑을 성폭력처벌법 제7조 제5항만을 적용하여 공소를 제기하였다.

② 검사는 성폭력처벌법 제7조 제2항 제2호 또는 제7조 제3항 중 어느 조항의 예에 따라 처벌할 것인지에 대해 적용법조를 특정하지 않았다.

③ 제1심법원은 성폭력처벌법 제7조 제5항, 제3항을 적용하여 갑에게 유죄를 선고하였다.

【사건의 경과 2】

① 검사는 불복 항소하였다.

② 검사는 항소이유로 제1심판결의 형의 양정이 부당하다고 주장하였다.

③ 검사는 제1심의 적용법조에 관하여는 항소이유로 다투지 않았다.

④ 항소심법원의 제1회 공판기일이 열렸다.

⑤ 검사는 갑에 대한 제1심의 선고형량이 과중하다는 취지에서 항소에 이르게 된 것이라고 진술하였다.

⑥ 검사는 제1심 적용법조의 당부에 관하여는 이를 다투거나 언급하지 않았다.

⑦ 항소심법원 역시 제1회 공판기일에 검사에게 성폭력처벌법의 적용법조에 관하여 질문을 하거나 그 주장을 보충할 기회를 부여하지 않았다.

⑧ 항소심법원은 검사의 항소이유에 관한 심리만을 진행한 다음 그대로 변론을 종결하였다.

【사건의 경과 3】

① 항소심법원은 판결이유에서 다음과 같이 판단하였다.

　(가) 검사의 항소이유 판단에 앞서 직권으로 판단한다.

　(나) 갑의 공소사실은 성폭법 제7조 제5항, 제2항 제2호에 규정된 행위에 해당한다.

　(다) 따라서 제1심판결을 파기한다.

　(라) 갑에게 [제1심판결의 형보다 무거운] 형을 선고한다.

② 갑은 불복 상고하였다.

2. 공소장변경 필요성과 석명권 행사

【대법원 요지】 피고인의 방어권 행사에 있어서 실질적인 불이익을 초래할 염려가 존재하는지 여부는 공소사실의 기본적 동일성이라는 요소 이외에도 /

【대법원 요지】 법정형의 경중 및 그러한 경중의 차이에 따라 피고인이 자신의 방어에 들일 노력·시간·비용에 관한 판단을 달리할 가능성이 뚜렷한지 여부 등의 여러 요소를 종합하여 판단해야 한다.

【대법원 분석】 한편 형사소송법 제279조 및 형사소송규칙 제141조 제1항에 의하면, 재판장은 소송지휘의 일환으로 검사, 피고인 또는 변호인에게 석명을 구하거나 입증을 촉구할 수 있는데, /

【대법원 요지】 여기에서 석명을 구한다고 함은 사건의 소송관계를 명확하게 하기 위하여 당사자에 대하여 사실상 및 법률상의 사항에 관하여 질문을 하고 그 진술 내지 주장을 보충 또는 정정할 기회를 부여하는 것을 말한다.

3. 사안에 대한 대법원의 분석

【대법원 분석】 원심판결 이유 및 기록에 의하면, /

【대법원 분석】 위력 부분을 제외한 피고인에 대한 이 사건 공소사실의 행위유형이 성폭력범죄의 처벌 등에 관한 특례법(이하 '성폭법'이라고 한다) 제7조 제2항 제2호와 제3항에 모두 해당할 수 있는 상황에서, 검사는 성폭법 제7조 제5항으로만 공소제기한 채 성폭법 제7조 제2항 제2호 또는 제3항 중 어느 조항의 예에 따라 처벌할 것인지 여부에 관한 적용법조를 특정하지 않은 사실, /

【대법원 분석】 이에 대하여 제1심은 성폭법 제7조 제5항, 제3항을 적용하여 피고인에게 유죄판결을 선고하였고, 검사는 제1심의 적용법조에 관하여는 항소이유로 다투지 아니한 채, 제1심 피고사건의 형의 양정이 부당하다는 항소이유만을 주장하여 항소한 사실, /

【대법원 분석】 원심의 제1회 공판기일에서도 검사는 피고사건에 대한 제1심의 선고형량이 과경하다는 취지에서 항소에 이르게 된 것이라고 진술하였을 뿐, 제1심의 적용법조 등의 당부에 관하여는 이를 다투거나 언급하지 아니하였으며, /

【대법원 분석】 원심 역시 그 공판기일에 검사에게 위 적용법조에 관하여 질문을 하거나 그 주장을 보충할 기회를 부여하지 아니한 채 위 항소이유에 관한 심리만을 진행한 다음 그대로 변론을 종결한 사실, /

【대법원 분석】 그런데 원심은 판결이유에서 항소이유 판단에 앞서 직권으로 피고인에 대한 이 사건 공소사실이 성폭법 제7조 제5항, 제2항 제2호에 규정된 행위에 해당한다는 이유를 들어 제1심판결을 파기한 사실을 알 수 있다.

4. 사안에 대한 대법원의 판단

【대법원 판단】 그러나 위 법리와 이 사건 공판의 진행과정 등에 비추어 볼 때, 원심의 이러한 조치는 그대로 수긍하기 어렵다. /

【대법원 판단】 즉 위력 부분을 제외한 피고인에 대한 이 사건 공소사실의 행위유형이 성폭법 제7조 제2항 제2호와 제3항에 모두 해당할 수 있는 상황에서, 제1심이 피고인에게 보다 유리한 성폭법 제7조 제5항, 제3항을 적용하고, /

【대법원 판단】 검사마저 이를 전제로 형의 양정이 부당하다는 항소이유만을 들어 항소한 탓에 피고인으로서는 법정형이 훨씬 중한 성폭법 제7조 제5항, 제2항 제2호의 적용에 따른 불이익이 발생할 수 있는 사정을 예상할 수 없는 상황에 처해 있었다면, /

【대법원 판단】 원심이 위 적용법조의 변경에 따른 방어권 행사의 기회를 피고인에게 제공하지도 아니한 채 직권으로 이 사건 공소사실에 대하여 성폭법 제7조 제5항, 제2항 제2호를 적용한 것은 피고인의 방어권 행사에 있어서 실질적인 불이익을 초래할 염려가 있는 경우에 해당한다고 볼 수 있다. /

【대법원 요지】 이 경우 원심으로서는 제1심과 달리 피고인에게 불리한 적용법조를 직권으로 적용하기 위하여 검사에게 그 부분 석명을 구함과 아울러 위와 같은 취지를 밝히는 방법 등을 통하여 피고인

에게 적절한 방어권 행사의 기회를 제공한 다음 비로소 직권판단으로 나아갔어야 할 것이다.

【대법원 결론】 그럼에도 불구하고 원심은 이러한 조치 없이 제1심판결을 직권으로 파기한 후, 성폭법 제7조 제5항, 제3항에 비하여 훨씬 중한 형이 규정된 성폭법 제7조 제5항, 제2항 제2호를 적용하고 말았으니, 이러한 원심판결에는 피고인의 방어권 행사와 관련된 법리를 오해함으로써 필요한 심리 등을 다하지 아니하여 판결에 영향을 미친 위법이 있다. 따라서 이를 지적하는 상고이유의 주장은 이유 있다. (파기 환송)

2010도15986

항소이유 철회의 효과
'양형부당 남기고 철회' 사건
2011. 2. 10. 2010도15986, 공 2011상, 610

1. 사실관계 및 사건의 경과

【사실관계】
① 갑은 뇌물수수죄로 기소되었다.
② 제1심법원은 유죄를 선고하였다.
③ 갑은 불복 항소하였다.

【사건의 경과】
① 갑은 항소이유로 사실오인과 양형부당을 주장하였다.
② 갑은 항소심 공판기일에서 사실오인 주장을 철회하였다.
③ 항소심법원은 항소를 기각하였다.
④ 갑은 불복 상고하였다.
⑤ 갑은 상고이유로 법리오해와 사실오인을 주장하였다.

2. 사안에 대한 대법원의 판단

【대법원 요지】 피고인이 제1심판결에 대하여 양형부당만을 항소이유로 내세워 항소하였다가 그 항소가 기각된 경우 피고인은 원심판결에 대하여 사실오인 또는 법리오해의 위법이 있다는 것을 상고이유로 삼을 수 없고, /

【대법원 요지】 이는 피고인이 제1심판결에 대하여 양형부당과 함께 다른 항소이유를 내세워 항소하였다고 하더라도 그 후 원심판결 선고 전에 양형부당 이외의 항소이유를 철회한 경우에도 마찬가지이다.

【대법원 분석】 기록에 의하면, 피고인 을은 이 부분 제1심판결[광주지방법원 목포지원 2009. 6. 30. 선고 2009고단○○, 2009고단○○○(병합) 판결]에 대하여 항소하면서 그 항소이유로 양형부당과 함께 사실오인을 주장하였다가, 2010. 10. 20. 원심 제8회 공판기일에서 위 사실오인 주장을 철회한 사실을 알 수 있다.

【대법원 판단】 따라서 원심판결 중 이 부분에 대하여 사실오인 또는 법리오해의 위법이 있다는 취지의 주장은 어느 것이나 적법한 상고이유가 될 수 없다. (상고 기각)

2010도16001

포괄일죄와 공소사실의 특정
포괄일죄와 공소시효 기산점
유화업체 담합 사건
2012. 9. 13. 2010도16001, 공 2012하, 1705

1. 사실관계 및 사건의 경과

【사실관계】

① P, Q, R회사는 유화업체들이다.

② 갑, 을, 병은 P회사 등 유화업체들의 대표이사들이다.

③ 1994. 4. 28.경 P, Q, R회사의 대표이사 갑 등은 [회합을 가졌다.]

④ 이 자리에서 갑 등은 합성수지 제품에 대해 매월 각 회사의 영업팀장들이 모여 판매기준가격과 마감가격 등을 협의하여 정하기로 합의하였다. (M합의)

⑤ 2005. 4. 30.까지 P, Q, R회사는 M합의를 토대로 하여 저밀도폴리에틸렌 제품(㉠제품)과 선형저밀도폴리에틸렌 제품(㉡제품) 등의 판매기준가격과 마감가격 등에 관하여 100여 차례에 걸쳐 합의하는 방식으로 거래처에 대한 ㉠, ㉡제품의 판매기준가격과 마감가격을 정하여 실행하였다.

【사건의 경과 1】

① 2008. 4. 18. 검사는 P, Q, R회사를 독점규제및공정거래에관한법률위반죄(부당공동행위, 양벌규정)로 기소하였다.

② (공소사실의 요지는 판례 본문 참조)

③ 공소장에는 별지로 [범죄일람표]가 첨부되었다.

④ 별지 [범죄일람표]는 P, Q, R회사가 행한 100여 차례에 걸쳐 합의에 대해 기재한 것이다.

⑤ 별지 [범죄일람표]에는 다음의 내용들이 눈에 뜨인다.

  (가) 피고인 Q회사와 피고인 R회사가 혼용되어 기재되고 있다.

  (나) 수십 개 이상의 개별합의의 참여당사자에 관하여 '각 유화사' 또는 'NCC 및 폴리올레핀' 등과 같은 막연한 표현이 사용되고 있다.

【사건의 경과 2】

① 제1심법원은 P, Q, R회사에 대한 공소사실이 특정되지 않았다는 이유로 공소기각판결을 선고하였다.

② 검사는 불복 항소하였다.

③ 항소심법원은 항소를 기각하고, 제1심판결을 유지하였다.

④ (항소심의 판단 이유는 판례 본문 참조)
⑤ 검사는 불복 상고하였다.

2. 공소사실의 요지

【대법원 분석】 1. 원심은, /

【대법원 분석】 피고인들을 포함한 유화업체들의 대표이사들이 /

【대법원 분석】 1994. 4. 28.경 합성수지 제품에 대해 매월 위 업체들의 영업팀장이 모여 판매기준가격과 마감가격 등을 협의하여 정하기로 합의(이하 '이 사건 기본합의'라 한다)한 후 이를 토대로 하여 /

【대법원 분석】 2005. 4. 30.까지 저밀도폴리에틸렌 제품과 선형저밀도폴리에틸렌 제품 등의 판매기준가격과 마감가격 등에 관하여 /

【대법원 분석】 원심판결 별지 [범죄일람표] 기재와 같이 100여 차례에 걸쳐 합의하는 방식으로 /

【대법원 분석】 피고인들의 거래처에 대한 위 제품의 판매기준가격과 마감가격을 정하여 실행함으로써 /

【대법원 분석】 피고인들의 대표이사 또는 임직원이 1994. 4. 28.경부터 2005. 4. 30.경까지 피고인들의 업무에 관하여 부당하게 경쟁을 제한하는 공동행위(이하 '이 사건 부당공동행위'라 한다)를 하였다는 취지의 이 사건 공소사실에 대하여, /

【대법원 분석】 다음과 같은 이유로 이 사건 공소사실이 법원의 심판 대상을 한정하거나, 피고인들의 방어권을 보장할 만큼 특정되었다고 볼 수 없다고 판단하였다.

3. 사안에 대한 항소심의 판단

(1) 포괄일죄와 공소사실의 특정

【항소심 판단】 가. 양벌규정에 의하여 법인이 처벌되는 경우, 형사처벌을 받는 법인과 그 업무에 관하여 직접 실행행위를 한 대표자, 종업원 등이 특정되어야 한다. /

【항소심 판단】 피고인 Q주식회사는 2007. 7. 3. 설립된 법인으로서 공소외 P주식회사와 별개의 법인이고, /

【항소심 판단】 피고인 R주식회사는 2003. 8. 1. 설립된 법인으로서 공소외 Q 주식회사와 별개의 법인이라 할 것인데, /

【항소심 판단】 이 사건 공소장에는 양자를 제대로 구분하지 아니하고 혼용하고 있을 뿐만 아니라, /

【항소심 판단】 수십 개 이상의 개별합의의 참여당사자에 관하여 '각 유화사' 또는 'NCC 및 폴리올레핀' 등과 같은 막연한 표현을 사용함으로써, /

【항소심 판단】 직접 이 사건 기본합의나 개별합의에 참여한 사람들이 피고인 Q주식회사 또는 피고인 R주식회사의 대표자 또는 종업원으로서 참여한 것인지, /

【항소심 판단】 피고인 Q주식회사 또는 피고인 R주식회사의 어떠한 업무와 관련하여 참여한 것인지를 도무지 특정할 수 없으므로, /

【항소심 판단】 피고인 Q주식회사와 피고인 R주식회사에 대한 이 사건 공소사실의 기재만으로는 위 각 회사의 대표자나 종업원이 위 각 회사의 업무에 관하여 부당한 공동행위를 하였다는 이 부분 공소사실이 제대로 특정되었다고 볼 수 없다.

(2) 포괄일죄와 공소시효 기산점

【항소심 판단】 나. (1) 구 독점규제 및 공정거래에 관한 법률(2009. 3. 25. 법률 제9554호로 개정되기 전의 것, 이하 '공정거래법'이라 한다) 제66조 제1항 제9호 위반죄의 공소시효는 /

【항소심 판단】 사업자가 다른 사업자와 공동으로 부당하게 경쟁을 제한하는 법 제19조 제1항 각 호의 1에 해당하는 행위를 할 것을 합의한 때부터 진행되고, /

【항소심 판단】 포괄일죄인 이 사건 부당공동행위의 경우는 최후의 개별합의 시부터 공소시효가 진행된다고 할 것인데, /

【항소심 판단】 2008. 4. 18. 공소가 제기된 이 사건의 경우, /

【항소심 판단】 이 사건 기본합의를 토대로 한 포괄일죄의 범행이 2005. 4. 18. 이후까지 지속되었다고 인정할 수 없는 경우 이미 공소시효가 만료되었다고 보아야 한다.

(3) 항소심의 결론

【항소심 판단】 (2) 그런데 원심판결 별지 [범죄일람표] 중 /

【항소심 판단】 '2003. 4. 15. 이후 2005. 4.까지 월 1회씩 ○○○○ CC 등에서 NCC 및 폴리올레핀 사장단이 친선 도모, 시장동향에 대한 정보교환'이라고 기재되어 있는 부분(이하 '이 사건 ㉮ 개별합의'라고 한다)과 /

【항소심 판단】 '2005. 4. 19. 석유화학협회에서 각 유화사 사업부장들이 간담회 실시'라고 기재되어 있는 부분(이하 '이 사건 ㉯ 개별합의'라고 한다)만이 2005. 4. 18. 이후의 것이라 할 것인데, /

【항소심 판단】 위 각 개별합의에 대한 공소사실은 /

【항소심 판단】 이 사건 각 제품에 관한 사항이 논의되었는지, /

【항소심 판단】 논의되었다면 구체적으로 어떠한 내용의 합의가 이루어졌는지, /

【항소심 판단】 합의가 이루어졌다면 그 당시 합의에 의하여 결정된 판매기준가격과 마감가격이 어떠한지 /

【항소심 판단】 등에 대해서는 아무런 기재가 없는 등 불명확하게 기재되어 있으므로, /

【항소심 판단】 포괄일죄인 이 사건 부당공동행위의 공소시효 기산점 및 공소시효 도과 여부를 제대로 판별할 수 없어 이 사건 공소사실은 특정되었다고 볼 수 없다.

4. 사안에 대한 대법원의 판단

(1) 포괄일죄와 공소사실의 특정

【대법원 판단】 2. 그러나 원심의 위와 같은 판단은 수긍하기 어렵다.

【대법원 요지】 가. 포괄일죄에 있어서는 그 일죄를 구성하는 개개의 행위에 대하여 구체적으로 특정하지 아니하더라도 /

【대법원 요지】 그 전체 범행의 시기와 종기, 범행방법과 장소, 상대방, 범행횟수나 피해액의 합계 등을 명시하면 이로써 그 범죄사실은 특정되었다고 할 것이다. /

【대법원 요지】 또한 포괄일죄의 공소시효는 최종의 범죄행위가 종료한 때로부터 진행한다. /

【대법원 요지】 한편 공정거래법 제19조 제1항 제1호 소정의 가격결정 등의 합의 및 그에 기한 실행행위가 있었던 경우 /

【대법원 요지】 부당한 공동행위가 종료한 날은 그 합의가 있었던 날이 아니라 그 합의에 기한 실행행위가 종료한 날을 의미한다. /

【대법원 요지】 따라서 공정거래법 제19조 제1항 제1호 소정의 가격결정 등의 합의에 따른 실행행위가 있는 경우 /

【대법원 요지】 공정거래법 제66조 제1항 제9호 위반죄의 공소시효는 그 실행행위가 종료한 날부터 진행한다 할 것이다.

(2) 사안에 대한 공소사실의 특정 여부

【대법원 판단】 나. (1) 포괄일죄로 기소된 피고인들에 대한 이 사건 공소사실에는 그 범행의 시기(1994. 4. 28.)와 종기(2005. 4. 30.)가 특정되어 있을 뿐만 아니라, /

【대법원 판단】 원심판결 별지 [범죄일람표]에는 그 합의일시, 장소, 참석자 및 합의내용 등이 구체적으로 기재되어 있다. /

【대법원 판단】 위 [범죄일람표] 중 2003. 4.경까지의 합의에 대하여는 그 참석자가 '각 유화사 사장단, 영업본부장, 영업팀장'으로 기재되거나, 'NCC 및 폴리올레핀 사장단'으로 기재되어 있으나, /

【대법원 판단】 일반적으로 사장단은 대표이사, 영업본부장이나 영업팀장은 종업원을 의미한다 할 것이고, /

【대법원 판단】 피고인 Q주식회사는 2007. 7. 3., 피고인 R주식회사는 2003. 8. 1. 설립된 점을 고려하면, /

【대법원 판단】 위와 같은 기재는 피고인 Q주식회사 또는 피고인 R주식회사가 아닌 공소외 P주식회사 또는 공소외 Q주식회사 등을 지칭하는 것임을 비교적 쉽게 알 수 있다고 볼 수 있다. /

【대법원 판단】 또한 위 [범죄일람표] 중 2003. 10. 12.부터 2005. 4. 12.까지의 합의에 대하여는 그 참석한 회사와 참석자 이름이 함께 기재되어 있으므로, /

【대법원 판단】 피고인들의 대표이사 또는 종업원이 참석하였는지를 쉽게 알 수 있다고 할 것이다.

【대법원 요지】 그리고 양벌규정에 의하여 법인이 처벌되는 경우, /

【대법원 요지】 그 공소사실에 법인의 업무에 관하여 종업원의 법률위반행위를 방지하지 못한 귀책사유가 있는지를 판단할 수 있는 내용이 기재되어야 한다고 볼 수 없으므로, /

【대법원 판단】 이 사건 공소사실에 피고인 Q주식회사 또는 피고인 R주식회사에 그 종업원의 법률위반행위를 방지하지 못한 귀책사유가 있는지를 판단할 수 있는 내용이 구체적으로 특정되어야 한다고 할 수 없다.

(3) 사안에 대한 공소시효의 기산점

【대법원 판단】 (2) 포괄일죄로 기소된 피고인들에 대한 이 사건 부당공동행위의 공소시효는 가격결정 등에 관한 최종합의에 따른 실행행위가 종료된 날부터 기산된다 할 것이므로, /

【대법원 판단】 그 최종합의에 따른 실행행위가 2005. 4. 18. 이후에 종료되었다면, 이 사건 부당공

동행위의 공소시효는 완성되었다고 할 수 없다. /

【대법원 판단】 따라서 2005. 4. 18. 이후에 이루어진 이 사건 ㉮, ㉯ 개별합의에 대한 공소사실이 불명확하게 기재되어 있다는 점만으로는, /

【대법원 판단】 이 사건 부당공동행위의 공소시효 기산점 및 공소시효 도과 여부를 제대로 판별할 수 없다고 단정하기 어렵다.

(4) 사안에 대한 대법원의 결론

【대법원 결론】 (3) 따라서 피고인들에 대한 이 사건 공소사실이 특정되었다고 보아야 함에도 /

【대법원 결론】 원심이 이 사건 공소사실이 특정되지 않았다고 보아 공소를 기각한 제1심판결을 그대로 유지한 것은 공정거래법상 부당공동행위의 공소시효의 기산점 및 포괄일죄에 있어서 공소사실의 특정에 관한 법리 등을 오해하여 판결에 영향을 미친 위법이 있다. /

【대법원 결론】 이 점을 지적하는 검사의 상고이유는 이유 있다. (파기 환송)

2010도16939

전자장치 부착명령과 불이익변경금지
'친딸이라는 이유' 사건
2011. 4. 14. 2010도16939, 2010전도159, 공 2011상, 972

1. 사실관계 및 사건의 경과

【사실관계】

① 아동청소년성보호법에 의하면 아동청소년 대상 성범죄자의 경우 법원은 성범죄 사건의 판결과 동시에 성범죄자의 신상정보를 인터넷에 공개하도록 하는 등록정보 공개명령을 내려야 한다(동법38 ① 본문).

② 다만 벌금형을 선고하거나 피고인이 아동청소년인 경우, 그 밖에 신상정보를 공개하여서는 아니 될 특별한 사정이 있는 경우에는 예외적으로 신상정보를 공개하지 않을 수 있다(동법38① 단서).

③ 갑은 2010. 2.경부터 초등학교 6학년생인 친딸 A를 여러 번에 걸쳐서 강간하였다는 혐의로 고소를 당하였다.

④ 검사는 갑을 성폭력처벌법위반죄(강간등치상)로 기소하였다.

⑤ 검사는 동시에 갑에 대해 위치추적전자장치법에 기하여 전자장치 부착명령을 청구하였다.

⑥ 2010. 7. 2. 제1심법원은 갑에게 유죄를 인정하여 다음과 같이 선고하였다.

　(가) 피고인을 징역 15년에 처한다.

　(나) 피부착명령청구자에게 5년간 위치추적 전자장치의 부착을 명한다.

⑦ 제1심법원은 갑과 A 사이의 친아버지와 친딸의 관계가 '신상정보를 공개하여서는 아니 될 특별한 사정이 있는 경우'에 해당한다고 보아 등록정보 공개명령은 내리지 않았다.

【사건의 경과 1】

① 갑은 불복 항소하였다.

② 갑은 항소이유로 사실오인과 양형부당을 주장하였다.

③ 2010. 12. 1. 항소심법원은 판결을 선고하였다.

④ 항소심법원은 성폭력처벌법위반죄 피고사건 부분에 대한 사실오인의 주장을 배척하고, 양형부당의 주장을 인정하였다.

⑤ 항소심법원은 부착명령청구사건 부분에 직권파기사유가 있다고 판단하였다.

⑥ 항소심법원은 제1심판결을 파기하고 다음과 같이 판결하였다.

　(가) 피고인을 징역 9년에 처한다.

　(나) 피고인에 대한 공개정보를 5년간 정보통신망을 이용하여 공개한다.

　(다) 피부착명령청구자에게 6년간 위치추적 전자장치의 부착을 명한다.

【사건의 경과 2】

① 갑은 불복 상고하였다.

② 갑은 상고이유로 다음의 점을 주장하였다.

　(가) 피해자 A에 대한 관계에 볼 때 "신상정보를 공개하여서는 아니 될 특별한 사정이 있다고 판단되는 경우"에 해당한다.

　(나) 제1심이 선고하지 아니하였던 등록정보 공개명령을 항소심이 부과한 것은 불이익변경금지원칙에 어긋난다.

　(다) 항소심이 위치추적 전자장치 부착명령을 5년에서 6년으로 연장한 것은 불이익변경금지원칙에 어긋난다.

2. 신상정보 공개명령의 예외사유

【대법원 분석】 2. '아동 · 청소년의 성보호에 관한 법률' 제38조 제1항 본문은 법원이 같은 항 각 호의 어느 하나에 해당하는 성범죄자에 대하여 성명, 나이, 주소 및 실제거주지, 신체정보, 사진, 아동 · 청소년대상 성범죄의 요지 등의 정보를 정보통신망을 이용하여 공개하도록 하는 명령을 아동 · 청소년대상 성범죄 사건의 판결과 동시에 선고하도록 규정하고 있다. /

【대법원 분석】 다만 같은 항 단서는 아동 · 청소년대상 성범죄 사건에 대하여 벌금형을 선고하거나 피고인이 아동 · 청소년인 경우, 그리고 그 밖에 "신상정보를 공개하여서는 아니될 특별한 사정이 있다고 판단되는 경우"에는 예외적으로 공개명령을 하지 아니할 수 있다고 정한다. /

【대법원 분석】 원심은 다음과 같은 이유로 이 사건에 위 법 제38조 제1항 단서의 예외사유가 존재하지 아니한다고 보아 같은 항 본문에 따라 공개명령을 선고하였다. /

【대법원 판단】 즉, 법령에 의하여 공개명령의 집행과정에서 피해자를 특정할 수 있는 내용을 표기하지 아니하도록 되어 있는 사정을 감안하면 피해자가 피고인의 친딸이라는 이유만으로 다른 성폭력범죄 사건과 달리 취급하여 피고인에 관한 정보를 공개하지 아니할 이유가 없다. /

【대법원 판단】 그리고 아동 · 청소년을 상대로 한 성범죄의 예방이라는 공익적 목적을 위하여 신상정보의 공개라는 방법으로 피고인 또는 그 가족의 기본권을 제한하는 것이 과잉금지의 원칙에 위배된

다고 볼 수 없다. /

【대법원 판단】 또한 피고인의 연령, 성행, 환경, 범행 후의 정황 등에 비추어 피고인에게 재범의 위험성이 인정된다는 것이다. /

【대법원 판단】 관련 법령의 취지를 원심판결 이유에 비추어 보면, 원심의 이와 같은 조치는 정당하고, 거기에 공개명령의 예외사유 등에 관한 법리를 오해하는 등의 위법이 없다.

3. 전자장치 부착명령과 불이익변경금지의 원칙

【대법원 요지】 3. 불이익변경금지원칙의 적용에 있어서 그 선고된 형이 피고인에게 불이익하게 변경되었는지 여부에 관한 판단은 형법상 형의 경중을 기준으로 하되 이를 개별적·형식적으로 고찰할 것이 아니라 주문 전체를 고려하여 피고인에게 실질적으로 불이익한지 아닌지를 보아 판단하여야 한다. /

【대법원 요지】 한편 '특정 성폭력범죄자에 대한 위치추적 전자장치 부착에 관한 법률'에 의한 전자감시제도는 성폭력범죄자의 재범 방지와 성행교정을 통한 재사회화를 위하여 그의 행적을 추적하여 위치를 확인할 수 있는 전자장치를 신체에 부착하게 하는 부가적인 조치를 취함으로써 성폭력범죄로부터 국민을 보호함을 목적으로 하는 일종의 보안처분으로서 형벌과 구별되며 그 본질을 달리한다.

【대법원 판단】 이러한 취지에서 원심이 피고인 겸 피부착명령청구자(이하 '피고인'이라고만 한다)에게 징역 15년 및 5년 동안의 위치추적 전자장치 부착명령을 선고한 제1심판결을 파기한 후 피고인에 대하여 징역 9년, 5년 동안의 공개명령 및 6년 동안의 위치추적 전자장치 부착명령을 선고한 조치가 불이익변경금지의 원칙에 어긋나는 것이라고 할 수 없다. 이 부분 상고이유의 주장은 이유 없다. (상고 기각)

2010도17052

기명날인 누락 공소장의 효과
부동문자 검사 기재 사건
2012. 9. 27. 2010도17052, 공 2012하, 1768

1. 사실관계 및 사건의 경과

【사실관계】

① 검사 A는 갑을 사기죄로 기소하였다.

② 검사 A가 제1심법원에 제출한 ㉠공소장에는 그 하단에 부동문자로 '검사'라는 기재가 있을 뿐이었다.

③ ㉠공소장에 검사 A의 기명날인 또는 서명은 되어 있지 않았다.

④ 제1심법원은 갑에게 ㉠공소장 부본을 송달하였다.

⑤ 제1심법원은 공판기일에서 피고사건에 대하여 심리한 뒤 무죄판결을 선고하였다.

【사건의 경과】

① 검사는 불복 항소하였다.

② 항소심법원은 기명날인 또는 서명에 관한 제1심판결의 위법을 시정하는 조치를 하지 아니하였다.

③ 항소심법원은 항소를 기각하고, 제1심판결을 유지하였다.

④ 검사는 불복 상고하였다.

⑤ 대법원은 직권으로 판단하였다.

2. 기명날인 등 누락 공소장의 효과

【대법원 분석】 1. 형사소송법 제254조 제1항은 "공소를 제기함에는 공소장을 관할법원에 제출하여야 한다"고 정한다. /

【대법원 분석】 한편 형사소송법 제57조 제1항은 "공무원이 작성하는 서류에는 법률에 다른 규정이 없는 때에는 작성 연월일과 소속공무소를 기재하고 기명날인 또는 서명하여야 한다"고 정하고 있다. /

【대법원 요지】 여기서 '공무원이 작성하는 서류'에는 검사가 작성하는 공소장이 포함되므로, /

【대법원 요지】 검사의 기명날인 또는 서명이 없는 상태로 관할법원에 제출된 공소장은 형사소송법 제57조 제1항에 위반된 서류라 할 것이다. /

【대법원 요지】 그리고 이와 같이 법률이 정한 형식을 갖추지 못한 공소장 제출에 의한 공소의 제기는 특별한 사정이 없는 한 그 절차가 법률의 규정에 위반하여 무효인 때(형사소송법 제327조 제2호)에 해당한다. /

【대법원 요지】 다만 이 경우 공소를 제기한 검사가 공소장에 기명날인 또는 서명을 추완하는 등의 방법에 의하여 공소의 제기가 유효하게 될 수 있다.

3. 사안에 대한 대법원의 판단

【대법원 분석】 2. 기록에 의하면, 이 사건 제1심법원에 제출된 공소장에는 그 하단에 부동문자로 '검사'라는 기재가 있을 뿐이고 /

【대법원 분석】 그 공소장에 형사소송법 제57조 제1항이 요구하는 검사의 기명날인 또는 서명이 되어 있지 아니한 사실을 알 수 있다. /

【대법원 분석】 그럼에도 제1심법원은 이러한 공소제기절차의 하자를 간과한 채 피고인에게 공소장 부본을 송달하고 공판기일에서 피고사건에 대하여 심리한 뒤 무죄판결을 선고하였고, /

【대법원 분석】 원심 또한 위와 같은 제1심판결의 위법을 시정하는 조치를 하지 아니하고 검사의 항소를 기각하는 판결을 선고하였다.

【대법원 결론】 앞서 본 법리에 의하면, 이러한 원심의 판단에는 검사의 기명날인 또는 서명이 누락된 공소장 제출에 의한 공소제기의 효력에 관한 법리를 오해하여 판결에 영향을 미친 위법이 있다고 할 것이다. (파기 환송)

2010모363

재심사유와 새로운 증거의 범위
긴급조치 9호 재심청구 사건
2013. 4. 18. 2010모363, 공 2013상, 976

1. 사실관계 및 사건의 경과

【사실관계】

① 1978. 일자불상 갑은 다음의 공소사실로 서울지방법원 영등포지원에 기소되었다.

② "갑은 1977. 11. 14.부터 같은 달 16일 사이에 긴급조치 제9호를 비방하는 내용 등이 담긴 유인물의 제작을 예비함으로써 긴급조치 제9호를 위반하였다."

③ 1978. 12. 16. 서울지방법원 영등포지원은 갑에게 징역 1년 6월과 자격정지 2년의 유죄판결을 선고하였다. (㉠판결)

④ 갑은 불복 항소하였다.

⑤ 1979. 5. 4. 항소심인 서울고등법원은 제1심판결을 파기하고 징역 1년과 자격정지 1년의 유죄판결을 선고하였다. (㉡판결)

⑥ 갑은 불복 상고하였다.

⑦ 1979. 7. 24. 대법원은 상고기각판결을 선고하였다. (㉢판결)

【사건의 경과】

① 2009. 6. 16. 갑은 서울고등법원의 ㉡판결을 재심대상판결로 하여 서울고등법원에 재심청구를 하였다.

② 갑의 재심청구의 사유로 다음의 점을 주장하였다.

   (가) 긴급조치 제9호는 위헌임이 명백하다.

   (나) 긴급조치 제9호가 폐지되었다고 하더라도 면소가 아닌 무죄가 선고되어야 한다.

   (다) 그러므로 재심대상판결인 서울고등법원의 ㉡판결에는 재심사유가 있다.

③ 2013. 4. 18. 대법원은 긴급조치 제9호에 대해 위헌·무효를 선언하였다.

④ 재심청구법원인 서울고등법원은 다음의 이유를 들어서 재심청구기각결정을 내렸다.

   (가) 갑이 주장하는 재심사유는 긴급조치 제9호의 위헌·무효이다.

   (나) 갑이 주장하는 사유는 '새로운 증거를 발견한 때'의 재심사유(형소법 제420조 제5호)에 해당하지 않는다.

⑤ 갑은 서울고등법원의 재심기각결정에 불복하여 대법원에 재항고하였다.

2. 재심사유와 새로운 증거의 범위

【대법원 분석】 1. 형사소송법 제420조 제5호는 재심사유의 하나로 /

【대법원 분석】 "유죄의 선고를 받은 자에 대하여 무죄 또는 면소를, /

【대법원 분석】 형의 선고를 받은 자에 대하여 형의 면제 또는 원판결이 인정한 죄보다 경한 죄를 인정할 /

【대법원 분석】 명백한 증거가 새로 발견된 때"를 규정하고 있다.

【대법원 요지】 여기에서 무죄 등을 인정할 '증거가 새로 발견된 때'라 함은 /

【대법원 요지】 재심대상이 되는 확정판결의 소송절차에서 발견되지 못하였거나 또는 /

【대법원 요지】 발견되었다 하더라도 제출할 수 없었던 증거로서 /

【대법원 요지】 이를 새로 발견하였거나 비로소 제출할 수 있게 된 때는 물론이고/

【대법원 요지】 (대법원 2009. 7. 16.자 2005모472 전원합의체 결정 등 참조), /

【대법원 요지】 형벌에 관한 법령이 당초부터 헌법에 위반되어 법원에서 위헌·무효라고 선언한 때에도 역시 이에 해당한다고 할 것이다.

3. 사안에 대한 대법원의 분석

【대법원 분석】 2. 기록에 의하면, /

【대법원 분석】 재항고인은 1977. 11. 14.부터 같은 달 16일 사이에 긴급조치 제9호를 비방하는 내용 등이 담긴 유인물의 제작을 예비함으로써 긴급조치 제9호를 위반하였다는 공소사실로 서울지방법원 영등포지원에 기소된 사실, /

【대법원 분석】 재항고인은 제1심인 위 영등포지원 78고합*** 사건에서 1978. 12. 16. 징역 1년 6월과 자격정지 2년의 유죄판결을 선고받고 항소하였으며, /

【대법원 분석】 항소심인 서울고등법원 79노***호 사건에서 1979. 5. 4. 제1심판결을 파기하고 징역 1년과 자격정지 1년의 유죄판결을 선고받은 사실, /

【대법원 분석】 이에 재항고인이 상고하였으나 대법원은 1979. 7. 24. 상고기각판결을 선고한 사실, /

【대법원 분석】 재항고인은 2009. 6. 16. 위 서울고등법원 79노***호 판결을 재심대상판결로 하여 /

【대법원 분석】 긴급조치 제9호는 위헌임이 명백하고 긴급조치 제9호가 폐지되었다고 하더라도 면소가 아닌 무죄가 선고되어야 하므로 재심대상판결에는 재심사유가 있다고 주장하며 이 사건 재심청구를 한 사실 등을 알 수 있다.

4. 사안에 대한 대법원의 판단

【대법원 판단】 그런데 구 대한민국헌법(1980. 10. 27. 헌법 제9호로 전부 개정되기 전의 것. 이하 '유신헌법'이라 한다) 제53조에 규정된 긴급조치권에 근거하여 발령된 /

【대법원 판단】 국가안전과 공공질서의 수호를 위한 대통령긴급조치(이하 '긴급조치 제9호'라 한다)는 /

【대법원 판단】 그 발동 요건을 갖추지 못한 채 목적상 한계를 벗어나 국민의 자유와 권리를 지나치게 제한함으로써 헌법상 보장된 국민의 기본권을 침해한 것이므로, /

【대법원 판단】 긴급조치 제9호가 해제 내지 실효되기 이전부터 이는 유신헌법에 위반되어 위헌·무효이고, /

【대법원 판단】 나아가 긴급조치 제9호에 의하여 침해된 기본권들의 보장 규정을 두고 있는 현행 헌법에 비추어 보더라도 위헌·무효임이 분명하다/

【대법원 판단】 (대법원 2013. 4. 18.자 2011초기689 전원합의체 결정 참조).

【대법원 판단】 앞서 본 바와 같이 재항고인에 대한 재심대상판결의 공소사실은 긴급조치 제9호를 형벌법령으로 한 것임이 분명하고, /

【대법원 판단】 위 대법원 2011초기689 전원합의체 결정에서 긴급조치 제9호가 당초부터 위헌·무효라고 판단된 이상, /

【대법원 판단】 이는 '유죄의 선고를 받은 자에 대하여 무죄를 인정할 명백한 증거가 새로 발견된 때'에 해당하므로, /

【대법원 판단】 결국 재심대상판결에는 형사소송법 제420조 제5호 소정의 재심사유가 있다고 할 것이다.

【대법원 결론】 그럼에도 원심은 그 판시와 같은 이유만으로 이 사건 재심청구가 법률상의 방식에 위배되어 부적법하다고 판단하였으니, /

【대법원 결론】 이러한 원심결정에는 형사소송법 제420조 제5호의 재심사유에 관한 법리를 오해하여 재판의 결과에 영향을 미친 잘못이 있다. 이 점을 지적하는 재항고이유는 이유 있다. (파기 환송)

2010오1

비상상고와 파기자판
보호관찰 밖 부착명령 사건
2011. 2. 24. 2010오1, 2010전오1, 공 2011상, 696

1. 사실관계 및 사건의 경과

【사실관계】
① 검사는 갑을 다음의 공소사실로 성폭력처벌법위반죄(13세미만미성년자강간등)로 기소하였다.
    (가) 13세 미만인 A를 2회에 걸쳐 강제추행하였다.
    (나) 수회에 걸쳐 A를 뒤쫓아가 쳐다보았다.
② 검사는 동시에 갑에 대해 위치추적 전자장치 부착명령을 청구하였다.
③ 제1심법원은 공소사실을 유죄로 인정하고 갑에게 다음의 판결을 선고하였다.
    (가) 징역 3년에 집행유예 4년을 선고한다.
    (나) 3년간 위치추적 전자장치의 부착을 명한다.
    (다) P준수사항을 부과한다.

【사건의 경과】
① 검사는 불복 항소하였다.
② 항소심법원은 제1심판결의 해당 부분에 대해 다음과 같이 판단하였다.
    (가) 징역 3년에 집행유예 4년 선고 부분 : 검사 항소 기각
    (나) 3년간 위치추적 전자장치 부착명령 부분 : 파기, 6년간 위치추적 전자장치 부착명령

(다) P준수사항 부과 부분 : 파기, Q준수사항 부과

③ 항소심판결은 이후 확정되었다.

④ 검찰총장은 대법원에 비상상고를 제기하였다.

2. 사안에 대한 대법원의 분석

【대법원 분석】 가. 제1심은, 이 사건 구 성폭력범죄의 처벌 및 피해자보호 등에 관한 법률 위반(13세 미만미성년자강간등)의 피고사건과 부착명령사건에 대하여, 피고사건을 유죄로 인정하여 징역 3년에 집행유예 4년을 선고하고 피부착명령청구자에 대하여 3년간 위치추적 전자장치의 부착을 명하고 피부착명령청구자에 대하여 제1심 판시 별지 [준수사항] 기재와 같이 준수사항을 부과하였다.

【대법원 분석】 나. 원심은 판시와 같은 이유로, 제1심판결 중 피고사건 부분에 대한 검사의 항소를 기각하고, 부착명령사건 부분을 파기하여, 피부착명령청구자에 대하여 6년간 위치추적 전자장치의 부착을 명하고, 피부착명령청구자에 대하여 원심 판시 별지 [준수사항] 기재와 같이 준수사항을 부과하였다.

3. 사안에 대한 대법원의 판단

【대법원 분석】 2. 그러나 특정 범죄자에 대한 위치추적 전자장치 부착 등에 관한 법률 제28조 제1항에 "법원은 특정범죄를 범한 자에 대하여 형의 집행을 유예하면서 보호관찰을 받을 것을 명할 때에는 보호관찰기간의 범위 내에서 기간을 정하여 준수사항의 이행 여부 확인 등을 위하여 전자장치를 부착할 것을 명할 수 있다."고 규정하고, /

【대법원 분석】 제9조 제4항 제4호에 "법원은 특정범죄사건에 대하여 선고유예 또는 집행유예를 선고하는 때(제28조 제1항에 따라 전자장치 부착을 명하는 때를 제외한다)에는 판결로 부착명령 청구를 기각하여야 한다."고 규정하고 있으며, /

【대법원 분석】 제12조 제1항에 "부착명령은 검사의 지휘를 받아 보호관찰관이 집행한다."고 규정하고 있다.

【대법원 요지】 위 법률에 의하면 법원이 특정범죄를 범한 자에 대하여 형의 집행을 유예하면서 보호관찰을 받을 것을 명하는 때에만 전자장치를 부착할 것을 명할 수 있다고 할 것이다.

【대법원 판단】 그런데도 원판결 및 제1심판결이 피고인에 대하여 형의 집행을 유예하면서 보호관찰을 받을 것을 명하지 않은 채 전자장치를 부착할 것을 명한 것은 법령에 위반한 것으로서 피부착명령청구자에게 불이익한 때에 해당하므로, /

【대법원 판단】 형사소송법 제446조 제1호 단서에 의하여 원판결 및 제1심판결 중 부착명령사건 부분을 파기하고, 이 부분에 관하여 다시 판결하기로 한다.

4. 대법원의 파기 자판

【대법원 분석】 3. 이 사건 부착명령 청구 원인사실의 요지는, '피부착명령청구자는 13세 미만인 피해자를 2회에 걸쳐 강제추행하고, 수회에 걸쳐 피해자를 뒤쫓아가 쳐다본 자로서, 자신의 성적욕구를 여자 미성년자를 뒤따라가 지켜보거나 신체부위를 만지는 방법으로 해소하는 등 성폭력범죄의 습벽이

인정되고, 재범의 위험성이 있다'는 것인바, /

【**대법원 판단**】 앞서 본 바와 같이 부착명령 청구를 기각하여야 하므로, 원판결 및 제1심판결 중 부착명령사건 부분을 파기하고, 이 사건 부착명령 청구를 기각하기로 하여, 관여 대법관의 일치된 의견으로 주문과 같이 판결한다.

【**대법원 주문**】

원판결 및 제1심판결 중 부착명령사건 부분을 파기한다.

이 사건 부착명령 청구를 기각한다.

2010헌마418

무죄추정원칙의 적용범위
지방자치법 헌법불합치결정 사건
2010. 9. 2. 2010헌마418, 헌공 제167호, 1539

1. 사실관계 및 사건의 경과

【**사실관계**】

① 2009. 9. 23. 갑은 정치자금법 위반죄로 서울중앙지방법원으로부터 징역 8월에 집행유예 2년의 형을 선고받았다.

② 갑은 불복 항소하였다.

③ 2010. 6. 2. 실시된 제5회 전국동시지방선거에서 갑은 강원도지사에 당선되었다.

④ 2010. 6. 11. 갑은 항소심인 서울고등법원에서 징역 6월에 집행유예 1년의 형을 선고받았다.

⑤ 갑은 불복 상고하였다.

⑥ 2010. 7. 1. 갑은 강원도지사에 취임하였다.

【**사건의 경과 1**】

① 당시 지방자치법 제111조 제1항 제3호는 지방자치단체의 장이 금고 이상의 형을 선고받고 그 형이 확정되지 않은 경우 부단체장이 그 권한을 대행하도록 규정하고 있었다. (P조항)

② 갑은 강원도지사에 취임한 직후부터 P조항에 따라 직무에서 배제되어 도지사직을 수행하지 못하고 있었다.

③ 2010. 7. 6. 갑은 P조항이 무죄추정의 원칙에 위배될 뿐만 아니라 갑에게 헌법상 보장된 공무담임권 및 평등권을 침해하여 헌법에 위반된다는 이유로 헌법재판소에 헌법소원심판을 청구하였다.

【**사건의 경과 2**】

① 헌법재판소는 견해가 나뉘었다.

② 다수의견(5인)은 다음의 이유를 들어서 지방자치법의 P조항에 대해 위헌의견을 제시하였다.

    (가) P조항은 무죄추정의 원칙에 반한다.

    (나) P조항은 공무담임권을 침해한다.

　　(다) P조항은 갑의 평등권을 침해한다.

③ 별개의견(1인)은 다음의 이유를 들어서 P조항에 대해 헌법불합치 의견을 제시하였다.

　　(가) P조항은 갑의 공무담임권을 침해한다.

　　(나) P조항은 무죄추정의 원칙에 반한다.

④ 반대의견(3인)은 합헌의견을 제시하였다.

⑤ (이하에서는 무죄추정의 원칙과 관련된 부분을 중심으로 소개함)

2. 위헌 의견

(1) 이 사건 법률조항의 입법목적

【헌재 판단】 (1) 자치단체장은 지방자치단체를 대표하고 그 사무를 총괄하며 법령에 의하여 위임된 국가사무를 집행하고 소속 직원을 임면·지휘·감독하는 지방자치단체의 최고기관인바, 자치단체장이 가지는 이같은 폭넓은 권한과 직무 및 그 지위의 중요성 때문에 자치단체장에게는 고도의 윤리성과 주민의 신뢰가 요구된다 할 것이다. /

【헌재 판단】 그런데 이토록 중요한 공직에 있는 자치단체장이 범죄행위로 유죄판결을 선고받게 되면, 그 도덕성에 치명적 타격을 입어 주민의 신뢰가 훼손될 가능성이 있을 뿐만 아니라 자신에 관한 형사재판절차로 인하여 직무에 전념할 수 없게 됨으로써 자치단체장 직무수행의 안정성과 효율성마저 해칠 가능성이 있고, 그 결과 주민의 복리와 당해 자치단체행정의 정상적인 운영에 위험을 야기할 가능성이 있다. /

【헌재 판단】 따라서 주민의 복리와 자치단체행정의 안정적이고 효율적인 운영을 위하여는 그와 같은 위험요소를 제거할 필요가 있는데, 자치단체장은 선거직 공무원으로서 임기와 신분이 보장되어 있기 때문에 일반 공무원과 달리 직위해제제도나 징계제도가 없고 그렇다고 탄핵의 대상도 아니어서 스스로 사임하지 않는 한 금고 이상의 형이 확정되어 당연퇴직될 때까지는 직무에서 배제시킬 방법이 없다.

【헌재 판단】 이에 이 사건 법률조항은 자치단체장이 금고 이상의 형을 선고받을 경우 그때부터 위 형이 확정될 때까지 잠정적으로 해당 자치단체장을 직무에서 배제시킴으로써 위와 같은 위험요소를 제거하려는 것이다.

【헌재 분석】 (2) 한편 이 사건 법률조항은, 구 지방자치법 제101조의2 제1항이 2002. 3. 25. 법률 제6669호로 개정될 때 자치단체장에 대한 권한대행사유의 새로운 사유로 추가되었는바, /

【헌재 분석】 그 이유는 민선지방자치제도 시행 2기를 지나면서 자치단체장의 비리나 범죄 및 그에 관한 형사재판절차의 진행 등으로 자치단체장에 대한 주민의 신뢰가 훼손되는 실태가 적지 않았으므로 지방자치단체의 공직기강을 확립하고 국민의 법감정에 부응하려 했던 것으로 보인다(위 개정법률안에 관한 국회 본회의 및 상임위원회 회의록 참조). /

【헌재 분석】 즉, 자치단체장이 금고 이상의 형을 선고받은 경우에는 그 사실 자체만으로 주민의 신뢰를 훼손시키기에 충분하다고 보아 그 판결이 유효하게 존속하는 기간 동안 자치단체장을 직무에서 배제시키려 한 것이다. /

【헌재 분석】 그 결과, 1심에서 금고 이상의 형을 선고받은 자라도 2심에서 그 미만의 형을 선고받거나 무죄를 선고받으면 검사의 상고에 의하여 당해 사건이 대법원에 계속 중이더라도 이 사건 법률조항

의 적용을 받지 않게 된다.

【헌재 판단】 (3) 그러므로 이 사건 법률조항의 입법목적은, /

【헌재 판단】 ① 금고 이상의 형을 선고받은 자치단체장을 그 직무에서 배제시킴으로써 자치단체장에 대한 주민의 신뢰 및 직무전념성을 확보하여 주민의 복리와 자치단체행정의 원활한 운영에 대한 위험발생을 예방하려는 목적, /

【헌재 판단】 ② 자치단체장에게 요구되는 고도의 윤리성에 비추어 볼 때 금고 이상의 형을 선고받은 사실은 주민의 신뢰를 훼손시키고 일반 국민에게 부정적인 의미를 주게 되므로 그러한 형을 선고받은 자치단체장을 직무에서 배제시킴으로써 공직기강을 확립하고 국민의 법감정에 부응하려는 목적 등 2가지라고 할 것이다.

(2) 제한되는 기본권과 위헌성 심사기준

【헌재 분석】 (1) 이 사건 법률조항은, 자치단체장이 금고 이상의 형을 선고받은 경우에 부단체장으로 하여금 그 권한을 대행하도록 규정함으로써, 금고 이상의 형을 선고받은 자치단체장을 그 형이 확정되기 전까지 잠정적으로 직무에서 배제시키고 있다. 즉, 선거직 공무원인 자치단체장의 직무를 '금고 이상의 형의 선고'를 요건으로 일시 정지시키고 있는 것이다.

【헌재 요지】 우리 헌법 제25조는 "모든 국민은 법률이 정하는 바에 의하여 공무담임권을 가진다."고 규정하여 공무담임권을 기본권으로 보장하고 있고, 공무담임권의 보호영역에는 공직취임 기회의 자의적인 배제뿐 아니라 공무원 신분의 부당한 박탈이나 권한(직무)의 부당한 정지도 포함된다.

【헌재 판단】 결국 이 사건 법률조항이 임기가 정하여져 있는 선거직 공무원의 직무를 '형이 확정될 때까지'라는 불확실한 시점까지 정지시키는 것은, 비록 일시적이고 잠정적인 처분이라 하더라도, 헌법상 보장된 청구인의 공무담임권을 제한하고 있다고 할 것이다.

【헌재 판단】 나아가 법률에 의한 공무담임권의 제한이 헌법의 원칙에 반한다면, 이는 부당한 공권력의 행사로서 취소되어야 한다.

【헌재 판단】 우선 이 사건 법률조항은 '금고 이상의 형을 선고받은' 형사피고인을 그 적용대상으로 하고 있는바, 우리 헌법 제27조 제4항은 "형사피고인은 유죄의 판결이 확정될 때까지는 무죄로 추정된다."고 명시하고 있고, 이같은 무죄추정의 원칙은 비단 형사절차에만 적용되는 것이 아니라 기타 일반 법생활 영역에서의 기본권 제한과 같은 경우에도 적용되는 원칙이므로, 이 사건 법률조항이 무죄추정의 원칙에 반하는지 여부가 판단되어야 한다.

【헌재 판단】 또한 이 사건 법률조항에 의한 직무정지는 선거에 의하여 선출된 자치단체장의 직무를 불확정된 기한까지 정지하는 것으로서 실질적으로 당연퇴직에 상응할 만큼 공무담임권을 제한하는 것이고, 헌법상 무죄추정의 원칙과도 관련되어 있으므로, 그 기본권제한이 적정한지 여부는 비례의 원칙에 따라 엄격하게 심사되어야 한다.

【헌재 판단】 (2) 한편 이 사건 법률조항은 금고 이상의 형을 선고받은 자치단체장에게 형이 확정되기 전까지 직무정지의 제재를 가하고 있는바, 자치단체장과 같은 선거직 공무원으로서 그 지위나 권한에 있어서 본질적 차이가 있다고 보기 힘든 국회의원에게는 이같은 내용의 직무정지제도가 없다는 점에서, 위와 같은 차별적 취급이 합리적인지 여부에 따라 청구인의 평등권 침해 여부도 문제된다.

【헌재 판단】 (3) 이하에서는 이 사건 법률조항에 의한 공무담임권 제한이 무죄추정의 원칙과 과잉금지원칙에 반하는지 여부를 살펴 본 다음, 이 사건 법률조항이 청구인의 평등권도 침해하는지 여부에 관하여 살펴 보기로 한다.

(3) 무죄추정의 원칙 위반 여부

【헌재 분석】 (1) 우리 헌법 제27조 제4항은 "형사피고인은 유죄의 판결이 확정될 때까지는 무죄로 추정된다."고 하여 무죄추정의 원칙을 천명하고 있다. /

【헌재 요지】 무죄추정의 원칙이라 함은, 아직 공소제기가 없는 피의자는 물론 공소가 제기된 피고인이라도 유죄의 확정판결이 있기까지는 원칙적으로 죄가 없는 자에 준하여 취급하여야 하고 불이익을 입혀서는 안되며 가사 그 불이익을 입힌다 하여도 필요한 최소한도에 그쳐야 한다는 원칙을 말한다. /

【헌재 요지】 여기서 무죄추정의 원칙상 금지되는 '불이익'이란 '범죄사실의 인정 또는 유죄를 전제로 그에 대하여 법률적·사실적 측면에서 유형·무형의 차별취급을 가하는 유죄인정의 효과로서의 불이익'을 뜻하고, /

【헌재 요지】 이는 비단 형사절차 내에서의 불이익뿐만 아니라 기타 일반 법생활 영역에서의 기본권 제한과 같은 경우에도 적용된다.

【헌재 판단】 (2) 이 사건 법률조항은 '금고 이상의 형이 선고되었다.'는 사실 자체에 주민의 신뢰와 직무전념성을 해칠 우려가 있다는 이유로 부정적 의미를 부여한 후 그 유죄판결의 존재를 유일한 전제로 하여 형이 확정되지도 않은 상태에서 해당 자치단체장에 대하여 직무정지라는 불이익한 처분을 부과하고 있다. /

【헌재 판단】 즉, 유죄의 확정판결이 있기 전이라도 '금고 이상의 형을 선고'받았다면 유죄의 확정판결이 내려질 개연성이 높다는 전제에서 당해 피고인을 죄가 있는 자에 준하여 불이익을 입히고 있는 것이다.

【헌재 판단】 특히 이 사건 법률조항은 오직 '금고 이상의 형을 선고받은 때로부터 금고 이상의 형이 확정될 때까지'에만 적용되는 규정이므로, 형사피고인이라 하여도 유죄의 확정판결이 있기까지는 원칙적으로 죄가 없는 자에 준하여 취급하여야 한다는 무죄추정의 원칙에 반하는 규정이라고 아니할 수 없다.

【헌재 판단】 (3) 자치단체장에 대한 '직무정지'는 확정적인 결과를 가져오는 처분이 아니라 잠정적이고 가처분적인 성격을 가진 것이기는 하나, 임기가 정하여져 있는 선거직 공무원에 대한 것이고, 그 종기가 불확실하므로 그 침해의 정도가 가볍다고 단정할 수 없다. /

【헌재 판단】 즉, 금고 이상의 형을 선고받은 자치단체장은 그 판결이 확정될 때까지 직무가 정지되는바(물론 상급심에서 그 미만의 형을 선고받거나 무죄판결을 받으면 직무정지상태가 해소된다), 피고인의 뜻대로 형사재판절차의 종기를 조절할 수 없을 뿐 아니라 확정시기를 쉽게 예측할 수도 없으므로〔선거범죄에 관한 재판에 대하여는 3심 재판까지 최대한 1년을 넘지 않도록 법정하고 있으나(공직선거법 제270조 참조), 일반 형사범죄의 경우는 그러한 재판기간의 제한이 없다〕, 경우에 따라서는 임기 중 상당기간 동안 직무가 정지될 수도 있다.

【헌재 판단】 따라서 선거에 의하여 선출된 자치단체장의 직무를 '금고 이상의 형을 선고받은 사실'만

으로 정지시키는 것은 '유죄인정의 효과로서의 불이익'에 해당되어 무죄추정의 원칙에 반한다고 할 것이다.

【헌재 판단】 (4) 나아가 이 사건 법률조항은 뒤의 '라. 과잉금지원칙 위반 여부'에서 설시하는 바와 같이 위와 같은 불이익을 부과함에 있어서 필요최소한에 그치도록 엄격한 요건을 설정하지도 않았다.

【헌재 분석】 (이하 생략)

3. 헌법불합치 의견

【헌재 판단】 이 사건 법률조항이 헌법 제27조 제4항과 제37조 제2항에 위반하여 청구인의 기본권을 침해하고 있지만, 전부 위헌은 아니고 위헌부분과 합헌부분이 섞여 있다고 생각한다.

【헌재 분석】 이 사건 법률조항은 자치단체장이 금고 이상의 형을 선고받은 경우에는 그 형이 확정되기 전에도 그 권한을 부단체장이 대행하도록 규정하고 있다. /

【헌재 분석】 청구인은 2010. 6. 2. 강원도지사로 선출되어 2010. 7. 1. 취임하였으나, 2010. 6. 11. 서울고등법원에서 정치자금법위반죄 등으로 징역 6월에 집행유예 1년의 형을 선고받았기 때문에, 이 사건 법률조항으로 인하여 2010. 7. 1.부터 강원도지사의 권한을 행사하지 못하고 있다. 이러한 상태는 금고 이상의 형의 선고가 취소되거나 확정될 때까지 계속될 것이다.

【헌재 판단】 자치단체장과 같이 선거로 선출되는 공무원은 선거의 효과로 법률에 규정된 공무담임권을 취득하는데, 이는 주권자인 국민으로부터 지방자치권한을 위임받는 것이다(헌법 제1조 제2항). 그리고 선거직 공무원이 선거를 통하여 주권자로부터 위임받은 공무담임권은 헌법 제25조에 의하여 개인의 구체적인 기본권으로서 보호된다. /

【헌재 판단】 따라서 선거로 선출된 공무원의 공무담임권을 행사하지 못하게 하는 것은 주권행사의 결과와 선거의 효과로 취득한 구체적 기본권인 공무담임권을 제한하는 것이다.

【헌재 판단】 그리고 이 사건 법률조항은 자치단체장이 금고 이상의 형을 선고받기만 하면 그 형이 확정되기 전에도 공무담임권을 행사하지 못하도록 규정하고 있으므로, 헌법 제27조 제4항에 의하여 보장되는 형사피고인의 무죄추정권을 제한한다.

【헌재 판단】 이처럼 이 사건 법률조항은 주권행사인 선거의 효과와 선출된 공무원의 공무담임권과 형사피고인의 무죄추정권을 아울러 제한하기 때문에, 이 사건 법률조항이 헌법적으로 정당화되려면 이러한 기본권을 제한하기 위한 요건(헌법 제37조 제2항의 요건)을 갖추어야 한다.

【헌재 판단】 선거직 공무원은 선거에 의하여 주권자로부터 직접 공무담임권을 위임받은 것인바, 공무담임권을 위임한 선출의 정당성이 무너지거나 공무담임권 위임의 본지를 배반하는 직무상 범죄를 저지른 경우에도 계속 공무를 담당하게 하는 것은 선거에 의한 공무담임권 위임의 본지에 부합된다고 보기 어렵다. /

【헌재 판단】 그러나 이러한 경우에도 선거직 공무원은 직위해제나 징계에 의하여 직무에서 배제시킬 수가 없다(국가공무원법 제3조 제1항, 지방공무원법 제3조 제1항). 따라서 선거직 공무원의 경우에는 국민주권주의의 요청(헌법 제1조 제2항)과 국민에 대한 책임(헌법 제7조 제1항)을 구현하기 위하여 필요한 경우에 공무담임권의 행사를 제한할 수 있다고 봄이 상당하다.

【헌재 판단】 선거로 선출된 공무원이 당해 선거에서 선거법을 위반하여 금고 이상의 형을 선고받은

경우에는 선출의 효력 및 공무담임권 취득의 정당성 자체가 무너졌다고 보아 그의 공무담임권의 행사를 정지시켜도 무방하다고 할 것이다. /

【헌재 판단】 그리고 선거직 공무원으로 재직하던 중 직무상 범죄를 저질러 금고 이상의 형을 선고받음으로써 공무담임권 위임의 본지를 배반하였다고 볼 수 있는 경우에도 그의 공무담임권 행사를 정지시킬 수 있다고 할 것이다. /

【헌재 판단】 이처럼 선거직 공무원이 금고 이상의 형을 선고받은 사유로 인하여 공무담임권 위임의 정당성이 무너지거나 공무담임권 위임의 본지를 배반하였다고 볼 수 있는 경우에는, 그러한 사유로 인하여 공무를 계속 담당시키기 곤란하다고 보아 공무담임권의 행사를 정지시키더라도, /

【헌재 판단】 금고 이상의 형이 선고된 사실보다 공무담임권 위임의 정당성이 무너지거나 공무담임권 위임의 본지를 배반하여 공무를 계속 담당시키기 곤란함을 이유로 하는 것이므로 헌법 제27조 제4항의 무죄추정의 원칙에 직접적으로 위반된다고 보기 어렵고, /

【헌재 판단】 국민주권주의의 요청과 국민에 대한 책임을 구현하기 위하여 그러한 사유를 선거직 공무원의 공무담임권과 형사피고인의 무죄추정권을 제한하는 사유로 삼을 수 있다고 할 것이다. /

【헌재 판단】 그리고 금고 이상의 형이 선고된 후부터 그 형의 선고가 취소되거나 확정될 때까지 잠정적으로 정지시키는 것이므로 공무담임권이나 무죄추정권을 필요한 한도를 넘어 지나치게 제한하여 헌법 제37조 제2항에 위반된다고 보기도 어렵다고 할 것이다.

【헌재 판단】 다만, 자치단체장이 금고 이상의 형을 선고받은 경우에 공무담임권 위임의 정당성이 무너지거나 공무담임권 위임의 본지를 배반하여 공무를 계속 담당시키기 곤란한 경우인지 여부를 심판하는 절차를 따로 두지 않고 있으므로, /

【헌재 판단】 금고 이상의 형을 선고받은 사유로 인하여 공무담임권 위임의 정당성이 무너지거나 공무담임권 위임의 본지를 배반하는 정도가 현저하여 공무를 계속 담당시킬 수 없음이 명백한 경우에만 공무담임권 행사를 정지시킬 수 있다고 보아야 할 것이다.

【헌재 판단】 그러나 선거직 공무원이 금고 이상의 형을 선고받았다고 하더라도, 그로 인하여 공무담임권 위임의 정당성이 무너지거나 공무담임권 위임의 본지를 배반하여 공무를 계속 담당시키기 곤란한 경우라고 보기 어려운 경우에는, 그러한 형의 선고를 이유로 그 형이 확정되기 전에 선거직 공무원의 공무담임권을 제한하는 것은 곧바로 헌법 제27조 제4항에 위반된다고 할 것이고, /

【헌재 판단】 그러한 사유를 선거직 공무원의 기본권인 공무담임권과 형사피고인의 무죄추정권을 제한할 사유로 삼는 것도 허용될 수 없다고 보아야 한다.

【헌재 판단】 결국 이 사건 법률조항은 자치단체장이 금고 이상의 형을 선고받은 경우에, 그러한 형을 선고받은 범죄행위로 인하여 공무담임권 위임의 정당성이 무너지거나 공무담임권 위임의 본지를 배반하여 공무를 계속 담당시키기 곤란한 경우인지 여부를 묻지 않고, 그러한 형이 확정되기 전에도 선출된 공무원의 공무담임권을 행사하지 못하게 하고 있으므로, 헌법에 위반되지 않는 경우와 헌법에 위반되는 경우를 포함하여 규율하고 있다고 할 것이다. /

【헌재 판단】 그리고 이 사건 법률조항 중 위헌부분과 합헌부분을 가려내는 일은 국회의 입법형성권에 맡김이 상당하다. 따라서 이 사건 법률조항 전부에 대하여 헌법에 합치되지 아니한다고 선언하고 이 사건 법률조항 중 위헌부분을 제거하는 개선입법을 촉구함이 상당하다.

【헌재 판단】 청구인은 강원도 주민의 선거로 강원도지사로 선출되어 취임한 사람으로서 강원도지사로 선출되기 전에 정치자금법을 위반한 혐의로 인하여 금고 이상의 형을 선고받았지만, 그러한 혐의행위로 인하여 청구인이 강원도지사로 선출되어 취임한 정당성이 무너지거나 도지사선거에 의한 공무담임권 위임의 본지를 배반하였다고 보기 어려우므로, /

【헌재 판단】 청구인이 이 사건 법률조항으로 인하여 강원도지사의 권한을 행사하지 못하는 것은 청구인의 공무담임권과 무죄추정권이 부당하게 침해되는 것이라고 보지 않을 수 없다. /

【헌재 판단】 그러한 기본권 침해는 이 사건 법률조항 중 위헌부분으로 말미암은 것이라고 할 것이므로 헌법재판소법 제75조 제3항 또는 제5항에 의하여 이 사건 법률조항에 위헌부분이 포함되어 있다는 점도 선언할 필요가 있다.

4. 헌법재판소의 최종 판단

【헌재 결론】 앞에서 본 바와 같이, 이 사건 법률조항이 헌법에 위반된다는 의견이 5인이고, 헌법에 합치되지 아니한다는 의견이 1인이므로, 단순위헌 의견에 헌법불합치 의견을 합산하면 헌법재판소법 제23조 제2항 제1호에 따라 헌법소원에 관한 인용결정에 필요한 심판정족수 6인에 이르게 된다. /

【헌재 결론】 그러므로 이 사건 법률조항에 대하여 주문과 같이 헌법에 합치되지 아니한다고 선언하고, /

【헌재 결론】 입법자가 2011. 12. 31.까지 위 법률을 개정하지 아니하면 2012. 1. 1.부터 그 효력을 상실하도록 하며, 위 개정시까지 법원 기타 국가기관 및 지방자치단체에게 위 법률조항의 적용을 중지할 것을 명한다.

【헌재 결론】 아울러 종전에 헌법재판소가 이 결정과 견해를 달리해, 이 사건 법률조항에 해당하는 구 지방자치법(2002. 3. 25. 법률 제6669호로 개정되고 2007. 5. 11. 법률 제8423호로 개정되기 전의 것) 제101조의2 제1항 제3호가 과잉금지원칙을 위반하여 자치단체장의 공무담임권을 제한하는 것이 아니고 무죄추정의 원칙에도 저촉되지 않는다고 판시하였던 2005. 5. 26. 2002헌마699, 2005헌마192(병합) 결정은 이 결정과 저촉되는 범위 내에서 변경하기로 한다.

【헌재 결론】 이 결정에 대하여는, 아래 6.에서 보는 바와 같은 재판관 이공현, 재판관 민형기, 재판관 이동흡의 반대의견과, 7.에서 보는 바와 같은 재판관 조대현의 주문표시에 관한 보충의견이 있다.

【헌재 주문】

1. 지방자치법(2007. 5. 11. 법률 제8423호로 전부 개정된 것) 제111조 제1항 제3호는 헌법에 합치되지 아니한다.

2. 위 법률조항은 입법자가 2011. 12. 31.까지 개정하지 아니하면 2012. 1. 1.부터 그 효력을 상실한다.

3. 법원 기타 국가기관 및 지방자치단체는 입법자가 개정할 때까지 위 법률조항의 적용을 중지하여야 한다.

【코멘트】 [2010. 9. 2 헌법재판소에서 헌법불합치 결정된 지방자치법 제111조 제1항 제3호는 2011. 5. 30 법률 제10739호에 의하여 삭제되었다.]

2010헌마499

즉시항고와 재판받을 권리
항소기각결정 즉시항고 사건
2011. 5. 26. 2010헌마499, 헌공 제176호, 856

1. 사실관계 및 사건의 경과

【사실관계】
① 2009. 12. 8. 갑은 P지방법원에서 업무방해죄로 벌금 100만 원을 선고받았다.
② 갑은 불복 항소하였다.
③ 갑은 항소심법원으로부터 소송기록접수통지서를 수령하였다.
④ 항소인은 소송기록접수통지서 수령 후 20일 이내에 항소이유서를 제출하여야 한다.
⑤ 갑은 20일의 항소이유서 제출기간이 도과한 후에 항소이유서를 제출하였다.
⑥ 2010. 5. 7. 갑은 P법원으로부터 Q항소기각결정을 받았다.

【사건의 경과】
① 항소기각결정에 대해서는 3일 내에 즉시항고를 제기할 수 있다(법361의4②).
② 3일의 즉시항고기간이 도과하여 P법원의 Q항소기각결정은 그대로 확정되었다.
③ 2010. 8. 11. 갑은 헌법재판소에 헌법소원심판을 청구하였다.
④ 갑은 심판청구의 이유로, 즉시항고 제기기간을 3일로 제한하고 있는 형소법 제405조가 갑의 재판청구권 등을 침해한다고 주장하였다.

2. 형사소송법상 즉시항고제도의 의의

【헌재 판단】 법원의 재판 중 결정에 대한 상소제도인 항고는 불복기간의 제한이 있는지 여부에 따라 보통항고와 즉시항고로 구분되는데, /

【헌재 판단】 즉시항고는 당사자의 중대한 이익에 관련된 사항이나 소송절차의 원활한 진행을 위하여 신속한 결론을 얻는 것이 필요한 사항 등을 그 대상으로 하는 것으로, 법률에서 이를 개별적으로 허용하는 경우에 한하여 3일의 제기기간 내에 제기하여야 하고, 이러한 제기기간은 결정을 고지한 날로부터 기산한다(형사소송법 제343조 제2항).

【헌재 판단】 즉시항고는 보통항고와 달리 그 제기기간 내에 제기가 있는 때에는 재판의 집행이 정지된다(법 제410조). 즉시항고의 대상이 되는 결정은 당사자에게 중대한 영향을 미치는 경우가 많으므로 즉시항고에도 불구하고 집행이 이루어져 항고인에게 회복할 수 없는 손해가 발생하는 것을 방지하기 위한 것이다.

【헌재 판단】 즉시항고를 제기하기 위해서는 항고장을 원심법원에 제출하여야 하는데(법 제406조) 항고장의 기재사항에 관해서는 아무런 규정이 없고, 항소나 상고와는 달리 항고장 제출 이후 항고이유서를 제출하는 절차가 따로 없으므로 실무상으로는 항고장 자체에 항고이유를 기재하거나 즉시 항고

이유서를 제출하고 있다. /

3. 재판청구권 침해 여부

【헌재 판단】 (가) '법률에 의하여' 재판을 받을 권리를 보장하고 있는 헌법 제27조 제1항은, 원칙적으로 입법자에 의하여 형성된 현행 소송법의 범주 안에서 권리구제절차를 보장한다는 것을 밝히고 있다. /

【헌재 판단】 따라서 입법자는 청구기간이나 제소기간과 같은 일정한 기간의 준수, 소송대리, 변호사 강제제도, 소송수수료규정 등을 통하여 소송법에 규정된 형식적 요건을 충족시켜야 비로소 법원에 제소할 수 있도록, 소송의 주체, 방식, 절차, 시기, 비용 등에 관하여 규율할 수 있다.

【헌재 판단】 한편 재판을 청구할 수 있는 기간을 정하는 것은 입법자가 그 입법형성 재량에 기초한 정책적 판단에 따라 결정할 문제이고 그것이 입법부에 주어진 합리적인 재량의 한계를 일탈하지 아니하는 한 위헌이라고 판단할 것은 아니다.

【헌재 분석】 (나) 청구인은 3일이라는 형사소송법상 즉시항고 제기기간이 지나치게 짧아 재판청구권을 침해한다고 주장한다. /

【헌재 판단】 그러나 즉시항고는 위에서 보았듯이 당사자의 중대한 이익에 관련된 사항이나 소송절차의 원활한 진행을 위해 신속한 결론이 필요한 사항을 대상으로 하는 것으로, 한정된 사항에 대하여 간이하고 신속한 판단을 하기 위한 절차이다. 따라서 즉시항고의 제기기간을 단기로 정할 필요성이 인정된다. /

【헌재 판단】 그리고 즉시항고의 경우에는 그 대상이 한정되므로 즉시항고를 제기할 것인지 여부 및 어떠한 이유로 즉시항고를 제기할 것인지를 비교적 쉽게 결정할 수 있을 것으로 보인다.

【헌재 분석】 (다) 한편 형사소송법상의 법정기간은 소송행위를 할 자의 주거 또는 사무소의 소재지와 법원과의 거리, 교통통신의 불편 정도에 따라 연장될 수 있으며(법 제67조, 형사소송규칙 제44조), /

【헌재 분석】 재소자의 경우에는 교도소장, 구치소장, 또는 그 직무를 대리하는 자에게 상소장을 제출한 때에는 그 제기기간 내에 상소한 것으로 간주되고(법 제344조 제1항), /

【헌재 분석】 상소권자 또는 대리인이 책임질 수 없는 사유로 상소의 제기기간 내에 상소를 하지 못한 때에는 상소권회복의 청구를 할 수 있는바(법 제345조), /

【헌재 판단】 이러한 법정기간의 연장 또는 예외에 관한 규정은 즉시항고의 경우에도 마찬가지로 적용된다.

【헌재 판단】 (라) 그렇다면 이 사건 법률조항에서 규정하고 있는 3일이라는 기간이 입법재량의 범위를 일탈하여 청구인의 재판청구권을 침해하고 있다고 볼 수 없다.

4. 평등권 침해 여부

【헌재 판단】 재판에 대한 불복기간의 제한은 입법자가 상소심의 구조와 성격 등을 고려하여 결정할 입법재량의 문제이다. /

【헌재 판단】 형사재판의 경우는 부당한 구금의 장기화 방지, 실체적 진실발견을 위한 증거의 멸실이나 왜곡 방지, 일반예방 및 특별예방의 목적달성을 위한 형벌권의 조기실현 등을 위하여 민사재판에

비해 보다 신속하게 법률관계를 확정지을 필요가 있는바, /

【헌재 판단】 즉시항고 제기기간에 관하여 민사소송법은 1주로 규정하고 있음에도 그 절반 가량인 3일로 규정한 것은 상대적으로 신속한 확정이 필요한 형사재판의 특성을 반영한 것으로서 그 차별취급에 합리적 이유가 있으므로 청구인의 평등권을 침해하지 아니한다.

【헌재 결론】 (3) 따라서 이 사건 법률조항은 청구인의 재판청구권 행사 및 평등권을 제한하고 있지만, 이에 관한 합리적인 입법재량의 한계를 일탈하지 아니하였으므로 이로 인하여 청구인의 기본권이 침해된다고 볼 수 없다. (심판청구 기각)

2010헌마672

사후영장 불비와 영장주의
퇴거불응 현행범체포 사건
2012. 5. 31. 2010헌마672, 헌집 24①하, 652

1. 사실관계 및 사건의 경과

【사실관계】

① 2010. 7. 20. 17:00경 갑은 P교육청 민원실에 들어가 해당 민원 담당자로부터 상담을 받았다.

② 2010. 7. 20. 18:00 민원실 업무가 마감된 이후 갑은 당직관 A로부터 수회에 걸쳐 퇴거를 요구받았다.

③ 2010. 7. 20. 22:10경까지 갑은 자신의 요구가 관철되지 않았다는 이유로 민원실에서 퇴거하지 않았다.

④ 2010. 7. 20. 22:30경 갑은 신고를 받고 출동한 Q경찰서 R파출소 소속 경찰관 A와 B에 의하여 퇴거불응죄의 현행범인으로 체포되었다.

⑤ 2010. 7. 21. 19:45경 갑은 석방되었다.

【사건의 경과】

① 2010. 11. 4. 갑은 헌법재판소에 헌법소원심판을 청구하였다.

② 갑은 다음의 점을 들어서 형소법의 현행범체포 조항들이 헌법상 영장주의에 반한다고 주장하였다.

(가) 현행범인으로 체포된 피의자를 사후영장 없이 구금할 수 있도록 하고 있다.

(나) 현행범인으로 체포된 피의자를 48시간이란 긴 시간 동안 구금할 수 있도록 하고 있다.

③ 헌법재판소는 심판대상조항 및 관련조항으로 다음의 조문에 주목하였다.

(가) 형사소송법 제212조(현행범인의 체포) 현행범인은 누구든지 영장 없이 체포할 수 있다.

(나) 형사소송법 제213조의2(준용규정) …… 제200조의2 제5항 ……의 규정은 검사 또는 사법경찰관리가 현행범인을 체포하거나 현행범인을 인도받은 경우에 이를 준용한다.

(다) 형사소송법 제200조의2(영장에 의한 체포) ⑤ 체포한 피의자를 구속하고자 할 때에는 체포한 때부터 48시간 이내에 제201조의 규정에 의하여 구속영장을 청구하여야 하고, 그 기간 내에

구속영장을 청구하지 아니하는 때에는 피의자를 즉시 석방하여야 한다.

2. 헌법상의 영장주의

(1) 영장주의의 의의

【헌재 분석】 (가) 헌법 제12조 제1항은 "모든 국민은 신체의 자유를 가진다. 누구든지 법률에 의하지 아니하고는 체포·구속·압수·수색 또는 심문을 받지 아니하며, 법률과 적법한 절차에 의하지 아니하고는 처벌·보안처분 또는 강제노역을 받지 아니한다."라고 규정함으로써, /

【헌재 분석】 국가가 신체의 자유를 침해하거나 제한하는 경우에는 적법절차의 원칙에 따라야 함을 선언하고 있다. /

【헌재 분석】 나아가 헌법 제12조 제3항은 "체포·구속·압수 또는 수색을 할 때에는 적법한 절차에 따라 검사의 신청에 의하여 법관이 발부한 영장을 제시하여야 한다."라고 규정함으로써 영장주의를 천명하고 있는바, /

【헌재 요지】 영장주의란 위 적법절차원칙에서 도출되는 원리로서, /

【헌재 요지】 형사절차와 관련하여 체포·구속·압수·수색의 강제처분을 함에 있어서는 사법권 독립에 의하여 신분이 보장되는 법관이 발부한 영장에 의하지 않으면 아니 된다는 원칙이다. /

【헌재 요지】 따라서 영장주의의 본질은 신체의 자유를 침해하는 강제처분을 함에 있어서는 중립적인 법관이 구체적 판단을 거쳐 발부한 영장에 의하여야만 한다는 데에 있다/

【헌재 요지】 (헌재 2008. 1. 10. 2007헌마1468, 판례집 20-1상, 1, 35). /

【헌재 요지】 (나) 헌법 제12조 제3항은 "체포·구속·압수 또는 수색을 할 때에는 … 영장을 제시하여야 한다."라고 규정하고 있으므로, 영장주의는 원칙적으로 사전영장의 원칙을 의미한다. /

【헌재 분석】 다만 같은 항 단서는 "현행범인인 경우와 장기 3년 이상의 형에 해당하는 죄를 범하고 도피 또는 증거인멸의 염려가 있을 때에는 사후에 영장을 청구할 수 있다."고 규정하여 사전영장원칙의 예외를 인정하고 있는데, /

【헌재 분석】 현행범인을 체포하는 경우(이하 '현행범인 체포'라고 한다)와 /

【헌재 분석】 형사소송법 제200조의3 제1항 소정 요건을 갖춘 긴급한 경우(이하 '긴급체포'라고 한다)의 경우에는 /

【헌재 분석】 법관이 사전에 발부한 영장을 제시하지 않아도 체포할 수 있도록 허용하고 있다.

(2) 영장주의와 위헌심사

【헌재 요지】 수사기관의 피의자에 대한 강제처분에 관한 법률을 제정함에 있어서 /

【헌재 요지】 입법자는 헌법적 특별규정인 헌법 제12조 제3항을 준수하는 범위 내에서 /

【헌재 요지】 우리 사회의 법현실, 수사관행, 수사기관과 국민의 법의식수준 등을 종합적으로 검토한 다음 /

【헌재 요지】 구체적 사정에 따라서 다양한 정책적인 선택을 할 수 있다/

【헌재 요지】 (헌재 2003. 12. 18. 2002헌마593, 판례집 15-2하, 637, 648 참조). /

【헌재 분석】 그러므로 피의자에 대한 체포 및 후속절차 등에 관련된 이 사건 심판대상 조항들이 '영

장주의'에 합치되는지 여부를 살핀다.

(3) 현행범인 체포제도의 개관

【헌재 분석】 (가) 형사소송법은, "현행범인은 누구든지 영장 없이 체포할 수 있다."고 규정하고 있다(법 제212조). /

【헌재 분석】 여기에서 현행범인이란 '범죄의 실행 중이거나 실행의 즉후인 자'를 말하는데(법 제211조 제1항), /

【헌재 요지】 그 중 '범죄의 실행 중'이란 범죄의 실행에 착수하여 종료하지 못한 상태를 말하고, /

【헌재 요지】 '범죄의 실행 즉후'란 행위를 종료한 순간 또는 이에 접착한 시간적 단계로서 결과발생의 유무와 관계없고 실행행위를 전부 종료하였을 것도 요하지 않는다. /

【헌재 요지】 이와 같이 현행범인은 시간적 단계의 개념이지만, /

【헌재 요지】 범인이 범행장소를 이탈한 때에는 시간적 접착성도 인정되지 않으므로 동시에 장소적 접착성도 필요하다고 보아야 한다.

【헌재 분석】 그리고 형사소송법은 범죄의 실행 중이거나 실행의 즉후가 아니더라도 범인으로 호칭되어 추적되고 있는 자, 장물이나 범죄에 사용되었다고 인정함에 충분한 흉기 기타의 물건을 소지하고 있는 자, 신체 또는 의복류에 현저한 증적이 있는 자, 누구임을 물음에 대하여 도망하려 하는 자를 현행범인으로 간주한다(법 제211조 제2항).

【헌재 분석】 (나) 사법경찰관이 현행범인을 체포할 때에는 체포의 적법절차를 준수하여야 한다. /

【헌재 분석】 즉 사법경찰관은 현행범인에 대하여 범죄사실의 요지, 체포의 이유와 변호인을 선임할 수 있음을 말하고 변명할 기회를 준 후가 아니면 체포할 수 없다(법 제200조의5, 제213조의2). /

【헌재 분석】 또한 구속의 통지의무도 이행하여야 하며(법 제87조, 제213조의2), /

【헌재 분석】 현행범인으로 체포된 자를 구속하고자 할 때에는 체포한 때부터 48시간 이내에 구속영장을 청구하여야 하고, /

【헌재 분석】 그 기간 내에 구속영장을 청구하지 아니하는 때에는 피의자를 즉시 석방하여야 한다(법 제200조의2 제5항, 제213조의2).

3. 형소법 제212조 현행범인 체포조항의 위헌 여부

【헌재 요지】 이 사건 현행범인체포조항은, 현행범인을 "영장 없이" 체포할 수 있도록 규정하고 있다. /

【헌재 요지】 그런데 헌법 제12조 제3항은 "체포 … 할 때에는 … 영장을 제시하여야 한다. 다만 현행범인인 경우 … 에는 사후에 영장을 청구할 수 있다."라고 규정하여, /

【헌재 요지】 현행범인 체포에 있어서는 헌법에서 직접 사전영장원칙의 예외를 인정하고 있으므로, /

【헌재 요지】 위 현행범인체포조항은 헌법상 영장주의에 위반되지 않는다.

4. 형소법 제213조의2 및 제200조의2 제5항 영장청구조항의 위헌 여부

(1) 사후 체포영장의 미비 문제

【헌재 분석】 (가) 수사기관이 현행범인 체포를 통해 영장 없이 피의자를 체포하였다가 구속영장을

청구하지 않고 석방하는 경우, /

【헌재 분석】 그 체포 및 이에 따른 단기간의 구금의 정당성 여부에 대하여 법관의 심사와 통제가 이루어지지 못하는데, /

【헌재 분석】 그것이 헌법에 위반되는지 문제된다.

【헌재 요지】 (나) 헌법 제12조 제3항 단서가 "다만 현행범인인 경우 … 에는 사후에 영장을 청구할 수 있다."라고 규정할 뿐 사후 영장의 청구 방식에 대해 특별한 규정을 두지 않고 있는 이상, /

【헌재 요지】 이 사건 영장청구조항이 체포한 피의자를 구속하고자 할 때에는 48시간 이내에 구속영장을 청구하되, /

【헌재 요지】 그렇지 않은 경우 체포에 대한 사후 통제절차 없이 피의자를 즉시 석방하도록 규정하였다고 하여, /

【헌재 요지】 위 영장청구조항이 헌법상 영장주의에 위반된다고 단정할 수는 없다. /

【헌재 판단】 현행범인인 피의자를 체포하여 조사한 결과 구금을 계속할 필요가 없다고 판단하여 48시간 이내에 석방하는 경우까지도 반드시 체포영장발부절차를 밟게 한다면, /

【헌재 판단】 이는 실무상 피의자, 수사기관 및 법원 모두에게 시간과 노력의 비경제적인 소모를 초래할 가능성이 있고, /

【헌재 판단】 미국, 영국, 독일, 일본 등의 입법에도 현행범인에 대한 사후체포영장제도는 없다.

【헌재 판단】 (다) 특히 현행범인은 그 개념 자체에 의하여 범행과의 시간적·장소적 접착성 및 범행의 명백성이라는 요건을 요구하고 있을 뿐만 아니라 /

【헌재 판단】 여기에서의 '범인과 범증의 명백성'은 누구든지 알 수 있을 정도로 외부적으로 명백한 경우를 의미하므로(대법원 2002. 5. 10. 선고 2001도300 판결 등 참조) /

【헌재 판단】 현행범인을 체포할 때에 수사기관의 주관적인 판단이 개입할 여지는 적어 /

【헌재 판단】 체포의 부당성에 대한 법원의 사후 통제 필요성도 크지 않다고 할 것이다.

【헌재 판단】 (라) 따라서 이 사건 영장청구조항이 현행범인 체포에 대한 사후 체포영장제도를 규정하지 않았다고 해서 헌법상 영장주의에 위반된다고 볼 수 없다.

(2) 구속영장 청구기간의 문제

【헌재 분석】 (가) 헌법 제12조 제3항 단서는 "현행범인인 경우 … 사후에 영장을 청구할 수 있다."라고 규정할 뿐, 사후영장의 청구기간이나 구체적 기준을 명시하지 않고 있다. /

【헌재 분석】 한편 이 사건 영장청구조항은, "체포한 피의자를 구속하고자 할 때에는 체포한 때부터 48시간 이내에 … 구속영장을 청구하여야 하고, 그 기간 내에 구속영장을 청구하지 아니하는 때에는 피의자를 즉시 석방하여야 한다."고 규정하고 있으므로, /

【헌재 분석】 위 "48시간 이내"라는 시간적 범위가 헌법 제12조 제3항 단서에서 말하는 "사후"의 범위를 일탈하여 헌법에 위반되는지 여부가 문제된다.

【헌재 분석】 (나) 살피건대, 우리나라의 현행범인 체포 이후의 형사절차를 보면, /

【헌재 분석】 사법경찰관이 현행범인을 체포한 경우에는 체포의 경위를 상세히 기재한 현행범인체포서를 작성하도록 하고, /

【헌재 분석】 사법경찰관리가 현행범인을 인도받은 때에는 체포한 사람으로부터 그 성명 · 주민등록번호 · 직업 · 주거 및 체포의 일시 · 장소 · 사유를 청취하여 현행범인인수서를 작성하도록 하며 /

【헌재 분석】 ('검사의 사법경찰관리에 대한 수사지휘 및 사법경찰관리의 수사준칙에 관한 규정' 제37조), /

【헌재 분석】 구속영장을 신청하는 경우 그 현행범인체포서 또는 현행범인인수서를 제출하도록 하고, /

【헌재 분석】 구속사유 심사에 필요한 범죄의 중대성, 재범의 위험성, 피해자 및 중요 참고인 등에 대한 위해우려 등의 고려사항이 있는 경우 이를 기재하도록 하는 등(같은 규정 제29조), /

【헌재 판단】 구속영장청구에 일정한 절차와 형식을 요구하고 있다. /

【헌재 판단】 나아가 체포된 현행범인에 대한 구금은 수사의 첫 단계이므로, /

【헌재 판단】 구금된 자에 대한 신원확인절차를 거쳐 그 혐의사실을 확인하고 이에 대한 증거를 확보하며 구속영장 청구 여부를 결정하기 위해서는 상당한 시간이 필요하다. /

【헌재 요지】 이같은 현행범인의 특수성, 현행범인 체포에 따른 구금의 성격, 형사절차에 불가피하게 소요되는 시간 및 수사현실 등을 종합적으로 고려하면, /

【헌재 요지】 체포한 때부터 "48시간 이내"를 사후영장의 청구기간으로 정한 입법자의 정책적 판단이 입법재량을 현저히 일탈한 것으로 보기는 어렵다.

【헌재 요지】 (다) 특히 앞에서 본 바와 같이, 현행범인은 '범인과 범증의 명백성'이 외부적으로 명백하여 부당한 체포의 가능성이 낮으므로, /

【헌재 요지】 사후영장 청구기간을 "체포한 때부터 48시간 이내"로 정하였다고 하여 헌법상 영장주의에 반한다고 볼 수 없다/

【헌재 분석】 〔한편 긴급체포의 경우에는, 피의자를 구속하고자 할 때에는 "지체없이" 사후 구속영장을 청구하도록 하면서 그 청구기간을 "48시간 이내"로 제한하였고(법 제200조의4 제1항), /

【헌재 분석】 사후 구속영장을 청구하지 아니하고 체포한 피의자를 석방할 때에는 석방한 날부터 30일 이내에 서면으로 법원에 긴급체포와 석방의 경위 등을 통지하도록 하여(같은 조 제4항) /

【헌재 분석】 체포의 당부에 대한 법원의 사후 통제장치를 규정하고 있다.〕

(3) 소 결

【헌재 결론】 결국 이 사건 영장청구조항이 현행범인 체포에 대해 사후 체포영장제도를 규정하지 않고, 사후 구속영장의 청구기간을 "48시간 이내"로 규정한 것이 헌법상 영장주의에 반한다고 할 수 없다. (심판청구 기각)

2010헌바98

재심절차의 구조
재심청구 변호사 위헌제청 사건
2011. 2. 24. 2010헌바98, 헌공 제173호, 415

1. 사실관계 및 사건의 경과

【사실관계】
① 변호사 갑은 사건수임과 관련하여 알선인에게 알선료를 지급하였다는 범죄사실로 변호사법위반죄로 벌금 3천만 원을 선고받았다. (㉠판결)
② ㉠판결은 확정되었다.
③ 갑은 형소법 제420조 제2호[허위증언등], 제5호[신증거]의 재심사유가 있음을 이유로 ㉠확정판결에 대해 재심을 청구하였다.

【사건의 경과】
① 갑은 재심청구사건 계속중 ㉠확정판결의 근거법률조항인 변호사법의 관련 P조항에 대하여 위헌제청 신청을 하였다.
② 재심청구법원은 갑의 신청을 기각하였다.
③ 갑은 헌법재판소에 헌법소원심판을 청구하였다.

2. 재심절차의 구조

【헌재 판단】 당해 사건은 유죄의 확정판결에 대한 재심청구사건이다. /
【헌재 판단】 재심의 청구를 받은 법원은 재심의 심판에 들어가기 전에 먼저 재심의 청구가 이유 있는지 여부를 가려 형사소송법 제434조에 의하여 이를 기각하거나, 같은 법 제435조에 의하여 재심개시의 결정을 하여야 한다. /
【헌재 판단】 그리고 재심개시의 결정이 확정된 뒤에 비로소 법원은 같은 법 제438조에 의하여 재심대상인 사건에 대하여 그 심급에 따라 다시 심판을 하게 된다. /
【헌재 판단】 즉 형사소송법은 재심의 절차를 '재심의 청구에 대한 심판'과 '본안사건에 대한 심판'이라는 두 단계 절차로 구별하고 있다.
【헌재 판단】 따라서 당해 재심사건에서 재심개시결정이 확정된 바 없는 이 사건 심판청구가 적법하기 위해서는, 이 사건 법률조항의 위헌 여부가 '본안사건에 대한 심판'에 앞서 '재심의 청구에 대한 심판'의 전제가 되어야 한다.

3. 헌법소원과 재판의 전제성

【헌재 요지】 그리고 재판의 전제성이 인정되기 위해서는, /
【헌재 요지】 구체적인 사건이 법원에 계속중일 것, /

【헌재 요지】 그 법률이 헌법에 위반되는지 여부에 따라 당해 사건을 담당하는 법원이 다른 내용의 재판을 하게 될 것 외에도 /

【헌재 요지】 그 법률이 당해 사건의 재판에 적용될 것이 요구된다.

【헌재 판단】 살피건대 '재심의 청구에 대한 심판'은 원판결에 재심사유가 있는지 여부만을 우선 결정하는 재판이다. /

【헌재 판단】 재심사유는 형사소송법 제420조 각 호에서 규정하고 있으며, 헌법재판소법 제47조 제3항은 위헌으로 결정된 법률 또는 법률조항에 근거한 유죄의 확정판결에 대하여 재심을 청구할 수 있다고 하여 형사소송법이 정한 재심사유 이외의 재심사유를 규정하고 있다. /

【헌재 판단】 법원의 '재심의 청구에 대한 심판'은 형사소송법 제420조 각 호에서 규정한 재심사유가 있는지, 헌법재판소법 제47조 제3항 소정의 재심사유, 즉 유죄확정판결의 근거가 된 법률조항이 위헌으로 결정된 바 있는지 여부만을 우선 심리하여 재판할 뿐이다. /

【헌재 판단】 그러므로 이 사건 법률조항은 원판결에 적용된 법률조항일 뿐 그 원판결에 대한 재심절차 중 '재심의 청구에 대한 심판'에 적용되는 법률조항이라고 할 수는 없다. /

【헌재 결론】 결국 이 사건 법률조항은 당해 재심사건에 적용되는 법률조항이 아니므로 재판의 전제성이 인정되지 아니한다. (심판청구 각하)

2011도453

부수처분과 판결파기의 범위
공개명령 부칙 확대실시 사건
2011. 4. 14. 2011도453, 2011전도12, 공 2011상, 980

1. 사실관계 및 사건의 경과

【사실관계】

① 2009. 6. 9. 이전의 시점에 갑은 13세 미만 청소년 A 등을 위력으로 추행하였다.

② 갑은 구 성폭력처벌법위반죄(13세미만자 위계ㆍ위력 간음등)로 기소되었다.

③ 기소 당시에는 청소년성보호법에 의하여 청소년대상 성범죄자에 대한 신상정보 열람제도가 도입되어 있었다.

④ 신상정보 열람제도는 관계 당국에 청구하여 청소년대상 성범죄자의 신상정보를 열람하는 방식이다.

⑤ 2009. 6. 9. 청소년성보호법이 아동청소년성보호법으로 확대 개편되었다.

⑥ 이 개정에 의하여 신상정보 열람제도에 갈음하여 신상정보 공개명령제도가 도입되었다.

【사건의 경과 1】

① 신상정보 공개명령제도는 법원의 공개명령에 따라 등록된 아동청소년 대상 성범죄자의 신상정보를 인터넷으로 공개하는 것이다.

② 새로운 신상정보 공개명령제도는 (가) 2010. 1. 1. 이후 최초로 아동청소년 대상 성범죄를 범하고,

(나) 유죄판결이 확정된 자부터 적용하게 되어 있었다.

③ 2010. 7. 23. 아동청소년성보호법이 다시 개정되었다.

④ 개정 아동청소년성보호법 부칙은 종래 신상정보의 열람대상이었던 성범죄자에 대하여 신상정보 공개명령 제도를 소급적용하도록 규정하였다.

⑤ (부칙의 내용은 판례 본문 참조)

【사건의 경과 2】

① 2010. 10. 29. 제1심법원은 다음과 같이 판결을 선고하였다.

  (가) 피고인을 징역 3년에 처한다.

  (나) 피고인에 대한 열람정보를 5년간 열람에 제공하고(다만, 성범죄의 요지는 판시 제1항 기재 각 범죄에 한한다), 피고인에 대한 정보를 5년간 정보통신망을 이용하여 공개한다(다만, 성범죄의 요지는 판시 제2항 기재 범죄에 한한다).

  (다) 피부착명령청구자에 대하여 6년간 위치추적 전자장치의 부착을 명한다.

  (라) 피부착명령청구자에 대하여 별지 준수사항 기재와 같은 준수사항을 부과한다.

  (마) 배상신청인의 신청을 각하한다.

② 갑은 불복 항소하였다.

③ 2010. 12. 31. 항소심법원은 갑에 대해 다음 내용의 판결을 선고하였다.

④ "피고인 겸 피부착명령청구자의 항소를 기각한다."

⑤ 갑은 불복 상고하였다.

⑥ 대법원은 직권으로 판단하였다.

2. 신상정보 공개명령제도와 유추해석 금지의 원칙

【대법원 요지】 형벌법규는 문언에 따라 엄격하게 해석·적용하여야 하고 피고인에게 불리한 방향으로 지나치게 확장해석하거나 유추해석하여서는 아니되지만, 형벌법규의 해석에서도 법률문언의 통상적인 의미를 벗어나지 않는 한 그 법률의 입법취지와 목적, 입법연혁 등을 고려한 목적론적 해석이 배제되는 것은 아니다.

【대법원 분석】 2009. 6. 9. 법률 제9765호로 전부 개정된 구 아동청소년성보호법에 의하여 도입된 신상정보의 공개명령 제도는 그 부칙 제1조, 제3조 제1항에 의하여 그 시행일인 2010. 1. 1. 이후 최초로 아동·청소년 대상 성범죄를 범하고 유죄판결이 확정된 자부터 적용하게 되어 있었다. /

【대법원 분석】 그런데 2010. 7. 23. 법률 제10391호로 개정된 아동·청소년의 성보호에 관한 법률(이하 '개정 아동청소년성보호법'이라 한다)에 의하여 구 아동청소년성보호법 부칙 제3조가 개정되면서 위 제3조 제1항에 대한 예외로서 /

【대법원 분석】 같은 조 제2항에서

【대법원 분석】 "제1항에도 불구하고 여성가족부장관은 법률 제7801호 청소년의 성보호에 관한 법률 일부 개정법률 제22조부터 제24조까지의 규정에 따라 국가청소년위원회가 열람대상자로 결정한 자(예비등록대상자로 통보한 자를 포함한다) 및 /

【대법원 분석】 법률 제8634호 청소년의 성보호에 관한 법률 전부 개정법률 제37조에 따라 열람명

령을 받은 자에 대하여도 /

【대법원 분석】 검사가 유죄의 확정판결을 한 법원(대법원인 경우에는 제2심판결을 한 법원을 말한다)에 청구하여 그 법원의 공개명령을 받아 제39조에 따라 공개명령을 집행한다."고 규정하고, /

【대법원 분석】 제4항에서 /

【대법원 분석】 "제1항에도 불구하고 이 법 시행 당시 법률 제7801호 청소년의 성보호에 관한 법률 일부 개정법률 또는 법률 제8634호 청소년의 성보호에 관한 법률 전부 개정법률을 위반하고 확정판결을 받지 아니한 자에 대한 공개명령에 관하여는 제38조에 따른다."고 규정하고 있다.

【대법원 요지】 위 부칙 제3조 제4항의 문언, 그리고 위 부칙 조항이 구 청소년의 성보호에 관한 법률에 따라 신상정보의 열람대상이었던 성범죄자에 대하여 신상정보 공개명령 제도를 소급적용하도록 한 것은, /

【대법원 요지】 위 열람 제도만으로는 아동·청소년 대상 성범죄자에 대한 정보를 알기 어려우므로 위 열람대상자에 대한 신상정보를 공개함으로써 아동·청소년 대상 성범죄를 미연에 예방하고자 함에 그 입법취지가 있는 점 등에 비추어, /

【대법원 요지】 위 부칙 제3조 제4항은 위 법 시행 당시 '법률 제7801호 청소년의 성보호에 관한 법률 일부 개정법률 또는 법률 제8634호 청소년의 성보호에 관한 법률 전부 개정법률에 규정된 범죄(위반행위)를 범하여 열람결정 또는 열람명령의 대상이 되는 자 중에서 /

【대법원 요지】 그때까지 아직 확정판결을 받지 아니한 자' 일반에 대하여 개정 아동청소년보호법 제38조에 따라 공개명령을 할 수 있게 규정한 것으로 해석함이 상당하다. /

【대법원 요지】 따라서 구 청소년의 성보호에 관한 법률 자체의 위반죄가 아닌 위 법률이 규율하는 아동·청소년을 상대로 한 구 성폭법 위반죄나 형법상의 강간죄 등으로 공소제기되어 유죄판결을 선고할 경우에도 위 부칙 제3조 제4항이 적용된다 할 것이다.

3. 사안에 대한 대법원의 판단

【대법원 판단】 그런데 피고인의 공소사실 제1항 기재 각 범행은 구 청소년의 성보호에 관한 법률(2007. 8. 3. 법률 제8634호로 전부 개정된 것) 제37조 소정의 열람명령의 대상이 되는 같은 법 제2조 제3호에 규정된 청소년 대상 성폭력범죄에 해당하므로, 구 성폭법 위반죄로 공소제기되었다고 하더라도, 위 부칙 제3조 제4항에 따라 신상정보 공개명령의 대상이 된다고 보아야 한다.

【대법원 결론】 그럼에도 원심은 피고인의 공소사실 제1항 기재 각 범행에 대하여 신상정보 공개명령의 대상이 아니라 구 아동청소년성보호법에 의하여 이미 폐지되어 없어진 신상정보 열람명령의 대상이라고 판단하였으니, 이러한 원심의 판단에는 위 부칙 제3조 제4항의 적용범위에 관한 법리를 오해하여 판결에 영향을 미친 위법이 있다.

【대법원 결론】 따라서 원심판결 중 열람명령에 대한 부분은 파기를 면할 수 없고, /

【대법원 요지】 개정 아동청소년성보호법 제38조 제1항에 규정된 공개명령은 아동·청소년 대상 성범죄 사건의 판결과 동시에 선고하는 부수처분으로서 그 공개명령의 전부 또는 일부가 위법한 경우 나머지 피고사건 부분에 위법이 없더라도 그 부분까지 전부 파기될 수밖에 없다. (파기 환송)

2011도769

공소장변경과 공소사실의 동일성
차용금 대 투자금 사건
2011. 4. 14. 2011도769, 공 2011상, 984

1. 사실관계 및 사건의 경과

【사실관계】

① 갑은 A 등으로부터 투자금 명목으로 돈을 빌렸다가 갚지 못하였다.

② 갑은 특경법위반죄(사기)로 기소되었다.

③ 갑에 대한 여러 개의 공소사실 가운데에는 다음의 공소사실이 들어 있었다.

④ "피고인은 P기망행위를 하여 이에 속은 피해자들로부터 차용금 명목으로 합계 24억 7,100만 원을 교부받아 이를 편취하였다." (㉠공소사실)

⑤ 갑의 피고사건은 제1심을 거친 후, 항소심에 계속되었다.

【사건의 경과 1】

① 항소심에서 검사는 ㉠공소사실과 관련하여 공소장변경신청을 하였다.

② 항소심법원은 검사의 공소장변경신청을 허가하였다.

③ 변경된 공소사실은 다음과 같다.

④ "피고인은 P기망행위를 하여 이에 속은 피해자들로부터 투자금 명목으로 2007. 11. 27. 1억 3,000만 원을 교부받은 것을 비롯하여 그때부터 2008. 7. 31.경까지 별지 [범죄일람표(투자금산정서)] 기재와 같이 47회에 걸쳐 합계 2,458,389,426원을 교부받아 이를 편취하였다." (㉡공소사실)

【사건의 경과 2】

① 항소심법원은 갑에게 ㉡공소사실을 인정하여 유죄를 선고하였다.

② 갑은 불복 상고하였다.

③ 갑은 상고이유로, 변경 전의 ㉠공소사실과 변경 후의 ㉡공소사실 사이에 동일성이 인정되지 않는다고 주장하였다.

2. 공소장변경의 한계

【대법원 요지】 검사는 공소사실의 동일성을 해하지 아니하는 범위 내에서 법원의 허가를 얻어 공소장에 기재한 공소사실 또는 적용법조의 추가·철회 또는 변경을 할 수 있고, /

【대법원 요지】 공소사실의 동일성은 공소사실의 기초가 되는 사회적 사실관계가 기본적인 점에서 동일하면 그대로 유지되는 것으로, /

【대법원 요지】 이러한 기본적 사실관계의 동일성을 판단함에 있어서는 그 사실의 동일성이 갖는 기능을 염두에 두고 피고인의 행위와 그 사회적인 사실관계를 기본으로 하되 규범적 요소도 아울러 고려하여야 할 것이다.

3. 사안에 대한 대법원의 판단

【대법원 분석】 기록에 의하면, 검사는 원심에서 이 사건 공소사실 중 /

【대법원 분석】 '이에 속은 피해자들로부터 차용금 명목으로 합계 24억 7,100만 원을 교부받아 이를 편취하였다'를 /

【대법원 분석】 '이에 속은 피해자들로부터 투자금 명목으로 2007. 11. 27. 1억 3,000만 원을 교부받은 것을 비롯하여 그때부터 2008. 7. 31.경까지 당심 별지 [범죄일람표(투자금산정서)] 기재와 같이 47회에 걸쳐 합계 2,458,389,426원을 교부받아 이를 편취하였다'로 변경하는 /

【대법원 분석】 공소장변경 신청을 하였고, 원심은 이를 허가하였는바, /

【대법원 판단】 위 변경 전후의 공소사실은 모두 투자 권유를 통한 피고인의 일련의 편취행위를 대상으로 하는 것으로서, 단지 변경 후 공소사실은 변경 전 공소사실의 범죄 일시 등을 수정·특정하면서 편취 금액에 약간의 수정을 가하고 '차용금'을 '투자금'으로 정정한 것일 뿐, 당초의 공소사실 외에 별도로 이루어진 편취행위를 새로 공소사실에 추가하는 취지로 변경한 것은 아니라 할 것이므로, /

【대법원 판단】 위 변경 전후의 공소사실은 서로 양립 가능한 것이 아닌데다가 위 변경 후 공소사실은 그 기초가 되는 사회적 사실관계에 있어서 전체적으로 변경 전 공소사실의 사실관계에 포함되어, 위 공소장변경 전후의 공소사실은 상호 동일성이 인정된다고 할 것이다.

【대법원 결론】 같은 취지에서 공소장변경을 허가한 원심의 조치는 정당하고, 거기에 공소장변경 및 허가에 관한 법리오해 등의 위법이 있다고 할 수 없다. /

【대법원 요지】 그리고 공소장이 적법하게 변경된 이상, 당초의 공소장에 공소사실이 특정되지 않았는지의 여부는 더 이상 문제가 되지 아니한다. (다른 사유를 이유로 파기 환송)

2011도1094

공시송달과 불출석재판
1회 공시송달 재판 사건
2011. 5. 13. 2011도1094, 공 2011상, 1247

1. 사실관계 및 사건의 경과

【사실관계】
① 갑은 도로교통법위반죄(무면허운전)로 기소되었다.
② 제1심법원은 공소장에 갑의 주거로 기재된 P주소로 공소장 부본을 송달하였다.
③ 그러나 공소장 부본은 2회에 걸쳐 이사불명으로 송달불능되었다.
④ 2009. 10. 26. 제1심법원 [사무관]은 갑에게 전화를 걸어 통화하게 되었다.
⑤ 제1심법원 [사무관]은 갑에게 제1회 공판기일에 출석할 것을 통지하였다.
⑥ 제1심법원 [사무관]은 그러나 갑이 서류를 송달받을 수 있는 장소를 확인하지 않았다.

【사건의 경과 1】

① 갑은 제1회 공판기일에 출석하지 아니하였다.

② 2009. 10. 29. 제1심법원은 P주소를 관할하는 Q경찰서장에게 갑에 대한 소재탐지를 촉탁하였다.

③ 2009. 11. 23. Q경찰서장은 다음 내용의 소재탐지촉탁 회신을 제1심법원에 제출하였다.

④ "P주거지에 임하여 초인종을 수회 눌러도 대답이 없어 갑의 소재를 파악하지 못하였다."

⑤ 2009. 11. 25. 제1심법원은 갑에 대한 구속영장을 발부함과 아울러 지명수배를 의뢰하였다.

⑥ 그러나 갑의 소재는 발견되지 않았다.

【사건의 경과 2】

① 2010. 5. 28. 제1심법원은 갑에 대한 공소장 부본, 공판기일 소환장 기타 서류에 대한 송달을 공시송달로 할 것을 명하였다.

② 2010. 6. 17. 10:00(갑을 소환한 최초의 공판기일)에 갑은 불출석하였다.

③ 제1심법원은 그 공판기일에서 갑의 출석 없이 개정하였다.

④ 제1심법원은 증거조사를 마치고 변론을 종결하여 선고기일을 지정하였다.

⑤ 2010. 6. 24. 제1심법원은 갑에 대하여 벌금 300만 원을 선고하였다.

【사건의 경과 3】

① 검사는 양형부당을 이유로 항소하였다.

② 항소심법원은 제1심법원이 조사·채택한 증거들에 의하여 검사의 항소이유를 판단하였다.

③ 항소심법원은 다음의 판결을 선고하였다.

    (가) 원심판결을 파기한다.

    (나) 피고인을 징역 4월에 처한다.

④ 갑은 불복 상고하였다.

2. 공시송달의 요건

【대법원 분석】 1. 형사소송법 제63조 제1항에 의하면, 피고인의 주거, 사무소, 현재지를 알 수 없는 때에는 공시송달을 할 수 있고, /

【대법원 분석】 소송촉진 등에 관한 특례법 제23조, 소송촉진 등에 관한 특례규칙 제18조, 제19조는 제1심 공판절차에서 사형·무기 또는 장기 10년이 넘는 징역이나 금고에 해당하는 사건이 아니라면 피고인의 소재를 확인하기 위하여 소재조사촉탁, 구인장의 발부, 기타 필요한 조치를 취하였음에도 불구하고 피고인에 대한 송달불능보고서가 접수된 때부터 6월이 경과하도록 피고인의 소재가 확인되지 아니한 때에는 그 후 피고인에 대한 송달은 공시송달의 방법에 의하도록 규정하고 있다. /

【대법원 요지】 그러므로 기록상 피고인의 집 전화번호 또는 휴대전화번호 등이 나타나 있는 경우에는 위 전화번호로 연락하여 송달받을 장소를 확인하여 보는 등의 시도를 해보아야 하고, 그러한 조치를 취하지 아니한 채 곧바로 공시송달의 방법에 의한 송달을 하는 것은 형사소송법 제63조 제1항, 소송촉진 등에 관한 특례법 제23조에 위배되어 허용되지 아니한다.

【대법원 분석】 또한 소송촉진 등에 관한 특례규칙 제19조 제2항의 규정에 의하면, 제1심 공판절차에서 피고인에 대한 소환이 공시송달로 행하여지는 경우에도 법원이 피고인의 진술 없이 재판을 하기 위

하여는 공시송달의 방법으로 소환받은 피고인이 2회 이상 불출석할 것이 요구된다. /

【대법원 요지】 그러므로 공시송달의 방법으로 소환한 피고인이 불출석하는 경우 다시 공판기일을 지정하고 공시송달의 방법으로 피고인을 재소환한 후 그 기일에도 피고인이 불출석하여야 비로소 피고인의 불출석 상태에서 재판절차를 진행할 수 있는 것이다.

3. 사안에 대한 대법원의 분석

【대법원 분석】 2. 기록에 의하면, 제1심은 공소장에 피고인의 주거로 기재된 '경북 영천시 (이하 생략)'로 공소장 부본을 송달하였으나 2회에 걸쳐 이사불명으로 송달불능된 사실, /

【대법원 분석】 제1심은 2009. 10. 26. 피고인의 휴대전화(휴대전화번호 생략)로 전화를 걸어 피고인과 통화하게 되었으나, 피고인이 서류를 송달받을 수 있는 장소를 확인하지 아니한 채 제1회 공판기일에 출석할 것을 통지하는 데 그친 사실, /

【대법원 분석】 그런데 피고인이 제1회 공판기일에 출석하지 아니하자 제1심은 2009. 10. 29. 위 주거를 관할하는 영천경찰서장에게 피고인에 대한 소재탐지를 촉탁하였고, 영천경찰서장은 2009. 11. 23. "위 주거지에 임하여 초인종을 수회 눌러도 대답이 없어 피고인의 소재를 파악하지 못하였다."는 취지의 소재탐지촉탁 회신을 제1심에 제출한 사실, /

【대법원 분석】 이에 제1심은 2009. 11. 25. 피고인에 대한 구속영장을 발부함과 아울러 지명수배를 의뢰하였으나 피고인의 소재가 발견되지 아니하자 2010. 5. 28. 피고인에 대한 공소장 부본, 공판기일 소환장 기타 서류에 대한 송달을 공시송달로 할 것을 명하고 /

【대법원 분석】 피고인을 소환한 최초의 공판기일인 2010. 6. 17. 10:00에 피고인이 불출석하자 그 공판기일에서 피고인의 출석 없이 개정하여 증거조사를 마치고 변론을 종결하여 선고기일을 지정한 다음 2010. 6. 24. 피고인에 대하여 벌금 300만 원을 선고한 사실을 알 수 있다.

4. 사안에 대한 대법원의 판단

【대법원 판단】 위 인정 사실에 비추어 보면, 공소장에 피고인의 주거로 기재된 장소로의 송달은 이미 2회에 걸쳐 이사불명으로 송달불능된 바 있었으므로, 피고인의 휴대전화로 전화를 하게 된 제1심의 법원사무관 등으로서는 피고인이 서류를 송달받을 수 있는 장소를 확인하는 등의 시도를 해보았어야 할 것이다. /

【대법원 판단】 그럼에도 제1심은 그러한 조치를 취하지 아니한 채 피고인의 주거, 사무소, 현재지를 알 수 없다고 단정하고 공시송달의 방법으로 공소장 부본 등을 송달하였으니, 이러한 제1심의 조치는 소송촉진 등에 관한 특례법 제23조, 소송촉진 등에 관한 특례규칙 제18조, 제19조를 위반한 것이고, /

【대법원 판단】 또한 공시송달로 피고인을 소환한 최초의 공판기일에 피고인의 불출석 상태에서 재판절차를 진행한 것 역시 위법하므로, /

【대법원 판단】 결국 제1심의 소송절차는 어느 모로 보나 법령에 위배되어 판결에 영향을 미친 경우에 해당한다.

【대법원 판단】 위와 같이 제1심이 위법한 공시송달 결정에 터잡아 공소장 부본과 공판기일 소환장을 송달하고 피고인의 출석 없이 심리·판단한 이상, 이는 피고인에게 출석의 기회를 주지 아니한 것이

되어 그 소송절차는 위법한 것이다. /

【대법원 판단】 한편 항소법원은 판결에 영향을 미친 사유에 관하여는 항소이유서에 포함되지 아니한 경우에도 직권으로 심판할 수 있으므로, 원심으로서는 검사만이 양형부당으로 항소하였더라도 마땅히 직권으로 제1심의 위법을 시정하는 조치를 취했어야 할 것이다. /

【대법원 판단】 즉 원심으로서는 다시 적법한 절차에 의하여 소송행위를 새로이 한 후 위법한 제1심 판결을 파기하고, 원심에서의 진술 및 증거조사 등 심리결과에 기하여 다시 판결하여야 할 것이다.

【대법원 결론】 그럼에도 불구하고, 원심은 제1심의 위와 같은 위법을 간과한 채 제1심이 조사·채택한 증거들에 기하여 검사의 항소이유를 판단하였으니, 결국 원심판결에는 위법한 공시송달에 의하여 피고인의 진술 없이 이루어진 소송행위의 효력에 관한 법리를 오해하여 판결에 영향을 미친 위법이 있다. (파기 환송)

2011도1442

택일관계와 범죄사실의 단일성
인테리어 공사업자 사건
2011. 5. 13. 2011도1442, 공 2011상, 1260

1. 사실관계 및 사건의 경과

【사실관계 1】

① 2009. 2. 12. 갑은 A로부터 26,100,000원을 차용하였다.

② 2009. 4. 11.이 위 차용금의 변제기이다.

③ 갑은 A에게 담보 명목으로 다음 내용의 채권양도양수계약서를 작성해 주었다.

④ "P백화점 내 Q매장 인테리어 공사대금 채권 중 3,000만 원을 A에게 양도한다."

⑤ 그러나 갑은 공사도급인 B에게 채권양도의 통지를 하지 않았다.

⑥ B에 대한 공사대금 채권은 공사금액이 56,326,800원이었다.

⑦ B에 대한 공사대금 채권은 도급인의 지위, 공사성격 등에 비추어 공사가 완료되면 공사대금을 지급받을 가능성이 높은 채권이었다.

【사실관계 2】

① 갑은 Q매장의 인테리어 공사를 마쳤다.

② 2009. 3.말경 갑은 공사도급인 B로부터 공사대금 지급 명목으로 액면 56,300,000원의 M어음을 받았다.

③ 갑은 M어음을 할인받아 현금을 사용하였다.

④ 2009. 4. 11.(차용금 변제기) 이후가 되어도 갑은 A에게 차용금을 갚지 않았다.

【사건의 경과】

① 검사는 갑을 다음의 공소사실로 기소하였다.

　　(가) 차용금 부분 : ㉠사기죄,
　　(나) 어음할인금 임의소비 부분 : ㉡횡령죄
② 갑의 피고사건은 제1심을 거친 후, 항소심에 계속되었다.
③ 항소심법원은 ㉠사기죄 및 ㉡횡령죄를 모두 유죄로 인정하였다.
④ 갑은 불복 상고하였다.
⑤ 대법원은 갑의 상고이유를 포함하여 직권으로 판단하였다.

2. 택일관계와 범죄의 비양립성

【대법원 요지】 1. 외형상으로는 공소사실의 기초가 되는 피고인의 일련의 행위가 여러 개의 범죄에 해당되는 것 같지만 그 일련의 행위가 합쳐져서 하나의 사회적 사실관계를 구성하는 경우에 그에 대한 법률적 평가는 하나밖에 성립되지 않는 관계, /

【대법원 요지】 즉 일방의 범죄가 성립되는 때에는 타방의 범죄는 성립할 수 없고, 일방의 범죄가 무죄로 될 경우에만 타방의 범죄가 성립할 수 있는 비양립적인 관계가 있을 수 있다.

3. 사안에 대한 항소심의 판단

【항소심 분석】 2. 기록에 의하면, 이 사건 공소사실에는 /

【항소심 분석】 피고인이 2009. 2. 12. 변제능력이 없는데도 변제하겠다고 거짓말하여 피해자로부터 26,100,000원을 편취하였다는 사기의 점(공소장 [범죄일람표] 순번 2)과 /

【항소심 분석】 위 2009. 2. 12. 차용 시 그 담보로 피고인이 시공하기로 되어 있던 서울 강남구 압구정동 소재 P백화점 내 Q매장의 인테리어 공사대금 채권 56,300,000원 중 위 차용액에 해당하는 26,100,000원을 양도하였으므로 위 공사대금 채권을 추심하였으면 이를 피해자에게 전달하여야 하는데도, 2009. 3.말경 위 공사비 56,300,000원을 추심하여 그 중 26,100,000원을 임의 소비하였다는 횡령의 점에 관한 공소사실이 포함되어 있고, /

【항소심 판단】 원심은 위 사기의 점 및 횡령의 점을 모두 유죄로 인정하였음을 알 수 있다.

4. 사안에 대한 대법원의 판단

【대법원 판단】 3. 그러나 원심의 위와 같은 판단은 다음과 같은 이유로 수긍할 수 없다.

【대법원 분석】 가. 원심이 적법하게 채택하여 조사한 증거들에 의하면, 피고인은 위 2009. 2. 12.자 26,100,000원 차용 시 담보 명목으로 피해자에게 위 P백화점 내 Q매장 인테리어 공사대금 채권 중 3,000만 원을 피해자에게 양도하는 내용의 채권양도양수계약서를 작성하여 주었으나 공사도급인에게 채권양도의 통지를 하지 않았던 점, /

【대법원 분석】 위 공사대금 채권은 공사금액이 56,326,800원으로 도급인의 지위, 공사성격 등에 비추어 공사가 완료되면 공사대금을 지급받을 가능성이 높은 채권으로 보이는 점, /

【대법원 분석】 위 2009. 2. 12.자 차용금의 변제기는 2009. 4. 11.인데, 실제로 피고인은 위 인테리어 공사를 마치고 2009. 3.말경 공사도급인으로부터 공사대금 지급 명목으로 액면 56,300,000원의 어음을 받은 후 이를 할인받아 할인금을 사용한 점을 알 수 있다.

【대법원 판단】 나. 위와 같은 사정을 앞에서 본 법리에 비추어 살펴본다.

【대법원 판단】 먼저 피고인이 2009. 2. 12.자 차용 시 피해자 및 다른 채권자에 대하여 상당한 채무를 부담하고 있는 상황이었다 하더라도, 그 차용금에 대하여 담보로 제공한 위 공사대금 채권이 차용액에 상응하고 추심에 문제가 없는 것이었으며 위 공사대금 채권의 양도에 관한 피고인의 진정성이 인정되는 경우라면, 피고인에게 위 차용금에 대한 편취범의를 인정하기는 어려우므로 피고인에게 사기죄의 책임을 물을 수 없다. /

【대법원 판단】 다만 피고인은 위 공사대금 채권의 양도인의 지위에서 양수인인 피해자를 위하여 보관하여야 하는데도 추심한 채권을 임의로 소비한 행위에 대하여 횡령죄의 책임만 지게 될 것이다.

【대법원 판단】 반면에 피고인이 피해자로부터 돈을 빌리기 위해 피해자가 요구하는 대로 차용금에 대한 담보 명목으로 위 공사대금 채권을 양도하는 형식만 갖추었을 뿐, 당초부터 위 공사대금 채권을 추심하여 빼돌릴 생각을 가지고 있었던 경우라면, 차용금 편취에 관한 사기죄는 성립하지만, /

【대법원 판단】 위 공사대금 채권을 양도한 후 공사대금을 수령하여 임의 소비한 행위는 금전 차용 후 담보로 제공한 양도채권을 추심받아 이를 빼돌리려는 사기범행의 실행행위에 포함된 것으로 봄이 상당하므로 사기죄와 별도로 횡령죄는 성립되지 않는다고 할 것이다.

【대법원 판단】 결국 2009. 2. 12.자 26,100,000원 차용금 편취의 점과 위 차용 시 담보로 양도한 채권을 추심하여 임의 소비한 횡령의 점은 양도된 채권의 가치, 채권양도에 관한 피고인의 진정성 등의 사정에 따라 비양립적인 관계라 할 것이다.

【대법원 결론】 다. 따라서 원심으로서는 양도된 채권의 가치, 채권양도에 관한 피고인의 진정성 등의 사정을 심리하여 피고인이 위와 같이 피해자로부터 돈을 빌리면서 제3자에 대한 채권을 담보로 제공한 후 그 채권을 추심하여 임의 소비한 일련의 행위가 사기죄와 횡령죄 중 어느 죄에 해당하는지를 가렸어야 할 것이다.

【대법원 결론】 그런데도 원심은 위와 같은 사정을 심리하지 아니한 채 2009. 2. 12.자 26,100,000원 차용금 편취의 점과 위 차용 시 담보로 양도한 채권을 추심하여 임의 소비한 횡령의 점을 모두 유죄로 인정하고 말았으니, 이러한 원심의 판단에는 공소사실에 있어서 비양립성의 법리 등을 오해하여 필요한 심리를 다하지 않음으로써 판결에 영향을 미친 위법이 있다. (파기 환송)

2011도1651

확정판결과 범죄사실의 동일성
무허가 주택조합 청약권 사건
2011. 6. 30. 2011도1651, 공 2011하, 1574

1. 사실관계 및 사건의 경과

【사실관계 1】

① 갑은 을, A와 함께 P토지 위에 Q주택조합아파트 약 2,300세대를 건축·분양하는 M사업을 추진

하였다.

② 갑 등이 관할관청의 허가를 받지 않고 무리하게 추진한 M사업은 실패로 돌아갔다.

③ 2005. 4. 13. 갑은 서울동부지방법원에서 구 주택건설촉진법 위반죄로 벌금 700만 원의 형을 선고받았다.

④ 2005. 4. 21. 갑에 대한 판결은 확정되었다. (㉠확정판결)

⑤ ㉠확정판결의 범죄사실 요지는 다음과 같다.

⑥ "피고인 갑은 을 및 A와 공모하여 관할관청으로부터 주택조합 설립인가를 받지 아니하고, 2002. 10. 초순경 P토지상에 주택조합아파트 약 2,300세대를 건축·분양하는 사업을 함께 추진하여 이익을 나누어 갖기로 한 다음 그 무렵 위 조합아파트 명의의 청약권을 인쇄하여 을에게 교부하고, 을과 A는 2002. 11.경부터 2003. 1. 30.경까지 B 등에게 위 조합아파트의 청약권을 1장당 750만 원 또는 1,500만 원씩 총 870장 합계 80억 3,750만 원 상당을 판매하여 조합가입자 약 870명을 모집하였다."

【사실관계 2】

① 이후 갑은 다시 특정범위반죄(사기)로 기소되었다.

② 갑에 대한 공소사실 중 조합원들에 대한 사기 부분의 요지는 다음과 같다. (㉡공소사실)

③ "피고인은 P토지상에 정상적으로 아파트를 건축하여 분양할 의사나 능력이 없음에도, 2002. 12.경 피해자 D에게 조합업무추진비 및 토지비용 등 명목으로 돈을 납입하면 조합아파트에 관한 청약권을 교부한다는 취지로 거짓말하여 이에 속은 D로부터 조합비 및 청약증거금 명목으로 합계 1,500만 원을 교부받아 편취한 것을 비롯하여 2002. 11. 29.부터 2003. 4.경까지 별지 [범죄일람표 (1), (2)] 기재의 피해자 133명으로부터 같은 명목으로 합계 20억 2,500만 원을 교부받아 편취하였다."

【사건의 경과】

① 갑의 피고사건은 제1심을 거친 후, 항소심에 계속되었다.

② 갑은 ㉠확정판결의 기판력이 ㉡공소사실에 미치므로 ㉡공소사실에 대해 면소판결을 선고해야 한다고 주장하였다.

③ 항소심법원은 갑의 면소 주장을 배척하고 유죄를 선고하였다.

④ 갑은 불복 상고하였다.

2. 사안에 대한 대법원의 판단

【대법원 요지】 공소사실이나 범죄사실의 동일성 여부는 사실의 동일성이 갖는 법률적 기능을 염두에 두고 피고인의 행위와 그 사회적인 사실관계를 기본으로 하되 그 규범적 요소도 고려에 넣어 판단하여야 한다.

【대법원 분석】 기록에 의하면, 피고인 갑은 2005. 4. 13. 서울동부지방법원에서 구 주택건설촉진법 위반죄로 벌금 700만 원의 형을 선고받아 같은 달 21일 그 판결이 확정되었는데, /

【대법원 분석】 그 범죄사실의 요지는 /

【대법원 분석】 '피고인 갑이 원심 공동피고인 및 공소외 A와 공모하여 관할관청으로부터 주택조합

설립인가를 받지 아니하고, 2002. 10. 초순경 이 사건 토지상에 주택조합아파트 약 2,300세대를 건축·분양하는 사업을 함께 추진하여 이익을 나누어 갖기로 한 다음 그 무렵 위 조합아파트 명의의 청약권을 인쇄하여 원심 공동피고인에게 교부하고, /

【대법원 분석】 원심 공동피고인과 공소외 A는 2002. 11.경부터 2003. 1. 30.경까지 공소외 B 등에게 위 조합아파트의 청약권을 1장당 750만 원 또는 1,500만 원씩 총 870장 합계 80억 3,750만 원 상당을 판매하여 위 조합가입자 약 870명을 모집하였다'는 것임을 알 수 있다. /

【대법원 분석】 그리고 피고인 갑에 대한 이 사건 사기의 공소사실 중 공소외 R주식회사가 모집한 조합원들에 대한 사기 부분(이하 '이 사건 사기 부분'이라 한다)의 요지는 /

【대법원 분석】 '위 피고인이 이 사건 토지상에 정상적으로 아파트를 건축하여 분양할 의사나 능력이 없음에도, 2002. 12.경 피해자 공소외 D에게 조합업무추진비 및 토지비용 등 명목으로 돈을 납입하면 조합아파트에 관한 청약권을 교부한다는 취지로 거짓말하여 이에 속은 공소외 D로부터 조합비 및 청약증거금 명목으로 합계 1,500만 원을 교부받아 편취한 것을 비롯하여 /

【대법원 분석】 2002. 11. 29.부터 2003. 4.경까지 제1심판결 별지 [범죄일람표 (1), (2)] 기재의 피해자 133명으로부터 같은 명목으로 합계 20억 2,500만 원을 교부받아 편취하였다'는 것이다.

【대법원 판단】 위와 같이 유죄로 확정된 위 구 주택건설촉진법 위반죄의 범죄사실과 이 사건 사기부분 공소사실은 사전분양행위의 점에서는 일부 중복되는 면이 있으나, /

【대법원 판단】 이 사건 사기 부분 공소사실은 단순히 피고인 갑이 위 피해자들에게 사전분양행위를 하였다는 것만이 아니라 위 피고인이 이 사건 아파트를 건축하여 분양할 의사나 능력이 있는 것처럼 피해자들을 기망하여 금원을 편취하였다는 것인 데 비하여, /

【대법원 판단】 위 구 주택건설촉진법 위반죄는 주택의 건설·공급과 이를 위한 자금의 조달·운용 등에 필요한 사항을 규정함을 그 입법 취지로 하는 구 주택건설촉진법상의 행정목적을 달성하고자 사전분양행위를 처벌하는 데 불과하여 /

【대법원 판단】 행위의 태양이나 피해법익 등에 있어 다를 뿐 아니라 죄질에도 현저한 차이가 있어, 위 주택건설촉진법 위반죄의 범죄사실과 이 사건 사기 부분 공소사실 사이에는 동일성이 있다고 보기 어렵고,

【대법원 판단】 또한 위 두 죄는 그 행위의 태양이나 보호법익에 비추어 보면 이를 1죄 내지 상상적 경합관계에 있다고 볼 수도 없다. /

【대법원 판단】 따라서 피고인 갑이 위 주택건설촉진법 위반죄의 범죄사실에 관하여 위와 같은 확정판결을 받았다고 하여 그 확정판결의 기판력이 이 사건 사기 부분 공소사실에까지 미치는 것은 아니므로, 이 사건 사기 부분 공소사실에 대하여 면소를 선고할 수는 없다고 할 것이다. (상고 기각)

2011도1902

임의제출물의 압수 방법
감정절차의 적법성
과학적 증거방법의 증명력
간접사실에 의한 증명
방호벽 2차 충돌 사건

2011. 5. 26. 2011도1902, 공 2011하, 1352

1. 사실관계 및 사건의 경과

【사실관계 1】

① 2008. 11. 11. 갑과 그의 처 A가 탑승한 그랜저TG 승용차(K차량)가 L대전차 방호벽에 충돌하는 M사고가 발생하였다.

② M사고로 갑의 처 A가 사망하였다.

③ [경찰은 M사고를 단순한 교통사고로 처리하였다.]

④ 2009. 2. 2. M사고가 발생한 L대전차 방호벽의 안쪽 벽면에 부착된 N철제구조물에서 P강판조각이 발견되었다.

⑤ 국립과학수사연구소 소속 감정인 B는 K차량을 감정하게 되었다.

⑥ 감정인 B는 K차량의 감정 과정에서 K차량 우측 앞 펜더에서 보강용 Q강판을 탈거하였다.

⑦ 감정인 B는 K차량의 감정 과정에서 K차량으로부터 R페인트를 채취하였다.

⑧ 감정인 B는 감정을 위하여 P강판을 감정하면서 P강판을 두드려 폈다.

⑨ 2009. 2. 9.자로 감정인 B는 S감정서를 작성하였다.

【사건의 경과 1】

① 갑은 교통사고를 가장하여 자신의 처 A를 살해하였다는 공소사실로 살인죄로 기소되었다.

② 갑에 대한 주위적 공소사실의 요지는 다음과 같다.

    (가) 피고인은 2008. 11. 11. 20:00경부터 같은 날 21:40경까지 사이에 처인 피해자를 조수석에 태우고 이 사건 [K]차량을 운전하여 양주시 장흥면 (이하 생략)에 있는 편도 2차선 도로의 2차로를 구파발 방면에서 양주 방면으로 진행하던 중 그동안 피해자와 겪은 갈등과 차에서 대화 중 피해자에게 생긴 악감정으로 인해 순간적으로 피해자를 살해하기로 마음먹었다.

    (나) 피고인은 도로 옆에 설치된 대전차 방호벽의 안쪽 벽면을 위 차량의 우측 부분으로 들이받아 당시 안전벨트를 착용하지 않았던 피해자가 전신에 큰 충격을 받아 차에서 탈출하거나 피고인에게 저항할 수 없는 상태가 되자(이하 '1차 사고'라 한다), 재차 사고를 일으켜 그 충격으로 피해자를 살해하되, 마치 과실에 의한 교통사고로 피해자가 사망한 것처럼 가장하기로 마음먹었다.

    (다) 피고인은 같은 날 21:40경 위 차량을 운전하여 알 수 없는 경로로 위 방호벽 부근 지점으로 되

돌아 온 다음 위 차량의 앞범퍼 부분으로 위 방호벽 중 진행방향의 오른쪽에 돌출된 부분의 모
서리를 들이받아(이하 '2차 사고'라 한다), 피해자가 이 충격과 앞서의 충격으로 인해 전신에
다발성 손상을 입고 그 자리에서 사망하게 하여 피해자를 살해하였다.

③ 갑은 1차 사고를 낸 사실 자체가 없다고 다투었다.

④ 갑은 M사고 현장에 남은 사고의 흔적들은 2차 사고에 의한 것으로 추정된다고 주장하였다.

⑤ 검사는 고의의 살인사건임을 증명하기 위하여 다음의 증거를 제출하였다.

   (가) 사고현장에서 수거한 P강판조각

   (나) 사고차량에서 탈거한 보강용 Q강판

   (다) 사고차량에서 채취한 R페인트

⑥ 검사는 P강판이 사고 K차량의 보강용 강판임을 입증하기 위하여 감정인 B의 기명날인이 들어 있
는 S감정서를 제출하였다.

⑦ 감정인 B는 제1심 제5회 공판기일에 출석하여 작성명의가 진정하고 감정인의 관찰대로 기술되었다
고 진술하였다.

【사건의 경과 2】

① 갑의 피고사건은 제1심을 거친 후, 항소심에 계속되었다.

② 항소심법원은 P강판, Q강판, R페인트, S감정서를 증거로 채택하여 유죄를 선고하였다.

③ 갑은 불복 상고하였다.

④ 갑은 상고이유로 다음의 점을 주장하였다.

   (가) P, Q, R 각 증거의 압수 후 압수조서의 작성 및 압수목록의 작성·교부 절차가 제대로 이행되
지 아니한 잘못이 있다.

   (나) 따라서 P강판, Q강판, R페인트는 적법한 압수절차를 거치지 않은 것으로서 위법하여 증거능
력이 없다.

   (다) 위법하게 수집한 압수물을 감정한 S감정서 또한 위법하게 수집된 증거의 2차증거로서 증거능
력이 없다.

   (라) 감정인 B가 P강판을 감정하면서 이를 두드려 편 것은 법원의 감정처분허가장을 얻지 않고 한
행위로서 위법하며, 따라서 S감정서에 증거능력이 없다.

2. 위법수집증거배제법칙의 원칙과 예외

【대법원 요지】 가. 수사기관이 헌법과 형사소송법이 정한 절차에 따르지 아니하고 수집한 증거는 물
론이거니와 이를 기초로 하여 획득한 2차적 증거 또한 기본적 인권 보장을 위해 마련된 적법한 절차에
따르지 않은 것으로서 원칙적으로 유죄 인정의 증거로 삼을 수 없고, /

【대법원 요지】 다만 수사기관의 절차 위반행위가 적법절차의 실질적인 내용을 침해하는 경우에 해
당하지 아니하고, 그 증거의 증거능력을 배제하는 것이 오히려 헌법과 형사소송법이 적법절차의 원칙
과 실체적 진실 규명의 조화를 통하여 형사 사법 정의를 실현하려고 한 취지에 반하는 결과를 초래하
는 것으로 평가되는 예외적인 경우라면 법원은 그 증거를 유죄 인정의 증거로 사용할 수 있다.

3. 임의제출물과 위법수집증거배제법칙

【대법원 분석】 나. 먼저 이 사건 사고일인 2008. 11. 11.부터 3개월 가까이 경과한 2009. 2. 2. 이 사건 사고가 발생한 대전차 방호벽의 안쪽 벽면에 부착된 철제구조물(이하 '이 사건 철제구조물'이라 한다)에서 발견된 강판조각(이하 '이 사건 강판조각'이라 한다), /

【대법원 분석】 국립과학수사연구소(현재 국립과학수사연구원, 이하 '국과수'라 한다) 소속 감정인 공소외 B의 감정 과정에서 이 사건 사고 차량인 (차량번호 생략) 그랜저TG 승용차(이하 '이 사건 차량'이라 한다) 우측 앞 펜더에서 탈거된 보강용 강판(이하 '이 사건 보강용 강판'이라 한다) 및 /

【대법원 분석】 이 사건 차량에서 채취된 페인트의 증거능력에 대하여 살펴본다.

【대법원 판단】 원심 및 제1심의 각 판결이유와 그 채택 증거들 및 법령의 규정에 의하면, 이 사건 강판조각은 형사소송법 제218조에 규정된 유류물에, 이 사건 차량에서 탈거 또는 채취된 이 사건 보강용 강판과 페인트는 위 차량의 보관자가 감정을 위하여 임의로 제출한 물건에 각 해당함을 알 수 있다. /

【대법원 판단】 따라서 이 사건 강판조각과 보강용 강판 및 차량에서 채취된 페인트는 형사소송법 제218조에 의하여 영장 없이 압수할 수 있으므로 위 각 증거의 수집 과정에 영장주의를 위반한 잘못이 있다 할 수 없고, /

【대법원 판단】 나아가 이 사건 공소사실과 위 각 증거와의 관련성 및 그 내용 기타 이 사건 수사의 개시 및 진행 과정 등에 비추어, 비록 상고이유의 주장처럼 위 각 증거의 압수 후 압수조서의 작성 및 압수목록의 작성·교부 절차가 제대로 이행되지 아니한 잘못이 있다 하더라도, 그것이 적법절차의 실질적인 내용을 침해하는 경우에 해당한다거나 앞서 본 위법수집증거의 배제법칙에 비추어 그 증거능력의 배제가 요구되는 경우에 해당한다고 볼 수는 없다.

4. 감정처분과 위법수집증거배제법칙

【대법원 판단】 그리고 원심 및 제1심의 각 판결이유와 그 채택 증거들 및 법령의 규정에 의하면, /

【대법원 판단】 감정인 공소외 B가 이 사건 강판조각이 이 사건 보강용 강판에서 분리된 것인지 여부를 감정하는 과정에서 이를 두드려 펴 그 형상에 변형을 가한 행위는 형사소송법 제173조 제1항에 따라 법원의 허가를 얻어야 하는 물건의 파괴로는 볼 수 없고 임의수사인 감정에 수반되는 행위이며, /

【대법원 판단】 위 페인트의 성분을 비교분석한 행위 역시 법원의 허가를 얻어야 하는 물건의 파괴로는 볼 수 없고 임의수사인 감정에 해당함을 알 수 있다.

【대법원 판단】 그렇다면 이 부분 원심의 판단은 그 이유 설시에 다소 미흡한 점이 있으나 결론에 있어서는 정당하고, 이에 관한 상고이유 주장은 받아들일 수 없다.

【대법원 판단】 다. 이와 같이 위 각 증거가 증거능력 없는 위법수집증거에 해당하지 않는 이상 위 각 증거를 비교 분석한 감정인 공소외 B 작성의 2009. 2. 9.자 감정서 역시 위법절차에 의하여 수집된 증거에 기하여 얻어진 2차 증거에 해당한다고 할 수 없다.

5. 감정서의 증거능력

【대법원 분석】 그리고 형사소송법 제313조 제2항, 제1항에 의하면 감정서는 감정인의 자필이거나

그 서명 또는 날인이 있고 공판준비나 공판기일에서 감정인의 진술에 의하여 그 성립의 진정함이 증명된 때에 증거능력이 부여되는데, /

【대법원 판단】 기록에 의하면 위 감정서에는 감정인 공소외 B의 기명날인이 있고, 감정인 공소외 B가 제1심 제5회 공판기일에서 작성명의가 진정하고 감정인의 관찰대로 기술되었다고 진술함으로써 그 성립의 진정함이 증명되었다 할 것이므로, 위 감정서는 그 증거능력이 인정된다.

【대법원 판단】 따라서 위 감정서의 증거능력을 인정한 원심의 판단 역시 그 이유 설시에 다소 미흡한 점이 있으나 결론에 있어서는 정당하다. /

【대법원 판단】 상고이유에서 내세우는 대법원 2007. 12. 13. 선고 **2007도7257** 판결은 압수물인 디지털 저장매체로부터 출력된 문건의 증거능력에 관한 것으로 감정서 자체의 증거능력에 관한 이 사건과는 사안을 달리하므로, 여기서 원용하는 것은 적절하지 아니하다.

6. 간접증거에 의한 사실의 인정

【대법원 요지】 가. 형사재판에서 유죄의 인정은 법관으로 하여금 합리적인 의심을 할 여지가 없을 정도로 공소사실이 진실한 것이라는 확신을 가지게 하는 증명력을 가진 증거에 의하여야 하므로, 그와 같은 증거가 없다면 설령 피고인에게 유죄의 의심이 간다 하더라도 피고인의 이익으로 판단할 수밖에 없다. /

【대법원 요지】 한편 살인죄 등과 같이 법정형이 무거운 범죄의 경우에도 직접증거 없이 간접증거만으로 유죄를 인정할 수 있으나, 그러한 유죄 인정에 있어서는 공소사실에 대한 관련성이 깊은 간접증거들에 의하여 신중한 판단이 요구되므로, /

【대법원 요지】 간접증거에 의하여 주요사실의 전제가 되는 간접사실을 인정함에 있어서는 그 증명이 합리적인 의심을 허용하지 않을 정도에 이르러야 하고, 그 하나하나의 간접사실은 그 사이에 모순, 저촉이 없어야 함은 물론 논리와 경험칙, 과학법칙에 의하여 뒷받침되어야 한다. /

7. 과학적 증거방법의 증명력

【대법원 요지】 나아가 공소사실을 뒷받침하는 과학적 증거방법은 그 전제로 하는 사실이 모두 진실임이 입증되고 그 추론의 방법이 과학적으로 정당하여 오류의 가능성이 전혀 없거나 무시할 정도로 극소한 것으로 인정되는 경우라야 법관이 사실인정을 함에 있어 상당한 정도로 구속력을 가진다 할 것인바, /

【대법원 요지】 이를 위해서는 그 증거방법이 전문적인 지식·기술·경험을 가진 감정인에 의하여 공인된 표준 검사기법으로 분석을 거쳐 법원에 제출된 것이어야 할 뿐만 아니라 /

【대법원 요지】 그 채취·보관·분석 등 모든 과정에서 자료의 동일성이 인정되고 인위적인 조작·훼손·첨가가 없었음이 담보되어야 한다.

8. 공소사실

【대법원 분석】 나. 원심은, /

【대법원 분석】 피고인은 2008. 11. 11. 20:00경부터 같은 날 21:40경까지 사이에 처인 피해자를 조

수석에 태우고 이 사건 차량을 운전하여 양주시 장흥면 (이하 생략)에 있는 편도 2차선 도로의 2차로를 구파발 방면에서 양주 방면으로 진행하던 중 그동안 피해자와 겪은 갈등과 차에서 대화 중 피해자에게 생긴 악감정으로 인해 순간적으로 피해자를 살해하기로 마음먹고 /

【대법원 분석】 도로 옆에 설치된 대전차 방호벽의 안쪽 벽면을 위 차량의 우측 부분으로 들이받아 당시 안전벨트를 착용하지 않았던 피해자가 전신에 큰 충격을 받아 차에서 탈출하거나 피고인에게 저항할 수 없는 상태가 되자(이하 '1차 사고'라 한다), 재차 사고를 일으켜 그 충격으로 피해자를 살해하되, 마치 과실에 의한 교통사고로 피해자가 사망한 것처럼 가장하기로 마음먹고, /

【대법원 분석】 같은 날 21:40경 위 차량을 운전하여 알 수 없는 경로로 위 방호벽 부근 지점으로 되돌아 온 다음 위 차량의 앞범퍼 부분으로 위 방호벽 중 진행방향의 오른쪽에 돌출된 부분의 모서리를 들이받아(이하 '2차 사고'라 한다), 피해자가 이 충격과 앞서의 충격으로 인해 전신에 다발성 손상을 입고 그 자리에서 사망하게 하여 피해자를 살해하였다는 내용의 이 사건 살인의 주위적 공소사실에 대하여, /

9. 사안에 대한 항소심의 판단

【항소심 판단】 다음과 같은 이유로 유죄를 인정하였다.

【항소심 판단】 즉 원심은, 그 채택 증거들에 의하여 인정되는 판시 사정들을 종합하여, /

【항소심 판단】 이 사건 차량의 우측 앞범퍼 부분으로 대전차 방호벽의 우측 입구 벽면을 정면으로 들이받는 2차 사고 발생 전에 이 사건 차량의 우측 앞 펜더 부분으로 위 방호벽 안쪽 벽면을 강하게 스치듯 충격하고, 그로 인하여 피해자로 하여금 더 이상 바른 자세로 앉아 있기 어려울 정도의 충격을 가함과 아울러 /

【항소심 판단】 위 방호벽 안쪽 벽면에 설치된 이 사건 철제구조물에 이 사건 차량 우측 앞 펜더의 보강용 강판조각이 끼어들어가면서 위 철제구조물에 의하여 차량의 우측 앞 펜더 부분부터 우측 앞 문짝 부분까지 찢어지는 내용의 1차 사고가 발생한 사실이 인정되며, /

【항소심 판단】 이에 비추어 1차 사고 당시부터 피고인에게 살인에 대한 미필적 고의가 있었다고 인정되고 그 고의가 2차 사고까지 계속된 것으로 판단하였다.

10. 사안에 대한 대법원의 판단

(1) 1차 사고로부터 2차 사고 추론의 조건

【대법원 판단】 다. 원심이 인정한 바와 같이 1차 사고가 발생한 직후 피고인이 같은 장소에서 재차 이 사건 차량의 조수석 정면으로 방호벽 모서리를 들이받는 2차 사고를 야기한 사실이 있는 것으로 판단할 수 있는 증거자료가 있다면, 이는 이 사건 공소사실을 인정할 수 있는 유력한 증거가 될 수 있다 할 것이다. /

【대법원 판단】 그런데 매우 이례적인 형태의 이 사건 범행 및 그 범의를 직접증거도 없이 인정하기 위해서는 사안의 중대성에 비추어 원심이 채택한 증거와 공소사실과의 관련성에 대한 신중한 판단이 필요함은 물론, 그 중 과학적 분석이 필요한 증거에 대해서는 그 채취 · 보관 · 분석 등의 과정에 하자

가 없음이 증명되어야만 이를 유죄의 증거로 삼을 수 있을 것이다. /

【대법원 판단】 그러나 1차 사고의 발생사실 자체를 다투면서 현장에 남은 사고의 흔적들은 2차 사고에 의한 것으로 추정된다는 피고인의 일관된 주장에도 불구하고 2회에 걸친 의도적인 사고의 발생을 인정한 원심이 그 판단의 근거로 든 증거방법의 과학적 합리성에 대해서는 다음과 같이 수긍하기 어려운 점들이 있다.

(2) 사진과 감정서 증거채택의 과학적 근거 유무

【대법원 판단】 (1) 우선 2009. 2. 2. 이 사건 강판조각이 이 사건 철제구조물에 끼어 있는 것을 발견하고 감정인 공소외 B의 지시에 의하여 경찰관 공소외 C가 찍었다고 하는 사진(이하 '강판 끼어있음 사진'이라 한다)에 관하여 보건대, /

【대법원 판단】 위 사진으로 이 사건 사고 발생 당시부터 이 사건 강판조각이 이 사건 철제구조물에 끼어 있었음이 증명된다면 위 공소사실에 대한 유죄의 증거가 될 수는 있을 것이다.

【대법원 판단】 그런데 이 사건 사고 직후에 촬영된 사진들 중 이 사건 철제구조물이 나온 사진들의 컴퓨터 파일을 확대·분석한 국과수 소속 감정인 공소외 D, E 작성의 2010. 11. 16.자 감정서에는 이 사건 철제구조물과는 구분되는 '회색계통 물체'가 식별된다는 감정결과만 있을 뿐, 그 모양이 '강판 끼어있음 사진'상의 강판조각과 일치함을 인정할 만한 다른 객관적 자료는 없다. /

【대법원 판단】 그럼에도 원심이 육안에 의한 비교 관찰만을 근거로 위 '회색계통 물체'가 '강판 끼어있음 사진'상의 이 사건 강판조각과 매우 유사하다고 본 것은, 증거의 분석 과정에 과학적 근거가 없어 객관적으로 수긍하기 어려운 점이 있다. /

【대법원 판단】 따라서 '강판 끼어있음 사진'으로 이 사건 사고 발생 당시부터 이 사건 강판조각이 이 사건 철제구조물에 끼어 있었다는 사실이 증명되었다고 할 수는 없다.

(3) 강판조각 증거채택의 과학적 근거 여부

【대법원 판단】 (2) 또한 이 사건 강판조각이 이 사건 보강용 강판의 일부임을 증명하는 증거로는 감정인 공소외 B가 작성한 위 감정서의 감정결과가 있지만, /

【대법원 판단】 위 감정결과는 이 사건 강판조각의 일부 파단면을 이 사건 보강용 강판의 파단면에 비교하여 보거나 이 사건 강판조각과 이 사건 보강용 강판을 두들겨 펴서 상호 크기를 비교하는 육안 관찰의 방법에 따른 것일 뿐, 양자의 성분 비교 등 상고이유에서 주장하는 과학적 분석과정을 전혀 거치지 아니한 것임이 기록상 명백하다. /

【대법원 판단】 따라서 위 감정결과 역시 그 대상인 증거의 분석 과정에 수긍할 만한 과학적 근거가 부족하다고 하지 않을 수 없다.

(4) 페인트 및 감정서 증거채택의 과학적 근거 여부

【대법원 분석】 (3) 나아가 이 사건 차량 우측면의 긁힌 흔적에 묻은 적색 페인트가 이 사건 철제구조물에 도색된 페인트와 같은 페인트이므로 부수적으로나마 1차 사고의 발생에 대한 근거가 될 수 있다고 본 원심판단을 뒷받침하는 증거로는, 감정인 공소외 B가 작성한 위 감정서의 감정결과가 있다. /

【대법원 판단】 그러나 기록에 의하면, 그 감정결과에 적외선 흡수 스펙트럼 실험 결과가 첨부되어 있지도 않아 어떤 근거에서 이 사건 차량에 묻은 페인트와 이 사건 철제구조물에 도색된 페인트의 적외선 스펙트럼 결과가 유사하다고 판단한 것인지 알 방법이 없다.

【대법원 판단】 한편 감정인 공소외 B가 작성한 국과수 서부분소장 명의의 사실조회 답변서 회보에서 페인트의 스펙트럼 양상이 '유사하다'는 것은 다른 물질이 아니라는 의미라고 설명하기는 하지만, /

【대법원 판단】 위 회보에 의하더라도 이 사건처럼 페인트가 쓸려 묻은 경우에는 철제구조물 페인트의 도막층이 파괴되어 차량의 페인트와 혼재되면서 철제구조물에 묻은 매연 등 이물질도 섞여 묻는 등 페인트의 상태가 불균일하게 되고 이러한 이유로 적외선 스펙트럼이 완벽히 일치하는 것은 있을 수 없다는 것이므로, 단지 육안으로 관찰되는 색상과 적외선 흡수 스펙트럼의 양상이 유사하다는 이유만으로 동일한 페인트라고 단정할 수도 없을 것이다. /

【대법원 판단】 이는 상고이유의 주장처럼 이 사건 차량 우측면에 적색의 긁힌 자국 외에 황색의 긁힌 자국도 있음에도 위 황색 페인트에 대하여는 방호벽에 도색된 황색 페인트와 비교분석을 하지 않은 데 대한 의문이 제기되고 있는 이상 더욱 그러하다.

(5) 긁힌 흔적의 증거채택과 다른 원인의 가능성 여부

【항소심 판단】 (4) 한편 원심은, 이 사건 차량의 우측 앞 펜더, 우측 앞·뒤 문짝, 우측 뒷바퀴 휠 하우스 등에 생긴 가로방향의 긁힌 흔적은 차량이 위 방호벽에 충돌하여 압궤되기 전에 발생된 것으로 보이고, 차량 우측 앞 펜더 부분부터 우측 앞 문짝 끝부분까지 찢겨진 손상 부위는 돌출된 물체에 의한 가로방향의 직접적인 접촉 없이는 발생하기 어려워 보이며, 차량의 우측 앞 문짝에 가로방향으로 다소 강하게 두 줄로 긁힌 흔적은 그 높이가 이 사건 철제구조물의 돌출한 두 곳의 높이와 거의 일치해 보이는 등의 사정을 들어

【항소심 판단】 이 사건 차량 우측면의 긁힌 흔적과 손상이 2차 사고 전에 위 방호벽 안쪽 벽면과 이 사건 철제구조물을 충격하여 발생한 것이라고 판단하였다.

【대법원 분석】 그런데 공소외 D와 공소외 E의 제1심 법정진술에 의하면, 이 사건 발생 직후 경찰은 이 사건 차량이 최종 충격 전에 위 방호벽 전방의 옹벽 부분을 스치며 주행하다 조수석 후사경 부분이 위 옹벽에서 튀어나온 황색 알람등을 충격하며 깨졌고 차량 측면 긁힘도 이런 과정에서 옹벽과의 충격으로 인하여 발생한 것으로 이 사건의 경위를 파악한 바 있고, /

【대법원 분석】 증거기록 27면에 첨부된 사진에 의하면, 위 방호벽 전방 옹벽 주위에서 깨진 알람등 파편으로 보이는 물체와 이 사건 차량 우측문의 가드가 발견된 사실을 알 수 있다. /

【대법원 판단】 그리고 증거기록 177면부터 186면까지 사이에 첨부된 사진들에 의하면, 비록 위 방호벽 전방 옹벽이 바깥쪽으로 기울어져 있으나 차량의 롤링 운동과 피칭 운동 등으로 인하여 이 사건 차량 우측 앞 펜더 부분이 옹벽을 충격할 수 있는 가능성을 전적으로 부정하기는 어려워 보인다. /

【대법원 판단】 그렇다면 위에서 본 이 사건 차량의 우측 부위에 발생한 긁힌 흔적과 찢긴 손상만으로는 2차 사고에 선행하여 1차 사고가 발생한 사실이 증명된다고 단정하기 어렵고, 오히려 위와 같은 사정에 비추어 이 사건 차량이 위 방호벽 전방의 옹벽과 알람등에 충돌하는 과정에서 그러한 흔적 등이 발생하였을 가능성을 배제하기도 어려워 보인다.

(6) 피해자 위치의 증거채택과 논리칙, 경험칙 위반 여부

【항소심 판단】 (5) 끝으로 원심은, 피해자가 이 사건 차량이 위 방호벽 우측 입구 벽면을 들이받고 정지한 사고 직후 운전석 옆 좌석 밑으로 들어가 있는 상태로 발견되었고 안면부와 두부에 에어백이나 전면 유리창에 충격한 흔적이 없는 것으로 볼 때 이 사건 차량이 위 방호벽에 충격되어 정지한 2차 사고 이전에 피해자가 이미 좌석에 바른 자세로 앉아 있을 수 없는 상태에 있었던 것으로 보이고, 그것이 1차 사고 발생의 증거가 된다고 판단하였다.

【대법원 판단】 그러나 원심의 논리대로 피해자가 당초 정상적으로 조수석에 앉아 있는 상태에서 1차 사고로 정신을 잃고 제대로 앉아 있을 수 없을 만큼 강한 충격을 받았다면, 상고이유에서 주장하는 바와 같이 피해자의 안면부나 두부 등에 충격의 흔적이 생겼어야 할 터인데, 그럼에도 그 당시 위와 같은 충격의 흔적이 발생하지 아니한 사유에 대해서는 설명하지 아니한 채 이 사건 사고가 2회에 걸쳐 이루어졌음을 전제로 2차 사고 시에 그러한 충격의 흔적이 발생하지 아니한 사정만을 그 판단의 근거로 삼은 원심의 추론은 합리적이라고 하기 어렵다. /

【대법원 판단】 이는 피해자에 대한 부검감정서를 작성한 국과수 소속 감정인 공소외 F의 제1심 법정진술에 의하면 이 사건 사고로 피해자의 신체에 발생한 손상은 한 번의 충돌로도 얼마든지 발생할 수 있다는 것인 점에서 더욱 그러하다. 따라서 이 부분 원심판단 역시 관련 증거의 객관적 · 과학적 분석에 있어 합리적 의문의 여지가 없는 경우라고 보기 어렵다.

(7) 합리적 의심 없는 증명 여부

【대법원 판단】 라. 앞서 본 법리와 위 각 사정들을 종합하여 보면, 피고인이 살인의 범행을 저지른 바가 없다고 강력히 부인하고 있고 달리 그에 관한 직접증거도 없는 이 사건에서, 제1심과 원심이 들고 있는 간접증거와 그에 기초한 인정 사실만으로는 이 사건 주위적 공소사실 인정의 전제가 되는 살인의 범의에 기한 1차 사고가 존재하였음이 합리적인 의심을 할 여지가 없을 정도로 증명되었다고 보기 어렵다.

【대법원 결론】 따라서 원심으로서는 위에서 지적한 바와 같은 여러 의문점에 대하여 좀 더 면밀히 심리하여 본 다음, 그에 대한 합리적 해명이 있은 후에라야 1차 사고의 발생 및 이를 전제로 하는 이 사건 주위적 공소사실을 인정할 수 있을 것이다. /

【대법원 결론】 그럼에도 그 판시와 같은 이유만으로 유죄를 인정한 원심판결에는 객관적 · 과학적인 분석을 필요로 하는 증거의 증명력에 관한 법리를 오해하거나 논리와 경험법칙을 위반하여 합리적인 자유심증의 범위와 한계를 넘어서 사실을 인정한 위법이 있다고 할 것이고, 이는 판결의 결과에 영향을 미쳤음이 분명하다. (파기 환송)

【코멘트】 본 판례의 사안에서 갑은 배우자 A를 태우고 자동차를 운전하여 가다가 방호벽에 스치는 교통사고(1차 사고)를 일으키자 그 기회에 A를 살해하려고 같은 방호벽에 다시 자동차를 부딪쳐서(2차 사고) A를 살해하였다는 공소사실로 기소되고 있다. 항소심의 유죄판결에 대해 갑이 상고하였는데, 대법원은 (가) 유죄판결의 기초가 된 증거들에 증거능력이 있는가, (나) 직접증거 없이 간접증거만으로 사실을 충분히 증명하고 있는가, (다) 과학적 증거의 증거채택에 관한 검토를 충분히 하였는가 하

는 여러 가지 논점을 제기하여 원심판결의 타당성을 분석하고 있다.

본 판례에서 특히 주목되는 부분은 대법원이 과학적 증거의 증거채택을 위한 요건을 구체적 사안을 토대로 상세하게 판단한 대목이다. 위법수집증거배제법칙이 특히 증거물의 수집과정에 주목하는 증거능력의 법리라면, 과학적 증거의 증거채택에 관한 법리는 적법하게 수집된 증거물을 토대로 심증형성을 하는 과정에 대한 증명력의 법리라는 점에서 양자는 선후관계에 있다고 말할 수 있다.

사실심법원은 사실관계를 확정함에 있어서 논리칙, 경험칙을 준수해야 한다. 사실인정에 있어서 준수해야 할 법칙을 가리켜서 채증법칙이라고 한다. 우리 대법원은 채증법칙위반을 법령위반의 문제로 보아서 상고이유로 인정하고 있다. 다양한 사실관계들을 일정한 유형으로 분류하고 그에 적합한 채증법칙을 체계화하는 작업을 가리켜서 재판실무상 사실인정론이라고 한다. 사실인정론은 직업법관들 사이에 중요한 관심사로 되어 있으며 이 분야를 학문적으로 체계화하려는 시도도 나오고 있다. 그러나 이러한 시도는 사실관계의 다종다양함에 비추어 거의 불가능에 가깝다고 하지 않을 수 없다. 또한 섣부른 채증법칙의 체계화는 경계하지 않으면 안 된다.

이 점은 특히 국민참여재판제도가 실시되면서 더욱 그 의미가 부각되고 있다. 형사사법사를 돌아볼 때 중세의 규문절차에서는 직업법관들이 재판을 전담하였고, 재판의 합리성을 도모한다는 이유로 사실판단의 법칙을 증거법리로 체계화하려는 작업이 추진되었다. 그리하여 나온 것이 중세 규문절차의 증거법정주의이다. 증거법정주의는 일정한 증거로부터 일정한 사실관계를 인정한다는 증거법칙인데 예컨대 자백이 있으면 사실 자체가 완전하게 증명되었다고 보는 것이 그 예의 하나이다.

중세의 증거법정주의는 프랑스 대혁명 이후의 소위 개혁된 형사소송법이 자유심증주의를 대원칙으로 천명하면서 극복되었다. 자유심증주의는 인간의 이성과 합리성에 대한 신뢰에서 출발한다. 또한 자유심증주의는 배심재판이나 참심재판의 필연적 소산이기도 하다. 배심원이나 참심원으로 형사재판에 참여하는 일반 시민들은 직업법관과 달리 복잡한 채증법칙을 이해할 수도 없고 알려고도 하지 않는다. 예컨대 미국의 배심재판에서 배심원들은 유죄·무죄의 평결만을 제시할 뿐 그들이 심증형성에 사용한 논리칙이나 경험칙을 외부에 드러내어 판단대상으로 제공하지 않는다.

우리나라에 국민참여재판제도가 도입되면서 앞으로 채증법칙 위반이 법령위반의 하나로서 대법원의 판단대상이 되어야 할 것인가 하는 의문이 제기될 것으로 예상된다. 지금의 국민참여재판에서는 배심원의 평결이 직업법관으로 구성된 재판부에 대해 권고적 효력만을 가지고 있다. 그러나 앞으로 배심원의 평결에 기속력이 부여된다면 채증법칙 위반이라는 상고이유는 자연스럽게 사라질 것으로 전망된다. 배심원의 사실판단에 사용된 논리칙, 경험칙을 외부에서 점검할 수 있는 객관적 토대가 없기 때문이다.

사실심법관이 사용한 논리칙, 경험칙의 적정성을 상급법원이 판단하는 일은 쉽지 않다. 다양한 증거들로부터 사실을 추론해 낸 과정을 일일이 문장으로 적어서 그에 대한 당부를 검토해야 하기 때문이다. 그 결과 채증법칙 위반이 문제된 사안들의 경우에는 대체로 판결문이 길어지게 된다. 본 판례의 경우도 그에 해당하는 예이지만, 과학적 증거의 증거채택을 위한 법리소개와 그에 필요한 적절한 사실관계의 소개라는 점에서 지면에 구애받지 않고 본 판례를 소개해 두었다.

2011도2170

친족상도례와 친족의 범위
사돈간 사기 사건
2011. 4. 28. 2011도2170, 공 2011상, 1115

1. 사실관계 및 사건의 경과

【사실관계】

① 갑의 딸과 A의 아들은 혼인관계에 있다.

② 갑은 사돈지간인 A에 대해 P사기범행을 하였다.

③ A는 P범행 후 6개월을 경과하여 갑을 고소하였다.

④ 검사는 갑을 사기죄로 기소하였다.

【사건의 경과】

① 제1심법원은 다음의 이유를 들어서 공소기각판결을 내렸다.

　　(가) 갑과 A는 사돈지간으로 2촌의 인척인 친족이다.

　　(나) 갑의 범행은 친족간의 범행(형법354, 328②)이므로 친고죄에 해당한다.

　　(다) A의 고소는 고소기간을 경과하여 부적법하다.

② 검사는 불복 항소하였다.

③ 항소심법원은 항소를 기각하고, 제1심판결을 유지하였다.

④ 검사는 불복 상고하였다.

⑤ 대법원은 항소이유와 무관하게 직권으로 판단하였다.

2. 사안에 대한 대법원의 판단

【대법원 요지】 친족상도례가 적용되는 친족의 범위는 민법의 규정에 의하여야 하는데, /

【대법원 분석】 민법 제767조는 배우자, 혈족 및 인척을 친족으로 한다고 규정하고 있고, /

【대법원 분석】 민법 제769조는 혈족의 배우자, 배우자의 혈족, 배우자의 혈족의 배우자만을 인척으로 규정하고 있을 뿐, 구 민법(1990. 1. 13. 법률 제4199호로 개정되기 전의 것) 제769조에서 인척으로 규정하였던 '혈족의 배우자의 혈족'을 인척에 포함시키지 않고 있다. /

【대법원 판단】 따라서 이 사건과 같이 피고인의 딸과 피해자의 아들이 혼인관계에 있어 피고인과 피해자가 사돈지간이라고 하더라도 이를 민법상 친족으로 볼 수 없다.

【대법원 분석】 그럼에도 불구하고 제1심은 피고인과 피해자가 사돈지간으로 2촌의 인척인 친족이라는 이유로 이 사건 공소사실 범죄를 친고죄라고 판단한 후 피해자의 고소가 고소기간을 경과하여 부적법하다 하여 형사소송법 제327조 제2호에 따라 이 사건 공소를 기각하였고, 원심은 이러한 제1심의 판단을 그대로 유지하였는바, /

【대법원 판단】 이는 친족의 범위에 관한 법리를 오해하여 판결에 영향을 미친 위법이 있다. 따라서

형사소송법 제393조에 의하여 원심판결 및 제1심판결을 모두 파기하기로 한다.

【대법원 결론】 그러므로 원심판결 및 제1심판결을 파기하고, 사건을 다시 심리 · 판단하게 하기 위하여 제1심법원에 환송하기로 하여 관여 대법관의 일치된 의견으로 주문과 같이 판결한다. (제1심으로 파기 환송)

2011도2631

재심개시결정과 재심판결의 관계
반공법 피의자 불법체포 사건
2013. 5. 16. 2011도2631 전원합의체 판결, 공 2013하, 1157

1. 사실관계 및 사건의 경과

【사실관계 1】

① 1972. 12. 27. 대통령에게 긴급조치권을 부여한 유신헌법이 시행되었다.

② 1974. 1. 8. 유신헌법 비방을 금지하는 대통령긴급조치 제1호가 시행되었다.

③ 1974. 4. 3. 학생들의 정치집회를 금지하는 대통령긴급조치 제4호가 시행되었다.

④ 위의 긴급조치에 위반하면 영장 없이 체포 · 구속되며, 비상군법회의에 의하여 처벌된다.

⑤ 1974. 8. 23. 대통령긴급조치 제1호 및 제4호가 해제되었다.

⑥ 해제당시, 대통령 긴급조치 제1호 또는 동 제4호에 규정된 죄를 범하여, 그 사건이 재판 계속중에 있거나 처벌을 받은 자에게는 긴급조치 해제가 영향을 미치지 않는다.

【사실관계 2】

① 긴급조치 제1호 및 제4호가 유효하던 시점이다.

② 갑은 금지된 학생 정치집회에 참가하였다.

③ 군검찰은 갑을 다음의 공소사실로 기소하였다.

　(가) 긴급조치 제1호, 제4호 위반

　(나) 반공법위반

④ 1974. 8. 8. 보통비상군법회의는 공소사실을 전부 인정하고 징역 15년을 선고하였다.

⑤ 갑은 불복 항소하였다.

⑥ 1974. 9. 23. 비상고등군법회의는 양형부당을 이유로 제1심판결을 파기하고 징역 12년을 선고하였다. (㉠유죄판결)

⑦ 갑은 불복 상고하였다.

⑧ 1975. 3. 11. 대법원은 갑의 상고를 기각하였다.

⑨ 이로써 ㉠유죄판결은 확정되었다.

【사실관계 3】

① 2005. 12. 1. 「진실 · 화해를 위한 과거사정리 기본법」이 시행되었다.

② 이 법률에 의하여 진실·화해를위한과거사정리위원회(이하 진실화해위원회)가 구성되었다.

③ 진실화해위원회는 사법경찰관 직무를 수행하던 수사관이 갑을 불법적으로 체포, 감금한 상태에서 고문 및 가혹행위를 가한 사실이 인정된다는 결정을 내렸다.

④ 진실화해위원회는 갑에 대한 재심을 권고하였다.

【사건의 경과 1】

① 2009. 6. 16. 갑은 서울고등법원(비상고등군법회의에 대응함)에 ㉠유죄판결에 대한 재심청구를 하였다. (㉠재심대상판결)

② 2009. 10. 23. 서울고등법원은 다음의 이유를 들어서 재심개시결정을 하였다. (㉡재심개시결정)

　(가) 진실화해위원회이 수집한 자료에 의할 때 수사관들이 갑을 불법적으로 체포, 감금한 상태에서 고문 및 가혹행위를 가한 사실에 대하여 확정판결에 준할 정도로 충분한 증명이 있다.

　(나) 수사관들의 체포·감금, 고문·가혹행위는 형법 제124조(불법체포, 불법감금), 제125조(폭행, 가혹행위)에 각각 해당한다.

　(다) 수사관들의 범죄는 이미 공소시효(5년)가 완성됨으로써 그에 관한 유죄판결을 얻을 수 없다.

　(라) ㉠재심대상판결 및 그 전심 판결의 기초가 된 수사에 관여한 사법경찰관이 그 직무에 관한 죄를 범하였음에도 위 죄에 대한 확정판결을 얻을 수 없는 경우에 해당한다.

　(마) 따라서 형사소송법 제420조 제7호, 제422조 소정의 재심사유가 있다.

③ ㉡재심개시결정에 대해 이후 항고기간 내에 적법한 항고의 제기가 없었다.

④ ㉡재심개시결정은 그대로 확정되었다.

【사건의 경과 2】

① 서울고등법원은 ㉠재심대상판결에 대해 비상고등군법회의와 같은 항소심으로서 재심공판절차에 임하였다.

② 서울고등법원은 ㉠재심대상판결 당시 주장되었던 갑의 항소이유에 대하여 판단하였다.

③ 갑의 공소사실은 다음과 같다.

　(가) 긴급조치 제1호, 제4호 위반

　(나) 반공법위반

【사건의 경과 3】

① 서울고등법원은 긴급조치위반죄 부분에 대하여 다음과 같이 판단하였다.

　(가) 긴급조치 제1호, 제4호는 헌법에 위반되어 무효이다.

　(나) 긴급조치위반의 공소사실은 형사소송법 제325조 전단의 '피고사건이 범죄로 되지 아니한 때'에 해당하므로 무죄를 선고해야 한다.

　(다) 원심(보통비상군법회의)이 유죄로 판단한 조처는 적용법령인 긴급조치 제1호 및 제4호의 위헌여부 판단에 대한 법리를 오해하여 판결결과에 영향을 미친 위법이 있다.

② 서울고등법원은 반공법위반죄 부분에 대해 판단하였다.

③ 서울고등법원은 갑이 주장한 일련의 항소이유를 배척하였다.

④ 갑의 항소이유 가운데에는 수사관으로부터 불법체포·감금행위을 당하였다는 주장이 있다.

⑤ 서울고등법원은 갑의 주장에 대해 다음과 같이 판단하였다.

(가) 당시 긴급조치위반자에 대하여는 법관의 영장 없이 체포, 구속할 수 있었다(긴급조치 제1호 제5항, 제4호 제9항).

(나) 결국 긴급조치 유효 기간 동안 수사기관이 갑을 불법 체포, 구금한 것이라고 할 수 없다.

(다) 다만, 법관의 영장 없이 체포, 구속할 수 있다는 긴급조치의 내용이 헌법에 위반되어 무효이므로 수사관들이 비록 그 긴급조치에서 정한 절차대로 영장 없이 체포, 구속하였더라도 불법체포, 구금으로 인정될 여지는 있다.

(라) 폭행 · 가혹행위 부분에 대해서는 갑의 진술 외에 갑이 수사관으로부터 폭행 · 가혹행위를 당하였다는 뚜렷한 증거가 없다.

【사건의 경과 4】

① 서울고등법원은 갑의 항소이유와 무관하게 반공법위반 공소사실에 대해 다음과 같이 판단하였다.

(가) 검사가 제출한 증거만으로는 반공법위반의 공소사실을 인정할 증거가 부족하다.

(나) 달리 공소사실을 인정할 증거가 없다.

(다) 따라서 원심(보통비상군법회의)으로서는 갑에게 무죄를 선고하였어야 한다.

② 서울고등법원은 결론적으로 원심(보통비상군법회의)판결을 파기하고 무죄를 선고하였다. (ⓒ재심 무죄판결)

【사건의 경과 5】

① 검사는 불복 상고하였다.

② 검사는 상고이유로 먼저 다음의 점을 주장하였다.

(가) 긴급조치는 폐지된 법령이므로 긴급조치위반 공소사실에 대해서는 면소판결을 선고해야 한다.

(나) 반공법위반 공소사실을 인정할 증거가 충분하다.

③ 검사는 반공법위반 공소사실과 관련하여 특히 다음의 점을 주장하였다.

(가) 서울고등법원은 재심개시결정에서는 수사관의 불법체포 · 감금, 폭행 · 가혹행위를 인정하였다.

(나) 서울고등법원은 재심판결에서는 불법체포 · 감금, 폭행 · 가혹행위를 당하였다고 볼 자료가 없다고 판단하였다.

(다) 동일한 법원이 내린 두 가지 판단은 상호 모순관계에 있다.

2. 긴급조치위반죄 부분에 대한 판단

(1) 폐지된 형벌법령이 당초부터 위헌인 경우의 효과

【대법원 요지】 형벌에 관한 법령이 /

【대법원 요지】 헌법재판소의 위헌결정으로 인하여 소급하여 그 효력을 상실하였거나 /

【대법원 요지】 법원에서 위헌 · 무효로 선언된 경우, /

【대법원 요지】 당해 법령을 적용하여 공소가 제기된 피고사건에 대하여는 형사소송법 제325조에 따라 무죄를 선고하여야 한다. /

【대법원 요지】 나아가 재심이 개시된 사건에서 형벌에 관한 법령이 재심판결 당시 폐지되었다 하더라도 /

【대법원 요지】 그 폐지가 당초부터 헌법에 위반되어 효력이 없는 법령에 대한 것이었다면 /

【대법원 요지】 형사소송법 제325조 전단이 규정하는 '범죄로 되지 아니한 때'의 무죄사유에 해당하는 것이지, /

【대법원 요지】 형사소송법 제326조 제4호 소정의 면소사유에 해당한다고 할 수 없다/

【대법원 요지】 (대법원 2010. 12. 16. 선고 2010도5986 전원합의체 판결 참조).

(2) 긴급조치 제4호에 대한 위헌 판단

【대법원 판단】 그러므로 구 대한민국헌법(1980. 10. 27. 헌법 제9호로 전부 개정되기 전의 것, 이하 '유신헌법'이라 한다) 제53조에 기한 /

【대법원 판단】 대통령긴급조치(이하 '긴급조치'라 한다) 제1호 및 제4호 위반으로 /

【대법원 판단】 유죄판결이 선고되었다가 재심이 개시된 이 사건에서, /

【대법원 판단】 긴급조치 제1호와 제4호가 재심판결 당시 이미 해제되어 공소사실에 적용할 법령이 폐지되었다고 하더라도 /

【대법원 판단】 먼저 긴급조치 제1호와 제4호가 헌법에 위반되는지 여부를 판단하여야 한다. /

【대법원 판단】 다만 긴급조치 제1호에 관하여는 이미 대법원 2010. 12. 16. 선고 2010도5986 전원합의체 판결에서 위헌·무효라고 판단한 바 있고 이 사건에서 이와 달리 판단할 사정이 없으므로, /

【대법원 판단】 아래에서는 긴급조치 제4호의 위헌 여부에 관하여 살펴본다.

【대법원 판단】 (긴급조치 제4호 위헌 여부에 관한 판단 부분은 생략함)

【대법원 판단】 (4) 이처럼 긴급조치 제4호는 그 발동 요건을 갖추지 못한 채 목적상 한계를 벗어나 민주주의의 본질적 요소인 표현의 자유를 침해하고, /

【대법원 판단】 영장주의에 위배되며, 법관에 의한 재판을 받을 권리와 학문의 자유 및 대학의 자율성 등 헌법상 보장된 국민의 기본권을 침해하는 것이므로, /

【대법원 판단】 그것이 폐지되기 이전부터 유신헌법은 물론 현행 헌법에 비추어 보더라도 위헌·무효라 할 것이다.

【대법원 판단】 이와 달리 유신헌법 제53조에 근거를 둔 긴급조치 제4호가 합헌이라는 취지로 판시한 /

【대법원 판단】 대법원 1975. 2. 25. 선고 74도3509 판결, 대법원 1975. 4. 8. 선고 74도3490 판결, 대법원 1975. 5. 27. 선고 74도3324 판결, 대법원 1975. 7. 8. 선고 74도3499 판결, 대법원 1975. 8. 19. 선고 74도3494 판결과 /

【대법원 판단】 그 밖에 이 판결의 견해와 다른 대법원판결들은 모두 폐기한다.

(3) 사안에 대한 대법원의 판단

【대법원 판단】 원심은 그 판시와 같은 사정을 들어, /

【대법원 판단】 이 부분 공소사실에 적용될 긴급조치 제1호 제3항, 제5항, 긴급조치 제4호 제8항을 포함하여 긴급조치 제1호와 제4호 전부가 헌법에 위반되어 무효라고 판단한 후, /

【대법원 판단】 위 긴급조치들이 원심판결 당시 폐지되었다 하더라도 그 폐지가 당초부터 헌법에 위배되어 효력이 없는 법령에 대한 것이었으므로 이 사건에 적용될 수 없음을 이유로 /

【대법원 판단】 형사소송법 제325조 전단이 규정하는 '범죄로 되지 아니한 때'의 무죄사유에 해당한다고 판단하였다.

【대법원 결론】 원심판결 이유를 앞서 본 법리와 기록에 비추어 살펴보면, 원심의 위와 같은 판단은 정당하고, /

【대법원 결론】 거기에 상고이유에서 주장하는 바와 같이 면소판결과 긴급조치 제1호 및 제4호의 위헌 여부 판단에 관한 법리를 오해하거나 논리와 경험법칙을 위반하여 자유심증주의의 한계를 벗어난 위법이 없다.

3. 반공법위반죄 부분에 대한 판단

【대법원 판단】 원심판결 이유를 기록에 비추어 살펴보면, /

【대법원 판단】 원심이 그 판시와 같은 이유를 들어 이 부분 공소사실과 관련하여 /

【대법원 판단】 피고인이 대한민국의 존립·안전이나 자유민주적 기본질서를 위태롭게 한다는 정을 알면서 북괴활동을 찬양, 고무하거나 이에 동조하여 반국가단체를 이롭게 하였다고 인정할 증거가 부족하다는 이유로 무죄를 선고한 것은 정당하고, /

【대법원 결론】 거기에 논리와 경험법칙을 위반하여 자유심증주의의 한계를 벗어난 위법이 없다.

4. 재심개시결정과 재심판결 간의 관계

(1) 재심개시결정 확정의 효과

【대법원 요지】 가. 재심개시결정에 대하여는 형사소송법 제437조에 규정되어 있는 즉시항고에 의하여 불복할 수 있고, /

【대법원 요지】 이러한 불복이 없이 확정된 재심개시결정의 효력에 대하여는 더 이상 다툴 수 없으므로, /

【대법원 요지】 설령 재심개시결정이 부당하더라도 이미 확정되었다면 /

【대법원 요지】 법원은 더 이상 재심사유의 존부에 대하여 살펴볼 필요 없이 /

【대법원 요지】 형사소송법 제436조의 경우가 아닌 한 /

【대법원 요지】 그 심급에 따라 다시 심판을 하여야 한다.

(2) 상호모순 주장에 대한 대법원의 판단

【대법원 분석】 나. 이 부분 상고이유의 요지는, /

【대법원 분석】 원심은 재심개시결정에서의 이유설시와 달리 피고인이 관여 수사관으로부터 불법체포, 감금 또는 가혹행위를 당하였다고 볼 자료가 없다고 판단함으로써 /

【대법원 분석】 재심개시결정과 원심판결이 서로 모순되므로 원심판결이 위법하다는 취지이다.

【대법원 판단】 그러나 이 부분 검사의 상고이유가 이미 확정된 재심개시결정의 잘못을 지적하는 취지라면 /

【대법원 판단】 이는 원심이 한 재심판결에 대한 적법한 상고이유가 될 수 없다. /

【대법원 판단】 한편 이 사건 재심개시결정이 확정된 후 /

【대법원 판단】 원심이 재심대상판결의 기초가 된 증거와 그 이후에 수집된 증거 등을 종합하여 이 사건 공소사실에 대하여 무죄를 선고한 조치는 앞서 본 법리에 따른 것으로서 정당하고, /

【대법원 결론】 거기에 상고이유에서 주장하는 바와 같은 이유모순 등의 위법이 없다. (상고 기각)

2011도3682

현행범 체포의 요건
경찰관 모욕 체포 사건

2011. 5. 26. 2011도3682, 공 2011하, 1367

1. 사실관계 및 사건의 경과

【사실관계】
① 2009. 9. 6. 01:45경 갑은 P빌라 주차장에서 술에 취한 상태에서 전화를 걸고 있었다.
② 갑은 인근 지역을 순찰하던 경찰관 A와 B로부터 불심검문을 받게 되자 B에게 자신의 운전면허증을 교부하였다.
③ 경찰관 B가 갑의 신분조회를 위하여 순찰차로 걸어간 사이에 갑은 불심검문에 항의하면서 경찰관 A에게 큰 소리로 욕설을 하였다.
④ 이에 경찰관 A는 갑에게 모욕죄의 현행범으로 체포하겠다고 고지한 후 갑의 오른쪽 어깨를 붙잡았다.
⑤ 갑은 이에 강하게 반항하면서 경찰관 A에게 상해를 가하였다.

【사건의 경과】
① 검사는 갑을 상해죄와 공무집행방해죄로 기소하였다.
② 제1심법원은 무죄를 선고하였다.
③ 검사는 불복 항소하였다.
④ 항소심법원은 항소를 기각하고, 제1심판결을 유지하였다.
⑤ 검사는 불복 상고하였다.
⑥ 검사는 상고이유로, 현행범인 체포의 요건에 관한 법리오해의 위법이 있다고 주장하였다.

2. 현행범체포의 요건

【대법원 분석】 현행범인은 누구든지 영장 없이 체포할 수 있다(형사소송법 제212조). /
【대법원 요지】 현행범인으로 체포하기 위하여는 행위의 가벌성, 범죄의 현행성·시간적 접착성, 범인·범죄의 명백성 이외에 체포의 필요성 즉, 도망 또는 증거인멸의 염려가 있어야 하고, /
【대법원 요지】 이러한 요건을 갖추지 못한 현행범인 체포는 법적 근거에 의하지 아니한 영장 없는 체포로서 위법한 체포에 해당한다. /
【대법원 요지】 여기서 현행범인 체포의 요건을 갖추었는지 여부는 체포 당시의 상황을 기초로 판단하여야 하고, 이에 관한 검사나 사법경찰관 등 수사주체의 판단에는 상당한 재량의 여지가 있다고 할 것이나, /
【대법원 요지】 체포 당시의 상황으로 보아서도 그 요건의 충족 여부에 관한 검사나 사법경찰관 등의 판단이 경험칙에 비추어 현저히 합리성을 잃은 경우에는 그 체포는 위법하다고 보아야 한다.

3. 공무집행의 적법성

【대법원 요지】 한편 형법 제136조가 규정하는 공무집행방해죄는 공무원의 직무집행이 적법한 경우에 한하여 성립하고, 여기서 적법한 공무집행은 그 행위가 공무원의 추상적 권한에 속할 뿐 아니라 구체적 직무집행에 관한 법률상 요건과 방식을 갖춘 경우를 가리킨다. /

【대법원 요지】 경찰관이 현행범인 체포의 요건을 갖추지 못하였음에도 실력으로 현행범인을 체포하려고 하였다면 적법한 공무집행이라고 할 수 없고, /

【대법원 요지】 현행범인 체포행위가 적법한 공무집행을 벗어나 불법하게 체포한 것으로 볼 수밖에 없다면, 현행범이 그 체포를 면하려고 반항하는 과정에서 경찰관에게 상해를 가한 것은 불법체포로 인한 신체에 대한 현재의 부당한 침해에서 벗어나기 위한 행위로서 정당방위에 해당하여 위법성이 조각된다.

4. 사안에 대한 대법원의 분석

【대법원 분석】 원심판결 이유 및 기록에 의하면, 피고인은 2009. 9. 6. 01:45경 서울 마포구 서교동 P빌라 주차장에서 술에 취한 상태에서 전화를 걸다가 인근 지역을 순찰하던 경찰관인 공소외 A, B로부터 불심검문을 받게 되자 공소외 B에게 자신의 운전면허증을 교부한 사실, /

【대법원 분석】 공소외 B가 피고인의 신분조회를 위하여 순찰차로 걸어간 사이에, 피고인은 위 불심검문에 항의하면서 공소외 A에게 큰 소리로 욕설을 한 사실, /

【대법원 분석】 이에 공소외 A는 피고인에게 모욕죄의 현행범으로 체포하겠다고 고지한 후 피고인의 오른쪽 어깨를 붙잡았고, 피고인은 이에 강하게 반항하면서 공소사실 기재와 같이 공소외 A에게 상해를 가한 사실 등을 알 수 있다.

5. 사안에 대한 대법원의 판단

【대법원 판단】 위 사실관계에 의하면, 공소외 A가 피고인을 현행범인으로 체포할 당시 피고인이 이 사건 모욕 범행을 실행 중이거나 실행행위를 종료한 직후에 있었다고 하더라도, /

【대법원 판단】 피고인은 공소외 A, B의 불심검문에 응하여 이미 운전면허증을 교부한 상태이고, 공소외 A뿐 아니라 인근 주민도 피고인의 욕설을 직접 들었으므로, 피고인이 도망하거나 증거를 인멸할 염려가 있다고 보기는 어려울 것이다. /

【대법원 판단】 또한 피고인의 이 사건 모욕 범행은 불심검문에 항의하는 과정에서 저지른 일시적, 우발적인 행위로서 사안 자체가 경미할 뿐 아니라, 고소를 통하여 검사 등 수사 주체의 객관적 판단을 받지도 아니한 채 피해자인 경찰관이 범행현장에서 즉시 범인을 체포할 급박한 사정이 있다고 보기도 어렵다.

【대법원 판단】 따라서 공소외 A가 피고인을 체포한 행위는 현행범인 체포의 요건을 갖추지 못하여 적법한 공무집행이라고 볼 수 없으므로 공무집행방해죄의 구성요건을 충족하지 아니하고, /

【대법원 판단】 피고인이 그 체포를 면하려고 반항하는 과정에서 공소외 A에게 상해를 가한 것은 불법체포로 인한 신체에 대한 현재의 부당한 침해에서 벗어나기 위한 행위로서 정당방위에 해당하여 위

법성이 조각된다.

【대법원 결론】 원심이 이와 같은 취지에서 피고인에 대한 이 사건 공소사실 중 상해 및 공무집행방해의 점에 대하여 무죄를 선고한 제1심판결을 유지한 것은 정당하다. (상고 기각)

2011도3809

외국 수사와 위법수집증거배제법칙
참고인 진술조서의 증거능력
수사보고서의 증거능력
과테말라 출장 수사 사건

2011. 7. 14. 2011도3809, 공 2011하, 1695

1. 사실관계 및 사건의 경과

【사실관계】

① 갑은 P부대의 공병중대장이다.

② 을은 Q회사의 경영자이다.

③ Q회사는 P부대의 R시설공사를 도급받아 공사를 진행하고 있었다.

④ 갑은 R공사의 현장감독책임자이다.

⑤ 을은 갑을 수사기관에 고발하면서 M고발장을 제출하였다.

⑥ M고발장에는 을이 갑에게 부정한 금품을 제공하였다는 내용이 기재되어 있었다.

⑦ 관할 지방검찰청 검찰주사는 N수사보고서를 작성하였다.

⑧ N수사보고서에는 M고발장이 첨부되어 있었다.

【사건의 경과 1】

① 군검찰관은 갑이 업자 을로부터 R공사와 관련하여 금품을 수수하였다는 공소사실로 갑을 특가법위반죄(뇌물)로 관할 보통군사법원에 기소하였다.

② 갑은 공소사실을 부인하였다.

③ 군검찰관은 제1회 공판기일에 M고발장과 N수사보고서를 함께 증거로 신청하였다.

④ 갑의 변호인은 M고발장에 대하여는 증거로 함에 부동의하였다.

⑤ 갑의 변호인은 M고발장이 첨부된 N수사보고서에 대해서는 증거로 함에 동의하였다.

【사건의 경과 2】

① 제1심법원은 N수사보고서에 대하여 증거조사를 마쳤다.

② 제1심법원은 M고발장에 대하여는 증거 채부를 보류하였다.

③ 제1심 제4회 공판기일에 이르러 군검찰관은 M고발장에 대한 증거신청을 철회하였다.

④ 제1심법원은 그러자 M고발장에 대한 증거조사를 하지 않았다.

⑤ 제1심법원은 N수사보고서에 대한 증거동의의 효력이 N수사보고서에 첨부된 M고발장에도 당연히 미친다고 판단하였다.

【사건의 경과 3】

① 갑에 대한 공소제기가 있은 후 군검찰관 A는 형사사법공조절차를 거치지 아니한 채 과테말라 공화국에 머물고 있는 을을 직접 만나 그를 참고인으로 조사하였다.

② 을은 자유스러운 분위기에서 임의수사의 형태로 군검찰관 A의 조사에 응하였다.

③ A는 을의 진술을 듣고 을이 갑에게 금품을 교부하였다는 내용의 S진술조서를 작성하였고, 을은 S진술조서에 직접 서명·무인하였다.

④ S진술조서는 제1심 공판기일에 유죄의 증거로 제출되었다.

【사건의 경과 4】

① 제1심법원은 N수사보고서에 첨부된 M고발장과 S진술조서를 유죄 증거의 일부로 채택하여 유죄를 선고하였다.

② 갑은 불복 항소하였다.

③ 갑은 항소이유로, N수사보고서에 첨부된 M고발장과 S진술조서에 증거능력이 없다고 주장하였다.

④ 항소심법원은 N수사보고서와 S진술조서에 증거능력을 인정하였다.

⑤ 항소심법원은 항소를 기각하고, 제1심판결을 유지하였다.

⑥ 갑을 불복 상고하였다.

【사건의 경과 5】

① 대법원은 N수사보고서에 첨부된 을의 M고발장이 적법한 증거신청·증거결정·증거조사의 절차를 거쳤다고 볼 수 없다는 이유로 유죄의 증거에서 배제하였다.

② 대법원은 S진술조서에 기재된 을의 진술이 특별히 신빙할 수 있는 상태에서 이루어졌다는 점에 관한 증명이 있다고 보기 어렵다는 이유로 유죄의 증거에서 배제하였다.

③ 대법원은 나머지 증거들로 갑의 공소사실을 인정할 수 있는가를 검토하였다.

④ 대법원은 공소사실을 유죄로 인정할 만한 증거가 부족하다고 판단하였다.

⑤ 대법원은 이상을 판단을 이유로 항소심판결을 파기 환송하였다.

2. 외국에서의 수사활동과 위법수집증거배제법칙

【항소심 판단】 기록과 원심판결의 이유에 의하면, 원심은 검찰관이 형사사법공조절차를 거치지 아니한 채 과테말라공화국에 머무르는 공소외 을을 직접 만나 그를 참고인으로 조사하여 작성한 [S]진술조서에 대하여 /

【항소심 판단】 국제법상 마땅히 보장되어야 하는 외국의 영토주권을 침해하고 국제형사사법공조절차를 위반한 위법수집증거로서 그 증거능력이 부정되어야 한다는 피고인 및 변호인의 주장을 배척하고, /

【항소심 판단】 나아가 위 [S]진술조서는 원진술자가 국외거주로 인하여 진술할 수 없을 때에 해당하므로 군사법원법 제367조[형소법 제314조에 상응함]에 따라 증거능력이 인정된다고 하여 이를 유죄의 증거로 삼았음을 알 수 있다.

【**대법원 판단**】 먼저 위 진술조서가 위법수집증거에 해당하는지에 관하여 보면, /

【**대법원 판단**】 비록 검찰관이 공소외 을을 상대로 한 참고인조사가 증거수집을 위한 수사행위에 해당하고 그 조사 장소가 우리나라가 아닌 과테말라공화국의 영역에 속하기는 하나, 조사의 상대방이 우리나라 국민이고 그가 조사에 스스로 응함으로써 조사의 방식이나 절차에 강제력이나 위력은 물론이고 어떠한 비자발적 요소도 개입될 여지가 없었음이 기록상 분명한 이상, /

【**대법원 판단**】 이는 서로 상대방 국민의 여행과 거주를 허용하는 우호국 사이에서 당연히 용인되는 우호국의 국가기관과 그 국민 사이의 자유로운 의사연락의 한 형태에 지나지 않으므로 여기에 어떠한 영토주권 침해의 문제가 생겨날 수 없고, /

【**대법원 판단**】 더욱이 이는 우리나라와 과테말라공화국 사이의 국제법적 문제로서 피고인은 그 일방인 과테말라공화국과 사이에 국제법상 관할의 원인이 될 만한 아무런 연관성도 갖고 있지 아니하므로 피고인에 대한 국내 형사소송절차에서 위와 같은 사유로 인하여 위법수집증거배제법칙이 적용된다고 볼 수는 없다.

3. 참고인 진술조서의 증거능력

【**대법원 요지**】 다만 전문증거인 위 [S]진술조서가 군사법원법 제367조[형소법 제314조에 대응함]에 따라 증거능력이 인정되기 위해서는 그 진술이 특별히 신빙할 수 있는 상태에서 이루어졌어야 하고, /

【**대법원 요지**】 이는 진술의 내용이나 조서 또는 서류의 작성에 허위개입의 여지가 거의 없고 그 진술 내용의 신빙성이나 임의성을 담보할 구체적이고 외부적인 정황이 있는 경우를 가리키는데, /

【**대법원 판단**】 원심이 들고 있는 사정, 즉 공소외 을이 자유로운 분위기에서 임의수사의 형태로 조사에 응하였고 [S]진술조서에 직접 서명·무인하였다는 사정만으로 위와 같은 정황을 인정하기에 부족할 뿐만 아니라, /

【**대법원 분석**】 오히려 ① 공소외 을에 대한 참고인조사가 강제력을 수반하지 아니하여 과테말라공화국에 대한 주권침해의 문제는 낳지 않는다고 하더라도, 검찰관이 이 사건 공소제기 후에 군사법원의 증거조사절차 외에서, 그것도 형사사법공조절차나 과테말라공화국 주재 우리나라 영사를 통한 조사 등의 방법을 택하지 않고 직접 현지 호텔에 가서 조사를 실시한 것은 아무래도 수사의 정형적 형태를 벗어난 것이라고 보지 않을 수 없는 점, /

【**대법원 분석**】 ② 공소외 을은 뇌물공여자로서 스스로 처벌대상이 됨에도 국외 도피를 통해 그에 대한 책임을 회피하고 조사 과정의 허위진술에 따른 불이익도 염려할 필요 없는 상태에서 일방적으로 진술한 점, /

【**대법원 분석**】 ③ 공소외 을이 이러한 고발에 이르게 된 데는 자신의 도피자금 제공 요구를 피고인이 거절한 것에 대한 나쁜 감정이 배경이 되어 있는 점, /

【**대법원 분석**】 ④ 공소외 을은 귀국 후 법정 증언 등을 통해 자신의 진술에 대한 진실성을 담보할 뜻이 없음을 분명히 하고 있는 점, /

【**대법원 분석**】 ⑤ 공소외 을은 위 진술조서를 작성한 이후 피고인의 부탁에 의한 것이라고는 하나 위 진술조서의 내용이 사실과 다르다는 취지의 서류를 보내온 바 있고, 원심증인 공소외 B와의 전화통

화 과정에서도 공소사실과 달리 피고인의 주장에 일부 부합하는 진술을 하기도 하는 점 등에 비추어 보면, /

【대법원 판단】 위 진술이 특별히 신빙할 수 있는 상태에서 이루어졌다는 점에 관한 증명이 있다고 보기 어렵다.

【대법원 판단】 결국 검찰관 작성의 공소외 을에 대한 [S]진술조서는 증거능력이 인정되지 아니하므로 이를 유죄의 증거로 삼을 수 없다.

4. 수사보고서 관련 사실관계의 분석

【대법원 분석】 기록에 의하면, 검찰관이 제1심 제1회 공판기일에 공소외 을이 작성한 제보문건(증거목록 순번 11, 이하 '[M]고발장'이라고 한다)과 대전지방검찰청 검찰주사보가 작성한 수사보고(증거목록 순번 24, 이하 '이 사건 [N]수사보고'라고 한다)를 함께 증거로 신청하였는데, /

【대법원 분석】 피고인의 변호인은 [M]고발장에 대하여는 증거로 하는 것에 동의하지 않는다는 의견을 밝혔음에도 같은 고발장을 첨부문서로 포함하고 있는 이 사건 [N]수사보고에 대하여는 증거에 동의한 사실, /

【대법원 분석】 이에 제1심법원은 제1회 공판기일에서 이 사건 [N]수사보고에 대하여는 증거조사를 마치고 [M]고발장에 대하여는 증거 채부를 보류하였다가 제4회 공판기일에 이르러 검찰관이 [M]고발장에 대한 증거신청을 철회하자 그에 대한 증거조사는 하지 않은 사실, /

【대법원 분석】 제1심과 원심은 피고인과 변호인이 이 사건 [N]수사보고와 그에 첨부된 서류에 대하여 분리하여 증거의견을 밝히지 아니한 이상 이 사건 [N]수사보고에 대한 증거동의의 효력이 그에 첨부된 [M]고발장에도 당연히 미친다고 보아, 별도의 증거로 신청된 같은 [M]고발장에 대한 피고인과 변호인의 명시적 부동의 의견에도 불구하고 이를 유죄의 증거로 삼은 사실/

【대법원 분석】 (제1심판결의 증거의 요지에는 포함되지 않았으나, 피고인과 변호인의 주장을 배척하는 유죄판단에서 위 고발장을 근거로 삼았다)을 알 수 있다.

5. 수사보고서 첨부자료의 증거능력

【대법원 요지】 위와 같이 수사기관이 수사과정에서 수집한 자료를 기록에 현출시키는 방법으로 위 자료의 의미, 성격, 혐의사실과의 관련성 등을 수사보고의 형태로 요약·설명하고 해당 자료를 수사보고에 첨부하는 경우, /

【대법원 요지】 그 수사보고에 기재된 내용은 수사기관이 첨부한 자료를 통하여 얻은 인식·판단·추론이거나 아니면 자료의 단순한 요약에 불과하여 원 자료로부터 독립하여 공소사실에 대한 증명력을 가질 수 없는 성격의 것이고, /

【대법원 판단】 이 사건에서 피고인이나 변호인도 이 사건 [N]수사보고의 증명력을 위와 같은 취지로 이해하여 공소사실에 대한 부인에도 불구하고 그 증거능력을 다투지 않은 것으로 보인다.

【대법원 판단】 따라서 만일 검찰관이 이 사건 [N]수사보고를 증거로 신청하면서 그에 첨부된 공소외 을의 [M]고발장을 단순히 공소외 C가 공소외 을에게 새로운 사실확인서를 요구하게 된 계기를 설명하기 위한 자료로 제시하는 것을 넘어 고발 내용이 공소사실과 부합한다는 점을 통해 공소사실을 증

명하고자 하였다면, /

【대법원 판단】 위 [M]고발장은 이 사건 [N]수사보고의 일부로 편입되거나 양자가 내용상 결합하여 단일한 문서로서의 증명력이나 증거가치를 갖는 것이 아니라 독립한 별개의 증거로서 독자적인 증명력을 갖는 것이므로 마땅히 증거목록에 별도의 표목을 붙여 독립한 증거로 신청하였어야 한다. /

【대법원 판단】 그리고 그러한 경우 군사법원으로서는 검찰관의 위 증거신청이 이미 증거목록 순번 11로 제출된 [M]고발장에 대한 증거신청과 중복되므로 이를 철회하도록 하거나, 변호인이 동일한 [M]고발장에 대하여 이미 증거에 동의하지 않는다는 의사를 표시한 바 있으므로 /

【대법원 판단】 이 사건 [N]수사보고에 관하여 증거로 동의한다는 의사를 표시하더라도 그에 첨부된 [M]고발장을 따로 피고인과 변호인에게 제시하여 해당 부분 증거동의 여부에 관한 진의를 확인하는 등 적절한 소송지휘권을 행사하였어야 했음에도 불구하고, /

【대법원 판단】 이 사건 [N]수사보고에 대한 증거동의가 있다는 이유로 아무런 지적 없이 그에 첨부된 고발장까지 증거로 채택해 두었다가 판결을 선고하는 단계에 이르러 이를 유죄 인정의 증거로 삼은 것은 실질적 적법절차의 원칙에 비추어 수긍할 수 없다. /

【대법원 판단】 결국 이 사건 [N]수사보고에 첨부된 공소외 을의 [M]고발장은 군사법원법에 따른 적법한 증거신청·증거결정·증거조사의 절차를 거쳤다고 볼 수 없거나 공소사실을 뒷받침하는 증명력을 가진 증거가 아니므로 이를 유죄의 증거로 삼을 수 없다. (파기 환송)

2011도4451

친고죄와 고소불가분의 원칙
항소이유의 철회 방법
부착명령사건과 상소 의제
편의점 앞 여아 사건
2011. 6. 24. 2011도4451, 2011전도76, 공 2011하, 1509

1. 사실관계 및 사건의 경과

【사실관계】

① (이하의 사건은 성범죄가 비친고죄로 되기 전, 모두 인천시 계양구 M동에서 일어난 일이다.)

② 2010. 7. 25. 01:00경 갑은 P지점의 편의점 앞에서 A(여, 11세)가 배회하는 것을 발견하였다.

③ 갑은 A와 이야기를 하다가 A를 강간하기로 마음먹었다.

④ 2010. 7. 25. 02:30경 갑은 A의 손목을 잡고 그곳에서 약 430m 떨어진 Q지점의 다가구주택 주차장까지 끌고 갔다. (㉠행위)

⑤ 2010. 7. 25. 02:30경 갑은 Q지점의 다가구주택 주차장에서 A에게 유사강간행위를 하려고 하였으나 미수에 그쳤다. (㉡행위)

⑥ 2010. 7. 25. 02:40경 갑은 다시 A를 R지점까지 끌고 갔다. (ⓒ행위)

⑦ 2010. 7. 25. 02:40경 갑은 R지점 계단에서 A에게 유사강간행위를 하려고 하였으나 미수에 그쳤다. (ⓔ행위)

⑧ A의 아버지 B는 갑을 고소하였다.

【사건의 경과 1】

① 검사는 갑을 다음의 공소사실과 죄명으로 기소하였다.

    (가) ⓐ행위 : 특가법위반죄(영리약취 · 유인등; 친고죄)

    (나) ⓑ행위 : 성폭력처벌법위반죄(13세미만미성년자강간등; 비친고죄)

    (다) ⓒ행위 : 특가법위반죄(영리약취 · 유인등; 친고죄)

    (라) ⓔ행위 : 성폭력처벌법위반죄(13세미만미성년자강간등; 비친고죄)

② 검사는 공소제기와 함께 위치추적 전자장치 부착명령을 청구하였다.

③ 제1심 공판절차에서 갑은 A의 아버지 B와의 S합의서를 재판부에 제출하였다.

④ S합의서는 다음과 같은 형태로 되어 있었다.

    (가) A의 성명이 기재되어 있기는 하나 A의 날인은 없다.

    (나) A의 아버지 B의 무인 및 인감증명서가 첨부되어 있다.

⑤ 갑은 ⓐ행위와 ⓒ행위 부분에 대해 유효한 고소가 없다고 주장하였다.

⑥ 제1심법원은 A로부터 유효한 고소가 있다고 판단하였다.

⑦ 제1심법원은 갑의 공소사실을 인정하고 다음과 같이 판결하였다.

    (가) 피고인을 징역 6년에 처한다.

    (나) 피고인에 대한 정보를 10년간 공개한다.

    (다) 피부착명령청구자에 대하여 10년간 위치추적 전자장치의 부착을 명한다.

    (라) 피부착명령청구자에 대하여 별지 기재와 같은 준수사항을 부과한다.

【사건의 경과 2】

① 갑은 불복 항소하였다.

② 갑은 항소이유서를 제출하면서, 항소이유로 사실오인과 양형부당을 주장하였다.

③ 항소심 제1회 공판기일에서 갑의 변호인은 다음과 같이 진술하였다.

    (가) "갑의 항소이유는 친고죄에서의 고소 및 고소취소에 관한 법리오해와 양형부당임"

    (나) "재범의 위험성이 없다는 주장은 부착명령의 부당함을 다투는 취지가 아니라 양형참작사유로 주장하는 것임"

④ 항소심법원은 갑의 항소이유를 법리오해와 양형부당으로 보아 이를 배척하는 판단만을 하고 사실오인 주장에 대하여는 판단하지 않았다.

⑤ 항소심법원은 피고사건에 대해 항소를 기각하였다.

⑥ 항소심법원은 제1심의 부착명령에 대해 피고인의 항소이유가 없고 직권파기사유도 존재하지 아니한다는 이유로 항소를 기각하였다.

⑦ 갑은 불복 상고하였다.

⑧ 갑은 상고이유로 다음의 점을 주장하였다.

(가) 친고죄인 ㉠행위와 ㉢행위 부분에 대해 적법한 고소가 없다.

(나) 항소심은 갑의 사실오인 주장을 판단하지 아니한 잘못을 범하였다.

(다) 항소심은 위치추적 전자장치 부착명령 청구사건 부분에 대해 판단을 누탈한 잘못을 범하였다.

2. 친고죄의 고소방법과 고소능력

【대법원 요지】 가. 친고죄에 있어서의 고소는 고소권 있는 자가 수사기관에 대하여 범죄사실을 신고하고 범인의 처벌을 구하는 의사표시로서 서면뿐만 아니라 구술로도 할 수 있는 것이고, /

【대법원 요지】 다만 구술에 의한 고소를 받은 검사 또는 사법경찰관은 조서를 작성하여야 하지만 그 조서가 독립된 조서일 필요는 없으며 /

【대법원 요지】 수사기관이 고소권자를 증인 또는 피해자로서 신문한 경우에 그 진술에 범인의 처벌을 요구하는 의사표시가 포함되어 있고 그 의사표시가 조서에 기재되면 고소는 적법하게 이루어진 것이다. /

【대법원 요지】 또한 고소를 함에는 소송행위능력, 즉 고소능력이 있어야 하나, /

【대법원 요지】 고소능력은 피해를 받은 사실을 이해하고 고소에 따른 사회생활상의 이해관계를 알아차릴 수 있는 사실상의 의사능력으로 충분하므로, /

【대법원 요지】 민법상의 행위능력이 없는 사람이라도 위와 같은 능력을 갖춘 사람이면 고소능력이 인정된다. /

【대법원 요지】 그리고 친고죄에서 위와 같은 적법한 고소가 있었는지 여부는 자유로운 증명의 대상이 되고, /

【대법원 요지】 일죄의 관계에 있는 범죄사실의 일부에 대한 고소의 효력은 그 일죄의 전부에 대하여 미친다.

3. 사안에 대한 대법원의 판단 - 고소의 유효 여부

【대법원 분석】 원심판결 이유를 기록에 비추어 살펴보면, 친고죄인 이 부분 공소사실, 즉 간음 목적 미성년자 약취 범행과 관련하여, /

【대법원 판단】 당시 피해자는 11세 남짓한 초등학교 6학년생으로서 그 정신능력과 수사기관 조사에서의 진술 태도 등에 비추어 자신이 피해를 받은 사실을 이해하고 고소에 따른 사회생활상의 이해관계를 알아차릴 수 있는 사실상의 의사능력이 있었던 것으로 보이고, /

【대법원 분석】 피해자는 고소장을 제출하지는 아니하였으나 경찰에서 피해자 진술조서를 작성할 당시 사법경찰리에게 위 범행 당일 02:30경 간음 목적으로 피해자를 주차장으로 끌고 간 약취 범행 등을 이유로 피고인 겸 피부착명령청구인(이하 '피고인'이라고만 한다)을 형사처벌하여 달라는 의사표시를 분명히 하여 그 의사표시가 피해자 진술조서에 기재되었으며, /

【대법원 분석】 위 진술조서에 대해서는 피고인의 변호인이 제1심 공판기일에서 증거동의하여 증거조사가 마쳐진 사실을 알 수 있는바, /

【대법원 판단】 앞서 본 법리에 비추어 보면 이 부분 공소사실에 대하여는 고소능력이 있는 피해자 본인이 고소를 하였다고 보아야 할 것이고 /

【대법원 판단】 한편 이 부분 공소사실에는 피고인이 간음 목적으로 위 범행 당일 02:30경 피해자를 주차장으로 끌고 간 다음 같은 날 02:40경 다시 피해자를 그 부근의 빌딩 2층으로 끌고 간 약취 범죄 사실이 포함되어 있으나 이들은 서로 일죄의 관계에 있으므로 친고죄인 이 부분 공소사실에 대한 공소 제기 요건은 충족되었다고 보아야 할 것이다.

【대법원 판단】 한편 기록에 의하면 피고인이 제출한 합의서에 피해자의 성명이 기재되어 있기는 하나 피해자의 날인은 없고, 피해자의 법정대리인인 부 공소외인의 무인 및 인감증명서가 첨부되어 있을 뿐이어서 피해자 본인이 고소를 취소한다는 의사표시가 여기에 당연히 포함되어 있다고 볼 수는 없고, /

【대법원 분석】 그 밖에 기록을 살펴보아도 피해자 본인이 제1심판결 선고 전에 이 부분 공소사실에 대한 고소 취소의 의사표시를 하였다거나 그 법정대리인이 피해자의 의사에 따라 고소를 취소하였다고 볼 아무런 자료가 없다.

【대법원 판단】 그렇다면 설령 피해자의 법정대리인 부 공소외인의 고소는 취소되었다고 하더라도 피해자 본인의 고소가 취소되지 아니한 이상 이 부분 공소사실에 대한 공소제기 요건은 여전히 충족되고 있다 할 것이므로, 원심이 같은 취지에서 이 부분 공소사실을 유죄로 인정한 조치는 정당하고, 거기에 상고이유에서 주장하는 바와 같은 고소 취소에 관한 법리를 오해하는 등의 위법이 없다.

4. 항소이유서의 철회 방법

【대법원 요지】 나. 항소이유서를 제출한 자는 항소심의 공판기일에 항소이유서에 기재된 항소이유의 일부를 철회할 수 있으나 항소이유를 철회하면 이를 다시 상고이유로 삼을 수 없게 되는 제한을 받을 수도 있으므로, 항소이유의 철회는 명백히 이루어져야만 그 효력이 있다.

【대법원 분석】 기록에 의하면 피고인은 항소이유서에서 항소이유로 양형부당과 함께 이 사건 공소사실에 관한 사실오인도 주장하였음이 명백한데, /

【대법원 분석】 원심 제1회 공판기일에서 변호인이 피고인의 항소이유는 친고죄에서의 고소 및 고소 취소에 관한 법리오해와 양형부당이라고 진술하자 원심은 피고인의 항소이유를 위 주장 부분으로만 보아 이를 배척하는 판단만을 하고 사실오인 주장에 대하여는 판단하지 아니한 채 피고인의 항소를 기각하였음을 알 수 있으나, /

【대법원 판단】 항소이유 철회에 관한 법리와 변호인이나 피고인이 원심 공판과정에서 사실오인 주장을 명시적으로 철회하지는 아니한 점 등에 비추어 볼 때 피고인의 항소이유 중 사실오인 주장을 명백하게 철회하였다고 보기는 어렵다. /

【대법원 판단】 그러나 피고인에게 10년 미만의 징역형이 선고된 이 사건에서 사실오인은 적법한 상고이유가 될 수 없을 뿐만 아니라 원심이 유지한 제1심이 적법하게 채택한 증거들에 비추어 살펴보면 피고인이 이 사건 공소사실과 같은 범행을 저질렀음이 넉넉히 인정되므로, 위와 같은 항소이유 철회에 관한 법리오해나 판단누락은 판결 결과에 영향을 미친 바 없다.

【대법원 판단】 다. 형사소송법 제383조 제4호에 의하면 사형, 무기 또는 10년 이상의 징역이나 금고가 선고된 사건에서만 양형부당을 사유로 한 상고가 허용되는 것이므로, 피고인에 대하여 그보다 가벼운 형이 선고된 이 사건에서는 형의 양정이 부당하다는 취지의 주장은 적법한 상고이유가 되지 못한다.

5. 부착명령사건의 상소 의제

【대법원 분석】 피고사건에 관하여 상고를 제기한 이상, 특정 범죄자에 대한 위치추적 전자장치 부착 등에 관한 법률 제9조 제8항의 규정에 의하여 부착명령사건에 관하여도 상소를 제기한 것으로 의제되는 것임은 분명하나, /

【대법원 분석】 기록에 의하면 피고인의 변호인은 원심 제1회 공판기일에서 '재범의 위험성이 없다는 주장은 부착명령의 부당함을 다투는 취지가 아니라 양형참작사유로 주장하는 것'이라고 진술하였음을 알 수 있으므로, /

【대법원 결론】 제1심의 부착명령에 대한 피고인의 항소이유가 없고 직권파기사유도 존재하지 아니한다는 이유로 이 부분에 대한 항소를 기각한 원심의 조치에 상고이유에서 주장하는 바와 같은 판단누락 등의 위법이 있다고 할 수 없다. (상고 기각)

【코멘트】 본 판례는 각종 성범죄(간통죄 제외)가 비친고죄화 되기 전에 나온 것이다. 본 판례의 사안에는 두 개의 처벌희망 의사표시가 있다. 하나는 피해자 A가 수사기관 진술조서에 표현한 것이며, 다른 하나는 A의 법정대리인 B가 제출한 고소장이다. 그런데 B는 갑과 합의를 하여 처벌을 희망하지 않는다는 합의서를 A와 B의 이름으로 법원에 제출하고 있다. 그런데 이 합의서에는 A의 성명이 기재되어 있기는 하나 날인이 없고, 법정대리인인 아버지 B의 무인과 인감증명서가 첨부되어 있다.

여기에서 A와 B의 이름으로 된 합의서가 B의 처벌희망 의사표시에 대한 철회에 해당함은 분명하다. 즉 B의 고소는 유효하게 취소된 것이다. 그런데 B가 제출한 합의서가 A의 고소에 대한 고소취소로 인정될 수 있을 것인지 문제된다. 이에 대해 대법원은 (가) A가 고소취소의 의사표시를 하였음을 인정할 수 없고, (나) A의 법정대리인 B가 A의 의사에 따라 고소를 취소하였다고 볼 자료가 없다고 판단하여 A의 고소취소를 부인하고 있다.

이와 관련하여 대법원 판단의 (나) 부분 가운데 법정대리인 B가 미성년자 A의 '의사에 따라' 고소를 취소하였다고 볼 수 없다는 부분이 주목된다. 이것은 법정대리인이 미성년자의 고소취소를 대리할 경우 고소취소의 대리는 어디까지나 표시대리에 국한된다는 점을 전제로 한 표현이다. 친고죄의 고소 내지 고소취소의 대리를 둘러싼 의사대리설과 표시대리설의 대립에 관하여는 2010. 11. 11. **2010도 11550** 판례의 항목에서 설명한 바가 있다.

본 판례에서 주목되는 또 한 가지의 점은 "일죄의 관계에 있는 범죄사실의 일부에 대한 고소의 효력은 그 일죄의 전부에 대하여 미친다."고 대법원이 판시한 대목이다. 형소법 제233조는 "친고죄의 공범 중 그 1인 또는 수인에 대한 고소 또는 그 취소는 다른 공범자에 대하여도 효력이 있다"고 규정하여 고소불가분의 원칙을 선언하고 있다. 그런데 형소법 제233조는 고소 또는 고소취소의 주관적 불가분만을 명시하고 있을 뿐 객관적 불가분의 적용 여부에 대해서는 밝히고 있지 않다.

이 점에 대해 대법원은 "일죄의 관계에 있는 범죄사실의 일부에 대한 고소 [또는 고소취소]의 효력은 그 일죄의 전부에 대하여 미친다."고 판시하여 객관적 불가분의 원칙을 인정하고 있다. 그런데 이 경우 '일죄의 관계에 있는 범죄사실'은 단순일죄의 관계에 있는 범죄사실을 의미한다는 점에 주의할 필요가 있다. 단순일죄의 관계에 있는 범죄사실의 경우에는 피해자가 동일하기 때문이다.

상상적 경합관계에 있는 범죄사실은 실체법상 수개의 죄이지만 과형상 일죄로 취급된다. 이 경우에는 실체법적으로 성립하는 수개의 죄에 대해 피해자가 서로 다를 수 있으며, 이 때에는 각각의 피해자가 표시하는 처벌희망 의사표시를 존중할 필요가 있다. 그리하여 동일한 범죄사실이 상상적 경합관계에 있어서 과형상 일죄를 이룰 때 고소의 객관적 불가분 원칙이 적용되지 않는 경우가 생긴다. 이러한 상황은 특히 배우자 있는 자들이 간통하는 소위 이중간통의 경우에서 찾아볼 수 있다. 이에 대해서는 1990. 1. 25. **89도1317**[I권] 이중간통 사건에서 설명한 바가 있다.

2011도5313

공판중심주의와 실질적 직접심리주의
제보자 법정증언 사건
2012. 6. 14. 2011도5313, 공 2012하, 1250

1. 사실관계 및 사건의 경과

【사실관계】

① 갑과 A 등은 함께 필로폰을 투약하거나 서로 필로폰을 매매하였다는 혐의로 수사기관에서 조사를 받았다.

② A는 제보자로서 수사기관에서 갑 등에게 불리한 내용의 진술을 하였다. (㉠진술)

③ 검찰 수사단계에서 C는 갑 등에게 유리한 내용의 진술을 하였다. (㉡진술)

④ C의 진술은 M진술조서에 기재되었다.

【사건의 경과 1】

① 검사는 A에 대해 갑 등의 혐의사실을 제보하였다는 점을 참작하여 불기소처분을 내렸다.

② 검사는 갑을 마약류관리에관한법률위반죄(향정)로 기소하였다.

③ (공소사실의 요지는 판례 본문 참조)

④ 제1심법원은 제보자 A를 증인으로 신문하였다.

⑤ A는 갑에게 불리한 진술을 하였다. (㉢진술)

⑥ A의 ㉢진술은 제1심 공판조서의 일부인 N증인신문조서에 기재되었다.

⑦ 제1심법원은 증인 A의 ㉢진술이 신빙성이 있다고 판단하여 유죄를 인정하였다.

【사건의 경과 2】

① 갑은 불복 항소하였다.

② 항소심 공판절차에 C의 ㉡진술이 기재된 M진술조서가 추가로 제출되었다.

③ 항소심법원은 제1심 증인 A에 대해 증인신문을 실시하지 않았다.

④ 항소심법원은 제1심의 N증인신문조서에 기재된 A의 ㉢진술을 공소사실에 부합하는 유일한 증거라고 판단하였다.

⑤ 항소심법원은 C의 ㉡진술이 기재된 M진술조서를 토대로 N증인신문조서에 기재된 A의 ㉢진술에

신빙성이 없다고 판단하였다.
⑥ 항소심법원은 A의 ㉢진술을 믿기 어렵다는 이유로 공소사실 전부에 대하여 무죄를 선고하였다.
⑦ 검사는 불복 상고하였다.

2. 공판중심주의와 직접심리주의

【대법원 요지】 1. 우리 형사소송법은 형사사건의 실체에 대한 유죄·무죄의 심증형성은 법정에서의 심리에 의하여야 한다는 공판중심주의의 한 요소로서, /
【대법원 요지】 법관의 면전에서 직접 조사한 증거만을 재판의 기초로 삼을 수 있고 /
【대법원 요지】 증명 대상이 되는 사실과 가장 가까운 원본 증거를 재판의 기초로 삼아야 하며 /
【대법원 요지】 원본 증거의 대체물 사용은 원칙적으로 허용되어서는 안 된다는 /
【대법원 요지】 실질적 직접심리주의를 채택하고 있는바, /
【대법원 요지】 이는 법관으로 하여금 법정에서 직접 원본 증거를 조사하는 방법을 통하여 사건에 관하여 신선하고 정확한 심증을 형성할 수 있게 하는 한편 /
【대법원 요지】 피고인에게 원본 증거에 관하여 직접적인 의견진술의 기회를 부여함으로써, /
【대법원 요지】 실체적 진실을 발견하고 공정한 재판을 실현할 수 있게 하려는 것이다. /
【대법원 요지】 따라서 형사소송절차를 주재하는 법원으로서는 형사소송절차의 진행과 심리과정에서 법정을 중심으로, /
【대법원 요지】 특히 당사자의 주장과 증거조사가 이루어지는 원칙적인 절차인 제1심의 법정에서 위와 같은 실질적 직접심리주의의 정신이 충분하고도 완벽하게 구현될 수 있도록 하여야 한다.

3. 제1심 증인신문의 의의

【대법원 요지】 원래 제1심이 증인신문절차를 진행한 뒤 그 진술의 신빙성 유무를 판단함에 있어서는, /
【대법원 요지】 진술 내용 자체의 합리성·논리성·모순 또는 경험칙 부합 여부나 물증 또는 제3자의 진술과의 부합 여부 등은 물론, /
【대법원 요지】 법관의 면전에서 선서한 후 공개된 법정에서 진술에 임하고 있는 증인의 모습이나 태도, 진술의 뉘앙스 등 /
【대법원 요지】 증인신문조서에는 기록하기 어려운 여러 사정을 직접 관찰함으로써 얻게 된 심증까지 모두 고려하여 신빙성 유무를 평가하게 된다. /
【대법원 요지】 이에 비하여, 현행 형사소송법상 제1심 증인이 한 진술에 대한 항소심의 신빙성 유무 판단은 원칙적으로 증인신문조서를 포함한 기록만을 그 자료로 삼게 되므로, /
【대법원 요지】 진술의 신빙성 유무 판단에 있어 가장 중요한 요소 중의 하나라 할 수 있는 진술 당시 증인의 모습이나 태도, 진술의 뉘앙스 등을 신빙성 유무 평가에 반영할 수 없다는 본질적인 한계를 지니게 된다.
【대법원 요지】 여기서 앞서 본 실질적 직접심리주의의 정신에 따라 위와 같은 제1심과 항소심의 신빙성 평가 방법의 차이를 고려할 때, /
【대법원 요지】 제1심판결 내용과 제1심에서 적법하게 증거조사를 거친 증거들에 비추어 제1심 증인

이 한 진술의 신빙성 유무에 관한 제1심의 판단이 명백하게 잘못되었다고 볼 만한 특별한 사정이 있거나, /

【대법원 요지】 제1심의 증거조사 결과와 항소심 변론종결시까지 추가로 이루어진 증거조사 결과를 종합하면 제1심 증인이 한 진술의 신빙성 유무에 관한 제1심의 판단을 그대로 유지하는 것이 현저히 부당하다고 인정되는 예외적인 경우가 아니라면, /

【대법원 요지】 항소심으로서는 제1심 증인이 한 진술의 신빙성 유무에 관한 제1심의 판단이 항소심의 판단과 다르다는 이유만으로 이에 관한 제1심의 판단을 함부로 뒤집어서는 안 된다.

4. 공소사실의 요지

【대법원 분석】 2. 가. 이 사건 공소사실의 요지는, /

【대법원 분석】 피고인이 /

【대법원 분석】 ① 2009. 8. 중순 12:00경 서울 양천구 목동 소재 공소외 A의 집에 택배로 1회용 주사기에 들어 있는 향정신성의약품인 메스암페타민(일명 필로폰, 이하 '필로폰'이라고 함) 약 0.2 g을 무상으로 배달시켜 공소외 A에게 필로폰을 교부하고, /

【대법원 분석】 ② 2010. 2. 초순 23:00경 대구 달서구 장기동 소재 홈플러스 앞 노상에 주차된 피고인의 차 안에서 공소외 A로부터 필로폰 3작대기 약 2.5 g을 100만 원에 매수하고, /

【대법원 분석】 바로 공소외 A와 함께 각자 필로폰 약 0.1 g씩을 1회용 주사기에 집어 넣고 생수로 희석한 후 각자의 팔 혈관에 주사하는 방법으로 필로폰을 투약하고, /

【대법원 분석】 ③ 2010. 4. 중순경 공소외 B의 부탁을 받은 공소외 A로부터 필로폰을 구해 달라는 부탁을 받고 공소외 A가 공소외 B로 하여금 필로폰 매수대금 250만 원을 피고인에게 송금하자 /

【대법원 분석】 그로부터 3일 후인 2010. 4. 중순 19:00경 대구 소재 북부정류장에서 공소외 A로 하여금 피고인이 강릉에서 버스수화물편으로 보낸 필로폰 약 8 g이 든 화물을 찾게 하는 방법으로 필로폰을 매매하였다는 것이다.

5. 사안에 대한 항소심의 판단

【제1심 판단】 나. 위 공소사실에 대하여 제1심은, 공소외 A에 대한 증인신문을 거쳐 그 진술이 신빙성이 있다고 보아 피고인이 유죄라고 판단하였다. /

【항소심 판단】 반면에 원심은 공소외 A의 진술이 이 사건 공소사실에 부합하는 유일한 증거라고 하면서도 /

【항소심 판단】 공소외 A를 다시 증인으로 신문하지 아니한 채 /

【항소심 판단】 제1심에서 증거조사를 마친 증거들과 /

【항소심 판단】 원심에서 추가로 증거로 채택한 공소외 C에 대한 검찰 진술조서/

【항소심 판단】 (제1심은 그 판결에 공소외 C에 대한 검찰 진술조서도 유죄의 증거로 하였으나 기록에 의하면 이에 관한 증거조사 및 증거채택을 하지 않았다)에 기초하여, /

【항소심 판단】 ① 공소외 A이 수사기관 및 제1심 법정에서 한 진술이 일부 공소사실의 범행장소 또는 범행시기에 관하여 일관성이 없는 점, /

【**항소심 판단**】 ② 공소외 A가 피고인을 비롯하여 다른 사람들을 제보하는 대신 이 사건 공소사실로 기소되지 않는 등의 선처를 받은 점, /

【**항소심 판단**】 ③ 피고인이 체포된 직후 채취된 피고인의 소변 및 겨드랑이 털에서 필로폰 성분이 검출되지 아니한 점 등의 사정만을 근거로 하여 /

【**항소심 판단**】 공소외 A의 진술을 믿기 어렵다는 이유로, /

【**항소심 판단**】 이 사건 공소사실 전부에 대하여 피고인에게 무죄를 선고하였다.

6. 사안에 대한 대법원의 판단

【**대법원 판단**】 다. 그러나 위에서 본 법리와 기록에 비추어 보면, /

【**대법원 판단**】 원심이 이 사건 공소사실을 뒷받침하는 공소외 A의 제1심 법정진술의 신빙성을 인정한 제1심의 판단을 뒤집기 위해서는 /

【**대법원 판단**】 제1심판결 내용과 제1심에서 적법하게 증거조사를 거친 증거들에 비추어 공소외 A의 제1심 법정진술의 신빙성 유무에 관한 제1심의 판단이 명백하게 잘못되었다고 볼 특별한 사정이 있거나, /

【**대법원 판단**】 제1심의 증거조사 결과와 원심 변론종결시까지 추가로 이루어진 증거조사 결과를 종합하여 /

【**대법원 판단**】 공소외 A의 제1심 법정진술의 신빙성 유무에 관한 제1심의 판단을 그대로 유지하는 것이 현저히 부당하다고 인정되는 경우라야 할 것인데, /

【**대법원 판단**】 원심이 들고 있는 사정들은 제1심이 공소외 A의 진술의 신빙성을 인정함에 있어 이미 고려했던 정황들의 일부이거나/

【**대법원 판단**】 (공소외 A의 제1심 법정진술 내용을 보면 원심이 추가로 증거조사한 공소외 C에 대한 검찰 진술조서의 내용도 제1심에서 고려한 것으로 보인다), /

【**대법원 판단**】 이 사건 공소사실의 핵심적인 사항에 관한 공소외 A의 진술의 신빙성에는 영향이 없는 사정들에 불과한 것으로 보이고, /

【**대법원 판단**】 달리 제1심의 판단을 뒤집을 만한 특별한 사정으로 내세울 만한 것은 아니라 할 것이므로, /

【**대법원 판단**】 원심이 공소외 A의 제1심 법정진술의 신빙성에 관한 제1심의 판단을 뒤집은 조치를 수긍하기 어렵다.

【**대법원 결론**】 라. 그렇다면 원심판결에는 제1심 증인이 한 진술의 신빙성에 관한 판단을 함에 있어 공판중심주의와 직접심리주의 원칙을 위반한 잘못이 있고, 이는 판결에 영향을 미쳤음이 명백하여 그대로 유지될 수 없다. 상고이유로 이 점을 지적하는 검사의 주장은 이유 있다. (파기 환송)

2011도5459

체포 · 구속인접견부의 증거능력
탄핵증거의 허용범위
조사자 증언의 증거능력
성폭행 부인진술 탄핵 사건
2012. 10. 25. 2011도5459, 미간행

1. 사실관계 및 사건의 경과

【사실관계 1】

① (사실관계가 분명하지 않으므로 임의로 보충함)

② 갑은 13세미만 미성년자 A를 강간하였다는 피의사실로 체포 · 구속되었다.

③ 갑은 경찰관 A로부터 조사를 받았다.

④ 조사 당시 변호인의 동석은 없었다.

⑤ 갑이 체포 · 구속되어 있는 사이에 B가 갑을 접견하였다.

⑥ 이때 갑과 B 사이의 대화를 기록한 체포 · 구속인접견부가 작성되었다. (ⓐ접견부)

【사실관계 2】

① 검사는 갑을 성폭력처벌법위반죄(13세미만미성년자강간등)로 기소하였다.

② 갑은 공소사실을 극력 부인하였다.

③ 갑의 피고사건은 제1심을 거친 후, 항소심에 계속되었다.

④ 항소심에서도 갑은 공소사실을 극력 부인하였다.

【사실관계 3】

① 항소심법원은 갑을 조사한 경찰관 A를 증인으로 신문하였다.

② 경찰관 A는 다음과 같이 증언하였다. (㉠증언)

　(가) 갑은 조사할 당시 본인에게 다음과 같이 진술하였다.

　(나) "제(갑)가 A를 강간하였습니다." (㉡진술)

③ 갑은 ㉡진술을 한 사실이 없다고 주장하였다. (㉢부인진술)

【사건의 경과 1】

① 검사는 갑의 ㉢부인진술에 대한 탄핵증거로 ⓐ접견부 사본을 증거로 신청하였다.

② [검사는 ⓐ접견부에는 갑이 B에게 "내(갑)가 A를 강간하였다"고 말하는 내용이 기재되어 있다고 주장하였다.]

③ 항소심법원은 검사의 ⓐ접견부 사본 증거신청은 공소사실을 입증하기 위한 것이라는 이유로 증거신청을 기각하였다.

④ 항소심법원은 조사자인 경찰관 B의 ㉠진술에 증거능력이 없다고 판단하였다.

⑤ 항소심법원은 증거 불충분으로 무죄를 선고하였다.

【사건의 경과 2】

① 검사는 불복 상고하였다.

② 검사는 상고이유로 다음의 점을 주장하였다.

　(가) ⓐ접견부 사본은 형소법 제315조 제2호, 제3호에 의하여 당연히 증거능력이 있다.

　(나) ⓐ접견부 사본은 갑의 ⓒ부인진술을 탄핵하기 위한 탄핵증거로 사용될 수 있다.

　(다) 경찰관 A의 ⓙ증언은 조사자 증언으로서 형소법 제316조 제1항에 의하여 증거능력이 있다.

2. 체포·구속인접견부의 증거능력

【대법원 요지】 체포·구속인접견부는 유치된 피의자가 죄증을 인멸하거나 도주를 기도하는 등 유치장의 안전과 질서를 위태롭게 하는 것을 방지하기 위한 목적으로 작성되는 서류로 보일 뿐이어서 /

【대법원 요지】 형사소송법 제315조 제2, 3호에 규정된 당연히 증거능력이 있는 서류로 볼 수는 없다.

【대법원 결론】 원심이 검사가 증거로 신청한 체포·구속인접견부 사본이 형사소송법 제315조 제2, 3호에 해당하는 서류가 아니라는 이유로 이를 기각한 결정은 정당한 것으로 수긍이 가고, /

【대법원 결론】 거기에 상고이유에서 주장하는 바와 같은 체포·구속인접견부에 관한 증거능력을 오해한 위법이 없다.

3. 탄핵증거의 허용범위

【대법원 분석】 범죄사실의 인정은 합리적인 의심이 없는 정도의 증명에 이르러야 하나(형사소송법 제307조 제2항), /

【대법원 분석】 사실인정의 전제로 행하여지는 증거의 취사선택 및 증명력에 대한 판단은 자유심증주의의 한계를 벗어나지 않는 한 사실심 법원의 재량에 속한다(형사소송법 제308조). /

【대법원 요지】 그리고 탄핵증거는 진술의 증명력을 감쇄하기 위하여 인정되는 것이고 /

【대법원 요지】 범죄사실 또는 그 간접사실의 인정의 증거로서는 허용되지 않는다.

【대법원 판단】 원심은 /

【대법원 판단】 검사가 탄핵증거로 신청한 체포·구속인접견부 사본은 피고인의 부인진술을 탄핵한다는 것이므로 /

【대법원 판단】 결국 검사에게 입증책임이 있는 공소사실 자체를 입증하기 위한 것에 불과하므로 /

【대법원 판단】 형사소송법 제318조의2 제1항 소정의 피고인의 진술의 증명력을 다투기 위한 탄핵증거로 볼 수 없다는 이유로 /

【대법원 판단】 그 증거신청을 기각하였다.

【대법원 결론】 관련 법리와 기록에 비추어 살펴보면 원심의 이 부분 판단은 정당한 것으로 수긍이 가고, 거기에 탄핵증거에 관한 법리를 오해하거나 채증법칙을 위반한 위법이 없다.

4. 조사자 증언의 증거능력

【대법원 판단】 원심은, /

【대법원 판단】 피고인을 조사하였던 경찰관 공소외인의 원심 법정진술은 /

【대법원 판단】 '피고인이 이 사건 공소사실 기재와 같은 범행을 저질렀다'는 피고인의 진술을 그 내용으로 하고 있는바, /

【대법원 판단】 이를 증거로 사용할 수 있기 위해서는 피고인의 위와 같은 진술이 특히 신빙할 수 있는 상태하에서 행하여졌음이 증명되어야 하는데, /

【대법원 판단】 피고인이 그 진술 경위나 과정에 관하여 치열하게 다투고 있는 점, /

【대법원 판단】 위와 같은 진술이 체포된 상태에서 변호인의 동석없이 이루어진 점 등을 고려해 보면, /

【대법원 판단】 피고인의 위와 같은 진술이 특히 신빙할 수 있는 상태하에서 행하여졌다는 점이 증명되었다고 보기 어려우므로, /

【대법원 판단】 피고인의 위와 같은 진술을 내용으로 한 공소외인의 당심 법정에서의 진술은 증거능력이 없다고 판단하였다.

【대법원 결론】 원심판결 이유를 기록에 비추어 살펴보면, 원심의 이러한 판단은 정당한 것으로 수긍이 가고, /

【대법원 결론】 거기에 상고이유에서 주장하는 바와 같은 조사자 증언에 대한 법리오해, 채증법칙 위반 등의 잘못이 없다. (상고 기각)

【코멘트】

2007년 개정 형사소송법은 조사자 증언제도를 도입하였다. 개정 전의 형사소송법에 의하면 사법경찰관 작성의 피의자신문조서는 피의자가 법정에서 내용을 부인하기만 하면 증거능력이 부정되었다. 경찰 단계에서의 고문을 방지하기 위하여 우리 입법자가 규정해 놓은 '내용인정'의 요건(형소법 제313조 제3항) 때문이었다.

2007년 개정 형사소송법은 피의자신문에의 변호인 참여권을 인정하는 등 수사절차의 투명성과 적법성을 담보하기 위한 장치들을 강화하였다. 그와 동시에 국가소추권이 약화되는 것을 방지하기 위하여 조사자 증언제도를 도입하였다. 종전의 판례에 따르면 일단 피의자가 법정에서 사경작성 피의자신문조서에 대해 내용을 부인하기만 하면 조사자 증언도 허용되지 않았다. 그러나 입법자는 2007년의 형사소송법 개정을 통하여 이러한 판례의 태도를 입법적으로 극복하였다.

본 판례는 새로 마련된 조사자 증언과 관련한 증거능력의 요건을 밝힌 최초의 판례라는 점에서 주목된다. 형소법 제316조 제2항은 조사자인 사법경찰관이 피의자를 신문하면서 청취한 내용을 법정에서 증언할 수 있도록 허용하고 있다. '내용부인'을 통하여 사법경찰 단계에서의 피의자 진술을 법정에 제출하지 못하도록 하던 차단막이 제거된 것이다. 이 때문에 조사자 증언제도의 도입이 피고인의 방어권을 지나치게 약화시키는 것이 아닌가 하는 비판이 제기되었다.

본 판례에서 대법원은 조사자 증언에 대한 비판적 의견에 귀를 기울이는 모습을 보이고 있다. 그것은 형소법 제316조 제1항 후문이 규정하고 있는 '특신상태'의 요건에 특별한 의미를 부여하고 있는 점에서 나타난다. 특신상태의 증명은 검사가 행하여야 한다. 그런데 특신상태는 구체적인 사실관계를 놓고 다양한 요소들을 종합적으로 고려하여 판단해야 하는 문제이다. 이 때문에 특신상태의 판단에 어려움이 많다.

이와 관련하여 대법원은 본 판례에서 특신상태를 인정할 수 있는 상황의 하나로 피의자의 진술에 변호인이 동석하였는가 아닌가 하는 점을 들고 있다. 대법원이 조사자 증언의 증거능력 판단과 관련하여 '특신상태'의 요건에 주목하면서, 특신상태 판단을 위한 하나의 근거로 변호인의 참여를 명시한 점은 본 판례에서 최초로 설시된 것이다. 이 점에서 본 판례는 선판례로서 중요한 의미를 가질 것으로 생각된다.

본 판례에서 주목할 또 하나의 논점은 탄핵증거의 허용범위이다. 2007년 개정 형사소송법의 시행과 함께 국민참여재판이 실시되고 있다. 국민참여재판은 국민이 배심원으로 참여하는 형사재판을 말한다. 배심원은 법률문외한이다. 법정에서 제시되는 증거를 눈으로 보고 귀로 들으면서 심증을 형성하고 이를 토대로 평결에 임한다. 배심원에게 증거를 제시하려면 그 전단계로 당해 증거에 증거능력이 있어야 한다. 증거능력이란 어느 증거가 유죄 인정의 자료로 사용될 수 있는 자격을 말한다.

국민참여재판을 놓고 볼 때 증거능력이 없는 증거는 처음부터 배심원의 면전에 제출되어서는 안 된다. 일단 증거가 법률문외한인 배심원의 면전에 제출되면 심증형성에 영향을 미치게 마련이다. 재판장이 증거능력 없는 증거를 고려 대상에서 배제하라는 지시와 설명을 하더라도 배심원으로서는 증거능력 있는 증거와 증거능력이 없는 증거를 구별하는 것이 쉽지 않다.

국민참여재판제도를 놓고 볼 때 공소사실을 증명할 수 있는 자격(증거능력)이 없는 증거가 탄핵증거라는 이름으로 배심원의 면전에 제출된다면 배심원이 그릇된 심증을 형성할 위험이 매우 높다. 본 판례에서 대법원은 피고인의 공소사실 부인진술을 탄핵한다는 명목으로 증거능력 없는 증거를 제출할 경우에, 그 증거가 특히 공소사실 자체를 증명하는 것이라면 아예 탄핵증거로서의 조사 자체를 불허한다는 엄격한 태도를 취하고 있다. 사법의 민주적 정당성과 신뢰 확보라는 국민참여재판의 중요성과 함께 그에 따르는 오판의 위험성에 비추어 볼 때 본 판례에서 대법원이 탄핵증거에 관하여 제시한 엄격한 기준은 대단히 중요한 의미를 가진다고 생각된다.

2011도6507

외국인의 국외범과 재판권
캐나다 교포 선물투자 사건
2011. 8. 25. 2011도6507, 공 2011하, 1987

1. 사실관계 및 사건의 경과

【사실관계】
① 갑은 캐나다 시민권자이다.
② 갑은 캐나다에서 A 등 19명에게 "투자금을 맡기면 선물시장에 투자하여 운용하겠다."고 거짓으로

말하였다.

③ 이 과정에서 갑은 거짓 서류를 투자자들에게 보여주었다.

④ 2007. 7. 30.부터 2009. 7. 13.경까지 갑은 A 등으로부터 100억 원을 교부받았다.

⑤ 100억 원 가운데에는 갑이 캐나다에 거주하는 대한민국 국민 B 등으로부터 캐나다에서 직접 또는 현지 은행계좌로 투자금을 수령한 경우가 다수 포함되어 있었다.

【사건의 경과】

① 검사는 갑을 사문서위조죄 및 위조사문서행사죄, 특경법위반죄(사기)로 기소하였다.

② 갑의 피고사건은 제1심을 거친 후, 항소심에 계속되었다.

③ 항소심법원은 우리나라 법원에 갑에 대한 재판권이 있다고 판단하였다.

④ 항소심법원은 공소사실 전부에 대해 유죄를 선고하였다.

⑤ 갑은 불복 상고하였다.

2. 외국인의 국외범과 재판권

【대법원 요지】 형법 제5조, 제6조의 각 규정에 의하면, 외국인이 외국에서 죄를 범한 경우에는 형법 제5조 제1호 내지 제7호에 열거된 죄를 범한 때와 형법 제5조 제1호 내지 제7호에 열거된 죄 이외에 대한민국 또는 대한민국 국민에 대하여 죄를 범한 때에만 대한민국 형법이 적용되어 우리나라에 재판권이 있게 되고, /

【대법원 요지】 여기서 '대한민국 또는 대한민국 국민에 대하여 죄를 범한 때'라 함은 대한민국 또는 대한민국 국민의 법익이 직접적으로 침해되는 결과를 야기하는 죄를 범한 경우를 의미한다. /

【대법원 판단】 그런데 형법 제234조의 위조사문서행사죄는 형법 제5조 제1호 내지 제7호에 열거된 죄에 해당하지 않고, 위조사문서행사 행위를 형법 제6조의 대한민국 또는 대한민국 국민의 법익을 직접적으로 침해하는 행위라고 볼 수도 없으므로, 이 사건 공소사실 중 캐나다 시민권자인 피고인이 캐나다에서 위조사문서를 행사한 행위에 대하여는 우리나라에 재판권이 없다고 할 것이다.

【대법원 결론】 그럼에도 불구하고 원심은 피고인의 위조사문서행사 행위가 외국인의 국외범으로서 우리나라에 재판권이 있다고 판단하여 이 부분 공소사실을 유죄로 인정하였으니, 원심판결에는 재판권 인정에 관한 법리를 오해한 위법이 있고 이는 판결 결과에 영향을 미쳤음이 분명하다.

3. 외국인의 국외범과 외국에서의 처벌 입증

【항소심 판단】 원심은, 제1심법원이 적법하게 조사하여 채택한 증거들에 의하여 /

【항소심 판단】 피고인이 피해자들로부터 투자금을 교부받더라도 이를 선물시장에 투자하여 운용할 의사나 능력이 없었음에도 불구하고, 피해자 공소외인 등 19명에게 "투자금을 맡기면 선물시장에 투자하여 운용하겠다."고 기망하여 2007. 7. 30.부터 2009. 7. 13.경까지 피해자들로부터 합계 10,473,067,966원을 편취하였다고 인정하고, /

【항소심 판단】 이를 특정경제범죄 가중처벌 등에 관한 법률 위반(사기)죄 또는 형법상 사기죄에 해당한다고 판단하였다.

【대법원 판단】 그러나 이 부분 원심판결도 다음과 같은 이유로 유지될 수 없다.

【대법원 요지】 형법 제6조 본문에 의하여 외국인이 대한민국 영역 외에서 대한민국 국민에 대하여 범죄를 저지른 경우 우리 형법이 적용되지만, /

【대법원 요지】 같은 조 단서에 의하여 행위지의 법률에 의하여 범죄를 구성하지 아니하거나 소추 또는 형의 집행을 면제할 경우에는 우리 형법을 적용하여 처벌할 수 없고,

【대법원 요지】 이 경우 행위지의 법률에 의하여 범죄를 구성하는지 여부에 대해서는 엄격한 증명에 의하여 검사가 이를 입증하여야 한다.

【대법원 판단】 그런데 기록에 의하면, 이 부분 공소사실 중에는 캐나다 시민권자인 피고인이 캐나다에 거주하는 대한민국 국민을 기망하여 캐나다에서 직접 또는 현지 은행계좌로 투자금을 수령한 경우가 다수 포함되어 있음을 알 수 있으므로, 이 경우에 해당하는 공소사실은 외국인이 대한민국 영역 외에서 대한민국 국민에 대하여 범죄를 저지른 경우에 해당한다. /

【대법원 판단】 따라서 원심으로서는 이 경우에 해당하는 공소사실이 행위지인 캐나다 법률에 의하여 범죄를 구성하는지 여부 및 소추 또는 형의 집행이 면제되는지 여부를 심리하여 해당 부분 공소사실이 행위지의 법률에 의하여 범죄를 구성하고 그에 대한 소추나 형의 집행이 면제되지 않는 경우에 한하여 우리 형법을 적용하였어야 할 것이다.

【대법원 결론】 그럼에도 불구하고 원심은 이에 관하여 아무런 입증이 없는 상황에서 이 부분 공소사실 전부를 유죄로 인정한 제1심판결이 옳다고 보아 이를 유지하였으니, 이 부분 원심판결에도 재판권 인정에 관한 법리를 오해하여 심리를 다하지 않은 위법이 있다. (파기 환송)

2011도6705

상고이유의 상호관계
치료감호사건과 상소 의제
치료감호 상소이익 사건
2011. 8. 25. 2011도6705, 2011감도20, 공 2011하, 1991

1. 사실관계 및 사건의 경과

【사실관계】

① 검사는 갑을 ㉠유해화학물질관리법위반죄(환각물질흡입) 등으로 기소하였다.

② 검사는 동시에 갑에 대해 ㉡치료감호를 청구하였다.

③ 제1심법원은 갑에게 다음의 판결을 선고하였다.

　　(가) ㉠유해화학물질관리법위반죄(환각물질흡입) 등 : 징역 1년 6월, 몰수

　　(나) ㉡치료감호

【사건의 경과】

① 검사는 제1심판결에 대해 양형부당을 이유로 항소하였다.

② 항소심법원은 검사의 양형부당 주장을 받아들여 제1심판결 중 ㉠피고사건 부분을 파기하고 갑에게

징역 2년 및 몰수를 선고하였다.
③ 항소심법원은 ⓛ치료감호청구사건에 대하여는 아무런 판단을 하지 않았다.
④ 갑은 불복 상고하였다.
⑤ 갑은 상고이유로 다음의 점을 주장하였다.
　(가) 항소심은 심신미약에 관한 법리오해의 위법을 범하였다.
　(나) 항소심의 양형이 부당하다.
　(다) 항소심은 치료감호에 대한 항소에 대해 아무런 판단을 하지 않았다.

2. 상고이유의 상호관계

【대법원 판단】 기록에 의하면, 제1심판결에 대하여 검사만 양형부당을 이유로 항소하였음을 알 수 있는바, /

【대법원 판단】 원심판결에 심신미약에 관한 법리오해의 위법이 있다는 취지의 주장은 피고인이 이를 적법한 항소이유로 삼거나 원심이 직권으로 심판대상으로 삼은 바가 없는 것을 상고심에 이르러 새로이 제기하는 것으로서 적법한 상고이유가 되지 못한다.

【대법원 판단】 또한 형사소송법 제383조 제4호에 의하면 사형, 무기 또는 10년 이상의 징역이나 금고가 선고된 사건에서만 양형부당을 사유로 한 상고가 허용되는 것이므로, 피고인에 대하여 그보다 가벼운 형이 선고된 이 사건에서는 형의 양정이 부당하다는 주장은 적법한 상고이유가 되지 못한다.

3. 치료감호청구사건과 상소의 의제

【대법원 요지】 치료감호법 제14조 제2항은 "피고사건의 판결에 대하여 상소 및 상소의 포기·취하가 있을 때에는 치료감호청구사건의 판결에 대하여도 상소 및 상소의 포기·취하가 있는 것으로 본다."고 규정하고 있는데, /

【대법원 요지】 위와 같은 치료감호청구사건에 관한 상소의제 규정은 치료감호청구사건에 관하여 상소의 이익이 있는 때에 적용되는 것으로 봄이 상당하다. /

【대법원 분석】 한편 치료감호법 제12조 제2항은 치료감호청구사건의 판결은 피고사건의 판결과 동시에 선고하도록 규정하고 있다.

【대법원 분석】 기록에 의하면, 피고인은 제1심에서 유해화학물질 관리법 위반(환각물질흡입)죄 등으로 징역 1년 6월, 몰수, 치료감호를 선고받은 사실, /

【대법원 분석】 제1심판결에 대하여 검사만 양형부당을 이유로 항소한 사실, /

【대법원 분석】 원심은 검사의 양형부당 주장을 받아들여 제1심판결 중 피고사건을 파기하고 피고인에 대하여 징역 2년 및 몰수를 선고하면서 치료감호청구사건에 대하여는 아무런 판단을 하지 않은 사실을 알 수 있다.

【대법원 판단】 이러한 원심의 조치를 앞에서 본 규정 및 법리에 비추어 살펴본다.

【대법원 판단】 제1심에서 피고사건에 대한 유죄판결과 함께 치료감호청구를 인용하는 판결이 선고되었고, 비록 검사만이 제1심판결의 피고사건에 대하여만 양형부당을 이유로 항소하였다 하더라도, /

【대법원 판단】 검사는 피고인에게 불이익한 상소만이 아니라 피고인의 이익을 위한 상소도 가능하

므로 이 사건에서 치료감호사건에 대한 항소의 이익이 없다고 할 수 없다.

【대법원 판단】 따라서 이러한 경우 원심으로서는 치료감호법 제14조 제2항에 의하여 치료감호청구사건의 판결에 대하여도 항소가 있는 것으로 보아 피고인에 대한 피고사건의 판결과 동시에 치료감호청구사건의 판결을 선고하였어야 했다.

【대법원 결론】 그럼에도 불구하고 원심은 치료감호청구사건에 대한 판단 및 선고를 누락하고 말았으니, 이러한 원심판결에는 치료감호법 제14조 제2항이 규정하고 있는 상소의제에 관한 법리 등을 오해하여 판결 결과에 영향을 미친 위법이 있고, 이 점을 지적하는 취지의 상고이유 주장은 이유 있다. (파기 환송)

2011도7106

국민참여재판을 받을 권리와 의사확인
7일 전 공판 진행 사건
2011. 9. 8. 2011도7106, 공 2011하, 2184

1. 사실관계 및 사건의 경과

【사실관계 1】
① 국민참여재판법은 다음과 같은 규정을 두고 있다.
② 법원은 국민참여재판 대상사건의 경우 피고인의 참여의사를 확인해야 한다(동법8①).
③ 피고인은 공소장 부본을 송달받은 날로부터 7일 이내에 국민참여재판을 원하는지 여부에 관한 의사가 기재된 서면을 법원에 제출하여야 한다(동법8②).
④ 형사소송법에 따르면 법원은 공소장부본이 송달된 날로부터 5일 이상의 간격을 두고 제1회 공판기일을 열어야 한다(법266 단서).

【사실관계 2】
① 갑은 강간치상죄로 구속 기소되었다.
② 제1심법원은 피고인에게 공소장 부본을 송달한 날로부터 5일이 막 지난 시점을 제1회 공판기일로 지정하였다.
③ 갑은 제1회 공판기일 바로 전날에 구치소장에게 국민참여재판 신청서를 제출하였다.
④ 제1심법원은 통상재판으로 제1회 공판기일을 진행하였다.
⑤ 갑의 신청서는 제1회 공판기일이 진행된 후에 법원에 접수되었다.
⑥ 제1심법원은 통상재판으로 심리를 진행하여 갑에게 유죄를 선고하였다.

【사건의 경과】
① 갑은 불복 항소하였다.
② 항소심법원은 항소를 기각하고 제1심판결을 유지하였다.
③ 갑은 불복 상고하였다.

④ 갑은 상고이유로, 국민참여재판을 받을 권리가 침해되었다고 주장하였다.

2. 국민참여재판을 받을 권리의 보장

【대법원 분석】 '국민의 형사재판 참여에 관한 법률' 제5조 제1항 제1호에 따르면 형법 제301조의 강간치상죄는 국민참여재판의 대상 사건이므로 /

【대법원 분석】 법원은 피고인에 대하여 국민참여재판을 원하는지 여부에 관한 의사를 서면 등의 방법으로 반드시 확인하여야 하고(같은 법 제8조 제1항), /

【대법원 분석】 피고인은 공소장 부본을 송달받은 날로부터 7일 이내에 국민참여재판을 원하는지 여부에 관한 의사가 기재된 서면을 제출하여야 하며(같은 법 제8조 제2항), /

【대법원 분석】 법원은 공소제기 후부터 공판준비기일이 종결된 다음날까지 법 제9조 제1항 각 호의 어느 하나에 해당하는 경우 국민참여재판을 하지 아니하기로 하는 결정을 할 수 있고(같은 법 제9조 제1항), /

【대법원 분석】 법원은 위 결정을 하기 전에 검사 · 피고인 또는 변호인의 의견을 들어야 하며(같은 조 제2항), /

【대법원 분석】 제1항의 결정에 대하여는 즉시항고를 할 수 있다(같은 조 제3항).

【대법원 요지】 그리고 국민참여재판을 시행하는 이유는 사법의 민주적 정당성과 신뢰를 높이기 위한 것으로서(법 제1조) 누구든지 법으로 정하는 바에 따라 국민참여재판을 받을 권리를 가지는 것이나(법 제3조) 시행 초기의 제반 부담 등을 고려하여 국민참여재판 대상 사건을 중죄 사건으로 한정한 것뿐이므로,

【대법원 요지】 법에서 정하는 대상 사건에 해당하는 한 피고인은 원칙적으로 국민참여재판으로 재판을 받을 권리를 가지는 것이고, /

【대법원 요지】 피고인이 국민참여재판을 원하지 아니하거나 법 제9조 제1항에 따른 배제결정이 있어 국민참여재판을 진행하지 않는 경우(법 제5조 제1항, 제2항)를 예외로 보아야 하며, /

【대법원 요지】 법에서 국민참여재판 배제결정에 대하여 즉시항고를 할 수 있도록 규정하면서도(법 제9조 제3항), 국민참여재판으로 진행하기로 하는 법원의 판단에 대하여는 불복의 방법을 따로 규정하지 않은 것도 같은 취지에서 비롯된 것으로 볼 수 있다.

【대법원 요지】 따라서 피고인이 법원에 국민참여재판을 신청하였음에도 불구하고 법원이 이에 대한 배제결정도 하지 않은 채 통상의 공판절차로 재판을 진행하는 것은 피고인의 국민참여재판을 받을 권리 및 법원의 배제결정에 대한 항고권 등의 중대한 절차적 권리를 침해한 것으로서 위법하다 할 것이고, /

【대법원 요지】 앞서 본 국민참여재판제도의 도입 취지나 배제결정에 대한 즉시항고권을 보장한 취지 등에 비추어 이와 같이 위법한 공판절차에서 이루어진 소송행위는 무효라고 보아야 할 것이다.

3. 사안에 대한 대법원의 판단

【대법원 분석】 기록에 의하면, 이 사건의 제1심법원은 피고인에게 공소장 부본을 송달한 날로부터 7일이 채 경과하기도 전에 공판기일을 진행하여 피고인에게 국민참여재판 신청을 위하여 법에서 정하고 있는 기간을 부여하지 않았을 뿐 아니라, 그럼에도 불구하고 제1회 공판기일에 앞서 피고인의 국민

참여재판 신청 의사를 확인하는 절차를 거치지도 않은 사실, /

【대법원 분석】 이로 인해 피고인은 제1회 공판기일 바로 전날에 구치소장에게 국민참여재판 신청서를 제출하였으나 제1회 공판기일이 진행된 후에야 위 신청서가 법원에 접수된 사실, /

【대법원 판단】 이로 인하여 피고인은 국민참여재판을 신청하였음에도 불구하고 통상의 공판절차에 의해 재판을 받게 됨으로써 국민참여재판을 받을 권리를 침해당하였을 뿐 아니라 제1심법원이 위 신청에 대한 배제결정을 하지 않음으로 인하여 국민참여재판을 받기 위해 즉시항고할 권리조차 박탈당한 사실을 인정할 수 있는바, /

【대법원 판단】 이와 같이 위법한 공판절차에서 이루어진 소송행위는 무효라고 보아야 할 것이므로, 결국 제1심판결은 소송절차가 법령에 위반하여 판결에 영향을 미친 위법을 범한 것으로서 파기를 면할 수 없다.

【대법원 판단】 그리고 이러한 제1심법원의 소송절차상의 하자는 직권조사사유에 해당하므로, 원심법원으로서는 비록 피고인이 이러한 점을 항소사유로 삼고 있지 않다 하더라도 이를 살펴 직권으로 제1심판결을 파기하였어야 함에도 불구하고 원심법원은 이러한 제1심판결의 위법에 대하여 아무런 심리, 판단을 하지 아니한 채 피고인의 항소를 기각하고 말았으니, 이러한 원심법원의 판단에도 국민참여재판을 받을 권리 및 소송절차상의 하자에 관한 법리를 오해하여 판결에 영향을 미친 위법이 있다 할 것이다.

【대법원 결론】 그러므로 형사소송법 제391조, 제396조를 적용하여, 원심판결과 제1심판결을 모두 파기하고 사건을 제1심법원에 환송하기로 하여 관여 대법관의 일치된 의견으로 주문과 같이 판결한다.

2011도7193

체포시 권리고지의 시점
법원 앞 옥외집회 사건
2012. 2. 9. 2011도7193, 공 2012상, 476

1. 사실관계 및 사건의 경과

【사실관계 1】

① 2009. 4. 30. 19:30경부터 22:10경 사이에 노사모 회원 150여 명은 대법원으로부터 100m 이내의 장소로서 옥외집회 금지장소인 서울중앙지방검찰청 서문 근처인 P식당 앞 도로에서 Q집회를 열었다.

② Q집회 참가자들은 대검찰청에서 조사를 받고 있는 노무현 전 대통령을 지지하는 의미로 촛불을 들고, "노무현 당신을 끝까지 사랑합니다."라는 문구 등이 기재된 피켓을 든 채 '노무현' 이름을 연호하며, 자유발언 및 노래제창을 하는 등의 방법으로 Q집회를 진행하였다.

③ 갑은 이러한 사실을 알면서 연좌한 채 Q집회에 참가하였다.

④ 2009. 4. 30. 20:55경 서울서초경찰서 경비과장 A는 Q집회 참가자들에게 자진 해산을 요청하였다.

⑤ 서초경찰서 경비과장 A는 해산을 요청하는 과정에서 해산의 사유를 Q집회 참가자들에게 고지하지 않았다.

⑥ Q집회 참가자들은 서초경찰서 경비과장 A의 자진 해산 요청에 따르지 않았다.

【사실관계 2】

① 2009. 4. 30. 20:58경 서초경찰서 경비과장 A는 제1차 해산명령을 발하였다.

② 2009. 4. 30. 21:13경 서초경찰서 경비과장 A는 제2차 해산명령을 발하였다.

③ 2009. 4. 30. 21:35경 서초경찰서 경비과장 A는 제3차 해산명령을 발하였다.

④ 갑을 비롯한 Q집회참가자들은 지체없이 Q집회를 해산하지 않았다.

⑤ 경찰은 70명가량의 전투경찰순경을 동원하여 Q집회 참가자들에 대한 체포에 나서 9명을 현행범으로 체포하였다.

⑥ Q집회 참가자 가운데 갑은 전투경찰순경 B에게 체포되어 바로 R호송버스에 탑승하게 되었다.

⑦ 갑은 이 때 경찰관 B로부터 피의사실의 요지 및 현행범인 체포의 이유와 변호인을 선임할 수 있음을 고지 받고 변명의 기회를 제공받았다.

【사건의 경과】

① 검사는 갑을 다음의 두 가지 공소사실로 집시법위반죄로 기소하였다.

　(가) 각급 법원의 경계 지점으로부터 100m 이내의 장소에서는 옥외집회 또는 시위를 하여서는 아니 되는데, 이에 위반하였다(집시법11 i, 23). (㉠공소사실).

　(나) 관할 경찰관서장은 일정한 사유에 해당하는 집회 또는 시위에 대하여는 상당한 시간 이내에 자진 해산할 것을 요청하고 이에 따르지 아니하면 해산을 명할 수 있는데, 이에 위반하여 해산하지 아니하였다(집시법20①, 24 v, 20②). (㉡공소사실)

② 갑의 피고사건은 제1심을 거친 후, 항소심에 계속되었다.

③ 항소심법원은 ㉠공소사실을 유죄로 인정하였다.

④ 항소심법원은 ㉡공소사실을 범죄의 증명이 없는 경우에 해당하여 무죄라고 판단하였다.

⑤ 갑은 유죄 부분에 불복 상고하였다.

⑥ 검사는 무죄 부분에 불복 상고하였다.

2. 법원 주변 집회 · 시위의 금지

【대법원 분석】 가. 집회 및 시위에 관한 법률(이하 '집시법'이라 한다)은 제11조 제1호에서 '누구든지 각급 법원의 경계 지점으로부터 100m 이내의 장소에서는 옥외집회 또는 시위를 하여서는 아니 된다'고 규정하고, /

【대법원 분석】 제23조에서 위 금지규정을 위반하여 옥외집회나 시위를 개최하거나 그 사실을 알면서 참가한 자를 처벌하고 있는바, /

【대법원 요지】 이는 헌법이 적극적으로 요청하는 법원의 기능과 안녕 보호라는 입법목적을 달성하기 위하여 각급법원 인근에 예외를 인정하지 않는 절대적 옥외집회 · 시위금지구역을 설정하고, 개별적 · 구체적 위험상황의 발생 여부와 상관없이 일괄적으로 옥외 집회와 시위를 금지하는 것이므로, 각급 법원 인근의 옥외집회 · 시위금지구역에서의 옥외집회나 시위는 법원을 직접적인 대상으로 하지 아

니한 것이라고 하더라도 허용되지 않는다.

3. 사안에 대한 대법원의 판단 – 법원 주변 집회 부분

【대법원 분석】 원심은 그 채용 증거에 의하여, /

【대법원 분석】 노사모 회원 150여 명이 2009. 4. 30. 19:30경부터 22:10경 사이에 대법원으로부터 100m 이내의 장소로서 옥외집회 금지장소인 서울중앙지방검찰청 서문 근처인 P식당 앞 도로에서 대검찰청에서 조사를 받고 있는 노무현 전 대통령을 지지하는 의미로 촛불을 들고, "노무현 당신을 끝까지 사랑합니다."라는 문구 등이 기재된 피켓을 든 채 '노무현' 이름을 연호하며, 자유발언 및 노래 제창을 하는 등의 방법으로 집회(이하 '이 사건 집회'라 한다)를 개최한 사실, /

【대법원 분석】 피고인은 그 사실을 알면서 연좌한 채 이 사건 집회에 참가한 사실 등을 인정한 다음, /

【대법원 판단】 비록 이 사건 집회가 법원을 대상으로 한 것이 아니라 대검찰청에서 조사를 받고 있는 노무현 전대통령을 지지하기 위한 것이라고 하더라도 피고인이 그 집회에 참여한 행위는 집시법 제11조 제1호, 제23조 제3호를 위반한 것에 해당한다고 판단하였다.

【대법원 판단】 위 법리와 기록에 비추어 살펴보면, 원심의 위와 같은 사실인정과 판단은 정당하고, 거기에 상고이유로 주장하는 바와 같은 채증법칙 위반이나 집시법 제11조 제1호에 관한 법리오해 등의 위법이 없다.

4. 현행범체포시 권리고지의 시점

【대법원 요지】 나. 검사 또는 사법경찰관리는 현행범인을 체포하거나 일반인이 체포한 현행범인을 인도받는 경우 형사소송법 제213조의2에 의하여 준용되는 제200조의5에 따라 피의자에 대하여 피의사실의 요지, 체포의 이유와 변호인을 선임할 수 있음을 말하고 변명할 기회를 주어야 하고, /

【대법원 요지】 이와 같은 고지는 체포를 위한 실력행사에 들어가기 전에 미리 하여야 하는 것이 원칙이지만, /

【대법원 요지】 달아나는 피의자를 쫓아가 붙들거나 폭력으로 대항하는 피의자를 실력으로 제압하는 경우에는 붙들거나 제압하는 과정에서 하거나 그것이 여의치 않은 경우에는 일단 붙들거나 제압한 후에 지체 없이 하면 된다.

【대법원 분석】 원심판결 이유와 기록에 의하면, 경찰은 이 사건 집회 개최 당시 70명가량의 전투경찰순경을 동원하여 집회 참가자에 대한 체포에 나서 9명을 현행범으로 체포하였는데, 그 중 피고인은 전투경찰순경 공소외 A에게 체포되어 바로 호송버스에 탑승하게 되면서 경찰관 공소외 B로부터 피의사실의 요지 및 현행범인 체포의 이유와 변호인을 선임할 수 있음을 고지 받고 변명의 기회를 제공받은 사실을 알 수 있다.

【대법원 판단】 위와 같은 이 사건 집회의 개최 상황, 피고인에 대한 현행범 체포의 과정, 피고인에게 미란다 원칙을 고지한 시기 등을 앞서 본 법리에 비추어 살펴보면, 피고인에 대한현행범 체포 과정에서 형사소송법 제200조의5에 규정된 고지가 이루어졌다고 봄이 상당하다.

【대법원 결론】 같은 취지의 원심판결을 정당하고, 거기에 상고이유로 주장하는 바와 같은 법리오해

나 공소권남용 등의 위법이 없다.

5. 해산명령과 해산사유의 고지

【대법원 분석】 집시법 제20조 제1항은 "관할 경찰관서장은 다음 각 호의 어느 하나에 해당하는 집회 또는 시위에 대하여는 상당한 시간 이내에 자진(自進) 해산할 것을 요청하고 이에 따르지 아니하면 해산(解散)을 명할 수 있다."고 규정하고, /

【대법원 분석】 그 제1호로 "제5조제1항, 제10조 본문 또는 제11조를 위반한 집회 또는 시위"를, /

【대법원 분석】 제2호로 "제6조 제1항에 따른 신고를 하지 아니하거나 제8조 또는 제12조에 따라 금지된 집회 또는 시위"를, /

【대법원 분석】 제3호로 "제8조 제3항에 따른 제한, 제10조 단서 또는 제12조에 따른 조건을 위반하여 교통소통 등 질서 유지에 직접적인 위험을 명백하게 초래한 집회 또는 시위"를, /

【대법원 분석】 제4호로 "제16조 제3항에 따른 종결 선언을 한 집회 또는 시위"를, /

【대법원 분석】 제5호로 "제16조 제4항 각호의 어느 하나에 해당하는 행위로 질서를 유지할 수 없는 집회 또는 시위"를 각 규정하고 있으며, /

【대법원 분석】 제24조 제5호, 제20조 제2항에서 위 해산명령을 받고도 지체없이 해산하지 아니한 자를 처벌하고 있는바, /

【대법원 판단】 비록 집시법과 그 시행령이 해산명령을 함에 있어 그 사유를 구체적으로 고지하도록 명시적으로 규정하고 있지는 아니하나, /

【대법원 판단】 위와 같은 해산명령 제도는 적법한 집회 및 시위를 최대한 보장하고 위법한 시위로부터 국민을 보호함으로써 집회 및 시위의 권리 보장과 공공의 안녕질서가 적절히 조화를 이루도록하기 위한 것이므로 국가기관이 이미 진행 중인 집회나 시위를 해산하도록 명하기 위해서는 해산을 명하는 법률적 근거를 구체적으로 제시할 것이 요구된다고 보아야 하는 점, /

【대법원 분석】 집시법 제20조 제3항의 위임에 의하여 해산의 요청과 해산 명령의 고지(告知) 등에 필요한 사항을 규정한 집시법 시행령 제17조는 /

【대법원 분석】 해산명령을 하기 전에 먼저 주최자 등에게 종결 선언을 요청한 후 주최자 등이 그 종결 선언의 요청에 따르지 아니하거나 종결 선언에도 불구하고 집회 또는 시위의 참가자들이 집회 또는 시위를 계속하는 경우에 직접 참가자들에 대하여 자진 해산할 것을 요청하도록 하고, /

【대법원 분석】 그 자진 해산 요청에 따르지 아니할 경우에 한하여 세 번 이상 자진 해산을 명령한 후 직접 해산에 나설 수 있도록 규정함으로써 /

【대법원 판단】 해산 명령 전에 집회 또는 시위의 주최자 등의 자발적 종결선언과 그 참가자들의 자진 해산을 통하여 위법한 집회 또는 시위를 막고자 하고 있는바 /

【대법원 판단】 그와 같은 자발적인 종결 선언이나, 자진 해산이 이루어지기 위해서는 집회 또는 시위를 해산하여야만 하는 사유가 집회 또는 시위의 주최자나 참가자 등에게 구체적으로 고지될 필요가 있다는 면에서 위 시행령의 규정은 해산 사유가 구체적으로 고지되는 것을 전제로 한 것이라고 볼 수 있는 점, /

【대법원 판단】 위와 같은 해산명령 사유가 구체적으로 고지되어야만 집회나 시위의 주최자 또는 참

가자 등이 그 해산명령의 적법 여부에 관하여 제대로 다툴 수 있는 점 등에 비추어 보면, /

【대법원 판단】 위 해산 명령을 함에 있어서는 그 해산 사유가 집시법 제20조 제1항 각 호 중 어느 사유에 해당하는 것인지에 관하여 구체적으로 고지되어야만 한다고 보아야 한다.

6. 사안에 대한 대법원의 판단 - 해산명령 불이행 부분

【대법원 분석】 이 사건 공소사실의 요지는 /

【대법원 분석】 '이 사건 집회가 진행될 당시 서울서초경찰서장으로부터 권한을 부여받은 위 경찰서 경비과장이 그 집회가 '집회금지장소에서의 옥외집회'라는 이유로 2009. 4. 30. 20:55경 자진 해산을 요청하고, /

【대법원 분석】 집회참가자들이 자진 해산 요청에 따르지 아니하자 20:58경 1차 해산명령, 21:13경 2차 해산명령, 21:35경 3차 해산명령을 각 발하였음에도 피고인을 비롯한 집회참가자들은 지체없이 위 집회를 해산하지 아니하였다'는 것인바, /

【대법원 판단】 원심은 위 공소사실에 대하여 서초경찰서 경비과장이 이 사건 집회가 '집회금지장소에서의 옥외집회'라는 이유로 자진해산 요청 및 해산명령을 하였다고 인정할 아무런 증거가 없다는 이유로 위 공소사실은 그 범죄의 증명이 없는 경우에 해당하여 무죄라고 판단하였다.

【대법원 결론】 위 법리와 기록에 비추어 살펴보면, 원심의 판단은 정당하고, 거기에 상고이유로 주장하는 바와 같은 심리미진이나 집시법 제20조의 해산명령에 관한 법리오해 등의 위법이 없다. (상고기각)

2011도7757

가명 진술조서의 증거능력
덤프트럭 배차료 사건
2012. 5. 24. 2011도7757, [미간행]

1. 사실관계 및 사건의 경과

【사실관계 1】
① 갑은 폭력 전과가 9회 있다.
② 갑은 M지역에서 활동하는 조직폭력배 P파의 두목 A의 친형이다.
③ M지역에는 N단지 조성공사가 진행중이다.
④ 갑은 N단지 조성공사와 관련하여 Q주민대책위원회 위원장 직책을 맡고 있다.
⑤ B는 N단지 조성공사 과정에서 이미 덤프트럭 운행 일을 하고 있다.

【사실관계 2】
① [B는 수사기관에 다음과 같은 혐의사실을 제보하였다.]
　(가) 갑은 N단지 조성공사와 관련한 덤프트럭 일을 독차지하려 하고 있다.

(나) 갑은 중간에 사람을 넣어 B에게 Q위원회가 직접 덤프트럭 일을 하겠다고 말하였다.

(다) B는 겁을 먹고 덤프트럭 운행 일을 그만두었다.

(라) C 등 다른 덤프트럭 운전사들은 겁을 먹고 갑에게 배차료를 주고 덤프트럭 일을 계속하였다.

② 수사기관은 제보자 B를 보호하기 위하여 피해자의 성명을 가명 D로 처리한 피해자 진술조서를 작성하였다. (㉠진술조서)

【사건의 경과 1】

① 검사는 갑을 다음의 공소사실로 기소하였다.

　　(가) B 부분 : 업무방해죄

　　(나) C 부분 : 공갈죄

② 검사는 가명의 ㉠진술조서를 증거로 제출하였다.

③ B는 제1심 공판기일에 출석하였다.

④ B는 ㉠조서가 자신의 진술을 기재한 조서임을 확인하였다.

⑤ B는 ㉠조서의 실질적 진정성립을 인정하였다.

⑥ B에 대해 반대신문이 실시되었다.

⑦ [B는 종전 진술을 번복하였다.]

⑧ 제1심법원은 ㉠조서의 증거능력을 부정하고 무죄를 선고하였다.

【사건의 경과 2】

① 검사는 불복 항소하였다.

② 항소심에서 검사는 ㉠조서에 증거능력이 있다고 주장하였다.

③ 항소심법원은 다음과 같이 판단하였다.

　　(가) 조서의 증거능력은 엄격하게 해석해야 한다.

　　(나) 특정범죄신고자보호법은 가명 조서의 경우를 명시하고 있다.

　　(다) 갑의 피고사건은 이에 해당하지 않는다.

　　(라) 따라서 가명의 ㉠진술조서는 증거능력이 없다.

④ 항소심법원은 항소를 기각하고, 제1심판결을 유지하였다.

⑤ 검사는 불복 상고하였다.

⑥ 검사는 상고이유로, 가명의 진술조서도 증거능력이 인정된다고 주장하였다.

2. '적법한 절차와 방식'의 의미

【대법원 요지】 1. 형사소송법 제312조 제4항은 /

【대법원 요지】 검사 또는 사법경찰관이 피고인이 아닌 자의 진술을 기재한 조서의 증거능력이 인정되려면 /

【대법원 요지】 '적법한 절차와 방식에 따라 작성된 것'이어야 한다고 규정하고 있다. /

【대법원 요지】 여기서 적법한 절차와 방식이라 함은 /

【대법원 요지】 피의자 또는 제3자에 대한 조서 작성 과정에서 지켜야 할 진술거부권의 고지 등 형사소송법이 정한 제반 절차를 준수하고 /

【대법원 요지】 조서의 작성방식에도 어긋남이 없어야 한다는 것을 의미한다. /

3. 가명 진술조서의 증거능력

【대법원 요지】 그런데 형사소송법은 조서에 진술자의 실명 등 인적 사항을 확인하여 이를 그대로 밝혀 기재할 것을 요구하는 규정을 따로 두고 있지는 아니하다. /

【대법원 요지】 따라서 「특정범죄신고자 등 보호법」 등에서처럼 명시적으로 진술자의 인적 사항의 전부 또는 일부의 기재를 생략할 수 있도록 한 경우가 아니라 하더라도, /

【대법원 요지】 진술자와 피고인의 관계, 범죄의 종류, 진술자 보호의 필요성 등 여러 사정으로 볼 때 상당한 이유가 있는 경우에는 /

【대법원 요지】 수사기관이 진술자의 성명을 가명으로 기재하여 조서를 작성하였다고 해서 /

【대법원 요지】 그 이유만으로 그 조서가 '적법한 절차와 방식'에 따라 작성되지 않았다고 할 것은 아니다. /

【대법원 요지】 그러한 조서라도 /

【대법원 요지】 공판기일 등에 원진술자가 출석하여 자신의 진술을 기재한 조서임을 확인함과 아울러 /

【대법원 요지】 그 조서의 실질적 진정성립을 인정하고 나아가 /

【대법원 요지】 그에 대한 반대신문이 이루어지는 등 /

【대법원 요지】 형사소송법 제312조 제4항에서 규정한 조서의 증거능력 인정에 관한 다른 요건이 모두 갖추어진 이상 /

【대법원 요지】 그 증거능력을 부정할 것은 아니라고 할 것이다.

4. 사안에 대한 대법원의 판단

【항소심 판단】 2. 원심은, /

【항소심 판단】 검사 또는 사법경찰관이 피고인 아닌 자에 대한 진술조서를 작성하면서 그 진술자의 성명을 가명으로 기재한 것은 /

【항소심 판단】 그 판시와 같은 이유로 형사소송법 제312조 제4항이 정한 적법한 절차와 방식을 갖추지 못한 것이라 판단한 다음, /

【항소심 판단】 이 사건 각 가명 진술조서에 대해 /

【항소심 판단】 그 진술인들이 공판기일에 증인으로 출석하여 성립 및 내용의 진정을 인정하였다거나, /

【항소심 판단】 피고인이나 변호인이 그 기재 내용에 관하여 반대신문을 할 수 있었다는 사정과 관계없이 /

【항소심 판단】 그 증거능력이 없다고 판단하였다.

【대법원 결론】 앞서 본 법리에 비추어 원심의 위와 같은 판단은 형사소송법 제312조 제4항이 정한 진술조서의 증거능력에 관한 법리를 오해한 것이다. /

【대법원 결론】 이를 지적하는 검사의 상고이유 주장은 이유 있다. (파기 환송)

2011도8125

진술거부권의 발생시점
청도발 인천행 필로폰 사건
2011. 11. 10. 2011도8125, 공 2011하, 2606

1. 사실관계 및 사건의 경과

【사실관계】

① 갑과 을은 P필로폰을 중국으로부터 수입하였다는 피의사실로 검사의 조사를 받았다.

② 갑과 을은 P필로폰이 중국으로부터 수입된 것인지 몰랐다는 취지로 변소하였다.

③ 검사는 갑과 을의 필로폰 수입에 관한 범의를 명백하게 하기 위하여 C를 참고인으로 조사하였다.

④ C는 P필로폰이 은닉된 곡물포대를 보따리상 B로부터 받아 갑과 을에게 전달한 사람이다.

⑤ C에 대한 조사내용은 검사의 Q진술조서에 기재되었고, [C의 동의를 받아] 영상녹화되었다.

【사건의 경과】

① 검사는 갑과 을을 마약류관리에관한법률위반죄(향정)로 기소하였다.

② 갑과 을의 피고사건은 제1심을 거친 후, 항소심에 계속되었다.

③ 항소심에서 검사는 다음과 같이 공소장변경을 신청하여 허가를 받았다.

    (가) 주위적 공소사실 : "갑은 청도발 인천행 여객선을 타고 입국한 보따리상 B를 통하여 필로폰 약 1g이 들어 있는 곡물포대를 배달받는 방법으로 필로폰을 수입하였다." (㉠수입행위)

    (나) 예비적 공소사실 : "갑은 청도발 인천행 여객선을 타고 입국한 보따리상 B를 통하여 필로폰 약 1g이 들어 있는 곡물포대를 배달받는 방법으로 필로폰을 매수하였다." (㉡매수행위)

④ 검사는 주위적 공소사실(㉠수입행위)을 입증하기 위하여 검사 면전의 C에 대한 Q진술조서를 증거로 제출하였고, C에 대한 영상녹화 CD에 대해 검증신청을 하였다.

⑤ 항소심법원은 다음의 이유를 들어서 검사의 증거신청을 기각하였다.

    (가) C는 갑의 필로폰 수입 또는 매수 범행의 공범으로서 피의자의 지위에 있다.

    (나) C에 대한 Q진술조서는 그것이 진술조서의 형식을 취하였다고 하더라도 그 실질적인 내용과 성격은 C에 대한 피의자신문조서와 달리 볼 수 없다.

    (다) 수사기관이 형소법 제244조의3 제1항에 따라 C에게 미리 진술거부권을 고지하였음을 인정할 만한 아무런 자료가 없다.

    (라) 따라서 C에 대한 Q진술조서는 위법하게 수집된 증거로서 증거능력이 없다.

⑥ 항소심법원은 검사의 C에 대한 영상녹화 CD 검증신청도 받아들이지 않았다.

⑦ 항소심법원은 다음과 같이 판단하여 판결을 선고하였다.

    (가) 주위적 공소사실(㉠수입행위) : 증거불충분으로 무죄

    (나) 예비적 공소사실(㉡매수행위) : 유죄

⑧ 검사는 불복 상고하였다.

2. 진술거부권 고지의무의 발생시점

【대법원 분석】 1) 형사소송법 제244조의3은 검사 또는 사법경찰관이 출석한 피의자를 신문하기 전에 미리 피의자에 대하여 진술을 거부할 수 있음을 알려주어야 한다고 규정하고 있다.

【대법원 요지】 대법원은 이러한 피의자의 진술거부권은 헌법이 보장하는 형사상 자기에 불리한 진술을 강요당하지 않는 자기부죄거부의 권리에 터잡은 것이므로 수사기관이 피의자를 신문함에 있어서 피의자에게 미리 진술거부권을 고지하지 않은 때에는 그 피의자의 진술은 위법하게 수집된 증거로서 진술의 임의성이 인정되는 경우라도 증거능력이 부인되어야 하고, /

【대법원 요지】 피의자의 진술을 녹취 내지 기재한 서류 또는 문서가 수사기관에서의 조사과정에서 작성된 것이라면, 그것이 '진술조서, 진술서, 자술서'라는 형식을 취하였다고 하더라도 피의자신문조서와 달리 볼 수 없다는 점을 여러 차례 확인한 바 있다 /

【대법원 요지】 (대법원 1992. 6. 23. 선고 **92도682**[I권] 판결, 대법원 2009. 8. 20. 선고 **2008도8213** 판결).

【대법원 요지】 위와 같이 피의자에 대한 진술거부권의 고지는 피의자의 진술거부권을 실효적으로 보장하여 진술이 강요되는 것을 막기 위하여 인정되는 것인데, /

【대법원 요지】 이러한 진술거부권 고지에 관한 형사소송법의 규정내용 및 진술거부권 고지가 갖는 실질적인 의미를 고려하면 수사기관에 의한 진술거부권 고지의 대상이 되는 피의자의 지위는 수사기관이 조사대상자에 대한 범죄혐의를 인정하여 수사를 개시하는 행위를 한 때에 인정되는 것으로 봄이 상당하다. /

【대법원 요지】 따라서 이러한 피의자의 지위에 있지 아니한 자에 대하여는 진술거부권이 고지되지 아니하였다 하더라도 그 진술의 증거능력을 부정할 것은 아니다.

3. 사안에 대한 대법원의 분석

【대법원 분석】 2) 기록에 의하면 다음 사실을 알 수 있다.

【대법원 분석】 검사는 원심에서 피고인들에 대한 공소사실 중 일부를 /

【대법원 분석】 "피고인 갑이 중국에 있는 공소외 A와 공모하여 2009. 12. 8. 11:00경 인천 제2국제여객터미널에서 청도발 인천행 여객선을 타고 입국한 공소외 B를 통하여 필로폰 약 1g이 들어 있는 곡물포대를 배달받는 방법으로 필로폰을 수입하고, /

【대법원 분석】 피고인들이 위 공소외 A와 공모하여 2010. 1. 7. 11:00경 위 여객터미널에서 같은 방법으로 필로폰 약 2g을, 2010. 2. 4. 11:00경 위 여객터미널에서 같은 방법으로 필로폰 약 5g을 각 수입하였다."는 요지의 주위적 공소사실과 /

【대법원 분석】 "피고인 갑이 2009. 12. 8. 11:00경 인천 제2국제여객터미널에서 청도발 인천행 여객선을 타고 입국한 공소외 B를 통하여 필로폰 약 1g이 들어 있는 곡물포대를 배달받는 방법으로 필로폰을 매수하고, /

【대법원 분석】 피고인들이 공모하여 2010. 1. 7. 11:00경 위 여객터미널에서 같은 방법으로 필로폰 약 2g을, 2010. 2. 4. 11:00경 위 여객터미널에서 같은 방법으로 필로폰 약 5g을 각 매수하였다."는

요지의 예비적 공소사실로 하는 /

【대법원 분석】 공소장 변경을 신청하여 원심이 이를 허가하였다.

【대법원 분석】 검사는 위 주위적 공소사실을 입증하기 위하여 검사 작성의 공소외 C에 대한 진술조서를 증거로 신청하였는데, /

【항소심 판단】 원심은 /

【항소심 판단】 '공소외 C는 피고인들이 공소외 A로부터 필로폰을 수입 또는 매수함에 있어 피고인들을 돕기 위하여 피고인들과 함께 또는 홀로 인천국제여객터미널로 가서 공소외 B로부터 필로폰이 들어 있는 곡물포대를 건네받는 등의 역할을 한 사람이므로 피고인들의 필로폰 수입 또는 매수 범행의 공범으로서 피의자의 지위에 있는데, /

【항소심 판단】 공소외 C에 대한 진술조서는 그것이 진술조서의 형식을 취하였다고 하더라도 그 실질적인 내용과 성격은 공소외 C에 대한 피의자신문조서와 달리 볼 수 없고, /

【항소심 판단】 따라서 수사기관이 형사소송법 제244조의3 제1항에 따라 공소외 C에게 미리 진술거부권을 고지하였음을 인정할 만한 아무런 자료가 없는 이상 공소외 C에 대한 진술조서는 위법하게 수집된 증거로서 증거능력이 없다'는 이유로 증거신청을 기각하는 한편, /

【항소심 판단】 공소외 C 진술의 특신상태를 입증하기 위하여 검사가 신청한 공소외 C에 대한 영상녹화CD 검증신청도 받아들이지 않았다.

4. 사안에 대한 대법원의 판단

【대법원 판단】 3) 그러나 원심의 위와 같은 조치 및 판단은 앞서 본 법리 및 기록에 비추어 볼 때 다음과 같은 이유로 그대로 수긍할 수 없다.

【대법원 판단】 원심판결 이유에 의하면, 이 사건 필로폰이 중국에서 국내로 반입되어 피고인들에게 전달되는 과정에서 공소외 C가 인천국제여객터미널에서 공소외 B로부터 필로폰이 은닉된 곡물포대를 건네받아 이를 피고인들에게 전달하는 역할을 하였다는 것이므로, 그에 의하면 공소외 C가 피고인들과 이 사건 필로폰의 수입 내지 매수에 관한 공범관계에 있을 가능성을 배제할 수는 없지만, /

【대법원 판단】 공소외 C가 피고인들과 공범관계에 있을 가능성만으로 공소외 C가 이 사건의 참고인으로서 검찰 조사를 받을 당시 또는 그 후라도 검사가 공소외 C에 대한 범죄혐의를 인정하고 수사를 개시하여 공소외 C가 피의자의 지위에 있게 되었다고 단정할 수 없고 그와 같이 볼 만한 아무런 객관적인 자료가 없으며, /

【대법원 판단】 검사가 공소외 C에 대한 수사를 개시할 수 있는 상태이었는데도 진술거부권 고지를 잠탈할 의도로 피의자 신문이 아닌 참고인 조사의 형식을 취한 것으로 볼 만한 사정도 기록상 찾을 수 없다. /

【대법원 판단】 오히려 피고인들이 이 사건 수사과정에서 이 사건 필로폰이 중국으로부터 수입되는 것인지 몰랐다는 취지로 변소하였기 때문에 피고인들의 수입에 관한 범의를 명백하게 하기 위하여 검사가 이 사건 필로폰이 은닉된 곡물포대를 받아 피고인들에게 전달한 공소외 C를 참고인으로 조사한 것이라면, 공소외 C가 수사기관에 의해 범죄혐의를 인정받아 수사가 개시된 피의자의 지위에 있었다고 할 수 없고, /

【대법원 판단】 공소외 C가 피의자로서의 지위가 아닌 참고인으로서 조사를 받으면서 수사기관으로부터 진술거부권을 고지받지 않았다 하더라도 그 이유만으로 그 진술조서가 위법수집증거로서 증거능력이 없다고 할 수 없다.

【대법원 분석】 그런데도 원심은 아무런 객관적 자료 없이 공소외 C가 피고인들의 필로폰 수입 또는 매수 범행의 공범으로서 피의자의 지위에 있다고 단정한 후 진술거부권 불고지로 인하여 공소외 C에 대한 진술조서의 증거능력이 없다고 판단하고 그 진술조서의 특신상태를 입증하기 위한 검사의 영상녹화CD 검증신청을 받아들이지 아니하고 말았으니, /

【대법원 결론】 이러한 원심의 판단에는 진술거부권을 고지하지 않은 상태에서 행해진 피의자 진술의 증거능력에 관한 법리를 오해한 위법이 있고, 이러한 위법은 이 부분 주위적 공소사실을 무죄로 판단한 원심의 판결 결과에 영향을 미쳤음이 분명하다. 이 점을 지적하는 검사의 상고이유 주장은 이유 있다. (파기 환송)

【코멘트】 본 판례는 대법원이 진술거부권의 발생시점을 명확히 제시하였다는 점에서 주목된다. 본 판례의 사실관계를 보면, 갑에 대해 필로폰 밀수행위와 필로폰 매수행위가 문제되고 있다. 검사는 갑의 필로폰 밀수행위를 입증하기 위하여 문제의 필로폰을 전달해 준 C가 검찰에서 진술한 진술조서와 그 진술과정을 녹화한 CD를 증거로 제출하고 있다. 그런데 검사는 수사과정에서 C를 조사할 때 진술거부권을 고지하지 않았다.

항소심은 C가 갑의 필로폰 밀수행위의 공범일 가능성이 있다는 점에 주목하여 C에게 진술거부권이 고지되어야 한다고 판단하였다. 그리하여 진술거부권이 고지되지 않은 상태에서 작성된 C에 대한 진술조서 및 조사과정을 영상녹화한 CD에 증거능력이 없다고 보고 처음부터 증거신청을 기각하였다. 검사는 이에 불복하여 대법원에 상고하고 있다.

이러한 사안을 토대로 대법원은 진술거부권의 발생시점에 대해 중요한 판단기준을 제시하고 있다. 이 가운데 우선 주목할 대목은 "수사기관에 의한 진술거부권 고지의 대상이 되는 피의자의 지위는 수사기관이 조사대상자에 대한 범죄혐의를 인정하여 수사를 개시하는 행위를 한 때에 인정되는 것으로 봄이 상당하다."고 판시한 부분이다.

2007년 개정 형사소송법은 수사절차에서의 진술거부권 고지조항의 위치를 종래의 제200조 제2항으로부터 제244조의3으로 조정하였다. 이러한 위치조정과 관련하여 제200조에 의한 피의자조사와 제243조 이하의 피의자신문을 구별하면서, "진술거부권 고지조항이 제244조의3으로 옮겨졌으므로 진술거부권은 피의자신문 단계에 이르러서 비로소 발생한다"는 해석론이 주장될 여지가 생겼다. 그러나 개정 형소법 이후의 사안을 다룬 본 판례에서 대법원은 "조사대상자에 대한 범죄혐의를 인정하여 수사를 개시하는 행위를 한 때"로 진술거부권의 발생시점을 명시하여 논란의 여지를 차단하였다.

다음으로 주목할 부분은 피고인과의 공범 가능성이 있다고 하여도 잠재적 공범의 진술을 들을 때 반드시 진술거부권을 고지해야 하는 것은 아니라는 점이다. 본 판례의 사안에서 C는 필로폰 밀수의 운반책으로서 공범으로 포착될 여지가 있다. 항소심은 이 점에 착안하여, 공범 C에게 진술거부권을 고지하지 않았으므로 C에 대한 진술조서의 증거능력이 부정된다고 본다.

이에 대해 대법원은 (가) 검사가 C에 대한 범죄혐의를 인정하고 수사를 개시하여 C가 피의자의 지위에 있게 되었다고 단정할 수 없다는 점, (나) 검사가 C에 대한 수사를 개시할 수 있는 상태이었는데도 진술거부권 고지를 잠탈할 의도로 피의자 신문이 아닌 참고인 조사의 형식을 취한 것으로 볼 만한 사정이 없다는 점, (다) 갑이 필로폰이 중국으로부터 수입되는 것인지 몰랐다는 취지로 변소하였기 때문에 [C의 범죄혐의와 무관하게] 갑의 수입에 관한 범의를 명백하게 하기 위하여 검사가 C를 참고인으로 조사한 것이라는 점에 주목하여 C에게 진술거부권이 발생하지 않았다고 판단하고 있다.

본 판례에서 대법원은 공범자에 대해 범죄혐의를 인정하고 수사를 개시한 것이 아니라면 진술거부권이 발생하지 않는다는 점과 역으로 수사기관이 진술거부권 고지를 잠탈할 의도로 참고인 조사의 형식을 취하는 것은 허용되지 않는다는 점을 분명히 하고 있다. 이 가운데 특히 후자의 기준은 수사기관의 편법수사를 차단한다는 점에서 중요한 의미를 갖는다고 본다.

잠재적 공범에 대한 진술거부권의 고지 문제에 대한 판단 이외에 대법원은 본 판례에서 진술거부권 고지의 중요성을 강조하면서 종전의 판례 기준을 다시 한번 확인하고 있다. 즉 (가) 진술거부권은 범죄혐의를 인정하여 수사를 개시할 때 발생한다. (나) 진술거부권 고지 없이 획득된 진술은 그것이 진술조서, 진술서, 자술서 등 어떠한 형식의 것에 기재되었다고 할지라도 증거능력이 없다. (다) 진술거부권 고지 없이 획득된 진술은 그것이 임의성 있는 진술이라 할지라도 증거능력이 없다.

2011도8325

검사작성 피의자신문조서의 증거능력
고용유지지원금 사기 사건
2013. 3. 14. 2011도8325, 공 2013상, 699

1. 사실관계 및 사건의 경과

【사실관계 1】

① 갑은 휴대폰부품 수리제조업체 P회사의 대표이사이다.

② A 등은 P회사의 직원들이다.

③ 갑은 다음의 공소사실로 사기죄로 기소되었다.

④ 「피고인은 A 등과 공모하여 사실과 다른 휴업기간에 근거하여 고용유지지원금을 신청하는 방식으로 피해자[노동청]를 기망하여 이에 속은 피해자로부터 고용유지지원금 명목의 돈을 편취하였다.」

【사실관계 2】

① 제1심 제1회 공판기일에서 갑은 공소사실을 부인하였다.

② 갑은 이후 부인 진술을 번복한 적이 없다.

③ 검사는 다음의 조서를 증거로 제출하였다.

　(가) 범행사실을 시인하는 내용의 갑에 대한 검사작성 피의자신문조서 (㉠피신조서)

(나) 범행사실을 시인하는 내용의 A에 대한 검사작성 피의자신문조서 (ⓛ피신조서)

④ 갑의 변호인 B는 제1회 공판기일 후 ⓒ증거인부서를 제출하였다.

⑤ ⓒ증거인부서에는 ⓨ조서에 대하여 "형식적 진정성립, 임의성 각 인정, 입증취지 부인"이라고 기재 되어 있다.

⑥ A는 제1심 제3회 공판기일에 증인으로 출석하였다.

⑦ A는 ⓛ피신조서가 자신이 진술한 내용과 동일하게 기재되어 있다고 진술하였다.

【사실관계 3】

① 제1심법원은 제4회 공판기일에서 ⓨ피신조서에 대하여 증거조사를 하였다.

② ⓨ피신조서에는 다음과 같은 갑의 진술이 기재되어 있다. (M진술)

    (가) 직원들과 회의를 하여 고용유지지원금을 신청하게 되었다.

    (나) 실제 휴업현황과 신청현황이 일치하지 않는 등 잘못된 것인 줄 알았지만 변경신고를 하지 않 았다.

    (다) 관리 직원들에게 품질관리나 납품계획 등 업무에 차질이 없도록 휴업기간 중이라도 나와서 대 응을 하라고 지시하였고, 그런 지시에 의해 직원들이 출근하여 각자의 업무를 수행한 것이다.

【사실관계 4】

① ⓔ증거목록은 제4회 공판기일의 공판조서의 일부이다.

② ⓔ증거목록의 증거의견란에는 'ㅇ' 표시가 되어 있다.

③ 'ㅇ' 표시는 '성립 및 임의성'을 인정한 경우를 나타내는 부호이다.

④ 제1심법원은 제4회 공판기일에 ⓨ피신조서에 대한 증거조사를 완료하였다.

⑤ 갑은 제8회 공판기일에 이르러서 다음과 같이 진술하였다.

⑥ "검찰에서 조사를 받으면서 ⓨ피의자신문조서에 기재되어 있는 것처럼 M진술을 한 사실이 없는데 도 그 조서에는 마치 그와 같이 진술한 것처럼 기재되어 있는 것을 이 사건 재판을 받으면서 비로소 발견하게 되었고 이를 억울하게 생각한다."

【사건의 경과】

① 제1심법원은 ⓨ피신조서, ⓛ피신조서 등을 증거로 하여 유죄를 선고하였다.

② 갑은 불복 항소하였다.

③ 항소심 공판절차에서 갑은 공소사실을 부인하였다.

④ 항소심법원은 ⓨ피신조서 부분에 대해 다음과 같이 판단하여 갑에게 유죄를 선고하였다.

    (가) 제1심 제4회 공판기일에서 갑은 ⓨ피의자신문조서를 증거로 함에 동의하였다.

    (나) 제1심법원은 제4회 공판기일에 ⓨ피의자신문조서에 대한 증거조사를 완료하였다.

    (다) 갑은 항소심에 이르러 ⓨ피의자신문조서에 대한 증거동의의 의사표시를 취소 또는 철회하는 취지로 ⓨ피의자신문조서의 진정성립을 부인하고 있다.

    (라) 그렇다고 할지라도 ⓨ피의자신문조서의 증거능력이 상실된다고 볼 수 없다.

⑤ 갑은 불복 상고하였다.

⑥ 갑은 상고이유로, ⓨ피신조서에 증거능력이 없다고 주장하였다.

2. 검사작성 피의자신문조서의 증거능력

(1) 직접심리주의와 조서의 증거능력

【대법원 요지】 가. 헌법 제12조 제1항이 규정한 적법절차의 원칙과 헌법 제27조에 의하여 보장된 공정한 재판을 받을 권리를 구현하기 위하여 /

【대법원 요지】 형사소송법은 공판중심주의와 구두변론주의 및 직접심리주의를 그 기본원칙으로 하고 있다. /

【대법원 요지】 따라서 형사소송법이 수사기관에서 작성된 조서 등 서면증거에 대하여 일정한 요건을 충족하는 경우에 그 증거능력을 인정하는 것은 /

【대법원 요지】 실체적 진실발견의 이념과 소송경제의 요청을 고려하여 예외적으로 허용하는 것일 뿐이므로, /

【대법원 요지】 그 증거능력 인정 요건에 관한 규정은 엄격하게 해석·적용하여야 한다.

(2) 실질적 진정성립의 의미

【대법원 분석】 형사소송법 제312조는 제1항으로 /

【대법원 분석】 "검사가 피고인이 된 피의자의 진술을 기재한 조서는 /

【대법원 분석】 적법한 절차와 방식에 따라 작성된 것으로서 /

【대법원 분석】 피고인이 진술한 내용과 동일하게 기재되어 있음이 /

【대법원 분석】 공판준비 또는 공판기일에서의 /

【대법원 분석】 피고인의 진술에 의하여 인정되고, /

【대법원 분석】 그 조서에 기재된 진술이 특히 신빙할 수 있는 상태하에서 행하여졌음이 /

【대법원 분석】 증명된 때에 한하여 증거로 할 수 있다."고 하여 /

【대법원 분석】 조서의 내용이 원진술자인 피고인이 진술한 대로 기재된 것이라는 실질적 진정성립이 인정되어야 증거로 할 수 있다고 하면서 /

【대법원 분석】 이러한 실질적 진정성립은 공판준비 또는 공판기일에서의 피고인의 진술에 의해서만 인정된다고 규정하고 있다. /

【대법원 분석】 다만 그 제2항은 /

【대법원 분석】 "제1항에도 불구하고 /

【대법원 분석】 피고인이 그 조서의 성립의 진정을 부인하는 경우에는 /

【대법원 분석】 그 조서에 기재된 진술이 피고인이 진술한 내용과 동일하게 기재되어 있음이 /

【대법원 분석】 영상녹화물이나 그 밖의 객관적인 방법에 의하여 증명되고, /

【대법원 분석】 그 조서에 기재된 진술이 특히 신빙할 수 있는 상태하에서 행하여졌음이 /

【대법원 분석】 증명된 때에 한하여 증거로 할 수 있다."고 하여 /

【대법원 분석】 피고인의 진술 외에 영상녹화물 등 객관적인 방법에 의해서도 실질적 진정성립을 인정할 수 있는 여지를 열어 두고 있다.

【대법원 요지】 따라서 검사가 피고인이 된 피의자의 진술을 기재한 조서는 /

【대법원 요지】 그 작성절차와 방식의 적법성과 별도로 /

【대법원 요지】 그 내용이 검사 앞에서 진술한 것과 동일하게 기재되어 있다는 점, /

【대법원 요지】 즉 실질적 진정성립이 인정되어야 증거로 사용할 수 있다. /

【대법원 요지】 여기서 기재 내용이 동일하다는 것은 /

【대법원 요지】 적극적으로 진술한 내용이 그 진술대로 기재되어 있어야 한다는 것뿐 아니라 /

【대법원 요지】 진술하지 아니한 내용이 진술한 것처럼 기재되어 있지 아니할 것을 포함하는 의미이다.

(3) 조서 작성절차와 방식의 적법성과 실질적 진정성립의 관계

【대법원 요지】 그리고 형사소송법이 위와 같이 조서 작성절차와 방식의 적법성과 실질적 진정성립을 분명하게 구분하여 규정하고 있고, /

【대법원 요지】 또 피고인이 조서의 실질적 진정성립을 부인하는 경우에는 /

【대법원 요지】 영상녹화물 등 객관적인 방법에 의하여 피고인이 진술한 내용과 동일하게 기재되어 있음을 증명할 수 있는 방법을 마련해 두고 있는 이상, /

【대법원 요지】 피고인 본인의 진술에 의한 실질적 진정성립의 인정은 /

【대법원 요지】 공판준비 또는 공판기일에서 한 명시적인 진술에 의하여야 하고, /

【대법원 요지】 단지 피고인이 실질적 진정성립에 대하여 이의하지 않았다거나 /

【대법원 요지】 조서 작성절차와 방식의 적법성을 인정하였다는 것만으로 /

【대법원 요지】 실질적 진정성립까지 인정한 것으로 보아서는 아니 될 것이다. /

【대법원 요지】 또한 특별한 사정이 없는 한 이른바 '입증취지 부인'이라고 진술한 것만으로 /

【대법원 요지】 이를 조서의 진정성립을 인정하는 전제에서 그 증명력만을 다투는 것이라고 가볍게 단정해서도 안 된다 할 것이다.

(4) 실질적 진정성립에 대한 일부 인정 시의 조치

【대법원 요지】 한편 피고인이 그 진술을 기재한 검사 작성의 피의자신문조서 중 일부에 관하여만 실질적 진정성립을 인정하는 경우에는 /

【대법원 요지】 법원은 당해 조서 중 어느 부분이 그 진술대로 기재되어 있고 어느 부분이 달리 기재되어 있는지 여부를 구체적으로 심리한 다음 /

【대법원 요지】 진술한 대로 기재되어 있다고 하는 부분에 한하여 증거능력을 인정하여야 하고, /

【대법원 요지】 그 밖에 실질적 진정성립이 인정되지 않는 부분에 대해서는 증거능력을 부정하여야 한다.

3. 사안에 대한 항소심의 판단

【항소심 판단】 나. 원심은, 피고인이 원심에 이르러 검사가 작성한 피고인에 대한 피의자신문조서 (이하 '이 사건 피의자신문조서')의 진정성립을 부인하는 취지의 주장을 하고 있다고 전제한 다음, /

【항소심 판단】 피고인이 제1심 제4회 공판기일에 이 사건 피의자신문조서를 증거로 함에 동의하였고 /

【항소심 판단】 이에 따라 제1심법원이 제4회 공판기일에 그에 대한 증거조사를 완료하였음을 알 수 있다는 이유로, /

【항소심 판단】 피고인이 원심에 이르러 이 사건 피의자신문조서에 대한 증거동의의 의사표시를 취소 또는 철회하는 취지로 이 사건 피의자신문조서의 진정성립을 부인한다 할지라도 /

【항소심 판단】 그 증거능력이 상실된다고 볼 수 없다고 판단하였다.

4. 사안에 대한 대법원의 판단

(1) 사안에 대한 대법원의 분석

【대법원 판단】 다. 그러나 원심의 위와 같은 판단은 다음과 같은 이유로 수긍하기 어렵다.

【대법원 분석】 기록에 의하면, 피고인은 제1심 제1회 공판기일에서 이 사건 공소사실 기재와 같은 범행을 한 적이 없다는 취지로 범행을 부인한 이래 이를 번복한 적이 없는 사실, /

【대법원 분석】 피고인의 제1심 변호인이 제1회 공판기일 후 제출한 증거인부서에는 이 사건 피의자신문조서에 대하여 "형식적 진정성립, 임의성 각 인정, 입증취지 부인"이라고 되어 있고, /

【대법원 분석】 제1심법원은 그 후 제4회 공판기일에서 이 사건 피의자신문조서에 대하여 증거조사를 하였는데 /

【대법원 분석】 그 기일의 공판조서의 일부인 증거목록의 증거의견란에는 "성립 및 임의성"을 인정한 경우를 나타내는 부호인 "○" 표시만이 되어 있는 사실, /

【대법원 분석】 피고인이나 변호인이 이 사건 피의자신문조서에 대한 증거조사가 완료된 위 제4회 공판기일에 이르기까지 /

【대법원 분석】 이 사건 피의자신문조서의 실질적 진정성립을 명시적으로 인정하거나 부인하는 취지의 진술을 따로 한 바는 없는 것으로 보이고, /

【대법원 분석】 또한 원심이 인정한 것처럼 증거로 함에 동의하는 진술을 한 흔적도 전혀 없는 사실, /

【대법원 분석】 피고인은 제8회 공판기일에 이르러서는 /

【대법원 분석】 "검찰에서 조사를 받으면서 그 피의자신문조서에 기재되어 있는 것처럼 /

【대법원 분석】 '직원들과 회의를 하여 고용유지지원금을 신청하게 되었다', /

【대법원 분석】 '실제 휴업현황과 신청현황이 일치하지 않는 등 잘못된 것인 줄 알았지만 변경신고를 하지 않았다', /

【대법원 분석】 '관리 직원들에게 품질관리나 납품계획 등 업무에 차질이 없도록 휴업기간 중이라도 나와서 대응을 하라고 지시하였고, 그런 지시에 의해 직원들이 출근하여 각자의 업무를 수행한 것이다' /

【대법원 분석】 라고는 진술한 사실이 없는데도 /

【대법원 분석】 그 조서에는 마치 그와 같이 진술한 것처럼 기재되어 있는 것을 /

【대법원 분석】 이 사건 재판을 받으면서 비로소 발견하게 되었고 /

【대법원 분석】 이를 억울하게 생각한다"는 /

【대법원 분석】 취지로 진술하기도 한 사실을 알 수 있다.

(2) ㉠피신조서 부분에 대한 대법원의 판단

【대법원 판단】 이러한 사실관계를 앞서 본 법리에 비추어 보면, /

【대법원 판단】 피고인은 이 사건 피의자신문조서의 진정성립 여부에 대하여 제1심에서 제출한 증거

인부서를 통하여 '형식적 진정성립'을 인정한다고만 하였을 뿐이므로 /

【대법원 판단】 비록 제1심 제4회 공판기일 조서의 증거목록에 형식적 진정성립과 실질적 진정성립을 구분함이 없이 단순한 "성립인정"의 의미로 "○"표시가 되어 있다고 해도, /

【대법원 판단】 그것만으로 피고인이 이 사건 피의자신문조서를 증거로 함에 동의한 것이라고 단정할 수는 없는 것이고, /

【대법원 판단】 또한 그것이 실질적 진정성립까지 분명하게 인정한 데 따른 조서 기재라고 볼 수 있는지에 대해서는 그 취지 등을 좀 더 심리하여 밝혀 보았어야 할 것이다. /

【대법원 판단】 그리고 그 점이 명확하지 않다면 원칙으로 돌아가 /

【대법원 판단】 이 사건 피의자신문조서의 기재 내용이 피고인이 검사 앞에서 실제로 한 진술의 내용과 동일하게 기재되어 있음이 /

【대법원 판단】 영상녹화물 등 객관적인 방법에 의하여 증명되지 않는 한 /

【대법원 판단】 이를 증거로 사용할 수 없다고 보아야 한다.

【대법원 결론】 그럼에도 불구하고 원심이 /

【대법원 결론】 제1심 제4회 공판기일에서 피고인이 이 사건 피의자신문조서를 증거로 함에 동의하여 이에 대한 증거조사가 완료되었고, /

【대법원 결론】 나아가 피고인이 원심에 이르러서야 비로소 이 사건 피의자신문조서의 진정성립을 부인하고 있을 뿐이라고 단정한 나머지, /

【대법원 결론】 이 사건 피의자신문조서의 증거능력이 인정된다고 판단한 조치에는 /

【대법원 결론】 피의자신문조서의 실질적 진정성립에 관한 법리를 오해하거나 필요한 심리를 다하지 아니한 잘못이 있다. 이 점을 다투는 상고이유의 주장은 이유 있다.

(3) ⓛ피신조서에 대한 대법원의 판단

【대법원 판단】 라. 한편 원심은 /

【대법원 판단】 검사 작성의 공소외인[A]에 대한 피의자신문조서에 대하여는 /

【대법원 판단】 적법한 절차와 방식에 따라 작성된 것으로서 /

【대법원 판단】 공소외인이 제1심 제3회 공판기일에 증인으로 출석하여 /

【대법원 판단】 위 피의자신문조서가 자신이 진술한 내용과 동일하게 기재되어 있음을 인정한 이상 /

【대법원 판단】 그 증거능력이 인정된다고 판단하였다.

【대법원 결론】 관련 법리와 기록에 비추어 살펴보면, 원심의 위와 같은 판단은 정당한 것으로 수긍이 되고, 거기에 상고이유의 주장과 같은 피의자신문조서의 증거능력에 관한 법리를 오해한 잘못은 없다.

(4) 사안에 대한 대법원의 최종 판단

【항소심 판단】 원심은, 이 사건 피의자신문조서를 포함한 그 채용 증거들에 의하여 인정되는 판시와 같은 사정들을 토대로, /

【항소심 판단】 이 사건 공소사실 기재와 같이 /

【항소심 판단】 피고인이 공소외인 등과 공모하여 사실과 다른 휴업기간에 근거하여 고용유지지원금을 신청하는 방식으로 피해자를 기망하여 이에 속은 피해자로부터 고용유지지원금 명목의 돈을 편취

한 사실을 인정할 수 있다고 판단하였다.

【대법원 판단】 그런데 앞서 본 바와 같이 이 사건 피의자신문조서는 실질적 진정성립을 인정할 수 없으므로, /

【대법원 결론】 원심이 이 사건 피의자신문조서의 증거능력을 인정하고 이를 유죄의 증거로 삼은 조치에는 피의자신문조서의 증거능력에 관한 법리를 오해한 잘못이 있다 할 것이다.

【대법원 결론】 그러나 기록에 비추어 살펴보면, /

【대법원 결론】 검사 작성의 공소외인에 대한 피의자신문조서 등 원심이 유죄의 증거로 들고 있는 증거들 중 /

【대법원 결론】 이 사건 피의자신문조서를 제외한 나머지 증거들만으로도 이 사건 공소사실을 유죄로 인정하기에 충분하므로, /

【대법원 결론】 원심이 피고인을 유죄라고 판단한 결론은 정당하고, /

【대법원 결론】 거기에 상고이유 주장과 같은 공모공동정범에 관한 법리를 오해하거나 논리와 경험칙을 위반하여 자유심증주의의 한계를 벗어나 사실을 잘못 인정한 위법은 없다.

【대법원 결론】 결국 원심이 이 사건 피의자신문조서의 증거능력을 인정한 것이 잘못이기는 하나, 그러한 잘못이 판결 결과에는 아무런 영향을 미치지 못하였다고 할 것이다. (상고 기각)

2011도8462

국외체류와 공소시효 정지
일 본 밀 항 사 건
2012. 7. 26. 2011도8462, 공 2012하, 1524

1. 사실관계 및 사건의 경과

【사실관계】

① 갑은 일자리를 찾아 일본으로 밀항하였다.

② 밀항행위는 3년 이하의 징역 또는 300만원 이하의 벌금으로 처벌된다(밀항단속법 제2조 제1항).

③ 밀항단속법위반죄(밀항)의 공소시효는 5년이다(형소법 제249조 제1항 제5호).

④ 갑은 5년을 훨씬 넘는 기간 동안 일본에 체류하였다.

⑤ 갑은 이후 국내로 귀국하였다.

【사건의 경과】

① 검사는 갑을 밀항단속법위반죄로 기소하였다.

② 제1심법원은 공소제기 당시에 공소시효가 완성되었다는 이유로 면소판결을 선고하였다.

③ 검사는 불복 항소하였다.

④ 항소심법원은 항소를 기각하고, 제1심판결을 유지하였다.

⑤ 검사는 불복 상고하였다.

⑥ 검사는 상고이유로, 갑의 일본 체류 동안 공소시효가 정지되었다고 주장하였다.

2. 국외체류와 공소시효 정지

【대법원 분석】 형사소송법 제253조 제3항은 "범인이 형사처분을 면할 목적으로 국외에 있는 경우 그 기간 동안 공소시효는 정지된다."고 규정하여 /

【대법원 분석】 공소시효의 정지를 위해서는 '형사처분을 면할 목적'이 있을 것을 요구한다.

【대법원 요지】 형사소송법 제253조 제3항이 정한 '형사처분을 면할 목적'은 국외 체류의 유일한 목적으로 되는 것에 한정되지 않고 범인이 가지는 여러 국외 체류 목적 중에 포함되어 있으면 족하고, /

【대법원 요지】 범인이 국외에 있는 것이 형사처분을 면하기 위한 방편이었다면 '형사처분을 면할 목적'이 있었다고 볼 수 있으며, /

【대법원 요지】 '형사처분을 면할 목적'과 양립할 수 없는 범인의 주관적 의사가 명백히 드러나는 객관적 사정이 존재하지 않는 한 국외 체류기간 동안 '형사처분을 면할 목적'은 계속 유지된다. /

【대법원 요지】 그러나 국외에 체류 중인 범인에게 형사소송법 제253조 제3항의 '형사처분을 면할 목적'이 계속 존재하였는지가 의심스러운 사정이 발생한 경우, /

【대법원 요지】 그 기간 동안 '형사처분을 면할 목적'이 있었는지 여부는 /

【대법원 요지】 당해 범죄의 공소시효의 기간, /

【대법원 요지】 범인이 귀국할 수 없는 사정이 초래된 경위, /

【대법원 요지】 그러한 사정이 존속한 기간이 당해 범죄의 공소시효의 기간과 비교하여 도피 의사가 인정되지 않는다고 보기에 충분할 만큼 연속적인 장기의 기간인지, /

【대법원 요지】 귀국 의사가 수사기관이나 영사관에 통보되었는지, /

【대법원 요지】 피고인의 생활근거지가 어느 곳인지 등의 제반 사정을 참작하여 판단하여야 한다. /

【대법원 요지】 그리고 '형사처분을 면할 목적'이 유지되지 않았다고 볼 사정이 있는 경우 그럼에도 그러한 목적이 유지되고 있었다는 점은 검사가 입증하여야 한다.

3. 사안에 대한 대법원의 판단

【대법원 분석】 원심판결 이유에 의하면, /

【대법원 분석】 원심은 피고인이 출국에 필요한 유효한 증명 없이 대한민국 외의 지역으로 밀항하였다는 이 사건 공소사실에 대하여 /

【대법원 판단】 피고인의 출국 자체가 형사처분을 면할 목적이 아니라 생업에 종사하기 위함이었고, /

【대법원 판단】 피고인이 의도했던 국외 체류기간이나 실제로 체류한 기간이 모두 이 사건 공소사실 기재 범죄의 법정형이나 공소시효기간에 비하여 매우 장기인 점, /

【대법원 판단】 피고인이 다시 국내로 입국하게 된 경위 등 그 판시와 같은 사정을 들어 /

【대법원 판단】 피고인이 이 사건 공소사실 기재 범죄에 대한 형사처분을 면할 목적으로 일본에 있었다고 인정하기에 부족하다는 이유로 /

【대법원 판단】 그 공소시효가 정지되었다는 검사의 주장을 배척하고, /

【대법원 판단】 이 사건 공소제기 당시에 공소시효가 완성되었다는 이유로 피고인에게 면소를 선고

한 제1심판결을 그대로 유지하였다.

【대법원 결론】 앞서 본 법률 규정과 법리에 비추어 기록을 살펴보면 원심의 위와 같은 조치는 정당하고, 거기에 상고이유의 주장과 같이 공소시효의 정지에 관한 법리를 오해하는 등의 위법이 없다. (상고 기각)

2011도9721

공모관계의 입증방법
딱지어음 사기 사건

2011. 12. 22. 2011도9721, 공 2012상, 207

1. 사실관계 및 사건의 경과

【사실관계 1】

① 갑은 A 등과 함께 다음의 범행을 모의하였다.

  (가) 실제 영업활동을 하지 않는 P회사 등을 인수한다.

  (나) 인수한 P회사 등의 명의로 은행에 당좌계좌를 개설하고 어음 용지를 확보한다.

  (다) 지급기일에 부도가 예정되어 있어 결제될 가능성이 없는 이른바 딱지어음을 대량 발행한다.

  (라) 이후 일정한 가격으로 딱지어음을 시중에 유통시켜 그 판매수익을 올린다.

② 갑은 금융권 인사들과의 인맥 등을 이용하여 당좌계좌를 개설하고 다량의 어음 용지를 확보하였다.

③ A 등은 이를 이용하여 P회사 등의 명의로 ㉠어음 등 딱지어음 약 357장을 발행하였다.

【사실관계 2】

① ㉠어음 등은 A 등에 의하여 직접 또는 성명불상의 판매상 등을 통하여 일정한 가격으로 시중에 유통되어 그 수요자들에게 판매되었다.

② B 등은 딱지어음임을 알면서 ㉠어음 등 딱지어음의 일부를 취득하였다.

③ [갑은 B 등을 전혀 알지 못한다.]

④ B 등은 자신들이 취득한 ㉠어음 등이 딱지어음임에도 이를 숨긴 채 C 등에게 어음할인을 의뢰하여 어음할인금을 받았다.

⑤ B 등은 자신들이 취득한 ㉠어음 등이 딱지어음임에도 이를 숨긴 채 D 등에게 채무이행을 유예하는 대가로 교부하여 채무이행의 유예를 받았다.

【사건의 경과】

① 검사는 갑을 자본시장과금융투자업에관한법률위반죄와 사기죄로 기소하였다.

② [A 등과 B 등은 도주하여 기소되지 않았다.]

③ 갑의 피고사건은 제1심을 거친 후, 항소심에 계속되었다.

④ 항소심법원은, 갑이 약속어음 357장을 발행·매매함으로써 금융위원회의 인가를 받지 않고 단기 금융업무를 영위하였다는 사실을 인정하였다.

⑤ 항소심법원은 약속어음 357장의 발행·매매 전부가 포괄일죄의 관계에 있다고 보아 그 종료시점에 시행되던 자본시장과 금융투자업에 관한 법률을 적용하여 유죄로 판단하였다.

⑥ 항소심법원은 갑에게 사기죄의 공동정범을 인정하였다.

⑦ 갑은 불복 상고하였다.

⑧ 갑은 상고이유로 다음의 점을 주장하였다.

    (가) C는 B의 사기범행으로 피해를 입었다.

    (나) 갑은 딱지어음의 전전 유통경로나 중간 소지인 B 등 및 그 기망방법을 구체적으로 몰랐다.

    (다) 따라서 갑은 사기죄의 공동정범에 해당하지 않는다.

2. 공모관계의 입증방법

【대법원 요지】 2인 이상이 범죄에 공동가공하는 공범관계에 있어서 공모는 법률상 어떤 정형을 요구하는 것이 아니고 /

【대법원 요지】 2인 이상이 공모하여 범죄에 공동가공하여 범죄를 실현하려는 의사의 결합만 있으면 되는 것으로서, /

【대법원 요지】 비록 전체의 모의과정이 없다고 하더라도 수인 사이에 순차적으로 또는 암묵적으로 상통하여 그 의사의 결합이 이루어지면 공모관계가 성립한다. /

【대법원 요지】 그리고 이러한 공모관계를 인정하기 위해서는 엄격한 증명이 요구되지만, /

【대법원 요지】 피고인이 범죄의 주관적 요소인 공모의 점을 부인하는 경우에는, 사물의 성질상 이와 상당한 관련성이 있는 간접사실 또는 정황사실을 증명하는 방법에 의하여 이를 입증할 수밖에 없으며, /

【대법원 요지】 이때 무엇이 상당한 관련성이 있는 간접사실에 해당할 것인가는 정상적인 경험칙에 바탕을 두고 치밀한 관찰력이나 분석력에 의하여 사실의 연결상태를 합리적으로 판단하는 방법에 의하여야 할 것이다.

3. 사안에 대한 대법원의 분석

【대법원 분석】 원심판결 이유 및 원심이 적법하게 채용한 증거들을 기록과 대조하여 살펴보면, /

【대법원 분석】 피고인은 공소외 A 등과 함께 실제 영업활동을 하지 않는 회사들을 인수하여 위 회사들 명의로 은행에 당좌계좌를 개설하고 어음 용지를 확보한 다음 지급기일에 부도가 예정되어 있어 결제될 가능성이 없는 이른바 딱지어음을 대량 발행한 후 일정한 가격으로 이를 시중에 유통시켜 그 판매수익을 올리기로 공모한 사실, /

【대법원 분석】 이에 따라 피고인은 금융권 인사들과의 인맥 등을 이용하여 당좌계좌를 개설하고 다량의 어음 용지를 확보하여 주는 등의 역할을 실행하였고, /

【대법원 분석】 공소외 A 등은 이를 이용하여 위 회사들 명의로 딱지어음 약 357장을 발행한 사실, /

【대법원 분석】 위 딱지어음들은 공소외 A 등에 의하여 직접 또는 성명불상의 판매상 등을 통하여 일정한 가격으로 시중에 유통되어 그 수요자들에게 판매되었고, /

【대법원 분석】 공소외 B, 공소외 6, 공소외 7, 공소외 8, 공소외 9, 공소외 10, 공소외 11, 공소외 12, 공소외 13, 공소외 14, 공소외 15, 공소외 16, 공소외 17, 공소외 18 등(이하 ' 공소외 B 등'이라고

한다)이 그 중 일부를 취득한 사실. /

【대법원 분석】 공소외 B 등은 자신들이 취득한 어음이 정상거래로 인하여 발행된 어음이 아니라 부도를 예정한 딱지어음임에도 이를 숨긴 채 판시 각 피해자들에게 어음할인을 의뢰하며 또는 채무이행을 유예하는 대가로 교부하여 /

【대법원 분석】 이에 속은 피해자들로부터 판시와 같이 어음할인금을 편취하거나 채무이행의 유예를 받아 재산상 이익을 취득한 사실. /

【대법원 분석】 이 사건 딱지어음들의 발행 후 피해자들에 이르기까지의 유통경로 중 위 어음할인금 편취 또는 재산상 이익 취득과 관련된 주요 부분. /

【대법원 분석】 즉 공소외 C 등이 딱지어음임을 알면서도 이를 취득하여 마치 정상적으로 발행된 어음인 것처럼 피해자들에게 교부하게 된 경우나 과정이 밝혀져 있고. /

【대법원 분석】 이와 관련하여 해당 딱지어음 사본들이 증거로 제출된 사실. /

【대법원 분석】 한편 이 사건 딱지어음들의 유통과정에서 최후소지인들인 판시 피해자들 외에 해당 어음이 딱지어음이라는 점을 알지 못하고 그 취득 대가로 재물 등을 교부하여 피해를 입은 사람들이 달리 나타나지 아니한 사실 등을 알 수 있다.

4. 사안에 대한 대법원의 판단

【대법원 판단】 위 사실관계를 앞서 본 법리에 비추어 살펴보면, /

【대법원 판단】 피고인과 공소외 A 등은 그 취득자들이 사기 범행을 실현하리라는 점을 인식하면서도 이를 용인하며 부도가 예정된 딱지어음을 조직적으로 대량 발행하고 시중에 유통시킴으로써 /

【대법원 판단】 공소외 B 등 딱지어음 취득자들과 사이에 그들의 사기 범행에 관하여 직접 또는 중간 판매상 등을 통하여 적어도 순차적 · 암묵적으로 의사가 상통하여 공모관계가 성립되었다고 할 것이다.

【대법원 결론】 같은 취지에서 각 사기 범행의 공모 또는 가담 사실을 부인하는 피고인의 주장을 배척하고 피고인에 대하여 위 각 사기 범행의 공동정범으로서의 죄책을 인정한 원심의 판단은 정당하고, 거기에 상고이유의 주장과 같은 사기죄의 공동정범 성립에 관한 법리오해 등의 위법이 없다. (상고 기각)

2011도10626

재심절차의 대상
확정재판의 불가변력
약식명령 재심청구 사건

2013. 4. 11. 2011도10626, 공 2013상, 901

1. 사실관계 및 사건의 경과

【사실관계 1】

① P합자회사는 운송업을 하는 회사이다.

② P회사의 종업원인 운전사 갑은 회사 차량을 운전하던 중 도로관리청의 적재량 측정요구에 불응하였다.

③ 검사는 도로교통법의 Q양벌규정을 적용하여 P회사에 대한 약식명령을 청구하였다.

④ 2008. 10. 14. 춘천지방법원 강릉지원은 도로교통법의 Q양벌규정을 적용하여 P회사에 벌금 150만원의 약식명령을 발하였다. (㉠약식명령)

⑤ 2009. 1. 13. P회사는 정식재판을 청구하였다.

⑥ 2009. 4. 22. 춘천지방법원 강릉지원은 P회사에 대한 정식재판에서 벌금 150만원을 선고하였다. (㉡정식재판)

⑦ 2009. 4. 30. P회사에 대한 ㉡정식재판의 유죄판결은 확정되었다. (㉡확정판결)

【사실관계 2】

① 2009. 7. 30. 헌법재판소는 도로교통법의 Q양벌규정에 대해 위헌임을 선고하였다.

② 2010. 7. 23. P회사는 ㉠약식명령에 대해 춘천지방법원 강릉지원에 재심청구를 하였다.

③ 2010. 9. 2. 춘천지방법원 강릉지원은 도로교통법의 Q양벌규정에 대해 헌법재판소가 위헌을 선고하였다는 이유로 재심개시결정을 하였다. (㉢재심개시결정)

④ 2010. 12. 14. 춘천지방법원 강릉지원은 다음의 이유를 들어서 면소판결을 선고하였다.

   (가) 실효된 ㉠약식명령에 대해 ㉢재심개시결정과 아울러 공판회부의 결정이 내려졌다.

   (나) 이로써 이미 ㉡정식재판절차에서 판결이 선고되어 확정된 내용(㉡확정판결)에 대하여 형식적으로 다시 소송계속이 있는 상태가 되었다.

   (다) 이는 형사소송법 제326조 제1호 확정판결이 있는 때에 해당한다.

【사건의 경과】

① 검사는 불복 항소하였다.

② 재심 항소심법원은 직권으로 재심 제1심판결을 파기하였다.

③ 재심 항소심법원은 "원심판결을 파기한다."는 주문을 선고하였다.

④ (재심 항소심의 판단 이유는 판례 본문 참조)

⑤ 검사는 불복 상고하였다.

⑥ 검사는 상고이유로 다음의 점을 주장하였다.

   (가) 재심개시결정의 효력에 관한 법리오해의 위법이 있다.

   (나) 심판의 대상에 관한 법리오해의 위법이 있다.

2. 재심절차의 대상

【대법원 분석】 1. 형사소송법 제420조 본문은 재심은 유죄의 확정판결에 대하여 그 선고를 받은 자의 이익을 위하여 청구할 수 있도록 하고, /

【대법원 분석】 같은 법 제456조는 약식명령은 정식재판의 청구에 의한 판결이 있는 때에는 그 효력을 잃도록 규정하고 있다. /

【대법원 요지】 위 각 규정에 의하면, /

【대법원 요지】 약식명령에 대하여 정식재판 청구가 이루어지고 그 후 진행된 정식재판 절차에서 유

죄판결이 선고되어 확정된 경우, /

【대법원 요지】 재심사유가 존재한다고 주장하는 피고인 등은 효력을 잃은 약식명령이 아니라 유죄의 확정판결을 대상으로 재심을 청구하여야 한다.

3. 약식명령에 대한 재심청구와 법원의 조치

【대법원 요지】 그런데도 피고인 등이 약식명령에 대하여 재심의 청구를 한 경우, /

【대법원 요지】 법원으로서는 재심의 청구에 기재된 재심을 개시할 대상의 표시 이외에도 재심청구의 이유에 기재된 주장 내용을 살펴보고 /

【대법원 요지】 재심을 청구한 피고인 등의 의사를 참작하여 /

【대법원 요지】 재심청구의 대상을 무엇으로 보아야 하는지 심리·판단할 필요가 있다. /

【대법원 요지】 그러나 법원이 심리한 결과 재심청구의 대상이 약식명령이라고 판단하여 그 약식명령을 대상으로 재심개시결정을 한 후 /

【대법원 요지】 이에 대하여 검사나 피고인 등이 모두 불복하지 아니함으로써 그 결정이 확정된 때에는, /

【대법원 요지】 그 재심개시결정에 의하여 재심이 개시된 대상은 약식명령으로 확정되고, /

【대법원 요지】 그 재심개시결정에 따라 재심절차를 진행하는 법원이 재심이 개시된 대상을 유죄의 확정판결로 변경할 수는 없다. /

【대법원 요지】 이 경우 그 재심개시결정은 이미 효력을 상실하여 재심을 개시할 수 없는 약식명령을 대상으로 한 것이므로, /

【대법원 요지】 그 재심개시결정에 따라 재심절차를 진행하는 법원으로서는 심판의 대상이 없어 아무런 재판을 할 수 없다/

【대법원 요지】 (대법원 1997. 7. 22. 선고 96도2153 판결 등 참조).

4. 사안에 대한 대법원의 분석

【대법원 분석】 2. 기록에 의하면, /

【대법원 분석】 피고인은 2008. 10. 14.경 춘천지방법원 강릉지원 2008고약****호로 벌금 150만 원의 약식명령(이하 '이 사건 약식명령'이라 한다)을 고지받고 /

【대법원 분석】 2009. 1. 13. 정식재판을 청구하여 /

【대법원 분석】 2009. 4. 22. 위 법원 2009고정*호로 벌금 150만 원의 유죄판결을 선고받아 /

【대법원 분석】 그 판결이 2009. 4. 30. 확정된 사실, /

【대법원 분석】 피고인은 2010. 7. 23. 위 법원 2010재고약**호로 이 사건 약식명령에 대하여 재심청구를 하였고 /

【대법원 분석】 위 법원은 2010. 9. 2. 이 사건 약식명령에 대하여 재심을 개시하는 결정(이하 '이 사건 재심개시결정'이라고 한다)을 한 사실 등을 알 수 있다.

5. 사안에 대한 대법원의 판단

【대법원 판단】 원심은, /

【대법원 판단】 위 법원이 정식재판 청구에 의한 유죄판결로 이미 효력을 잃은 이 사건 약식명령에 대하여 재심개시결정을 하였다고 하더라도 /

【대법원 판단】 재심절차를 진행하는 제1심으로서는 심판의 대상이 없어 아무런 재판을 할 수 없는 것임에도, /

【대법원 판단】 제1심이 이와 달리 심판의 대상이 있는 것으로 보고 면소판결을 한 것은 위법하고, /

【대법원 판단】 한편 이미 확정된 이 사건 재심개시결정을 취소하는 것은 허용되지 아니하고 /

【대법원 판단】 달리 이 사건을 더 심리·판단하거나 제1심법원에 환송하여 심리·판단하게 할 수도 없다는 이유로, /

【대법원 판단】 제1심판결을 직권으로 파기하는 주문을 선고하였다.

【대법원 결론】 앞에서 본 법리와 기록에 비추어 살펴보면 원심의 위와 같은 판단은 정당하고, /

【대법원 결론】 거기에 상고이유에서 주장하는 바와 같은 재심개시결정의 효력과 심판의 대상 등에 관한 법리오해 등의 위법이 없다. (상고 기각)

2011도11994

유죄 확정된 사람과 증언거부권
'재심청구 예정' 사건
2011. 11. 24. 2011도11994, 공 2012상, 97

1. 사실관계 및 사건의 경과

【사실관계 1】
① 갑은 A로부터 필로폰을 구해달라는 부탁을 받았다.
② 갑은 A의 부탁에 따라 B에게 필로폰 구입을 의뢰하였다.
③ B는 갑과 함께 M여관 N호실에서 A를 만나 A에게 메스암페타민 약 4g을 판매하였다. (㉠필로폰 사건)
④ [㉠필로폰사건으로 갑은 약식명령이 청구되어 (액수불명 벌금형의) 약식명령을 발령받았다.]
⑤ [갑은 정식재판을 청구하지 아니하여 약식명령은 확정되었다. (P확정판결)]
⑥ 갑은 P확정판결에 대해 재심을 청구하였다.

【사실관계 2】
① B는 갑과 같은 ㉠필로폰사건에 대해 700만 원의 약식명령을 발령받았다.
② B는 정식재판을 청구하여 관할법원에서 정식재판을 받게 되었다. (Q피고사건)
③ Q피고사건의 제1심법원은 B에게 다음의 범죄사실이 인정되는지를 심리하였다.
④ "B는 갑과 공모하여 M여관 N호실에서, 갑은 A로부터 메스암페타민(일명 필로폰)을 구해달라는 부탁을 받아 B에게 의뢰하고, B는 그 무렵 M여관 부근에서 메스암페타민 약 4g을 갑을 통해 A에게 전달하였다."

⑤ 갑은 B에 대한 Q피고사건의 증인으로 출석하여 선서하였다.

⑥ Q피고사건의 제1심 단독판사 C는 갑에게 증언거부권을 고지하지 않고 증인신문을 하였다.

⑦ 갑은 단독판사 C에게 다음과 같은 내용의 허위증언을 하였다.

　　(가) "A와 갑, B 3명이 함께 만난 사실이 없다."

　　(나) "본인(갑)은 A로부터 필로폰을 구해달라는 부탁을 받은 사실이 없다."

　　(다) "B가 A에게 필로폰 약 4g 정도를 주는 것을 본 적이 없다."

【사건의 경과】

① 검사는 갑을 위증죄로 기소하였다. (ⓛ위증사건)

② ⓛ위증사건의 제1심법원은 유죄를 인정하여 갑에게 벌금 200만 원을 선고하였다.

③ 갑은 불복 항소하였다.

④ 항소심법원은 항소를 기각하고, 제1심판결을 유지하였다.

⑤ 갑은 불복 상고하였다.

⑥ 갑은 첫번째 상고이유로 다음의 점을 주장하였다.

　　(가) 본인(갑)은 증언 당시 A, B와 관련된 ㉠필로폰사건의 P확정판결에 대해 재심을 청구할 예정이었다.

　　(나) 실제로 이후 P확정판결에 대해 재심청구를 하였다.

　　(다) 앞으로 재판을 다시 받게 될 것이므로 자기부죄금지의 특권이 인정된다.

　　(라) 따라서 본인(갑)의 진술이 허위라 하여도 위증죄는 성립하지 않는다.

⑦ 갑은 두번째 상고이유로 다음의 점을 주장하였다.

　　(가) B의 Q피고사건에서 ㉠필로폰사건에 대해 증언하기에 앞서 판사로부터 증언거부권을 고지받지 못하였다.

　　(나) 따라서 본인(갑)은 법률에 의하여 선서한 증인에 해당하지 아니하여 위증죄가 성립하지 않는다.

2. 사안에 대한 대법원의 판단

【대법원 요지】 (1) '누구든지 자기가 형사소추 또는 공소제기를 당하거나 유죄판결을 받을 사실이 발로될 염려 있는 증언을 거부할 수 있다'는 형사소송법 제148조의 증언거부권은 헌법 제12조 제2항에 정한 불이익 진술의 강요금지 원칙을 구체화한 자기부죄거부특권에 관한 것인바, /

【대법원 요지】 이미 유죄의 확정판결을 받은 경우에는 헌법 제13조 제1항에 정한 일사부재리의 원칙에 의해 다시 처벌받지 아니하므로 자신에 대한 유죄판결이 확정된 증인은 공범에 대한 피고사건에서 증언을 거부할 수 없고, /

【대법원 요지】 설령 증인이 자신에 대한 형사사건에서 시종일관 그 범행을 부인하였다 하더라도 그러한 사정만으로 증인이 진실대로 진술할 것을 기대할 수 있는 가능성이 없는 경우에 해당한다고 할 수 없으므로 허위의 진술에 대하여 위증죄의 성립을 부정할 수 없다. /

【대법원 요지】 한편 자신에 대한 유죄 판결이 확정된 증인이 재심을 청구한다 하더라도, 이미 유죄의 확정판결이 있는 사실에 대해서는 일사부재리의 원칙에 의하여 거듭 처벌받지 않는다는 점에는 변함이 없고, /

【**대법원 요지**】 형사소송법상 피고인의 불이익을 위한 재심청구는 허용되지 아니하며(형사소송법 제420조), 재심사건에는 불이익변경의 금지 원칙이 적용되어 원판결의 형보다 중한 형을 선고하지 못하므로(형사소송법 제439조), /

【**대법원 요지**】 자신의 유죄 확정판결에 대하여 재심을 청구한 증인에게 증언의무를 부과하는 것이 형사소추 또는 공소제기를 당하거나 유죄판결을 받을 사실이 발로될 염려 있는 증언을 강제하는 것이라고 볼 수는 없다. /

【**대법원 요지**】 따라서 자신에 대한 유죄판결이 확정된 증인이 공범에 대한 피고사건에서 증언할 당시 앞으로 재심을 청구할 예정이라고 하여도, 이를 이유로 증인에게 형사소송법 제148조에 의한 증언거부권이 인정되지는 않는다.

【**대법원 판단**】 (2) 위와 같은 법리에 비추어 기록을 살펴보면, 원심이, 피고인의 이 사건 증언은 자신에 대한 유죄판결이 확정된 후에 이루어진 것임이 분명하여 피고인에게 공범에 대한 피고사건에서 증언을 거부할 권리가 없으므로, 그 증언에 앞서 피고인이 증언거부권을 고지받지 못하였더라도 증인신문절차상 잘못이 없다고 판단하여 위증죄를 유죄로 인정한 제1심판결을 유지한 조치는 정당한 것으로 수긍이 가고, 거기에 증언거부권이나 위증죄의 성립에 관한 법리를 오해한 잘못이 없다. (상고 기각)

2011도12041

자수 주장에 대한 판단 요부
차용금 주장 번복 사건
2011. 12. 22. 2011도12041, 공 2012상, 211

1. 사실관계 및 사건의 경과

【**사실관계**】
① 갑은 P금융기관의 직원이다.
② 갑은 을로부터 직무와 관련하여 금품을 수수하였다는 혐의로 특정범위반죄(수재) 피의사실로 조사를 받게 되었다.
③ 갑은 수사기관에 자진 출석하여 제1회 조사를 받을 때 다음과 같이 진술하여 혐의사실을 부인하였다.
　(가) 본인(갑)은 을로부터 업무와 관련하여 금품을 수수한 것이 아니다.
　(나) 본인(갑)은 을로부터 2억 원을 연 5% 정도의 이자를 주기로 하고 차용하였을 뿐이다.
④ 그러다가 갑은 제2회 조사를 받으면서 비로소 금융기관의 직원인 자신의 업무와 관련하여 2억 원을 수수하였다고 자백하였다.

【**사건의 경과**】
① 검사는 갑을 특정범위반죄(수재) 등으로 기소하였다.
② 갑의 피고사건은 제1심을 거친 후, 항소심에 계속되었다.
③ 항소심법원은 유죄를 선고하였다.

④ 갑은 불복 상고하였다.
⑤ 갑은 상고이유로 다음의 점을 주장하였다.
  (가) 자진하여 수사기관에 출석하였으므로 자수에 해당한다.
  (나) 자수 감경을 주장하였음에도 항소심법원이 이를 판단하지 아니한 것은 위법하다.

2. 자수의 효력발생 시점

【대법원 요지】 형법 제52조 제1항에서 말하는 '자수'란 범인이 자발적으로 자신의 범죄사실을 수사기관에 신고하여 그 소추를 구하는 의사표시를 함으로써 성립하는 것으로서, /

【대법원 요지】 범행이 발각된 후에 수사기관에 자진 출석하여 범죄사실을 자백한 경우도 포함하며, /

【대법원 요지】 일단 자수가 성립한 이상 자수의 효력은 확정적으로 발생하고 그 후에 범인이 번복하여 수사기관이나 법정에서 범행을 부인한다고 하여 일단 발생한 자수의 효력이 소멸하는 것은 아니라고 할 것이다. /

【대법원 요지】 그러나 수사기관에의 신고가 자발적이라고 하더라도 그 신고의 내용이 자기의 범행을 명백히 부인하는 등의 내용으로 자기의 범행으로서 범죄성립요건을 갖추지 아니한 사실일 경우에는 자수는 성립하지 아니하고, /

【대법원 요지】 일단 자수가 성립하지 아니한 이상 그 이후의 수사과정이나 재판과정에서 범행을 시인하였다고 하더라도 새롭게 자수가 성립할 여지는 없다. /

【대법원 요지】 또한 '자수'란 위에서 본 바와 같이 범인이 스스로 수사책임이 있는 관서에 자기의 범행을 자발적으로 신고하고 그 처분을 구하는 의사표시이므로, 수사기관의 직무상의 질문 또는 조사에 응하여 범죄사실을 진술하는 것은 자백일 뿐 자수로는 되지 아니하고, /

【대법원 요지】 나아가 자수는 범인이 수사기관에 의사표시를 함으로써 성립하는 것이므로 내심적 의사만으로는 부족하고 외부로 표시되어야 이를 인정할 수 있는 것이다. /

【대법원 요지】 또한 피고인이 자수하였다 하더라도 자수한 이에 대하여는 법원이 임의로 형을 감경할 수 있음에 불과한 것으로서 원심이 자수감경을 하지 아니하였다거나 자수감경 주장에 대하여 판단을 하지 아니하였다 하여 위법하다고 할 수 없다.

3. 사안에 대한 대법원의 판단

【대법원 판단】 기록에 의하면, 피고인 갑은 수사기관에 자진 출석하여 처음 조사를 받으면서 금융기관의 직원인 자신의 업무와 관련하여 금품을 수수한 것이 아니라 공소외 을로부터 2억 원을 연 5% 정도의 이자를 주기로 하고 차용하였을 뿐이라며 범죄사실을 부인하다가 제2회 조사를 받으면서 비로소 금융기관의 직원인 자신의 업무와 관련하여 2억 원을 수수하였다고 자백하였음을 알 수 있으므로, 이를 자수라고 할 수 없다.

【대법원 판단】 또한 설령 피고인 갑이 자수하였다고 하더라도 자수한 이에 대하여는 법원이 임의로 형을 감경할 수 있음에 불과한 것으로서 원심이 자수의 착오 주장에 대하여 판단하지 아니하였다 하여 위법하다고 할 수 없다. (상고 기각)

2011도12918

실질적 진정성립 - 부정례
검사의 객관의무
영장집행 검사 폭행 사건
2013. 9. 12. 2011도12918, 공 2013하, 1856

1. 사실관계 및 사건의 경과

【사실관계 1】

① [사실관계가 불명하므로 임의로 보충함]

② 검사 A는 P기업에 대한 ⑦피의사건의 수사에 임하였다.

③ P기업의 본사는 M건물에 있다.

④ 검사 A는 관할법원으로부터 M건물에 대한 압수 · 수색영장을 발부받았다.

⑤ 검사 A는 수사관들과 함께 압수 · 수색영장의 집행에 착수하였다.

⑥ 갑 등은 P기업의 직원들이다.

⑦ 갑 등은 압수 · 수색영장의 집행을 방해하기 위하여 검사 A에게 폭행을 가하였다.

⑧ B는 이 당시 현장을 목격하였다.

【사실관계 2】

① 검사 A는 갑 등에 대해 수사에 임하였다. (ⓛ피의사건)

② 검사 A는 갑을 피의자로 신문하여 ⓒ피의자신문조서를 작성하였다.

③ 검사 A는 B를 참고인으로 조사하여 ②참고인진술조서를 작성하였다.

④ 이후 다른 검사 C가 갑 등을 공무집행방해죄 및 폭처법위반죄로 기소하였다.

【사실관계 3】

① 제1심 공판기일이 열렸다.

② 검사 C는 일련의 증거들을 제출하였다.

③ 여기에는 ⓒ피의자신문조서와 ②참고인진술조서가 포함되어 있었다.

④ ⓒ조서와 ②조서에는 각각 갑 등의 폭행사실을 인정하는 진술이 기재되어 있었다.

⑤ B는 증인으로 출석하여 다음과 같이 진술하였다.

⑥ "②참고인진술조서 중 일부 부분은 본인(B)이 진술한 내용과 동일하게 기재된 것이 아니다."

⑦ 검사는 영상녹화물 또는 그 밖의 객관적인 증거방법을 제출하지는 않았다.

⑧ 제1심법원은 다른 증거들과 함께 ⑦조서와 ⓛ조서를 유죄의 증거로 채택하였다.

⑨ 제1심법원은 갑 등에게 유죄를 선고하였다.

【사건의 경과】

① 갑 등은 불복 항소하였다.

② 항소심법원은 항소를 기각하고, 제1심판결을 유지하였다.

③ 갑 등은 불복 상고하였다.
④ 갑 등은 상고이유로 다음의 점을 주장하였다.
　(가) ㉣조서는 전문법칙에 따라 증거능력이 없다.
　(나) 피해자인 검사 A가 자신에 대한 사건을 수사하는 것은 위법하다.
　(다) 따라서 ㉢조서는 위법수집증거로서 증거능력이 없다.
　(라) 나아가 ㉢조서와 ㉣조서에 기재된 진술은 임의성이 없다.

2. 실질적 진정성립 입증방법

【대법원 분석】 형사소송법 제312조 제4항 본문은 /
【대법원 분석】 '검사 또는 사법경찰관이 피고인이 아닌 자의 진술을 기재한 조서는 /
【대법원 분석】 적법한 절차와 방식에 따라 작성된 것으로서 /
【대법원 분석】 그 조서가 검사 또는 사법경찰관 앞에서 진술한 내용과 동일하게 기재되어 있음이 /
【대법원 분석】 원진술자의 공판준비 또는 공판기일에서의 진술이나 /
【대법원 분석】 영상녹화물 또는 그 밖의 객관적인 방법에 의하여 증명되고, /
【대법원 분석】 피고인 또는 변호인이 공판준비 또는 공판기일에 /
【대법원 분석】 그 기재 내용에 관하여 원진술자를 신문할 수 있었던 때에는 /
【대법원 분석】 증거로 할 수 있다'고 /
【대법원 분석】 규정하고 있다.
【대법원 분석】 기록에 의하면, 공소외인은 제1심 제7회 공판기일에 증인으로 출석하여 /
【대법원 분석】 검사가 작성한 자신에 대한 각 진술조서 중 일부 부분이 자신이 진술한 내용과 동일하게 기재된 것이 아니라는 취지의 진술을 하였고, /
【대법원 분석】 제1심과 원심 법정에서 위 각 조서가 공소외인의 진술 내용과 동일하게 기재된 것인지를 증명할 영상녹화물 또는 그 밖의 객관적인 증거방법이 제출된 바는 없다.
【대법원 요지】 이러한 경우 원심으로서는 검사 작성의 공소외인에 대한 진술조서 중 어느 부분이 진술과 달리 기재되어 있다고 주장하는지를 구체적으로 심리한 다음 /
【대법원 요지】 그 부분에 대해서는 증거능력을 부정하였어야 함에도, /
【대법원 판단】 공소외인에 대한 위 각 진술조서 전부에 대하여 증거능력을 인정하고 이를 증거로 채택한 제1심의 조치를 그대로 유지하였으니, /
【대법원 판단】 이러한 원심의 조치에는 형사소송법 제312조 제4항의 법리를 오해한 잘못이 있다.
【대법원 결론】 그러나 제1심이 적법하게 채택한 나머지 증거들에 비추어 살펴보면 이 사건 공소사실을 유죄로 인정한 원심의 결론은 정당한 것으로 수긍이 되므로, /
【대법원 결론】 결국 조서의 증거능력에 관한 원심의 위와 같은 잘못은 판결 결과에 영향을 미치지 아니하였다. /
【대법원 결론】 그러므로 이 부분 상고이유는 받아들일 수 없다.

3. 검사의 객관의무

【대법원 요지】 범죄의 피해자인 검사가 그 사건의 수사에 관여하거나, /

【대법원 요지】 압수 · 수색영장의 집행에 참여한 검사가 다시 수사에 관여하였다는 이유만으로 /

【대법원 요지】 바로 그 수사가 위법하다거나 /

【대법원 요지】 그에 따른 참고인이나 피의자의 진술에 임의성이 없다고 볼 수는 없다. /

【대법원 판단】 원심이 유지한 제1심은, /

이 사건 압수 · 수색영장의 집행과정에서 폭행 등의 피해를 당한 검사 등이 수사에 관여하였다는 이유만으로 그 검사 등이 작성한 참고인 진술조서 등의 증거능력이 부정될 수 없다고 판단하였다. /

【대법원 결론】 위 법리에 비추어 원심의 판단은 정당하고, 거기에 수사의 적법성이나 증거능력에 관한 법리오해 등의 위법이 있다 할 수 없다. (상고 기각)

【코멘트】 검사의 법적 지위와 관련하여 검사의 객관의무가 논의된다. 검사에게 객관의무가 인정된다면 법관의 경우와 같이 제척 · 기피를 논할 수 있게 된다. 형소법 제17조는 법관이 피해자인 때에 직무집행에서 제척되도록 규정하고 있다(동조 1호). 본 판례의 사안에서 보면, 압수 · 수색영장의 집행과정에서 폭행을 당한 검사 자신이 폭행을 가한 피의자를 신문하거나 참고인 조사를 하고 있다. 만일 사안을 바꾸어서 법관이 직무를 집행하는 중에 폭행을 당하였다면 그 법관은 이후 당해 폭행사건과 관련된 직무집행에서 제척될 것이다.

본 판례에서 대법원은 검사가 자신이 피해자인 사건의 수사를 진행하고 있다. 피고인측은 이러한 수사가 위법하다고 보고 진술내용의 임의성을 다투고 있다. 그러나 이 사안을 조금 각도를 바꾸어 살펴본다면 검사의 객관의무와 관련한 논점을 담고 있음을 알 수 있다. 만일 검사에게 객관의무를 인정하고 이를 토대로 제척사유를 긍정한다면 검사의 피의자신문이나 참고인 조사는 모두 위법수사에 해당하게 될 것이기 때문이다.

이러한 의미에서 본 판례는 검사의 객관의무와 관련하여 중요한 의미를 가진다고 생각된다. 대법원은 검사의 객관의무라는 논점을 전면에 내세우고 있지 않다. 이 때문에 본 판례를 가리켜서 검사의 객관의무 내지 제척제도를 부정한 것이라고 단정할 수는 없다. 그럼에도 불구하고 판례가 검사가 자신이 피해자인 사건을 수사하는 것에 대해 적법성을 인정하였다는 점은 분명하다. 대법원이 검사에 대한 제척제도를 부정하는 태도를 취하고 있다는 조심스러운 평가가 나오는 것은 바로 이 점 때문이다.

2011도12927

토지관할과 현재지의 요건
소말리아 해적 사건
2011. 12. 22. 2011도12927, 공 2012상, 221

1. 사실관계 및 사건의 경과

【사실관계 1】

① 갑 등은 소위 소말리아 해적들이다.

② 2011. 1. 21. 06:00경 갑 등은 소말리아 가라카드에서 북동방으로 약 670마일 떨어진 공해상에서 국군 청해부대 소속 군인에 의하여 해상강도 등 범행의 현행범인으로 체포되어 삼호주얼리호에 격리 수용되었다.

③ 청해부대는 장거리 호송에 따른 여러 문제점 등을 고려하여 오만 등 인접국들을 대상으로 갑 등의 신병인도를 위한 협의를 진행하였다.

④ 그러나 인접국들은 다른 국가들로부터도 동일한 요구를 받을 가능성, 수용시설 여건 등을 이유로 신병인수를 거절하였다.

⑤ 이에 청해부대는 갑 등을 국내로 이송하기로 하였으나 항공편 마련이 여의치 아니하던 중 아랍에미리트연합의 협조를 받아 갑 등을 이송하게 되었다.

【사실관계 2】

① 2011. 1. 29. 20:30경 (갑 등이 국내에 도착하기 직전 시점) 검사는 부산지방법원에 갑 등에 대한 구속영장을 청구하였다.

② 2011. 1. 29. 23:30경 부산지방법원은 갑 등에 대한 심문용 구인영장을 발부하였다.

③ 2011. 1. 30. 04:00경 갑 등은 부산 김해공항에 도착하였다.

④ 2011. 1. 30. 04:30경 남해지방해양경찰청 소속 경찰관들은 갑 등을 인도받았다.

⑤ 2011. 1. 30. 08:00경 부산지방법원 영장담당 판사는 갑 등에 대해 피의자심문을 하였다.

⑥ 2011. 1. 30. 10:40경 부산지방법원 영장담당 판사는 구속영장을 발부하였다.

⑦ 이후 갑 등은 구속영장의 집행에 의하여 부산구치소에 수감되었다.

【사건의 경과】

① 검사는 갑 등을 부산지방법원에 해상강도살인미수죄 등으로 기소하였다.

② 제1심 공판절차에서 갑 등의 변호인은 다음의 점을 주장하였다.

(가) 현행범체포 후 즉시 검사 또는 사법경찰관리에게 신병을 인도해야 할 것인데, 9일이 지난 시점에 인도되어 갑 등에 대한 현행범체포는 위법하다.

(나) 현행범체포 후 48시간 내에 구속영장을 청구하지 아니하면 즉시 석방하여야 할 것인데 9일 가까이 지난 시점에 구속영장이 청구되어 발부된 것이므로 갑 등에 대한 구속은 위법하다.

(다) 따라서 갑 등은 위법한 구속영장에 의하여 부산구치소에 현재(現在)하고 있는 것이다.

(라) 갑 등이 현재하는 부산구치소는 위법한 현재지에 해당하므로 부산지방법원은 갑 등의 피고사건에 대해 토지관할이 없다.

③ 제1심법원은 갑 등의 주장을 배척하고 토지관할을 인정하였다.

④ (판단 이유는 판례 본문 참조)

⑤ 제1심법원은 갑 등에게 유죄를 선고하였다.

⑥ 갑 등은 불복 항소하였다.

⑦ 항소심법원은 항소를 기각하고, 제1심판결을 유지하였다.

⑧ 갑 등은 불복 상고하였다.

2. 토지관할과 적법한 현재지

【대법원 요지】 가. 형사소송법 제4조 제1항은 "토지관할은 범죄지, 피고인의 주소, 거소 또는 현재지로 한다"라고 정하고, 여기서 '현재지'라고 함은 공소제기 당시 피고인이 현재한 장소로서 임의에 의한 현재지뿐만 아니라 적법한 강제에 의한 현재지도 이에 해당한다.

【대법원 요지】 한편 현행범인은 누구든지 영장 없이 체포할 수 있고(형사소송법 제212조), 검사 또는 사법경찰관리(이하 '검사 등'이라고 한다) 아닌 이가 현행범인은 체포한 때에는 즉시 검사 등에게 인도하여야 한다(형사소송법 제213조 제1항). /

【대법원 요지】 여기서 '즉시'라고 함은 반드시 체포시점과 시간적으로 밀착된 시점이어야 하는 것은 아니고, '정당한 이유 없이 인도를 지연하거나 체포를 계속하는 등으로 불필요한 지체를 함이 없이'라는 뜻으로 볼 것이다. /

【대법원 분석】 또한 검사 등이 현행범인을 체포하거나 현행범인을 인도받은 후 현행범인을 구속하고자 하는 경우 48시간 이내에 구속영장을 청구하여야 하고 그 기간 내에 구속영장을 청구하지 아니하는 때에는 즉시 석방하여야 한다(형사소송법 제213조의2, 제200조의2 제5항). /

【대법원 요지】 위와 같이 체포된 현행범인에 대하여 일정 시간 내에 구속영장 청구 여부를 결정하도록 하고 그 기간 내에 구속영장을 청구하지 아니하는 때에는 즉시 석방하도록 한 것은 영장에 의하지 아니한 체포상태가 부당하게 장기화되어서는 안 된다는 인권보호의 요청과 함께 수사기관에서 구속영장 청구 여부를 결정하기 위한 합리적이고 충분한 시간을 보장해 주려는 데에도 그 입법취지가 있다고 할 것이다.

【대법원 요지】 따라서 검사 등이 아닌 이에 의하여 현행범인이 체포된 후 불필요한 지체 없이 검사 등에게 인도된 경우 위 48시간의 기산점은 체포시가 아니라 검사 등이 현행범인을 인도받은 때라고 할 것이다.

3. 사안에 대한 대법원의 분석

【대법원 분석】 나. 원심이 유지한 제1심판결 이유 및 기록에 의하면 다음과 같은 사실이 인정된다.

【대법원 분석】 피고인들은 2011. 1. 21. 06:00경 소말리아 가라카드에서 북동방으로 약 670마일 떨어진 공해상에서 국군 청해부대 소속 군인에 의하여 해상강도 등 범행의 현행범인으로 체포되어 삼

호주얼리호(이하 '이 사건 선박'이라고 한다)에 격리 수용되었다. /

【대법원 분석】 청해부대는 장거리 호송에 따른 여러 문제점, 피고인들 입장에서도 자국에 가까운 곳에서 재판을 받는 것이 방어권 행사에 유리하다는 소송절차적 측면 등을 고려하고, 소말리아 인근 해역에서의 해적문제에 관하여 국제적인 공동 대응과 협력을 촉구하는 국제연합 안전보장이사회의 결의 내용등에 따라 인접국들의 우호적인 태도를 기대하여, 오만 등 인접국들을 대상으로 피고인들 신병인도를 위한 협의를 진행하였다. /

【대법원 분석】 그러나 위 인접국들이 다른 국가들로부터도 동일한 요구를 받을 가능성, 수용시설 여건 등을 이유로 신병인수를 거절함에 따라 청해부대는 피고인들을 국내로 이송하기로 하였고, 이후 항공편 마련이 여의치 아니하던 중 아랍에미리트연합의 협조를 받아 그 전용기 편으로 2011. 1. 30. 04:00경 부산 김해공항으로 피고인들을 이송하여 남해지방해양경찰청 소속 경찰관들이 그 무렵 피고인들을 인도받았다. /

【대법원 분석】 검사는 피고인들이 국내에 도착하기 직전인 2011. 1. 29. 20:30경 부산지방법원에 피고인들에 대한 구속영장을 청구하였고, 부산지방법원은 같은 날 23:30경 피고인들에 대한 심문용 구인영장을 발부하였으며, 2011. 1. 30. 08:00경 피의자심문을 거친 후 같은 날 10:40경 구속영장을 발부한 것이다.

4. 사안에 대한 대법원의 판단

【대법원 판단】 다. 제1심법원은 위 인정사실에 기하여 청해부대 소속 군인들이 피고인들을 현행범인으로 체포한 것은 검사 등이 아닌 이에 의한 현행범인 체포에 해당하고, /

【대법원 판단】 피고인들 체포 이후 국내로 이송하는 데에 약 9일이 소요된 것은 공간적 · 물리적 제약상 불가피한 것으로 정당한 이유 없이 인도를 지연하거나 체포를 계속한 경우로 볼 수 없다고 판단하였다. /

【대법원 판단】 나아가 제1심법원은, 구속영장 청구기간인 48시간의 기산점은 경찰관들이 피고인들의 신병을 인수한 2011. 1. 30. 04:30경부터 진행된다고 전제한 다음, /

【대법원 판단】 그로부터 48시간 이내에 청구되어 발부된 구속영장에 의하여 피고인들이 구속되었으므로, 피고인들은 적법한 체포, 즉시 인도 및 적법한 구속에 의하여 공소제기 당시 부산구치소에 구금되어 있다 할 것이어서 제1심법원에 토지관할이 있다고 판단하였다.

【대법원 결론】 앞서 본 법리와 기록에 비추어 살펴보면, 원심이 유지한 제1심법원의 위와 같은 판단은 정당하고, 거기에 피고인 갑 변호인의 상고이유 주장과 같이 형사소송법상 토지관할이나 현행범인 체포 및 구속에 관한 법리를 오해하는 등의 위법이 있다고 할 수 없다. (상고 기각)

2011도14257

부착명령과 상소불가분의 원칙
부착명령 보호관찰 사건
2012. 8. 30. 2011도14257, 2011전도233, 공 2012하, 1639

1. 사실관계 및 사건의 경과

【사실관계】

① (성폭력처벌법은 2012년 12월 18일 전부개정되었다.)

② (「특정 범죄자에 대한 보호관찰 및 전자장치 부착 등에 관한 법률」도 같은 날 일부개정되었다.)

③ (본 판례는 이와 같은 개정이 있기 전의 법령을 기준으로 하고 있다.)

④ 갑은 친족관계에 있는 A를 강제추행하였다.

⑤ 검사는 갑을 성폭력처벌법위반죄(친족관계강제추행)로 기소하였다.

⑥ 검사는 재범의 위험성이 있다는 이유로 위치추적 전자장치 부착명령을 신청하였다.

【사건의 경과】

① 갑의 피고사건은 제1심을 거친 후, 항소심에 계속되었다.

② 항소심법원은 갑에게 형을 선고하면서 보호관찰부 집행유예를 선고하였다.

③ 항소심법원은 갑에게 전자장치의 부착을 명하지 않았다.

④ 검사는 불복 상고하였다.

⑤ 검사는 상고이유로, 성범죄 피고사건에 대해 집행유예를 선고할 때 전자정치 부착명령을 필수적으로 함께 선고해야 한다고 주장하였다.

2. 집행유예와 부착명령의 관계

【대법원 분석】 「특정 범죄자에 대한 위치추적 전자장치 부착 등에 관한 법률」(이하 '법'이라 한다) 제2장에서는 '징역형 종료 이후의 전자장치 부착'에 관하여 규정하고 있는데, /

【대법원 분석】 위 장에 포함된 법 제5조는 특정 범죄자가 그 특정범죄를 다시 범할 위험성이 있는 경우에 검사가 법원에 부착명령을 청구할 수 있다고 규정하고 있다. /

【대법원 분석】 위와 같은 검사의 청구에 대하여, 법원은 그 부착명령 청구가 이유 있다고 인정하는 때에는 판결로 부착명령을 선고하여야 하지만(법 제9조 제1항), /

【대법원 분석】 그 특정범죄사건에 대하여 집행유예를 선고하는 경우에는, 법 제28조 제1항[보호관찰 부과시 부착명령]에 따라 전자장치 부착을 명하는 때를 제외하고는, 판결로 부착명령 청구를 기각하여야 한다(법 제9조 제4항 제4호).

【대법원 분석】 한편 법 제4장에서는 '형의 집행유예와 부착명령'에 관하여 규정하고 있는데, /

【대법원 분석】 그 장에 포함된 법 제28조 제1항은 "법원은 특정범죄를 범한 자에 대하여 형의 집행을 유예하면서 보호관찰을 받을 것을 명할 때에는 보호관찰기간의 범위 내에서 기간을 정하여 준수사

항의 이행 여부 확인 등을 위하여 전자장치를 부착할 것을 명할 수 있다."고 규정하여 /

【대법원 분석】 집행유예를 선고하는 경우에도 일정한 경우 전자장치의 부착을 명할 수 있도록 하고 있다. /

【대법원 요지】 그러나 이러한 부착명령은 법원이 형의 집행을 유예하면서 보호관찰을 받을 것을 명하는 때에만 가능한 것으로서, /

【대법원 요지】 법 제2장에서 정하고 있는 '징역형 종료 이후의 부착명령'과는 그 성질과 요건이 다르다. /

【대법원 요지】 또한 법 제4장의 부착명령에 관하여는 /

【대법원 요지】 법 제31조가 부착명령 '청구사건'의 판결에 대한 상소에 관한 규정들인 법 제9조 제8항[피고인 상소의제 등]과 제9항[기타 상소권자 상소의제 등]은 준용하지 아니하고 있는 점, /

【대법원 요지】 보호관찰부 집행유예의 경우 그 보호관찰명령 부분만에 대한 일부상소는 허용되지 않는 점 등에 비추어 볼 때, /

【대법원 요지】 위와 같은 부착명령은 보호관찰부 집행유예와 서로 불가분의 관계에 있는 것으로서 독립하여 상소의 대상이 될 수 없다고 할 것이다. /

【대법원 요지】 위와 같은 여러 사정들을 종합하여 보면, /

【대법원 요지】 특정 범죄자에 대하여 집행유예를 선고할 경우에 보호관찰을 받을 것을 함께 명할지 여부 및 그 구체적인 준수사항의 내용, /

【대법원 요지】 나아가 법 제28조 제1항에 따라 전자장치의 부착을 명할지 여부 및 그 기간 /

【대법원 요지】 등에 대한 법원의 판단은 그 전제가 되는 집행유예의 선고와 일체를 이루는 것으로서, /

【대법원 요지】 그 보호관찰명령이나 부착명령이 관련 법령에서 정하고 있는 요건에 위반한 것이 아닌 한, /

【대법원 요지】 형의 집행유예를 선고하는 것과 마찬가지로 법원의 재량사항에 속한다고 봄이 타당하다.

【대법원 결론】 따라서 원심이 피고인에 대하여 보호관찰부 집행유예를 선고하면서 전자장치의 부착을 명하지 아니한 것이 위법하다는 취지의 검사의 이 사건 상고이유의 주장은, 위와 같은 법 규정 및 법리에 비추어 적법한 상고이유가 될 수 없다. (상고 기각)

2011도14986

공소장변경과 공소사실의 동일성
약식명령과 불이익변경금지원칙
타인 행세 이동통신 가입 사건
2013. 2. 28. 2011도14986, 공 2013상, 609

1. 사실관계 및 사건의 경과

【사실관계 1】

① 갑은 함부로 A의 이름을 이용하여 P이동통신사에 가입신청을 하였다.

② 갑은 이렇게 하여 P이동통신사에 이용요금을 내지 않았다.

③ 검사는 갑에 대해 다음의 공소사실로 약식명령을 청구하였다.

    (가) 사문서위조

    (나) 위조사문서행사

    (다) 사기

④ 사문서위조와 위조사문서행사 부분에 대한 공소사실의 내용은 다음과 같다.

    (가) "피고인이 2008. 7. 25. 자신의 주거지에서 주식회사 엘지파워콤에 전화를 걸어 /

    (나) 성명불상의 담당자에게 행사할 목적으로 권한 없이 마치 자신이 A인 것처럼 행세하면서 A의 주민등록번호 등을 불러주는 방법으로 /

    (다) 그 담당자로 하여금 A 명의의 엘지파워콤 서비스 신청서 1부를 작성하게 함으로써 /

    (라) 권리의무에 관한 사문서인 A 명의의 서비스 신청서 1부를 위조하고, /

    (마) 이를 비치하게 하여 행사하였다."

⑤ 법원은 약식명령(벌금형)을 발하였다.

【사실관계 2】

① 갑은 약식명령에 불복하여 정식재판을 청구하였다.

② 제1심법원은 다음과 같이 판단하여 벌금형을 선고하였다.

    (가) 사문서위조 : 무죄

    (나) 위조사문서행사 : 무죄

    (다) 사기 : 유죄

③ 검사는 무죄 부분에 불복 항소하였다.

【사건의 경과 1】

① 항소심 공판절차에서 검사는 다음의 공소사실을 예비적으로 추가하는 공소장변경신청을 하였다.

    (가) "피고인이 2008. 7. 25. 자신의 주거지에서 /

    (나) 엘지파워콤의 초고속인터넷을 설치하면서 /

    (다) 행사할 목적으로 권한 없이 마치 자신이 A인 것처럼 행세하면서 /

    (라) 인터넷을 설치한 성명불상자가 제시하는 휴대정보단말기(PDA)에 공소외인[A] 명의로 서명함으로써 /

    (마) 피고인은 행사할 목적으로 사서명인 공소외인의 서명을 위조하고 /

    (바) 이를 비치하게 하여 행사하였다."

② 사문서위조죄(형법 제231조) 및 위조사문서행사죄(형법 제234조)에는 징역형 이외에 벌금형이 규정되어 있다.

③ 사서명위조죄(형법 제239조 제1항) 및 위조사서명행사죄(형법 제239조 제2항)에는 징역형만 규정되어 있다.

④ 항소심법원은 다음의 이유를 들어서 공소장변경신청을 불허하였다.

    (가) 사서명위조죄 및 위조사서명행사죄를 인정할 경우 벌금형을 선고할 수 없다.

    (나) 이는 갑에게 불이익한 변경에 해당한다.

(다) 따라서 사문서위조죄 · 위조사문서행사죄와 사서명위조죄 · 위조사서명행사죄 사이에 공소사
실의 동일성이 인정되지 않는다.

⑤ 항소심법원은 사문서위조죄 및 위조사문서행사죄 부분에 범죄사실의 증명이 없다고 판단하였다.

⑥ 항소심법원은 항소를 기각하고, 제1심판결을 유지하였다.

【사건의 경과 2】

① 검사는 불복 상고하였다.

② 검사는 상고이유로 다음의 점을 주장하였다.

(가) 불이익변경금지원칙에 의하여 사서명위조죄 및 위조사서명행사죄를 인정하더라도 벌금형을
선고할 수 있다.

(나) 사문서위조죄 · 위조사문서행사죄와 사서명위조죄 · 위조사서명행사죄 사이에 공소사실의 동
일성이 인정된다.

2. 공소장변경과 공소사실의 동일성

【대법원 분석】 형사소송법 제298조 제1항은 /

【대법원 분석】 "검사는 법원의 허가를 얻어 공소장에 기재한 공소사실 또는 적용법조의 추가 · 철회
또는 변경을 할 수 있다. /

【대법원 분석】 이 경우에 법원은 공소사실의 동일성을 해하지 아니하는 한도에서 허가하여야 한다."
고 규정하고 있다. /

【대법원 요지】 이 규정의 취지는 검사의 공소장변경허가신청이 공소사실의 동일성을 해하지 아니하
는 한 법원은 이를 허가하여야 한다는 뜻으로 해석되고, /

【대법원 요지】 공소사실의 동일성은 그 사실의 기초가 되는 사회적 사실관계가 기본적인 점에서 동
일하면 그대로 유지되는 것이나, /

【대법원 요지】 이러한 기본적 사실관계의 동일성을 판단함에 있어서는 /

【대법원 요지】 그 사실의 동일성이 갖는 법률적 기능을 염두에 두고 /

【대법원 요지】 피고인의 행위와 그 사회적인 사실관계를 기본으로 하되 /

【대법원 요지】 규범적 요소도 아울러 고려하여야 한다.

3. 약식명령과 불이익변경금지원칙

【대법원 요지】 한편 형사소송법 제457조의2에서 규정한 불이익변경금지의 원칙은 /

【대법원 요지】 피고인이 약식명령에 불복하여 정식재판을 청구한 사건에서 /

【대법원 요지】 약식명령의 주문에서 정한 형보다 중한 형을 선고할 수 없다는 것이므로, /

【대법원 요지】 그 죄명이나 적용법조가 약식명령의 경우보다 불이익하게 변경되었다고 하더라도 /
선고한 형이 약식명령과 같거나 약식명령보다 가벼운 경우에는 불이익변경금지의 원칙에 위배된 조치
라고 할 수 없다.

4. 사안에 대한 대법원의 판단

【항소심 판단】 원심은, 이 사건 공소사실 중 사문서위조 및 위조사문서행사의 점에 대하여, /

【항소심 판단】 사서명위조 및 위조사서명행사의 공소사실을 예비적 공소사실로 추가하는 내용의 검사의 공소장변경허가신청을 그 판시와 같은 이유로 불허한 다음, /

【항소심 판단】 범죄사실의 증명이 없다는 이유로 무죄를 선고한 제1심판결을 그대로 유지하여 이 부분에 대한 검사의 항소를 기각하였다.

【대법원 분석】 그러나 기록에 의하면, /

【대법원 분석】 당초 공소제기된 사문서위조 및 위조사문서행사의 공소사실은 /

【대법원 분석】 "피고인이 2008. 7. 25. 자신의 주거지에서 주식회사 엘지파워콤(이하 '엘지파워콤'이라 한다)에 전화를 걸어 /

【대법원 분석】 성명불상의 담당자에게 행사할 목적으로 권한 없이 마치 자신이 공소외인인 것처럼 행세하면서 /

【대법원 분석】 공소외인의 주민등록번호 등을 불러주는 방법으로 /

【대법원 분석】 그 담당자로 하여금 공소외인 명의의 엘지파워콤 서비스 신청서 1부를 작성하게 함으로써 /

【대법원 분석】 권리의무에 관한 사문서인 공소외인 명의의 서비스 신청서 1부를 위조하고, /

【대법원 분석】 이를 비치하게 하여 행사하였다."는 것이고, /

【대법원 분석】 검사가 예비적 공소사실로 공소장변경허가를 신청한 사서명위조 및 위조사서명행사의 공소사실은 /

【대법원 분석】 "피고인이 2008. 7. 25. 자신의 주거지에서 엘지파워콤의 초고속인터넷을 설치하면서 /

【대법원 분석】 행사할 목적으로 권한 없이 마치 자신이 공소외인인 것처럼 행세하면서 /

【대법원 분석】 인터넷을 설치한 성명불상자가 제시하는 휴대정보단말기(PDA)에 공소외인 명의로 서명함으로써 /

【대법원 분석】 피고인은 행사할 목적으로 사서명인 공소외인의 서명을 위조하고 /

【대법원 분석】 이를 비치하게 하여 행사하였다."는 것이어서 /

【대법원 판단】 두 공소사실은 그 기초가 되는 사회적 사실관계가 범행의 일시와 장소, 상대방, 행위 태양, 수단과 방법 등 기본적인 점에서 동일할 뿐만 아니라, /

【대법원 요지】 죄의 성립 여부를 보면, /

【대법원 요지】 주위적 공소사실이 유죄로 되면 예비적 공소사실은 주위적 공소사실에 흡수되고 /

【대법원 요지】 주위적 공소사실이 무죄로 될 경우에만 예비적 공소사실의 범죄가 성립할 수 있는 관계에 있으므로, /

【대법원 요지】 규범적으로 보아 공소사실의 동일성이 있다고 보인다. /

【대법원 판단】 따라서 원심으로서는 검사의 공소장변경허가신청을 받아들인 다음 예비적으로 추가된 공소사실에 대하여도 심리하였어야 한다. /

【대법원 판단】 아울러 약식명령에 대하여 피고인만이 정식재판을 청구한 이 사건에서 /

【**대법원 판단**】 피고인에 대하여 사서명위조와 위조사서명행사의 범죄사실이 인정되는 경우에는 /

【**대법원 판단**】 비록 사서명위조죄와 위조사서명행사죄의 법정형에 유기징역형만 있다 하더라도 /

【**대법원 판단**】 형사소송법 제457조의2에서 규정한 불이익변경금지의 원칙이 적용되어 벌금형을 선고할 수 있는 것이므로, /

【**대법원 판단**】 위와 같은 불이익변경금지의 원칙 등을 이유로 이 사건 공소장변경허가신청을 불허할 것은 아니다.

【**대법원 결론**】 그럼에도 원심이 이에 이르지 아니하고 검사의 공소장변경허가신청을 불허한 채 원래의 공소사실에 대하여 무죄를 선고한 제1심판결을 판시와 같은 이유를 들어 그대로 유지하였으니, /

【**대법원 결론**】 이 부분 원심판결에는 공소사실의 동일성이나 공소장변경에 관한 법리를 오해하여 판결에 영향을 미친 위법이 있다. 이 점을 지적하는 검사의 상고이유의 주장은 이유 있다. (파기 환송)

2011도15258

강제채혈과 영장주의
음주 오토바이 사건
2012. 11. 15. 2011도15258, 공 2012하, 2077

1. 사실관계 및 사건의 경과

【사실관계 1】

① 2011. 3. 5. 23:45경 갑은 ⓐ오토바이를 운전하여 가다가 M장소에서 선행의 ⓑ차량 뒷부분을 들이받는 교통사고를 일으켰다.

② 갑은 의식을 잃은 채 119 구급차량에 의하여 P병원 응급실로 후송되었다.

③ 2011. 3. 6. 00:50경 경찰관 A는 사고신고를 받고 P병원 응급실로 출동하였다.

【사실관계 2】

① [경찰관 A는 갑이 음주 상태에서 운전한 것이 아닌가 생각하였다.]

② 경찰관 A는 갑의 아들로부터 동의를 받아 간호사 B로 하여금 의식을 잃고 응급실에 누워 있는 갑으로부터 채혈을 하도록 하였다.

③ 경찰관 A는 이때 관할법원으로부터 압수·수색 또는 검증 영장을 발부받지 아니한 상태였다.

④ 경찰관 A는 감정을 위하여 채혈된 ㉠혈액을 국립과학수사연구소에 보냈다.

⑤ 국립과학수사연구소는 혈중알코올농도에 대한 ㉡감정의뢰회보를 회신하였다.

⑥ 경찰관 A는 ㉡감정의뢰회보에 기초하여 ㉢주취운전자 적발보고서, ㉢주취운전자 정황보고서 등을 작성하였다.

【사건의 경과】

① 검사는 갑을 도로교통법위반죄(음주운전)로 기소하였다.

② 검사는 증거로 ㉡감정의뢰회보, ㉢주취운전자 적발보고서, ㉢주취운전자 정황보고서 등을 제출하

였다.

③ 갑은 제1심 공판절차에서 음주운전 사실을 자백하였다.

④ 갑의 피고사건은 제1심을 거친 후, 항소심에 계속되었다.

⑤ 항소심법원은 무죄를 선고하였다.

⑥ (항소심의 판단 이유는 판례 본문 참조)

⑦ 검사는 불복 상고하였다.

2. 압수·수색과 영장주의

【대법원 분석】 1. 가. 우리 헌법은 /

【대법원 분석】 "누구든지 법률에 의하지 아니하고는 체포·구속·압수·수색 또는 심문을 받지 아니하며"(헌법 제12조 제1항 후문), /

【대법원 분석】 "체포·구속·압수 또는 수색을 할 때에는 적법한 절차에 따라 검사의 신청에 의하여 법관이 발부한 영장을 제시하여야 한다. /

【대법원 분석】 다만 현행범인인 경우와 장기 3년 이상의 형에 해당하는 죄를 범하고 도피 또는 증거인멸의 염려가 있을 때에는 사후에 영장을 청구할 수 있다."고 규정하여(같은 조 제3항) /

【대법원 분석】 압수·수색에 관한 적법절차와 영장주의의 근간을 선언하고 있다.

【대법원 분석】 이를 이어받아 형사소송법은 /

【대법원 분석】 사법경찰관이 범죄수사에 필요한 때에는 검사에게 신청하여 검사의 청구로 판사가 발부한 영장에 의하여 압수, 수색 또는 검증을 할 수 있고(제215조 제2항), /

【대법원 분석】 검사 또는 사법경찰관은 제200조의2, 제200조3, 제201조 또는 제212조의 규정에 의하여 피의자를 체포 또는 구속하는 경우에 필요한 때에는 체포현장에서 영장 없이 압수, 수색, 검증을 할 수 있으나, /

【대법원 분석】 압수한 물건을 계속 압수할 필요가 있는 경우에는 체포한 때부터 48시간 이내에 지체 없이 압수·수색영장을 청구하여야 하며(제216조 제1항 제2호, 제217조 제2항), /

【대법원 분석】 범행 중 또는 범행 직후의 범죄 장소에서 긴급을 요하여 판사의 영장을 받을 수 없는 때에는 영장 없이 압수, 수색 또는 검증을 할 수 있으나, /

【대법원 분석】 이 경우에는 사후에 지체 없이 영장을 받아야 하고(제216조 제3항), /

【대법원 분석】 검사 또는 사법경찰관으로부터 감정을 위촉받은 감정인은 감정에 관하여 필요한 때에는 검사의 청구에 의해 판사로부터 허가장을 발부받아 감정에 필요한 처분을 할 수 있다고 규정함으로써(제221조 제2항, 제221조의4, 제173조 제1항) /

【대법원 분석】 실체적 진실 규명과 개인의 권리보호 이념을 조화롭게 실현할 수 있도록 압수·수색·검증과 감정처분절차에 관한 구체적 기준을 마련하고 있다. /

【대법원 분석】 그리고 나아가 "적법한 절차에 따르지 아니하고 수집한 증거는 증거로 할 수 없다."고 규정함으로써(제308조의2) /

【대법원 분석】 위와 같은 구체적 기준을 마련하고 있는 형사소송법의 규범력이 확고히 유지되도록 하고 있다.

【대법원 요지】 따라서 헌법과 형사소송법이 정한 절차에 따르지 아니하고 수집된 증거는 기본적 인권 보장을 위해 마련된 적법한 절차에 따르지 않은 것으로서 원칙적으로 유죄 인정의 증거로 삼을 수 없고, /

【대법원 요지】 위와 같은 법리는 이를 기초로 하여 획득한 2차적 증거에도 마찬가지로 적용된다고 할 것이다. /

3. 강제채혈과 영장주의

【대법원 요지】 그렇다면 수사기관이 법원으로부터 영장 또는 감정처분허가장을 발부받지 아니한 채 /

【대법원 요지】 피의자의 동의 없이 피의자의 신체로부터 혈액을 채취하고 /

【대법원 요지】 사후에도 지체 없이 영장을 발부받지 아니한 채 그 혈액 중 알코올농도에 관한 감정을 의뢰하였다면, /

【대법원 요지】 이러한 과정을 거쳐 얻은 감정의뢰회보 등은 형사소송법상 영장주의 원칙을 위반하여 수집하거나 그에 기초하여 획득한 증거로서, /

【대법원 요지】 원칙적으로 그 절차위반행위가 적법절차의 실질적인 내용을 침해하여 피고인이나 변호인의 동의가 있더라도 유죄의 증거로 사용할 수 없다고 할 것이다/

【대법원 요지】 (대법원 2011. 4. 28. 선고 **2009도2109** 판결 등 참조).

4. 강제채혈의 법적 성질

【대법원 요지】 나. 한편 수사기관이 범죄 증거를 수집할 목적으로 피의자의 동의 없이 피의자의 혈액을 취득·보관하는 행위는 /

【대법원 요지】 법원으로부터 감정처분허가장을 받아 형사소송법 제221조의4 제1항, 제173조 제1항에 의한 '감정에 필요한 처분'으로도 할 수 있지만, /

【대법원 요지】 형사소송법 제219조, 제106조 제1항에 정한 압수의 방법으로도 할 수 있고, /

【대법원 요지】 압수의 방법에 의하는 경우 혈액의 취득을 위하여 피의자의 신체로부터 혈액을 채취하는 행위는 /

【대법원 요지】 그 혈액의 압수를 위한 것으로서 형사소송법 제219조, 제120조 제1항에 정한 '압수영장의 집행에 있어 필요한 처분'에 해당한다고 할 것이다.

5. 긴급상태하의 혈액채취 방법

【대법원 요지】 그런데 음주운전 중 교통사고를 야기한 후 피의자가 의식불명 상태에 빠져 있는 등으로 도로교통법이 음주운전의 제1차적 수사방법으로 규정한 호흡조사에 의한 음주측정이 불가능하고 /

【대법원 요지】 혈액 채취에 대한 동의를 받을 수도 없을 뿐만 아니라 /

【대법원 요지】 법원으로부터 혈액 채취에 대한 감정처분허가장이나 사전 압수영장을 발부받을 시간적 여유도 없는 긴급한 상황이 생길 수 있다. /

【대법원 요지】 이러한 경우 피의자의 신체 내지 의복류에 주취로 인한 냄새가 강하게 나는 등 /

【대법원 요지】 형사소송법 제211조 제2항 제3호가 정하는 범죄의 증적이 현저한 준현행범인으로서의 요건이 갖추어져 있고 /

【대법원 요지】 교통사고 발생 시각으로부터 사회통념상 범행 직후라고 볼 수 있는 시간 내라면, /

【대법원 요지】 피의자의 생명·신체를 구조하기 위하여 사고현장으로부터 곧바로 후송된 병원 응급실 등의 장소는 형사소송법 제216조 제3항의 범죄 장소에 준한다 할 것이므로, /

【대법원 요지】 검사 또는 사법경찰관은 피의자의 혈중알코올농도 등 증거의 수집을 위하여 /

【대법원 요지】 의료법상 의료인의 자격이 있는 자로 하여금 의료용 기구로 의학적인 방법에 따라 /

【대법원 요지】 필요최소한의 한도 내에서 피의자의 혈액을 채취하게 한 후 /

【대법원 요지】 그 혈액을 영장 없이 압수할 수 있다고 할 것이다. /

【대법원 요지】 다만 이 경우에도 형사소송법 제216조 제3항 단서, 형사소송규칙 제58조, 제107조 제1항 제3호에 따라 /

【대법원 요지】 사후에 지체 없이 강제채혈에 의한 압수의 사유 등을 기재한 영장청구서에 의하여 법원으로부터 압수영장을 받아야 함은 물론이다.

6. 사안에 대한 대법원의 판단

【대법원 분석】 2. 원심은 그 채택 증거에 의하여, /

【대법원 분석】 피고인이 2011. 3. 5. 23:45경 판시 장소에서 오토바이를 운전하여 가다가 선행 차량의 뒷부분을 들이받는 교통사고를 야기한 후 의식을 잃은 채 119 구급차량에 의하여 병원 응급실로 후송된 사실, /

【대법원 분석】 사고 시각으로부터 약 1시간 후인 2011. 3. 6. 00:50경 사고신고를 받고 병원 응급실로 출동한 경찰관은 법원으로부터 압수·수색 또는 검증 영장을 발부받지 아니한 채 /

【대법원 분석】 피고인의 아들로부터 동의를 받아 간호사로 하여금 의식을 잃고 응급실에 누워 있는 피고인으로부터 채혈을 하도록 한 사실 등을 인정하였다. /

【대법원 판단】 그리고 나아가 이 사건 채혈은 법관으로부터 영장을 발부받지 않은 상태에서 이루어졌고 /

【대법원 판단】 사후에 영장을 발부받지도 아니하였으므로 /

【대법원 판단】 피고인의 혈중알코올농도에 대한 국립과학수사연구소의 감정의뢰회보 및 이에 기초한 주취운전자 적발보고서, 주취운전자 정황보고서 등의 증거는 위법수집증거로서 증거능력이 없으므로, /

【대법원 판단】 피고인의 자백 외에 달리 이를 보강할 만한 증거가 없다는 이유로 이 사건 공소사실을 무죄로 판단하였다.

【대법원 결론】 원심판결 이유를 앞서 본 법리와 기록에 비추어 살펴보면, 원심이 적법한 절차에 따르지 아니하고 수집된 피고인의 혈액을 이용한 혈중알코올농도에 관한 감정의뢰회보 등의 증거능력을 부정한 것은 정당하고, /

【대법원 결론】 달리 위와 같은 증거의 증거능력을 배제하는 것이 헌법과 형사소송법이 형사소송에 관한 절차 조항을 마련하여 적법절차의 원칙과 실체적 진실 규명의 조화를 도모하고 이를 통하여 형사사법 정의를 실현하려 한 취지에 반하는 결과를 초래하는 것으로 평가되는 예외적인 경우에 해당한다고 볼 사유도 찾아볼 수 없다. (상고 기각)

2011도15484

국민참여재판과 항소심에서의 하자 치유
항소심 참여재판 안내 사건
2012. 6. 14. 2011도15484, 공 2012하, 1253

1. 사실관계 및 사건의 경과

【사실관계】

① 갑은 강제추행치상죄 등으로 기소되었다.

② 강제추행치상죄는 국민참여재판 대상사건이다.

③ 제1심법원은 갑에 대하여 국민참여재판을 원하는지를 확인하지 아니한 채 통상의 공판절차에 따라 재판을 진행하였다.

④ 제1심법원은 공소사실을 유죄로 인정하였다.

⑤ 갑은 불복 항소하였다.

【사건의 경과 1】

① 항소심법원의 심리가 진행되어 결심단계에 이르렀다.

② 선고기일을 앞두고 갑에 대한 제1심법원의 국민참여재판 안내 여부가 논란되었다.

③ 2011. 10. 20. 제7회 공판기일에 항소심법원은 갑에게 국민참여재판으로 재판받기를 원하는지 물어보았다.

④ 갑은 "항소심 판결을 바로 선고받았으면 좋겠다."라고 진술하였다.

⑤ 항소심법원은 갑에게 '피고인을 위한 국민참여재판 안내', '국민참여재판 안내서', '국민참여재판 의사 확인서'를 교부하였다.

⑥ 항소심법원은 그와 함께 "국민참여재판을 원하는 경우 7일 이내에 국민참여재판 의사 확인서에 희망의사를 적어 법원에 제출할 수 있다."고 고지하였다.

⑦ 항소심법원은 선고기일을 연기하였다.

⑧ 2011. 10. 24. 갑은 답변서와 국민참여재판 의사 확인서를 제출하였다.

⑨ 이 확인서에서 갑은 "국민참여재판으로 진행하기를 원하지 않는다."는 의사를 밝혔다.

【사건의 경과 2】

① 2011. 11. 3. 항소심 제8회 공판기일이 열렸다.

② 항소심법원은 갑을 유죄로 인정한 제1심판결을 파기하고 갑에게 무죄를 선고하였다.

③ 검사는 불복 상고하였다.

④ 검사는 상고이유로 다음의 점을 주장하였다.

　(가) 국민참여재판 대상사건에서는 국민참여재판을 하는 것이 원칙이다.

　(나) 국민참여재판 의사를 확인하지 아니하고 진행한 제1심절차는 무효이다.

　(다) 제1심판결을 파기하지 아니한 항소심판결을 위법하다.

2. 국민참여재판 실시의 원칙과 예외

【대법원 요지】 1. 국민의 형사재판 참여에 관한 법률(이하 '법'이라 한다)에 따라 시행되는 국민참여재판은 사법의 민주적 정당성과 신뢰를 높이기 위하여 도입된 제도로서(법 제1조) /

【대법원 요지】 누구든지 법으로 정하는 바에 따라 국민참여재판을 받을 권리를 가지므로(법 제3조 제1항), /

【대법원 요지】 법에 따라 국민참여재판의 대상이 되는 사건은 국민참여재판의 절차에 따라 진행하는 것이 원칙이고, /

【대법원 요지】 다만 피고인이 국민참여재판을 원하지 아니하거나 /

【대법원 요지】 법 제9조 제1항 각 호의 사유가 있어 법원이 배제결정을 하는 경우에만 /

【대법원 요지】 예외적으로 국민참여재판을 하지 아니한다(법 제5조 제1항, 제2항).

3. 국민참여재판과 피고인의 의사

【대법원 분석】 이와 같이 국민참여재판의 실시 여부는 일차적으로 피고인의 의사에 따라 결정되므로 /

【대법원 분석】 국민참여재판 대상사건의 공소제기가 있으면 법원은 피고인에 대하여 국민참여재판을 원하는지 여부에 관한 의사를 서면 등의 방법으로 반드시 확인하여야 하고(법 제8조 제1항), /

【대법원 분석】 이를 위하여 공소장 부본과 함께 /

【대법원 분석】 피고인 또는 변호인에게 국민참여재판의 절차, 법 제8조 제2항에 따른 서면의 제출, 법 제8조 제4항에 따른 의사번복의 제한, 그 밖의 주의사항이 기재된 국민참여재판에 관한 안내서를 송달하여야 한다/

【대법원 분석】 [국민의 형사재판 참여에 관한 규칙(이하 '규칙'이라 한다) 제3조 제1항]. /

【대법원 요지】 만일 이러한 규정에도 불구하고 법원에서 피고인이 국민참여재판을 원하는지에 관한 의사의 확인절차를 거치지 아니한 채 통상의 공판절차로 재판을 진행하였다면, /

【대법원 요지】 이는 피고인의 국민참여재판을 받을 권리에 대한 중대한 침해로서 그 절차는 위법하고 이러한 위법한 공판절차에서 이루어진 소송행위도 무효라고 보아야 한다.

4. 국민참여재판과 제1심절차의 하자 치유

【대법원 요지】 그러나 국민참여재판은 피고인의 희망 의사의 번복에 관한 일정한 제한(법 제8조 제4항)이 있는 외에는 피고인의 의사에 반하여 할 수 없는 것이므로, /

【대법원 요지】 제1심법원이 국민참여재판의 대상이 되는 사건임을 간과하여 이에 관한 피고인의 의사를 확인하지 아니한 채 통상의 공판절차로 재판을 진행하였더라도, /

【대법원 요지】 피고인이 항소심에서 국민참여재판을 원하지 아니한다고 하면서 위와 같은 제1심의 절차적 위법을 문제삼지 아니할 의사를 명백히 표시하는 경우에는 /

【대법원 요지】 그 하자가 치유되어 제1심 공판절차는 전체로서 적법하게 된다고 봄이 상당하고, /

【대법원 요지】 다만 국민참여재판제도의 취지와 피고인의 국민참여재판을 받을 권리를 실질적으로

보장하고자 하는 관련 규정의 내용에 비추어 /

【대법원 요지】 위 권리를 침해한 제1심 공판절차의 하자가 치유된다고 보기 위해서는 /

【대법원 요지】 법 제8조 제1항, 규칙 제3조 제1항에 준하여 피고인에게 국민참여재판절차 등에 관한 충분한 안내가 이루어지고 /

【대법원 요지】 그 희망 여부에 관하여 숙고할 수 있는 상당한 시간이 사전에 부여되어야 할 것이다.

5. 사안에 대한 대법원의 분석

【대법원 분석】 2. 기록에 의하면, /

【대법원 분석】 제1심법원은 이 사건 공소사실 중 강제추행치상의 점이 법 제5조 제1항 제1호에 의하여 국민참여재판의 대상사건에 해당함에도, /

【대법원 분석】 피고인에 대하여 법 제8조 제1항, 규칙 제3조 제1항에서 정한 절차에 따라 국민참여재판을 원하는지를 확인하지 아니한 채 /

【대법원 분석】 통상의 공판절차에 따라 재판을 진행한 다음 이 사건 공소사실이 모두 유죄로 인정된다고 판단하였고, /

【대법원 분석】 이에 대하여 원심은 2011. 10. 20. 제7회 공판기일에 피고인에게 국민참여재판으로 재판받기를 원하는지 물어보고, /

【대법원 분석】 피고인이 "항소심 판결을 바로 선고받았으면 좋겠다."라고 진술하자 /

【대법원 분석】 다시 피고인에게 '피고인을 위한 국민참여재판 안내', '국민참여재판 안내서', '국민참여재판 의사 확인서'를 교부하면서 /

【대법원 분석】 "국민참여재판을 원하는 경우 7일 이내에 국민참여재판 의사 확인서에 희망의사를 적어 법원에 제출할 수 있다."고 고지한 후 선고기일을 연기하였고, /

【대법원 분석】 이에 피고인이 2011. 10. 24. 답변서와 국민참여재판 의사 확인서를 제출하면서 "국민참여재판으로 진행하기를 원하지 않는다."는 의사를 밝히자, /

【대법원 분석】 2011. 11. 3. 제8회 공판기일에 피고인을 유죄로 인정한 제1심판결을 파기하고 피고인에게 무죄를 선고하였음을 알 수 있다.

6. 사안에 대한 대법원의 판단

【대법원 판단】 앞서 본 법리에 비추어 보면 /

【대법원 판단】 제1심이 피고인의 국민참여재판을 받을 권리를 침해하여 위법하게 절차를 진행하고 그에 따라 제1심의 소송행위가 무효라 하더라도, /

【대법원 판단】 원심은 피고인에게 위와 같이 국민참여재판에 관하여 안내하고 숙고의 기회를 부여하였으며, /

【대법원 판단】 피고인도 그러한 안내와 숙고의 기회 부여에 따라 숙고한 후 /

【대법원 판단】 원심에 국민참여재판을 원하지 아니한다고 하면서 위와 같은 제1심의 절차적 위법을 문제삼지 않겠다는 의사를 명백히 밝혔다고 볼 수 있으므로, /

【대법원 판단】 이로써 제1심의 공판절차상 하자는 치유되었다고 할 것이다.

【**대법원 결론**】 따라서 원심판결에는 상고이유의 주장과 같이 국민참여재판을 받을 권리와 소송절차 상의 하자에 관한 법리를 오해하여 판결 결과에 영향을 미친 위법이 없다. (상고 기각)

┌─────────────┐
│ **2011도15653** │
└─────────────┘

확정판결 인정사실의 증명력
자백의 신빙성 판단기준
고등학교 상해치사 사건
2012. 6. 14. 2011도15653, 공 2012하, 1256

1. 사실관계 및 사건의 경과

【**사실관계 1**】
① 갑과 A 등이 C를 수원역에서 P고등학교로 끌고 가 폭행하여 C가 사망하는 사건이 발생하였다.
② 갑과 A는 수사기관에서 범행을 자백하였다.
③ 검사는 갑과 A를 상해치사죄로 기소하였다.
④ 제1심 공판절차에서 갑과 A는 범행을 자백하였다.

【**사실관계 2**】
① 갑과 A의 피고사건은 제1심을 거친 후, 항소심에 계속되었다.
② 항소심 공판절차에서 갑은 종전의 자백을 번복하고 무죄를 주장하였다.
③ 항소심 공판절차에서 A는 범행을 자백하였다.
④ 항소심법원은 갑에게 유죄를 인정하였다.
⑤ 갑에 대한 유죄판결은 확정되었다. (㉮확정판결)
⑥ 갑에 대한 유죄판결의 내용은 다음과 같다.
　(가) 갑과 A가 성명불상자 2인과 공동하여 C를 수원역에서 P고등학교로 끌고 가 폭행하고,
　(나) 갑은 C를 마구 때려 외상성 경막하출혈로 사망에 이르게 하였다.

【**사실관계 3**】
① C의 사망과 관련하여 B가 상해치사죄로 기소되었다. (㉯사건)
② 갑은 B의 ㉯사건에 증인으로 출석하여 다음과 같이 증언하였다. (㉰진술)
　(가) 갑은 P고등학교에서 C를 때린 사실이 없다.
　(나) 갑과 A는 C의 사망과 아무런 관련이 없다.

【**사건의 경과**】
① 검사는 갑을 위증죄로 기소하였다.
② (공소사실의 요지는 판례 본문 참조)
③ 갑의 위증죄 피고사건은 제1심을 거친 후, 항소심에 계속되었다.
④ 항소심법원은 무죄를 선고하였다.

⑤ 검사는 불복 상고하였다.
⑥ 검사는 상고이유로 다음의 점을 주장하였다.
   (가) 확정판결이 인정한 사실을 따르지 않는 것은 논리칙, 경험칙에 위반된다.
   (나) 갑의 ㉯진술은 ㉮확정판결이 인정한 사실에 반하는 것으로 허위사실의 진술이다.

2. 확정판결에서 인정된 사실의 증명력

【대법원 요지】 1. 형사재판에 있어서 이와 관련된 다른 형사사건의 확정판결에서 인정된 사실은 특별한 사정이 없는 한 유력한 증거자료가 되는 것이나, /
【대법원 요지】 당해 형사재판에서 제출된 다른 증거 내용에 비추어 관련 형사사건의 확정판결에서의 사실판단을 그대로 채택하기 어렵다고 인정될 경우에는 이를 배척할 수 있다. /
【대법원 요지】 한편 피고인이 수사기관이나 법정에서 공소사실을 인정하는 진술을 한 경우, /
【대법원 요지】 그 진술 내용이 객관적으로 합리성을 띠고 있는지, /
【대법원 요지】 자백의 동기나 이유가 무엇이며, /
【대법원 요지】 자백에 이르게 된 경위는 어떠한지, /
【대법원 요지】 그리고 자백 이외의 다른 증거 중 자백과 저촉되거나 모순되는 것은 없는지 등을 고려하여 /
【대법원 요지】 그 자백의 신빙성 유무를 판단하여야 한다.
【대법원 요지】 나아가, 형사재판에서 공소가 제기된 범죄사실에 대한 입증책임은 검사에게 있고, /
【대법원 요지】 유죄의 인정은 법관으로 하여금 합리적인 의심을 할 여지가 없을 정도로 공소사실이 진실한 것이라는 확신을 가지게 하는 증명력을 가진 증거에 의하여야 하므로, /
【대법원 요지】 그와 같은 증거가 없다면 설령 피고인에게 유죄의 의심이 간다 하더라도 피고인의 이익으로 판단할 수밖에 없다.

3. 사안에 대한 대법원의 판단

【대법원 분석】 2. 원심판결 이유에 의하면, 원심은 /
【대법원 분석】 피고인이 공소외 A, B 등과 공동하여 P고등학교에서 공소외 C를 때려 사망에 이르게 하였음에도 /
【대법원 분석】 공소외 B 등에 대한 상해치사 등 피고사건에서 증인으로 출석하여 /
【대법원 분석】 '피고인은 P고등학교에서 공소외 C를 때린 사실이 없고, /
【대법원 분석】 피고인과 공소외 A는 공소외 C의 사망과 아무런 관련이 없다'는 취지로 /
【대법원 분석】 허위의 진술을 하여 위증하였다는 이 부분 공소사실에 대하여, /
【대법원 판단】 '피고인과 공소외 A가 성명불상자 2인과 공동하여 공소외 C를 수원역에서 P고등학교로 끌고 가 폭행하고, /
【대법원 판단】 피고인은 공소외 C를 마구 때려 외상성 경막하출혈로 사망에 이르게 하였다'는 내용의 /
【대법원 판단】 유죄판결이 확정되기는 하였으나, /

【대법원 판단】 위 유죄의 확정판결이 내려지게 된 결정적인 증거는 피고인과 공소외 A의 수사기관 및 제1심 법정에서의 자백 진술과 공소외 A의 항소심 증언이 유일한데, /

【대법원 판단】 위와 같은 피고인과 공소외 A의 자백 진술은 범행에 이르게 된 동기, /

【대법원 판단】 수원역에서 P고등학교까지 가게 된 경위 내지 과정, /

【대법원 판단】 P고등학교에 도착한 이후부터 사건 현장에 이르기까지의 이동 방식 및 그 경로, /

【대법원 판단】 폭행 당시의 구체적인 행동 양태와 범행 이후의 제반 정황, /

【대법원 판단】 폭행 시각과 사망추정 시각의 불일치, /

【대법원 판단】 피고인과 공소외 A가 자백을 번복하게 된 경위 등 /

【대법원 판단】 그 판시와 같은 여러 사정에 비추어 그 신빙성을 쉽사리 인정하기 어렵고, /

【대법원 판단】 달리 피고인의 이 부분 증언이 합리적인 의심의 여지가 없을 정도로 허위의 진술이라고 인정할 만한 충분한 증거가 없다고 보아 /

【대법원 판단】 이 부분 공소사실을 무죄로 판단하였다.

【대법원 결론】 앞서 본 법리와 기록에 비추어 살펴보면 원심의 위와 같은 판단은 정당한 것으로 수긍이 가고, 거기에 상고이유 주장과 같이 확정판결의 증명력에 관한 법리를 오해하거나 논리와 경험칙에 반하여 자유심증주의의 한계를 벗어나는 등의 위법이 없다. (상고 기각)

2011도15869

공판조서 열람 · 등사청구권
항소심 공판조서 열람불허 사건
2012. 12. 27. 2011도15869, 공 2013상, 280

1. 사실관계 및 사건의 경과

【사실관계 1】

① 갑은 다음의 공소사실로 기소되었다.

　　(가) 특가법위반(위험운전치사상)

　　(나) 도로교통법위반(음주측정거부)

　　(다) 도로교통법위반(무면허운전)]

② 제1심법원은 유죄를 인정하였다.

③ 갑은 사실오인을 이유로 불복 항소하였다.

【사실관계 2】

① 항소심은 A를 증인으로 채택하였다.

② A는 항소심 법정에서 갑의 공소사실을 인정하는 진술을 하였다.

③ 항소심절차에서 갑은 제1회 공판기일 후 판결선고 전까지 사이에 두 차례에 걸쳐서 공판조서에 대한 열람 및 등사 신청을 하였다.

④ 항소심법원은 갑의 열람·등사신청에 응하지 아니하였다.
⑤ 항소심법원은 다음과 같이 판단하였다.
　(가) 갑의 전과범죄로 형법 제37조 후단의 경합범 사유가 있어 제1심판결을 직권으로 파기한다.
　(나) 항소심에서 채택한 증인 A의 법정진술 등을 근거로 사실오인 등에 관한 갑의 항소이유를 배척한다.
　(다) 갑의 범죄사실은 모두 유죄로 인정된다.
⑥ 항소심법원은 유죄판결의 증거 요지 부분에 다음과 같이 기재하였다.
　(가) 범죄사실에 대한 증거 : 제1심판결의 증거의 요지 부분 인용
　(나) 범죄사실에 대한 증거 : 항소심 법정에서의 증인 A의 진술 (㉠진술)
　(다) 갑의 전과에 대한 증거 : 갑의 항소심 법정에서 한 진술 (㉡진술)
　(라) 갑의 전과에 대한 증거 : 해당 판결문

【사건의 경과】
① 갑은 불복 상고하였다.
② 갑은 상고이유로 다음의 점을 주장하였다.
　(가) 피고인의 열람·등사청구에 응하지 아니한 공판조서는 증거능력이 없다(형소법 제55조 제3항).
　(나) 공판조서뿐만 아니라 공판조서에 기재된 진술도 증거능력이 없다.
　(다) 증인 A의 ㉠진술과 피고인 갑의 ㉡진술은 모두 증거능력이 없다.
　(라) 따라서 항소심판결은 위법하다.

2. 공판조서 열람·등사 불허의 법적 효과

【대법원 요지】 가. 형사소송법 제55조 제1항은 /
【대법원 요지】 공판조서의 정확성을 담보함과 아울러 /
【대법원 요지】 피고인의 방어권을 충실하게 보장하려는 취지에서 /
【대법원 요지】 피고인에게 공판조서의 열람 또는 등사청구권을 인정하고, /
【대법원 요지】 그 제3항은 피고인의 위와 같은 청구에 응하지 아니하는 때에는 그 공판조서를 유죄의 증거로 할 수 없다고 규정하고 있다. /
【대법원 요지】 따라서 피고인이 공판조서의 열람 또는 등사를 청구하였음에도 법원이 불응하여 피고인의 열람 또는 등사청구권이 침해된 경우에는 /
【대법원 요지】 그 공판조서를 유죄의 증거로 할 수 없을 뿐만 아니라 /
【대법원 요지】 공판조서에 기재된 당해 피고인이나 증인의 진술도 증거로 할 수 없다고 보아야 한다. /
【대법원 요지】 다만 그러한 증거들 이외에 적법하게 채택하여 조사한 다른 증거들만에 의하더라도 범죄사실을 인정하기에 충분하고, /
【대법원 요지】 또한 당해 공판조서의 내용 등에 비추어 보아 그 공판조서의 열람 또는 등사에 응하지 아니한 것이 피고인의 방어권이나 변호인의 변호권을 본질적으로 침해한 정도에 이르지는 않은 경우에는, /
【대법원 요지】 판결에서 그 공판조서 등을 증거로 사용하였다고 하더라도 그러한 잘못이 판결에 영

향을 미친 위법이라고 할 수는 없다.

3. 사안에 대한 대법원의 판단

【대법원 분석】 나. 기록에 의하면, 이 사건 제1심법원은 피고인 및 증인들의 법정진술과 피고인이 증거로 하는 데 동의한 서증들을 유죄의 증거로 삼아 이 사건 공소사실을 모두 유죄로 인정하였고, /

【대법원 분석】 원심은 피고인의 전과범죄로 형법 제37조 후단의 경합범 사유가 있음을 이유로 제1심판결을 직권으로 파기하고 /

【대법원 분석】 원심에서 채택한 증인 공소외인의 법정진술 등을 근거로 사실오인 등에 관한 피고인의 항소이유를 배척하고 그 판시 범죄사실이 모두 유죄로 인정된다고 판단하였다. /

【대법원 분석】 그리고 그 판결의 범죄사실에 대한 증거의 요지 부분에서 제1심판결의 해당 부분을 인용하는 외에 /

【대법원 분석】 판시 전과의 점에 대한 증거로 '피고인이 원심법정에서 한 진술과 각 판결문'을 추가하였다. /

【대법원 분석】 한편 피고인은 원심 제1회 공판기일 후 판결선고 전까지 사이에 두 차례에 걸쳐서 기록 열람 및 등사 신청을 하였으나 /

【대법원 분석】 원심은 이에 응하지 아니한 채로 판결을 선고하였다.

【대법원 판단】 위와 같은 원심의 절차 진행 등 경과를 앞서 본 법리에 비추어 보면, /

【대법원 판단】 원심이 그 공판기일에서 있었던 피고인 및 공소외인의 진술을 증거로 채용한 것은 /

【대법원 판단】 형사소송법 제55조 제3항을 위반한 것으로서 잘못이라 할 것이다.

【대법원 판단】 다. 그러나 제1심법원이 적법한 절차를 거쳐 채택하여 조사한 증거는 항소법원에서도 이를 증거로 할 수 있는 것인데(형사소송법 제364조 제3항), /

【대법원 판단】 기록에 의하면, 앞서 본 이유에서 증거로 할 수 없는 피고인 및 공소외인의 위 원심법정 진술을 제외하더라도, /

【대법원 판단】 제1심법원이 채택 · 조사한 증거들과 원심법원에서 채택한 판결문 등만으로도 원심이 인정한 범죄사실을 충분히 인정할 수 있다고 판단된다. /

【대법원 판단】 또한 기록에 의하여 알 수 있는 피고인 및 공소외인이 원심법정에서 한 진술의 내용은 제1심법원이 채용한 증거의 내용과 크게 다르지 아니한 점 등에 비추어, /

【대법원 판단】 원심이 피고인의 기록 열람 · 복사 신청에 응하지 아니한 채 판결을 선고한 것으로 인하여 피고인의 방어권을 중대하게 침해한 것이라고도 인정되지 않는다.

【대법원 결론】 그러므로 원심판결에서 피고인 및 공소외인의 원심법정에서의 진술을 증거로 사용한 잘못은 그 판결 결과에 영향을 미친 위법이라고 할 수 없다 할 것이니, /

【대법원 결론】 이 점에 관한 법리오해 또는 법령위반 등을 이유로 한 상고이유의 주장은 받아들이지 아니한다. (상고 기각)

2011도15914

상고기각결정의 확정시점
석유사범 상고기각결정 사건
2012. 1. 27. 2011도15914, 공 2012상, 720

1. 사실관계 및 사건의 경과

【사실관계】

① 2010. 8. 27. 갑은 ㉮사건에서 「석유 및 석유대체연료 사업법」 위반죄로 벌금 8백만 원의 형을 선고받고 항소하였다.

② 2010. 12. 21. 갑은 ㉯사건에서 직업안정법 위반죄로 징역 4월에 집행유예 2년의 형을 선고받고 항소하였다.

③ 항소심법원은 ㉮사건과 ㉯사건을 병합하여 심리하였다.

④ 2011. 2. 11. 항소심법원은 갑의 항소를 모두 기각하는 판결을 선고하였다. (㉠항소기각판결)

⑤ 갑은 ㉠항소기각판결에 불복 상고하였다.

⑥ 2011. 4. 19. 대법원은 적법한 상고이유서가 제출되지 않았다는 이유로 형소법 제380조 본문에 따라 상고기각결정을 내렸다. (㉡상고기각결정)

⑦ 2011. 4. 21. 대법원은 ㉡상고기각결정의 등본을 갑에게 발송하였다.

【사건의 경과】

① (일자 불명) 검사는 갑을 다시 「석유 및 석유대체연료 사업법」 위반죄로 기소하였다.

② 갑에 대한 공소사실은 다음과 같다.

　(가) 갑은 2011. 4. 11.부터 2011. 4. 20.까지 유사석유제품을 판매하였다. (㉰사건)

　(나) 갑은 2011. 4. 20. 17:30경 일정량의 유사석유제품을 자동차 안에 보관하였다. (㉱사건)

③ 제1심법원은 유죄를 인정하여 갑에게 징역 6월을 선고하였다.

④ 갑은 불복 항소하였다.

⑤ 2011. 11. 4. 항소심법원은 항소를 기각하고, 제1심판결을 유지하였다.

⑥ 갑은 불복 상고하였다.

⑦ 갑은 상고이유로 다음의 점을 주장하였다.

　(가) 대법원의 상고기각결정은 확정판결의 효력을 갖는다.

　(나) ㉰사건과 ㉱사건은 ㉡확정판결 이전에 이루어진 것이다.

　(다) 항소심판결은 사후적 경합범의 법리를 오해한 위법이 있다.

2. 상고기각결정의 확정시점

【대법원 분석】 기록에 의하면, 피고인은 2010. 8. 27. 부산지방법원 2010고정****호 사건에서 '석유 및 석유대체연료 사업법' 위반죄로 벌금 8백만 원의 형을, /

【대법원 분석】 같은 해 12. 21. 같은 법원 2010고단****호 사건에서 직업안정법 위반죄로 징역 4월에 집행유예 2년의 형을 각 선고받고 이에 모두 항소하였고, /

【대법원 분석】 같은 법원은 위 두 사건을 병합하여 2010노****호 · 2011노**(병합) 사건으로 심리한 결과 2011. 2. 11. 피고인의 항소를 모두 기각하는 판결을 선고한 사실, /

【대법원 분석】 이 항소심판결에 대하여 피고인이 상고한 사건(2011도****호 사건)에서 대법원은 2011. 4. 19.자로 형사소송법 제380조 본문에 따라 이를 기각하는 결정을 한 사실을 알 수 있다. /

【대법원 요지】 한편 위 상고기각결정은 다른 특별한 사정이 없는 한 형사소송법 제42조에 좇아 그 등본이 피고인에게 송달되는 등의 방법으로 고지된다고 할 것이다.

3. 상고기각결정과 사후적 경합범

【대법원 분석】 그런데 이 사건 공소사실은 피고인이 2011. 4. 11.부터 같은 달 20일까지 유사석유제품을 판매하였다는 것, /

【대법원 분석】 그리고 같은 달 20일 17:30경 일정량의 유사석유제품을 자동차 안에 보관하였다는 것이다. /

【대법원 요지】 따라서 위 상고기각결정의 등본이 피고인에게 송달되는 등으로 그 결정이 피고인에게 고지된 시기가 2011. 4. 21. 이후이어서 /

【대법원 요지】 그때 위의 각 유죄판결이 확정되었다면, /

【대법원 판단】 이 사건 범죄는 위와 같이 '금고 이상의 형에 처한 판결이 확정된 죄'와 "그 판결 확정 전에 범한 죄"의 관계에 있게 되어서 형법 제37조 후단에서 정하는 경합범관계에 해당한다. /

【대법원 판단】 그리고 그 경우에는 이 사건 죄에 대한 형을 정함에 있어서 같은 법 제39조 제1항에 좇아 위와 같이 판결이 확정된 죄를 동시에 판결할 경우와 형평을 고려하여야 한다. /

【대법원 판단】 따라서 원심으로서는 위 상고기각결정의 등본이 송달된 시기 등에 관하여 심리하였어야 했다. /

【대법원 결론】 그럼에도 제1심이 그에 나아가지 아니한 채 형법 제37조 후단, 제39조 제1항을 적용함이 없이 피고인에게 징역 6월의 형을 선고한 것에 대하여 피고인이 항소하였음에도 /

【대법원 결론】 그 항소를 그대로 기각한 원심에는 필요한 심리를 다하지 아니하였거나 형법 제37조 후단, 제39조 제1항에 관한 법리를 오해하여 판결에 영향을 미친 위법이 있다고 할 것이다. /

【대법원 결론】 이 점을 지적하는 상고이유의 주장은 이유 있다. (파기 환송)

2011도16166

항소심의 불출석 재판
정식재판 항소심 불출석 사건
2012. 6. 28. 2011도16166, 공 2012하, 1365

1. 사실관계 및 사건의 경과

【사실관계 1】

① 갑은 A에 대한 상해죄로 수사기관의 조사를 받았다.

② 검사는 갑에 대해 약식명령을 청구하였다.

③ 관할법원은 갑에 대해 ㉮약식명령을 발하였다.

④ 갑은 ㉮약식명령에 불복하여 정식재판을 청구하였다.

⑤ 갑의 피고사건은 제1심을 거친 후, 항소심에 계속되었다.

【사실관계 2】

① 2011. 10. 7. 항소심법원은 제1회 공판기일을 열었다.

② 갑은 제1회 공판기일에 출석하였다.

③ 항소심법원은 제1회 공판기일에 변론을 종결하였다.

④ 항소심법원은 제2회 공판기일인 선고기일을 2011. 10. 28.로 지정하여 고지하였다.

⑤ 2011. 10. 28. 선고기일에 갑은 출석하지 아니하였다.

⑥ 항소심법원은 선고기일을 연기하여 2011. 11. 11.을 제3회 공판기일로 지정하였다.

⑦ 항소심법원은 갑에게 따로 제3회 공판기일 통지를 하지 않았다.

⑧ 2011. 11. 11. 제3회 공판기일에 갑은 출석하지 않았다.

⑨ 항소심법원은 항소기각 판결을 선고하였다.

【사건의 경과】

① 갑은 불복 상고하였다.

② 갑은 상고이유로 다음의 점을 주장하였다.

　(가) 갑에 대해 적법한 공판기일의 통지가 없었다.

　(나) 따라서 2회 불출석을 이유로 한 항소기각 판결(형소법 제365조 제2항)은 부적법하다.

2. 항소심의 불출석 재판 요건

【대법원 분석】 형사소송법 제370조, 제276조에 의하면 항소심에서도 피고인의 출석 없이는 개정하지 못하는 것이 원칙이다. /

【대법원 분석】 다만 같은 법 제365조에 의하면 피고인이 항소심 공판기일에 출정하지 아니하여 다시 기일을 정하였는데도 정당한 사유 없이 그 기일에도 출정하지 아니한 때에는 피고인의 진술 없이 판결할 수 있으므로, /

【**대법원 요지**】 이와 같이 피고인이 불출석한 상태에서 그 진술 없이 판결할 수 있기 위해서는 피고인이 적법한 공판기일 통지를 받고서도 2회 연속으로 정당한 이유 없이 출정하지 아니한 경우에 해당하여야 한다.

【**대법원 분석**】 그런데 기록에 의하면, /

【**대법원 분석**】 피고인은 원심법원의 제1회 공판기일(2011. 10. 7.)에 출석하였고, /

【**대법원 분석**】 원심법원은 위 기일에 변론을 종결하면서 제2회 공판기일인 선고기일을 2011. 10. 28.로 지정하여 고지하였는데 피고인이 그 선고기일에 출석하지 아니한 사실, /

【**대법원 분석**】 이에 원심법원은 선고기일을 연기하여 2011. 11. 11.을 제3회 공판기일로 지정하였으나 피고인에게 따로 그 공판기일 통지를 하지는 않았고, /

【**대법원 분석**】 또한 그 공판기일에 피고인이 출석하지 않았음에도 피고인의 항소를 기각하는 판결을 선고한 사실을 알 수 있다.

【**대법원 판단**】 앞서 본 법리에 의하면, 위 제3회 공판기일의 개정에 대해서는 적법한 공판기일의 통지가 없었으므로 형사소송법 제365조가 적용될 수 없다고 할 것이다. /

【**대법원 결론**】 그럼에도 원심법원은 피고인의 출석 없이 위 공판기일을 열어 판결을 선고하였으니 /

【**대법원 결론**】 이는 형사소송법 제370조, 제276조가 규정한 피고인의 출석권을 침해한 것으로서 소송절차가 법령에 위배되어 판결에 영향을 미친 때에 해당한다.

【**대법원 판단**】 한편 이 사건은 약식명령에 대하여 피고인만이 정식재판의 청구를 한 경우이므로 /

【**대법원 판단**】 원심법원으로서는 형사소송법 제370조, 제277조 제4호에 따라 당초 지정한 선고기일인 제2회 공판기일에 피고인이 출석하지 아니한 상태에서도 판결을 선고할 수 있었다고 할 것이다. /

【**대법원 결론**】 그럼에도 굳이 그 기일을 연기하고 선고기일을 다시 지정한 이상 새로 정한 기일에 대하여 적법한 기일소환의 통지를 하여야 할 것이므로, /

【**대법원 결론**】 이러한 절차를 거치지 않은 원심의 조치는 여전히 위법하다고 할 것이다. (파기 환송)

2011초기689

폐지된 위헌 법령과 무죄판결
긴급조치 형사보상청구 사건
2013. 4. 18. 2011초기689 전원합의체 결정, 공 2013상, 978

1. 사실관계 및 사건의 경과

【사실관계 1】

① 1999. 갑은 긴급조치 제9호 위반죄의 공소사실로 서울형사지방법원에 기소되었다.

② 공소사실의 내용은 다음과 같다.

③ "피고인은 1978. 10. 14.부터 1978. 10. 16. 사이에 「국가안전과 공공질서의 수호를 위한 대통령 긴급조치」를 비방하는 내용 등이 담긴 유인물 150부를 등사, 제작, 배포함으로써 긴급조치 제9호

를 위반하였다."
④ 1979. 5. 9. 제1심(서울형사지방법원)은 다음 내용의 유죄판결을 선고하였다.
　(가) 징역 2년과 자격정지 2년
　(나) 미결구금일수 중 180일을 징역형에 산입
⑤ 갑은 불복 항소하였다.
⑥ 1979. 8. 8. 항소심(서울고등법원)은 제1심판결을 파기하고 다음 내용의 유죄판결을 선고하였다.
　(가) 징역 1년과 자격정지 1년
　(나) 제1심판결 선고 전 미결구금일수 중 180일을 징역형에 산입
⑦ 갑은 불복 상고하였다.

【사실관계 2】
① 1979. 10. 26. 소위 10·26 사건이 발생하였다.
② 1979. 11. 14. 대법원은 갑에 대하여 구속집행정지결정을 하였다.
③ 1979. 12. 8. 긴급조치 제9호가 대통령공고 제67호로 해제되었다.
④ 1980. 5. 13. 대법원은 갑에 대해 판결을 선고하였다. (㉠원판결)
⑤ 대법원은 다음과 같이 판단하였다.
　(가) '긴급조치 제9호가 1979. 12. 8. 대통령공고 제67호로 해제되었다.
　(나) 이는 범죄 후의 법령개폐로 형이 폐지되었을 때에 해당한다.
⑥ 대법원은 다음의 주문을 선고하였다.
　(가) 제1, 2심 판결을 모두 파기한다.
　(나) 형사소송법 제326조 제4호를 적용하여 면소판결을 선고한다.

【사건의 경과】
① 1988. 4. 20. 갑은 사망하였다.
② 을은 갑의 재산상속인 중 1인이다.
③ 을은 「형사보상 및 명예회복에 관한 법률」에 기하여 형사보상을 청구하였다.
④ 을은 다음의 점을 청구이유로 제시하였다.
⑤ "갑은 면소의 재판을 할 만한 사유가 없었더라면 무죄재판을 받을 만한 현저한 사유가 있었을 경우에 해당한다."
⑥ (이하의 소제목은 판례 원문에 따름)

2. 사안에 대한 대법원의 분석

【대법원 분석】 기록에 의하면 다음 사실을 인정할 수 있다.
【대법원 분석】 가. 피고인은 1978. 10. 14.부터 1978. 10. 16. 사이에 「국가안전과 공공질서의 수호를 위한 대통령긴급조치」(이하 '긴급조치 제9호'라 한다)를 비방하는 내용 등이 담긴 유인물 150부를 등사, 제작, 배포함으로써 긴급조치 제9호를 위반하였다는 공소사실로 서울형사지방법원에 기소되었다.
【대법원 분석】 나. 피고인은 제1심인 서울형사지방법원 78고합***호 사건에서 1979. 5. 9. 징역 2

년과 자격정지 2년 및 미결구금일수 중 180일을 징역형에 산입한다는 내용의 유죄판결을 선고받고 항소하였으며, /

【대법원 분석】 항소심인 서울고등법원 79노***호 사건에서 1979. 8. 8. 제1심판결을 파기하고 징역 1년과 자격정지 1년 및 제1심판결 선고 전 미결구금일수 중 180일을 징역형에 산입한다는 취지의 유죄판결을 선고받았다.

【대법원 분석】 다. 이에 피고인은 상고를 제기하였고, /

【대법원 분석】 상고심인 대법원은 1979. 11. 14. 피고인에 대하여 구속집행정지결정(79초**호)을 한 다음, /

【대법원 분석】 79도****호 사건에서 /

【대법원 분석】 1980. 5. 13. '긴급조치 제9호가 1979. 12. 8. 대통령공고 제67호로 해제되었고, 이는 범죄 후의 법령개폐로 형이 폐지되었을 때에 해당한다'는 이유로 /

【대법원 분석】 제1, 2심 판결을 모두 파기하고 형사소송법 제326조 제4호를 적용하여 면소판결을 선고하였다/

【대법원 분석】 (이하 '이 사건 원판결'이라 한다).

【대법원 분석】 라. 피고인은 1988. 4. 20. 사망하였고, /

【대법원 분석】 그 재산상속인 중 1인인 청구인은 /

【대법원 분석】 형사보상 및 명예회복에 관한 법률(이하 '법'이라 한다) 제26조 제1항 제1호, 제11조에 따라 /

【대법원 분석】 '피고인이 면소의 재판을 할 만한 사유가 없었더라면 무죄재판을 받을 만한 현저한 사유가 있었을 경우'에 해당한다는 이유를 들어 /

【대법원 분석】 이 사건 형사보상을 청구하였다.

3. 형사보상청구권의 발생 여부

(1) 폐지 또는 실효된 형벌 관련 법령이 당초부터 위헌·무효인 경우 법원이 취할 조치

【대법원 요지】 형벌에 관한 법령이 /

【대법원 요지】 헌법재판소의 위헌결정으로 인하여 소급하여 효력을 상실하였거나 /

【대법원 요지】 법원에서 위헌·무효로 선언된 경우, /

【대법원 요지】 법원은 당해 법령을 적용하여 공소가 제기된 피고사건에 대하여 형사소송법 제325조에 따라 무죄를 선고하여야 한다. /

【대법원 요지】 나아가 형벌에 관한 법령이 폐지되었다 하더라도 /

【대법원 요지】 그 '폐지'가 당초부터 헌법에 위반되어 효력이 없는 법령에 대한 것이었다면 /

【대법원 요지】 그 피고사건은 형사소송법 제325조 전단이 규정하는 '범죄로 되지 아니한 때'의 무죄사유에 해당하는 것이지, /

【대법원 요지】 형사소송법 제326조 제4호 소정의 면소사유에 해당한다고 할 수 없다/

【대법원 요지】 (대법원 2010. 12. 16. 선고 2010도5986 전원합의체 판결 참조).

(2) 긴급조치 제9호의 위헌 여부

【대법원 요지】 (1) 평상시의 헌법질서에 따른 권력행사 방법으로는 대처할 수 없는 중대한 위기상황이 발생한 경우 /

【대법원 요지】 이를 수습함으로써 국가의 존립을 보장하기 위하여 행사되는 국가긴급권에 관한 대통령의 결단은 존중되어야 할 것이나, /

【대법원 요지】 이 같은 국가긴급권은 국가가 중대한 위기에 처하였을 때 그 위기의 직접적 원인을 제거하는 데 필수불가결한 최소의 한도 내에서 행사되어야 하는 것으로서, /

【대법원 요지】 국가긴급권을 규정한 헌법상의 발동 요건 및 한계에 부합하여야 하고, /

【대법원 판단】 이 점에서 구 대한민국헌법(1980. 10. 27. 헌법 제9호로 전부 개정되기 전의 것. 이하 '유신헌법'이라 한다) 제53조에 규정된 긴급조치권 역시 예외가 될 수는 없다. /

【대법원 판단】 유신헌법도 제53조 제1항, 제2항에서 긴급조치권 행사에 관하여 /

【대법원 판단】 '천재·지변 또는 중대한 재정·경제상의 위기에 처하거나, 국가의 안전보장 또는 공공의 안녕질서가 중대한 위협을 받거나 받을 우려가 있어, 신속한 조치를 할 필요'가 있을 때 /

【대법원 판단】 그 극복을 위한 것으로 한정하고 있다.

【대법원 분석】 (2) 그러나 이에 근거하여 발령된 긴급조치 제9호의 내용은 /

【대법원 분석】 '유언비어를 날조, 유포하거나 사실을 왜곡하여 전파하는 행위', /

【대법원 분석】 '집회·시위 또는 신문, 방송, 통신 등 공중전파수단이나 문서, 도화, 음반 등 표현물에 의하여 대한민국 헌법을 부정·반대·왜곡 또는 비방하거나 그 개정 또는 폐지를 주장·청원·선동 또는 선전하는 행위', /

【대법원 분석】 '학교 당국의 지도, 감독하에 행하는 수업, 연구 또는 학교장의 사전 허가를 받았거나 기타 의례적 비정치적 활동을 제외한, 학생의 집회·시위 또는 정치관여행위' 및 /

【대법원 분석】 '이 조치를 공연히 비방하는 행위' 일체를 금하고(제1항 각 호), /

【대법원 분석】 이를 위반한 내용을 방송·보도 기타의 방법으로 공연히 전파하거나, /

【대법원 분석】 그 내용의 표현물을 제작·배포·판매·소지 또는 전시하는 행위를 금하며(제2항), /

【대법원 분석】 이 조치 등에 위반한 자는 1년 이상의 유기징역에 처하고, /

【대법원 분석】 이 경우에는 10년 이하의 자격정지를 병과하며, /

【대법원 분석】 미수에 그치거나 예비 또는 음모한 자도 또한 같고(제7항), /

【대법원 분석】 이 조치 또는 이에 의한 주무부장관의 조치에 위반한 자는 법관의 영장 없이 체포·구금·압수 또는 수색할 수 있으며(제8항), /

【대법원 분석】 주무부장관은 이 조치 위반자·범행 당시의 그 소속 학교, 단체나 사업체 또는 그 대표자나 장에 대하여 대표자나 장·소속 임직원·교직원이나 학생의 해임 또는 제적의 조치, 휴업·휴교·정간·폐간·해산 또는 폐쇄의 조치 등을 할 수 있다(제5항)는 것이다. /

【대법원 판단】 이는 유신헌법에 대한 논의 자체를 전면 금지하거나 이른바 유신체제에 대한 국민적 저항을 탄압하기 위한 것임이 분명하여 긴급조치권의 목적상의 한계를 벗어난 것일 뿐만 아니라, /

【대법원 판단】 긴급조치 제9호가 발령될 당시의 국내외 정치상황 및 사회상황이 긴급조치권 발동의 대상이 되는 비상사태로서 국가의 중대한 위기상황 내지 국가적 안위에 직접 영향을 주는 중대한 위협

을 받을 우려가 있는 상황에 해당한다고 할 수 없으므로, /

【**대법원 판단**】 그러한 국내외 정치상황 및 사회상황에서 발령된 긴급조치 제9호는 유신헌법 제53조가 규정하고 있는 요건 자체를 결여한 것이다.

【**대법원 판단**】 (3) 또한 긴급조치 제9호의 내용은 민주주의의 본질적 요소인 표현의 자유 내지 신체의 자유와 헌법상 보장된 청원권을 심각하게 제한하는 것으로서, /

【**대법원 판단**】 국가로 하여금 국민의 기본적 인권을 최대한으로 보장하도록 한 유신헌법 제8조(현행 헌법 제10조)의 규정에도 불구하고 /

【**대법원 판단**】 유신헌법 제18조(현행 헌법 제21조)가 규정한 표현의 자유를 제한하고, /

【**대법원 판단**】 영장주의를 전면 배제함으로써 법치국가원리를 부인하여 /

【**대법원 판단**】 유신헌법 제10조(현행 헌법 제12조)가 규정하는 신체의 자유를 제한할 뿐 아니라 /

【**대법원 판단**】 유신헌법 제14조(현행 헌법 제16조)가 규정한 주거의 자유를 제한하며, /

【**대법원 판단**】 명시적으로 유신헌법을 부정하거나 폐지를 청원하는 행위를 금지시킴으로써 /

【**대법원 판단**】 유신헌법 제23조(현행 헌법 제26조)가 규정한 청원권 등을 제한한 것이다. /

【**대법원 판단**】 더욱이 긴급조치 제9호는 /

【**대법원 판단**】 허가받지 않은 학생의 모든 집회 · 시위와 정치관여행위를 금지하고, /

【**대법원 판단**】 이를 위반한 자에 대하여는 주무부장관이 학생의 제적을 명하고 /

【**대법원 판단**】 소속 학교의 휴업, 휴교, 폐쇄조치를 할 수 있도록 하는 등 /

【**대법원 판단**】 유신헌법 제19조(현행 헌법 제22조)가 규정하는 학문의 자유를 제한하는 한편, /

【**대법원 판단**】 현행 헌법 제31조 제4항이 규정하는 대학의 자율성도 제한한 것이다.

【**대법원 요지**】 (4) 이와 같이 긴급조치 제9호는 그 발동 요건을 갖추지 못한 채 목적상 한계를 벗어나 국민의 자유와 권리를 지나치게 제한함으로써 헌법상 보장된 국민의 기본권을 침해한 것이므로, /

【**대법원 요지**】 긴급조치 제9호가 해제 내지 실효되기 이전부터 이는 유신헌법에 위반되어 위헌 · 무효이고, /

【**대법원 요지**】 나아가 긴급조치 제9호에 의하여 침해된 기본권들의 보장 규정을 두고 있는 현행 헌법에 비추어 보더라도 위헌 · 무효라 할 것이다/

【**대법원 요지**】 (위에서 본 대법원 2010도5986 전원합의체 판결 참조).

【**대법원 요지**】 이와 달리 유신헌법 제53조에 근거를 둔 긴급조치 제9호가 합헌이라는 취지로 판시한 /

【**대법원 요지**】 대법원 1977. 5. 13.자 77모19 전원합의체 결정, /

【**대법원 요지**】 대법원 1978. 5. 23. 선고 78도813 판결, /

【**대법원 요지**】 대법원 1978. 9. 26. 선고 78도2071 판결, /

【**대법원 요지**】 대법원 1979. 10. 30. 선고 79도2142 판결과 /

【**대법원 요지**】 긴급조치 제9호의 해제가 법령개폐에 해당한다는 이유로 면소판결을 선고한 /

【**대법원 요지**】 대법원 1979. 12. 28. 선고 79도2391 판결 및 /

【**대법원 요지**】 그 밖에 이 사건 결정의 견해와 다른 대법원판결들은 모두 폐기한다.

(3) 형사보상청구권의 발생

【대법원 요지】 피고인에 대한 공소사실에 적용할 법령이자 면소판결의 전제가 된 긴급조치 제9호는 헌법에 위배되어 당초부터 무효라 할 것이고, /

【대법원 요지】 이와 같이 위헌·무효인 긴급조치 제9호를 적용하여 공소가 제기된 경우에는 /

【대법원 요지】 형사소송법 제325조 전단의 '피고사건이 범죄로 되지 아니한 때'에 해당하므로 /

【대법원 요지】 법원은 무죄를 선고하였어야 할 것이다/

【대법원 요지】 (위에서 본 대법원 2010도5986 전원합의체 판결 참조).

【대법원 판단】 그런데 피고인이 면소판결을 받은 경위 및 그 이유, /

【대법원 판단】 이 사건 원판결 당시 법원이 긴급조치 제9호에 대한 사법심사를 자제하는 바람에 그 위반죄로 기소된 사람으로서는 재판절차에서 긴급조치 제9호의 위헌성을 다툴 수 없었던 사정, /

【대법원 판단】 그리고 앞서 본 긴급조치 제9호의 효력, /

【대법원 판단】 폐지된 형벌 관련 법령이 당초부터 위헌·무효인 경우 법원이 취할 조치 등을 종합하여 보면, /

【대법원 판단】 이 사건 결정에서 긴급조치 제9호의 위헌·무효를 선언함으로써 /

【대법원 판단】 비로소 면소의 재판을 할 만한 사유가 없었더라면 무죄재판을 받을 만한 현저한 사유가 피고인에게 생겼다고 할 것이다.

【대법원 판단】 따라서 피고인의 재산상속인인 청구인은 /

【대법원 판단】 법 제26조 제1항 제1호, 제3조 제1항, 제11조를 근거로 /

【대법원 판단】 국가를 상대로 긴급조치 제9호 위반으로 인하여 피고인이 구금을 당한 데 대한 보상을 청구할 수 있다.

4. 형사보상금의 범위

【대법원 분석】 법 제5조 제1항, 법 시행령 제2조는, /

【대법원 분석】 미결구금에 대한 1일당 보상금의 하한은 보상청구의 원인이 발생한 연도의 최저임금법에 따른 일급 최저임금액으로 하고, /

【대법원 분석】 그 상한은 그 일급 최저임금액의 5배로 한다고 규정하고 있다.

【대법원 판단】 그런데 이 사건 결정일이 속한 2013년도의 최저임금법상 일급 최저임금액은 38,880원이므로, /

【대법원 판단】 보상금의 하한은 1일 38,880원, 상한은 1일 194,400원(=38,880원×5)이 된다. /

【대법원 판단】 그리고 이 사건 기록에 나타난 구금의 종류 및 기간의 장단, /

【대법원 판단】 피고인이 구금기간 중에 입은 재산상의 손실과 얻을 수 있었던 이익의 상실 또는 정신적인 고통과 신체 손상, /

【대법원 판단】 경찰·검찰·법원의 각 기관의 고의 또는 과실 유무, /

【대법원 판단】 그 밖에 보상금액 산정과 관련되는 모든 사정을 고려하여 보면, /

【대법원 판단】 청구인에 대한 보상금액은 /

【대법원 판단】 피고인의 총 구금일수 중 청구인이 구하는 구금일수인 369일/

【대법원 판단】 [=180일(제1심판결 선고 전 미결구금일수 중 징역형에 실제 산입된 일수) + /

【대법원 판단】 189일(제1심판결 선고 다음날인 1979. 5. 10.부터 구속집행정지결정일인 1979. 11. 14.까지의 일수)]

【대법원 판단】 에 대하여 /

【대법원 판단】 법정 보상금액의 한도 내에서 청구인이 구하는 1일 164,400원으로 정함이 상당하다고 할 것이다. /

【대법원 판단】 따라서 청구인에 대한 형사보상금액을 60,663,600원(=1일 164,400원 × 369일)으로 정한다.

【대법원 결론】 그러므로 이 사건 형사보상청구를 인용하기로 하여 관여 법관의 일치된 의견으로 주문과 같이 결정한다.

【대법원 주문】

청구인에게 60,663,600원을 지급한다.

2011헌가36

구속집행정지 즉시항고 위헌결정
모친상 구속집행정지 사건
2012. 6. 27. 2011헌가36, 헌집 24-1하, 703

1. 사실관계 및 사건의 경과

【사실관계 1】

① 갑은 A에 대한 성폭력처벌법위반죄(특수강도강간등)로 P지방법원에 구속 기소되었다.

② 2011. 9. 9. P지방법원은 갑에 대하여 징역 13년 및 정보공개 10년, 10년간의 위치추적 전자장치 부착 등을 명하는 판결을 선고하였다.

③ 갑은 불복하여 Q고등법원에 항소하였다.

④ 검사도 불복하여 Q고등법원에 항소하였다.

【사실관계 2】

① [갑에 대한 기록이 Q고등법원에 송부되기 전에 갑의 어머니가 사망하였다.]

② 2011. 9. 19. P지방법원은 갑에 대해 모친상을 이유로 직권으로 2011. 9. 20.까지 구속의 집행을 정지한다는 결정을 하였다. (㉠구속집행정지결정)

③ 2011. 9. 19. 검사는 형사소송법 제101조 제3항에 따라 ㉠구속집행정지결정에 불복하여 즉시항고를 제기하였다.

④ 검사의 즉시항고에 의하여 ㉠구속집행정지결정의 집행은 정지되었다.

【사건의 경과 1】

① [갑에 대한 기록이 Q고등법원에 송부되었다.]

② 2011. 10. 26. Q고등법원은 직권으로 형사소송법 제101조 제3항에 대하여 위헌법률심판을 제청하였다.

③ 2011. 12. 2. Q고등법원은 갑에 대하여 징역 17년, 정보공개 10년, 10년간의 위치추적 전자장치 부착 등을 명하는 판결을 선고하였다.

④ 갑은 불복 상고하였다.

⑤ 2012. 2. 9. 대법원은 갑의 상고를 기각하였다.

【사건의 경과 2】

① 헌법재판소는 Q고등법원의 위헌법률심판제청사건의 심판대상을 형사소송법 제101조 제3항으로 특정하였다.

② 헌법재판소는 갑에 대한 피고사건이 종결되었음에도 불구하고 예외적으로 위헌 여부의 심판이익이 인정된다고 판단하였다.

③ 헌법재판소는 본안판단에 임하였다.

2. 형소법 제101조 제3항의 의의

(1) 구속집행정지 제도

【헌재 요지】 구속집행정지란 구속의 집행력을 정지시켜서 피고인을 석방하는 재판 및 그 집행을 말한다. /

【헌재 분석】 법원은 상당한 이유가 있는 때에는 결정으로 구속된 피고인을 친족·보호단체 기타 적당한 자에게 부탁하거나 피고인의 주거를 제한하여 구속의 집행을 정지할 수 있다(형사소송법 제101조 제1항).

【헌재 요지】 구속집행정지는 구속의 집행을 정지할 뿐, 구속의 효력에는 영향이 없다는 점에서 구속취소와 다르고 보석과 그 본질을 같이하나, /

【헌재 요지】 보증금을 조건으로 하지 않고 피고인이나 변호인 등에게 신청권이 인정되지 않고 직권에 의하여 행해지므로, /

【헌재 요지】 가사 신청이 있더라도 법원의 직권 발동을 촉구하는 의미밖에 없다.

【헌재 분석】 실무에서는 중병, 출산, 가족의 장례참석 등 긴급하게 피고인을 석방할 필요가 있는 경우 등에 주로 사용되고 있다/

【헌재 분석】 (보석·구속집행정지 및 적부심 등 사건의 처리에 관한 예규 제16조 제1항 참조). /

【헌재 분석】 이와 같이 구속집행정지는 피고인의 긴급한 개인적 사정에 초점을 맞추어 이용되고 있으며 보석제도를 보충하는 기능을 한다.

【헌재 분석】 법원이 피고인에 대한 구속집행정지의 결정을 하고자 할 때에는 검사의 의견을 물어야 하고, 다만 급속을 요할 때에는 의견을 물을 필요가 없다(형사소송법 제101조 제2항). /

【헌재 분석】 검사는 법원으로부터 구속집행정지에 관한 의견 요청이 있으면 의견서와 소송서류 및 증거물을 지체 없이 법원에 제출하여야 한다(형사소송규칙 제54조).

【헌재 분석】 한편 법원은 직권 또는 검사의 청구에 의하여 결정으로 구속의 집행정지를 취소할 수 있다(형사소송법 제102조 제2항). /

【헌재 분석】 구속집행정지의 취소사유, 청구 및 재판, 취소에 의한 재구금절차 등은 모두 보석취소의 경우와 동일하다(형사소송법 제102조 제2항 단서, 형사소송규칙 제56조).

(2) 형소법 제101조 제3항의 의의

【헌재 분석】 이 사건 법률조항은 검사가 구속집행정지결정에 대하여 즉시항고를 할 수 있다고 규정하고 있다. /

【헌재 분석】 그런데 즉시항고는 제기기간이 3일이고(형사소송법 제409조), /

【헌재 분석】 즉시항고의 제기기간 내와 즉시항고의 제기가 있는 때에는 재판의 집행은 정지된다(형사소송법 제410조). /

【헌재 분석】 그러므로 이 사건 법률조항이 검사에게 구속집행정지결정에 대한 즉시항고권을 인정함으로써, /

【헌재 분석】 즉시항고의 제기기간 동안은 물론 /

【헌재 분석】 즉시항고가 제기된 경우 그 항고심의 재판이 확정될 때까지 /

【헌재 분석】 구속집행정지결정의 집행이 일률적으로 무조건 정지된다.

【헌재 분석】 이 사건 법률조항은 1972. 12. 27. 이른바 유신헌법이 공포된 후 국회 아닌 비상국무회의에서 1973. 1. 25. 법률 제2450호로 형사소송법을 개정하면서 신설한 규정이다. /

【헌재 분석】 당시 이 사건 법률조항과 함께 신설되었던 조항 가운데 /

【헌재 분석】 보석허가결정에 대한 검사의 즉시항고를 허용한 구 형사소송법(1995. 12. 29. 법률 제5054호로 개정되기 전의 것) 제97조 제3항 중 /

【헌재 분석】 '보석허가결정에 대한 부분'은 헌재 1993. 12. 23. 93헌가2 결정에 의하여 위헌으로 선언되었다.

3. 형소법 제101조 제3항의 위헌 여부

(1) 헌법상 영장주의의 위반 여부

【헌재 분석】 구속영장의 집행정지는 구속 전 피의자심문, 구속취소, 체포·구속적부심사 및 보석 등과 함께 인신구속의 남용을 방지하고 불법 혹은 부당하게 구속당한 피의자·피고인의 권리구제를 위하여 인정되는 것이며, /

【헌재 분석】 구속영장의 실효 등과 같이 영장주의를 전제로 하는 제도이다. /

【헌재 분석】 그런데 구속집행정지 결정에 대한 검사의 즉시항고를 규정한 이 사건 법률조항으로 인하여 /

【헌재 분석】 피고인은 구속의 집행을 정지하는 법원의 결정을 받고도 석방되지 못하고 계속 구속되어 신체의 자유를 계속 제한받게 되는바, /

【헌재 분석】 이 사건 법률조항이 영장주의원칙에 위배되는 것인지 문제된다.

(가) 헌법 제12조 제3항의 영장주의의 본질

【헌재 분석】 헌법은 제12조 제3항에서 "체포·구속·압수 또는 수색을 할 때에는 적법한 절차에 따라 검사의 신청에 의하여 법관이 발부한 영장을 제시하여야 한다."라고 규정하여 적법절차의 원칙과

함께 영장주의를 밝히고 있다.

【헌재 요지】 수사단계이든 공판단계이든 수사나 재판의 필요상 구속 등 강제처분을 하지 않을 수 없는 경우가 있게 마련이지만 /

【헌재 요지】 강제처분을 받는 피의자나 피고인의 입장에서는 심각한 기본권의 제한을 받게 된다. /

【헌재 요지】 이에 영장주의는 인신의 자유를 제한하는 강제수사의 경우 사법권 독립에 의하여 신분이 보장되는 법관의 사전적 · 사법적 억제를 통해 수사기관의 강제처분 남용을 방지하고 국민의 기본권을 보장하는 것을 그 본질로 한다. /

【헌재 요지】 즉 영장주의의 본질은 강제수사의 요부 판단권한을 수사의 당사자가 아닌 인적 · 물적 독립을 보장받는 제3자인 법관에게 유보하는 것으로서, /

【헌재 요지】 법치국가의 사법질서 확립을 위해서는 수사절차에서의 사법통제가 반드시 필요한 것임을 선언한 것이다.

(나) 영장주의의 적용범위에 관한 헌법재판소 선례

【헌재 분석】 헌법재판소는 구속영장의 실효 여부를 검사의 의견에 좌우되도록 한 구 형사소송법(1995. 12. 29. 법률 제5054호로 개정되기 전의 것) 제331조 단서 규정이 영장주의 및 적법절차 원칙에 위배되어 위헌이라고 결정하면서 /

【헌재 요지】 "영장주의는 …… 구속개시 시점에 있어서 신체의 자유에 대한 박탈의 허용만이 아니라 /

【헌재 요지】 그 구속영장의 효력을 계속 유지할 것인지 아니면 정지 또는 실효시킬 것인지 여부의 결정도 오직 법관의 판단에 의하여만 결정되어야 한다는 것을 의미한다."고 판시하였다/

【헌재 요지】 (헌재 1992. 12. 24. 92헌가8, 판례집 4, 853, 885-886 참조).

【헌재 분석】 또한 법원의 보석허가결정에 대하여 검사가 즉시항고 할 수 있도록 한 같은 법 제97조 제3항 규정이 헌법상 영장주의원칙에 위배되어 위헌이라고 결정하면서 다음과 같이 판시하였다.

【헌재 요지】 "구속여부에 관한 전권을 갖는 법관 또는 법관으로 구성된 법원이 피의자나 피고인의 구속 또는 그 유지 여부의 필요성이 있는 유무에 관하여 한 재판의 효력이 /

【헌재 요지】 검사나 그 밖의 어느 다른 기관의 이견이나 불복이 있다 하여 좌우된다거나 제한받는다면 이는 위 영장주의에 반하고 따라서 적법절차의 원칙에도 위배된다.

【헌재 분석】 ……이 사건 규정은 /

【헌재 분석】 법원이 이러한 영장주의의 구현으로 결정한 보석허가결정의 집행이 즉시항고의 제기기간인 3일 동안 그리고 검사의 즉시항고가 제기된 경우는 그 즉시항고에 대한 재판이 확정될 때까지 무조건 정지되어 /

【헌재 분석】 피고인은 석방되지 못하고 신체의 자유를 계속 박탈당한 채 구속되어 있어야 하도록 규정하고 있다. /

【헌재 판단】 결과적으로 이 사건 규정은 당해 피고인에 대한 보석허가결정이 부당하다는 검사의 불복을 그 피고인에 대한 구속집행을 계속 할 필요가 없다는 법원의 판단보다 우선시킨 것이며, /

【헌재 판단】 행복추구의 근간이 되는 국민의 신체의 자유를 최대한 보장하려는 헌법정신에 기하여 구속의 여부와 구속을 계속시키는 여부에 대한 판단은 헌법 제103조에 의하여 독립이 보장된 법관의

결정에만 맡기려는 위에서 본 영장주의에 위반된다."/

【헌재 판단】 (헌재 1993. 12. 23. 93헌가2, 판례집 5-2, 578, 596, 599-600).

(다) 형소법 제101조 제3항의 영장주의 위배 여부

【헌재 요지】 앞에서 본 바와 같이 법원이 피고인의 구속 또는 그 유지 여부의 필요성에 관하여 한 재판의 효력이 검사나 다른 기관의 이견이나 불복이 있다 하여 좌우되거나 제한받는다면 이는 영장주의에 위반된다고 할 것이다.

【헌재 요지】 그런데 구속집행정지는 법원이 직권으로 결정하는 것으로서, /

【헌재 요지】 구속집행정지 사유들은 한시적인 경우가 많아 그 시기를 놓치게 되면 피고인에게 집행정지의 의미가 없어지게 된다는 점을 고려하면, /

【헌재 요지】 이 사건 법률조항은 검사의 즉시항고에 의한 불복을 그 피고인에 대한 구속집행을 정지할 필요가 있다는 법원의 판단보다 우선시킬 뿐만 아니라, /

【헌재 요지】 사실상 법원의 구속집행정지결정을 무의미하게 할 수 있는 권한을 검사에게 부여한 것이라는 점에서 영장주의의 본질에 반하여 헌법 제12조 제3항의 영장주의원칙에 위배된다.

(2) 헌법 제12조 제1항의 적법절차원칙 위배 여부

【헌재 분석】 헌법은 제12조 제1항에서 신체의 자유의 보장과 적법절차의 원칙을 선언하고 /

【헌재 분석】 같은 조 제3항에서 체포·구속 등에 있어서 '적법한 절차에 따라' 법관이 발부한 영장에 의할 것을 천명하고 있다.

【헌재 요지】 헌법상 적법절차의 원칙은 국가작용으로서 기본권 제한과 관련되든 아니든 모든 입법작용 및 행정작용에도 광범위하게 적용되는 것으로서, /

【헌재 요지】 법률이 정한 형식적 절차와 실체적 내용이 모두 합리성과 정당성을 갖춘 적정한 것이어야 한다는 실질적 의미를 지니고 있으며, /

【헌재 요지】 형사소송절차와 관련하여서는 형사소송절차의 전반을 기본권 보장의 측면에서 규율하여야 한다는 기본원리를 천명하고 있는 것으로 이해된다.

【헌재 요지】 따라서 헌법 제12조 제1항은 적법절차원칙의 일반조항이고, /

【헌재 요지】 제12조 제3항의 적법절차원칙은 기본권 제한 정도가 가장 심한 형사상 강제처분의 영역에서 기본권을 더욱 강하게 보장하려는 의지를 담아 중복 규정된 것이라고 해석함이 상당하다.

【헌재 판단】 이와 같이 본다면, 이 사건 법률조항은 헌법 제12조 제1항의 적법절차원칙의 특별규정인 헌법 제12조 제3항의 영장주의원칙에 위배되고, /

【헌재 판단】 헌법 제12조 제1항의 적법절차원칙에도 위배된다.

(3) 과잉금지원칙 위배 여부

【헌재 요지】 구속제도 자체가 국가형벌권의 실현이라는 정당한 목적을 가지고 있다고 하더라도, /

【헌재 요지】 그에 관한 구체적인 입법권 행사는 헌법상 보장된 국민의 기본권 중에 가장 중요한 신체의 자유를 제한하는 내용에 관한 것이므로 헌법 제37조 제2항의 원칙이 반드시 준수되어야 하고, /

【헌재 요지】 이에 위반하는 경우는 헌법에 위반된다.

【헌재 분석】 이 사건 법률조항이 법률에 따른 형벌권의 행사로서 신체의 자유의 본질적인 내용을 침해하거나 과잉금지의 원칙에 위배되는지 여부를 본다.

(가) 목적의 정당성 및 수단의 적절성

【헌재 판단】 이 사건 법률조항이 검사에게 법원의 구속집행정지결정에 대하여 즉시항고권을 인정한 것은 /

【헌재 판단】 부당한 구속집행정지결정으로 피고인이 출소한 후 도망가거나 증거를 인멸함으로써 공정한 재판 진행에 지장을 초래하거나 형의 집행에 차질을 가져오는 것을 예방하기 위한 것으로서, /

【헌재 판단】 입법목적의 정당성이 인정되고, /

【헌재 판단】 검사에게 즉시항고권을 인정한 것은 위 목적을 달성하기 위한 적절한 방법이 될 수 있다.

(나) 피해의 최소성 및 법익균형성

【헌재 판단】 형사소송법 제101조 제2항에 의하면, 법원이 구속의 집행정지에 관한 결정을 함에는 검사에게 의견을 물어야 한다고 규정하고 있어, /

【헌재 판단】 구속집행정지에 관한 결정을 할 때 검사의 의견청취가 필수적인 절차이다. /

【헌재 판단】 따라서 검사는 구속집행정지결정 전에 의견을 충분히 진술할 수 있으며, /

【헌재 판단】 피고인에 대한 신병확보의 필요성은 피고인의 출석을 보장할 만한 조건의 부가에 의하여 그 목적을 달성할 수 있다. /

【헌재 판단】 그리고 법원의 구속집행정지결정에 대하여 검사가 증거인멸이나 도주의 우려가 있다는 이유로 불복할 수 있도록 해야 한다고 하더라도, /

【헌재 판단】 보통항고를 하고 같은 법 제409조 단서에 의한 집행정지를 청구하거나, /

【헌재 판단】 즉시항고를 인정하되 즉시항고에 재판의 집행을 정지하는 효력을 인정하지 않는 방법도 있으므로(형사소송법 제23조 제2항 참조), /

【헌재 판단】 이 사건 법률조항처럼 구속집행정지결정 자체를 무력화시키는 방법보다 덜 침해적인 방법에 의해서는 그 목적을 전혀 달성할 수 없다고 보기도 어렵다. /

【헌재 판단】 이러한 점들을 고려할 때 구속집행정지결정에 대하여 즉시항고권을 인정하는 것은 피해의 최소성을 갖춘 것이라고 할 수 없다.

【헌재 판단】 한편 구속의 집행정지제도는 국민의 신체의 자유를 보장하려는 헌법정신에 기한 불구속재판의 원칙과 헌법 제27조 제4항의 무죄추정의 원칙을 구현하기 위한 보석제도를 보충하는 기능을 하며, /

【헌재 판단】 상당한 이유가 있을 때 행해지는 것으로서 실무상 중병, 출산, 가족의 장례참석 등 긴급하게 피고인을 석방할 필요가 있는 경우 등에 주로 이용되고 있다. /

【헌재 판단】 이러한 구속집행정지제도의 의의와, /

【헌재 판단】 법원이 여러 사정을 검토하여 구속된 피고인을 일정한 조건 하에 구속의 집행을 정지하는 경우 도주와 증거인멸의 우려 등은 이미 법원의 결정 단계에서 고려되었다는 점, /

【헌재 판단】 구속의 집행정지 사유들은 한시적인 경우가 많아 그 시기를 놓치게 되면 피고인에게 집행정지의 의미가 없어지게 되는 점 등을 종합해 보면, /

【헌재 판단】 법원의 구속집행정지 판단에 따라 잠시 석방될 필요가 있는 피고인이 검사의 즉시항고에 의하여 석방되지 못하게 되는 불이익보다 /

【헌재 판단】 구속집행정지된 피고인이 도망하거나 증거를 인멸하는 것을 예방하기 위한 공익이 크다고 할 수 없다.

【헌재 판단】 따라서 이 사건 법률조항이 검사에게 즉시항고권을 인정한 것은 부당한 구속집행정지결정의 시정을 도모한다는 명목으로 검사에게 목적달성에 필요한 정도를 넘어서 피고인에게 심대한 피해를 주는 것이므로 법익의 균형성을 갖춘 것이라고 보기 어렵다.

【헌재 판단】 (다) 덧붙여 피고인이나 변호인 등에게 구속집행정지에 관한 신청권이 인정되지 않고 직권에 의하여 구속집행정지결정을 하는 것임에도, /

【헌재 판단】 피고인의 상대방 당사자의 지위에 있는 검사에 대하여 집행정지의 효력이 있는 즉시항고권을 인정한 것은 당사자대등주의와 형평의 원칙에 반한다. /

【헌재 판단】 또한 입법 연혁적으로도 이 사건 법률조항은 1972. 12. 27. 이른바 유신헌법이 공포된 후 국회 아닌 비상국무회의에서 1973. 1. 25. 형사소송법을 개정하면서 신설한 규정으로서 피고인의 기본권보다 국가형벌권을 우선한 것이라는 비판을 면할 수 없다.

【헌재 판단】 그러므로 이 사건 법률조항은 헌법 제37조 제2항의 과잉금지원칙에도 위배된다.

(4) 소 결

【헌재 판단】 이 사건 법률조항은 헌법상 영장주의 및 적법절차원칙에 위배되며, 과잉금지원칙에도 위배된다.

4. 헌법재판소의 최종 판단

【헌재 판단】 그렇다면 이 사건 법률조항은 헌법에 위반되므로 관여 재판관 전원의 일치된 의견으로 주문과 같이 결정한다.

【헌재 주문】
형사소송법(1973. 1. 25. 법률 제2450호로 개정된 것) 제101조 제3항은 헌법에 위반된다.

2011헌마351

압수물 폐기의 범위와 한계
압수 과도 폐기 사건
2012. 12. 27. 2011헌마351, 헌재 주요결정속보

1. 사실관계 및 사건의 경과

【사실관계 1】

① 2010. 11. 20. 갑은 부천시 M장소의 P모피 점포 내에서 강도예비 및 현주건조물방화예비 혐의로

현행범으로 체포되었다.

② 경찰관 A는 갑으로부터 갑이 소지하고 있던 다음의 물건을 임의제출받아 이를 압수하였다. (㉠압수물)

　(가) 플라스틱 생수병 1개

　(나) 과도 1개

　(다) 책가방 1개

　(라) 일회용라이터 1개

③ 이 과정에서 경찰관 A는 갑으로부터 갑이 소지하고 있던 다음의 물건을 보관하게 되었다. (㉡임치물)

　(가) 정신과치료제(수량미상)

　(나) 태권도교본 1권

④ [경찰관 A는 갑으로부터 ㉠압수물과 ㉡임치물에 대해 소유권포기각서를 받아두었다.]

⑤ 2010. 12. 20.경 경찰관 A는 위험성이 있다는 이유로 수사검사 B의 지휘 아래 ㉠압수물을 모두 폐기하였다.

⑥ 경찰관 A는 그때 ㉡임치물도 함께 폐기하였다.

⑦ 갑은 이러한 사실을 알지 못하였다.

【사실관계 2】

① 검사는 갑을 강도예비 및 현주건조물방화예비죄로 기소하였다.

② 검사는 공소제기와 아울러 치료감호를 청구하였다.

③ 2011. 4. 22.경 갑은 강도예비 혐의에 대해 무죄를 다투기 위해 ㉠압수물 중 과도에 대한 검증신청을 하였다.

④ 이때 갑은 ㉠압수물과 ㉡임치물이 폐기된 것을 알게 되었다.

⑤ 2011. 7. 22. 제1심법원은 다음과 같이 판결하였다.

　(가) 강도예비죄 : 범죄의 증명이 없는 경우에 해당하여 무죄

　(나) 현주건조물방화예비죄 : 심신상실(형법 제10조 제1항)로 무죄

　(다) 치료감호

⑥ 검사는 불복 항소하였다.

⑦ 항소심법원은 항소를 기각하였고, 제1심판결은 확정되었다.

【사건의 경과】

① 2011. 5. 18. 갑은 헌법소원심판을 청구하기 위해 헌법재판소에 국선대리인 선임신청을 하였다.

② 2011. 7. 5. 선임된 국선대리인 C는 경찰관 A를 상대로 다음 내용의 헌법소원심판을 청구하였다.

　(가) 경찰관 A가 ㉠압수물을 폐기한 행위는 갑의 공정한 재판을 받을 권리 등을 침해하였으므로 그 취소를 구한다.

　(나) ㉡임치물을 제대로 보관하지 못한 부작위로 말미암아 재산권을 침해받았으므로 부작위위헌확인을 구한다.

2. ○임치물 폐기 부분에 대한 판단

【헌재 판단】 이 사건 임치물은 경찰관의 압수의사에 기하여 압수된 물건이 아니라, /

【헌재 판단】 단지 경찰관의 권유에 의해 청구인이 임의로 제출하여 피청구인이 이를 보관하게 된 단순한 임치물에 해당하므로, /

【헌재 판단】 이 사건 임치물 폐기행위는 단순한 비권력적 사실행위에 불과할 뿐 헌법소원의 대상이 되는 공권력의 행사에 해당한다고 볼 수 없으므로, /

【헌재 판단】 이 부분 심판청구는 부적법하다.

3. ○압수물 폐기 부분에 대한 판단

(1) 적법요건에 관한 판단

【헌재 판단】 이 사건 압수물 폐기행위는 이미 종료하였고, 청구인은 형사사건에 관하여 무죄의 확정판결을 받음으로써 이 사건 헌법소원을 통해 이루고자 하는 목적을 달성하였으므로, 이 부분 심판청구는 일단 주관적 권리보호의 이익이 없다. /

【헌재 판단】 그러나 이 사건과 같은 압수물 폐기행위는 피청구인의 주장 및 답변 취지 등에 비추어 볼 때 계속 반복될 위험성이 있고, /

【헌재 판단】 압수물의 위법한 폐기는 압수물에 대한 증거조사를 통하여 자신의 무죄를 입증하고자 하는 피고인의 입장에서는 공정한 재판을 받을 권리를 침해받을 수 있다는 측면에서 매우 중요한 문제이며, /

【헌재 판단】 이에 따라 압수물 폐기의 요건 및 한계에 대한 헌법적 해명은 헌법질서의 수호를 위해 중대한 의미를 갖는다 할 것이므로, 이에 대하여는 본안으로 나아가 판단할 필요가 있다.

(2) 압수물 보관의 의의

【헌재 요지】 압수물은 사건종결 시까지 이를 보관함이 원칙이다. /

【헌재 요지】 그 이유 중의 하나는 압수물이 증거물인 경우가 대부분이고 따라서 사건종결 시까지 그 증거가치를 그대로 보존할 필요성이 있기 때문이다. /

【헌재 요지】 형사소송절차에서는 검사에게 공소사실에 대한 입증책임이 있고, /

【헌재 요지】 수사상 압수도 검사가 공소사실에 대한 물적 증거를 얻기 위한 일환으로 이루어지는 것이 일반적이므로, /

【헌재 요지】 압수물은 공소사실의 입증책임이 있는 검사에게 그 존재가치가 큰 경우가 많을 것이다. /

【헌재 요지】 그러나 형사소송절차에서는 피고인에게도 자신에게 유리한 사실을 입증하기 위한 증거신청권이 있고, /

【헌재 요지】 압수물은 공소사실의 입증뿐만 아니라 피고인에게도 유리한 자료(반증 및 양형자료 등)로 사용될 수 있는 것이므로, /

【헌재 요지】 피고인의 입장에서 압수물의 증거조사를 통하여 자신에게 유리한 사정을 입증하고자 하여도 압수물이 폐기되어 존재하지 않게 된다면

【헌재 요지】 이는 증거신청권을 포함하는 피고인의 공정한 재판을 받을 권리를 침해하게 된다.

(3) 사건 종결전 압수물 폐기의 제한

【헌재 요지】 따라서 사건 종결 전의 압수물에 대한 폐기는 이를 엄격히 제한할 필요가 있다. /

【헌재 분석】 즉 형사소송법(이하 '법'이라고만 한다) 제130조 제3항은 '법령상 생산·제조·소지·소유 또는 유통이 금지된 압수물로서 부패의 염려가 있거나 보관하기 어려운 압수물'에 한하여 소유자 등 권한 있는 자의 동의를 받아 폐기할 수 있도록 하고 있고, /

【헌재 분석】 법 제130조 제2항은 그 이외의 압수물에 대하여 '위험발생의 염려가 있는 때'에 한하여 폐기할 수 있도록 규정하고 있는데, /

【헌재 요지】 법 제130조 제2항에서 규정하고 있는 위험발생의 염려가 있는 압수물이란 폭발물, 유독물질 등 사람의 생명, 신체, 건강, 재산에 위해를 줄 수 있는 물건으로서 /

【헌재 요지】 보관 자체가 대단히 위험하여 종국판결이 선고될 때까지 보관하기 매우 곤란한 압수물을 의미하는 것으로 해석하여야 한다.

【헌재 요지】 그리고 법 제130조 제3항 이외의 일반적인 압수물로서 법 제130조 제2항에서 정한 사유에 해당하지 아니하는 압수물에 대하여는 /

【헌재 요지】 설사 피압수자의 소유권포기가 있거나 동의가 있다 하더라도 폐기가 허용되지 아니한다고 해석하여야 한다. /

【헌재 요지】 그렇지 않고 소유권포기나 동의에 의한 압수물의 일반적 폐기를 허용한다면 국가형벌권의 실현절차인 형사소송절차는 법률에 정한 절차에만 의하도록 한 형사절차법정주의를 무의미하게 할 수 있다.

4. 사안에 대한 헌법재판소의 판단

【헌재 판단】 이 사건에 있어서 피청구인은 이 사건 압수물이 위험발생의 염려가 있다는 이유로 이를 폐기하였다. /

【헌재 판단】 그런데 이 사건 압수물은 그 물건의 성상이나 형태 등에 비추어 볼 때 종국판결까지 보관하는 것 자체가 위험하다고 볼 수 없을 뿐만 아니라 /

【헌재 판단】 이를 보관하는 데 아무런 불편이 없는 물건임이 명백하다. /

【헌재 결론】 그럼에도 위와 같이 법에서 정한 압수물 폐기의 요건과 무관하게 단지 압수물에 대한 소유권포기가 있다는 사유만으로 임의로 압수물을 폐기한 것은 /

【헌재 결론】 기본권제한의 법률유보원리로서의 적법절차원칙을 위반한 것으로서 헌법에 위반되고, 청구인의 공정한 재판을 받을 권리를 침해한 것이다. (위헌 결정)

2011헌바108

아청법 영상녹화물과 반대신문권
아청법 증거특례 합헌 사건

2013. 12. 26. 2011헌바108, [결정문]

1. 사실관계 및 사건의 경과

【사실관계 1】

① 갑은 정신지체 2급의 지적 장애인이다.

② 갑은「아동·청소년의 성보호에 관한 법률」(이하 아청법으로 약칭함) 위반죄(강제추행)으로 기소되었다.

③ 갑의 공소사실을 다음과 같다.

④ 「2010년 5월 중순경부터 2010. 7. 2.까지 3회에 걸쳐 만 8세 아동(A) 9세 아동(B)인 피해자들의 엉덩이를 툭툭 치거나 가슴을 만지는 등 강제추행하였다.」

【사실관계 2】

① 제1심 공판절차에서 검사는 ⓐ영상녹화물을 증거로 제출하였다.

② ⓐ영상녹화물은 피해아동들의 진술을 녹화한 것이었다.

③ 피해아동 어머니들은 ⓐ영상녹화물에 대해 진정성립을 인정하였다.

④ 제1심법원은 ⓐ영상녹화물을 공소사실에 관한 증거로 채택하여 조사하였다.

⑤ 원진술자인 피해아동들에 대한 증인신문은 이루어지지 않았다.

⑥ 제1심법원은 ⓐ영상녹화물을 주요 증거로 공소사실 중 일부를 유죄로 인정하였다.

⑦ 제1심법원은 갑에게 다음의 판결을 선고하였다.

   (가) 징역 1년에 집행유예 2년

   (나) 보호관찰

   (다) 3년간의 정보공개

【사건의 경과 1】

① 갑은 제1심판결에 불복하여 항소하였다. (ⓛ당해사건)

② 갑은 항소심법원에 아청법 제18조의2 제5항과 제3조에 대하여 위헌법률심판제청신청을 하였다.

③ 2011. 5. 13. 항소심법원은 갑의 위헌법률심판제청신청을 기각하였다.

④ 2011. 5. 30. 갑은 헌법재판소에 헌법소원심판을 청구하였다.

【사건의 경과 2】

① ⓛ당해사건에서 항소심법원은 ㉠영상녹화물의 원진술자인 피해아동 중 1인(A)에 대한 갑의 증인신청을 받아들였다.

② 항소심법원은 아동 A를 증인으로 신문하였다.

③ 항소심법원은 갑의 위헌법률심판제정신청을 기각하였다.

④ 같은 날 항소심법원은 제1심 판결을 파기하고 공소사실을 모두 유죄로 인정하였다.

⑤ 항소심법원은 갑에게 다음의 주문을 선고하였다.

    (가) 징역 1년 6월에 집행유예 2년

    (나) 3년간의 신상정보공개

⑥ 2012. 6. 14. 항소심판결은 대법원의 상고기각으로 확정되었다. (ⓒ확정판결)

【사건의 경과 3】

① 2013. 12. 26. 헌법재판소는 갑의 헌법소원심판청구에 대하여 결정하였다.

② (아래의 판례 본문에서는 아청법상 영상녹화물에 관한 규정을 '증거능력 특례조항'으로 약칭하고 있음)

③ 참조조문은 아래와 같다.

    (가) (행위시) 아동 · 청소년의 성보호에 관한 법률

    (나) 제18조의2(영상물의 촬영 · 보존등)

    (다) ⑤ 제1항부터 제3항까지의 절차에 따라 촬영한 영상물에 수록된 피해자의 진술은 공판준비 또는 공판기일에 피해자 또는 조사과정에 동석하였던 신뢰관계에 있는 자의 진술에 의하여 그 성립의 진정함이 인정된 때에는 증거로 할 수 있다.

④ (위의 조항은 현행 아청법 제26조 제6항에 대응함)

2. 아청법상 증거능력 특례조항의 의의

【헌법재판소 판단】 증거능력 특례조항은 성폭력범죄로 피해를 입은 아동과 청소년(다음부터 '피해아동'이라고 한다)이 재판에 출석하여 증언하는 경우 발생할 수 있는 심리적, 정서적 충격으로 인한 '2차 피해'를 최소화하고자 하는 데 그 입법목적이 있다. /

【헌법재판소 판단】 즉 성에 관한 인식과 자아관념이 형성되는 과정에 있고 방어력이 취약한 피해아동이 재판 과정에서 끔찍한 기억에 대한 반복적인 회상을 강요당하거나 가해자를 다시 대면하게 됨으로써 정신적 상처로부터의 회복이 방해되는 것을 방지하고, /

【헌법재판소 판단】 피해아동의 신상 및 사생활에 관한 사항이 노출되거나 공개된 법정에서 자신의 진술의 신빙성을 공격받게 됨으로써 올 수 있는 심리적 · 정서적 충격으로부터 피해아동을 보호하고자 하는 것이다.

【헌법재판소 분석】 형사소송법 제310조의2는 "제311조 내지 제316조에 규정한 것 이외에는 공판준비 또는 공판기일에서의 진술에 대신하여 진술을 기재한 서류나 공판준비 또는 공판기일 외에서의 타인의 진술을 내용으로 하는 진술은 이를 증거로 할 수 없다."고 규정하여 전문증거의 증거능력을 원칙적으로 부인하고 있다. /

【헌법재판소 분석】 그런데 증거능력 특례조항은 피해아동뿐 아니라 그와 동석하였던 신뢰관계에 있는 사람에 의한 성립인정의 진술만으로도 증거능력이 부여되는 전문법칙의 예외를 규정하여, /

【헌법재판소 분석】 원진술자인 피해아동의 법정 진술 없이도 전문증거인 영상녹화물을 아동성폭력범죄의 '본증'으로서 사용할 수 있도록 하고 있다. /

【헌법재판소 판단】 이는 성폭력범죄의 피해아동이 법정에 출석하여 증언함으로써 입을 수 있는 2차

피해를 방지하기 위하여 원진술자의 법정출석을 전제로 하여 가능한 피고인의 반대신문권 행사를 실질적으로 제한하는 의미를 갖는다.

【헌법재판소 판단】 한편 형사소송법은 '당연히 증거능력 있는 서류'를 규정한 제315조와 원진술자의 사망, 질병, 외국거주 등으로 인한 '증거능력의 예외'를 규정한 제314조에서도 원진술자에 대한 반대신문의 기회 부여 없이 전문증거의 증거능력을 인정하고 있다. /

【헌법재판소 판단】 전자는 공무상 또는 업무상 기계적·반복적으로 작성되거나 고도의 신용성 보장이 있어 굳이 반대신문을 거칠 필요가 없다는 점에서, /

【헌법재판소 판단】 후자는 반대신문을 위한 증인 소환이 현실적으로 불가능하거나 현저히 곤란하여 반대신문을 할 수 없는 경우라는 점에서 전문법칙의 예외를 인정하는 것이다. /

【헌법재판소 판단】 그러나 증거능력 특례조항은 문제되는 전문증거인 피해아동의 진술이 반대신문을 거칠 필요가 없다거나 반대신문을 할 수 없는 경우에 해당한다고 할 수 없는데도, /

【헌법재판소 판단】 피해아동의 2차 피해 방지라는 적극적인 목적을 위하여 피고인의 반대신문권을 제한하고 있다는 점에서 위 조항들과 구별되는 고유한 헌법적 문제를 야기한다.

3. 공정한 재판을 받을 권리의 침해 여부

(1) 공정한 재판을 받을 권리와 반대신문권의 보장

【헌법재판소 판단】 헌법 제27조 제1항은 "모든 국민은 헌법과 법률이 정한 법관에 의하여 법률에 의한 재판을 받을 권리를 가진다."라고 규정함으로써 모든 국민에게 적법하고 공정한 재판을 받을 권리를 보장하고 있다. /

【헌법재판소 요지】 이 공정한 재판을 받을 권리 속에는 신속하고 공개된 법정의 법관의 면전에서 모든 증거자료가 조사·진술되고 이에 대하여 피고인이 공격·방어할 수 있는 기회가 보장되는 재판, /

【헌법재판소 요지】 즉 원칙적으로 당사자주의와 구두변론주의가 보장되어 당사자가 공소사실에 대한 답변과 입증 및 반증을 하는 등 공격, 방어권이 충분히 보장되는 재판을 받을 권리가 포함되어 있다.

【헌법재판소 분석】 헌법은 피고인의 반대신문권을 미국이나 일본과 같이 헌법상의 기본권으로까지 규정하지는 않았으나, /

【헌법재판소 분석】 형사소송법은 제161조의2에서 상대 당사자의 반대신문을 전제로 한 교호신문제도를 규정하고 있고, /

【헌법재판소 분석】 제312조 제4항, 제5항에서 '공판준비 및 공판기일에서 원진술자를 신문할 수 있는 때에 한하여' 피고인 아닌 자의 진술을 기재한 조서나 진술서의 증거능력을 인정하도록 규정함으로써 피고인에게 불리한 증거에 대하여 반대신문할 수 있는 권리를 명문으로 인정하고 있다. /

【헌법재판소 분석】 이는 위와 같은 공정한 재판을 받을 권리를 형사소송절차에서 구현하고자 한 것이다. /

【헌법재판소 분석】 형사소송법은 이러한 반대신문권을 실질적·적극적으로 보장하기 위하여 제310조의2 이하에서 증거능력 부여과정에서도 전문증거의 증거능력을 제한하고 있다.

【헌법재판소 분석】 그런데 증거능력 특례조항은 피해아동의 진술이 수록된 영상녹화물에 피해아동의 법정진술 없이도 증거능력이 부여될 수 있도록 함으로써 피고인의 반대신문권 행사를 제한하는 규

정으로서, /

【헌법재판소 분석】 헌법 제27조가 정한 재판청구권, 그 중에서도 '공정한 재판을 받을 권리'를 제한하고 있는 것이므로 그 제한이 헌법적 한계를 벗어난 것인지 여부가 문제된다.

【헌법재판소 분석】 한편 청구인은 증거능력 특례조항이 적법절차의 원칙에도 위반된다고 주장한다. /

【헌법재판소 분석】 그런데 적법절차의 원칙은 법률이 정한 형식적 절차와 실체적 내용이 모두 합리성과 정당성을 갖춘 적정한 것이어야 한다는 실질적 의미를 지니고 있는 것으로서, /

【헌법재판소 분석】 증거능력 특례조항과 관련해서는 사실상 반대신문권을 보장하여 공정한 재판을 받을 권리를 보장하는 문제에 귀착된다. /

【헌법재판소 분석】 따라서 공정한 재판을 받을 권리의 침해 여부에 대한 판단 속에 적법절차의 원칙 위반 여부에 대한 판단까지 포함된다.

(2) 과잉금지원칙 위배 여부

(가) 목적의 정당성 및 수단의 적절성

【헌법재판소 판단】 증거능력 특례조항의 입법목적은, 성폭력범죄 피해아동이 법정에서 반복하여 피해경험을 진술함으로써 입을 수 있는 심리적·정서적 외상과 충격으로부터 피해아동을 보호하려는 것으로서 그 정당성이 인정된다. /

【헌법재판소 판단】 그리고 피해아동의 진술을 영상녹화하고 그 영상녹화물에 대하여 아동과 동석한 신뢰관계인의 성립인정의 진술만으로 증거능력이 부여될 수 있도록 함으로써 피해아동에 대한 법정에서의 조사와 신문을 최소화할 수 있도록 한 것은 이러한 목적을 달성하기 위해 적절한 수단이라고 할 것이다.

(나) 피해최소성 및 법익균형성

【헌법재판소 분석】 이 사건의 쟁점은, 증거능력 특례조항이 피고인의 방어권을 지나치게 제한하여 기본권 제한 입법이 갖추어야 할 피해최소성 및 법익균형성의 원칙에 위배되거나, /

【헌법재판소 분석】 피고인의 방어권을 본질적으로 침해하고 있는지 여부이다. /

【헌법재판소 분석】 이것은 증거능력 특례조항이 피고인의 반대신문권을 제한하는 정도와 피고인에게 대체적인 방어수단이 존재하는지 여부, /

【헌법재판소 분석】 위 조항의 규율 대상인 영상녹화물이 증거방법으로서 갖는 성격과 그것이 피고인의 방어권에 미치는 실질적인 영향 /

【헌법재판소 분석】 그리고 피고인의 반대신문권을 보장하면서 입법목적을 달성할 수 있는 다른 대체적인 수단이 있는지 등을 종합하여 판단하여야 할 것이다.

【헌법재판소 요지】 증거능력 특례조항은 전문법칙을 분별없이 적용하여 일률적으로 원진술자인 피해아동을 법정에 출석시켜 진술하도록 하는 것을 방지함으로써, /

【헌법재판소 요지】 피고인의 형사절차상 권리의 보장과 성폭력범죄 피해아동의 보호 사이의 조화를 도모한 규정일 뿐, /

【헌법재판소 요지】 피고인의 피해아동에 대한 반대신문을 금지하고자 하는 조항이 아니다. /

【헌법재판소 판단】 즉 법원은 영상녹화물에 수록된 진술의 신빙성이나 구체성, 사건의 내용, 피해아

동의 연령과 출석의지, 피고인 주장의 합리성 등 실체적 진실 발견과 피해아동의 보호를 포함한 제반 사정을 고려하고 관련된 이익을 비교하여, /

【헌법재판소 판단】 형사소송법 제294조, 제295조에 따라 원진술자인 피해아동을 피고인 및 변호인의 신청 또는 직권으로 증인으로 소환하여 신문할 수 있다. /

【헌법재판소 판단】 이 경우 피고인 및 변호인은 형사소송법 제161조의2, 제163조에 따라 증인신문에의 참여권과 신문권 등이 보장되므로 증거능력 특례조항이 피고인의 반대신문권을 본질적으로 제한하고 있다고 볼 수는 없다. /

【헌법재판소 판단】 그리고 위와 같은 제반사정을 고려한 법원의 증인채택결정에도 불구하고 피해아동이 법정에 출석하지 아니하여 반대신문권이 행사되지 못하였다면, /

【헌법재판소 판단】 법원은 영상녹화물에 대한 증명력의 판단에서 그러한 사정을 적절히 고려할 수 있다.

【헌법재판소 판단】 또한 증거능력 특례조항에 따라 영상녹화물의 증거능력이 인정되기 위해서는 최소한 동석한 신뢰관계인이 성립인정에 관한 진술을 하도록 하고 있으므로, /

【헌법재판소 판단】 피고인은 그 신뢰관계인을 통하여 영상 녹화 당시의 피해아동의 진술 태도, 진술의 경위와 내용 등 영상녹화물에 수록된 진술의 증거능력 및 증명력 판단에 필요한 사정들을 1차적으로 탄핵할 수 있는 대체적인 방법이 마련되어 있다. /

【헌법재판소 판단】 그리고 이러한 대체적인 방법에 의하여 그 진실성이 쉽사리 판단되지 않을 때 비로소 피해아동에 대한 신문을 행하여도 늦지 않다. /

【헌법재판소 판단】 나아가 법정 신문에 대신한 영상녹화물을 통한 증거조사가 반드시 소극적 실체적 진실발견이라는 관점에서 피고인에게 불리한 것이라고 단정할 수 없다. /

【헌법재판소 판단】 연령에 따라 정도의 차이는 있으나 아동과 청소년은 기억과 인지능력의 한계로 말미암아 유도신문과 암시적 질문 등 부적절한 신문방법에 의하여 그 기억과 진술이 왜곡될 가능성이 성인에 비하여 크고, /

【헌법재판소 판단】 질문의 사회적 · 법적 의미를 이해하여 이를 표현해 내는 능력 또한 성인에 비하여 떨어지는 것이 일반적이다. /

【헌법재판소 판단】 따라서 전문성 없는 피고인 또는 변호인에 의한 반대신문은 피해아동에게 2차 피해를 초래할 수 있을 뿐 아니라 그것이 종국적으로 목적하는 진술의 진실성을 밝혀내는 데에도 큰 한계가 있다. /

【헌법재판소 판단】 그러므로 성폭력범죄 피해아동에 대하여는, 거칠고 날선 법정에서의 반대신문보다는 사건 초기의 생생한 기억 속에서 이루어진 진술을 영상녹화의 방법으로 왜곡 없이 온전하게 보전한 다음, /

【헌법재판소 판단】 이를 아동진술전문가나 심리학자 등으로 하여금 전문적 · 과학적 방법으로 분석하게 하여 그 신빙성을 검증하는 것이 피고인의 무고함을 밝힌다는 의미에서 실체적 진실의 발견에 더욱 효과적일 수 있다. /

【헌법재판소 요지】 한편 진술의 취득과정 자체가 고스란히 담긴 영상녹화물은 질문자의 부적절한 암시나 잘못된 정보제공 · 반복적인 질문을 통한 유도신문, 진술의 강요나 회유 등이 있었는지 여부 등

영상녹화가 아니고서는 쉽게 드러나지 않는 아동진술의 신빙성 판단에 필요한 요소들(대법원 2008. 7. 10. 선고 2006도2520 판결 참조)을 그대로 보여준다는 점에서, /

【헌법재판소 요지】 피고인은 이를 통하여 피해아동 진술의 신빙성을 충분히 탄핵할 수 있다.

【헌법재판소 요지】 또한 증거능력 특례조항에 의하여 전문법칙의 예외가 인정되는 것은 일반적인 진술조서나 진술서가 아닌 '영상녹화물'에 한하는 것이다. /

【헌법재판소 판단】 영상녹화물은 진술이 이루어지는 당시의 시각적 장면과 음성을 기술적으로 거의 완전하게 재생할 수 있고, /

【헌법재판소 판단】 그 진술의 취득과정 자체와 이른바 '태도증거(demeanor evidence)'에 해당하는 진술자의 진술태도 및 언어의 미묘한 차이가 고스란히 드러나게 되므로, /

【헌법재판소 판단】 그 성립과정에서의 왜곡이 없는 한 통상의 전문증거에 비하여 반대신문에 의한 검증의 필요성이 상대적으로 적다고 할 수 있다.

【헌법재판소 판단】 다음으로 증거능력 특례조항 외에 성폭력범죄 피해아동의 2차 피해 방지를 위한 대안으로 생각할 수 있는 비디오 등 중계장치에 의한 신문이나 피고인의 퇴정 조치, 신뢰관계인의 동석 제도 등은 가해자와의 직접적인 대면으로 인한 피해아동의 충격과 공포감을 완화시키는 데 다소 도움이 될 수 있지만, /

【헌법재판소 판단】 피해아동이 과거의 끔찍한 피해경험에 대한 반복적인 회상을 강요받게 되는 것을 막을 수는 없다. /

【헌법재판소 판단】 또 피해아동이, 피고인의 이익을 위하여 자신의 진술이 거짓임을 탄핵하는 것을 본질적인 목적으로 하는 반대신문의 거친 공격 앞에 놓이게 되는 것 역시 피할 수 없게 되므로, /

【헌법재판소 판단】 피해아동에 대한 2차 피해를 막는 대안으로서는 한계가 있다고 하지 않을 수 없다.

【헌법재판소 판단】 마지막으로, 증거능력 특례조항은 그 적용대상을 만 19세 미만의 아동·청소년 대상 성폭력범죄로 함으로써 실질적으로 성인이 아닌 모든 미성년의 성폭력 피해자를 보호대상으로 삼고 있다. /

【헌법재판소 판단】 그런데 청소년 역시 심리적·정서적으로 아직 미성숙하고, 특히 감수성이 예민한 시기에 있어 성폭력범죄 및 그에 따른 2차 피해로 인해 보다 장기적이고 심각한 영향을 받을 우려가 있는 점, /

【헌법재판소 판단】 더욱이 이 연령대의 청소년이 대부분 학령기에 있으므로, 성폭력피해 후 반복적인 사법절차에의 관여는 학업에 대한 부적응, /

【헌법재판소 판단】 또래들 사이의 부정적인 소문의 확산 등으로 인해 그 피해가 증폭될 위험이 있는 점, /

【헌법재판소 판단】 그리고 위와 같은 증거능력 특례의 적용범위는 관련 법률의 수차 개정으로 만 13세 미만의 아동에서부터 16세 미만의 아동으로 확대되었다가 현재에 이르게 되었는데, /

【헌법재판소 판단】 이는 아동·청소년 대상 성범죄로부터 기존 법률로 포섭되지 않던 연령의 청소년에 대한 보호 필요성이 경험적으로 강하게 대두된 데 따른 입법적 결단이었던 점 등을 감안해 볼 때, /

【헌법재판소 판단】 위와 같은 적용범위의 확대가 보호대상인 피해아동의 범위를 부당하게 확대한 것이라고 볼 수도 없다.

【헌법재판소 요지】 이와 같이 성폭력범죄 피해아동의 진술의 경우에는 '피해아동의 보호'나 '실체적 진실발견'이라는 두 측면에서 모두 피고인의 반대신문권을 제한할 만한 합리적인 사유가 있다고 인정된다. /

【헌법재판소 판단】 또 피고인으로 하여금 진술 당시 동석한 신뢰관계인에 대한 신문이나 진술 과정을 그대로 녹화한 영상녹화물에 대한 전문적, 과학적 방법에 의한 탄핵을 통하여 자신을 방어할 수 있게 하는 효과적인 대체수단이 존재한다. /

【헌법재판소 판단】 나아가 구체적인 사건에서 피해아동의 보호와 실체적 진실발견 등 제반 요소를 고려한 법원의 개별적 판단에 따라 피해아동에 대한 반대신문권을 행사할 수 있는 기회도 여전히 부여받고 있다. /

【헌법재판소 판단】 이러한 사정들과 증거능력 특례조항이 보호하고자 하는 공익의 중대성에 비추어 볼 때, /

【헌법재판소 판단】 증거능력 특례조항이 침해최소성 및 법익균형성의 원칙에 위배된다거나, 피해아동의 보호만을 앞세워 피고인의 방어권을 본질적으로 침해하고 있다고 볼 수 없다.

【헌법재판소 판단】 (이하의 기타 기본권 부분에 대한 판단은 소개를 생략함) (합헌)

2012도534

공소제기후 참고인진술서의 증거능력
호텔 이동 경로 사건
2012. 6. 14. 2012도534, 공 2012하, 1258

1. 사실관계 및 사건의 경과

【사실관계】
① 갑은 다음 요지의 공소사실로 특경가법위반죄(알선수재) 및 특가법위반죄(알선수재)로 기소되었다.
② 「갑은 2008. 9. 5. P호텔에서 을을 만나 [M사건의 로비 대가로] 10억 1,060만 원을 수수하였다.」
③ [제1심 공판절차에서 갑이 P호텔로 간 경로가 문제되었다.]
④ 법원은 [갑의 운전사] A에 대해 증인신문을 실시하였다.
⑤ A는 P호텔까지 운전해 간 경로에 대해 갑에게 유리한 내용의 증언을 하였다. (㉠증언)

【사건의 경과】
① A의 증언 직후 검사는 A를 검찰청에 소환하였다.
② 검사는 A의 ㉠증언 내용을 추궁하였다.
③ A는 ㉠증언 내용의 일부를 번복하는 내용의 진술을 서면에 기재하여 검사에게 제출하였다. (㉡진술서).
④ 검사는 차회 공판기일에 ㉡진술서를 증거로 제출하였다.
⑤ 갑은 ㉡진술서에 대해 증거동의를 하지 않았다.

⑥ 갑의 피고사건은 제1심을 거친 후, 항소심에 계속되었다.
⑦ 항소심법원은 ○진술서를 증거의 하나로 채택하여 유죄를 인정하였다.
⑧ 갑은 불복 상고하였다.

2. 증언번복용 참고인진술서의 증거능력

【대법원 요지】 가. 공판준비 또는 공판기일에서 이미 증언을 마친 증인을 /

【대법원 요지】 검사가 소환한 후 피고인에게 유리한 그 증언 내용을 추궁하여 /

【대법원 요지】 이를 일방적으로 번복시키는 방식으로 작성한 진술조서를 유죄의 증거로 삼는 것은 /

【대법원 요지】 당사자주의·공판중심주의·직접주의를 지향하는 현행 형사소송법의 소송구조에 어긋나는 것일 뿐만 아니라, /

【대법원 요지】 헌법 제27조가 보장하는 기본권, /

【대법원 요지】 즉 법관의 면전에서 모든 증거자료가 조사·진술되고 이에 대하여 피고인이 공격·방어할 수 있는 기회가 실질적으로 부여되는 /

【대법원 요지】 재판을 받을 권리를 침해하는 것이므로, /

【대법원 요지】 이러한 진술조서는 피고인이 증거로 할 수 있음에 동의하지 아니하는 한 그 증거능력이 없다고 할 것이고/

【대법원 요지】 (대법원 2000. 6. 15. 선고 **99도1108** 전원합의체 판결 등 참조), /

【대법원 요지】 이러한 법리는 검사가 공판준비기일 또는 공판기일에서 이미 증언을 마친 증인을 소환하여 피고인에게 유리한 그 증언 내용을 추궁한 다음 /

【대법원 요지】 진술조서를 작성하는 대신 그로 하여금 본인의 증언 내용을 번복하는 내용의 진술서를 작성하도록 하여 법원에 제출한 경우에도 마찬가지로 적용된다.

3. 사안에 대한 대법원의 판단

【대법원 판단】 위 법리와 기록에 비추어 살펴보면, /

【대법원 판단】 공소외 A 작성의 진술서는 /

【대법원 판단】 공소외 A가 제1심 공판기일에서의 증언 직후에 검사의 소환을 받고 그 증언 내용을 추궁받은 다음 /

【대법원 판단】 2008. 9. 5.경 P호텔까지 운전해 간 경로에 대한 제1심 법정에서의 증언 내용 중 일부를 번복하는 취지로 작성하여 제출한 것으로서, /

【대법원 판단】 그 진술서의 내용과 작성경위 등에 비추어 볼 때 /

【대법원 판단】 이는 공판기일에서 피고인에게 유리한 내용의 증언을 한 증인을 검사가 추궁하여 종전의 증언 내용을 번복하는 내용으로 진술서를 작성하게 한 것과 다를 바 없으므로, /

【대법원 판단】 피고인이 이를 증거로 삼는 데 동의하지 아니한 이상 그 증거능력이 없다고 할 것이다.

【대법원 결론】 따라서 원심이 증거능력 없는 공소외 A의 진술서를 유죄의 증거로 채택한 조치는 위법하다고 할 것이나, /

【대법원 결론】 뒤에서 살펴보는 바와 같이 원심이 적법하게 채택한 나머지 증거들에 의하더라도 /

【대법원 결론】 피고인이 2008. 9. 5. P호텔에서 공소외 을을 만나 10억 1,060만 원을 수수한 사실을 인정하기에 충분하므로 이 부분 공소사실을 유죄로 인정한 원심의 결론은 정당하고, 원심의 위와 같은 잘못은 판결 결과에 영향이 없다. (다른 사유를 이유로 파기 환송)

2012도1284

문서촉탁신청과 증거개시의 범위
폭력조직 불기소결정문 사건
2012. 5. 24. 2012도1284, 공 2012하, 1189

1. 사실관계 및 사건의 경과

【사실관계 1】

① 수원지방검찰청 P지청은 P지역에서 조직폭력배로 의심받고 있는 K조직에 대해 수사를 하였다. (㉮사건)

② 갑, 을, 병, 정 등은 K조직의 간부급들이다.

③ A 등은 K조직의 부하급들이다.

④ B는 K조직의 간부급이다.

⑤ [B는 검찰에서 K조직의 내부활동에 대해 진술하였다.]

⑥ P지청은 A 등 12명에 대해 각각 혐의없음의 불기소처분을 하였다. (㉠불기소결정서 등)

⑦ P지청은 B에 대해 혐의없음의 불기소처분을 하였다. (㉡불기소결정서)

⑧ ㉡불기소결정서에는 B가 참석한 K파의 사장단회의가 범죄단체가 아니라는 취지로 기재되어 있었다.

【사실관계 2】

① P지청 검사는 수원지방법원 P지원에 갑 등을 폭처법위반죄(단체등구성·활동)로 기소하였다. (㉯사건)

② ㉯사건 제1심 공판절차에서 A는 증인으로 출석하여 다음과 같이 증언하였다.

　(가) 2003년경 K파와 관련하여 ㉮사건으로 수사기관에서 조사받을 때 다음과 같이 진술하였다.

　(나) 갑이 범행을 지시한 부분에 관하여 사실대로 진술하지 않고 축소하였다.

　(다) 본인(A)의 선배 이름은 거론하지 않았으며 본인(A)의 하위 조직원들만 이야기하였다.

　(라) 본인(A)이 독자적으로 계획하고 우발적인 사건인 것처럼 진술하였다.

③ 제1심법원은 갑 등에게 유죄를 인정하였다.

④ 갑 등은 불복 항소하였다.

【사실관계 3】

① 항소심은 서울고등법원에서 진행되었다.

② 항소심 공판절차에서 갑 등은 자신들이 가입하였다는 K파가 폭처법 소정의 범죄단체에 해당하지

않는다고 주장하였다.

③ 2011. 10. 28. 갑 등의 변호인은 이를 입증하기 위하여 항소심법원에 다음의 신청을 하였다.

④ "수원지방법원 P지청에 대해 ㉠불기소결정서와 ㉡불기소결정서 중 신청인 또는 변호인이 지정하는 부분의 인증등본을 송부촉탁하여 줄 것"

⑤ 항소심법원(서울고등법원)은 갑 등 변호인의 송부촉탁 신청을 채택하여 인증등본 송부촉탁서를 P지청에 송부하였다.

⑥ 2011. 12. 2. P지청은 ㉠, ㉡불기소결정서가 수사기관의 내부문서에 해당한다는 이유로 송부요구 내지 변호인의 열람 · 지정을 거절하였다.

【사건의 경과】

① 항소심법원에 제출된 증거에 따르면 다음의 사실들이 인정된다.

  (가) B는 2006. 2.경부터 K파의 간부급 회의였던 이른바 ㉢사장단회의에 지방선거에 대한 지원과 관련하여 한시적으로 참석한 것으로 보인다.

  (나) ㉢사장단회의에서는 지방선거의 지원 이외에도 L파의 수괴인 E를 테러할 방법을 논의하거나 P지역의 각종 이권 처리방안을 논의하였다.

  (다) K파의 중요 의사결정은 대부분 갑의 지시로 사장단회의를 거쳐 하위 조직원들에게 순차적으로 전달되었다.

② 항소심법원은 갑 등의 항소를 기각하고, 제1심판결을 유지하였다.

③ 갑, 을, 병은 불복 상고하였다.

④ 갑 등은 상고이유로, 헌법상 적법절차위반을 주장하였다.

2. 문서송부촉탁 신청권의 법적 효과

【대법원 분석】 (1) 형사소송법 제272조 제1항은 /

【대법원 분석】 "법원은 직권 또는 검사, 피고인이나 변호인의 신청에 의하여 공무소 또는 공사단체에 조회하여 필요한 사항의 보고 또는 그 보관서류의 송부를 요구할 수 있다."고 규정하고 있다. /

【대법원 분석】 한편 형사소송규칙 제132조의4에 의하면, /

【대법원 분석】 법원이 보관서류 송부요구신청을 채택하는 경우에는 그 서류를 보관하고 있는 법원, 검찰청, 기타의 공무소 또는 공사단체에 대하여 그 서류 중 신청인 또는 변호인이 지정하는 부분의 인증등본을 송부하여 줄 것을 요구할 수 있고(제2항), /

【대법원 분석】 위와 같은 요구를 받은 공무소 등은 당해 서류를 보관하고 있지 아니하거나 기타 송부요구에 응할 수 없는 사정이 있는 경우를 제외하고는 /

【대법원 분석】 신청인 또는 변호인에게 당해 서류를 열람하게 하여 필요한 부분을 지정할 수 있도록 하여야 하며 /

【대법원 분석】 정당한 이유 없이 이에 대한 협력을 거절하지 못한다(제3항).

【대법원 요지】 위와 같이 법원이 송부요구한 서류에 대하여 변호인 등이 열람 · 지정할 수 있도록 한 것은 피고인의 방어권과 변호인의 변론권 행사를 위한 것으로서 /

【대법원 요지】 실질적인 당사자 대등을 확보하고 피고인의 신속 · 공정한 재판을 받을 권리를 실현

하기 위한 것이다. /

【대법원 요지】 따라서 그 서류의 열람·지정을 거절할 수 있는 '정당한 이유'는 엄격하게 제한하여 해석할 것이다. /

【대법원 요지】 특히 그 서류가 관련 형사재판확정기록이나 불기소처분기록 등으로서 피고인 또는 변호인이 행한 법률상·사실상 주장과 관련된 것인 때에는, /

【대법원 요지】 "국가안보, 증인보호의 필요성, 증거인멸의 염려, 관련 사건의 수사에 장애를 가져올 것으로 예상되는 구체적인 사유"에 준하는 사유가 있어야만 /

【대법원 요지】 그에 대한 열람·지정을 거절할 수 있는 정당한 이유가 인정될 수 있다고 할 것이다/

【대법원 요지】 (형사소송법 제266조의3 제1항 제4호, 제2항 참조).

3. 불기소결정서 비공개의 법적 효과

【대법원 요지】 한편 검찰청이 보관하고 있는 불기소처분기록에 포함된 불기소결정서는 형사피의자에 대한 수사의 종결을 위한 검사의 처분 결과와 이유를 기재한 서류로서 /

【대법원 요지】 그 작성 목적이나 성격 등에 비추어 이는 수사기관 내부의 의사결정과정 또는 검토과정에 있는 사항에 관한 문서도 아니고 /

【대법원 요지】 그 공개로써 수사에 관한 직무의 수행을 현저하게 곤란하게 하는 것도 아니라 할 것이므로, /

【대법원 요지】 달리 특별한 사정이 없는 한 변호인의 열람·지정에 의한 공개의 대상이 된다고 할 것이다.

【대법원 요지】 그리고 법원이 형사소송법 제272조 제1항에 의하여 송부요구한 서류가 /

【대법원 요지】 피고인의 무죄를 뒷받침할 수 있거나 적어도 법관의 유·무죄에 대한 심증을 달리할 만한 상당한 가능성이 있는 중요증거에 해당하는데도 /

【대법원 요지】 정당한 이유 없이 피고인 또는 변호인의 열람·지정 내지 법원의 송부요구를 거절하는 것은, /

【대법원 요지】 피고인의 신속·공정한 재판을 받을 권리와 변호인의 조력을 받을 권리를 중대하게 침해하는 것이다. /

【대법원 요지】 따라서 이러한 경우 서류의 송부요구를 한 법원으로서도 /

【대법원 요지】 해당 서류의 내용을 가능한 범위에서 밝혀보아 /

【대법원 요지】 그 서류가 제출되면 유·무죄의 판단에 영향을 미칠 상당한 개연성이 있다고 인정될 경우에는 /

【대법원 요지】 공소사실이 합리적 의심의 여지 없이 증명되었다고 보아서는 아니 된다.

4. 사안에 대한 대법원의 분석

【대법원 분석】 (2) 기록에 의하면, 피고인 갑, 을, 병의 변호인은 원심 계속 중이던 2011. 10. 28. /

【대법원 분석】 위 피고인들에 대한 폭력행위 등 처벌에 관한 법률 위반(단체등의 구성·활동)의 공소사실과 관련하여 /

【대법원 분석】 위 피고인들이 가입하였다는 이른바 ' ○○○파'가 위 법률 소정의 범죄단체에 해당하지 않는다고 주장하면서, /

【대법원 분석】 P지방검찰청 Q지청이 ○○○파의 범죄단체 여부를 수사한 후 각 혐의없음 처분을 한 공소외 A 등 12명에 대한 불기소결정서 및 공소외 B에 대한 불기소결정서의 각 인증등본 송부촉탁을 신청한 사실, /

【대법원 분석】 원심은 위 신청을 채택하여 인증등본 촉탁서를 위 지청에 송부하였으나, /

【대법원 분석】 위 지청은 2011. 12. 2. 위 각 불기소결정서가 수사기관의 내부문서에 해당한다는 이유로 그 송부요구 내지 변호인의 열람·지정을 거절한 사실을 알 수 있다.

5. ㉠불기소결정서 부분에 대한 판단

【대법원 판단】 (3) 앞서 본 법리에 비추어 보면, /

【대법원 판단】 위 각 불기소결정서를 보관하고 있는 수원지방검찰청 P지청이 수사기관의 내부문서라는 사유로 법원의 송부요구 내지 변호인의 열람·지정을 거절한 것은 /

【대법원 판단】 형사소송규칙 제132조의4 제3항 소정의 '기타 송부요구에 응할 수 없는 사정'이나 '정당한 이유'에 해당하지 아니한다.

【대법원 판단】 그러나 불기소결정서는 피의사건의 사실관계 및 법리적 쟁점 등에 대한 검사의 판단과 의견을 기재한 서류로서 /

【대법원 판단】 그것이 이 사건에서 쟁점이 되고 있는 ○○○파의 범죄단체 여부에 대한 사실인정에 기속력이 없고, /

【대법원 판단】 또한 거기에 직접적 영향을 미치는 서류라고도 할 수 없다. /

【대법원 판단】 뿐만 아니라, 기록에 비추어 살펴보면, /

【대법원 판단】 이 사건의 경우에는 공소외 A가 제1심에 증인으로 출석하여, /

【대법원 판단】 '2003년경 ○○○파와 관련하여 수사기관에서 조사받을 때, 피고인 갑이 범행을 지시한 부분에 관하여 사실대로 진술하지 않고 축소하였다. /

【대법원 판단】 공소외 A의 선배 이름은 거론하지 않았으며 자신의 하위 조직원들만 이야기하였다, /

【대법원 판단】 공소외 A 자신이 독자적으로 계획하고 우발적인 사건인 것처럼 진술하였다'는 취지로 증언하였고 /

【대법원 판단】 그 진술에 별다른 모순점이 없어 보이므로, /

【대법원 판단】 공소외 A 등 12명에 대한 불기소결정서가 /

【대법원 판단】 위 피고인들의 폭력행위 등 처벌에 관한 법률 위반(단체등의 구성·활동)의 점에 대하여 무죄를 뒷받침할 수 있거나 /

【대법원 판단】 적어도 유·무죄에 대한 법관의 심증을 달리할 만한 상당한 가능성이 있는 /

【대법원 판단】 중요증거에 해당한다고 보기 어렵다.

6. ㉡불기소결정서 부분에 대한 판단

【대법원 판단】 또한 공소외 B의 경우, 2006. 2.경부터 ○○○파의 간부급 회의였던 이른바 사장단

회의에 지방선거에 대한 지원과 관련하여 한시적으로 참석한 것으로 보이나, /

【대법원 판단】 원심이 적법하게 채택한 공소외 C, D의 진술에 의하면 /

【대법원 판단】 위 사장단회의에서는 지방선거의 지원 이외에도 △△△△파의 수괴인 공소외 E를 테러할 방법을 논의하거나 평택 지역의 각종 이권 처리방안을 논의하였고, /

【대법원 판단】 ○○○파의 중요 의사결정은 대부분 피고인 갑의 지시로 사장단회의를 거쳐 하위 조직원들에게 순차적으로 전달되었던 사실 등을 알 수 있다. /

【대법원 판단】 따라서 가사 위 불기소결정서에 공소외 B가 참석한 ○○○파의 사장단회의가 범죄단체가 아니라는 취지로 기재되어 있다 하더라도 /

【대법원 판단】 그 사정만으로 위 불기소결정서가 위 피고인들의 폭력행위 등 처벌에 관한 법률 위반(단체등의 구성·활동)의 점에 관한 무죄를 뒷받침할 수 있거나 적어도 유·무죄에 대한 법관의 심증을 달리할 만한 상당한 가능성이 있는 중요증거에 해당한다고 보기도 어렵다.

7. 사안에 대한 대법원의 최종 판단

【대법원 결론】 (4) 따라서 수원지방검찰청 평택지청이 정당한 이유 없이 위법하게 위 각 불기소결정서에 대한 변호인의 열람·지정에 응하지 않았다 하더라도 /

【대법원 결론】 그 서류의 성격과 내용 및 원심이 증거조사를 하여 인정한 관련 사실관계 등으로 볼 때, /

【대법원 결론】 위 검찰청의 조치로써 피고인의 신속·공정한 재판을 받을 권리와 변호인의 조력을 받을 권리가 중대하게 침해되어 이 사건 공소사실에 대한 유·무죄의 판단 등에 영향을 미칠 상당한 개연성이 있다고는 할 수 없다. /

【대법원 결론】 그러므로 위 피고인들이 주장하는 이 부분 상고이유는 형사소송법 제383조 제1호 소정의 '판결에 영향을 미친 헌법·법률 또는 규칙의 위반이 있을 때'에 해당한다고 볼 수 없다. (상고 기각)

2012도2087

상상적 경합과 추가기소
저축은행 배임 사건
2012. 6. 28. 2012도2087, 공 2012하, 1376

1. 사실관계 및 사건의 경과

【사실관계 1】
① 갑과 을은 P저축은행의 임직원이다.
② 갑과 을은 동일인에 대한 대출한도를 초과하여 Q업체에 대출을 하였다. (㉠대출)
③ [Q업체는 이후 부도처리되었다.]
④ [갑과 을은 그 밖에도 R업체 등에 대해 같은 방식으로 ㉡, ㉢대출 등을 하였다.]

⑤ (이하에서 ㉡, ㉢대출에 대한 부분은 논외로 함)

【사실관계 2】

① 검사는 ㉠대출에 대해 갑과 을을 동일인 대출한도 초과대출로 인한 상호저축은행법 위반죄 등으로 기소하였다. (㉮사건)

② 검사는 이후 갑과 을을 특경가법위반죄(배임) 및 업무상배임죄로 추가기소하였다. (㉯사건)

③ 검사는 ㉯사건의 공소장을 제출하면서 ㉮사건과의 변론병합신청서를 제출하였다.

④ ㉯사건 공소사실에는 ㉠대출로 인한 부분이 포함되어 있었다.

【사실관계 3】

① 제1심법원은 ㉮사건과 ㉯사건을 병합심리하기로 결정하였다.

② 제1심법원은 제6회 공판기일에서 ㉮사건과 ㉯사건의 공소사실이 중복되는 경우가 있는지 등에 관하여 밝힐 것을 검사에게 요구하였다.

③ 검사는 별다른 조치를 취하지 않았다.

④ 제1심법원은 ㉯사건 공소사실 중 ㉠대출 부분에 주목하였다.

⑤ 제1심법원은 ㉠대출로 인한 ㉮사건 상호저축은행법 위반죄의 공소사실과 ㉯사건의 ㉠대출로 인한 특경가법위반죄(배임) 및 업무상배임죄의 공소사실이 이중기소에 해당한다고 판단하였다.

⑥ 제1심법원은 ㉯사건의 ㉠대출 부분에 대해 공소를 기각하였다.

【사건의 경과】

① 검사는 ㉯사건의 ㉠대출 부분에 대한 공소기각판결에 불복하여 항소하였다.

② 검사는 항소이유서 및 의견서를 통하여 다음과 같은 의견을 표시하였다.

③ "㉯사건 추가기소를 하면서 병합심리를 요청한 진정한 취지는 상상적 경합관계에 있는 공소사실에 관하여 공소장변경의 취지로 공소사실을 추가한다는 의미이다."

④ 항소심법원은 ㉯사건에 대한 공소기각 부분 및 그와 상상적 경합관계에 있는 ㉮사건 및 ㉡, ㉢대출 등에 대한 유죄판결을 포함하여 유죄 부분 전부를 파기하여 제1심법원에 환송하였다.

⑤ (항소심의 판단 이유는 판례 본문 참조)

⑥ 갑과 을은 불복 상고하였다.

⑦ 갑과 을은 상고이유로, 이중기소에 관한 법리오해가 있다고 주장하였다.

2. 상상적 경합과 추가기소의 관계

【대법원 요지】 (1) 동일인 대출한도 초과대출 행위로 인하여 상호저축은행에 손해를 가함으로써 상호저축은행법 위반죄와 업무상배임죄가 모두 성립한 경우, /

【대법원 요지】 위 두 죄는 형법 제40조 소정의 상상적 경합관계에 있다.

【대법원 요지】 그리고 상상적 경합관계에 있는 공소사실 중 일부가 먼저 기소된 후 그 나머지 공소사실이 추가기소되고 이들 공소사실이 상상적 경합관계에 있음이 밝혀진 경우라면, /

【대법원 요지】 그 추가기소에 의하여 전후에 기소된 각 공소사실 전부를 처벌할 것을 신청하는 취지가 포함되었다고 볼 수 있어, /

【대법원 요지】 공소사실을 추가하는 등의 공소장변경과는 절차상 차이가 있을 뿐 그 실질에 있어서

별 차이가 없다. /

【대법원 요지】 따라서 법원으로서는 석명권을 행사하여 검사로 하여금 추가기소의 진정한 취지를 밝히도록 하여 /

【대법원 요지】 검사의 석명에 의하여 추가기소가 상상적 경합관계에 있는 행위 중 먼저 기소된 공소장에 누락된 것을 추가 보충하는 취지로서 /

【대법원 요지】 1개의 죄에 대하여 중복하여 공소를 제기한 것이 아님이 분명하여진 경우에는, /

【대법원 요지】 그 추가기소에 의하여 공소장변경이 이루어진 것으로 보아 전후에 기소된 공소사실 전부에 대하여 실체판단을 하여야 하고 /

【대법원 요지】 추가기소에 대하여 공소기각판결을 할 필요가 없다.

3. 사안에 대한 대법원의 분석

【대법원 분석】 (2) 기록에 의하면, /

【대법원 분석】 검사는 피고인 갑, 을에 대하여 먼저 동일인 대출한도 초과대출로 인한 상호저축은행법 위반죄 등으로 공소([㉮사건])를 제기한 후 /

【대법원 분석】 위 대출과 동일한 대출로 인한 특경법 위반(배임) 및 업무상배임죄의 공소사실이 포함된 공소장([㉯사건])을 제출하면서 제1심법원에 변론의 병합신청서를 제출한 사실, /

【대법원 분석】 제1심은 위 두 사건을 병합심리하기로 결정한 다음 /

【대법원 분석】 제6회 공판기일에서 위 두 사건의 공소사실이 중복되는 경우가 있는지 등에 관하여 밝힐 것을 요구하였으나 검사는 별다른 조치를 취하지 아니한 사실, /

【대법원 분석】 이에 제1심은 위 [㉯사건] 공소사실 중 [㉮사건] 공소사실의 상호저축은행법 위반죄와 동일한 대출로 인한 특경법 위반(배임) 및 업무상배임죄의 공소사실에 대하여 이중기소에 해당한다고 보아 공소를 기각한 사실, /

【대법원 분석】 이후 검사는 항소이유서 및 2011. 11. 9.자 의견서를 통하여 '위 추가기소를 하면서 병합심리를 요청한 진정한 취지는 상상적 경합관계에 있는 공소사실에 관하여 공소장변경의 취지로 공소사실을 추가한다는 의미'라고 밝힌 사실 등을 알 수 있다.

4. 사안에 대한 대법원의 판단

【대법원 판단】 원심은 위와 같은 사실관계를 토대로, /

【대법원 판단】 제1심으로서는 검사에게 추가기소 및 병합신청이 공소장변경의 취지인지 밝히도록 요구하였어야 함에도 /

【대법원 판단】 이에 나아가지 않고 위 추가기소가 이중기소라고 단정하여 그에 관한 공소를 기각한 것은 심리미진에 해당할 뿐만 아니라, /

【대법원 판단】 설령 제1심의 석명 요구가 적절한 것이었다고 하더라도 /

【대법원 판단】 원심에 이르러 검사가 위 추가기소가 공소장변경의 취지임을 밝힌 이상 제1심의 판단은 그대로 유지될 수 없다고 판단하여, /

【대법원 판단】 위 공소기각 부분 및 그와 상상적 경합관계에 있거나 형법 제37조 전단의 경합범 관

계에 있는 유죄 부분 전부를 파기하여 제1심법원에 환송하였다. /

【대법원 결론】 앞서 본 법리와 기록에 비추어 살펴보면 원심의 위와 같은 판단은 정당한 것으로 수긍이 가고, 거기에 이중기소에 관한 법리오해 등의 위법이 없다. (상고 기각)

2012도2349

형집행장의 집행방법
벌금미납자 도로상 단속 사건
2013. 9. 12. 2012도2349, 공 2013하, 1858

1. 사실관계 및 사건의 경과

【사실관계 1】

① 경찰관 A 등은 야간에 다른 지명수배자 B를 검거하기 위하여 도로에서 잠복근무를 하고 있었다.

② 경찰관 A 등은 그곳에 있던 ⓐ차량을 조회하는 과정에서 차주인 갑이 벌금 미납으로 지명수배 중임을 인지하게 되었다.

③ 경찰관 A 등은 ⓐ차량을 운전하여 가는 갑을 추적하다가 M도로 상에서 단속하였다.

④ 당시 경찰관들은 갑에게 신분증을 제시하면서 벌금 미납으로 인하여 지명수배가 되어 있으며 형집행장이 발부되어 있음을 고하고 임의동행을 요구하였다.

【사실관계 2】

① 갑은 벌금을 납부할 수 있도록 시간을 달라고 요청하면서 계속 동행을 거부하였다.

② 경찰관들은 갑이 가족과 연락할 수 있도록 시간을 주었다.

③ 그럼에도 갑의 벌금 납부는 이루어지지 않았다.

④ 경찰관들은 갑을 경찰차에 태워 경찰서로 연행하고자 하였다.

⑤ 갑은 경찰차에 타지 아니하려고 하면서 경찰관 중 A의 왼쪽 턱 부위를 발로 찼다.

【사건의 경과 1】

① 검사는 갑을 공무집행방해와 상해의 공소사실로 기소하였다.

② 갑의 피고사건은 제1심을 거친 후, 항소심에 계속되었다.

③ 갑은 경찰관 갑 등의 행위가 위법한 임의동행이라고 주장하였다.

④ 갑은 자신의 행위가 정당방위에 해당한다고 주장하였다.

⑤ 항소심법원은 갑의 주장을 배척하고 유죄를 인정하였다.

【사건의 경과 2】

① 갑은 불복 상고하였다.

② 갑은 상고이유로 다음의 점을 주장하였다.

(가) 벌금 미납자에 대한 노역장유치 집행을 위한 형집행장의 집행에는 피고인 구속에 관한 규정이 준용된다(형소법 제475조).

(나) 피고인 구속의 요건은 도주 또는 증거인멸의 우려이다.

(다) 갑에게는 도주 또는 증거인멸의 우려가 없다.

(라) 형집행장의 집행에는 구속영장의 경우처럼 영장의 제시가 필요하다.

(마) 갑에 대한 형집행장 집행은 적법요건을 갖추지 못하였다.

(바) 적법한 공무집행이 아니므로 공소사실은 범죄가 성립하지 않는다.

2. 형집행장의 집행방법

【대법원 분석】 벌금형에 따르는 노역장유치는 실질적으로 자유형과 동일한 것으로서 그 집행에 대하여는 자유형의 집행에 관한 규정이 준용된다(형사소송법 제492조). /

【대법원 분석】 구금되지 아니한 당사자에 대하여 형의 집행기관인 검사는 그 형의 집행을 위하여 당사자를 소환할 수 있고, /

【대법원 분석】 당사자가 소환에 응하지 아니한 때에는 형집행장을 발부하여 구인할 수 있다(형사소송법 제473조). /

【대법원 요지】 형사소송법 제475조는 이 경우의 형집행장의 집행에 관하여 형사소송법 제1편 제9장에서 정하는 피고인의 구속에 관한 규정을 준용한다고 규정하고 있고, /

【대법원 요지】 여기서의 '피고인의 구속에 관한 규정'은 '피고인의 구속영장의 집행에 관한 규정'을 의미한다고 할 것이므로, /

【대법원 요지】 형집행장의 집행에 관하여는 구속의 사유에 관한 형사소송법 제70조나 구속이유의 고지에 관한 형사소송법 제72조가 준용되지 아니한다.

【대법원 분석】 한편 사법경찰관리가 벌금형을 받은 사람을 그에 따르는 노역장유치의 집행을 위하여 구인하려면 /

【대법원 분석】 검사로부터 발부받은 형집행장을 그 상대방에게 제시하여야 하지만(형사소송법 제85조 제1항 참조), /

【대법원 분석】 형집행장을 소지하지 아니한 경우에 급속을 요하는 때에는 그 상대방에 대하여 형집행 사유와 형집행장이 발부되었음을 고하고 집행할 수 있다(형사소송법 제85조 제3항 참조). /

【대법원 요지】 그리고 형집행장의 제시 없이 구인할 수 있는 '급속을 요하는 때'라고 함은 /

【대법원 요지】 애초 사법경찰관리가 적법하게 발부된 형집행장을 소지할 여유가 없이 형집행의 상대방을 조우한 경우 등을 가리키는 것이다.

3. 사안에 대한 대법원의 판단

【대법원 분석】 원심은 적법하게 채택한 증거들에 의하여, /

【대법원 분석】 경찰관들이 야간에 다른 지명수배자를 검거하기 위하여 도로에서 잠복근무를 하고 있다가 /

【대법원 분석】 그곳에 있던 차량을 조회하는 과정에서 차주인 피고인이 벌금 미납으로 지명수배 중임을 인지하게 된 사실, /

【대법원 분석】 경찰관들이 위 차량을 운전하여 가는 피고인을 추적하다가 도로 상에서 단속하였는데 /

【대법원 분석】 당시 경찰관들은 피고인에게 신분증을 제시하면서 벌금 미납으로 인하여 지명수배가 되어 있으며 형집행장이 발부되어 있음을 고하고 임의동행을 요구하였으나 /

【대법원 분석】 피고인은 벌금을 납부할 수 있도록 시간을 달라고 요청하면서 계속 동행을 거부한 사실,/

【대법원 분석】 피고인이 가족과 연락할 수 있도록 경찰관들이 시간을 주었음에도 벌금 납부가 이루어지지 아니하자 /

【대법원 분석】 경찰관들은 피고인을 경찰차에 태워 경찰서로 연행하고자 하였으나 /

【대법원 분석】 피고인이 경찰차에 타지 아니하려고 하면서 경찰관 중 한 명의 왼쪽 턱 부위를 발로 찬 사실 등 /

【대법원 분석】 그 판시와 같은 사실을 인정한 다음, /

【대법원 판단】 경찰관들의 형집행장 집행이 위법하지 아니하고 /

【대법원 판단】 피고인에 대한 검거행위가 적법한 공무집행에 해당한다고 보아 /

【대법원 판단】 피고인의 정당방위 주장을 배척하고 이 사건 공무집행방해와 상해의 공소사실을 유죄로 인정하였다.

【대법원 결론】 원심판결 이유를 앞서 본 관련 법규정들과 법리에 비추어 살펴보면, /

【대법원 결론】 원심의 위와 같은 판단은 정당하여 수긍할 수 있고, /

【대법원 결론】 거기에 상고이유의 주장과 같은 벌금 미납자에 대한 노역장유치 집행을 위한 형집행장 집행행위의 적법성이나 정당방위에 관한 법리오해 등의 위법이 없다. (상고 기각)

2012도2937 (1)

고소장의 증거능력
친일재산 소송 변호사 사건
2012. 7. 26. 2012도2937, 공 2012하, 1530

1. 사실관계 및 사건의 경과

【사실관계 1】

① 갑은 변호사이다.

② A는 일제 강점기하에서 고위 관료였던 B의 후손이다.

③ M토지 11만 여평은 일제 강점기하 B가 일제로부터 취득한 토지이다.

④ M토지는 해방 후 국가 소유로 등기되었다.

⑤ 1995. 8.경 및 1997. 11.경 P학교법인 등은 A 등을 대위하여 국가를 상대로 M토지 중 일부의 반환을 구하는 소송을 제기하였다가 패소하였다. (㉮소송)

【사실관계 2】

① 이후 A는 직접 국가를 상대로 M토지 약 11만 평에 관하여 원인무효로 인한 소유권이전등기말소 등 청구소송을 제기하였다. (㉯소송)

② 2002. 9. 3. 갑은 ⓐ소송의 원고 측 소송대리인이 되었다.

③ 2005. 2. 24. 국회의원 C 등은 친일반민족행위자 재산의 국가귀속에 관한 특별법안을 발의하였다.

【사실관계 3】

① 갑은 D를 만나 다음과 같이 말하였다. (ⓐ진술)

   (가) B의 후손인 A 등이 국가를 상대로 M토지를 환수하기 위해 제기한 ⓐ민사소송이 법원에 계류 중에 있는데, 내가 그 사건을 수임하였다.

   (나) ⓐ민사소송은 틀림없이 승소하지만 인지대가 부족하여 현재 재판이 중단될 위기에 처해 있다.

   (다) 내가 Q저축은행으로부터 6억 원을 대출받을 수 있도록 부동산을 담보로 제공해주면 대출을 받아 인지대로 사용하여 재판이 신속하게 진행되도록 하겠다.

   (라) ⓐ민사소송 재판에서 승소한 뒤 변호사 수임료 및 성공보수로 받게 되는 토지 중 3,000평에 대한 소유권을 양도해주겠다.

② 2005. 6. 30. 갑은 Q저축은행에서 D 소유의 N주유소 대지 및 그 지상 O건물에 채권최고액 7억 8,000만 원, 채무자 갑, 근저당권자 Q저축은행으로 한 근저당권을 설정한 후 6억 원을 대출받았다.

③ 갑은 이후 대출금에 대한 이자를 지급하지 못하였다.

④ 2005. 10. 25. D는 이자 4,500만 원을 Q저축은행에 대위변제하였다.

⑤ 2005. 12. 29. 친일반민족행위자 재산의 국가귀속에 관한 특별법이 공포되었다.

⑥ 2007. 3. 16. D는 원금 및 이자 6억 7,500만 원을 Q저축은행에 대위변제하였다.

【사건의 경과 1】

① D는 갑을 수사기관에 고소하였다. (ⓑ고소장)

② D의 ⓑ고소장에는 갑의 ⓐ진술이 기재되었다.

③ 검사는 갑을 특경가법위반죄(사기)로 기소하였다.

④ 제1심 공판절차에서 갑은 공소사실을 부인하였다.

⑤ 검사는 ⓑ고소장을 증거로 제출하였다.

⑥ 갑은 ⓑ고소장에 대해 증거로 함에 동의하지 않았다.

⑦ 고소인 D는 제1심 법정에 출석하여 ⓑ고소장에 대해 진정성립을 인정하였다.

【사건의 경과 2】

① 갑의 피고사건은 제1심을 거친 후, 항소심에 계속되었다.

② 항소심법원은 ⓑ고소장을 증거의 하나로 채택하여 유죄를 인정하였다.

③ 갑은 불복 상고하였다.

④ 갑은 상고이유로 다음의 점을 주장하였다.

   (가) ⓑ고소장은 갑의 ⓐ진술을 원진술로 하는 전문증거이다.

   (나) ⓑ고소장은 전문법칙에 의하여 증거능력이 없다.

2. 고소장의 증거능력

【대법원 분석】 형사소송법 제313조 제1항은 /

【대법원 분석】 "전 2조의 규정 이외에 피고인 또는 피고인이 아닌 자가 작성한 진술서나 그 진술을

기재한 서류로서 /

【대법원 분석】 그 작성자 또는 진술자의 자필이거나 그 서명 또는 날인이 있는 것은 /

【대법원 분석】 공판준비나 공판기일에서의 그 작성자 또는 진술자의 진술에 의하여 그 성립의 진정함이 증명된 때에는 증거로 할 수 있다."고 규정하고 있는바, /

【대법원 요지】 공소외 D, E, F가 작성한 고소장은 위 조항 소정의 서류에 해당하는 서류로서 /

【대법원 판단】 이들이 제1심 법정에서 각 그 진정성립을 인정한 바 있으므로 모두 그 증거능력이 있다고 할 것이다.

【대법원 결론】 같은 취지의 원심판단은 정당하고 거기에 상고이유 주장과 같이 고소장의 증거능력에 관한 법리오해 등의 위법이 없다. (상고 기각)

2012도2937 (2)

유도신문과 책문권의 포기
친일재산 소송 변호사 사건
2012. 7. 26. 2012도2937, 공 2012하, 1530

1. 사실관계 및 사건의 경과

【사실관계 1】

① 갑은 변호사이다.

② M토지는 친일파 B 후손의 땅이다.

③ B의 후손들은 M토지를 되찾기 위해 국가를 상대로 소송을 제기하였으나 패소하였다.

④ 갑은 M토지의 소송에 관한 사항을 잘 알고 있었다.

⑤ A는 P회사의 전무이사이다.

⑥ [P회사는 M토지 위에 아파트를 건설하여 분양하는 사업을 추진하려고 하였다.]

【사실관계 2】

① 2003. 11.경 갑은 자신의 사무실에서 A에게 다음과 같이 말하였다.

　(가) M토지가 친일파 B 후손의 땅인데, 그 땅을 되찾기 위해 국가를 상대로 ㉯소송을 제기하였다.

　(나) ㉯소송이 최종 결심 단계에 있어 화해 또는 판결로 승소한다.

　(다) 승소하면 내가 받게 될 땅의 일부를 줄 테니 인지대, 관련 인사들에 대한 인사비 등 소송 관련 비용으로 30억 원을 달라.

　(라) 그러면 150일 이내에 위 돈에 상응하는 소유권이전을 하여 주겠다.

② 2003. 12. 5. 갑은 P 회사로부터 10억 원권 자기앞수표 1장을 교부받았다.

③ 2003. 12. 16. 갑은 예치되어 있던 P회사와의 공동계좌에서 10억 원을 인출하였다.

④ 이후 갑이 소송대리한 ㉯소송은 원고 패소로 종결되었다.

⑤ P회사는 M토지의 일부에 대해 소유권이전을 받을 수 없었다.

⑥ P회사는 갑을 고소하였다.

【사건의 경과 1】

① 검사는 갑을 특정가법위반죄(사기)로 기소하였다.

② 제1심 공판절차에서 증인 C, D, E에 대한 증인신문이 있었다.

③ 제1심 증인신문 과정에서 검사는 증인 C 등에 대한 주신문을 하면서 다음과 같이 질문하였다.

　(가) 검사 : 갑을 만났을 당시 피고인 갑이 자신을 S단체 T단장으로 소개하였지요? (ⓛ신문)

　(나) C 등 : 예

④ 제1심법원은 검사와 증인 C 등과의 문답내용이 기재된 ⓒ공판조서(증인신문조서)를 작성하였다.

⑤ 제1심법원 재판장은 그 다음 공판기일에서 증인신문 결과 등을 ⓒ공판조서에 의하여 갑에게 고지하였다.

⑥ 이에 대해 갑과 그의 변호인은 "변경할 점과 이의할 점이 없다"고 진술하였다.

【사건의 경과 2】

① 갑의 피고사건은 제1심을 거친 후, 항소심에 계속되었다.

② 항소심법원은 유죄를 인정하였다.

③ 갑은 불복 상고하였다.

④ 갑은 상고이유로 다음의 점을 주장하였다.

　(가) 검사의 증인 C 등에 대한 ⓛ신문은 유도신문에 해당한다.

　(나) 유도신문은 위법하므로 증인 C 등의 진술은 증거능력이 없다.

2. 유도신문에 따른 증언의 증거능력

【대법원 분석】 형사소송규칙 제75조 제2항은 주신문에 있어서는 증인이 주신문을 하는 자에 대하여 적의 또는 반감을 보이는 등 그 단서 각 호의 예외사유가 없는 한 유도신문을 하여서는 아니 된다고 규정하고 있다.

【대법원 분석】 기록에 의하면, 공소외 C 등에 대한 제1심 증인신문 과정에서 검사가 주신문을 하면서 /

【대법원 분석】 '당시 피고인 갑이 자신을 새마을운동중앙회 (이하 생략)단장으로 소개하였지요'라는 등으로 희망하는 답변을 암시하는 형식의 질문을 하고 /

【대법원 분석】 이에 공소외 C 등이 '예'라고 답변하는 등 /

【대법원 판단】 형사소송규칙상 허용되지 않는 유도신문이 이루어진 것으로 볼 여지가 있다.

【대법원 분석】 그러나 기록에 의하면, 제1심법원은 공소외 C 등에 대한 증인신문을 실시하고 각 공판조서(증인신문조서)를 작성한 다음, /

【대법원 분석】 각 그 다음 공판기일에서 재판장이 증인신문 결과 등을 위 각 공판조서에 의하여 고지하였는데 /

【대법원 분석】 피고인 갑 및 그 변호인은 '변경할 점과 이의할 점이 없다'고 각 진술하였음을 알 수 있는바, /

【대법원 요지】 이와 같이 피고인 갑이 책문권 포기 의사를 명시함으로써 유도신문에 의하여 주신문이 이루어진 하자가 치유되었다고 할 수 있으므로, /

【대법원 판단】 이 부분 증언이 위법한 증거라고 볼 수는 없다.

【대법원 결론】 이를 다투는 취지의 상고이유 주장은 이유 없다. (상고 기각)

2012도2937(3)

전문증거의 판단방법
체육관부지 사기 사건
2012. 7. 26. 2012도2937, 공 2012하, 1530

1. 사실관계 및 사건의 경과

【사실관계 1】

① 갑은 변호사이다.

② 갑은 2003. 3. 13.부터 S단체 감사로 재직하다가 2004. 7. 1. 퇴직하였다.

③ 2003. 8. 20. 갑은 S단체 T단장으로 위촉되었다.

④ 2003. 9. 23. 갑은 T단장에서 해촉되었다.

⑤ 갑은 그 이후로는 S단체의 중요사업과 관련한 의사결정에 영향을 미칠 만한 지위에 있지 않았다.

【사실관계 2】

① S단체는 K체육관 부지를 소유하고 있다.

② H방송공사는 K체육관 부지에 대해 지상권을 가지고 있다.

③ A는 P회사의 전무이사이다.

④ 갑은 A에게 [관계기관에 로비를 하여] K체육관 부지를 수개월 내에 매입하게 해 줄 수 있는 것처럼 말하였다.

⑤ A는 갑의 말을 믿었다.

⑥ P회사는 K체육관 부지에 아파트를 건설하여 분양하는 사업을 갑과 공동으로 추진하기로 하였다.

⑦ 갑은 P회사와 공동사업이행계약을 체결하고 그 약정에 따라 P회사로부터 돈을 받았다.

⑧ 이후 K체육관 부지 매입 계획은 실패로 돌아갔다.

【사건의 경과 1】

① 검사는 갑을 특경가법위반죄(사기) 및 변호사법위반죄로 기소하였다.

② 제1심 법정에서 A는 다음과 같이 진술하였다.

  (가) 갑으로부터 다음과 같은 말을 들었다.

  (나) 갑 : "K체육관 부지를 공시지가로 매입하게 해 주고 H방송공사와의 시설이주 협의도 2개월 내로 완료하게겠다." (㉮진술)

③ 제1심 법정에서 B와 C도 갑의 ㉮진술을 내용으로 하는 진술을 하였다.

【사건의 경과 2】

① 갑의 피고사건은 제1심을 거친 후, 항소심에 계속되었다.

② 항소심법원은 A의 제1심 법정진술을 증거의 하나로 채택하여 유죄를 인정하였다.

③ 갑은 불복 상고하였다.

④ 갑은 상고이유로 다음의 점을 주장하였다.

　　(가) A의 제1심 법정진술은 전문증거이다.

　　(나) A의 제1심 법정진술은 전문법칙에 의하여 증거능력이 없다.

2. 전문증거 여부의 판단방법

【대법원 요지】 타인의 진술을 내용으로 하는 진술이 전문증거인지 여부는 요증사실과의 관계에서 정하여지는바, /

【대법원 요지】 원진술의 내용인 사실이 요증사실인 경우에는 전문증거이나, /

【대법원 요지】 원진술의 존재 자체가 요증사실인 경우에는 본래증거이지 전문증거가 아니다.

3. 사안에 대한 대법원의 판단

【대법원 분석】 기록에 의하면,

【대법원 분석】 공소외 A는 제1심 법정에서 /

【대법원 분석】 '피고인 갑이 [K]체육관 부지를 공시지가로 매입하게 해 주고 [H방송공사]와의 시설 이주 협의도 2개월 내로 완료하겠다고 말하였다'고 진술하였고, /

【대법원 분석】 공소외 B, C도 피고인의 진술을 내용으로 한 진술을 하였음을 알 수 있는데, /

【대법원 판단】 피고인 갑의 위와 같은 원진술의 존재 자체가 이 부분 각 사기죄 또는 변호사법 위반 죄에 있어서의 요증사실이므로, /

【대법원 판단】 이를 직접 경험한 공소외 A 등이 피고인으로부터 위와 같은 말을 들었다고 하는 진술은 전문증거가 아니라 본래증거에 해당한다고 할 것이다.

【대법원 판단】 이와 다른 전제에 선 이 부분 상고이유 주장은 받아들일 수 없다. (상고 기각)

2012도2937 (4)

특신상태의 증명방법
친일재산 소송 변호사 사건
2012. 7. 26. 2012도2937, 공 2012하, 1530

1. 사실관계 및 사건의 경과

【사실관계 1】

① 갑은 변호사이다.

② M토지는 친일파 B 후손의 땅이다.

③ B의 후손들은 M토지를 되찾기 위해 국가를 상대로 소송을 제기하였으나 패소하였다.

④ 갑은 M토지의 소송에 관한 사항을 잘 알고 있었다.

⑤ A는 P회사의 전무이사이다.

⑥ [P회사는 M토지 위의 N구역에 아파트를 건설하여 분양하는 사업을 추진하려고 하였다.]

【사실관계 2】

① 2003. 11.경 갑은 자신의 사무실에서 A에게 다음과 같이 말하였다.

　(가) M토지가 친일과 B 후손의 땅인데, 그 땅을 되찾기 위해 국가를 상대로 ㉯소송을 제기하였다.

　(나) ㉯소송이 최종 결심 단계에 있어 화해 또는 판결로 승소한다.

　(다) 승소하면 내가 받게 될 땅의 일부를 줄 테니 인지대, 관련 인사들에 대한 인사비 등 소송 관련
　　　비용으로 30억 원을 달라.

　(라) 그러면 150일 이내에 위 돈에 상응하는 소유권이전을 하여 주겠다.

② 2003. 12. 5. 갑은 P 회사로부터 10억 원권 자기앞수표 1장을 교부받았다.

③ 2003. 12. 16. 갑은 예치되어 있던 P회사와의 공동계좌에서 10억 원을 인출하였다.

【사건의 경과 1】

① 이후 갑이 소송대리한 ㉯소송은 원고 패소로 종결되었다.

② P회사는 M토지의 N구역에 대해 소유권이전을 받을 수 없었다.

③ P회사는 갑을 고소하였다.

④ A는 경찰에서 피해사실을 진술하였고, 그 내용은 경찰 진술조서에 기재되었다. (㉠진술조서)

⑤ A는 검찰에서 피해사실을 진술하였고, 그 내용은 검찰 진술조서에 기재되었다. (㉡진술조서)

【사건의 경과 2】

① 검사는 갑을 특경가법위반죄(사기)로 기소하였다.

② 갑은 P회사의 자금사정으로 사업이 성사되지 않았을 뿐, 사기의 고의는 없었다고 주장하였다.

③ 검사는 A에 대한 ㉠, ㉡진술조서를 증거로 제출하였다.

④ 갑은 ㉠, ㉡진술조서를 증거로 함에 부동의하였다.

⑤ A는 제1심법정에 출석하였다.

⑥ A는 ㉠, ㉡진술조서의 진정성립을 인정하였다.

⑦ A는 ㉠, ㉡진술조서의 진술 내용과 대체로 동일한 취지로 진술하였다.

⑧ 제1심법원은 A의 수사기관 진술 내용이나 조서의 작성에 허위개입의 여지가 거의 없고 진술 내용
　의 신빙성이나 임의성도 인정된다고 판단하여 ㉠, ㉡진술조서를 증거로 채택하였다.

⑨ 제1심법원은 유죄를 인정하였다.

【사건의 경과 3】

① 갑은 불복 항소하였다.

② 항소심법원은 항소를 기각하고, 제1심판결을 유지하였다.

③ 갑은 불복 상고하였다.

④ 갑은 상고이유로 다음의 점을 주장하였다.

　(가) ㉠, ㉡진술조서는 특신상태가 증명되어야 증거능력이 있다.

　(나) 특신상태는 검사가 증명하여야 한다.

(다) 검사가 특신상태를 증명한 바가 없으므로 ㉠, ㉡진술조서는 증거능력이 없다.

2. 특신상태의 증명방법

【대법원 분석】 형사소송법 제312조 제4항은 /

【대법원 분석】 "검사 또는 사법경찰관이 피고인이 아닌 자의 진술을 기재한 조서는 /

【대법원 분석】 적법한 절차와 방식에 따라 작성된 것으로서 /

【대법원 분석】 그 조서가 검사 또는 사법경찰관 앞에서 진술한 내용과 동일하게 기재되어 있음이 /

【대법원 분석】 원진술자의 공판준비 또는 공판기일에서의 진술이나 /

【대법원 분석】 영상녹화물 또는 그 밖의 객관적인 방법에 의하여 증명되고, /

【대법원 분석】 피고인 또는 변호인이 공판준비 또는 공판기일에 그 기재 내용에 관하여 원진술자를 신문할 수 있었던 때에는 /

【대법원 분석】 증거로 할 수 있다. /

【대법원 분석】 다만 그 조서에 기재된 진술이 특히 신빙할 수 있는 상태하에서 행하여졌음이 증명된 때에 한한다."고 규정하고 있는바, /

【대법원 요지】 여기서의 '특히 신빙할 수 있는 상태'라 함은 /

【대법원 요지】 진술 내용이나 조서의 작성에 허위개입의 여지가 거의 없고, /

【대법원 요지】 진술 내용의 신빙성이나 임의성을 담보할 구체적이고 외부적인 정황이 있는 것을 말한다. /

【대법원 요지】 그리고 이러한 '특히 신빙할 수 있는 상태'는 증거능력의 요건에 해당하므로 검사가 그 존재에 대하여 구체적으로 주장·입증하여야 하는 것이지만, /

【대법원 요지】 이는 소송상의 사실에 관한 것이므로 엄격한 증명을 요하지 아니하고 자유로운 증명으로 족하다.

3. 사안에 대한 대법원의 판단

【대법원 분석】 기록에 의하면, 피고인 갑은 공소외 A 등에 대한 경찰 및 검찰 진술조서를 증거로 함에 부동의하였고, /

【대법원 분석】 공소외 A 등은 제1심 법정에서 그 진술조서의 진정성립을 인정함과 아울러 수사기관에서의 진술 내용과 대체로 동일한 취지로 진술하였으며, /

【대법원 분석】 제1심은 공소외 A 등의 수사기관 진술 내용이나 조서의 작성에 허위개입의 여지가 거의 없고 진술 내용의 신빙성이나 임의성도 인정된다는 전제에서 이를 증거로 채택하였고 /

【대법원 분석】 원심도 제1심의 판단을 그대로 유지하였음을 알 수 있다.

【대법원 판단】 공소외 A 등의 수사기관 진술 경위와 전후 사정, 그 과정과 내용 등 기록에 나타난 여러 사정을 앞서 본 법리에 비추어 살펴보면 원심의 위와 같은 판단은 정당한 것으로 수긍이 가고, /

【대법원 결론】 거기에 상고이유 주장과 같이 참고인 진술조서의 증거능력에 관한 법리오해 등의 위법이 없다. (상고 기각)

2012도3927

검사직무대리의 직무범위
상상적 경합범의 처리방법
중소기업 금융자문업자 사건
2012. 6. 28. 2012도3927, 공 2012하, 1383

1. 사실관계 및 사건의 경과

【사실관계 1】
① 갑은 중소기업을 위한 금융자문업 등을 영위하는 M회사를 운영하고 있다.
② 갑은 A에게 P금융기관의 임·직원에게 청탁하여 대출을 받게 해주겠다고 말하였다.
③ 갑은 A로부터 P금융기관의 임·직원에 대한 알선의 명목으로 3,050만 원을 받았다.
④ 그런데 갑에게는 처음부터 P금융기관의 임·직원을 알선해 줄 생각이 없었다.

【사실관계 2】
① [A는 갑을 Q경찰서에 고소하였다.]
② Q경찰서장은 갑의 피의사건을 혐의없음 의견으로 관할 R검찰청에 송치하였다.
③ R검찰청에서는 사법연수생 B가 검사직무대리 자격으로 직무를 수행하고 있었다.
④ 검사직무대리 B는 갑에 대한 피의자신문에 임하였다.
⑤ 검사직무대리 B의 갑에 대한 신문내용은 ㉠피의자신문조서에 기재되었다.
⑥ 검사직무대리 B는 갑을 특경가법위반죄(알선수재) 및 사기죄로 S법원에 기소하였다.

【사건의 경과 1】
① 특경가법위반죄(알선수재)의 법정형은 5년 이하의 징역 또는 5천만 원 이하의 벌금이다(특경가법 제7조)
② 사기죄의 법정형은 10년 이하의 징역 또는 2천만 원 이하의 벌금이다(형법 제347조 제1항).
③ 특경가법위반죄(알선수재) 및 형법상 사기죄는 모두 단독판사 관할사건이다.
④ S법원은 갑의 피고사건을 합의부에서 심판하기로 결정하였다(재정합의사건).
⑤ 제1심법원(합의부)은 검사직무대리 면전에서 작성된 ㉠피의자신문조서를 증거의 하나로 채택하여 범죄사실을 인정하였다.
⑥ 제1심법원은 특경가법위반죄(알선수재)와 사기죄의 상상적 경합범을 인정하였다.
⑦ 제1심법원은 갑에게 다음의 형을 선고하였다.
    (가) 징역 10월, 집행유예 2년
    (나) 3,050만 원 추징

【사건의 경과 2】
① 갑은 불복 항소하였다.
② 갑은 항소이유로 다음의 점을 주장하였다.

(가) 검사직무대리는 합의부사건을 기소할 수 없다.

(나) 혐의없음으로 송치된 사건에서 검사직무대리가 작성한 피의자신문조서는 증거능력이 없다.

(다) 상상적 경합범 가운데 사기죄의 형으로 처벌하기로 한 이상, 특경가법위반죄(알선수재)에 따른 추징은 할 수 없다.

③ 항소심법원은 항소를 기각하고, 제1심판결을 유지하였다.

④ 갑은 불복 상고하였다.

⑤ 갑의 상고이유는 항소이유와 같다.

2. 사법연수생 검사직무대리의 직무범위

【대법원 분석】 가. 검찰청법은 제32조 제1항에서 "검찰총장은 사법연수원장이 요청하면 사법연수생으로 하여금 일정 기간 지방검찰청 또는 지청 검사의 직무를 대리할 것을 명할 수 있다."라고 규정하고 있고, /

【대법원 분석】 같은 조 제3항에서 "제1항이나 제2항에 따라 검사의 직무를 대리하는 사람은 법원조직법에 따른 합의부의 심판사건은 처리하지 못한다."라고 규정하고 있다. /

【대법원 분석】 한편 법원조직법은 제7조 제4항, 제5항에서 지방법원과 그 지원의 심판권은 단독판사가 이를 행하는 것을 원칙으로 하되, /

【대법원 분석】 합의심판을 하여야 하는 경우에는 판사 3인으로 구성된 합의부에서 이를 행하는 것으로 규정하면서, /

【대법원 분석】 제32조에서 지방법원과 그 지원의 합의부가 제1심으로 심판하는 사건을 열거하고 있는데, /

【대법원 분석】 그 중에는 사형·무기 또는 단기 1년 이상의 징역 또는 금고에 해당하는 사건(제3호, 다만 제3호 각 목에 열거된 사건은 제외), /

【대법원 분석】 다른 법률에 의하여 지방법원 합의부의 권한에 속하는 사건(제6호)과 같이 /

【대법원 분석】 수사 당시부터 법률에 의하여 합의부의 심판사건임이 분명한 사건이 있는 반면에, /

【대법원 분석】 합의부에서 심판할 것을 합의부가 결정한 사건(제1호, 이하 '재정합의사건'이라 한다), /

【대법원 분석】 제3호의 사건과 동시에 심판할 공범사건(제4호)과 같이 /

【대법원 분석】 원래는 제7조 제4항에 따라 단독판사에게 심판권이 있는 사건임에도 /

【대법원 분석】 공소가 제기된 후의 재정합의결정에 따라 또는 제3호 사건에 속하는 공범의 존부 등에 따라 비로소 합의부의 심판사건으로 되는 사건도 있다.

【대법원 판단】 이와 같이 검찰청법이 검사직무대리의 직무 범위에서 합의부 심판사건을 제외한 취지는 /

【대법원 판단】 검사가 아닌 자가 검사의 직무를 대리하는 예외성을 고려하여 검사직무대리의 직무 범위에서 난이도나 중요도가 높다고 법률상 명백히 인정되는 합의부 심판사건을 제외시키고자 하는 것이고, /

【대법원 판단】 법원조직법이 법률 자체로 합의부 심판사건임을 엄격히 특정한 사건 이외에 /

【대법원 판단】 원래는 단독판사에게 심판권이 있는 사건임에도 합의부의 심판사건이 될 수 있는 재정합의사건 등을 규정하고 있는 취지는 /

【대법원 판단】 구체적인 사안의 특성이나 관련사건의 존재 등 여러 사정을 고려하여 신중하고 효율적으로 사건을 심판하기 위해서라 할 것이다. /

【대법원 요지】 이러한 각 법률의 취지에 공소제기 후 합의부의 결정 등에 의하여 비로소 합의부 심판사건이 되는 경우 수사 당시에는 이를 전혀 예측할 수 없는 한계가 있음을 함께 고려하면, /

【대법원 요지】 검찰청법 제32조 제3항에 의하여 검사직무대리가 처리하지 못하는 '법원조직법에 따른 합의부의 심판사건'은 /

【대법원 요지】 검사직무대리가 처리할 당시 법원조직법 등 법률 자체로 합의부의 심판사건에 해당하는 사건을 의미하고, /

【대법원 요지】 검사직무대리가 처리할 당시에는 법원조직법에 의하더라도 단독판사에게 심판권이 있는 사건인데도 /

【대법원 요지】 공소가 제기된 후에 합의부의 결정에 따라 비로소 합의부 심판사건으로 되는 재정합의사건과 같은 사건은 특별한 사정이 없는 한 여기에서 제외된다고 보아야 한다.

【대법원 판단】 원심은 재정합의사건인 이 사건에서 사법연수생인 검사직무대리가 작성한 피의자신문조서를 증거로 채택·조사한 제1심의 조치를 수긍할 수 있다고 판단하였다. /

【대법원 판단】 이러한 원심의 판단은 위에서 본 법리에 따른 것으로서 정당하고, 거기에 상고이유로 주장하는 바와 같이 검사직무대리가 처리할 수 없는 합의부 심판사건의 범위에 관한 법리를 오해한 위법이 없다. 상고이유에서 들고 있는 대법원 판례는 이 사건과 사안을 달리하는 것이어서 이 사건에 원용하기에 적절하지 않다.

3. 검찰직원 검사직무대리의 직무범위

【대법원 분석】 나. 검찰청법은 제32조 제2항에서 "검찰총장은 필요하다고 인정하면 검찰수사서기관, 검찰사무관, 수사사무관 또는 마약수사사무관으로 하여금 지방검찰청 또는 지청 검사의 직무를 대리하게 할 수 있다."고 규정하여 /

【대법원 분석】 앞서 본 사법연수생이 검사직무대리로 되는 경우와 별도로 사법연수생이 아닌 자가 검사직무대리로 되는 경우를 정하면서, /

【대법원 분석】 사법연수생이 아닌 검사직무대리가 처리할 수 있는 사건에서 /

【대법원 분석】 같은 조 제3항으로 사법연수생인 검사직무대리와 마찬가지로 법원조직법에 따른 합의부의 심판사건을 제외시키고, /

【대법원 분석】 더 나아가 사법연수생인 검사직무대리와는 달리 같은 조 제4항으로 대통령령에 의하여 그 직무 범위가 비로소 정해지는 것으로 규정하고 있다. /

【대법원 분석】 그에 따라 제정된 구 검사직무대리 운영규정(2012. 6. 5. 대통령령 제23831호로 개정되기 전의 것)은 제2조에서 /

【대법원 분석】 여기에서 말하는 '검사직무대리'라 함은 검찰청법 제32조 제2항의 규정에 의하여 검찰총장으로부터 지방검찰청 또는 그 지청 검사의 직무를 대리하도록 지명받은 자, /

【대법원 분석】 즉 사법연수생이 아닌 검사직무대리를 의미한다고 분명히 한 다음, /

【대법원 분석】 제5조 각 항에서 그 검사직무대리가 처리할 수 있는 사건과 사무를 열거하되, /

【대법원 분석】 같은 조 제1항 제2호에서는 그 검사직무대리의 직무 범위에서 혐의없음 의견으로 송치된 사건을 제외시키고 있다.

【대법원 요지】 위와 같은 법령의 내용에 비추어 보면, /

【대법원 요지】 혐의없음 의견으로 송치된 사건은 사법연수생이 아닌 검사직무대리의 직무 범위에서 제외될 뿐, /

【대법원 요지】 그것이 검사직무대리가 처리하지 못하는 합의부 심판사건이 아닌 이상, 사법연수생인 검사직무대리의 직무 범위에서 제외되지 않음은 명백하다.

【대법원 결론】 따라서 원심이 같은 취지에서 사법연수생인 검사직무대리가 혐의없음으로 송치된 이 사건에 관여한 것에 관계 법령을 위반한 잘못이 없다고 판단한 것은 정당하다. /

【대법원 결론】 위와 같은 원심의 판단에 상고이유로 주장하는 바와 같이 사법연수생인 검사직무대리의 직무 범위에 관한 법리를 오해한 위법이 없다.

4. 특경가법 알선수재죄와 사기죄의 관계

【대법원 요지】 금융회사 등의 임직원의 직무에 속하는 사항의 알선에 관하여 금품이나 그 밖의 이익을 수수한 때에는 위와 같은 금품 등을 수수하는 것으로써 특정경제범죄 가중처벌 등에 관한 법률 위반(알선수재)죄가 성립되고, /

【대법원 요지】 위와 같은 금품 등을 수수한 자가 실제로 알선할 생각이 없었다 하더라도 금품 등을 수수하는 것이 자기의 이득을 취하기 위한 것이라면 위 죄의 성립에는 영향이 없다. /

【대법원 요지】 따라서 피고인이 금융회사 등의 임직원의 직무에 속하는 사항에 관하여 알선할 의사와 능력이 없음에도 알선을 한다고 기망하고 이에 속은 피해자로부터 알선을 한다는 명목으로 금품 등을 수수하였다면 /

【대법원 요지】 이러한 피고인의 행위는 형법 제347조 제1항의 사기죄와 특정경제범죄 가중처벌 등에 관한 법률 제7조 위반죄에 각 해당하고 위 두 죄는 상상적 경합의 관계에 있다.

【대법원 요지】 한편 형법 제40조가 "1개의 행위가 수개의 죄에 해당하는 경우에는 가장 중한 죄에 정한 형으로 처벌한다."고 규정하는 것은 /

【대법원 요지】 그 수개의 죄명 중 가장 중한 형을 규정한 법조에 의하여 처단한다는 취지와 함께 다른 법조의 최하한의 형보다 가볍게 처단할 수는 없다는 취지, /

【대법원 요지】 즉 각 법조의 상한과 하한을 모두 중한 형의 범위 내에서 처단한다는 것을 포함하는 것으로 새겨야 한다. /

【대법원 요지】 이와 같이 법조의 상한과 하한의 경중을 모두 비교하여 중하게 처단하도록 하는 것으로 해석되는 형법 제40조의 취지에 비추어 보면, /

【대법원 요지】 가벼운 죄에서 정한 병과형 또는 부가형의 법조가 있을 때에는 형이 더 무거운 죄에 정한 형으로 처벌하기로 한 경우에도 가벼운 죄에서 정한 병과형 또는 부가형의 법조 역시 적용된다고 보아야 한다.

【대법원 판단】 원심판결 이유를 위 법리와 적법하게 채택된 증거들에 비추어 살펴보면, /

【대법원 판단】 원심이 /

【대법원 판단】 금융회사 등의 임직원의 직무에 속하는 사항의 알선에 관하여 알선할 의사와 능력이 없음에도 알선을 한다고 기망하고 이에 속은 피해자로부터 알선자금 명목으로 금원을 받은 피고인의 행위가 /

【대법원 판단】 사기죄와 특정경제범죄 가중처벌 등에 관한 법률 위반(알선수재)죄에 해당하고 /

【대법원 판단】 위 두 죄는 상상적 경합의 관계에 있다고 판단하는 한편 /

【대법원 판단】 형이 더 무거운 사기죄에 정한 형으로 처벌하기로 하면서도 /

【대법원 판단】 특정경제범죄 가중처벌 등에 관한 법률 제10조 제3항, 제2항에 의하여 /

【대법원 판단】 피고인이 특정경제범죄 가중처벌 등에 관한 법률 위반(알선수재)죄로 받은 금품 상당액을 추징한 /

【대법원 판단】 제1심을 유지한 조치는 정당하다. /

【대법원 결론】 위와 같은 원심의 판단 및 조치에 상고이유로 주장하는 바와 같이 논리와 경험의 법칙을 위반하여 자유심증주의의 한계를 벗어나 사실을 잘못 인정하거나 사기죄와 특정경제범죄 가중처벌 등에 관한 법률 위반(알선수재)죄의 관계 및 죄수, 상상적 경합범의 처리 등에 관한 법리를 오해한 위법이 없다. (상고 기각)

2012도4644

통신비밀보호법과 감청의 범위
제3자 광고문자 사건

2012. 10. 25. 2012도4644, 공 2012하, 2004

1. 사실관계 및 사건의 경과

【사실관계 1】

① 갑은 P회사를 운영하고 있다.

② Q회사는 전기통신사업법상 부가통신사업자이다.

③ 2008. 6. 1.경 갑은 Q회사와 자신이 운영하는 P회사의 공용 컴퓨터 서버를 통해 고객들의 휴대폰으로 문자메시지 등을 전달하거나 전달받을 수 있도록 하는 내용의 통합메시지서비스계약을 체결하였다.

④ 그 이후 갑은 P회사 컴퓨터를 통해 고객들에게 문자메시지를 보냈다.

【사실관계 2】

① 2009. 1.경 제3자가 P회사 서버 관리 프로그램을 해킹한 후 광고 문자메시지를 대량으로 발송하는 사건이 발생하였다.

② 이로 인해 갑이 운영하는 P회사의 문자메시지 서비스 제공이 중단되었다.

③ 갑은 갑 쪽에서 광고 문자메세지를 보낸 것이 아니라는 것을 확인하기 위하여 P회사 공용 컴퓨터 서버에 보관되어 있던 A 등의 문자메시지 28,811건의 내용을 당사자 A 등의 동의 없이 갑의 USB 에 저장하였다.

④ 갑은 자신의 개인용 컴퓨터에서 USB에 저장된 휴대전화 문자메시지 28,811건을 열람하여 그 내용을 지득하였다.

【사건의 경과】

① 검사는 갑을 통신비밀보호법위반죄(불법감청)로 기소하였다.

② 제1심법원은 유죄를 인정하였다.

③ 갑은 불복 항소하였다.

④ 항소심법원은 갑의 행위가 감청에 해당하지 않는다고 판단하였다.

⑤ 항소심법원은 제1심판결을 파기하고, 무죄를 선고하였다.

⑥ 검사는 불복 상고하였다.

⑦ 검사는 상고이유로, 갑의 행위가 감청에 해당한다고 주장하였다.

2. 통신비밀보호법상 감청의 범위

【대법원 분석】 통신비밀보호법 제2조 제3호 및 제7호에 의하면 /

【대법원 분석】 같은 법상의 "감청"은 /

【대법원 분석】 전자적 방식에 의하여 모든 종류의 음향·문언·부호 또는 영상을 송신하거나 수신하는 전기통신에 대하여 /

【대법원 분석】 당사자의 동의 없이 /

【대법원 분석】 전자장치·기계장치 등을 사용하여 통신의 음향·문언·부호·영상을 청취·공독하여 그 내용을 지득 또는 채록하거나 /

【대법원 분석】 전기통신의 송·수신을 방해하는 것을 말하는 것이다. /

【대법원 요지】 그런데 해당 규정의 문언이 송신하거나 수신하는 전기통신 행위를 감청의 대상으로 규정하고 있을 뿐 /

【대법원 요지】 송·수신이 완료되어 보관 중인 전기통신 내용은 그 대상으로 규정하지 않은 점, /

【대법원 요지】 일반적으로 감청은 다른 사람의 대화나 통신 내용을 몰래 엿듣는 행위를 의미하는 점 등을 고려하여 보면, /

【대법원 요지】 통신비밀보호법상의 "감청"이란 그 대상이 되는 전기통신의 송·수신과 동시에 이루어지는 경우만을 의미하고, /

【대법원 요지】 이미 수신이 완료된 전기통신의 내용을 지득하는 등의 행위는 포함되지 않는다.

【대법원 판단】 같은 취지에서 원심이 송·수신이 완료된 전기통신의 내용을 청취·공독하여 지득 또는 채록하는 것은 통신비밀보호법상의 "감청"에 해당하지 아니한다고 판단하여 /

【대법원 결론】 피고인에 대한 이 사건 공소사실을 무죄로 판단한 조치는 정당하고, 거기에 상고이유의 주장과 같은 법리오해의 위법이 없다. (상고 기각)

2012도6027

변호사 변론행위의 한계
보이스피싱 허위자백 사건

2012. 8. 30. 2012도6027, 공 2012하, 1641

1. 사실관계 및 사건의 경과

【사실관계 1】

① 갑과 을은 휴대전화 문자발송 사기 범행으로 수사기관의 조사를 받게 되었다. (㉮사건)

② 갑은 을을 통해 병에게 ㉮사건에서 병이 문자를 발송한 것처럼 허위로 자백해 달라고 부탁하였다.

③ 정은 변호사이다.

④ 갑은 변호사 정에게 ㉮사건에서 병의 변호를 의뢰하였다.

⑤ 갑과 병 사이에 허위자백을 하는 대가에 대해 합의가 시도되었다.

⑥ 병은 1억 원을 받으면 합의를 할 생각을 가지고 있었다.

⑦ 변호사 정은 갑과 병 사이의 합의과정에서 합의가 성사되도록 도왔다.

⑧ 변호사 정은 합의금의 일부를 예치하는 방안까지 용인하고 갑과 병 사이에 합의서를 작성해 주었다.

【사실관계 2】

① 2010. 8. 31. 병은 경찰에서 조사를 받고, 부탁받은 대로 허위자백을 하였다.

② 2011. 2. 17. 병은 검찰에서 조사를 받고, 부탁받은 대로 허위자백을 하였다.

③ 검사는 병을 사기죄로 기소하였다. (㉯사건)

④ 2011. 3. 18. 제1심 법정에서 갑은 부탁받은 대로 허위자백을 하였다.

⑤ 2011. 4. 8. 제1심 법정에서 갑은 다시 한번 부탁받은 대로 허위자백을 하였다.

⑥ 제1심법원은 병에게 유죄를 인정하였다.

【사실관계 3】

① 병은 불복 항소하였다.

② 2011. 5. 23. 병은 진실을 밝히는 내용의 항소이유서를 항소심 법원에 제출하였다.

③ 2011. 6. 14. 항소심 공판기일에서 병은 허위자백을 유지하는 태도를 취하였다.

④ 2011. 6. 28. 오후 병은 검찰에서 조사를 받았다.

⑤ 이 자리에서 병은 비로소 갑과 을이 진범임을 밝혔다.

⑥ 이 자리에서 병은 갑과 병 사이에 변호사 정이 관여하여 합의가 이루졌음을 밝혔다.

【사건의 경과 1】

① 검사는 갑, 을, 병, 정을 다음과 같이 기소하였다. (㉰사건)

　(가) 갑 : 사기죄, 범인도피교사죄

　(나) 을 : 사기죄, 범인도피교사죄

　(다) 병 : 범인도피죄

(라) 정 : 범인도피교사죄
② ⓒ사건의 제1심법원은 갑 등에 대해 유죄를 인정하였다.
③ 갑, 병, 정은 불복 항소하였다.
④ 을은 항소하지 않았다.
⑤ 항소심법원은 다음과 같이 판단하였다.
    (가) 갑 : 사기죄, 범인도피교사죄
    (나) 병 : 범인도피교사죄
    (다) 정 : 범인도피방조죄

【사건의 경과 2】

① 갑과 정은 불복 상고하였다.
② 갑은 상고이유로 양형부당을 주장하였다.
③ 병은 상고하지 않았다.
④ 정은 상고이유로 다음의 점을 주장하였다.
    (가) 갑과 을의 범인도피가 완료하였으므로 범인도피방조죄가 성립하지 않는다.
    (나) 변호사와 의뢰인 간에는 비밀준수의무가 있다.
    (다) 변호사가 의뢰인을 위하여 한 행위는 정당행위로서 위법성이 조각된다.
⑤ 검사는 정에 대한 부분에 불복 상고하였다.
⑥ 검사는 상고이유로, 정에게 범인도피의 공동정범이 인정된다고 주장하였다.
⑦ (이하에서 정 부분을 중심으로 고찰함)

2. 범인도피죄와 공범의 성립시점

【대법원 요지】 가. 범인도피죄는 범인을 도피하게 함으로써 기수에 이르지만, /

【대법원 요지】 범인도피행위가 계속되는 동안에는 범죄행위도 계속되고 행위가 끝날 때 비로소 범죄행위가 종료된다. /

【대법원 요지】 따라서 공범자의 범인도피행위의 도중에 그 범행을 인식하면서 그와 공동의 범의를 가지고 기왕의 범인도피상태를 이용하여 스스로 범인도피행위를 계속한 경우에는 범인도피죄의 공동정범이 성립하고, /

【대법원 요지】 이는 그 공범자의 범행을 방조한 종범의 경우도 마찬가지이다.

3. 범인도피죄 공범 부분에 대한 대법원의 판단

【대법원 분석】 기록에 의하면, 원심 공동피고인 병에 대한 이 사건 공소사실의 요지는 /

【대법원 분석】 "원심 공동피고인 병이 피고인 갑, 제1심 공동피고인 을의 범인도피교사에 따라 /

【대법원 분석】 2010. 8. 31. 경찰 및 2011. 2. 17. 검찰에서 조사를 받고, /

【대법원 분석】 2011. 3. 18. 및 2011. 4. 8. 법원에서 제1심 재판을 받음에 있어 /

【대법원 분석】 이 사건 휴대전화 문자발송 사기 범행을 자신이 저질렀다는 취지로 허위자백하였고, /

【대법원 분석】 이로써 피고인 갑 및 제1심 공동피고인 을을 도피하게 하였다."는 것임을 알 수 있으므로, /

【대법원 판단】 원심 공동피고인 병의 위 범행은 2011. 4. 8. 이전에 이미 기수에 이르렀다고 볼 수 있다. /

【대법원 분석】 그러나 제1심이 적법하게 채택한 증거들에 의하면, /

【대법원 분석】 원심 공동피고인 병은 2011. 5. 23. 진실을 밝히는 내용의 항소이유서를 항소심 법원에 제출하기는 하였으나, /

【대법원 분석】 이후 2011. 6. 14. 열린 항소심 공판기일에서는 여전히 위 허위자백을 유지하는 태도를 취하였고, /

【대법원 분석】 2011. 6. 28. 오후 검찰에서 조사를 받으면서 비로소 피고인 갑 및 제1심 공동피고인 을이 진범임을 밝혔음을 알 수 있으므로, /

【대법원 판단】 원심 공동피고인 병의 범행이 종료된 시점은 2011. 6. 28.이라고 할 것이다.

【대법원 결론】 따라서 원심이 이러한 전제하에, 피고인 을이 2011. 5. 2.경부터 2011. 6. 28. 오전경까지 그 판시와 같은 행위를 통해 원심 공동피고인 병의 범인도피행위를 방조한 것으로 볼 수 있다고 판단한 것은, /

【대법원 결론】 위와 같은 법리에 비추어 정당한 것으로 수긍할 수 있고, 거기에 상고이유의 주장과 같은 범인도피죄의 종범에 관한 법리 등을 오해한 위법이 없다.

4. 변호사 변론행위의 한계에 관한 대법원의 판단

【대법원 요지】 나. 변호사는 공공성을 지닌 법률 전문직으로서 독립하여 자유롭게 그 직무를 수행하여야 하고(변호사법 제2조), /

【대법원 요지】 그 직무를 수행함에 있어 진실을 은폐하거나 거짓 진술을 하여서는 아니 된다(같은 법 제24조 제2항). /

【대법원 요지】 따라서 형사변호인의 기본적인 임무가 피고인 또는 피의자를 보호하고 그의 이익을 대변하는 것이라고 하더라도, /

【대법원 요지】 그러한 이익은 법적으로 보호받을 가치가 있는 정당한 이익으로 제한되고, /

【대법원 요지】 변호인이 의뢰인의 요청에 따른 변론행위라는 명목으로 /

【대법원 요지】 수사기관이나 법원에 대하여 적극적으로 허위의 진술을 하거나 /

【대법원 요지】 피고인 또는 피의자로 하여금 허위진술을 하도록 하는 것은 허용되지 않는다.

【대법원 판단】 원심은 그 채택 증거를 종합하여 판시와 같은 사실을 인정한 뒤, /

【대법원 판단】 피고인 정는 변호인으로서 단순히 원심 공동피고인 병의 이익을 위한 적절한 변론과 그에 필요한 활동을 하는 데 그치지 아니하고, /

【대법원 판단】 원심 공동피고인 병과 피고인 갑 사이에 부정한 거래가 진행 중이며, 원심 공동피고인 병 사건의 수임과 변론이 그 거래의 향배와 불가결한 관련이 있을 것임을 분명히 인식하고도 피고인 갑으로부터 원심 공동피고인 병 사건을 수임하고, 그들 사이의 합의가 성사되도록 도왔으며, /

【대법원 판단】 스스로 합의금의 일부를 예치하는 방안까지 용인하고 합의서를 작성하는 등으로 피고인 갑과 원심 공동피고인 병 사이의 거래관계에 깊숙이 관여하였으므로, /

【대법원 판단】 이러한 행위를 정당한 변론권의 범위 내에 속한다고 평가할 수는 없다고 판단하였다. /

【대법원 요지】 그리고 나아가 변호인의 비밀유지의무는 변호인이 업무상 알게 된 비밀을 다른 곳에

누설하지 않을 소극적 의무를 말하는 것일 뿐, /

【대법원 요지】 이 사건과 같이 진범을 은폐하는 허위자백을 적극적으로 유지하게 한 행위가 변호인의 비밀유지의무에 의하여 정당화될 수는 없다고 판단하였다.

【대법원 결론】 앞서 본 법리와 기록에 비추어 살펴보면, 원심의 위와 같은 판단은 모두 정당한 것으로 수긍할 수 있고, 거기에 상고이유의 주장과 같은 변호사의 비밀유지의무 및 변론권에 관한 법리오해 등의 위법은 없다. (상고 기각)

2012도7377

의제강간죄와 엄격한 증명
12세 여중생 강간 사건
2012. 8. 30. 2012도7377, 공 2012하, 1650

1. 사실관계 및 사건의 경과

【사실관계】

① A는 만 12세 6개월인 여자중학교 1학년생이다.

② 사건 발생 약 3개월 전에 이루어진 건강검사결과에 의하면 A는 키 약 155cm, 몸무게 약 50kg 정도로 중학교 1학년생으로서는 오히려 큰 편에 속하는 체격이었다.

③ 갑은 A를 처음으로 만났다.

④ 갑은 A를 데리고 P모텔로 갔다.

⑤ 갑이 A를 데리고 P모텔로 들어갈 때 모텔 관리자로부터 특별한 제지를 받은 바 없었다.

⑥ 갑은 A를 강간하였다.

【사건의 경과 1】

① 수사기관은 갑을 조사하였다.

② 갑은 검찰 조사에서 다음과 같이 진술하였다.

　(가) A를 밖에서 만났을 때는 어둡고 A가 키도 크고 해서 나이가 어린 줄 몰랐다.

　(나) P모텔에서 보니까 A가 15살 또는 16살 정도로 어려 보였다.

　(다) A에게 '몇 살이냐'고 물어보니까 A가 '중학교 1학년이라서 14살이다'라고 했다.

　(라) 그래서 당시 우리식 나이로 14살 정도 되는 줄 알았다

③ A는 수사기관에서 "갑에게 14세라고 말하였다"고 진술하였다.

【사건의 경과 2】

① 검사는 갑을 성폭력처벌법위반죄(13세미만미성년자강간)로 기소하였다.

② 갑은 범행 당시 A가 13세 미만 미성년자임을 알지 못하였다고 주장하였다.

③ 갑의 피고사건은 제1심을 거친 후, 항소심에 계속되었다.

④ 항소심법원은 13세 미만자 여부에 대한 갑의 인식 여부에 대해 다음과 같이 판단하였다.

(가) 성폭력처벌법상 13세 미만 미성년자에 대한 강간죄는 13세 미만 미성년자의 성적 자기결정권을 보호하기 위한 측면보다 신체적·정신적으로 미숙한 단계의 인격체인 13세 미만 미성년자의 정상적인 성적 발달을 특별히 보호하기 위한 규정이라는 측면이 강하다.

(나) 피해자가 13세 미만의 여자인 이상 그 당시의 객관적인 정황에 비추어 피고인이 피해자가 13세 미만의 여자라는 사실을 인식하였더라면 강간행위로 나아가지 아니하였으리라고 인정할 만한 합리적인 근거를 찾을 수 없다면 피고인에게 적어도 13세 미만 미성년자에 대한 강간죄의 미필적 고의는 있었다고 보아야 한다.

⑤ 항소심법원은 유죄를 인정하였다.

⑥ 갑은 불복 상고하였다.

⑦ 갑은 상고이유로 다음의 점을 주장하였다.

(가) 범행 당시 A가 13세 미만 미성년자임을 알지 못하였다.

(나) 고의가 없으므로 성폭력처벌법위반죄(13세미만미성년자강간)는 성립하지 않는다.

2. 사안에 대한 항소심의 판단

【항소심 판단】 1. 원심은 피고인이 이 사건 범행 당시 피해자가 13세 미만이라는 사실을 인식하였는지 여부에 관하여 우선 다음과 같은 일반법리를 전개하였다. /

【항소심 판단】 즉 구 '성폭력범죄의 처벌 및 피해자보호 등에 관한 법률'(2010. 4. 15. 법률 제10258호 '성폭력범죄의 피해자보호 등에 관한 법률'로 개정되기 전의 것) 제8조의2 제1항(이하 '이 사건 법조항'이라고 한다)에서 정하는 /

【항소심 판단】 13세 미만 미성년자에 대한 강간죄는 /

【항소심 판단】 13세 미만 미성년자의 성적 자기결정권을 보호하기 위한 측면보다 신체적·정신적으로 미숙한 단계의 인격체인 13세 미만 미성년자의 정상적인 성적 발달을 특별히 보호하기 위한 규정이라는 측면이 강하다. /

【항소심 판단】 따라서 피고인이 강간 당시 피해자가 13세 미만의 여자라는 사실을 현실적이고 구체적으로 인식하지는 못하였다 하더라도, /

【항소심 판단】 "피해자가 13세 미만의 여자인 이상 그 당시의 객관적인 정황에 비추어 피고인이 피해자가 13세 미만의 여자라는 사실을 인식하였더라면 강간행위로 나아가지 아니하였으리라고 인정할 만한 합리적인 근거를 찾을 수 없다면" /

【항소심 판단】 피고인에게 적어도 13세 미만 미성년자에 대한 강간죄의 미필적 고의는 있었다고 보아야 한다는 것이다. /

【항소심 판단】 나아가 원심은 그 판시와 같은 사정들에 비추어 피고인이 이 사건 강간 범행 당시 피해자가 13세 미만의 여자임을 인식하였거나 적어도 미필적으로 인식하고 있었다고 인정된다고 판단하고, /

【항소심 판단】 이 사건 13세 미만 미성년자에 대한 강간의 공소사실을 유죄로 인정하였다.

3. 13세 미만 미성년자 여부에 대한 입증방법

【대법원 판단】 2. 원심의 위와 같은 판단은 아래와 같은 이유에서 수긍하기 어렵다.

【대법원 요지】 가. 형사재판에서 공소가 제기된 범죄의 구성요건을 이루는 사실은 그것이 주관적 요건이든 객관적 요건이든 그 입증책임이 검사에게 있으므로, /

【대법원 요지】 이 사건 법조항에서 정하는 범죄의 성립이 인정되려면, 피고인이 피해자가 13세 미만의 여자임을 알면서 그를 강간하였다는 사실이 검사에 의하여 입증되어야 한다.

【대법원 요지】 물론 피고인이 일정한 사정의 인식 여부와 같은 내심의 사실에 관하여 이를 부인하는 경우에는 /

【대법원 요지】 이러한 주관적 요소로 되는 사실은 사물의 성질상 그 내심과 상당한 관련이 있는 간접사실 또는 정황사실을 증명하는 방법에 의하여 이를 입증할 수밖에 없고, /

【대법원 요지】 이 때 무엇이 상당한 관련성이 있는 간접사실에 해당할 것인가는 정상적인 경험칙에 바탕을 두고 사실의 연결상태를 합리적으로 분석·판단하는 방법에 의하여야 한다. /

【대법원 요지】 그러나 피해자가 13세 미만의 여자라는 객관적 사실로부터 피고인이 그 사실을 알고 있었다는 점이 추단된다고 볼 만한 경험칙 기타 사실상 또는 법적 근거는 이를 어디서도 찾을 수 없다.

【대법원 판단】 그렇다면 "피해자가 13세 미만의 여자인 이상 그 당시의 객관적인 정황에 비추어 피고인이 피해자가 13세 미만의 여자라는 사실을 인식하였더라면 강간행위로 나아가지 아니하였으리라고 인정할 만한 합리적인 근거를 찾을 수 없다면" 이 사건 법조항에서 정하는 강간죄에 관한 미필적 고의가 인정될 수 있다고 하는 법리는 /

【대법원 판단】 범죄의 주관적 구성요건사실 역시 객관적 구성요건사실과 마찬가지로 검사에 의하여 입증되어야 한다는 형사소송법상의 중요한 원칙을 정당한 이유 없이 광범위한 범위에서 훼손하는 것으로서 쉽사리 용납될 수 없다. /

【대법원 판단】 설사 이 사건 법조항이 원심이 이해하는 대로 신체적 또는 정신적으로 미숙한 단계인 13세 미만 미성년자의 정상적인 성적 발달을 특별히 보호하기 위한 규정이라고 하더라도, /

【대법원 판단】 그것이 13세 미만의 여자라는 사실에 대한 피고인의 인식에 관한 검사의 입증책임을 완화하기에 충분한 이유가 되지 아니하는 것이다.

【대법원 요지】 따라서 13세 미만의 여자에 대한 강간죄에 있어서 피해자가 13세 미만이라고 하더라도 /

【대법원 요지】 피고인이 피해자가 13세 미만인 사실을 몰랐다고 범의를 부인하는 경우에는 /

【대법원 요지】 다른 범죄의 경우와 마찬가지로 상당한 관련성이 있는 간접사실 또는 정황사실에 의하여 그 입증 여부가 판단되어야 한다.

4. 사안에 대한 대법원의 판단

【대법원 분석】 나. 나아가 피고인이 이 사건 강간 범행 당시 피해자가 13세 미만인 사실을 인식하고 있었는지에 대하여 살펴본다.

【대법원 분석】 원심과 제1심이 적법하게 채택한 증거에 의하면 다음과 같은 사실을 알 수 있다.

【대법원 분석】 ① 피해자는 만 12세 6개월인 중학교 1학년생으로 만 13세가 되기까지 6개월 정도 남은 상황이었다.

【대법원 분석】 ② 피고인은 검찰 조사에서 "피해자를 밖에서 만났을 때는 어둡고 피해자가 키도 크고 해서 나이가 어린 줄 몰랐는데 모텔에서 보니까 피해자가 15살 또는 16살 정도로 어려 보였고, /

【대법원 분석】 피해자에게 '몇 살이냐'고 물어보니까 피해자가 '중학교 1학년이라서 14살이다'라고 했었습니다. /

【대법원 분석】 그래서 당시 우리식 나이로 14살 정도 되는 줄 알았다"고 진술하였고, /

【대법원 분석】 피해자 또한 수사기관에서 "피고인에게 14세라고 말하였다"고 진술하였다.

【대법원 분석】 ③ 종전의 우리식 나이인 연 나이 14세는 만 나이로 생일이 지나지 아니한 경우는 12세, 생일이 지난 경우는 13세에 해당하여 /

【대법원 분석】 대상자의 생년월일을 정확히 알지 못하는 경우에는 정확한 만 나이를 알기 어렵다 할 것인데, /

【대법원 분석】 피고인과 피해자는 사건 당일 처음 만난 사이이었고, 피해자가 피고인에게 생년월일까지 알려준 바는 없었다.

【대법원 분석】 ④ 이 사건 강간 범행 발생 약 3개월 전에 이루어진 건강검사결과에 의하면 피해자는 키 약 155cm, 몸무게 약 50kg 정도로 중학교 1학년생으로서는 오히려 큰 편에 속하는 체격이었다.

【대법원 분석】 ⑤ 피고인은 당시 피해자를 데리고 모텔로 들어갔는데 모텔 관리자로부터 특별한 제지를 받은 바 없었던 것으로 보인다.

【대법원 판단】 이러한 사정에 비추어 보면, 피고인이 이 사건 강간 범행 당시 피해자가 13세 미만인 사실을 미필적으로라도 인식하고 있었음이 합리적 의심의 여지 없이 증명되었다고 쉽사리 단정할 수 없다.

【대법원 결론】 다. 그럼에도 원심은 위와 같이 받아들일 수 없는 법리에 기하여 그 판시와 같은 사정만으로 피고인이 피해자가 13세 미만이었음을 인식하였거나 적어도 미필적으로 인식하고서 피해자를 간음한 사실이 인정된다고 보아 13세 미만 여자 강간의 이 사건 공소사실을 유죄로 판단하였다. /

【대법원 결론】 이러한 원심판결 중 피고사건 부분에는 형사재판에서의 증명책임에 관한 법리를 오해하거나 논리와 경험의 법칙에 위배하여 사실을 잘못 인정함으로써 판결에 영향을 미친 위법이 있다 할 것이다. 이 점을 지적하는 상고이유의 주장은 이유 있다. (파기 환송)

2012도7455

전기통신감청의 의의와 성질
영장집행과 통지의 범위
패킷 감청 사건
2012. 10. 11. 2012도7455, 공2012하, 1864

1. 사실관계 및 사건의 경과

【사실관계】

① 갑 등은 통일운동을 하는 P단체의 구성원이다.

② 갑 등의 대북 접촉활동에 대해 Q수사기관은 수사를 진행하였다.

③ Q수사기관은 법원으로부터 ㉠통신제한조치 허가서를 발부받았다.

④ Q수사기관은 이에 근거하여 갑 등의 인터넷 송·수신에 대해 소위 패킷 감청을 하였다.

⑤ 패킷 감청이란 인터넷 통신망을 통하여 흐르는 전기신호 형태의 패킷(packet)을 중간에 확보하여 그 내용을 지득하는 수사기법을 말한다.

⑥ Q수사기관은 법원으로부터 ㉡압수·수색영장을 발부받아 갑 등의 이메일을 압수·수색하였다.

⑦ Q수사기관은 압수·수색영장을 집행할 때 급속을 요하는 때에 해당한다고 보아 갑 등에게 사전통지를 하지 않았다.

【사건의 경과】

① 검사는 갑 등을 국가보안법위반죄(회합·통신등)로 기소하였다.

② 갑 등의 피고사건은 제1심을 거친 후, 항소심에 계속되었다.

③ 항소심법원은 갑 등에게 유죄를 인정하였다.

④ 갑 등은 불복 상고하였다.

⑤ 갑 등은 상고이유로 다음의 점을 주장하였다.

　(가) 패킷 감청은 그 특성상 수사목적과 무관한 통신내용이나 제3자의 통신내용도 감청될 우려가 있어서 위법수사에 해당한다.

　(나) 압수·수색영장을 집행할 때 사전통지를 하지 않은 것은 위헌·위법인 압수·수색에 해당한다.

　(다) 이러한 위법수사에 의하여 취득한 증거들은 증거능력이 없다.

2. 통신제한조치 허가장 부분에 대한 판단

(1) 패킷 감청의 의의와 성질

【대법원 분석】 (1) 통신비밀보호법 제2조 제3호에 의하면 /

【대법원 분석】 '전기통신'이라 함은 /

【대법원 분석】 전화·전자우편·회원제정보서비스·모사전송·무선호출 등과 같이 /

【대법원 분석】 유선·무선·광선 및 기타의 전자적 방식에 의하여 /

【대법원 분석】 모든 종류의 음향·문언·부호 또는 영상을 송신하거나 수신하는 것을 말한다. /

【대법원 분석】 그리고 같은 법 제5조 제1항에 의하면 /

【대법원 분석】 국가보안법 위반죄 등 일정한 범죄를 계획 또는 실행하고 있거나 실행하였다고 의심할 만한 충분한 이유가 있고 /

【대법원 분석】 다른 방법으로는 그 범죄의 실행을 저지하거나 범인의 체포 또는 증거의 수집이 어려운 경우 /

【대법원 분석】 법원으로부터 허가를 받아 전기통신의 감청 등 통신제한조치를 할 수 있다.

【대법원 요지】 인터넷 통신망을 통한 송·수신은 같은 법 제2조 제3호에서 정한 '전기통신'에 해당하므로 /

【대법원 요지】 인터넷 통신망을 통하여 흐르는 전기신호 형태의 패킷(packet)을 중간에 확보하여 그 내용을 지득하는 이른바 '패킷 감청'도 /

【대법원 요지】 같은 법 제5조 제1항에서 정한 요건을 갖추는 경우 다른 특별한 사정이 없는 한 허용된다고 할 것이고, /

【대법원 요지】 이는 패킷 감청의 특성상 수사목적과 무관한 통신내용이나 제3자의 통신내용도 감청될 우려가 있다는 것만으로 달리 볼 것이 아니다.

(2) 사안에 대한 대법원의 판단

【대법원 판단】 (2) 원심이 같은 취지에서 이 사건 패킷 감청이 법원으로부터 통신제한조치 허가서를 발부받아 적법하게 집행되었으므로 위법한 것으로 볼 수 없다고 판단한 것은 정당하다. /

【대법원 판단】 나아가 이 사건 패킷 감청을 통하여 수집된 자료가 증거로 제출된 바 없음은 피고인들도 인정하고 있는 바와 같고, /

【대법원 판단】 원심판결 이유 및 기록에 의하면 이 사건 패킷 감청을 통하여 파생된 자료가 증거로 제출되거나 원심의 유죄 인정의 증거로 채택되었다고 볼 수도 없으므로, /

【대법원 판단】 그것이 위법수집증거로서 증거능력이 배제되어야 한다는 이 부분 상고이유는 어느 모로 보나 받아들일 수 없다.

3. 사전통지 없는 압수·수색 부분에 대한 판단

【대법원 분석】 피의자 또는 변호인은 압수·수색영장의 집행에 참여할 수 있고(형사소송법 제219조, 제121조), /

【대법원 분석】 압수·수색영장을 집행함에는 원칙적으로 미리 집행의 일시와 장소를 피의자 등에게 통지하여야 하나(형사소송법 제122조 본문), /

【대법원 분석】 '급속을 요하는 때'에는 위와 같은 통지를 생략할 수 있다(형사소송법 제122조 단서). /

【대법원 요지】 여기서 '급속을 요하는 때'라고 함은 압수·수색영장 집행 사실을 미리 알려주면 증거물을 은닉할 염려 등이 있어 압수·수색의 실효를 거두기 어려울 경우라고 해석함이 옳고, /

【대법원 판단】 그와 같이 합리적인 해석이 가능하므로 형사소송법 제122조 단서가 명확성의 원칙 등에 반하여 위헌이라고 볼 수 없다.

【대법원 결론】 원심이 같은 취지에서 형사소송법 제122조 단서가 위헌이라거나, 수사기관이 이 사건 이메일 압수·수색영장 집행시 급속을 요하는 때에 해당한다고 보아 사전통지를 생략한 것이 위법하다는 피고인들의 주장을 배척한 제1심판결을 그대로 유지한 조치는 정당한 것으로 수긍이 가고, /

【대법원 결론】 거기에 상고이유 주장과 같이 압수·수색영장 집행이나 위법수집증거배제법칙에 관한 법리를 오해하는 등의 위법이 있다고 할 수 없다. (상고 기각)

2012도7461

사인 녹취록의 증거능력
구청장 조정 압력 사건
2012. 9. 13. 2012도7461, 공 2012하, 1715

1. 사실관계 및 사건의 경과

【사실관계】

① 갑은 P시 Q구청장이다.

② A는 M지역에서 N토지구획정리사업을 진행하고 있는 R조합의 대표자이다.

③ 갑은 R조합의 N토지구획정리사업 완료에 필수적인 공사 등에 관한 협의 권한을 가지고 있다.

④ 갑은 R조합을 상대로 [승소 가능성이 거의 없는] ㉮소송을 제기하였다.

⑤ (다음의 사실은 A의 주장에 따라 사실을 재구성한 것이다.)

　(가) 갑은 A를 만나 다음과 같이 말하였다.

　(나) "나(갑)의 요구대로 조정에 응하지 않으면 N사업 완료를 위한 관련 협의가 진행되지 않을 것이다." (㉠발언)

　(다) A는 몰래 갑의 발언을 L디지털 녹음기로 녹음하였다. (㉡녹음파일 원본)

　(라) A는 사무실로 돌아와 L디지털 녹음기에 저장된 ㉡녹음파일 원본을 컴퓨터에 복사하였다. (㉢녹음파일 사본)

　(마) A는 ㉡디지털 녹음기의 파일 원본을 삭제한 뒤 갑과의 다음 대화를 다시 녹음하는 과정을 반복하였다.

　(바) A는 ㉢녹음파일 사본을 이용하여 ㉣녹취록을 작성하였다.

　(사) 이후 A는 어쩔 수 없이 [손해를 보고] Q구청과의 조정합의에 응하였다.

【사건의 경과 1】

① [A는 갑을 고소하였다.]

② A는 검찰에 ㉢녹음파일 사본과 ㉣녹취록을 제출하였다.

③ 검사는 갑을 특경가법위반죄(공갈)로 기소하였다.

④ 제1심 공판절차에서 갑은 공소사실을 부인하였다.

⑤ 검사는 ㉢녹음파일 사본과 ㉣녹취록을 증거로 제출하였다.

⑥ A는 제1심 법정에 출석하여 다음과 같이 진술하였다.

　(가) ㉢녹음파일 사본은 갑과의 ㉠대화를 본인(A)이 직접 녹음한 ㉡파일 원본을 컴퓨터에 그대로 복사한 것이다.

　(나) ㉢녹음파일 사본과 ㉣녹취록 사이에 동일성이 있다.

【사건의 경과 2】

① 제1심법원은 ㉢녹음파일 사본에 대한 검증을 실시하였다.

② 갑은 검증 과정에서 ⓒ녹음파일 사본의 내용을 모두 들어보았다.

③ 갑은 녹음내용을 들은 후 다음과 같이 진술하였다.

　(가) 일부 파일에 인사말 등이 녹음되지 않은 것 같다.

　(나) 녹음된 음성은 본인(갑)의 것이 맞다.

　(다) 녹음된 내용도 본인(갑)이 진술한 대로 녹음되어 있다.

　(라) ⓒ녹음파일 사본의 내용대로 ⓔ녹취록에 기재되어 있다.

④ 제1심은 대검찰청 과학수사담당관실에 ⓒ녹음파일 사본과 그 녹음에 사용된 L디지털 녹음기에 대해 감정을 의뢰하였다.

⑤ 대검찰청 과학수사담당관실에서는 다음과 같은 감정의견을 회보하였다.

　(가) 국제적으로 널리 사용되는 다양한 분석방법을 통해 정밀감정한 결과 ⓒ녹음파일 사본에 편집의 흔적을 발견할 수 없다.

　(나) ⓒ녹음파일 사본의 파일정보와 녹음 주파수 대역이 L디지털 녹음기로 생성한 파일의 그것들과 같다.

【사건의 경과 3】

① 항소심법원은 ⓒ녹음파일 사본과 ⓔ녹취록을 증거로 채택하여 유죄를 인정하였다.

② 갑은 불복 상고하였다.

③ 갑은 상고이유로 다음의 점을 주장하였다.

　(가) A가 갑의 녹음을 비밀녹음 한 ⓛ녹음파일은 통신비밀보호법에 위반하여 위법하게 수집한 것이다.

　(나) ⓒ녹음파일 사본과 ⓔ녹취록은 위법하게 수집된 증거의 파생증거로서 증거능력이 없다.

　(다) 그렇지 않다고 하더라도 ⓒ녹음파일 사본과 ⓔ녹취록은 전문법칙에 의하여 증거능력이 없다.

2. 녹음파일과 녹취록의 증거능력

【대법원 요지】 피고인과 상대방 사이의 대화 내용에 관한 녹취서가 공소사실의 증거로 제출되어 /

【대법원 요지】 그 녹취서의 기재 내용과 녹음테이프의 녹음 내용이 동일한지 여부에 대하여 법원이 검증을 실시한 경우에, /

【대법원 요지】 증거자료가 되는 것은 녹음테이프에 녹음된 대화 내용 그 자체이고, /

【대법원 요지】 그 중 피고인의 진술 내용은 실질적으로 형사소송법 제311조, 제312조의 규정 이외에 피고인의 진술을 기재한 서류와 다름없어, /

【대법원 요지】 피고인이 그 녹음테이프를 증거로 할 수 있음에 동의하지 않은 이상 /

【대법원 요지】 그 녹음테이프에 녹음된 피고인의 진술 내용을 증거로 사용하기 위해서는 /

【대법원 요지】 형사소송법 제313조 제1항 단서에 따라 /

【대법원 요지】 공판준비 또는 공판기일에서 그 작성자인 상대방의 진술에 의하여 /

【대법원 요지】 녹음테이프에 녹음된 피고인의 진술 내용이 피고인이 진술한 대로 녹음된 것임이 증명되고 /

【대법원 요지】 나아가 그 진술이 특히 신빙할 수 있는 상태하에서 행하여진 것임이 인정되어야 한다. /

【대법원 요지】 또한 대화 내용을 녹음한 파일 등의 전자매체는 그 성질상 작성자나 진술자의 서명 또는 날인이 없을 뿐만 아니라, /

【대법원 요지】 녹음자의 의도나 특정한 기술에 의하여 그 내용이 편집, 조작될 위험성이 있음을 고려하여, /

【대법원 요지】 그 대화 내용을 녹음한 원본이거나 /

【대법원 요지】 원본으로부터 복사한 사본일 경우에는 복사과정에서 편집되는 등의 인위적 개작 없이 원본의 내용 그대로 복사된 사본임이 입증되어야 한다.

3. 사안에 대한 대법원의 분석

【대법원 분석】 적법하게 채택·조사한 증거들에 의하면, /

【대법원 분석】 ① 피해자의 대표자 공소외인이 디지털 녹음기로 피고인과의 대화를 녹음한 후 /

【대법원 분석】 자신의 사무실로 돌아와 디지털 녹음기에 저장된 녹음파일 원본을 컴퓨터에 복사하고 /

【대법원 분석】 디지털 녹음기의 파일 원본을 삭제한 뒤 피고인과의 다음 대화를 다시 녹음하는 과정을 반복한 사실, /

【대법원 분석】 ② 공소외인은 검찰과 제1심 법정에서 /

【대법원 분석】 이 사건 녹음파일 사본은 피고인과 대화를 자신이 직접 녹음한 파일 원본을 컴퓨터에 그대로 복사한 것으로서 /

【대법원 분석】 위 녹음파일 사본과 해당 녹취록 사이에 동일성이 있다고 진술한 사실, /

【대법원 분석】 ③ 피고인도 검찰과 제1심 법정에서 이 사건 녹음파일 사본을 모두 들어본 뒤 /

【대법원 분석】 일부 파일에 인사말 등이 녹음되지 않은 것 같다는 등의 지적을 한 외에는 /

【대법원 분석】 녹음된 음성이 자신의 것이 맞을 뿐만 아니라 /

【대법원 분석】 그 내용도 자신이 진술한 대로 녹음되어 있으며 /

【대법원 분석】 이 사건 녹음파일 사본의 내용대로 해당 녹취록에 기재되어 있다는 취지로 진술한 사실, /

【대법원 분석】 ④ 대검찰청 과학수사담당관실에서 /

【대법원 분석】 이 사건 녹음파일 사본과 그 녹음에 사용된 디지털 녹음기에 대하여 /

【대법원 분석】 국제적으로 널리 사용되는 다양한 분석방법을 통해 정밀감정한 결과 /

【대법원 분석】 이 사건 녹음파일 사본에 편집의 흔적을 발견할 수 없고, /

【대법원 분석】 이 사건 녹음파일 사본의 파일정보와 녹음 주파수 대역이 위 디지털 녹음기로 생성한 파일의 그것들과 같다고 판정한 사실 등을 알 수 있다.

4. 사안에 대한 대법원의 판단

【대법원 판단】 이러한 사실관계를 앞서 본 법리에 비추어 살펴보면, /

【대법원 판단】 피해자의 대표자인 공소외인이 피고인과 대화하면서 녹음한 이 사건 녹음파일 사본은 /

【대법원 판단】 타인 간의 대화를 녹음한 것이 아니므로 타인의 대화비밀 침해금지를 규정한 통신비밀보호법 제14조의 적용 대상이 아니고, /

【대법원 판단】 위 녹음파일 사본은 그 복사 과정에서 편집되는 등의 인위적 개작 없이 원본의 내용 그대로 복사된 것으로 대화자들이 진술한 대로 녹음된 것으로 인정된다. /

【대법원 판단】 나아가 녹음 경위, 대화 장소, 내용 및 대화자 사이의 관계 등에 비추어 그 진술이 특히 신빙할 수 있는 상태하에서 행하여진 것으로 인정되므로 /

【대법원 판단】 위 녹음파일 사본과 해당 녹취록을 증거로 사용할 수 있다.

【대법원 결론】 원심이 같은 취지에서 이 사건 녹음파일 사본과 해당 녹취록의 증거능력을 인정한 것은 정당하고, 거기에 상고이유 주장과 같이 증거능력에 관한 법리오해의 위법이 없다. (상고 기각)

2012도7467

탄핵증거의 성립요건
매매형식 뇌물제공 사건
2012. 9. 27. 2012도7467, 공 2012하, 1794

1. 사실관계 및 사건의 경과

【사실관계】
① 갑은 공무원이다.
② [을은 업자이다.]
③ 갑은 을로부터 5억 5,000만 원을 받았다.
④ 검사는 갑을 특가법위반죄(뇌물)로 기소하였다.
⑤ 검사는 을을 형법상 뇌물공여죄로 기소하였다.
⑥ 갑은 받은 돈이 [M부동산에 대한] 매매대금이라고 주장하였다.
⑦ 갑과 을의 피고사건은 제1심을 거친 후, 항소심에 계속되었다.

【사건의 경과 1】
① [항소심법원은 M부동산에 대한 매매 여부를 확인하기 위하여 A에 대해 증인신문을 실시하였다.]
② [A는 갑과 을 사이에 ㉠부동산에 대한 매매계약서가 작성된 일이 없었다고 진술하였다.] (㉠진술)
③ 갑은 B를 증인으로 신청하였다.
④ B는 증인으로 출석하여 다음과 같이 진술하였다. (㉡진술)
　(가) "A로부터 다음의 진술을 들었다."
　(나) A : "갑과 을 사이에 ㉠부동산에 대한 매매계약서가 작성되었다."

【사건의 경과 2】
① 항소심법원은 B의 ㉡진술이 전문증거라고 판단하였다.
② 항소심법원은 형소법 제316조 제2항의 요건을 갖추지 못하였다는 이유로 B의 ㉡진술의 증거능력을 부정하였다.
③ 항소심법원은 증인 A의 ㉠진술을 증거로 채택하였다.

④ 항소심법원은 갑이 을로부터 수수한 돈이 매매의 형식을 빌린 뇌물이라고 판단하였다.

⑤ 항소심법원은 갑에게 유죄를 인정하였다.

⑥ 갑은 불복 상고하였다.

⑦ 갑은 상고이유로 다음의 점을 주장하였다.

　(가) 갑이 받은 돈은 ㉠부동산에 대한 매매대금이다.

　(나) 형소법 제316조 제2항을 이유로 B의 ㉡진술의 증거능력을 부정한 것은 위법하다.

2. 뇌물 여부의 판단방법

【대법원 요지】 공무원이 얻는 어떤 이익이 직무와 대가관계가 있는 부당한 이익으로서 뇌물에 해당하는지 여부는 /

【대법원 요지】 당해 공무원의 직무의 내용, /

【대법원 요지】 직무와 이익제공자와의 관계, /

【대법원 요지】 쌍방 간에 특수한 사적인 친분관계가 존재하는지의 여부, /

【대법원 요지】 이익의 다과, 이익을 수수한 경위와 시기 등의 /

【대법원 요지】 제반 사정을 참작하여 결정하여야 할 것이고, /

【대법원 요지】 뇌물죄가 직무집행의 공정과 이에 대한 사회의 신뢰 및 직무행위의 불가매수성을 그 보호법익으로 하고 있음에 비추어 볼 때, /

【대법원 요지】 공무원이 그 이익을 수수하는 것으로 인하여 사회 일반으로부터 직무집행의 공정성을 의심받게 되는지 여부도 /

【대법원 요지】 뇌물죄의 성립 여부를 판단함에 있어서의 판단 기준이 된다.

3. 뇌물 부분에 대한 대법원의 판단

【대법원 판단】 원심은 그 판시와 같은 여러 사정들 즉, /

【대법원 판단】 피고인 갑과 피고인 을과의 관계, /

【대법원 판단】 피고인 을의 매수 동기 여부, /

【대법원 판단】 금원의 전달경위 및 방법, /

【대법원 판단】 매매계약서 원본의 존재 및 소지 여부, /

【대법원 판단】 매매계약서의 기재 내용 및 그 이행 여부, /

【대법원 판단】 채무불이행 시 독촉 여부 등을 종합적으로 고려하여 /

【대법원 판단】 피고인 갑이 피고인 을로부터 수수한 합계 5억 5,000만 원이 진정한 매매대금이 아니라 매매의 형식을 빌린 뇌물이라고 판단한 다음, /

【대법원 판단】 위 5억 5,000만 원을 수뢰액으로 인정하여 특정범죄 가중처벌 등에 관한 법률 제2조 제1항 제1호를 적용하였다.

【대법원 결론】 원심판결 이유를 위 법리와 원심이 적법하게 채택한 증거들에 비추어 살펴보면, 원심의 위와 같은 인정과 판단은 정당한 것으로 수긍할 수 있고, /

【대법원 결론】 거기에 논리와 경험의 법칙에 반하여 자유심증주의의 한계를 벗어나거나 수뢰액 산

정에 관한 법리를 오해하는 등의 위법이 없다.

4. 탄핵증거 부분에 대한 대법원의 판단

【대법원 요지】 한편 형사소송법 제318조의2 제1항에 규정된 이른바 탄핵증거는 범죄사실을 인정하는 증거가 아니어서 엄격한 증거능력을 요하지 아니한다. /

【대법원 판단】 그럼에도 원심이 피고인 갑 측의 신청에 의한 원심 증인 공소외 B의 진술이 전문증거로서 형사소송법 제316조 제2항의 요건을 갖추지 못하였다는 이유로 증거능력이 없다고 하였으니, /

【대법원 판단】 거기에는 탄핵증거의 증거능력에 관한 법리를 오해한 위법이 있다고 할 것이다. /

【대법원 판단】 그러나 기록에 의하면 증인 공소외 B의 진술을 탄핵증거로 사용한다고 하더라도 앞서 본 바와 같이 피고인 갑에 대한 이 사건 공소사실을 유죄로 인정함에는 아무런 지장이 없다고 판단되므로, 위와 같은 잘못이 판결 결과에 영향을 미쳤다고 볼 수는 없다. (상고 기각)

2012도9937

범죄예방조치의 적법성 요건
중국동포 말다툼 사건
2013. 6. 13. 2012도9937, 공2013하, 1272

1. 사실관계 및 사건의 경과

【사실관계 1】

① 갑은 한국어로 일정 수준의 의사소통이 가능한 중국인이다.

② 갑은 M장소에서 승용차를 운전하다가 B가 운전하는 택시를 들이받는 사고를 일으켰다.

③ B는 사고처리를 하기 위하여 112에 교통사고 발생 신고를 하였다.

④ 갑은 "사고가 경미한데 왜 경찰에 신고하느냐"고 항의하면서 갑과 B 사이에 말다툼이 벌어졌다.

【사실관계 2】

① 경찰관 A와 C는 대림파출소 소속이다.

② 경찰관 A와 C는 112 지령을 받아 현장에 도착하였다.

③ B는 경찰관 A에게 그 사이에 자신이 갑으로부터 뺨을 맞았다며 자신의 입술을 들추어 보여 주었다.

④ 인근에 있던 D 등 남자 2명은 갑이 B를 폭행하는 장면을 목격하였다면서 경찰관 A에게 연락처를 건네주었다.

⑤ (B와 D는 이후 제1심법정에 증인으로 출석해서도 갑이 B를 폭행하였다고 진술하였다),

⑥ 그러자 갑은 더 흥분을 하며 "한국 사람들은 거짓말쟁이이다"라며 심한 욕설을 하였다.

【사실관계 3】

① 사고가 일어난 M장소는 평소 중국 교포들이 많이 거주하는 지역에 속해 있다.

② M장소는 중국인이 연루된 시비가 발생하면 모여들어 중국인을 동조하는 등 싸움이 확대되는 상황이 빈번하게 발생하는 장소이다.

③ 갑이 욕설을 할 때 10여 명 이상의 구경꾼들이 몰려들어 "한국 사람 어쩌고"라는 등 국적을 언급하며 서로 언쟁을 하였다.

④ 경찰관 A와 C는 원래 단순 교통사고인 것으로 알고 M장소 사건현장에 출동하였다.

⑤ 경찰관 A와 C는 폭력사건이 발생하였다는 내용을 청취하였을 뿐만 아니라 주변 상황이 급박하게 돌아가 자신들만으로 상황을 통제하기 어렵다고 판단하여 지원을 요청하였다.

【사실관계 4】

① 경찰관 A와 C의 지원요청에 따라 같은 대림파출소 소속 경찰관 E, F가 현장에 도착하였다.

② 현장도착 당시는 갑과 B는 서로 때렸다, 때린 적이 없다고 실랑이를 벌이고 경찰관들은 갑과 B를 떼어놓으려고 하던 상황이었다.

③ 경찰관 C는 경찰관 E에게 파출소에 돌아가 음주감지기를 가지고 오라고 지시하였다.

④ 경찰관 C는 경찰관 E가 가지고 온 음주감지기를 갑에게 제시하였다.

⑤ 갑은 음주감지기 검사를 거부하였다.

⑥ 경찰관 C는 갑의 거부로 음주감지를 못하자 경찰서 교통사고조사반으로 가자고 설득하였다.

⑦ 이때 경찰관 A는 사고 차량을 안전지대로 이동시키기 위해서 갑과 경찰관 C 곁을 떠났다.

【사실관계 5】

① 그 후 갑은 경찰관 C의 설득에 따라 경찰관 C, E와 함께 순찰차 쪽으로 이동하게 되었다.

② 이때 4~5m가량 떨어진 곳에서 갑의 여자친구인 G가 D 등 목격자 2명과 "당신들이 뭔데 목격자라고 하느냐"라며 시비가 붙었다.

③ G와 D 등 목격자 2명 사이에 "너네 한국사람이냐, 중국사람이냐"는 등의 상호 간에 국적을 비하하는 욕설까지 나오는 등의 말다툼이 일어났다.

④ 갑은 여자친구 G와 D 등 목격자 2명 사이의 말다툼을 보자 경찰관 C, E 곁을 벗어나 갑자기 그쪽으로 뛰어갔다.

⑤ 갑은 뛰어가다가 G와 목격자 D 등이 다투는 곳에서 약 2m가량 못미처 차도와 인도 사이의 경계턱에 걸려 넘어졌다.

⑥ 이에 경찰관 C와 E가 갑을 따라와 일으키며 G 등이 있는 곳으로 가는 것을 제지하였다.

⑦ 이때 사고 차량을 안전지대로 이동시키고 돌아온 경찰관 A도 경찰관 C, E를 도와 갑을 제지하였다.

⑧ 그러자 갑은 발로 경찰관 A의 정강이를 걷어찼다.

⑨ 이로 인하여 경찰관 A는 상해를 입었다.

【사건의 경과】

① 검사는 갑을 다음 죄명의 공소사실로 기소하였다.

    (가) 상해

    (나) 공무집행방해

    (다) 도로교통법위반(음주측정거부)

② (이하에서는 공무집행방해죄 부분만 검토함)

③ 갑의 피고사건은 제1심을 거친 후, 항소심에 계속되었다.

④ 항소심법원은 공무집행방해죄 부분에 대해 무죄를 선고하였다.

⑤ (항소심의 판단 이유는 판례 본문 참조)

⑥ 검사는 불복 상고하였다.

2. 범죄제지조치의 적법성 요건

【대법원 분석】 경찰관직무집행법 제6조 제1항은 /

【대법원 분석】 "경찰관은 범죄행위가 목전에 행하여지려고 하고 있다고 인정될 때에는 /

【대법원 분석】 이를 예방하기 위하여 /

【대법원 분석】 관계인에게 필요한 경고를 발하고, /

【대법원 분석】 그 행위로 인하여 인명·신체에 위해를 미치거나 재산에 중대한 손해를 끼칠 우려가 있어 긴급을 요하는 경우에는 /

【대법원 분석】 그 행위를 제지할 수 있다."고 규정하고 있다. /

【대법원 요지】 위 규정에 따른 경찰관의 제지 조치가 적법한 직무집행으로 평가될 수 있기 위해서는, /

【대법원 요지】 형사처벌의 대상이 되는 행위가 눈앞에서 막 이루어지려고 하는 것이 객관적으로 인정될 수 있는 상황이고, /

【대법원 요지】 그 행위를 당장 제지하지 않으면 곧 인명·신체에 위해를 미치거나 재산에 중대한 손해를 끼칠 우려가 있는 상황이어서, /

【대법원 요지】 직접 제지하는 방법 외에는 위와 같은 결과를 막을 수 없는 절박한 사태이어야 한다. /

【대법원 요지】 다만, 경찰관의 제지 조치가 적법한지 여부는 제지 조치 당시의 구체적 상황을 기초로 판단하여야 하고 사후적으로 순수한 객관적 기준에서 판단할 것은 아니다.

3. 사안에 대한 대법원의 분석

【대법원 분석】 적법하게 채택된 증거들에 의하면, /

【대법원 분석】 ① 피고인은 한국어로 일정 수준의 의사소통이 가능한 중국인으로서 공소사실 기재 일시·장소에서 승용차를 운전하다가 공소외 B 운전의 택시를 들이받은 사고를 일으킨 사실, /

【대법원 분석】 ② 이에 공소외 B는 사고처리를 하기 위하여 112에 교통사고 발생 신고를 하자, /

【대법원 분석】 피고인이 '사고가 경미한데 왜 경찰에 신고하느냐'고 항의하면서 피고인과 공소외 B 사이에 말다툼이 벌어진 사실, /

【대법원 분석】 ③ 대림파출소 소속 경찰관 공소외 A와 공소외 C가 112 지령을 받아 현장에 도착하자, /

【대법원 분석】 공소외 B는 공소외 A에게 그 사이에 자신이 피고인으로부터 뺨을 맞았다며 자신의 입술을 들추어 보여 주었고, /

【대법원 분석】 인근에 있던 공소외 D 등 남자 2명도 피고인이 공소외 B를 폭행하는 장면을 목격하였다면서 공소외 A에게 연락처를 건네준 사실/

【대법원 분석】 (공소외 B, 공소외 D는 제1심법정에 증인으로 출석해서도 피고인이 공소외 B를 폭행

하였다고 진술하고 있다), /

【대법원 분석】 ④ 그러자 피고인은 더 흥분을 하며 '한국 사람들은 거짓말쟁이이다'라며 심한 욕설을 하였고, /

【대법원 분석】 이에 평소 중국 교포들이 많이 거주하여 중국인이 연루된 시비가 발생하면 모여들어 중국인을 동조하는 등 싸움이 확대되는 상황이 빈번하게 발생하는 공소사실 기재 장소에 /

【대법원 분석】 10여 명 이상의 구경꾼들이 몰려들어 '한국 사람 어쩌고'라는 등 국적을 언급하며 서로 언쟁을 한 사실, /

【대법원 분석】 ⑤ 공소외 A와 공소외 C는 원래 단순 교통사고인 것으로 알고 현장에 출동하였다가 /

【대법원 분석】 폭력사건이 발생하였다는 내용을 청취하였을 뿐만 아니라 주변 상황이 급박하게 돌아가 자신들만으로 상황을 통제하기 어렵다고 판단하여 지원을 요청한 사실, /

【대법원 분석】 ⑥ 그에 따라 같은 파출소 소속 경찰관 공소외 E, 공소외 F가 현장에 도착하였는데, /

【대법원 분석】 그 당시에도 피고인과 공소외 B는 서로 때렸다, 때린 적이 없다고 실랑이를 벌이고 경찰관들은 피고인과 공소외 B를 떼어놓으려고 하던 상황이었던 사실, /

【대법원 분석】 ⑦ 공소외 C는 자신의 지시로 공소외 E가 파출소에 돌아가 가지고 온 음주감지기를 피고인에게 제시하였으나 피고인의 거부로 음주감지를 못하자 경찰서 교통사고조사반으로 가자고 설득하는 한편, /

【대법원 분석】 공소외 A는 사고 차량을 안전지대로 이동시키기 위해서 피고인과 공소외 3 곁을 떠난 사실, /

【대법원 분석】 ⑧ 그 후 피고인은 공소외 C의 설득에 따라 공소외 C, 공소외 E와 함께 순찰차 쪽으로 이동하게 되었는데, /

【대법원 분석】 4~5m가량 떨어진 곳에서 피고인의 여자친구인 공소외 G가 공소외 D 등 위 목격자 2명과 '당신들이 뭔데 목격자라고 하느냐'라며 시비가 붙어 /

【대법원 분석】 '너네 한국사람이냐, 중국사람이냐'는 등의 상호 간에 국적을 비하하는 욕설까지 나오는 등의 말다툼을 하는 것을 보자, /

【대법원 분석】 공소외 C, 공소외 E 곁을 벗어나 갑자기 그쪽으로 뛰어가다가 공소외 G와 목격자들이 다투는 곳에서 약 2m가량 못미처 차도와 인도 사이의 경계턱에 걸려 넘어진 사실, /

【대법원 분석】 ⑨ 이에 공소외 C와 공소외 E가 피고인을 따라와 일으키며 공소외 G 등이 있는 곳으로 가는 것을 제지하였고, /

【대법원 분석】 사고 차량을 안전지대로 이동시키고 돌아온 공소외 A도 공소외 C, 공소외 E를 도와 피고인을 제지한 사실을 알 수 있다.

4. 사안에 대한 대법원의 판단

【대법원 판단】 위 사실관계에 나타난 바와 같이, /

【대법원 판단】 피고인은 이미 공소외 B뿐만 아니라 공소외 D 등 목격자들로부터 공소외 B를 상대로 폭행의 범죄행위를 한 것으로 지목받고 실랑이를 벌인 바 있고 /

【대법원 판단】 이로 인하여 상당히 흥분한 상태에서 피고인의 여자친구인 공소외 G가 바로 위 목격

자들과 국적과 관련한 욕설까지 하며 다툼을 하는 장소로 뛰어가 1~2m의 근접한 거리에까지 도달하였고 /

【대법원 판단】 또한 당시 주변에 국적에 의하여 상호 동조하고자 하는 사람들이 모여들어 다툼이 확대될 위험성이 있던 당시의 구체적 상황에 비추어 보면, /

【대법원 판단】 피고인과 위 공소외 D 등 사이에서 다시 신체적인 접촉행위 내지 폭행 등 신체에 위해를 미칠 우려가 있는 /

【대법원 판단】 형사처벌 대상이 되는 행위가 막 이루어지려고 하는 상황임이 객관적으로 인정될 수 있고 /

【대법원 판단】 그 행위를 당장 제지하지 않으면 곧 인명 · 신체에 위해를 미치는 손해를 끼칠 우려가 있는 상황이어서 /

【대법원 판단】 직접 제지하는 방법 외에는 위와 같은 결과를 막을 수 없는 긴박한 사태에 있었다고 할 것이므로, /

【대법원 판단】 경찰관들이 위와 같은 피고인의 행동을 제지한 조치는 경찰관직무집행법 제6조 제1항에서 정하는 범죄예방에 관한 적법한 공무로 봄이 상당하다.

【대법원 결론】 그런데도 이와 달리 원심은 위와 같은 당시의 구체적인 상황을 고려하지 아니한 채 /

【대법원 결론】 여자친구인 공소외 G와 남자 2명이 말다툼을 하는 것을 발견하고 그쪽으로 뛰어가려고 한 사정만을 들어 /

【대법원 결론】 범죄행위가 목전에 행하여지려고 하는 상황으로 보기 어렵다는 이유로 /

【대법원 결론】 경찰관들의 위 제지 조치를 경찰관직무집행법 제6조 제1항의 요건을 충족하지 않은 위법한 공무집행이라고 판단하였으므로, /

【대법원 결론】 이와 같은 원심의 판단에는 경찰관직무집행법 제6조 제1항의 해석 및 그 적용에 관한 법리를 오해한 위법이 있다. (파기 환송)

2012도11162

음주측정 목적 연행의 법적 성질
봉담지구대 불봉 사건
2012. 12. 13. 2012도11162, 공 2013상, 205

1. 사실관계 및 사건의 경과

【사실관계 1】
① 경찰관 A, B, C는 화성서부경찰서 교통관리계 소속이다.
② 경찰관 A 등은 음주단속을 하고 있었다.
③ 갑은 처 을과 함께 화물차를 운전하여 가다가 음주단속을 당하게 되었다.
④ 갑은 경찰관 C가 들고 있던 경찰용 불봉을 화물차로 충격하고 그대로 도주하였다.

⑤ 갑은 음주단속 현장에서 약 3km 떨어진 지점을 진행하던 중 다른 차량에 막혀 더 이상 진행하지 못하게 되었다.

⑥ 갑은 차량을 세운 후 운전석에서 내려 도주하려 하였다.

【사실관계 2】

① 경찰관 A는 음주단속 현장에서부터 갑을 추적하여 검거하였다.

② 경찰관 A는 검거 현장에서 갑에 대해 음주측정을 하려고 하였다.

③ 경찰관 A는 또한 음주측정을 할 의도로 경찰관 B, C에게 갑을 가까운 봉담지구대로 데려가라고 말하였다.

④ 갑은 검거된 후에도 계속 도주하려 하였다.

⑤ 갑의 처 을은 갑을 잡고 있는 경찰관 A를 잡아서 갑의 도주를 도와주었다.

【사실관계 3】

① 갑은 검거를 회피할 목적으로 간판에 머리를 부딪치고 도로로 뛰어들어 자해하려고 하였다.

② 경찰관 A, B, C는 갑의 자해를 제지하기 위하여 갑을 제압하여 순찰차에 태웠다.

③ 경찰관 A, B, C는 갑의 처 을에게 봉담지구대로 데려간다고 말하였다.

④ 갑의 처 을은 이에 동의하지 않았다.

⑤ 경찰관 B는 갑을 순찰차에 태운 다음 경찰용 불봉이 부서진 것을 확인시켜 주기 위하여 음주단속 현장에 들렀다가 봉담지구대로 데려갔다.

【사실관계 4】

① 사건 당일 23:38경 갑은 경찰관 B로부터 음주측정기에 입김을 불어넣는 방법으로 음주측정에 응할 것을 요구받았다.

② 갑은 1차 음주측정을 거부하였다.

③ 같은 날 23:49경 갑은 다시 경찰관 B로부터 "선생님, 음주측정을 거부하면 불이익이 있습니다."라는 말과 함께 2차 측정을 요구받았다.

④ 갑은 음주측정을 거부하면서 경찰관 B의 배를 주먹으로 1회 때려 B에게 약 14일간의 치료를 요하는 복부좌상을 가하였다.

⑤ 경찰관 A 등이 갑에게 음주측정을 요구하는 과정에서 B를 비롯한 경찰관들이 갑에 실력을 행사한 일은 없었다.

⑥ 경찰관 A 등은 사건 바로 다음날 다음 내용의 수사보고를 작성하였다.

⑦ "갑의 검거 및 자해를 방지하기 위해 갑을 제압하고 봉담지구대로 동행하였다."

【사건의 경과】

① 검사는 갑을 다음 죄명의 공소사실로 기소하였다.

    (가) 공용물건손상

    (나) 도로교통법위반(무면허운전)

    (다) 공무집행방해

    (라) 상해

    (마) 도로교통법위반(음주측정거부)]

② 갑의 피고사건은 제1심을 거친 후, 항소심에 계속되었다.

③ 항소심법원은 전부 유죄를 선고하였다.

④ 갑은 불복 상고하였다.

⑤ 갑은 상고이유로 다음의 점을 주장하였다.

　　(가) 갑을 지구대로 연행한 행위는 위법한 체포이다.

　　(나) 위법한 체포 후에 이루어진 음주측정요구도 위법하다.

　　(다) 위법한 직무수행이므로 공무집행방해, 음주측정위반의 죄는 성립하지 않는다.

　　(라) 위법한 직무수행에 대한 정당방위이므로 상해의 죄는 성립하지 않는다.

2. 주취자 보호조치의 법적 성질

【대법원 요지】 경찰관직무집행법 제4조 제1항 제1호(이하 '이 사건 조항'이라 한다)에서 규정하는 /

【대법원 요지】 술에 취한 상태로 인하여 자기 또는 타인의 생명 · 신체와 재산에 위해를 미칠 우려가 있는 피구호자에 대한 보호조치는 경찰 행정상 즉시강제에 해당하므로, /

【대법원 요지】 그 조치가 불가피한 최소한도 내에서만 행사되도록 그 발동 · 행사 요건을 신중하고 엄격하게 해석하여야 한다. /

【대법원 요지】 따라서 이 사건 조항의 술에 취한 상태라 함은 피구호자가 술에 만취하여 정상적인 판단능력이나 의사능력을 상실할 정도에 이른 것을 말하고, /

【대법원 요지】 이 사건 조항에 따른 보호조치를 필요로 하는 피구호자에 해당하는지는 구체적인 상황을 고려하여 경찰관 평균인을 기준으로 판단하되, /

【대법원 요지】 그 판단은 보호조치의 취지와 목적에 비추어 현저하게 불합리하여서는 아니 되며, /

【대법원 요지】 피구호자의 가족 등에게 피구호자를 인계할 수 있다면 특별한 사정이 없는 한 경찰관서에서 피구호자를 보호하는 것은 허용되지 않는다. /

3. 음주측정 목적 연행의 법적 성질

【대법원 요지】 한편 이 사건 조항의 보호조치 요건이 갖추어지지 않았음에도, /

【대법원 요지】 경찰관이 실제로는 범죄수사를 목적으로 피의자에 해당하는 사람을 이 사건 조항의 피구호자로 삼아 그의 의사에 반하여 경찰관서에 데려간 행위는, /

【대법원 요지】 달리 현행범체포나 임의동행 등의 적법 요건을 갖추었다고 볼 사정이 없다면, /

【대법원 요지】 위법한 체포에 해당한다고 보아야 한다.

【대법원 요지】 교통안전과 위험방지를 위한 필요가 없음에도 /

【대법원 요지】 주취운전을 하였다고 인정할 만한 상당한 이유가 있다는 이유만으로 이루어지는 음주측정은 /

【대법원 요지】 이미 행하여진 주취운전이라는 범죄행위에 대한 증거 수집을 위한 수사절차로서의 의미를 가지는 것인데, /

【대법원 요지】 도로교통법상의 규정들이 음주측정을 위한 강제처분의 근거가 될 수 없으므로 /

【대법원 요지】 위와 같은 음주측정을 위하여 당해 운전자를 강제로 연행하기 위해서는 수사상의 강

제처분에 관한 형사소송법상의 절차에 따라야 하고, /

【대법원 요지】 이러한 절차를 무시한 채 이루어진 강제연행은 위법한 체포에 해당한다. /

4. 연행 후 음주측적 거부행위의 법적 성질

【대법원 요지】 이와 같은 위법한 체포 상태에서 음주측정요구가 이루어진 경우, /

【대법원 요지】 음주측정요구를 위한 위법한 체포와 그에 이은 음주측정요구는 주취운전이라는 범죄행위에 대한 증거 수집을 위하여 연속하여 이루어진 것으로서 /

【대법원 요지】 개별적으로 그 적법 여부를 평가하는 것은 적절하지 않으므로 /

【대법원 요지】 그 일련의 과정을 전체적으로 보아 위법한 음주측정요구가 있었던 것으로 볼 수밖에 없고, /

【대법원 요지】 운전자가 주취운전을 하였다고 인정할 만한 상당한 이유가 있다 하더라도 /

【대법원 요지】 그 운전자에게 경찰공무원의 이와 같은 위법한 음주측정요구에 대해서까지 그에 응할 의무가 있다고 보아 이를 강제하는 것은 부당하므로 /

【대법원 요지】 그에 불응하였다고 하여 음주측정거부에 관한 도로교통법 위반죄로 처벌할 수 없다. /

【대법원 요지】 또한 형법 제136조가 규정하는 공무집행방해죄는 공무원의 직무집행이 적법한 경우에 한하여 성립하는 것이고, /

【대법원 요지】 여기서 적법한 공무집행이라고 함은 그 행위가 공무원의 추상적 권한에 속할 뿐만 아니라 구체적 직무집행에 관한 법률상 요건과 방식을 갖춘 것을 말하는 것이므로, /

【대법원 요지】 이러한 적법성이 결여된 직무행위를 하는 공무원에게 대항하여 폭행이나 협박을 가하였다고 하더라도 이를 공무집행방해죄로 다스릴 수는 없다. /

5. 사안에 대한 항소심의 판단

【항소심 분석】 원심은, 이 사건 공소사실 중 도로교통법 위반(음주측정거부), 공무집행방해의 점에 대하여, /

【항소심 분석】 채택 증거들을 종합하여 인정되는 그 판시 사실 및 그 증거들에 의하여 추인되는 다음의 사정, 즉 /

【항소심 분석】 ① 경찰관 공소외 A를 비롯한 음주단속 경찰관들은 피고인이 술에 취한 상태에서 간판에 머리를 부딪치고 도로로 뛰어들어 자해하려고 하자 이를 제지하기 위해 피고인을 제압하여 순찰차에 태운 다음 봉담지구대로 데려갔던 점, /

【항소심 분석】 ② 순찰차 안에서도 피고인은 술에 취해 자해를 하려 하였고, 봉담지구대에 도착한 다음에도 난동을 부리며 경찰관에게 상해를 가하였던 점, /

【항소심 분석】 ③ 이 사건 바로 다음날 작성된 수사보고에도 '피고인의 검거 및 자해를 방지하기 위해 피고인을 제압하고 봉담지구대로 동행하였다'고 기재되어 있는 점 등에 비추어 보면, /

【항소심 판단】 당시 피고인은 술에 취하여 자기 또는 타인의 생명·신체와 재산에 위해를 미칠 우려가 있는 자에 해당함이 명백하고 /

【항소심 판단】 또한 응급의 구호를 요한다고 믿을 만한 상당한 이유가 있는 자에 해당하여 /

【항소심 판단】 이러한 피고인을 봉담지구대로 데려간 경찰관들의 행위는 경찰관직무집행법 제4조에 따른 보호조치로서 적법하고, /

【항소심 판단】 같은 조 제4항에 따른 가족 등에 대한 통지절차도 거쳤으며 /

【항소심 판단】 보호시간이 24시간을 초과하지도 않았으므로, /

【항소심 판단】 경찰관 공소외 B가 봉담지구대로 적법하게 보호조치된 피고인에게 입에서 술 냄새가 나는 등 술에 취한 상태에서 운전하였다고 인정할 만한 상당한 이유가 있어 음주측정을 요구한 것은 적법하고, /

【항소심 판단】 그러한 음주측정요구에 불응하고 공소외 B에게 폭행을 가하여 경찰관의 직무집행을 방해한 행위는 도로교통법 위반(음주측정불응)죄, 공무집행방해죄를 구성한다는 이유로, /

【항소심 판단】 이 부분 공소사실을 모두 유죄로 인정하였다.

6. 사안에 대한 대법원의 분석

【대법원 판단】 그러나 원심의 판단은 다음과 같은 이유로 이를 수긍하기 어렵다.

【대법원 분석】 원심판결 이유와 원심이 채용한 증거들에 의하여 인정되는 다음의 사정, 즉 /

【대법원 분석】 ① 피고인은 화물차를 운전하여 가다가 음주단속을 당하게 되자 /

【대법원 분석】 공소외 C가 들고 있던 경찰용 불봉을 충격하고 그대로 도주하여 그 단속 현장에서 약 3km 떨어진 지점을 진행하던 중 /

【대법원 분석】 다른 차량에 막혀 더 이상 진행하지 못하게 되자 차량을 세운 후 운전석에서 내려 도주하려 하였는데, /

【대법원 분석】 그와 같이 운전하는 동안 교통사고를 내지는 않았고 스스로 정차하여 차량에서 내린 사실 등에 비추어 보면, /

【대법원 분석】 당시 피고인이 술에 취한 상태이기는 하였으나 차량을 운전할 정도의 의사능력과 음주단속에 따른 처벌을 회피하기 위하여 도주하려 할 정도의 판단능력은 가지고 있었다고 볼 것이어서, /

【대법원 분석】 술에 만취하여 정상적인 판단능력이나 의사능력을 상실할 정도에 이른 것을 뜻하는 이 사건 조항의 술에 취한 상태에 있었다고 보기는 어려운 점, /

【대법원 분석】 ② 경찰관 공소외 A가 음주단속 현장에서부터 피고인을 추적하여 검거하였고, /

【대법원 분석】 피고인은 그와 같이 검거된 후에도 계속 도주하려 하였으며, /

【대법원 분석】 피고인의 처가 피고인을 잡고 있는 경찰관 공소외 A를 잡아서 피고인의 도주를 도와주자 /

【대법원 분석】 피고인이 실제로 차도 방향으로 도주하려다가 넘어져서 경찰관 공소외 A에게 제압당한 상황이라면, /

【대법원 판단】 평균적인 경찰관으로서는 피고인이 이 사건 조항의 보호조치를 필요로 하는 상태에 있었다고 판단하지는 않을 것으로 보이는 점, /

【대법원 분석】 ③ 경찰관 공소외 A가 피고인에 대하여 이 사건 조항에 따른 보호조치를 하고자 하였다면, /

【대법원 분석】 당시 피고인의 처가 옆에 있었으므로 피고인을 제압한 이후에는 가족인 피고인의 처

에게 피고인을 인계하였어야 하는데도, /

【대법원 분석】 피고인의 처에게 봉담지구대로 데려간다고 말한 다음 피고인 처의 의사에 반하여 그대로 봉담지구대로 데려간 점, /

【대법원 분석】 ④ 또한 경찰관 공소외 A 등은 화성서부경찰서 교통관리계 소속이었으므로, /

【대법원 분석】 피고인에 대하여 이 사건 조항에 따른 보호조치를 하고자 하였다면, /

【대법원 분석】 자신들의 근무지로서 주취자안정실이 설치되어 있을 것으로 보이는 '화성서부경찰서'로 피고인을 데려갔어야 하고/

【대법원 분석】 [주취자안정실 운영규칙(2009. 7. 31. 경찰청 훈령 제551호) 제1조에 의하면, /

【대법원 분석】 주취자안정실은 '경찰서'에 설치하도록 되어 있다], /

【대법원 분석】 그것이 여의치 않아서 피고인을 '봉담지구대'에 데려갔다고 하더라도 /

【대법원 분석】 경찰서의 주취자안정실에 상응하는 장소에 피고인을 입실시키는 등의 보호조치를 하였어야 할 것인데 그러한 절차를 전혀 취하지 않았으며, /

【대법원 분석】 주취자안정실 운영규칙 제6조에 따른 보호조치보고서를 작성하여 보고하지도 않은 점, /

【대법원 분석】 ⑤ 오히려 경찰관 공소외 A는 검거 현장에서도 음주측정을 하려 하였고, /

음주측정을 할 의도로 경찰관 공소외 B 등에게 피고인을 가까운 봉담지구대로 데려가라고 말하였으며, /

【대법원 분석】 경찰관 공소외 B는 경찰용 불봉이 부서진 것을 확인시켜 주기 위하여 피고인을 순찰차에 태워서 음주단속 현장에 들렀다가 봉담지구대로 데려갔고, /

【대법원 분석】 봉담지구대에 도착하여서도 계속 음주측정을 요구한 점, /

【대법원 분석】 ⑥ 원심이 판시한 '자해'는 피고인이 음주단속 현장에서 도주하였다가 검거되자 이를 회피할 목적으로 시도한 것으로 보이는 점 등을 종합하여 보면, /

7. 음주측정불응죄 및 공무집행죄 부분에 대한 대법원의 판단

【대법원 판단】 경찰관 공소외 A 등이 피고인을 봉담지구대로 데려갈 당시 피고인에 대하여는 이 사건 조항의 보호조치 요건이 갖추어지지 않았다고 볼 것이므로, /

【대법원 판단】 경찰관 공소외 A 등이 위와 같이 피고인 및 피고인 처의 의사에 반하여 피고인을 봉담지구대로 데려간 행위를 이 사건 조항에 의한 적법한 보호조치라고 할 수는 없다. /

【대법원 판단】 나아가 경찰관 공소외 A 등이 /

【대법원 판단】 이미 행하여진 주취운전이라는 범죄행위에 대한 증거 수집을 위한 수사절차로서의 의미를 가지는 음주측정 등의 수사목적으로 /

【대법원 판단】 피고인을 봉담지구대로 데려가면서, /

【대법원 판단】 달리 피고인을 현행범으로 체포하였다거나 임의동행에 관한 동의를 얻는 등의 적법요건을 갖추었다고 볼 자료가 없는 이상, /

【대법원 판단】 경찰관 공소외 A 등이 피고인을 봉담지구대로 데려간 행위는 위법한 체포에 해당한다고 보아야 한다. /

【대법원 판단】 따라서 그와 같이 위법한 체포 상태에서 이루어진 경찰관 공소외 B의 음주측정요구 또한 위법하다고 볼 수밖에 없고, /

【대법원 판단】 피고인에게 그와 같은 위법한 음주측정요구에 대해서까지 응할 의무가 있다고 보아 이를 강제하는 것은 부당하므로 /

【대법원 판단】 그에 불응하였다고 하여 피고인을 음주측정거부에 관한 도로교통법 위반죄로 처벌할 수는 없으며, /

【대법원 판단】 위법한 음주측정요구가 있었던 것으로 볼 수밖에 없다면 그 위법한 음주측정요구라 는 공무집행행위 역시 위법하므로, /

【대법원 판단】 피고인이 음주측정을 요구하는 경찰관 공소외 B를 폭행하였다고 하여 공무집행방해 죄가 성립한다고 볼 수도 없다.

【대법원 결론】 그런데도 원심이, 이와 달리 경찰관 공소외 A 등이 피고인을 봉담지구대로 데려간 행 위가 이 사건 조항에 따른 보호조치로서 적법하다고 판단한 다음, /

【대법원 결론】 이 사건 공소사실 중 도로교통법 위반(음주측정거부), 공무집행방해의 점을 유죄로 인정하고 말았으니, /

【대법원 결론】 이 부분 원심판결에는 이 사건 조항의 보호조치에 관한 법리를 오해하여 위법한 체포 상태에서의 도로교통법 위반(음주측정거부)죄 및 공무집행방해죄 성립에 관한 판단을 그르침으로써 판결에 영향을 미친 위법이 있다. /

【대법원 결론】 이 점을 지적하는 상고이유의 주장은 이유 있다.

8. 상해죄 부분에 대한 대법원의 판단

【대법원 요지】 형법 제21조 소정의 정당방위가 성립하려면 /

【대법원 요지】 침해행위에 의하여 침해되는 법익의 종류, 정도, /

【대법원 요지】 침해의 방법, 침해행위의 완급과 /

【대법원 요지】 방위행위에 의하여 침해될 법익의 종류, 정도 등 /

【대법원 요지】 일체의 구체적 사정들을 참작하여 /

【대법원 요지】 방위행위가 사회적으로 상당한 것이어야 한다.

【대법원 분석】 원심판결 이유와 원심이 채용한 증거들에 의하면, /

【대법원 분석】 원심이 인정한 바와 같은 경위로 봉담지구대에 가게 된 피고인은 /

【대법원 분석】 같은 날 23:38경 경찰관 공소외 B로부터 음주측정기에 입김을 불어넣는 방법으로 음 주측정에 응할 것을 요구받았으나 1차 측정을 거부한 사실, /

【대법원 분석】 피고인은 같은 날 23:49경 위 장소에서 다시 공소외 B로부터 "선생님, 음주측정을 거부하면 불이익이 있습니다."라는 말과 함께 2차 측정을 요구받자 /

【대법원 분석】 이를 거부하면서 공소외 B의 배를 주먹으로 1회 때려 공소외 B에게 약 14일간의 치 료를 요하는 복부좌상을 가한 사실, /

【대법원 분석】 그와 같이 음주측정을 요구하는 과정에서 공소외 B를 비롯한 경찰관들이 피고인에게 실력을 행사하지는 않은 사실 등을 알 수 있다.

【대법원 판단】 위와 같은 사실관계를 앞서 본 법리에 비추어 살펴보면, /

【대법원 판단】 비록 피고인이 위법하게 체포된 상태에 있었고 공소외 B가 음주측정을 요구한 행위

가 위법하다고 하더라도, /

【대법원 판단】 공소외 B가 피고인에게 음주측정을 요구하였을 뿐 공소외 B를 비롯한 경찰관들이 피고인에게 실력을 행사하는 등의 침해행위를 하지 않았고, /

【대법원 판단】 피고인이 위법한 체포상태를 벗어나려는 데에 대하여 공소외 B가 이를 저지하는 상황도 아니었는데, /

【대법원 판단】 피고인이 공소외 B의 배를 때려서 공소외 B에게 상해를 가한 이상 /

【대법원 판단】 피고인의 행위를 사회적으로 상당한 방위행위에 해당한다고 보기는 어려우므로, /

【대법원 판단】 피고인의 위 상해행위가 정당방위에 해당한다고 볼 수 없고, 달리 위법성이 조각되는 등 범죄가 성립되지 않는다고 볼 사유가 없다.

【대법원 결론】 따라서 원심이, 위 가.항에서 본 바와 같이 경찰관 공소외 A 등이 피고인을 봉담지구대로 데려간 행위가 이 사건 조항에 따른 보호조치로서 적법하다고 본 것은 잘못이라 할 것이나, /

【대법원 결론】 위 상해의 점을 유죄로 인정한 원심의 결론은 정당하므로 원심의 위와 같은 잘못은 판결에 영향을 미쳤다고 볼 수 없다. /

【대법원 결론】 이 부분 상고이유의 주장은 이유 없다. (결론적으로 파기 환송)

2012도11586

공범자에 대한 몰수
성매매 5층 건물 사건
2013. 5. 23. 2012도11586, 공 2013하, 1172

1. 사실관계 및 사건의 경과

【사실관계 1】

① A는 성매매알선 등 행위를 하려고 마음먹었다.

② A는 M부동산을 취득하여 갑에게 명의신탁하였다.

③ M부동산은 5층 건물이다.

④ M부동산의 1층은 카운터나 휴게실이 있다.

⑤ M부동산 5층은 직원 등이 숙소 등으로 사용하고 있다.

⑥ M부동산 2층 내지 4층 객실 대부분은 성매매알선 등 행위의 장소로 제공되었다.

⑦ A는 M부동산을 약 1년 동안 성매매알선 등 행위에 제공하였다.

【사실관계 2】

① A는 성매매알선 공소사실인 이 사건과 동종 범죄로 2회 처벌받은 전력이 있다.

② A는 성매매알선 등 행위의 기간, 특히 단속된 이후에도 성매매알선 등 행위를 계속하였다.

③ 갑은 초범이다.

④ 갑은 M부동산에서 이루어지는 성매매알선 등 행위로 발생하는 수익의 자금관리인이다.

⑤ 갑은 A와 함께 영업으로 성매매알선 등 행위를 하였다.

【사실관계 3】

① M부동산에는 시가에 상응하는 정도의 금액을 채권최고액으로 한 근저당권이 설정되어 있다.

② M부동산에는 이와 별도로 담보가등기가 설정되어 있다.

③ 그 결과 M부동산의 그 실질적인 가치는 크지 않다.

④ 반면에 갑이 성매매알선 등 행위로 벌어들인 수익은 상당히 고액이다.

【사건의 경과】

① 검사는 갑을 「성매매알선 등 행위의 처벌에 관한 법률」위반(성매매알선등)의 공소사실로 기소하였다.

② 갑의 피고사건은 제1심을 거친 후, 항소심에 계속되었다.

③ 항소심법원은 갑에게 유죄를 인정하였다.

④ 항소심법원은 공범인 을 소유의 M부동산을 몰수하는 주문을 선고하였다.

⑤ 갑은 불복 상고하였다.

⑥ 갑은 상고이유로, M부동산을 몰수한 조치에는 비례의 원칙에 반하여 재량권을 잘못한 위법이 있다고 주장하였다.

2. 몰수의 상대방

【대법원 요지】 형법 제48조 제1항의 "범인" 속에는 "공범자"도 포함되므로 /

【대법원 요지】 범인 자신의 소유물은 물론 /

【대법원 요지】 공범자의 소유물도 그 공범자의 소추 여부를 불문하고 몰수할 수 있고, /

【대법원 요지】 이는 범죄수익은닉의 규제 및 처벌 등에 관한 법률(이하 '범죄수익법'이라 한다) 제9조 제1항의 '범인'의 해석에서도 마찬가지라고 할 것이다. /

【대법원 요지】 그리고 형벌은 공범자 전원에 대하여 각기 별도로 선고하여야 할 것이므로 /

【대법원 요지】 공범자 중 1인 소유에 속하는 물건에 대한 부가형인 몰수에 관하여도 개별적으로 선고하여야 할 것이다. /

3. 범죄수익의 몰수

【대법원 분석】 한편 범죄수익법 제8조 제1항은 '범죄수익'을 몰수할 수 있다고 하면서 /

【대법원 분석】 범죄수익법 제2조 제2호 나목 1)은 /

【대법원 분석】 "성매매알선 등 행위의 처벌에 관한 법률(이하 '성매매처벌법'이라 한다) 제19조 제2항 제1호/

【대법원 분석】 (성매매알선 등 행위 중 성매매에 제공되는 사실을 알면서 자금·토지 또는 건물을 제공하는 행위만 해당한다)의 죄에 관계된 자금 또는 재산"을 /

【대법원 분석】 위 법에서 규정하는 '범죄수익'의 하나로 규정하고 있는바, /

【대법원 요지】 성매매알선 등 행위를 규정한 성매매처벌법 제2조 제1항 제2호 중 다목의 /

【대법원 요지】 "성매매에 제공되는 사실을 알면서 자금·토지 또는 건물을 제공하는 행위"에는 /

【대법원 요지】 그 행위자가 "성매매를 알선, 권유, 유인 또는 강요하는 행위"(성매매처벌법 제2조 제1항 제2호 가목) 또는 /

【대법원 요지】 "성매매의 장소를 제공하는 행위"(성매매처벌법 제2조 제1항 제2호 나목)를 하는

【대법원 요지】 타인에게 자금, 토지 또는 건물을 제공하는 행위뿐만 아니라 /

【대법원 요지】 스스로 가목이나 나목의 행위를 하는 경우도 포함된다고 보아야 한다.

4. 몰수와 비례의 원칙

【대법원 요지】 형법 제48조 제1항 제1호에 의한 몰수는 임의적인 것이므로 /

【대법원 요지】 그 몰수의 요건에 해당되는 물건이라도 /

【대법원 요지】 이를 몰수할 것인지의 여부는 일응 법원의 재량에 맡겨져 있다 할 것이나, /

【대법원 요지】 형벌 일반에 적용되는 비례의 원칙에 의한 제한을 받으며, /

【대법원 요지】 이러한 법리는 범죄수익법 제8조 제1항의 경우에도 마찬가지로 적용된다. /

【대법원 요지】 그리고 몰수가 비례의 원칙에 위반되는 여부를 판단하기 위하여는, /

【대법원 요지】 몰수 대상 물건(이하 '물건'이라 한다)이 범죄 실행에 사용된 정도와 범위 및 범행에서의 중요성, /

【대법원 요지】 물건의 소유자가 범죄 실행에서 차지하는 역할과 책임의 정도, /

【대법원 요지】 범죄 실행으로 인한 법익 침해의 정도, /

【대법원 요지】 범죄 실행의 동기, /

【대법원 요지】 범죄로 얻은 수익, 물건 중 범죄 실행과 관련된 부분의 별도 분리 가능성, /

【대법원 요지】 물건의 실질적 가치와 범죄와의 상관성 및 균형성, /

【대법원 요지】 물건이 행위자에게 필요불가결한 것인지 여부, /

【대법원 요지】 물건이 몰수되지 아니할 경우 행위자가 그 물건을 이용하여 다시 동종 범죄를 실행할 위험성 유무 및 그 정도 등 /

【대법원 요지】 제반 사정이 고려되어야 할 것이다.

5. 사안에 대한 대법원의 판단

【대법원 분석】 원심판결 이유 및 기록에 의하면, /

【대법원 분석】 공소외인은 처음부터 성매매알선 등 행위를 하기 위하여 원심 판시 이 사건 부동산(이하 '이 사건 부동산'이라 한다)을 취득하여 피고인에게 명의신탁한 후 /

【대법원 분석】 약 1년 동안 성매매알선 등 행위에 제공하였고, /

【대법원 분석】 일정한 장소에서 은밀하게 이루어지는 성매매알선 등 행위의 속성상 장소의 제공이 불가피하다는 점, /

【대법원 분석】 이 사건 부동산은 5층 건물인데 /

【대법원 분석】 카운터나 휴게실이 있는 1층과 직원 등이 숙소 등으로 사용하는 5층을 제외한 /

【대법원 분석】 나머지 2층 내지 4층 객실 대부분이 성매매알선 등 행위의 장소로 제공된 점, /

【대법원 분석】 피고인은 이 사건 부동산에서 이루어지는 성매매알선 등 행위로 발생하는 수익의 자

금관리인으로, /

【대법원 분석】 공소외인과 함께 범행을 지배하는 주체가 되어 영업으로 성매매알선 등 행위를 한 점, /

【대법원 분석】 이 사건 부동산에는 시가에 상응하는 정도의 금액을 채권최고액으로 한 근저당권이 설정되어 있을 뿐만 아니라 이와 별도로 담보가등기가 설정되어 있어 /

【대법원 분석】 그 실질적인 가치는 크지 않은 반면, /

【대법원 분석】 피고인이 성매매알선 등 행위로 벌어들인 수익은 상당히 고액인 점, /

【대법원 분석】 피고인은 초범이나 /

【대법원 분석】 공동정범 공소외인은 이 사건과 동종 범죄로 2회 처벌받은 전력이 있을 뿐 아니라 /

【대법원 분석】 성매매알선 등 행위의 기간, 특히 단속된 이후에도 성매매알선 등 행위를 계속한 점 등을 고려하면, /

【대법원 판단】 원심이 그 판시와 같은 이유로 이 사건 부동산을 몰수한 조치는 앞서 본 법리에 따른 것으로서 정당하고, /

【대법원 결론】 거기에 상고이유에서 주장하는 바와 같이 비례의 원칙에 반하여 재량권을 남용한 잘못 등이 있다고 볼 수 없다. (상고 기각)

2012도12843

정식재판청구사건과 불출석 재판
교통사고 시비 폭행 사건
2013. 3. 28. 2012도12843, 공 2013상, 890

1. 사실관계 및 사건의 경과

【사실관계 1】
① (하급심판결에 의하여 사실관계를 정리함)
② 갑은 이전에 발생했던 교통사고 문제로 A와 몸싸움을 하였다. (㉠사건)
③ 검사는 갑에 대해 폭행죄 공소사실로 약식명령을 청구하였다. (㉠공소사실)
④ 관할법원 판사는 갑에게 약식명령을 발하였다.
⑤ 갑은 정식재판을 청구하였다.
⑥ 갑의 정식재판청구서에는 M장소가 주소로 기재되어 있었다. (M주소)

【사실관계 2】
① 2011. 10. 28. 제1심법원은 M주소에 국선변호인선정고지 및 의견서를 송달하였다.
② 2011. 10. 31. 국선변호인선정고지 및 의견서는 주소불명으로 송달불능되었다.
③ 2011. 11. 1. 제1심법원은 M주소로 피고인소환장을 송달하였다.
④ 2011. 11. 2. 피고인소환장은 주소불명으로 송달불능되었다.

⑤ 2011. 11. 8. 제1심법원은 갑의 ⓐ휴대전화번호로 전화소환을 시도하였으나 갑은 전화를 받지 않았다.

⑥ 2011. 11. 9. 제1심 제1회 공판기일에 갑은 출석하지 않았다. (제1회 불출석)

【사실관계 3】

① 2011. 11. 10. 제1심법원은 M주소로 피고인소환장을 송달하였다.

② 2011. 11. 5. 갑에 대한 피고인소환장은 폐문부재로 송달이 되지 않았다.

③ 검사는 갑의 주소를 N장소로 보정하였다. (N주소)

④ 2011. 11. 18. 제1심법원은 N주소로 피고인소환장을 다시 송달하였다.

⑤ 2011. 11. 21. 갑에 대한 피고인소환장은 주소불명으로 송달불능되었다.

⑥ 2011. 11. 29. 제1심법원은 갑의 ⓐ휴대전화번호로 전화소환을 시도하였으나 갑은 전화를 받지 않았다.

⑦ 2011. 11. 30. 제1심 제2회 공판기일에 갑은 출석하지 않았다. (제2회 불출석)

【사실관계 4】

① 2011. 12. 1. 제1심법원은 갑에 대한 관할 경찰서장에게 소재탐지촉탁을 명하였다.

② 2011. 12. 1. 제1심법원은 보정된 N주소로 다시 피고인소환장을 송달하였다.

③ 2011. 12. 2. 갑에 대한 피고인소환장은 주소불명으로 송달불능되었다.

④ 2011. 12. 13. 관할 경찰서장은 제1심법원에 다음 내용의 '소재탐지촉탁 수사보고'를 제출하였다.

　(가) 갑 주소지(M주소)에 방문하여 소재수사하였다.

　(나) 원룸 주인 공소외 A의 진술에 의하면 갑은 약 1년 전에 이사를 하였는데 어디로 갔는지 알지 못한다고 한다.

　(다) 그리하여 소재파악이 되지 않는다.

⑤ 2011. 12. 20. 제1심법원은 갑의 ⓐ휴대전화번호로 다시 전화소환을 시도하였으나 다른 사람의 전화라고 하여 갑과 통화가 이루어지지 않았다.

⑥ 2011. 12. 21. 제1심 제3회 공판기일에도 갑은 출석하지 않았다. (제3회 불출석)

【사실관계 5】

① 2011. 12. 22. 제1심법원은 곧바로 갑에 대한 송달을 공시송달로 할 것을 명하였다.

② 제1심법원은 갑에 대한 피고인소환장을 공시송달하기 위하여 법원게시판에 게시하였다.

③ 2012. 1. 16. 제1심법원은 갑의 ⓐ휴대전화번호로 전화소환을 시도하였으나 갑은 전화를 받지 않았다.

④ 2012. 1. 18. 갑은 제1심 제4회 공판기일에 출석하지 않았다. (제4회 불출석)

【사실관계 6】

① 2012. 1. 19. 제1심법원은 갑에 대한 피고인소환장을 공시송달하기 위하여 법원게시판에 게시하였다.

② 2012. 2. 1. 제1심 제5회 공판기일에도 갑은 출석하지 않았다. (제5회 불출석)

③ 제1심법원은 제5회 공판기일에 갑의 출석없이 개정하여 증거조사를 마치고 변론을 종결한 다음 갑에 대하여 벌금 30만 원을 선고하였다.

【사건의 경과】

① 갑은 불복 항소하였다.

② 항소심법원은 다음의 이유로 제1심판결을 직권으로 파기하였다.

　　(가) 제1심법원은 갑에 대한 송달불능보고서가 접수된 때로부터 6개월이 경과하지 아니하였음에도 갑에 대한 송달을 공시송달로 하도록 하였다.

　　(나) 이러한 제1심의 조치는 '소송촉진 등에 관한 특례법' 제23조 및 그 시행규칙 제18조, 제19조를 위반한 것이다.

③ 항소심법원은 제1심에서 갑의 참여 없이 채택·조사되었던 증거에 대하여 별도의 증거조사절차를 거치지 않았다.

④ 항소심법원은 제1심의 증거조사 결과에 기초하여 ㉠공소사실을 유죄로 인정하였다.

⑤ 갑은 불복 상고하였다.

2. 사안에 대한 항소심의 판단

【대법원 판단】 상고이유를 살펴보기에 앞서 직권으로 판단한다.

【항소심 판단】 1. 원심은 /

【항소심 판단】 피고인에 대한 송달불능보고서가 접수된 때로부터 6개월이 경과하지 아니하였음에도 피고인에 대한 송달을 공시송달로 하도록 한 제1심의 조치가 /

【항소심 판단】 '소송촉진 등에 관한 특례법'(이하 '소촉법'이라고 한다) 제23조 및 그 시행규칙 제18조, 제19조를 위반하였다는 이유로 /

【항소심 판단】 제1심판결을 직권으로 파기하고, /

【항소심 판단】 그러면서도 제1심에서 피고인의 참여 없이 채택·조사되었던 증거에 대하여 별도의 증거조사절차를 거치지 아니한 채 /

【항소심 판단】 제1심의 증거조사 결과에 기초하여 이 사건 공소사실을 유죄로 인정하였다.

3. 사안에 대한 대법원의 판단

【대법원 분석】 2. 약식명령에 대한 정식재판청구사건에 관하여는 /

【대법원 분석】 형사소송법 제458조 제2항이 항소심에서의 피고인 불출석 재판에 관한 같은 법 제365조를 준용하고 있는데, /

【대법원 분석】 위 제365조는 피고인이 적법한 소환을 받고도 정당한 사유 없이 2회 이상 불출석하면 피고인의 진술 없이 판결을 할 수 있다고 정한다.

【대법원 분석】 한편 소촉법 제23조 및 그 시행규칙 제19조는 /

【대법원 분석】 피고인에 대한 송달불능보고서가 접수된 때부터 6개월이 지나도록 피고인의 소재를 확인할 수 없는 경우에 비로소 /

【대법원 분석】 공시송달의 방법에 의하여 피고인의 진술 없이 재판할 수 있다고 정하고 있다. /

【대법원 요지】 이는 제1심 공판절차에서의 피고인 불출석 재판에 관한 특례규정으로서, /

【대법원 요지】 위와 같이 형사소송법 제458조, 제365조가 적용되는 약식명령에 대한 정식재판청구

사건에서 제1심은 /

【대법원 요지】 소촉법 제23조 및 그 시행규칙 제19조가 정하는 "피고인에 대한 송달불능보고서가 접수된 때로부터 6개월이 지나도록 피고인의 소재를 확인할 수 없는 경우"에까지 이르지 아니하더라도 /

【대법원 요지】 공시송달의 방법에 의하여 피고인의 진술 없이 재판을 할 수 있다고 할 것이다.

【대법원 결론】 그렇다면 이 사건에서 제1심이 피고인에 대한 송달불능보고서가 접수된 때로부터 6개월이 경과하지 아니한 채 피고인에 대한 송달을 공시송달로 하도록 한 조치가 /

【대법원 결론】 소촉법 제23조 등을 위반하였다는 이유로 제1심판결을 파기한 원심에는 /

【대법원 결론】 약식명령에 대한 정식재판청구사건에서의 공시송달 및 피고인 불출석 재판에 관한 법리를 오해하여 판결에 영향을 미친 위법이 있다고 할 것이다. (파기 환송)

2012도13607

위법수집 파생증거의 증거능력
백화점 구두 절도 사건
2013. 3. 28. 2012도13607, 공 2013상, 825

1. 사실관계 및 사건의 경과

【사실관계 1】

① 2012. 2. 1.경 T경찰서 소속 경찰관들은 피해자 A로부터 P백화점 내에서 발생한 절도 범행 신고를 받았다. (㉠범행)

② 피해자 A는 ㉠범행의 피해 사실에 관한 ㉮진술서를 제출하였다.

③ T경찰서 소속 경찰관들은 P백화점 M매장에서 범인이 벗어 놓고 간 ⓐ점퍼를 발견하였다.

④ ⓐ점퍼 안에는 Q카드회사 발행의 ⓑ매출전표가 들어 있었다.

【사실관계 2】

① 경찰관들은 Q카드회사에 공문을 발송하였다.

② 경찰관들은 이를 통해 Q카드회사로부터 ⓑ매출전표의 거래명의자가 누구인지 그 인적 사항을 알아내었다.

③ 경찰관들은 이를 기초로 하여 갑을 범행의 용의자로 특정하였다.

【사실관계 3】

① 2012. 3. 2. 경찰관들은 갑의 주거에서 절도 혐의로 갑을 긴급체포하였다.

② 긴급체포 당시 갑의 집안에 있는 신발장 등에서 새것으로 보이는 ⓒ구두 등이 발견되었다.

③ 이후 구금 상태에서 갑에 대해 2차례의 경찰 피의자신문이 있었다.

④ 이때 갑은 다음의 범행을 자백하였다. (I자백)

　(가) 2012. 2. 1. P백화점 M매장에서의 ㉠범행

(나) 2012. 1. 초 P백화점 N매장에서 ⓒ구두 절취 범행 (ⓛ범행)

⑤ 수사기관은 갑에 대해 구속영장을 청구하였다.

⑥ 2012. 3. 4. 대구지방법원은 갑에 대한 구속영장을 기각하였다.

⑦ 2012. 3. 4. 갑은 석방되었다.

【사실관계 4】

① 2012. 3. 9. 갑은 T경찰서에 다시 출석하여 제3회 피의자신문을 받았다.

② 이때 갑은 다음의 범행을 자백하였다. (II자백)

③ "2011. 4.경 R쇼핑 지하 1층 L매장에서 ⓓ구두 1켤레를 절취하였다." (ⓒ범행)

④ 갑은 이와 함께 ⓓ구두를 경찰에 임의로 제출하였다.

⑤ 갑의 자백 등을 기초로 하여 ⓛ범행의 피해자 B, ⓒ범행의 피해자 C가 확인되었다.

⑥ 2012. 3. 18.경 피해자 B는 ⓛ범행의 피해 사실에 관한 ⓝ진술서를 제출하였다.

⑦ 2012. 3. 18.경 피해자 C는 ⓒ범행의 피해 사실에 관한 ⓓ진술서를 제출하였다.

【사건의 경과 1】

① 갑에게 수회의 동종 전과가 있음이 확인되었다.

② 검사는 갑을 특가법위반죄(절도)로 기소하였다.

③ 2012. 6. 20. 제1심 제2회 공판기일이 열렸다.

④ 이때 갑은 ⑦, ⓛ, ⓒ범행을 모두 자백하였다. (III 자백진술)

⑤ 2012. 7. 20. 제1심법원은 ㉮, ㉯, ㉰진술서, III 자백진술 등을 증거로 채택하여 유죄를 선고하였다.

【사건의 경과 2】

① 갑은 불복 항소하였다.

② 항소심법원은 항소를 기각하고, 제1심판결을 유지하였다.

③ 갑은 불복 상고하였다.

④ 갑은 상고이유로 다음의 점을 주장하였다.

　(가) 수사기관은 영장 없이 갑의 금융정보를 수집하였다.

　(나) ㉮, ㉯, ㉰진술서, II자백진술은 위법수집 증거로서 증거능력이 없다.

2. 금융거래정보 조회와 영장주의

【대법원 분석】 1. 금융실명거래 및 비밀보장에 관한 법률(이하 '금융실명법'이라 한다) 제4조 제1항은 /

【대법원 분석】 "금융회사 등에 종사하는 자는 /

【대법원 분석】 명의인(신탁의 경우에는 위탁자 또는 수익자를 말한다)의 서면상의 요구나 동의를 받지 아니하고는 /

【대법원 분석】 그 금융거래의 내용에 대한 정보 또는 자료(이하 '거래정보 등'이라 한다)를 타인에게 제공하거나 누설하여서는 아니 되며, /

【대법원 분석】 누구든지 금융회사 등에 종사하는 자에게 거래정보 등의 제공을 요구하여서는 아니 된다. /

【대법원 분석】 다만 다음 각 호의 어느 하나에 해당하는 경우로서 /

【대법원 분석】 그 사용 목적에 필요한 최소한의 범위에서 거래정보 등을 제공하거나 그 제공을 요구하는 경우에는 그러하지 아니하다."고 규정하면서, /

【대법원 분석】 "법원의 제출명령 또는 법관이 발부한 영장에 따른 거래정보 등의 제공"(제1호) 등을 열거하고 있고, /

【대법원 분석】 수사기관이 거래정보 등을 요구하는 경우 그 예외를 인정하고 있지 아니하다. /

【대법원 요지】 이에 의하면 수사기관이 범죄의 수사를 목적으로 '거래정보 등'을 획득하기 위해서는 법관의 영장이 필요하다고 할 것이고, /

【대법원 요지】 신용카드에 의하여 물품을 거래할 때 '금융회사 등'이 발행하는 매출전표의 거래명의자에 관한 정보 또한 금융실명법에서 정하는 '거래정보 등'에 해당한다고 할 것이므로, /

【대법원 요지】 수사기관이 금융회사 등에 그와 같은 정보를 요구하는 경우에도 법관이 발부한 영장에 의하여야 할 것이다. /

【대법원 요지】 그럼에도 수사기관이 영장에 의하지 아니하고 매출전표의 거래명의자에 관한 정보를 획득하였다면, /

【대법원 요지】 그와 같이 수집된 증거는 원칙적으로 형사소송법 제308조의2에서 정하는 '적법한 절차에 따르지 아니하고 수집한 증거'에 해당하여 유죄의 증거로 삼을 수 없다.

3. 위법수집증거배제법칙 예외 인정의 기준

【대법원 요지】 다만 법이 정한 절차에 따르지 아니하고 수집한 증거라고 할지라도 /

【대법원 요지】 수사기관의 절차 위반 행위가 적법절차의 실질적인 내용을 침해하는 경우에 해당하지 아니하고, /

【대법원 요지】 오히려 그 증거의 증거능력을 배제하는 것이 /

【대법원 요지】 적법절차의 원칙과 실체적 진실 규명의 조화를 도모하고 이를 통하여 형사 사법 정의를 실현하려 한 취지에 반하는 결과를 초래하는 것으로 평가되는 예외적인 경우라면, /

【대법원 요지】 법원은 그 증거를 유죄 인정의 증거로 사용할 수 있으므로, /

【대법원 요지】 법원이 2차적 증거의 증거능력 인정 여부를 최종적으로 판단할 때에는 /

【대법원 요지】 먼저 절차에 따르지 아니한 1차적 증거 수집과 관련된 모든 사정들, /

【대법원 요지】 즉 절차 조항의 취지와 그 위반의 내용 및 정도, /

【대법원 요지】 구체적인 위반 경위와 회피가능성, /

【대법원 요지】 절차 조항이 보호하고자 하는 권리 또는 법익의 성질과 침해 정도 및 피고인과의 관련성, /

【대법원 요지】 절차 위반행위와 증거수집 사이의 인과관계 등 관련성의 정도, /

【대법원 요지】 수사기관의 인식과 의도 등을 살피는 것은 물론, /

【대법원 요지】 나아가 1차적 증거를 기초로 하여 다시 2차적 증거를 수집하는 과정에서 추가로 발생한 모든 사정들까지 /

【대법원 요지】 구체적인 사안에 따라 /

【대법원 요지】 주로 인과관계 희석 또는 단절 여부를 중심으로 전체적 · 종합적으로 고려하여야 한다.

4. 위법수집 2차증거의 증거능력 인정을 위한 정황

【대법원 판단】 그러므로 수사기관이 위와 같이 법관의 영장에 의하지 아니하고 매출전표의 거래명 의자에 관한 정보를 획득한 경우 /

【대법원 판단】 이에 터 잡아 수집한 2차적 증거들, /

【대법원 판단】 예컨대 피의자의 자백이나 범죄 피해에 대한 제3자의 진술 등이 /

【대법원 판단】 유죄 인정의 증거로 사용될 수 있는지 역시 위와 같은 법리에 의하여 판단되어야 할 것인데, /

【대법원 요지】 수사기관이 의도적으로 영장주의의 정신을 회피하는 방법으로 증거를 확보한 것이 아니라고 볼 만한 사정, /

【대법원 요지】 위와 같은 정보에 기초하여 범인으로 특정되어 체포되었던 피의자가 /

【대법원 요지】 석방된 후 상당한 시간이 경과하였음에도 다시 동일한 내용의 자백을 하였다거나 /

【대법원 요지】 그 범행의 피해품을 수사기관에 임의로 제출하였다는 사정, /

【대법원 요지】 2차적 증거 수집이 체포 상태에서 이루어진 자백 등으로부터 독립된 제3자의 진술에 의하여 이루어진 사정 등은 /

【대법원 요지】 통상 2차적 증거의 증거능력을 인정할 만한 정황에 속한다고 볼 수 있을 것이다.

5. 사안에 대한 대법원의 분석

【항소심 판단】 2. 원심판결 이유에 의하면, /

【항소심 판단】 원심은 피고인의 제1심 법정에서의 진술과 제1, 2, 3 범행에 관한 피해자들의 진술서 를 증거로 채택하여 이 사건 공소사실을 유죄로 인정한 제1심판결을 그대로 유지하였다.

【대법원 분석】 그런데 원심이 유지한 제1심의 채택 증거들에 의하면, /

【대법원 분석】 2012. 2. 1.경 피해자 공소외 A로부터 절도 범행 신고를 받은 대구중부경찰서 소속 경찰관들이 /

【대법원 분석】 범행 현장인 대구 중구 (주소 1 생략) 대구백화점 내 ○○○ 매장에서 범인이 벗어 놓 고 간 점퍼와 /

【대법원 분석】 그 안에 있는 공소외 P 주식회사(금융실명법 제4조에 정한 '금융회사 등'에 해당하는 신용카드회사로서, 이하 '이 사건 카드회사'라 한다) 발행의 매출전표를 발견한 사실, /

【대법원 분석】 위 경찰관들은 이 사건 카드회사에 공문을 발송하는 방법으로 이 사건 카드회사로부 터 위 매출전표의 거래명의자가 누구인지 그 인적 사항을 알아내었고 /

【대법원 분석】 이를 기초로 하여 피고인을 범행의 용의자로 특정한 사실, /

【대법원 분석】 경찰관들은 2012. 3. 2. 피고인의 주거에서 위와 같은 절도 혐의로 피고인을 긴급체 포한 사실, /

【대법원 분석】 긴급체포 당시 피고인의 집안에 있는 신발장 등에서 새것으로 보이는 구두 등이 발견 되었는데, /

【대법원 분석】 그 이후 구금 상태에서 이루어진 2차례의 경찰 피의자신문에서 피고인은 위와 같은 절도 범행(이하 '제1범행'이라 한다) 이외에도 /

【대법원 분석】 위 구두는 2012. 1. 초 대구백화점 △△△△ 매장에서 절취한 것(이하 '제2범행'이라 한다)이라는 취지로 자백한 사실, /

【대법원 분석】 수사기관은 피고인에 대하여 구속영장을 청구하였으나 2012. 3. 4. 대구지방법원이 피고인에 대한 구속영장을 기각하여 같은 날 피고인이 석방된 사실, /

【대법원 분석】 2012. 3. 9. 피고인은 위 경찰서에 다시 출석하여 제3회 피의자신문에서 2011. 4.경 대구 중구 (주소 2 생략)에 있는 동아쇼핑 지하 1층 ▽▽▽ 매장에서 구두 1켤레를 절취하였다(이하 '제3범행'이라 한다)고 자백하였고, /

【대법원 분석】 피해품인 위 구두를 경찰에 임의로 제출하였던 사실, /

【대법원 분석】 한편 위와 같은 자백 등을 기초로 제2, 3범행의 피해자가 확인된 후 2012. 3. 18.경 그 피해자들이 피해 사실에 관한 각 진술서를 제출한 사실, /

【대법원 분석】 그 후 2012. 6. 20. 열린 제1심 제2회 공판기일에서 피고인은 제1 내지 3 범행에 대하여 전부 자백하였던 사실을 알 수 있다.

6. 사안에 대한 대법원의 판단

(1) 금융거래정보 수집 부분에 대한 판단

【대법원 판단】 이를 앞서 본 법리에 비추어 살펴보면, /

【대법원 분석】 이 사건에서 수사기관이 법관의 영장도 없이 위와 같이 매출전표의 거래명의자에 관한 정보를 획득한 조치는 위법하다고 할 것이므로, /

【대법원 분석】 그러한 위법한 절차에 터 잡아 수집된 증거의 증거능력은 원칙적으로 부정되어야 할 것이고, /

【대법원 결론】 따라서 이와 같은 과정을 통해 수집된 증거들의 증거능력 인정 여부에 관하여 특별한 심리·판단도 없이 곧바로 위 증거들의 증거능력을 인정한 제1심의 판단을 그대로 유지한 원심의 조치는 적절하다고 할 수 없다.

(2) 자백진술의 증거능력

【대법원 판단】 그러나 피고인의 제1심 법정에서의 자백[Ⅲ진술]은 /

【대법원 판단】 수사기관이 법관의 영장 없이 그 거래명의자에 관한 정보를 알아낸 후 /

【대법원 판단】 그 정보에 기초하여 긴급체포함으로써 구금 상태에 있던 피고인의 최초 자백[Ⅰ진술]과 일부 동일한 내용이기는 하나, /

【대법원 판단】 피고인의 제1심 법정에서의 자백에 이르게 되기까지의 앞서 본 바와 같은 모든 사정들, /

【대법원 판단】 특히 피고인에 대한 구속영장이 기각됨으로써 석방된 이후에 진행된 제3회 경찰 피의자신문 당시에도 제3범행에 관하여 자백[Ⅱ진술]하였고, /

【대법원 판단】 이 사건 범행 전부에 대한 제1심 법정 자백[Ⅲ진술]은 최초 자백 이후 약 3개월이 지난 시점에 공개된 법정에서 적법한 절차를 통하여 임의로 이루어진 것이라는 점 등을 /

【대법원 판단】 전체적·종합적으로 고려하여 볼 때 /

【대법원 판단】 이는 유죄 인정의 증거로 사용할 수 있는 경우에 해당한다고 보아야 할 것이다.

(3) ㉡, ㉢진술의 증거능력

【대법원 판단】 나아가 제2, 3범행에 관한 각 진술서 또한 /

【대법원 판단】 그 진술에 이르게 되기까지의 앞서 본 바와 같은 모든 사정들, /

【대법원 판단】 즉 수사기관이 매출전표의 거래명의자에 관한 정보를 획득하기 위하여 이 사건 카드회사에 공문까지 발송하였던 사정 등에 비추어 볼 때 /

【대법원 판단】 의도적·기술적으로 금융실명법이 정하는 영장주의의 정신을 회피하려고 시도한 것은 아니라고 보이는 점, /

【대법원 판단】 제2, 3범행에 관한 피해자들 작성의 진술서는 /

【대법원 판단】 제3자인 피해자들이 범행일로부터 약 3개월, 11개월 이상 지난 시점에서 /

【대법원 판단】 기존의 수사절차로부터 독립하여 자발적으로 자신들의 피해 사실을 임의로 진술한 것으로 보이고, /

【대법원 판단】 특히 제3범행에 관한 진술서의 경우 /

【대법원 판단】 앞서 본 바와 같이 피고인이 이미 석방되었음에도 불구하고 /

【대법원 판단】 이 부분 범행 내용을 자백하면서 피해품을 수사기관에 임의로 제출한 이후에 비로소 수집된 증거인 점 등을 고려하여 볼 때, /

【대법원 판단】 위 증거들 역시 유죄 인정의 증거로 사용할 수 있는 경우에 해당한다고 봄이 타당하다.

【대법원 결론】 그리고 위에서 본 바와 같이 그 증거능력이 인정되는 피고인의 제1심 법정 진술이나 제2, 3범행에 관한 각 진술서를 비롯하여 /

【대법원 결론】 제1심이 적법하게 채택한 나머지 증거에 의하면 /

【대법원 결론】 이 사건 공소사실은 모두 유죄로 인정하기에 충분하므로, /

【대법원 결론】 이 사건 공소사실을 유죄로 인정한 원심의 결론은 정당하다 할 것이고, /

【대법원 결론】 앞서 본 바와 같은 원심의 잘못은 판결 결과에 영향을 미치지 아니하였다. (상고 기각)

2012도13611

위법한 채뇨절차와 파생증거의 증거능력
바지 내리는 투숙객 사건

2013. 3. 14. 2012도13611, 공 2013상, 703

1. 사실관계 및 사건의 경과

【사실관계 1】

① 갑은 P모텔에 투숙하고 있었다.

② A는 갑의 지인이다.

③ 2012. 5. 5. 01:00경 A는 P모텔 업주를 통하여 다음 내용의 신고를 하였다.

　(가) 전날 갑이 정신분열증 비슷하게 안절부절 못하는 등 정신이 이상한 것 같은 행동을 목격하였다.

　(나) 갑이 마약을 투약하였거나 자살할 우려가 있다.

④ 신고를 받고 부산 북부경찰서 소속 경찰관 B 등이 갑이 있던 모텔 방에 들어갔다.

【사실관계 2】

① 갑은 마약 투약 혐의를 부인하였다.

② 갑은 모텔 방안에서 운동화를 신고 안절부절 못하면서 경찰관 앞에서 바지와 팬티를 모두 내리는 등의 행동을 하였다.

③ 경찰관들은 갑에게 마약 투약이 의심되므로 경찰서에 가서 채뇨를 통하여 투약 여부를 확인하자고 하면서 동행을 요구하였다.

④ 이에 대하여 갑은 "영장 없으면 가지 않겠다"는 취지의 의사를 표시하였다.

⑤ 그러나 경찰관들은 갑을 부산 북부경찰서로 데려갔다.

【사실관계 3】

① 2012. 5. 5. 03:25경 갑은 부산 북부경찰서에서 채뇨를 위한 '소변채취동의서'에 서명하고 그 소변을 제출하였다. (제1차 채뇨절차)

② 소변에 대한 간이시약검사결과 메스암페타민에 대한 양성반응이 검출되었다.

③ 갑은 이를 시인하는 취지의 '소변검사시인서'에 서명하였다.

④ 2012. 5. 5. 07:50경 경찰관들은 갑을 '마약류 관리에 관한 법률' 위반(향정) 혐의로 긴급체포하였다.

【사실관계 4】

① 2012. 5. 5. 23:00경 경찰관들은 갑에 대한 구속영장과 갑의 소변 및 모발 등에 대한 압수·수색·검증영장을 청구하였다.

② 2012. 5. 6.경 부산지방법원으로부터 구속영장과 압수·수색·검증영장이 발부되었다.

③ 2012. 5. 7. 경찰관들은 갑에게 압수·수색·검증영장을 제시하고 갑으로부터 소변과 모발을 채취하였다. (제2차 채뇨절차)

④ 갑의 소변과 모발은 국립과학수사연구소에 송부되었다.

⑤ 국립과학수사연구소는 갑의 소변과 모발에서 메스암페타민에 대한 양성반응이 검출되었다는 내용이 담긴 ㉠소변 감정서와 ㉡모발 감정서를 북부경찰서에 제출하였다.

【사건의 경과】

① 검사는 갑을 마약류관리에관한법률위반(향정) 공소사실로 기소하였다.

② 제1심법원은 ㉠소변 감정서와 ㉡모발 감정서를 증거로 채택하여 유죄를 선고하였다.

③ 갑은 불복 항소하였다.

④ 항소심법원도 ㉠소변 감정서와 ㉡모발 감정서를 증거로 채택하여 유죄를 선고하였다.

⑤ 갑은 불복 상고하였다.

⑥ 갑은 상고이유로 다음의 점을 주장하였다.

　(가) 갑의 경찰서 연행은 위법한 임의동행이다.

(나) 제1차 채뇨절차는 경찰관들의 계속된 강압적 요구와 직접적인 채취 시도에 의하여 이루어진 것으로 위법하다

(다) 그로 인하여 파생된 ㉠소변 감정서와 ㉡모발 감정서는 증거능력이 없다.

2. 임의동행의 적법성 요건

【대법원 요지】 1. 가. 형사소송법 제199조 제1항은 /

【대법원 요지】 "수사에 관하여 그 목적을 달성하기 위하여 필요한 조사를 할 수 있다. /

【대법원 요지】 다만, 강제처분은 이 법률에 특별한 규정이 있는 경우에 한하며, /

【대법원 요지】 필요한 최소한도의 범위 안에서만 하여야 한다."고 정하여 /

【대법원 요지】 임의수사의 원칙을 밝히고 있다. /

【대법원 요지】 수사관이 수사과정에서 당사자의 동의를 받는 형식으로 피의자를 수사관서 등에 동행하는 것은 /

【대법원 요지】 그 신체의 자유가 영장에 의하지 아니하고 현실적으로 제한되어 실질적으로 체포와 유사한 상태에 놓이게 됨에도, /

【대법원 요지】 사실상 강제성을 띤 동행을 억제할 수 있는 방법이 없어서 제도적으로는 물론 현실적으로도 임의성이 보장되지 아니할 우려가 적지 아니하다. /

【대법원 요지】 따라서 수사관이 동행에 앞서 피의자에게 동행을 거부할 수 있음을 알려 주었거나 /

【대법원 요지】 동행한 피의자가 언제든지 자유로이 동행과정에서 이탈 또는 동행 장소에서 퇴거할 수 있었음이 인정되는 등 /

【대법원 요지】 오로지 피의자의 자발적인 의사에 의하여 수사관서 등에의 동행이 이루어졌음이 /

【대법원 요지】 객관적인 사정에 의하여 명백하게 입증된 경우에 한하여 /

【대법원 요지】 그 적법성이 인정되는 것으로 봄이 타당하다. /

3. 위법한 임의동행과 위법수집증거

【대법원 요지】 나아가 피의자가 동행을 거부하는 의사를 표시하였음에도 불구하고 경찰관들이 영장에 의하지 아니하고 피의자를 강제로 연행한 행위는 /

【대법원 요지】 수사상의 강제처분에 관한 형사소송법상의 절차를 무시한 채 이루어진 것으로 위법한 체포에 해당하고, /

【대법원 요지】 이와 같이 위법한 체포상태에서 마약 투약 혐의를 확인하기 위한 채뇨 요구가 이루어진 경우, /

【대법원 요지】 채뇨 요구를 위한 위법한 체포와 그에 이은 채뇨 요구는 마약 투약이라는 범죄행위에 대한 증거 수집을 위하여 연속하여 이루어진 것으로서 /

【대법원 요지】 개별적으로 그 적법 여부를 평가하는 것은 적절하지 아니하므로 /

【대법원 요지】 그 일련의 과정을 전체적으로 보아 위법한 채뇨 요구가 있었던 것으로 볼 수밖에 없다.

4. 위법수집증거배제법칙과 파생증거

【대법원 분석】 나. 한편 형사소송법 제308조의2는 /

【대법원 분석】 "적법한 절차에 따르지 아니하고 수집한 증거는 증거로 할 수 없다."고 정하고 있다. /

【대법원 요지】 그에 따라 수사기관이 헌법과 형사소송법이 정한 절차에 따르지 아니하고 수집한 증거는 물론, /

【대법원 요지】 이를 기초로 하여 획득한 2차적 증거 역시 유죄 인정의 증거로 삼을 수 없는 것이 원칙이다. /

【대법원 요지】 다만 수사기관의 절차 위반 행위가 적법절차의 실질적인 내용을 침해하는 경우에 해당하지 아니하고, /

【대법원 요지】 오히려 그 증거의 증거능력을 배제하는 것이 /

【대법원 요지】 헌법과 형사소송법이 형사소송에 관한 절차조항을 마련하여 적법절차의 원칙과 실체적 진실 규명의 조화를 도모하고, /

【대법원 요지】 이를 통하여 형사 사법 정의를 실현하려고 한 취지에 반하는 결과를 초래하는 것으로 평가되는 예외적인 경우라면, /

【대법원 요지】 법원은 그 증거를 유죄 인정의 증거로 사용할 수 있다. /

【대법원 요지】 따라서 법원이 2차적 증거의 증거능력 인정 여부를 최종적으로 판단할 때에는 /

【대법원 요지】 먼저 절차에 따르지 아니한 1차적 증거 수집과 관련된 모든 사정들, /

【대법원 요지】 즉 절차조항의 취지와 그 위반의 내용 및 정도, /

【대법원 요지】 구체적인 위반 경위와 회피가능성, /

【대법원 요지】 절차조항이 보호하고자 하는 권리 또는 법익의 성질과 침해 정도 및 피고인과의 관련성, /

【대법원 요지】 절차 위반행위와 증거수집 사이의 인과관계 등 관련성의 정도, /

【대법원 요지】 수사기관의 인식과 의도 등을 살피는 것은 물론, /

【대법원 요지】 나아가 1차적 증거를 기초로 하여 다시 2차적 증거를 수집하는 과정에서 추가로 발생한 모든 사정들까지 /

【대법원 요지】 구체적인 사안에 따라 /

【대법원 요지】 주로 인과관계 희석 또는 단절 여부를 중심으로 전체적·종합적으로 고려하여야 한다. /

【대법원 요지】 수사기관이 이른바 임의동행 명목으로 피의자를 수사관서 등에 동행하는 방법에 의하여 실질적으로 영장 없이 피의자를 체포한 위법이 있는 경우에도, /

【대법원 요지】 그와 같이 체포된 상태에서 수집된 2차적 증거를 유죄 인정의 증거로 삼을 수 있는지 역시 위와 같은 법리에 의하여 판단되어야 한다.

5. 사안에 대한 대법원의 분석

【대법원 분석】 2. 기록에 의하면, /

【대법원 분석】 피고인의 지인인 공소외인은 2012. 5. 5. 01:00경 피고인이 투숙하고 있던 부산 북

구 구포1동에 있는 '○○○모텔' 업주를 통하여, /

【대법원 분석】 전날 피고인이 정신분열증 비슷하게 안절부절 못하는 등 정신이 이상한 것 같은 행동을 목격하여 /

【대법원 분석】 피고인이 마약을 투약하였거나 자살할 우려가 있다는 취지로 경찰에 신고한 사실, /

【대법원 분석】 이에 부산 북부경찰서 소속 경찰관들이 피고인이 있던 위 모텔 방에 들어갔는데, /

【대법원 분석】 당시 피고인은 마약 투약 혐의를 부인하는 한편 모텔 방안에서 운동화를 신고 안절부절 못하면서 경찰관 앞에서 바지와 팬티를 모두 내리는 등의 행동을 한 사실, /

【대법원 분석】 경찰관들은 피고인에게 마약 투약이 의심되므로 경찰서에 가서 채뇨를 통하여 투약 여부를 확인하자고 하면서 동행을 요구하였고, /

【대법원 분석】 이에 대하여 피고인이 "영장 없으면 가지 않겠다"는 취지의 의사를 표시한 적이 있음에도 피고인을 부산 북부경찰서로 데려간 사실, /

【대법원 분석】 피고인은 같은 날 03:25경 위 경찰서에서 채뇨를 위한 '소변채취동의서'에 서명하고 그 소변을 제출(이하 이와 같은 절차를 '제1차 채뇨절차'라고 한다)하였는데, /

【대법원 분석】 소변에 대한 간이시약검사결과 메스암페타민에 대한 양성반응이 검출되어 이를 시인하는 취지의 '소변검사시인서'에도 서명한 사실, /

【대법원 분석】 경찰관들은 같은 날 07:50경 피고인을 '마약류 관리에 관한 법률' 위반(향정) 혐의로 긴급체포하였고, /

【대법원 분석】 23:00경 피고인에 대한 구속영장과 피고인의 소변 및 모발 등에 대한 압수·수색·검증영장(이하 '압수영장'이라고만 한다)을 청구하여 /

【대법원 분석】 2012. 5. 6.경 부산지방법원으로부터 위 각 영장이 발부된 사실, /

【대법원 분석】 경찰관들은 2012. 5. 7. 피고인에게 압수영장을 제시하고 피고인으로부터 소변과 모발을 채취(이하 이와 같은 절차를 '제2차 채뇨절차'라고 한다)한 사실, /

【대법원 분석】 이를 송부받은 국립과학수사연구소는 피고인의 소변과 모발에서 메스암페타민에 대한 양성반응이 검출되었다는 내용이 담긴 이 사건 소변 감정서 및 모발 감정서(이하 이를 통틀어 '이 사건 각 감정서'라고 한다)를 제출한 사실 등을 알 수 있다.

6. 제1차 채뇨절차와 위법수집증거 여부

【대법원 판단】 위와 같은 사실을 앞서 본 법리에 비추어 보면, /

【대법원 판단】 피고인이 동행을 거부하겠다는 의사를 표시하였음에도 불구하고 경찰관들이 영장에 의하지 아니하고 피고인을 강제로 연행한 조치는 위법한 체포에 해당하고, /

【대법원 판단】 이와 같이 위법한 체포상태에서 마약 투약 여부의 확인을 위한 채뇨 요구가 이루어진 이상, /

【대법원 판단】 경찰관들의 채뇨 요구 또한 위법하다고 평가할 수밖에 없다. /

【대법원 판단】 그렇다면 위와 같이 위법한 채뇨 요구에 의하여 수집된 '소변검사시인서'는 적법한 절차에 따르지 아니한 것으로서 유죄 인정의 증거로 삼을 수 없다고 할 것이다. /

【대법원 결론】 그럼에도 제1심 나아가 제1심판결을 유지한 원심은 /

【대법원 결론】 위와 같은 동행 요구 및 체포과정에서의 위법이나 그에 따라 수집된 증거의 증거능력에 관하여 별다른 심리를 하지 아니한 채 /

【대법원 결론】 이 사건 각 감정서 등의 증거능력을 인정하는 전제에서 /

【대법원 결론】 '마약류 관리에 관한 법률' 위반(향정) 부분의 공소사실을 유죄로 인정하였으니, 이러한 조치는 잘못된 것이다. /

【대법원 결론】 또한 피고인은 검찰에서부터 원심에 이르기까지 제1차 채뇨절차 또한 경찰관들의 계속된 강압적 요구와 직접적인 채취 시도에 의하여 이루어진 것으로 위법하다는 취지로 주장하였음에도, /

【대법원 결론】 제1심 또는 원심은 이 점에 대하여도 아무런 심리를 하지 아니한 채 검사 제출 증거들 모두가 유죄의 증거가 될 수 있음을 전제로 이 부분 공소사실이 유죄로 인정된다고 판단하는 위법을 범하였다.

7. 제2차 채뇨절차와 위법수집증거 여부

【대법원 판단】 3. 그러나 제1심이 유죄의 증거로 거시하였던 이 사건 각 감정서는 앞서 든 법리에 비추어 다음에서 보는 사정을 전체적 · 종합적으로 고려하여 볼 때, 이를 유죄 인정의 증거로 사용할 수 있는 경우에 해당한다.

(1) 긴급구호조치 가능성

【대법원 판단】 우선 기록에 의하면, /

【대법원 판단】 연행 당시 피고인이 정신분열증 비슷한 행동을 하는 것으로 보아 마약을 투약한 것이거나 자살할지도 모른다는 취지의 구체적 제보가 있었던 데다가, /

【대법원 판단】 피고인이 모텔 방안에서 운동화를 신고 안절부절 못하면서 술 냄새가 나지 아니함에도 불구하고 경찰관 앞에서 바지와 팬티를 내리는 등 비상식적인 행동을 하였고, /

【대법원 판단】 경찰서로 연행된 이후에도 피고인은 계속하여 자신의 바지와 팬티를 내린다거나, 휴지에 물을 적셔 이를 화장실 벽면에 계속하여 붙이는 등의 비정상적 행동을 거듭하였던 사실을 알 수 있다. /

【대법원 판단】 그렇다면 경찰관들이 적법하지 아니한 임의동행 절차에 의하여 피고인을 연행하는 위법을 범하기는 하였으나, /

【대법원 판단】 당시 상황에 비추어 피고인에 대한 긴급한 구호의 필요성이 전혀 없었다고 볼 수 없다.

(2) 긴급체포 가능성

【대법원 판단】 나아가 위와 같은 상황에서는 피고인을 마약 투약 혐의로 긴급체포하는 것도 고려할 수 있었다고 할 것이고, /

【대법원 판단】 실제로 경찰관들은 그 임의동행시점으로부터 얼마 지나지 아니하여 체포의 이유와 변호인 선임권 등을 고지하면서 피고인에 대한 긴급체포의 절차를 밟는 등 절차의 잘못을 시정하려고 한 바 있으므로, /

【대법원 판단】 경찰관들의 위와 같은 임의동행조치는 단지 그 수사의 순서를 잘못 선택한 것이라고

할 수 있지만 /

【대법원 판단】 관련 법규정으로부터의 실질적 일탈 정도가 헌법에 규정된 영장주의 원칙을 현저히 침해할 정도에 이르렀다고 보기 어렵다.

【대법원 판단】 그리고 연행 당시 경찰관들로서는 피고인에게 마약 투약 범행의 혐의가 있다고 인식하기에 충분한 상황이었으므로 /

【대법원 판단】 형사소송법 제196조 제2항에서 정한 바에 따라 그 혐의에 관한 수사를 개시·진행하여야 할 의무가 있었다고 할 것인데, /

【대법원 판단】 모텔에 투숙 중이던 피고인이 마약 투약 혐의를 부인하면서 경찰서에의 동행을 거부하였으므로 /

【대법원 판단】 경찰관들로서는 피고인의 임의 출석을 기대하기 어려울 뿐 아니라, /

【대법원 판단】 시일의 경과에 따라 피고인의 신체에서 마약 성분이 희석·배설됨으로써 증거가 소멸될 위험성이 농후하였으므로 /

【대법원 판단】 달리 적법한 증거수집 방법도 마땅하지 아니하였다고 할 것이다.

(3) 영장의 법적 성질

【대법원 분석】 한편 기록에 의하면 이 사건에서 수사기관은 법원에 피고인의 소변과 모발 등에 대한 압수영장을 청구하여 이를 발부받은 바 있다. /

【대법원 요지】 영장주의의 본질은 강제수사의 요부에 대한 판단 권한을 수사의 당사자가 아닌 인적·물적 독립을 보장받는 제3자인 법관에게 유보하는 것인데, /

【대법원 요지】 이 사건 압수영장의 발부는 수사절차로부터 독립된 법관에 의한 재판의 일종으로서 /

【대법원 요지】 이에 따라 수사기관에 피고인의 소변·모발 등을 압수할 권한을 부여하고 /

【대법원 요지】 피고인에게는 그와 같은 수사기관의 압수를 수인할 의무를 부담하게 하는 효력을 지닌다. /

【대법원 요지】 그리고 수사기관은 형사소송법 제120조 소정의 '압수영장의 집행을 위하여 필요한 처분'으로서 피고인에 대한 채뇨 등 절차를 적법하게 행할 수 있다고 할 것이다. /

【대법원 요지】 나아가 기록상 압수영장의 집행과정에 별다른 위법을 찾아볼 수 없고, /

【대법원 요지】 피고인 또한 압수영장을 제시받은 뒤 그 집행에 응하여 소변과 모발을 제출한 것으로 인정된다.

(4) 영장 발부와 인과관계 희석

【대법원 요지】 그렇다면 설령 수사기관의 연행이 위법한 체포에 해당하고 /

【대법원 요지】 그에 이은 제1차 채뇨에 의한 증거 수집이 위법하다고 하더라도, /

【대법원 요지】 피고인은 이후 법관이 발부한 구속영장에 의하여 적법하게 구금되었고 /

【대법원 요지】 법관이 발부한 압수영장에 의하여 2차 채뇨 및 채모 절차가 적법하게 이루어진 이상, /

【대법원 요지】 그와 같은 2차적 증거 수집이 위법한 체포·구금절차에 의하여 형성된 상태를 직접 이용하여 행하여진 것으로는 쉽사리 평가할 수 없으므로, /

【대법원 요지】 이와 같은 사정은 체포과정에서의 절차적 위법과 2차적 증거 수집 사이의 인과관계

를 희석하게 할 만한 정황에 속한다고 할 것이다.

(5) 범죄의 중대성

【대법원 판단】 반면 메스암페타민 투약 범행은 /
구 '마약류 관리에 관한 법률'(2011. 6. 7. 법률 제10786호로 개정되기 전의 것) 제60조 제1항 제3호에 의하여 /

【대법원 판단】 그 법정형이 10년 이하의 징역 또는 1억 원 이하의 벌금에 해당하는 것으로서 /

【대법원 판단】 국민과 사회의 신체적 · 정신적 건강에 심각한 해악을 야기하는 중대한 범죄이다. /

【대법원 요지】 이와 같이 중대한 범행의 수사를 위하여 피고인을 경찰서로 동행하는 과정에서 위법이 있었다는 사유만으로 법원의 영장 발부에 기하여 수집된 2차적 증거의 증거능력마저 부인한다면, /

【대법원 요지】 이는 오히려 헌법과 형사소송법이 형사소송에 관한 절차조항을 마련하여 적법절차의 원칙과 실체적 진실 규명의 조화를 도모하고 /

【대법원 요지】 이를 통하여 형사 사법 정의를 실현하려 한 취지에 반하는 결과를 초래하게 될 것이라는 점도 아울러 참작될 필요가 있다.

(6) 대법원의 종합적 판단

【대법원 판단】 이상과 같은 사정들을 종합하면 법관이 발부한 압수영장에 의하여 이루어진 2차 채뇨 및 채모 절차를 통해 획득된 이 사건 각 감정서는 모두 그 증거능력이 인정된다고 할 것이다.

【대법원 판단】 나아가 위 각 증거와 제1심이 적법하게 채택한 나머지 증거들에 비추어 살펴보면 피고인의 메스암페타민 투약에 관한 이 부분 범행의 공소사실은 유죄로 인정하기에 충분하고, /

【대법원 판단】 거기에 자유심증주의의 한계를 벗어나 사실을 인정하거나 법리를 오해한 위법이 없다. /

【대법원 결론】 결국 원심이 이 부분 공소사실을 유죄로 인정한 제1심판결을 그대로 유지한 조치는 정당하다 할 것이어서, 원심의 위에서 본 잘못은 판결에 영향을 미쳤다고 볼 수 없다. (상고 기각)

2012도13665

증언 번복 피의자신문조서의 증거능력
지게차 절취 사건
2013. 8. 14. 2012도13665, 공 2013하, 1713

1. 사실관계 및 사건의 경과

【사실관계 1】
① (사실관계가 불명하므로 임의로 보충함)
② 갑이 A로부터 H지게차를 절취하였다는 혐의로 수사가 진행되었다.
③ [피해자 A는 경찰에 출두하여 피해사실을 진술하였다.]

④ A의 진술은 사경작성 참고인 진술조서에 기재되었다. (㉠진술조서)

⑤ [목격자 B는 경찰에 출두하여 갑의 절취행위를 목격한 사실을 진술하였다.]

⑥ [목격자 B의 진술은 사경작성 참고인 진술조서에 기재되었다.] (㉡진술조서)

【사실관계 2】

① 검사는 갑을 절도죄로 기소하였다.

② 갑은 공소사실을 부인하였다.

③ 검사는 ㉠진술조서와 ㉡진술조서를 증거로 제출하였다.

④ 갑은 증거로 함에 동의하지 않았다.

⑤ 제1심법원은 A와 B를 증인으로 채택하였다.

【사실관계 3】

① A는 제1심 공판기일에 증인으로 출석하였다.

② A는 검사로부터 ㉠진술조서를 제시받았다.

③ A는 검사의 신문에 대하여 다음과 같이 증언하였다.

　(가) 수사기관에서 사실대로 진술하고 진술한 대로 기재되어 있는지 확인하고 서명무인하였다.

　(나) '갑이 지게차를 훔쳤다'는 내용으로 기재되어 있는 부분은 본인(A)이 진술한 사실이 없음에도 잘못 기재되었다.

【사실관계 4】

① B는 제1심 공판기일에 증인으로 출석하였다.

② B는 갑이 지게차를 가져간 경위에 대해 증인신문을 받았다.

③ [B는 검사로부터 ㉡진술조서를 제시받았다.]

④ [B는 검사의 신문에 대하여 다음과 같이 증언하였다.]

⑤ ["갑이 지게차를 가져간 경위를 알지 못한다."]

【사실관계 5】

① B의 공판정 증언이 끝난 후 검사는 B를 위증죄로 소환하여 신문하였다.

② 검사는 B에 대해 피의자신문조서를 작성하였다. (㉢피의자신문조서)

③ ㉢피의자신문조서에는 다음과 같은 내용이 기재되었다.

④ "갑이 지게차를 가져간 경위를 일부 알고 있다."

⑤ 검사는 다음 공판기일에 ㉢피의자신문조서의 사본을 증거로 제출하였다.

【사실관계 6】

① 갑의 피고사건은 제1심을 거친 후, 항소심에 계속되었다.

② 항소심에서 A는 증인으로 출석하였다.

③ A는 ㉠진술조서의 진정성립을 인정하는 내용의 증언을 하지는 아니하였다.

④ 항소심에서 검사는 B를 증인으로 신청하였다.

⑤ 항소심법원은 B를 증인으로 채택하였다.

⑥ 그러나 B에 대한 증인소환이 이루어지지 않았다.

⑦ 항소심법원은 B를 증인으로 채택한 결정을 취소하였다.

⑧ 항소심법원은 B에 대한 ⓒ피의자신문조서 사본을 증거로 채택하였다.

⑨ 갑은 ⓒ피의자신문조서에 대해 증거로 함에 동의하지 않았다.

【사건의 경과】

① 항소심법원은 ㉠참고인 진술조서와 ⓒ피의자신문조서의 증거능력을 인정하였다.

② 항소심법원은 갑에게 유죄를 선고하였다.

③ 갑은 불복 상고하였다.

④ 갑은 상고이유로 다음의 점을 주장하였다.

(가) ㉠참고인 진술조서는 증거능력이 없다.

(나) ⓒ피의자신문조서도 증거능력이 없다.

2. ㉠참고인 진술조서 부분에 대한 판단

【대법원 분석】 형사소송법 제312조 제4항은 /

【대법원 분석】 "검사 또는 사법경찰관이 피고인이 아닌 자의 진술을 기재한 조서는 /

【대법원 분석】 적법한 절차와 방식에 따라 작성된 것으로서 /

【대법원 분석】 그 조서가 검사 또는 사법경찰관 앞에서 진술한 내용과 동일하게 기재되어 있음이 /

【대법원 분석】 원진술자의 공판준비 또는 공판기일에서의 진술이나 /

【대법원 분석】 영상녹화물 또는 그 밖의 객관적인 방법에 의하여 증명되고, /

【대법원 분석】 피고인 또는 변호인이 공판준비 또는 공판기일에 그 기재 내용에 관하여 원진술자를 신문할 수 있었던 때에는 증거로 할 수 있다. /

【대법원 분석】 다만, 그 조서에 기재된 진술이 특히 신빙할 수 있는 상태하에서 행하여졌음이 증명된 때에 한한다."고 규정하고 있다.

【대법원 판단】 기록에 의하면, /

【대법원 판단】 피고인은 공소외 A에 대한 경찰 진술조서에 대하여 증거로 함에 동의하지 아니하였으므로 /

【대법원 판단】 그 진술조서는 형사소송법 제312조 제4항에 따라 그 진정성립이 인정되어야 유죄의 증거로 할 수 있다. / 그런데 공소외 A는 제1심에서 증인으로 출석하여 검사로부터 위 진술조서를 제시받고 /

【대법원 판단】 검사의 신문에 대하여 /

【대법원 판단】 '수사기관에서 사실대로 진술하고 진술한 대로 기재되어 있는지 확인하고 서명무인하였다'는 취지로 증언하였을 뿐이어서 /

【대법원 판단】 그 진술이 위 진술조서의 진정성립을 인정하는 취지인지 분명하지 아니하고, /

【대법원 판단】 오히려 '피고인이 훔쳤다'는 내용으로 기재되어 있는 부분은 자신이 진술한 사실이 없음에도 잘못 기재되었다는 취지로 증언하였으며, /

【대법원 판단】 원심에서도 증인으로 출석하였으나 위 진술조서의 진정성립을 인정하는 내용의 증언을 하지는 아니하였음을 알 수 있다.

【대법원 판단】 따라서 공소외 A의 제1심 및 원심에서의 진술만으로는 /

【대법원 판단】 그에 대한 경찰 진술조서 중 적어도 피고인이 이 사건 지게차를 훔쳤다는 진술 기재 부분의 진정성립을 인정하기에 부족하다고 할 것이고 /

【대법원 판단】 달리 그 진정성립을 인정할 만한 자료가 없으므로, /

【대법원 판단】 공소외 A에 대한 경찰 진술조서 중 위와 같은 진술 기재 부분은 그 증거능력이 있다고 볼 수 없다.

3. ⓒ 피의자신문조서 부분에 대한 판단

(1) 공소제기 후의 증인 조사

【대법원 요지】 공판준비 또는 공판기일에서 이미 증언을 마친 증인을 검사가 소환한 후 /

【대법원 요지】 피고인에게 유리한 그 증언 내용을 추궁하여 이를 일방적으로 번복시키는 방식으로 작성한 진술조서를 유죄의 증거로 삼는 것은 /

【대법원 요지】 당사자주의·공판중심주의·직접주의를 지향하는 현행 형사소송법의 소송구조에 어긋나는 것일 뿐만 아니라, /

【대법원 요지】 헌법 제27조가 보장하는 기본권, /

【대법원 요지】 즉 법관의 면전에서 모든 증거자료가 조사·진술되고 /

【대법원 요지】 이에 대하여 피고인이 공격·방어할 수 있는 기회가 실질적으로 부여되는 /

【대법원 요지】 재판을 받을 권리를 침해하는 것이므로, /

【대법원 요지】 이러한 진술조서는 피고인이 증거로 할 수 있음에 동의하지 아니하는 한 증거능력이 없다고 할 것이고, /

【대법원 요지】 그 후 원진술자인 종전 증인이 다시 법정에 출석하여 증언을 하면서 그 진술조서의 성립의 진정함을 인정하고 피고인 측에 반대신문의 기회가 부여되었다고 하더라도 /

【대법원 요지】 그 증언 자체를 유죄의 증거로 할 수 있음은 별론으로 하고 /

【대법원 요지】 위와 같은 진술조서의 증거능력이 없다는 결론은 달리할 것이 아니다. /

【대법원 요지】 이는 검사가 공판준비 또는 공판기일에서 이미 증언을 마친 증인에게 수사기관에 출석할 것을 요구하여 /

【대법원 요지】 그 증인을 상대로 위증의 혐의를 조사한 내용을 담은 피의자신문조서의 경우도 마찬가지이다.

(2) 사안에 대한 대법원의 판단

【대법원 분석】 기록에 의하면, 공소외 B에 대한 각 검찰 피의자신문조서 사본은 /

【대법원 분석】 공소외 B가 제1심 공판기일에서 증언을 마친 후 검사가 공소외 B를 소환하여 위증죄의 피의자로 조사하면서 작성한 것으로서, /

【대법원 분석】 이는 피고인이 이 사건 지게차를 가져간 경위에 관한 공소외 B의 법정에서의 증언 내용을 검사가 추궁하여 /

【대법원 분석】 공소외 B로부터 그 중 일부가 진실이 아니라는 취지의 번복 진술을 받아낸 것인 사실, /

【대법원 분석】 검사가 공소외 B에 대한 각 검찰 피의자신문조서 사본을 원심법원에 유죄의 증거로

제출하자 /

【대법원 분석】 피고인은 이를 증거로 함에 동의하지 아니하였고, /

【대법원 분석】 이에 검사의 신청에 따라 공소외 B가 증인으로 채택되었으나 /

【대법원 분석】 소환이 되지 아니하여 공소외 B에 대한 증인신문이 이루어지지 못하자 /

【대법원 분석】 원심은 공소외 B를 증인으로 채택한 결정을 취소한 다음 /

【대법원 분석】 그에 대한 각 검찰 피의자신문조서 사본을 증거로 채택한 사실을 알 수 있다.

【대법원 판단】 이러한 사실관계를 앞서 본 법리에 비추어 살펴보면, 공소외 B에 대한 각 검찰 피의자신문조서 사본 역시 이 사건에서 증거능력이 없다고 할 것이다.

【대법원 결론】 다. 그럼에도 원심은 공소외 A에 대한 경찰 진술조서와 공소외 B에 대한 각 검찰 피의자신문조서 사본이 모두 증거능력이 있다고 보고 이를 유죄의 증거로 삼아 이 사건 공소사실을 유죄로 인정하였으니, /

【대법원 결론】 이러한 원심판결에는 진술조서나 피의자신문조서의 증거능력에 관한 법리를 오해하여 판결에 영향을 미친 위법이 있다. 이 점을 지적하는 취지의 상고이유의 주장은 이유 있다. (파기 환송)

2012도16001

정보저장매체 출력문건과 전문법칙
선거운동원 출력문건 사건
2013. 6. 13. 2012도16001, 공 2013하, 1276

1. 사실관계 및 사건의 경과

【사실관계 1】

① (하급심판결에 의하여 사실관계를 구성함)

② 2012. 4. 11. 제19대 국회의원 총선거가 실시되게 되었다.

③ K는 M지역에서 출마하였다.

④ K의 선거캠프는 다음과 같이 구성되었다.

   (가) 갑 : 조직국장

   (나) 을 : 선거사무장

   (다) 병 : 총괄행정실장

   (라) 정 : 자원봉사국장

   (마) A : 회계책임자

   (바) B : 갑의 운전기사

【사실관계 2】

① 공직선거법은 명목 여하를 불문하고 선거운동과 관련한 금품 제공을 금지하고 있다.

② 이에 위반하면 형사처벌된다.

③ 다만 선관위에 선거사무원으로 신고된 사람에 대한 적법한 수당·실비 제공은 허용된다.

④ K의 선거캠프 측이 선거사무원으로 신고되지 아니한 C 등에게 일당을 지급하고 선거운동을 하게 하였다는 혐의가 제기되었다.

⑤ 수사기관은 K의 선거캠프에 대한 압수·수색을 실시하였다.

⑥ 이 과정에서 다음의 정보저장매체가 압수되었다.

　　(가) A의 주거지에서 발견된 USB (㉠ 1매체)

　　(나) 선거운동기간 동안 을이 사용한 병의 컴퓨터 (㉡ 1매체)

　　(다) B로부터 임의제출받은 USB (㉢ 1매체)

【사건의 경과 1】

① 검사는 갑, 을, 병, 정을 공직선거법위반죄의 공동정범으로 기소하였다.

② (이하 을 부분만 검토함)

③ 을이 C 등에게 금품을 직접 제공한 사실은 없다.

④ 검사는 을에게 공모공동정범이 성립한다고 주장하였다.

⑤ 을은 공모 사실을 부인하였다.

【사건의 경과 2】

① 검사는 공모 사실을 입증하기 위하여 다음의 문건들을 증거로 제출하였다.

　　(가) 선거사무원 등록사항 (㉠ 2문건)

　　(나) 선관위 등록명단 (㉡ 2문건-1)

　　(다) 선거운동원 명부 (㉡ 2문건-2)

　　(라) 선거운동원 지급 현황 (㉢ 2문건)

② 위 문건들은 각각 ㉠ 1, ㉡ 1, ㉢ 1매체에서 다음과 같이 출력된 것이다.

　　(가) 선거사무원 등록사항 (㉠ 2문건) : 갑이 작성하였다는 파일에서 출력

　　(나) 선관위 등록명단 (㉡ 2문건-1) : 을이 사용한 컴퓨터 파일에서 출력

　　(다) 선거운동원 명부 (㉡ 2문건-2) : 을이 갑에게 보낸 이메일 첨부파일에서 출력

　　(라) 선거운동원 지급 현황 (㉢ 2문건) : 갑이 작성하였다는 파일에서 출력

③ (아래의 판례 본문에서는 위의 문건들을 다음과 같이 약칭하고 있음)

　　(가) 선거사무원 등록사항 (㉠ 2문건) = '공소외 A USB 문건'

　　(나) 선관위 등록명단 (㉡ 2문건-1) = '피고인 병 컴퓨터 발견 문건'

　　(다) 선거운동원 명부 (㉡ 2문건-2) = '피고인 을 이메일 첨부서류'

　　(라) 선거운동원 지급 현황 (㉢ 2문건) = '공소외 B 제출 서류'

④ 선거사무원 등록사항 (㉠ 2문건 = '공소외 A USB 문건')에는 선거운동원들이 실제로 선거운동을 하였는지 여부를 표시한 부분이 들어 있다. (M부분)

⑤ M부분은 선거운동원들에 대한 N출결부를 근거로 작성된 것이다.

【사건의 경과 3】

① 검사는 갑에게 위 문건들에 대해 진정성립 여부를 질문하였다.

② 갑은 진술거부권을 행사하였다.

③ 검사는 을에게 위 문건들에 대해 진정성립 여부를 질문하였다.

④ 을은 진술거부권을 행사하였다.

【사건의 경과 4】

① 제1심법원은 위의 문건들 전부에 대해 증거능력이 없다고 판단하였다.

② 제1심법원은 을에게 무죄를 선고하였다.

③ 검사는 불복 항소하였다.

④ 항소심법원은 항소를 기각하고, 제1심판결을 유지하였다.

⑤ 검사는 불복 상고하였다.

⑥ 검사는 상고이유로, 제출된 문건들이 다음의 이유로 증거능력이 있다고 주장하였다.

　(가) 형소법 제313조에 의하여 증거능력이 있다.

　(나) 진술거부가 있으므로 형소법 제314조에 의하여 증거능력이 있다.

　(다) 업무상 작성된 통상문서로서 형소법 제315조에 의하여 증거능력이 있다.

　(라) 비진술증거로서 증거능력이 있다.

2. 정보저장매체 출력문건과 형소법 제313조

【대법원 요지】 압수물인 디지털 저장매체로부터 출력한 문건을 증거로 사용하기 위해서는 /

【대법원 요지】 디지털 저장매체 원본에 저장된 내용과 출력한 문건의 동일성이 인정되어야 하고, /

【대법원 요지】 이를 위해서는 디지털 저장매체 원본이 압수 시부터 문건 출력 시까지 변경되지 않았음이 담보되어야 한다. /

【대법원 요지】 그리고 압수된 디지털 저장매체로부터 출력한 문건을 진술증거로 사용하는 경우, /

【대법원 요지】 그 기재 내용의 진실성에 관하여는 전문법칙이 적용되므로 /

【대법원 요지】 형사소송법 제313조 제1항에 따라 /

【대법원 요지】 공판준비나 공판기일에서의 /

【대법원 요지】 그 작성자 또는 진술자의 진술에 의하여 /

【대법원 요지】 그 성립의 진정함이 증명된 때에 한하여 /

【대법원 요지】 이를 증거로 사용할 수 있다.

【대법원 판단】 원심은, /

【대법원 판단】 검사 제출 증거목록 순번 157, 순번 158, 순번 414/

【대법원 판단】 (이하 '공소외 A USB 문건'이라 한다), /

【대법원 판단】 증거목록 순번 111, 순번 132번, 순번 208-5, 순번 208-6, 순번 208-7, 순번 208-9, 순번 208-10/

【대법원 판단】 (이하 '피고인 병 컴퓨터 발견 문건'이라 한다), /

【대법원 판단】 증거목록 순번 148-2/

【대법원 판단】 (이하 '피고인 을 이메일 첨부서류'라 한다), /

【대법원 판단】 증거목록 순번 426, 순번 427/

【대법원 판단】 (이하 '공소외 B 제출 서류'라 한다)에 /

【대법원 판단】 기재된 내용의 진실성에 대하여는 전문법칙이 적용되는데, /

【대법원 판단】 위 각 문서들은 작성자인 피고인 갑 또는 피고인 을의 /

【대법원 판단】 공판준비 또는 공판기일에서의 진술에 의하여 /

【대법원 판단】 성립의 진정함이 증명된 바 없고, /

【대법원 판단】 법문상으로 볼 때 그 외의 다른 방법으로 진정성립을 인정하는 것은 허용되지 않는다는 이유로 /

【대법원 판단】 위 각 문서의 증거능력을 인정할 수 없다고 판단하였다.

【대법원 판단】 원심판결 이유를 위 법리와 기록에 비추어 살펴보면, 원심의 위와 같은 판단은 정당하고, 거기에 상고이유 주장과 같은 증거능력에 관한 법리오해 등의 위법이 없다.

3. 진술거부권 행사와 형소법 제314조

【대법원 분석】 형사소송법 제314조는 /

【대법원 분석】 "제312조 또는 제313조의 경우에 /

【대법원 분석】 공판준비 또는 공판기일에 진술을 요하는 자가 사망ㆍ질병ㆍ외국거주ㆍ소재불명, 그 밖에 이에 준하는 사유로 인하여 진술할 수 없는 때에는 그 조서 및 그 밖의 서류를 증거로 할 수 있다. /

【대법원 분석】 다만, 그 진술 또는 작성이 특히 신빙할 수 있는 상태하에서 행하여졌음이 증명된 때에 한한다."라고 정함으로써, /

【대법원 분석】 원진술자 등의 진술에 의하여 진정성립이 증명되지 아니하는 전문증거에 대하여 예외적으로 증거능력이 인정될 수 있는 사유로 /

【대법원 분석】 '사망ㆍ질병ㆍ외국거주ㆍ소재불명, 그 밖에 이에 준하는 사유로 인하여 진술할 수 없는 때'를 들고 있다. /

【대법원 요지】 위 증거능력에 대한 예외사유로 /

【대법원 요지】 1995. 12. 29. 법률 제5054호로 개정되기 전의 구 형사소송법 제314조가 /

【대법원 요지】 '사망, 질병 기타 사유로 인하여 진술할 수 없는 때', /

【대법원 요지】 2007. 6. 1. 법률 제8496호로 개정되기 전의 구 형사소송법 제314조가 /

【대법원 요지】 '사망, 질병, 외국거주 기타 사유로 인하여 진술할 수 없는 때'라고 각 규정한 것에 비하여 /

【대법원 요지】 현행 형사소송법은 그 예외사유의 범위를 더욱 엄격하게 제한하고 있는데, /

【대법원 요지】 이는 직접심리주의와 공판중심주의의 요소를 강화하려는 취지가 반영된 것이다/

【대법원 요지】 (대법원 2012. 5. 17. 선고 2009도6788 전원합의체 판결 참조). /

【대법원 분석】 한편 헌법은 모든 국민은 형사상 자기에게 불리한 진술을 강요당하지 아니한다고 선언하고(제12조 제2항), /

【대법원 분석】 형사소송법은 피고인은 진술하지 아니하거나 개개의 질문에 대하여 진술을 거부할 수 있다고 규정하여(제283조의2 제1항), /

【대법원 분석】 진술거부권을 피고인의 권리로서 보장하고 있다.

【대법원 요지】 위와 같은 현행 형사소송법 제314조의 문언과 개정 취지, 진술거부권 관련 규정의 내

용 등에 비추어 보면, /

【대법원 요지】 피고인이 증거서류의 진정성립을 묻는 검사의 질문에 대하여 진술거부권을 행사하여 진술을 거부한 경우는 /

【대법원 요지】 형사소송법 제314조의 '그 밖에 이에 준하는 사유로 인하여 진술할 수 없는 때'에 해당하지 아니한다고 할 것이다.

【대법원 판단】 원심은, /

【대법원 판단】 피고인 갑, 피고인 을이 /

【대법원 판단】 '공소외 A USB 문건', '피고인 병 컴퓨터 발견 문건', '피고인 을 이메일 첨부서류', '공소외 B 제출 서류'의 /

【대법원 판단】 진정성립을 묻는 검사의 질문에 대하여 진술거부권을 행사한 경우를 /

【대법원 판단】 형사소송법 제314조의 '공판준비 또는 공판기일에 진술을 요하는 자가 사망·질병·외국거주·소재불명 기타 그 밖에 이에 준하는 사유로 인하여 진술할 수 없는 때'에 해당한다고 해석하는 것은 /

【대법원 판단】 진술거부권의 행사를 이유로 위 피고인들에게 불이익을 과하는 것으로서 허용되지 아니한다고 하여, /

【대법원 판단】 위 각 문서들이 형사소송법 제314조에 의하여 증거능력이 인정된다는 주장을 배척하였다. /

【대법원 결론】 원심의 위와 같은 판단은 앞서 본 법리에 따른 것으로서 정당하고, 거기에 상고이유 주장과 같은 증거능력에 관한 법리오해 등의 위법이 있다 할 수 없다.

4. 형소법 제315조의 업무상 통상문서

(1) 업무상 통상문서의 요건

【대법원 요지】 1) 상업장부나 항해일지, 진료일지 또는 이와 유사한 금전출납부 등과 같이 /

【대법원 요지】 범죄사실의 인정 여부와는 관계없이 /

【대법원 요지】 자기에게 맡겨진 사무를 처리한 사무 내역을 /

【대법원 요지】 그때그때 계속적, 기계적으로 기재한 문서 등의 경우는 /

【대법원 요지】 사무처리 내역을 증명하기 위하여 존재하는 문서로서 /

【대법원 요지】 형사소송법 제315조 제2호에 의하여 당연히 증거능력이 인정된다고 할 것이다/

【대법원 요지】 (대법원 1996. 10. 17. 선고 94도2865 전원합의체 판결 등 참조).

(2) 사안에 대한 항소심의 판단

【항소심 판단】 2) 원심은, /

【항소심 판단】 '공소외 A USB 문건'과 '공소외 B 제출 서류'가 /

【항소심 판단】 주어진 업무를 수행하는 과정에서 /

【항소심 판단】 그때그때 기계적으로 반복하여 작성하였다고 인정할 만한 /

【항소심 판단】 뚜렷한 증거가 없다는 이유로 /

【항소심 판단】 위 문서들이 형사소송법 제315조 제2호의 '기타 업무상 필요로 작성한 통상문서'에

해당하지 않는다고 판단하였다.

(3) 사안에 대한 대법원의 판단

【대법원 판단】 원심판결 이유를 위 법리와 기록에 비추어 살펴보면, /

【대법원 판단】 우선 '공소외 A USB 문건' 중 /

【대법원 판단】 선거운동원들이 실제로 선거운동을 하였는지 여부를 표시한 부분을 /

【대법원 판단】 제외한 나머지 부분 및 /

【대법원 판단】 '공소외 B 제출 서류'가 /

【대법원 판단】 형사소송법 제315조 제2호의 '기타 업무상 필요로 작성한 통상문서'에 해당하지 아니한다는 /

【대법원 결론】 원심의 판단 부분은 정당한 것으로 수긍이 가고, /

【대법원 결론】 거기에는 상고이유 주장과 같은 증거능력에 관한 법리오해 등의 위법이 있다고 할 수 없다.

【대법원 판단】 다만 '공소외 A USB 문건' 중 /

【대법원 판단】 선거운동원들이 실제로 선거운동을 하였는지 여부를 표시한 부분은, /

【대법원 판단】 피고인 갑이 선거운동원들을 모집, 관리하는 업무를 수행하기 위하여 /

【대법원 판단】 선거운동원들이 실제로 선거운동을 하였는지 여부를 /

【대법원 판단】 그때그때 일상적, 계속적, 기계적으로 확인하여 작성한 출결부를 근거로 작성되었다는 것이므로, /

【대법원 판단】 위 출결부는 형사소송법 제315조 제2호의 '기타 업무상 필요로 작성된 통상문서'에 해당하고, /

【대법원 판단】 '공소외 A USB 문건' 중 선거운동원들이 실제 선거운동을 하였는지 여부를 표시한 부분도 /

【대법원 판단】 위 출결부의 내용과 동일성을 유지한 상태에서 컴퓨터파일로 옮겨 적는 형태로 작성된 것임이 인정될 그 경우 /

【대법원 판단】 역시 '기타 업무상 필요로 작성된 통상문서'에 해당한다고 볼 여지가 있으므로, /

【대법원 결론】 원심이 그 판시와 같은 사정만으로 위 표시 부분까지 형사소송법 제315조 제2호의 '기타 업무상 필요로 작성한 통상문서'에 해당하지 아니한다고 섣불리 단정한 것은 수긍할 수 없다.

【대법원 결론】 그러나 원심 및 제1심의 판결이유와 기록에 비추어 살펴보면, /

【대법원 결론】 원심이 무죄로 판단한 공소사실과 관련하여 설령 위 표시 부분의 증거능력이 인정된다고 하더라도 /

【대법원 결론】 피고인들이 등록된 선거운동원 수를 초과한 사람들에 대하여 실비, 수당의 지급을 약속하거나 이를 실제로 지급하였다는 점에 대한 증거가 부족한 이상, /

【대법원 결론】 원심이 이 부분 공소사실이 법관의 합리적인 의심을 배제할 정도로 증명되었다고 볼 수 없다는 이유를 들어 무죄라고 판단한 결론은 정당하므로, /

【대법원 결론】 원심의 앞서 본 잘못은 판결 결과에 영향을 미친 바 없다. /

【대법원 결론】 따라서 이와 관련된 상고이유는 모두 받아들일 수 없다.

5. 비진술증거와 전문법칙

(1) 전문법칙의 적용범위

【대법원 요지】 어떤 진술이 기재된 서류가 /

【대법원 요지】 그 내용의 진실성이 범죄사실에 대한 직접증거로 사용될 때는 전문증거가 된다고 하더라도 /

【대법원 요지】 그와 같은 진술을 하였다는 것 자체 또는 /

【대법원 요지】 그 진술의 진실성과 관계없는 간접사실에 대한 정황증거로 사용될 때는 /

【대법원 요지】 반드시 전문증거가 되는 것은 아니다.

(2) 사안에 대한 항소심의 판단

【항소심 판단】 원심은, /

【항소심 판단】 '피고인 을 이메일 첨부서류', /

【항소심 판단】 '공소외 B 제출 서류'의 경우 /

【항소심 판단】 그 문건의 존재 자체가 공소사실에 대한 직접증거가 되는 것이 아니라 /

【항소심 판단】 문서 내용의 진실성이 문제되는 경우인 만큼 /

【항소심 판단】 전문법칙이 적용된다고 판단하였다.

(3) 사안에 대한 대법원의 판단

【대법원 판단】 원심판결 이유를 위 법리 및 기록에 비추어 살펴보면 /

【대법원 판단】 '피고인 을 이메일 첨부서류', /

【대법원 판단】 '공소외 B 제출 서류'가 /

【대법원 판단】 거기에 기재된 내용의 진실성에 대한 직접증거로 사용되는 한도에서는 전문증거로 보아야 할 것이지만, /

【대법원 판단】 피고인 을 또는 피고인 갑이 그와 같은 내용의 문서 또는 그러한 문서파일이 들어있는 저장매체를 소지 또는 보관하고 있었다는 점에 대한 증거로 사용될 때는 /

【대법원 판단】 전문법칙이 적용될 것이 아니어서 증거능력이 인정될 수 있다고 할 것이다.

【대법원 결론】 따라서 이 부분 원심의 판단은 /

【대법원 결론】 피고인 갑 또는 피고인 을이 해당 내용이 기재된 문서를 소지 또는 보관하고 있었다는 사실 그 자체에 대하여까지 증거능력이 없다는 취지라기보다는 /

【대법원 결론】 그러한 점에 대한 증거능력이 인정된다 하더라도 그것만으로는 공소사실이 입증될 수 없다는 취지를 밝힌 것에 불과하여 /

【대법원 결론】 결과적으로 원심의 판단에 증거능력에 대한 법리오해 등의 위법이 있다고 할 수 없다. (상고 기각)

2012도16334

항소심과 국선변호인의 선정
부모 사망 탄원서 사건
2013. 7. 11. 2012도16334, 공 2013하, 1545

1. 사실관계 및 사건의 경과

【사실관계 1】
① 갑은 사기 및 횡령의 공소사실로 불구속 기소되었다. (㉠사건)
② 갑은 공소제기된 직후 '빈곤 기타 사유'를 이유로 국선변호인 선정청구를 하였다.
③ 제1심은 이를 받아들여 국선변호인 선정결정을 하였다. (국선변호인 A)
④ 갑은 국선변호인 A가 참여한 상태에서 공판심리를 받았다.
⑤ 이후 갑은 6개월 이상 소재불명으로 공판정에 출석하지 않았다.
⑥ 제1심법원은 소송촉진등에 관한 특례법 규정에 따라 갑이 불출석한 상태에서 재판을 진행하였다.
⑦ 제1심법원은 공시송달 방법에 의하여 선고기일에 갑을 소환하였다.
⑧ 2009. 12. 17. 제1심법원은 갑의 불출석 상태에서 징역 10월의 실형을 선고하였다. (㉠판결)

【사실관계 2】
① 갑은 그 사이 별건 ㉡사건으로 구속되어 있었다.
② 갑은 제1심법원에 ㉠판결에 대한 상소권회복신청과 함께 항소장을 제출하였다.
③ 제1심법원은 상소권회복청구사건의 심문기일을 열었다.
④ 갑은 이 심문기일에서 "현재 처와 이혼하고 부모는 모두 사망하여 구속 중인 본인(갑)을 도와줄 만한 가까운 사람도 없다."고 진술하였다.
⑤ 제1심법원은 갑의 상소권회복신청에 대해 인용결정을 내렸다.
⑥ 이로써 갑의 항소장 제출은 유효하게 항소를 제기한 것으로 되었다.

【사실관계 3】
① 2012. 10. 15. 갑은 항소심법원으로부터 소송기록접수통지를 받았다.
② 2012. 10. 22. 갑은 별건 수사 중인 ㉡사건과의 병합을 구하는 등의 내용이 담긴 탄원서를 항소심법원에 제출하였다.
③ 2012. 10. 26. 갑은 '빈곤'을 이유로 한 국선변호인 선정청구서를 항소심법원에 제출하였다.
④ 항소심법원은 갑의 국선변호인 선정청구에 대하여 아무런 결정도 하지 아니하였다.

【사실관계 4】
① 2012. 11. 20. 항소심법원은 제1회 공판기일을 진행하였다.
② 갑은 제1회 공판기일에서 항소이유로 다음의 주장을 하였다.
  (가) 별건 수사 중인 ㉡사건과 ㉠사건의 병합을 구한다.
  (나) 피해자를 속인 사실이 없다.

③ 항소심법원은 항소심에서의 증거조사를 마쳤다.

④ 항소심법원은 갑의 국선변호인 선정청구를 기각하는 결정을 고지하였다.

⑤ 항소심법원은 뒤이어 곧바로 변론을 종결하였다.

【사실관계 5】

① 2012. 11. 28. 갑은 '반성문'이라는 제목으로 "피해자를 속이지 않았으며 꼭 변제를 하겠으니 선처를 바란다"는 내용의 서면을 항소심법원에 제출하였다.

② 2012. 12. 6. 항소심법원은 다음과 같이 판단하였다.

　　(가) 갑의 항소이유는 단순한 양형부당이다.

　　(나) 제1심 공시송달명령에 위법이 있었다.

　　(다) 제1심판결을 직권으로 파기한다.

　　(라) 갑에게 징역 10월을 선고한다.

【사건의 경과】

① 갑은 불복 상고하였다.

② 갑은 상고이유로 다음의 점을 주장하였다.

　　(가) 국선변호인 선정신청을 하였다.

　　(나) 항소심법원은 변호인 없이 증거조사를 하였다.

　　(다) 변호인의 변론 없이 이루어진 제1심판결은 위법하다.

2. 국선변호인 선정에 관한 규정 개관

【대법원 분석】 1. 헌법 제12조 제4항 단서는 "형사피고인이 스스로 변호인을 구할 수 없을 때에는 법률이 정하는 바에 의하여 국가가 변호인을 붙인다."고 규정하고, /

【대법원 분석】 이에 따라 형사소송법 제33조 제2항은 "법원은 피고인이 빈곤 그 밖의 사유로 변호인을 선임할 수 없는 경우에 피고인의 청구가 있는 때에는 변호인을 선정하여야 한다."고 규정하고 있다. /

【대법원 분석】 또한 형사소송법 제33조 제2항의 규정에 따라 국선변호인이 선정된 사건에 관하여는 변호인 없이 개정하지 못하며(형사소송법 제282조 본문), /

【대법원 분석】 이러한 규정은 항소의 심판에 준용된다(형사소송법 제370조).

【대법원 분석】 그리고 형사소송규칙 제17조 제3항은 /

【대법원 분석】 피고인이 형사소송법 제33조 제2항의 규정에 의하여 국선변호인 선정청구를 한 경우 법원은 지체 없이 국선변호인을 선정하도록 하고 있고, /

【대법원 분석】 형사소송규칙 제17조의2는 /

【대법원 분석】 형사소송법 제33조 제2항에 의하여 국선변호인 선정을 청구하는 경우 /

【대법원 분석】 피고인은 소명자료를 제출하여야 하나 /

【대법원 분석】 기록에 의하여 그 사유가 소명되었다고 인정될 때에는 그러하지 아니하다고 규정하고 있으며, /

【대법원 분석】 형사소송규칙 제156조의2 제4항은 /

【대법원 분석】 항소법원이 피고인의 국선변호인 선정청구를 기각한 경우에는 /

【대법원 분석】 피고인이 국선변호인 선정청구를 한 날부터 선정청구기각결정 등본을 송달받은 날까지의 기간을 /

【대법원 분석】 형사소송법 제361조의3 제1항이 정한 항소이유서 제출기간에 산입하지 아니한다고 규정하고 있다. /

【대법원 분석】 한편 국선변호에 관한 예규 제8조 제1항은, /

【대법원 분석】 항소법원 및 상고법원은 피고인으로부터 형사소송법 제33조 제2항에 의한 국선변호인 선정청구가 있는 경우 즉시 국선변호인을 선정하고, /

【대법원 분석】 원심에서 피고인의 청구 또는 직권으로 국선변호인이 선정되어 공판이 진행된 경우에는 /

【대법원 분석】 특별한 사정변경이 없는 한 국선변호인을 선정하도록 하고 있다.

3. 사안에 대한 대법원의 분석

【대법원 분석】 2. 기록에 의하면, /

【대법원 분석】 ① 피고인은 불구속 상태로 공소제기된 직후 '빈곤 기타 사유'를 이유로 국선변호인 선정청구를 하였고, /

【대법원 분석】 제1심은 이를 받아들여 국선변호인 선정결정을 하였으며, /

【대법원 분석】 피고인은 국선변호인이 참여한 상태에서 공판심리를 받다가 /

【대법원 분석】 이후 소송촉진등에 관한 특례법 규정에 따라 피고인이 불출석한 상태에서 재판이 진행되어 /

【대법원 분석】 징역 10월의 실형을 선고받은 사실, /

【대법원 분석】 ② 이후 피고인은 별건 구속된 상태에서 상소권회복을 거쳐 항소를 제기하여 /

【대법원 분석】 2012. 10. 15. 원심법원으로부터 소송기록접수통지를 받게 되자 /

【대법원 분석】 항소이유서 제출기간 내인 2012. 10. 22. 별건 수사 중인 사건과의 병합을 구하는 등의 내용이 담긴 탄원서를 원심법원에 제출하였으며, /

【대법원 분석】 이어 2012. 10. 26.에는 '빈곤'을 이유로 한 국선변호인 선정청구서를 원심법원에 제출하였고, /

【대법원 분석】 한편 피고인은 위 상소권회복청구 사건의 심문기일에서 현재 처와 이혼하고 부모는 모두 사망하여 별건 구속 중인 피고인을 도와줄 만한 가까운 사람도 없다는 취지로 진술한 사실, /

【대법원 분석】 ③ 그러나 원심은 피고인의 국선변호인 선정청구에 대하여 아무런 결정도 하지 아니한 채 /

【대법원 분석】 2012. 11. 20. 원심 제1회 공판기일을 진행하였는데, /

【대법원 분석】 피고인은 위 공판기일에서 항소이유로 탄원서의 내용과 함께 "피해자를 속인 사실이 없다"는 취지의 사실오인 주장을 하였고, /

【대법원 분석】 원심은 항소심에서의 증거조사를 마친 다음 피고인의 국선변호인 선정청구를 기각하는 결정을 고지한 뒤 곧바로 변론을 종결하였으며, /

【대법원 분석】 그 후 피고인은 2012. 11. 28. '반성문'이라는 제목으로 "피해자를 속이지 않았으며

꼭 변제를 하겠으니 선처를 바란다"는 내용의 서면을 원심법원에 제출한 사실, /

【대법원 분석】 ④ 원심은 2012. 12. 6. 피고인의 항소이유를 단순히 양형부당이라고 판단한 다음, /

【대법원 분석】 제1심의 공시송달명령에 위법이 있음을 이유로 제1심판결을 직권으로 파기하고 /

【대법원 분석】 피고인에게 징역 10월의 실형을 선고한 사실 등을 알 수 있다.

4. 사안에 대한 대법원의 판단

(1) 국선변호인 선정 여부에 대한 판단

【대법원 판단】 이를 앞서 본 제반 규정과 기록에 비추어 살펴보면, /

【대법원 판단】 피고인은 항소이유서 제출기간 내에 서면으로 형사소송법 제33조 제2항에서 정한 빈곤을 사유로 한 국선변호인 선정청구를 하였고, /

【대법원 판단】 기록상 제1심의 국선변호인 선정결정과 달리 원심에서 피고인의 국선변호인 선정청구를 배척할 특별한 사정변경이 있다고 볼 만한 자료를 찾아볼 수 없을 뿐만 아니라 /

【대법원 판단】 오히려 기록에 나타난 자료에 의하면 피고인의 경우는 빈곤 그 밖의 사유로 변호인을 선임할 수 없는 경우에 해당한다고 인정할 여지가 충분하다. /

【대법원 판단】 따라서 원심으로서는 특별한 사정이 없는 한 지체 없이 국선변호인 선정결정을 하여 선정된 변호인으로 하여금 공판심리에 참여하도록 하였어야 할 것임에도 /

【대법원 판단】 국선변호인 선정청구에 대하여 아무런 결정도 하지 아니한 채 /

【대법원 판단】 변호인 없이 피고인만 출석한 상태에서 공판기일을 진행하여 실질적 변론과 심리를 모두 마치고 난 뒤에야 /

【대법원 판단】 국선변호인 선정청구를 기각하는 결정을 고지한 뒤 /

【대법원 판단】 피고인의 항소를 기각하는 판결을 선고하였으니, /

【대법원 결론】 이러한 원심의 조치에는 국선변호인 선정에 관한 형사소송법의 규정을 위반함으로써 피고인이 국선변호인의 조력을 받지 못하고 효과적인 방어권을 행사하지 못한 결과를 가져오게 하여 판결에 영향을 미친 잘못이 있다고 할 것이다.

(2) 항소이유서 제출의 적법 여부

【대법원 판단】 한편 원심은 양형부당만이 피고인의 항소이유라고 판단하였으나, /

【대법원 판단】 피고인이 이 사건 국선변호인 선정청구를 한 날인 2012. 10. 26.부터 그 기각결정을 고지받은 날인 2012. 11. 20.까지의 기간은 항소이유서 제출기간에 산입되지 아니하므로 /

【대법원 판단】 피고인의 항소이유서 제출기간 만료일은 2012. 11. 30.로 보아야 할 것이고, /

【대법원 판단】 따라서 피고인이 원심 제1회 공판기일에서 진술한 사실오인 취지의 주장과 /

【대법원 판단】 2012. 11. 28. 제출한 서면에 기재된 사실오인 취지의 주장은 /

【대법원 판단】 모두 적법한 항소이유로 보아야 한다는 점도 덧붙여 지적하여 둔다. (파기 환송)

2012모1090

공소제기결정에 대한 불복방법
공소제기결정 재항고 사건
2012. 10. 29. 2012모1090, 공 2012하, 2062

1. 사실관계 및 사건의 경과

【사실관계】

① (사실관계가 불명하여 임의로 구성함)

② A는 갑을 ㉮사건으로 고소하였다.

③ 검사는 갑에 대해 ㉠불기소처분을 내렸다.

④ A는 검찰항고를 거쳐 관할 P고등법원에 재정신청을 하였다.

⑤ 2012. 5. 1. 관할 P고등법원은 갑에 대해 ㉡공소제기결정을 내렸다.

【사건의 경과】

① 갑은 ㉡공소제기결정에 불복하여 대법원에 재항고하였다.

② 갑은 재항고장을 원심법원인 P고등법원에 제출하였다.

③ 2012. 5. 31. P고등법원은 갑의 재항고가 법률상의 방식을 위반하였다는 이유로 형소법 제407조 제1항을 적용하여 ㉢재항고기각결정을 내렸다.

④ 갑은 형소법 제407조 제2항에 기하여 대법원에 즉시항고를 하였다.

⑤ 갑은 즉시항고의 이유로 다음의 점을 주장하였다.

   (가) 고등법원의 공소제기결정에 대한 재항고에 대해 원심법원인 고등법원이 재항고를 기각할 수 있는 규정이 없다.

   (나) 원심 고등법원의 공소제기결정 자체에 위법이 있다.

2. 공소제기결정에 대한 불복방법

【대법원의 분석】 형사소송법(이하 '법'이라고만 한다) 제262조 제2항, 제4항은 검사의 불기소처분에 따른 재정신청에 대한 법원의 재정신청기각 또는 공소제기의 결정에 불복할 수 없다고 규정하고 있는바, /

【대법원의 요지】 법 제262조 제2항 제2호의 공소제기결정에 잘못이 있는 경우에는 그 공소제기에 따른 본안사건의 절차가 개시되어 본안사건 자체의 재판을 통하여 대법원의 최종적인 판단을 받는 길이 열려 있으므로, /

【대법원의 요지】 이와 같은 공소제기의 결정에 대한 재항고를 허용하지 않는다고 하여 재판에 대하여 최종적으로 대법원의 심사를 받을 수 있는 권리가 침해되는 것은 아니고, /

【대법원의 요지】 따라서 법 제262조 제2항 제2호의 공소제기결정에 대하여는 법 제415조의 재항고

가 허용되지 않는다고 보아야 할 것이다.

【대법원의 요지】 그리고 법 제415조에 규정된 재항고의 절차에 관하여는 법에 아무런 규정을 두고 있지 아니하므로 그 성질상 상고에 관한 규정을 준용하여야 할 것이고, /

【대법원의 요지】 한편 상고에 관한 법 제376조 제1항에 의하면 상고의 제기가 법률상의 방식에 위반하거나 상고권 소멸 후인 것이 명백한 때에는 원심법원은 결정으로 상고를 기각하여야 하는바, /

【대법원의 요지】 재항고의 대상이 아닌 공소제기의 결정에 대하여 재항고가 제기된 경우에는 재항고의 제기가 법률상의 방식에 위반한 것이 명백한 때에 해당하므로 원심법원은 결정으로 이를 기각하여야 한다.

【대법원의 판단】 원심이 같은 취지에서 이 사건 2012. 5. 1.자 공소제기결정에 대하여 재항고가 허용되지 않는다고 판단하여 이를 기각한 조치는 정당하고, 거기에 재항고이유로 주장하는 바와 같은 법리오해의 위법이 없다. /

【대법원의 판단】 다만 원심이 위 공소제기결정에 대한 재항고가 법률상의 방식을 위반하였다는 이유로 이를 기각하는 결정을 함에 있어 제1심법원의 항고기각결정에 관한 법 제407조 제1항을 적용한 것은 잘못이나, /

【대법원의 판단】 재항고 절차에 준용될 법 제376조 제1항에 의하더라도 원심법원은 결정으로 이를 기각하여야 하므로 원심의 위와 같은 잘못은 재판 결과에 영향이 없다.

【대법원의 판단】 그 밖에 재항고이유로 주장하는 사유는 원심의 공소제기결정 자체에 위법이 있다는 취지이므로, /

【대법원의 판단】 위 공소제기결정에 대한 재항고가 법률상 방식에 위반한 것임을 이유로 이를 기각한 이 사건 원심결정에 대한 적법한 재항고이유가 될 수 없다. (재항고 기각)

2013도3

증거동의의 주체
변호인 번복 동의 사건
2013. 3. 28. 2013도3, 공 2013상, 834

1. 사실관계 및 사건의 경과

【사실관계 1】

① 갑은 사문서위조죄 및 위조사문서행사죄의 공소사실로 기소되었다.

② 2009. 9. 9. 제1심 제1회 공판기일에 갑과 변호인 K가 함께 출석하였다.

③ 검사는 다음의 증거를 제출하였다.

(가) 고소장 (㉠증거)

(나) A에 대한 경찰 진술조서 (㉡증거)

    (다) B에 대한 경찰 진술조서 (ⓒ증거)

    (라) C 작성의 확인서 (ⓔ증거)

    (마) D 작성의 확인서 (ⓜ증거)

④ 제1회 공판기일의 공판조서에는 증거로 함에 부동의한다는 의견이 진술된 것으로 기재되었다.

【사실관계 2】

① 이후 갑은 공판기일에 출석하지 않았다.

② 제1심법원은 소재탐지촉탁 등의 절차를 진행하였다.

③ 2012. 2. 22. 제1심법원은 갑에 대한 송달을 공시송달로 하도록 명하는 결정을 하였다.

④ 2012. 4. 5. 갑이 불출석한 상태에서 제13회 공판기일이 진행되었다.

⑤ 제13회 공판기일에는 사선변호인만 K만이 출석하였다.

⑥ 사선변호인만 K는 부동의하였던 증거들 대부분에 대하여 증거동의를 하였다.

⑦ 제1심법원은 변호인 K가 종전 의견을 번복하여 증거로 함에 동의한 ⓐ~ⓜ증거들에 대해 증거조사를 실시하였다.

⑧ 제1심법원은 ⓐ~ⓜ증거들에 다른 증거들과 종합하여 유죄로 인정하였다.

【사건의 경과】

① 갑은 불복 항소하였다.

② 항소심법원은 제1심판결의 양형이 과중하다고 하여 이를 파기하고 새로 판결을 하였다.

③ 항소심법원은 제1심법원 판결의 증거의 요지를 그대로 인용하여 갑에게 유죄를 선고하였다.

④ 갑은 불복 상고하였다.

⑤ 갑은 상고이유로, ⓐ~ⓜ증거들에 증거능력이 없다고 주장하였다.

2. 증거동의 주체

【대법원 요지】 형사소송법 제318조에 규정된 증거동의의 주체는 소송 주체인 검사와 피고인이고, /

【대법원 요지】 변호인은 피고인을 대리하여 증거동의에 관한 의견을 낼 수 있을 뿐이므로 /

【대법원 요지】 피고인의 명시한 의사에 반하여 증거로 함에 동의할 수는 없다. /

【대법원 요지】 따라서 피고인이 출석한 공판기일에서 증거로 함에 부동의한다는 의견이 진술된 경우에는 /

【대법원 요지】 그 후 피고인이 출석하지 아니한 공판기일에 변호인만이 출석하여 종전 의견을 번복하여 증거로 함에 동의하였다 하더라도 /

【대법원 요지】 이는 특별한 사정이 없는 한 효력이 없다고 보아야 한다.

3. 사안에 대한 대법원의 판단

【대법원 분석】 기록에 의하면 다음 사실을 알 수 있다. /

【대법원 분석】 즉, 2009. 9. 9. 제1심 제1회 공판기일에는 피고인과 변호인이 함께 출석하였는데, /

【대법원 분석】 그 공판조서에는 검사가 제출한 증거들 중 /

【대법원 분석】 고소장, 공소외 A와 공소외 B에 대한 각 경찰 진술조서, 공소외 C과 공소외 D 작성의 각 확인서(이하 '이 사건 각 증거들'이라 한다) 등에 대하여 /

【대법원 분석】 증거로 함에 부동의한다는 의견이 진술된 것으로 기재되어 있다. /

【대법원 분석】 그 후 피고인이 공판기일에 출석하지 아니함에 따라 제1심법원은 소재탐지촉탁 등의 절차를 거쳐 /

【대법원 분석】 2012. 2. 22. 피고인에 대한 송달을 공시송달로 하도록 명하는 결정을 하였고, /

【대법원 분석】 2012. 4. 5. 피고인이 불출석한 상태에서 진행된 제13회 공판기일에 /

【대법원 분석】 사선변호인만이 출석하여 위 부동의하였던 증거들 대부분에 대하여 증거동의를 하였다. /

【대법원 분석】 이에 제1심법원은 위와 같이 변호인이 종전 의견을 번복하여 증거로 함에 동의한 이 사건 각 증거들에 대한 증거조사를 거쳐 /

【대법원 분석】 다른 증거들과 종합하여 피고인에 대한 이 사건 공소사실을 유죄로 인정하였다. /

【대법원 분석】 그리고 원심은 제1심판결의 양형이 과중하다고 하여 이를 파기하고 새로 판결을 하면서 /

【대법원 분석】 제1심법원 판결의 증거의 요지를 그대로 인용하여 이 사건 공소사실을 유죄로 판단하였다.

【대법원 판단】 위와 같은 소송진행 경과 등을 앞서 본 법리에 비추어 보면, /

【대법원 판단】 제1심 제1회 공판기일에 한 증거부동의의 의견은 피고인 본인이 진술하였거나 변호인이 피고인을 '대리하여' 하였다 할 것이므로 /

【대법원 판단】 어느 경우든 피고인 본인이 부동의의 의견을 밝힌 효과가 있다 할 것인데, /

【대법원 판단】 제1심 제13회 공판기일에서 변호인이 이를 번복하여 증거동의를 한 것은 /

【대법원 판단】 달리 특별한 사정이 없는 한 피고인의 명시한 의사에 반하는 것이므로 효력이 없다 할 것이다. /

【대법원 판단】 그리고 이 사건 각 증거들은 전문증거이므로 /

【대법원 판단】 원진술자의 공판기일에서의 진술 등에 의하여 그 성립의 진정함 등이 인정되지 않는 한 증거능력이 없는 것이다. /

【대법원 결론】 따라서 이 사건 각 증거들은 증거로 할 수 없는 것임에도 제1심법원은 이를 이 사건 공소사실을 인정하는 증거로 삼아 유죄의 판단을 하였고, /

【대법원 결론】 원심 역시 제1심법원이 실시한 증거조사 결과를 원용하여 이 사건 공소사실을 유죄로 인정하였으니 이는 위법하다. /

【대법원 결론】 결국 원심판결에는 증거동의의 주체와 효력 등에 관한 법리를 오해하여 판결에 영향을 미친 위법이 있다. (파기 환송)

2013도351

자유심증주의의 한계
재량에 의한 국선변호인 선정
포터 화물차 보험사기 사건
2013. 7. 11. 2013도351, 공 2013하, 1548

1. 사실관계 및 사건의 경과

【사실관계 1】

① 2011. 1. 23. 15:45경 M지점에서 N방향으로 ⓐ스타렉스 승합차가 우회전하였다.

② 우회전 중이던 ⓐ스타렉스 승합차는 N방향으로 직진하던 ⓑ렉스턴 차량과 충돌하였다.

③ 그 충격으로 ⓐ스타렉스 승합차는 주차 중이던 ⓒ포터 화물차를 충격하였다. (㉠사고)

【사실관계 2】

① 갑은 ㉠사고 당시 ⓒ포터 화물차 조수석이 누워 있다가 ⓐ차량의 충격으로 부상을 당하였다고 주장하였다.

② 갑은 P보험회사를 상대로 상해진단서를 제출하여 치료비 및 합의금 명목으로 보험금을 교부받으려고 하였다.

③ P회사는 갑이 ㉠사고 당시 ⓒ차량에 타고 있지 않았다고 판단하여 보험금지급을 거절하였다.

④ [P회사는 갑을 사기미수로 고소하였다.]

【사건의 경과 1】

① 검사는 갑에 대해 사기미수의 공소사실로 약식명령을 청구하였다. (ⓛ공소사실)

② 관할법원 판사는 갑에 대해 약식명령을 발하였다.

③ 갑은 ⓛ공소사실을 인정할 수 없다는 이유로 약식명령에 대한 정식재판의 청구를 하였다.

④ 제1심법원은 직권으로 국선변호인을 선정하였다.

⑤ 제1심법원은 심리를 진행한 다음 무죄판결을 선고하였다.

【사건의 경과 2】

① 검사는 불복 항소하였다.

② 갑은 항소심법원에 빈곤을 이유로 국선변호인 선정청구를 하였다.

③ 항소심법원은 국선변호인 선정청구서가 제출된 당일 별다른 추가 심리 없이 곧바로 그 청구를 기각하였다.

④ 항소심법원은 이후 제1회 공판기일을 열어 검사가 신청한 증인을 채택하였다.

⑤ 항소심법원은 이후 증인신문을 실시한 다음 변론을 종결하였다.

⑥ 이 과정에서 갑은 변호인의 조력을 받지 못하였다.

⑦ 항소심법원은 이후 제1심판결의 결론을 바꾸어 갑에게 유죄판결을 선고하였다.

【사건의 경과 3】

① 갑은 불복 상고하였다.

② 갑은 상고이유로 다음의 점을 주장하였다.

　(가) 원심판결의 사실인정은 논리와 경험의 법칙(채증법칙)을 위반하였다.

　(나) 원심법원은 자유심증주의의 한계를 벗어나 증거의 증명력을 판단한 위법이 있다.

③ (이하 구체적 증거의 증명력에 관한 항소심과 대법원의 판단 부분은 생략함)

2. 사안에 대한 대법원의 분석

【대법원 분석】 1. 이 사건 공소사실은, (중략) 스타렉스 승합차가 가입한 보험사인 피해자 공소외 P 주식회사(이하 '공소외 P회사'라 한다)에 /

【대법원 분석】 마치 사고 당시 포터 화물차에 타고 있어 상해를 입은 것처럼 말하면서 상해진단서를 제출하여 /

【대법원 분석】 이에 속은 피해자로부터 치료비 및 합의금 명목으로 보험금을 교부받으려고 하였으나 /

【대법원 분석】 발각되어 미수에 그쳤다는 것이다.

【대법원 분석】 2. 원심은 그 채택 증거들에 의하여 인정되는 다음과 같은 사정, (중략) 등을 근거로, /

【대법원 분석】 이 사건 공소사실을 무죄로 인정한 제1심판결을 파기하고 이 사건 공소사실을 유죄로 인정하였다.

3. 자유심증주의와 합리적 의심

【대법원 판단】 3. 그러나 원심의 이러한 조치는 다음과 같은 이유로 수긍하기 어렵다.

【대법원 요지】 가. 자유심증주의를 규정한 형사소송법 제308조가 증거의 증명력을 법관의 자유판단에 의하도록 한 것은 /

【대법원 요지】 그것이 실체적 진실발견에 적합하기 때문이지 법관의 자의적인 판단을 허용하는 것은 아니므로, /

【대법원 요지】 증거판단에 관한 전권을 가지고 있는 사실심 법관은 사실인정을 할 때 공판절차에서 획득된 인식과 조사된 증거를 남김 없이 고려하여야 한다. /

【대법원 요지】 그리고 증거의 증명력은 법관의 자유판단에 맡겨져 있으나 그 판단은 논리와 경험법칙에 합치하여야 하고, /

【대법원 요지】 형사재판에서 유죄로 인정하기 위한 심증형성의 정도는 합리적인 의심을 할 여지가 없을 정도여야 한다. /

【대법원 요지】 법관으로 하여금 합리적인 의심을 할 여지가 없을 정도로 공소사실이 진실한 것이라는 확신을 가지게 하는 증명력을 가진 증거가 없다면 /

【대법원 요지】 설령 피고인에게 유죄의 의심이 가더라도 피고인의 이익으로 판단할 수밖에 없다.

【대법원 판단】 나. 기록에 의하면, (중략)

【대법원 판단】 마. 이와 같은 사정들을 앞서 본 법리에 비추어 살펴보면, /

【대법원 판단】 원심이 채택한 증거들만으로는 이 사건 공소사실에 관하여 합리적인 의심을 할 여지

가 없을 정도의 증명이 이루어졌다고 단정할 수 없다고 할 것이다. /

【대법원 판단】 그럼에도 이와 달리 이 사건 공소사실을 유죄로 인정한 원심의 조치에는 논리와 경험의 법칙을 위반하고 자유심증주의의 한계를 벗어나 증거의 증명력을 판단한 위법이 있다. /

【대법원 판단】 이를 지적하는 취지의 상고이유의 주장은 이유 있다.

4. 재량에 의한 국선변호인의 선정

(1) 재량국선의 판단 기준

【대법원 분석】 4. 형사소송법 제33조는 헌법 제12조에 의하여 피고인에게 보장된 변호인의 조력을 받을 권리가 공판심리절차에서 효과적으로 실현될 수 있도록 /

【대법원 분석】 일정한 경우에 직권 또는 피고인의 청구에 의한 법원의 국선변호인 선정의무를 규정하는 한편(제1, 2항), /

【대법원 분석】 피고인의 연령 · 지능 및 교육 정도 등을 참작하여 권리보호를 위하여 필요하다고 인정되는 때에도 /

【대법원 분석】 피고인의 명시적 의사에 반하지 아니하는 범위 안에서 법원이 국선변호인을 선정하여야 한다고 규정하고 있다(제3항). /

【대법원 요지】 헌법상 변호인의 조력을 받을 권리와 형사소송법상 국선변호인 제도의 취지에 비추어 보면, /

【대법원 요지】 법원은 피고인으로부터 형사소송법 제33조 제2항에 의한 국선변호인 선정청구가 있는 경우 또는 직권으로 소송기록과 소명자료를 검토하여 /

【대법원 요지】 피고인이 형사소송법 제33조 제2항 또는 제3항에 해당한다고 인정되는 경우 즉시 국선변호인을 선정하고, /

【대법원 요지】 소송기록에 나타난 자료만으로 그 해당 여부가 불분명한 경우에는 제1회 공판기일의 심리에 의하여 국선변호인의 선정 여부를 결정할 것이며, /

【대법원 요지】 제1심에서 피고인의 청구 또는 직권으로 국선변호인이 선정되어 공판이 진행된 경우에는 /

【대법원 요지】 항소법원은 특별한 사정변경이 없는 한 국선변호인을 선정함이 바람직하다/

【대법원 요지】 (국선변호에 관한 예규 제6조 내지 제8조 참조).

(2) 사안에 대한 대법원의 분석

【대법원 분석】 기록에 의하면, /

【대법원 분석】 피고인은 이 사건 공소사실을 인정할 수 없다는 이유로 약식명령에 대한 정식재판의 청구를 하였고, /

【대법원 분석】 제1심법원이 직권으로 국선변호인을 선정하여 심리를 진행한 다음 무죄판결을 선고한 사실, /

【대법원 분석】 이에 검사가 항소하자 피고인은 원심법원에 빈곤을 이유로 국선변호인 선정청구를 하였으나, /

【대법원 분석】 원심은 국선변호인 선정청구서가 제출된 당일 별다른 추가 심리 없이 곧바로 그 청구를 기각한 사실, /

【대법원 분석】 이후 원심은 제1회 공판기일을 열어 검사가 신청한 증인을 채택하고 이후 증인신문을 실시한 다음 변론을 종결하였는데 /

【대법원 분석】 그 과정에서 피고인은 변호인의 조력을 전혀 받지 못한 사실, /

【대법원 분석】 원심은 이후 제1심판결의 결론을 바꾸어 피고인에게 유죄판결을 선고한 사실을 알 수 있다.

(3) 사안에 대한 대법원의 판단

【대법원 판단】 앞서 본 규정 등에 비추어 보면, /

【대법원 판단】 원심은 이와 같은 경우 피고인의 국선변호인 선정청구를 바로 기각할 것이 아니라 /

【대법원 판단】 제1심에서의 사정이 원심에서 변경되었는지를 심리하여 특별한 사정변경이 없는 한 국선변호인을 선정함으로써 /

【대법원 판단】 피고인이 변호인의 조력이 없는 상태에서 유·무죄를 제대로 다투지 못한 채 재판을 받는 상황이 생기지 아니하도록 배려하였어야 한다. /

【대법원 판단】 그럼에도 원심은 앞서 본 바와 같이 피고인의 국선변호인 선정청구를 곧바로 기각하여 변호인이 없는 상태에서 재판을 진행하였으니, /

【대법원 판단】 이러한 원심의 조치는 비록 위법하다고까지는 할 수 없을망정 바람직한 재판진행은 아니었음을 지적하여 둔다. (파기 환송)

2013도1435

형소법 제314조와 소재불명
여종업원 귀걸이 사건
2013. 4. 11. 2013도1435, 공 2013상, 908

1. 사실관계 및 사건의 경과

【사실관계 1】
① 갑은 P주점에서 술을 마시던 중 행패를 부렸다.
② 검사는 갑을 다음의 공소사실로 기소하였다.
　(가) A[주인]에 대한 상해
　(나) B[여종업원]에 대한 폭행
　(다) B 소유 재물[귀걸이]에 대한 은닉
③ (공소사실의 요지는 판례 본문 참조)

【사실관계 2】

① 검사는 다음의 증거를 제출하였다.

　(가) A에 대한 상해 부분 사진 (㉠증거)

　(나) A에 대한 진료기록지 (㉡증거)

　(다) B에 대한 경찰 진술조서 (㉢진술조서)

　(라) B에 대한 검찰 진술조서 (㉣진술조서)

② A는 제1심 공판절차에 증인으로 나와 피해사실을 진술하였다. (㉤진술)

③ [갑은 ㉠, ㉡증거에 대해 증거동의를 하였다.]

【사실관계 3】

① 갑은 ㉢, ㉣조서에 대해 증거로 함에 동의하지 않았다.

② ㉢진술조서에는 B의 ⓐ휴대전화번호와 ⓑ집전화번호가 기재되어 있다.

③ ㉣진술조서에는 B의 ⓐ휴대전화번호와 ⓒ휴대전화번호가 기재되어 있다.

④ 검사는 B를 증인으로 신청하였다.

⑤ 검사가 제출한 증인신청서에는 B의 ⓐ휴대전화번호가 기재되었다.

【사실관계 4】

① 제1심법원은 B를 증인으로 채택하여 B의 주소지에 증인소환장을 송달하였다.

② B에 대한 증인소환장은 송달되지 않았다.

③ 제1심법원은 B에 대한 소재탐지를 경찰에 촉탁하였다.

④ 제1심법원은 B가 주소지에 거주하고 있지 않다는 취지의 소재탐지 불능 보고서를 제출받았다.

⑤ 제1심법원은 형소법 제314조의 '소재불명'에 해당한다고 판단하였다.

⑥ 제1심법원은 ㉢, ㉣진술조서를 증거로 채택하여 조사하였다.

⑦ 제1심은 ㉠~㉤증거를 토대로 유죄를 선고하였다.

【사건의 경과】

① 갑은 불복 항소하였다.

② 항소심법원은 항소를 기각하고, 제1심판결을 유지하였다.

③ 갑은 불복 상고하였다.

④ 갑은 상고이유로, ㉢, ㉣진술조서에 증거능력이 인정되지 않는다고 주장하였다.

2. 사안에 대한 항소심의 판단

【대법원 분석】 이 사건 공소사실 중 폭력행위 등 처벌에 관한 법률 위반(집단·흉기등상해), 폭행 및 재물은닉의 점의 요지는, /

【대법원 분석】 피고인은 2011. 9. 27. 21:25경 대구 동구 검사동에 있는 '○○○○○○'이라는 상호의 주점에서 술을 마시던 중 /

【대법원 분석】 위험한 물건인 소주병을 집어 들고 피해자 공소외 A의 머리 부위를 내리치고, /

【대법원 분석】 바닥에 쓰러진 피해자 공소외 A을 발로 수회 밟아 피해자 공소외 A에게 왼쪽 머리 부위가 찢어지는 등 치료일수를 알 수 없는 상해를 가하고, /

【**대법원 분석**】 위 일시, 장소에서 손바닥으로 피해자 공소외 B의 오른쪽 귀 부위를 1회 때려 피해자 공소외 B에게 폭행을 가함과 동시에 /

【**대법원 분석**】 피해자 공소외 B가 귀에 착용하고 있던 피해자 공소외 B 소유의 시가 약 13만 원 상당의 귀걸이 1개를 떨어지게 하여 찾을 수 없도록 함으로써 은닉하였다는 것이고, /

【**항소심 판단**】 이에 대하여 원심은 /

【**항소심 판단**】 공소외 B에 대한 경찰 및 검찰 진술조서, 공소외 A의 법정진술, 공소외 A의 상해 부분 사진, 진료기록지 등을 증거로 하여 위 공소사실을 유죄로 인정한 제1심의 판단을 /

【**항소심 판단**】 그대로 유지하였다.

3. 진술불능 요건의 입증

【**대법원 판단**】 그러나 공소외 B에 대한 경찰 및 검찰 진술조서가 증거능력이 있는 것으로 보아 이를 유죄의 증거로 인정한 원심의 판단은 다음과 같은 이유로 수긍하기 어렵다.

【**대법원 분석**】 형사소송법 제314조에 의하여 /

【**대법원 분석**】 같은 법 제312조의 조서나 같은 법 제313조의 진술서, 서류 등을 증거로 하기 위하여는 /

【**대법원 분석**】 공판기일에 진술을 요하는 자가 사망 · 질병 · 외국거주 · 소재불명 그 밖에 이에 준하는 사유로 인하여 공판정에 출석하여 진술을 할 수 없는 경우이어야 하고, /

【**대법원 분석**】 그 진술 또는 서류의 작성이 특히 신빙할 수 있는 상태하에서 행하여진 것이어야 한다는 두 가지 요건을 갖추어야 한다. /

【**대법원 요지**】 그리고 직접주의와 전문법칙의 예외를 정한 형사소송법 제314조의 요건 충족 여부는 엄격히 심사하여야 하고, /

【**대법원 요지**】 전문증거의 증거능력을 갖추기 위한 요건에 관한 입증책임은 검사에게 있는 것이므로, /

【**대법원 요지**】 법원이 증인이 소재불명이거나 그 밖에 이에 준하는 사유로 인하여 진술할 수 없는 때에 해당한다고 인정할 수 있으려면, /

【**대법원 요지**】 증인의 법정 출석을 위한 가능하고도 충분한 노력을 다하였음에도 불구하고 부득이 증인의 법정 출석이 불가능하게 되었다는 사정을 검사가 입증한 경우여야 한다.

4. 사안에 대한 대법원의 분석

【**대법원 분석**】 기록에 의하면, /

【**대법원 분석**】 제1심법원은 피고인이 공소외 B에 대한 경찰 및 검찰 진술조서를 증거로 함에 동의하지 않자 /

【**대법원 분석**】 공소외 B를 증인으로 채택하여 공소외 B의 주소지에 증인소환장을 송달하였으나, /

【**대법원 분석**】 송달이 되지 아니하자 공소외 B에 대한 소재탐지를 촉탁하여 /

【**대법원 분석**】 공소외 B가 주소지에 거주하고 있지 않다는 취지의 소재탐지 불능 보고서를 제출받았고, /

【대법원 분석】 형사소송법 제314조에 의하여 공소외 B가 '소재불명'인 경우에 해당한다고 보아 /

【대법원 분석】 위 경찰 및 검찰 진술조서를 증거로 채택하여 조사하였음을 알 수 있다.

【대법원 분석】 그런데 검사가 제출한 증인신청서에는 공소외 B에 대한 경찰 진술조서에 기재된 휴대전화번호가 기재되어 있고, /

【대법원 분석】 수사기록 중 공소외 B에 대한 경찰 진술조서에는 집 전화번호도 기재되어 있으며, /

【대법원 분석】 그 이후 작성된 검찰 진술조서에는 위 휴대전화번호와 다른 휴대전화번호가 기재되어 있음에도, /

【대법원 분석】 검사가 직접 또는 경찰을 통하여 위 각 전화번호로 공소외 B에게 연락하여 법정 출석 의사가 있는지 확인하는 등의 방법으로 /

【대법원 분석】 공소외 B의 법정 출석을 위하여 상당한 노력을 기울였다는 자료는 전혀 보이지 아니한다.

5. 사안에 대한 대법원의 판단

【대법원 판단】 앞서 본 법리에 비추어 볼 때 /

【대법원 판단】 위와 같은 상황이라면 공소외 B의 법정 출석을 위한 가능하고도 충분한 노력을 다하였음에도 불구하고 부득이 공소외 B의 법정 출석이 불가능하게 되었다는 사정이 입증된 경우라고 볼 수 없으므로, /

【대법원 판단】 형사소송법 제314조의 '소재불명 그 밖에 이에 준하는 사유로 인하여 진술할 수 없는 때'에 해당한다고 인정할 수 없다.

【대법원 결론】 그럼에도 불구하고 원심은 위 경찰 및 검찰 진술조서가 형사소송법 제314조에 의하여 증거능력이 있는 것으로 인정하여 /

【대법원 결론】 이 사건 공소사실 중 폭력행위 등 처벌에 관한 법률 위반(집단 · 흉기등상해), 폭행 및 재물은닉의 점에 대한 유죄의 증거로 삼았으니, /

【대법원 결론】 이러한 원심판결에는 형사소송법 제314조에 의한 증거능력에 관한 법리를 오해함으로써 판결 결과에 영향을 미친 위법이 있다. (파기 환송)

2013도1658

사물관할과 공소장변경
대출사기 공소장변경 사건
2013. 4. 25. 2013도1658, 공 2013상, 991

1. 사실관계 및 사건의 경과

【사실관계】
① 갑은 다수의 대출사기 범행을 하였다는 공소사실로 특경가법위반(사기)로 부산지방법원에 기소되었다.

② 부산지방법원 제1심 M합의부는 갑의 피고사건 심리에 임하였다.

③ 검사는 심리에 들어가기 전에 갑에 대한 공소사실 중 일부에 대해 다음과 같이 공소장변경신청을 하였다.

    (가) 죄명 : 특가법위반죄(사기)에서 형법상 사기

    (나) 적용법조 : 특가법 제3조 제1항 제2호 삭제

④ 부산지방법원 제1심 M합의부는 공소장변경을 허가하는 결정을 하지 않았다.

⑤ 부산지방법원 제1심 M합의부는 착오배당을 이유로 갑의 피고사건을 제1심 단독판사에게 재배당하게 하였다.

【사건의 경과】

① 부산지방법원 제1심 N단독판사는 갑의 피고사건 심리에 임하였다.

② 검사는 제1심 공판기일에서 공소장 및 공소장변경허가신청서에 의하여 공소사실, 죄명, 적용법조를 낭독하였다.

③ 제1심 단독판사는 심리를 마친 후 공소사실을 유죄로 인정하여 형을 선고하였다.

④ 갑은 불복 항소하였다.

⑤ 부산지방법원 항소심 합의부는 항소를 기각하고, 제1심판결을 유지하였다.

⑥ 갑은 불복 상고하였다.

⑦ 갑은 상고이유로 관할위반의 위법이 있다고 주장하였다.

2. 사안에 대한 대법원의 분석

【대법원 분석】 기록에 의하면, 부산지방법원 제1심 합의부는 이 사건에 관한 심리에 들어가기 전에 /

【대법원 분석】 검사가 피고인들에 대한 이 사건 공소사실 중 일부에 관하여 /

【대법원 분석】 죄명을 특정경제범죄 가중처벌 등에 관한 법률 위반(사기)죄에서 사기죄로 변경하고, /

【대법원 분석】 적용법조 중 특정경제범죄 가중처벌 등에 관한 법률 제3조 제1항 제2호를 삭제하는 내용의 공소장변경허가신청서를 제출하자, /

【대법원 분석】 공소장변경을 허가하는 결정을 하지 않은 채 착오배당을 이유로 이 사건을 제1심 단독판사에게 재배당하게 한 사실, /

【대법원 분석】 검사는 제1심 제13회 공판기일에서 공소장 및 공소장변경허가신청서에 의하여 공소사실, 죄명, 적용법조를 낭독하였고, /

【대법원 분석】 제1심 단독판사는 심리를 마친 후 이 부분 공소사실을 유죄로 인정하여 형을 선고한 사실을 알 수 있다.

3. 사물관할과 공소장변경

【대법원 분석】 그런데 특정경제범죄 가중처벌 등에 관한 법률 제3조 제1항 제2호에서 정한 법정형은 3년 이상의 유기징역이고, /

【대법원 분석】 법원조직법 제32조 제1항 제3호에 의하면 /

【대법원 분석】 사형·무기 또는 단기 1년 이상의 징역 또는 금고에 해당하는 사건은 지방법원 또는

그 지원의 합의부가 제1심으로 심판권을 행사하는 것으로 규정되어 있다. /

【대법원 분석】 그리고 형사소송법은 제8조 제2항에서 /

【대법원 분석】 "단독판사의 관할사건이 공소장변경에 의하여 합의부 관할사건으로 변경된 경우에 법원은 결정으로 관할권이 있는 법원에 이송한다."라고 규정하고 있을 뿐이고, /

【대법원 요지】 반대의 경우, 즉 합의부의 관할사건이 공소장변경에 의하여 단독판사 관할사건으로 변경된 경우에 관하여는 규정하고 있지 아니하며, /

【대법원 요지】 '법관 등의 사무분담 및 사건배당에 관한 예규'에서도 이러한 경우를 재배당사유로 규정하고 있지 아니하다.

【대법원 요지】 그렇다면, 이 사건은 공소제기 당시부터 합의부 관할사건이었고, /

【대법원 요지】 설령 합의부가 공소장변경을 허가하는 결정을 하였다고 하더라도 그러한 사정은 합의부의 관할에 아무런 영향을 미치지 아니하므로, /

【대법원 요지】 합의부로서는 마땅히 이 사건에 관하여 그 실체에 들어가 심판하였어야 하고 사건을 단독판사에게 재배당할 수는 없다.

【대법원 결론】 그런데도 제1심 및 원심이 이 사건에 관한 실체 심리를 거쳐 심판한 조치는 관할권이 없는데도 이를 간과하고 실체판결을 한 것으로서 소송절차에 관한 법령을 위반한 잘못을 저지른 것이라 할 것이고, /

【대법원 결론】 관할제도의 입법 취지(관할획일의 원칙)와 그 위법의 중대성 등에 비추어 이러한 잘못은 판결에 영향을 미쳤음이 명백하다고 할 것이다. /

【대법원 결론】 이 점을 지적하는 상고이유의 주장은 이유 있다.

【대법원 결론】 그러므로 나머지 상고이유에 관한 판단을 생략한 채, /

【대법원 결론】 형사소송법 제391조, 제394조에 의하여 원심판결 및 제1심판결을 모두 파기하고 사건을 관할권이 있는 부산지방법원 합의부에 이송하기로 하여, /

【대법원 결론】 관여 대법관의 일치된 의견으로 주문과 같이 판결한다. (파기 이송)

2013도2511 (1)

증인신문과 공개재판의 원칙
수사관 비공개 증인신문 사건
2013. 7. 26. 2013도2511, 공 2013하, 1659

1. 사실관계 및 사건의 경과

【사실관계】
① 갑 등은 국가보안법위반죄 공소사실로 기소되었다.
② A 등은 국가정보원 수사관들이다.
③ 제1심법원은 A 등에 대한 증인신문을 실시하였다.

④ (분석의 편의를 위하여 A, B, C로 축약하여 고찰함)
⑤ 공판조서에는 다음과 같이 기재되었다.
　(가) 증인 A : (비공개 결정 불명), 비공개 진행
　(나) 증인 B : (비공개 결정 불명), 비공개 진행
　(다) 증인 C : 비공개 결정 있음, 비공개 진행
⑥ 제1심법원은 A, B, C의 증언을 유죄의 증거로 채택하였다.
⑦ 제1심법원은 A, B, C의 증언과 그 밖의 증거들에 기초하여 유죄를 선고하였다.

【사건의 경과】
① 갑 등은 불복 항소하였다.
② 항소심법원은 B의 증언을 유죄의 증거에서 제외하였다.
③ 항소심법원은 A, C의 증언을 포함한 나머지 증거들을 유죄의 증거로 채택하였다.
④ 항소심법원은 항소를 기각하고, 제1심판결을 유지하였다.
⑤ 갑 등은 불복 상고하였다.
⑥ 갑 등은 상고이유로, B의 증인신문도 비공개로 이루어져 증거능력이 없다고 주장하였다.
⑦ 검사는 불복 상고하였다.
⑧ 검사는 상고이유로, A에 대한 증인신문은 제1심법원의 비공개결정 하에 이루어진 것이라고 주장하였다.

2. 공개재판원칙 위반의 법적 효과

【대법원 분석】 (1) 헌법 제27조 제3항 후문은 /
【대법원 분석】 "형사피고인은 상당한 이유가 없는 한 지체 없이 공개재판을 받을 권리를 가진다."고 규정하여 /
【대법원 분석】 형사피고인에게 공개재판을 받을 권리가 기본권으로 보장됨을 선언하고 있고, /
【대법원 분석】 헌법 제109조와 법원조직법 제57조 제1항은 /
【대법원 분석】 재판의 심리와 판결은 공개하되, /
【대법원 분석】 다만 심리는 국가의 안전보장·안녕질서 또는 선량한 풍속을 해할 우려가 있는 때에는 결정으로 이를 공개하지 아니할 수 있다고 규정하고 있으며, /
【대법원 분석】 법원조직법 제57조 제2항은 /
【대법원 분석】 재판의 심리에 관한 공개금지결정은 이유를 개시(開示)하여 선고한다고 규정하고 있다. /
【대법원 요지】 위 규정들의 취지에 비추어 보면, /
【대법원 요지】 헌법 제109조, 법원조직법 제57조 제1항이 정한 공개금지사유가 없음에도 불구하고 재판의 심리에 관한 공개를 금지하기로 결정하였다면 /
【대법원 요지】 그러한 공개금지결정은 피고인의 공개재판을 받을 권리를 침해한 것으로서 /
【대법원 요지】 그 절차에 의하여 이루어진 증인의 증언은 증거능력이 없다고 할 것이고, /
【대법원 요지】 변호인의 반대신문권이 보장되었더라도 달리 볼 수 없으며, /
【대법원 요지】 이러한 법리는 공개금지결정의 선고가 없는 등으로 공개금지결정의 사유를 알 수 없

는 경우에도 마찬가지라 할 것이다.

【대법원 판단】 기록에 의하면, 제1심 제4회 공판기일에 제1심법원이 공개금지결정을 선고하지 않은 채 공소외 A에 대한 증인신문절차를 진행하였고, /

【대법원 판단】 그 신문절차는 공개되지 않은 상태에서 진행된 사실을 알 수 있다. /

【대법원 판단】 이를 앞서 본 법리에 비추어 보면, 공소외 A에 대한 증인신문절차에는 피고인들의 공개재판을 받을 권리를 침해한 절차적 위법이 있다고 할 것이므로, /

【대법원 판단】 그 절차에서 수집된 증거인 공소외 A에 대한 증인신문조서는 피고인들에 대한 유죄의 증거로 쓸 수 없다고 할 것이다. /

【대법원 결론】 따라서 이와 달리 공소외 A에 대한 증인신문조서를 유죄의 증거로 든 제1심판결을 그대로 유지한 원심의 조치에는 공개재판주의와 증거능력에 관한 법리를 오해한 잘못이 있다고 할 것이다. /

【대법원 결론】 그러나 관련 증거를 기록에 비추어 살펴보면, /

【대법원 결론】 증거능력이 없는 공소외 A에 대한 증인신문조서를 제외하더라도 /

【대법원 결론】 원심이 채용한 나머지 증거들, /

【대법원 결론】 즉 '조직현황보고'를 비롯한 각종 문건, /

【대법원 결론】 증인 공소외 4, 공소외 5 및 국가정보원 수사관들의 각 법정진술, /

【대법원 결론】 각 현장 촬영사진의 영상, /

【대법원 결론】 피고인 갑, 피고인 을, 피고인 무의 각 출입국내역 등만으로도 /

【대법원 결론】 이 사건 공소사실 중 원심이 유죄로 인정한 목적수행 간첩, 특수잠입·탈출 등의 점을 넉넉히 인정할 수 있으므로, /

【대법원 결론】 이 부분 공소사실을 유죄로 인정한 원심의 결론은 정당하고, /

【대법원 결론】 결국 위와 같은 원심의 잘못은 판결에 영향을 미쳤다고 볼 수 없다.

3. 공판조서의 증명력

【대법원 판단】 (2) 한편 형사소송법 제56조는 "공판기일의 소송절차로서 공판조서에 기재된 것은 그 조서만으로써 증명한다."고 규정하고 있으므로, /

【대법원 판단】 제1심 제26회 공판조서에 제1심법원이 공개금지결정을 선고한 후 위 수사관[B]들에 대하여 비공개 상태에서 증인신문절차를 진행한 것으로 기재된 이상 /

【대법원 판단】 그 공개금지결정 선고 여부에 대하여 공판조서 이외의 다른 방법에 의한 증명이나 반증은 허용되지 않는다고 할 것이다. /

【대법원 결론】 같은 취지에서 원심이 위 증인들의 각 법정진술에 증거능력이 있다는 취지로 판단한 조치는 정당하고, 거기에 상고이유 주장과 같이 공개재판주의에 관한 법리를 오해한 위법이 있다고 할 수 없다. (피고인 상고 기각)

【대법원 판단】 (3) 나아가 원심은, 공판조서에 의하여 /

【대법원 판단】 제1심 제4회 공판기일에서의 공소외 6[C]에 대한 증인신문절차, /

제5회 공판기일에서의 공소외 7에 대한 일부 증인신문절차 및 공소외 8에 대한 증인신문절차에서 /

【대법원 판단】 공개금지결정을 선고하지 않은 채 그 증인신문을 비공개로 진행한 사실을 인정하고 /

【대법원 판단】 그와 같은 증인들의 법정진술은 증거능력이 없다고 판단하였다. /

【대법원 결론】 이 부분 원심의 판단은 앞서 본 법리에 따른 것으로서 정당하고, /

【대법원 결론】 거기에 검사의 상고이유 주장과 같이 필요한 심리를 다하지 않은 위법 등이 있다고 할 수 없다. (검사 상고 기각)

2013도2511 (2)

정보저장매체 원본성 확인방법
이적표현 MP3파일 사건

2013. 7. 26. 2013도2511, 공 2013하, 1659

1. 사실관계 및 사건의 경과

【사실관계 1】

① (사실관계의 이해를 돕기 위하여 이하 사안을 단순화함)

② 갑 등은 대북활동을 하고 있다. (갑)

③ A 등은 국가정보원 수사관들이다. (A)

④ B 등은 컴퓨터 관련 전문가들이다. (B)

⑤ 문제의 정보저장매체는 컴퓨터용디스크, USB 등 여러 가지이다. (㉠1매체)

⑥ 문제의 정보저장매체에는 MP3파일이 들어 있는 하드디스크가 있다. (㉡1매체)

【사실관계 2】

① 갑에 대해 국가보안법위반죄(간첩 등)로 국가정보원의 수사가 진행되었다.

② A는 P회사 사무실 및 갑의 주거지에 대한 압수·수색을 집행하였다.

③ A는 갑이 참여한 상태에서 ㉠1, ㉡1매체를 압수하였다.

④ A는 압수한 ㉠1, ㉡1매체를 각각 ㉢1, ㉣1봉투에 넣은 후 갑의 서명을 받아 봉인하였다.

⑤ ㉢1, ㉣1봉투는 국가정보원 사무실로 이송되었다.

【사실관계 3】

① 증거 분석을 위하여 ㉠1, ㉡1매체의 복제가 필요하게 되었다.

② 복제 작업은 전문가 B에 의하여 실시되었다.

③ 복제 작업에는 갑이 참여하였다.

④ ㉠1매체의 복제 작업은 다음과 같이 진행되었다.

　(가) ㉢1봉투의 봉인상태가 정상적임을 확인한다.

　(나) ㉢1봉투의 봉인을 해제한다.

　(다) '이미징' 작업을 실시하여 ㉠1매체를 복제한다. (㉠2매체)

　(라) ㉠1매체를 ㉢2봉투에 넣어 재봉인한다.

　(마) 갑과 B는 ㉢2봉투에 서명한다.

(바) 갑과 B는 원본(㉠1매체)의 해쉬 값과 '이미징' 작업을 통해 생성된 파일(㉠2매체)의 해쉬 값이 동일하다는 점을 확인한다.

(사) 갑과 전문가 B는 확인서에 서명한다.

⑤ ㉡1매체에 대해서도 같은 방식으로 복제 작업이 진행되었다.

⑥ ㉡1매체의 MP3파일은 ㉡2매체(하드디스크)에 복제되었다.

【사건의 경과 1】

① 검사는 갑을 국가보안법위반죄로 기소하였다.

② 검사는 간첩죄 공소사실의 증거로 ㉠2매체로부터 출력한 문건을 제출하였다. (㉠ 3문건)

③ 제1심법원은 ㉠1매체에 대해 검증을 실시하기로 하였다.

④ 검증에는 피고인 갑과 검사, 변호인이 모두 참여하였다.

⑤ ㉠1매체에 대한 검증이 실시되었다.

【사건의 경과 2】

① ㉠1매체가 들어 있는 ㉢ 2봉인봉투가 개봉되었다.

② ㉢2봉인봉투 안에는 B가 서명한 ㉢1봉인해제 봉투가 들어 있었다.

③ ㉠1매체에서 산출한 해쉬 값을 확인하였다.

④ ㉠1매체의 압수·수색 당시 쓰기방지장치를 부착하여 '이미징' 작업을 하면서 산출한 ㉠2매체의 해쉬 값을 확인하였다.

⑤ ㉠1매체의 해쉬 값과 ㉠2매체의 해쉬 값을 대조하여 그 해쉬 값이 동일함을 확인하였다.

【사건의 경과 3】

① 검사는 갑의 이적표현물 소지로 인한 찬양·고무의 점에 관한 증거로 ㉡2매체에서 출력한 문건을 제출하였다. (㉡3문건)

② 제1심법원은 ㉡1매체에 대해 검증을 실시하였다.

③ 압수·수색이 개시된 이후 시점에 ㉡1매체(하드디스크)에 누군가 접속한 흔적이 발견되었다.

④ 당시 압수·수색을 담당한 A의 증언 등에 의하더라도 그 접속 경위에 관하여 납득할 만한 사정이 밝혀지지 않았다.

⑤ ㉡2매체는 이 시점 후에 복제된 것이었다.

【사건의 경과 4】

① 갑의 피고사건은 제1심을 거친 후, 항소심에 계속되었다.

② 항소심법원은 ㉠1매체를 증거로 채택하여 간첩죄 부분에 대해 유죄를 선고하였다.

③ 항소심법원은 ㉡1매체의 증거능력을 부정하여 찬양·고무 부분에 대해 무죄를 선고하였다.

④ 갑은 유죄 부분에 불복하여 상고하였다.

⑤ 갑은 상고이유로 다음의 점을 주장하였다.

(가) ㉠1매체는 수사기관에 의하여 조작된 것이다.

(나) ㉠1매체는 갑이 소유 내지 소지한 것이 아님에도 압수되어 위법하게 수집된 증거이다.

⑥ 검사는 무죄 부분에 불복하여 상고하였다.

⑦ 검사는 상고이유로, ㉡1매체에 대해 증거능력이 인정된다고 주장하였다.

2. 정보저장매체의 원본성 확인방법

【대법원 요지】 (1) 압수물인 컴퓨터용 디스크 그 밖에 이와 비슷한 정보저장매체(이하 '정보저장매체'라고만 한다)에 /

【대법원 요지】 입력하여 기억된 문자정보 또는 그 출력물(이하 '출력 문건'이라 한다)을 /
증거로 사용하기 위해서는 /

【대법원 요지】 정보저장매체 원본에 저장된 내용과 출력 문건의 동일성이 인정되어야 하고, /

【대법원 요지】 이를 위해서는 정보저장매체 원본이 압수 시부터 문건 출력 시까지 변경되지 않았다는 사정, 즉 무결성이 담보되어야 한다. /

【대법원 요지】 특히 정보저장매체 원본을 대신하여 저장매체에 저장된 자료를 '하드카피' 또는 '이미징'한 매체로부터 출력한 문건의 경우에는 /

【대법원 요지】 정보저장매체 원본과 '하드카피' 또는 '이미징'한 매체 사이에 자료의 동일성도 인정되어야 할 뿐만 아니라, /

【대법원 요지】 이를 확인하는 과정에서 이용한 컴퓨터의 기계적 정확성, 프로그램의 신뢰성, /

【대법원 요지】 입력·처리·출력의 각 단계에서 조작자의 전문적인 기술능력과 정확성이 담보되어야 한다. /

【대법원 요지】 이 경우 출력 문건과 정보저장매체에 저장된 자료가 동일하고 정보저장매체 원본이 문건 출력 시까지 변경되지 않았다는 점은, /

【대법원 요지】 피압수·수색 당사자가 정보저장매체 원본과 '하드카피' 또는 '이미징'한 매체의 해쉬(Hash) 값이 동일하다는 취지로 서명한 /

【대법원 요지】 확인서면을 교부받아 법원에 제출하는 방법에 의하여 증명하는 것이 원칙이나, /

【대법원 요지】 그와 같은 방법에 의한 증명이 불가능하거나 현저히 곤란한 경우에는, /

【대법원 요지】 정보저장매체 원본에 대한 압수, 봉인, 봉인해제, '하드카피' 또는 '이미징' 등 일련의 절차에 참여한 수사관이나 전문가 등의 증언에 의해 /

【대법원 요지】 정보저장매체 원본과 '하드카피' 또는 '이미징'한 매체 사이의 해쉬 값이 동일하다거나 /

【대법원 요지】 정보저장매체 원본이 최초 압수 시부터 밀봉되어 증거 제출 시까지 전혀 변경되지 않았다는 등의 사정을 증명하는 방법 또는 /

【대법원 요지】 법원이 그 원본에 저장된 자료와 증거로 제출된 출력 문건을 대조하는 방법 등으로도 /

【대법원 요지】 그와 같은 무결성·동일성을 인정할 수 있다고 할 것이며, /

【대법원 요지】 반드시 압수·수색 과정을 촬영한 영상녹화물 재생 등의 방법으로만 증명하여야 한다고 볼 것은 아니다.

3. ㉠정보저장매체 부분에 대한 대법원의 판단

【대법원 분석】 (2) 원심판결 이유에 의하면, 원심은 /

【대법원 분석】 공소외 P 회사 사무실 또는 피고인들의 주거지에 대한 압수·수색을 집행하였던 국가정보원 수사관들, /

【**대법원 분석**】 국가정보원 사무실에서의 '이미징' 절차에 참여하였던 전문가들의 /

【**대법원 분석**】 각 증언 등에 의하여 인정되는 다음과 같은 사정들, /

【**대법원 분석**】 즉 국가정보원 수사관들은 피고인들 혹은 가족, 직원이 참여한 상태에서 원심 판시 각 정보저장매체를 압수한 다음 참여자의 서명을 받아 봉인하였고, /

【**대법원 분석**】 국가정보원에서 일부 정보저장매체에 저장된 자료를 '이미징' 방식으로 복제할 때 피고인들 또는 위 전문가들로부터 서명을 받아 봉인상태 확인, 봉인 해제, 재봉인하였으며, /

【**대법원 분석**】 이들은 정보저장매체 원본의 해쉬 값과 '이미징' 작업을 통해 생성된 파일의 해쉬 값이 동일하다는 취지로 서명하였던 사정들과 함께, /

【**대법원 분석**】 제1심법원이 피고인들 및 검사, 변호인이 모두 참여한 가운데 검증을 실시하여 /

【**대법원 분석**】 그 검증과정에서 산출한 해쉬 값과 압수·수색 당시 쓰기방지장치를 부착하여 '이미징' 작업을 하면서 산출한 해쉬 값을 대조하여 그 해쉬 값이 동일함을 확인하거나, /

【**대법원 분석**】 '이미징' 작업을 통해 생성된 파일의 문자정보와 그 출력 문건이 동일함을 확인하였던 사정, /

【**대법원 분석**】 일부 정보저장매체의 경우 원심에서 시행한 검증결과 부분의 봉인봉투 안에 전자정보에 관한 전문가로서 '이미징' 과정에 참여하였던 전문가가 서명한 것으로 보이는 이전의 봉인해제 봉투가 존재하는 사실을 확인한 사정 등을 종합하면, /

【**대법원 판단**】 원심 판시와 같이 증거로 제출된 출력 문건들은 압수된 정보저장매체 원본에 저장되었던 내용과 동일한 것일 뿐만 아니라, /

【**대법원 판단**】 정보저장매체 원본이 문건 출력 시까지 변경되지 않았다고 인정할 수 있으므로 그 출력 문건들을 증거로 사용할 수 있다고 판단하였다.

【**대법원 결론**】 원심판결 이유를 위 법리와 기록에 비추어 살펴보면, 원심의 이러한 판단은 정당한 것으로 수긍할 수 있고, /

【**대법원 결론**】 거기에 전자증거의 무결성·동일성 그리고 신뢰성에 대한 입증 방법이나 그 입증의 정도 등에 관한 법리를 오해한 위법이 없으며, /

【**대법원 결론**】 나아가 위와 같은 정보저장매체 등이 수사기관에 의하여 조작되었다거나 피고인들이 그 정보저장매체를 소유 내지 소지한 것이 아니라는 취지의 주장을 배척한 원심의 조치에도 상고이유에서 주장하는 바와 같은 위법이 있다고 할 수 없다. (피고인 상고 기각)

4. ⓛ정보저장매체 부분에 대한 대법원의 판단

【**대법원 분석**】 (3) 한편 원심은 피고인 을의 이적표현물 소지로 인한 찬양·고무의 점에 관한 증거로 제출된 MP3 파일의 경우, /

【**대법원 분석**】 제1심법원 검증결과에 의할 때 압수·수색이 개시된 이후 시점에 위 MP3 파일이 저장된 하드디스크에 접속한 흔적이 나타나 있고, /

【**대법원 분석**】 당시 압수·수색을 담당한 국가정보원 수사관의 증언 등에 의하더라도 그 접속 경위에 관하여 납득할 만한 사정이 밝혀지지 않았다는 등의 이유를 들어, /

【**대법원 판단**】 정보저장매체 원본이 문건 출력 시까지 변경되지 않은 것으로 단정할 수 없다고 하여 /

【대법원 판단】 위 파일을 증거로 사용할 수 없다고 판단하고 /

【대법원 판단】 이 부분 공소사실에 대하여 무죄를 선고하였다.

【대법원 결론】 원심판결 이유를 기록에 비추어 살펴보면, 이러한 원심의 판단은 정당한 것으로 수긍할 수 있고, 거기에 검사의 상고이유 주장과 같이 증거능력에 관한 법리를 오해하거나 자유심증주의의 한계를 벗어난 위법이 있다고 할 수 없다. (검사 상고 기각)

2013도2511 (3)

정보저장매체와 전문법칙
북경 면담 MP3파일 사건
2013. 7. 26. 2013도2511, 공 2013하, 1659

1. 사실관계 및 사건의 경과

【사실관계 1】

① (사실관계의 이해를 돕기 위하여 이하 사안을 단순화함)

② 갑 등은 대북활동을 하고 있다. (갑)

③ A 등은 국가정보원 수사관들이다. (A)

④ B 등은 컴퓨터 관련 전문가들이다. (B)

⑤ 문제의 정보저장매체는 컴퓨터용디스크, USB 등 여러 가지이다. (㉠ 1매체)

【사실관계 2】

① 갑에 대해 국가보안법위반죄로 국가정보원의 수사가 진행되었다.

② A는 P회사 사무실 및 갑의 주거지에 대한 압수 · 수색을 집행하였다.

③ A는 갑이 참여한 상태에서 ㉠ 1매체를 압수하였다.

④ ㉠ 1매체로부터 '이미징' 작업을 통해 ㉠ 2매체가 복사되었다.

【사실관계 3】

① 검사는 갑을 국가보안법위반죄(간첩)로 기소하였다.

② 갑에 대한 일련의 공소사실에는 다음의 것들이 있다.

(가) 갑은 반국가단체로부터 지령을 받고 국가기밀을 탐지 · 수집하였다. (ⓐ공소사실)

(나) 갑은 특수잠입 · 탈출, 회합의 행위를 하였다. (ⓑ공소사실)

③ ⓐ, ⓑ공소사실과 관련하여 갑이 반국가단체의 구성원과 문건을 주고받는 방법으로 통신을 한 사실 여부가 문제되었다.

④ 검사는 이를 입증하기 위하여 ㉠ 3문건을 제출하였다.

⑤ ㉠ 3문건은 ㉠ 2매체로부터 출력한 것이다.

【사실관계 4】

① ㉠ 1매체와 ㉠ 3문건의 내용의 동일성이 확인되었다.

② ㉠ 1매체, ㉠ 2매체, ㉠ 3문건 사이의 전환과정에서 무결성이 확인되었다.

③ ㉠ 3문건의 내용은 다음과 같다.

　(가) 갑이 수령한 지령 및 탐지 · 수집하여 취득한 국가기밀

　(나) 반국가단체에 대한 편의제공의 목적물

④ ㉠ 3문건의 내용 중에는 다음의 부분이 들어 있었다. (㉡부분)

　(가) "갑이 P정당의 선거대책위원회 위원장 아래에서 정무특보 등으로 활동 중임"

　(나) 갑이 스스로 경험 · 활동한 내역을 보고하는 내용

【사건의 경과】

① 갑의 피고사건은 제1심을 거친 후, 항소심에 계속되었다.

② 항소심법원은 ㉠ 3문건 전부에 증거능력을 인정하여 유죄를 선고하였다.

③ 항소심법원은 갑의 특수잠입 · 탈출, 회합의 점에 관하여 증거 요지 부분에 다음과 같이 기재하였다.

④ " 'C 선생앞: 2011년 면담은 1월 30일~2월 1일까지 C와 D선생과 함께 북경에서 하였으면 하는 의견입니다'라는 등의 내용이 담겨져 있는 파일들이 갑의 컴퓨터(㉠ 1매체)에 '저장'되어 있었던 사실"

⑤ 갑은 불복 상고하였다.

⑥ 갑은 상고이유로 다음의 점을 주장하였다.

　(가) ㉠ 3문건은 전문증거에 해당한다.

　(나) ㉠ 3문건은 전문증거 예외 인정을 요건을 갖추지 못하여 증거능력이 없다.

2. 정보저장매체와 전문법칙의 적용범위

【대법원 요지】 (1) 피고인 또는 피고인 아닌 사람이 정보저장매체에 입력하여 기억된 문자정보 또는 그 출력물을 증거로 사용하는 경우, /

【대법원 요지】 이는 실질에 있어서 피고인 또는 피고인 아닌 사람이 작성한 진술서나 그 진술을 기재한 서류와 크게 다를 바 없고, /

【대법원 요지】 압수 후의 보관 및 출력과정에 조작의 가능성이 있으며, /

【대법원 요지】 기본적으로 반대신문의 기회가 보장되지 않는 점 등에 비추어 /

【대법원 요지】 그 내용의 진실성에 관하여는 전문법칙이 적용되고, /

【대법원 요지】 따라서 원칙적으로 형사소송법 제313조 제1항에 의하여 /

【대법원 요지】 그 작성자 또는 진술자의 진술에 의하여 /

【대법원 요지】 성립의 진정함이 증명된 때에 한하여 /

【대법원 요지】 이를 증거로 사용할 수 있다. /

【대법원 요지】 다만 정보저장매체에 기억된 문자정보의 내용의 진실성이 아닌 /

【대법원 요지】 그와 같은 내용의 문자정보가 존재하는 것 자체가 증거로 되는 경우에는 /

【대법원 요지】 전문법칙이 적용되지 아니한다. /

【대법원 요지】 나아가 어떤 진술을 범죄사실에 대한 직접증거로 사용할 때에는 그 진술이 전문증거가 된다고 하더라도 /

【대법원 요지】 그와 같은 진술을 하였다는 것 자체 또는 /

【대법원 요지】 그 진술의 진실성과 관계없는 간접사실에 대한 정황증거로 사용할 때에는 /
반드시 전문증거가 되는 것은 아니다.

3. 문자정보의 존재 자체와 전문법칙

【대법원 판단】 (2) 원심판결 이유에 의하면, 원심은 /
【대법원 판단】 반국가단체의 구성원과 문건을 주고받는 방법으로 통신을 한 경우, /
【대법원 판단】 반국가단체로부터 지령을 받고 국가기밀을 탐지·수집하였다는 공소사실과 관련하여 /
【대법원 판단】 수령한 지령 및 탐지·수집하여 취득한 국가기밀이 문건의 형태로 존재하는 경우나 /
【대법원 판단】 편의제공의 목적물이 문건인 경우 등에는, /
【대법원 판단】 문건 내용의 진실성이 문제 되는 것이 아니라 /
【대법원 판단】 그러한 내용의 문건이 존재하는 것 자체가 증거가 되는 것으로서, /
【대법원 판단】 위와 같은 공소사실에 대하여는 전문법칙이 적용되지 않는다고 보아 /
【대법원 판단】 해당 부분의 공소사실에 관한 증거로 제출된 출력 문건들의 증거능력이 인정된다고
판단하였다.
【대법원 판단】 원심판결 이유를 앞서 본 법리와 기록에 비추어 살펴보면, /
【대법원 판단】 이 부분 공소사실에 대한 증거로 제출된 출력 문건들의 내용 대부분은 /
【대법원 판단】 그 요증사실과의 관계에서 문건 기재 내용이 진실한지가 문제 되는 것이 아니라 /
【대법원 판단】 그러한 내용의 문자정보가 존재하는 것 자체가 증거가 되는 경우에 해당하는 것이
므로, /
【대법원 결론】 원심의 위와 같은 판단은 그 범위 내에서 정당한 것으로 수긍할 수 있다.

4. 문자정보의 진실 여부와 전문법칙

【대법원 판단】 다만 위 출력 문건들의 내용 중에는 /
【대법원 판단】 '○○○(피고인 5)이 △△당 선거대책위원회 위원장 아래에서 정무특보 등으로 활동
중임'이라는 내용을 비롯하여 /
【대법원 판단】 피고인들이 스스로 경험·활동한 내역을 보고하는 내용이 일부 포함되어 있는데, /
【대법원 판단】 이 경우에는 요증사실인 국가기밀의 '탐지·수집'에 대한 관계에서 /
【대법원 판단】 피고인들이 실제로 그와 같은 경험·활동을 하였는지, /
【대법원 판단】 즉 그 문건 내용이 진실한지가 문제 되어 전문법칙이 적용될 여지가 있으므로, /
【대법원 판단】 원심이 전체 출력 문건의 내용 중 /
【대법원 판단】 피고인들이 스스로 경험·활동한 내용을 기재한 부분에 대하여도 /
【대법원 판단】 일괄하여 전문법칙이 적용되지 않는다고 단정한 것은 잘못이라 할 것이다. /
【대법원 결론】 그러나 이 부분의 문건 내용은 증거로 제출된 전체 문건의 내용 중 극히 일부분에 불
과하고, /
【대법원 결론】 원심이 전문법칙이 적용되지 않는다고 적절하게 판단한 대부분의 문건 내용과 함께 /
【대법원 결론】 제1심이 적법하게 채택한 증인 공소외 4의 법정진술 등의 증거에 의하면 /

【대법원 결론】 출력 문건 중 피고인들이 실제로 경험·활동한 내용에 관한 부분을 유죄의 증거에서 제외하더라도 /

【대법원 결론】 이 부분 공소사실을 유죄로 인정하기에 충분하므로, /

【대법원 결론】 이 부분 각 공소사실을 유죄로 인정한 원심의 결론은 정당한 것으로 수긍할 수 있다. /

【대법원 결론】 따라서 원심의 위와 같은 잘못은 판결 결과에 영향을 미쳤다고 볼 수 없다.

5. 간접사실의 인정과 전문법칙

【대법원 분석】 (3) 한편 원심판결 이유에 의하면, 원심은 /

【대법원 분석】 피고인 갑, 피고인 을, 피고인 무의 특수잠입·탈출, 회합의 점에 관하여, /

【대법원 분석】 '공소외 9 선생앞: 2011년 면담은 1월 30일 ~ 2월 1일까지 공소외 9와 ▽▽선생과 함께 북경에서 하였으면 하는 의견입니다'라는 등의 내용이 담겨 있는 파일들이 /

【대법원 분석】 피고인 갑의 컴퓨터에 '저장'되어 있었던 사실을 /

【대법원 분석】 유죄 인정의 근거가 되는 간접사실 중 하나로 들고 있음을 알 수 있다.

【대법원 판단】 이를 앞서 본 법리에 비추어 살펴보면, /

【대법원 판단】 그 내용과 같이 피고인 갑, 피고인 무가 북한 공작원들과 그 일시경 실제로 회합하였음을 증명하려고 하는 경우에는 /

【대법원 판단】 문건 내용이 진실한지가 문제 되므로 전문법칙이 적용된다고 할 것이지만, /

【대법원 판단】 그와 같은 내용이 담긴 파일이 피고인 갑의 컴퓨터에 저장되어 있다는 사실 자체는 /

【대법원 판단】 그 기재 내용의 진실성과 관계없는 것으로서 /

【대법원 판단】 이 부분 공소사실을 입증하기 위한 간접사실에 해당한다고 할 것이므로, /

【대법원 판단】 이러한 경우까지 전문법칙이 적용된다고 할 수 없다. /

【대법원 결론】 같은 취지의 원심판단은 정당하고, /

【대법원 결론】 거기에 상고이유 주장과 같이 전문법칙이나 증거능력 부여 등에 관한 법리를 오해한 위법이 있다고 할 수 없다. (상고 기각)

2013도2511 (4)

증거물인 서면의 증거조사
이적표현물 증거조사 사건
2013. 7. 26. 2013도2511, 공 2013하, 1659

1. 사실관계 및 사건의 경과

【사실관계】

① 갑 등은 국가보안법위반죄로 기소되었다.

② 갑 등에 대해 이적표현물 소지 여부가 문제되었다.

③ 검사는 ㉠책자와 ㉡책자를 증거로 제출하였다.

④ 제1심법원은 ㉠책자와 ㉡책자를 증거로 채택하였다.

⑤ 제1심법원은 ㉠책자와 ㉡책자에 대해 제시, 내용 고지의 방식에 의하여 증거조사를 실시하였다.

【사건의 경과】

① 갑 등의 피고사건은 제1심을 거친 후, 항소심에 계속되었다.

② 항소심법원은 유죄를 선고하였다.

③ 갑 등은 불복 상고하였다.

④ 갑 등은 상고이유로 다음의 점을 주장하였다.

　　(가) ㉠책자와 ㉡책자에 대한 증거조사 방법이 위법하다.

　　(나) 위법한 증거조사에 의한 것이므로 ㉠책자와 ㉡책자를 유죄인정의 자료로 삼을 수 없다.

2. 증거물인 서면의 증거조사 방식

【대법원 분석】 형사소송법 제292조, 형사소송규칙 제134조의6에 의하면 /

【대법원 분석】 증거서류를 조사하는 때에는 신청인이 이를 낭독함을 원칙으로 하되 /

【대법원 분석】 재판장이 필요하다고 인정하는 때에는 이에 갈음하여 그 요지를 진술하게 할 수 있고 /

【대법원 분석】 열람이 다른 방법보다 적절하다고 인정하는 때에는 증거서류를 제시하여 열람하게 하는 방법으로 조사할 수 있다. /

【대법원 분석】 한편 형사소송법 제292조의2 제1항에 의하면 /

【대법원 분석】 증거물을 조사하는 때에는 신청인이 이를 제시하여야 한다.

【대법원 요지】 위와 같은 규정들의 취지에 비추어 보면, /

【대법원 요지】 본래 증거물이지만 증거서류의 성질도 가지고 있는 이른바 '증거물인 서면'을 조사하기 위해서는 /

【대법원 요지】 증거서류의 조사방식인 낭독·내용고지 또는 열람의 절차와 /

【대법원 요지】 증거물의 조사방식인 제시의 절차가 함께 이루어져야 하므로, /

【대법원 요지】 원칙적으로 증거신청인으로 하여금 그 서면을 제시하면서 /

【대법원 요지】 낭독하게 하거나 이에 갈음하여 그 내용을 고지 또는 열람하도록 하여야 한다.

【대법원 판단】 원심은 제1심법원이 피고인 갑, 피고인 병이 이적표현물로 소지하였다는 책자들을 증거로 채택하였고, /

【대법원 판단】 위 책자들에 대한 제시, 내용 고지의 방식에 의하여 증거조사를 실시한 사정 등에 비추어 /

【대법원 판단】 그 조사방식이 위법하다거나 위 책자들의 증거능력을 부인할 수 없다고 판단하였다. /

【대법원 판단】 위와 같은 원심의 사실인정 및 판단은 정당한 것으로 수긍할 수 있고, 거기에 상고이유 주장과 같이 증거능력 인정 범위 등에 관한 법리를 오해한 위법이 없다. (상고 기각)

2013도2511 (5)

해외촬영 사진의 증거능력
차폐시설 증언의 증거능력
공작원 접촉 사진 사건
2013. 7. 26. 2013도2511, 공 2013하, 1659

1. 사실관계 및 사건의 경과

【사실관계 1】

① 갑 등은 국가보안법위반죄(회합·통신등) 공소사실로 기소되었다.

② 검사는 ⓛ사진을 증거로 제출하였다.

③ ⓛ사진은 6 mm 테이프 동영상을 캡처한 것이다. (㉠동영상테이프)

④ ㉠동영상테이프의 내역은 다음과 같다.

  (가) 촬영자 : 국정원 수사관 A

  (나) 내용 : 갑 등이 일본 또는 중국에서 북한 공작원들과 회합하는 모습

  (다) 촬영장소 : 차량이 통행하는 도로 또는 식당 앞길, 호텔 프런트 등 공개적인 장소

【사실관계 2】

① 제1심법원은 촬영자 A를 증인으로 신문하였다.

② 제1심법원은 증인의 인적 사항 및 신문절차를 비공개로 진행한다는 결정을 선고하였다.

③ 제1심법원은 재판부만 증인의 모습을 볼 수 있도록 차폐시설을 설치한 상태에서 증인신문을 진행하였다.

④ 갑이나 갑의 변호인은 증인의 모습을 볼 수 없었다.

⑤ 갑의 변호인은 증인 A에 대한 반대신문을 행하였다.

⑥ 증인 A는 ㉠동영상의 촬영 경위에 대하여 진술하였다. (ⓒ증언)

⑦ [㉠동영상테이프와 ⓛ사진 사이의 동일성 요건은 확인되었다.]

【사건의 경과】

① 갑 등의 피고사건은 제1심을 거친 후, 항소심에 계속되었다.

② 항소심법원은 ⓛ사진과 ⓒ증언의 증거능력을 인정하였다.

③ 항소심법원은 ⓛ사진과 ⓒ증언을 증거로 채택하여 유죄를 선고하였다.

④ 갑 등은 불복 상고하였다.

⑤ 갑 등은 상고이유로 ⓛ사진의 증거능력에 대해 다음의 점을 주장하였다.

  (가) 영장 없이 이루어진 ㉠동영상 촬영은 갑 등의 초상권을 침해한 것으로 위법하다.

  (나) ㉠동영상 촬영은 일본이나 중국의 영토주권을 침해한 것으로 위법하다.

  (다) 따라서 ㉠동영상테이프와 ⓛ사진은 증거능력이 없다.

⑥ 갑 등은 상고이유로 ⓒ증언에 대해 다음의 점을 주장하였다.

(가) 차폐시설에 의한 증인신문은 변호인의 반대신문권을 침해한 것이다.

(나) 차폐시설에 의한 증인신문은 직접심리주의 원칙에 반하는 것이다.

(다) 따라서 A의 증언은 위법하여 증거능력이 없다.

2. ⓛ사진 부분에 대한 판단

(1) 영장 없이 촬영된 사진의 증거능력

【대법원 요지】 (1) 누구든지 자기의 얼굴이나 모습을 함부로 촬영당하지 않을 자유를 가지나, /

【대법원 요지】 이러한 자유도 무제한으로 보장되는 것은 아니고 /

【대법원 요지】 국가의 안전보장·질서유지·공공복리를 위하여 필요한 경우에는 /

【대법원 요지】 그 범위 내에서 상당한 제한이 있을 수 있으며, /

【대법원 요지】 수사기관이 범죄를 수사함에 있어 /

【대법원 요지】 현재 범행이 행하여지고 있거나 행하여진 직후이고, /

【대법원 요지】 증거보전의 필요성 및 긴급성이 있으며, /

【대법원 요지】 일반적으로 허용되는 상당한 방법으로 촬영한 경우라면 /

【대법원 요지】 위 촬영이 영장 없이 이루어졌다 하여 /

【대법원 요지】 이를 위법하다고 단정할 수 없다.

【대법원 판단】 원심판결 이유와 원심이 적법하게 채택한 증거들에 의하면, /

【대법원 판단】 피고인 갑, 피고인 을, 피고인 병이 일본 또는 중국에서 북한 공작원들과 회합하는 모습을 동영상으로 촬영한 것은 /

【대법원 판단】 위 피고인들이 회합한 증거를 보전할 필요가 있어서 이루어진 것이고, /

【대법원 판단】 피고인들이 반국가단체의 구성원과 회합 중이거나 회합하기 직전 또는 직후의 모습을 촬영한 것으로 /

【대법원 판단】 그 촬영 장소도 차량이 통행하는 도로 또는 식당 앞길, 호텔 프런트 등 공개적인 장소인 점 등을 알 수 있으므로, /

【대법원 판단】 이러한 촬영이 일반적으로 허용되는 상당성을 벗어난 방법으로 이루어졌다거나, /

【대법원 판단】 영장 없는 강제처분에 해당하여 위법하다고 볼 수 없다. /

【대법원 판단】 따라서 위와 같은 사정 아래서 원심이 위 촬영행위가 위법하지 않다고 판단하고 /

【대법원 판단】 그 판시와 같은 6mm 테이프 동영상을 캡처한 사진들의 증거능력을 인정한 조치는 정당한 것으로 수긍할 수 있고, /

【대법원 결론】 거기에 상고이유 주장과 같이 영장주의의 적용 범위나 초상권의 법리 등을 오해한 위법이 없다.

(2) 영장 없는 해외촬영 사진의 증거능력

【대법원 분석】 (2) 한편 원심판결 이유에 의하면, 원심은 /

【대법원 분석】 위 동영상 캡처 사진들이 국제법상 마땅히 보장되어야 하는 외국의 영토주권을 침해하고 국제형사사법 공조절차를 위반한 위법수집증거로서 그 증거능력이 부정되어야 한다는 /

【대법원 분석】 피고인들의 주장을 배척하고 이를 유죄의 증거로 삼았음을 알 수 있다.

【대법원 판단】 비록 위 동영상의 촬영행위가 증거수집을 위한 수사행위에 해당하고 /

【대법원 판단】 그 촬영 장소가 우리나라가 아닌 일본이나 중국의 영역에 속한다는 사정은 있으나, /

【대법원 판단】 촬영의 상대방이 우리나라 국민이고 /

【대법원 판단】 앞서 본 바와 같이 공개된 장소에서 일반적으로 허용되는 상당한 방법으로 이루어진 촬영으로서 /

【대법원 판단】 강제처분이라고 단정할 수 없는 점 등을 고려하여 보면, /

【대법원 판단】 위와 같은 사정은 그 촬영행위에 의하여 취득된 증거의 증거능력을 부정할 사유는 되지 못한다. /

【대법원 결론】 결국 위 사진들의 증거능력을 인정한 원심의 조치는 정당하고, 거기에 상고이유 주장과 같이 위법수집증거배제법칙의 적용 범위에 관한 법리를 오해한 등의 위법이 있다고 할 수 없다.

3. ⓒ증언 부분에 대한 판단

【대법원 분석】 국가정보원직원법 제17조에 의하면 /

【대법원 분석】 국가정보원 직원은 직무상 알게 된 비밀을 누설하여서는 아니 될 의무가 있고(제1항), /

【대법원 분석】 직원이 법령에 따른 증인으로서 직무상의 비밀에 관한 사항을 증언하려는 경우에는 미리 국가정보원장의 허가를 받아야 하며(제2항), /

【대법원 분석】 국가정보원장이 제2항에 따른 증언을 허가한 경우 법원은 공무상 비밀 보호 등을 위한 비공개 증언 등 적절한 조치를 할 수 있다(제6항). /

【대법원 분석】 기록과 원심판결 이유에 의하면, /

【대법원 분석】 제1심 제26회 공판기일에 국가정보원 수사관들에 대한 각 증인신문 당시 제1심법원은 증인들의 인적 사항 및 신문절차를 비공개로 진행한다는 결정을 선고하고, /

【대법원 분석】 피고인들이나 그 변호인이 국가정보원 직원들인 증인들의 모습을 볼 수 없고 재판부만 그 모습을 볼 수 있도록 차폐시설을 설치한 상태에서 증인신문을 진행한 사실을 알 수 있다. /

【대법원 판단】 위 규정들의 취지에 비추어 볼 때, /

【대법원 판단】 그 증언의 내용은 증인들이 중국이나 일본에서 피고인 갑 등과 북한 공작원이 회합하는 모습을 촬영한 경위 등에 관한 것으로서 /

【대법원 판단】 국가정보원 직원의 직무상 비밀에 관한 사항이라 할 것이므로, /

【대법원 판단】 제1심법원이 그 비밀 보장을 위하여 차폐시설을 설치한 조치는 '공무상 비밀 보호를 위한 적절한 조치'의 일환으로 보아야 할 것이다.

【대법원 판단】 나아가 그와 같은 차폐시설 설치에 의하여 변호인의 반대신문 시 변호인이 증인의 모습을 볼 수 없었다 하더라도, /

【대법원 판단】 위와 같은 촬영 경위 등에 관하여 상세한 반대신문이 이루어졌고 /

【대법원 판단】 위 증인들이 일부 공무상 비밀과 관련이 있는 부분을 제외한 나머지 부분에 대하여 비교적 자세히 답변을 한 사정 등에 비추어 보면, /

【대법원 판단】 이로 인하여 변호인의 변호권이 본질적으로 침해되고 판결의 정당성마저 인정하기

어렵다고 볼 정도에 이르렀다고 할 수 없으므로 /

【대법원 판단】 이를 판결에 영향을 미친 위법이라고 할 수 없다. /

【대법원 결론】 같은 취지의 원심판단은 정당한 것으로 수긍할 수 있고, 거기에 상고이유 주장과 같이 변호인의 반대신문권 보장, 직접심리주의 원칙이나 위법수집증거배제법칙의 적용 범위 등에 관한 법리를 오해한 위법이 없다. (상고 기각)

2013도2511 (6)

형소법 314조와 외국거주 요건
북한 공작원 진술서 사건

2013. 7. 26. 2013도2511, 공 2013하, 1659

1. 사실관계 및 사건의 경과

【사실관계 1】

① A는 대남공작업무를 담당하는 북한의 공작원으로 활동하다가 북한을 이탈한 사람이다.

② A는 국가정보원에서 자신이 공작원으로 활동하던 당시의 경험 등에 관하여 진술하였다.

③ 국정원 수사관 B는 A의 진술을 ㉠참고인 진술조서에 기재하였다.

④ ㉠진술조서에는 갑의 국가보안법 위반행위에 관한 진술이 들어 있었다.

【사실관계 2】

① A는 ㉡자필진술서를 통하여 이후 법정에서 증언을 하지 않겠다는 뜻을 명확히 표시하였다.

② A는 국가정보원에서의 진술 당시 이사할 계획을 밝혔다.

③ A는 이사 후 자신의 진술과 관련된 자료를 찾아 제출하겠다고 진술하기도 하였다.

④ 한 달 후 A는 일본으로 이주하였다.

⑤ A에 대해서는 전자우편에 의한 연락 이외에 그 주거지나 거소 등이 파악되지 않는 상태이다.

【사건의 경과 1】

① 검사는 갑을 국가보안법위반죄 공소사실로 기소하였다.

② 검사는 ㉠진술조서를 증거로 제출하였다.

③ 수사기관은 A의 출국사실을 확인하였다.

④ 수사기관은 출입국관리소에 A가 입국할 시 통보하도록 조치하였다.

⑤ 수사기관은 A의 유일한 연락처인 그의 전자우편 주소로 증인 출석을 수차례 권유하였다.

【사건의 경과 2】

① 갑의 피고사건은 제1심을 거친 후, 항소심에 계속되었다.

② 항소심법원은 A에 대한 소재의 확인, 소환장의 발송과 같은 절차를 취하지 않았다.

③ 항소심법원은 ㉠진술조서에 형소법 제314조의 '외국거주' 요건이 구비되었다고 판단하였다.

④ 항소심법원은 ㉠진술조서에 기재된 A의 진술이 특히 신빙할 수 있는 상태하에서 행하여졌음이 증

명되었다고 판단하였다.

⑤ 항소심법원은 ㉠진술조서를 증거로 채택하여 유죄를 선고하였다.

【사건의 경과 3】

① 갑은 불복 상고하였다.

② 갑은 상고이유로 다음의 점을 주장하였다.

　(가) 우리나라와 일본 사이에는 사법공조 조약이 체결되어 있다.

　(나) 항소심법원은 A의 일본 주소 등을 확인하여 증인소환장을 발송하는 등의 조치를 다하지 않았다.

　(다) ㉠진술조서에 형소법 제314조에 정한 '외국거주' 요건이 충족되지 않았다.

2. 형소법 제314조의 외국거주 요건

【대법원 요지】 형사소송법 제314조에서의 '외국거주'는 진술을 하여야 할 사람이 단순히 외국에 있다는 것만으로는 부족하고, /

【대법원 요지】 가능하고 상당한 수단을 다하더라도 그 사람을 법정에 출석하게 할 수 없는 사정이 있어야 예외적으로 그 요건이 충족될 수 있다고 할 것인데, /

【대법원 요지】 통상적으로 그 요건이 충족되었는지는 소재의 확인, 소환장의 발송과 같은 절차를 거쳐 확정되는 것이기는 하지만 /

【대법원 요지】 항상 그러한 절차를 거쳐야만 되는 것은 아니고, /

【대법원 요지】 경우에 따라서는 비록 그러한 절차를 거치지 않더라도 법원이 그 사람을 법정에서 신문하는 것을 기대하기 어려운 사정이 있다고 인정할 수 있다면, /

【대법원 요지】 그 요건은 충족된다고 보아야 한다.

3. 사안에 대한 대법원의 판단

【대법원 분석】 원심판결 이유와 기록에 의하면, /

【대법원 분석】 공소외 A는 대남공작업무를 담당하는 북한 225국의 전신인 대외연락부 공작원으로 활동하다가 북한을 이탈한 사람으로서 /

【대법원 분석】 2011. 6. 15. 국가정보원에서 자신이 공작원으로 활동하던 당시의 경험 등에 관하여 진술한 후 /

【대법원 분석】 2011. 7. 22.경 일본으로 이주한 이래 전자우편에 의한 연락 이외에 그 주거지나 거소 등이 파악되지 않는 상태이고, /

【대법원 분석】 국가정보원에서의 진술 당시 이사할 계획을 밝히기는 하였지만 이사 후 자신의 진술과 관련된 자료를 찾아 제출하겠다고 진술하기도 하였으며, /

【대법원 분석】 수사기관은 공소외 A의 출국사실을 확인한 후 입국 시 통보조치와 함께 유일한 연락처인 그의 전자우편 주소로 증인 출석을 수차례 권유하였으나 /

【대법원 분석】 공소외 A는 자필진술서를 통하여 그 증언을 거부할 뜻을 명확히 표시하였음을 알 수 있다.

【대법원 판단】 아울러 우리나라와 일본 사이에 체결된 형사사법 공조조약에 의하더라도 /

【대법원 판단】 공소외 A를 강제로 이 사건 법정에 구인하는 것이 불가능하다는 사정 등을 종합하여 보면, /

【대법원 판단】 공소외 A의 소재를 확인하여 소환장을 발송하더라도 그가 법정에 증인으로 출석할 것을 기대하기는 어렵다고 할 것이므로, /

【대법원 판단】 설령 그의 일본 주소 등을 확인하여 증인소환장을 발송하는 등의 조치를 다하지 않았다 하더라도 /

【대법원 판단】 형사소송법 제314조에 정한 '외국거주' 요건은 충족되었다고 보아야 할 것이다. /

【대법원 결론】 같은 취지에서 공소외 A에 대한 진술조서가 '외국거주' 요건을 충족하였을 뿐 아니라, /

【대법원 결론】 그 판시와 같은 사정들에 의하여 그 진술이 특히 신빙할 수 있는 상태하에서 행하여졌음이 증명된 것으로 보아 /

【대법원 결론】 그 진술조서의 증거능력을 인정한 원심의 판단은 정당한 것으로 수긍할 수 있고, /

【대법원 결론】 거기에 상고이유 주장과 같이 형사소송법 제314조에서 정한 증거능력 부여 요건에 관한 법리를 오해하여 필요한 심리를 다하지 아니한 위법이 있다고 할 수 없다. (상고 기각)

2013도2714

위법한 공시송달의 효과
재소자 공시송달 사건
2013. 6. 27. 2013도2714, 공 2013하, 1426

1. 사실관계 및 사건의 경과

【사실관계 1】

① 2011. 8. 29. 이전 시점에 갑은 다음의 공소사실로 기소되었다. (㉠피고사건)

　(가) 도로교통법위반(음주운전)

　(나) 도로교통법위반(무면허운전)

② 2011. 8. 29.부터 갑은 별건으로 서울구치소에 수감되어 있었다.

③ 2012. 3. 21. 이후로 갑은 소망교도소에서 수형 중이었다.

④ 소촉법 제23조 및 동 규칙 제19조는 다음과 같은 불출석 재판의 특례를 규정하고 있다.

　(가) 제1심 공판절차에서 피고인에 대한 송달불능보고서가 접수된 때부터 6개월이 지나도록 피고인의 소재를 확인할 수 없는 경우가 있다.

　(나) 이 경우 공시송달의 방법에 의하여 피고인의 진술 없이 재판할 수 있다.

　(다) 다만, 사형, 무기 또는 장기 10년이 넘는 징역이나 금고에 해당하는 사건의 경우에는 그러하지 아니하다.

【사실관계 2】

① 제1심법원은 6개월 이상 갑의 소재를 파악하지 못하였다.

② 2012. 5. 11. 제1심법원은 갑에 대한 송달을 공시송달로 하기로 결정하였다.

③ 제1심법원은 이후 공소장 부본, 공판기일소환장 등 갑에 송달하여야 할 소송서류를 공시송달의 방법으로 송달하였다.

④ 2012. 6. 28. 제1심법원은 갑의 출석 없이 재판을 진행한 후 벌금 500만 원을 선고하였다.

⑤ 갑은 ㉠피고사건에 대한 유죄판결 사실을 뒤늦게 알게 되었다.

【사건의 경과 1】

① 갑은 상소권회복청구를 하였다.

② 갑은 동시에 제1심판결에 불복 상고하였다.

③ 항소심법원은 갑에 대해 상소권회복결정을 내렸다.

④ 갑은 항소심 공판기일에 출석하였다.

⑤ 항소심법원은 제1심의 공시송달이 적법하다고 판단하였다.

⑥ 항소심법원은 공소장 부본의 송달부터 증거조사 등 절차진행을 새로 하지 않았다.

⑦ 항소심법원은 제1심이 채택하여 조사한 증거만으로 갑을 유죄로 인정하고 판결을 선고하였다.

【사건의 경과 2】

① 갑은 불복 상고하였다.

② 갑은 상고이유로 다음의 점을 주장하였다.

  (가) 제1심의 공시송달은 위법하다.

  (나) 항소심법원은 제1심의 공시송달이 적법함을 전제로 하고 있다.

  (다) 항소심법원이 공소장 부본의 송달부터 증거조사 등 절차진행을 새로 하지 않은 것은 위법하다.

2. 소재불명자에 대한 공시송달의 요건

【대법원 요지】 1. 피고인이 구치소나 교도소 등에 수감 중에 있는 경우는 /

【대법원 요지】 형사소송법 제63조 제1항에 규정된 '피고인의 주거, 사무소, 현재지를 알 수 없는 때'나 /

【대법원 요지】 소송촉진 등에 관한 특례법 제23조에 규정된 '피고인의 소재를 확인할 수 없는 경우'에 /

【대법원 요지】 해당한다고 할 수 없으므로, /

【대법원 요지】 법원이 수감 중인 피고인에 대하여 공소장 부본과 피고인소환장 등을 /

【대법원 요지】 종전 주소지 등으로 송달한 경우는 물론 /

【대법원 요지】 공시송달의 방법으로 송달하였더라도 이는 위법하다고 보아야 한다. /

【대법원 요지】 따라서 법원은 주거, 사무소, 현재지 등 소재가 확인되지 않는 피고인에 대하여 공시송달을 할 때에는 /

【대법원 요지】 검사에게 주소보정을 요구하거나 기타 필요한 조치를 취하여 피고인의 수감 여부를 확인할 필요가 있다.

3. 재소자에 대한 공시송달의 효과

【대법원 분석】 2. 기록에 의하면, 제1심법원은 피고인의 소재를 파악하지 못하여 2012. 5. 11. 피고인에 대한 송달을 공시송달로 할 것을 결정하고 /

【대법원 분석】 이후 공소장 부본, 공판기일소환장 등 피고인에게 송달하여야 할 소송서류를 공시송달의 방법으로 송달하여 /

【대법원 분석】 피고인의 출석 없이 재판을 진행한 후 피고인에게 벌금 500만 원을 선고하였는데, /

【대법원 분석】 피고인은 별건으로 2011. 8. 29.부터 서울구치소에 수감되어 있었고 /

【대법원 분석】 2012. 3. 21. 이후로는 소망교도소에서 수형 중이었음을 알 수 있다. /

【대법원 요지】 이와 같이 수감 중인 피고인에게 공시송달의 방법으로 송달한 이상 이는 위에서 본 법리에 비추어 위법하고, /

【대법원 요지】 이에 기초하여 진행된 위 제1심 소송절차는 모두 위법하다 할 것이다.

4. 제1심의 위법한 공시송달과 항소심의 조치

【대법원 분석】 또한 원심판결 이유와 기록에 의하면, /

【대법원 분석】 피고인이 상소권회복결정을 받아 원심 공판기일에 출석하였는데도 /

【대법원 분석】 원심은 위와 같은 소송절차의 하자를 간과하고 새로 소송행위를 하지 않은 채 /

【대법원 분석】 제1심이 채택하여 조사한 증거만으로 피고인을 유죄로 인정하고 판결을 선고하였다. /

【대법원 판단】 즉, 원심은 제1심의 공시송달이 적법함을 전제로 절차를 진행한 것으로 보이나, /

【대법원 판단】 그와 같이 보게 되면 제1심에서 한 소송절차는 모두 적법한 것이 되어 /

【대법원 판단】 피고인으로서는 그 절차에 참여하지 못하였음에도 증거조사 등의 효력을 부인할 수 없게 되는 등 절차적 권리의 제약을 피할 수 없다. /

【대법원 판단】 나아가 만약 제1심에서 공시송달에 의한 불출석재판이 진행된 후 /

【대법원 판단】 검사가 양형부당을 이유로 항소하여 /

【대법원 판단】 항소심에서도 공시송달로 진행이 된 다음 항소심판결이 선고되어 형식적으로 확정이 되면, /

【대법원 판단】 그 후 피고인이 상소권회복결정을 받아 상고를 하더라도 /

【대법원 판단】 피고인은 제1심판결에 대하여 항소하지 않은 지위에 있어 /

【대법원 판단】 상고심에서 새삼 사실오인이나 법령위반 등을 상고이유로 주장하지 못하게 될 수 있다. /

【대법원 판단】 결국 피고인은 공시송달에 의한 불출석재판에 의하여 회복할 수 없는 실질적 불이익을 입게 될 우려가 있다. /

【대법원 결론】 그러므로 원심이 이 사건 제1심의 공시송달이 적법함을 전제로 공소장 부본의 송달부터 증거조사 등 절차진행을 새로 하지 않은 것은 위법하다고 보아야 하고 이는 판결 결과에도 영향을 미쳤다 할 것이다. /

【대법원 결론】 상고이유의 주장에는 이를 지적하는 취지가 포함되어 있다고 볼 수 있으므로 이는 이유 있다. (파기 환송)

2013도4114

국선변호인 선정과 항소장 제출기간
뒤늦은 국선변호 선정 사건
2013. 6. 27. 2013도4114, 공 2013하, 1433

1. 사실관계 및 사건의 경과

【사실관계 1】

① 갑은 공기호부정사용·부정사용공기호행사·자동차관리법위반의 공소사실로 기소되었다.

② 제1심법원은 유죄를 선고하였다.

③ 갑은 불복 항소하였다.

④ 2012. 11. 22. 갑은 제1심법원에 항소장을 제출하였다.

⑤ 2012. 12. 29. 갑은 항소심법원으로부터 소송기록접수통지서를 송달받았다.

⑥ 항소이유서는 소송기록접수통지서의 송달일로부터 20일 내에 제출하여야 한다.

⑦ 2013. 1. 18. (20일 만료일)까지 갑은 항소심법원에 항소이유서를 제출하지 아니하였다.

⑧ 갑의 항소장에도 아무런 항소이유의 기재가 없다.

【사실관계 2】

① 항소심 제1회 공판기일이 열렸다.

② 2013. 2. 14. (제1회 공판기일 이후 시점)에 이르러 갑은 국선변호인 선정신청을 하였다.

③ 2013. 2. 15. 항소심법원은 갑의 신청을 받아들여 국선변호인을 선정하였다.

④ 2013. 3. 4. 국선변호인은 항소이유로 양형부당을 기재한 항소이유서를 제출하였다.

⑤ 항소심 제2회 공판기일이 열렸다.

⑥ 제2회 공판기일에 국선변호인은 역시 항소이유로 양형부당을 주장하였다.

⑦ 항소심법원은 항소를 기각하였다.

【사건의 경과】

① 갑은 불복 상고하였다.

② 갑은 상고이유로 다음의 점을 주장하였다.

　(가) 항소심판결에는 양형부당의 상고이유에 관한 판단이 없다.

　(나) 국선변호인의 조력을 받을 권리가 침해되었다.

　(다) 공판기일의 진행에 관한 위법이 있다.

　(라) 항소이유서를 제출하지 아니하여 항소가 기각되었으나 대법원에서 다시 한 번 판단을 하여 달라.

2. 사선변호인의 선임과 소송기록접수통지

【대법원 분석】 1. 형사소송법 제361조의2와 제361조의3 제1항에 의하면, /

【대법원 분석】 항소법원이 기록의 송부를 받은 때에는 즉시 항소인과 그 상대방에게 통지하여야 하고, /

【대법원 분석】 이 통지 전에 변호인의 선임이 있는 때에는 변호인에게도 통지를 하여야 하며, /

【대법원 분석】 항소인 또는 변호인은 이 통지를 받은 날로부터 20일 이내에 항소이유서를 제출하도록 되어 있다. /

【대법원 요지】 그러므로 피고인에게 소송기록접수통지를 한 후에 사선변호인이 선임된 경우에는 변호인에게 다시 같은 통지를 할 필요가 없고, /

【대법원 요지】 설령 사선변호인에게 같은 통지를 하였다 하여도 항소이유서의 제출기간은 피고인이 그 통지를 받은 날부터 계산하면 된다.

3. 국선변호인의 선정과 소송기록접수통지

【대법원 분석】 한편 '국선변호인의 선정 및 소송기록접수통지'에 관한 규정인 형사소송규칙 제156조의2는 /

【대법원 분석】 '형사소송법 제33조 제1항 제1호 내지 제6호의 필요적 변호사건에 있어서 변호인이 없는 경우'와 /

【대법원 분석】 '형사소송법 제33조 제3항에 의하여 국선변호인을 선정한 경우'에는 /

【대법원 분석】 지체없이 변호인을 선정한 후 그 변호인에게 소송기록접수통지를 하여야 한다고 정하고 있고(제1항), /

【대법원 분석】 이와 달리 형사소송법 제33조 제2항에 의한 국선변호인 선정과 관련하여서는 /

【대법원 분석】 '항소이유서 제출기간이 도과하기 전에 피고인으로부터 국선변호인 선정청구가 있는 경우'에 지체없이 그에 관한 결정을 하여야 하고 /

【대법원 분석】 이 때 변호인을 선정한 경우에는 그 변호인에게 소송기록접수통지를 하여야 한다고 정하고 있다(제2항).

【대법원 분석】 이와 같이 '국선변호인의 선정 및 소송기록접수통지'에 관한 형사소송규칙 제156조의2가 /

【대법원 분석】 형사소송법 제33조 제2항에 의한 국선변호인 선정과 관련하여 /

【대법원 분석】 '피고인의 항소이유서 제출기간이 도과하기 전에 피고인으로부터 국선변호인 선정청구가 있는 경우'에는 그에 관한 결정을 하여야 하고 /

【대법원 분석】 국선변호인이 선정되면 그에게 소송기록접수통지를 하여야 한다고 정하면서도, /

【대법원 분석】 '피고인의 항소이유서 제출기간 도과 이후에 피고인으로부터 국선변호인 선정청구가 있는 경우'에 있어서 /

【대법원 분석】 그에 관한 법원의 결정이나 그 결정에 의하여 선정된 국선변호인에 대한 소송기록접수통지에 관하여는 따로 정하고 있지 아니한 점, /

【대법원 판단】 위에서 본 바와 같이 피고인이 소송기록접수통지를 받은 후 /

【대법원 판단】 자신의 항소이유서 제출기간 도과 전에 사선변호인을 선임하였다고 하더라도 /

【대법원 판단】 사선변호인에 대하여 다시 같은 통지를 할 필요가 없고 /

【대법원 판단】 사선변호인의 항소이유서 제출기간을 피고인이 소송기록접수통지를 받은 날로부터 계산하는 것과 비교하여, /

【대법원 판단】 필요적 변호사건이 아닌 사건에서 피고인에 대한 소송기록접수통지에 따른 항소이유서 제출기간이 이미 도과한 상황임에도 /

【대법원 판단】 단지 피고인이 형사소송법 제33조 제2항에 의한 국선변호인 선정청구를 하여 국선변호인이 선정되게 되었다는 사정만으로 /

【대법원 판단】 국선변호인에게 다시 소송기록접수통지를 하여야 하고 /

【대법원 판단】 국선변호인의 항소이유서 제출기간이 그가 소송기록접수통지를 받은 날로부터 다시 계산된다고 보는 것은 /

【대법원 판단】 형평에 맞지 아니하다고 볼 수 있는 점 등을 고려할 때, /

【대법원 요지】 필요적 변호사건이 아니고 형사소송법 제33조 제3항에 의하여 국선변호인을 선정하여야 하는 경우도 아닌 사건에 있어서 /

【대법원 요지】 피고인이 항소이유서 제출기간이 도과한 후에야 비로소 형사소송법 제33조 제2항의 규정에 따른 국선변호인 선정청구를 하고 /

【대법원 요지】 법원이 국선변호인 선정결정을 한 경우에는 /

【대법원 요지】 그 국선변호인에게 소송기록접수통지를 할 필요가 없고, /

【대법원 요지】 이러한 경우 설령 국선변호인에게 같은 통지를 하였다고 하더라도 /

【대법원 요지】 국선변호인의 항소이유서 제출기간은 피고인이 소송기록접수통지를 받은 날로부터 계산된다고 할 것이다.

4. 사안에 대한 대법원의 판단

【대법원 분석】 2. 기록에 의하면, /

【대법원 분석】 피고인은 2012. 11. 22. 항소장을 제출한 후 2012. 12. 29. 원심법원으로부터 소송기록접수통지서를 송달받은 사실, /

【대법원 분석】 피고인은 위 송달일로부터 20일이 되는 2013. 1. 18.까지 원심법원에 항소이유서를 제출하지 아니하였을 뿐 아니라 항소장에도 아무런 항소이유의 기재가 없는 사실, /

【대법원 분석】 한편 피고인은 원심 제1회 공판기일 후인 2013. 2. 14.에 이르러 국선변호인 선정신청을 하였고, /

【대법원 분석】 원심이 위 신청을 받아들여 2013. 2. 15. 국선변호인을 선정한 사실, /

【대법원 분석】 국선변호인은 2013. 3. 4. 제출한 항소이유서에서 항소이유로 양형부당을 기재하였고, /

【대법원 분석】 그 후 원심 제2회 공판기일에서도 역시 항소이유로 양형부당을 주장한 사실을 알 수 있다.

【대법원 판단】 위 사실관계를 앞서 본 법리에 비추어 보면, /

【대법원 판단】 피고인의 원심 국선변호인이 제출한 양형부당 주장은 항소이유서 제출기간 도과 이후에 한 것으로서 적법한 항소이유가 되지 못한다. /

【대법원 판단】 따라서 위 주장을 심판의 대상으로 삼지 아니한 원심의 조치는 정당하다. /

【대법원 판단】 거기에 상고이유에서 주장하는 바와 같이 국선변호인의 조력을 받을 피고인의 권리를 침해하였다거나 공판기일 진행에 관한 헌법과 형사소송법상의 법리를 오해한 위법이 있다고 할 수

없다.

【대법원 판단】 그리고 항소이유서를 제출하지 아니하여 항소가 기각되었으나 대법원에서 다시 한 번 판단을 하여 달라는 취지의 주장은 /

【대법원 판단】 형사소송법 제383조에서 정한 상고이유에 해당하지 아니한다. (상고 기각)

2013도5214

영장의 집행과 간수자 참여
경영기획실 압수 방해 사건
2013. 9. 26. 2013도5214, 공 2013하, 2021

1. 사실관계 및 사건의 경과

【사실관계 1】
① 갑은 P재벌그룹 총수이다.
② 을은 P그룹 경영기획실장이다.
③ P그룹 경영기획실은 M고층건물 고층부에 소재하고 있다.
④ 병은 M고층건물의 경비원이다.

【사실관계 2】
① P그룹에 대해 계열사에 대한 부당한 지원 혐의로 수사가 개시되었다.
② 갑 등 P그룹 임원들에 대한 피의사실은 특정가법위반죄(배임) 등이다.
③ 검사는 관할법원으로부터 P그룹 경영기획실에 대한 압수·수색영장을 발부받았다. (㉠영장)
④ P그룹 경영실장 을 등 임원들은 M건물의 경비원 병 등에게 출입을 저지하도록 지시해 두었다.

【사실관계 3】
① 검사 A는 수사관 B 등과 함께 ㉠영장을 집행할 목적으로 M건물 1층 로비에 들어갔다.
② 검사 A와 수사관 B 등은 M건물의 경비원들에게 ㉠영장을 제시하였다.
③ 검사 A와 수사관 B 등은 경영기획실로 이동하기 위하여 엘리베이터로 가려고 하였다.
④ M건물의 경비원 병 등은 검사 A와 수사관 B 등의 엘리베이터 탑승을 물리력으로 방해하였다.
⑤ 이로 인해 ㉠영장의 집행이 일시 중단되었다.
⑥ 검사 A와 수사관 B 등은 경비원 병 등의 방해를 극복하고 엘리베이터에 탑승하였다.
⑦ 이후 P그룹 경영기획실에 대한 압수·수색영장이 경영기획실 직원들의 참여 없이 집행되었다.

【사건의 경과】
① 검사는 을과 병을 다음의 공소사실로 기소하였다.
　　(가) 병 : 공무집행방해
　　(나) 을 : 공무집행방해교사
② 을과 병의 피고사건은 제1심을 거친 후, 항소심에 계속되었다.

③ 항소심법원은 유죄를 선고하였다.

④ 을과 병은 불복 상고하였다.

⑤ 을과 병은 상고이유로 다음의 점을 주장하였다.

　(가) ㉠영장은 경영기획실 직원들에 대해 제시되어야 한다.

　(나) ㉠영장은 경영기획실 직원들의 참여 아래 집행되어야 한다.

　(다) ㉠영장은 간수자 아닌 경비원 병 등에게 제시되었을 뿐이다.

　(라) 영장제시와 간수자 참여의 조건을 갖추지 못한 ㉠영장 집행행위는 위법하다.

　(마) 적법성 요건을 갖추지 못하였으므로 공무집행방해죄는 성립하지 않는다.

2. 영장의 집행과 간수자의 참여

【대법원 판단】 원심판결 이유를 원심이 적법하게 채택한 증거들에 비추어 살펴보면, /

【대법원 판단】 검사, 수사관 등이 원심 판시 건물 고층에 위치한 경영기획실 등에 대한 압수 · 수색영장을 집행할 목적으로 /

【대법원 판단】 위 건물 1층 로비에서 위 집행장소로 이동하기 위하여 경비원들의 방해를 제지하고 엘리베이터에 탑승하는 과정에서 발생한 일련의 행위는 /

【대법원 판단】 형사소송법 제120조 제1항의 압수 · 수색영장의 집행에 필요한 처분으로서 /

【대법원 판단】 집행의 목적을 달성하기 위한 필요 최소한도의 범위 내에서 /

【대법원 판단】 그 수단과 목적에 비추어 사회통념상 상당하다고 인정되고, /

【대법원 요지】 이 사건 압수 · 수색영장의 집행 과정을 보면 /

【대법원 요지】 위 건물 1층 로비에서 위 건물의 경비원들에게 영장이 제시된 후 /

【대법원 요지】 그 영장에 기재된 실제 압수 · 수색장소에 도달하기도 전에 경비원들의 방해로 압수 · 수색영장의 집행이 중단된 이상 /

【대법원 요지】 실제 압수 · 수색장소인 경영기획실 등의 직원이 영장 제시 당시 참여하지 아니하였다고 하여 이를 가리켜 간수자의 참여권이 침해된 것으로 볼 수 없으며, /

【대법원 요지】 설령 위 건물 1층 로비에서 이 사건 압수 · 수색영장의 집행이 이루어진 것으로 볼 수 있다 하더라도 /

【대법원 요지】 이 사건 압수 · 수색영장의 집행 당시 위 건물의 간수자인 경비원들에게 영장의 제시가 이루어진 이상 영장의 집행에 간수자의 참여가 이루어졌다고 보아야 할 것이므로, /

【대법원 결론】 결국 위 압수 · 수색영장의 집행에 관한 공무집행이 적법함을 전제로 이 부분 공소사실을 모두 유죄로 인정한 원심의 판단은 정당하고, /

【대법원 결론】 거기에 위 피고인들의 상고이유 주장과 같이 공무집행방해나 정당행위에 관한 법리를 오해하는 등의 위법이 없다. (상고 기각)

2013도5893

공범자의 자백과 자백보강법칙
간통 대 강간 사건
2013. 9. 12. 2013도5893, 공 2013하, 1867

1. 사실관계 및 사건의 경과

【사실관계 1】

① 갑녀와 A남은 배우자 사이이다.

② A남은 갑녀와 을남을 각각 배우자 및 상간자로 간통죄로 고소하였다.

③ A남이 고소한 간통죄 피의사실을 다음과 같다.

　(가) 2011. 9. 30.자 간통 (㉠행위)

　(나) 2011. 10. 4.자 간통 (㉡행위)

　(다) 2011. 10. 19.자 간통 (㉢행위)

④ A남은 ㉢행위와 관련된 ⓐ동영상물을 수사기관에 제출하였다.

【사실관계 2】

① 검사는 ㉠, ㉡, ㉢행위에 대해 갑녀와 을남을 간통죄로 기소하였다.

② 갑녀와 을남의 피고사건은 제1심을 거친 후, 항소심에 계속되었다.

③ 갑녀와 을남은 ㉠, ㉡, ㉢행위에 대해 다음과 같이 진술하였다.

　(가) 갑녀 : 을남과 성관계를 가진 일이 없다.

　(나) 을남 : 갑녀와 합의에 의하여 성관계를 가졌다.

【사실관계 3】

① 검사는 을남의 자백진술에 대한 보강증거로 ⓐ동영상테이프를 제출하였다.

② ⓐ동영상에는 을남이 갑녀에게 성기의 결합을 계속적으로 요구하는 장면이 나온다.

③ 그러나 갑녀와 을남 사이에 실제 성관계가 이루어진 장면은 나타나지 않는다.

④ 갑녀와 을남은 ⓐ동영상테이프에 대해 다음과 같이 진술하였다.

　(가) 갑녀 : 을남의 강압에 의하여 마치 성관계를 가지는 것처럼 보이는 동영상을 촬영하는 데 응하는 척하였을 뿐 종국적으로 성관계 자체는 이루어진 바가 없다.

　(나) 을남 : 당시 성관계가 이루어졌다.

【사건의 경과 1】

① ㉠, ㉡행위에 대해서는 을남의 자백진술이 있을 뿐 ⓐ동영상과 같은 보강증거가 없다.

② 항소심법원은 ㉠, ㉡행위에 대해 다음과 같이 판단하였다.

　(가) ㉠, ㉡행위에 대한 유일한 직접증거는 을남의 자백진술뿐이다.

　(나) 을남의 자백은 믿을 수 없다.

　(다) 을남에 대해서는 본인의 자백진술에 대한 보강증거가 없다.

(라) 갑녀의 ㉠, ㉡행위 무죄

(마) 을남의 ㉠, ㉡행위 무죄

【사건의 경과 2】

① ㉢행위에 대해서는 을의 자백진술 이외에 보강증거로서 ⓐ동영상이 있다.

② 항소심법원은 갑녀의 ㉢행위에 대해 다음과 같이 판단하였다.

　　(가) 을남이 성관계가 있었다고 자백하고 있다.

　　(나) 따라서 갑녀와 을남 사이에 간음행위가 있었다는 사실은 인정된다.

　　(나) ㉢행위는 갑녀의 의사에 반하여 강제로 한 것이다.

　　(다) 갑녀의 ㉢행위는 무죄

③ 항소심법원은 을남의 ㉢행위에 대해 다음과 같이 판단하였다.

　　(가) ㉢행위에 대해 강간죄와 간통죄가 모두 성립한다.

　　(나) 간통죄로 기소된 이상 ㉢행위에 대해 간통죄의 죄책을 물을 수 있다.

　　(다) 을남의 ㉢행위는 유죄

④ 결국 갑녀와 을남의 간통죄에 대한 항소심의 최종 판단은 다음과 같다.

　　(가) 갑녀 : ㉠, ㉡, ㉢행위 모두 무죄

　　(나) 을남 : ㉢행위 유죄, ㉠, ㉡행위 무죄

【사건의 경과 3】

① 을남은 불복하여 상고하였다.

② 을남은 상고이유로, 양형부당을 주장하였다.

③ 검사는 무죄 부분에 불복하여 상고하였다.

④ 검사는 상고이유로 다음의 점을 주장하였다.

　　(가) ㉠, ㉡, ㉢행위에 대해 을남의 자백이 있다.

　　(나) ⓐ동영상은 을남의 자백에 대한 보강증거가 된다.

　　(다) 을남의 자백은 신빙성이 있다.

　　(라) 따라서 ㉠, ㉡, ㉢행위 전부에 대해 갑남과 을녀에게 간통죄가 성립한다.

⑤ 대법원은 ⓐ동영상이 있는 ㉢행위 부분을 먼저 직권으로 판단하였다.

⑥ 대법원은 이어서 ⓐ동영상이 없는 ㉠, ㉡행위 부분의 검찰측 상고이유에 대해 판단하였다.

2. ㉢행위 부분에 대한 판단

(1) 강간죄와 간통죄의 관계

【대법원 요지】 가. 강간의 피해자가 배우자 있는 자인 경우 /

【대법원 요지】 그 성관계는 피해자의 자의에 의한 것이라고 볼 수 없으므로 /

【대법원 요지】 그 강간 피해자에게 따로 간통죄가 성립할 수는 없다. /

【대법원 요지】 이 경우 가해자도 강간죄의 죄책을 지는 외에 /

【대법원 요지】 강간 피해자의 배우자가 상간자라고 하여 고소한 데 따른 /

【대법원 요지】 간통죄의 죄책을 지지는 아니한다고 할 것이다.

(2) 사안에 대한 대법원의 분석

【대법원 분석】 나. 기록에 의하면, /

【대법원 분석】 피고인 갑의 남편인 공소외인[A]은 이 부분 공소사실에 대하여 피고인 갑을 간통으로, 피고인 을을 상간에 의한 간통으로 고소하였고 /

【대법원 분석】 이에 따라 위 피고인들 모두에 대하여 간통죄로 의율하는 이 부분 공소가 제기되었는데, /

【대법원 분석】 피고인 갑은 원심에서, /

【대법원 분석】 피고인 을의 강압에 의하여 마치 성관계를 가지는 것처럼 보이는 동영상을 촬영하는 데 응하는 척하였을 뿐 종국적으로 성관계 자체는 이루어진 바가 없다고 주장하였고, /

【대법원 분석】 반면 피고인 을은 당시 성관계가 이루어졌다고 주장하였다.

(3) 사안에 대한 항소심의 판단

【항소심 판단】 이에 대하여 원심은, /

【항소심 판단】 피고인 을이 성관계가 있었다고 자백하고 있는 이상 간음행위가 있었다는 사실은 인정되지만, /

【항소심 판단】 이는 피고인 갑의 의사에 반하여 강제로 한 것이므로 /

【항소심 판단】 피고인 갑에 대해서는 간통죄가 성립할 수 없고 반면 /

【항소심 판단】 피고인 을에 대해서는 강간죄와 간통죄가 모두 성립하는데 /

【항소심 판단】 그중 간통죄로 기소된 이상 간통죄의 죄책을 물을 수 있다고 판단하였다.

(4) 을남의 ⓒ행위 부분에 대한 대법원의 판단

【대법원 판단】 다. 직권으로 보건대, /

【대법원 판단】 이 사건은 피고인 갑의 남편인 공소외인이 간통죄로 고소한 것이라는 점을 감안하면, /

【대법원 판단】 원심의 위와 같은 판단 중 우선 피고인 을에 대한 부분은 앞에서 본 법리에 비추어 볼 때 그대로 수긍할 수 없다. /

【대법원 판단】 뿐만 아니라 이 사건 동영상에는 피고인 을이 피고인 갑에게 성기의 결합을 계속적으로 요구하는 장면만이 나올 뿐 실제 성관계가 이루어진 장면은 나타나지 않는데, /

【대법원 판단】 만약 실제로 성기의 결합이 있었다면 피고인 을이 이를 촬영하지 않았을 리 없다고 보이는 점 등에 비추어 볼 때, /

【대법원 판단】 과연 당시 피고인들이 성관계에까지 이르렀다는 점이 합리적 의심의 여지가 없을 정도로 증명되었다고 볼 수 있는지에 대해서도 상당한 의문이 든다.

【대법원 결론】 결국 원심의 이 부분 판단은 간통죄에 관한 법리를 오해하였을 뿐만 아니라, /

【대법원 결론】 피고인들 사이에 성관계가 있었는지 여부에 대해서도 필요한 심리를 다하지 아니하여 /

【대법원 결론】 판결에 영향을 미친 위법이 있다. (을의 ⓒ부분, 파기 환송)

(5) 갑녀의 ⓒ행위 부분에 대한 대법원의 판단

【대법원 판단】 라. 다음으로 피고인 갑에 대한 검사의 이 부분 상고이유에 대하여 본다.

【대법원 판단】 이에 대한 원심의 판단은 결국 간통죄의 성립요소인 성관계 행위 자체는 있었지만 이

는 위 피고인의 자의에 의한 것이라고 볼 수 없다는 취지이나, /

【대법원 판단】 앞에서 본 바와 같이 피고인들 사이에 성관계가 있었다는 점부터 합리적 의심의 여지가 없이 증명되었는지 의문이 있다. /

【대법원 판단】 다만 피고인 갑 부분은 그와 같이 성관계 자체를 인정할 증거가 없다고 보든 /

【대법원 판단】 원심의 판단처럼 성관계는 인정되지만 자의에 의한 것이 아니라고 보든, /

【대법원 판단】 간통죄가 성립할 수 없다는 결과는 동일하다. /

【대법원 판단】 즉, 피고인 갑에게 간통의 고의가 있었다고 볼 수 없는 이상 위 어느 경우이든 원심이 무죄라고 한 판단 결과는 정당한 것으로 수긍할 수 있다. /

【대법원 판단】 이 부분 원심의 사실인정 등과 관련한 검사의 상고이유 주장은 판결 결과에 영향이 없어 받아들일 수 없다.

3. ㉠, ㉡행위 부분에 대한 판단

【대법원 분석】 이 부분 공소사실에 대한 유일한 직접증거는 피고인 을의 자백진술뿐인데, /

【대법원 판단】 원심은 피고인 갑에 대하여 무죄를 선고함에 있어서는 /

【대법원 판단】 피고인 을의 자백진술을 믿을 수 없다고 하였고, /

【대법원 판단】 피고인 을에 대해서는 본인의 자백진술에 대한 보강증거가 없다는 이유로 무죄를 선고하였다.

【대법원 요지】 피고인의 자백진술의 신빙성 유무 등 증거의 취사선택은 사실심법원의 전권에 속하고, /

【대법원 판단】 피고인 을의 자백을 신빙할 수 없다고 한 원심판결 이유를 기록에 비추어 살펴보더라도 /

【대법원 판단】 그것이 논리와 경험의 법칙을 위반하여 자유심증주의의 한계를 벗어난 것이라고는 인정되지 않는다. /

【대법원 결론】 따라서 원심이 피고인 을에 대하여 무죄라고 판단한 이유 설시에 일부 부적절한 점이 있다고 해도 판결 결과에는 영향이 없으므로, 이 부분에 관한 검사의 상고이유 주장 역시 받아들일 수 없다. (검사 상고 기각)

2013도7718

국제우편물과 영장주의
인천공항 우편검사과 사건
2013. 9. 26. 2013도7718, 공 2013하, 2048

1. 사실관계 및 사건의 경과

【사실관계】
① ㉠우편물은 갑을 수취인으로 하는 국제항공우편 소포이다. (㉠항공소포)
② ㉠항공소포가 외국으로부터 인천공항에 도착하였다.

③ 인천공항세관 우편검사과에서는 ㉠항공소포로부터 ㉡시료를 채취하였다.

④ 인천공항세관 분석실에서는 ㉡시료의 성분분석을 하였다.

⑤ 이 과정에서 압수·수색영장은 발부받지 않았다.

⑥ 인천공항세관 측은 ㉠항공소포를 관할 수사기관에 임의제출하였다.

⑦ 수사관 A는 [우편배달을 가장하여] ㉠항공소포를 가지고 가서 갑을 만났다.

⑧ 수사관 A는 갑으로부터 ㉠항공소포를 임의제출받았다.

【사건의 경과 1】

① 갑은 마약류관리에관한법률위반죄(향정)로 기소되었다.

② 검사는 관련 증거들을 제출하였다.

③ 여기에는 다음의 증거들이 포함되어 있다.

　　(가) ㉠항공소포

　　(나) 검사 작성의 수사착수보고 (㉡보고서)

④ 제1심법원은 ㉠항공소포를 증거로 채택하였다.

⑤ 제1심법원은 ㉡보고서는 증거로 채택하지 않았다.

⑥ 제1심법원은 ㉠항공소포와 다른 증거들을 채택하여 유죄를 선고하였다.

【사건의 경과 2】

① 갑은 불복 항소하였다.

② 항소심법원은 항소를 기각하고, 제1심판결을 유지하였다.

③ 갑은 불복 상고하였다.

④ 갑은 상고이유로 다음의 점을 주장하였다.

　　(가) ㉠항공소포는 영장 없이 취득하여 위법하게 수집된 증거이다.

　　(나) 제1심판결에는 증거의 증거능력에 관한 판단이 잘못되어 있다.

2. 국제우편물 통관과 관련규정

【대법원 분석】 1. 관세법 제246조 제1항은 세관공무원은 수출·수입 또는 반송하려는 물품에 대하여 검사를 할 수 있다고 규정하고 있고, /

【대법원 분석】 제2항은 관세청장은 검사의 효율을 거두기 위하여 검사대상, 검사범위, 검사방법 등에 관하여 필요한 기준을 정할 수 있다고 규정하고 있으며, /

【대법원 분석】 관세법 제257조는 통관우체국의 장이 수출·수입 또는 반송하려는 우편물(서신은 제외한다)을 접수하였을 때에는 세관장에게 우편물목록을 제출하고 해당 우편물에 대한 검사를 받아야 한다고 규정하고 있다.

【대법원 분석】 관세법 규정에 따른 국제우편물의 신고와 통관에 관하여 필요한 사항을 정하고 있는 '국제우편물 수입통관 사무처리'에 관한 관세청고시에서는, /

【대법원 분석】 국제우편물에 대한 X-ray검사 및 현품검사 등의 심사 절차와 아울러 /

【대법원 분석】 그 검사 결과 사회안전, 국민보건 등과 관련하여 통관관리가 필요한 물품에 대한 관리 절차 등에 관하여 정하는 한편(제1-3조, 제3-6조), /

【대법원 분석】 위 고시 외에 다른 특별한 규정이 있는 경우에는 해당 규정을 적용하도록 하고 있다 (제1-2조 제2항).

【대법원 분석】 그리고 수출입물품 등의 분석사무 처리에 관한 시행세칙(2013. 1. 4. 관세청훈령 제 1507호로 개정되기 전의 것)은 /

【대법원 분석】 수출입물품의 품명·규격·성분·용도 등의 정확성 여부를 확인하기 위해서 물리 적·화학적 실험 및 기타 감정분석 등이 필요하다고 인정되는 경우의 /

【대법원 분석】 세관 분석실 등에 대한 분석의뢰 절차, 분석기준 및 시험방법 등에 관하여 규정하고 있다.

3. 우편물 통관검사와 영장주의

【대법원 요지】 이러한 규정들과 /

【대법원 요지】 관세법이 관세의 부과·징수와 아울러 수출입물품의 통관을 적정하게 함을 목적으로 한다는 점(관세법 제1조)에 비추어 보면, /

【대법원 요지】 우편물 통관검사절차에서 이루어지는 우편물의 개봉, 시료채취, 성분분석 등의 검사는 /

【대법원 요지】 수출입물품에 대한 적정한 통관 등을 목적으로 한 행정조사의 성격을 가지는 것으로서 /

【대법원 요지】 수사기관의 강제처분이라고 할 수 없으므로, /

【대법원 요지】 압수·수색영장 없이 우편물의 개봉, 시료채취, 성분분석 등의 검사가 진행되었다 하더라도 특별한 사정이 없는 한 위법하다고 볼 수 없다.

【대법원 요지】 한편 형사소송법 제218조는 검사 또는 사법경찰관은 피의자, 기타인의 유류한 물건이나 소유자, 소지자 또는 보관자가 임의로 제출한 물건을 영장 없이 압수할 수 있다고 규정하고 있고, /

【대법원 요지】 압수는 증거물 또는 몰수할 것으로 사료되는 물건의 점유를 취득하는 강제처분으로서, /

【대법원 요지】 세관공무원이 통관검사를 위하여 직무상 소지 또는 보관하는 우편물을 수사기관에 임의로 제출한 경우에는 /

【대법원 요지】 비록 소유자의 동의를 받지 않았다 하더라도 /

【대법원 요지】 수사기관이 강제로 점유를 취득하지 않은 이상 해당 우편물을 압수하였다고 할 수 없다.

4. 사안에 대한 대법원의 판단

【대법원 판단】 2. 원심은 판시와 같은 이유를 들어, /

【대법원 판단】 (1) 인천공항세관 우편검사과에서 이 사건 우편물 중에서 시료를 채취하고, /

【대법원 판단】 인천공항세관 분석실에서 성분분석을 하는 데에는 /

【대법원 판단】 검사의 청구에 의하여 법관이 발부한 압수·수색영장이 필요하지 않다고 봄이 상당하고, /

【대법원 판단】 (2) 수사기관에서 이 사건 우편물을 수취한 피고인으로부터 임의제출 받아 영장 없이 압수한 것은 적법하고, /

【대법원 판단】 이 사건 우편물에 대한 통제배달의 과정에서 수사관이 사실상 해당 우편물에 대한 점

유를 확보하고 있더라도 /

【대법원 판단】 이는 수취인을 특정하기 위한 특별한 배달방법으로 봄이 상당하고 /

【대법원 판단】 이를 해당 우편물의 수취인이 특정되지도 아니한 상태에서 강제로 점유를 취득하고자 하는 강제처분으로서의 압수라고 할 수는 없다고 판단하는 한편, /

【대법원 판단】 (3) 제1심이 검사 작성의 수사착수보고 등 일부 증거들을 증거능력이 없는 것으로 보아 증거로 채택하지 아니한 조치는 잘못이지만, /

【대법원 결론】 제1심이 그 채택 증거들만을 종합하여 이 사건 공소사실을 유죄로 인정한 것은 정당하다고 보아, 사실오인 또는 법리오해에 관한 항소이유를 받아들이지 아니하였다.

【대법원 결론】 3. 원심판결 이유를 적법하게 채택된 증거들에 비추어 살펴보면, 원심의 위와 같은 판단은 앞에서 본 법리에 기초한 것으로 보이고, /

【대법원 결론】 거기에 상고이유에서 주장하는 바와 같이 영장주의, 증거능력에 관한 법리를 오해하거나 논리와 경험의 법칙을 위반하고 자유심증주의의 한계를 벗어나 판결에 영향을 미친 위법이 없다. (상고 기각)

2013모160

피의자신문과 조사수인의무
국정원 조사실 구인 사건
2013. 7. 1. 2013모160, 공 2013하, 1532

1. 사실관계 및 사건의 경과

【사실관계】

① 갑 등은 국가보안법 위반의 혐의사실로 국가정보원의 수사를 받게 되었다.

② 2011. 7. 19. 서울중앙지방법원은 갑 등에 대해 구속영장을 발부하였다.

③ 2011. 7. 20. 갑 등은 서울구치소에 구금되었다.

④ 2011. 7. 20. 수사기관인 국가정보원은 피의자신문을 하기 위하여 갑 등에게 국가정보원 조사실로 이동할 것을 요구하였다.

⑤ 갑 등은 국가정보원에서 어떠한 조사도 받지 않겠다며 이를 거부하였다.

⑥ 검사가 서울구치소장에게 갑 등이 국가정보원에서 피의자 조사를 받을 수 있도록 인치하여 달라는 내용의 협조요청 공문을 발송하였다.

⑦ 2011. 7. 21. 및 2011. 7. 22. 서울구치소 교도관들은 검사의 공문에 기하여 갑 등을 국가정보원 조사실로 구인하였다.

【사건의 경과】

① 갑 등은 형소법 제417조에 기하여 관할 서울중앙지법에 준항고를 제기하였다.

② 갑 등은 준항고 이유로 다음의 점을 주장하였다.

　(가) 신체구속을 당하고 있는 피의자라고 하더라도 수사기관에 출석하거나 신문에 응할 의무는 없
　　으므로 이를 강제한 수사기관의 처분은 위법하다.

　(나) 설사 피의자가 수사기관에 출석하여 신문에 응할 의무가 있다고 하여도 별도의 구인영장이
　　필요하므로 법원으로부터 구인영장을 발부받지 않고 강제인치한 처분은 영장주의 원칙에 반
　　한다.

③ 서울중앙지법 준항고 담당판사는 갑 등의 준항고를 기각하였다.

④ 갑은 불복하여 대법원에 재항고하였다.

2. 피의자신문과 조사수인의무

【대법원 분석】 1. 형사소송법(이하 '법'이라고만 한다) 제199조 제1항은 /

【대법원 분석】 "수사에 관하여는 그 목적을 달성하기 위하여 필요한 조사를 할 수 있다. /

【대법원 분석】 다만 강제처분은 이 법률에 특별한 규정이 있는 경우에 한하며, 필요한 최소한도의
범위 안에서만 하여야 한다."고 하고, /

【대법원 분석】 법 제200조는 "검사 또는 사법경찰관은 수사에 필요한 때에는 피의자의 출석을 요구
하여 진술을 들을 수 있다."고 하여, /

【대법원 요지】 수사의 목적을 달성하기 위하여 임의수사의 한 방법으로 피의자신문을 할 수 있음을
규정하고 있다. /

【대법원 분석】 나아가 법 제200조의2 제1항은 /

【대법원 분석】 '피의자가 죄를 범하였다고 의심할 만한 상당한 이유가 있고, 정당한 이유 없이 제
200조의 규정에 의한 출석요구에 응하지 아니하거나 응하지 아니할 우려'가 있는 때에는 /

【대법원 분석】 체포영장을 발부받아 피의자를 체포할 수 있다는 취지로 규정하고 있으므로, /

【대법원 요지】 수사기관은 그와 같은 경우 체포영장을 청구하여 피의자를 체포한 후 피의자를 상대
로 법 제200조, 제241조 내지 제244조의5에 규정된 피의자신문을 할 수 있다.

【대법원 분석】 한편 법 제201조 제1항은 /

【대법원 분석】 "피의자가 죄를 범하였다고 의심할 만한 상당한 이유가 있고 제70조 제1항 각 호의 1
에 해당하는 사유가 있을 때에는 /

【대법원 분석】 검사는 관할 지방법원 판사에게 청구하여 구속영장을 받아 피의자를 구속할 수 있고 /

【대법원 분석】 사법경찰관은 검사에게 신청하여 검사의 청구로 관할 지방법원 판사의 구속영장을
받아 피의자를 구속할 수 있다."고 하여 /

【대법원 분석】 검사나 사법경찰관이 피의자를 구속하려면 구속영장에 의하여야 한다는 점을 분명히
하고 있고, /

【대법원 분석】 법 제70조 제1항은 '구속의 사유'를 "피고인이 일정한 주거가 없는 때(제1호), 피고인
이 증거를 인멸할 염려가 있는 때(제2호), 피고인이 도망하거나 도망할 염려가 있는 때(제3호)"로 규정
하고 있다.

【대법원 요지】 위와 같은 규정들의 취지와 내용에 비추어 보면, /

【대법원 요지】 수사기관이 관할 지방법원 판사가 발부한 구속영장에 의하여 피의자를 구속하는 경우, /

【대법원 요지】 그 구속영장은 기본적으로 장차 공판정에의 출석이나 형의 집행을 담보하기 위한 것이지만, /

【대법원 요지】 이와 함께 법 제202조, 제203조에서 정하는 구속기간의 범위 내에서 /

【대법원 요지】 수사기관이 법 제200조, 제241조 내지 제244조의5에 규정된 피의자신문의 방식으로 구속된 피의자를 조사하는 등 /

【대법원 요지】 적정한 방법으로 범죄를 수사하는 것도 예정하고 있다고 할 것이다. /

【대법원 요지】 따라서 구속영장 발부에 의하여 적법하게 구금된 피의자가 피의자신문을 위한 출석요구에 응하지 아니하면서 수사기관 조사실에의 출석을 거부한다면 /

【대법원 요지】 수사기관은 그 구속영장의 효력에 의하여 피의자를 조사실로 구인할 수 있다고 보아야 할 것이다. /

【대법원 요지】 다만 이러한 경우에도 그 피의자신문 절차는 어디까지나 법 제199조 제1항 본문, 제200조의 규정에 따른 임의수사의 한 방법으로 진행되어야 할 것이므로, /

【대법원 요지】 피의자는 헌법 제12조 제2항과 법 제244조의3에 따라 일체의 진술을 하지 아니하거나 개개의 질문에 대하여 진술을 거부할 수 있고, /

【대법원 요지】 수사기관은 피의자를 신문하기 전에 그와 같은 권리를 알려주어야 한다.

3. 사안에 대한 대법원의 분석

【대법원 분석】 2. 원심결정 이유와 기록에 의하면, /

【대법원 분석】 준항고인들은 국가보안법 위반의 혐의사실로 서울중앙지방법원이 2011. 7. 19. 발부한 구속영장에 의하여 2011. 7. 20. 서울구치소에 구금되었던 사실, /

【대법원 분석】 수사기관인 국가정보원은 2011. 7. 20. 피의자신문을 하기 위하여 준항고인들에게 국가정보원 조사실로 이동할 것을 요구하였는데, /

【대법원 분석】 준항고인들은 수사기관에서 어떠한 조사도 받지 않겠다며 이를 거부하였던 사실, /

【대법원 분석】 이에 검사가 서울구치소장에게 준항고인들이 국가정보원에서 피의자 조사를 받을 수 있도록 인치하여 달라는 내용의 협조요청 공문을 발송하였고, /

【대법원 분석】 서울구치소 교도관들은 2011. 7. 21. 및 2011. 7. 22. 위 공문에 기하여 준항고인들을 국가정보원 조사실로 구인하였던 사실 등을 알 수 있다.

4. 사안에 대한 대법원의 판단

【대법원 판단】 이를 앞서 본 법리에 비추어 살펴보면, /

【대법원 판단】 준항고인들에 대하여 적법한 구속영장이 발부된 이상 수사기관으로서는 피의자신문을 위하여 준항고인들을 조사실로 구인할 수 있다고 할 것이고, /

【대법원 판단】 그 피의자신문 과정에서 진술거부권이 고지되지 않았다거나 준항고인들의 진술을 강제하였다고 볼 만한 별다른 자료를 찾아볼 수 없는 이상, /

【대법원 판단】 피의자신문을 위하여 준항고인들을 인치 내지 구인한 수사기관의 조치에 어떠한 위법이 있다고 할 수 없다.

【**대법원 결론**】 원심이 같은 취지에서 이 사건 준항고를 모두 기각한 조치는 정당하고, 거기에 재항고이유에서 주장하는 바와 같이 피의자신문이나 진술거부권의 법적 성격, 영장주의의 적용 범위에 관한 법리를 오해하는 등의 위법이 없다. (재항고 기각)

【**코멘트**】
　본 판례에서 대법원은 신체구속된 피의자의 조사수인의무 문제에 대하여 뚜렷한 입장을 밝히고 있다. 대법원은 본 판례에서 구속영장은 기본적으로 장차 공판정에의 출석이나 형의 집행을 담보하기 위한 것이지만, 구속기간의 범위 내에서 피의자신문의 방식으로 구속된 피의자를 조사하는 등 적정한 방법으로 범죄를 수사하는 것도 예정하고 있다는 입장을 취하고 있다. 동일한 법리는 체포영장에도 적용될 것이라고 생각된다. 이로써 신체구속된 피의자의 조사수인의무를 둘러싸고 제기되었던 논란은 일단 해결되었다고 생각된다.
　한 가지 본 판례에서 주목할 대목이 있다. 대법원은 본 판례에서 "수사기관은 [출석불응과]같은 경우 체포영장을 청구하여 피의자를 체포한 후 피의자를 상대로 법 제200조, 제241조 내지 제244조의5에 규정된 피의자신문을 할 수 있다."고 설시하고 있다. 이를 자세히 들여다 보면 대법원은 '형소법 제200조에 규정된 피의자신문'이라는 표현을 사용하고 있음을 알 수 있다.
　형소법 제200조가 "피의자의 출석을 요구하여 진술을 들을 수 있다"고 규정하고 있음을 들어서 형소법 제200조의 피의자질문을 피의자신문에서 제외하려는 시도가 있다. 이에 따르면 피의자질문은 형소법 제241조 이하의 피의자신문과 구별되며, 형소법 제244조의3이 규정한 진술거부권의 대상이 되지 않는다는 결론에 이르게 된다. 그러나 대법원은 본 판례에서 형소법 제200조에 기한 피의자질문이 피의자신문에 해당함을 분명하게 밝히고 있다.

선고일자별 색인

1960. 9. 14. 4293형상247, 판례총람
  형소 313조 1번 ·· 1
1971. 7. 6. 71도974, 집 19②, 형54 ······················ 2
1977. 4. 26. 77도210, 공 1977, 10046 ················· 3
1982. 12. 14. 82도2074, 공 1983, 318 ··················· 6
1983. 11. 8. 83도1979, 공 1984, 55 ······················ 7
1984. 6. 26. 84도709, 공 1984, 1330 ···················· 8
1984. 7. 16. 84모38, 공 1984, 1461 ······················ 9
1986. 9. 24. 86모48, 공 1986, 1426 ····················· 14
1987. 9. 22. 87도1707, 공 1987, 1681 ·················· 15
1988. 3. 8. 87도2692, 공 1993, 1481 ··················· 16
1988. 11. 8. 86도1646, 공 1988, 1549 ················· 11
1989. 4. 17. 88헌마3, 헌집 1, 31 ·························· 17
1989. 6. 13. 89도112, 공 1989, 1103 ··················· 22
1989. 9. 12. 89도54, 공 1989, 1528 ····················· 21
1989. 12. 22. 89헌마145, 헌집 1, 413 ·················· 23
1990. 9. 28. 90도603, 공 1990, 2245 ··················· 25
1990. 10. 26. 90도1229, 공 1990, 2475 ················ 26
1990. 11. 2. 90모44, 공 1991, 669 ······················ 28
1990. 12. 26. 90헌마20, 헌집 2, 487 ···················· 29
1991. 7. 8. 91헌마42, 헌집 3, 380 ························ 32
1992. 4. 14. 92감도10, 공 1992, 1649 ·················· 34
1992. 9. 22. 91도3317, 공 1992, 3038 ················· 30
1992. 9. 22. 92도1751, 공 1992, 3043 ················· 35
1993. 7. 29. 92헌마262, 헌집 5②, 211 ················ 37
1994. 6. 10. 94도774, 공 1994, 1990 ··················· 42
1994. 9. 23. 93도680, 공 1994, 2901 ··················· 41
1996. 2. 13. 95도1794, 공1996, 1022 ·················· 44
1996. 9. 24. 96도2151, 공 1996, 3265 ················· 47
1996. 10. 25. 96도1088, 공 1996, 3493 ················ 46
1997. 3. 27. 96헌가11, 헌집 9①, 245 ·················· 48
1997. 12. 12. 97도2463, 공 1998, 362 ················· 55
1999. 3. 9. 98도4621, 공 1999, 706 ···················· 56
2000. 8. 18. 2000도2704, 공 2000, 2040 ·············· 58
2001. 5. 25. 2001모85, 공 2001, 1541 ················· 73
2001. 5. 29. 2000도2933, 공 2001, 1547 ·············· 60
2001. 9. 28. 2001도4091, 공 2001, 2408 ·············· 64
2003. 2. 20. 2001도6138 전원합의체 판결,
  공 2003, 876 ·· 68

2003. 5. 13. 2003도1366, 공 2003, 1411 ·············· 88
2003. 5. 30. 2003도705, 공 2003, 1494 ··············· 86
2004. 3. 11. 2003도171, 공 2004, 664 ················· 83
2004. 9. 23. 2002헌가17·18(병합),
  헌집 16②상, 379 ·· 76
2006. 1. 12. 2005도7601, 공 2006, 277 ··············· 94
2006. 11. 23. 2004도7900, 공 2007, 78 ··············· 91
2006. 12. 5. 2006초기335 전원합의체 결정,
  공 2007, 455 ·· 132
2006. 12. 8. 2005도9730, 공 2007, 162 ·············· 95
2006. 12. 18. 2006모646, 공 2007, 172 ··············· 126
2007. 1. 25. 2006도7342, 공 2007, 397 ·············· 111
2007. 1. 25. 2006도7939, 공 2007, 407 ·············· 115
2007. 1. 31. 2006모657, [공보불게재] ··············· 129
2007. 3. 15. 2006도8869, 공 2007, 585 ·············· 124
2007. 3. 29. 2006헌바69, 헌집 19①, 258 ··········· 135
2007. 4. 12. 2006도4322, 공 2007, 738 ·············· 108
2007. 4. 26. 2007도1794, [미간행] ···················· 143
2007. 5. 31. 2006헌마131, 헌집 19①, 774 ·········· 133
2007. 5. 31. 2007도1903, 공 2007, 1016 ············ 145
2007. 6. 14. 2004도5561, 공 2007, 1108 ············ 90
2007. 7. 26. 2007도3219, 공 2007, 1418 ············ 153
2007. 7. 26. 2007도3906, [공보불게재] ············· 156
2007. 8. 23. 2007도2595, 공 2007, 1504 ············ 147
2007. 10. 11. 2007도4962, 공 2007, 1790 ··········· 161
2007. 10. 25. 2007도4961, 공 2007하, 1889 ········ 159
2007. 10. 25. 2007도6129, [공보불게재] ··········· 173
2007. 11. 15. 2007도3061 전원합의체 판결,
  공 2007하, 1974 ··· 149
2007. 11. 29. 2007도7835, 공 2008상, 2086 ······· 191
2007. 12. 13. 2007도7257, 공 2008상, 80 ··········· 180
2008. 1. 2. 2007모601, 공 2008상, 247 ·············· 201
2008. 4. 14. 2007모726, 공 2008상, 715 ············· 202
2008. 4. 24. 2007도10058, 공 2008상, 815 ········· 196
2008. 5. 15. 2007도6793, 공 2008상, 878 ··········· 178
2008. 5. 29. 2007도1755, 공 2008하, 946 ··········· 140
2008. 6. 12. 2007도5389, 공 2008하, 1007 ········· 168
2008. 6. 26. 2008도1584, [미간행] ···················· 222
2008. 6. 26. 2008도3300, 공 2008하, 1487 ········· 225

2008. 7. 10. 2007도7760, 공 2008하, 1200···· 188
2008. 8. 21. 2008도5531, 공 2008하, 1324···· 233
2008. 9. 12. 2008모793, 공 2008하, 1491······309
2008. 9. 25. 2008도6985, 공 2008하, 1513···· 244
2008. 10. 9. 2007도1220, 공 2008하, 1561···· 138
2008. 10. 23. 2006도736, 공 2008하, 1622···· 104
2008. 11. 13. 2006도2556, 공 2008하, 1704··· 105
2008. 11. 13. 2006도7915, [공보불게재]······· 112
2008. 11. 13. 2008도8007, [미간행]··········· 268
2008. 11. 20. 2008도5596 전원합의체 판결,
    공 2008하, 1817··························235
2008. 11. 27. 2007도4977, 공 2008하, 1828··· 164
2008. 12. 11. 2008도4376, 공 2009상, 59······229
2008. 12. 11. 2008도8922, 공 2009상, 72······275
2009. 1. 30. 2008도6950, 공 2009상, 279······241
2009. 1. 30. 2008도7462, [공보불게재]········ 253
2009. 1. 30. 2008도7917, [공보불게재]········ 263
2009. 2. 12. 2008도7848, 공 2009상, 356······262
2009. 2. 26. 2008도9685, [미간행]············· 280
2009. 2. 26. 2008도11813, 공 2009상, 428···· 298
2009. 3. 12. 2008도11437, 공 2009상, 900···· 293
2009. 4. 9. 2007도9481, [미공개]············· 194
2009. 4. 9. 2008도5634, 공 2009상, 682······238
2009. 4. 9. 2008도10572, 공 2009상, 685······282
2009. 4. 23. 2008도11921, 공 2009상, 795···· 301
2009. 4. 23. 2009도526, 공 2009상, 804······· 360
2009. 5. 14. 2008도10914, 공 2009상, 925···· 286
2009. 5. 14. 2008도11040, 공 2009상, 930··· 290
2009. 6. 11. 2008도11042, 공 2009하, 1158··· 291
2009. 6. 25. 2007헌바25, 헌집 21①하, 784···· 209
2009. 7. 9. 2008도984, 공 2009하, 1370······ 219
2009. 7. 16. 2005모472 전원합의체 결정,
    공 2009하, 1390··························· 99
2009. 8. 20. 2008도8213, 공 2009하, 1579···· 270
2009. 8. 20. 2008도9634, 공 2009하, 1582···· 278
2009. 8. 20. 2009도9, 공 2009하, 1584········ 353
2009. 10. 22. 2009도7436 전원합의체 판결,
    공 2009하, 1921··························· 403
2009. 10. 23. 2009모1032, 공 2009하, 1957··· 460
2009. 10. 29. 2007헌마992, 헌집 21②하, 288·· 205
2009. 11. 19. 2009도6058 전원합의체 판결,
    공 2009하, 2129··························· 381
2009. 11. 26. 2009도6602, [공보불게재]······· 385
2009. 11. 26. 2009헌마47, 헌공 제158호,

2141·································· 474
2009. 12. 10. 2009도7681, 공 2010상, 185···· 424
2009. 12. 10. 2009도11448, 공 2010상, 193··· 439
2009. 12. 24. 2009도11401, 공 2010상, 298··· 436
2009. 12. 29. 2008헌가13, 2009헌가5(병합),
    헌집 21②하, 710·······················326
2009. 12. 29. 2008헌마414, 헌공 제159호, 134 330
2010. 1. 14. 2009도9344, 공 2010상, 363······427
2010. 1. 21. 2008도942 전원합의체 판결,
    공 2010상, 465·························· 215
2010. 1. 28. 2009도10092, 공 2010상, 474···· 429
2010. 2. 11. 2009도2338, 공 2010상, 594······ 368
2010. 2. 25. 2007도6273, 공 2010상, 690······ 176
2010. 2. 25. 2008헌바67, 헌공 제161호, 505··· 347
2010. 2. 25. 2009도14263, 공 2010상, 700···· 456
2010. 3. 11. 2009도14525, 공 2010상, 778···· 458
2010. 3. 25. 2009도14065, 공 2010상, 844···· 452
2010. 4. 20. 2010도759 전원합의체 결정,
    공 2010상, 1054························· 508
2010. 4. 29. 2009도12446, [공보불게재]······· 445
2010. 4. 29. 2010도750, [공보불게재]········· 506
2010. 6. 24. 2009헌마257, 헌집 22①하, 621··· 481
2010. 7. 15. 2007도5776, 공 2010하, 1686··· 171
2010. 7. 15. 2009도4545, 공2010하, 1606······ 373
2010. 7. 22. 2009도14376, [공보불게재]········ 457
2010. 7. 23. 2010도1189 전원합의체 판결,
    공 2010하, 1696························· 510
2010. 7. 29. 2009헌마205, 헌공 제166호,
    1481································· 479
2010. 9. 2. 2010헌마418, 헌공 제167호, 1539·· 591
2010. 9. 9. 2008도3990, 공 2010하, 1942······ 227
2010. 9. 30. 2008도4762, 공 2010하, 2025···· 230
2010. 10. 28. 2008도11999, [공보불게재]······ 305
2010. 10. 28. 2009도4949, 공 2010하, 2219··· 376
2010. 10. 29. 2008재도11 전원합의체 결정,
    공 2011상, 63··························· 311
2010. 11. 11. 2009도224, 공 2010하, 2288···· 357
2010. 11. 11. 2010도11550, 2010전도83,
    공 2010하, 2299························· 562
2010. 11. 25. 2009도12132, 공 2011상, 70···· 440
2010. 11. 25. 2009헌바8, 헌집 22②하, 358···· 495
2010. 11. 25. 2010도10985, 공 2011상, 78···· 554
2010. 12. 9. 2007도10121, 공 2011상, 148···· 197
2010. 12. 9. 2008도1092, 공 2011상, 154······ 221

2010. 12. 9. 2010도7410, 2010전도44,
　공 2011상, 172 ························ 545
2010. 12. 16. 2010도5986 전원합의체 판결,
　공 2011상, 259 ························· 531
2010. 12. 23. 2010도11272, 공 2011상, 281 ··· 559
2010. 12. 28. 2009헌가30, 헌공제171호, 54 ···· 471
2011. 1. 20. 2008재도11 전원합의체 판결,
　공 2011상, 508 ························· 316
2011. 1. 27. 2008도7375, 공 2011상, 519 ······ 249
2011. 1. 27. 2009도10701, 공 2011상, 522 ···· 434
2011. 1. 27. 2010도11030, 공 2011상, 532 ···· 557
2011. 1. 27. 2010도12728, 공 2011상, 540 ···· 565
2011. 2. 10. 2010도14391, 2010전도119,
　공 2011상, 606 ························· 575
2011. 2. 10. 2010도15986, 공 2011상, 610 ···· 578
2011. 2. 24. 2008헌바40, 헌공 제173호, 338 ··· 341
2011. 2. 24. 2010오1, 2010전오1, 공 2011상,
　696 ································· 589
2011. 2. 24. 2010헌바98, 헌공 제173호, 415 ··· 605
2011. 3. 10. 2008도7724, 공 2011상, 782 ······ 258
2011. 3. 10. 2010도9317, 공 2011상, 785 ······ 549
2011. 3. 17. 2006도8839 전원합의체 판결,
　공 2011상, 846 ························· 117
2011. 3. 31. 2009헌바351, 헌공 제174호, 586 ·· 500
2011. 4. 14. 2010도5605, 공 2011상, 956 ······ 528
2011. 4. 14. 2010도13583, 공 2011상, 969 ···· 574
2011. 4. 14. 2010도16939, 2010전도159,
　공 2011상, 972 ························· 583
2011. 4. 14. 2011도453, 2011전도12,
　공 2011상, 980 ························· 606
2011. 4. 14. 2011도769, 공 2011상, 984 ······· 609
2011. 4. 28. 2009도2109, 공 2011상, 1080 ···· 364
2011. 4. 28. 2009도10412, 공 2011상, 1084 ··· 431
2011. 4. 28. 2009도12249, 공 2011상, 1089 ··· 442
2011. 4. 28. 2011도2170, 공 2011상, 1115 ···· 627
2011. 5. 13. 2011도1094, 공 2011상, 1247 ···· 610
2011. 5. 13. 2011도1442, 공 2011상, 1260 ···· 613
2011. 5. 26. 2009도2453, 공 2011하, 1335 ···· 370
2011. 5. 26. 2009모1190, 공 2011하, 1342 ···· 466
2011. 5. 26. 2009헌마341, 헌집 23-1하, 201 ··· 490
2011. 5. 26. 2010도6090, 공 2011하, 1345 ···· 539
2011. 5. 26. 2010헌마499, 헌공 제176호, 856 ·· 598
2011. 5. 26. 2011도1902, 공 2011하, 1352 ···· 618
2011. 5. 26. 2011도3682, 공 2011하, 1367 ···· 633

2011. 6. 23. 2008도7562 전원합의체 판결,
　공 2011하, 1487 ························ 256
2011. 6. 24. 2010도9737, 공 2011하, 1500 ···· 552
2011. 6. 24. 2011도4451, 2011전도76,
　공 2011하, 1509 ························ 639
2011. 6. 30. 2008헌바81, 헌공 제177호, 897 ··· 350
2011. 6. 30. 2009도6717, 공 2011하, 1552 ···· 387
2011. 6. 30. 2011도1651, 공 2011하, 1574 ···· 615
2011. 7. 14. 2011도3809, 공 2011하, 1695 ···· 635
2011. 8. 25. 2009도9112, 공 2011하, 1975 ···· 425
2011. 8. 25. 2011도6507, 공 2011하, 1987 ···· 651
2011. 8. 25. 2011도6705, 2011감도20,
　공 2011하, 1991 ························ 653
2011. 9. 8. 2010도7497, 공 2011하, 2167 ····· 547
2011. 9. 8. 2011도7106, 공 2011하, 2184 ······ 655
2011. 10. 13. 2009도13846, 공 2011하, 2392 ·· 448
2011. 11. 10. 2010도12, [공보불게재] ········· 504
2011. 11. 10. 2011도8125, 공 2011하, 2606 ··· 664
2011. 11. 24. 2008헌마578, 2009헌마41,
　98(병합), 헌공 제182호, 1868 ················ 334
2011. 11. 24. 2009도7166, [공보불게재] ······· 398
2011. 11. 24. 2011도11994, 공 2012상, 97 ··· 681
2011.12. 22. 2011도9721, 공 2012상, 207 ······ 676
2011.12. 22. 2011도12041, 공 2012상, 211 ···· 683
2011.12. 22. 2011도12927, 공 2012상, 221 ···· 688
2012. 1. 27. 2011도15914, 공 2012상, 720 ···· 708
2012. 2. 9. 2011도7193, 공 2012상, 476 ······· 657
2012. 2. 16. 2009모1044 전원합의체 결정,
　공 2012상, 480 ························· 463
2012. 5. 17. 2009도6788, 대법원 판례속보 ····· 391
2012. 5. 24. 2010도3950, 공 2012하, 1167 ···· 526
2012. 5. 24. 2011도7757, [미간행] ············· 661
2012. 5. 24. 2012도1284, 공 2012하, 1189 ···· 735
2012. 5. 31. 2010헌마672, 헌집 24①하, 652 ··· 600
2012. 6. 14. 2011도5313, 공 2012하, 1250 ···· 644
2012. 6. 14. 2011도15484, 공 2012하, 1253 ··· 700
2012. 6. 14. 2011도15653, 공 2012하, 1256 ··· 703
2012. 6. 14. 2012도534, 공 2012하, 1258 ······ 733
2012. 6. 27. 2011헌가36, 헌집 24-1하, 703 ···· 717
2012. 6. 28. 2011도16166, 공 2012하, 1365 ··· 710
2012. 6. 28. 2012도2087, 공 2012하, 1376 ···· 739
2012. 6. 28. 2012도3927, 공 2012하, 1383 ···· 752
2012. 7. 26. 2011도8462, 공 2012하, 1524 ···· 674
2012. 7. 26. 2012도2937, 공 2012하, 1530

·························· 744, 746, 748, 749
2012. 8. 23. 2010도12950, 공 2012하, 1633 ··· 570
2012. 8. 30. 2011도14257, 2011전도233,
　공 2012하, 1639 ··························· 691
2012. 8. 30. 2012도6027, 공 2012하, 1641 ···· 758
2012. 8. 30. 2012도7377, 공 2012하, 1650 ···· 761
2012. 9. 13. 2010도6203, 공 2012하, 1700 ···· 541
2012. 9. 13. 2010도16001, 공 2012하, 1705 ··· 579
2012. 9. 13. 2012도7461, 공 2012하, 1715 ···· 767
2012. 9. 27. 2010도17052, 공 2012하, 1768 ··· 585
2012. 9. 27. 2012도7467, 공 2012하, 1794 ···· 770
2012. 10. 11. 2012도7455, 공2012하, 1864 ···· 764
2012. 10. 25. 2009도13197, 공 2012하, 1977 ·· 446
2012. 10. 25. 2011도5459, 미간행 ············· 648
2012. 10. 25. 2012도4644, 공 2012하, 2004 ··· 756
2012. 10. 29. 2012모1090, 공 2012하, 2062 ··· 816
2012. 11. 15. 2011도15258, 공 2012하, 2077 ·· 696
2012. 12. 13. 2012도11162, 공 2013상, 205 ··· 776
2012. 12. 27. 2011도15869, 공 2013상, 280 ··· 705
2012. 12. 27. 2011헌마351, 헌재 주요결정속보 ·· 723
2013. 2. 15. 2010도3504, 공 2013상, 528 ······ 521
2013. 2. 28. 2011도14986, 공 2013상, 609 ···· 692
2013. 3. 14. 2010도2094, 공 2013상, 688 ······ 512
2013. 3. 14. 2011도8325, 공 2013상, 699 ······ 668
2013. 3. 14. 2012도13611, 공 2013상, 703 ···· 794
2013. 3. 28. 2010도3359, 공 2013상, 801 ······ 516
2013. 3. 28. 2012도12843, 공 2013상, 890 ···· 786

2013. 3. 28. 2012도13607, 공 2013상, 825 ···· 789
2013. 3. 28. 2013도3, 공 2013상, 834 ········ 817
2013. 4. 11. 2011도10626, 공 2013상, 901 ··· 678
2013. 4. 11. 2013도1435, 공 2013상, 908 ····· 823
2013. 4. 18. 2010모363, 공 2013상, 976 ······· 587
2013. 4. 18. 2011초기689 전원합의체 결정,
　공 2013상, 978 ··························· 711
2013. 4. 25. 2013도1658, 공 2013상, 991 ······ 826
2013. 5. 16. 2011도2631 전원합의체 판결,
　공 2013하, 1157 ·························· 628
2013. 5. 23. 2012도11586, 공 2013하, 1172 ··· 783
2013. 6. 13. 2012도9937, 공2013하, 1272 ····· 772
2013. 6. 13. 2012도16001, 공 2013하, 1276 ··· 805
2013. 6. 27. 2013도2714, 공 2013하, 1426 ···· 845
2013. 6. 27. 2013도4114, 공 2013하, 1433 ···· 848
2013. 7. 1. 2013모160, 공 2013하, 1532 ······· 859
2013. 7. 11. 2012도16334, 공 2013하, 1545 ··· 812
2013. 7. 11. 2013도351, 공 2013하, 1548 ······ 820
2013. 7. 26. 2013도2511, 공 2013하, 1659
　············ 828, 831, 835, 838, 840, 843
2013. 8. 14. 2012도13665, 공 2013하, 1713 ··· 801
2013. 9. 12. 2011도12918, 공 2013하, 1856 ··· 685
2013. 9. 12. 2012도2349, 공 2013하, 1858 ···· 742
2013. 9. 12. 2013도5893, 공 2013하, 1867 ···· 853
2013. 9. 26. 2013도5214, 공 2013하, 2021 ···· 851
2013. 9. 26. 2013도7718, 공 2013하, 2048 ··· 856
2013. 12. 26. 2011헌바108, [결정문] ··········· 727

〔저자약력〕
서울대학교 법과대학 법학과 졸업, 동 대학원 졸업(법학석사), 독일 Max-Plank
국제 및 외국형법연구소 객원연구원, 독일 프라이부르크 대학교 법학박사(Dr.
jur.), 미국 워싱턴 주립대학교 로스쿨 방문학자, 일본 동경대학 법학부 방문학
자, 국가인권위원회 비상임 인권위원, 사법개혁위원회 위원, 사법제도개혁추진위
원회 실무위원, 법무부 형사법개정특별심의위원회 위원, 국민사법참여위원회 위
원장, 경찰수사제도개선위원회 위원장
현재, 서울대학교 법학대학원 교수

〔저   서〕
Anklagepflicht und Opportunitätsprinzip im deutschen
　　und koreanischen Recht (Dissertation)
형법총론 (제7판)　　　　　신판례백선 형법총론 (제2판)
판례분석 형법각론
신형사소송법 (제4판)　　　간추린 신형사소송법 (제6판)
판례분석 신형사소송법

〔역   저〕
입문 일본형사수속법 (三井誠 · 酒卷匡 저)

〔편   저〕
효당 엄상섭 형법논집 (신동운 · 허일태 공편저)
효당 엄상섭 형사소송법논집
권력과 자유 (엄상섭 저, 허일태 · 신동운 공편)

판례분석 신형사소송법 Ⅱ 〔증보판〕

2012년　6월 20일　초판 발행
2014년　2월 5일　증보판 인쇄
2014년　2월 10일　증보판 1쇄 발행

　　　　　　　　저 자　신　　　동　　　운
　　　　　　　　발행인　배　　　효　　　선
발 행 처　도서
　　　　　출판　法　文　社

주 소 경기도 파주시 회동길 37-29 ⓟ 413-120
등 록 1957년 12월 12일　제 2-76 호 (倫)
TEL　(031)955-6500~6, FAX (031)955~6525
e-mail (영업) : bms@bobmunsa.co.kr
　　　(편집) : edit66@bobmunsa.co.kr
홈페이지 http://www.bobmunsa.co.kr
조 판 동 국 문 화

정가 45,000원　　　　　　　ISBN 978-89-18-08816-7